TEXTES

DE

DROIT ROMAIN

PUBLIÉS ET ANNOTÉS

PAR

PAUL FRÉDÉRIC GIRARD

PROFESSEUR A LA FACULTÉ DE DROIT DE L'UNIVERSITÉ DE PARIS

QUATRIÈME ÉDITION REVUE ET AUGMENTÉE

PARIS

LIBRAIRIE NOUVELLE DE DROIT ET DE JURISPRUDENCE

Arthur ROUSSEAU

ÉDITEUR

14, RUE SOUFFLOT ET RUE TOULLIER, 13

1913

TEXTES
DE
DROIT ROMAIN

TEXTES

DE

DROIT ROMAIN

PUBLIÉS ET ANNOTÉS

PAR

Paul Frédéric GIRARD
PROFESSEUR A LA FACULTÉ DE DROIT DE L'UNIVERSITÉ DE PARIS

———

QUATRIÈME ÉDITION REVUE ET AUGMENTÉE

———

PARIS
LIBRAIRIE NOUVELLE DE DROIT ET DE JURISPRUDENCE
Arthur ROUSSEAU
ÉDITEUR
14, RUE SOUFFLOT ET RUE TOULLIER, 13

—

1913

PRÉFACE DE LA QUATRIÈME ÉDITION

Pas plus que dans la troisième édition de ces *Textes* qui fut publiée en 1903 et dont on trouvera plus bas la préface, je n'ai eu, dans cette quatrième édition qui paraît en 1912, à changer ni le cadre ni le caractère de mon recueil. J'ai eu seulement, comme pour les éditions précédentes, à revoir les textes anciens et à ajouter les nouveaux. La première tâche demande à chaque fois un certain soin à raison non seulement des additions aux notices préliminaires, mais des modifications à la teneur même des textes reproduits qui peuvent être commandées par l'accroissement de nos connaissances : j'ai ainsi eu par exemple à prendre cette fois en considération, pour les papyrus de ma première et de ma troisième parties consacrées aux lois et aux actes, le grand ouvrage d'ensemble publié en 1911 par MM. Wilcken et Mitteis et, pour les morceaux de jurisconsultes contenus dans ma seconde partie, les portions déjà parues de l'édition à peu près entièrement refondue de la *Jurisprudentia* de Huschke donnée par MM. Seckel et Kuebler ; je pense aussi avoir pu donner les extraits alphabétiques de Probus dans un texte et une disposition meilleures. Quant aux textes nouveaux, si je n'en ai pas eu d'autres à ajouter dans la seconde partie que les fragments de Strasbourg des *disputationes* d'Ulpien dus à M. Lenel, il en a été tout autrement pour la première et la troisième. Malgré la rigueur avec laquelle j'ai exclu, parmi les inscriptions et les papyrus, tous les documents qui m'ont paru ne pas être strictement juridiques ou ne pas se rapporter au droit romain proprement dit, je n'ai pas eu à en ajouter moins de vingt-quatre sur lesquels il y en a sept qui n'ont encore pris place dans aucun recueil similaire. Toutes ces additions sont uniformément signalées dans la table par des astérisques. Elles ont été la principale des causes qui ont porté le nombre de pages du volume de 857 à 920. J'espère qu'il sera cependant facile de retrouver dans cette nouvelle édition les textes cités d'après ma troisième édition dans d'autres ouvrages et notamment dans la quatrième édition de mon *Manuel* publiée en 1911, grâce à une concordance des pages des deux éditions qui est placée à la suite de l'Explication des abréviations et des renvois.

Paris, 25 juillet 1912.

PRÉFACE DE LA TROISIÈME ÉDITION

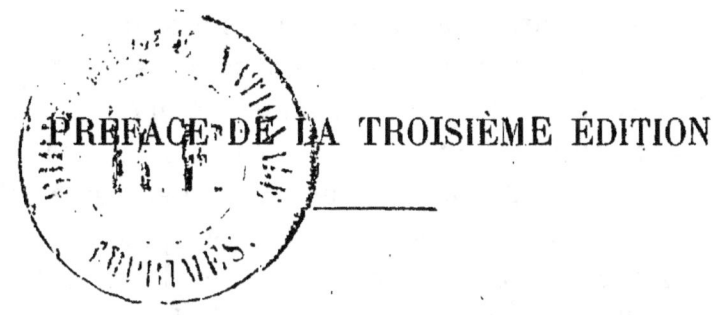

Nos *Textes de droit romain* gardent dans cette troisième édition publiée en 1903, comme dans la seconde parue en 1895, le caractère et le plan qui étaient déjà ceux de la première édition donnée en deux fascicules en 1889 et 1890.

Notre livre était alors, dans notre pensée, et il reste toujours avant tout un livre scolaire, destiné à fournir aux maîtres et aux élèves des Facultés de droit françaises, sous la forme la plus correcte et la plus portative possible, l'ensemble des textes indispensables à l'étude du droit romain qu'on ne trouve pas ou qu'on n'a pas chez nous l'habitude de chercher dans le *Corpus juris civilis*, c'est-à-dire, suivant une division qui, comme toutes les autres, est sujette à critique, mais qui nous semble claire et commode, d'abord les actes législatifs au sens le plus large du mot (résolutions du peuple et du sénat, ordonnances d'empereurs et de magistrats, etc.) qui nous ont été transmis dans leur teneur par une voie ou une autre, principalement par des inscriptions ; ensuite les ouvrages de doctrine, tous les fragments de jurisconsultes qui nous sont parvenus en dehors des compilations de Justinien, rangés par ordre chronologique et suivis des Institutes de Justinien qui sont pourtant déjà dans le *Corpus juris civilis*, mais que les habitudes de l'enseignement français ne nous permettaient pas d'omettre ; enfin les actes issus de la pratique, actes d'aliénation, de vente, de louage, quittances, statuts d'association, jugements, etc., dont des exemples concrets nous ont été conservés, encore principalement par des inscriptions.

En composant ce recueil, notre but n'a pas été de dispenser de recourir aux éditions savantes des mêmes textes données, par exemple, pour les Institutes de Gaius par MM. Paul Krueger et Studemund, pour les Sentences de Paul et les Règles d'Ulpien par M. Paul Krueger, pour la *Collatio legum Romanarum et Mosaicarum* et les Fragments du Vatican par M. Mommsen, pour les inscriptions juridiques latines par les collaborateurs du *Corpus inscriptionum Latinarum* en tête desquels il faut encore nommer M. Mommsen. Tout au contraire, notre espoir, qui était déjà exprimé dans la préface de notre première édition et qui n'a pas été déçu, a toujours été que, fait comme il était et utilisé comme il devait l'être, notre recueil pourrait à la fois suggérer et faciliter à ses lecteurs la consultation directe des éditions accompagnées d'un appareil scientifique complet, le maniement des grands ouvrages d'érudition. C'est la raison pour laquelle, tout en nous appliquant à présenter un texte aussi lisible et aussi simple que peut le souhaiter l'enseignement le plus modeste, nous avons partout signalé par une différence de caractères les lettres et les mots restitués par conjecture, et nous avons, pour les points les plus importants, indiqué dans les notes tant la physionomie originale des sources que les principales leçons proposées. C'est encore pour cela que nous avons donné aux notices explicatives qui précèdent les divers documents une ampleur plus considérable que n'eût requis l'usage et que nous les avons, comme les notes, toutes rédigées en français. C'est toujours pour la même raison que, surtout dans la première et la troisième partie, où la nécessité de ne pas trop grossir le recueil nous a forcé à donner, pour les Lois et les Actes, seulement un choix d'exemples, nous nous sommes au moins attaché à signaler, dans les notices relatives à chaque catégorie de monuments, ceux du même ordre que nous n'avons pas insérés et qui se trouvent reproduits ailleurs.

Nous avons essayé de mettre à la disposition de nos étudiants un instrument de travail usuel qui, loin de les détourner de la fréquentation des grands recueils plus coûteux et plus volumineux, les habituât à s'y reporter sans embarras ni timidité. Si dans le fait il est arrivé à notre petit livre de trouver accès dans des cercles plus larges en vue desquels il n'avait pas été composé, cela prouve que le besoin d'un recueil à la fois élémentaire et scientifique, rassemblant, sous un petit volume et en un seul tout, avec des indications techniques et bibliographiques suffisantes, les principaux documents juridiques étrangers aux compilations de Justinien, était encore plus vif et plus étendu que nous n'avions supposé. C'est évidemment pour nous une raison de plus de demeurer fidèle aux idées qui nous avaient guidé dès le principe.

A la vérité, la préparation d'une édition nouvelle est une tâche particulièrement laborieuse pour les ouvrages du type auquel appartient celui-ci, par ce simple motif que les mérites d'un inventaire de documents, d'éditions et de commentaires, sont de ceux qui, loin de grandir avec le temps, s'effacent un peu chaque jour avec l'apparition des documents nouveaux, des éditions nouvelles et des commentaires nouveaux. Il faut, à chaque fois, refaire tout le travail avec le même soin, si l'on veut que l'édition nouvelle soit non pas supérieure, mais simplement égale à l'ancienne. J'ai, une fois de plus, accompli cette tâche de mon mieux, tant pour le choix des documents reproduits que pour l'établissement de leur texte et la rédaction des notices. — Pour le choix des documents, il a naturellement fallu classer dans les différentes catégories un certain nombre de textes récemment découverts : il y en a six dans la première partie, trois dont un fort long, la paraphrase des

Institutes de Gaius découverte à Autun, dans la seconde ; neuf dans la troisième, dont un en appendice, et il n'eût certainement pas été malaisé d'en élever encore beaucoup le chiffre, dans la première et surtout la troisième partie, en puisant davantage dans les riches collections de papyrus égyptiens de l'époque romaine publiées au cours des dernières années : sauf une exception, qui est relative à l'édit de Mettius Rufus sur la publicité des mutations immobilières et qui se justifie par l'incomparable importance du document, nous avons pris pour principe d'éliminer tous les titres ou les actes qui, au lieu de se rapporter aux institutions et aux coutumes romaines, nous ont paru se rattacher aux institutions ou aux usages propres de l'Egypte. — Mais cela n'a rendu que plus délicate la révision des notices, où, sans prétendre à beaucoup près signaler tous les documents fondamentaux fournis par ces collections pour la connaissance du droit de l'Egypte romaine, nous avons essayé de mentionner quelques-uns des plus saillants, par exemple, des édits des préfets d'Egypte ou des divers contrats ; ce n'a d'ailleurs été que l'application de la méthode selon laquelle nous nous sommes, comme précédemment, efforcé dans chaque division de renvoyer, à côté des monuments reproduits, aux monuments du même ordre qu'on pourrait avoir intérêt à consulter pour des recherches plus approfondies. — Enfin, pour les documents déjà insérés dans nos éditions précédentes, nous nous sommes appliqué, à la fois dans la rédaction des notices et dans l'établissement du texte, à tenir un compte scrupuleux des éléments d'information survenus depuis notre dernière édition. C'est ainsi que pour les quittances trouvées à Pompéi dans la maison de Caecilius Jucundus, la notice a été refaite, et les exemples ont été choisis à nouveau, à la suite de la publication du supplément du tome IV du *Corpus* que leur a consacré M. Zangemeister ; que d'autres titres nombreux ont été revus d'après les éditions qui en ont été données dans les suppléments du tome III et du tome VI du *Corpus*, pour ne pas parler ici d'autres publications qu'il suffit d'avoir signalées en leur lieu, dans l'intérieur du livre. Nous avons en revanche le devoir de remercier dès ici ceux dont la complaisance nous a permis d'utiliser des publications nouvelles qui nous seraient demeurées inaccessibles s'il nous avait fallu attendre, pour nous en servir, le moment de leur mise en vente : si nous avons pu profiter, dans la petite restitution de l'édit contenue à nos pp. 129-158, du tome II de la traduction française de l'*Edit perpétuel* de Lenel, c'est parce que l'éditeur a bien voulu nous en communiquer les bonnes feuilles au fur et à mesure de l'impression ; nous devons à la très grande obligeance de M. Seymour de Ricci, d'une part, la connaissance d'importantes lectures nouvelles du fragment d'Oxford *de societate* et du papyrus de Londres de 166 dont il a revu le texte original pour son *Corpus papyrorum Latinarum* en préparation et, d'autre part, le diptyque inédit reproduit à l'appendice ; enfin la générosité de notre cher maître, M. Mommsen, à laquelle nous avions dû de pouvoir, en 1890, profiter de son édition de la *Collatio* et des Fragments du Vatican un peu avant la publication du tome III de la *Collectio librorum juris antejustiniani*, nous a encore permis cette fois d'utiliser, pour le statut municipal de Tarente, l'édition et le commentaire qu'il en donnera dans le tome IX de l'*Ephemeris epigraphica*.

Paris, juin 1903.

EXPLICATION DES ABRÉVIATIONS ET DES RENVOIS

Dans tout le livre, les caractères romains ordinaires indiquent le texte original tel qu'il nous a été transmis par les inscriptions ou les manuscrits. Les additions ou les corrections faites aux passages mutilés ou corrompus sont distinguées par des caractères italiques. Les parenthèses ( ) désignent la solution d'abréviations contenues dans les inscriptions ; les crochets [ ] des mots ou des lettres qui se trouvent à tort dans les textes originaux. Il n'en est autrement que pour quelques textes grecs contenus dans la première et la troisième partie, où les parenthèses gardent bien leur sens ordinaire, mais où les crochets indiquent les lettres restituées. Dans quelques-unes des inscriptions plus longues dépourvues d'autre division, nous avons signalé le commencement et la fin des lignes par des traits verticaux numérotés de distance en distance et doublés de cinq en cinq lignes. Nous avons en outre placé entre astérisques ** les passages des Sentences de Paul qui ne se trouvent pas dans la *lex romana Visigothorum*, et entre apostrophes ' ' ceux des Institutes de Justinien pour lesquels nous connaissons le texte dont ils ont été extraits.

Les renvois aux auteurs classiques sont faits, selon la division des ouvrages, par deux ou trois chiffres séparés par des virgules se rapportant aux livres, chapitres et paragraphes. La nécessité d'une méthode de renvois uniforme nous a fait également adopter pour le Digeste et le Code le système de notation, déjà suivi par quelques auteurs modernes, dans lequel le premier chiffre se rapporte au livre, le second au titre, le troisième à la loi, le quatrième, s'il y a lieu, au paragraphe : D., 19, 5, 14, 3 = Digeste, livre 19, titre 5, loi ou fragment 14, paragraphe 3, C., 3, 31, 12, 2 = Code, livre 3, titre 31, loi ou constitution 12, paragraphe 2. Nos indications se rapportent aux éditions données du Digeste, du Code et des Novelles par M. Mommsen (*Digesta Justiniani Augusti, recognovit Th. Mommsen*, 2 vol. in-4°, Berlin, 1866-1870 ; 12ᵉ éd. stéréotype en 1 vol. par P. Krueger, Berlin, 1911), M. Krueger (*Codex Justinianus, recognovit P. Krueger*, in-4°, Berlin, 1877 ; 8ᵉ éd. stéréotype, Berlin, 1908) et M. R. Schoell (*Novellae, recognovit R. Schoell; absolvit G. Kroll*, Berlin, 1895). Mais pour les passages où il existe une divergence de numérotage, nous avons noté entre parenthèses les chiffres des éditions antérieures. Les citations de Gaius, de Justinien et d'Ulpien faites sans indication d'ouvrage sont naturellement relatives aux Institutes des deux premiers et aux Règles du troisième. On reconnaîtra aussi facilement les abréviations usuelles employées pour les renvois aux Sentences de Paul : *Sent.* ; aux Fragments du Vatican : *F. V.* ; à la *Collatio legum Romanarum et Mosaicarum* : *Coll.*, et à la *Consultatio veteris cujusdam jurisconsulti* : *Cons*. Sans préjudice des indications spéciales contenues dans la notice qui précède chacun des textes, on trouvera ci-dessous la liste générale des livres et recueils modernes auxquels des renvois sont faits en abrégé.

Abh. = *Abhandlungen* des académies de Berlin, de Leipzig, etc.

Accarias, *Précis*, ou Accarias = *Précis de droit romain* par C. Accarias, 4° éd., 1886, et 1891, 2 vol. in-8°, Paris,

An. ép. = *L'année épigraphique, revue des publications épigraphiques relatives à l'antiquité romaine* par René Cagnat [depuis 1899, R. Cagnat et M. Besnier], années 1888 et ss. (extrait de la *Revue archéologique*, Paris, 1889 et ss., in-8°.

Arch. f. P. = *Archiv für Papyrusforschung und verwandte Gebiete, herausgegeben von U. Wilcken*, Leipzig, 1901 et ss., in-8°.

B. G. U. = *Aegyptische Urkunden aus den koeniglichen Museen zu Berlin, herausgegeben von der Generalverwaltung : Griechische Urkunden*, in-4°, Berlin, 1892 et ss.

Bruns, *Fontes*, ou Bruns = *Fontes juris Romani antiqui edidit Carolus Georgius Bruns, post curas Theodori Mommseni septimum edidit Otto Gradenwitz*, Fribourg-en-Brisgau, 1909, in-8°.

Bruns, Kl. Schr. = *Kleinere Schriften von Carl Georg Bruns*, Weimar, 1882, 2 vol. in-8°.

Bull. arch. comm. = *Bullettino della commissione archeologica municipale*, Rome, 1872-1876, 4 vol. in-8°. — *Bullettino della commissione archeologica communale di Roma*, in-8°, Rome, 1877 et ss.

Bull. Corr. Hell. = *Bulletin de correspondance hellénique*, Athènes et Paris, 1877 et ss., in-8°.

Bull. di d. R. = *Bullettino dell'istituto di diritto Romano*, Rome, 1888 et ss., in-8°.

EXPLICATION DES ABRÉVIATIONS ET DES RENVOIS

C. J. Gr. = *Corpus inscriptionum Graecarum auctoritate et impensis academiae litterarum regiae Borussicae editum*, Berlin, 1828-1877, 4 vol. in-folio.

C. I. L. = *Corpus inscriptionum Latinarum consilio academiae litterarum Borussicae editum*, Berlin, 1863 et ss., gr. in-4º.

Cuq, *Inst.* = *Les institutions juridiques des Romains par Edouard Cuq*, Paris, 1904.1908, 2 vol. in 8º.

Dessau = *Inscriptiones Latinae selectae, edidit Hermannus Dessau, I. II, 1. II, 2*, Berlin, 1892.1902.1906, 3 vol. in-8º.

Eph. ep. = *Ephemeris epigraphica, corporis inscriptionum Latinarum supplementum*, Rome et Berlin, 1873 et ss., gr. in-8º.

Esmein, *Mélanges* = *Mélanges d'histoire du droit et de critique : droit romain, par A. Esmein*, Paris, 1886, in-8º.

Fitting, *Alt. d. Schr.* = *Alter und Folge der Schriften römischen Juristen von Hadrian bis Alexander von Hermann Fitting 2te völlig neue Bearbeitung*, Halle a. S., 1908, in-4º.

Girard, *Manuel* = *Manuel élémentaire de droit romain, par P. F. Girard*, 5ᵉ éd., Paris, 1911, in-8º.

Girard, *Mélanges*, 1 = *Mélanges de droit romain. I. Histoire des sources, par P. F. Girard*, Paris, 1912, in-8º.

Girard, *Org. jud.*, 1 = *Histoire de l'organisation judiciaire des romains, par P. F. Girard, I. Les six premiers siècles de Rome*, Paris, 1901, gr. in-8º.

Gromatici. V. *Römische Feldmesser.*

Henzen. V. Orelli.

Hermes = *Hermes, Zeitschrift für klasische Philologie*, Berlin, 1866 et ss., in-8º.

Huschke, *Jurisprudentia, J. ant.*, ou Huschke = *Jurisprudentiae anteiustinianae quae supersunt, Composuit Ph. Eduardus Huschke*, ed. 5, Leipzig, 1886, in-18.

— V. Seckel et Kuebler.

Karlowa, *R. R. G.* = *Römische Rechtsgeschichte von Otto Karlowa, I : Staatsrecht und Rechtsquellen ; II : Privatrecht*, etc., Leipzig, 1885-1902, gr. in-8º.

Krueger, *Collectio, Coll. libr.*, ou Krueger = *Collectio librorum iuris anteiustiniani ediderunt P. Krueger, Th. Mommsen, G. Studemund : I. Gai institutiones ediderunt P. Krueger et G. Studemund*, ed. 5, 1905. — *II. Ulpiani liber singularis regularum, Pauli libri quinque sententiarum, fragmenta minora saeculorum p. Chr. n. secundi et tertii recensuit Paulus Krueger,*

1878 — *III. Fragmenta Vaticana, Mosaicarum et Romanarum legum collatio recognovit Theodorus Mommsen, Consultatio veteris cuiusdam iuris consulti, codices Gregorianus et Hermogenianus alia minora edidit Paulus Krueger*, 1900. Berlin, 1905, 1878, 1890, 3 vol. in-8°.

KRUEGER, *Sources* = *Histoire des sources du droit romain par P. Krueger, traduit par M. Brissaud*, Paris, 1894, in-8°.

K. V. I. = *Kritische Vierteljahresschrift für Gesetzgebung und Rechtswissenschaft*, Munich, 1859 et ss., in-8°.

LENEL, *Edictum* = *Das Edictum perpetuum, ein Versuch zu dessen Wiederherstellung, von Otto Lenel*, Leipzig, 1883, gr. in-8°.
— *2te, verbesserte Auflage*, Leipzig, 1907, gr. in-8°.

LENEL, *Edit*, 1. 2. = *O. Lenel, Essai de reconstitution de l'édit perpétuel, ouvrage traduit en français par Frédéric Peltier sur un texte revu par l'auteur, I. II*, Paris, 1901-1903, 2 vol. in-8°.

LENEL, *Pal.* = *Palingenesia iuris civilis, secundum auctores et libros disposuit Otto Lenel*, Leipzig, 1888-1889, 2 vol. in-4°.

MITTEIS, *Chrestom.* = *Grundzüge und Chrestomathie der Papyruskunde von L. Mitteis und U. Wilcken. 2ter Band : Juristischer Theil, 2ter Hälfte : Chrestomathie*, Leipzig, 1911, 1 vol. in-8°.

MITTEIS, *Grundzüge* = même ouvrage, *2ter Band : Juristischer Theil, 1ter Hälfte : Grundzüge*, Leipzig, 1911, 1 vol. in-8°.

MOMMSEN, *Ges. Schr.* = *Gesammelte Schriften von Theodor Mommsen. 1. Abth. Juristische Schriften*, I, II, III. *2. Abth. Historische Schriften*, I, II, III. *3. Abth. Philologische Schriften*, I. Berlin, 1905-1911, 7 vol. in-8°.

MOMMSEN, *Staatsrecht, Droit public* = *Römisches Staatsrecht, von Theodor Mommsen*, I, 3° éd., II, 3° éd. et III, 3 vol. in-8°, en 5 parties, Leipzig, 1887-1888 ; traduction française sous le titre : *Le droit public romain par Mommsen, traduit par P. F. Girard*, tomes I, 2° éd., II, III, IV, V, VI, 1, VI, 2, VII, Paris, 1889-1896, 8 vol. in-8°.

MOMMSEN, *Röm. Gesch.* = *Römische Geschichte von Th. Mommsen*, I, II, III, 8° éd., 1889, V, 2° éd., 1885, Berlin, 1889, 1885, 4 vol. in-8°, traduction française des trois premiers sous le titre : *Histoire romaine par Mommsen, traduite par C.-A. Alexandre*, Paris, 1863-1872, 8 vol. in-8°, et du suivant sous le titre : *Histoire romaine par Mommsen, traduite par Cagnat et Toutain*, Paris, 1887-1889, 3 vol. in-8°.

— V. BRUNS, *Fontes* ; KRUEGER, *Collectio*.

EXPLICATION DES ABRÉVIATIONS ET DES RENVOIS

N. R. H. = *Nouvelle revue historique de droit français et étranger*, Paris, 1877 et ss., in 8°.

Orelli = *Inscriptionum Latinarum amplissima collectio. Edidit. J.-Casp. Orellius*, 1828. — *Volumen tertium collectionis Orellianae supplementa emendationesque exhibens. Edidit Guill. Henzen*, 1856. Zurich, 1828-1856, 3 vol. gr. in-8°.

Pellat = *Manuale juris synopticum, concinnavit et recognovit C.-A. Pellat*, Paris, 8ᵉ éd., 1887, 1 vol. in 18.

P. Amh. = *The Amherst Papyri,... by B. P. Grenfell and A. S. Hunt*, Londres, 1900-1901, 2 vol. in-folio.

P. Fay. = *Grenfell, Hunt, Hogarth, Fayùm towns and theyr papyri (Egypt. Explor. Fund, graeco-roman branch)*, Londres, 1900, in-4°.

P. Fior. = *G. Vitelli, Papiri Fiorentini, documenti publici e privati dell'età Romana e Bizantina*, I, Florence, 1906, in-4°.

P. Giss. = *Griechische Papyri im Museum d. Oberhess. Geschichtsverein zu Giessen im Verein mit O. Eger hrsgg. von E. Kornemann und Paul M. Meyer*, I, Leipzig, 1910-1912, in-4°

P. Grenf. II = *B. P. Grenfell and A. S. Hunt, New classical fragments an other greek and latin papyri*, Oxford, 1897, in-8°.

P. Lips. = *Griechische Urkunde der Papyrussammlung zu Leipzig herausgegeben von L. Mitteis*, Leipzig, 1906, in-4°.

P. Lond. = *F. G. Kenyon, Greek Papyri in the British Museum. Catalogue with texts*, I, II, III, Londres, 1893-1907, 3 vol. in 8°.

P. Oxy. = *Grenfell-Hunt, The Oxyrhynchus papyri (Egypt. Explor. Fund, Graeco-roman branch)*, Londres, 1898-1911, 8 vol. in-4°.

P. Strassb. = *Griechische Papyrus d. Universitäts — und Landesbibliothek zu Strassburg herausgegeben von F. Preissigke*, I, Strasbourg, 1906-1912, in-4°.

P. Teb. = *Grenfell, Hunt, Simly, The Tebtunis Papyri*, I, II, Londres, 1902. 1907, 2 vol. in-4°.

R. Arch. = *Revue archéologique*, Paris, 1844 et ss., in-8°.

R. Wolowski = *Revue de législation et de jurisprudence, publiée sous la direction de MM. Wolowski, etc.*, Paris, 1834-1853, 47 vol. in-8°.

R. de législat. = *Revue de législation ancienne et moderne, française et étrangère*, Paris, 1870-1876, 6 vol. in-8°.

Röm. Feldmesser = *Die Schriften der Römischen Feldmesser herausgegeben und erläutert von F. Blum, Lachmann und Th. Mommsen*, Berlin, 1848-1852, 2 vol. in-8°.

SECKEL ET KUEBLER, *Jurisprudentia, J. ant.* ou SECKEL ET KUEBLER = *Jurisprudentiae anteiustinianae reliquias compositas a Ph. E. Huschke, editione sexta aucta et emendata ediderunt E. Seckel et B. Kuebler,* I, 1908 ; II, 1, 1911, Leipzig, 1908-1911, in-18.

Sitzungsberichte = *Sitzungsberichte* des académies de Berlin, Vienne, Munich, etc.

STUDEMUND. = *Gaii institutionum commentarii quatuor. Codicis Veronensis denuo collati apographum fecit Guill. Studemundus.* Leipzig, 1874, in-4°.

— V. KRUEGER.

Studi e doc. = *Studi e documenti di storia e diritto,* Rome, 1880 et ss., in-4°.

WILCKEN, *Chrestom.* = *Grundzüge und Chrestomathie der Papyruskunde von L. Mitteis und U. Wilcken, 1ter Band* : *Historischer Teil, 2ter Hälfte* : *Chrestomathie,* Leipzig, 1911, 1 vol. in-8°.

WILCKEN, *Grundzüge.*= Même ouvrage, *1ter Band* : *Historischer Teil, 1ter Hälfte* : *Grundzüge,* Leipzig, 1911, 1 vol. in-8°.

Z. G. R. = *Zeitschrift für geschichtliche Rechtswissenschaft,* Berlin, 1815-1850, 15 vol. in-8°.

Z. R. G. = *Zeitschrift für Rechtsgeschichte,* Weimar, 1862-1878 (suite du précédent), 13 vol. in-8°.

Z. S. St. = *Zeitschrift der Savigny-Stiftung für Rechtsgeschichte, Romanistiche Abtheilung,* Weimar, 1880 et ss. (suite du précédent), in-8°.

Zeitschrift de Grünhut = *Zeitschrift für privat-und öffentliches Recht, herausgegeben von Prof. Grünhut,* Vienne, 1878 et ss., in-8°.

Concordance entre les pages de la 3ᵉ et de la 4ᵉ éditions.

Les divers morceaux contenus dans notre 3ᵉ édition sont énumérés ici dans l'ordre même où ils s'y trouvent avec l'indication des pages qu'ils y occupent. Les chiffres qui suivent entre parenthèses sont ceux des pages correspondantes de la 4ᵉ édition.

PREMIÈRE PARTIE. Les lois, 1-192 (1-210).

Chapitre I. Leges, 3-119 (3-127). Lois royales 3-9 (3-9). — Loi des XII tables, 9-23 (9-23). — Lois postérieures aux XII tables, 24-119 (24-127). Inscription de Luceria, 25 (25) ; lois Papiria, 26 (26), osque de Bantia, 26-29 (26-29), latine de Bantia, 29-31 (29-31), Atinia, 31-32 (32), Acilia *repetundarum*, 32-45 (32-45), agraire de 643, 45-61 (45-61), de Tarente, 61-63 (62-65), Cornelia *de quaestoribus*, 64-66 (65-68), Antonia *de Termessibus*, 66-69 (68-70), Julia *agraria*, 69-70 (70-72), *de Gallia cisalpina*, 70-76 (72-78) ; fragment d'Este, 76-78 (78-80) ; lois Julia dite Julia *municipalis*, 78-87 (80-89), de la colonie Geneliva, 87-103 (89-105), Quinctia, 103-105 (105-107), *de imperio Vespasiani*, 105-106 (107-108), de Salpensa et de Malaca, 106-117 (108-119), de Salpensa, 107-110 (109-112), de Malaca, 110-117 (112-119) ; diplômes militaires, 117-119 (124-127), d'un soldat pérégrin, 118-119 (125-126), d'un soldat citoyen, 119 (126-127).

Chapitre II. Sénatus-consultes, 120-128 (128-136). Sénatus-consultes des Bacchanales, 120-122 (128-130), sur le *pagus Montanus*, 122 (130), sur les aqueducs, 122-124 (130-132), Hosidien et Volusien, 124-125 (132-133) ; *orationes* de Claude, 125-128 (133-136), sur l'âge des récupérateurs, 126-127 (134-135), sur l'expédition des procès criminels, 127-128 (135-136).

Chapitre III. Edits des magistrats, 129-168 (137-183). Edit du préteur 129-157 (137-170), titres 1, 131 (139-140), 2, 131 (140), 3, 131-132 (140), 4, 132 (140), 5, 132 (140-141), 6, 132-133

(141-142), 7, 133-134 (142), 8, 134-135 (143-144), 9, 135 (144), 10, 135-136 (144-145), 11, 136 (145), 12, 136 (146), 13, 136 (146), 14, 136-137 (146), 15, 137-139 (147-149), 16, 139-140 (149-150), 17, 140 (150-151), 18, 140-141 (151), 19, 141-142 (152), 20, 142 (152), 21, 142-143 (152-153), 22, 143 (154), 23, 143-144 (154), 24, 144 (154-155), 25, 144-145 (155-156), 26, 145 (156), 27, 145 (156), 28, 145 (157), 29, 145-146 (157), 30, 146 (157), 31, 146 (157-158), 32, 146 (158), 33, 146 (158), 34, 146-147 (158-159), 35, 147 (159), 36, 148 (159-160), 37, 148 (160), 38, 148 (160-161), 39, 149 (161), 40, 149 (162), 41, 149 (162), 42, 149 (162), 43, 150-155 (162-168), 44, 155-156 (168-169), 45, 156-157 (169-170) ; édit des édiles curules, 137-138 (170-172) ; décret d'Aemilius Paulus, 159 (172) ; édits de Tibère Alexandre, 159-162 (174-176), de Mettius Rufus, 162-165 (176-179) ; décret d'Helvius Agrippa, 185-187 (179-182) ; édit du gouverneur de Numidie, 167-168 (182-183).

Chapitre IV. Constitutions impériales, 169-192 (184-210). Edits d'Auguste sur l'aqueduc de Venafrum, 171-173 (186-188), de Claude sur les Anauni, 173-174 (188-190) ; *epistulae* de Vespasien aux Vanacini, 174 (190), aux Saborenses, 175 (190-191), de Domitien aux Faleriones, 175-176 (191), d'Hadrien sur les enfants des militaires, 176-177 (194-196) ; rescrits d'Hadrien sur le collège d'Epicure, 177-179 (196-197), de Commode sur le *saltus Burunitanus*, 179-183 (199-203) ; inscription d'Henchir Mettich, 183-186 (870-874) ; *ara legis Hadrianae*, 186-187 (876-878) ; rescrits de Sévère et Caracalla sur la prescription, 187-188 (201-203), de Gordien de Scaptoparène, 188-189 (205-207) ; édit sur les délais des appels criminels, 190-192 (208-210).

Deuxième partie. Les commentaires, 193-764 (211-793).

Valerius Probus, 195-201 (213-220), extraits d'Einsiedeln, 199-201 (217-220) ; Pomponius, 201 (220) ; Gaius, 201-349 (220-370), institutes, 206-333 (225-354), paraphrase d'Autun, 333-349 (354-370) ; Papinien, réponses, 350-355 (371-375), livres 1, 351 (372), 5, 351-353 (372-374), 9, 353-354 (374-375), *quaestiones*, 355 (376) ; Paul, sentences, 356-430 (377-452), institutes, 431 (453) ; fragments *de formula Fabiana*, 432-434 (454-456), d'Oxford, 435 (457) ; Ulpien, règles, 436-465 (458-487), institutes, 466-467 (488-489), *ad edictum*, 468 (493) ; fragments de Berlin *de judiciis*, 469 (494), *de jure fisci*, 470-472 (495-497), de Dosithée, 476-479 (501-504) ; Modestin, 480 (505) ; rubriques de droit criminel, 481 (508) ; fragments du Vatican, 482-542 (507-568) ; *Collatio*, 543-577 (569-604) ; fragments du Sinaï, 578-589 (605 616) ; *Consultatio*, 590-604 (617-631) ; institutes de Justinien, 605-764 (632-793).

Troisième partie. Les actes, 765-850 (795-912).

Chapitre I. Successions à cause de mort, 768-782 (797-818). Testaments de Dasumius, 768-771 (800-801), de Longinus Castor, 771-775 (801-805) ; procès-verbal d'ouverture de testament, 775-777 (811-813) ; *laudationes* dite de Turia, 777-781 (813-818), de Murdia, 781-782 (818).

Chapitre II. Modes d'acquérir entre vifs, 789-792 (819-829). Mancipations fiduciaires, 783-788 (819-835) : acte, 783-786 (819-822), formulaire, 786-788 (822-824), à titre gratuit, 788-792 (825-829) : donations d'Artémidore, 788-789 (825-826), de Monime, 789 (828), d'Irène, 789 (867), de Syntrophus, 789-792 (827-829) ; *in jure cessio*, 792 (829).

Chapitre III. Constitutions de droits réels, 793-801 (830-839). Servitudes, 793-794 (830-831) ; superficie, 794-797 (832-834) : édifices de la Colonie Antonine, 795-796 (832-833), de Pouzzoles, 796-797 (833-834) ; fondations, 797-801 (834-838), de Trajan, 798-800 (836-837) : inscriptions de Veleia, 798-800 (836-837), des Ligures Baebiani, 800 (837), fondations de Ferentinum, 800 (837-838), d'Ariminum, 801 (838).

Chapitre IV. Contrats, 802-819 (840-859). Contrats verbaux, 803 804 (841-842) : stipulations, 803 (841-842), 804 (842) ; contrat littéral, 804-805 (842-843) ; ventes, 805-810 (843-850) d'un petit esclave, 806-807 (844-845), d'une petite esclave, 807 (845), d'une esclave, 807-808 (845-846), de la moitié d'une maison, 808-809 (846-847), d'une petite esclave, 809-810 (847-849) ; louages, 811-816 (850-857), de choses, 811-814 (850-854) : avis de location de magasins impériaux, 811-812 (851-852), privés, 812 813 (853-858), affiche d'appartements à louer, 813 (853), requête de Geminus, 813-814 (853 854), d'*operae*, 814-815 (855), *operis faciendi*, 815-816 (855-857) ; société, 817 (857-858) ; contrats réels, 817-818 (858) : *mutuum*, 818 (858), dépôt irrégulier, 818 (858) ; promesses à des personnes incertaines, 818-819 (859).

Chapitre V. — Extinctions des obligations, 820-827 (860-868). Quittances de Pompéi, 820-827 (860-867) : diptyque de l'an 15, 822-823 (862), triptyques de l'an 27, 823 (863), de l'an 54, 823 (863-864), d'année incertaine, 823-824 (864), de l'an 54, 824 (864), de l'an 55, 824-826 (865), de l'an 54, 825 (865), de l'an 56, 824-826 (866), diptyque de l'an 53, 826 (866), triptyque de l'an 59, 826-827 (867) ; quittance en deux exemplaires, 827 (868).

Chapitre VI. Statuts d'associations, 828-832 (882-887). Inscription des *symphoniaci*, 828 (882-883) ; statuts du collège de Lanuvium, 829-831 (883-885), des *negotiatores eborarii aut citriarii*, 831-832 (882-887).

Chapitre VII. Tables d'hospitalité et de patronat, 833-836 (888-891). Tessères d'hospitalité, 834 (889), 834 (889), d'hospitalité et de patronat, 834 (889-890), tables d'hospitalité et de patronat, 835 (890), 835 (890), 835-836 (890-891).

Chapitre VIII. Décisions judiciaires, 837-847 (892-912). Sentence d'Histonium, 837-838 (892-893), actions en nullité de testament, 838-841 (893-896), en pétition d'hérédité ab intestat, 841, 844 (896-900) ; décision relative à des lieux de sépulture, 845 (902-903) ; procès des foulons, 845-847 (903-905).

Appendice. Affranchissement de 221, 849-850 (849-850).

PREMIÈRE PARTIE

LES LOIS

PREMIÈRE PARTIE

CHAPITRE PREMIER
LEGES.

Nous rassemblons, dans ce chapitre, sous le nom collectif de *leges*, une restitution des *leges regiae*, qui, selon toute apparence, ne sont pas des lois au sens strict, une restitution des XII Tables, qui appartiennent au contraire au cercle des lois centuriates, puis, en un paragraphe commun, à peu près toutes les autres lois votées par le peuple dont le texte nous est parvenu et quelques exemples de *leges datae*.

§ 1. — *LEGES REGIAE.*

La conservation à l'époque historique de véritables lois du temps des rois nous est affirmée par la combinaison de trois ordres de témoignages : par la mention d'un recueil de *leges regiae* qu'aurait composé un personnage nommé Papirius, soit à la fin de la Royauté, soit au commencement de la République (Pomponius, *D.*, 1, 2, 2, 2 et 36 ; Paul, *D.*, 50, 16, 144 ; Macrobe, *Sat.*, 3, 11, 5 ; Servius, *Ad Aen.*, 12, 836) ; ensuite par des textes assez nombreux qui rapportent, sur des points concrets de droit privé, de droit pénal ou de droit religieux, les dispositions des prétendues lois royales ; enfin par l'assertion, d'ailleurs, isolée, de Pomponius, *D.*, 1, 2, 2, 2, selon laquelle ces lois, que d'autres textes ont l'air de présenter comme de simples édits religieux (v. Denys, 3, 36 ; Tite-Live, 1, 32), auraient été de véritables lois curiates votées par les comices sur la proposition de tel ou tel roi. Et il y a en effet des auteurs qui, avec quelques nuances, admettent plus ou moins intégralement les trois points, qui estiment que les comices par curies ont exercé le pouvoir législatif dès la fondation de Rome et qu'ils ont voté des lois royales dont un recueil a été dressé par Papirius aux environs de l'époque de l'expulsion des rois. Voir notamment M. Voigt, *Ueber die leges regiae*, 1876 ; Bernhoeft, *Staat und Recht der römischen Königszeit*, 1882, pp. 116-118 ; Ferrini, *Storia delle fonti del diritto romano*, 1885, pp. 1-4 ; Accarias, *Précis de droit romain*, 1, 1886, pp. 65 et 66 ; Cuq, *Institutions des Romains*, 1, 1891, pp. 6-9. 56-61.

Cependant l'opinion la plus répandue et la meilleure à notre sens conteste à la fois que les *leges regiae* aient été de véritables lois votées par le peuple et que le recueil qui en a été mis sous le nom de Papirius ait été autre chose qu'une compilation apocryphe de la fin de la République. V. en ce sens Dirksen, *Versuche zur Kritik und Auslegung der Quellen*, 1823, pp. 234-358 ; Rubino, *Untersuchungen über römische Verfassung*, 1839, p. 399 et ss. ; Schwegler, *Röm. Gesch.*, 1, 1867, pp. 23-28 ; Mommsen, *Droit public*, 3, pp. 46-50 ; Karlowa, *R. R. G.*, 1, pp. 105-107 ; Krueger, *Sources*, pp. 3-10 ; A. Pernice, *Z. S. St.*, 7, 2, 1886, p. 153 ; P. Joers, *Römische Rechtswissenschaft zur Zeit der Republik*, 1, 1888, pp. 59-65 ; Girard, *Manuel*, pp. 14-15. *Org. jud.*, 1, p. 27, n. 1 ; Cuq, dans

Daremberg et Saglio, *Dictionnaire d'antiquités*, V. 1900, p. 1173 (cf. *Inst.*, 1, 2ᵉ éd., 1904, pp. 26-28) ; Wissowa, *Religion der Römer*, 1902, p. 442 ; O. Hirschfeld, *Sitzungsberichte* de Berlin, 1903, pp. 5-12. D'abord les *leges regiae* ne sont pas, ainsi que pourrait faire croire le sens le plus vulgaire du mot *leges*, des lois votées par les comices ; car la conclusion tirée de ce mot ne pourrait avoir une valeur qu'à condition de porter partout ; or il y a au moins une catégorie de *leges regiae* auxquelles elle ne peut s'appliquer ; ce sont les prescriptions d'ordre religieux, qui n'ont certainement jamais fait l'objet d'un vote populaire ; et l'obstacle existe en réalité pour toutes ; car même celles qui présentent un certain caractère pénal ou civil sont encore au fond des prescriptions religieuses. Ce sont là tout simplement de vieilles règles traditionnelles, peut-être antérieures en partie à la fondation de Rome, qui ont été conservées par la jurisprudence sacerdotale et ont été mises sous l'autorité arbitrairement choisie de tel ou tel roi, presque toujours sous celle de Romulus ou de Numa (déjà, au viiᵉ siècle, par Mʼ. Manilius, cos. 605, d'après M. Hirschfeld, art. précité, pp. 2-12, et par Cassius Hemina, dans Pline, *N. H.*, 32, 2, 20), précisément parce qu'on n'en connaissait pas l'origine. La meilleure preuve qu'il n'y avait pas encore de lois positives votées par le peuple au temps des rois est du reste dans l'agitation qui fut faite sous la République afin d'obtenir une législation écrite et qui aboutit à la rédaction des XII Tables ; c'est même probablement pour échapper à cette objection que Pomponius a inventé une autre allégation peu vraisemblable, qui lui est propre, celle selon laquelle toutes les lois curiates votées sous les rois auraient été abrogées en bloc à la suite de la fondation de la République. — Quant au recueil des *leges regiae*, au *jus Papirianum*, que Pomponius est d'ailleurs seul à considérer comme un recueil de lois civiles, qui, d'après la version déjà citée représentée par Denys, n'est qu'un recueil de jurisprudence ecclésiastique, il est bien difficile de l'attribuer sérieusement soit, avec Pomponius, à un personnage du temps des Tarquins, soit, avec Denys, à un pontife du début de la République. L'existence en est attestée, pour la première fois au temps de César ou d'Auguste, si le Granius Flaccus cité par Paul, *D.*, 50, 17, 144, est bien véritablement le contemporain du dictateur (v. Girard, *Mélanges*, 1, p. 5, n. 1). Le recueil des *leges regiae*, qui ne semble avoir été connu ni de Cicéron, ni de Varron, est ensuite invoqué par Verrius Flaccus, par Tite-Live, par Denys et par les écrivains postérieurs. Il n'apparaît donc que des siècles après la date qui lui est assignée. Et la solution de continuité est attestée par la tradition même qui le concerne ; car les récits qui représentent les édits royaux comme ayant été affichés par Ancus et réédités par Papirius, puis détruits lors du sac des Gaulois en 364, disent bien qu'ils furent alors reconstitués ; mais ils ne disent pas qu'ils aient été alors réaffichés ; ils semblent même impliquer le contraire ; et c'est seulement beaucoup plus tard que la collection reparaît sans que l'on sache d'où elle sorte. — L'inscription très ancienne découverte au Forum en 1899 et reproduite par exemple dans Bruns, 1, 7ᵉ éd., pp. 14-15, qui parle ou du roi, ou du roi des sacrifices, ne prouve rien pour l'existence d'un recueil de lois royales.

Les principaux essais de restitution des *leges regiae* qui ont été faits de notre temps sont le travail capital de Dirksen, qui donne

une analyse de toutes les tentatives antérieures, et l'ouvrage de
M. Voigt. Dirksen relevait 21 *leges regiae*. M. Voigt, qui exclut certaines dispositions, qui en ajoute d'autres, s'arrête au chiffre de 14.
Bruns arrive à un chiffre beaucoup plus élevé; mais il excède,
semble-t-il, le cadre du *jus Papirianum* et même des *leges regiae*
entendues au sens romain en reproduisant sans distinction tous
les témoignages relatifs aux institutions quelconques des différents
rois. Nous nous sommes contenté de reproduire ci-dessous les
textes qui prétendent analyser ou donner dans leur teneur les dispositions de la pseudo-législation royale, sauf à indiquer dans les
notes les autres textes relevés par Bruns ou par Voigt.

I. ROMULUS.

1. Denys, 2, 10[1] : Ἦν δὲ τὰ ὑπ' ἐκείνου τότε ὁρισθέντα... ἔθη περὶ
τὰς πατρωνείας τοιάδε · τοὺς μὲν πατρικίους ἔδει τοῖς ἑαυτῶν πελάταις
ἐξηγεῖσθαι τὰ δίκαια,... δίκας τε ὑπὲρ τῶν πελατῶν ἀδικουμένων λαγ-
χάνειν... καὶ τοῖς ἐγκαλοῦσιν ὑπέχειν... Τοὺς δὲ πελάτας ἔδει τοῖς
ἑαυτῶν προστάταις θυγατέρας τε συνεκδίδοσθαι γαμουμένας, εἰ σπανί-
ζοιεν οἱ πατέρες χρημάτων, καὶ λύτρα καταβάλλειν πολεμίοις, εἴ τις
αὐτῶν ἢ παίδων αἰχμάλωτος γένοιτο · δίκας τε ἁλόντων ἰδίας ἢ ζημίας
ὀφλόντων δημοσίας ἀργυρικὸν ἐχούσας τίμημα ἐκ τῶν ἰδίων λύεσθαι
χρημάτων.... Κοινῇ δ' ἀμφοτέροις οὔτε ὅσιον οὔτε θέμις ἦν κατηγορεῖν
ἀλλήλων ἐπὶ δίκαις ἢ καταμαρτυρεῖν ἢ ψῆφον ἐναντίαν ἐπιφέρειν....
Εἰ δέ τις ἐξελεγχθείη τούτων τι διαπραττόμενος, ἔνοχος ἦν τῷ νόμῳ
τῆς προδοσίας, ὃν ἐκύρωσεν ὁ Ῥωμύλος, τὸν δὲ ἁλόντα τῷ βουλομένῳ
κτείνειν ὅσιον ἦν ὡς θῦμα τοῦ καταχθονίου Διός [2].

2. Denys, 2, 25 : Ὁ δὲ Ῥωμύλος... ἕνα... νόμον... καταστησά-
μενος εἰς σωφροσύνην... ἤγαγε τὰς γυναῖκας. Ἦν δὲ τοιόσδε ὁ νόμος·
γυναῖκα γαμετὴν τὴν κατὰ γάμους ἱεροὺς συνελθοῦσαν ἀνδρὶ κοινωνὸν
ἁπάντων εἶναι χρημάτων τε καὶ ἱερῶν [3].

1. Remplacé par Dirksen par le texte des XII Tables,8,2,21 : PATRONUS
SI CLIENTI FRAUDEM FECERIT SACER ESTO, en partant de l'idée possible,mais
non certaine, de l'identité des deux textes. — 2. (Constitutum tunc est ab
illo jus patronatus tale : patricios oportebat clientibus suis jus interpretari, lites pro eis, si injuria afficerentur, intendere, agentibus adesse ;
clientes vero oportebat patronos suos juvare in collocandis filiabus, si
parentes opibus carerent, ab hostibus redimere eos, si ipsi aut liberi
capti essent, et tam litium privatarum aestimationes quam publicas multas, si condemnati essent, pro eis solvere. Communiter autem utrisque
jus fasque non erat invicem se accusare, testimonium adversum alterum
dicere vel suffragium contra eum ferre. Quod si quis ejusmodi alicujus
facinoris convictus esset, proditionis lege, quam Romulus sanxerat,
obnoxius fuit, eumque interficere, ut Diti sacrum, cuilibet licebat). —
3. (Romulus una lege lata ad modestiam adduxit mulieres. Quae lex haec
erat : uxorem justam, quae nuptiis sacratis (confarreatione) in manum

3. Denys, 2, 25 : Ταῦτα... οἱ συγγενεῖς μετὰ τοῦ ἀνδρὸς ἐδίκαζον· ἐν οἷς ἦν φθορὰ σώματος, καὶ... εἴ τις οἶνον εὑρεθείη πιοῦσα γυνή, ἀμφότερα γὰρ ταῦτα θανάτῳ ζημιοῦν συνεχώρησεν ὁ Ῥωμύλος [1].

4. Plutarque, *Rom*., 22 : Ἔθηκε δὲ καὶ νόμους τινὰς (ὁ Ῥωμύλος), ὧν σφοδρὸς μέν ἐστιν ὁ γυναικὶ μὴ διδοὺς ἀπολείπειν ἄνδρα, γυναῖκα δὲ διδοὺς ἐκβάλλειν ἐπὶ φαρμακείᾳ τέκνων ἢ κλειδῶν ὑποβολῇ καὶ μοιχευθεῖσαν · εἰ δ' ἄλλως τις ἀποπέμψαιτο, τῆς οὐσίας αὐτοῦ τὸ μὲν τῆς γυναικὸς εἶναι, τὸ δὲ τῆς Δήμητρος ἱερὸν κελεύων · τὸν δ' ἀποδόμενον γυναῖκα θύεσθαι χθονίοις θεοῖς [2].

5. Denys 2, 26.27 : (Ὁ Ῥωμύλος) ἅπασαν... ἔδωκεν ἐξουσίαν πατρὶ καθ' υἱοῦ, καὶ παρὰ πάντα τὸν τοῦ βίου χρόνον ἐάν τε εἴργειν, ἐάν τε μαστιγοῦν, ἐάν τε δέσμιον ἐπὶ τῶν κατ' ἀγρὸν ἔργων κατέχειν, ἐάν τε ἀποκτιννύναι προαιρῆται... Ἀλλὰ καὶ πωλεῖν ἐφῆκε τὸν υἱὸν τῷ πατρί,..., καὶ τοῦτο συνεχώρησε τῷ πατρί, μέχρι τρίτης πράσεως ἀφ' υἱοῦ χρηματίσασθαι... Μετὰ δὲ τὴν τρίτην πρᾶσιν ἀπήλλακτο τοῦ πατρὸς [3].

6. Denys, 2, 15 : Εἰς ἀνάγκην κατέστησε (ὁ Ῥωμύλος) τοὺς οἰκήτορας... ἅπασαν ἄρρενα γενεὰν ἐκτρέφειν, καὶ θυγατέρων τὰς πρωτογόνους, ἀποκτιννύναι δὲ μηδὲν τῶν γεννωμένων νεώτερον τριετοῦς, πλὴν εἴ τι γένοιτο παιδίον ἀνάπηρον ἢ τέρας εὐθὺς ἀπὸ γονῆς. Ταῦτα δ' οὐκ ἐκώλυσεν ἐκτιθέναι τοὺς γειναμένους, ἐπιδείξαντας πρότερον πέντε ἀνδράσι τοῖς ἔγγιστα οἰκοῦσιν, ἐὰν κἀκείνοις συνδοκῇ. Κατὰ δὲ τῶν μὴ

mariti convenisset, communionem cum eo habere omnium bonorum et sacrorum). Exclu par Voigt.
1. (De his cognoscebant cognati cum marito : de adulteriis et si qua vinum bibisse argueretur; hoc utrumque enim morte punire Romulus concessit). Exclu par Voigt. — 2. (Constituit quoque leges quasdam, quarum illa dura est, quae uxori non permittit divertere a marito, at marito permittit uxorem repudiare propter veneficium vel suppositionem partus vel falsationem clavium vel adulterium commissum, si vero aliter quis a se dimitteret uxorem, bonorum ejus partem uxoris fieri, partem Cereri sacram esse jussit; qui autem venderet uxorem diis inferis immolari). Cf. sur les causes de répudiation, de Ihering, *Indo-Européens*, 1895, pp. 391-396 ; sur la nature de l'aliénation prohibée, Schlesinger, *Z. R. G.*, 8, 1869, p. 59; Girard, *N. R. H.*, 1887, p. 424; Trincheri, *Bull. di d. R.*, 2, 1889, pp. 248-261 ; sur la divinité à laquelle est faite la consécration, Girard, *Org. jud.*, 1, p. 35, n. 1. — 3. (Romulus omnem potestatem in filium patri concessit, idque toto vitae tempore, sive eum carcere includere sive verberare, sive vinctum ad opera rustica detinere sive occidere vellet... Etiam vendere filium permisit patri ;... quin etiam hoc concessit patri, ut usque ad tertiam venditionem per filium adquireret ;... post tertiam vero venditionem liberabatur filius a patre). Cf. Papinien, *Coll.*, 4, 8 : 'cum patri lex regia dederit in filium vitæ necisque potestatem' et XII Tables, 4, 2. Exclu par Voigt.

πειθομένων τῷ νόμῳ ζημίας ὥρισεν ἄλλας τε καὶ τῆς οὐσίας αὐτῶν τὴν ἡμίσειαν εἶναι δημοσίαν [1].

7. SI NURUS SACRA DIVIS PARENTUM ESTOD [2].

II. NUMA POMPILIUS.

1. Denys, 2, 27 : Ἐκ τῶν Νομᾶ... νόμων, ἐν οἷς καὶ οὗτο γέγραπται · ἐὰν πατὴρ υἱῷ συγχωρήσῃ γυναῖκα ἀγαγέσθαι, κοινωνὸν ἐσομένην ἱερῶν τε καὶ χρημάτων κατὰ τοὺς νόμους, μηκέτι τὴν ἐξουσίαν εἶναι τῷ πατρὶ πωλεῖν τὸν υἱόν [3].

2. Festus, v° *Termino* : Numa Pompilius statuit eum qui terminum exarasset et ipsum et boves sacros esse [4].

3. PAELEX ARAM JUNONIS NE TANGITO ; SI TANGET, JUNONI CRINIBUS DEMISSIS AGNUM FEMINAM CAEDITO [5].

4. CUJUS AUSPICIO CLASSE PROCINCTA OPIMA SPOLIA CAPIUNTUR, JOVI FERETRIO BOVEM CAEDITO ; QUI CEPIT, AERIS CCC DARIER OPORTEAT. SECUNDA SPOLIA, IN MARTIS ARAM IN CAMPO SOLITAURILIA, UTRA VOLUERIT, CAEDITO ; *QUI CEPIT, AERIS CC DATO.* TERTIA SPOLIA, JANUI QUIRINO AGNUM MAREM CAEDITO ; C QUI CEPERIT EX AERE DATO. CUJUS AUSPICIO CAPTA, DIS PIACULUM DATO [6].

5. Lydus, *De mensibus*, 1, 31 : Καὶ τοῦτο δὲ πρὸς τοῦ Νουμᾶ

1. (Necessitatem imposuit Romulus civibus, omnem virilem prolem educare et filias primogenitas, necare vero nullum fetum triennio minorem, nisi natum mutilum aut monstrum statim post partum, quos a parentibus exponi non prohibuit, dummodo eos prius ostenderent quinque vicinis proximis, iique id comprobassent ; in eos vero, qui legibus istis non obtemperarent, poenas statuit cum alias tum etiam hanc, bona eorum pro parte dimida publicari). Cf. XII Tables, 4, 1. — 2. Festus, v° *Plorare* : 'Plorare... significat... apud antiquos plane inclamare. In regis Romuli et Tatii legibus si nurus sacra divis parentum estod in Servi Tullii haec est si parentem puer verberit ast olle plorassit paren... puer divis parentum sacer esto id est clamarit dix...' Voigt restitue la lacune en lisant : 'Si nurus socrui obambulassit, sacra divis parentum estod'. Mommsen propose plus vraisemblablement de lire : 'In regis Romuli et Tatii legibus haec est : 'si parentem puer verberit, ast olle plorassit parens, puer divis parentum sacer estod' id est clamarit. Adjicitur : 'si nurus, sacra divis parentum estod' in Servi Tulli' et par conséquent de rapporter notre disposition à Servius et l'autre à Romulus. — Bruns relève encore des indications qu'il considère comme se rapportant aux lois de Romulus dans les textes suivants. Denys, 2, 9 ; 2, 12-14 ; 2, 21 et 22 ; Macrobe, *Sat.*, 1, 12, 38 ; 1, 13, 20 ; Plutarque, *Rom.*, 22. — 3. (E legibus Numae, in quibus etiam haec est scripta : si pater filio permiserit uxorem ducere, quae ex legibus particeps sit et sacrorum et bonorum, patri non amplius jus esse filium vendendi). Cf. Plutarque, *Num.*, 17. — 4. Cf. Denys, 2, 74. — 5. Festus, v° *Paelices*. Cf. Aulu-Gelle, 4, 3. Exclu par Voigt. — 6. Festus, v° *Opima*. Cf. Plutarque, *Marc.*, 8 ; Servius, *Ad Aen.*, 6, 860. Exclu par Voigt.

διατέθειται, ὥστε τοὺς ἱερεῖς χαλκαῖς ψαλίσιν, ἀλλ' οὐ σιδηραῖς ἀποκείρεσθαι[1].

6. Pline, *N. H.*, 32, 2, 20 : Numa constituit ut pisces, qui squamosi non essent, ni pollucerent [2].

7. Pline, *N. H.*, 14, 12, 88 : Ex imputata vite libari vina diis nefas statuit (Numa) [3].

8. VINO ROGUM NE RESPARGITO [4].

9. Plutarque, *Numa*, 12 : (Ὁ Νομᾶς) τὰ πένθη καθ' ἡλικίας καὶ χρόνους ἔταξεν, οἷον παῖδα μὴ πενθεῖν νεώτερον τριετοῦς, μηδὲ πρεσβύτερον πλείονας μῆνας ὧν ἐβίωσεν ἐνιαυτῶν μέχρι τῶν δέκα, καὶ περαιτέρω μηδεμίαν ἡλικίαν · ἀλλὰ τοῦ μακροτάτου πένθους χρόνον εἶναι δεκαμηνιαῖον, ἐφ' ὅσον καὶ χηρεύουσιν αἱ τῶν ἀποθανόντων γυναῖκες · ἡ δὲ πρότερον γαμηθεῖσα βοῦν κἐγύμονα κατέθυεν ἐκείνου νομοθετήσαντος[5].

10. Marcellus, *lib. 28 digestorum*, D., 11, 8, 2 : Negat lex regia mulierem, quae praegnas mortua sit, humari, antequam partus ei excidatur ; qui contra fecerit, spem animantis cum gravida peremisse videtur.

11. SI HOMINEM FULMEN OCCISIT, NE SUPRA GENUA TOLLITO. HOMO SI FULMINE OCCISUS EST, EI JUSTA NULLA FIERI OPORTET [6].

12. SI QUI HOMINEM LIBERUM DOLO SCIENS MORTI DUIT, PARICIDAS ESTO [7].

13. Servius, *Ad Egl.*, 4, 43 : In Numae legibus cautum est ut si quis imprudens occidisset hominem, pro capite occisi *agnatis* ejus in *contione* offerret arietem [8].

14. SI QUISQUAM ALIUTA FAXIT, IPSOS JOVI SACER ESTO [9].

1. (Id quoque a Numa institutum est, ut sacerdotes aheneis forficibus, non ferreis tonderentur). Exclu par Voigt. — 2. Cf. Festus, v° *Pollucere*. Exclu par Voigt. — 3. Cf. Plutarque, *Numa*, 14. Exclu par Voigt. — 4. Pline, *N. H.*, 14, 12, 88. Exclu par Voigt. — 5. (Numa officium lugendi secundum aetates et tempora constituit, ut puerum trimo minorem ne quis lugeat, majorem ne plures menses, quam annos vixerit, usque ad decem : nec quemquam cujusvis aetatis ultra ; sed longissimi luctus tempus esse decem mensium. Per quod spatium uxoribus quoque defunctorum a secundis nuptiis abstinendum est ; et si qua prius nupserit, bovem fetam immolare debeat ex illius lege). Cf. *Vat. fr.*, 321. Exclu par Voigt. — 6. Festus, v° *Occisum*. Exclu par Voigt. — 7. Festus, v° *Parrici*. Cf. Plutarque, *Rom.*, 22. — 8. Cf. Servius, *Ad Geor.*, 3, 387. Omis par Dirksen. — 9. Festus, v° *Aliuta* : 'Aliuta antiqui dicebant pro aliter ;... hinc est illud in legibus Numae Pompili', etc. — Bruns ajoute à ces textes, comme relatifs aux lois de Numa : Denys, 2, 63. 74 ; Plutarque, *Numa*, 10. 17 ; Macrobe, *Sat.*, 1, 13 ; Tite-Live, 1, 19.

III. TULLUS HOSTILIUS.

1. Denys, 3, 22 : Ἔστι δὲ καὶ νόμος... δι' ἐκεῖνο (τῶν Ὁρατίων) κυρωθεὶς τὸ πάθος, ᾧ καὶ εἰς ἐμὲ χρῶνται,... κελεύων, οἷς ἂν γένωνται τρίδυμοι παῖδες, ἐκ τοῦ δημοσίου τὰς τροφὰς τῶν παίδων χορηγεῖσθαι μέχρι ἥβης [1].

IV. SERVIUS TULLIUS.

1. SI PARENTEM PUER VERBERIT, AST OLLE PLORASSIT, PUER DIVIS PARENTUM SACER ESTO [2].

§ 2. — LOI DES XII TABLES (an 305 de Rome).

L'histoire de la loi des XII Tables, rédigée au début du iv° siècle par des commissaires élus à cette fin, les *decemviri legibus scribundis* et affichée après la chute des décemvirs sur les XII Tables qui lui ont donné son nom, est, comme tous les récits d'événements très anciens, entourée d'obscurités et défigurée par des légendes. Voir, pour la tradition romaine, Cicéron, *De re publ.*, 2, 36-37 ; Diodore, 12, 23-26 ; Tite-Live, 3, 9-57 ; Denys, 10, 1-60 ; Pomponius, *Enchiridii liber singularis*, D., 1, 2, 2, §§ 3, 4 et 24 et pour son interprétation. Schwegler, *Röm. Gesch.*, 3, p. 1 et ss. ; Mommsen, *Droit public*, 4, pp. 441-443 ; Karlowa, *R. R. G.*, 1, pp. 108-116 ; Krueger, *Sources*, pp. 10-19 ; Cuq, *Institutions des Romains*, 1, 2° éd., 1904, pp. 28-36 et Darcmberg et Saglio, V, pp. 1171-1172 ; Girard, *Manuel*, pp. 22-28 et *Mélanges*, 1, pp.14-20. Mais, quoiqu'on ait voulu tout récemment contester jusqu'à l'existence du décemvirat et de la codification en présentant le recueil connu des Anciens sous le nom de loi des XII Tables comme un ouvrage apocryphe du v° siècle de Rome (Ettore Pais, *Storia di Roma*, 1, 1, 1898, pp. 550-605 1, 2, 1899, pp. 546-576. 631-635) ou même du vi° (Ed. Lambert, *N. R. H.*, 1902, pp. 147-200 ; *Revue générale*, 1902, pp. 385-421. 480-497. 1903, pp. 15-22 ; *Etudes de droit commun*

1. (Lex lata est propter illum casum, jubens, si cui trigemini nascerentur filii, ei de publico alimenta ad pubertatem usque suppeditari). Omis par Dirksen. Voigt attribue également à Tullus Hostilius la disposition sur les coups aux parents rapportée par Festus, v° *Plorare* ; il y ajoute encore, en partant de Denys, 1, 78, et de Caton, dans Festus, v° *Probrum*, rapprochés de Tacite, *Ann.*, 12, 8, une disposition sur le châtiment de la vestale qui a manqué à son vœu de chasteté et, en invoquant Varron, *De r. r.*, 25, 4 ; Pline, *N. H.*, 8, 45, 180, la défense sous peine capitale d'abattre un bœuf employé à l'agriculture. Bruns cite, outre Denys, 3, 22, comme se rapportant à des lois de Tullus, Cicéron, *De re p.*, 2, 17 ; Tite-Live, 1,26 ; Denys, 3, 30 ; Tacite, *Ann.*, 12, 8. — 2. Festus, v° *Plorare* Rapporté par Voigt à Tullus. Remplacé par Mommsen, en vertu de la transposition signalée, p. 7, n. 2, par : 'Si nurus, sacra divis parentum estod'. — Bruns cite en outre : pour les lois de Servius, Tite-Live,1,42 ; Denys, 4, 15 ; 4, 22 ; 4, 13 ; 4, 25 ; pour Ancus, Tite-Live, 1, 42 ; pour Tarquin l'Ancien, Cicéron, *De re p.*, 2, 20 ; Denys, 3, 61-62, et pour Tarquin le Superbe, Denys, 4, 43.

1.

législatif, 1, 1903, pp. 398-409. 500-622 ; *Mélanges Appleton*, Lyon, 1903, pp. 503-626), l'authenticité générale du texte et la sincérité de sa date sont garanties par un ensemble de preuves historiques, philologiques et juridiques qui paraissent exclure tout doute. V. Girard, *N. R. H.*, 1902, pp. 381-436 = *Mélanges*, 1, pp. 3-64 ; G. May, *Revue des études anciennes*, Bordeaux, 3, 1902, pp. 201-212 ; Michel Bréal, *Journal des savants*, 1902, pp. 599-608 ; Erman, *Z. S. St.*, 23, 1902, pp. 450-457 ; Ch. Appleton, *Le testament romain*, 1903, pp. 3-24. *Atti del Congresso di scienze storiche*, Roma, 1904, IX, pp. 23-37 ; Cuq, *Inst.*, 1, 1904, p. 30, n. 2 ; Lenel, *Z. S. St.*, 26, 1905, pp. 498-524 ; Mommsen, *Ges. Schr.*, 3, pp. 373-374 ; W. Soltau, *Anfänge der römischen Geschichtsschreibung*, 1909, pp. 247-250 ; J. Binder, *Die Plebs*, 1909, pp. 503-528 ; Kipp, *Geschichte der Quellen*, 3ᵉ éd., 1909, p. 36, n. 4, et les autres auteurs cités par lui. Il n'y a donc pas de raison d'écarter les témoignages selon lesquels les lois rédigées par les deux collèges de décemvirs furent, après leur expulsion, gravées sur douze tables et affichées auprès du tribunal du magistrat. A la vérité, elles ne survécurent probablement pas dans cette forme première au sac de Rome par les Gaulois. Mais elles furent ensuite reconstituées comme les autres titres officiels, sans doute fidèlement quant au fond, quoique dans une langue déjà rajeunie, et à notre avis, réaffichées à la même place. C'est là que les ont lues les premiers auteurs qui y font allusion et qui sont les plus anciens écrivains de Rome ; car, en leur qualité de plus vieux monument du droit national, les XII Tables n'ont pas cessé, depuis qu'il y a eu une littérature latine, d'être invoquées à toute occasion dans toutes ses branches, si les citations explicites et textuelles en sont surtout fréquentes chez les grammairiens et les jurisconsultes, et si les commentaires méthodiques en sont surtout venus des jurisconsultes tels que Sex. Aelius Paetus Catus, Antistius Labeo et Gaius dont l'ouvrage divisé en six livres a fourni dix-huit fr. au Digeste (Lenel, *Pal.*, 1, pp. 242-246), — celui des grammairiens auquel on a le plus vraisemblablement attribué un pareil commentaire est L. Aelius Stilo Praeconinus, le maître de Cicéron et de Varron. — La subsistance nous en est attestée jusqu'à une date que certains témoignages rendraient singulièrement moderne (v. Cyprien, *Ad Donatum*, 10 ; Salvien, *De gubernatione Dei*, 8, 5 ; Sidoine Apollinaire, *Carm.*, 23, 447 ; l'inscription *An. ép.*, 1902, n° 245 ; cf. Schoell, pp. 18-19). Cependant il ne nous en est parvenu intégralement aucun exemplaire ni aucun commentaire ; de telle sorte qu'on est réduit, pour la connaissance de leur plan et de leur contenu, à des restitutions artificielles. Voir aujourd'hui surtout Dirksen, *Uebersicht der bisherigen Versuche zur Kritik und Herstellung des Textes der Zwölf-Tafelnfragmente*, 1824, et Rudolf Schoell, *Legis duodecim tabularum reliquiae*, 1866, dont il importe de rapprocher quelques leçons proposées par Mommsen dans les *Fontes* de Bruns. Le texte proposé avec un commentaire étendu par Moritz Voigt, *Die XII Tafeln*, 1883, 1, pp. 693-737, et celui joint par M. Nikolski à son ouvrage sur les XII Tables, publié en russe en 1897, sont d'un maniement beaucoup moins sûr.

Il convient, dans l'étude de ces restitutions, de distinguer deux points : la restitution plus ou moins littérale du contenu des XII Tables et celle de leur ordonnance matérielle. Quant au premier point, qui est le plus important, nous avons des renseignements très abondants et très précis qui nous font connaître des dispositions nombreuses de la loi soit dans leurs termes, soit dans leur sens. Relativement au second, il y a, sur le plan général des XII Tables, deux ordres de renseignements à peu près également sûrs, mais d'une efficacité limitée : ce sont d'abord les témoignages positifs qui indiquent quelques dispositions comme appartenant à une table déterminée ; c'est ensuite l'ordre général suivi par Gaius que l'on peut légitimement supposer avoir observé, dans les six livres de son commentaire, l'ordre du texte commenté. Mais le second renseignement ne fournit qu'un cadre très indécis, sans assignation fixe d'aucune matière à une table déterminée. Le premier ne donne cette place fixe qu'à cinq ou six dispositions. On a pris l'habitude d'aller beaucoup plus loin dans cette voie en partant de deux suppositions toutes deux contestables. On suppose, d'une part, que chaque table était divisée en un certain nombre de lois, comme une loi moderne l'est en articles, et, d'autre part, que Gaius commente dans chacun de ses livres toutes les lois contenues dans deux tables, de sorte que l'incertitude se bornerait au classement des matières dans chacune des sections de Gaius où on les dispose ensuite d'après d'autres considérations plus ou moins variables. C'est par cette méthode dont l'emploi remonte à Jacques Godefroy et dont la légitimité a encore été soutenue par Voigt, p. 52 et ss. et par Ferrini, *Storia delle Fonti*, 1885, p. 59, que Dirksen est arrivé au classement aujourd'hui usuel par tables et par lois. Mais il faut bien remarquer que, sans parler des instruments postérieurs de classement, qui sont encore plus arbitraires, les deux hypothèses préliminaires sont elles-mêmes condamnées par toutes les vraisemblances. D'une part, il est absolument contraire aux habitudes des Romains de prendre les tables sur lesquelles ils inscrivent une loi comme divisions de fond de cette loi. Les exemples que nous possédons, par exemple la loi de Tarente et la loi Cornelia *de XX quaestoribus*, nous montrent les Romains gravant sur leurs tables de bronze comme nous écrivons sur les pages d'un cahier, sans nous inquiéter d'interrompre au bas d'une page la phrase qui continuera en haut de la suivante. Le seul argument pour prétendre qu'il en ait été autrement de la loi des XII Tables est dans un texte de Festus, v° *Reus*, qui porte la mention : *secunda tabula secunda lege* ; mais il n'est aucunement probant ; car il peut n'y avoir là qu'une indication matérielle ou même une corruption de *II tabula XII leg(is)* remplacé faussement par *II tabula II leg(e)*. D'autre part, la supposition que Gaius ait commenté deux tables dans chaque livre est en désaccord avec les faits concrets, par exemple avec le fr. de Gaius, *D.*, 50, 16, 234, d'après lequel il commentait dans son livre II qui devrait se rapporter aux tables III et IV, le mot *hostis* de la disposition attribuée par Festus, v° *Reus*, à la table II. V. en ce sens Schoell, p. 70 et ss. ; Bruns, p. 15 ; Krueger, *Sources*, p. 16 ; Pernice, *Z. S. St.*, 7, 2, 1886, 159, et le même et Lenel, dans Holtzendorff, *Encyclopädie der Rechtswissenschaft*, éd. 6, 1903, p. 98. C'est donc, comme Schoell, Bruns et M. Riccobono, uniquement pour ne pas troubler les habitudes de citation et faute d'un procédé de classification plus scientifique que nous reproduisons ici les textes dans la disposition généralement suivie depuis Dirksen.

TABULA I.

1. Si in jus vocat, [ITO]. Ni it, antestamino : igitur em capito. **2.** Si calvitur pedemve struit, manum endo jacito. **3.** Si morbus aevitasve vitium escit, [qui in jus vocabit] jumentum dato. Si nolet, arceram ne sternito.

4. Adsiduo vindex adsiduus esto ; proletario civi qui volet vindex esto.

5. Nexi *mancipiique* forti sanatique *idem jus esto*.

6. Rem ubi pacunt, orato. **7.** Ni pacunt, in comitio aut in foro ante meridiem caussam coiciunto. Cum peroranto ambo praesentes. **8.** Post meridiem praesenti litem addicito. **9.** [Si ambo praesentes,] solis occasus suprema tempestas esto.

10. Aulu-Gelle, 16, 10, 8 : Cum proletarii et assidui et sanates et vades et subvades et xxv asses et taliones furtorumque quaestio cum lance et licio evanuerint, omnisque illa XII tabularum antiquitas... lege Aebutia lata consopita sit...

TABULA II.

1. Gaius, 4, 14 : De rebus mille aeris plurisve quingentis assibus, de minoris vero quinquaginta assibus sacramento contendebatur ; nam ita lege XII tabularum cautum erat. *At si de libertate hominis controversia erat, etsi pretiosissimus homo esset, tamen ut L assibus sacramento contenderetur,* eadem lege cautum est.

Sources : I, 1. Porphyrio, ad Hor., *Sat.*, 1, 9, 76. Cicéron, *De leg.*, 2, 4, 9. Aulu-Gelle, 20,1,25. *Ad Her.*, 2, 13, 19. Cf. Festus, v° *Em.* — Mommsen supprime la restitution de Heindorff : ito.

2. Festus, v¹ˢ *Struere. Pedem struit.* Cf. Nonius, v° *Calvitur* ; D., 50, 16, 233, *pr.*

3. Aulu-Gelle, 20, 1, 25. Varron, *De l. L.*, 5, 140. Cf. Aulu-Gelle, 20, 1, 11 ; 20, 1, 24-30 ; Nonius, v° *Arcera*.

4. Aulu-Gelle, 16, 10, 5. Cicéron, *Top.*, 2, 10. Cf. Festus, v¹ˢ *Adsiduus. Vindex* ; Nonius, v° *Proletarii* ; Gaius, *l. 1 ad leg. XII tab., D.*, 2, 4, 22, 1; *l. 2, D.*, 50, 16, 234, 1. — V. Mommsen, *Droit public*, 6, 1, p. 268, n. 2, sur l'orthographe *adsiduus,* et p. 269, n. 3, sur la rédaction du dernier membre de phrase. — V. encore sur la place traditionnelle donnée ici à cette disposition et les objections soulevées contre elle par le c. 61 de la *lex coloniae Genetivae*, Exner, *Z. R. G.*, 13, 1875, p. 392 ; Lenel, *Z. S. St.*, 2, 1881, p. 48 ; Wlassak, *Röm. Processgesetze*, 1, 1888, p. 102, n. 34.

5. Mommsen, *Röm. Gesch.*,1,99 = tr. fr.,1,137. Schoell : 'Nexi mancipique cum p. R. idem forti sanatisque supra infraque jus esto'. — Festus, v° *Sanates*. Cf. le même, v¹ˢ *Forctes*. *Horcium* : Aulu-Gelle, 16, 10, 8 (n° 10).

6-9. *Auct. ad Her.*, 2,13,20 ; Aulu-Gelle, 17,2,10 ; Priscien, 10, 5, 32 ; Quintilien, 1, 6 ; Censorinus, *De die natali*, 23. 24 ; Varron, *De l. L.*, 7, 51 ; Macrobe, *Sat.*, 1, 3, 14 ; Festus, v° *Suppremum*. Cf. Gaius, 4, 15, et les observations de Mommsen, dans Bruns, p. 19.

2. . . . MORBUS SONTICUS. . AUT STATUS DIES CUM HOSTE. . QUID HORUM FUIT *VITIUM* JUDICI ARBITROVE REOVE, EO DIES DIFFISSUS ESTO.

3. CUI TESTIMONIUM DEFUERIT, IS TERTIIS DIEBUS OB PORTUM OBVAGULATUM ITO.

TABULA III.

1. AERIS CONFESSI REBUSQUE JURE JUDICATIS XXX DIES JUSTI SUNTO. 2. POST DEINDE MANUS INJECTIO ESTO. IN JUS DUCITO. 3. NI JUDICATUM FACIT AUT QUIS ENDO EO [IN JURE] VINDICIT, SECUM DUCITO. VINCITO AUT NERVO AUT COMPEDIBUS XV PONDO, NE MAJORE, AUT SI VOLET MINORE VINCITO. 4. SI VOLET SUO VIVITO. NI SUO VIVIT, QUI EUM VINCTUM HABEBIT, LIBRAS FARRIS ENDO DIES DATO. SI VOLET PLUS DATO.

5. Aulu-Gelle, 20, 1, 46-47 : Erat autem jus interea paciscendi, ac nisi pacti forent, habebantur in vinculis dies sexaginta. Inter eos dies trinis nundinis continuis ad praetorem in comitium producebantur, quantaeque pecuniae judicati essent, praedicabatur. Tertiis autem nundinis capite poenas dabant, aut trans Tiberim peregre venum ibant.

6. TERTIIS NUNDINIS PARTIS SECANTO. SI PLUS MINUSVE SECUERUNT, SE FRAUDE ESTO.

7. ADVERSUS HOSTEM AETERNA AUCTORITAS *ESTO*.

TABULA IIII.

1. Cicéron, *De leg.*, 3,8,19 : Cito *necatus* tanquam ex XII tabulis insignis ad deformitatem puer.

2. SI PATER FILIUM TER VENUM DUUIT, FILIUS A PATRE LIBER ESTO.

II, 2. Festus, v° *Sonticum*. Aulu-Gelle, 20, 1, 27. Cicéron, *De officiis*, 1, 12, 37. Cf. Festus, v¹⁸ *Status dies. Reus.* Ulpien, *D.*, 2, 11, 2, 3. Cf. la *lex coloniae Genetivae*, c. 95.
3. Festus, v¹⁸ *Portum. Vagulatio.*
III, 1-4. Aulu-Gelle, 20, 1, 42-45. Cf. la *lex coloniae Genetivae*, c. 61.
1. Aulu-Gelle, 15, 13, 11. Cf. Gaius, 3, 78. *D.*, 42, 1, 4, 5.
2. Cf. Gaius, 4, 21.
3. Cf. Gaius, *lib. 2 ad leg. XII tab.*, *D.*, 50, 16, 234, 1. Tite-Live, 8, 28. Festus, v° *Nervum*. Sur les mots entre crochets, cf. Mommsen, dans Bruns, p 20, et sur la transposition généralement admise de *majore et minore*, Schoell, p. 122. M. Bréal, *J. des Savants*, 1902, p. 607, efface ' aut si volet minore '.
4. Cf. Gaius, *lib. 2 ad leg. XII tab.*, *D.*, 50, 16, 234, 2. Wordsworth, *Fragm. of early latin*, 1874, p. 510, efface ' qui eum vinctum habebit '.
6. Aulu-Gelle, 20, 1, 48-52 ; Quintilien, 3, 6, 84 ; Tertullien, *Apol.*, 4 ; Dion Cassius, fr. 12.
7. Cicéron, *De off.*, 1, 12, 37.
IV. 1. Cf. plus haut, *Leges regiae*, Romulus, 6.
2. Gaius, 1, 132 ; Ulpien, 10, 1. Cf. Gaius, 4, 79. Cf. Denys, 2, 27,

3. Cicéron, *Phil.*, 2, 28, 69 : Illam suam suas res sibi habere jussit, ex XII tabulis clavis ademit, exegit.

4. Aulu-Gelle, 3, 16, 12 : Comperi feminam.. in undecimo mense post mariti mortem peperisse, factumque esse negotium, quasi marito mortuo postea concepisset, quoniam decemviri in decem mensibus gigni hominem, non in undecimo scripsissent.

TABULA V

1. Gaius, 1, 144-145 : Veteres... voluerunt feminas, etiamsi perfectae aetatis sint, in tutela esse ;.... exceptis virginibus Vestalibus, quas... liberas esse voluerunt ; itaque etiam lege XII tabularum cautum est.

2. Gaius, 2, 47 : Mulieris, quae in agnatorum tutela*t erat*, res mancipi usu capi non poterant, praeterquam si ab ipsa tutore *auctore* traditae essent idque ita lege XII tabularum *cautum erat.*

3. UTI LEGASSIT SUPER PECUNIA TUTELAVE SUAE REI, ITA JUS ESTO. 4. SI INTESTATO MORITUR, CUI SUUS HERES NEC ESCIT, ADGNATUS PROXIMUS FAMILIAM HABETO. 5. SI ADGNATUS NEC ESCIT, GENTILES FAMILIAM HABENTO.

6. Gaius, 1, 155 : Quibus testamento.... tutor datus non sit, iis ex lege XII *tabularum* agnati sunt tutores.

7. a. SI FURIOSUS ESCIT, AST EI CUSTOS NEC ESCIT, ADGNATUM GENTILIUMQUE IN EO PECUNIAQUE EJUS POTESTAS ESTO. — b. Ulpien, *lib. 1 ad Sabinum, D.*, 27, 10, 1 : Lege XII tabularum prodigo

dont Dirksen concluait à une disposition sur le droit de vie et de mort appuyée aujourd'hui par Riccobono sur le Gaius d'Autun, 86.

3. Cf. Gaius, *l 3 ad leg. XII tab., D.,* 48, 5, 44 (43).
4. Cf. Ulpien, *l. 14 ad Sabinum, D.,* 38, 16, 3, 9. 11.
V, 1. Aulu-Gelle, 1, 12, 18.
2. Cf. Gaius, 1, 157.
3. Formule très fréquemment rapportée, mais dans des rédactions divergentes : 'Uti legassit suae rei, ita jus esto' (Gaius, 2, 224 ; *Inst.*, 2, 22, *pr.* ; Pomponius, *D.,* 50, 16, 120), 'Uti legassit quisque de sua re, ita jus esto' (*Nov.* 22, 2, *pr.*) ; 'Paterfamilias uti super familia pecuniaque sua legassit (ou 'legaverit'), ita jus esto' (Cicéron, *De inv.*, 2, 50 ; *Auctor ad Her.*, 1, 13) ; 'Uti legassit super pecunia tutelave suae rei, ita jus esto' (Ulpien, 11, 14). Cf. Paul, *D.,* 50, 16, 53, *pr. D.,* 26, 2, 20, 1. Gaius, *D.,* 26, 2, 1, *pr.*
4. Ulpien, 26, 1 = *Coll.*, 16, 4, 1. Ulpien, *l. 46 ad ed., D.,* 50, 16, 195, 1. Paul, *l. 1. ad Sab., D.,* 28, 2, 9, 2. Cicéron, *De inv.*, 2, 50.
5. Ulpien, *lib. reg.* (*Coll*, 16, 4, 2).
6. Ulpien, 11, 3.
7. a. *Auct. ad Her.*,1, 13, 23 = Cicéron, *De inv.*, 2, 50. Cicéron, *Tusc*, 3, 5, 11. Festus, v° *Nec.*
b. *Inst.*, 1, 23, 3. Cf. *D.*, 27, 10, 13.

interdicitur bonorum suorum administratio. — Ulpien, 12, 2 :
Lex XII tabularum prodigum, cui bonis interdictum est, in
curatione jubet esse agnatorum.

8. a. Ulpien, 29, 1 : Civis Romani liberti hereditatem lex
XII tabularum patrono defert, si intestato sine suo herede libertus decesserit. — b. EX EA FAMILIA QUI LIBERATUS ERIT, EJUS BONA IN EAM FAMILIAM REVERTUNTOR.

9. Gordien, *C.*, 3, 36, 6 : Ea, quae in nominibus sunt...
ipso jure in proportiones hereditarias ex lege XII tab. divisa
sunt. — Dioclétien, *C.*, 2, 3, 26 : Ex lege XII tabularum aes
alienum hereditarium pro portionibus quaesitis singulis ipso
jure divisum.

10. Gaius, *lib. 7 ad ed. provinciale*, *D.*, 10, 2, 1, *pr.* : Haec
actio (familiae erciscundae) proficiscitur e lege XII tabularum.

TABULA VI

1. CUM NEXUM FACIET MANCIPIUMQUE, UTI LINGUA NUNCUPASSIT, ITA JUS ESTO.

2. Cicéron, *De off.*, 3, 16 : Cum ex XII tabulis satis esset
ea praestari, quae essent lingua nuncupata, quae qui infitiatus
esset, dupli poenam subiret, a juris consultis etiam reticentiae
poena est constituta.

3. Cicéron, *Top.*, 4, 23 : Usus auctoritas fundi biennium
est,.... ceterarum rerum omnium.... annuus est usus.

4. Gaius, 1, 111 : Lege XII tabularum cautu*m* est, ut si
qua nollet eo modo (usu) in manu*m* mariti convenire, ea quotannis trinoctio abesset atque eo modo *usum* cujusque anni
interrumperet.

5. a. SI [QUI] IN JURE MANUM CONSERUNT... — b. (?) Paul,
lib. 1 manual., *Vat. fr.*, 50 : Et mancipationem et in jure cessionem lex XII tabularum confirmat.

---

8. b. Restitution proposée par Mommsen,*Droit public*,6, 1, p.23, n. 4,
en partant d'Ulpien, *D.*, 50, 16, 195, 1. Cf. Gaius, 3, 40. *Coll.*, 16, 8, 2,
9, 2 ; Gaius, 1, 165 = *Inst.* 1, 17.
9. Cf. Paul, *l. 23 ad ed.*, *D.*, 10, 2, 25, 9. 13. *C.*, 4, 16, 7. 8, 35, 1.
10. Cf. Festus, vᵒ *Erctum citum* ; Aulu-Gelle, 1, 9, 12 ; Servius, *ad Aen.*, 8, 642.
VI, 1. Festus, vᵒ *Nuncupata*. Cicéron,*De or.*, 1, 57.Cf. Paul, *Vat. fr.*,
50 ; Gaius, 1, 119. 2, 104 ; Varron, *De l. L.*, 6, 60.
3. Gaius, 2, 42. 54. Cicéron, *Pro Caec.*, 19, 54.
4. Aulu-Gelle, 3, 2, 12 et ss.
5. a. Aulu-Gelle, 20, 10, 7 et ss. — b. ? V. Bruns, p.25.Cf. de Ihering,
Espr. du Dr. R., 3, p. 235, n. 298.

6. Tite-Live, 3, 44 : Advocati (Verginiae)... postulant, ut (Ap. Claudius)... lege ab ipso lata vindicias det secundum libertatem.

7. TIGNUM JUNCTUM AEDIBUS VINEAVE E CONCAPI NE SOLVITO.

8. . . QUANDOQUE SARPTA, DONEC DEMPTA ERUNT.

9. Ulpien, *l. 37 ad edictum, D.*, 47, 3, 1, *pr.* : Lex XII tabularum neque solvere permittit tignum furtivum aedibus vel vineis junctum neque vindicare,.... sed in eum, qui convictus est junxisse, in duplum dat actionem.

TABULA VII

1. Varron, *De l. L.*, 5, 22 : XII tabularum interpretes ambitum parietis circuitum esse describunt. — Festus, v. *Ambitus* : Ambitus... dicitur circuitus aedificiorum, patens... pedes duos et semissem. — Volusius Maecianus, *Assis distr.*, 46 : Sestertius duos asses et semissem (valet)... lex... XII tabularum argumento est, in qua duo pedes et semis 'sestertius pes' vocatur.

2. Gaius, *l. 4 ad legem XII tabularum, D.*, 10, 1, 13 : Sciendum est in actione finium regundorum illud observandum esse, quod (in XII tabulis) ad exemplum quodammodo ejus legis scriptum est, quam Athenis Solonem dicitur tulisse. Nam illic ita est : Ἐάν τις αἱμασιάν, etc.

3. a. Pline, *N. H.*, 19, 4, 50 : In XII tabulis... nusquam nominatur villa, semper in significatione ea 'hortus', in horti vero 'heredium'. — b. Festus : *Tuguria* a tecto appellantur *domicilia rusticorum* sordida..., quo nomine *Messalla in explanatione* XII ait etiam. . . *significari*.

4. Cicéron, *De leg.*, 1, 21 : Usus capionem XII tabulae intra V pedes esse noluerunt.

5. a. SI JURGANT. . . — b. Cicéron, *De leg.*, 1, 21 : Controversia est nata de finibus, in qua... e *XII tres* arbitri fines regemus.

6. Gaius, *l. 2 ad ed. prov., D.*, 8, 3, 8 : Viae latitudo ex lege XII tabularum in porrectum octo pedes habet, in anfractum, id est ubi flexum est, sedecim.

---

6. Denys, 11, 30. Pomponius, *lib. sing. enchiridii, D.*, 1, 2, 2, 24. Tite-Live, 3, 56.

7-9. Festus, v^{is} *Tignum. Sarpiuntur.* Cf. Paul, *l. 21 ad ed., D.*, 6, 1, 23, 6. Julien, *l. 6 ad Min., D.*, 6, 1, 59.

VII, 3. a. Cf. Festus, v^{is} *Hortus. Heredium.* — b. Cf. Pomponius, *l. 30 ad Sab., D.*, 50, 16, 180.

5. a. Cicéron, *De re p. l*, 4, dans Nonius, v° *Jurgium*.

6. Cf. Varron, *De l. L.*, 7, 15. Festus, v° *Viae*.

7. Viam muniunto : ni sam delapidassint, qua volet jumento agito.

8. a. Si aqua pluvia nocet. . . . — b. Paul, *l. 16 ad Sab.*, *D.*, 43, 8, 5 : Si per publicum locum rivus aquae ductus privato nocebit, erit actio privato ex lege XII tabularum, ut noxa domino sarciatur.

9. a. Ulpien, *l. 71 ad ed.*, *D.*, 43, 27, 1, 8 : Lex XII tabularum efficere voluit, ut XV pedes altius rami arboris circumcidantur. — b. Pomponius, *l. 34 ad Sab.*, *D.*, 43, 27, 2 : Si arbor ex vicini fundo vento inclinata in tuum fundum sit, ex lege XII tabularum de adimenda ea... agere potes.

10. Pline, *N. H.*, 16, 5, 15 : Cautum est lege XII tabularum ut glandem in alienum fundum procidentem liceret colligere.

11. Justinien, *Institutiones*, 2, 1, 41 : Venditae (res)... et traditae non aliter emptori adquiruntur, quam si is venditori pretium solverit vel alio modo ei satisfecerit, veluti expromissore aut pignore dato. Quod cavetur quidem etiam lege XII tabularum.

12. Ulpien, 2, 4 : Sub hac condicione liber esse jussus si decem milia heredi dederit, etsi ab herede abalienatus sit, emptori dando pecuniam ad libertatem perveniet : idque lex XII tabularum jubet.

TABULA VIII

1. a. Si quis occentassit quod alteri flagitium faciat. — b. Cicéron, *De rep.*, 4, 10, 12 : XII tabulae cum perpaucas res capite sanxissent, in his hanc quoque sanciendam putaverunt : si quis occentavisset sive carmen condidisset, quod infamiam faceret flagitiumve alteri.

2. Si membrum rupsit, ni cum eo pacit, talio esto.

---

7. Festus, v° *Viae*. Cf. Cicéron, *Pro Caecina*, 19.
8. Pomponius, *l. 7 ex Plautio*, *D.*, 40, 7, 21, pr. Cf. Cicéron, *Top.*, 9, 39.
9. Cf. Paul, *Sent.*, 5, 6, 13 ; Festus, v° *Sublucare*.
10. Cf. Gaius, *l. 4 ad leg. XII tab.*, *D.*, 50, 16, 236, 1.
11. Cf. Pomponius, *l. 31 ad Q. Mucium*, *D.*, 18, 1, 19.
12. Cf. Pomponius, *l. 18 ad Q. Mucium*, *D.*, 40, 7, 29, 1 ; Modestin, *l. 9 different.*, *D.*, 40, 7, 25 ; Festus, v° *Statuliber*.
VIII, 1. a. Disposition dégagée par Usener, *Rheinisches Museum*, 1901, pp. 1-28 (cf. *N. R. H.*, 1902, p. 434, n. 2) de la paraphrase de Cicéron, *De rep.*, 4, 10, 12. Cf. Cicéron, *Tusc.*, 4, 2 ; Festus, v° *Occentassit* ; Arnobe, *Adv. gent.*, 4, 34 ; Horace, *Sat.*, 2, 1, 82, et Porphyrio, *ad h. l.*; Horace, *Ep.*, 2, 1, 152 ; Paul, *Sent.*, 5, 4, 6 ; Cornutus, *Ad Pers. Sat.*, 1, 137.
2. Festus, v° *Talionis* ; Aulu-Gelle, 20, 1, 14. Cf. Gaius, 3, 223. Paul, *Sent.*, 5, 4, 6. Priscien, *Gramm.*, 6, 13, 69.

3. Paul, *Lib. sing. et tit. de injuriis, Collatio*, 2, 5, 5 : Injuriarum actio aut legitima est aut honoraria. Legitima ex lege duodecim tabularum : qui injuriam alteri facit, V et XX sestertiorum poenam subit. Quae lex generalis fuit ; fuerunt et speciales velut manu fustive si os fregit libero, trecentorum, si servo, CL poenam subit sestestiorum.

4. SI INJURIAM [ALTERI] FAXSIT VIGINTI QUINQUE POENAE SUNTO.

5. Festus, v° *Rup[s]it* : Rupit in XII significat damnum dederit.

6. Ulpien, *l. 18 ad ed., D.*, 9, 1, 1, *pr.* : Si quadrupes pauperiem fecisse dicetur... lex (XII tabularum) voluit aut dari id quod nocuit,... aut aestimationem noxiae offerri.

7. Ulpien, *l. 41 ad Sabinum, D.*, 19, 5, 14, 3 : Si glans ex arbore tua in fundum meum cadat, eamque ego immisso pecore depascam,... neque ex lege XII tabularum de pastu pecoris, quia non in tuo pascitur, neque de pauperie... agi posse.

8. a. QUI FRUGES EXCANTASSIT. — b... NEVE ALIENAM SEGETEM PELLEXERIS...

9. Pline, *N. H.*, 18, 3, 12 : Frugem... aratro quaesitam noctu pavisse ac secuisse puberi XII tabulis capital erat, suspensumque Cereri necari jubebant,... impubem praetoris arbitratu verberari noxiamve duplionemve decerni.

10. Gaius, *l. 4 ad XII tab., D.*, 47, 9, 9 : Qui aedes acervumve frumenti juxta domum positum combusserit, vinctus verberatus igni necari jubetur, si modo sciens prudensque id commiserit ; si vero casu, id est neglegentia, aut

---

3. V. sur ce texte, dans lequel on croit généralement trouver les termes des XII Tables, Mommsen, dans Bruns, *ad h. l.* Cf. les textes cités, n° 2.

4. Aulu-Gelle, 20, 1, 12. Cf. Festus, v° *Viginti quinque* ; Gaius, 3,223 ; Aulu-Gelle, 16, 10, 8.

5. Sur cet article de Festus, qui ne semble pas se rapporter au n° 2, cf. Pernice, *Zur Lehre von der Sachbeschädigungen*, 1867, p. 3 ; Karlowa, *Process der Legisaktionen*, 1872, p. 118 et les renvois. L'article *sarcito* qu'on en a rapproché pour inventer une prétendue action *de rupitiis sarciendis* (encore défendue par Sell, *Die actio de rupitiis sarciendis*,1877), peut, selon l'observation de Mommsen dans Bruns, *ad h. l.*, être rapporté à d'autres textes connus des XII Tables ; v. les fr. 6, 10 et 14.

6. Cf. *D.*, 9, 1, 11. *Inst.*, 4, 9, *pr.* Festus, v^{ls} *Pauperies. Noxia*.

8. a. Pline, *N. H.*, 28, 2, 10-17. Cf. Sénèque, *Nat. q.*, 4, 7. — b. Servius, *ad Egl.*, 8, 99. Cf. Augustin, *Civ. Dei*, 8, 19. Apulée, *Apol.*, 47.

10. Cf. la glose de Leyde, M. Cohn, *Z. S. St.*, 2 1881, p. 112. Zachariae, *Z. S. St.*, 8, 1887, p. 224, n° VII.

noxiam sarcire jubetur, aut, si minus idoneus sit, levius castigatur.

11. Pline, *N. H.*, 17, 1, 7 : Cautum est XII tabulis, ut qui injuria cecidisset alienas (arbores), lueret in singulas aeris XXV.

12. SI NOX FURTUM FAXSIT, SI IM OCCISIT, JURE CAESUS ESTO.

13. LUCI. . . SI SE TELO DEFENDIT, . . . ENDOQUE PLORATO.

14. Aulu-Gelle, 11, 18, 8 : Ex ceteris... manifestis furibus liberos verberari addicique jusserunt (Xviri) ei, cui furtum factum esset...; servos... verberibus affici et e saxo praecipitari ; sed pueros impuberes praetoris arbitratu verberari voluerunt noxiamque... sarciri.

15. a. Gaius, 3, 191 : Concepti et oblati (furti) poena ex lege XII tabularum tripli est. — b. . . LANCE ET LICIO. . .

16. a. SI ADORAT FURTO, QUOD NEC MANIFESTUM ERIT... b. *DUPLIONE DAMNUM DECIDITO.*

17. Gaius, 2, 45 : Furtivam (rem) lex XII tabularum usu capi prohibet.

18. a. Tacite, *Ann.*, 6, 16 : XII tabulis sanctum, ne quis unciario fenore amplius exerceret. — b. Caton, *De r. r.*, *praef.* : Majores... in legibus posiverunt furem dupli condemnari, feneratorem quadrupli.

19. Paul, *Sentent.*, 2, 12, 11 : Ex causa depositi lege XII tabularum in duplum actio datur.

20. a. Ulpien, *l. 35 ad ed.*, *D.*, 26, 10, 1, 2 : Sciendum est suspecti crimen e lege XII tabularum descendere. — b. Tryphoninus, *l. 14 disputat.*, *D.*, 26, 7, 55, 1 : Si... tutores rem pupilli furati sunt, videamus an ea actione, quae proponitur ex lege XII tabularum adversus tutorem in duplum, singuli in solidum teneantur.

---

11. La loi employait le verbe *succidere* ; cf. Gaius, 4, 11 ; Paul, *l. 9 ad Sab.*, *D.*, 47, 7, 1 ; 5 *pr.* et *l. 18 ad ed.*, *D.*, 12, 2, 28, 6.

12. Macrobe, *Sat.*, 1, 4, 19. Aulu-Gelle, 8, 1.

13. Cicéron, *Pro Tullio*, 20, 47. 21, 50. Festus, v° *Sub vos placo.* Cf. Gaius, *l. 7 ad ed.*, *D.*, 9, 2, 4, 1 ; *l. 13 ad ed.*, *D.*, 47, 2, 55 (54), 2 ; *l. 1 ad XII tab.*, *D.*, 50, 16, 233, 2. Aulu-Gelle, 11, 18, 6. Ulpien, *l. 18 ad ed.*, *Collatio*, 7, 3, 2.

14. Cf. Gaius, 3, 189. Aulu-Gelle, 20, 1, 7.

15. a. Cf. Gaius, 3, 186-187. — b. Festus, v° *Lance et licio.* Cf. Gaius, 3, 192. Aulu-Gelle, 11, 18, 9. 16, 10, 8. Glose des Inst. de Turin, Z. R. G., 7, 1866, p. 44, n. 466.

16. a. Festus, v° *Nec.* Cf. Festus, v° *Adorare.* — b. Cf. Gaius, 3, 190. Aulu-Gelle, 11, 18, 15. Cf. Hitzig, Z. S. St., 23, 1902, p. 325.

17. Cf. Gaius, 2, 49. *Inst.*, 2, 6, 2. Julien, *l. 44 dig.*, *D.*, 41, 3, 33, *pr.*

20. Cf. Cicéron, *De off.*, 3, 15, 6 ; *De or.*, 1, 36, 166-167.

21. Patronus si clienti fraudem fecerit, sacer esto.

22. Qui se sierit testarier libripensve fuerit, ni testimonium fatiatur, improbus intestabilisque esto.

23. Aulu-Gelle, 20, 1, 53 : Ex XII tabulis.... si nunc quoque.... qui falsum testimonium dixisse convictus esset, e saxo Tarpeio dejiceretur.

24. a. Si telum manu fugit magis quam jecit, aries subjicitur. — b. Pline, *N. H.*, 18, 3, 12 : Frugem.... furtim.... pavisse XII tabulis capital erat. 8, 9 :... gravius quam in homicidio.

25. a. Qui malum carmen incantassit... b. Gaius, *lib. 4 ad leg. XII tab.*, *D.*, 50, 16, 236 : Qui venenum dicit, adjicere debet, utrum malum an bonum ; nam et medicamenta venena sunt.

26. Porcius Latro, *Decl. in Cat.*, 19 : XII tabulis cautum esse cognoscimus, ne qui in urbe coetus nocturnos agitaret.

27. Gaius, *lib. 4 ad leg. XII tab.*, *D.*, 47, 22, 4 : His (sodalibus) potestatem facit lex (XII tabularum), pactionem quam velint sibi ferre, dum ne quid ex publica lege corrumpant ; sed haec lex videtur ex lege Solonis translata esse.

TABULA VIIII

1.2. Cicéron, *De leg.*, 3, 4, 12 ; 19, 44 : Privilegia ne inroganto... De capite civis nisi per maximum comitiatum... ne ferunto... Leges praeclarissimae de XII tabulis tralatae duae, quarum altera privilegia tollit, altera de capite civis rogari nisi maximo comitiatu vetat.

3. Aulu-Gelle, 20, 1, 7 : Duram esse legem putas quae judicem arbitrumve jure datum, qui ob rem *judicandam* pecuniam accepisse convictus est, capite poenitur ?

4. Pomponius, *lib. sing. enchirid.*, *D.*, 1, 2, 2, 23 : Quaestores... qui capitalibus rebus praeessent.... appellabantur quaestores parricidii, quorum etiam meminit lex XII tabularum.

5. Marcien, *lib. 14 instit.*, *D.*, 48, 4, 3 : Lex XII tabularum

---

21. Servius, *ad Aen.*, 6, 609. Cf. *Leges regiae*, Romulus, 1. Gradenwitz rapproche les mots 'sakros esed' de l'inscription très ancienne citée p. 4.

22. Aulu-Gelle, 15, 13 ; 7, 7 ; cf. *Inst.*, 2, 10, 6.

24. a. Cicéron, *Top.*, 17 ; *Pro Tull.*, 21, 51 ; *De or.*, 3, 39, 158 ; cf. Augustin, *De lib. arb.*, 1, 4 ; Festus, v^{is} *Subici. Subicere.*

25. a. Pline, *H. n.*, 28, 2, 10-17. Placé par Bruns, n° 1.

IX, 1-2. Cf. Cicéron, *Pro Sest.*, 30 ; *De domo*, 17 ; *De re p.*, 2, 36.

4. Cf. Festus, v^{is} *Quaestores. Parrici.* Omis par Schoell.

jubet eum, qui hostem concitaverit quive civem hosti tradiderit, capite puniri.

6. Salvien, *De gubern. dei*, 8, 5 : Interfici... indemnatum quemcunque hominem etiam XII tabularum decreta vetuerunt.

TABULA X

1. HOMINEM MORTUUM IN URBE NE SEPELITO NEVE URITO.

2. ... HOC PLUS NE FACITO : ROGUM ASCEA NE POLITO.

3. Cicéron, *De leg.*, 2, 23 : Extenuato igitur sumptu tribus riciniis et tunicula purpurae et decem tibicinibus tollit etiam lamentationem.

4. MULIERES GENAS NE RADUNTO, NEVE LESSUM FUNERIS ERGO HABENTO.

5. a. HOMINE MORTUO NE OSSA LEGITO, QUO POST FUNUS FACIAT. — b. Cicéron, *l. c.* : Excipit bellicam peregrinamque mortem.

6. a. Cicéron, *l. c.* : Haec praeterea sunt in legibus :.. 'servilis unc tura tollitur omnisque circumpotatio' ... Ne sumptuosa respersio, ne longae coronae, ne acerrae'. — b. Festus, v. *Murrata* : Murrata potione usos antiquos indicio est, quod... XII tabulis cavetur, ne mortuo indatur.

7. QUI CORONAM PARIT IPSE PECUNIAVE EJUS VIRTUTISVE ERGO ARDUUITUR EI, *AST EI PARENTIVE EJUS MORTUO DOMI FORISVE IMPONETUR SE FRAUDE ESTO.*

8. ... NEVE AURUM ADDITO, AT QUI AURO DENTES JUNCTI ESCUNT, AST IM CUM ILLO SEPELIET URETVE, SE FRAUDE ESTO.

9. Cicéron, *De leg.*, 2, 24, 61 : Rogum bustumve novum vetat propius LX pedes adigi aedes alienas invito domino.

10. Cicéron, *De leg.*, 2, 24, 61 : Forum bustumve usu capi vetat.

---

6. Rapporté par Schoell à 8, 24. V. en sens contraire les observations de Bruns.

X. Reproduite et analysée tout entière dans Cicéron, *De leg.*, 2, 23-24. Cf. Huschke, *Z. R. G.*, 11, 1872, pp. 138-142.

1. Cicéron, *De leg.*, 2, 23, 58.
2. *Op. cit.*, 2, 23, 59.
3. Cf. *id op.*, 2, 25, 64. Festus, v° *Recinium* ; Nonius, v° *Recinium*.
4. Cicéron, *De leg.*, 2, 24, 65 ; 2, 23, 59. Cf. Cicéron, *Tusc.*, 2, 23 ; Pline, *N. H.*, 11, 58, 157. Servius, *ad Aen.*, 12, 606 ; Festus, v° *Radere*.
5. a. Cicéron, *De leg.*, 2, 24, 60.
6. a. Cf. *Leges regiae*, Numa, 8. Festus, v¹ˢ *Resparsum. Acerra*.
7. Restitution de Mommsen, *Droit public*, 2, 64. V. une autre restitution dans Schoell.— Pline, *N. H.*, 21, 3, 7. Cf. Cicéron, *De leg.*, 2, 24, 60.
8. Cicéron, *De leg.*, 2, 24, 60.
9. 10. Cf. Festus, v¹ˢ *Forum. Bustum*.

TABULA XI.

1. Cicéron, *De rep.*, 2, 36, 37 : (Decemviri) cum X tabulas summa legum aequitate prudentiaque conscripsissent, in annum posterum Xviros alios subrogaverunt, ... qui duabus tabulis iniquarum legum additis conubia... ut ne plebi cum patribus essent, inhumanissima lege sanxerunt.

2. Macrobe, *Sat.*, 1, 13, 21 : Tuditanus refert, libro tertio magistratuum, Xviros, qui tabulis duas addiderunt, de inter- calando populum rogasse. Cassius eosdem scribit auctores.

3. Cicéron, *Ad Att.*, 6, 1, 8 : E quibus (libris de rep.) unum ἱστορικὸν requiris de Cn. Flavio Anni f. Ille vero ante Xviros non fuit... Quid ergo profecit, quod protulit fastos ? Occulta- tam putant quodam tempore istam tabulam, ut dies agendi peterentur a paucis.

TABULA XII

1. Gaius, 4, 28 : Lege... introducta est pignoris capio, ve- luti lege XII tabularum adversus eum, qui hostiam emisset nec pretium redderet; *item* adversus eum, qui mercedem non red- deret pro eo jumento, quod quis ideo locasset, ut inde pecunia*m* acceptam in da*p*em, id est in sacrificium, impenderet.

2. *a.* SI SERVUS FURTUM FAXIT NOXIAMVE NOXIT. — *b.* Gaius, 4, 75. 76 : Ex malefici*is* filiorum familias servorumque... noxales actiones proditae sunt, uti liceret patri dominove aut litis aestimationem sufferre, aut nox*ae* dedere. — Constitutae sunt... aut legibus aut *e*dicto praetoris : legibus velut furti lege XII tabularum, *etc.*

3. SI VINDICIAM FALSAM TULIT, SI VELIT IS. . . . TOR ARBITROS TRIS DATO, EORUM ARBITRIO... FRUCTUS DUPLIONE DAMNUM DECIDITO.

4. Gaius, *l. 6 ad leg. XII tab.*, *D.*, 44, 6, 3 : Rem, de qua controversia est, prohibemur (lege XII tabularum) in sacrum

---

XI. M. Schoell place les fastes dans cette table, avec Mommsen, en partant du fr. 3.

XI, 1. Cf. Denys, 10, 60 ; Tite-Live, 4, 4, 5 ; Gaius, *l. 6 ad leg. XII tab.*, *D.*. 50, 16, 238.

2. Cf. Macrobe, *Sat.*, 1, 13, 12. 15 ; Censorinus, *De die nat.*, 20, 6 ; Celse, *l. 39 dig.*, *D.*, 50, 16, 98, 1.

3. Cf. Cicéron, *Pro Mur.*, 11 ; Pline, *N. H.*, 33, 1, 17 ; Tite-Live, 9, 46 ; Macrobe, *Sat.*, 1. 15.

XII, 1. Cf. Festus, v° *Daps.* ; Gaius, *l. 6 ad leg. XII tab.*, *D.*, 50, 16, 238, 2.

2. Ulpien, *l. 18 ad. ed.*, *D.*, 9, 4, 2, 1. Cf. Festus, v° *Noxia*, *D.*, 47, 6, 5. 50, 16, 238, 3. Paul, *Sent.*, 2, 31, 7.

3. Festus, v° *Vindiciae*.

dedicare : alioquin dupli poenam patimur,... sed duplum utrum fisco an adversario praestandum sit, nihil exprimitur.

5. Tite-Live, 7, 17 : In XII tabulis legem esse, ut, quodcumque postremum populus jussisset, id jus ratumque esset.

FRAGMENTS NON CLASSÉS

1. Festus, v. *Nancitor* : Nancitor in XII nactus erit, prenderit. — Cf. 12, 1.

2. Festus : Quando... in XII... cum c littera ultima scribitur.

3. Festus : 'Sub vos placo' in precibus fere cum dicitur, significat id quod 'supplico', ut in legibus 'transque dato' endoque plorato'.

4. Donatus, *Ad Ter. Eun.*, 3, 3, 9 : 'Dolo malo' quod... addidit 'malo' ... ἀρχαϊσμός est, quia sic in XII a veteribus scriptum est.

5. Cicéron, *De rep.*, 2, 31 : Ab omni judicio poenaque provocari licere indicant XII tabulae compluribus legibus.

6. Cicéron, *De off.*, 3, 31 : Nullum... vinculum ad adstringendam fidem jurejurando majores artius esse voluerunt ; id indicant leges in XII tabulis.

7. Pline, *H. n.*, 7, 60, 212 : XII tabulis ortus... et occasus nominantur. — *Cf.* 1, 9.

8. Gaius, 1, 122 : Olim aereis tantum nummis utebantur, et erant asses, d*u*pund*i*i, semisses, quadrantes, nec ullus aureus vel argenteus nummus in usu erat, sicuti ex lege XII tabularum intellegere possumus [2].

9. Gaius, *l. 5 ad leg. XII tab.*, *D.*, 50, 16, 237 : Duobus negativis verbis quasi permittit lex (XII tabularum) magis quam prohibuit : idque etiam Servius (Sulpicius) animadvertit.

10. Gaius, *l. 6 ad leg. XII tab.*, *D.*, 50, 16, 238, 1 : 'Detestatum' est testatione denuntiatum.

11. Sidoine Apollinaire, *Ep.*, 8, 6, 7 : Per ipsum fere tempus, ut decemviraliter loquar, lex de praescriptione tricennii fuerat 'proquiritata'.

12. a, Philoxène, *Gloss.* : Duicensus, διταβ. (= XII tabulis) δευτερον απο γεγραμμεμος — b. Festus, v. *Duicensus* : Duicensus dicebatur cum altero, id est filio census [3].

XII, 5. Cf. Tite-Live, 9, 34.
1. Cf. 8, 13, et Schoell, p. 29.
2. Cf. Mommsen, *Histoire de la monnaie romaine*, tr. de Blacas, 1, 1865, p. 180.
3. Cf. Max Cohn, Z. S. St., 2, 1881, p. 113.

§ 3. — *LEGES* POSTÉRIEURES AUX XII TABLES.

Le nom de *lex*, qui convient à toute règle obligatoire (*leges contractus*, *lex commissoria*, etc.), est employé en un sens plus étroit pour désigner les *leges rogatae*, c'est-à-dire les lois et les plébiscites résultant de l'accord du peuple ou de la plèbe avec un magistrat et même aussi les *leges datae*, ainsi nommées par opposition aux *leges rogatae*, c'est-à-dire, selon l'opinion dominante, les dispositions qui, sans avoir été votées directement par le peuple ou la plèbe, ont été rendues par délégation du peuple ou du sénat par un magistrat supérieur, telles que sont par exemple les statuts particuliers donnés aux provinces et aux colonies et certains actes de concession du droit de cité (suivant une autre doctrine émise par M. Mommsen, *Droit public*, 6, 1, p. 253 et ss. et combattue par exemple par MM. Krueger, *Sources*, p. 20, n. 3, et Riccobono, *Fontes*, 1, pp. 127-130, il faudrait y comprendre en outre toutes les instructions générales formulées par les magistrats en vertu de leurs pouvoirs, ainsi les édits des magistrats judiciaires). Nous reproduisons ici, sans faire la distinction des *leges rogatae* et des *leges datae* dont l'application est aujourd'hui contestée pour certains textes (v. les notices des n°s 12 et 13), les principaux exemples qui nous ont été conservés des unes et des autres.

Pour les *leges rogatae*, nous donnons la presque totalité des lois ou des plébiscites dont le texte nous a été transmis, intégralement ou en partie, soit par des inscriptions, soit par des auteurs littéraires, en y comprenant même le fragment osque de Bantia, qui n'est pas une loi romaine, mais qui est une loi locale, et l'inscription de Luceria, qui n'est pas une loi romaine, ni même peut-être une loi locale, mais qui nous transmet sans doute des dispositions prises à l'imitation d'une loi romaine. Si nous avons résolument exclu, ici comme ailleurs, les documents plus ou moins remaniés que l'on trouve déjà dans le Digeste et les ouvrages des jurisconsultes, les seuls textes étrangers aux recueils juridiques omis par nous dans cette catégorie sont : les inscriptions contenant des débris de lois incertaines, principalement relatives à la matière des *repetundae*, que l'on trouvera toutes *C. I. L.*, I, 207-211.1502 et pour partie dans Bruns, n°s 25.121 (texte meilleur, *C. I. L.*, XI, 2090-2091. IX, 5143. XI, 1143), puis les citations d'une loi Plaetoria *de juris dictione*, d'une loi Silia *de ponderibus*, et d'une loi Sulpicia *rivalicia*, faites la première par Censorinus et les deux autres par Festus, qui sont reproduites dans Bruns, n°s 1, 3 et 7.

Quant aux *leges datae*, nous donnons, sans parler des n°s 13 et 14 généralement classés parmi les *leges rogatae*, les débris qui nous sont parvenus d'un décret de naturalisation rendu par délégation du peuple en 664 (n° 8), des statuts municipaux concédés sous la République au municipe des citoyens de Tarente (n° 9), en l'an 710 de Rome à la colonie de citoyens Julia Genetiva (n° 16), entre l'an 81 et l'an 84 ap. J.-C. aux cités latines de Malaca et Salpensa (n° 19), et entre l'an 210 et l'an 213 ap. J.-C. à une cité de Norique, sans doute à Lauriacum (n° 20), ceux du statut analogue donné au II° siècle au district minier de Vipasca en Lusitanie (n° 21), et deux exemples des diplômes militaires dans lesquels les empereurs concédaient aux soldats, au moment de leur congé, soit le droit de cité s'ils ne l'avaient pas encore, soit quelques autres privilèges (n° 22). Une collection complète des *leges datae* devrait encore certainement comprendre : deux fragments de lois coloniaires du temps de la République, l'un trouvé dans le Tibre auprès de Todi (*C. I. L.*, I, 1402 = XI, 4632 ; Bruns, n° 32) et l'autre gravé sur une lame de bronze conservée à Florence (*C. I. L.*, I, p. 263, sous le n° 1409 ; Bruns, n° 33) deux fragments espagnols du temps du Principat publiés par M. Mommsen, *Eph. ep.*, IX, 1903, pp. 10-11 = *Ges. Schr.*, 1, pp. 159-161 et contenant l'un un passage d'une loi municipale latine très voisin du c. 67 de la loi de Malaca (Bruns, n° 31 ; cf. Dessau, *Wiener Studien*, 24, 1902, pp. 246-247), l'autre quelques mots venant peut-être de la loi municipale de la colonie de citoyens d'Ilici ; enfin l'inscription du temps d'Auguste découverte à Narbonne en 1888 (*C. I. L.*, XII, 6038 ; Bruns, n° 29).

1. Inscription de Luceria (500-550 ?).

C. I. L., IX, 782, cf. p. 667 ; Bruns, n° 104 *a*. Pierre aujourd'hui perdue, trouvée à Lucera en Apulie, sur l'emplacement de l'ancienne colonie latine de Luceria et commentée par MM. Mommsen, *Eph. ep.*, II, 298, et Bruns, *Kl. Schr.*, 2, 305-319 ; v. encore P. F. Girard, *Mélanges*, 1, p. 101, n. 2. Appartient d'après les caractères et la langue à la première moitié du vi° siècle et reproduit probablement comme législation locale le droit en vigueur à Rome. Elle défend de déposer des immondices, de porter un cadavre ou de faire un sacrifice funéraire dans un bois sacré, et comme sanction, elle porte contre le contrevenant soit une amende arbitraire prononcée sans jugement par le magistrat, soit une amende judiciaire fixe, probablement de 50 sesterces (L. ; la pierre : I) qui pourra être réclamée par le premier venu par *manus injectio pro judicato*. Elle est corrélative pour l'objet avec d'autres dispositions connues, notamment avec l'inscription *C. I. L.*, XII, 2426 = Bruns, n° 111, contre *qui misxerit spurciti(am) fecerit* dans un cours d'eau, avec le sénatus-consulte relatif au *pagus Montanus* (v. plus bas) et avec l'édit : *in loco sacro facere inve eum immittere quid velo*, D., 43,6,1, *pr.* Elle est surtout intéressante en ce qu'elle fournit le plus ancien exemple connu du concours électif de l'amende arbitraire du magistrat et de l'amende judiciaire, ainsi que par la façon dont elle organise cette seconde poursuite : 1° par une action populaire, dont le montant serait, d'après Bruns, acquis au demandeur, comme dans l'action populaire proprement dite, mais appartient plutôt, selon l'opinion de Mommsen, à la cité, comme dans les actions populaires appelées procuratoires ; 2° par une procédure de *manus injectio pro judicato*, dont l'établissement paraît à Bruns être antérieur à la loi Vallia de Gaius, 4, 25, et donnerait alors un indice pour la fixation de la date de cette loi.

In hoce loucarid[1] stircus ne *quis* fundatid[2], neve cadaver projecitad, neve parentatid[3]. Sei quis arvorsu[4] hac faxit, *cei*vium quis volet pro joudicatod n(umum) *L*[5] manum injectio estod. Seive ma*c*isteratus volet moltare, *l*icet*o*d.

1. = luco. 2. = fundito. 3. = parentato. 4. = adversus. 5. Le titre : I ; Mommsen : L = quinquaginta.

2. Loi Papiria (512-632).

Plébiscite proposé par un tribun nommé L. Papirius et rapporté par Festus, v° *sacramentum*, p. 344. Il transfère à des comices présidés par le préteur urbain la nomination des triumvirs capitaux que ce préteur avait probablement faite jusqu'alors directement, et il attribue ou confirme aux triumvirs le recouvrement des *sacramenta*, seulement promis avec la garantie de *praedes* pour le cas de perte du procès, dans la période récente des Actions de la loi, au lieu d'être comme anciennement consignés d'avance. V. sur le premier point Mommsen, *Droit public*, 4, p. 302, sur le second, Girard, *Org. jud.*, 1, p. 178, notes 2 et 4 et les renvois. La loi Papiria se place, selon l'observation de Mommsen, entre l'an 512 (et non 507), où fut établi le second préteur dont elle suppose l'existence, et l'an 632, où la loi Acilia prouve que les triumvirs sont déjà nommés par le peuple, en les classant parmi les magistrats.

(Sacramentum aes significat... Qua de re lege L. Papiri, tr. pl., sanctum est his verbis) :

Quicumque praetor posthac factus erit, qui inter cives jus dicet, tres viros capitales populum rogato, hique tresviri *capitales* quicumque *posthac facti* erunt, sacramenta ex*igunto* judicantoque eodemque jure sunto, uti ex legibus plebeique scitis exigere judicareque esseque oportet.

3. Loi osque de Bantia (574-636).

Table de bronze écrite sur les deux côtés qui a été découverte en 1790, en Lucanie, près de l'emplacement de l'ancienne Bantia et qui est actuellement au musée national de Naples. Elle porte sur une face une inscription latine et sur l'autre notre inscription osque dont la première édition scientifique a été donnée par M. Mommsen, *Die unteritalischen Dialekte*, 1850, pp. 145-168 (fac simile dans Zwetaieff, *Sylloge inscriptionum Oscarum*, 1878), et relativement au sens de laquelle les savants commencent, après d'assez longues hésitations, à tomber d'accord sur les points principaux. En face de l'interprétation absolument divergente proposée par M. Huschke en 1856 (*Oskische und Sabellische Sprachdenkmäler*, 1856, pp. 59-148) et reprise par lui en 1874 (*Die Multa und das Sacramentum*, 1874, pp. 61 et ss., 104 et ss.), les versions admises par Kirchhof, *Das Stadtrecht von Bantia*, 1853 ; L. Lange, *Kleine Schriften*, 1, 1887, pp. 153-226 ; Buecheler, *Fontes juris*, n° 8 (trad. reproduite par Riccobono, *Fontes*, 1, n° 19) ; Michel Bréal, *Mémoires de la Société de linguistique*, 4, 1881, pp. 331-400 ; Esmein, *Mélanges*, pp. 323-338 ; Mommsen, *Droit public*, 6, 2, pp. 333-335 ; Girard, *Org. jud.*, 1, pp. 293-295, se rencontrent pour les principes et la méthode et ne diffèrent que sur des points isolés. Selon l'opinion de M. Kirchhof qui avait été antérieurement contestée par M. Mommsen, *Unterital. Dialekte*, p. 145 et ss., *C. I. L.*, I, pp. 46-47, mais qui est aujourd'hui admise par MM. Bréal, pp. 399-400, Karlowa, *R. R. G.*, 1, p. 340, Esmein, p. 325, et Mommsen lui-même, *Droit public*, 6, 2, p. 333, cette loi constitue le statut municipal de la ville fédérée de Bantia, donné à cette ville par des commissaires romains dit-on le plus souvent, peut-être plutôt voté dans ses propres comices sous l'influence romaine. M. Kirchhof a établi qu'elle est postérieure à la loi Villia *annalis*, dont s'inspirent ses règles sur la succession des magistratures et qui est de l'an 574, et il a indiqué des raisons de la croire antérieure à la loi latine qui est gravée sur l'autre face du bronze et qui est au plus tard de 636. Les dispositions qui nous en ont été transmises et qui sont remarquables par leur analogie avec les institutions romaines règlent : le droit d'intercession qui semble y être subordonné à l'autorisation du sénat ; la juridiction du peuple, non pas, comme ont pensé à tort certains auteurs, en matière civile, mais de même qu'à Rome et, sauf une ou deux questions de délai, avec les mêmes formes, en matière criminelle, pour les procès capitaux et les grosses amendes ; puis le cens et la procédure à suivre contre celui qui s'y soustrait ; ensuite, semble-t-il, le droit de plaider dans la forme des *legis actiones* et l'amende prononcée contre ceux qui y font obstacle ; enfin l'éligibilité aux magistratures, que notre loi organise, pour la censure, la préture, la questure et même le tribunat du peuple, selon des principes analogues à ceux de la loi Villia et où elle transforme même en droit ce qui n'était qu'un fait à Rome en faisant de l'occupation préalable des magistratures inférieures une condition légale d'accès à la censure.

| . . . . o. nom. ust izic ro . . . . 1.
| . . . sva..l.vs. q. moltam angitu.. mn . . . . . . 2.
... | . . deivast maimas carneis senateis tanginud am*pert* 3.
. . . . . *jurabit maximae partis senatus sententia, dummodo*
. . . . . | XL osii... pon ioc egmo comparascuster. Svae 4.
non minus | XL ad*fuerint cum ea res consulta erit. Si*
pis pertemust, pruterpan *pertemest* || deivatud si pus comenei 5.
quis peremerit, priusquam peremerit, || *jurato sciens in comitio*
perum dolom mallom siom ioc comono mais egmas *tovti* | 6.
sine dolo malo se ea comitia magis rei publi |
cas amnud pan pieisum brateis avti cadeis amnud, inim idic
cae causa, quam cujuspiam gratiae aut inimicitiae causa, idque
siom dat senate*is* | tanginud maimas carneis pertumum. Piei ex 7.
se de senatus | *sententia maximae partis perimere. Cui sic*
comono pertemest, izic eizeic zicelei | comono ni hipid. 8.
comitia perimet, is eo die | *comitia ne habeat.*
(2.) Pis pocapit post exac comono hafiest meddis dat
Qui quandoque post hac comitia habebit magistratus de
castrid[1] lowfit[2] | en eituas, factud povs tovto deivatuns 9.
capite[1] *aut*[2] | *in pecuniam, facito ut populus jurati*

---

1. Bréal, Buecheler, Planta, Conway, Riccobono : *fundo* ; mais voir Lange, p. 170 et ss. Esmein, p. 329 et ss. Mommsen, p. 335, note 1. —
2. Cf. Bréal, pp. 329 et 405.

10. tanginom deicans, siom dat eizasc idic tangineis || deicum, pod
sententiam dicant, se de eis id sententiae || *dicere, quod
valaemom tovticom tadait ezum, nep fefacid pod pis dat eizac
optimum publicum censeat esse, neve fecerit quo quis de ea*
11. egmad mins | deivaid dolud malud. Svaepis contrud *exeic* fefacust
re minus | *juret dolo malo. Siquis contra hoc fecerit*
12. avti comono hipust, molto etan | to estud n. cIↃcIↃ. In svaepis
aut comitia habuerit, multa tan | *ta esto : n. MM. Et siquis*
ionc fortis meddis moltaum herest, ampert minstreis aeteis |
eum fortius magistratus multare volet, dum taxat minoris partis |
13. eituas moltas moltaum licitud.
pecuniae multas multare liceto.
14.   (3.) Svaepis pru meddixud altrei castrovs avti eituas | zico-
     Siquis pro magistratu alteri capitis[1] *aut pecuniae* | *diem*
lom, dicust izic comono ni hipid ne pon op tovtad petirupert
dixerit, is comitia ne habeat nisi cum apud populum quater
15. urust sipus perum dolom || mallom, in trutum zico(lom) tovto
oraverit sciens sine dolo || *malo et definitum diem populus
peremust* petiropert. Neip mais pomtis[2] com preivatud actud |
perceperit quater. Neve magis quinquies cum privato agito |
16. pruter pam medicatinom didest, in pon posmom con preivatud
prius quam judicationem dabit et cum postremum cum privato
17. urust, eisucen ziculud | zicolom XXX nesimum comonom ni
oraverit, ab eo   die | *diem   XXX proximum comitia ne*
18. hipid. Svaepis contrud exeic fefacust, ionc svaepis | herest med-
habuerit. *Siquis contra hoc fecerit, eum siquis* | *volet magi-*
dis moltaum licitud, ampert mistreis aeteis eituas licitud.
stratus multare liceto, dumtaxat minoris partis pecuniae liceto.
19.   (4.) Pon censtur | bansae tovtam censazet, pis cevs bantins
     Cum censores | *Bantiae populum censebunt, qui civis Bantinus*
20. fust, censamur esuf in eituam, poizad ligud || iosc censtur
fuerit, censetor ipse et pecuniam, qua lege || *ii censores*
censaum angetuzet. Avt svaepis censtomen nei cebnust dolud
censere proposuerint. At si quis in censum non venerit dolo
21. mallud | in eizeic vincter, esuf comenei lamatir pr. meddixud
malo | *et ejus vincitur, ipse in comitio veneat pr(aetoris) magisterio*
22. tovtad praesentid perum dolum | mallom, in amiricatud allo
populo praesente   sine   dolo | *malo, et immercato cetera*

_____

1. Même observation que p. 27, note 1. — 2. M. Bréal finit ici le
paragraphe 3 et fait un nouveau paragraphe de la fin de l'alinéa.

famelo in ei(tuo) sivom, paei eizeis fust, pae ancensto fust |
familia et pecunia tota quae ejus fuerit, quae incensa fuerit |
tovtico estud.   23.
publica esto.
    (5.) Pr. svae praefucus pod post exac bansae fust, svaepis
    Praetor sive praefectus qui posthac Bantiae erit, siquis
op eizois com | altrud ligud acum herest avti pru medicatud 24.
apud eos cum | *altero lege agere volet aut pro judicato*
manim aserum eizazunc egmazum, || pas exaiscen legis scriftas 25.
manum asserere earum rerum || *quae hisce in legibus scriptae*
set, ne *p*im pruhipid mais zicolois X nesimois. Svae pis
sunt, ne quem prohibeat magis diebus XX proximis. Si quis
contrud | exeic pruhipust, molto etanto estud n. clo. In svaepis 26.
contra | *hoc prohibuerit, multa tanta esto*: n. M. Et siquis
ionc meddis moltaum herest, licitud, | *ampert* minstreins aeteis 27.
eum magistratus multare volet, liceto, | *dumtaxat minoris partis*
eituas moltas moltaum licitud.
pecuniae multas multare liceto.
    (6.) Pr. censtur bansae | ni pis fuid, nei svae q. fust, 28.
    Praetor censor Bantiae | *ne quis sit, nisi quaestor fuerit,*
nep censtur fuid, nei svae pr. fust. In svaepis pr. in svae |
neve censor sit, nisi praetor fuerit. Et siquis praetor et si |
pis censtur avti   q.   pis[1] im nerum fust, izic post 29.
quis censor aut quaestor, quis. . . . . *fuerit, is post*
eizuc tr. pl. ni fuid. Svaepis · || . . . . 30.
ea trib. pleb. ne sit. Siquis || . . . .
facus fust, izic amprufid facus estud. Idic medicim eizuc | . . 31.
factus erit, is improbe factus esto, Id magistr — eo | . . . .
. . . . *medicim* . . . . *um VI nesimum* | . . . 32.
. . . . . . *magist*. . . . . *VI proximum* | . . .
. . . . *um pod* | . . . . 33.
. . . . *quod* | . . .
. . . . *medicim* | . . . 34.
. . . . *magistr.* | . . .

    4. Loi latine de Bantia (621-636).

    Inscription gravée sur la seconde face de la table de bronze
dont l'autre côté portait l'inscription qui précède, *C. I. L.*, I,
n° 497 ; Bruns, n° 8. C'est certainement un fragment d'une loi romaine, d'un plébiscite. Mais comme nous n'avons que la conclusion
de la loi, sa *sanctio*, d'ailleurs très développée, on ne peut sûrement
en déterminer l'objet. Kirchhof, *Stadtrecht von Bantia*, pp. 90-97,

---

    1. V. sur cette construction de la fin du texte, Bréal, p. 397-398. Cf.
Mommsen, *Droit public*, 2, p. 210, note 5.

                                                      2.

supposait que c'était une loi judiciaire. M. Karlowa, *R. R. G.*, 1,
p. 431, a proposé d'y voir une loi *repetundarum*, peut-être la loi
Junia votée entre la loi Calpurnia de 605 et la loi Acilia de 630-631,
ce qui expliquerait la publication de cette loi romaine, intéressante
pour les alliés, dans la ville fédérée de Bantia, et ce qui mettrait
dans un rapport quelconque avec la *quaestio* qu'elle organisait, le
judex ex hace lege vel plebei scito factus cité à la fin de la liste des
magistrats ordinaires, qui est la particularité la plus problématique
du fragment. Enfin M. Maschke a prétendu plus récemment,
Theorie und Geschichte der römischen Agrargesetze, 1906, y reconnaître la loi agraire Appuleia de 654 qui devait, comme notre fragment, être jurée par les magistrats et les sénateurs (Appien, *B. C.*,
1, 29). Mais M. Maschke nous paraît avoir vainement essayé d'entendre des triumvirs extraordinaires créés par cette loi les *tres viri
agris dandis adsignandis* que notre table mentionne au contraire
parmi les magistrats ordinaires et qui, en conséquence, ne peuvent
être que les *tres viri lege Sempronia* créés en 621 et supprimés en
636. Suivant une observation de Mommsen dont la vérité a depuis
été unanimement admise, cela place notre texte entre 621 et 636,
et cette date est, à notre sens, d'autant plus intéressante que, comme
l'a justement remarqué M. Kniep, *Societas publicanorum*, 1. 1896,
p. 444, la mention faite à sa ligne 10 de la formule entre citoyens
semble une preuve de l'existence de la loi Aebutia.

1. . . . . . neque prov*inciam*. . . . . |
2. . . . . . in sena*tu seive* in poplico joudicio ne sen*tentiam*
3. rogato tabellamve nei dato . . . | . . . *neive is testumo*nium
   deicito neive quis mag(istratus) testumonium poplice ei de*ferri*
4. *neive denon*tiari | *sinito. Neive joudicem eum neive arbitrum
   neive recupe*ratorem dato. Neive is in poplico luuci praetextam
5. neive soleas ha*beto*, neive quis || *mag (istratus) ibei praetextam
   soleasve habere eum sinito*. Mag(istratus) queiquomque comitia
6. conciliumve habebit, eum sufragium ferre nei sinito, | *neive eum
   censor in senatum legito neive in senatu* relinquito. |
7.   (2.) *Sei* tr(*ibunus*) pl(*ebei*), q(*uaestor*), II*Ivir* cap(*italis*),
   II*Ivir a*(*greis*) d(*andeis*) a(*dsignandeis*), *joudex*, quei ex hace
   lege plebeive scito factus erit, senatorve fecerit *ge*sseritve, quo ex
8. hace lege | *quae fieri oporteat minus fiant, quaeve ex* h(*ace*) l(*ege*)
   facere oportuerit oportebitve non fecerit sciens d(olo) m(alo);
9. seive advorsus hance legem fecerit | *sciens* d(*olo*) m(*alo*), H S . . .
   n(*ummum*) *populo dare damnas esto* [1] *et* eam pequniam quei volet
   magistratus exsigito. Sei postulabit quei petet, pr(aetor) recu-
10. peratores || . . . *quos quotque dari oporteat dato*, jubetoque
    eum, sei ita pariat, condumnari popul(o), facitoque joudicetur.
11. Sei condemnatus | *erit, quanti condemnatus erit, praedes* ad

    1. Rudorff, Bruns, Huschke ; Mommsen : 'sciens d(olo) m(alo) : multa
tanta esto iis. . . nummum'.

q(uaestorem) urb(anum) det,aut bona ejus poplice possideantur
facito. Sei quis mag(istratus) multam inrogare volet | *quei* 12.
volet dum minoris partus familias taxsat, liceto,eiq(ue) omnium
rerum siremps lexs esto, quasei sei is haace lege | *pequniam,* 13.
quae s(upra) (scripta) e(st), exigeret. |

(3.) Co(n)s(ul, pr (aetor), aid(ilis), tr(ibunus) ple(bei), q(uae- 14.
stor), IIIvir cap(italis), IIIvir a(greis) d(andeis) a(dsignandeis),
quei nunc est, is in diebus V proxsumeis, quibus queique
eorum sciet h(ance) l(egem) populum plebemve | *jousisse, jou-* 15.
ranto, utei i(nfra) s(criptum) est. Item dic(tator), co(n)s(ul),
pr(aetor), mag(ister) eq(uitum), cens(or), aid(ilis), tr(ibunus)
pl(ebei), q(uaestor), IIIvir cap(italis), IIIvir a(greis) d(andeis
a(dsignandeis), joudex ex h(ace) l(ege) plebive scito | *factus...* 16.
queiquomque eorum post hac factus erit, eis in diebus V proxsumeis, quibus quisque eorum mag(istratum) imperiumve
inierit,jouranto, | *utei i(nfra) s(criptum) est.Eis consistunto pro* 17.
aede Castorus palam luci in forum vorsus, et eidem in die-
bus V apud q(uaestorem) jouranto per Jovem deosque | *Penateis:* 18.
sese quae ex h(ace) l(ege) oportebit facturum, neque sese advorsum h(ance) l(egem) facturum scientem d(olo) m(alo), neque
seese facturum neque intercesurum, | *quo,quae ex h(ace) l(ege)* 19.
oportebit, minus fiant. Quei ex h(ace) l(ege) non jouraverit, is
magistratum inperiumve nei petito neive gerito neive habeto,
neive in senatu || *sententiam deicito deicereve eum* ni quis sinito, 20.
neive eum censor in senatum legito. Quei ex h(ace) l(ege) jou-
dicaverit, is facito apud q(uaestorem) urb(anum) | *ejus quei ita* 21.
utei s(upra) s(criptum) e(st) jourarit nomen perscriptum siet;
quaestorque ea nomina accipito, et eos, quei ex h(ace) l(ege)
apud sed jurarint, facito in tabuleis | *popliceis praescribat.* | 22.

(4.) *Quei senator est eritve inve senatu sententia*m deixerit 23.
post hance legem rogatam, eis in diebus X proxsumeis, quibus
quisque *eorum sciet* | *hance legem populum plebemve jousisse,* 24.
*j*ouranto apud quaestorem ad aerarium palam luci per Jovem
deosque Penateis: *sese quae ex h(ace) l(ege* || *oportebit facturum* 25.
esse, neque sese advorsum hance legem facturum esse, neque
seese, quominus sei . . . . |

. . . . se hoice leegei . . . . anodni . . . . uraveri*nt* . . | 26.
. . . . | 27.
. . . . e quis magistratus p . . . . | 28.
. . . . | 29.
. . . . *u*ti in taboleis popli*i*ceis . . . || 30.
. . . . *t*rinum nondinum . . . . . | 31.
. . . . is erit uu . . . . 32.

5. Loi Atinia (fin du vi° siècle ou début du vii°).

Loi dont le texte est rapporté par Aulu-Gelle, 17, 7, et qui vient, dans des conditions incertaines, compléter ou renouveler la disposition des XII Tables sur l'usucapion des choses volées. V. sur les divers systèmes, Esmein, *Mélanges*, p. 183, n. 2. Placée parfois en 555 ou 622, à raison des textes de Tite-Live (32, 29 ; 33, 22 ; *Ep*., 59) qui mentionnent à ces deux dates des tribuns du nom d'Atinius. Mais l'indication la plus sûre est contenue dans le texte d'Aulu-Gelle, qui établit, d'une part, qu'elle était déjà connue des jurisconsultes M'. Manilius, cos. 605, P. Mucius Scaevola, cos. 621, et M. Junius Brutus, car il les montre tous trois en discutant l'application, et, d'autre part, qu'elle était alors toute récente, car la question discutée est celle de son effet rétroactif.

(Legis veteris Atiniae verba sunt :)
Quod subruptum erit, ejus rei aeterna auctoritas esto [1] :

6. Lex Acilia repetundarum (631-632).

Fragments découverts à une époque et dans un lieu incertains et conservés aujourd'hui en original (7 au musée national de Naples, 2 à Vienne) ou en copie (2 fragments connus au xvi° siècle et aujourd'hui perdus) d'une table de bronze portant sur une face une loi *repetundarum* et sur le revers une loi agraire. La disposition des fragments a été rétablie principalement par Klenze, *Fragmenta legis Serviliae repetundarum*, 1825, dont le travail a été repris et complété par Mommsen qui a donné un tableau, *C. I. L.*, I, pp. 52-53. La loi est divisée en chapitres non numérotés précédés de rubriques. Jusqu'aux temps modernes, l'opinion dominante, encore adoptée par Klenze, y voyait une loi Servilia *repetundarum* des environs de 643. Mommsen a démontré, par des arguments tirés de son système de remises judiciaires, que c'est une loi antérieure à la loi Servilia, et par des indications chronologiques tirées de son contexte, qu'elle doit être placée en 631 ou 632. Quant au premier point, nous savons que, tandis que les lois antérieures ne limitaient pas le nombre des *ampliationes* prononcées pour plus ample délibéré par les juges, la loi Servilia ne permettait qu'une seule *comperendinatio*, après laquelle les jurés devaient nécessairement se prononcer (Cicéron, *Verr*. l. 1, 9, 1, 7. 4, 15) ; or notre loi ne défend pas expressément les *ampliationes* multiples et se contente de frapper en pareil cas les jurés d'une amende. C'est donc une loi antérieure qui, venant après les lois Calpurnia et Junia qu'elle cite, ne peut être que la seule autre loi connue dans l'intervalle, celle proposée par le tribun M'. Acilius Glabrio. Quant à sa date fixée à l'une des deux années où C. Gracchus occupa le tribunat, elle résulte, en dehors d'indices se rapportant à des périodes chronologiques plus larges, de ce que les *triumviri lege Rubria coloniae in Africam deducendae* y sont supposés en exercice alors que cette loi fut proposée en 631 par un collègue de C. Gracchus et abrogée en 633 après sa chute. Ce texte, très important pour l'histoire de la procédure des *quaestiones* et même pour celle du *sacramentum*,

---

1. Cf. *D.*, 41, 3, 4, 6.

qu'il montre avoir d'abord été appliqué ici par les lois Calpurnia et Junia (cf. P. F. Girard, *Mélanges*, 1, pp. 102-107 ; A Pernice, *Labeo*, 3, 1, 1892, p. 233), a été publié, *C. I. L.*, I, n° 198, par Mommsen, dont l'étude est aujourd'hui reproduite, avec des additions de l'auteur et des corrections déjà données par lui en partie dans les *Fontes* de Bruns. *Ges. Schr.*, 1, pp. 1-64. Il a été commenté notamment par Mommsen, *loc. cit.* (cf. aussi *Droit pénal*, 3, 1907, pp. 5-33) ; Rudorff, *Ad legem Aciliam*, Berlin, 1861 ; Zumpt, *Röm. Criminalrecht*, 1, 1865, p. 99 et ss., Huschke, *Z. R. G.*, 5, 1866, p. 46 et ss. ; De Ruggiero, *Dizionario epigrafico*, 1886, pp. 46-54 ; Hesky, *Wiener Studien*, 25, 1903, pp. 272-287. V. encore sur le petit fragment *C. I. L.*, XI, 364 *a*, provenant sans doute de cette loi, Bormann, *Festschrift Hirschfeld*, 1903, pp. 432-433 ; Mommsen, *Ges. Schr.*, 1, pp. 64 et 95. — Nous suivons ici le texte donné par Mommsen, *Ges. Schr.*, 1, pp. 26-46.

1. *M'. Acilius (?).... tr(ibuni) pl(ebei) plebem joure rogaverunt plebesque joure scivit in,.... a(nte) d(iem)..... Tribus..... principium fuit, pro tribu. ... scivit*[1]....

2. *Quoi*[2] *socium nominisve Latini exterarumve nationum, quoive in arbitratu dicione potestate amicitiave populi Romani,.. | .. ab eo quei dic(tator), co(n)s(ul), pr(aetor), mag(ister) eq(uitum), cens(or), aid(ilis), trib(unus) pl(ebei), q(uaestor), IIIvir cap(italis), IIIvir a(greis) d(andeis) a(dsignandeis), tribunus mil(itum) l(egionibus) IIII primis aliqua earum fuerit, queive filius eorum quojus erit, queive quojusve pater senator siet, in annos singulos pequniae quod siet amplius HS... n(ummum)*

3. *... | ... pro inperio prove potestate ipsei regive populove suo, parentive ipsius, queive in potestate manu mancipio suo parentisve sui siet fuerit quoive ipse parensve suos filiusve suos heres siet, ablatum captum coactum conciliatum aversumve siet : de ea re ejus petitio nominisque delatio esto, pr(aetoris) quaestio esto, joudicium joudicatio leitisque aestumatio, queiquomque joudicium ex h. l. erunt, eorum hace lege esto |*

4. *. . Sei quis deicet praetorem nomen ex h. l. ita non recepisse utei delatum esset, neque joudicium ex h. l. ita datum esse utei peteret : de ea re ejus petitio nominisque delatio esto, pr(aetoris) quaestio esto, joudicium joudicatio leitisque aestumatio, quei quomque joudicium ex h. l. erunt, eorum hace lege esto... || ... s ju... ...*

5. *De quo ex h. l. joudicatum erit sei contra h. l. fecisse deicetur, postquam ea res joudicata erit, aut quojus nomen praevaricationis caussa delatum erit, aut quoium nomen ex h. l. ex reis exemptum erit : seiquis ejus nomen ad praetorem denuo detole-*

---

1. Voir plus bas la *praescriptio* complète dans la loi Quinctia de 745.
— 2. Rudorff intercale sans preuves : *civei Romano*.

rit,... quaestio ejus pr(aetoris) esto ; joudicium joudicatio leitis-
6. que | aestumatio quei quomque joudicium ex h. l. erunt, eorum
h. l. esto. Sei quis alieno nomine... ex h. l. petere nomenve
deferre volet, de ea re ejus petitio nominisque delatio esto, quaestio ejus pr(aetoris) esto ; joudicium joudicatio leitisque aestumatio, quei quomque joudicium ex h. l. erunt, eorum h.
l. esto. Is eum unde petet in jous educito ad pr(aetorem),
quojus ex h. l. in eum annum quaestio erit, ante k. Sept. quae eo
7. anno erunt et nomen deferto... | deque eo homine de h. l... ita uti
i. s. est res agitor. Post k. Sept. sei quod nomen deferetur, sei is
quei petet volet, is praetor de ea re recuperatores dato. Quojus
eorum ita nomen ex h. l. post k. Sept., quae eo anno fuerint,
delatum erit, quei eorum eo joudicio condemnatus erit, quanti
ejus rei slis aestumata erit, tantam pequniam quei eum condem-
8. naverit dato.. | .. eaque pecunia quei eum condemnaverit ejus
esto. Pr(aetor), quei ex h. l. quaeret, facito, quidquid ita... joudicatum erit, id utei privato solvatur, quei eorum petet.

De heisce, dum mag(istratum) aut imperium habebunt,
joudicium non fiet. — Dic(tator), cos., pr., mag. eq., cens.,
aid., tr. pl., q., IIIvir cap., IIIvir a. d. a., tr. mil. leg. IIII pri-
9. mis aliqua earum, dum mag(istratum) aut inperium habebit, nei
in jous educitor... | ... Quei eorum ex eo mag(istratu) inpe-
riove abierit, quo minus in jous educatur, e(jus) h. l. n(ihilum)
r(ogato)...

De patroneis dandeis. — Quei ex h. l. pequniam petet
nomenque detulerit, quojus eorum ex h. l. ante k. Sept. petitio
erit, sei eis volet sibei patronos in eam rem darei, pr(aetor),
10. ad quem nomem detulerit... || ... patronos civeis Romanos inge-
nuos ei dato, dum nei quem eorum det sciens d(olo) m(alo),
quoiei is, quojus nomen delatum erit,..... gener socer vitricus
privignusve siet, queive eiei sobrinus siet propiusve eum ea cognatione attigat, queive eiei sodalis siet, queive in eodem conlegio siet, quoiave in fide is erit majoresve in majorum fide
fuerint, queive in fide ejus erit, majoresve in majorum fide fue-
11. rint... | ...queive quaestione joudicioque puplico condemnatus
siet, quod circa eum in senatum legei non liceat,... neive eum quei
ex h. l. joudex in eam rem erit, neive eum quei ex h. l. patronus datus erit.

De patrono repudiando. — Quei ex h. l. patronus datus
erit, sei is moribus suspectus erit, is quoi ex h. l. datus erit
12. eum repudiato... | ... Tum quos ex h. l. patronos dare licet, eorum
pr(aetor), quei ex h. l. quaeret, alium patronum eiei quei sibei
darei petet dato...

De CDL vireis in hunc annum legundis [1]. — Pr(aetor), quei inter peregrinos jous deicet, is in diebus X proxum(eis), quibus h. l. populus plebesve jouserit, facito utei CDL viros legat, quei in hac *ceivitate equom publicum habebit habuerit*... | ... *dum nei quem eorum legat, quei tr. pl., q., IIIvir cap., tr. mil. l. IIII primis aliqua earum, III virum a. d. a.* siet fueritve, queive in senatu siet fueri*tve*, queive *mercede conductus depugnavit depugnaverit*... *queive quaestione joudicioque puplico* condemnatus siet quod circa eum in senatum legei non liceat, queive minor anneis XXX majorve annos LX gnatus siet, queive in urbem Romam propiusve u*rbem Romam* (*passus*) *M domicilium non habeat, queive ejus mag*(*istratus*) *quei s*(*upra*) *s*(*criptus*) *e*(*st*), *pater frater filiusve siet, queive ejus, quei in senatu siet fueritve, pater* | *frater filiusve siet, queive trans mare* erit.

Quos legerit, eos patrem tribum cognomenque indicet. — Quei ex h. l. *in hunc annum quaeret*,... *is die... ex quo legerit, eorum, quei ex* h. l. CDLvireis in eum annum lectei erunt, ea nomina omnia in tabula, in albo atramento scriptos, patrem tribum cognomenque tributimque discriptos habe*to, eosque propositos suo magistratu servato. Sei quis describere volet, is pr*(*aetor*) *permittito potestatemque scribendi, quei* || *volet, facito*. Pr(aetor), *quei legerit, quos* ex h. l. CDL viros legerit, facito recitentur in contione juratoque sese *eos ex* h. *l. legise, de quibus sibei consultum siet... optumos eos joudices futuros esse quosque oetiles joudices exaestumaverit esse eosque* CDLviros, quos ex h. l. legerit, is pr(aetor) omnis in taboleis puplicis scriptos in perpetuo habeto.

De CDLvireis quotannis legundis. — *Praetor, quei post* h. *l. rogatam ex* h. *l. joudex factus erit*... | ... *is in diebus* X *proxumeis, quibus quisque eorum eum mag*(*istratum*) *coiperit*, facito utei CDLviros ita legat, quei hac*e civitate equom publicum habebit habuerit*... *dum ne quem eorum legat, quei tr. pl., q., IIIvir cap., tr. mil. l. IIII primis aliqua earum, triumvir a. d. a.* siet fueritve, queive in senatu siet fueritve, queive *mercede conductus depugnavit depugnaverit*... *queive quaestione judicioque puplico condemnatus siet quod circa eum in senatum legei non liceat,* | *queive minor anneis XXX majorve* annos LX gnatus siet, queive in urbe Romae propiusve urbem Romam *p*(*assus*)

---

1. Ce paragraphe et le suivant sont presque textuellement identiques à ceux qui occupent les lignes 16 à 18, de sorte que l'on p eut les compléter les uns par les autres.

M domicilium non habeat queive ejus ma(gistratus) quei s(upra) s(criptus) e(st), pater frater filiusve siet, queive ejus quei in senatu siet fueritve pater frater filiusve siet, queive trans mare erit.

Quos legerit, eos patrem tribum cognomenque indice*t*. — Quei ex h. l. in eum *annum quaeret, is die... ex quo legerit, quei ex h. l. CDLvirei in eum annum lectei erunt*

18. | *in tabula, in albo atramento eos, pat*rem tribum cognomenque tributimque discriptos habeto, eosque propositos suo ma*gistratu servato.... Sei quis describere volet, is pr(aetor) permittito, po*testatem*que* scribundi, quei volet, facito. Pr(aetor) quei legerit, is [eos] quos ex h. l. CDLviros legeri*t*, facito in conctione recitentur, jouratoque sese eos ex h. l. *legise, de quibus sibei consu*ltum *siet optumos eos joudices futuros esse, quosque oetiles joudices exaestumaverit esse ; eosque CDLviros*

19. *quos ex h. l. legerit, is pr(aetor) omnis* | *in taboleis pupliceis scriptos in perpetuo habeto.*

De nomine deferundo judicibusque legundeis. — Quei ex h. l. pequniam ab ar*vorsario petet,... is eum, unde petet, postquam CDLvirei ex h. l. in* eum annum lectei erunt, ad judicem, in eum annum quei ex h. l. *factus* erit in jous educito nomenque ejus deferto ; sei dejuraverit calumniae causa non pos*tulare, is praet*or *nomen recipito facitoque,...* ||

20. .... *utei die.... ex eo die, quo quojusque quisque nomen detolerit, is quojus nomen delatum* erit de CDLvireis, quei in eum annum ex h. l. lectei erunt, arvorsario edat eos omnes, ... *quoi is queive ei, quojus nomen delatum erit, gener socer vitricus* privignusve siet, queive ei sobrinus siet propiusve eum ea cogna*tione* attingat, queive ei sodalis siet, queive in eodem conlegio siet ; facitoque coram arvorsario is *quei ita ediderit jouret : in CDLvireis, quei in eum annum ex h. l. lectei sient*,

21. *non reliquisse se* | *nisei quei se earum aliqua necesitudine quae supra scripta sient* non attigeret, scientem d(olo) m(alo) ; itaque is edito, jouratoque. Ubei is ita ediderit, tum in eam *quaestionem quei quojusque ita nomen detolerit, is praetor, quojus ex hac lege quaestio* erit, facito utei is die vicensumo ex eo die, quo quojusque quisque *nomen* detolerit, Cviros ex eis, quei ex h. l. CDLvire*i* in eum annum lectei erunt, quei

22. vivat, legat e*datque...* | ...*dum nei quis jou*dex siet, quoi is queive ei, quei petet, gener socer vitricus privignusve siet, queive ei sobrinus *siet propiusve eum ea cognatione attingat,* ...*queive in eodem conlegio siet,* queive ei sodalis siet, queive

tr. pl., q., IIIvir cap., IIIvir a. d. a., tribun*us* mil. l. IIII
prim*is aliqua* earum siet fueritve, queive in senatu siet fueritve, queive I. Rubr*ia IIIvir col*(oniae) *ded*(ucendae) *creatus
siet fueritve*... | ...*queive ab urbe Roma plus... passuum* abe- 23.
rit, queive trans mare erit; neive amplius de una fami*lia*
unum, neive eum *legat edatve, quei pecuniae captae condemnatus est erit aut quod cum eo lege Calpur*nia aut lege Junia sacramento actum siet, aut quod h. l. nomen *delatum siet.* Quos
is Cviros ex h. l. ediderit, de eis ita facito jouret palam apud
se coram ar*vorsario nullum se edidise scientem d*(olo) *m*(alo),
quem ob earum causarum aliquam, quae supra scripta sient...
| *inter Cviros edere non liceat, queive se earum aliqua* necesi- 24.
tudine atingat, quae supra scripta sient. *Is*[1] unde petitum erit,
quomin*us*... *Sei is quei petet, ita C*viros ediderit juraritque,
tum eis pr(aetor) facito, utei is unde petetur die L*X postquam*
ejus nomen delatum erit, quos C is quei petet ex h. l. edide-
rit, de eis judices quos *volet L legat...* || *Quei ex h. l. nomen* 25.
detolerit, sei is quojus nomen ex h. l. delatum erit, L judices
ex h. l. non legerit ediderit*ve seive ex CDLvireis, quei in eum
annum ex h. l. lectei erunt, quei se adfinitate cognatione* soda-
litate atingat, queive in eodem conlegio siet, ex h. l. non
edi*derit, tum ei per* eum pr(aetorem) advorsariumve mora
non eri*t quo* minus legat edatve *quos volet L de eis C, quos ex
h. l. ediderit...* | ...*dum nci quem eorum, quem ex h. l. legere* 26.
non liceat, sciens d(olo)*m*(alo) *joudic*em legat. Quei ita lectei erunt,
eis in eam rem joudices sunto eorumque ejus *rei ex h. l. jou*-
dicatio slitisque aestumatio esto.

Judicum patronorumque nomina utei scripta in taboleis habeantur. — Pr(aetor), quei ex h. l. quaeret, fac*ito eos L viros,
quos is quei petet et unde petetur ex h. l. legerint edi*derint,
eosque patronos, *quos quei petet ex h. l. dederit*.. | ..*in tabo-* 27.
leis popliceis scriptos habeat. Ea nomina quei petiverit et unde
petitum erit, quei eorum volet, ex taboleis popliceis *describendi
is* pr(aetor) *potestatem facito...*

Eisdem joudices unius rei in perpetuom sient. — Quei
judices e*x h. l. lectei erunt,* quam in rem eis judices lectei
erunt, e*jus rei joudices in perpetuom sunto...* |

..*q*uei pequniam ex *h. l.* capiet, eum ob eam rem, quod 28.
pequniam ex h .l. ceper*it, nei... neive tribu* moveto, neive equom
adimito, neive quid ei *ob* eam rem fraudei esto.

.... *scripta sient.* — Pr(aetor) quei ex h. l...

1. Mommsen ; le bronze : q(uaes*t*or).

29. | .. *De judicio in eum, quei mortuos* erit aut in exilium abierit. — Quoium nomen ex h. l. delatum eri*t, sei is ante mortuos erit... aut in exili*um abierit, quam ea res *j*udicata erit, pr(aetor), ad quem ejus nomen de*latum erit, eam* rem ab eis item quaerito, *quei joudicium ex h(ace) l(ege) erunt, quasei sei is quojus nomen ex* h. *l. delatum erit, viveret inve ceivitate*
30. *esset..* ǁ ..

De inquisitione facienda. — *Praetor postquam* nomen ex h. l. ad se delatum erit, facito, utei joudicium p*rimo quoque die fiat, eique, quei ex h. l. nomen detolerit, dies quot ei videbitur, det, utei q*uod recte factum esse volet, dum nei quid advorsus h. l. fiat, *ad inquisitionem fac*iundam ; neive post h. l. *roga-*
31. *tam..* | ..*jubetoque* conquaeri in terra Italia in oppedeis foreis conciliabo*leis, ubei jure deicundo praesse solent, aut extra Italiam in* oppedeis *foreis* conciliaboleis, ubei joure deicundo praesse solent. In quibus di*ebus eum quei petet praet*or quei ex
32. h. l. quaere*t, conquaerere jouserit..* | ..

Testibus ut denuntietur. — *Pr*(aetor) *joudiciumque postquam* audierit, quod ejus rei quaerundai censeant refere, et *causam probaverit, quibus is quei petet denuntiaverit, eos homines d*(um) *t*(*axat*) *IIL testimonium deicere* jubeto et quom ea res agetur quam in rem quisque testis eri*t, in eam rem facito* eis omnes adsient testimoniumque deicant, *dum nei quem testimonium dei-*
33. *cere jubeat, quei..* | ..*quoiave in fide is unde petetur siet, majoresve in ma*j*orum ejus* fide *fuerint,* queive in fide ejus siet, majoresve *in majorum ejus fide fuerint, queive ejus, quojus ex* h. *l. nomen delatum erit, c*ausam deicet dum taxat unum, queive ejus parentisve ejus *leibertus leibertave* siet.
34. De inro*ganda multa...* | ...

De testibus tabulisque custodiendis. — *Is quei petet, sei quos ad testimonium deicendum evocarit* secumve duxerit dum taxat homines IIL earum rerum *causa, de quibus id joudicium fiet...* ea, quai ita conquaesiverit et sei qua tabulas libros leiterasve
35. po*p*l*icas preivatasve producere proferreque volet...* ǁ ..ive de ea re volet apud pr(aetorem), is praetor ei moram ne fac*ito, quominus...* at.

Praetor utei interroget. — Pr(aetor) quei ex h. l. quae-
36. *ret...* | ...

Joudices utei jourent antequam considant. — *Pr*(*aetor*) *quei ex h. l. quaeret, quei in eam* rem joudices erunt, ante quam primum caussa dicetur... *apud se jourent facito*. Judices, quei in eam rem erunt, omnes pro rostreis in forum *vorsus jouran-*

to.. | *..facturumque se, utei quod recte factum esse volet, utei* 37. *testium, quei in eam rem erunt, verba audiat,* ... *neque se facturum quo* eam rem minus joudicet nisei sei quae causa erit, quae eiei *ex h. l. quo eam rem minus joudicet permittet...* |
..Quei ita apud se jourarint eorum nomina is praetor facito in 38. *contione* recitentur, proscripta propositaque palam apud *forum habeto,...* neve nisei ita jourarit de ea re considere sinito quemquam eorum quei *ex* eis C joudices L lectei erunt.

Joudex nei qui disputet. — ... | ... 39.
... — *Sei... causam sibi esse deicet, quominus ad id* judicium adesse possit, de ea re praetori, quei ex hace l(ege) *quaeret cognoscere... jus esto.*

De judicio proferendo vel referendo [1]. — Quam rem pr(aetor) ex h. l. egerit, sei eam rem proferet quoi... || ...*sei* 40. *referre poterit, facito quojus deicet nomen referre... it utei is ad sese veniat aut adferatur coram eo quei postulaverit...* | ... *volet, quojus ex h. l. nominis delatio erit, ei ejus rei* 41. *petitio esto... deque ea re hace lege judicium litisque aestumatio essto, quasei sei ejus...* | ... 42.

Sei joudex, quei eam rem quaeret, ex h. l. causam non noverit... *is praetor coram judicibus* in contione pro rostris sententia ita pronontiato : 'fecisse videri'... | ... *Sei de ea re* 43. judicium fieri oportebit, ter*tio die facito judicium fiat..... Sei joudex quei eam* rem quaeret, ex h. l. causam non noverit, pr(aetor) quei ex h. l. quaeret... | ... 44.

Joudices utei jourent, in consilium antequam eant. — Pr(aetor), quei ex *h. l.* quaeret, *joudices, quei ex h. l. in eam rem erunt, in consilium* ante quam ibunt, facito jurent : sese..... *neque facturum* quo quis suae alterius sententiae certior siet, quod per *dolum malum fiat...* || ... aturum esse. 45.

Judices multam supremam debeant. — ... *sei joudex, quei eam rem* quaeret causam non noverit, quei eorum joudex... | ... *excusatione* primo quoque die deferatur, isque 46. quaestor...

Judices in consilium quomodo eant. — Pr(aetor), quei ex h. l. ju*dicium exercebit... Judex quei ad id delectus erit, sei rem de qua...* | *... agitur plus tertiae parti judicum, quei* 47. *aderunt, quom ea res agetur, non liquere* deixerit, praetor *quei* ex h. l. quaeret ita pronon*tiato et ad rem denuo agendam alium diem dato... eoque die eorum judicum* quei quomque aderunt judicare *jubeto...* | *.. Ad quem praetorem ita relatum* 48.

1. Hesky, *De judicio preferendo.*

erit judicum plus tertiam partem negare judicare, is HS n(ummum) ccIɔɔ, quotiens quomque amplius bis in uno *judicio judicare negarint... singulis quei judicare negarint multam dicito. Tum* quam ob rem et quantum pequ*niae dixerit, publice*
49. *proscribito...* | ...

De reis quomodo judicetur. — Ubi duae partes judicum, quei ade*runt, causam sibi liquere deixerint... pr*(aetor), *quei de ea re quaeret, utei eis judices,* quei judicare negarint,
50. semovan*tur facito..* || .. rem agito. Tum praetor quom soueis viatoribus apparitoribusque nei de j*udicio judex discedat curato... sitellamque latam digitos... altam digitos* XX, quo jou-
51. dices sorticolas conjeciant *apponi facito...* | .. *quojusque judicis* is praetor sorticolam unam buxeam longam digitos IIII, la*tam digitos.. ab utraque parte ceratam... in qua sorticola ex altera parti littera A scripta siet, ex alte*ra parti C, in manu palam dato al*teramque utram velit litteram eum judicem indu-*
52. *cere jubeto...* | *Judex ita inducito* eamque sortem ex hace lege apertam bracioque aperto lit*teram digiteis opertam palam ad eam sitellam deferto eamque sortem in populum...* itemque in eos ceteros singilatim ju*dices versus ostendito, itaque in eam*
53. *sitellam conjecito...* | ...

Sententiae quomodo pronontientur. — Quei judex pronontiationis *faci*undai causa ad sitellam sorti veniet, is in eam sitellam manum demitito, et eam devexam populo *ostendito... judicium... quamque in eum* reum sententiam *ea sors habue-*
54. rit, is ei... | ... *palam pronontiato, ubei A littera scripta erit* 'apsolvo' *ubei C littera scripta erit* 'condemno', ubei nihil scriptum erit 'seine suffragio'. Ex qua sorti pronontiarit, eam sortem proxsumo jud*ici... in manum* transdito.
55. De *numerandis sententiis* ... || ...

De *reo apsolvendo.* — *Nisei eae sententiae ibei plurumae* erunt 'condemno', praetor, quei ex *h. l.* quaeret, eum reum pronontiato non fecisse videri. De quo reo pr(aetor) ita pronontiaverit, quod postea non fecerit, quod praevaricationis causa factum non erit, is ex hace lege ejus rei apsolutus esto.

De reo condemnando. — *Sei eae sententiae ibei plurumae* erunt 'condemno', pr(aetor), que*i ex h. l. quaeret, eum reum*
56. *pronontiato fecisse videri..* | ...

De eadem re ne bis agatur. — *Quei ex h. l.* condemnatus aut apsolutus erit, quom eo *h.* l., nisei quod post ea fecerit, aut nisei quod praevaricationis caussa factum erit, au*t nisei* *de litibus* aestumandis, aut nisei de sanctione [1] hojusce legis, actio nei es*to* ... | ... 57.

De praedibus dandis bonisve possidendis. — *Judex, quei eam rem* [2] *quaesierit, earum rerum, quei* ex h. l. condemnatus erit, q(uaestori) praedes facito det de consili majoris partis sententia, quantei eis censuer*int ; sei ita* praedes datei non erunt, bona ejus facito puplice possideantur *conquaerantur veneant. Quantae pequniae ea bona venierint, tantam pequniam judex, quei eam rem quasierit, ab emptore exigito*... | ... 58. *quaestorique eam pequniam et quanta fuerit* scriptum transdito ; quaestor accipito et in taboleis popliceis scriptum habeto.

De leitibus aestumandeis. — *Quei ex hace* lege condemnatus erit, ab eo quod quisque petet, quojus ex hace lege peti*tio erit, id praetor, quei eam rem quaesierit, eos judices, quei eam rem judicaverint, aestumare jubeto...* | ... *quod ante* h. l. ro*gatam consilio probabitur captum coactum ablatum avorsum conciliatumve esse, eas res omnis simpli, ceteras res omnis, quod* post hance legem rogatam *consilio probabitur* captum coactum ablatum avorsum conciliatumve esse, dupli ; idque ad quaestorem, *quantum siet quojusque nomine ea lis aestumata siet, facito deferatur.* 59.

De pequnia ex aerario solvenda. — *Quei judici, quei eam rem quaesierit, consilioque ejus majorei parti...* || ... *satisfecerit, nomine suo* parentisve suei, quoive ipse parensve suos heres siet, leitem aestumatam esse ; queive eiei judicei consilioque ejus majorei pa*rti eorum* satis fecerit, regis populeive ceivisve suei nomine litem aestumatam esse sibei : qu*anta ea pequnia erit, is judex facito...* | ... *sei de ea re praedes dati erunt seive quantae pequniae eae lites aestumatae erunt, tanta pecunia ex* hace lege in aerario posita erit ob eam rem quod eo nomine lis aestumata erit, in triduo proxsumo, quod ita satis*factum erit,* ex hace lege solvatur ; neive quis judex neive quaestor facito sciens dolo m*alo, quo minus ita satis fiat, itaque solvatur...* | ... 60. 61. 62.

De tributo indicendo. — *Quanti judex, quei eam rem quaesierit, leites aestumaverit, sei is judex* ex hace lege pequniam omnem ad quaestorem redigere non potuerit, tum in diebus X proxsumeis, quibus *quae potu*erit redacta erit, judex quei eam rem quaesierit, queive judex hace lege fac*tus erit, tributum indicito..* | .. *diemque edito, qua is quojus parentisve quojus ejusve quoi ipse parensve suos heres siet, ita lites* aestumatae 63.

1. *C. I. L.*, I, 198 : sanctioni. — 2. Hesky, Riccobono : *Judex quei de ea re.*

erunt, *aut* quojus regis populeive nomine lis aestumata erit, legati adessint, *dum* nei longius C dies edat.

De tributo servando. — Ubei ea dies venerit, quo die jusei erunt adesse, judex, quei e*am rem quaesierit, quanta pequnia de ejus, quei ex h. l. condemnatus est, bonis redacta erit, tantam pequniam in eas lites, quae aestumatae erant, pro portioni tri-*
64. *buito...* | *... Queique ei judici consilioque ejus majori parti eam litem aestumatam esse sibei satis* fecerit, ei primo quoque die quaestorem solvere jubeto, quaestorque eam pecuniam eis sed fraude sua solvito.

Reliquom in aerario siet. — Quod eorum nomine, quei non
65. aderit, tributus factus *erit, quaestor in aerario servato...* || ...

De tributo proscribendo. — *Quei* praetor ex hace lege tribuendi causa prodeixerit, is, utei quod recte factum esse volet facito, quomodo prode*ixerit ea omnia* majore parte diei ad eam diem. donec solutum *erit,* apud *forum palam, ubei de plano recte legi possitur, proscripta propositaque habeat... praetor, quei*
66. *eum tributum* | fecerit dies... pro*x*umos, ex ea die, qua tributus factus erit, apud forum palam, ubei de plano recte legi possitur, pros*cribito.*

Pequnia post quinquenium populei fiet. — Quae pequnia ex hace lege in aerarium posita erit, quod in anneis qu*inque proxumeis ex ea die, qua tributus factus erit, ejus pequniae quaestor ex h. l. non solverit, populei esto.*

De pequnia a praedibus exigenda. — *Quaestor quoi aerarium provincia obvenerit, quoi quaestori ex h. l. praedes datei erunt,*
67. *queive quaestor deinceps* | eandem provinciam habebit, eis faciunto, utei quod recte factum esse volet, quod ejus is reus non solverit, ab eis pr*aedibus primo quoque* die pequnia exigatur.

Pequnia in fiscis opsignetur. — Quae quomque pequnia ex hace lege ad quaestorem *redacta erit, is quaestor ea pequnia facito in fiscis siet, fiscique signo suo opsignentur,... singulisque*
68. *fiscis inscribatur* | quis praetor litis aestumaverit et unde ea pequnia redacta siet quantumque in eo fisco siet. Quaestor, quei quom*que erit, utei quod* recte factum esse volet, facito in diebus V proxumeis, quibus quomque eiei aerarium provincia obvenerit, *fisci resignentur, et sei ea pequnia, quam in eo fisco esse inscriptum erit, ibei inventa erit, denuo opsignentur...*

69. *Quaestor utei solvat*. — *Quoi* | pequniam ex hace lege quod sine malo pequlat*u* fiat, pr(aetor), quei ex hace lege quaeret, darei solvi juserit, id quaestor *quei aerarium provinciam optinebit,* sed fraude sua extra ordinem dato solvitoque.

LEX ACILIA REPETUNDARUM 43

Quaestor moram nei facito. — *Quaestor*...
Judicium nei quis impediat. — *Quod* || ex hace lege judi- 70.
cium fieri oportebit, quom ex hace lege fieri oportebit, nei quis
magistratus prove magistratu prove *quo inperio potestateve erit
facito, quominus setiusve* fiat judiceturve ; neive quis eum,
quei ex hace lege judicium exercebit, neive eum, que*i ex h. l.
judicabit, neive eum, quei ex h. l. petet, neive eum, unde pete-*
tur,... ab eo judicio avocato neive | avocarier jubeto, neive 71.
abducito neive abducier jubeto, neive facito quo quis eorum
minus ad id judicium adesse possi*t quove quoi eorum minus in
eo judicio* verba audeire in consilium eire judicare liceat ; neive
judicium dimitere jubeto, nisei quom senatus *joure vocabitur...*
aut nisei quom centuriae aut | tribus intro vocabuntur, extra 72.
quam sei quid in saturam feretur.

 Judex [1] *deinceps faciat principe cessante, item quae-*
 Judex deinceps faciat principe cessante, item quae- (79)
stor. — Sei is praetor quei ex hace lege quaeret, sei*ve is*
stor. — *Sei is praetor quei ex hace lege quaeret seive is
quaestor quoi aerarium vel urbana provin*cia obvenerit, eo magi-
quaestor quoi aerarium vel urbana provincia obvenerit, eo magi-
stratu judiciove inperiove abierit abdicaverit mortuosve erit
stratu judiciove inperiove abierit abdicaveritve mortuosve erit
ante quam ea omnia joudica*ta soluta factave erunt, quae eum
ante quam ea omnia joudicata soluta factave erunt, quae eum
praetorem eumve quaestorem ex h. l. judicari jubere solvere facere
praetorem eumve quaestorem ex h. l. judicari jubere solvere facere
oportet: queiquomque deinceps praetor ex h. l. quaeret, queive
oportet; queiquomque deinceps praetor ex h. l. quaeret, queive
quaestor aerarium vel urbanam... | provinciam habebit, is, utei* 73.
quaestor aerarium vel urbanam... || provinciam habebit, is, utei (80)
quod recte *factum* esse volet, facito, utei ea omnia quod ex hace
quod recte *factum esse volet, facito, utei ea omnia quod ex hace
lege factum non erit faciant, fiantque quae ex hace lege fieri
lege factum non erit faciant, fiantque quae ex hace lege fieri
oportere*t, *sei apud eum ea res acta esset ; deque ea re eiei*
oportere*t,... sei* apud eum ea res acta esset ; deque ea re eiei
praetori quaestorique omnium rerum, quod ex hace lege factum
praeto*ri* quaestori*que* omnium rerum, quod ex *hace lege factum*

---

1. Les lignes 72-78 paraissent être répétées textuellement lignes 79-
85, probablement pour corriger quelques défectuosités de leur premier
texte, par exemple, l'omission de la rubrique *Judex deinceps faciat...*
ligne 72 ; afin de faciliter la comparaison, nous reproduisons les lignes
du second texte immédiatement au-dessous des lignes correspondantes
du premier.

non erit, siremps lex esto, quasei sei apud eum ea res acta
non erit, siremps lex esto, quasei sei apud eum ea res acta
esset...
esset...

      De rebus ex lege Calpurnia Juniave judicatis. —
      De rebus ex lege Calpurnia Juniave judicatis. —

74. Quibusquom joudicium | fuit fueritve ex lege, quam L. Calpurnius
(81) Quibusquom | joudicium fuit fueritve ex lege quam L. Calpurnius
L. f. tr(ibunus) pl(ebei) rogavit, exve lege, quam M. Junius D.
L. f. tribunus plebei rogavit, exve lege, quam M. Junius D.
f. tr. pl. rogavit, quei eorum eo joudicio apsolutus vel con-
f. tr. pl. rogavit, quei eorum eo joudicio... apsolutus vel condemnatus est eritve, quo magis de ea re ejus nomen hace lege
demnatus est eritve, quo magis de ea re ejus nomen hace lege
deferatur quove magis de ea re quom eo ex h. l. agatur, ejus
deferatur quove magis de ea re quom eo ex h. l. agatur, ejus
h. l. nihilum rogato. Queique contra h. l. fecise dicentur,......
h. l. nihilum rogato. Queique contra h. l. fecise dicentur,......

75. ...nisei lex rogata erit ante quam ea res facta || erit, quom
(82) ... nisei lex | rogata erit, ante quam ea res facta erit, quom
eis hace lege actio nei esto.
eis hace lege actio nei esto.

      De praevaricatione — Praetor, quei ex hace lege
      De praevaricatione. — Praetor, quei ex hace lege
quaeret, qua de re ei praetori eisque judicibus, quei ex h. l.
quaeret, qua quis de re ei praetori eisque judicibus, quei ex h. l.
ad eam rem joudicandam adfuerint, quei vivent, eorum
ad eam rem joudicandam adfuerit, quei vivent, eorum
majorei parti satis factum erit, nomen quod ex h. l. quis
majori parti satis fecerit   eum quei ex h. l. nomen
detolerit praevaricationis causa eum detulisse...
detolerit, praevaricationis causa id detulisse...

76. | De ceivitate danda. — Sei quis eorum, quei ceivis
(83) | De ceivitate danda. — Sei quis eorum, quei ceivis
Romanus non erit, ex hace lege alterei nomen... ad prae-
Romanus non erit, ex hace lege alterei nomen... ad praetorem quojus ex hace lege quaestio erit, detolerit, et is eo
torem quojus ex hace lege quaestio erit, detulerit, et is eo
judicio hace lege condemnatus erit, tum eis quei ejus nomen
joudicio hace lege condemnatus erit, tum eis quei ejus nomen
detolerit, quojus eorum opera maxime unius eum condemnatum
detolerit, quojus eorum opera maxime unius eum condemnatum

77. esse constiterit... | sei volet ipse filieique, quei eiei gnatei
(84) esse constiterit... | ... sei volet ipse filieique, quei eiei gnatei
erunt, quom ceivis Romanus ex hace lege fiet, nepotesque
erunt, quom... ceivis Romanus ex hace lege fiet, nepotesque

LEX ACILIA REPETUNDARUM

tum eiei filio gnateis ceiveis Romanei justei sunto *et in quam*
tum eiei filio gnatei ceiveis Romanei justei sunto et in quam
tribum, quojus is nomen *ex* h. l. *detolerit, sufragium tulerit,*
tribum, quojus is nomen ex h. l. detolerit, sufragium tulerit,
in eam tribum sufragium ferunto inque eam tribum
in eam tribum sufragium ferunto inque eam tribum
censento, militiaeque eis vocatio[1] esto, aera stipendiaque
censento militiaeque eis vocatio esto, aera stipendiaque
omnia eis merita sunto. Nei qui magistratus prove magistratu
eis omnia merita sunto. Nei qui magistratus prove magistratu
.... *ejus h. l.* | nihilum rogato.   78.
..... || ....*ejus h. l. nihilum rogato.*   (85)

De provocatione *vocationeque* danda. — Sei quis
De provocatione vocationeque danda. — Sei quis
eorum, quei *nominis Latini* sunt...... quei eorum in
eorum, quei nominis Latini sunt.... quei eorum in
sua quisque civitate *dict*ator praetor aedilisve non fuerint,
sua quisque civitate dictator praetor aedilisve non fuerint,
ad praetorem, quojus ex hace lege quaestio erit, *ex h. l. alterei*
ad praetorem quojus ex h. l. quaestio erit, ex h. l. alterei
nomen detolerit, et is eo judicio *h. l. condemnatus erit, tum quei*
nomen detolerit, et is eo judicio h. l. condemnatus erit, tum quei
ejus nomen *detolerit,quojus eorum opera maxime unius eum con-*
ejus nomen detolerit, quojus eorum opera maxime unius eum condemnatum esse constiterit, sei ceivis Romanus ex h. l. *fierei nolet,*
demnatum esse constiterit, sei ceivis Romanus ex h. l. fierei nolet,
ei postea ad p. R. provocare liceto *tamquam sei ceivis*
ei postea ad p. R. provocare liceto tamquam sei ceivis
Romanus esset. *Item ipsei filieisque nepotibusque ex filio* | *ejus* 79.
Romanus esset. Item ipsei filieisque nepotibusque ex filio | ejus   (86)
militiae munerisque poplici in sua quojusque ceivitate
militiae munerisque poplici in sua quojusque ceivitate
vocatio immunitasque esto. |
vocatio immunitasque esto. |

...i petetur, de ea re ejus *optio esto.* utrum velit vel in sua
ceivitate.. | ...habere liceto.   87.
Sei quis ceivis Romanus ex hace lege alterei *nomen detolerit..* |
..— Quoi ex hace *lege provocatio erit esseve oportebit..* | *praetor* 88.8
quei inter peregrinos jous *deicet....* || ....   90.
........................atei q.........................

---

1. C'est-à-dire *vacatio*, comme p. 86, dans la loi Julia, ligne 93.

7. Loi agraire (an 643).

Loi agraire inscrite sur le revers de la table dont la face portait la loi *de repetundis*, de telle sorte que la reconstitution de la disposition des fragments de la loi agraire, opérée après la mort de Klenze par Rudorff, *Z. G. R.*, 10, 1839, p. 1 et ss., s'est trouvée faire la preuve du travail symétrique préalablement accompli par Klenze pour les fragments de la loi *de repetundis*. Comme le travail de Klenze, celui de Rudorff a été revisé et corrigé par Mommsen, *C. I. L.*, I, n° 200, pp. 75-106 = *Ges. Schr.*, 1, pp. 65-145. Nous reproduisons le texte des *Ges. Schr.* qui contient quelques légères modifications apportées par Mommsen dans ses éditions de Bruns au texte du *C. I. L.* V. aussi *Ges. Schr.*, 1, p. 95, le texte donné d'après les additions du *C. I. L.*, XI, 2, p. 1234, du petit fragment de la loi agraire (*C. I. L.*, XI, 364 *b*), corrélatif à celui de la loi Acilia signalé p. 33. La date de la loi avait déjà été très solidement établie par Rudorff : après avoir montré que non seulement elle était nécessairement postérieure à C. Gracchus contre l'œuvre duquel elle est dirigée, mais qu'elle ne pouvait être antérieure aux années 641, 642 et 643, dont elle nomme les consuls, ni postérieure à l'an 644, après lequel de nouveaux censeurs succédèrent à ceux de 639 qu'elle cite comme les derniers ayant été en fonctions, il a fixé la loi au printemps ou à l'été de 643 en partant de la mention qui y est faite au futur de récoltes à opérer sous les consuls de cette année. Mais il y a eu, d'après Appien, *B.c.*, 1, 27, trois lois dirigées contre l'œuvre de Gracchus : une première permettant à ceux qui avaient reçu des terres en vertu de la loi Sempronia de les aliéner ; une seconde attribuée par Appien à Sp. Thorius, défendant de faire de nouvelles assignations et concédant aux possesseurs déjà investis une possession héréditaire moyennant le paiement d'un *vectigal* ; enfin une troisième leur faisant remise de ce *vectigal*, et Rudorff admettait encore, avec une doctrine traditionnelle, que la loi de nos fragments était la seconde, la loi Thoria. Mommsen a démontré que notre loi qui, dans ses lignes 19 et 20, abroge le *vectigal* est en réalité la troisième loi d'Appien. M. Karlowa, *R.R.G.*, 1, pp. 433-437, qui s'appuie, pour attribuer à Appien une confusion de noms, sur deux textes ambigus de Cicéron, *Brut.*, 36, 136 et *De orat.*, 2. 70, 284, soutient que notre loi serait la loi Thoria ; mais il reconnaît comme certain qu'elle est bien la dernière loi d'Appien votée en 643. — La loi se divise en trois parties dont la première, lignes 1-44, concerne l'*ager Italicus*, la seconde, lignes 45-95, l'*ager Africanus*, la troisième, lignes 96-105, l'*ager Corinthiacus*, et ces parties comprennent elles-mêmes chacune un certain nombre de chapitres, mais ni parties ni chapitres ne sont distingués ni par des chiffres, ni par des rubriques. On en trouvera une analyse sommaire dans Karlowa, *R. R. G.*, 1, 435-437 ; Mommsen en a donné un commentaire complet, *C. I. L.*, I, pp. 86-106 = *Ges. Schr.*, 1, pp. 96-145. La loi de 643, fondamentale pour l'histoire de l'*ager publicus*, présente en outre un intérêt considérable pour le droit privé, notamment en ce que c'est le monument épigraphique le plus ancien qui contienne des vestiges certains, sinon de la procédure formulaire établie par la loi Aebutia (v. déjà plus haut la p. 30, sur la loi latine de Bantia), au moins de certaines institutions qui ne peuvent elles-mêmes, à notre sens, lui être antérieures : v. en particulier la mention de la *bonarum venditio*, du *magister* et du *curator*, ligne 56, et les exceptions ou prescriptions signalées ligne 38 ; cf. sur les deux points P. F. Girard, *Mélanges*, 1, pp. 95-97 et les auteurs cités. Elle est aussi le texte le plus précis que nous possédions sur le mode de nomination des récupérateurs, qu'elle montre clairement, ligne 37, n'être pas proposés par le demandeur au défendeur, comme le *judex unus*, mais être désignés par le magistrat, — dix jours après la comparution *in jus*, — en un nombre plus élevé qu'il n'est nécessaire, — ici 11, — et être ramenés, par les récusations réciproques des parties, à un chiffre variable qui ne peut descendre au-dessous de 3. V. encore sur la clause *nec vi nec clam nec precario* de l'interdit *unde vi* la ligne 18 et sur les *praedes praediaque* les lignes 47 et 74.

1. .. *tr(ibuni) pl(ebei) plebem joure rogarunt plebesque joure scivit in... Tribus... princ*ipium fuit, pro tribu Q. Fabius Q. f. primus scivit.

Quei ager poplicus populi Romanei in terram Italiam P. Muucio L. Calpurnio co(n)s(ulibus)[1] *fuit, extra eum agrum, quei ager ex lege plebeive sc(ito), quod C. Sempronius Ti. f. tr(ibunus) pl(ebei) rogavit, exceptum cavitumve est nei divideretur..* |

2. *.. quem quisque de eo agro loco ex lege plebeive sc(ito) vetus possessor sibei* agrum locum sumpsit reliquitve, quod non modus major siet, quam quantum unum hominem ex lege plebeive sc(ito) sibei sumere *relinquereve licuit* ;

quei ager publicus populi Romanei in terra Italia P. Muucio L. Calpurnio co(n)s(ulibus) fuit, extra eum agrum, quei ager ex lege plebeive sc(ito), quod C. Sempronius Ti. f. tr(ibunus) pl(ebei) rogavit, exceptum cavitumve est nei divideretur... |

3. quem agrum locum quoieique de eo agro loco ex lege plebeive sc(ito) III vir sortito ceivi Romano dedit adsignavit, quod non in eo agro loco est, quod ultra... | ...

4. *quei ager publicus populi Romanei in terra Italia P. Muucio L. Calpurnio co(n)s(ulibus) fuit, extra eum agrum, quei ager ex lege plebeive sc(ito), quod C. Sempronius Ti. f. tri(bunus) pl(ebei) rogavit, exceptum cavitumve est nei divideretur, de eo agro loco quei ager locus ei, quei agrum privatum in publicum commutavit, pro eo agro loco a IIIviro datus commutatus redditus est* ;

quei ager publicus populi Romanei in terra Italia P. Muucio L. Calpurnio co(n)s(ulibus) fuit, extra eum agrum, quei ager ex lege *plebeive sc(ito), quod C. Sempronius Ti. f. tr(ibunus) pl(ebei) rogavit, exceptum cavitumve est nei divideretur...* ||

5. ... quod ejus quisque agri locei publicei in terra Italia quod ejus extra urbem Romam est, quod ejus in urbe oppido

---

1. An de Rome 621.

6. vico est, quod ejus IIIvir dedit adsignavit, quod... | ... *tum cum haec lex rogabitur habebit possidebitve* ;...

quei ager publicus populi Romanei in terra Italia P. Muucio L. Calpurnio co(n)s(ulibus) fuit, extra eum agrum, quei ager ex lege plebive scito, quod C. Sempronius Ti f. tr(ibunus) pl(ebei) rog(avit), exceptum cavitumve est nei divideretur, quod
7. quoieique de eo agro loco agri locei aedific*iei...quibus...* | ...*in* terra Italia IIIvir dedit adsignavit reliquit inve formas tabulasve retulit referive jusit ;

ager locus aedificium omnis quei supra scriptus *est... extra eum agrum locum de quo supra except*um cavitumve *est,*
8. privatus esto... | ... *ejusque locei agri aedificii emptio venditio* ita, utei ceterorum locorum agrorum aedificiorum privatorum est, esto ; censorque queicomque erit facito, utei is ager locus aedificium, quei *ex hace lege privatus factus est, ita, utei ceteri agri loca aedificia privati, in censum referatur... deque eo agro loco aedificio eum, quoium is ager locus aedificium*
9. erit, eadem profiterei *jubeto, quae de cetereis agreis* | *loceis aedificieis quoium eorum quisque est profiterei jusserit....* est ; neive quis facito, quo, quojus eum agrum locum aedificium possesionem ex lege plebeive scito esse oportet oportebitve, eum agrum *locum aedificium possesionem minus oetatur fruatur habeat possideatque...* neive quis de ea re ad sen*atum re-*
10. *ferto..* || .. neive *pro magistratu inperio*ve sententiam deicito neive ferto, quo quis eorum, quoium eum agrum locum aedificium posses*i*onem ex lege plebeive scito esse oport*et oportebitve... eum agrum locum aedificium possesionem minus oetatur fruatur habeat possideatque quove possessio invito, mortuo*ve *eo heredibus ejus inviteis auferatur.*

Quei ager publicus populi Romanei in terram Italiam P.
11. *Muucio L. Calpurnio co(n)s(ulibus) fuit...* | ... *quod ejus III virei a(greis) d*(*andeis) a(dsignandeis) viasieis* vicaneis, quei in terra Italia sunt, dederunt adsignaverunt reliquerunt : neiquis facito quo minus ei oetantur fruantur habeant poss*ideantque, quod ejus possesor... agrum locum aedificium* non abalienaverit,
12. extra eum [eum] a*grum..* | *.. extra*que eum agrum, quem ex h(ace) l(ege) venire dari reddive oportebit.

Quei ager locus aedificium ei, quem in *v*iasieis vicanisve ex s(enatus) c(onsulto) esse oportet oportebitve, *ita datus adsignatus relictusve est eritve... quo magis is ager locus aedificium privatus siet, quove magis censor queiquomque erit in censum*

referat... | *quove magis is ager locus aliter, atque utei est,* 13.
siet, ex h(ace) l(ege) n(ihilum) r(ogato).

Quei ager locus publicus populi Romanei in terra Italia
P. Muucio L. Calpurnio co(n)s(ulibus) fuit, extra eum agrum,
quei ager ex lege plebive *scito, quod C. Sempronius Ti. f.
tr(ibunus) pl(ebei) rogavit, exceptum cavitumve est nei divideretur..* extraque eum agrum, quem vetus possesor ex lege
plebeive *scito sibei sumpsit reliquitve, quod non modus major
siet, quam quantum unum hominem sibei sumere relinquereve
licuit, sei quis tum cum haec lex rogabitur* | *agri colendi causa* 14.
in eum agrum agri jugra non amplius XXX possidebit habebitve : *is ager privatus esto.*

Quei in agrum compascuom pequdes majores non plus
X pascet, quae*que ex eis minus annum gnatae erunt postea quam
gnatae erunt... queique ibei pequdes minores non plus... pascet,
quaeque ex eis minus annum gnatae erunt post ea quam gnatae erunt : is pro iis pequdibus..:* || *...populo aut publicano vecti-* 15.
gal scripturamve nei debeto, neive de ea re satis dato neive solvito.

Ager publicus populi Romanei, quei in Italia P. Mucio
L. Calpurnio co(n)s(ulibus) fuit, ejus agri IIIvir a(greis) d)andeis) a(dsignandeis) ex lege plebeive scito sortito quoi ceivi Roma*no agrum dedit adsignavit,... quod ejus agri neque is abalie-
navit abalienaveritve, neque heres ejus abalienavit abalienaveritve quoive ab eo hereditate testamento deditioneve obvenit,
queive ab eorum quo emit,* | *quei eorum de ea re ante eid(us) Mar-* 16.
t(ias) primas in jous adierit ad eum, quem ex h(ace) l(ege) *de eo
agro jus deicere oportebit, is de ea re ita jus deicito* decernitoque, utei possesionem secundum eum heredemve ejus det,
quoi sorti is ager datus adsignatusve fuerit, quod ejus agri
non abalienatum erit ita utei s(upra) s(criptum) est.

*Ager publicus populi Romanei quei in Italia P.Muucio L.Calpurnio co(n)s(ulibus) fuit, quod ejus agri IIIvir a(greis) d(andeis)
a(dsignandeis) veteri possesori prove vetere possesionem dedit adsignavit reddidit, quodque ejus agri IIIvir a(greis) d(andeis)
a(dsignandeis) in urbe oppido vico dedit adsignavit reddidit,* | 17.
*quod ejus agri neque is abalienavit abalienaveritve neque heres
ejus, quoive ab eo hereditate testamento deditioneve obvenit,queive
ab eorum quo emit : quei eorum de ea re ante eidus Martias
primas in jous adierit ad eum, quem ex* h(ace) l(ege) *de eo
agro jus deicere oportebit, is de ea re ita jus deicito decernitoque, utei possesionem secundum eum heredemve ejus det...*

quoi is ager vetere prove vetere possesore datus adsignatusve
redditusve fuerit, queive a*grum in urbe oppido vico acceperit*
18 .... | ....

Sei *quis eorum, quorum ager* s(upra) s(criptus) est, ex possesione vi ejectus est, quod ejus is quei ejectus est possederit, quod neque vi neque clam neque precario possederit ab
eo, quei eum ea possessione vi ejecerit : *quem ex* h(ace) l(ege)
*de ea re jous deicere oportebit, sei is quei ita ejectus est, ad eum
de ea re in jous aderit ante eidus Martias, quae post* h(ance)
l(egem) rog(atam) primae erunt, facito, utei is, quei ita vi
ejectus est, *in eam possesionem unde vi ejectus est, restituatur.* |

19. Quei ager locus aedificium publicus populi Romani in terra
Italia P. Muucio L. Calpurnio co(n)s(ulibus) *fuit, quod ejus ex
lege plebeive scito exve* h(ace) l(ege) *privatum factum est eritve, pro eo agro loco aedificio proque scriptura pecoris, quod
in eo agro pascitur, post quam vectigalia constiterint, quae
post* h(ance) l(egem) *rogatam primum constiterint : nei quis ma-
g*(istratus) *prove mag*(istratu)... *facito quo quis populo aut* publicano pequniam scripturam vectigalve det dareve debeat, neive
20. quis *facito..* | ..quove quid ob eam rem populo aut publicano
detur exsigaturve, neive quis quid postea quam rectigalia
consistent, quae post h(ance) l(egem) rog(atam) primum constiterint, ob eos a*gros locos aedificia populo aut publicano
dare debeat, neive scripturam pecoris, quod in eis a*greis pascetur,
populo aut publicano dare debeat.

Ager locus publicus populi Romanei, *quei in terra Italia*
21. P. Muucio L. *Calpurnio co*(n)s(ulibus) *fuit...* | ... *extra eum
agrum, quem agrum* L. Caecilius Cn. Domitius cens(ores) a(nte)
d(iem) XI k(alendas) Octobris oina quom[1] agro, quei trans
Curione est, locaverunt, quei in eo agro loco *civis* Romanus
sociumve nominisve Latini, quibus *ex formula togatorum
milites in terra Italia imperare solent,*... *agrum l*ocum publicum populi Romanei de sua possesione vetus possesor prove
vetere possesore *dedit, quo in agro loco oppidum coloniave ex*
22 *lege plebeive scito constitueretur deduceretur conlocaretur,..* | ..
quo in agro loco IIIvir id oppidum coloniamve ex lege plebeive sc(ito) constituit deduxitve conlocavitve : quem agrum
locumve pro eo agro locove de eo agro loco, quei publicus
populi Romanei *in terram Italiam* P. Muucio L.Calpurnio co(n)-
(s(ulibus) *fuit... extra eum* agrum locum, quei ager locus ex

---

1. una cum.

lege plebeive sc(ito), quod C. Semproni(us) Ti. f. tr(ibunus)
pl(ebei) rog(avit) exsceptum cavitumve est nei divideretur,.. | .. 23.
IIIvir dedit reddidit adsignavit, ejus quoi is ager datus redditus
adsignatusve erit, quoive ab eo heredive ejus is ager locus
testamento hereditati deditionive obvenit obvenerilve, queive
ab eo emit emeritve, queive ab emptore ejus emit emeritve,
is ager privatus esto.

Quei *ager publicus populi Romani fuit, quem IIIvir de eo
agro loco pro eo agro loco, quo* coloniam deduxsit ita utei
s(upra) s(criptum) est, agrum locum aedificium dedit reddidit adsignavit, quei pr(aetor) consolve *de eo agro ex h(ace) l(ege)
jous deicet,* | *quo de eo agro ante eidus Martias primas in jous adi-* 24.
*tum erit, is de ea re ita jous deicito decernitoque, utei possesio-
nem secundum eum h*eredemve ejus det, quoi IIIvir eum
agrum locum pro eo agro loco, quo coloniam deduxit, dedit
reddidit adsignavitve ; facitoque is pr(aetor) consolve, quo de
ea re in jous aditum erit, *utei*....

Ager locus quei supra scriptus est, quod ejus agrei locei
post h(ance) l(egem) rog(atam) publicum populei Romanei
erit, extra eum a*grum locum, quei publico usui destinatus est vel
publice locatus est, in eo agro quei volet pascito*... || ... neive is 25.
ager compascuos esto, neive quis in eo agro agrum oqupa-
tum habeto neive defendito, quo. mi*nus quei velit* compas-
cere liceat. Sei quis faxsit, quotiens faxit, in agri jugra singula L *HS* n(*ummos*)... dare debeto ei, queiquomque id
publicum fruendum redemptum comductumve habebit.

Boves, equos, *mulos, asinos...* | ... *in eo agro loco, quei* 26.
*post h(ance) l(egem) rog(atam) publicus populei Romanei erit,
pascere ad eum numerum pecudum, quei* numerus pecudum in
h(ace) l(ege) scriptus est, liceto, neive quid quoi ob eam rem
vectigal neive sc*ripturam dare* debeto.

Quod quisque pecudes in calleis viasve publicas itineris
causa indu*xerit ibeique paverit,* ... *pro eo pecore, quod ejus in
calli*bus vieisve publiceis pastum impulsum itineris causa
erit, neiquid populo neive publicano d*are debeto...* | ... 27

*Quei ager publicus populi Romanei in terra Italia P. Muucio
L. Calpurnio co(n)s(ulibus) fuit, de eo agro loco quem agrum locum
populus ex publico in privatum* commutavit, quo pro agro loco
ex privato in publicum tantum modum agri locei commutavit, *is ager locus d*omneis privatus ita, utei quoi optuma
lege privatus est, esto.

Quei ager ex priva*to in publicum commutatus est, quo pra*

agro tantus modus agri publici ex publico imprivatum commutatus est, de eo agro siremps lex esto, quansei is ager P. Mucio L. *Calpurnio co(n)s(ulibus) publicus fuisset.*

   Quei ager pro agro patrito ex publico in privatum commu-
28. *tatus est,...* | .. *pr(aetor) consolve quanti agri patriti publicani publicum* L. Caecilio Cn. Domitio cens(oribus) redemptum habent, censoribus, queiquomque post hac facteis erunt, ei faciun*to id publicum, sei* volent, tantidem pro patrito redemptum habeant p(ro) p(atrito) supsignent.

   IIvirum, quei... *quae viae publicae per* terram Italiam P. Mucio L. Calpurnio co(n)s(ulibus) *f*uerint, eas *f*aciunto pa-
29. teant vacuaeque sien*t*... | ...

   Quod quoieique ex h(ace) l(ege) *ita*, utei s(upra) s(criptum) est, in agreis, que*i in I*talia sunt, quei P. Mucio L. Calpurnio co(n)s(ulibus) publiceis populi R*omanei fuerunt, ceivi* Romano facere licebit, item Latino peregrinoque, quibus M. Livio L. Calpurnio *co(n)s(ulibus) in eis agris id facere .. ex lege plebeive* sc(ito) exve *f*oedere licuit, sed *f*raude sua *f*acere liceto.

   Quod ex h(ace) l(ege) ita, utei s(upra) s(criptum) est, in agreis, que*i s(upra) s(cripti) sunt, Latinum peregrinumque fa-*
30. *cere vel non facere oportebit..* || .. *sei eorum* quis quod *eum ex* h(ace) l(ege) *f*acere oportuerit, non *f*ecerit, quodve quis eorum h*(ace) l(ege) prohibitus erit, f*ecerit.: *mag(istratus)* prove mag(istratu), quo de ea re in jous aditum erit, quod ex h(ace) l(ege) petetur, item judicium judicem *recuperatoresve facito ei, quei ex h(ace) l(ege) petet, et in eum ita det, utei ei* et in eum judicium judicem recuperatoresve ex h(ace) l(ege) dare oporteret, sei quis de ea re judicium petisset, *quod civem Romanum contra*
31. *h*(ance) *l*(egem) *fecisse diceret..* | ...

   *Sei quei coloni*eis *seive moi*nicipieis seive qvae pro moinicipieis coloni*eisve sunt civium* Rom(anorum) nominisve Latini poplice deve senati sententia ager fruendus datus *est, seive quei in trientabuleis est, quei colonei moinicipesve prove moinicipieis . . . fruentur, queive* pro colonia moinicipiove prove moinicipieis fruentur queive in trientabulei*s fruentur . . .*
32. | ... *quod ejus agri colonei moinicipesve prove moinicipieis habebunt queive a colonia moinicipiove prove moinicipieis habebunt quodve·ejus agri eis in trientabuleis testamento hereditate deditione ob*venit obveneritve, quibus ante h(ance) l(egem) rog(atam) *eum agrum locum conductum habere frui possidere defendere licuit,* extra eum agrum locum, *quem ex (hace) l(ege)... venire dari reddive* oportebit, id, utei quicquid quoieique ante

h(ance) l(egem) r(ogatam) licuit, ita ei habere *oeti frui possidere defendere post h(ance) l(egem) rog(atam) liceto*.... |

Quei ager locus publicus *populi Romanei in t*erra Italia 33. P. Mucio L. Calpurnio co(n)s(ulibus) fuit, quod ejus agri loci ex lege *plebeive scito exve h(ace) l(ege) privatum factum est, ante eidus Martias primas sei qu*id de eo agro loco ambigetur, co(n)s(ulis) pr(aetoris) quei quomque erit, de ea re juris *dictio, judici judicis recuperatorum datio esto*... | ... *neive mag(istratus)* 34. *prove magistratu de eo agro loco jous deicito neive de eo agro de*cernito neive judicium *neive judicem neive* recuperatores dato, nisei co(n s(ul) pr(aetor)ve. Quod vadimonium ejus rei *causa promissum erit mag(istratus) adpellati, quo minus ejus rei* causa decernant, ejus h(ace) l(ege) n(ihilum) r(ogato). Quod judicium judex recuperatores *dati erunt sei magistratus adpellati erunt, quoi eorum e re publica non esse videbitur, quominus id impediat vel intercedat ejus* h(ace) l(ege) n(ihilum) rogato. ||

Quei ager locus post *h(ance) l(egem) rog(atam) publicus p(o-* 35. *puli) R(omani) in terra Italia erit, sei quid de eo agro loco ambigetur,* co(n)s(ulis) pr(aetoris) cens(oris) queiquom*que tum erit de ea re jur*is dictio, judici judicis recuperatorum datio esto i(ta) u(tei) e(is) e r(e) p(ublica) f(ideque) s(ua) v(*idebitur*) e(sse)... *neive mag(istratus) prove mag(istratu) nisei* co(n)s(ul) pr(aetor) cens(or) *de eo agro loco jous deicito neive de eo agro decernito neive judicium neive judicem neive recuperatores dato. Quod vadimonium ejus rei causa promissum erit, mag(istratus) adpellati, quo minus ejus rei causa decernant, ejus* h(ac) l(ege) n(ihilum) r(ogato). | Quod judicium judex recuperatores 36. *dati erunt, sei mag(istratus) adpellati erunt, quoi eorum id e r(e) p(ublica) non esse videbitur, quo minus impediat vel* intercedat, e(jus) h(ace) l(ege) n(ihilum) r(ogato).

Quoi publicano e(x) h(ace) l(ege) pequnia debebitur *nei quis mag(istratus)*... *quid ob eam* rem facito, quo quis pro agro minus aliterve scripturam v*ectigalve det, atque utei ex h(ace) l(ege) dare debet debebitve*.. | ..*Sei quid publicanus ejus rei causa* 37. *sibi deberi darive oportere deicat, de ea re* co(n)s(ul) *prove* co(n)s(ule) praetor prove pr(aetore), quo in jous adierint, in diebus X proxsumeis, qu*ibus de ea re in jous aditum erit,*... *recuperatores ex* civibus L, quei classis primae sient, XI dato, inde alternos dum *taxat quaternos is quei petet et is unde petetur quos volent rejiciant facito*.. | ..*quei supererunt tres pluresve,* 38. *eos primo quoque die de ea re judicare jubeto, quae res soluta non siet inve judicio* non siet judicatave non siet, quod ejus

praevaricationus *causa... vel per dolum malum petitorum patrono-
rumve factum non siet.* Sei major pars eorum recuperatorum
... | .. id sentencia *pronontiato, quod ejus* rei joudicandae max-
sume verum esse comperrit, facitoque... *quod ita joudicatum
erit, se dolo malo*[1] utei is, quei judicatus erit dare oportere,
solvat... || ...

    *Quas in leges pl(ebei)ve sc(ita) de ea re, quod, quei agrum
publicum p(opuli) R(omani) ita habebit possidebit fruetur, utei ex
h(ace) l(ege) licebit, eum earum quae agrum, quem ita habebit,
habere possidere frui vetet*; quasve in leges pl(ebei)ve sc(ita)
de ea re, *quod earum quae ei, quei agrum publicum p(opuli)
R(omani) aliter habebit* possidebit fruetur, quam ex h(ace) l(ege)
licebit, eum agrum, quem *ita habebit, habere possidere frui
permittat, is, quei earum legum pl(ebei)ve sc(itorum) quo jurare
jubetur jubebitur, non juraverit : ei poena multa remissa esto..* | ..
neive ei ob eam rem mag(istratum) quem minus petere capere
gerere habereque liceto, neive *quid ei ea res fraudi esto.*

    Si quae lex plebeve sc(itum) est, quae mag(istratum),
quem ex h(ace) l(ege) *de aliqua re decernere oportet, de ea re
decernere vetet, is magistratus de ea re nihilo minus decernito..*
| .. *quaeque eis legibus plebive scitis facere quis prohibetur,
quod quem eorum haec lex facere jubebit, ea omnia ei sed fraude
sua facere liceto, inque eas leges* pl(ebei)ve sc(ita) *de ea re,
quod ex hace lege non decernere... aliterve* decernere oportebit,
sed fraude sua nei jurato, neive *ei ea res fraudi multae poenaeve
esto..* | ..

    ... tus est, dedit adsignavitve, quemve agrum locum de
eo agro loco... *ex lege* pl(ebei)ve sc(ito), quod M. Baebius
tr(ib.) pl(eb.) IIIvir coloniae deducendae rogavit... | ... *datum
adsignatum esse fuiseve joudicaverit, utei in h(ace) l(ege)
sc(riptum) est, quei* | .... extra eum agrum locum, quei ager
locus in ea centuria supsicivove.. | .. *extraque* eum agrum
locum, quem ex h(ace) l(ege) colonei eive quei in colonei numero *scriptei sunt obtinebunt...* oportet oportebitve, quod ejus
agri locei quoieique emptum est... | .. *neive magis* manceps
praevides praediaque soluti sunto : eaque nomina mancu-
pum... *quaestor, quei aerarium provinciam optinebit in tableis
publiceis scripta habeto..* | .. *nei qui* de mag(istratu) Romano
emit, is pro eo agro loco pequniam neive praevides neive *praedia*
populo dato... neive de ea re quis ob eam rem, quod praes factus

---

1. sedulomn ; Huschke : 'sedulo m(ora) n(ulla)'.

est, populo obligatus esto.. | .. *quei ob eu*m agrum locum man- 48.
ceps praesve factus est, quodque *praedium ob eam rem in publico obligatum est*.... quei ager locus in Africa est, quei Romae
publice... | ... ejus esto, isque ager locus privatus vectigalisque 49.
u.... tus erit ; quod ejus agri locei extra terra Italia est.. || .. 50.
socium nominisve Latini, quibus ex formula togatorum milites in
terra Italia inperare solent, eis po*puleis*,... ve agrum locum quei-
quomque habebit possidebit *fruetur*.. | .. *ejusv*e rei procurandae 51.
causa erit, in eum agrum locum, in*mittito* ... *se dolo* malo.

Quei ager locus in Africa est, quod ejus agri... | *habeat* 52.
possideat fruaturque item, utei sei is ager locus publice...

IIvir, quei ex h(*ace*) *l*(*ege*) *factus creatusve erit*, in biduo
proxsumo, quo factus creatusve erit, edici*to*... | ...*in diebus* XXV 53.
proxsumeis, quibus id edictum erit... *datum* adsignatum siet,
idque quom *profitebitur* cognito*res*.. | ...mum emptor siet ab 54.
eo quojus homin*is privatei ejus agri venditio fuerit*,... L.
Calpurni(o) co(n)s(ulibus) facta siet, quod ejus postea ne-
que ipse ne*que*... || ...praefectus milesve in provinciam eri*t*... 55.
*colono eive, quei in colonei n*umero scriptus est, datus adsigna-
tus est, quodve ejus...ag.. | .. *utei* curator ejus profiteatur, 56.
item ute*i*...*ex* eo edicto, utei is, quei ab bonorum emptore
magistro curatoreve emerit,... | ...*Sei quem quid edicto IIvirei ex* 57.
h(*ace*) *l*(*ege*) *profiteri oportue*rit, quod edicto IIvir(ei) professus ex h(ace) l(ege) n*on erit*... *ei eum agrum lo*cum neive emp-
tum neive adsignatum esse neive fuise judicato. Q... | ...do, 58.
ei ceivi Romano tantundem modu*m agrei locei*,... quei ager
publice non venieit, dare reddere commutavere liceto.

II*vir, quei ex h*(*ace*) *l*(*ege*) *factus creatusve erit*... | ...*de eis* 59.
agreis ita rationem ini*to*, itaque h..... et, neive unius hominis
nomine, quoi ex lege Rubria quae fuit colono eive quei *in colonei numero scriptus est, agrum, quei in Africa est, dare
oportuit licuitve*.. || .. *data adsign*ata fuise judicato ; neive 60.
unius hominus *nomine, quoi*... *colono eive, quei in colonei nu*-
mero scriptus est, agrum quei in Africa est, dare oportuit licuitve, amplius jug(era) CC in *singulos homines data adsignata
esse fuiseve judicato*... | ...*neive majorem numerum in Africa* 61.
hominum in coloniam coloniasve deductum esse fuiseve judicato
quam quantum numeru*m ex lege Rubria quae fuit*... *a IIIvi-
ris coloniae dedu*cendae in Africa hominum in coloniam coloniasve deduci oportuit licuitve.

II*vir, quei ex h*(*ace*) *l*(*ege*) *factus creatusve erit*.. | ..*re* Rom.. 62.
agri... datus adsi*gnatus*... quod ejus agri ex h(ace) l(ege) ad-

joudicari licebit, quod ita comperietur, id ei heredeive ejus
63. adsigna*tum* esse judicato... | *quod quando*que ejus agri lo-
cei ante kal. I... *quoiei emptum* est ab eo, quojus ejus agri locei hominus privati venditio fuit tum, quom is eum agrum
64. locum emit, quei.. | *..et eum agrum locum, quem ita emit eme-*
rit, planum faciet feceritve emptum esse, *quem agrum locum*
neque ipse neque heres ejus, neque quoi is heres erit abalie-
naverit, quod ejus agri locei ita planum factum erit, IIvir ita...
65. || ... *dato* reddito, quod is emptum habuerit quod ejus publice
non venieit. *Item IIvir, sei is* ager locus, quei ei emptus fuerit, publice venieit, tantundem modum agri locei de eo agro
loco, quei ager *locus in Africa est, quei publice non venieit, ei*
66. *quei ita emptum habuerit, dato reddito..* | *..Queique ager locus*
ita ex h(ace) l(ege) datus redditus erit, ei, quojus ex h(ace) l(ege)
factus erit, HS n(ummo) I emptus esto, isque ager locus privatus vectigalisque ita, *utei in h(ace) l(ege) supra* scriptum est,
esto.

Quoi colono eive, quei in colonei numero scriptus est,
ager locus in ea centuria supsicivove *de eo agro, quei ager in*
Africa est, datus adsignatus est, quae centuria quodve supsi-
67. *civom Romae publice venieit venieritve,..* | *.. si quid ejus agri*
IIvir, quei ex h(ace) l(ege) factus creatusve erit, ei colono heredeive
ejus minus adjudicaverit, tum tantundem modum agri locei pro
eo agro loco de eo agro loco, quei ager locus in Africa est,
quod ejus publice non veniet, ei here*deive e*jus IIvir, quei ex
h(ace) l(ege) factus creatusve erit, reddito.

Quoi colono eive, quei in colonei numero scriptus est fuitve,
68. ager *in ea centuria* | *supsicivove de eo agro, quei in Africa est,*
datus adsignatus est, quae centuria quodve supsicivom Romae
publice venieit venieritve, si quid ejus agri IIvir, quei ex h(ace)
l(ege) factus creatusve erit, ei quei ab eo colono heredeve ejus
emit habuitve minus adjudicaverit, tum tantundem modum agri
ei, quem ita emise habuiseve comperietur, heredeive ejus de
agro, quei ager in Africa est, pro eo agro *IIvir reddi*to quoieique ita reddiderit, ei adsignatum fuisse judicato.

Quoi agrum de eo agro, quei ager in Africa est, quei colono eive, *quei in colonei numero scriptus est fuitve, datus adsi-*
69. *gnatus est, magistratus Romae publice vendiderit..* | *...sei quid*
ejus agri IIvir quei ex h(ace) l(ege) factus creatusve erit ei, quoi
ita emptum esse comperietur, emptorive ejus pro curatoreve ejus
heredive quojus eorum minus adjudicaverit: tum tantundem
modum agri ei, quoi ita emptum esse comperietur, *emptorive*

*e*jus pro curatoreve ejus heredive quojus eorum de eo agro, quei ager in Africa est, pro eo agro IIvir reddito ; quoi ita reddiderit, *ei adsignatum* || *fuisse judicato. Quantae quis pequ-* 70. *niae ab populo mercassitur, quam pequniam qui agrum locum publicum in Africa emerunt emerintve pro eo agro locu populo dare debent debebuntve*... *quod ejus* pequniae adsignatum discriptum adsignatumve in tabuleis publiceis est eritve : *tantam pequniam* populo ex eid(ibus) Mart(is), quae, post ea quam vectigalia consistent, quae post h(ance) l(egem) r(ogatam) primum consistent, primae erunt, in *ferto*. |

Quam pequniam quei agrum locum publicum in Africa emit 71. *emeritve, pro eo agro loco populo dare debet debebitve, ab eo quei eam pequniam ab populo mercassitur ex eidibus Martis eisdem exigito*... *neive quis eam pequniam propiore die exigito, atque* uteique in h(ace) l(ege) s(criptum) est ; neive, quod pequniae ob eam rem propiore die exactum eri*t, atque uteique* in h(ace) l(ege) s(criptum) e(st), is quei pequniam populo dare debebit, ei, quei eo nomine ab populo mercassitur, ob eam rem pequniam ei nei *minus solvito*.. | .. planum fiat ; neive quis 72. mag(istratus) neive pro mag(istratu) facito neive quis senator decernito, q*uo ea pecunia,* quae pro agreis loceis aedificieis, quei (supra) s(cripti) sunt, populo debetur debebiturve, aliter exsigatur atque uteique in h(ace) lege) s(criptum) est.

Quei agrum locum publicum in Africa emit emeritve.. | .. 73. *sei ea pequnia, quam eo nomine populo debet debebitve, in diebus*... *proxsumeis, quibus is ager locus Romae publice venieit* venierit, populo soluta non erit, is pro eo agro loco in diebus CXX proxsumeis ear*um summarum nomine* quae s(upra) s(criptae) s(unt), arb(itratu) p(raetoris), quei inter ceives tum Romae jous deicet, satis supsignato.

Pr(aetor), quei inter ceives Romae jous deice*t*.. | .. *nisei* 74. praedium ante ea ob eum agrum locum in publico obliga*tum* erit in publicum*ve praes datus erit,* agrum locum, quo pro agro loco satis ex h(ace) l(ege) arb(itratu) pr(aetoris) supsignatum non erit, pequnia praesenti vendito. Quei.. || .. 75.

Quei ager locus in Africa est, quei Romae publice venie*it* venieritve, quod ejus agri *locei, quei popul*eis libereis in Africa sunt, quei eorum *in* ameicitiam populi Romanei bello Poenicio proxsumo manserunt, queive a*d imperatorem populi Romanei bello Poenicio proxsumo ex hostibus perfugerunt, quibus propterea ager datus adsignatus est* d(e) s(enati) s(ententia), eorum quisque habuerunt,.. | .. *pro eo agro loco IIvir in diebus*.. 76.

proxsumeis, quibus IIvir ex h(ace) *l(ege) factus* creatusve erit, facito, quantum agri loci quojusque in populi leiberei inve eo agro *loco, quei ager locus* perfugis datus adsignatusve est, ceivis Romanei ex h(ace) l(ege) factum erit, quo pro agro loco ager
77. locus ceivi *Romano* ex h(ace) l(ege) | *commutatus redditusve non erit... tantundem modum agri loci quoieique populo leibero perfugeisve det adsignetve...*

*II*vir, quei ex h(ace) l(ege) factus creatusve erit, is in diebus CL proxsumeis, quibus factus creatusve erit, facito, quando X*virei, quei ex* lege Livia factei createive sunt fueruntve, eis hominibus agrum in Africa dederunt adsignaverun*tve*
78. quos stipendium | *pro eo agro populo Romano pendere oportet, sei quid ejus agri ex h(ace) l(ege) ceivis Romanei esse oportet oportebitve,... de agro, quei publicus populi Romanei in Africa est, tantundem, quantum de agro stipendiario ex h(ace) l(ege) ceivis* Romanei esse oportet oportebitve, is stipendiarieis det adsignetve idque in formas publicas facito utei *referatur i(ta) u(tei) e r(e)·p(ublica) f(ide)q(ue) e(i) e(sse) v(idebitur).*

IIvir, quei ex h(ace) l(ege) factus creatusve erit, is facito in diebus CCL proxsumeis, quibus h(ance) l(egem) populus
79. plebesve juserit, | *utei extra eum agrum locum, quei ex lege Rubria quae fuit colono eive, quei in colonei numeros scriptus est, datus adsignatus est... quo pro agro loco ager locus* commutatus redditusve non erit; extraque eum agrum, quei ager intra finis populorum leibeirorum Uticensium Ha*drumetinorum T*ampsitanorum Leptitanorum Aquillitanorum Usalitanorum Teudalensium, quom in ameicitiam populei Romani
80. proxumum || *venerunt, fuit; extraque eum agrum locum, quei ager locus ei hominibus, quei ad imperatorem populi Romani bello Poenicio proxsumo ex hostibus perfugerunt,... datus adsignatusve est de s(enati)* s(ententia) ; ex*tr*aque eum agrum, quei ager ex h(ace) l(ege) privatus factus erit, quo pro agro loco ager locus redditus commutatusve *non erit* ; *extr*aque eum agrum locum, quem IIvir ex hace lege stipendiarieis dederit adsignaverit, quod ejus ex h(ace) l(ege) in *f*ormam publicam
81. rellatum | erit; *extraque eum agrum, quem agrum... P. Cornelius imperator leibereis regis Massinissae dedit,* habereve fruive jusi*t* ; extraque eum agrum locum ubei oppodum Char*tago* fuit quon*dam*, *extraqu*e eum agrum locum, quem Xvirei, quei ex *lege* Livia factei createive fuerunt, Uticensibus
82. reliquerunt adsignaverunt : ceterum | *agrum omnem, quei in Africa est, quei de eo agro vectigal decumas scripturamve pro*

pecore populo aut publicano dare debebunt, quei ager eis ex h(ace)
l(ege) *datus redditus commutatus erit, habeant possideant fruanturve et pro eo agro loco vectigal decumas scripturamve, quod post* h(ance) l(egem) *fruetur, populo aut publicano dent....*

Queiquomque de eo agro vectigal decumas scripturamve pro pecore ex lege Sempronia dare non solitei sunt, quei ager eis ex h(ace) l(ege) *datus redditus commutatus erit, quei eorum eum agrum habebit possidebit frueturve, pro eo agro loco nei vectigal neive decumas neive scripturam, quod post* h(ance) l(egem) r(ogatam) *fruetur, dare debeto.* |

83. *Quem agrum locum populus Romanus ex* h(ace) l(ege) *locabit, quem agrum locum Latinus peregrinusve ex* h(ace) l(ege) *possidebit, is de eo agro loco... vectigal decumas scripturam populo aut publicano item dare debeto, utei pro eo agro loco, quem agrum locum populus Romanus ex* h(ace) l(ege) *locabit, quem agrum locum ceivis Romanus ex* h(ace) l(ege) *possidebit, dare oportebit.*

Pr(aetor), quojus arb)itratu) pro agro loco, quei Romae publice venierit, e(x) h(ace) l(ege) | *satis supsignari oportet...* 84. *praedia empt*oris *ter tanti invito eo quei dabit accipito, facitoque, quei ex* h(ace) l(ege) *praedia dederit, utei ei satis supsignetur neive quis quid faxsit, quo minus ex* h(ace) l(ege) *praedium queiquomque velit supsignet pequniamve solvat praesque, quei quomque ex* h(ace) l(ege) *fieri volet, fiat.* ||

85. *Quantum vectigal decumas scripturamve pecoris eum, quei agrum locum aedificium in Africa possidebit,... quei ager locus populorum leiberorum, perfugarum non fuerit, pro eo agro aedificio locoque ex* l(ege) *dicta, qu*am L. Caecilius Cn. Domitius cens(ores) *agri aedificii loci vectigalibusve publiceis fruendeis locandeis vendundeis legem deixerunt, publicano dare oportuit* : | *tantundem post* h(ance) l(egem) rog(atam) *quei* 86. *agrum locum aedificium in Africa possidet possidebit... publicano vectigal decumas scriptur*amque *pecoris dare debeto, neive amplius ea aliubeive aliterve dare debeto, pequsque nei aliter alieisve legibus in eo agro pascito.*

Quae vectigalia in Africa publica populi Romani sunt quae L. Caecilius Cn. Domiti(us) cens(ores) fruenda | *loca-* 87. *verunt vendideruntve, queiquomque mag(istratus) post* h(ance) l(egem) rog(atam) *ea vectigalia locabit vendetve, quominus publicano eam legem dicat... quo plus populo dare debeat solvatque,* e(jus) h(ace) l(ege) n(ihilum) r(ogato).

Mag(istratus) prove mag(istratu), queive pro eo inperio ju-

dicio *potestateve erit...* *queiquomque, quae* publica populi Romani in Africa sunt eruntve, vectigalia fruenda locabit ven-
88. detve, quom ea vectigalia fruenda locabit vendetve, | *nei eis vectigalibus legem deicito, quo inviteis ieis, quei eum agrum possidebunt, publicano quid facere liceat,...* quod ei non licuit facere ex lege dicta, quam L. Caeci(lius) Cn. Dom(itius) cens(ores), quom eorum agrorum vectigalia fruenda locaverunt *vendideruntve,... eis agris lege*m deixerunt; neive quod in eis agreis pequs *pascetur,* scripturae pecoris *legem* deicito, quo invi-
89. teis eis, quei eum agrum possidebunt, | *aliter pascatur quam pastum est ex lege dicta, quam L. Caecilius Cn. Domitius censores, quom eorum agrorum vectigalia fruenda locaverunt vendideruntve, legem deixerunt.*

Quae vectigalia fruenda in Africa Cn. Paperius co(n)s(ul) *vendidit locavitve q*uominus ea lege sient pareantque, quam legem Cn. Paperius co(n)s(ul) eis vendundeis *locandeis deixit,* e(jus) h(ace) l(ege) n(ihilum) r(ogato).

Quei *ager in Africa est,... quae viae in eo* agro ante quam Cartago capta est fuerunt, eae omnes publicae sunto limitesque
90. inter centurias.. || ..

IIvir, quei ex h(ace) l(ege) *factus creatusve erit, sei apud eum, quoi ager in Africa adsignatus est, eum agrum professus erit, ei eum agrum, quem agrum* in eo numero agri professus erit, quo in numero eum agrum, quem is, quoi adsign*atus est, professus erit, profiteri non oportuit,... nei dato* neive reddito, neive adjudicato. Quei eam rem *ita* indicio fuerit, ei ejus agri,
91. quod is indicio ejus, | *quei eum rem ita indicaverit, in eo numero agri, quo non oportuit, professus esse judicatus erit,... partem... magistratus, qui de ea re judicaverit, dato adsignato.*

Quibuscum transactum est, utei bona, quae habuisent, agrumque, quei eis publice adsignatus esset, haberent *possiderent fruerentur, eis... quantus* modus agri de eo agro, quei eis publice *datus adsign*atus fuit, publice venieit, tantundem
92. modum | *agri de eo agro, quei publicus populi Romani in Africa est, quei ager publice non venieit... magistratus commutato.*

Quei in Africa agrum possesionemve agrive possesionisve superficium *habet possidetve* fruiturve, quem agrum possesionemve quojusve agri possesionisve superficium q(uaestor) pr(aetor)ve pu*blice vendiderit...* ob eum agrum locum possessionem *agrive*
93. *superficium* scripturam pecoris nei dato neive | *vectigal solvito...* is ager ex s(enatus) c(onsulto) datus adsignatus est, ei agrei, quei s(upra) s(criptei) s(unt), possesionesque, ea omnia

eorum *hominum...* *dum magistratus quo de* ea re in jous aditum erit, *ita de ea re judicium det*, utei de ea re in *h*(ace) l(ege) s(criptum) est, neive | ... os comportent, quibus ex *h*(ace) l(ege) ager locus datus redditus commutatus adsignatus *est... agrum locum ex h*(ace) *l*(ege) dari reddi adsignari... eum agrum locum ceivis *Romanus* || ... *qui fructus in eo agro loco natei erunt* quodque in eo agro loco vinei oleive fiet, quae messis vindemiaque P. Cornelio L. *Calpurnio co*(*n*)*s*(*ulibus*) *posteave fiet... eos* fructus... *quei eum agrum tum..* | ..

Quei ex h(ace) *l*(ege) *IIvir factus creatusve erit, is in diebus... proxsumeis,* quibus ex h(ace) l(ege) IIvir factus creatusve *erit,* agrum locum, quei Corinthiorum *fuit...* extra eum *agrum locum..* | .. *agrum locum,* quem ex h(ace) l(ege) venire oportebit, omnem me*tiundum* terminosque statui *curato...* eum ag*rum...* | ... *opusque locato* eique operei diem deicito, u*bei perfectum* siet; facitoque.. | .. *quod ejus* agri loci aedifici quoieique *emptum* erit, is ejus pecuniae, quam... || ...*manceps praevidesque* nei magis solutei sun*to :* eaque nomina mancupu*m praevidum* is quae*stor, quei aerarium provinciam optinebit, in tabuleis publiceis scripta habeto....* | *ab ipsis* here*dibusque* eorum persequtio *esto.*

Quei ager locus aedif*icium...* | ... *populo* dare damnas esto. Pr(aetor, *prove* pr(*aetore*), *quo de ea re in jous* adi*tum erit..* | ..
i venerit n.......iei | ......possessiones....... || ......pli......

94.

95.

96.

97.
98.
99.
100.

101.

102.
103.
104. 10

8. Décret de naturalisation ex lege Julia (17 novembre 664).

Table de bronze découverte en 1908 et pour un fragment complémentaire en 1910 et conservée à Rome au musée du Capitole. Elle porte deux décrets du père de Pompée, Cn. Pompeius Strabo, le général de la guerre sociale, consul en 665, qui ont été publiés et commentés à deux reprises par M. Gatti, d'abord *Bull. arch. com.*, 33, 1908, pp. 169-226 (v. aussi Costa, *Rendiconti* de Bologne, 2, 1907-1908, pp. 37-40), puis, après la découverte du fragment complémentaire, *Bull. arch. com.*, 34, 1910, pp. 273-280. Le second décret est relatif à des récompenses militaires accordées à des soldats non-citoyens d'un *turma* de cavaliers espagnols. Le premier, qui est le plus important, et qui a été le plus discuté, leur concède le droit de cité romaine en vertu d'une clause de la loi Julia de 664, évidemment différente de la clause bien connue de la même loi qui accorda le droit de cité aux membres des cités latines d'Italie et destinée à permettre au général de l'accorder à d'autres personnes de son armée. A la vérité, M. Ettore Pais a contesté cette interprétation, *Studi storici per l'antichità classica*, 2, 1909, pp. 113-162; *Rendiconti dei Lincei*, 19, 1910, pp. 72-87, alors que le bronze était encore mutilé. Il a soutenu que le document, dont il prétendait qu'il se serait continué sur d'autres tables perdues, contenait simplement une décision rendue par Cn. Pompeius Strabo, de sa seule autorité, par exemple comme consul de 665, sans que la mention de la loi Julia y fût autre chose qu'un prétexte mensonger. Mais cette opinion qui pouvait dès alors être repoussée par de bonnes raisons (v. notamment De Sanctis, *Atti* de Turin, 45, 1910, pp. 144-148), est encore plus nettement condamnée par le nouveau fragment qui, en complétant les premières lignes, a confirmé la restitution des premiers éditeurs et a prouvé par exemple que Cn. Pompeius Strabo a rendu le décret le 17 novembre 664, à une époque où il n'était pas encore consul, au lendemain du vote de la loi Julia qu'il n'aurait pu invoquer si elle n'avait pas donné expressément à l'*imperator* la faculté exercée par lui en cette seule qualité. V. Costa, *Rendiconti* de Bologne, 1910-1911, séance du 26 avril 1911. Ce texte est le premier exemple épigraphique de concession de la cité faite par le général en vertu d'une délégation du législateur comme celles faites en vertu de la loi Calpurnia de 665 citée par Sisenna, p. 120, éd. Peter, puis par Pompée en vertu de la loi Gallia Cornelia de 682 (Cicéron, *Pro Balbo*, 8, 19) et par les empereurs dans les diplômes militaires (v. plus bas, n° 22). C'est aussi le premier exemple de *lex data* par un général, qui est Cn. Pompeius Strabo, en vertu d'une *lex rogata*, qui est la loi Julia. Il doit donc être placé dans cette section de notre recueil où les *leges* conservées par les inscriptions sont disposées chronologiquement sans distinction entre les *leges datae* et les *leges rogatae*. Nous avons omis, dans notre reproduction, les noms des membres du conseil et ceux des soldats espagnols qui ont les premiers un intérêt historique et les seconds un intérêt linguistique, mais qui n'ont pas d'intérêt juridique.

Cn. Pompeius Sex. f. *imperator* virtutis caussa equites Hispanos ceives *Romanos fecit in castr*eis apud Asculum a(nte) diem XIV k(alendas) Dec(embres) ex lege Julia. In consilio *fuerunt (suivent soixante noms)*. Turma Salluitana...... (*suivent trente noms de soldats groupés par pays d'origine en Bagarenses, Ilerdenses, etc.*)

Cn. Pompeius Sex. f.*imperator* virtutis caussa turmam Salluitanam donavit in castreis apud Asculum cornuculo et patella, torque, armilla, palereis et frumentum duplex.

9. Lex municipii Tarentini (665-692).

Importante inscription découverte en l'an 1894 à Tarente par M. Viola, et imprimée d'abord d'après la transcription de M. Viola revue sur l'original par M. Gatti, avec un commentaire de MM. Scialoja et De Petra, dans les *Monumenti dei Lincei*, 6, 1896, pp. 405-442, puis, en omettant les reproductions du texte des premiers éditeurs données dans l'intervalle, de nouveau publiée et commentée par M. Mommsen, *Eph. ep.*, IX, 1903, pp. 1-12 = *Ges. Schr.*, 1, pp. 146-161, après un nouvel examen du titre, actuellement conservé à Naples, qui est dû à M. Hermann Schoene et qui a sur presque tous les points confirmé la lecture des premiers éditeurs. V. aussi Dessau, 6086. Bruns, n° 27. L'inscription, qui nous est parvenue en cinq fragments, est gravée sur une table de bronze où l'on a pour la première fois remarqué les traces d'une matière blanchâtre coulée dans le creux des lettres pour les rendre plus lisibles. C'est la neuvième table, ou plus exactement la moitié droite de la neuvième table divisée en deux colonnes, du statut donné au municipe de Tarente après qu'il eut acquis le droit de cité, par conséquent avant l'an 692, où Cicéron, *Pro Archia*, 5, 10, classe Tarente parmi les municipes de citoyens, et probablement peu après l'an 665, où le droit de cité fut conféré par la loi Plautia aux villes fédérées d'Italie (Cicéron, *Pro Archia*, 4, 7, etc.). Ce statut, que la l. 8 du texte montre être une *lex data*, est jusqu'à présent le plus ancien exemple qui nous soit parvenu de statut municipal, mais non de *lex data* (v. ci-dessus le n° 8).

La première colonne, conservée à peu près intégralement et divisée en alinéas non numérotés, contient la fin d'un premier chapitre, l'intégralité de quatre autres et le commencement d'un sixième, dans presque chacun desquels on peut trouver de nombreux termes de rapprochement avec ceux des lois municipales plus récentes déjà connues. Le premier, duquel nous avons seulement les six dernières lignes, se rapporte à la matière du péculat puni d'une peine du quadruple dont la poursuite appartient à tous les magistrats. Cf. loi de Malaca, c. 67, où la peine est du double et l'action populaire. Le second s'occupe des *praedes praediaque*, donnés comme sûreté de leur administration par les magistrats parmi lesquels il distingue les premiers magistrats en fonction après l'émission de la loi et ceux qui seront en exercice après eux, et de leur reddition de compte. Cf. loi de Genetiva, c. 80 ; loi de Malaca, c. 67-68 ; v. aussi sur la formule *qui pro se praes stat*, l. 9, Mommsen, *Ges. Schr.*, 1, p. 157, Girard, *Manuel*. p. 750, n. 3. Le troisième oblige sous peine d'amende les décemvirs à avoir dans la ville une maison couverte d'au moins 1.500 tuiles et éclaire la disposition antérieurement incomprise de la loi de Genetiva, c. 76. Cf. Scialoja, *Monumenti dei Lincei*, 7, 1898, p 215 ; v. aussi ligne 30 la mention de la mancipation (fiduciaire) destinée à tourner la loi. Le chapitre 4 défend de démolir des édifices dans la ville en termes voisins de ceux qui se retrouvent dans le chapitre 75 de la loi de Genetiva, malgré une différence dans le mode d'emploi de l'amende et une distinction, importante pour le système des actions populaires, qui n'est faite explicitement qu'ici, entre la poursuite donnée à tout le monde et le recouvrement de la condamnation réservé au magistrat. Le chapitre 5 relatif aux voies publiques et aux égouts correspond littéralement au chapitre 77 de la loi de Genetiva. Le chapitre 6, dont nous avons seulement le début, règle le droit des citoyens du municipe de changer de domicile et les y autorise seulement s'ils ne doivent rien à la cité et s'ils n'y ont pas occupé de magistrature dans les six dernières années.

Pour la seconde colonne, qui paraît divisée en chapitres selon le même système, il ne reste que les premières lettres de chaque ligne. Il suffira de remarquer qu'un chapitre commence par *sei q* à la l. 9, un autre par *sei qu* à la l. 15, un autre par *quo die qu* à la l. 20 et qu'après une lacune on trouve au commencement des ll. 33-45, qui sont relativement les moins mutilées, les groupes de lettres suivants : *re, eas i, testamen, facto mort, oporteret, tem iei omn, sei ceivitate, frau, aqu, eode, fine, juris j, de ite.*

VIIII.

(C. 1.)... ne esse liceat neive qu*is*, quod ejus municipi pecuniae publicae sacrae | religiossae est erit fra*u*dato neive avortito neive facito, quo eorum | quid fiat neive per li*tt*eras publicas fraudemve ¹ publicum pejus | facito d(olo m(alo).Quei
5. faxit, quant*i* ea res erit, quadruplum multae ² esto || eamque pequniam mu*n*icipio dare damnas esto ejusque pequniae | magistratus, quei quomque in municipio erit, petitio exactio- que esto. |

(C. 2.) IIIIvir(ei) aedilesque quei h(ac) l(ege) primei erunt, quei eorum Tarentum venerit, | is in diebus XX proxumeis, quibus post h(anc) l(egem) datam primum Tarentum venerit, | facito quei pro se praes stat praedes praediaque ad IIII*vir(os)*det
10. quod satis || sit, quae pequnia publi*ca sa*cra religiosa ejus mu- nicipi ad se in suo magistratu | pervenerit,eam pequni*a*m mu- nicipio Tarentino salvam recte esse futuram | ejusque rei ratio- nem re*d*diturum, ita utei senatus censuerit, isque IIIIvir | quoi ita praes dabitur accipito idque in tabu*leis p*ubliceis scriptum sit | facito, quique quomque c*o*mitia duovireis ae*di*libusve ro-
15. gandeis || habebit, is antequam major pars curiarum quemque eorum, que*i* | magistratum eis comitieis petent, renuntiabit ab eis quei petent praedes | quod satis sit accipito, *q*uae pe- qunia publica sacra religiosa ejus municipi | *ad* quemque eo- rum in eo magistratu pervenerit, eam pequniam municipio | Tarentino salvam rec*te* esse *futuram ej*usque rei rationem *se*
20. redditurum, || ita utei senatus c*e*nsuerit *i*dque in *tabul*eis publi- ceis scriptum sit facito | quodque *quo*ique neg*oti pub*lice in m*unicip*io de s(enatus) s(ententia) datum erit negotive *quid* | publicei gesserit pequniamque publica*m dede*rit exegerit, is quoi ita negotium | datum erit negotive quid publice gesser*it* pequniamve publicam dederit | exegerit, ejus rei rationem se-
25. natui reddito refertoque in di*eb*us X proxume*is* || quibus sena- tus ejus municipi censuer*it* sine d(olo) m(alo). |

(C. 3.) Quei decurio municipi Tarentinei est erit queive in municipio Tarent*ino in* | senatu sententiam deixerit, is in o*p*pido Tarentei aut intra ejus munic*ipi* | fineis aedificium, quod non minus MD tegularum tectum sit, habeto *sine* d(olo) m(alo). Quei eorum ita aedificium suom non habebit seive
30. quis eorum *eo* || aedificium emerit mancupiove acceperit, quo

---

1. M. Scialoja intercale *'aurum argentum aes'* avant 'publicum', en partant de *D.*, 48, 13, 1. — 2. M. Mommsen propose dubitativement la correction 'multa'.

hoic legi fraudem faceret | is in annos singulos HS n(ummum) IƆƆ municipio Tarentino dare damnas esto. |

(C. 4.) Nei quis in oppido, quod ejus municipi erit, aedificium detegito neive demolito | neive disturbato, nisei quod non deterius restituturus erit, nisei de s(enatus) s(ententia). | Sei quis adversus ea faxit, quanti id aedificium fuerit, tantam pequniam || municipio dare damnas esto ejusque pequniae quei 35. volet petitio esto. | Magi(stratus) quei exegerit dimidium in publicum referto, dimidium in ludeis, quos | publice in eo magistratu faciet consumito, seive ad monumentum suom | in publico consumere volet, liceto idque ei s(ine) f(raude) s(ua) facere liceto. |

(C. 5.) Sei quas vias fossas clouacas IIIIvir IIvir aedilisve ejus municipi caussa || publice facere immitere commutare 40. aedificare munire volet intra | eos fineis, quei ejus municipi erunt, quod ejus sine injuria privatorum fiat, id ei facere | liceto. |

(C. 6.) Quei pequniam municipio Tarentino non debebit, sei quis eorum quei | municeps erit neque eo sexennio proxumo, quo exeire volet, duovirum | ...

10. LEX CORNELIA DE XX QUAESTORIBUS (an 673).

C. I. L., I, 202 ; Bruns, n° 12. Table de bronze écrite sur deux colonnes sans numérotage d'alinéas et portant en marge la mention : *VIII de XX q*, découverte à Rome au xvi° siècle et aujourd'hui conservée à Naples. M. Mommsen, *Ad legem de scribis et viatoribus*, Kiel, 1843, y a le premier reconnu la 8° table de la loi de 673 par laquelle, selon Tacite, *Ann.*, 11, 22, Sulla porta le nombre des questeurs à vingt. Le passage reproduit en tête de notre table de la *praescriptio* écrite en gros caractères qui courait en une seule ligne sur toutes les tables de la loi : *principium fuit pro tribu*, implique qu'il y avait encore une table et probablement une seule après celle-ci (v. plus bas, n° 17, la *praescriptio* complète de la loi Quinctia de 745). Les seules dispositions de la loi de 673 qui nous soient conservées par ce monument sont celles relatives aux appariteurs des questeurs. Il en résulte que les décuries d'appariteurs des questeurs, dont le personnel fut alors augmenté par corrélation avec l'augmentation du nombre des magistrats, n'étaient pas nommées par les magistrats qui les avaient à leur service, mais par leurs prédécesseurs des trois années antérieures, de telle sorte que chaque décurie d'appariteurs en exercice une année déterminée près des questeurs se composait, jusqu'à l'an 673, de 9 appariteurs et, depuis l'an 674, de 12 appariteurs nommés par tiers par les questeurs des trois années précédentes. V. Mommsen, *C. I. L.*, I, p. 110 et *Droit public*, 1, p. 387, n. 2. Cf. en un sens différent J. Keil, *Wiener Studien*, 24, 1902, pp. 548-551. Ce texte est aussi celui qui établit le plus sûrement que, tandis qu'à son époque les autres magistrats entraient en fonctions le 1ᵉʳ janvier, les questeurs le faisaient dès le 5 décembre. V. Mommsen, *Droit public*, 2, p. 275, n. 4.

VIII de XX q(uaestoribus).

L. *Cornelius L. f. dictator*..... *populum joure rogavit populusque joure scivit in*... (*ante*) *d*(*iem*)..... *Tribus*..... principium fuit, pro tribu..... *preimus scivit.*

.....*ad* q(uaestorem) urb(anum), quei aerarium provinciam optinebit, eam mercedem deferto ; quaestorque, quei aerarium provinciam optinebit, eam pequniam ei scribae scribeisque heredive ejus solvito, idque ei sine fraude sua facere liceto, quod sine malo pequlatuu fiat, olleisque hominibus eam pequniam capere liceto.

Co(n)s(ules) quei nunc sunt, iei ante k. Decembreis primas de eis, quei cives Romanei sunt, viatorem unum legunto, quei in ea decuria viator appareat, quam decuriam viatorum ex noneis Decembribus primeis quaestoribus ad aerarium apparere oportet oportebit. Eidemque co(n)s(ules) ante k. Decembr(eis) primas de eis, quei cives Romanei sunt, praeconem unum legunto, quei in ea decuria praeco appareat, quam decuriam praeconum ex noneis Decembribus primeis quaestoribus ad aerarium apparere oportebit. Deinde eidem consul(es) ante k. Decembreis primas viatorem unum legunto, quei in ea decuria viator appareat, quam decuriam viatorum ex noneis Decembribus secundeis quaestoribus ad aerarium apparere oportet oportebit. Eidemque co(n)s(ules) ante k. Decembreis primas praeconem unum legunto, quei in ea decuria praeco appareat, quam decuriam praeconum ex noneis Decembribus secundeis quaestoribus ad aerarium apparere oportet oportebit. Deinde eidem co(n)s(ules) ante k. Decembreis primas viatorem unum legunto, quei in ea decuria viator appareat, quam decuriam viatorum ex noneis Decembribus tertieis quaestoribus ad aerarium apparere oportet oportebit. Eidemque co(n)s(ules) ante k. Decembreis primas praeconem unum legunto, quei in ea decuria praeco appareat, quam decuriam praeconum ex noneis Decembribus tertieis quaestoribus ad aerarium apparere oportet oportebit. Eosque viatores eosque praecones omneis, quos eo ordine dignos arbitrabuntur, legunto. Quam in quisque decuriam ita viator lectus erit, is in ea decuria viator esto item utei ceterei ejus decuriae viatores erunt. Quamque in quisque decuriam ita praeco lectus erit, is in ea decuria praeco esto ita utei ceterei ejus decuriae praecones erunt. Sirempsque eis viatoribus deque eis viatoribus q(uaestori) omnium rerum juus lexque esto, quasei sei ei viatores in eam decuriam in tribus viatoribus antea lectei sublectei essent, quam in quisque decuriam eorum ex hac lege viator lectus erit. Sirempsque eis praeconibus deque eis praeconibus quaestori omnium rerum juus lexque esto, quasei sei ei praecones in eam decuriam in tribus praeconibus antea lectei sublectei essent, quam in quisque decuriam eorum ex hac lege praeco lectus erit.

Quos quomque quaestores ex lege plebeive scito viatores legere sublegere oportebit, ei quaestores eo jure ea lege viatores IIII legunto sublegunto, quo jure qua lege q(uaestores), quei nunc sunt, viatores III legerunt sublegerunt; quosque quomque quaestores ex lege plebeive scito praecones legere sublegere oportebit, ei quaestores eo jure ea lege praecones IIII legunto sublegunto, quo jure qua lege quaestores, quei nunc sunt, praecones III legerunt sublegerunt, dum ni quem in eis viatoribus praeconibus legundeis sublegundeis in ejus viatoris praeconis locum viatorem praeconem legant sublegant, quojus in locum per leges plebeive scita viatorem praeconem legei sublegi non licebit; itaque de eis quattuor viatoribus quaestor queiquomque erit viatores sumito habeto, utei ante hanc legem rogatam de tribus viatoribus viatores habere sumere solitei sunt; itaque de eis quattuor praeconibus quaestor queiquomque erit praecones sumito habeto, utei ante hanc legem rogatam de tribus praeconibus praecones habere sumere solitei sunt. Itemque eis viatoribus praeconibus, quei ex hac lege lectei erunt, vicarium dare subdere jus esto licetoque, utei cestereis viatoribus praeconibus, qua in quisque decuria est, vicarium dare subdere juus erit licebitque; itemque quaestor(es) ab eis vicarios accipiunto, utei aa ceterais viatoribus praeconibus vicarios accipei oportebit.

Viatores praecones, quei ex hac lege lectei sublectei erunt, eis viatoribus praeconibus magistratus prove mag(istratu) mercedis item tantundem dato, quantum ei viator(ei) praeconei darei oporteret, sei is viator de tribus viatoribus isque praeco de tribus praeconibus esset, quei ante hanc legem rogatam utei legerentur institutei sunt.

Quas in decurias viatorum praeconum consul ex hac lege viatores praecones legerit, quorum viatorum praeconum nomina in eis decurieis ad aedem Saturni in pariete intra cau*las* proxsume ante hanc legem *scripta erunt eorum viatorum praeconum ad quaestorem urbanum, quei aerarium provinciam optinebit, eam mercedem deferto.*

11. Lex Antonia de Termessibus (an 683).

C. I. L., I., 204 ; Bruns, n° 14. Table de bronze trouvée à Rome au xvie siècle, aujourd'hui conservée à Naples. Contient le début d'un plébiscite accordant la qualité de cité libre à la ville de Termessus Major en Pisidie. L'index : *I de Termesi. Pisid. maj.* montre que la loi remplissait plusieurs tables dont celle-ci est la première. On a calculé, en partant des parties restantes de la *praescriptio* qui se continuait le long de toutes les tables et en occupait les trois premières lignes, qu'il devait y avoir en tout quatre ou cinq tables. Celle que nous possédons est divisée en deux colonnes dont l'une est aujourd'hui fort endommagée ; mais on admettait jusqu'aux derniers temps unanimement qu'elle était encore intacte au xvie siècle et que l'on en avait une copie prise alors par Mariangelus Accursius dans un manuscrit de la bibliothèque Ambrosienne de Milan. M. Bormann a au contraire soutenu, *Festschrift Hirschfeld*, 1903, pp. 434-439, que le bronze était aussi mutilé au xvie siècle qu'aujourd'hui et que les compléments de la copie de l'Ambrosienne sont des restitutions sans valeur. En conséquence, nous avons cru bon, tout en laissant ces compléments au texte, de les imprimer en italiques et de signaler en note les restitutions différentes proposées par M. Bormann. Du reste l'incertitude entraînée par là n'atteint ni le caractère général du texte, ni sa date. Les indications chronologiques qu'il renferme montrent que la loi a été votée après la première guerre de Mithradates, postérieurement au 1er avril du consulat de L. Gellius et de Cn. Lentulus, c'est-à-dire au 1er avril 682, probablement en 683. Les citoyens de Termessus Major existant avant le 1er avril 682 et leurs descendants sont reconnus comme *liberi, amici et socii populi Romani*, leurs relations judiciaires avec les citoyens romains sont maintenues sous l'empire des règles existant en 663, et leurs propriétés leur sont également garanties telles qu'ils les possédaient avant l'explosion de la guerre de Mithradates (commencée en 666). Parmi les autres droits appartenant aux *civitates liberae*, notre table leur accorde, outre la propriété de leur territoire en tant qu'il ne s'y trouve point enclavées de terres domaniales romaines, le droit de *suis legibus uti*, ceux d'établir librement des douanes maritimes et terrestres sauf à l'encontre des fermiers des impôts romains, de ne recevoir de troupes en quartier d'hiver qu'en vertu d'un sénatus-consulte et de n'être soumis à d'autres réquisitions qu'à celles prévues par une loi Porcia d'ailleurs inconnue. Un commentaire étendu, mais un peu ancien de la loi Antonia a été donné par Dirksen, *Versuche zur Kritik der Quellen*, 1823, pp. 137-202. Les principales dispositions s'en trouvent aussi étudiées dans le chapitre des *Sujets autonomes* du *Droit public* de Mommsen, 6, 2, pp. 315, n. 2 ; 317, n. 4 ; 318, n. 1 ; 321, n. 2 ; 322, nn. 1 et 3 ; 323, n. 1 ; 339, n. 4.

I de Termesi(bus) Pisid(is) maj(oribus).

C. Antonius M. f., Cn. Cornelius... f., Q. Marcius... f., L. Hostilius... f., C. Popilius... f., M. Valerius... f., C. Antius... f., Q. Caecilius... f., L. V... f., C. Fundanius C. f. tr(ibunei) pl(ebei) de s(enatus) s(ententia) plebem *joure rogaverunt plebesque joure scivit in... a(nte) d(iem)... tribus principium fuit; pro tribu...* preimus scivit [1].

Quei Thermeses majores Peisidae fuerunt, queique eorum legibus Thermesium majorum Pisidarum ante k. April,, quae fuerunt L. Gellio Cn. Lentulo cos. [2] Thermeses majores Pisidae factei sunt, queique ab eis prognati sunt erunt, iei omnes postereique eorum Thermeses majores Peisidae leiberi amicei socieique populi Romani sunto, eique legibus sueis ita utunto, itaque ieis omnibus sueis legibus Thermensis majoribus Pisideis utei liceto, quod advorsus hanc legem non fiat.

Quei agrei quae loca aedificia publica preivatave Thermensium majorum Pisidarum intra fineis eorum sunt fueruntve L. Marcio Sex. Julio cos. [3] quaeque insulae eorum sunt fueruntve ieis consolibus, quei supra scriptei sunt, quodque earum rerum ieis consulibus iei habuerunt possederunt *usei fructeique* sunt, quae de ieis rebus locata non *sunt, utei antea habeant possideant;* quaeque de ieis rebus *agreis loceis aedificieis locata* sunt, ac ne locentur *sancitum est sanctione,* quae facta est [4] *ex lege rogata L. Gellio Cn. Lentulo cos.,* ea omnia Thermeses *majores Pisidae habeant* possideant; ieisque *rebus loceis agreis aedificieis utantur fruantur* ita, utei ante *Mitridatis bellum, quod* preimum fuit, habuerunt *possederunt usei fruct*eique sunt.

Quae Thermensorum m*ajorum* Pisidarum publica preivatave praeter *locata* loca [5] agros aedificia sunt fueruntve ante bellum Mitridatis, quod preimum factum est, quodque earum rerum iei antea habuerunt possederunt usei fructeive sunt, quod ejus ipsei sua voluntate ab se non abalienarunt, ea omnia Termensium majorum Pisidarum, utei sunt fuerunt, ita sunto itemque ieis ea omnia habere possidere uutei frueique liceto.

---

1. Inscription de la loi restituée par Mommsen à l'aide de l'inscription du même collège de tribuns, *C. I. L.*, I, 593. — 2. Cos. 682. — 3. Cos. 663. — 4. Bormann, pour les raisons dites dans la notice, lit ce qui précède : ' Quae de ieis rebus locata non *sunt ante hanc legem latam* (?) quaeque de ieis rebus *quom antea locata sint* (?) *posthac ne locentur cautum est in locatione* quae facta est.'. — 5. Mommsen. Le bronze défendu par Bormann : 'loca'.

Quos Thermenses majores Pisidae leiberos servosve bello Mitridatis ameiserunt, magistratus pro*ve* magistratu, quoia de ea re juris dictio erit qu*oque* [1] de ea re in jous aditum erit, ita de ea re jous deicunto judicia recuperationes danto, utei ie*i* eos recuperare possint.

Nei quis magistratus prove magistratu legatus ne*ive* quis alius meilites in oppidum Thermesum majorum Pisidarum agrumve Thermensium majorum Pisidarum hiemandi caussa introducito, neive facito, quo quis eo meilites introducat quove ibei meilites hiement, nisei senatus nominatim, utei Thermesum majorum Pisidarum in hibernacula meilites deducantur, decreverit ; neive quis magistratus prove magistratu legatus neive quis alius facito neive imperato, quo quid magis iei dent praebeant ab ieisve auferatur, nisei quod e*os* ex lege Porcia dare praebere oportet oportebit.

Quae leges quodque jous quaeque consuetudo L. Marcio Sex. Julio cos. inter civeis Romanos et Termenses majores Pisidas fuit, eaedem leges eidemque jous eademque consuetudo inter ceives Romanos et Termenses majores Pisidas esto; quodque quibusque in rebus loceis agreis aedificieis oppideis jouris Termensium majorum Pisidarum ieis consulibus, quei supra scriptei sunt, fuit, quod ejus praeter *locata* loca agros aedificia ipsei sua voluntate ab se non abalienarunt, idem in eisdem rebus loceis agreis aedificieis oppideis Termensium majorum Pisidarum jous esto ; et quo minus ea quae in hoc capite scripta sunt ita sint fiant, ejus hac lege nihilum rogatur.

Quam legem portorieis terrestribus maritumeisque Termenses majores Phisidae capiundeis intra suos fineis deixserint, ea lex ieis portorieis capiundeis esto, dum nei quid portori ab ieis capiatur, quei publica populi Romani vectigalia redempta habebunt ; quos per eorum fineis publicanei ex eo vectigali transportabunt, *eorum fructuum portorium Termenses majores Pisidae ne capiunto*.

12. Lex Julia agraria (lex Mamilia Roscia Peducaea Alliena Fabia des *Gromatici*) (an 695).

Loi dont trois chapitres nous ont été conservés comme appartenant à une prétendue loi Mamilia Roscia Peducaea Alliena Fabia, dans la collection des *Gromatici*, éd. Lachmann, 1,263, mais dont le der-

---

1. Mommsen ; le ms. : quoive.

nier chapitre est cité, *D.*, 47,21,3, comme venant d'une *lex agraria quam Gaius Caesar tulit*, ce dont on a conclu que les trois devaient en réalité provenir d'une *lex Julia agraria* attribuée par Mommsen, *Röm. Feldmesser*, 2,221, à César et par Rudorff, même ouvrage, 2,244, à Caligula. La *lex coloniae Genetivae*, de 710, qui reproduit, c. 104, presque textuellement le second des chapitres de la prétendue loi Mamilia et qui fait allusion, c. 97, à une loi agraire Julia, a donné raison à M. Mommsen qui place la loi en 695. V. *Ges. Schr.*, 5,200-202.1,207. Nous en donnons le texte d'après les *Fontes* de Bruns, 7ᵉ éd., n° 15.

K. L. III[1]. Quae colonia hac lege deducta quodve municipium praefectura forum conciliabulum constitutum erit, qui ager intra fines eorum erit, qui termini in eo agro statuti erunt, quo in loco terminus non stabit, in eo locos is, cujus is ager erit, terminum restituendum curato, uti quod recte factum esse volet; idque magistratus, qui in ea colonia municipio praefectura foro conciliabulo jure dicundo praeerit, facito ut fiat.

K. L. IIII. Qui limites decumanique hac lege deducti erunt, quaecumque fossae limitales in eo agro erunt, qui ager hac lege datus adsignatus erit, ne quis eos limites decumanosque obsaeptos neve quid in eis molitum neve quid ibi opsaeptum habeto, neve eos arato, neve eas fossas opturato neve opsaepito, quominus suo itinere aqua ire fluere possit. Si quis adversus ea quid fecerit, is in res singulas, quotienscumque fecerit, HS IIII colonis municipibusve eis, in quorum agro id factum erit, dare damnas esto, ejusque pecuniae qui volet petitio hac lege esto.

K. L. V. Qui hac lege coloniam deduxerit, municipium praefecturam forum conciliabulum constituerit, in eo agro, qui ager intra fines ejus coloniae municipii fori conciliabuli praefecturae erit, limites decumanique ut fiant terminique statuantur curato : quosque fines ita statuerit, ii fines eorum sunto, dum ne extra agrum colonicum territoriumve fines ducat. Quique termini hac lege statuti erunt, ne quis eorum quem ejicito neve loco moveto sciens dolo malo. Si quis adversus ea fecerit, is in terminos singulos, quos ejecerit locove moverit sciens dolo malo, HS V m(ilia) n(ummum) in publicum eorum, quorum intra fines is ager erit, *dare damnas* esto ; deque ea re curatoris, qui hac lege erit, juris dictio reciperatorumque datio addictio esto. Cum curator hac lege non erit,

1. Signifie, selon Mommsen, ou (*Kaput*) *LIII* ou *K*(*apitu*)*l*(*um*) III ; la loi portait seulement des chiffres que les compilateurs ont fait précéder du mot *Kaput* ou *Kapitulum*.

tum quicumque magistratus in ea colonia municipio praefectura foro conciliabulo jure dicundo praeerit, ejus magistratus de ea re jurisdictio judicisque datio addictio esto; inque eam rem is, qui hac lege judicium dederit testibus publice dumtaxat in res singulas X denuntiandi potestatem facito ita, ut ei e re publica fideque sua videbitur. Et si is, unde ea pecunia petita erit, condemnatus erit, eam pecuniam ab eo deve bonis ejus primo quoque die exigito ; ejusque pecuniae quod receptum erit partem dimidiam ei, cujus unius opera maxime is condemnatus erit, *dato*, partem dimidiam in publicum redigito. Quo ex loco terminus aberit, si quis in eum locum terminum restituere volet, sine fraude sua liceto facere, neve quid cui is ob eam rem hac lege dare damnas esto.

13. Lex de Gallia cisalpina (705-712).

C. I. L., I, 205=XI, 1146. Bruns, n° 16. Table de bronze découverte en 1760, près de Plaisance, dans les ruines de l'ancienne Veleia, et aujourd'hui conservée à Parme. C'est, nous apprend le chiffre qui la surmonte, la quatrième table d'une loi qui est divisée en chapitres numérotés parmi lesquels elle nous conserve la fin du chapitre XIX, les chapitres XX, XXI, XXII et le début du chapitre XXIII, et qui est relative à l'organisation judiciaire de la Gaule cisalpine, qui par conséquent date au plus tôt de l'an 705 où le droit de cité fut concédé à la Gaule cisalpine. La plupart des jurisconsultes qui l'ont commentée (Puchta, *Kleine civilistische Schriften*, 1851, pp. 71-73. 518-544. Savigny, *Vermischte Schriften*, 3, 1850, pp. 319-326. 377-400. Huschke, *Gaius, Beiträge*, 1855, pp. 203-242. Karlowa, *R. R. G.*, 1, pp. 440-443) supposent qu'elle a été en outre postérieure à la réunion de la Gaule cisalpine à l'Italie opérée en 712. Au contraire, M. Mommsen, *C. I. L.*, I, p. 118, a conclu précisément du nom de Gaule cisalpine donné par le texte à cette région qu'il doit être antérieur à son absorption officielle dans l'Italie, et, en partant de l'idée que le fragment d'Este (voir p. 78, le n° 14) contient une autre partie de la même loi, il a même placé à la fois notre table, le fragment d'Este et la loi Roscia citée dans ce fragment par le jour et le mois sans indication d'année, en l'an 705 lui-même (*Hermes*, 16, 1881, pp. 24-41 = *Ges. Schr.*, 1, pp. 175-191). Mais longtemps, il était resté incontesté que la loi dont notre table contient un fragment était une véritable *lex rogata*, votée par le peuple ou du moins plutôt par la plèbe, et qu'elle s'appelait la *lex Rubria*, d'après le témoignage des formules rapportées dans son chapitre XX. Mommsen a, vers la fin de sa vie (*Wiener Studien*, 24, 1902, pp. 238-239 ; *Eph. ep.*, IX, 1903, p. 4. = *Ges. Schr.*, 1, pp. 192-193.152), rendu les deux points tout au moins douteux, en remarquant que rien ne prouve qu'elle soit plutôt une *lex rogata* qu'une *lex data*, comme sont les autres lois d'organisation du même type (la formule *ex h. l. nihil rogatur* se rencontre également au c. 95 de la loi de Genetiva) et que la loi Rubria qui y est citée peut être un plébiscite distinct relatif à la nomination du *praefectus pro II viro* ou au *damnum infectum*. V. en sens contraire Kipp, *Gesch. der Quellen*, 3e éd., 1909, p. 42, n. 10.

Qu'elle reproduise une *lex data* ou une *lex rogata*, notre table est un document de la plus haute importance pour l'histoire de l'organisation judiciaire et de la procédure au début de la période formulaire. Même en laissant de côté le point de savoir si elle doit être complétée par le fragment d'Este, elle fournit peut-être à elle seule le tableau le plus précis que nous ayons de la division de l'autorité judiciaire entre le pouvoir central et les pouvoirs locaux dans les cités de citoyens. Les magistrats municipaux y sont représentés comme compétents *in infinitum* en certaines matières et dans les autres en général jusqu'au taux de 15.000 sesterces. Pour les affaires qui ne sont pas de leur ressort, ils assurent la comparution du défendeur devant la juridiction romaine en le forçant à s'y engager par un *vadimonium*. Pour celles de leur ressort, ils ont non seulement le droit d'organiser le procès *in jure* et de le faire trancher *in judicio*, mais celui de faire procéder à l'exécution sur la personne (*duci jubere*); au contraire, l'exécution sur les biens (*missio in possessionem*), comme en principe toutes les attributions qui sortent du cercle de la juridiction proprement dite, restent réservées aux magistrats de Rome. Voir notamment, sur ces solutions fournies par l'ensemble de la loi et sur leur intérêt pour l'histoire générale, Mommsen, *Droit public*, 6, 2, pp. 466-469. Pris séparément, le chapitre XIX signale, en matière d'*operis novi nuntiatio*, une exception tirée de la *remissio* prononcée par les magistrats municipaux, sur laquelle on trouvera les divers systèmes dans Burckhardt, *Operis novi nuntiatio* (continuation de Glück, série des livres 39 et 40, 1re partie), 1871, pp. 261-269. Le chapitre XXIII semble soumettre les actions en partage à des règles spéciales de compétence. V. Mommsen, *Ges. Schr.*, 1, p. 169; *C. I. L.*, I, p. 118, et Lenel, *Z. S. St.*, 2, 1881, p. 42; cf. Girard, *Mélanges*, 1, p. 197, n. 3. Le chapitre XX donne aux magistrats municipaux le pouvoir d'accorder, à défaut de caution *damni infecti*, non pas la *missio in possessionem*, qui leur fut plus tard partiellement déléguée par le préteur, mais une action fictice, semblable à celle qui serait délivrée si la stipulation prescrite par le préteur pérégrin avait été faite, et il existe un grand nombre de systèmes sur le sens de ce renvoi à l'édit du préteur pérégrin. Il a été expliqué tantôt par la supposition que l'édit du préteur urbain n'aurait pas encore à cette époque contenu de formules de stipulation pour le *damnum infectum*, ou tout au moins pour celui relatif à un *vitium aedium*, — v. dans le 1er sens, Huschke, *Gaius, Beiträge*, 1855, p. 212, et dans le 2e, Burckhardt, *Cautio damni infecti* (continuation de Glück, série des livres 39 et 40, 2e p.) 1875, pp. 99-111; — tantôt par l'emploi dans l'édit du préteur urbain du verbe *spondere* interdit aux pérégrins. — v. Savigny, *Verm. Schr.*, 3, p. 399; — tantôt enfin par l'idée que l'édit du préteur pérégrin substituait aux *missiones in possessionem* une action *in factum* parce que ces *missiones* et particulièrement la seconde tendaient à procurer l'usucapion de la propriété quiritaire, et, en attendant, l'action publicienne fictice du délai de l'usucapion, l'une et l'autre inaccessibles aux pérégrins, et que la loi Rubria s'approprie cette même action *in factum*, parce que le droit d'ordonner des *missiones* est refusé aux magistrats municipaux. — cf Dirksen, *Observationes ad selecta legis Galliae cisalpinae capita*, 1812, p. 25 et ss. et surtout Karlowa, *R. R. G.*, 1, pp. 469-472. — Les chapitres XXI et XXII dont l'interprétation exacte est rigoureusement subordonnée à la solution de difficultés de construction très délicates (cf. Demelius, *Die Confessio in römischen Civilprocess*, 1880, pp. 127-164. Giffard, *La confessio in jure dans la procédure formulaire*, thèse Paris, 1900, pp. 51-155), se rapportent aux défendeurs qui font une *confessio in jure*, ou ne répondent pas, ou refusent leur concours à l'organisation de l'instance, soit sur une *actio certae creditae pecuniae*, — c'est-à-dire, montrent les actions qui constituent le terme opposé, sur une *condictio certae pecuniae* dont c'est donc là le nom officiel, — soit sur une action différente. Au 1ᵉʳ cas, le chapitre XXI prescrit aux magistrats municipaux de procéder, pourvu que le taux de la demande n'excède pas leur compétence, à l'exécution sur la personne comme s'il y avait jugement. Au second, le chapitre XXII, qui fait à ce propos une énumération des *intentiones* très précieuse pour l'histoire des débuts de la procédure formulaire, renvoie les parties devant l'autorité judiciaire de Rome, qui pourra, selon que l'individu consentira à se défendre régulièrement, ou transformera sa *confessio incerti* en une *confessio certae pecuniae*, ou persistera dans sa résistance, soit organiser le procès, soit ordonner l'exécution, soit prononcer une *missio in possessionem* qui ne peut émaner que d'elle et en vue de laquelle l'affaire est renvoyée à Rome. V. sur tous ces points Demelius, Giffard, et les auteurs qu'ils citent.

IIII.

....jussum judicatumve erit, id ratum ne esto ; quodque quisque quomq(ue) d(e) e(a) r(e) decernet interdeicetve seive sponsionem fierei judicareive jubebit judiciumve quod d(e) e(a) r(e) dabit, is in id decretum interdictum sponsionem judicium exceptionem addito addive jubeto : 'Q(ua) d(e) r(e) operis novi nuntiationem IIvir IIII vir praefectusve ejus municipei non remeisserit'.

XX. Qua de re quisque, et a quo, in Gallia Cisalpeina damnei infectei ex formula restipularei satisve accipere volet, et ab eo quei ibei j(ure) d(eicundo) p(raerit) postulaverit, idque non k(alumniae) k(aussa) se facere juraverit : tum is, quo d(e) e(a) r(e) in jus aditum erit, eum, quei in jus eductus erit, d(e) e(a) r(e) ex formula repromittere et, sei satis darei debebit, satis dare jubeto decernito. Quei eorum ita non repromeisserit aut non satis dederit, sei quid interim damni datum factumve ex ea re aut ob e(am) r(em) eove nomine erit, quam ob rem, utei damnei infectei repromissio satisve datio fierei *jubeatur*, postulatum erit : tum mag(istratus) prove mag(istratu) IIvir IIIIvir praefec(tus)ve, quoquomque d(e) e(a) r(e) in jus aditum erit, d(e) e(a) r(e) ita jus deicito judicia dato judicareque jubeto cogito, proinde atque sei d(e) e(a) r(e), quom ita postulatum esset, damnei infectei ex formula recte repromissum satisve datum esset. D(e) e(a) r(e) quod ita judicium datum judicareve jussum judicatumve erit, jus ratumque esto, dum in ea verba, sei damnei infectei repromissum non erit, judicium det itaque judicare jubeat : 'J(u-)dex) e(sto). S(ei), antequam id judicium q(ua) d(e) r(e) a(gitur) factum est, Q. Licinius damni infectei eo nomine q(ua) d(e) r(e) a(gitur) eam stipulationem, quam is quei Romae inter peregreinos jus deicet in albo propositam habet, L. Seio repromeississet : tum quicquid eum Q. Licinium ex ea stipulatione L. Seio d(are) f(acere) oporteret ex f(ide) b(ona) d(um) t(axat) HS...[1] e(jus) j(udex) Q. Licinium L. Seio, sei ex decreto IIvir(ei) IIIIvir(ei) praefec(tei)ve Mutinensis, quod ejus *is* IIvir IIIIvir praefec(tus)ve ex lege Rubria, seive id pl(ebei)ve sc(itum) est, decreverit, Q. Licinius eo nomine qua d(e) r(e) a(gitur) L. Seio damnei infectei repromittere noluit, c(ondemnato) ; s(ei) n(on) p(aret), a(bsolvito)' ; aut sei damnei infectei satis datum non erit, in ea verba judicium det : 'J(udex) e(sto). S(ei), antequam id judicium q(ua) d(e) r(e) a(gitur) *f*actum est, Q. Licinius damnei infectei eo nomine q(ua) d(e) r(e) a(gitur) ea stipulatione, quam is quei Romae inter peregrinos jus deicet in albo propositam habet, L. Seio satis dedisset : tum q(uic)q(uid) eum Q. Licinium ex ea stipulatione L. Seio d(are) f(acere) oporteret ex f(ide) b(ona) d(um) t(axat) :...[2], e(jus) j(udex) Q. Licinium L. Seio, sei ex decreto IIvir(ei) IIIIvir(ei) praef(ectei)ve Mutinensis, quod ejus is IIvir IIIIvir praefect(us)*ve* ex lege Rubria, seive id pl(ebei)ve sc(itum) est, decreverit, Q. Licinius eo nomine q(ua) d(e) r(e) a(gitur) L. Seio damnei infectei satis dare noluit, c(ondemnato) ; s(ei) n(on) p(aret), a(bsolvito)' ; dum IIvir IIIIvir j(ure) d(eicundo) praefec(tus)ve d(e) e(a) r(e) jus ita deicat curetve, utei ea nomina et municipium colonia locus in eo judicio, quod ex ieis quae proxsume s(cripta) s(unt) accipietur, includ*a*ntur concipiantur, quae includei concipei s(ine) d(olo) m(alo) oporteret debebitve[3], ne quid ei quei d(e) e(a) r(e) aget petetve captionei ob e(am) r(em) aut eo nomine esse possit ; neive ea nomina, qu*a*e in earum qua formula [quae] s(upra) s(cripta) s(unt), aut

---

1. Espace laissé en blanc pour le chiffre sur *l*a table. — 2. Le signe HS et le chiffre manquent sur la table.— 3. Mommsen : 'oportere ei videbuntur'.

Mutina*m* in eo judicio includei concipei curet, nise*i* iei, quos inter id judicium accipietur leisve contestabitur, ieis nominibus fuerint, quae in earum qua formula s(upra) s(cripta) s(*unt*), et nisei sei Mutinae ea res agetur ; neive quis magistratus) prove mag(istratu) neive quis pro quo imperio potestateve erit, intercedito neive quid aliud facito, quo minus de ea re ita judicium detur judiceturque.

XXI. A quoquomq(ue) pecunia certa credita, signata forma p(ublica) p(opulei) R(omanei), in eorum quo o(ppido) m(unicipio) c(olonia) p(raefectura) f(oro) v(eico) c(onciliabulo) c(astello) t(erritorio)ve, quae sunt eruntve in Gallia cisalpeina, petetur, quae res non pluris HS $\overline{XV}$ erit, sei is eam pecuniam in jure apud eum, quei ibei j(ure) d(eicundo) p(raerit), ei quei eam petet, aut ei quojus nomine ab eo petetur, d(are) o(portere) debereve se confessus erit, neque id quod confessus erit solvet satisve faciet, aut se sponsione judicioque ute*i* oportebit non defendet, seive is ibei d(e) e(a) r(e) in jure non responderit, neque d(e) e(a) r(e) sponsionem faciet neque judicio utei oportebit se defendet : tum de eo, a quo ea pecunia peteita erit, deque eo, quoi eam pecuniam d(arei) o(portebit), s(iremps) res lex jus caussaque o(mnibus) o(mnium) r(erum) esto atque utei esset esseve oporteret, sei is, quei ita confessus erit, aut d(e) e(a) r(e) non responderit aut se sponsione judicioque utei oportebit non defenderit, ejus pecuniae iei, quei eam suo nomine petierit quoive eam d(arei) o(portebit), ex judicieis dateis judicareve recte jusseis jure lege damnatus esset fuisset. Queique quomque IIvir IIIIvir praefec(tus)ve *i*bei j(ure) d(eicundo) p(raerit), is eum, quei ita quid confessus erit neque id solvet satisve faciet, eum*v*e, quei se sponsione judiciove ute*i* oportebit non defenderit aut in jure non responderit neque id solvet satisve faciet, t(antae) p(ecuniae), quanta ea pecunia erit de qua tum inter eos ambigetur, dum t(axat) *HS* $\overline{XV}$ (sine) f(raude) s(ua) duci jubeto ; queique eorum quem, ad quem ea res pertinebit, duxserit, id ei fraudi poenaeve ne esto ; quodque ita factum actum jussum erit, id jus ratumque esto. Quo minus in eum, quei ita vadimonium Romam ex decreto ejus, quei ibei j(ure) d(eicundo) p(raerit), non promeisserit aut vindicem locupletem ita non dederit, ob e(am) r(em) judicium recup(erationem) is, quei ibei j(ure) d(eicundo) p(raerit), ex h. l. det judicareique d(e) e(a) r(e) ibei curet, ex h. l. n(ihilum) r(ogatur).

XXII. A quo quid praeter pecuniam certam creditam, signatam forma p(ublica) p(opulei) R(omanei), in eorum quo o(ppido) m(unicipio) c(olonia) p(raefectura) f(oro) v(eico) c(onciliabulo) c(astello) t(erritorio)ve, quae sunt eruntve in Gallia cis Alpeis, petetur, quodve quom eo agetur, quae res non pluris HS $\overline{XV}$ erit, et sei ea res erit, de qua re omnei pecunia ibei jus deicei judiciave darei ex h. l. o(portebit), sei is eam rem, quae ita ab eo petetur deve ea re cum eo agetur, ei quei eam *rem* petet deve ea re age*t*, aut iei quojus nomine ab eo petetur quomve eo agetur in jure apud eum, quei ibei j(ure) d(eicundo) p(raerit), d(are) f(*acere*) p(raestare) restituereve oportere aut se debere, ejusve eam rem esse aut se eam habere, eamve rem de qua arguetur se fecisse obligatumve se ejus rei noxsiaeve esse confessus erit deixseritve neque d(e) e(a) r(e) satis utei oportebit faciet aut, sei sponsionem fieri oportebit, sponsionem non faciet, *aut* non restituet, neque se judicio utei oportebit defendet, aut sei d(e) e(a) r(e) in jure nihil responderit, neque d(e) e(a) r(e) se judicio utei oportebit defendet: tum de eo a quo ea res ita petetur quomve eo d(e) e(a) r(e) ita agetur, deque eo, quoi eam rem d(arei) f(ierei) p(raestarei) restitui satisve d(e) e(a) r(e) fierei oportebit, s(iremps) l(ex) r(es) j(us) c(aussa)q(ue) o(mnibus) o(mnium) r(erum) e(sto), atque utei esset esseve oporteret, sei is, quei ita quid earum rerum confessus erit aut d(e) e(a) r(e) non responderit neq(ue) se judicio utei oportebit defenderit, de ieis rebus Romae apud pr(aetorem) eumve quei de ieis rebus Romae j(ure) d(eicundo) p(rae)esset in jure confessus esset, aut ibei d(e) e(a) r(e) nihil respondisset aut judicio se non defendisset; p(raetor)q(ue) isve quei d(e) e(is) r(ebus) Romae j(ure) d(eicundo) p(raerit) in eum et in heredem ejus d(e) e(is) r(ebus) omnibus ita jus deicito decernito eosque duci bona eorum possideri proscreibeive venereique jubeto, ac sei is heresve ejus d(e) e(a) r(e) in jure apud eum pr(aetorem) eumve quei Romae j(ure) d(eicundo) *p*raesse*t*, confessus esset aut d(e) e(a) r(e) nihil respondisse*t*, neque se judicio utei oportuisset defendisset; dum ne quis d(e) e(a) r(e) nisei pr(aetor) isve quei Romae j(ure) d(eicundo) p(raerit) eorum quojus bona possiderei proscreibei veneire duceique eum jubeat.

XXIII. Queiquomque in eorum quo o(ppido) m(unicipio) c(olonia) p(raefectura) f(oro) v(eico) c(onciliabulo) t(erritorio)ve quae in Gallia Cisalpeina sunt erunt, j(ure) d(eicundo) p(raerit), is inter eos, quei de famili*a* erceiscunda deividunda judicium sibei darei reddeive in eorum quo o. m. c. p. f. v. c. c. t. ve [1],

---

1. Voir la solution des abréviations au début du chapitre.

quae s(upra) s(cripta) s(unt), postulaverint, ita jus deicito decernito judicia dato judicare jubeto, utei in eo o. m. c. p. f. v. c. c. t. ve, in quo is, quojus *de boneis agetur, domicilium habuerit*....

14. Fragment d'Este (705-712).

Inscription gravée sur une table de bronze découverte en 1880, à Este, sur l'emplacement de l'ancienne Ateste, en Gaule cisalpine. Elle a été publiée et commentée par MM. Alibrandi, *Opere giuridiche*, 1, p. 395 et ss.; Mommsen, *Ges. Schr.*, 1, pp. 175-194; Esmein, *Mélanges*, pp. 269-292, et Appleton, *R. générale du droit*, 1900, pp. 193 248 (cf. Kuebler, *Z. S. St.*, 1901, pp. 200-204). Elle nous fait connaître deux chapitres d'une loi certainement relative aux modifications de compétence nécessitées par la concession du droit de cité à des communes. L'un permet de rendre par prorogation les autorités municipales compétentes en matière d'actions infamantes jusqu'à concurrence d'une valeur de 10.000 sesterces; l'autre défend de *revocare* à Rome les procès qui jusqu'à une loi Roscia de la même année étaient de la compétence des magistrats municipaux. Mais les commentateurs sont en désaccord sur les circonstances précises pour lesquelles la loi a été faite. M. Esmein et M. Alibrandi, qui supposent un déplacement de la table opéré dans les cours des temps, pensent que cette loi, trouvée au delà du Pô, se rapporte à la concession du droit de cité faite à toute l'Italie jusqu'au Pô après la guerre sociale, et que tant la loi Roscia, attribuée par M. Esmein au tribun L. Roscius Otho de 687, que notre loi complémentaire, qui paraît de la même année que la loi Roscia, auraient été relatives à la répartition de la juridiction en Italie; M. Esmein semble même incliner à considérer notre texte comme un fragment de la loi Roscia. A peu près tous les autres auteurs admettent que le texte a été fait pour le territoire dans lequel il a été trouvé, et que par conséquent il ne peut être antérieur à l'an 705, où la cité fut conférée à la Gaule cisalpine, ni postérieur à l'an 712, où la Gaule cisalpine fut réunie à l'Italie. M. Mommsen y voit même, par une conclusion fort naturelle, un nouveau fragment de la loi relative à la juridiction dans la Gaule cisalpine dont la 4ᵉ table a été trouvée à Veleia (p. 72), et il a conclu de là que cette loi, qu'il considérait précédemment comme une *lex rogata*, la *lex Rubria de Gallia cisalpina*, qu'il considère aujourd'hui comme une *lex data* (p. 72), doit être placée comme la loi Roscia en l'an 705. Mais, en dehors de diversités peu importantes de langue et d'orthographe, le rattachement des deux textes à la même loi ne se concilie pas très aisément avec le maximum de 10.000 sesterces indiqué dans l'un et celui de 15.000 indiqué dans l'autre. M. Mommsen voit dans les 10.000 sesterces un taux spécial aux actions infamantes. D'autres, comme M. Karlowa, *R. R. G.*, 1, p. 442, et M. Krueger, *Sources*, tr. fr., p. 97, préfèrent y voir le taux général de la loi distincte dont nous aurions ici les fragments et qui, d'après M. Karlowa notamment, serait la loi qui régit la Gaule cisalpine de 705 à 712, tandis que la loi Rubria serait postérieure à la réunion de la Gaule cisalpine à l'Italie. — Quant aux dispositions du texte, M. Karlowa regarde celle sur la *revocatio* comme une disposition définitive s'appliquant à tous les procès postérieurs; les autres auteurs, sauf M. Appleton, la considèrent comme une disposition transitoire exclusivement relative aux procès déjà organisés lors de son entrée en vigueur ; M. Appleton tient la question pour insoluble. Le chapitre relatif aux actions infamantes, qui vient confirmer l'hypothèse selon laquelle ces actions étaient en principe soustraites à la juridiction municipale, est en outre remarquable par la formule *suo nomine quodve ipse earum rerum quid gessisse dicetur* qu'il emploie pour les actions contractuelles et sur laquelle on pourra comparer en sens divers MM. Mommsen, p. 189, Esmein, p. 289, Appleton, p. 219, Kuebler, p. 201, et par la façon différente dont il désigne la poursuite *furti*, pour laquelle il exclut l'action noxale, et l'action d'injures, pour laquelle il ne dit rien de pareil, — pas plus d'ailleurs que la loi Julia p. 87 — peut-être parce que l'action noxale d'injures n'existait point encore à cette époque : v. Mommsen, *Ges. Schr.*, 1, p. 190 ; Girard, *N. R. H.*, 1890, p. 700 ; Appleton, p. 230. V. encore Appleton sur l'omission de l'action de dol et de l'action de la loi Plaetoria, sur l'application de la loi aux actions incertaines et sur le sens de la prorogation.

Quei post hanc legem rogatam in eorum quo oppido municipio colonia praefectura foro vcico conciliabulo castello territoriove, quae in Gallia Cisalpeina sunt eruntve, ad IIvirum IIIIvirum praefectumve in judicium fiduciae aut pro socio aut [1] *mandati aut tutelae suo nomine quodve ipse earum rerum quid gessisse dicetur, adducetur* [2], *aut quod furti, quod ad hominem liberum liberamve pertinere deicatur* [3], *aut injuriarum agatur : sei is, a quo petetur quomve quo agetur, d(e) e(a) r(e) in eo municipio colonia praefectura judicio certare* volet *et si ea res HS* cclɔɔ [4] *minorisve erit, quo minus ibei d(e) e(a) r(e) judex arbiterve addicatur detur, quove minus ibei d(e) e(a) r(e) judicium ita feiat, utei de ieis rebus, quibus ex h(ac) l(ege) judicia data erunt, judicium fieri exerceri oportebit, ex h(ac) l(ege) n(ihilum) r(ogatur).*

Quojus rei in quoque municipio colonia praefectura quojusque IIvir(i) *ejusve, qui ibei lege foedere* pl(ebei)ve sc(ito) s(enatus)ve c(onsulto) *institutove jure dicundo, praefuit, ante legem, seive illud* pl(ebei) sc(itum) *est, quod L. Roscius a. d. V. eid. Mart. populum plebemve rogavit, quod privatim ambigetur, juris dictio judicis arbitri recuperatorum datio addictiove* fuit *quantaeque rei pequniaeve fuit : ejus rei pequniaeve quo magis privato Romae revocatio sit quove minus quei ibei*

1. Restitution de Mommsen ; Alibrandi suivi par Kuebler, p. 201, n. 1 : *Si a duamviro eove qu' in quocumque municipio colonia praefectura jure dicundo praerit, judicium ei qui volet agere fiduciae, pro socio.* — 2. Le bronze : 'addicetur' conservé par Alibrandi et Kuebler. — 3. Cf. *D.*, 39, 4, 1, pr. — 4. = 10.000.

j(ure) d(icundo) p(raerit) d(e) e(a) r(e) jus dicat judicem *arbitrumve det* utei ante legem sive illud pl(ebei) sc(itum) est, *quod L. Roscius a d. V eidus Mart. populum plebemve rogavit, ab eo quei ibei j(ure) d(icundo) p(raerit) jus dici judicem arbitrumve dari oportuit, ex h(ac) l(ege) n(ihilum) r(ogatur).*

15. Lex Julia, dite Julia municipalis (an 709).

C. I. L., I, 206 ; Bruns, n° 18 ; Dessau, 6085. Loi latine gravée sur l'une des faces de deux tables de bronze portant à l'autre face un texte grec plus ancien découvertes en 1732 à Héraclée en Lucanie et présentement conservées au musée de Naples. Cette loi, qui exclut des honneurs municipaux, ligne 122, ceux qui ont fait trafic des têtes mises à prix, est nécessairement postérieure non seulement à l'abdication de Sulla, mais à la chute du régime aristocratique en 684. Elle est, d'autre part, antérieure à l'an 711, où le mois de Quinctilis mentionné ligne 98 prit le nom de Julius, et même à l'an 710, où le nombre total des édiles fut élevé de 4 à 6. Mais Savigny a démontré dans un article reproduit *Vermischte Schriften*, 3, 1850, pp. 279-412, que nous avons là une loi de César de l'an 709, dont l'une des dispositions, celle des lignes 94 et 104 sur l'inéligibilité des *praecones* pendant qu'ils font ce métier et seulement alors, est citée d'une manière indéniable par Cicéron, *Ad fam.*, 8, 18. V. contré le système de M. Nissen, *Rheinisches Museum*, 45, 1890, pp. 100-102, suivi par MM. Dessau, Hackel et Riccobono, qui la place à la fin de l'an 708, en la croyant antérieure à la lettre de Cicéron qui la suppose seulement en projet, les observations de Mommsen dans Bruns, p. 102. Il est moins sûr que, comme l'a également soutenu Savigny et comme on l'avait généralement admis depuis, cette loi soit la *lex Julia municipalis* citée dans l'inscription de Padoue, *C. I. L.*, V, 2864, à laquelle se rapporteraient pareillement certains textes des compilations de Justinien parlant, semble-t-il, d'une *lex municipalis* générale (v. par ex. *D.*, 50, 9, 3. *C.*, 7, 9, 1), et qui aurait posé les règles d'ensemble suivies dans chaque hypothèse concrète pour la confection des statuts municipaux. Non seulement, ainsi que l'avait déjà remarqué Karlowa, *R. R. G.*, 1, pp. 439-440, les textes du Dig. et du Code peuvent aussi bien s'entendre de lois concrètes ou de commentaires d'ensemble faits sur elle ; mais, ainsi que l'a tout de suite signalé M. de Petra, il faudrait, en face du statut de Tarente (p. 62), placer cette loi générale au temps de la loi Julia de 664 sur la concession de la cité à l'Italie et non à celui de notre loi de 709, et le mieux paraît même de croire avec M. Mommsen, *Eph. ep.*, IX, 1903, pp. 4-6 = *Ges. Schr.*, 1, pp. 152-154 (où il entend la *lex Julia municipalis* de l'inscription de Padoue d'une *lex data* locale symétrique à la lex Cornelia d'inscriptions de Petelia, *C. I. L.*, X, 113-114) que le peuple n'a jamais voté de loi municipale générale pas plus en 664 qu'en 709, si les lois votées par les comices ont plus d'une fois, comme notre loi de 709, contenu des dispositions intéressant le régime municipal. Cf., dans un sens analogue, H. Hackel, *Wiener Studien*, 25, 1902, pp. 552-562. En revanche, il est, à notre sens, impossible de voir avec M. Legras, *La table d'Héraclée*, Thèse Caen, 1907, dans notre table elle-même une sorte de recueil sur bronze de dispositions romaines diverses composé pour les habitants d'Héraclée devenus citoyens, entre l'an 664, où cette ville n'avait pas encore la cité romaine, et l'an 672, date de la dictature de Sulla où elle l'avait déjà. Cette conjecture, qui n'expliquerait pas à beaucoup près tout le contenu de la loi, nous paraît condamnée par la disposition précitée de la ligne 122 qui ne peut avoir été rendue avant l'an 684, par celle également déjà citée des lignes 94 et 104, dont Cicéron n'a pu parler dans les termes où il l'a fait en 709 qu'à propos d'une loi nouvelle, probablement encore en projet, et par celle de la ligne 111 sur l'action de dol, qui a été introduite par Aquilius Gallus préteur en 688 (Cicéron, *De off.*, 3, 14, 60) ; car il l'a, croyons-nous, introduite sûrement comme préteur (*De nat. deor.*, 3, 30, 74), mais en tout cas ce contemporain de Cicéron n'eut pu l'introduire ni comme préteur, ni comme jurisconsulte, avant l'an 672. V. Kuebler, *Z. S. St.*, 28, 1907, pp. 409-415 ; De Sanctis, *Atti* de Turin, 45, 1910, pp. 148-157.

Nous n'avons point le commencement de la loi ; elle paraît en revanche finir avec la deuxième table. Les dispositions qui nous en ont été transmises se rapportent à la fois à la police de la ville de Rome, comme celles sur les *professiones frumentariae*, sur l'entretien de la voie publique et sur le droit d'y circuler, et à l'organisation des cités de citoyens, comme celle sur l'éligibilité au décurionat et aux magistratures locales et celle sur la confection du cens dans les cités italiques. Les dispositions en sont surtout intéressantes pour la connaissance de l'administration de la ville de Rome et du régime municipal. Mais en outre le catalogue des causes d'indignité donné aux lignes 108 et ss peut fournir des renseignements utiles sur certaines des institutions privées auxquelles il se rapporte ; voir notamment sur la rédaction alternative de la disposition qui vise la loi Plaetoria et sur l'argument qu'on en peut tirer en faveur de l'existence simultanée d'une action publique et d'une action civile, Karlowa, *Römische Civilprozess zur Zeit der Legisactionen*, 1872, pp. 352-353, Girard, *Manuel*, p. 230, n. 3 ; sur le sens de la clause : *quei in jure... abjuraverit bonamve copiam juravit juraverit*, Gallinger, *die Offenbarungseid des Schuldners*, 1884, et les auteurs cités auxquels il faut ajouter aujourd'hui Wlassak, dans Pauly-Wissowa, *Realencyclopädie*, 1, 1893, p. 102 ; sur la place occupée par l'action de dol, Pernice, *Marcus Antistius Labeo*, 2, 1re éd., 1878, p 97, et de Ihering, *Faute en droit privé*, 1880, p. 41 ; sur l'absence de l'action de dépôt, qui paraît donc ne pas encore exister en 709, Ubbelohde, *Zur Geschichte der benannten Realcontracte*, 1870, pp. 32-34, de Ihering, *op. cit.*, p. 41, Girard, *Manuel*, p. 528, n. 4. Cf. en outre sur le transfert de créance opéré de l'Etat à des particuliers en matière de voirie, lignes 20-45, Bruns, *Kl. Schr.*, 2, pp. 18-27, Heyrowski, *Rechtliche Grundlage der Leges contractus*, 1881, pp. 22-25. 51-52, et les auteurs cités.

... Quem h(ac) l(ege) ad co(n)s(ulem) profiterei oportebit 1. sei is, quom eum profiterei oportebit, Romae non erit, tum quei ejus | negotia curabit, is eadem omnia, quae eum, quojus negotia curabit, sei Romae esset, h(ace) l(ege) profiterei | oporteret, item isdemque diebus ad co(n)s(ulem) profitemino. |
5.

Quem h(ac) l(ege) ad co(n)s(ulem) profiterei oportebit,
sei is pup(illus) seive ea pu(pilla) erit, tum quei ejus pup(illi)
5. pu(pillae)ve tutor erit, item eadem || que omnia in iisdem die-
bus ad co(n)s(ulem) profitemino ita utei et quae quibusque
diebus eum eamve, sei pup(illus) pu(pilla)ve non | esset, h(ac)
l(ege) profiterei oporteret. |

Sei co(n)s(ul), ad quem h(ac) l(ege) professiones fierei
oportebit, Romae non erit, tum is, quem profiterei oporte-
bit, quod eum profiterei | oportebit, ad pr(aetorem) urb(a-
num) aut, sei is Romae non erit, ad eum pr(aetorem), quei
inter peregrinos jus deicet, profitemino, ita utei | eum ad
co(n)s(ulem) sei tum Romae esset, h(ac) l(ege) profiterei opor-
teret. ||

10. Sei ex eis co(n)s(ulibus) et pr(aetoribus), ad quos h(ac)
l(ege) professiones fierei oportebit, nemo eorum Romae erit,
tum is, quem profiterei oportebit, | [et] quod eum [eum]
profiterei oportebit ad tr(ibunum) pl(ebei) profitemino, ita
utei eum ad co(n)s(ulem) pr(aetorem)que urb(anum), eumque
quei inter peregrin | os jus deicet, sei tum Romae esset, h(ac)
l(ege) profiterei oporteret. |

Quod quemquem h(ac) l(ege) profiterei oportebit, is, apud
quem ea professio fiet, ejus quei profitebitur nomen, et ea
quae pro | fessus erit, et quo die professus sit, in tabulas pu-
blicas referunda curato, eademque omnia quae uteique in
15. tabulas || rettulerit ita in tabulam in album referunda *curato*
idque apud forum, et quom frumentum populo dabitur, ibei
ubei frumen | tum populo dabitur cottidie majorem partem diei
propositum habeto, u(nde) d(e) p(lano) r ecte) l(egi) p(ossit). |

Queiquomque frumentum populo dabit damdumve curabit, nei quoi eorum, quorum nomina h. l. ad co(n.s(ulem)
pr(aetorem) tr(ibunum) pl(ebei) in ta | bula in albo proposita
erunt, frumentum dato neve dare jubeto neve sinito. Quei
adversus ea eorum quoi frumentum | dederit, is in tr(itici)
m(odios) I HSIↃↃↃ 1 populo dare damnas esto, ejusque pecuniae
quei volet petitio esto. ||

20. Quae viae in urbem Rom(am) propiusve u(rbem) R(omam)
p(assus) M ubei continente habitabitur, sunt erunt, quojus
ante aedificium earum quae | via erit, is eam viam arbitratu
ejus aed(ilis), quoi ea pars urbis h. l. obvenerit, tueatur; is-
que aed(ilis) curato, uti quorum | ante aedificium erit quam-

---

1. = singulos sestertium 50.000.

que viam h. l. quemque tueri oportebit, ei omnes eam viam arbitratu ejus tueantur, neve eo | loco a*qua* consistat, quominus conmode populus ea via utatur. |

Aed(iles) cur(ules) aed(iles) pl(ebei), quei nunc sunt[1], queiquomque post h(anc) l(egem) r(ogatam) factei createi erunt eumve mag(istratum) inierint, iei in diebus V proxumeis, || quibus eo mag(istratu) designatei erunt eumve mag(i- 25. stratum) inierint, inter se paranto aut sortiunto, qua in partei urbis quisque | eorum vias publicas in urbem Roma*m*, propiusve u(rbem) Ro(mam) p(assus) *M*, reficiundas sternendas curet, ejusque rei procurationem | habeat. Quae pars quoique aed(ilei) ita h(ac) l(ege) obvenerit, ejus aed(ilis) in eis loceis quae in ea partei erunt viarum reficien | darum tuemdarum procuratio esto, utei h(ac) l(ege) oportebit. |

Quae via *inter* aedem sacram et aedificium locumve publicum et inter aedificium privatum est erit, ejus || viae par- 30. tem dimidiam is aed(ilis), quoi ea pars urbis obvenerit, in qua parte ea aedis sacra erit seive aedificium | publicum seive locus publicus, tuemdam locato. |

Quemquomque ante suum aedificium viam publicam h(ac) l(ege) tueri oportebit, quei eorum eam viam arbitratu ejus aed(ilis), | quojus oportuerit, non tuebitur, eam viam aed(ilis), quojus arbitratu eam tuerei oportuerit, tuemdam locato ; | isque aed(ilis) diebus ne minus X antequam locet aput forum ante tribunale suom propositum habeto, quam || viam tuen- 35. dam et quo die locaturus sit, *et* quorum ante aedificium ea via sit ; eisque, quorum ante aedificium | ea via erit, procuratoribusve eorum domum denuntietur facito, se eam viam locaturum et quo die locaturus | sit ; eamque locationem palam in foro per q(uaestorem) urb(anum) eumve quei aerario praerit facito. Quamta pecunia eam | viam locaverit, tamtae pecuniae eum eosque, quorum ante aedificium ea via erit pro portioni, quamtum | quojusque ante aedificium viae in longitudine et in latitudine erit, q(uaestor) urb(anus) queive aerario praerit in tabulas || publicas pecuniae factae referun- 40. dum curato. Ei quei eam viam tuemdam redemerit, tamtae pecuniae eum eos | ve adtribuito sine d(olo) m(alo). Sei is quei adtributus erit eam pecuniam diebus XXX proxumeis quibus ipse aut pro | curator ejus sciet adtributionem factam

---

1. V. Nissen, *loc. cit.*, p. 100, et Mommsen qui ajoute : 'in diebus V proxumeis post hanc legem rogatam'.

esse ei, *quoi* adtributus erit, non solverit neque satis fecerit,
is | quamtae pecuniae adtributus erit, tamtam pecuniam et
ejus dimidium ei, quoi adtributus erit, dare debeto, | inque
eam rem is, quo quomque de ea re aditum erit, judicem
45. judiciumve ita dato, utei de pecunia credita || *judicem* judi-
ciumve dari oporte*ret*. |

Quam viam h(ac) l(ege) tuemdam locari oportebit, aed(ilis),
quem eam viam tueudam locare oportebit, is eam viam per
| q(uaestorem) urb(anum) queive aerario praerit tuemdam
locato, utei eam viam arbitratu ejus, quei eam viam locandam
| curaverit, tueatur. Quamtam pecuniam ita quaeque via
locata erit, t(amtam) p(ecuniam) q(uaestor) ur(banus) queive
aerario praerit | redemptorei, quoi e lege locationis dari opor-
tebit, heredeive ejus damdam adtribuendam curato. ||

50. Quo minus aed(iles) et IIIIvir(ei) vieis in urbem purgan-
deis, IIvir(ei) vieis extra propiusve urbem Rom(am) passus
M | purgandeis, queiquomque erunt, vias publicas purgandas
curent ejusque rei potestatem habeant, | ita utei legibus pl(e-
bei)ve sc(itis) s(enatus)*ve* c(onsultis) oportet oportebit, *ejus*
h(ac) l(ege) n(ihilum) r(ogatur). |

Quojus ante aedificium semita in loco erit, is eam semi-
tam, eo aedificio perpetuo lapidibus perpetueis | integreis
continentem constratam recte habeto arbitratu ejus aed(ilis),
55. quojus in ea parte h(ac) l(ege) viarum || procura*tio* erit. |

Quae viae in u(rbem) R(omam) sunt erunt intra ea loca,
ubi continenti habi*ta*bi*t*ur, ne quis in ieis vieis post k(alendas)
Januar(ias) | primas plostrum interdiu post solem ortum, neve
ante horam X diei ducito agito, nisi quod aedium | sacrarum
deorum inmortalium caussa aedificandarum operisve publice
faciumdei causa advehei porta | ri oportebit, aut quod ex urbe
exve ieis loceis earum rerum, quae publice demoliendae
60. locatae erunt, publi || ce exportarei oportebit, et quarum rerum
caussa plostra h(ac) l(ege) certeis hominibus certeis de cau-
seis agere | ducere licebit. |

Quibus diebus virgines Vestales re*gem* sacrorum flamines
plostreis in urbe sacrorum publicorum p(opuli) R(omani)
caussa | vehi oportebit, quaeque plostra triumphi caussa, quo
die quisque triumpha*b*it, ducei oportebit, quaeque | plostra
ludorum *caussa* quei Romae aut urbei Romae p(*ropius*) p(*assus*)
M publice feient, inve pompam ludeis circiensibus ducei agei
65. opus || erit: quo minus earum rerum caussa eisque diebus

plostra interdiu in urbe ducantur agantur, e(jus) h(ac) l(ege) n(ihilum) r(ogatur). |

Quae plostra noctu in urbem inducta erunt, quo minus ea plostra inania aut stercoris exportandei caussa | post solem ortum h(oris) X diei bubus jumenteisve juncta in u(rbe) R(oma) et ab u(rbe) R(oma) p(assus) M esse liceat, e(jus) h(ac) l(ege) n(ihilum) r(ogatur). |

Quae loca publica porticusve publicae in u(rbe) R(oma) p(ropius)ve u(rbei) R(omae) p(assus) M sunt erunt, quorum locorum quojusque porticus | aedilium eorumve mag(istratuom), quei vieis loceisque publiceis u(rbis) R(omae) p(ropius)ve u(rbei) R(omae) p(assus) M purgandeis praerunt, legibus || procuratio est erit, nei quis in ieis loceis inve ieis 70. porticibus quid inaedificatum inmolitumve habeto, | neve ea loca porticumve quam possideto, neve eorum quod saeptum clausumve habeto quo minus eis | loceis porticibusque populus utatur pateantve, nisi quibus uteique leg(ibus) pl(ebei)ve sc(itis) s(enatus)ve c(onsultis) concessum permissumve est. |

Quibus loceis ex lege locationis, quam censor aliusve quis mag(istratus) publiceis vectigalibus ultrove tributeis | fruendeis tuendeisve dixit dixerit, eis, quei ea fruenda tuendave conducta habebunt, ut utei fruei liceat || aut utei ea ab eis 75. custodiantur, cautum est, ei quo minus ieis loceis utantur fruantur ita, utei quoique eorum | ex lege locationis ieis sine d(olo) (malo) utei fruei licebit, ex h(ac) l(ege) n(ihilum) r(ogatur). |

Quos ludos quisque Romae p(ropius)ve u(rbei) R(omae) p(assus) M faciet, quo minus ei eorum ludorum caussa scaenam pulpitum ceteraque, | quae ad eos ludos opus erunt, in loco publico ponere statuere eisque diebus, quibus eos faciet, loco publico utei | liceat, e(jus) h(ac) l(ege) n(ihilum) r(ogatur). ||

Quei scribae librarei magistratibus apparebunt, ei quo 80. minus loceis publiceis, ubei is, quoi quisque eorum apparebunt, | juserit, apparendi caussa utantur, e(jus) (hac) l(ege) n(ihilum) r(ogatur). |

Quae loca serveis publiceis ab cens(oribus) habitandei utendei caussa adtributa sunt, ei quo minus eis loceis utantur, e(jus) h(ac) l(ege) n(ihilum) r(ogantur). |

Quiquomque in municipieis coloneis praefectureis foreis conciliabuleis c(ivium) R(omanorum) IIvir(ei) IIIIvir(ei) erunt aliove | quo nomine mag(istratum) potestatemve sufragio eorum, quei quojusque municipi coloniae praefecturae || fori 85.

conciliabuli erunt, habebunt ; nei quis eorum qu*em* in eo
municipio coloni*a* praefectur*a f*oro concilia | bulo *in* senatum
decuriones conscriptosve legito neve sublegito neve coptato
neve recitandos curato, | nisi in demortuei damnateive locum
ejusve quei confessus erit se senatorem decurionem con-
screiptumve | ibei h(ac) l(ege) esse non licere. |

 Quei minor annos XXX natus est erit, nei qui eorum
post k(alendas) Januar(ias) secundas in municipio colonia
90. prafe || ctura IIvir(atum) IIIIvir(atum) neve quem alium
mag(istratum) petito neve capito neve gerito, nisei quei eo-
rum stipendia | equo in legione III aut pedestria in legione
VI fecerit, quae stipendia in castreis inve provincia major*em*
| partem sui quojusque anni fecerit, aut bina semestria, quae
ei pro singuleis annueis, procedere oporteat, *cum eo quod ei
legibus pl(ebei)ve sc(iteis) procedere oportebit* [1], | aut ei vocatio
rei militaris legibus pl(ebei)ve sc(itis) exve foidere erit, quo-
circa eum inveitum merere non | oporteat. Neve quis, que*i*
praeconium dissignationem libitinamve faciet, dum eorum
95. quid faciet, in muni || cipio colonia praefectura IIvir(atum)
IIIIvir(atum) aliumve quem mag(istratum) petito neve capito
neve gerito neve habeto, | neve ibei senator neve decurio neve
conscriptus esto neve sententiam dicito. Quei eorum ex eis,
quei s(upra) s(criptei) s(unt), | adversus ea fecerit, is HS Iↄↄↄ
p(opulo) d(are) d(amnas) e(sto), ejusque pecuniae quei volet
petitio esto. |

 Queiquomque in municipio coloni*a* praefectura post k(a-
lendas) Qui*nct*(iles) prim(as) comitia IIvir(eis) II*II*vir(eis)
aleive quoi mag(istratui) | rogando subrogandove habebit, is
ne quem, quei minor anneis *XXX* natus est erit, IIvir(um)
100. III*I*vir(um), quei*ve* ibei || alium mag(istratum) habeat, renun-
tiato neve renuntiarei jubeto, nisi quei stipendia equo in le-
gione III, aut sti | pendia pedestria in legione VI fecerit, quae
stipendia in castreis inve provincia majorem partem sui |
quojusque anni fecerit, aut bina semestria, qua*e* ei pro singu-
leis annueis procedere oporteat, cum eo | quod ei legibus
pl(ebei)ve sc(iteis) proceder*e* oportebit, aut ei vocatio rei mi-
litaris legibus pl(ebei)ve sc(iteis) exve | foedere erit, quo circa
eum invitum merere non oporteat. Neve eum, quei praeco-
nium dissignationem libitina*m*ve faciet, dum eorum quid ||
105. faciet, IIvir(um) IIIIvir(um), queive ibei mag(istratus) sit,

---

1. Addition de Mommsen. Cf. lignes 102. 103.

renuntiato, neve in senatum neve in de | curionum conscrip-
torum*ve* numero legito sublegito coptato neve sententiam
rogato neve dicere neve | ferre jubeto sc(iens) d(olo) m(alo).
Quei adversus ea fecerit, is HS I⊃⊃⊃ p(opulo) d(are) d(amnas)
esto, ejusque pecuniae quei volet petitio esto. |

Quae municipia coloniae praefecturae fora conciliabula
c(ivium) R(omanorum) sunt erunt, nei quis in eorum quo
municipio | colonia praefectura *foro* conciliabulo *in* senatu
decurionibus conscreipteisque esto, neve quo*i* ibi in eo
ordine || sente*m*tiam deicere ferre liceto, quei furtei quod 110.
*ip*se fecit fecerit condemnatus pactusve est erit; | queive
judicio fiduci*ae*, pro socio, tutelae, mandatei, injuriarum deve
d(olo) m(alo) condemnatus est erit; queive lege | Plaetoria
ob eamve rem, quod adversus eam legem fecit fecerit, con-
demnatus est erit; queive depugnandei | caussa auctoratus
est erit fuit fuerit; queive in jure *pecuniam creditam*[1] *abjuravit*
abjuraverit, bonamve copiam juravit juraverit; quei*ve* | spon-
soribus creditoribusve sueis renuntiavit renuntiaverit se sol-
dum solvere non posse, aut cum eis || pactus est erit se sol- |115.
dum solvere non posse; prove quo datum depensum est erit;
quojusve bona ex edicto | ejus, quei j(ure) d(eicundo) prae-
fuit praefuerit, — praeterquam sei quojus, quom pupillus
esset reive publicae caussa abesset | neque d(olo) m(alo)
fecit fecerit quo magis r(ei) p(ublicae) c(aussa) a(besset),
possessa proscriptave sunt erunt, — possessa proscriptave sunt
erunt; queive judicio publico Romae | condemnatus est erit,
quo circa eum in Italia esse non liceat, neque in integrum
resti*tu*tus est erit; queive in eo | municipio colonia praefec-
tura foro conciliabulo, quojus erit, judicio publico condem-
natus est erit; quemve || k(alumniae) praevaricationis caussa 120.
accusasse fecisseve quod judicatum est erit; quoive aput
exercitum ingnominiae | caussa ordo ademptus est erit;
quemve imperator ingnominiae caussa ab exercitu decedere
jus*it* juserit; | queive ob caput c(ivis) R(omanei) referundum
pecuniam praemium aliudve quid cepit ceperit; queive cor-
pore quaestum | fecit fecerit; queive lanistaturam artemve
ludicram fecit fecerit; queive lenocinium faciet. Quei |
adversus ea in municipio colonia praefectur*a* foro concilia-

---

[1] Mommsen, Dessau, Riccobono: 'bonam copiam'; Wlassak, *loc.cit.*:
'creditum', 'rem creditam' ou 'pecuniam creditam'; Karlowa, *R. R. G.*,
2, p. 598, n. 2: 'pecuniam creditam'.

125. bulo *in senatu* decurionibus conscripteisve *f*uerit || sentemtiamve dixerit, is HS I⊃⊃ p(opulo) d(are) d(amnas) esto, ejusque pecuniae quei volet petitio esto. |

Quoi h(ac) l(ege) in municipio colonia praefectura foro conciliabulo senatorem decurionem conscriptum esse, | inque eo ordine sentemtiam dicere ferre non licebit, nei quis, quei in eo municipio colonia praefectura | foro conciliabulo senatum decuriones conscriptos habebit, eum in senatum decuriones conscriptos | ire jubeto sc(iens) d(olo) m(alo) ; neve eum ibei sentemtiam rogato neive dicere neive ferre
130. jubeto sc(iens) d(olo) m(alo) ; neve quis, que*i* || in eo municipio colonia praefectura foro conciliabulo sufragio eorum maxumam potestatem habebit, | eorum quem ibei in senatum decuriones conscriptos ire, neve in eo numero esse neve sentemtiam ibei dicere | ferreve sinito sc(iens) d(olo) m(alo) ; neve quis ejus rationem comitieis conciliove *habeto, neive quis quem, sei adversus ea comitieis conciliove* [1] creatum est, renuntiato ; neve quis, quei | ibei mag(istratum) potestatemve habebit, eum cum senatu decurionibus conscript*eis ludo*s spectare neive in convivio | publico esse sin*i*to sc(iens) d(olo) m(alo). ||
135. Quibus h(ac) l(ege) in municipio colonia praefectura foro conciliabulo in senat*u* decurionibus conscripteis esse | non licebit, ni quis eorum in municipio colonia prafectura foro conciliabulo IIvir(atum) IIIIvir(atum) aliamve | quam potestatem, ex quo honore in eum ordinem perveniat, petito neve capito ; neve quis eorum ludeis, | cumve gladiatores ibei pugnabunt, in loco senatorio decurionum conscriptorum sed*e*to neve spectato | neve convivium publicum is inito ; neive quis, sei
140. adversus ea creatum renuntiatum erit, ibei IIvir IIIIvir || esto, neve ibei m(agistratum) potestatemve habeto. Quei adversus ea fecerit, is Hs I⊃⊃ p(opulo) d(are) d(amnas) esto, ejusque pecuniae quei | volet petitio esto. |

Quae municipia coloniae praefecturae c(ivium) R(omanorum) in Italia sunt erunt, quei in eis municipieis coloneis | praefectureis maximum mag(istratum) maxima*m*ve potestatem ibei habebit tum, cum censor aliusve | quis mag(istratus) Romae populi censum aget, is diebus LX proxumeis, quibus
145. sciet Romae censum populi || agi, omnium municipium colonorum suorum queique ejus praefecturae erunt, q(uei) c(ives)

---

1. Mommsen, dans Bruns.

R(omanei) erunt, censum | ag*ito*, eorumque nomina praenomina patres aut patronos tribus cognomina et quot annos | quisque eorum habet, et rationem pecuniae ex formula census, quae Romae ab eo, qui tum censum | populi acturus erit, proposita erit, a*b* ieis jurateis accipito ; eaque omnia in tabulas publicas sui | municipi referunda curato ; eosque libros per legatos, quos major pars decurionum conscriptorum || ad 150. eam rem legarei mittei censuerint tum, cum e*a* res consuleretur, ad eos, quei Romae c*e*nsum agent, | mittito ; curatoque, utei, quom amplius dies LX reliquei erunt ante quam diem ei, queiquomque Romae | censum ag*et*, finem populi c*e*nsendi faciant, eos adea*nt* librosque ejus municipi coloniae praefecturae | edant ; isque censor, seive quis alius mag(istratus) censum populi aget, diebus V proxumeis, quibus legatei ejus | municipi coloniae praefecturae adierint, eos libros census, quei ab ieis legateis dabuntur, accipito || s(ine) d(olo) m(alo), exque ieis 155. libreis, quae ibei scripta erunt, in tabulas publicas referunda curato, easque tabulas | eodem loco, ubei ceterae tabulae publicae erunt, in quibus census populi perscriptus erit, condendas curato. |

Qui pluribus in municipieis coloneis praefectureis domicilium habebit et is Romae census erit, quo magis | in municipio colonia praefectura h(ac) l(ege) censeatur, e(jus) h(ac) l(ege) n(ihilum) r(ogatur). |

Quei lege pl(ebei)ve sc(ito) permissus est *f*uit, utei leges in municipio fundano municipibusve ejus municipi daret, || sei 160. qui*d* is post h(anc) l(egem) r(ogatam) in eo anno proxumo, quo h(anc) l(egem) populus juserit, ad eas leges *addiderit commutaverit conrexerit*, municipis fundanos | item teneto, utei oporteret, sei ea*e* res ab eo tum, quom primum leges eis municipibus lege pl(ebeive) sc(ito) dedit, | ad eas leges additae commutatae conrectae essent ; neve quis intercedito neve quid facito, quo minus | ea rata sint, quove minus municipos fundanos tenea*nt* eisque optemperetur. |

16. L*ex* c*oloniae* G*enetivae* J*uliae* (an de Rome 710).

Tables de bronze découvertes en 1870 et 1874, à Osuna en Andalousie, sur l'emplacement de l'ancienne Urso, et contenant des fragments importants du statut municipal de la colonie de citoyens romains déduite en cet endroit. La déduction de la colonie eut lieu, d'après notre titre, *jussu C. Caesaris dict. imp. et lege Antonia senat*(*us*)*que c*(*onsulto*) *pl*(*ebi*)*que* (*scito*), c'est-à-dire, du vivant de César en 710, en vertu d'une loi d'ensemble proposée par Antoine à son instigation et d'un sénatus-consulte et d'un plébiscite spéciaux à notre colonie. Le document dont nous avons les fragments n'est ni l'un ni l'autre de ces actes législatifs, mais une simple *lex data* rendue, par délégation du peuple, par l'auteur de la déduction de la colonie, peut-être après la mort de César, après laquelle il faut tout au moins admettre qu'elle a reçu des remaniements. Et le texte que nous en possédons n'est pas lui-même le texte original, mais une réédition de la fin du premier siècle. La loi, qui doit avoir rempli au moins neuf tables, y était gravée sur cinq colonnes et divisée en chapitres dont les chiffres ont été ajoutés après coup en marge des tables. Nous possédons un fragment d'une première table contenant les c. 61-69 ; un fragment d'une deuxième table contenant les c. 69-82 ; une table entière contenant les c. 91-106, et un fragment d'une quatrième table contenant les c. 123-144. Le texte en est donné *C. I. L.*, II, *suppl.*, 5439, dans Bruns, n° 28, et dans Dessau, 6087. Il a été antérieurement publié et commenté en Allemagne par M. Mommsen, *Eph. ep.*, II, 1874, pp. 105-107 ; 221-232 ; III, 1877, pp. 87-112 = *Ges. Schr.*, 1, pp. 194-264, et en France, par M. Giraud, *les Bronzes d'Osuna*, 1874 ; *les Bronzes d'Osuna, remarques nouvelles*, 1875 ; *les Nouveaux Bronzes d'Osuna*, 1876. V. aussi les observations de Bruns, *Kl. Schr.*, 2, 282-297, et en particulier sur les dispositions postérieures à la mort de César (cc. 130-131 rapprochés de c. 97 ; c. 127 ; peut-être c. 134). E. Fabricius, *Hermes*, 35, 1900, pp. 205-215 ; Dessau, *Wiener Studien*, 24, 1902, pp. 243-246. Les bronzes d'Osuna sont pour les colonies de citoyens un document d'une importance égale à celle des tables de Salpensa et de Malaca pour les colonies latines, et par suite de la symétrie existant entre les institutions de la métropole et celles de ses colonies, ils éclairent sous de nombreux rapports le régime de la capitale. Mais ils présentent en outre un intérêt considérable pour l'étude du droit privé. Nous citerons seulement les informations absolument nouvelles données par leur c. 95 sur la procédure des actions soumises à des récupérateurs et surtout celles fournies sur la procédure de *manus injectio* par leur c. 61 : 1° il nous présente dans une nouvelle rédaction officielle, telles qu'elles étaient à la veille de leur abrogation, après avoir subi l'action du temps et de toutes les lois intermédiaires, ces mêmes dispositions sur la *manus injectio judicati* pour lesquelles Aulu-Gelle nous a en partie conservé (20, 1, 42-45), en partie résumé (20, 1, 46-47) les termes des XII tables ; 2° il fournit, au moins selon l'interprétation que nous croyons la meilleure, la preuve directe de la condamnation au double du *vindex* depuis longtemps considérée comme vraisemblable (l'interprétation divergente de M. Exner, *Z. R. G.*, 13, 1878, pp. 394-398, admise par M. P. Maria, *Le vindex*, thèse Paris, 1895, pp. 166-180, nous semble inadmissible ; car si les mots *si quis in eo vim faciet* se rapportaient au vol du *judicatus* arraché à son créancier, il y aurait vol manifeste et la peine serait du quadruple et non du double) ; 3° enfin il prouve à la fois que la procédure de *manus injectio* ne fut pas supprimée par la loi Aebutia, certainement bien antérieure à 710, et que la dernière loi qui abrogea cette procédure avec ce qui restait des Actions de la Loi n'était point encore votée en 710, l'année de la mort de César.

LXI..... *Cui quis ita manum* injicere jussus erit, judicati jure manus injectio esto itque ei s(ine) f(raude) s(ua) facere liceto. Vindex arbitratu IIviri quive j(ure) d(icundo) p(raerit) locuples esto. Ni vindicem dabit judicatumve faciet secum ducito. Jure civili vinctum habeto. Si quis in eo vim faciet, ast ejus vincitur, dupli damnas esto colonisq(ue) ejus colon(iae) HS ccIɔɔ ccIɔɔ[1] d(are) d(amnas) esto, ejusque pecuniae cui volet petitio, IIvir(o) quive j(ure) d(icundo) p(raerit) exactio judicatioque esto.

LXII. IIviri quicumque erunt, iis IIviris in eos singulos lictores binos, accensos sing(ulos), scribas binos, viatores binos, librarium, praeconem, haruspicem, tibicinem habere jus potestaque esto. Quique in ea colonia aedil(es) erunt, iis aedil(ibus) in eos aedil(es) sing(ulos) scribas sing(ulos), publicos cum cincto limo IIII, praeconem, haruspicem, tibicinem habere jus potestaq(ue) esto. Ex eo numero, qui ejus coloniae coloni erunt, habeto. Iisque IIvir(is) aedilibusque, dum eum mag(istratum) habebunt, togas praetextas, funalia, cereos habere jus potestaq(ue) esto. Quos quisque eorum ita scribas lictores accensos viatorem tibicinem haruspicem praeconem habebit, iis omnibus eo anno, quo anno quisque eorum apparebit, militiae vacatio esto, neve quis eum eo anno, quo mag(istratibus) apparebit, invitum militem facito neve fieri jubeto neve eum cogito neve jus jurandum adigito neve adigi jubeto neve sacramento rogato neve rogari jubeto, nisi tumultus Italici Gallicive causa. Eisque merces in eos singul(os), qui IIviris apparebunt, tanta esto:

in scribas sing(ulos) HS cIɔ cc, in accensos sing(ulos) HS dcc, in lictores sing(ulos) HS dc, in viatores sing(ulos) HS cccc, in librarios sing(ulos) HS ccc, in haruspices sing(ulos) HS d, praeconi HS ccc,

qui aedili(bus) appareb(unt):

in scribas sing(ulos) HS dccc, in haruspices sing(ulos) HS c[2], in tibicines sing(ulos) HS ccc, in praecones singulos HS ccc.

Itque iis s(ine) f(raude) s(ua) kapere liceto.

LXIII. IIviri, qui primi ad pr. k. Januar. mag(istratum) habebunt, apparitores totidem habento, *quot* sing(ulis) apparitores ex h(ac) l(ege) habere lice*t*. Iisque apparitorib(us) merces tanta esto, quantam esse oporteret, si partem IIII anni *appar*uissent, ut pro portione, quam diu apparuissent, mercedem pro eo kaperent, itque iis s(ine) f(raude) s(ua) c(apere) l(iceto).

1. = 20.000 sesterces. — 2. Mommsen corrige : D = 500, d'après l'énumération précédente.

LXIIII. IIvir(i) quicumque post colon(iam) deductam erunt, ii in diebus X proxumis, quibus eum mag(istratum) gerere coeperint, at decuriones referunto, cum non minus duae partes aderint, quos et quot dies festos esse et quae sacra fieri publice placeat et quos ea sacra facere placeat. Quot ex eis rebus decurionum major pars, qui tum aderunt, decreverint statuerint, it jus ratumque esto, eaque sacra eique dies festi in ea colon(ia) sunto.

LXV. Quae pecunia poenae nomine ob vectigalia, quae colon(iae) G(enetivae) Jul(iae) erunt, in publicum redacta erit, eam pecuniam ne quis erogare neve cui dare neve attribuere potestatem habeto nisi at ea sacra, quae in colon(ia) aliove quo loco colonorum nomine fiant, neve quis aliter eam pecuniam s(ine) f(raude) s(ua) kapito, neve quis de ea pecunia ad decuriones referundi neve quis de ea pecunia sententiam dicendi jus potestat(em)que habeto. Eamque pecuniam ad ea sacra, quae in ea colon(ia) aliove quo loco colonorum nomine fient, IIviri s(ine) f(raude) s(ua) dato attribuito itque ei facere jus potestasq(ue) esto. Eique cui ea pecunia dabitur s(ine) f(raude) s(ua) kapere liceto.

LXVI. Quos pontifices quosque augures G. Caesar, quive jussu ejus colon(iam) deduxerit, fecerit ex colon(ia) Genet(iva), ei pontifices eique augures c(oloniae) G(enetivae) J(uliae) sunto, eiq(ue) pontifices auguresque in pontificum augurum conlegio in ea colon(ia) sunto, ita uti qui optima lege optumo jure in quaque colon(ia) pontif(ices) augures sunt erunt. Iisque pontificibus auguribusque, qui in quoque eorum collegio erunt, liberisque eorum militiae munerisque publici vacatio sacro sanctius esto, uti pontifici Romano est erit, aeraque militaria ei omnia merita sunto. De auspiciis quaeque ad eas res pertinebunt augurum juris dictio judicatio esto. Eisque pontifici(bus) auguribusque ludis, quot publice magistratus facient, et cum ei pontific(es) augures sacra publica c(oloniae) G(enetivae) J(uliae) facient, togas praetextas habendi jus potestasq(ue) esto, eisque pontificib(us) auguri(bus)q(ue) ludos gladiatoresq(ue) inter decuriones spectare jus potestasque esto.

LXVII. Quicumque pontif(ices) quique augures c(oloniae) G(enetivae) J(uliae) post h(anc) l(egem) datam in conlegium pontific(um) augurumq(ue) in demortui damnative loco h(ac) l(ege) lectus cooptatusve erit, is pontif(ex) augurq(ue) in c(olonia) Jul(ia) in conlegium pontifex augurq(ue) esto, ita uti qui optuma lege in quaque colon(ia) pontif(ices) auguresq(ue) sunt erunt. Neve quis quem in conlegium pontificum kapito sublegito cooptato nisi tunc cum minus tribus pontificib(us) ex iis, qui c(oloniae) G(enetivae) sunt, erunt. Neve quis quem in conlegium augurum sublegito cooptato nisi tum cum minus tribus auguribus ex eis, qui colon(iae) G(enetivae) J(uliae) sunt, erunt.

LXVIII. IIviri praef(ectus)ve comitia pontific(um) augurumq(ue), quos h(ac) l(ege) *facere* oportebit, ita habeto prodicito, [ita] uti IIvir(um) creare facere sufficere h(ac) l(ege) o(portebit).

LXIX. IIviri qui post colon(iam) deduc*t*am primi erunt, ei in suo mag(istratu) et quicumq(ue) IIvir(i) in colon(ia) Jul(ia) erunt, ii in diebus LX proxumis, quibus eum mag(istratum) gerere coeperint, ad decuriones referunto, cum non minus XX aderunt, uti redemptori redemptoribus[que], qui ea redempta habebunt quae ad sacra resq(ue) divinas opus erunt pecunia ex lege locationis adtribuatur solvaturq(ue) Neve quisquam rem aliam at decuriones referunto neve quot decurionum decret(um) faciunto antequam eis redemptoribus pecunia ex lege locationis attribuatur solvaturve d(ecurionum) d(ecreto), dum ne minus XXX atsint, cum e(a) r(es) consulatur. Quot ita decreverint, ei IIvir(i) redemptori redemptoribus attribuendum solvendumque curato, dum ne ex ea pecunia solvant adtribuant, quam pecuniam ex h(ac) l(ege) *ad ea* sacra, quae in colon(ia) aliove quo loco publice fiant, dari adtribui oportebit.

*L*XX. II viri quicumque erunt ei praeter eos, qui primi post h(anc) l(egem) *facti* erunt, [ei] in suo mag(istratu) munus ludosve scaenicos Jovi Junoni Minervae deis deabusq(ue) quadriduom m(ajore) p(arte) diei, quot ejus fieri *poterit*, arbitratu decurionum faciunto inque eis ludis eoque munere unusquisque eorum de sua pecunia ne minus HS∞∞ consumito et ex pecunia publica in sing(ulos) IIvir(os) d(um) t(axat) HS∞∞ sumere consumere liceto, itque eis s(ine) f(raude) s(ua) facere liceto, dum ne quis ex ea pecun(ia) sumat neve adtributionem faciat, quam pecuniam h(ac) l(ege) ad ea sacra, quae in colon(ia) aliove quo loco publice fient, dari adtribui oportebit.

LXXI. Aediles quicumq(ue) erunt in suo mag(istratu) munus ludos scaenicos Jovi Junoni Minervae triduom majore parte diei, quot ejus fieri poterit, et unum diem in circo aut in foro Veneri faciunto, inque eis ludis eoque munere unusquisque eorum de sua pecunia ne minus HS ∞ ∞ consumito deve publico in sing(ulos) aedil(es) HS ∞ ∞ sumere liceto, eamq(ue) pecuniam IIvir praef(ectusve) dandam adtribuendam curanto itque iis s(ine) f(raude) s(ua) c(apere) liceto.

LXXII. Quotcumque pecuniae stipis nomine in aedis sacras datum inlatum erit, quot ejus pecuniae eis sacris superfuerit, quae sacra, uti h(ac) l(ege) d(ata) oportebit, ei deo deaeve, cujus ea aedes erit, facta *fuerint*, ne quis facito neve curato neve intercedito, quo minus in ea aede consumatur, ad quam aedem ea pecunia stipis nomine data conlata erit, neve quis eam pecuniam alio consumito ne*ve* quis facito, quo magis in alia re consumatur.

LXXIII. Ne quis intra fines oppidi colon(iae)ve, qua aratro circumductum erit, hominem mortuom inferto neve ibi humato neve urito neve hominis mortui monimentum aedificato. Si quis adversus ea fecerit, is c(olonis) c(oloniae) G(enetivae) Jul(iae) HS Iↄↄ d(are) d(amnas) esto, ejusque pecuniae cui volet petitio persecutio [exactioq(ue)] esto. Itque quot inaedificatum erit IIvir aedil(is)ve dimoliendum curanto. Si adversus ea mortuus inlatus positusve erit, expianto uti oportebit.

LXXIV. Ne quis ustrinam novam, ubi homo mortuus combustus non erit, pro*p*ius oppidum passus D facito. Qui adversus ea fecerit, HS Iↄↄ c(olonis) c(oloniae) G(enetivae) Jul(iae) d(are) d(amnas) esto, ejusque pecuniae cui volet petitio persecutioq(ue) ex h(ac) l(ege) esto.

LXXV [1]. Ne quis in oppido colon(ia) Jul(ia) aedificium detegito neve demolito neve disturbato, nisi si praedes IIvir(um) arbitratu dederit se re*d*aedificaturum, aut nisi decuriones decreverint, dum ne minus L adsint, cum e(a) r(es) consulatur. Si quis adversus ea fec*erit*, q(uanti) e(a) r(es) e(rit), t(antam) p(ecuniam) c(olonis) c(oloniae) G(enetivae) Jul(iae) d(are) d(amnas) e(sto), ejusq(ue) pecuniae qui volet petitio persecutioq(ue) ex h(ac) l(ege) esto.

LXXVI. Figlinas teglarias majores tegularum CCC tegulariumq(ue) [2] in oppido colon(ia) Jul(ia) ne quis habeto. Qui habuerit i*t* aedificium isque locus publicus coloni(ae) Juli(ae) esto, ejusq(ue) aedificii *qui volet petitio esto, quantique ea res*

---

1. Cf. p. 65, le c. 4 de la loi de Tarente. — 2. Cf. la même loi, c. 3.

erit [1] quicumque inc(olonia) G(enetiva) Jul(ia) (jure) d(icundo) p(raerit), s(ine) d(olo) m(alo) eam pecuniam in publicum redigito.

LXXVII [2]. Si quas [3] vias fossas cloacas IIvir aedil(is)ve publice facere inmittere commutare aedificare munire intra eos fines, qui colon(iae) Jul(iae) erunt, volet, quot ejus sine injuria privatorum fiet, it is facere liceto.

LXXIIX. Quae viae publicae itinerave publica sunt erunt intra eos fines, qui colon(iae) dati erunt, quicumq(ue) limites quaeque viae quaeque itinera per eos agros sunt erunt fueruntve [4], eae viae eique limites eaque itinera publica sunto.

LXXIX. Qui fluvi rivi fontes lacus aquae stagna paludes sunt in agro, qui colon(is) h*uj*usc(e) colon(iae) divisus erit, ad eos rivos fontes lacus aquas[que] stagna paludes itus actus aquae haustus iis item esto, qui eum agrum habebunt possidebunt, uti iis fuit, qui eum agrum habuerunt possederunt. Itemque iis, qui eum agrum habent possident habebunt possidebunt, itineris aquarum lex jusque esto.

LXXX [5]. Quot cuique negotii publice in colon(ia) de decuri(onum) sententia datum erit, is cui negotium datum erit ejus rei rationem decurionib(us) reddito refertoque in dieb(us) CL proxumis *quibus* it negotium confecerit quibusve it negotium gerere desierit, quot ejus fieri poterit s(ine) d(olo) m(alo).

LXXXI. Quicumque IIvir(i) aed(iles)ve colon(iae) Jul(iae) erunt, ii scribis suis, qui pecuniam publicam colonorumque rationes scripturus erit, antequam tabulas publicas scribet [tractetve], in contione palam luci nundinis in forum jus juramdum adigito per Jovem deosque Penates ' sese pecuniam publicam ejus colon(iae) concustoditurum rationesque veras habiturum esse, u(ti) q(uod) r(ecte) f(actum) e(sse) v(olet) s(ine) d(olo) m(alo), neque se fraudem per litteras facturum esse sc(ientem) d(olo) m(alo)'. Uti quisque scriba ita juraverit, in tabulas publicas referatur facito. Qui ita non juraverit, is tabulas publicas ne scribito neve aes apparitorium mercedemque ob e(am) r(em) kapito. Qui jus jurandum non adegerit, ei HS Iɔ multa esto, ejusq(ue) pecuniae cui volet petitio persecutioq(ue) ex h(ac) l(ege) esto.

---

1. Complément proposé par Mommsen. — 2. Cf., p. 65, le c. 5 de la loi de Tarente. — 3. Corrigé d'après la loi de Tarente, l. 39 ; le bronze : ' si quis '. — 4. M. Mommsen propose de remplacer : ' quicumque... fueruntve' par ' quique limites per eos agros sunt erunt'. Cf. p. 71. — 5. Cf. le c. 2 de la loi de Tarente.

LXXXII. Qui agri quaeque silvae quaeq(ue) aedificia c(olonis) c(oloniae) G(enetivae) J(uliae), quibus publice utantur, data adtributa erunt, ne quis eos agros neve eas silvas vendito neve locato longius quam in quinquennium, neve ad decuriones referto neve decurionum consultum facito, quo ei agri eaeve silvae veneant aliterve locentur. Neve si venierint, itcirco minus c(oloniae) G(enetivae) Jul(iae) sunto. Quique iis rebus fruc*t*us erit, quot se emisse dicat, is in juga sing(ula) inque annos sing(ulos) HS C c(olonis) c(oloniae) G(enetivae) J(uliae) d(are) d(amnas) *esto, ejusque pecuniae cui volet petitio persecutioq(ue) ex h(ac) l(ege) esto*.

Manquent deux colonnes allant de la fin du c. LXXXII au commencement du c. XCI.

XCI. Si quis ex hac lege decurio augur pontifex coloniae G(enetivae) J(uliae) factus creatusve erit, tum quicumque decurio augur pontifex hujusque col(oniae) domicilium in ea col(onia) oppido propiusve it oppidum p(assus) ∞ non habebit annis V proxumis, unde pignus ejus quot satis sit capi possit, is in ea col(onia) augur pontif(ex) decurio ne esto, quique IIviri in ea col(onia) erunt, ejus nomen de decurionibus sacerdotibusque de tabulis publicis eximendum curanto, u(ti) q(uod) r(ecte) f(actum) e(sse) v(olet), idq(ue) eos IIvir(os) s(ine) f(raude) s(ua) f(acere) l(iceto).

XCII. IIviri quicumque in ea colon(ia) mag(istratum) habebunt, ei de legationibus publice mittendis ad decuriones referunto, cum m(ajor) p(ars) decurion(um) ejus colon(iae) aderit, quotque de his rebus major pars eorum qui tum aderunt constituerit, it jus ratumque esto. Quamque legationem ex h(ac) l(ege) exve d(ecurionum) d(ecreto), quot ex h(ac) l(ege) factum erit, obire oportuerit neque obierit qui lectus erit, is pro se vicarium ex eo ordine, uti hac lege de(curionum)ve *decreto* d(ari) o(portet), dato. Ni ita dederit, in res sing(ulas), quotiens ita non fecerit, HS cclɔɔ colon(is) hujusque col(oniae) d(are) d(amnas) e(sto), ejusque pecuniae cui volet petitio persecutioque esto.

XCIII. Quicumque IIvir post colon(iam) deductam factus creatusve erit quive praef(ectus) [qui] ab IIvir(o) e lege hujus coloniae relictus erit, is de loco publico neve pro loco publico neve ab redempto*r*e mancipe praed(e)ve donum munus mercedem aliutve quid kapito neve accipito neve facito, quo quid ex ea re at se suorumve quem perveniat. Qui atversus ea fecerit, is Hs cclɔɔ cclɔɔ c(olonis) c(oloniae) G(enetivae)

Jul(iae) d(are) d(amnas) e(sto), ejusque pecuniae cui volet petitio persecutioque esto.

XCIIII. Ne quis in hac colon(ia) jus dicito neve cujus in ea colon(ia) juris dictio esto nisi IIvir(i) aut quem IIvir praef(ectum) reliquerit aut aedil(is), uti h(ac) l(ege) o(portebit), Neve quis pro eo imper(io) potestat(e)ve facito, quo quis in ea colonia jus dicat, nisi quem ex h(ac) l(ege) dicere oporte*bit*.

XCV. Qui reciperatores dati erunt, si eo die quo jussi erunt non judicabunt, IIvir praef(ectus)ve ubi e(a) r(es) a(gitur) eos rec(iperatores) eumque cujus res a(gitur) adesse jubeto diemque certum dicito, quo die atsint, usque ateo, dum e(a) r(es) judicata erit, facitoque, uti e(a) r(es) in diebus XX proxumis, quibus d(e) e(a) r(e) rec(iperatores) dati jussive erunt judicare, judic(etur), u(ti) q(uod) r(ecte) f(actum) e(sse) v(olet). Testibusque in eam rem publice dum taxat h(ominibus) XX, qui colon(i) incolaeve erunt, quibus *is* qui rem quaere*t* volet, denuntietur facito. Quibusq(ue) ita testimonium *d*enuntiatum erit quique in testimonio dicendo nominati erunt, curato uti at it judicium atsint. Testimoniumq(ue), si quis quit earum rer(um), quae res tum agetur, sciet aut audierit, juratus dicat facito, uti qu(od) r(ecte) f(actum) e(sse) v(olet), dum ne omnino amplius h(omines) XX in judicia singula testimonium dicere cogantur. Neve quem invitum testimonium dicere cogito, *q*ui ei, *cuia* [1] r(es) tum agetur, gener socer, vitricus privignus, patron(us) lib(ertus), consobrinus *sit* propiusve eum ea cognatione atfinitateve contingat. Si IIvir praef(ectus)ve, qui e*x* [2] re colon(iae) petet, non aderit [3] ob eam rem, quot ei morbus sonticus, vadimonium, judicium, sacrificium, funus familiare feriaeve denicales erunt, quo minus adesse possit sive is propter magistratus potestatemve p(opuli) R(omani) minus atesse poterit : quo magis eo absente de eo cui *is* negotium facesset recip(eratores) sortiantur rejiciantur res judicetur, ex h(ac) l(ege) n(ihilum) r(ogatur). Si privatus petet et is, cum de ea re judicium fieri oportebit, non aderit neque arbitratu IIvir(i) praef(ecti)ve ubi e(a) r(es) a(getur) excusabitur e*i* harum quam causam esse, quo minus atesse possit, morbum sonticum, vadimonium, judicium, sacrificium, funus

---

1. Cf. Cicéron, *Verr.*, 1, 54, 142 : 'cuia res est'. — 2. Conjecture de Dernburg, admise par Mommsen, dans Bruns ; *Ges. Schr.*, 1, p. 196 : 'eam rem' ; le bronze défendu par Bruns, *Kl. Schr.*, 2, pr. 295 : 'ea'. — 3. M. Mommsen suppose qu'il a été omis quelques mots disant que le duumvir absent par sa faute faisait le procès sien.

familiare, ferias denicales eumve propter mag(istratus) potestatemve p(opuli) R(omani) atesse non posse: post ei earum *rerum*, quarum h(ac) l(ege) quaestio erit, actio ne esto. Deq(ue) e(a) r(e) siremps lex resque esto, qu*asi* si neque judices relecti[1] neq(ue) recip(eratores) in eam rem dati essent.

XCVI. Si quis decurio ejus colon(iae) ab IIvir(o) praef(ecto)ve postulabit, u*ti* ad decuriones referatur, de pecunia publica deque multis poenisque deque locis agris aedificis publicis quo facto qu*ae*ri judicarive oporteat: tum IIvi*r* qui*ve* juri dicundo praerit d(e) e(a) r(e) primo quoque die decuriones consulito decurionumque consultum facito fiat, cum non minus m(ajor) p(ars) decurionum atsit, cum ea res consuletur. Uti m(ajor) p(ars) decurionum, qui tum aderint, censuer(int), ita jus ratumque esto.

XCVII. Ne quis IIvir neve quis pro potestate in ea colon(ia) facito neve ad decur(iones) referto neve d(ecurionum) d(ecretum) facito fiat, quo quis colon(is) colon(iae) patron(us) sit atopteturve praeter eum, *cui* c(olonis) a(grorum) d(andorum) a(tsignandorum) j(us) ex lege Julia est, eumque, qui eam colon(iam) deduxerit, liberos posterosque eorum, nisi de m(ajoris) p(artis) decurion(um) *qui tum a*derunt per tabellam sententi*a*, cum non minus L aderunt, cum e(a) r(es) consuletur. Qui atversus ea feceri*t*, HS I⊃ colon(is) ejus colon(iae) d(are) d(amnas) esto, ejusque pecuniae colon(orum) ejus colon(iae) cui volet petitio esto.

XCVIII. Quamcumque munitionem decuriones hujusce coloniae decreverint, si m(ajor) p(ars) decurionum atfuerit, cum e(a) r(es) consuletur, eam munitionem fieri liceto. dum ne amplius in annos sing(ulos) inque homines singulos puberes operas quinas et in [jumenta plaustraria] juga sing(ula) operas ternas decernant. Eique munitioni aed(iles) qui tum erunt ex d(ecurionum) d(ecreto) praesunto. Uti decurion(es) censuerint, ita muniendum curanto, dum ne invito ejus opera exigatur, qui minor annor(um) XIIII aut major annor(um) LX natus erit. Qui in ea colon(ia) intrave ejus colon(iae) fines domicilium praediumve habebit neque ejus colon(iae) colon(us) erit, is eidem munitioni uti colon(us) pareto.

XCVIIII. Qua aquae publicae in oppido colon(iae) Gen(etivae) adducentur, IIvir, qui tum erunt, ad decuriones, cum duae partes aderunt, referto, per quos agros aquam ducere

---

1. Mommsen: '*d*electi'; Huschke: 'r*e*jecti'.

liceat. Qua pars major decurion(um), qui tum aderunt, duci decreverint, dum ne per it aedificium, quot non ejus rei causa factum sit, aqua ducatur, per eos agros aquam ducere j(us) p(otestas)que esto, neve quis facito, quo minus ita aqua ducatur.

C. Si quis colon(us) aquam in privatum caducam ducere volet isque at IIvir(um) adierit postulabitque, uti ad decurion(es) referat, tum is IIvir, a quo ita postulatum erit ad decuriones, cum non minus XXXX aderunt, referto. Si decuriones m(ajor) p(ars) qui tum atfuerint, aquam caducam in privatum duci censuerint, ita ea aqua utatur, quot sine privati injuria fiat, j(us) potest(as)que e(sto).

CI. Quicumque comitia magistratibus creandis subrogandis habebit, is ne quem eis comitis pro tribu accipito neve renuntiato neve renuntiari jubeto, qui in earum qua causa erit, e qua eum h(ac) l(ege) in colon(ia) decurionem nominari creari inve decurionibus esse non oporteat non liceat.

CII. IIvir qui h(ac) l(ege) quaeret jud(icium)ve exercebit, quod judicium uti uno die fiat h(ac) l(ege) praestitutum non est, ne quis eorum ante h(oram) I neve post horam XI diei quaerito neve judicium exerceto. Isque IIvir in singul(os) accusatores, qui eorum delator erit, ei h(oras) IIII, qui subscriptor erit, h(oras) II accusandi potest(atem) facito. Si quis accusator de suo tempore alteri concesserit, quot ejus cuique concessum erit, eo amplius cui concessum erit dicendi potest(atem) facito. Qui de suo tempore alteri concesserit, quot ejus cuique concesserit, eo minus ei dicendi potest(atem) facito. Quot horas omnino omnib(us) accusatorib(us) in sing(ulas) actiones dicendi potest(atem) fieri oporteb(it), totidem horas et alterum tantum reo quive pro eo dicet in sing(ulas) actiones dicendi potest(atem) facito.

CIII. Quicumque in col(onia) Genet(iva) IIvir praef(ectus)ve j(ure) d(icundo) praerit, eum colon(os) incolasque contributosque quocumque tempore colon(iae) fin(ium) defendendorum[1] causa armatos educere decurion(es) cen(suerint), quot m(ajor) p(ars) qui tum aderunt decreverint, id e(i) s(ine) f(raude) s(ua) f(acere) l(iceto). Eique IIvir(o) aut quem IIvir armatis praefecerit idem jus eademque animadversio esto, uti tr(ibuno) mil(itum) p(opuli) R(omani) in exercitu p(opuli) R(omani) est, itque e(i) s(ine) f(raude) s(ua) f(acere)

---

1. Ou 'tuendorum'; le bronze : 'dividendorum'

l(iceto) j(us) p(otestas) que e(sto), dum it, quot m(ajor) p(ars) decurionum decreverit, qui tum aderunt, fiat.

CIIII [1]. Qui limites decumanique intra fines c(oloniae) G(enetivae) deducti factique erunt, quaecum(que) fossae limitales in eo agro erunt, qui jussu C. Caesaris dict(atoris) imp(eratoris) et lege Antonia senat(us)que c(onsultis) pl(ebi)que s(citis) ager datus atsignatus erit, ne quis limites decumanosque opsaeptos neve quit immolitum neve quit ibi opsaeptum habeto, neve eos arato, neve eis fossas opturato neve opsaepito, quo minus suo itinere aqua ire fluere possit. Si quis atversus ea quit fecerit, is in res singulas quotienscumq(ue) fecerit, HS∞ c(olonis) c(oloniae) G(enetivae) J(uliae) d(are) d(amnas) esto, ejusq(ue) pecun(iae) cui volet petitio p(ersecutio)q(ue) esto.

CV. Si quis quem decurion(um) indignum loci aut ordinis decurionatus esse dicet, praeterquam quot libertinus erit, et ab IIvir(o) postulabitur, uti de ea re judicium reddatur, IIvir quo de ea re in jus aditum erit, jus dicito judiciaque reddito. Isque decurio, qui judicio condemnatus erit, postea decurio ne esto neve in decurionibus sententiam dicito neve IIvir(atum) neve aedilitatem petito neve quis IIvir comitis suffragio ejus rationem habeto neve IIvir(um) neve aedilem renuntiato neve renuntiari sinito.

CVI. Quicumque c(olonus) c(oloniae) G(enetivae) erit, quae jussu C. Caesaris dict(atoris) ded(ucta) est, ne quem in ea col(onia) coetum conju*rationem*...

Manque une table allant de la fin du c. CVI au début du c. CXXIII.

CXXIII [2]. *IIvir ad quem d(e) e(a) r(e) in jus aditum erit, ubi judicibus, apud quos e(a) r(es) agetur, majori parti planum factum non erit, eum de quo judicium datum est decurionis loco indignum esse,* eum qui accusabitur ab his judicibus eo judicio absolvi jubeto. Qui ita absolutus erit, quod judicium *praevaricatio*n(is) causa *f*actum non sit, is eo judicio h(ac) l(ege) absolutus esto.

1. Chapitre extrait de la loi Julia agraria, c. 4 ou 54 (p. 71). — 2. La table qui contient ces derniers chapitres semble avoir été écrite postérieurement aux précédentes, probablement pour remplacer une table perdue, sans que d'ailleurs cette hypothèse elle-même rende compte de toutes ses défectuosités. Les formules y sont prolixes et les interpolations très fréquentes ; elle est tout entière écrite en lettres plus petites et plus serrées ; les chapitres 129-131. écrits en lettres encore plus petites, semblent avoir été ajoutés après coup.

CXXIIII. Si quis decurio c(oloniae) G(enetivae) decurionem c(oloniae) G(enetivae) h(ac) l(ege) de indignitate accusabit, eum*que* quem accusabit eo judicio h(ac) l(ege) condemnarit, is [qui quem eo judicio ex h(ac) l(ege) condemnarit], si volet, in ejus locum qui condemnatus erit sententiam dicere, ex h(ac) l(ege) liceto itque eum s(ine) f(raude) s(ua) jure lege recteq(ue) facere liceto, ejusque is locus in decurionibus sententiae dicendae rogandae h(ac) l(ege) esto.

CXXV. Quicumque locus ludis decurionibus datus *at*signatus relictusve erit, ex quo loco decuriones ludos spectare o(portebit), ne quis in eo loco, nisi qui tum decurio c(oloniae) G(enetivae) erit, quive tum magis*tr*atus imperium potestatemve colono*r(um)* suffragio [geret] jussuque C. Caesaris dict(atoris) co(n)s(ulis) prove co(n)s(ule) habebit, quive pro quo imperio potestateve tum in c(olonia) Gen(etiva) erit, quibusque loc*os* in decurionum loco ex d(ecreto) d(ecurionum) col(oniae) Gen(etivae) d(ari) o(portebit), quod decuriones dec*r*(everint), cum non minus dimidia pars decurionum adfuerit cum e(a) r(es) consulta erit, [ne quis praeter eos, qui s(upra) s(cripti) s(unt), qui locus decurionibus datus atsignatus relictusve erit, in eo loco] sedeto neve quis alium in ea loca sessum ducito neve sessum *d*uci jubeto sc*(iens)* d(olo) m(alo). Si quis adversus ea sederit sc(iens) d(olo) m(alo) *sive* quis atversus ea sessum duxerit ducive jusserit sc(iens) d(olo) m(alo), is in res sing(ulas), quotienscumque quit d(e) e(a) r(e) at*v*ersus ea fecerit, HS Iↄↄ c(olonis) c(oloniae) G(enetivae) J(uliae) d(are) d(amnas) esto, ejusque pecunia*e q*ui eorum volet rec(iperatorio) judicio aput IIvir(um) praef(ectum)ve actio petitio persecutio ex *h(ac)* l(*ege*) [j(us) potest(as)que] e(sto).

CXXVI. IIvir, aed(ilis), praef(ectus) quicumque c(oloniae) G(enetivae) J(uliae) ludos scaenicos faciet, sive quis alius c(oloniae) G(enetivae) J(uliae) ludos scaenicos faciet, colonos Genetivos incolasque hospites*que* atventoresque ita sessum ducito [ita locum dato distribuito atsignato] uti d(e) e(a) r(e) [de eo loco dando atsignando] decuriones, cum non min(us) L[decuriones] cum e(a) r(es) c(onsuletur), in decurionibus adfuerint, decreverint statuerint s(ine) d(olo) m(alo). Quot ita ad decurionibu(s) [de loco dando atsignando] statu*tum* decretum erit, it h(ac) l(ege) j(us) r(atum) q(ue) esto. Neve is qui ludos faciet aliter aliove modo sessum ducito neve duci jubeto neve locum dato ne*ve* dari jubeto neve locum attribuito neve attribui jubeto neve locum atsignato neve atsignari jubeto neve quit facito, qu*o* aliter aliove modo, adque uti locus datus atsignatus attributusve erit, sedeant, neve facito, quo quis alieno loco sedeat, sc(iens) d(olo) m(alo). Qui atversus ea fecerit, is in res singulas, quotiens*c*umque quit atversus ea fecerit, HS l⊃⊃ c(olonis) c(oloniae) G(enetivae) J(uliae) d(are) d(amnas) e(sto), eju*sque* pecuniae cui volet rec(iperatorio) judicio a*p*ut IIvir(um) praef(ectum)ve actio petitio persecutioque h(ac) l(ege) [jus potestasque] esto.

CXXVII. Quicumque ludi scaenici c(oloniae) G(enetivae) J(uliae) fient, ne quis in orchestr*a* ludorum spectandor(um) causa praeter mag(istratum) prove mag(istratu) p(opuli) R(omani), quive j(ure) d(icundo) p(raerit) *et* si quis senator p(opuli) R(omani) est erit fuerit, et si quis senatoris f(ilius) p(opuli) R(omani) est erit fuerit, et si quis praef(ectus) fabrum ejus mag(istratus) prove magistrat*u*, qui provinc(iarum) Hispaniar(um) ulteriorem [Baeticae praerit] optinebit, er*i*t, et quos ex h(ac) l(ege) decurion(um) loco [decurionem] sedere oportet oportebit, [praeter eos qui s(upra) s(cripti) s(unt) ne quis in orchestram ludorum spectandorum causa] sedeto, [neve quisque mag(istratus) prove mag(istratu) p(opuli) R(omani) q(ui) j(ure) d(icundo) p(raerit) ducito], neve quem quis sessum ducito, neve in eo loco sedere sinito, uti q(uod) r(ecte) f(actum) e(sse) *v(olet)* s(ine) d(olo) m(alo).

CXXVIII. II(vir) aed(ilis) praef(ectus) c(oloniae) G(enetivae) J(uliae) quicumque erit, is suo quoque anno mag(istratu) imperioq(ue) facito curato, quod ejus fieri poterit, u(ti) q(uod) r(ecte) f(actum) e(sse) v(olet), s(ine) d(olo) m(alo), mag(istri) ad fana templa delubra, que*m* ad modum decuriones censuerin*t*, [suo qu*o*que anno] fiant e*i*que [d(ecurionum) d(ecreto,] suo quoque anno ludos circenses, sacrificia pulvinariaque facienda curent, quem *a*d modum [quitquit] de iis rebus, mag(istris) creandis, *lu*dis circensibus faciendis, sacrificiis procu*r*andis, pulvinaribus faciendis decuriones statuerint decreverint, [ea omnia ita fiant]. Deque iis omnibus rebus quae s(upra) s(criptae) s(unt) quotcumque decuriones statuerint decreverint, it jus ratumque esto, eiq(ue) omnes, at quos ea res pertinebit, quot quemque eorum ex h(ac) l(ege) facere oportebit, faciunto s(ine) d(olo) m(alo). Si quis atversus ea fecerit quotiens*c*umque quit atversus ea fecerit, HS cc l⊃⊃ c(olonis) c(oloniae) G(enetivae) J(uliae) d(are) d(amnas) e(sto), ejusque pecun͵iae) *q*ui eorum volet rec(iperatorio) judic(io) aput IIvir(um) praef(ectum)*ve* actio petitio persecutioq(ue) e(x) h(ac) l(ege) [jus pot(estas)] esto.

CXXIX. IIvir(i) aediles praef(ectus) c(oloniae) G(enetivae) J(uliae) quicumque erunt decurionesq(ue) c(oloniae) G(enetivae) J(uliae) quicumque erunt, ii omnes d(ecurionum) d(ecretis) diligenter parento optemperanto s(ine) d(olo) m(alo) faciuntoque uti quot *que*mq(ue) eor(um) decurionum d(ecreto) agere facere o(portebit) ea omnia agant faciant, u(ti) q(uod) r(ecte) f(actum) e(sse) v(olet) s(ine) d(olo) m(alo). Si quis ita non fecerit sive quit atversus ea fecerit sc(iens) d(olo) m(alo), is in res sing(ulas) HS ccIↃↃ c(*olonis*) c(oloniae) G(enetivae) J(uliae) d(are) d(amnas) e(sto), ejusque pecuniae *qui* eor(um) volet rec(iperatorio) judic(io) aput IIvir(um) praef(ectum)*ve* actio petitio persecutioque ex h(ac) l(ege) [jus potestasque] e(sto).

CXXX. Ne quis IIvir [aed(ilis)] praef(ectus) c(oloniae) G(enetivae) J(uliae) quicunque erit ad decurion(es) c(oloniae) G(enetivae) referto neve decurion(es) consulito neve d(ecretum) d(ecurionum) facito neve d(e) e(a) r(e) in tabulas p(ublicas) referto neve referri jubeto neve quis decur(io) d(e) e(a) r(e), q(ua) d(e) r(e) a(getur), in decurionib(us) sententiam dicito neve d(ecretum) d(ecurionum) scribito, neve in tabulas pu*b*licas referto, neve referundum curato, quo quis senator senatorisve f(ilius) p(opuli) R(omani) c(oloniae) G(enetivae) patronus atoptetur sumatur fiat nisi de trium partium d(ecurionum) [d(ecreto)] senten*t*(*ia*) per tabellam [facito] et nisi de eo homine [de quo tum referetur, consuletur, *d(ecretum)* d(ecurionum) fiat] qui, cum e(a) r(es) a(getur), in Italiam sine imperio privatus erit. Si quis adversus ea ad *decurion*(es) rettulerit d(ecurionum)*ve* d(ecretum) fecerit faciendum*ve* curaverit inve tabulas pu*b*licas rettulerit referrive jusserit sive quis in decurionib(us) sententiam di*x*erit d(ecurionum)*ve* d(*ecretum*) *scrip*serit in*ve* tabulas publicas rettulerit referendum*ve* curaverit, in res sing(ulas), quo*tiens*cu*m*que quit atversus ea fecerit, *is* HS cccIↃↃ c(olonis) c(oloniae) G(enetivae) J(uliae) d(are) d(amnas) e(sto), ejusque pecuniae *qui* eor(*um*) vo*let* rec(iperatorio) judi(cio) aput IIvir(um) interregem praef(ectum) actio petitio persecutioque ex h(ac) l(ege) [(jus) potest(as)que] e(sto).

CXXXI. Neve quis IIvir [aed(ilis)] praef(ectus) c(*oloniae*) G(*enetivae*) J(*uliae*) *quicum*que erit ad decuriones c(oloniae) G(enetivae) referto neve d(ecuriones) consulito neve d(ecretum) d(ecurionum) facito neve d(e) e(a) r(e) in tabulas publicas referto neve referri jubeto neve quis decurio d(e) e(a) r(e) in decurionib(us) sententiam dicito neve d(ecretum) d(ecurionum) scribito neve in tabulas publicas referto neve referundum curato, quo quis senator senatorisve f(ilius) p(opuli) R(omani) c(oloniae) G(enetivae) J(uliae) hospes atoptetur, hospitium tesserave hospi*tal*is cum quo fi*at*, *n*isi de ma*j*oris p(artis) decurionum sententia per tabellam [*f*acito] [1] et nisi de eo *h*omine, [de quo tum referetur consuletur, d(ecretum) d(ecurionum) fiat] qui, cum e(a) r(es) a(getur), in Italiam sine imperio privatus erit. Si quis adversus ea ad decuriones rettulerit d(ecretum)ve d(ecurionum) fecerit faciendumve curaverit inve tabulas publicas rettulerit referrive jusserit sive quis in decurionibus sententiam dixerit d(ecretum)ve d(ecurionum) scripserit in*ve* tabul(as) publ(icas) rettulerit referendumve curaverit, *i*s in res sing(ulas), quotienscumque quit adversus ea fecerit, HS ccIↄↄ c(olonis) c(oloniae) G(enetivae) J(uliae) d(are) d(amnas) e(sto), ejusque pecuniae *q*ui eorum volet recu(peratorio) judic(io) aput IIvir(um) praef(ectum)ve actio petitio persecutioque h(ac) l(ege) [jus potest(as)que] esto.

CXXXII. Ne quis in c(olonia) G(enetiva) post h(anc) l(egem) datam petitor kandidatus, quicumque in c(olonia) G(enetiva) J(ulia) mag(istratum) petet, magistratus petendi causa in eo anno, quo quisque anno petitor kandidatus mag(istratum) petet petiturusve erit, [mag(istratus) petendi] convivia facito neve at cenam que*m* vocato neve convivium habeto neve facito sc(iens) *d*(olo) m(alo), quo quis suae petitionis causa convi*v*ium habeat ad cenamve que*m* v̥ocet, praeter [dum] quod ipse kandidatus petitor in eo anno, *q*uo mag(istratum) petat, vocar*it* dum taxat *in* dies sing(ulos) h(ominum) VIIII [conviv*i*um habeto], si volet, s(ine) d(olo) m(alo). Neve quis petitor kandidatus donum munus aliudve quit det largiatur petitionis causa sc(iens) d(olo) m(alo). Neve quis alterius petitionis causa convivia facito neve quem ad cenam vocato neve convivium habeto, neve quis alterius petitionis causa cui quit d*o*num munus aliutve qu*it* dato donato largito sc(iens) d(olo) m(alo). Si quis atversus ea fecerit, HS Iↄↄ c(olonis) c(oloniae) G(enetivae) J(uliae) d(are) d(amnas) e(sto), ejusque pecuniae *q*ui eor(um) volet rec(uperatorio) judic(io)

---

1. Supprimé par Mommsen et Dessau ; Fabricius corrige fac*t*a.

aput IIvir(um) praef(ectum)*ve* actio petitio persec(utio)que ex h(ac) l(ege) [j(us) potest(as)que] esto.

CXXXIII. Qui c(oloni) Gen(etivi) Jul(ienses) h(ac) l(ege) sunt erunt, eorum omnium uxores, quae in c(olonia) G(enetiva) J(ulia) h(ac) l(ege) sunt, [eae mulieres] legibus c(oloniae) G(enetivae) J(uliae) virique parento juraque [ex h(ac) l(ege)], quaecumque in hac lege scripta sunt, omnium rerum ex h(ac) l(ege) habento s(ine) d(olo) m(alo).

CXXXIV. Ne quis IIvir [aedil(is)] praefectus c(oloniae) G(enetivae), quicumque erit, post h(anc) l(egem) ad decuriones c(oloniae) G(enetivae) referto neve decuriones consulito neve d(ecretum) d(ecurionum) facito neve d(e) e(a) r(e) in tabulas publicas referto neve referri jubeto neve quis decurio, cum e(a) r(es) a(getur), in decurionibus sententiam dicito neve d(ecretum) d(ecurionum) scribito neve in tabulas publicas referto neve *re*ferendum curato, quo cui pecunia publica a*liutve* quid honoris habendi causa munerisve *da*ndi *pol*licendi *prove* statua danda ponenda detur do*netur*....

17. Lex Quinctia (an 745 de Rome).

Loi tribute proposée en 745 par le consul T. Quinctius et rapportée intégralement par Frontin dans son traité *De aquis urbis Romae*, 129, aujourd'hui conservé par un ms. du XIII° siècle du Mont Cassin duquel tous les autres mss. existants ne sont que des copies. Le texte corrompu de la loi Quinctia a été restitué d'abord par M. Buecheler dans son éd. de Frontin, 1858, puis plus complètement par M. Petschenig, *Wiener Studien*, 6, 1884, p. 249 et ss., et en dernier lieu par M. Gundermann dans la 7° éd. des *Fontes*, n° 22, que nous avons suivie en plusieurs points. En dehors de l'utilité spéciale qu'elle présente pour la connaissance du régime des eaux de Rome, cette loi possède le double intérêt général d'être la seule qui nous ait été transmise intégralement avec sa *praescriptio* complète et d'être le texte qui fait le mieux ressortir l'existence distincte des comices par tribus dans lesquels le vote est émis par le *populus* et non par la *plebs*, au Forum et non au Champ de Mars, *pro tribu* et non par centuries. Cf. Mommsen, *Droit public*, 6, 1, p. 367, n. 1.

T. Quinctius Crispinus consul populum jure rogavit populusque jure scivit in foro pro rostris aedis divi Julii pr(idie) k. Julias. Tribus Sergia principium fuit, pro tribu S. Sex(tius) L. f. Virro *primus scivit*.

Quicumque post hanc legem rogatam rivos specus fornices fistulas tubulos castella lacus aquarum publicarum, quae ad urbem *Romam* ducuntur *ducentur*, sciens dolo malo foraverit ruperit foranda rumpendave curaverit pejor*ave* fecerit, quo minus eae aquae earumve quae que*at* in urbem Romam ire cadere flu*ere* pervenire duci quove minus in urbe Roma et [in iis locis], qu*a* aedificia urbi continentia sunt erunt, in is hortis praediis locis, quorum hortorum praediorum locorum dominus possessoribus u(su) f(ructuariis), aqua data vel adtributa est vel erit, saliat distribuatur dividatur in castella lacus inmittatur, is populo Romano *HS*. centum milia dare damnas esto ; et qui*d*quid eorum ita fecerit, id omne sarcire reficere restituere aedificare ponere *toll*ere demolir*i* damnas esto sine dolo malo ; *ea*que omnia ita, ut coercenda multa dicenda sunt [1], quicumque curator aquarum est erit, si curator aquarum nemo erit, tum is praetor, qui inter cives et peregrinos jus dicet, mult*a* pignoribus cogit*o* coercito [2] ; eique curatori aut, si curator non erit, tum ei praetori eo nomine cogend*i* pignoris capiendi jus potestasque est*o*. Si quid eorum servus fecerit, dominus ejus HS. centum milia populo R(*omano*) d(*are*) *damn*(*as*) *e*(*sto*). Si qui *locus* circa rivos specus fornices fistulas tubulos castella lacus aquarum publicarum, quae ad urbem Romam ducuntur et ducentur, terminatus *est* et erit, ne*ve* quis in eo loco post hanc legem rogatam quid *opponito* molito obsaepito figit*o* statuit*o* ponit*o* conlocat*o* arat*o* serit*o* neve in eum quid immi*tt*ito, praeterquam *rerum* [3] faciendarum reponendarum causa quod hac lege licebit oportebit. Qui adversus ea quid fecerit, [et] adversus eum siremp*s* l*ex* jus causaque omnium rerum omnibusque esto, atque uti esset esseve oporteret, si is adversus hanc legem rivum specum rupisset forassetve. Quo minus in eo loco pascere herbam fenum secare sentes *toll*ere *licea*t, e(*jus*) h(*ac*) l(*ege*) n(*ihilum*) r(*ogato*). Curatores aquarum qui nunc sunt quique erunt *faciunto, ut in eo loco, qui* circa fontes et *fornices* et muros et rivos et specus terminatus est, arbores vites vepres sentes ripae maceriae salicta harundineta tollantur excidantur effodiantur excodicentur, uti quod recte factum esse volet ; eoque nomine iis pignoris capio multae dic*tio* coercitioque esto, idque iis sine fraude sua facere liceto, jus potestasque esto. Quo minus vites arbores, quae villis aedificiis maceriisve inclusae sunt, maceriae*ve*, quas curator*es* aquarum causa cognita ne demolirentur dominis permiserunt, quibus inscripta insculptave essent ipsorum qui permisissent curatorum nomina, maneant, hac lege nihilum rogat*o* [4].

1. Mots déplacés ramenés ici par Gundermann. — 2. Le ms. suivi par Gundermann : exercito. — 3. Mommsen ; Gundermann, avec le ms. : earum (c.-à-d. aquarum publicarum). — 4. Gundermann : ei adversus eum (c.-à-d. locum terminatum).

Quo minus ex iis fontibus rivis specibus fornicibus aquam sumere haurire iis, quibuscumque curatores aquarum permiserunt permiserint, praeterquam rota calice machina licea*t*, dum ne qui puteus neque foramen novum fiat, ejus hac lege nihilum rogato.

18. LEX DE IMPERIO VESPASIANI (69-70 après J.-C.).

C. I. L., VI, 930 = 31.207; Dessau, 244; Bruns, n° 56. Table de bronze découverte à Rome, au xiv° siècle, et contenant la fin du texte législatif conférant le pouvoir à Vespasien. Les attributions de l'empereur étant déterminées par un sénatus-consulte qui était ensuite approuvé par acclamation par le peuple, le texte se sert à la fois des tournures habituelles des sénatus-consultes et de celles des lois. L'acte se désigne lui-même comme une loi (*utique quae hanc legem rogatam...*) et il se termine, comme les lois, par une sanction impérative déclarant licite tout fait positif ou d'abstention accompli *hujusce legis ergo*. Mais, sans doute parce que le sénatus-consulte était incorporé dans la loi à l'aide d'une formule telle que : *Ratum esto quod senatui placuit uti...* les divers pouvoirs de l'empereur sont énumérés dans une série de clauses commençant, conformément au langage des sénatus-consultes, par *uti... liceat...*, ce qui a fait parfois le classer faussement parmi les sénatus-consultes, quoique ce soit en réalité une loi. V. en ce dernier sens Mommsen, *Droit public*, 5, pp. 154-155; Karlowa, *R. R. G.*, 1, p. 635 : Krueger, *Sources*, p. 304. Cf. d'ailleurs sur les questions de fond soulevées par notre titre, Mommsen, *loc. cit.*; Karlowa, *R. R. G.*, 1, p. 494 et ss. et la dissertation spéciale de M. Mispoulet, *Institutions politiques des Romains*, 2, 1882, pp. 367-379, qui contient, pp. 371-375, une traduction française du texte.

....foedusve cum quibus volet facere liceat ita, ut licuit divo Aug(usto), Ti. Julio Caesari Aug(usto), Tiberioque Claudio Caesari Aug(usto) Germanico ;

utique ei senatum habere, relationem facere, remittere, senatus consulta per relationem discessionemque facere liceat ita, uti licuit divo Aug(usto), Ti. Julio Caesari Aug(usto), Ti. Claudio Caesari Augusto Germanico ;

utique cum ex voluntate auctoritateve jussu mandatuve ejus praesenteve eo senatus habebitur, omnium rerum jus perinde habeatur servetur, ac si e lege senatus edictus esset habereturque ;

utique quos magistratum potestatem imperium curationemve cujus rei petentes senatui populoque Romano commendaverit quibusque suffragationem suam dederit promiserit, eorum comitis quibusque extra ordinem ratio habeatur ;

utique ei fines pomerii proferre promovere cum ex re publica censebit esse, liceat ita, uti licuit Ti. Claudio Caesari Aug(usto) Germanico ;

utique quaecunque ex usu rei publicae majesta*teque* divinarum huma*narum* publicarum privatarumque rerum esse censebit, ei agere facere jus potestaque sit, ita uti divo Aug(usto), Tiberioque Julio Caesari Aug(usto), Tiberioque Claudio Caesari Aug(usto) Germanico fuit ;

utique quibus legibus plebeive scitis scriptum fuit ne divus Aug(ustus), Tiberiusve Julius Caesar Aug(ustus), Tiberiusque Claudius Caesar Aug(ustus) Germanicus tenerentur, iis legibus plebisque scitis imp(erator) Caesar Vespasianus solutus sit ; quaeque ex quaque lege rogatione divum Aug(ustum), Tiberiumve Julium Caesarem Aug(ustum), Tiberiumve Claudium Caes(arem) Aug(ustum) Germanicum facere oportuit, ea omnia imp(eratori) Caesari Vespasiano Aug(usto) facere liceat ;

utique quae ante hanc legem rogatam acta gesta decreta imperata ab imperatore Caesare Vespasiano Aug(usto) jussu mandatuve ejus a quoque sunt, ea perinde justa rataq(ue) sint, ac si populi plebisve jussu acta essent.

Sanctio.

Si quis hujusce legis ergo adversus leges rogationes plebisve scita senatusve consulta fecit fecerit, sive quod eum ex lege rogatione plebisve scito s(enatus)ve c(onsulto) facere oportebit, non fecerit hujus legis ergo, id ei ne fraudi esto, neve quit ob eam rem populo dare debeto, neve cui de ea re actio neve judicatio esto, neve quis de ea re apud se agi sinito.

19. Lois de Salpensa et de Malaca (81-84 après J.-C.).

C. I. L., II, 1963-1964 ; Bruns n° 30 ; Dessau, 6088-6089. Tables de bronze au nombre de deux trouvées en octobre 1851, en Espagne, dans les environs de Malaga et portant des restes des statuts municipaux des villes latines de Salpensa et de Malaca. Les deux statuts sont des *leges datae* relatives à l'organisation dans ces deux villes du *jus Latii* qui leur avait été conféré par Vespasien en même temps qu'aux autres villes espagnoles (Pline, *N. H.*, 3, 3, 30), et se placent entre l'avènement de Domitien, le 11 septembre 81, et le commencement de 84, où cet empereur reçut le titre de *Germanicus* qu'il n'y porte pas encore. Les deux lois étaient rédigées sur un modèle uniforme, et c'est ce qui explique, pense Mommsen, que la table de Salpensa ait pu être transférée à Malaca, pour combler les lacunes de l'exemplaire qu'on y possédait de la loi locale. V. pourtant Dessau, *Wiener Studien*, 24, 1902, p. 240. La table de Salpensa est écrite sur deux colonnes, celle de Malaca sur cinq. Toutes deux sont divisées en chapitres numérotés avec des rubriques indiquant l'objet des chapitres et précédées de la lettre R. Elles nous donnent les chapitres 21-29 de la 1re loi et 51-69 de la 2e. Leur authenticité a été contestée peu après leur découverte par M. Laboulaye, *Les Tables de Malaca et de Salpensa*, 1856, puis plus tard par M. Asher, et défendue par M. Giraud, *Les Tables de Salpensa et de Malaca*, 1856 ; *La Lex Malacitana*, 1868 ; elle n'est plus discutée aujourd'hui. Elles présentent, comme exemple de statuts municipaux latins, un intérêt de premier ordre ; en outre elles fournissent un grand nombre d'indications relatives au droit public et privé qui ont été relevées dans le commentaire d'ensemble donné d'elles en 1855 par Mommsen dans les *Abh.* de Leipzig et aujourd'hui reproduit avec de légers remaniements, *Ges. Schr.*, 1, pp. 267-382, comme aussi en partie dans les autres ouvrages précités. Nous signalerons en particulier dans la loi de Salpensa, les c. 22, 25, 28, en matière d'acquisition de la cité, d'affranchissement et de tutelle, et surtout, dans la loi de Malaca, les c. 62-65 relativement aux théories de la *cautio praedibus praediisque*, de la *venditio lege praediatoria* et de la *venditio in vacuum* pour lesquelles ils sont les documents les plus complets et qu'ils disent expressément régler conformément au droit de la capitale. Voir sur ces derniers cc. Mommsen, pp. 357-371, Heyrowski, *Rechtliche Grundlage der Leges contractus*, 1881, pp. 42-48, 57-59 et outre les nombreux auteurs cités par lui, Karlowa, *R. R. G.*, 2, pp. 47-59. V. aussi sur les actions populaires procuratoires établies dans ces lois, Mommsen, pp. 352-356. Il est encore intéressant de noter les ressemblances présentées par le c. 25 de la loi de Malaca avec le fragment du statut de Lauriacum n° 21 et par le c. 67 de la loi de Malaca avec les débris d'une loi municipale latine probablement différente cités p. 25.

I. Loi de Salpensa.

R(ubrica). Ut magistratus civitatem Romanam consequantur.

XXI. . . Qui IIvir aedilis quaestor *ex hac lege factus erit, cives Romani sunto, cum post annum magistratu* abierint, cum parentibus conjugibusque *ac* liberis, qui legitumis nuptis quaesiti in potestatem parentium fuerint, item nepotibus ac neptibus filio nat*is* nat*abus*, qui quaeque in potestate parentium fuerint ; dum ne plures c(ives) R(omani) sint, quam quod ex h(ac) l(ege) magistratus creare oportet.

R. Ut qui civitat(em) Roman(am) consequantur, maneant in eorundem m(ancipio) m(anu) potestate.

XXII. Qui quaeve ex h(ac) l(ege) exve edicto imp(eratoris) Caesaris Aug(usti) Vespasiani, imp(eratoris)ve Titi Caesaris Aug(usti) aut imp(eratoris) Caesaris Aug(usti) Domitiani p(atris) p(atriae) civitatem Roman(am) consecutus consecuta erit : is ea in ejus, qui c(ivis) Roman(us) h(ac) l(ege) factus erit, potestate manu mancipio, cujus esse deberet, si civitate

[Romana] mutatus mutata non esset, esto idque jus tutoris optandi habeto, quod haberet, si a cive Romano ortus orta neq(ue) civitate mutatus mutata esset.

R. Ut qui c(ivitatem) R(omanam) consequentur, jura libertorum retineant.

XXIII. Qui quaeve *ex* h(ac) l(ege) exve edicto imp(eratoris) Caes(aris) Vesp(asiani) Au(gusti), imp(eratoris)ve Titi Caes(aris) Vespasian(i) Au(gusti) aut imp(eratoris) Caes(aris) Domitiani Aug(usti) c(ivitatem) R(omanam) consecutus consecuta erit : is in libertos libertasve suos suas paternos paternas, qui quae in c(ivitatem) R(omanam) non venerit, deque bonis eorum earum et is, quae libertatis causa inposita sunt, idem jus eademque condicio esto, quae esset, si civitate muta*tus* muta*ta* non esset.

R. De praefecto imp(eratoris) Caesaris Domitiani Aug(usti).

XXIIII. Si ejus municipi decuriones conscriptive municipesve imp(eratori) Caesar*i* Domitian(o) Aug(usto) p(atri) p(atriae) IIviratum communi nomine municipum ejus municipi detuler*i*nt, imp(erator)que Domitian*us* Caesa*r* Aug(ustus) p(ater) p(atriae) eum IIviratum receperit et loco suo praefectum quem esse jusserit : is praefectus eo *jure* esto, quo esset si eum IIvir(um) j(ure) d(icundo) ex h(ac) l(ege) solum creari oportuisset isque ex h(ac) l(ege) solus IIvir j(ure) d(icundo) creatus esset.

R. De jure praef(ecti), qui a IIvir(o) relictus sit.

XXV[1]. Ex IIviris qui in eo municipio j(ure) d(icundo) p(raeerunt), uter postea ex eo municipio proficiscetur neque eo die in id municip*i*um esse se rediturum arbitrabitur, quem praefectum municipi non minorem quam annorum XXXV ex decurionibus conscriptisque relinquere volet, facito ut is juret per Jovem et divom Aug(ustum) et div*o*m Claudium et divom Vesp(asianum) Au(gustum) et divom Titum Aug(ustum) et genium imp(eratoris) Caesaris Domitiani Aug(usti) deosque Penates : quae IIvir*um*, qui jure) d(icundo) p(raeest), h(ac) l(ege) facere oporteat, se, dum praefectus erit, d(um) t(*axat*) quae eo tempore fieri possint facturum, neque adversus ea *f*acturum scientem d(olo) m(alo) ; et cum ita juraverit, praefectum eum ejus municipi relinquito. *E*i qui ita praefectus

1. Cf. les dispositions symétriques du statut de Lauriacum, p. 124, n° 21.

relictus erit, donec in id municipium alteruter ex IIviris adierit, in omnibus rebus id jus eaque potestas esto, praeterquam de praefecto relinquendo et de c(ivitate) R(omana) consequenda, quod jus quaeque potestas h(ac) l(ege) IIviris *qui* jure dicundo praeerunt datur. Isque dum praefectus erit quotiensque municipium egressus erit, ne plus quam singulis diebus abesto.

R. De jure jurando IIvir(um) et aedil(ium) et q(uaestorum).

XXVI. Duovir(i) qui in eo municipio *j(ure)* d(icundo) p(raesunt), item aediles *qui* in eo municipio sunt, item quaestores qui in eo municipio sunt, eorum quisque in diebus quinq(ue) proxumis post h(anc) l(egem) datam, quique IIvir(i) aediles quaestoresve postea ex h(ac) l(ege) creati erunt, eorum quisque in diebus quinque proxumis, ex quo IIvir aedilis quaestor esse coeperit, priusquam decuriones conscriptive habeantur, juranto pro contione per Jovem et divom Aug(ustum) et divom Claudium et divom Vespasianum Aug(ustum) et divom Titum Aug(ustum) et genium Domitiani Aug(usti) deosque Penates : se, quodquomque ex h(ac) l(ege), exque re communi m(unicipum) m(unicipi) Flavi Salpensani censeat, recte esse facturum, neque adversus h(anc) l(egem) remve communem municipum ejus municipi facturum scientem d(olo) m(alo), quosque prohibere possit prohibiturum ; neque se aliter consilium habiturum neq(ue) aliter daturum neque sententiam dicturum, quam ut *ex* h(ac) l(ege) exque re communi municipum ejus municipi censeat fore. Qui ita non juraverit, is HS X (milia) municipibus ejus municipi d(are) d(amnas) esto, ejusque pecuniae deque ea pecunia municipum ejus municipi *q*ui volet, cuique per hanc legem licebit, actio petitio persecutio esto.

R. De intercessione IIvir(um) et aedil(ium) *et* q(uaestorum).

XXVII. Qui IIvir(i) aut aediles aut quaestores ejus municipi erunt, his IIvir(is) inter se et cum aliquis alterutrum eorum aut utrumque ab aedile aedilibus aut quaestore quaestoribus appellabit, item aedilibus inter se, *item quaestoribus inter se* intercedendi, in triduo proxumo quam appellatio facta erit poteritque intercedi, quod ejus adversus h(anc) l(egem) non fiat, et dum ne amplius quam semel quisque eorum in eadem re appelletur, jus potestasque esto, neve quis adversus ea qui*d*, quo*m* intercessum erit, facito.

R. De servis apud IIvir(um) manumittendis.

XXVIII. Si quis municeps municipi Flavi Salpensani, qui Latinus erit, aput IIvir(os), qui jure dicundo praeerunt ejus municipi, servom suom servamve suam ex servitute in libertatem manumiserit, liberum liberamve esse jusserit, dum ne quis pupillus neve quae virgo mulierve sine tutore auctore quem quamve manumittat, liberum liberamve esse jubeat : qui ita manumissus liberve esse jussus erit, liber esto, quaeque ita manumissa liberave esse jussa erit, libera esto, uti qui optumo jure Latini libertini liberi sunt erunt ; dum is qui minor XX annorum erit manumittat, si causam manumittendi justam esse is numerus decurionum, per quem decreta h(ac) l(ege) facta rata sunt, censuerit.

R. De tutorum datione.

XXIX. Cui tutor non erit incertusve erit, si is eave municeps municipi Flavi Salpensani erit, et pupilli pupillaeve non erunt, et ab IIviris, qui j(ure) d(icundo) p(raeerunt) ejus municipi, postulaverit, uti sibi tutorem det, et eum, quem dare volet, nominaverit : tum is, a quo postulatum erit sive unum sive plures collegas habebit, de omnium collegarum sententia, qui tum in eo municipio intrave fines municipi ejus erit, causa cognita, si ei videbitur, eum qui nominatus erit tutorem dato. Sive is eave, cujus nomine ita postulatum erit, pupil(lus) pupillave erit, sive is, a quo postulatum erit, non habebit collegam, collegave ejus in eo municipio intrave fines ejus municipi nemo erit : tum is, a quo ita postulatum erit, causa cognita in diebus X proxumis, ex decreto decurionum, quod, cum duae partes decurionum non minus adfuerint, factum erit, eum, qui nominatus erit, quo ne ab justo tutore tutela abeat, ei tutorem dato. Qui tutor h(ac) l(ege) datus erit, is ei, cui datus erit, quo ne ab justo tutore tutela abeat, tam justus tutor esto, quam si is c(ivis) R(omanus) et ei adgnatus proxumus c(ivis) R(omanus) tutor esset.

II. Loi de Malaca.

R. De nominatione candidatorum.

LI. Si ad quem diem professionem fieri oportebit, nullius nomine aut pauciorum, quam tot quod creari oportebit, professio facta erit, sive ex his, quorum nomine professio facta erit, pauciores erunt quorum h(ac) l(ege) comitiis rationem

habere oporteat, quam tot *quot* creari oportebit : tum is qui
comitia habere debebit proscribito, ita u(t) d(e) p(lano) r(ecte)
l(egi) p(ossint), tot nomina eorum, quibus per h(anc) l(egem)
eum honorem petere licebit, quod derunt ad eum numerum,
ad quem creari ex h(ac) l(ege) oportebit. Qui ita proscripti
erunt, ii, si volent, aput eum, qui ea comitia habiturus erit,
singuli singulos ejjusdem condicio*nis* nominato, ique item,
qui tum ab is nominati erunt, si volent, singuli singulos aput
eundem e*a*demque condicione nominato ; isque, aput quem
ea nominatio facta erit, eorum omnium nomina proponito,
ita *ut* d(e) p(lano) r(ecte) l(egi) p(ossint), deque is omnibus
item comitia habeto, perinde ac si eorum quoque nomine ex
h(ac) l(ege) de petendo honore professio facta esset intra
praestitutum diem petereque eum honorem sua sponte coe-
pissent neque eo proposito destitissent.

R. De comitiis habendis.

LII. Ex IIviris qui nunc sunt, item ex is, qui deinceps
in eo municipio IIviri erunt, uter major natu erit, aut si ei
causa quae inciderit q(uo) m(inus) comitia habere possit,
tum alter ex his comitia IIvir(is), item aedilibus, item quaestoribus rogandis subrogandis h(ac) l(ege) habeto ; utique ea
distributione curiarum, de qua supra conprehensum est,
suffragia ferri debebunt, ita per tabellam ferantur facito.
Quique ita creati erunt, ii annum unum aut, si in alterius
locum creati erunt, reliqua parte ejjus anni in eo honore
sunto, quem suffragis erunt consecuti.

R. In qua curia incolae suffragia ferant.

LIII. Quicumque in eo municipio comitia IIviris, item
aedilibus, item quaestoribus rogandis habebit, ex curiis sorte
ducito unam, in qua incolae, qui cives R(omani) Latinive
cives erunt, suffragi*um* ferant, eisque in ea curia suffragi
latio esto.

R. Quorum comitis rationem haberi oporteat.

LIIII. Qui comitia habere debebit, is primum IIvir(os)
qui jure dicundo praesint ex eo genere ingenuorum hominum,
de quo h(ac) l(ege) cautum comprehensumque est, deinde
proximo quoque tempore aediles, item quaestores ex eo
genere ingenuorum hominum, de quo h(ac) l(ege) cautum conprehensumque est, creandos curato ; dum ne cujjus comitis

rationem habeat, qui IIviratum pet*et*, qui minor annorum XXV erit, quive intra quinquennium in eo honore fuerint ; item qui aedilitatem quaesturamve petet, qui minor quam annor(um) XXV erit, quive in earum qua causa erit, propter quam, si c(ivis) R(omanus) esset, in numero decurionum conscriptorumve eum esse non liceret.

R. De suffragio ferendo.

LV. Qui comitia ex h(ac) l(ege) habebit, is municipes curiatim ad suffragium ferendum vocato ita, ut uno vocatu omnes curias in suffragium vocet, eaeque singulae in singulis consaeptis suffragium per tabellam ferant. Itemque curato, ut ad cistam cujjusque curiae ex municipibus ejjus municipi terni sint, qui ejjus curiae non sint, qui suffragia custodiant, diribeant, et uti ante quam id faciant quisque eorum jurent : se rationem suffragiorum fide bona habiturum relaturumque. Neve prohibito, q(uo) m(inus) et qui honorem petent singulos custodes ad singulas cistas ponant, lique custodes ab eo qui comitia habebit, item ab his positi qui honorem petent, in ea curia quisque eorum suffragi*um* ferto, ad cujjus curiae cistam custos positus erit, eorumque suffragia perinde justa rataque sunto ac si in sua quisque curia suffragium tulisset.

R. Quid de his fieri oporteat, qui suffragiorum numero pares erunt.

LVI. Is qui ea comitia habebit, ut quisque curiae cujjus plura quam alii suffragia habuerit, ita priorem ceteris eum pro ea curia factum creatumque esse renuntiato, donec is numerus, ad quem creari oportebit, expletus sit. Qu*a* in curia totidem suffragia duo pluresve habuerint, maritum, quive maritorum numero erit, caelibi liberos non habenti, qui maritorum numero non erit ; habentem liberos non habenti ; plures liberos habentem pauciores habenti praeferto prioremque nuntiato ita, ut bini liberi post nomen impositum aut singuli puberes amissi v*i*rive potentes amissae pro singulis sospitibus numerentur. Si duo pluresve totidem suffragia habebunt et ejjusdem condicionis erunt, nomina eorum in sortem cojicito, et uti *c*ujjusque nomen sorti ductum erit, ita eum priorem alis renuntiat*o*.

R. De sortitione curiarum et is, qui curiarum numero pa*r*es erunt.

LVII. Qui comitia h(ac) l(ege) habebit, is relatis omnium

curiarum tabulis nomina curiarum in sortem cojicito, singularumque curiarum nomina sorte ducito, et ut cujjusque curiae nomen sorte exierit, quos ea curia fecerit, pronuntiari jubeto; et uti quisque prior majorem partem numeri curiarum confecerit, eum, cum h(ac) l(ege) juraverit caveritque de pecunia communi, factum creatumque renuntiato, donec tot magistratus sint quod h(ac) l(ege) creari oportebit. Si totidem curias duo pluresve habebunt, uti supra conprehensum est de is qui suffragiorum numero pares essent, ita de is qui totidem curias habebunt facito, eademque ratione priorem quemque creatum esse renuntiato

R. Ne quid fiat, quo minus comitia habeantur.

LVIII. Ne quis intercedito neve quit aliut facito, quo minus in eo municipio h(ac) l(ege) comitia habeantur perficiantur. Qui aliter adversus ea fecerit sciens d(olo) m(alo), is in res singulas HS X (milia) municipibus municipii Flavi Malacitani d(are) d(amnas) e(sto), ejjusque pecuniae deque ea pecun(ia) municipi ejjus municipii qui volet, cuique per h(anc) l(egem) licebit, actio petitio persecutio esto.

R. De jure jurando eorum, qui majorem partem numeri curiarum expleverit.

LIX. Qui ea comitia habebit, uti quisque eorum, qui IIviratum aedilitatem quaesturamve petet, majjorem partem numeri curiarum expleverit, priusquam eum factum creatumque renuntiet, jusjurandum adigito in contionem palam per Jovem et divom Augustum et divom Claudium et divom Vespasianum Aug(ustum) et divom Titum Aug(ustum) et genium im(peratoris) Caesaris *Domitia*ni Aug(usti) deosque Penates *se* qu*a*e ex h(ac) l(ege) facere oportebit facturum, neque adversus h(anc) l(egem) fecisse aut facturum esse scientem d(olo) m(alo).

R. Ut de pecunia communi municipum caveatur ab is, qui IIviratum quaesturamve petet.

LX. Qui in eo municipio IIviratum quaesturamve petent quique propterea, quod pauciorum nomine quam oportet professio facta esset, nominatim in eam condicionem rediguntur, ut de his quoque suffragium ex h(ac) l(ege) ferri oporteat: quisque eorum, quo die comitia habebuntur, ante quam suffragium feratur arbitratu ejus qui ea comitia habebit praedes in commune municipum dato pecuniam communem eorum, quam in honore suo tractaverit, salvam is fore. Si d(e) e(a) r(e) is praedibus minus cautum esse videbitur, praedia subsignato arbitratu ejjusdem. Isque ab iis praedes praediaque sine d(olo) m(alo) accipito, quoad recte cautum sit, uti quod recte factum esse volet. Per quem eorum, de quibus IIvirorum quaestorumve comitiis suffragium ferri oportebit, steterit, quo m(inus) recte caveatur, ejus qui comitia habebit rationem ne habeto.

R. De patrono cooptando.

LXI. Ne quis patronum publice municipibus municipii Flavi Malacitani cooptato patrociniumve cui deferto, nisi ex majoris partis decurionum decreto, quod decretum factum erit, cum duae partes non minus adfuerint et jurati per tabellam sententiam tulerint. Qui aliter adversus ea patronum publice municipibus municipii Flavi Malacitani cooptaverit patrociniumve cui detulerit, is HS X (milia) n(ummum) in publicum municipibus municipii Flavi Malacitani d(are) d(amnas) e(sto) [1] ; et is, qui adversus h(anc) l(egem) patronus cooptatus cuive patrocinium delatum erit, ne magis ob eam rem patronus municipum municipii Flavi Malacitani esto.

R. Ne quis aedificia, quae restituturus non erit, destruat.

LXII [2]. Ne quis in oppido municipii Flavi Malacitani quaeque ei oppido continentia aedificia erunt, aedificium detegito destruito demoliundumve curato, nisi de decurionum conscriptorumve sententia, cum major pars eorum adfuerit, quod restituturus intra proximum annum non erit. Qui adversus ea fecerit, is quanti e(a) r(es) e(rit), t(antam) p(ecuniam) municipibus municipi Flavi Malacitani d(are) d(amnas) e(sto), ejusque pecuniae deque ea pecunia municipi ejus municipii, qui volet cuique per h(anc) l(egem) licebit, actio petitio persecutio esto.

R. De locationibus legibusque locationum proponendis et in tabulas municipi referendis.

LXIII. Qui IIvir (jure) d(icundo) p(raeerit), vectigalia ultro-

---

1. Le graveur peut avoir ici omis la formule officielle : 'ejusque pecuniae deque ea pecunia municipi ejus municipii qui volet cuique per hanc legem licebit, actio petitio persecutio est' qui suit dans les c. 58, 62, 67. Cf. Bruns, *Kl. Schr.*, 1, 332, n. 80. — 2. Cf. la loi de Tarente, c. 4, p. 65, et la loi de Genetiva, c. 75, p. 94.

que tributa, sive quid aliut communi nomine municipum
ejjus municipi locari oportebit, locato. Quasque locationes
fecerit quasque leges dixerit, quanti quit locatum sit et *qui*
praedes accepti sint quaeque praedia subdita subsignata obligatave sint quique praediorum cognitores accepti sint, in
tabulas communes municipum ejus municipi referantur facito et proposita habeto per omne reliquom tempus honoris
sui, ita ut d(e) p(lano) r(ecte) l(egi) p(ossint), quo loco decuriones conscriptive proponenda esse censuerint.

R. De obligatione praedum praediorum cognitorumque.

LXIV. Quicumque in municipio Flavio Malacitano in commune municipum ejjus municipi praedes facti sunt erunt,
quaeque praedia accepta sunt erunt, quique eorum praediorum cognitores facti sunt erunt : ii omnes et quae cujjusque
eorum tum *fuerunt* erunt, cum praes cognitorve factus est
erit, quaeque postea esse, cum ii obligati esse coeperunt
coeperint, *ii omnes* qui eorum soluti liberatique non sunt non
erunt aut non sine d(olo) m(alo) sunt erunt, eaque omnia,
quae eorum soluta liberataque non sunt non erunt aut non
sine d(olo) m(alo) sunt erunt, in commune municipum ejjus
municipii item obligati obligataque sunto, uti ii eave p(opulo)
R(omano) obligati obligatave essent, si aput eos, qui Romae
aerario praeessent, ii praedes iique cognitores facti eaque
praedia subdita subsignata obligatave essent. Eosque praedes
eaque praedia eosque cognitores, si quit eorum, in quae cognitores facti erunt, ita non erit, qui quaeve soluti liberati
soluta liberataque non sunt non erunt aut non sine d(olo)
m(alo) sunt erunt, IIviris, qui ibi j(ure) d(icundo) praerunt,
ambobus alterive eorum ex decurionum conscriptorumque
decreto, quod decretum cum eorum partes tertiae non minus
quam duae adessent factum erit, vendere legemque his vendundis dicere jus potestasque esto ; dum ea*m* legem is rebus
vendundis dicant, quam legem eos, qui Romae aerario praeerunt, e lege praediatoria praedibus praedisque vendundis
dicere oporteret, aut, si lege praediatoria emptorem non inveniet, quam legem in vacuom vendendis dicere oporteret;
et dum ita legem dicant, uti pecuni*a* in fore[1] municipi

---

1. Le bronze : 'pecuniam in fore'. Mommsen ; 'pecunia inde redacta
in commune'. Bruns : 'pecunia in publicum municipum'. Dessau, l'un
ou l'autre. Laboulaye-Giraud : 'pecuniam in foro'.

7.

Flavi Malacitani referatur luatur solvatur. Quaeque lex ita dicta erit, justa rataque esto.

R. Ut jus dicatur e lege dicta praedibus et praedis vendundis.

LXV. Quos praedes quaeque praedia quosque cognitores IIviri municipii Flavi Malacitani h(ac) l(ege) vendiderint, de iis quicumque j(ure) d(icundo) p(raeerit), ad quem de ea re in jus aditum erit, ita jus dicito judiciaque dato, ut ei, qui eos praedes cognitores ea praedia mercati erunt, praedes socii heredesque eorum iique, ad quos ea res pertinebit, de is rebus agere easque res petere persequi recte possit.

R. De multa, quae dicta erit.

LXVI. Multas in eo municipio ab IIviris praefectove dictas, item ab aedilibus quas aediles dixisse se aput IIviros ambo alterve ex is professi erunt, IIvir, qui j(ure) d(icundo) p(raeerit), in tabulas communes municipum ejjus municipi referri jubeto. Si cui ea multa dicta erit aut nomine ejjus alius postulabit, ut de ea ad decuriones conscriptosve referatur, de ea decurionum conscriptorumve judicium esto. Quaeque multae non erunt injustae a decurionibus conscriptisve judicatae, eas multas IIviri in publicum municipum ejjus municipii redigunto.

R. De pecunia communi municipum deque rationibus eorundem.

LXVII[1]. Ad quem pecunia communis municipum ejjus municipi pervenerit, heresve ejjus isve ad quem ea res pertinebit, in diebus XXX proximis, quibus ea pecunia ad eum pervenerit, in publicum municipum ejjus municipi eam referto. Quique rationes communes negotiumve quod commune municipum ejus municipi gesserit tractaverit, is heresve ejjus *isve* ad quem ea res pertinebit in diebus XXX proximis, quibus ea negotia easve rationes gerere tractare desierit quibusque decuriones conscriptique habebuntur, *rationes* edito redditoque decurionibus conscriptisve cuive de his accipiendis cognoscendis ex decreto decurionum conscriptorumve, quod decretum factum erit cum eorum partes non minus quam duae tertiae adessent, negotium datum erit. Per quem stete-

---

1. Cf. le fragment cité p. 25.

rit, q(uo) m(inus) ita pecunia redigeretur referretur quove minus ita rationes redderentur, is, per quem steterit q(uo) m(inus) rationes redderentur quove minus pecunia redigeretur referretur, heresque ejus isque ad quem ea res qua de agitur pertinebit, q(uanti) e(a) r(es) erit, tantum et alterum tantum municipibus ejjus municipi d(are) d(amnas) e(sto), ejusque pecuniae deque ea pecunia municipum municipii Flavi Malacitani, qui volet cuique per h(anc) l(egem) licebit, actio petitio persecutio esto [1].

R. De constituendis patronis causae, cum rationes reddentur.

LXVIII Cum ita rationes reddentur, IIvir, qui decuriones conscriptosve habebit, ad decuriones conscriptosve referto, quos placeat publicam causam agere, iique decuriones conscriptive per tabellam jurati d(e) e(a) r(e) decernunto, tum cum eorum partes non minus quam duae tertiae aderunt, ita ut tres, quos plurimi per tabellam legerint, causam publicam agant, iique qui ita lecti erunt tempus a decurionibus conscriptisve, quo causam cognoscant actionemque suam ordinent, postulanto, eoque tempore quod is datum erit transacto eam causam uti quod recte factum esse volet agunto.

R. De judicio pecuniae communis.

LXIX. Quod m(unicipum) m(unicipii) Flavi Malacitani nomine petetur ab eo, qui ejus municipii municeps incolave erit, quodve cum eo agetur quod pluris HS cIↄ sit neque tanti sit, ut *de ea re proconsulem jus dicere judiciaque dare ex hac lege oporteat : de ea re IIvir praefectusve, qui jure dicundo praeerit ejus municipii, ad quem de ea re in jus aditum erit, jus dicito judiciaque dato*...

20. Statut du territoire minier de Vipasca (*Lex metalli Vipascensis*) (IIe siècle après J.-C.)

C. I. L., II, 5181 ; Dessau, 6891 ; Bruns, n° 112 ; Riccobono, n° 85. Table de bronze mutilée du côté droit découverte en 1876, en Lusitanie méridionale, près du village actuel d'Aljustrel en Portugal sur l'emplacement de mines antiques récemment remises en exploitation et commentée notamment par Huebner et Mommsen, *Eph. ep.*, III, pp. 165-189 ; Bruns, *Z. R. G.*, 13, 1878, p. 372 ;

1. Cf. p. 64, le c. 1. de la loi de Tarente.

Willmanns, *Zeitschr. für Bergrecht*, 19, 1878, p. 217 et ss. ; J. Flach, *N. R. H.*, 2, 1878, pp. 269 et ss., 645 et ss. ; Demelius, *Z. S. St.*, 4, 1883, pp. 83 et ss. ; Rostowsew, *Geschichte der Staatspacht*, 1903, pp. 455-458, F. Kniep, *Argentaria stipulatio (Festschrift f. Thon)*, 1911, pp. 3-19. Cette table, sur la marge inférieure de laquelle est inscrit le chiffre III et qui est écrite sur les deux côtés, porte sur les deux le même texte, sauf deux sortes de différences. D'une part, onze lignes placées en tête du second texte sont omises dans le premier où l'on trouve en revanche à la fin sept lignes qui manquent dans l'autre : ce qui porte à penser qu'on a gravé le second exemplaire après avoir été mécontent du premier pour une raison quelconque. D'autre part le texte est plus serré dans la première version que dans la seconde : ce qui fait que l'une conserve à la fin des lignes quelques mots qui manquent dans l'autre. Le texte, qui est divisé en chapitres non numérotés, mais précédés de rubriques, est un règlement général donné par l'empereur, non pas seulement à la mine, mais à tout son territoire, à la différence du règlement des conditions d'exploitation de la mine découvert au même lieu en 1906, et doit en conséquence, à notre sens, être rangé parmi les *leges datae* du même type que les statuts municipaux, tandis que le tableau des conditions d'exploitation de la mine, est reproduit dans la troisième partie de ce livre à côté des documents relatifs à l'exploitation des domaines impériaux. Les premiers éditeurs de notre texte l'avaient attribué à la fin du Ier siècle ap. J.-C. ; mais il ne peut être antérieur au IIe, d'après le renvoi fait dans sa ligne 59 au règlement d'exploitation de la mine qui est du temps d'Hadrien. Nous reproduisons le texte fourni par les deux faces sans distinction de caractères, en signalant seulement l'endroit où commence la première version, après les 13 lignes initiales qu'elle omet, et celui où se termine la seconde, avant les sept lignes finales qu'elle omet à son tour, et en imprimant en italiques uniquement les passages restitués par conjecture.

Centesimae argentariae stipulationis. Conductor *earum venditionum quae per*[1] *auctio* | nem intra fines metalli Vipascensis fient, exceptis iis, quas proc(urator) metallorum *jussu imp(eratoris) faciet, centesimam a vendito* | re accipito. Conductor ex pretio puteorum, quos proc(urator) metallorum vendet, cen*tesimam ab emptore accipito*[2]. | Si instituta auctione universaliter omnia addicta fuerint, nihilo minus vendi-
5. tor *centesimam conductori socio acto* || rive ejus praestare debeto. Conductori socio actorive ejus, si volet stipulari a v*enditore, is promittito*. Conductor | socius actorve ejus *ejus* quoque summae, quae excepta in auctione erit, centesimam exigito. *Qui res sub praecone* | habuerit, si eas non addixerit et intra dies decem, quam sub praecone fuerint, de condicione *venderit, nihilo minus con* | ductori socio actorive ejus centesimam

---

1. Bruns, Rostowsew : *per.* ; Huebner, Dessau, Riccobono : *ob.* —
2. Bruns, Rostowsew ; Riccobono : cen*tesimam ne exigito*. Cf. lignes 15-16.

d(are) d(ebeto). Quod ex hoc capite legis conduct*ori socio acto-*
rive ejus debebitur, | nisi in triduo proximo quam debere
coeptum erit, datum solutum satisve factum erit, du*plum* d(*are*)
d(*ebeto*.) ||

Scripturae praeconii. Qui praeconium conduxerit, praeco- 10.
nem intra fines praeb*eto*. *Pro mercede ab eo qui venditionem* |
X L[1] minoremve fecerit, centesimas duas, ab eo qui majorem[2]
X C fecerit, centesimam exig*ito*. *Qui mancipia sub praecone
venum* | dederit, si quinque minoremve numerum vendiderit,
capitularium in singula capita X..., *si majorem numerum
vendi* | derit, in singula capita X III conductori socio actorive
ejus dare debeto. Si quas *res procurator metallorum nomine*
fisci ven | det locabitve, iis rebus conductor socius actorve
ejus praeconem praestare debeto. *Qui inventari*um cujusque rei
vendun || dae nomine proposuerit, conductori socio actorive 15.
eius X I d(are) d(ebeto). Puteorum, quos proc(urator) metallo-
rum vendiderit, em | ptor centesimam d(ato) d(ebeto). Quod si
in triduo non dederit, duplum d(are) d(ebeto). Conductori socio
actorive ejus pignus cape*re* liceto. | Qui mulos mulas asinos
asinas caballos equas sub praecone vendiderit in k(apita) sin-
g(ula) X III d(are) d(ebeto). Qui mancipia aliamve quam re*m
sub* | praeconem subjecerit et intra dies XXX de condicione
vendiderit, conductori socio actorive ejus *idem* d(*are*) d(*ebeto*). |

Balinei fruendi. Conductor balinei sociusve ejus omnia sua
inpensa balineum, *quod ita conductum habe*bit in || pr(idie) 20.
k(alendas) Jul(ias) primas omnibus diebus calfacere et praestare
debeto a prima luce in horam septim*am dici mulieribus* et ab
hora octava | in horam secundam noctis viris arbitratu proc(u-
ratoris) qui metallis praeerit. Aquam in *alveum*[2] *usque ad*
summam ranam[3] hypo | caustis et in labrum ta*m* mulieribus
quam viris profluentem recte praestare debeto. Conductor a
viris sing(ulis) | aeris semisses et a mulieribus singulis aeris
asses exigito. Excipiuntur liberti et servi Caes. *qui proc(ura-
tori)* in officis erunt vel | commoda percipient, item inpuberes
et milites. Conductor socius actorve ejus *instrumentum balinei
et* ea omnia quae || ei adsignata erunt integra conductione 25.
peracta reddere debeto nisi si qua vetustate *corrupta erunt*.
Aena quibus | utetur lavare tergere unguereque adipe e
ecenti tricensima quaque die recte debeto. *Si qua necessaria*

1. Plus loin le texte porte C ; il faut corriger en un endroit ou en l'autre. — 2. Commencement du premier texte. — 3. Parties du bain. V. Flach, pp. 669-670.

refectio inpedie | rit [1], quo minus lavare recte possit, ejus temporis pro rata pensionem conductor reputare debe*to. Praeter* haec et siquid | aliut ejusdem balinei exercendi causa fecerit reputare nihil debebit. Conductori v*endere ligna* nisi ex recisamini | bus ramorum quae ostili [2] idonea non erunt ne liceto. Si adversus hoc quid fecerit, in sing*ulas venditiones* HS cen-
30. tenos n(ummos) fisco d(are) d(ebeto). || Si id balineum recte praebitum non erit, tum proc(urator) metallorum multam conductori quo*tiens* recte praebitum non erit usque | ad HS CC dicere liceto. Lignum conductor repositum omni tempore habeto, quo*d diebus..... satis sit.* |

Sutrini. Qui calciamentorum quid loramentorumve, quae sutores tractare so*lent, fecerit clavomve caliga* | rem fixerit venditaveritve sive quid aliut, quod sutores vendere debent, vendidis*se intra fines convictus erit, is* | conductori socio actorive ejus duplum d(are) d(ebeto). Conductor clavom ex lege ferra-
35. *riarum vendito. Conductori socio* || actorive ejus pignus capere liceto. Reficere calciamenta nulli licebit nisi cum *sua dominive quis curaverit refecerit* | ve. Conductor omne genus calciamentorum praestare debeto : ni ita fecer*it, unicuique ubi volet emendi* jus | esto.

Tonstrini. Conductor frui debeto ita, ne alius in vico me*talli Vipascensis inve* | territoris ejus tonstrinum quaestus causa faciat. Qui ita tonstrinum fecerit, in sing*ulos ferramentorum usus* X... | conductori socio actorive ejus d(are) d(ebeto) et ea ferramenta commissa conductori sunto. *Excipiuntur*
40. *servi* qui || dominos aut conservos suos curaverint. Circitoribus, quos conductor *non miserit, tondendi jus ne* esto. Con | ductori socio actorive ejus pignoris captio esto. Qui pignus capientem prohibuerit, in *singulas prohibitiones* X V d(are) | debeto. Conductor unum pluresve artifices idoneos in portionem recipito. |

Tabernarum fulloniarum. Vestimenta rudia vel recurata nemini m*ercede polire nisi cui conductor so* | cius actorve ejus locaverit permiseritve liceto. Qui convictus fuerit adversus ea
45. quid *fecisse, in singulas lacinias* || X III conductori socio actorive ejus d(are) d(ebeto). Pignus conductori socio actorive *ejus capere liceto.* |

---

1. Flach, Bruns ; Mommsen : *Si non per conductorem factum* erit ; Hirschfeld chez Dessau : *Si vis major damnumve fatale impedierit.* —
2. C.-à-d. ' ustuli ', d'après Buecheler suivi par Riccobono.

Scripturae scaurariorum et testariorum. Qui in finibus metal*li Vipascensis...scau*ri | as argentarias aerarias pulveremve ex scaureis rutramina*ve* ad mesuram pondus*ve purgare tundere urere* 1 expedi | re frangere cernere lavare volet quive lapicaedinis opus quoquo modo facien*dum suscipiet, quos ad id* faciendum | servos mercennariosque mittent, in triduo proxumo profiteantur et solvan*t* X..... *conductori quo*que mense || intra pr(idie) k(alendas) quasque : ni ita fecerint, duplum 50 d(are) d(ebento). Qui ex alis locis ubertumbis ae*ris argentive* ru*tramina* in | fines metallorum inferet, in p(ondo) C X I conductori socio actorive ejus d(are) d(ebeto). Qu*od ex hoc capite* legis conduc | tori socio actorive ejus debebitur neque ea die, qua die deberi coeptum erit, solu*tum satisve factum erit*, d(uplum) d(are) d(ebeto). | Conductori socio actorive ejus pignus capere liceto et quod ejus scauriae pu² *rgatum tunsum ustum expeditum frac* | tum cretum lavatumque erit quive lapides lausiae expeditae in lapicaedi*nis erunt, commissa ei sunto, nisi quid* || quid debitum erit conductori socio actorive 55 ejus solutum erit ; ex*cipiuntur servi et liberti* ³ | flatorum argentariorum aerarorium qui flaturis dominorum patronorumque operam dant. |

Ludi magistri. Ludi magistros a proc(uratore) metallorum immunes esse *placet*. |

Usurpationes puteorum sive pittaciarium. Qui intra f*ines* meta*lli Vipascensis puteum locum* | que putei juris retinendi causa usurpabit occupabitve e lege metallis dicta, b*iduo proxumo* q*uod usurpaverit occupa* || verit apud conductorem socium 60 actoremve huiusce vectigalis profiteatur..... |

21. Fragment de la loi municipale de Lauriacum
(a. 211-213 après J.-C.).

Inscription sur bronze découverte en 1906 à Enns (Autriche) sur l'emplacement du camp de la légion en garnison à Lauriacum en Norique et publiée par M. Bormann, *Iahreshefte des oester. arch. Inst. in Wien*, IX, 1906, pp. 315-324, avec un fac-simile (Bruns, n° 33 *a* ; Riccobono, n° 23). Elle se compose seulement de cinq lignes dont la cinquième révèle sa date en rapportant les titres portés par Antonin Caracalla entre 211 et 213, mais dont les quatre premières reproduisent, avec quelques variantes une disposition contenue dans le c. 25 de la loi de Salpensa. C'est donc sans

---

1. Pline, *N. H.*, 33,4,69 : Quod effossum est, tunditur lavatur, uritur molitur. Cf. Flach, p. 680. — 2. Fin du second exemplaire. — 3. Cf. ligne 39.

doute un débris d'un statut municipal qui fut probablement donné à ce municipe par Caracalla. Il a l'intérêt d'attester ainsi entre le temps de Domitien et celui de Caracalla cette permanence du type des lois municipales qu'atteste auparavant le rapprochement des lois de Tarente, de Genetiva, de Malaca et de Salpensa. Nous avons ici comme ailleurs imprimé la partie conservée du texte en caractères romains et la partie restituée en italiques ; mais, pour faire ressortir la symétrie des deux dispositions, nous avons mis entre crochets brisés tout ce qui se retrouve dans le c. 25 de la loi de Salpensa.

< *Ex II viris qui in eo municipio j(ure) d(icundo) praeerunt uter postea* > *municipes incolasque causa armatos educet* [1] aliave qua causa et necessitate < *ex eo municipio proficiscetur neque eo die in id municipium esse se rediturum* arbitrabitur quem *praefectum municipi ex decurionibus conscriptisque relinquere volet non minorem quam* annorum XXXV > [2] *praesentibus decurionibus conscriptisque non minus*... < *facito ut is* >... *sicut hac lege cautum comprehensumque est* [3], < juret per Jovem et divom Aug. > ceterosque divos omnes < *et genium imp. Caesaris* > *M. Aurelii Antonini* Pii Aug(usti) Part(ici) max(imi) Brit(annici) *max(imi)* < *deosque Penates* >...

22. Diplômes militaires

Leges datae impériales concédant à des soldats dont le temps de service arrivait à son terme, certains privilèges : s'ils étaient Romains, le *conubium* avec la première femme qu'ils épouseraient après leur congé ; s'ils ne l'étaient pas, le droit de cité pour eux et leurs enfants et le *conubium* avec leur femme actuelle, ou, lorsqu'ils n'en avaient pas encore, avec la première femme qu'ils épouseraient par la suite. La concession était faite en bloc à tous les soldats d'une même catégorie par une décision commune qui était gravée sur une table de bronze et affichée à Rome. Mais il en était en outre rédigé pour chaque soldat un extrait authentique gravé sur deux plaques de bronze, de façon à faire une sorte de carnet dont les deux faces intérieures contenaient le diplôme écrit sur toute leur largeur et dont les faces extérieures portaient l'une une reproduction du texte et l'autre les cachets et les noms de sept

---

1. Restitution conjecturale de Bormann fondée sur le rapprochement de la loi de Genetiva, c. 103 : 'Quicumque in col. Gen. II vir praef. ve j(ure) d(icundo) praeerit... colonos incolas contributosque causa armatos educere decuriones censuerint'. — 2. La loi de Salpensa, c. 25, transpose simplement les mots en écrivant 'non minorem quam annorum XXXV ex decurionibus conscriptisque relinquere volet' au lieu de 'ex decurionibus conscriptisque relinquere volet non minorem quam annorum XXXV'. — 3. Cf. loi de Malaca, c. 54 ; de quo hac lege cautum conprehensumque est ; c. 57 : uti supra conprehensum est.

témoins (voir sur cette disposition Paul, *Sent.*, 5, 25, 6, et la figure de Bruns, pp. 423-426). Il ne nous a été transmis que des restes insignifiants de constitutions originales de cette espèce ; au contraire, le nombre des extraits individuels que nous en possédons et que l'on désigne communément sous le nom de diplômes militaires s'augmente tous les jours. Des recueils en ont été dressés par M. Léon Renier, *Recueil des diplômes militaires*, 1876 (inachevé), et surtout par M. Mommsen, d'abord *C. I. L.*, III, pp. 843-919, puis en 1893, dans un premier supplément du *C.I.L.*, III, *Suppl.*, pp. 1955-2038, où il a donné avec le texte des titres découverts dans l'intervalle une édition entièrement refondue de son premier commentaire et un tableau complet de tous les diplômes connus, alors au nombre de 97, et enfin, en 1902, dans un second supplément du *C. I. L.*, III, *Add.*, pp. 2122-2214, 2328, 64-72, où il a publié quinze nouveaux diplômes portant le chiffre total à 112. Il est aujourd'hui porté à 116 par la découverte de quatre autres diplômes des années 78 (*An. ép.*, 1906, n° 99), 120 (*An. ép.*, 1909, n° 105), 194 (*An. ép.*, 1908, n° 46) et 222 (*An. ép.*, 1908, n° 202) et même à 117, si l'on considère le diptyque de Philadelphie rapporté parmi les constitutions impériales, n° 6, comme contenant à la suite de l'édit de Domitien la copie d'un diplôme de l'an 93. Cf. Karlowa, *R. R. G.*, 1, pp 626-628 ; Cagnat, *Cours d'épigraphie latine*, 3ᵉ éd., 1898, pp. 273-278 ; Krueger, *Sources*, pp. 307 et 322 ; Riccobono, *Fontes*, 1, pp. 181-184. Nous donnons, comme Bruns, deux exemples de ces carnets ou diptyques, l'un relatif à un citoyen, de l'an 76 (*C. I. L.*, III, p. 853 ; Bruns, n° 99), l'autre relatif à un pérégrin, de l'an 71 (*C. I. L.*, III, p. 850 ; Bruns, n° 98). — Nous rapprochons de ces diplômes, par opposition et comme terme de comparaison, un troisième titre d'ordre différent. C'est un diptyque dont il ne subsiste qu'une tablette, découvert au musée du Caire par M. Seymour de Ricci et commenté par lui et moi *N. R. H.*, 1906, pp. 478-479, 487-490. Ce n'est pas un diplôme militaire où l'empereur confère le droit de cité ou le *conubium* à des soldats, mais un acte constatant le congé accordé à la fin d'un bon service par le général (*honesta missio*) et précisément pour cela gravé non pas sur bronze, mais sur des tablettes de bois enduite de cire et contenant simplement la relation du congé et la souscription du général. Suivant l'interprétation que nous avons proposée et qui a été adoptée par MM. Mitteis, *Z. S. St.*, 27, 1906, p. 359 ; Wilcken, *Arch. f. P.*, 4, 1-2, 1907, p. 233 et Gradenwitz, dans Bruns, n° 100, c'est aux congés de ce genre que se rapporte la mention des vétérans χωρὶς χαλχῶν, c.-à-d. *sine aere* contenue dans *B. G. U.*, 113 et 265, et précédemment expliquée par des hypothèses plus compliquées, toujours défendues par M. Riccobono. *Fontes*, 1, pp. 182-184. V. cependant aujourd'hui en sens différent Wilcken, *Grundzüge*, p. 399-400. Cf. encore S. de Ricci, *R. Arch.*, 1911, 1, p. 375. Nous reproduisons le texte de M. S. de Ricci, avec une correction importante proposée par M. Wilcken, *Arch. f. P.*, 5, 3, 1911, p. 635, n. 1 et *Chrestomathie*, n° 457.

A. Diplôme d'un soldat pérégrin (an 71 après J.-C.).

Imp. Caesar Vespasianus Aug(ustus), pont(ifex) max(imus), tribunic(ia) pot(estate) II, imperator VI, p(ater) p(atriae), co(n)s(ul) III, desig(natus) IIII.

Veteranis [1], qui militaverunt [2] in classe Ravennate sub Sex. Lucilio Basso, qui sena et vicena [3] stipendia aut plura meruerunt et sunt deducti in Pannoniam [4] quorum nomina subscripta sunt, ipsis liberis posterisque eorum [5] civitatem [6] dedit et conubium cum uxoribus, quas tunc habuissent, cum est civitas is data, aut si qui caelibes essent, cum iis quas postea duxissent, dumtaxat, singuli[s] singulas.

Non(is) April(ibus), Caesare Aug(usti) f(ilio) Domitiano, Cn. Pedio Casco co(n)s(ulibus).

Platori Veneti f(ilio), centurioni, Maezeio.

Descriptum et recognitum ex tabula aenea, quae fixa est Romae in Capitolio ad aram gentis Juliae [7], de foras podio sinisteriore, tab(ula) I pag(ina) II loc(o) XXXXIIII [8].

B. Diplôme d'un soldat citoyen (an 76 après J.-C.).

Imp. Caesar Vespasianus Augustus, pontifex maximus, tribunic(ia) potestat(e) VIII, imp(erator) XVIII, p(ater) p(atriae), censor, co(n)s(ul) VII, design(atus) VIII.

Nomina speculatorum qui in praetorio meo militaverunt, item [9] militum qui in cohortibus novem praetoriis et quattuor urbanis, subjeci, quibus fortiter et pie militia functis jus

---

1. D'autres diplômes : 'equitibus et peditibus' ; 'trierarchis et remigibus' ; 'classicis'. — 2. D'autres : ' qui militant'. — 3. Chez les soldats de la flotte, 26 et plus tard 28 *stipendia* ; chez les soldats auxiliaires, 25 ; les légionnaires, 20 ; les prétoriens, 16. — 4. D'autres diplômes : 'et sunt dimissi honesta missione' ; 'emeritis et dimissis honesta missione' ; ou, joint à ce qui suit : 'honestam missionem et civitatem dedit' ; d'autres encore : 'qui militant... it·m dimissis honesta missione'. — 5. La clause : 'ipsis posterisque eorum', qui se trouve dans tous les diplômes antérieurs à 145, disparaît à partir de cette date, probablement à la suite d'un changement de législation excluant de l'acquisition de la cité les enfants déjà nés (cf Mommsen, *C. I. L.*, III, *suppl.*, p. 2015, et Gaius, 1, 57) ; à partir de l'an 217, on trouve la formule : 'ipsis filiisque eorum, quos susceperint ex mulieribus, quas secum concessa consuetudine vixisse probaverint'.— 6. D'autres ajoutent : 'Romanam qui eorum non haberent'. — 7. D'autres diplômes indiquent d'autres lieux ; depuis Domitien, ils portent tous : 'In muro post templum divi Augusti ad Minervam'. — 8. Suivent, sur la table extérieure, les noms des sept témoins dont les cachets étaient apposés sur le lien qui fermait le diptyque et qui, comme le soldat naturalisé, sont tous d'origine dalmate. — Les mots 'Non(is) Aprilibus... Maezeio', et 'in Capitolio'... jusqu'à la fin sont moins profondément gravés dans les deux textes, et l'ont été, pense Mommsen, *C.I.L.*, III, p. 904, cf. *suppl.*, p. 2009, après la vérification faite par les témoins. — 9. Les autres diplômes de soldats des cohortes prétorien-

tribuo ¹ conubi ², dum taxat cum singulis et primis uxoribus, ut etiamsi peregrini juris feminas matrimonio suo junxerint, proinde liberos tollant, ac si ex duobus civibus Romanis natos. A(nte) d(iem) IV non(as) Decembr(es), Galeone Tettieno Petroniano, M. Fulvio Gillone co(n)s(ulibus).

Coh(ortis) VI pr(aetoriae) L. Ennio L. f. Tro(mentina) Feroci, Aquis Statellis.

Descriptum et recognitum ex tabula aenea, quae fixa est Romae in Capitolio in basi Jovis Africi.

C. *Honesta missio* D'UN CAVALIER PÉRÉGRIN (an 122 après J.-C.).

M. Acilio Av[am]iola et Pansa cos. pridie nonas Januarias. T. Haterius Nepos praef(ectus) Aeg(ypti) L. Valerio nostro equiti alae Vocontiorum turma Gaviana emerito honestam missionem dedit.

L. Valerio ³ s(upra) s(cripto) e(merito) h(onestam) m(issionem) dedi prid(ie) non(as).

nes ne mentionnent pas les speculatores.
1. Quand la lex émane de deux empereurs : 'subjecimus, tribuimus' — 2. Cf. Gaius, 1, 57. — 3. Conjecture de M. Wilcken qui demande lui-même un nouvel examen du texte. M. de Ricci a lu : '..rlegi' et restitue : '*P*erlegi o(mnia) s(upra) s(cripta) e(t) h(onestam) m(issionem) dedi'.

CHAPITRE II
SÉNATUS-CONSULTES.

Afin de ne pas grossir outre mesure les dimensions de ce recueil, nous en avons exclu tous les sénatus-consultes dont le texte nous a été transmis par le Digeste (sc. Vellaeanum, du temps de Claude ou de Néron, *D.*, 16, 1, 2, 1 ; sc. Ostorianum, antérieur à l'an 47, *D.*, 38, 4, 1, *pr.* ; sc. Trebellianum, de l'an 56, *D.*, 36, 1, 1, 1. 2 ; sc. Macedonianum, rendu sous Vespasien, donc entre 69 et 79, *D.*, 14, 6, 1 ; sc. Rubrianum, attribué à l'an 103, *D.*, 40, 5, 26, 7 ; sc. Juncianum, de l'an 127, *D.*, 40, 5, 28, 4 ; sc. Juventianum, de l'an 129, *D.*, 5, 3, 20, 6 ; sc. Orfitianum, de l'an 178, *D.*, 38, 17, 1, *pr.* 9, 12), et nous y reproduisons seulement quelques-uns des autres sénatus-consultes les plus connus ou les plus intéressants pour le droit privé. Le nombre en a, dans les dernières années, été très accru, surtout quant aux sénatus-consultes de langue grecque, dont on trouvera une liste s'étendant jusqu'à l'an 1888 et un texte fort bien établi dans la dissertation de M. Viereck, *Sermo Graecus quo senatus populusque Romanus magistratusque populi Romani usque ad Tiberii Caesaris aetatem in scriptis publicis usi sunt*, 1888, pp 1-54 (ajouter par ex. le sénatus-consulte de Tabae du temps de Sulla [?] publié par le même, *Hermès*, 25, 1890, pp. 145-148, et commenté par M. Mommsen, *Hermès*, 26, 1891, pp 624-631 et le sénatus-consulte de 642 ou 643 sur les *artifices Graeci*, Bruns, n° 40). Parmi ceux de langue latine, nous citerons en outre : 1° comme transmis par des inscriptions, le sénatus-consulte *de Tiburtibus*, de l'an 595, ceux sur les jeux séculaires, des années 737 et 800, l'*oratio* de Claude sur la concession du *jus honorum* aux habitants de la *Gallia comata*, celui de l'an 138 sur l'ouverture de marchés à Begua en Tunisie, celui de Cyzique, du milieu du second siècle, sur l'autorisation d'une association de jeunes gens, un sénatus-consulte relatif à la diminution des frais des jeux rendu sous Marc-Aurèle et Commode entre l'an 176 et l'an 178 et découvert en 1888 à Italica en Bétique, qui sont tous dans Bruns (ajouter le fragment de l'*oratio principis*, introductive du sc. d'Italica, *An. ép.*, 1909, n° 184, puis par ex. le sénatus-consulte du temps de Trajan rapporté dans l'inscription de Pergame, *C. I. L.*, III, *suppl.* 7086, et le petit fragment de sénatus-consulte de l'an 731, *C. I. L.*, VI, 32272) ; 2° comme transcrits dans les ouvrages littéraires, ceux sur l'expulsion des philosophes et des rhéteurs de 593 (Suétone, *De clar. rhet.*, 1) et sur l'attribution du nom d'Auguste au mois de *sextilis* (Macrobe, *Sat.*, 1, 12, 35) que l'on trouvera également dans Bruns, ainsi que l'une des *auctoritates senatus*, c'est-à-dire des sénatus-consultes frappés d'intercession, de 703, rapportées dans Cicéron, *Ad fam.*, 8, 8, 6. 7. 8. — M. Huebner a donné, *De senatus populique Romani actis* (Fleckeisen, *Iahrbücher für classische Philologie*, Supplementband 3, 1859, p. 623 et ss.) une liste complète des sénatus-consultes connus au moment où il écrivait.

1. Sénatus-consulte des Bacchanales (an 568 de Rome).

C. I. L., I, 196 = X, 104 ; Bruns, n° 36 ; Riccobono, n° 27. Table de bronze découverte en 1640 à Tiriolo, dans l'ancien territoire des Bruttii, et conservée aujourd'hui à Vienne. Elle contient le texte officiel du sénatus-consulte relatif à la conjuration des Bacchanales (cf. Tite-Live, 39, 8-19), suivi d'une lettre des consuls invitant les autorités de l'*ager Teuranus* (Tiriolo) à le faire afficher et exécuter.

Q. Marcius L. f., S (p.) Postumius L. f., cos. senatum consoluerunt n(onis) Octob. apud aedem Duelonai. Sc(ribendo) arf(uerunt) M. Claudi(us) M. f., L. Valeri(us) P. f., Q. Minuci(us) C. f.

De Bacanalibus quei foideratei esent ita exdeicendum censuere :

Neiquis eorum *B*acanal habuise velet ; sei ques esent, quei sibei deicerent necesus ese Bacanal habere, eeis utei ad pr(aitorem) urbanum Romam venirent, deque eeis rebus, ubei eorum ver*b*a audita esent, utei senatus noster decerneret, dum ne minus senatoribus C adesent *quom e*a res cosoleretur.

Bacas vir nequis adiese velet ceivis Romanus neve nominus La*t*ini neve socium quisquam, nisei pr(aitorem) urbanum adiesent, isque *d*e senatuos sententiad, dum ne minus senatoribus C adesent quom ea res cosoleretur, jousiset[1]. Ce*n*suere.

Sacerdos nequis vir eset ; mag*i*ster neque vir neque mulier quisquam eset. — Neve pecuniam quisquam eorum comoine*m* *h*abuise ve*l*et ; neve magistratum, neve pro magistratu*d*, neque virum *neque mu*lierem quiquam fecise velet. — Neve post hac inter sed conjourase *neve* comvovise neve conspondise neve conpromesive velet, neve quisquam fidem inter sed dedise velet. Sacra in *o*quoltod ne quisquam fecise velet ; — neve in poplicod neve in preivatod neve exstrad urbem sacra quisquam fecise velet, — nisei pr(aitorem) urbanum adieset, isque de senatuos sententiad, dum ne minus senatoribus C adesent quom ea res cosoleretur, jousiset[1]. Censuere.

Homines plous V oinvorsei virei atque mulieres sacra ne quisquam fecise velet, neve inter ibei virei plous duobus, mulieribus plous tribus arfuise velent, nisei de pr(aitoris) urbani senatuosque sententiad, utei suprad scriptum est.

Haice utei in coventionid exdeicatis, ne minus trinum noundinum, senatuosque sententiam utei scientes esetis — eorum sententia ita fuit : 'sei ques esent, quei avorsum ead fecisent, quam suprad scriptum est, eeis rem caputalem faciendam censuere' — atque utei hoce in tabolam ahenam inceideretis, ita senatus aiquom censuit, uteique eam figier joubeatis,

1. Le bronze défendu par Weisbrodt et suivi par Riccobono : ' jousisent '.

ubei facilumed gnoscier potisit ; — atque utei ea Bacanalia, sei qua sunt, exstrad quam sei quid ibei sacri est, ita utei suprad scriptum est, in diebus X, quibus vobeis tabelai datai erunt, faciatis utei dismota sient. — In agro Teurano.

2. SÉNATUS-CONSULTE SUR LE PAGUS MONTANUS

C. I. L., VI, 3823 = VI, 31577. Dessau, 6082. Bruns, n° 44. Table de marbre écrite sur les deux faces, trouvée à Rome en 1875 et contenant un fragment d'un sénatus-consulte du temps de la République, sur la défense de déposer des ordures ou des décombres dans une certaine zone située en dehors des murs, dans le quartier de la porte Esquiline. On remarquera la sanction donnée au sénatus-consulte par voie de *manus injectio* et de *pignoris capio*. — Nous joignons, comme M. Mommsen, à ce sénatus-consulte un édit du préteur, probablement, d'après la formule employée, du préteur urbain (cf. Tertullien, *De Pud.*, 1 ; Suétone, *Caes.*, 80 ; *Vitell.*, 14), découvert un peu plus tard en deux exemplaires dans la même région (*C. I. L.*, VI, 31614. 31615 ; Mommsen, *loc. cit.* ; Dessau, 8208) et dans lequel, ainsi que dans bien d'autres exemples (cf. *D.*, 38, 14, 1. 18, 1, 2, 1. 40, 5, 26, 7. 40, 5, 28, 4), le préteur paraît intervenir pour mettre à exécution l'ordre du sénat, et une autre inscription encore plus laconique simplement peinte sur le dernier cippe. — Cf. sur les deux titres, Mommsen, au *C. I. L.* et dans Bruns ; Lanciani, *Bull. arch. comm.*, 1882, p. 159. 1884, p. 58 ; O. Richter, *Topographie der Stadt Rom*, 2ᵉ éd., 1901, p. 305 ; C. Re, *Archivio*, 17, pp. 3-23 ; P. Collinet, *Saisie privée*, 1893, pp. 56-59.

I... eisque curarent tu*erenturque a*rbitratu aedilium pleibeium, *quei*comque essent, neive ustrinae in eis loceis regionibusve, nive foci ustrina*e* caussa fierent, nive stercus terramve intra ea loca fecisse conjecisseve veli*t* quei haec loca ab paa*g*o Montano *redempta habebit* ; *et uti, si qui stercus in eis loceis fecerit terramve in ea* loca jecerit, in *eum HS...*[1] manus injectio pignorisq(ue) ca*p*io siet.

II. 1. L. Sentius C. f. pr(aetor) de sen(atus) sent(entia) loca terminanda coer(avit).

B(onum) f(actum). — Nei quis intra terminos propius urbem ustrinam fecisse velit neive stercus cadaver injecisse velit.

2. Stercus longe aufer, ne malum habeas.

3. SÉNATUS-CONSULTES RELATIFS AUX AQUEDUCS (an 743 de Rome).

Le traité des eaux de la ville de Rome publié par Frontin, duquel nous avons déjà tiré, p. 105, le texte de la loi Quinctia de l'an 745, donne également aux cc. 100, 104, 106, 108, 125, 127, six sénatus-consultes de l'an 743, rendus à l'occasion de la réorganisa-

---

1. C. Re : 'in *eum quis volet*' ; Collinet : 'in *eum q(ui) vol(et) n(ummum)*.

tion du service des eaux opérée alors par Auguste. Bruns a reproduit celui du c. 127, relatif à l'espace qui devait être laissé libre autour des travaux et à la répression des infractions ; Giraud, le même sénatus-consulte du c. 127 et celui, moins intéressant, du c. 106, relatif aux prises d'eau concédées aux particuliers sur les aqueducs publics ; M. Riccobono, les six. Nous donnons ici, outre celui du c. 127, celui du c. 125, qui joue un rôle dans l'histoire de l'expropriation pour cause d'utilité publique.

I. c. 125. Quod Q. Aelius Tubero, Paulus Fabius Maximus co(n)s(ules) v(erba) f(ecerunt) de rivis, specibus, fornicibus aquae Juliae, Marciae, Appiae, Tepulae, Anienis reficiendis q(uid) d(e) e(a) r(e) f(ieri) p(laceret).

d(e) e(a) r(e) i(ta) c(ensuerunt) : uti cum ii rivi *specus* fornices quos Augustus Caesar se refecturum impensa sua pollicitus senatui est, reficerentur, ex agris privatorum terra limus lapides testa harena ligna ceteraque quibus ad eam rem opus esset, unde quaeque eorum proxime sine injuria privatorum tolli sumi portari possint viri *boni* arbitratu aestimata darentur tollerentur sumerentur exportarentur, et ad eas res omnes exportandas earumque rerum reficiendarum causa, quotiens opus esset, per agros privatorum sine injuria eorum itinera actus paterent darentur.

II. c. 127. Quod Q. Aelius Tubero, Paulus Fabius Maximus co(n)s(ules) v(erba) f(ecerunt), aquarum quae in urbem venirent itinera occupari monumentis et aedificiis et arboribus conseri, q(uid) f(ieri) p(laceret),

d(e) e(a) r(e) i(ta) c(ensuerunt) : cum ad reficiendos rivos specusque per*tineat, ut spatium circa eos pateat neve quicquam ad eos ponatur, quo impediantur* aquae [1] et opera publica corrumpantur, placere, circa fontes et fornices et muros *extra urbem* [2], utraque ex parte quinos denos pedes patere, et circa rivos qui sub terra essent et specus *intra* urbem *et urbi* [3] continentia aedificia utraque ex parte quinos pedes vacuos relinqui ita, ut neque monumentum in is locis neque aedificium post hoc tempus ponere neque conserere arbores liceret : si quae nunc essent arbores intra id spatium, exciderentur, praeterquam si quae villae continentes et inclusae aedificiis essent. Si quis adversus ea conmiserit, in singulas res poena HS dena milia essent, ex quibus pars dimidia praemium accusatori daretur, cujus opera maxime convictus esset qui adversus hoc S. C. commisisset, pars autem dimidia in aerarium redi-

---

1. Supplément de Mommsen. — 2. Supplément de Buecheler. — 3. Buecheler ; le ms.: extra urbem.

geretur ; deque ea re judicarent cognoscerentque curatores aquarum.

4. Sénatus-consultes Hosidien (44-46 après J.-C.)
et Volusien (56 après J.-C.).

C. I. L., X, 1401 ; Bruns, n° 54 ; Dessau, 6043. Table de bronze contenant le texte de deux sénatus-consultes relatifs aux ventes de propriétés bâties, découverte à Herculanum vers l'an 1600 et dont il n'existe plus aujourd'hui que des copies. Le premier sénatus-consulte, le sénatus-consulte Hosidien, rendu sous l'inspiration de Claude entre les années 44 et 46, est dirigé contre l'industrie de ceux qui achètent des maisons pour les démolir et en vendre les matériaux, et il punit ce trafic en déclarant la vente nulle, quant au vendeur, et en prononçant contre l'acheteur une amende égale au double du prix, sans préjudice de la confiscation éventuelle de l'immeuble. Le sénatus-consulte Volusien, rendu, sous Néron, en l'an 56, au sujet d'un cas particulier, dispose que le sénatus-consulte Hosidien s'applique exclusivement lorsque la vente de constructions en ruines destinées à être démolies a lieu dans un but de spéculation. Les deux sénatus-consultes ont été commentés, malheureusement d'après une copie défectueuse, par Bachofen, *Ausgewählte Lehren des Römischen Civilrechts*, 1848, pp. 185-227.

I. Cn. Hosidio Geta, L. Vagellio cos. X k. Octobr. S. C.

Cum providentia optumi principis tectis quoque urbis nostrae et totius Italiae aeternitati prospexerit, quibus ipse non solum praecepto augustissimo sed etiam exemplo suo prodesset, conveniretq(ue) felicitati saeculi instantis pro portione publicorum operum etiam privatorum custodire, deberentque apstinere se omnes cruentissimo genere negotiationis, ne*que* inimicissimam pace faciem inducere ruinis domum villarumque, placere : si quis negotiandi causa emisset *quod*quod aedificium, ut diruendo plus adquireret quam quanti emisset, tum duplam pecuniam, qua mercatus eam rem esset, in aerarium inferri, utique de eo nihilo minus ad senatum referretur. Cumque aeque non oportere*t* malo exemplo vendere quam eme*re*, *ut* venditores quoque coercerentur, qui scientes dolo malo *contra* hanc senatus voluntatem vendidissent, placere : tales venditiones inritas fieri. Ceterum testari senatum, dominis *nihil* constitui, qui rerum suarum possessores futuri aliquas *partes* earum mutaverint, dum non negotiationis causa id factum *sit*.

Censuere. In senatu fuerunt CCCLXXXIII.

II. Q. Volusio, P. Cornelio cos. VI non. Mart. S. C.

Quod Q. Volusius, P. Cornelius verba fecerunt de postulatione necessario*rum* Alliatoriae Celsil*la*e, q(uid) d(e) e(a) r(e) f(ieri) p(laceret),

d(e) e(a) r(e) i(ta) c(ensuerunt) :

Cum S. C., quod factum est Hosidio Geta et L. Vagellio cos. clarissimis viris, ante d*iem* X k. Oct. auctore divo Claudio, cautum esset, ne [1] quis domum villamve dirueret, quo *plus* sibi adquireret, neve quis negotiandi causa eorum quid emeret venderetve, poenaq(ue) in emptorem, qui adversus id S. C. fecisset, constituta esset, *ut* qui quid emisset duplum ejus quanti emisset in aerarium inferre cogeretur et ejus qui vendidisset inrita fieret venditio, de iis autem, qui rerum suarum possessores futuri aliquas partes earum mutassent, dum modo non negotiationis causa mutassent, nihil esset novatum, et necessari Alliatoriae Celsil*la*e, uxoris Atilii Luperci ornatissimi viri, exposuissent huic ordini, patrem ejus Alliatorium Celsum emisse fundos cum aedificiis in regione Mu*ti*nensi, qui vocarentur campi Macri, in quibus locis mercatus a*gi* superioribus solitus esset temporibus, jam per aliquod annos desisset haberi, eaque aedificia longa vetustate dilaberentur neque refecta usui essent futura, quia neque habitaret in iis quisquam nec vellet in deserta *ac* ruentia commigrare : ne quid fraudi multae poenaeq(ue) esset Celsil*la*e, si ea aedificia, de quibus in hoc ordine actum esset, aut demolita fuissent, aut ea condicione sive per se sive cum agris vendidisset, ut emptori sine fraude sua ea destruere tollereque liceret ; in futurum autem admonendos ceteros esse, ut apstinerent se a tam foedo genere negotiatio*nis*, hoc praecipue saeculo, quo excitari nova et ornari [in] universa, quibus felicitas orbis terrarum splenderet, magis conveniret, quam ruinis aedificiorum ullam partem deform*are* Italiae et adhuc retinere priorum temporum *incuriam quae universa affecisset* ita ut diceretur senectute ac tumu*lo jam rem Romanam perire*.

Censuere. In senatu *fuerunt*...

5. Orationes de Claude sur l'age des récupérateurs et sur l'expédition des procès criminels (41-54).

Papyrus édité par MM. Gradenwitz et Krebs, *R. G. U.*, 611, et depuis publié ou commenté par MM. Blass, *Literarisches Centralblatt*, 1897, n° 21, p. 687 ; Mitteis, *Hermes*, 32, 1897, pp. 639-644 (et de nouveau, après une importante révision du texte due à M. Naber *Grundzüge*, pp. 279-280 et *Chrestomathie*. n° 370) ; Scialoja, *Bull. di D. R.*, 9, 1898, pp. 177-180 ; Dareste, *N. R. H.*,

---

1. Reproduit presque textuellement depuis ce mot, jusqu'aux mots *de iis autem qui rerum* .. par Paul, *54 ad ed.,* D., 18, 1, 52.

22, 1898, pp. 685-689, reproduit avec quelques remaniements *Nouvelles études d'histoire du droit*, 1902, pp. 207-211 ; Riccobono, n° 40 ; Gradenwitz dans Bruns, n° 53 ; Brassloff, *Z. S. St.*, 22, 1901, pp. 169-179. Contient des parties d'au moins deux *orationes* impériales qui ne peuvent être antérieures à Caligula, car la première connaît les cinq décuries de jurés dont la 5ᵉ fut créée par Caligula (Suétone, *Gaius*, 32), ni très postérieures à Claude, car la seconde est manifestement antérieure aux dispositions du sénatus-consulte Turpilien rendu en l'an 61 (Tacite, *Ann.* 14. 49) et qui, d'après leur style, sont probablement toutes deux de Claude, comme ont pensé les premiers éditeurs.

Les sept premières lignes de la première colonne contiennent la fin d'une *oratio* qui règle l'âge des récupérateurs à l'imitation de celui des *judices*, en invoquant la loi Plaetoria et en signalant leur compétence en matière de *causa liberalis*. Ainsi que l'avait relevé M. Mitteis, la principale difficulté de son interprétation est qu'elle paraît déclarer les mineurs incapables d'être récupérateurs jusqu'à 24 ans en invoquant la loi Plaetoria qui les rend incapables jusqu'à 25 ans. Des deux seuls auteurs qui aient essayé de lever la difficulté, MM. Dareste et Brassloff, M. Dareste avait d'abord supposé que l'incapacité de la loi Plaetoria, quoique durant jusqu'à 25 ans, ne serait plus invoquée après 24 ; M. Brassloff a proposé une interprétation plus satisfaisante et qui paraît maintenant admise par M. Dareste, en rattachant les discordances apparentes du texte à la méthode de calcul selon laquelle l'année commencée est réputée accomplie, méthode de calcul qui est surtout admise en droit public (v. par exemple Mommsen, *Droit public*, 2, pp. 235-236), mais dont on trouve également des traces en droit privé pendant une certaine période. La restitution donnée ici a été établie en partant de cette idée ; mais nous avons indiqué dans les notes toutes les conjectures proposées par les divers interprètes.

Le reste du papyrus est occupé par les débris d'une autre *oratio* relative aux poursuites criminelles intentées devant les *quaestiones*. Malgré les lacunes du texte, on voit clairement que l'empereur expose que l'interruption des procès produite par les vacances judiciaires préjudicie aux accusés et permet même certaines fraudes aux accusateurs malhonnêtes, et qu'il propose en conséquence de décider que les affaires criminelles en cours ne seront pas suspendues pendant les vacances (*prolatis rebus*). M. Mitteis croit apercevoir à la 3ᵉ colonne les vestiges d'une 3ᵉ *oratio*.

A. ORATIO SUR LA CAPACITÉ DES RÉCUPÉRATEURS.

I. 1.   *Quia eos qui annum vicesimum quintum nondum ingressi |
fuerunt* [1] *grave videtur quinque decuriis injungi, | opinor* [2] *id*

1. Restitution quant au sens. On pourrait supposer également '*quia minores XXV annis, id est qui nondum annum vicesimum quintum ingressi fuerunt ou qui nondum annos viginti quattuor compleverunt* '. ou encore une autre formule du même sens visant explicitement la loi Julia sur l'âge des jurés. M. Mitteis propose, *Hermes* : *quia... minores XXV annis grave*, ou *quia jam ex sententia Juliae legis adolescentes grave*, Chreslom.: *quoniam grave*. — 2. Mitteis ; Dareste : *velim*.

certe facere ut caveatis ne quis | *nisi major* [1] quattuor et viginti annorum reciperator | *sortiatur* [2] ; neque enim inicum est, ut puto, hos || *vetari causas* [3] servitutis *libertatisque* judicare *qui vel ad* res [4] suas agendas nihil legis Laetoriae | *proficiant* [5] auxilio.

B. ORATIO SUR L'EXPÉDITION DES PROCÈS CRIMINELS.

....ulo [6], p(atres) c(onscripti), saepe quidem et alias sed hoc | *maxime tempore* animadvertisse [7] me mirificas || *accusatorum* artes qu*i*, subscripto judicio cum |

Suivent 11 lignes perdues sauf quelques lettres des finales [8] ; la 11e finit par ore ne

tenuisse caussam petitori expediat. | *Hae* ne [pro]cedant artes male agentibus, si | vobis videtur, p(atres) c(onscripti), decernamus ut, etiam | prolatis rebus, iis judicibus necessitas judicandi || imponatur qui intra rerum agendarum dies | incohata judicia non peregerint. Nec *non* | defuturas ignoro fraudes monstrose agentibus | multas, adversus quas excogita*bi*mus, spero, | remedia. Interim hanc praeclusisse || nimium volgatam omnibus malas lites | habentibus satis est. Nam quidem accu | satorum regnum ferre nullo modo possum, | qui, cum apud curiosum consilium inimicos suos | reos fecerunt, relincunt eos in albo pendentes || et ipsi tanquam nihil egerint peregrinantur, | cum rerum magis natura quam leges *tam* | accusatorem quam reum *copulatum constric* | *tum*que *habeat*. Adjuva*nt* quidem hoc | [consili] pro*positum* accusa*torum* et reorum || del*i*ciae [9], q*uo minus* invidiosum sit eorum | tale factum qui jam squalorem sumere | barbam*que* et capillum *sum*mittere |

sua caussa quo magis miserab*ilis sit, non* | fastidiunt sed

1. Blass, suivi par Riccobono, dubitativement par Mitteis, *Hermes* : *minor* ; Dareste, suivi par Brassloff : *nisi*... — 2. Mitteis : *sumatur, addicatur* : les éditeurs suivis par Dareste et Brassloff : *detur*. — 3. Mitteis, *Chrestom.* ; les éditeurs, suivis par Mitteis, *Hermes* : *prohiberi caussas* ; Dareste, *N. R. H.* : *permitti causas* ; *Nouvelles études* : *tantum caussas* ; Brasloff : *caussas*. — 4. Les éditeurs, suivis par Mitteis, *Hermes* et Dareste : *qui vel ad lites* ; Brassloff : *qui lites* ; le ms. d'après Naber : *res*. — 5. Mitteis, les éditeurs : *juventur* ; Dareste, suivi par Brassloff ; *egeant* ; mais voir *Hermes*, p. 640, les critiques de Mitteis contre le 1er verbe qui sont pareillement applicables au second. — 6. Naber : *sedulo* ? ; les éditeurs : *puto*. — 7. Dareste ; le ms. ani... a advertisse. — 8. Les dix autres lignes finissent par : m judicem, et nec, s. inter, stet, on. profi, cite, giunt, orem. est, antur, ae, ore. ne. Le déchiffrement et la restitution de tout ce qui suit ont été très améliorés par M. Naber. — 9. M. Mitteis conjecture une faute de copie pour '*delirium*'.

videant.. i..i. sibi. a.... | data instrumenta mis¹........ |
accusatoribus quidem ....am....... || hanc² regni im-
5. pot... ut potestatem | faciamus praetori, praeteritis inquisi-
tionis | diebus, vocandi accusatorem et, si neque a | derit
neque excusabitur, pronontiet calumniae | caussa negotium
10. fecisse videri eum. || Haec, p(atres) c(onscripti), si vobis placent,
statim significabo | simpliciter et ex animi mei sententia, sin
| displicent, alia[m] reperite.. sed hic intra | templum reme-
dia aut si ad cogitandum... | voltis sumere tempus fortas-
15. se laxius, sumite || dum quocumque loci...... fueritis... |
memineritis vobis dicendam esse sententiam ; | minime enim
decorum est, p(atres) c(onscripti), majestati | hujus ordinis hic
unum tantummodo me | consulem designatum inscriptam ex
20. || relatione consulum ad verbum dicere | sententiam, ceteros
unum verbum dicere : | adsentior ; deinde cum exierint : dixi-
mus³.

1. Naber propose : 'sed videant ne ipsi sibi a reis data instrumenta
mis'. — 2. Naber : ' accusatoribus quidem legem feramus censeo hanc re-
gni impotentis. — 3. A la dernière ligne : ὀρν = 1150, n° de l'acte.

CHAPITRE III

ÉDITS DES MAGISTRATS.

Nous réunissons dans ce chapitre deux catégories de documents : les édits du préteur et des édiles codifiés par Julien, qui ne nous ont pas été transmis directement, mais dont la restitution est aujourd'hui, quant aux grandes lignes, absolument certaine et est, pour l'intelligence des textes, infiniment plus indispensable que mille détails beaucoup plus familiers aux élèves de nos écoles ; ensuite quelques-uns des édits des magistrats qui nous ont été transmis par des inscriptions ou des papyrus : on en trouvera quelques autres, ainsi que des décrets sacerdotaux que nous avons dû omettre, dans Bruns, n°s 67-76. Ajouter, outre les édits des préfets d'Egypte signalés p. 174, la lettre du triumvir Marc-Antoine à l'assemblée locale de la province d'Asie conservée par un papyrus grec publié par M. Kenyon, *Classical Review*, 7, 1893, p. 476, et par M. Brandis, *Hermes*, 32, 1897, pp. 509-522, et attribuée par le premier à l'an 712 ou 713, par le second à l'an 721 ou 722 ; les deux exemplaires mutilés de la lettre de Paullus Fabius Maximus, proconsul d'Asie entre 744 et 753, sur la réforme du calendrier de la province, C. I. L., III, Add., 12240. 13651 ; les deux édits rendus par Germanicus pendant son voyage d'Egypte, l'an 19 ap. J. C., contenus dans le papyrus grec publié et commenté par MM. de Wilamowitz et Zucker, *Sitzungsberichte* de Berlin, 1911, pp. 749-821. — Cf. encore pour les inscriptions et les papyrus de langue grecque, Lafoscade, *De epistulis imperatorum magistratum Romanorum*, Lille, 1902, pp. 38-57, n°s 85-138, auxquels il faut joindre le n° 141 (Dittenberger, *Sylloge inscriptionum Graecarum*, II, 2e éd., 1900, n° 533) qui est un édit d'un proconsul d'Achaïe du temps des Sévères invitant la ville de Thisbé à affermer ses terres incultes par bail à long terme et très important pour l'histoire de l'emphytéose hellénique.

1. Édit du préteur.

L'édit du préteur urbain a, comme on sait, été codifié, sous le règne d'Hadrien (117-138), par le jurisconsulte Salvius Julien, à l'œuvre duquel un sénatus-consulte donna un caractère stable, probablement en enjoignant aux préteurs postérieurs d'y conformer leurs édits annuels (D., const. *Tanta*, § 18 ; const. Δεδωκεν, § 18 ; Victor, *De Caes.*, 19 ; Eutrope, 8, 17). L'année précise de cet événement n'est pas connue ; mais on peut, croyons-nous, l'enfermer entre les années 125 et 128 pour les raisons qui sont indiquées dans nos *Mélanges*, 1, pp. 214-248.

Quant au plan général de l'édit, pour la restitution duquel le principal instrument est fourni par l'ordre uniforme des commentaires sur l'édit d'Ulpien et de Paul, du commentaire sur l'édit provincial de Gaius, de la première partie du Digeste de Julien et d'autres sources moins abondantes, il n'y a plus désormais guère à recourir aux travaux antérieurs à ceux de Rudorff, *De juris dictione edictum, Edicti perpetui quae reliqua sunt*, 1869, et surtout de Lenel, *Das Edictum perpetuum*, 1883, dont une traduction française revue par l'auteur a été publiée en 2 vol. en 1901 et 1903 et une 2ᵉ édition allemande en 1907. Cf. Brinz. *K. V. I.*, 11, 1869, pp. 471-502, et *Z. S. St.*, 4, 1884, pp. 164-176 ; Glasson, *Etude sur Gaius*, 2ᵉ éd., 1885, pp. 271-302 ; Gradenwitz, *Z. S. St.*, 8, 1887, pp. 251-259 ; Karlowa, *R. R. G.*, 1, pp. 628-641 ; Krueger, *Sources*, pp. 113-124 ; Girard, *Mélanges*, 1, pp. 249-308, et les restitutions sommaires données tant par M. Lenel, dans Bruns, nᵒ 65 et *Pal.*, 2, pp. 1247-1256, que par M. Riccobono, nᵒ 59 ; l'ouvrage de M. Jousserandot, *L'Edit perpétuel restitué et commenté*, 2 vol. in-8, 1883, est dépourvu de toute valeur.

On peut tenir aujourd'hui pour établi que l'édit de Julien comprenait quatre parties principales, relatives, avec un grand nombre d'inversions et de digressions qu'explique en partie son caractère traditionnel, la 1ʳᵉ à l'introduction de l'instance jusqu'à la *litis contestatio*, la dernière à son exécution depuis la *sententia*, la 2ᵉ et la 3ᵉ aux diverses voies de droit principales séparées ainsi suivant un critérium moins clair, selon qu'elles sont soumises au *rerum actus* ou qu'elles peuvent être exercées pendant les vacances, pense aujourd'hui M. Lenel. Sans préjudice de cette division fondamentale, qui ne s'y manifestait peut-être pas extérieurement, le corps de l'édit se répartissait matériellement en un certain nombre de titres désignés par des rubriques et peut-être numérotés, dont chacun renfermait dans un ordre donné les édits particuliers et les modèles d'actions relatifs à chaque matière, avec cette différence que la formule n'est pas précédée d'un édit la promettant quand c'est la formule d'une action civile, tandis qu'elle l'est ordinairement quand c'est la formule d'une action prétorienne. Enfin cet édit principal en quatre parties, subdivisé en titres, est suivi d'une sorte d'appendice, contenant, dans trois derniers titres, les formules des interdits, des exceptions et des stipulations prétoriennes.

L'ordre ainsi donné aux matières dans le corps de l'édit, était déjà sensiblement le même avant la codification de Julien, prouvent à la fois les citations conservées avec indication de livres des commentaires de l'édit antérieur à Julien, l'ordre des chapitres de la loi Rubria et celui des abréviations édictales conservées par Probus. En revanche, l'édit antérieur à Julien différait, à notre avis, de celui de Julien en ce que les formules d'actions n'y étaient pas encore fondues, dans le corps de l'Album, avec les édits, mais au contraire rejetées dans un appendice spécial, symétrique à ceux des formules d'interdits, d'exceptions et de stipulations. V. Girard, *Mélanges*, 1, pp. 197-203, 211-213, 299-303 et les renvois.

A nous en tenir à l'édit de Julien, la restitution qu'on en trouvera ici procède directement de celles qui en ont été données par Lenel. En particulier, les différences qui la séparent de celle donnée par lui dans la 7ᵉ éd. de Bruns, comme jusqu'à un certain point de celles données par nous dans nos éditions antérieures, tiennent beaucoup moins aux divergences dans lesquelles nous nous trouvons avec lui sur quelques points particuliers qu'à la fidélité avec laquelle nous avons reproduit le plan et les divisions de son grand ouvrage transportés par lui moins intégralement dans ce qui était d'abord la révision d'un travail déjà fait par Bruns. Comme lui dans Bruns, nous avons transcrit au texte les édits dont les termes nous ont été transmis pour tout ou partie, en indiquant les formules conservées, dans les notes, avec les sources, en reproduisant à la marge les chiffres des commentaires de Paul et d'Ulpien et en signalant par des italiques les lettres et les mots qui ne se trouvent plus dans nos sources actuelles. Nous avons aussi, comme nous l'avions fait dans nos précédentes éditions et comme il le fait lui-même aujourd'hui, reproduit, malgré les incertitudes de détail et de numérotage, la division intégrale de l'édit en titres numérotés, en ayant d'ailleurs soin de distinguer par trois ordres de caractère : capitales ordinaires, capitales inclinées et lettres italiques, les rubriques de ces titres dont les termes nous sont attestés directement, celles pour lesquelles ils sont empruntés aux titres correspondants du Digeste et du Code et celles pour lesquelles ils sont simplement restitués quant au sens. Mais, à la différence de ce que Lenel fait dans Bruns et de ce que nous avions fait dans les éditions précédentes, nous avons, comme M. Riccobono, jugé le moment venu de faire un nouveau pas : c'est de reproduire aussi, malgré son caractère encore plus conventionnel, le numérotage donné, du commencement à la fin de l'Album, aux différentes dispositions de l'édit dans l'*Edictum* et la *Palingenesia*. Les chiffres donnés ici sont, sauf indication contraire, ceux de la 2ᵉ édition allemande de l'*Edictum*. Dans les cas assez rares où nous avons cru devoir nous écarter d'elle, soit que l'insuffisance des sources nous semblât rendre le classement trop hypothétique, soit qu'un ordre différent nous parût préférable à celui proposé présentement par M. Lenel, nous avons pu exprimer notre idée sans troubler le numérotage en mettant entre crochets, soit seuls, soit à la suite des chiffres préférés par nous, les chiffres actuels de M. Lenel.

I. AD MUNICIPALEM [1].

U. 1-3.
P. 1. 2

1. Si quis jus dicenti non obtemperaverit [2],...*judicium dabo* [3]. U. 1.
2. Si quis in jus vocatus... non ierit sive quis eum vocaverit, quem ex edicto non debuerit [4]...., *judicium dabo* [5].
P. 1.

3. *De damno infecto* — ... ejus rei ... dum ei, qui aberit, prius domum denuntiari jubeam..... In eum qui quid eorum, quae supra scripta sunt, non curaverit, quanti ea res est, cujus damni infecti nomine cautum non erit, judicium *dabo* [6].

4. De fugitivis [7].

[5.....] [8].

1. *Rubr. D.*, 50, 1. Lenel, *Edictum*, ed. 1 et 2 : *De his qui in municipio colonia foro jure dicundo praesunt* ; *Edit*, 1 : *Ad legem municipalem* ; mais v. p. 80. — 2. *Rubr. D.*, 2, 3. — 3. C'est à cet édit qu'ont été prises, à notre sens, pour les raisons indiquées, *Mélanges* 1, pp. 183-192, les articles de Probus, 5, 1 : jure dicundo praeerit ; 2 : juris dicundi causa ; 3 : quod recte factum esse videbitur ; 5 : dolo malo fraudisve causa ; 6 : judicium dabo. — 4. *Rubr. D.*, 2, 5. — 5. C'est probablement de cet édit que vient le long article de Probus, 5, 8 : quanti ea res erit tantae pecuniae judicium recuperatorium dabo testibus que publice duntaxat decem denuntiandi potestatem faciam. V. *Mélanges*, 1, pp. 190 et 195-197. — 6. *D.*, 39, 2, 4, 1. 5. 7. Probus, 5, 9 : quae supra scripta sunt. — 7. *D.*, 11, 4, 1, 4-8 — 8. Edit d'objet incertain admis par

6. *De vadimonio Romam faciendo* [1].

II. DE JURIS DICTIONE [2].

7. *De albo corrupto* [3].

8. Quod quisque juris in alterum statuerit, ut ispse eodem jure utatur [4]. — Qui magistratum potestatemve habebit, si quid in aliquem novi juris statuerit si*ve* qui*s* apud eum, qui magistratum potestatemve habebit, aliquid novi juris obtinuerit, quandoque postea adversario ejus postulante ips*um* eodem jure uti oportebit [5], praeterquam si quis eorum *quid* contra eum fecerit, qui ipse eorum quid fecisset [6].

III. DE EDENDO [7].

9..... Argentariae mensae exercitores *ei, qui juraverit non calumniae causa postulare edi sibi* rationem quae ad se pertineat, edent adjecto die et consule [8].... Argentario, eive, qui iterum edi postulabit, causa cognita edi jubebo [9].

IIII. DE PACTIS [10] *et conventionibus.*

10. Pacta conventa, quae neque dolo malo neque adversus leges plebis scita senatus consulta edicta *decreta* principum neque quo fraus cui eorum fiat facta erunt servabo [11].

V. DE IN JUS VOCANDO [12].

11. a. In jus vocati, ut eant aut *vindicem* dent [13].

b. Parentem, patronum patronam, liberos parentes patroni patronae in jus sine permissu meo ne quis vocet [14].

Lenel en supposant que Paul, *1 ad ed.*, ne pourrait déjà traiter de l'édit n° 6 ; mais v. p. 140, n. 1.

1. *D.*, 2, 11, 1 ; 50, 16, 3, *pr.*, 7 ; mais aussi, *D.*, 50, 16, 2 ; 4 ; 6, exclus par Lenel parce que cet édit n'aurait pu être traité par Paul à son livre 1, ni par Ulpien à son livre 3. V. *Mélanges*, 1, pp. 278-280. — 2.*Rubr. D.*, 2, 1. — 3. *D.*, 2, 1, 7, *pr.* — 4. *Rubr. D.*, 2, 2. — 5. *D.*, 50, 16, 8, *pr.* — 6. *D.*, 2, 2, 1, 1. 4. — 7. *Rubr. D.*, 2, 13. — 8. *D.*, 2, 13, 4, *pr.* cbn. 6, 2 ; 9, 3. — 9. *D.*, 2, 13, 6, 8. — 10. *Rubr. D.*, 2,14. — 11. *D.*, 2,14, 7, 7. Peut-être faut-il voir un débris d'une rédaction plus ancienne de cet édit dans la citation faite par Cicéron, *De off.*, 3, 24,92, du langage des préteurs relatif aux pactes : 'quae nec vi nec dolo malo facta sint'. — 12. Gaius, 4, 46.*Rubr. D.*, 2, 4. — 13. *Rubr. D.*, 2, 6 : 'In jus vocati ut eant aut satis vel cautum dent' ; cf. Gaius, 4, 46. — 14. *D.*, 2, 4, 4, 1. La formule corrélative à cet édit est rapportée par Gaius, 4, 46.

c... .. Si quis parentem, patronum patronam, liberos aut parentes patroni patronae, liberosve suos [eumve, quem in potestate habebit] [1], vel uxorem, vel nurum in *jus* [2] vocabit : qualiscumque *vindex* [3] accipiatur [4].

d.... In bona ejus, qui *vindicem* [5] dedit, si neque potestatem sui faciet neque defendetur, iri jubebo [6].

12. Ne quis eum, qui in jus vocabitur, vi eximat neve faciat dolo malo quo magis eximeretur [7].

13 ?

VI [8]. DE POSTULANDO [9].

U. 6.
P. 5.

14. *Qui omnino ne postulent.* — Minor annis decem et septem, surdus qui prorsus non audit.... ; si non habebunt advocatum ego dabo [10].

15. Qui pro aliis ne postulent [11]. — *Mulieres, caecus utrisque luminibus orbatus, qui corpore suo muliebria passus erit, qui capitali crimine damnatus erit, qui operas suas, ut cum bestiis depugnaret locaverit* [12]...

16. *Qui nisi pro certis personis ne postulent.* — Qui lege plebis scito senatus consulto edicto decreto principum nisi pro certis personis postulare prohibentur, hi pro alio, quam pro quo licebit, in jure apud me ne postulent [13]. Qui ab exercitu ignominiae causa ab imperatore eove, cui de ea re statuendi potestas fuerit, dimissus erit : qui artis ludicrae pronuntiandive causa in scaenam prodierit : qui lenocinium fecerit : qui in judicio publico calumniae praevaricationisve causa quid fecisse judicatus erit : qui furti, vi bonorum raptorum, injuriarum, de dolo malo et fraude suo nomine damnatus pactusve erit : qui *fiduciae* [14], pro socio, tutelae, mandati, depositi suo nomine [non

---

1. Mots interpolés. V. Eisele, *Z. S. St.*, 21, 1900, p. 6. V. le même article, p. 3 et ss. et Riccobono, p. 271, n. 3 sur l'interpolation probable des propositions commençant par *vel* comme celles qui suivent. — 2. D. : Judicium. — 3. D. : fidejussor judicio sistendi causa. — 4. D., 2, 8, 2, 2. — 5. D. : judicio sistendi causa fidejussorem. — 6. D., 42, 4, 2, pr., cf. D., 2, 8, 2, 5. — 7. Rubr. D., 2, 7, cbn. 2, 7, 3, 2 ; 4, 2. — 8. V. plus bas le fr. d'Ulpien, libro ad edictum sexto, qui pro aliis ne postulent, TITULO SEXTO. — 9. Ulpien, D., 3, 1, 1, pr. Rubr. D., 3, 1. — 10. D., 3, 1, 1, 3-4. Cf. pourtant sur la désignation du *minor* Gradenwitz chez Lenel, *Edictum*, et sur le mot 'advocatum' Alibrandi, *Opere*, p. 16. — 11. D., 3, 1, 1, 5-6. — 12. D., 3, 1, 1, 5-6. — 13. D., 3, 1, 1, 8. — 14. Gaius, 4, 182 et loi Julia, l. III. Les compilateurs ont aussi sans doute effacé d'autres causes de déchéances mentionnées dans la loi Julia, lignes 111-115, dont la présence dans cet édit est appuyée par les vraisemblances (loi Plaetoria ; *auctoratus*) ou

contrario judicio] damnatus erit : qui eam, quae in potestate ejus esset, genero mortuo, cum eum mortuum esse sciret, intra id tempus, quo elugere virum moris est, antequam virum elugeret, in matrimonium collocaverit eamve sciens [quis] uxorem duxerit non jussu ejus, in cujus potestate esset, et qui eum, quem in potestate haberet, eam, de qua supra comprehensum est, uxorem ducere passus fuerit ; quive suo nomine non jussu ejus, in cujus potestate esset, ejusve nomine quem quamve in potestate haberet bina sponsalia binasve nuptias [in]eodem tempore constitutas habuerit : qui ex his omnibus qui supra scripti sunt, in integrum restitutus non erit : pro alio ne postulent, praeterquam pro parente, patrono patrona, liberis parentibusque patroni patronae, liberisve suis, fratre sorore, uxore, socero socru, genero nuru, vitrico noverca, privigno privigna, pupillo pupilla, furioso furiosa, cui eorum a parente aut de majoris partis tutorum [1] sententia aut ab eo, cujus de ea re jurisdictio fuit, ea tutela curatiove data erit [2].

VII. De vadimoniis [3].

U. 7.
P. 6-7.

[17-18.]

19. Qui satisdare cogantur vel jurato promittant vel suae promissioni committantur [4].

[20.]

21. Si ex noxali causa agatur, quemadmodum caveatur [7].
— ...... in eadem causa eum exhibere in qua tunc est, donec judicium accipiatur [5].

[22.]

23. De eo per quem factum erit, quo minus quis *vadimonium* sistat [5].

[24 *bis*.]

même par les restes des commentaires (déclaration d'insolvabilité : *D.*, 50, 16, 10-12 ; *depensum* : *D.*, 3, 2, 6, 5 ; sur l'interpolation du *contrarium judicium*, v. Appleton, *R. gén.*, 1900, p. 223).

1. V. contre la correction 'tribunorum' antérieurement proposée par Lenel les objections de Naber, *Mnemosyne*, N. S., 17, 1889, p. 388-392, et de Lenel lui-même, arg. *D.*, 46, 7, 3, 5. 26, 7, 3, 7. — 2. *D.*, 3, 2, 1, cbn. 3, 1, 1, 9. 1, 11. 3, *pr.* Cf. Gaius, 4, 182. — 3. Nous nous bornons à donner entre crochets les numéros sous lesquels M. Lenel a placé les dispositions qu'il attribue à ce titre et dont les termes ne nous ont pas été transmis. — 4. *Rubr.*, *D.*, 2, 8 ; cf. Gaius, 4, 185. — 5. *Rubr.*, *D.*, 2, 9. — 6. *D.*, 2, 9, 1, *pr.* — 1. *Rubr.*, *D.*, 2, 10 : quo minus quis in judicio sistat.

VIII. DE COGNITORIBUS ET PROCURATORIBUS ET DEFENSORIBUS [1].

U. 8-10
P. 8-9.

25. *Qui ne dent cognitorem.* — .... et qui eam quam in potestate habet, genero mortuo, cum eum mortuum esse sciret, in matrimonium collocaverit eamve sciens uxorem duxerit, et qui eum, quem in potestate haberet, earum quam uxorem ducere passus fuerit : quaeve virum parentem liberosve suos, uti moris est, non eluxerit : quaeve cum in parentis sui potestate non esset, viro mortuo, cum eum mortuum esse sciret, intra id tempus, quo elugere virum moris est, nupserit [2]....

U. 8.
P. 8.

26. *Qui ne dentur cognitores* [3].

27. *De cognitore ad litem suscipiendam dato.* — Cognitorem [4] ad litem suscipiendam datum, pro quo consentiente dominus judicatum solvi exposuit, judicium accipere cogam [5].

28. *De judicio transferendo.* — Ei qui cognitorem dedit, causa cognita permittam judicium transferre [6].

U. 9.
P. 8.

29. *Quibus alieno nomine agere liceat* [7].

U. 9.
P. 9.

30. *Quibus alieno nomine item per alios agere non liceat.* — Alieno nomine, item per alios agendi potestatem non faciam in his causis, in quibus ne dent cognitorem neve dentur edictum comprehendit [8].

31. *Quibus municipum nomine agere liceat* [9].

32. *De defendendo eo, cujus nomine quis aget et de satisdando.* — Cujus nomine quis actionem dari sibi postulabit, is eum viri boni arbitratu defendat : et is *quocum aget* quo nomine aget id ratum habere eum, ad quem ea res pertinet, boni viri arbitratu satisdet [10].

33. *Quod adversus municipes agatur* [11].

34. Quod cujuscumque universitatis nomine vel contra eam agatur [12].

U. 1
P. 9.

---

1. *Rubr. F. V.*, 317. *Rubr. D.*, 3, 3. — 2. *F. V.*, 320. Cf. Karlowa, *Z. R. G.*, 9, p. 220 et ss. — 3. Cf. *F. V.*, 322. — 4. *D.*, 3, 3, 8, 3 : procuratorem ; cf. Gaius, 4, 101. — 5. *D.*, 3, 3, 8, 3. — 6. *F. V*, 341, d'après la restitution de Mommsen ; Lenel, qui propose la rubrique : *De cognitore abdicando vel mutando*, restitue : Ei qui cognitorem dederit, causa cognita permittam eum abdicare vel mutare. — 7. *D.*, 3, 3, 1, 1. — 8. *F. V.*, 322. — 9. *D.*, 3, 4, 3 ; cf. 7, pr. — 10. *D.*, 3, 3, 33, 3. — 11. *D.*, 3, 4, 7, pr. — 12. *Rubr. D.*, 3, 4. Cf. cependant Gradenwitz, *Z. S. St.*, 12, 1891, p. 144.

35. De negotiis gestis [1]. — Si quis negotia alterius sive quis negotia, quae cujusque cum is moritur fuerint, gesserit, judicium eo nomine dabo [2].

VIIII. DE CALUMNIATORIBUS [3].

36. In eum qui, ut calumniae causa negotium faceret vel non faceret, pecuniam accepisse dicetur, intra annum in quadruplum ejus pecuniae quam accepisse dicetur, post annum simpli *judicium dabo* [4].

37. 38 ?

X. DE IN INTEGRUM RESTITUTIONIBUS [5].

39. Quod metus causa gestum erit [6]. — Quod metus causa gestum erit ratum non habebo [7].

40. De dolo malo [8]. — Quae dolo malo facta esse dicentur, si de his rebus alia actio non erit et justa causa esse videbitur, *intra annum cum primum experiundi potestas fuerit* [9] judicium dabo [10].

40 a. *Quae in fraudem creditorum facta sunt* [11].

41. De minoribus viginti quinque annis [12]. — Quod cum minore quam vinginti quinque annis natu gestum esse dicetur, uti quaeque res erit, animadvertam [13].

42. De capite minutis [14]. — Qui quaeve, posteaquam quid cum his actum contractumve sit, capite deminuti deminutae esse dicentur, in eos easve, perinde quasi id factum non sit, judicium dabo [15].

43. Quod falso tutore gestum [16] esse dicatur [17]. — Quod eo auctore, qui tutor non fuerit,....., si id actor ignoravit, dabo in integrum restitutionem. In eum, qui, cum tutor non esset, dolo malo auctor factus esse dicetur, judicium dabo, ut, quanti ea res erit, tantam pecuniam condemnetur [18].

---

1. *Rubr. D.*, 3, 5. — 2. *D.*, 3, 5, 3, *pr.* — 3. *Rubr. D.*, 3, 6. — 4. *D.* 3, 6, 1, *pr.* — 5. *Rubr. D.*, 4, 1. — 6. *Rubr. D.*, 4, 2. — 7. *D.*, 4, 2, 1. — 8. *Rubr. D.*, 4, 3. — 9. Mots effacés au *D.* en vertu de la const. *C.*, 2, 20 (21), 8. — 10. *D.*, 4, 3,1,1.— 11. Edit dont la présence dans ce titre est à notre avis révélée par les articles de Probus, 5, 12 : consilium cepit... 13 : fraudare creditores. V. note 18, les articles 16, 17 et 18. — 12. *Rubr. D.*, 4, 4. — 13. *D.*, 4, 4, 1, 1. — 14. *Rubr. D.*, 4, 5. — 15. *D.*, 4, 5, 2, 1. — 16 M. Lenel révoque en doute les mots *gestum* et *dabo in integrum restitutionem* et penche à limiter l'édit au cas d'instance judiciaire ; cf. *D.*, 27, 6, 5 ; 3, *pr.* — 17. *Rubr. D.*, 27, 6.— 18.*D.*, 27, 6, 1, 2 ; 1, 6 ; 7, *pr.* Les articles de Probus, 5, 16 : sine tutoris auctoritate. 17 : tutore auctore et 18 : factus (les mss. factum) esse dicetur, viennent

44. Ex quibus causis majores viginti quinque annis in integrum restituuntur [1]. — Si cujus quid de bonis, cum is metus aut sine dolo malo rei publicae causa abesset inve vinculis servitute hostiumque potestate esset, posteave *non utendo deminutum esse*[2] sive cujus actionis eorum cui dies exisse dicetur: item si quis quid usu suum fecisset aut, quod non utendo amissum sit [3], consecutus actioneve qua solutus ob id, quod dies ejus exierit, cum absens non defenderetur inve vinculis esset secumve agendi potestatem non faceret aut cum eum invitum in jus vocari non liceret neque defenderetur, cumve magistratus de ea re appellatus esset, sive cui per magistratus [4] sine dolo ipsius actio exempta esse dicetur: earum rerum actionem intra annum, quo primum de ea re experiundi potestas erit, item, si qua alia mihi justa causa esse videbitur, in integrum restituam quod ejus per leges plebis scita senatus consulta edicta decreta principum licebit [5].

45. *De lite restituenda.*

46. De alienatione judicii mutandi causa facta [6]. — Quae alienatio judicii mutandi causa facta erit *dolo malo, in integrum restituam* [7].

47. *De restitutione heredum ?*

XI. DE RECEPTIS [8].

48. Qui arbitrium pecunia compromissa receperit, *eum sententiam dicere cogam* [9].

49. Nautae caupones stabularii quod cujusque salvum fore receperint nisi restituent, in eos judicium dabo [10].

50. *Argentarii quod pro alio solvi receperint ut solvant* [11].

sans doute les deux premiers de la partie perdue et le troisième de la partie conservée de cet édit.
1. *Rubr. D.*, 4, 6. M. Lenel a d'abord placé cet édit et le précédent dans l'ordre inverse; mais, ainsi qu'il l'admet aujourd'hui lui-même, l'ordre indiqué au texte est attesté par le commentaire de Pomponius qui traite de l'édit sur le *falsus tutor* aux livres 30 (*D.*, 27, 6, 1, 2. 1, 4, 7, 3) et 31 (*D.*, 27, 6, 9, *pr.*) et de l'autre édit seulement au livre 31 (*D.*, 4, 6, 17, 15). — 2. Inséré par Mommsen sur l'autorité des Basiliques. — 3. Cf. *D.*, 4, 6, 21, *pr.* — 4. *D.*: pro magistratu; cf. *D.*, 4, 6, 26, 4. — 5. *D.*, 4, 6, 1,1. — 6. *Rubr. D.*, 4, 7. — 7. *D.*, 4, 7, 8, 1. 4, 3. 3. 4. — 8. *Rubr. D.*, 4, 8. — 9. *D.*, 4, 8, 3, 2. 15. — 10. *D.*, 4, 9, 1, *pr.* — 11. Découverte de Lenel. Cf. notamment au livre 14 d'Ulpien, *D.*, 13, 5, 27. 17, 1, 28. 46,3,52, et, au livre 13 de Paul, *D.*, 13, 5, 12.

XII. 51. *DE SATISDANDO* ¹.

XIII. 52. *Quibus causis ne praejudicium fiat* ².

XIIII. *Quibus in causis praescribatur* ³.

53. De interrogationibus in jure faciendis ⁴. — Qui in jure interrogatus *an heres vel quota ex parte sit* responderit, *in eum ex sua responsione judicium dabo* ⁵... omnino non respondisse ⁶.

54. De jurejurando ⁷. — Si is cum quo agetur condicione delata juraverit ⁸, ejus rei [de qua jusjurandum delatum fuerit] ⁹, neque in ipsum neque in eum ad quem ea res pertinet actionem dabo ¹⁰...

55. *Si cum eo agatur qui incertum promiserit.*

56. *In bonae fidei judiciis quando praescribatur.*

[57. *Si incertum condicatur.* ¹¹]

58. De noxalibus actionibus ¹². — ... Si is, in cujus potestate esse dicitur, negabit se in sua potestate servum habere: utrum actor volet, vel dejerare jubebo in sua potestate non esse neque se dolo malo fecisse, quo minus esset, vel judicium dabo sine noxae deditione ¹³.

---

1. *Rubr.*, *C.*, 2, 56 (57). Source probable des articles de Probus, 5, 20 : quemadmodum. 21 : pro praede litis vindiciarum. 22 : judicatum solvi.— 2. Lenel : *Quibus causis praejudicium fieri non oportet*. M. Lenel termine ici la partie préliminaire de l'édit. Elle comprenait au contraire encore, à notre sens, le titre suivant indiquant après les procès auxquels on ne doit pas préjuger ceux où la formule reçoit une *praescriptio*. V. *Mélanges*, 1, pp 283-284. 307-308. — 3. Titre auquel M. Lenel donne la rubrique *De judiciis* en vertu de l'idée signalée note 2, en y voyant le premier titre de la seconde partie de l'édit et non le dernier de la partie préliminaire. Sur la divergence existant à partir d'ici entre l'ordre de Paul et de Gaius, d'une part. et celui d'Ulpien et de Julien, de l'autre, et sur les raisons qui doivent faire considérer l'ordre des premiers comme celui de l'édit, cf. Lenel, *Edictum*, éd. 2, pp. 11-13 (*Edit*, 1, p. 7 et ss. résumé, *Mélanges*, 1, pp. 257-258). — 4. *Rubr.* D., 11, 1. - 5. *D.*, 11,1,4, 1.11, 1, 2.— 6. *D.*, 11, 1, 11, 5, cbn. 11,4. — 7. *Rubr*. *D.*, 12, 2. — 8. Lenel qui intercalait d'abord : 'sive cum jurare paratus esset jusjurandum ei remissum fuerit', a intercalé depuis : 'sive id jusjurandum ei remissum fuerit' arg. *D.*, 12, 2, 6 ; 9, 1 ; v. en sens contraire Gradenwitz, *Z. S. St.*, 8, 1887, p. 275. — 9. Glose ou plutôt interpolation, selon Gradenwitz, *loc. cit*.— 10. *D.*, 12, 2, 3, *pr*. ; 7, *pr*. L'édit sur l'action née du serment volontaire venait ensuite, arg. *D.*, 12, 2, 9, 1. — 11. Rubrique sous laquelle Lenel plaçait d'abord la formule de la *condictio incerti* dont la présence dans l'édit de Julien lui semble aujourd'hui douteuse.— 12. *Rubr*. *D.*, 9, 4. — 13. *D.*, 9, 4, 21, 2.

[59...¹]

XV. *De judiciis* ².

60. De Publiciana in rem actione ³. — Si quis id, quod traditu*m* *erit* ex justa causa et nondum usucaptum petit, judicium dabo ⁴.

1. Place donnée aujourd'hui par Lenel à l'édit sur le juge qui fait le procès sien, qu'il plaçait d'abord au titre suivant, sous le n° 64. V. Girard, *Mélanges*, 1, p. 285, n. 2 et plus loin le n° 64 a. — 2. *Rubr. D.*, 5, 1. Paul, *Sent.*, 1, 12. Commencement de la seconde partie de l'édit. Lenel qui donne cette rubrique au titre précédent en y faisant commencer cette seconde partie (p. 146, n. 3), donne à celui-ci la rubrique étrangère aux textes *De his quae cujusque in bonis sunt.* — 3. *Rubr. D.*, 6, 2. — 4. *D.*, 6, 2, 1, *pr.* : Si quis id quod traditur ex justa causa non a domino, auquel il faut ajouter, *D.*, 6, 2, 7, 11 : Praetor ait : 'qui bona fide emit' et Gaius, 4, 36, qui donne pour formule de l'action 'Judex esto. Si quem hominem A. Agerius emit *et* is ei traditus est, anno possedisset, tum si eum hominem de quo agitur ex jure Quiritium ejus esse oporteret'. Les systèmes excessivement nombreux sur la disposition de la partie de l'Album relative à l'action publicienne peuvent se ramener à cinq points de vue principaux. Une première doctrine, autrefois défendue par Lenel, *Edictum*, 1ʳᵉ éd., admet deux édits dont le premier relatif à la propriété prétorienne, serait celui modifié 1 *pr.*, le second relatif à l'acquéreur de bonne foi *a non domino* serait celui de 7, 11, et deux formules corrélatives. Une seconde admet les mêmes édits et une formule unique, celle de Gaius, 4, 36 (Appleton, chez Erman, *Z. S. St.*, 10, 1891, p. 241). Une autre un édit sur l'acquisition prétorienne et deux formules, celle de Gaius, 4, 36, pour le propriétaire bonitaire, et une formule dont serait extrait, *D.*, 7, 11, pour l'acquéreur de bonne foi (Lenel, *Pal.*, 2, 512, 3). Une autre, un édit unique et deux formules, celle de Gaius pour l'acquéreur prétorien et celle de 7, 11, pour l'acquéreur de bonne foi. Enfin une dernière doctrine, exprimée jadis par M. Appleton, *Histoire de la propriété prétorienne*, reprise dans des termes nouveaux par M. Erman, *Z. S. St.*, 10, 1891, pp. 225-249, et avec une variante (id quod *mancipio datur* traditum au lieu de id quod traditum *erit*) par MM. Lenel, *Z. S. St.*, 20, 1899, pp. 11-31, *Edit*, 1, et *Edictum*, 2ᵉ éd., et Riccobono, admet un édit unique et une formule unique en combinant les trois textes. C'est, en prenant la restitution de M. Erman qui englobe les *res nec mancipi* exclues par celle de M. Lenel, la solution qui nous semble préférable : elle a l'avantage décisif d'être la plus conforme au texte de Gaius. qui est notre seul texte pur, et à l'idée qu'il n'y a dans les deux cas d'application de la Publicienne qu'une seule et même fiction. La correction qu'elle apporte à *D.*, 6, 2, 1, *pr.*, n'est pas plus invraisemblable que celles qu'il faut lui apporter dans à peu près tous les systèmes, et les mots *ex justa causa* suffisent pour englober l'exigence de la bonne foi. V. *P. Strassb.* 22 et les observations de Mitteis, p. 86. Quant au membre de phrase de 7, 11, si l'on ne veut pas y avoir avec M. Gradenwitz, *Z. S. St.*, 12, 1892, pp. 134-137, une corruption des mots 'si emit et ei traditus est' de la formule, on peut admettre, avec M. Erman, qu'il se trouvait dans la formule complète que Gaius aurait ici abrégée (sur l'objection tirée de son application à l'acquéreur prétorien,

61. De his qui dejecerint vel effuderint. — 1. Unde in eum locum, quo volgo iter fiet vel in quo consistetur, dejectum vel effusum quid erit, quantum ex ea re damnum datum factumve erit, in eum, qui ibi habitaverit, in duplum judicium dabo. Si eo ictu homo liber perisse dicetur, *sestertium* quinquaginta *milium nummorum* [1] judicium dabo. Si vivet nocitumque ei esse dicetur, quantum ob eam rem aequum judici videbitur eum cum quo agetur condemnari, tanti judicium dabo. Si servus insciente domino fecisse dicetur, in *formula* [2] adjiciam : aut noxae [3] dedere [4].

62. Ne quis in suggrunda protectove supra eum locum quo volgo iter fiet inve quo consistetur id positum habeat, cujus casus nocere cui possit. Qui adversus ea fecerit, in eum *sestertium* decem *milium nummorum* [5] in factum (?) judicium dabo. Si servus insciente domino fecisse dicetur, eum aut defendi aut noxae dedi jubebo [6].

63. De servo corrupto. — Qui servum servam alienum alienam recepisse persuasisseve quid ei dicetur dolo malo, quo eum eam deteriorem faceret, in eum quanti ea res erit in duplum judicium dabo [7]. Si servus servave fecisse dicetur [8]....

64. De aleatoribus. — Si quis eum, apud quem alea lusum esse dicetur, verberaverit damnumve ei dederit sive quid eo tempore *e domo* [9] ejus subtractum erit, judicium non dabo. In eum, qui aleae ludendae causa vim intulerit, uti quaeque res erit, animadvertam [10]....

64 a. [59]. *Si judex litem suam fecerit* [11]. *De vacatione* [12].

65. *Si hereditas petatur* [13].

66. Si pars hereditatis petatur [14].

67. De possessoria her. pet. [15] (?) *et ceteris actionibus possessoriis* [16].

voir les réfutations diverses de M. Erman et de M. Lenel, Z. S. St., pp. 28-29). Il semble plus aventureux de vouloir les remplacer par 'sine dolo malo' avec M. Gradenwitz, Z. S. St., 24, 1903, p. 238, n. 1.

1. D. : quinquaginta aureorum. — 2. Gradenwitz, Z. S. St., 8, 1887, p. 257 ; D. : in judicio. — 3. D. : noxam. — 4. D., 9, 3, 1, *pr.*, qui semble établir le caractère édictal de la rubrique contesté par Eisele, Z. S. St., 21, 1900, p. 15. — 5. D. : solidorum decem — 6. D., 9, 3, 5, 6. Restitution de Gradenwitz, Z. S. St., 8, 1887, p. 257. Lenel efface : aut noxae dedi jubebo. Cf. D., 9, 3, 1, *pr.* — 7. D., 11, 3,1, *pr.* — 8. D., 11, 3, 5, 3. — 9. *Fl.* : dolo. — 10. D., 11, 5, 1, *pr.* 1, 3. — 11. D., 50, 16, 36. Edit primitivement placé ici par Lenel et déplacé par lui dans la tr. fr. et la 2ᵉ éd. V. n° 59. — 12. D., 50, 5, 13. 5, 1, 18, *pr.* Cicéron, *Brut.*, 31, 117. Lenel dispose les deux édits dans l'ordre inverse. — 13. Paul, *Sent.*, 1, 13 b. D., 5, 3. — 14. *Rubr.* D., 5, 4. — 15. *Rubr.* D., 5, 5. — 16. Cf. D., 37, 10, 1. 38, 2, 50, 2. Formules dans Gaius, 4, 34.

ÉDIT DU PRÉTEUR

68. De fideicommissaria her. pet.[1] *et utilibus actionibus.*

69. *Si singulae res petantur*[2]. — U.16-17 P. 21.

70. *Si ager vectigalis*[3] *petatur*[4]. — U. 17.
71. *Si praedium stipendiarium vel tributarium petatur*[5]. — P. 21.

72. Si usus fructus petatur vel ad alium pertinere negetur[6].

73. Si servitus vindicetur vel ad alium pertinere negetur[7].
74. *De modo agri*[8]. — U. 18. P. 21.
75. Si quadrupes pauperiem fecisse dicetur[9]. — P. 22.
76. *De pastu pecoris*[10].

77. Ad legem Aquiliam[11]. Si fatebitur injuria occisum esse : in simplum[12]...

78. *In factum adversus nautas caupones stabularios*[13]. — U. 19. P. 23.

79. Finium regundorum[14].

80. Familiae erciscundae[15]
81. Communi dividundo[16].

82. *De utili communi dividundo judicio*[17]. — U. 20. P. 24.

83-88. *De fidejussore et sponsore*[18]. — U. 20-22 P. 24-25.

89. Si mensor falsum modum dixerit[19]. — U. 24. P. 25.

90. Ad exhibendum[20]. — P. 26.

XVI. DE RELIGIOSIS ET SUMPTIBUS FUNERUM[21]. — U. 25. P. 27.

91. *Si quis mortuum in locum alterius intulerit vel inferre curaverit.* Sive homo mortuus ossave hominis mortui in locum

---

1. *Rubr. D.*, 5, 6.— 2. *D.*, 6, 1 : de rei vindicatione. V. pour la formule de la rei vindicatio Gaius, 4, 41. 51. Cicéron, *In Verr.*, 2, 2, 12. — 3. *D.*: id est emphyteuticarius. — 4. *Rubr. D.*, 6, 3. — 5. *D.*, 50, 16,27,1. Lenel et Riccobono remarquent que cette rubrique ne devait pas se trouver dans l'édit urbain.; nous pensons au contraire qu'elle devait s'y trouver, les magistrats de Rome étant compétents au temps de Julien sur toutes les actions personnelles et réelles intentées contre leurs justiciables sans qu'il y eût à considérer le *forum rei sitae.* — 6. *Rubr. D.*, 7, 6. — 7. *Rubr. D.*, 8, 5. — 8. Découverte de Lenel ; v. notamment les livres 18 et 21 de Paul et d'Ulpien et Paul, *Sent.*, 2, 17, 4. — 9. *Rubr. D.*, 9, 1. Cf. *Coll.*, 7, 3. — 10. *D.*, 50, 16, 31. — 11. *Rubr. D.*, 9, 2. — 12. Cf. *Coll.*, 2, 4. 12, 7. — 13. *D.*, 4, 9, 6. 7. — 14. *Rubr.*, *D.*, 10, 1. *C.*, 3, 39. — 15. *Rubr. D.*, 10, 2. *C.*, 3, 36. — 16. *Rubr. D.*, 10, 3. *C.*, 3, 37. — 17. *D.*, 10, 3, 7. — 18. Paul, *Sent.*, 1, 20 ; Lenel, *Pal.* 2, 1250 : de adpromissoribus. — 19. *Rubr. D.*, 11, 6. — 20. *Rubr. D.*, 10, 4. — 21. *Rubr. D.*, 11, 7.

purum alterius aut in id sepulchrum, in quo jus non fuerit, illata esse dicentur [1].....

92. *Si quis mortuum inferre prohibitus esse dicetur* [2].

93. De sepulchro violato [3]. Cujus dolo malo sepulchrum violatum esse dicetur, in eum in factum (?) judicium dabo, ut ei, ad quem pertineat, quanti ob eam rem aequum videbitur, condemnetur. Si nemo erit, ad quem pertineat, sive agere nolet : quicumque agere volet, ei *sestertium* centum *milium nummorum* [4] actionem [5] dabo. Si plures agere volent, cujus justissima causa esse videbitur, ei agendi potestatem faciam. Si quis in sepulchro dolo malo habitaverit aedificiumve aliud quam quod sepulchri causa factum sit, habuerit, in eum, si quis eo nomine agere volet, *sestertium* ducentorum *milium nummorum* [5] judicium dabo [6].

94. *De sumptibus funerum* [7]. Quod funeris causa sumptus factus erit, ejus reciperandi nomine in eum, ad quem ea res pertinet, judicium dabo [8].

XVII. DE REBUS CREDITIS [9].

95. Si certum petetur [10]. — .... eum a quo jusjurandum [11] petetur, solvere aut jurare cogam... Sacerdotem Vestalem et flaminem Dialem in omni mea jurisdictione jurare non cogam [12].

96. De eo quod certo loco dari oportet [13].

97. De pecunia constituta [14]. — Qui pecuniam debitam constituit [15] *se soluturum eove nomine se satisfacturum esse, in eum judicium dabo* [16] *partisque dimidiae sponsionem et restipulationem facere permittam* [17].

1. *D.*, 11, 7, 2, 2. Le texte finit par : 'qui hoc fecit, in factum actionem tenetur et poena pecuniaria subjicietur'. — 2. *D.*, 11, 7, 8, 5. 9. — 3. *Rubr. D.*, 47, 12. — 4. *D.* : centum aureorum. — 5. Lenel remarque, que l'édit devait porter ' judicium '; il devait aussi porter, croyons-nous, ' recuperatorium ' en face de *D.*, 47, 12, 3, 8. — 5. *D.* : ducentorum aureorum. — 6. *D.*, 47, 12, 3, *pr.* — 7. *Rubr. D.*, 11, 7. — 8. *D.*, 11, 7, 12, 2. —9. *D.*, 12, 1, 1, 1 : Quoniam multa ad contractus varios pertinentia jura sub hoc titulo praetor inseruit, ideo rerum creditarum titulum praemisit :... sub hoc. titulo praetor et de commodato et de pignore edixit. — 10. *Rubr. D.*, 12, 1. Formule dans Gaius, 4, 41. 50. — 11. Gradenwitz, Z. S. St., 8, 1887, p. 275 : certum. Vestiges possibles d'une autre disposition signalée par le même, *Berl. Phil. Wochenschr.*, 1889, p. 20, dans *D.*, 12, 2, 34, 7. — 12. *D.*, 12, 2, 34, 6. Aulu-Gelle, 10, 15, 31. — 13. *Rubr. D.*, 13, 4. — 14. *Rubr D.*, 13, 5. — 15. *D.*, 13, 5, 1, 14. — 16. *D.*, 13, 5, 14, *pr.* ; 21, 2 ; 16, *pr.*, 1. — 17. Cf. Gaius, 4, 171. 180. Autre clause sur le serment, *D.*, 12, 2, 14.

98. Commodati vel contra [1]. — Quod quis commodasse dicetur, de eo judicium dabo [2].

99. De pigneraticia actione vel contra [3].

100. De compensationibus [4].

XVIII. Quod cum magistro navis institore eove qui in aliena potestate est negotium gestum esse dicetur.

101. De exercitoria actione [5]. — *Quod cum magistro navis gestum erit ejus rei nomine, cui ibi praepositus fuerit, in eum, qui eam navem exercuerit, judicium dabo* [6]. *Si is, qui navem exercuerit, in alterius* [7] *potestate erit ejusque voluntate navem exercuerit, quod cum magistro ejus gestum erit, in eum, in cujus potestate is erit qui navem exercuerit, judicium dabo* [8].

102. De institoria actione [9].

103. De tributoria actione [10].

104. Quod cum eo, qui in aliena potestate est negotium gestum esse dicetur [11]. — a. *De peculio, de in rem verso, quod jussu* [12]. Quod cum eo, qui in alterius potestate esset (?), negotium gestum erit [13].....

b. Post mortem ejus qui in alterius potestate fuerit, posteave quam is emancipatus manumissus alienatusve fuerit, dumtaxat de peculio et si quid dolo malo ejus, in cujus potestate *fuerit* [14], factum erit, quo minus peculii esset, in anno, quo primum de ea re experiundi potestas erit, judicium dabo [15].

c. In eum qui emancipatus aut exheredatus erit quive abstinuit se hereditate ejus, cujus in potestate cum moritur fuerit, ejus rei nomine, quae cum eo contracta erit, cum is in potestate esset, sive sua voluntate sive jussu ejus, in cujus potestate fuerit [16], contraxerit, sive in peculium ipsius sive in patrimonium ejus, cujus in potestate fuerit, ea res redacta fuerit, actionem causa cognita dabo in quod facere potest [17].

105. Ad senatus consultum Velleanum [18].

---

1. *Rubr. D.*, 13, 6. — 2. *D.*, 13, 6, 1, *pr.* — 3. *Rubr. D.*, 13, 7. — 4. *Rubr. D.*, 16, 2. Formule de l'*argentarius*, Gaius, 4, 64. V. pour la place de cet édit, après les n°ˢ 98 et 99, Paul, *Sent*, 2, 4-5. — 5. *Rubr. D.*, 14, 1. — 6. *D.*, 14, 1, 1, 1-18. — 7. Gradenwitz, *Z. S. St.*, 8, 1887, p. 258 : patris dominive ; *D.*, aliena. — 8. *D.*, 14, 1, 1, 19, où il y a : datur. — 9. *Rubr. D.*, 14, 3. — 10. *Rubr. D.*, 14, 4.— 11. *Rubr. D.*, 14, 5.— 12. *D.*, 15, 1, 1, 1.— 13. *D.*, 15, 1, 1, 2. — 14. *D.* : est.— 15. *D.*, 15, 2, 1, *pr.* — 16. *D.* : erit ; Gradenwitz, *Z. S. St.*, 8, 1887, p. 259 : jussu parentis, jussu patris familias ? — 17. *D.*, 14, 5, 2, *pr.* — 18. *Rubr. D.*, 16, 1 ; cf. *D.*, 16, 1, 8, 7-15.

U.30-32.
P.31-34.

XVIIII. *De bonae fidei judiciis* [1].

U. 30.
P. 31.

106. Depositi vel contra [2]. — Quod neque tumultus neque incendii neque ruinae neque naufragii causa depositum erit [3], in simplum, earum autem rerum quae supra comprehensae sunt, in ipsum in duplum, in heredem ejus, quod dolo malo ejus factum esse dicetur qui mortuus sit, in simplum, quod ipsius, in duplum judicium dabo [4].

U. 31.
P. 32.

107. *Fiduciae vel contra* [5].

108. Mandati vel contra [6].

U. 32.
P. 33.

109. Pro socio [7].

110. Empti venditi [8].

U. 32.
P. 34.

111. Locati conducti [9].

112. *De aestimato* [10].

U.33-34.
P.35-37.

XX. DE RE UXORIA [11].

113. Soluto matrimonio dos quemadmodum petatur [12].
114. *De alterutro* [13].
115. *De rebus amotis* [14].
116. *De moribus* [15].

U. 34.
P. 37.

XXI. *De liberis et de ventre*.

117. De agnoscendis liberis [16].

118. De inspiciendo ventre custodiendoque partu [17]. — Si mulier mortuo marito praegnatem se esse dicet, his ad quos ea res pertinebit procuratoribusve eorum bis in mense denuntiandum curet, ut mittant, si velint, quae ventrem inspicient.

---

1. Cf. Gradenwitz, *Interpolationen in den Pandekten*, 1888, pp. 105-110; Pernice, Z. S. St., 9, 1888, p. 196. — 2. Rubr. D., 16, 3. — 3. D.: sit. — 4. D., 16, 3, 1, 1. Formules *in jus* et *in factum* dans Gaius, 4, 47. Vestiges signalés par Gradenwitz, *Berl. Wochenschrift*, 1889, p. 20, de l'édit sur le *judicium contrarium* dans D., 16, 3, 5, pr. ? — 5. Découverte de Lenel; cf. D., 13,7, 22.24. 18, 3, 3.50, 17, 45, du livre 30 d'Ulpien et D., 41, 1, 31. 46, 12, 12, du livre 31 de Paul, qui traitent du gage le 1er au livre 28 et le 2e au livre 29. — 6. Rubr. D., 17, 1. — 7. Rubr. D., 17, 2. V. sur l'édit établissant le bénéfice de compétence, D., 42,1, 22, 1. — 8. Cf. Rubr. D., 19, 1. Formule : Gaius, 4,40. 59.131 a. Cicéron, *De off.*, 3, 16, 66. — 9. Rubr. D., 19,2. — 10. Cf. Rubr. D., 19,3, cbn. 19, 3, 1, pr. Le préteur ne paraît pas avoir proposé de formule générale *praescriptis verbis*. — 11. Cf. Rubr. F.V., 94-122. — 12. Rubr. D., 24,3. — 13. C., 5, 13, 1, 3 a : 'edictum praetoris quod de alterutro introductum est'. — 14. Cf. Rubr. D., 25,2. — 15. Cf. C., 5, 17,11 *in fine*. — 16. Rubr. D., 25, 3. — 17. Rubr. D., 25, 4.

Mittantur autem mulieres liberae dumtaxat quinque haeque U. 34 simul omnes inspiciant, dum ne qua earum dum inspicit invita muliere ventrem tangat. Mulier in domu honestissimae feminae pariat, quam ego constituam. Mulier ante dies triginta quam parituram se putat, denuntiet his ad quos ea res pertinet, procuratoribusve eorum, ut mittant, si velint, qui ventrem custodiant. In quo conclavi mulier paritura erit, ibi ne plures aditus sint quam unus : si erunt, ex utraque parte tabulis praefigantur. Ante ostium ejus conclavis liberi tres et tres liberae cum binis comitibus custodiant. Quotienscumque ea mulier in id conclave aliudve quod sive in balineum ibit, custodes, si volent, id ante prospiciant et eos qui introierint excutiant. Custodes, qui ante conclave positi erunt, si volent, omnes, qui conclave aut domum introierint, excutiant. Mulier, cum parturire incipiat, his ad quos ea res pertinet procuratoribusve eorum denuntiet, ut mittant, quibus praesentibus pariat. Mittantur mulieres liberae dumtaxat quinque, ita ut praeter obstetrices duas in eo conclavi ne plures mulieres liberae sint quam decem, ancillae quam sex. Hae, quae intus futurae erunt, excutiantur omnes in eo conclavi, ne qua praegnas sit. Tria lumina, ne minus, ibi sint. Quod natum erit, his ad quod ea res pertinet procuratoribusve eorum, si inspicere volent, ostendatur. Apud eum educetur, apud quem parens jusserit. Si autem nihil parens jusserit aut is, apud quem voluerit educari, curam non recipiet, apud quem educetur, causa cognita constituam. Is apud quem educabitur quod natum erit, quoad trium mensum sit, bis in mense, ex eo tempore quoad sex mensum sit, semel in mense, a sex mensibus quoad anniculus fiat, alternis mensibus, ab anniculo quoad fari possit, semel in sex mensibus, ubi volet, ostendat. Si cui ventrem inspici custodirive adesse partui licitum non erit factumve quid erit, quominus ea ita fiant, uti supra comprehensum est : ei, quod natum erit, possessionem causa cognita non dabo. Sive quod natum erit, ut supra cautum est, inspici non licuerit, quas utique actiones me daturum polliceor his, quibus ex edicto meo bonorum possessio data sit, eas, si mihi justa causa videbitur esse, ei non dabo [1].

119. Si ventris nomine muliere in possessionem missa eadem possessio dolo malo ad alium translata esse dicetur [2].

120. Si mulier ventris nomine in possessione calumniae causa fuisse dicetur [3].

---

1. *D*., 25, 4, 1,10. — 2. *Rubr. D*., 25, 5. — 3. *Rubr. D*., 25, 6 : esse dicetur ; *index Flor.* : fuisse dicatur.

XXII. DE TUTELIS [1].

121. De administratione tutorum [2].
122. *De falso tutore* [3].
123-127 [4]. De suspectis tutoribus ; tutelae vel contra ; rationibus distrahendis ; de eo qui pro tutore negotia gessit ; de magistratibus conveniendis.

XXIII. DE FURTIS [5].

128[132]. *Furti manifesti* [6].
129[133]. *Furti prohibiti* [7].
130[134]. *Furti non exhibiti* [8].
131[135]. Si is, qui testamento liber esse jussus erit, post mortem domini ante aditam hereditatem subripuisse aut corrupisse quid dicetur [9].
132[136]. Furti adversus nautas caupones stabularios [10].
136[137]. Si familia furtum fecisse dicetur [11].
134[138]. Quod familia publicanorum furtum fecisse dicetur [12].
139. Arborum furtim caesarum [13].
140[128]. *Furti nec manifesti* [14].
141[129]. *Furti concepti* [15].
142[130]. *Furti oblati* [16].
143[131]. De tigno juncto [17].

XXIIII. DE JURE PATRONATUS [18].

140. De operis libertorum [19].

1, *Rubr. D.*, 26, 1. — 2. Cf. *Rubr. D.*, 26,7. — 3. Cf. *D.*, 27, 6, 11, pr. 1. — 4. *Rubr. D.*, 26, 10. 27, 3-5. 8. — 5. *D.*, 50, 16, 195,3. Nous reproduisons ici les divisions admises par M. Lenel pour le titre *De furtis*, mais en mettant les actions prétoriennes avant les actions civiles. Ainsi qu'on le voit par les chiffres entre crochets, M. Lenel les met dans l'ordre inverse ; mais les actions prétoriennes précèdent en général les actions civiles dans les différents titres de l'édit (v. Girard, *Mélanges*, 1, pp. 295-296 et par ex., plus haut, pp. 147-148, le titre XV) et l'ordre contraire, suivi par Ulpien, livres 37-38, ne prouve rien, puisque précisément on voit au titre précité le même Ulpien déranger, après Julien et Pomponius, l'ordre de l'édit, pour mettre les moyens civils avant les prétoriens. — 6. Gaius, 3, 189. — 7. Gaius, 3, 188.192. — 8. *Inst.*, 4, 1, 4. — 9. *Rubr. D.*, 47,4. — 10. *Rubr. D.*, 47, 5. — 11. *Rubr. D.*, 47, 6. — 12. *D.*, 39, 4, 12, 1. Lenel efface tout ce qui suit 'dicetur', comme emprunté maladroitement par les compilateurs à l'édit *de publicanis*. — 13. *Rubr. D.*, 47, 7. — 14. Gaius, 3, 190 ; partie de la formule utile furti nec manifesti étendue aux pérégrins dans Gaius, 4, 37. — 15. Gaius, 3, 186.191. — 16. Gaius, 3, 187.191. — 17. *Rubr. D.*, 47, 3. — 18. *Rubr. D.*, 37, 14. — 19. *Rubr. D.*, 38, 1.

141. Si ingenuus esse dicetur [1].

XXV [2]. *DE BONORUM POSSESSIONIBUS* [3].   U.39-49.
P.41-44

A. Si tabulae testamenti extabunt [4] *non minus quam septem testium signis signatae* [5].

142. De bonorum possessione contra tabulas [6].   U. 40.

143. De legatis praestandis c. t. bonorum possessione petita [7].

144. De collatione bonorum [8].

145. De dotis collatione [9].

146. De conjungendis cum emancipato liberis ejus [10].

147. De ventre in possessionem mittendo et curatore ejus [11].   U. 41.
— ...ventrem cum liberis in possessionem esse jubebo [12].

148. *Edictum Carbonianum* [13].

149. De bonorum possessione secundum tabulas [14].

150. De bonis libertorum [15]...... a. Si quis manumissus manumissa moritur [16]... b. Si donum munus operas redemerit [17] *libertus, patrono bonorum possessionem non dabo*.   U.42-43
P. 42.

151. Si quid in fraudem patroni factum sit [18].   U. 44.

152. *De liberis patroni*.

153. *Quibus bonorum possessio liberti non datur*.   U. 45.

154. In eo qui a patre avove paterno proavove paterni avi patre *manumissus moritur, idem jus servabo atque si ex servitute manumissus esset* [19].

155. De bonorum possessione ex testamento militis [20].   P. 43.

B. Si tabulae testamenti nullae extabunt [21].

156. Unde liberi [22].

---

1. *Rubr. D.*, 40, 14. — 2. C'est à ce titre que commence la 3e partie de l'édit. — 3. *Rubr. D.*, 37, 1. — 4. *Rubr. D.*, 37, 2. — 5. Cf. Gaius, 2, 119. 147. Ulpien, 28, 6. — 6. *Rubr. D.*, 37, 4. — 7. *Rubr. D.*, 37, 5. — 8. *Rubr. D.*, 37, 6. — 9. *Rubr. D.*, 37, 7. — 10. *Rubr. D.*, 37, 8. — 11. *Rubr. D.*, 37, 9. — 12. *D.*, 40, 4, 13, 3. — 13. Cf. *Rubr. D.*, 37, 10. — 14. *Rubr. D.*, 37, 11. Ancien édit, qui fut un peu modifié par les préteurs suivants, dans Cicéron, *In Verr.*, 1, 45,117 : 'Si de hereditate ambigitur et tabulae testamenti obsignatae non minus multis signis quam e lege oportet ad me proferentur, secundum tabulas testamenti potissimum possessionem dabo'. — 15. *Rubr. D.*, 38, 2. — 16. Extraits alphabétiques de Probus, n° 67. — 17. *D.*, 50, 16, 53, *pr.*; 194. — 18. *Rubr. D.*, 38, 5. — 19. *D.* 37, 12, 1, 1. 2. — 20. *Rubr. D.*, 37, 13. — 21. *D.*, 38, 6, *Rubr.* et 1, 1. Vetus edictum tralaticium (modifié dans l'édit de Julien) dans Cicéron, *In Verr.*, 2, 1, 44 : 'Si tabulae testamenti non proferentur, tum uti quemque potissimum heredem esse oporteret, si is intestatus mortuus esset, ita secundum eum possessio daretur'. — 22. *Rubr. D.*, 38,6 : Si tabulae testamenti nullae extabunt : unde liberi.

157. Unde legitimi¹. — Tum quem ei heredem esse oporteret, si intestatus mortuus esset²…. Unde decem personae³.
158. Unde cognati⁴.
159. *Unde familia patroni*⁵.
160. *Unde patronus patroni*.
161. Unde vir et uxor⁶.
161 a. De postumis⁷.
162. *Unde cognati manumissoris*⁸.
C. *Clausulae generales*.
163. Quibus non competit bonorum possessio⁹.
164. Ut ex legibus senatusve consultis bonorum possessio detur. — Uti me quaque lege senatusve consulto bonorum possessionem dare oportebit, ita dabo¹⁰.
165. Quis ordo in *bonorum* possessionibus servetur¹¹.

XXVI. DE TESTAMENTIS¹²

166. De condicione *jurisjurandi*¹³.
167. Testamenta quemadmodum aperiantur inspiciantur et describantur¹⁴.
168. Si quis omissa causa testamenti ab intestato [vel alio modo] possideat hereditatem¹⁵.
169. Quorum testamenta ne aperiantur¹⁶.

XXVII. DE LEGATIS¹⁷

170. *Si ex testamento agatur*¹⁸.
171. *Ut usus fructus nomine caveatur*¹⁹.
172. Ut legatorum servandorum causa caveatur²⁰.
173. Ut in possessionem legatorum servandorum causa esse liceat²¹.

---

1. *Rubr. D.*, 38,7. — 2. *D.*, 38, 7, 1.— 3. Cf. *Coll.*, 16, 9, 2. — 4. *Rubr. D.*, 38, 8. — 5. Cf. *D.*, 50, 16, 195. 196. — 6. *Rubr. D.*, 38, 11. — 7. *Bas.*, 39, 1, 6 sch. 1 ; *D.*, 39, 1, 7. Edit découvert par Alibrandi et admis par Lenel. *Edictum*, éd. 2. — 8. Ulp., 28, 7. — 9. *Rubr. D.*, 38, 13. — 10. *D.*, 38, 14, 1, *pr*. — 11. *Rubr. D.*, 38, 15. Lenel,*Edictum*, 1ʳᵉ éd. : *Successorium edictum*' arg. *Rubr. D.*, 38, 9 ; mais voir l'*Edit* et la 2ᵉ éd. de l'*Edictum*. — 12. *D.*, 28, 5, 32. 33 : Gaius, lib. I. II de testamentis, ad edictum praetoris urbani. — 13. *Rubr. D.*, 28, 7: *De condicionibus institutionum* ; mais voir *D.*, 28, 7. 8, *pr.*, — 14. *Rubr. D.*, 29, 3. — 15. *Rubr. D.*, 29, 4. — 16. *Rubr. D.*, 29, 5. — 17. *D.*, 30, 65. 69. 78 : Gaius, lib. I. II. III de legatis ad ed. praet. — 18. Cf. Gaius, 2, 204. 213. — 19. Cf. *D.*, 7, 9, 1, *pr.* ; 5, 1. — 20. *Rubr. D.*, 36, 3. — 21. *Rubr. D.*, 36, 4.

XXVIII. 174. DE OPERIS NOVI NUNTIATIONE [1].

U. 52.
P. 48.

XXVIIII. DE DAMNO INFECTO [2].

U. 53.
P. 48.

175. Damni infecti suo nomine promitti, alieno satisdari jubebo ei, qui juraverit non calumniae causa id se postulare eumve cujus nomine aget postulaturum fuisse in eam diem, quam causa cognita statuero. Si controversia erit, dominus sit necne qui cavebit, sub exceptione satisdari jubebo. De eo opere, quod in flumine publico ripave ejus fiet, in annos decem satisdari jubebo.... Eum, cui ita non cavebitur, in possessionem ejus rei, cujus nomine, ut caveatur, postulabitur, ire et, cum justa causa esse videbitur, etiam possidere jubebo. In eum, qui neque caverit neque in possessione esse neque possidere passus erit, judicium dabo, ut tantum praestet, quantum praestare eum oporteret, si de ea re ex decreto meo ejusve, cujus de ea re jurisdictio fuit quae mea est, cautum fuisset.... Ejus rei nomine, in cujus possessionem misero, si ab eo, qui in possessione erit, damni infecti nomine non satisdabitur, eum, cui non satisdabitur, simul in possessione esse jubebo [3].

XXX. De aqua et AQUAE PLUVIAE ARCENDAE [4].

U. 53.
P. 49.

176. De aqua [5].
177. Aquae pluviae arcendae.

XXXI. DE LIBERALI CAUSA [6].

U.54-5
P.50-5

178. *Si ex servitute in libertatem petatur.*
179. *Si ex libertate in servitutem petatur.*

U. 55.
P. 51.

180. Si controversia erit, utrum ex servitute in libertatem petatur an ex libertate in servitudem [7].
181. *Si quis ei cui bona fide serviebat damnum dedisse dicetur* [8].

---

1. *D.*, 39, 1, 9 : Gaius ad ed. urb. tit. de operis novi nuntiatione. — 2. *D.*, 9, 4, 30. 39, 2, 8. 19 : Gaius ad ed. pr. urb. tit. de damno infecto. — 3. *D.*, 39, 2, 7, *pr.* — 4. *D.*, 39, 3, 13 : Gaius ad ed. pr. urb. tit. de aquae pluviae arcendae. V. sur le contenu et l'ordre du titre *D.*, 39, 3, 11. — 5. Cf. *C.*, 3, 34, 4. — 6. *D.*, 40, 12, 2. 4. 6. 9. 11 : Gaius, ad ed. pr. urb. tit. de liberali causa. — 7. *C.*, 7, 16, 21. Cf. *D.*, 40, 12, 7, 5. Thalel., sch. *Bas.*, 48, 20, 21. — 8. Cf. *D.*, 40, 12, 12, 6.

182. *Si quis cum se liberum esse sciret dolo malo passus erit se pro servo venum dari* [1].

XXXII. DE PUBLICANIS [2].

183. *Quod publicanus vi ademerit.* — Quod publicanus ejus publici [3] nomine vi ademerit quodve familia publicanorum, si id restitutum non erit, in duplum aut, si post annum agetur, in simplum judicium dabo. Item si damnum injuria [furtumve] [4] factum esse dicetur, judicium dabo. Si hi ad quos ea res pertinebit non exhibebuntur [5], in dominos sine noxae deditione judicium dabo [6].

184. *Quod publicanus illicite exegerit* [7].

185. *De vectigalibus* [8].

XXXIII. 186. DE PRAEDIATORIBUS [9].

XXXIIII. *De vi turba incendio ruina naufragio rate nave expugnata.*

187. *De hominibus armatis coactisve et vi bonorum raptorum* [10]. — Si cui dolo malo hominibus *armatis* coactisve damni quid factum esse dicetur sive cujus bona *vi* rapta esse dicentur, in eum, qui id fecisse dicetur, *in anno quo primum de ea re experiundi potestas fuerit, in quadruplum, post annum in simplum judicium recuperatorium* dabo. Item si servus *familiave* fecisse dicetur, in dominum judicium noxale dabo [11].

188. De turba. — Cujus dolo malo in turba damni [12] quid factum *amissumve quid* [13] esse dicetur, in eum in anno, quo primum de ea re experiundi potestas fuerit, in duplum, post annum in simplum judicium dabo [14].

189. De incendio ruina naufragio rate nave expugnata [15]. — In eum, qui ex incendio ruina naufragio rate nave expugnata

---

1. Cf. *D.*, 40, 12,14, 22, *pr.* — 2. *D.*, 39, 4, 5 : Gai. ad ed. pr. urb. tit. de publicanis. — 3. *Flor.* : publicani. *Basil.*, 56, 1, 1 : ὀνόματι τοῦ τέλους. — 4. Intercalé par les compilateurs en vertu de l'amalgame signalé, p.154, n. 12. — 5. *D.*, 39, 4, 1, 6. — 6. *D.*. 39, 4, 1, *pr.* — 7. Cf. *D.*, 39, 4, 9, 5. — 8. Cf. *Rubr. D.*, 39, 4 : De publicanis et vectigalibus. — 9. *D.*, 23, 3, 54 : Gaius, ad ed. pr. tit. de praediatoribus. Cf. *D.*, 50, 16, 39. 40. — 10. *Rubr. D.*, 47, 8. — 11. *D.*, 47, 8, 2, *pr.* Formule dans Cicéron, *Pro Tullio*, 3, 7. 13, 31. — 12. *Flor.* : damnum. Cf. *D.*, 47, 8, 4. 4. 6. cbn. 2, *pr.* — 13. Cf. *D* , 47, 8, 4, 9. — 14. *D.*, 47, 8, 4, *pr.* — 15. *Rubr. D.*, 47, 9.

quid rapuisse recepisse dolo malo damnive quid in his rebus dedisse dicetur : in quadruplum in anno, quo primum de ea re experiundi potestas fuerit, post annum in simplum judicium dabo. Item in servum et familiam judicium dabo [1].

XXXV. DE INJURIIS [2].

190. *Generale edictum* [3]. — Qui autem injuriarum agit, certum dicat, quid injuriae factum sit [4], et taxationem ponat non ma*j*orem, quam quanti vadimonium fuerit [5].

191. Qui adversus bonos mores convicium cui fecisse cujusve opera factum esse dicetur, quo adversus bonos mores convicium fieret : in eum judicium dabo [6].

192. *De adtemptata pudicitia* [7].

193. Ne quid infamandi causa fiat. Si quis adversus ea fecerit, prout quaeque res erit, animadvertam [8].

194. Qui servum alienum adversus bonos mores verberavisse deve eo injussu domini quaestionem habuisse dicetur, in eum judicium dabo. Item si quid aliud factum esse dicetur, causa cognita judicium dabo [9].

195. *De noxali injuriarum judicio* [10].

196. Si ei, qui in alterius potestate erit, injuria facta esse dicetur et neque is, cujus in potestate est, praesens erit neque procurator quisquam existat, qui eo nomine agat : causa cognita ipsi, qui injuriam accepisse dicetur, judicium dabo [11].

197. *De contrario injuriarum judicio* [12].

XXXVI. De re judicata [13].

198. Condemnatus, ut pecuniam solvat [14].... victus... stratus [15].

---

1. *D.*, 47, 9, 1, *pr.* Cf. sur la finale, Lenel, § 188, *in fine*. — 2. *Rubr. D.*, 47, 10. — 3. Sur l ancien édit rapporté par Aulu-Gelle, 20, 1, 13 ; 'praetores.. injuriis.., aestumandis recuperatores se daturos edixerunt', v. en sens opposés Girard, *Mélanges Gérardin*, p. 255 et ss., et Lenel, éd. 2, p. XIII. — 4. *D.*, 47, 10, 7, *pr.* complété par *Coll.*, 2, 6, 1. — 5. *Coll.*, 2, 6, 4 ; 'formula proposita est ; quod Auli Agerii pugno mala percussa est'. — 6. *D.*, 47, 10, 15, 2. — 7. Cf. *D.*, 47, 10, 15, 15-24. — 8. *D.*, 47, 10, 15, 25. Fragment de la formule, *Coll.*, 2, 6, 5 : Quod N^s N^s illum (mss ; Lenel, *Z. S. St.*, 20, 1899, p 32 : il*li libellum* ; Huschke ; *sibilum*) immisit A° A° infamandi causa. — 9. *D.*, 47, 10, 15, 34. — 10. *D.*, 47, 10, 17, 5 : 'ait praetor arbitratu judicis' cbn. 17, 4. — 11. *D.*, 47, 10, 17, 10. — 12. Cf. Gaius, 4, 177. — 13. *D.*, 42, 1. Commencement de la 4° partie de l'édit (exécution). — 14. *D.*, 42, 1, 4, 3. — 15. *D.*, 50, 16, 43. 45.

[XXXVI. a. De confessis et indefensis ¹?]

199. De confessis ².
200. De indefensis.
200 a... Cujus de ea re juris dictio est..... statutum... pronuntiatum ³... liberatio ⁴.

XXXVII. QUI NEQUE SEQUANTUR NEQUE DUCANTUR ⁵.

201. Qui ex lege Julia bonis cesserit... solutus ⁶.
201 a... Materfamilias ⁷.

XXXVIII. QUIBUS EX CAUSIS IN POSSESSIONEM EATUR ⁸.

202. Qui judicatus prove judicato erit quive uti oportet defensus non erit ⁹.
203 Qui ex lege Julia bonis cesserit ¹⁰.
204. *Quod cum pupillo contractum erit, si eo nomine non defendetur, ejus rei servandae causa bona ejus possideri jubebo. Si is pupillus in suam tutelam venerit eave pupilla viripotens fuerit et recte defendetur: eos, qui bona possident, de possessione decedere jubebo* ¹¹.
205. Qui fraudationis causa latitabit, si boni viri arbitratu non defendetur, ejus bona possideri *proscribi* venirique jubebo ¹².
206. Qui absens judicio defensus non fuerit ¹³, *ejus bona possideri jubebo*, et ejus, cujus bona possessa sunt a creditoribus, veneant, praeterquam pupilli et ejus, qui rei publicae causa sine dolo malo afuit ¹⁴.

---

1. Titre admis sans preuve positive par Lenel, 2ᵉ éd. Si on en admettait l'existence, il faudrait supposer que la disposition, nᵒ 200 a, appartenait elle-même à un autre titre distinct ou se trouvait auparavant dans le titre XXXVI, *De re judicata*. — 2. *Rubr. D.*, 42, 2. — 3. *D.*, 42, 1, 5, *pr.*; 50, 16, 46, *pr.* Mots venant d'une disposition sur les sentences extraordinaires que Lenel place aujourd'hui, tr. fr. et 2ᵉ éd., dans les dispositions relatives à l'exécution sur les biens; mais v. *Mélanges*, 1, p. 287, n. 1. — 4. *D.*, 50, 16, 47. — 5. *D.*, 50, 16, 48 : Gaius, ad ed. pr. urb. tit. qui neque sequantur neque ducantur. M. Lenel qui, dans sa 1ʳᵉ éd. rapportait ce titre aux personnes soustraites par le droit à l'exécution sur la personne, l'entend aujourd'hui de celles qui y échappent en fait. V. dans le premier sens, *Mélanges*, 1, p. 287, n. 1. — 6. *D.*, 50, 16, 48. — 7. *D.*, 50, 16, 46, 1. — 8. *Rubr. D.*, 42, 4. — 9. Cf. Gaius. 3, 78. — 10. Cf. Gaius, 3, 78. — 11. *D.*, 42, 4, 5, 2. — 12. *D.*, 42, 4, 7, 1 où il y a possideri vendique. Cicéron, *Pro Quinctio*, 19, 60 ; 'edictum qui fraudationis causa latitarit'. — 13. Cicéron, *Pro Quinctio*, 19, 60. — 14. *D.*, 42, 4, 6, 1.

207. Cui heres non extabit [1]......

208. De jure deliberandi. — Si tempus ad deliberandum petet, dabo [2].......

209.210. *Si suus heres erit.* 1. *Si pupillus heres erit.* Si pupilli pupillae nomine postulabitur tempus ad deliberandum, an expediat eum hereditatem retinere [et hoc datum sit : si justa causa esse videbitur] [3], bona interea deminui nisi [si] causa cognita boni viri arbitratu vetabo [4].

2. *Si pubes heres erit...* Si per eum eamve factum erit, quo quid ex ea hereditate amoveretur [5], *abstinendi potestatem non faciam.*

211. *Si heres suspectus non satis dabit* [6].

212. *Qui capitali crimine damnatus erit* [7].

XXXVIIII. *DE BONIS POSSIDENDIS proscribendis VENDUNDIS* [8].

213. Qui ex edicto meo in possessionem venerint, eos ita videtur in possessione esse oportere. Quod ibidem recte custodire poterunt, id ibidem custodiant. Quod non poterunt, id auferre et abducere licebit. Dominum invitum detrudere non placet [9].

214. *De fructu praediorum vendendo locandove* [10].

215. *De administratione et periculo creditorum.* Si quis, cum in possessione bonorum esset, quod eo nomine fructus ceperit, ei, ad quem ea res pertinet, non restituat : sive, quod impensae sine dolo malo fecerit, ei non praestabitur : sive dolo malo ejus deterior causa possessionis facta esse dicetur, de ea re judicium in factum (?) dabo [11].

216. Si quis dolo malo fecerit, quo minus quis permissu meo ejusve cujus ea juridictio fuit, *quae mea est* [12], in possessionem bonorum sit, in eum in factum (?) judicium, quanti ea res *erit* [13], ob quam in possessionem missus erit, dabo [14].

217. *De magistris faciendis bonisque proscribendis et vendundis* [15].

1. Cicéron, *Pro Quinctio*, 19, 60. — 2. *D.*, 28, 8, 1, 1. — 3. Glose ou interpolation. Cf. Gradenwitz, *Z. S. St.*, 8, 1887, p. 257, et Lenel, *Edit* et 2º éd. — 4. *D.*, 28, 8, 7, *pr.* — 5. *D.*, 29, 2, 71, 3. — 6. Cf. *D*, 42, 5, 31, *pr.* 3. — 7. Clause ancienne : 'qui exsilii causa solum verterit', dans Cicéron, *Pro Quinctio*, 19, 60. — 8. Cf. Probus, 5, 24 : b. e. e. p. p. v. q. i. = bona ex *edicto possideri proscribi venirique jubebo.* Gaius, 3, 79. — 9. Cicéron, *Pro Quinctio*, 27, 84. — 10. Cf. *D.*, 42, 5, 8, 1. 3. — 11. *D.*, 42, 5, 9, *pr.* — 12. Cf. *D.*, 39, 2, 7, *pr.* — 13. *D.*, 43, 4, 1, *pr.* : fuit. Cf. 43, 4, 1, 5. — 14. *D.*, 43, 4, 1, *pr.* — 15. Cf. Cicéron, *Ad Att.*, 6, 1, 15.

XXXX. *Quemadmodum a bonorum emptore vel contra eum agatur.*

218. *De Rutiliana actione* [1].
219. *De privilegiariis creditoribus* [2].
220. Quod postea contractum erit, quam is, cujus bona venierint, consilium *fraudandorum creditorum* ceperit [3], fraudare sciente eo qui contraxerit, ne actio eo nomine detur [4].
221. *De actionibus quae ex ante gesto adversus fraudatorem competunt* [5].
222. *De Serviana actione* [6].
223. De separationibus [7].

XXXXI. *DE CURATORE BONIS DANDO* [8].

224. *De constituendo curatore et administratione ejus* [9].
225. Quae fraudationis causa gesta erunt cum eo, qui fraudem non ignoraverit, de his curatori bonorum vel ei, cui de ea re actionem dare oportebit, intra annum, quo experiundi potestas fuerit, actionem dabo. Idque etiam adversus ipsum qui fraudem fecit, servabo [10].

XXXXII. 226. *DE SENTENTIA IN DUPLUM REVOCANDA* [11].

XXXXIII. *DE INTERDICTIS* [12].

227. a. Quorum bonorum ex edicto meo illi possessio data est, quod de his bonis pro herede aut pro possessore possides possideresve, si nihil usucaptum esset, quodque [13] dolo malo fecisti, uti desineres possidere, id illi restituas [14].

228. b. Quod legatorum [15]. Quod de his bonis, *quorum possessio ex edicto meo illi data est,* legatorum nomine non voluntate *illius* possides quodque dolo malo fecisti quo minus possideres, *id,* si *eo nomine* satisdatum est *sive* per *illum* non stat ut satisdetur, *illi restituas* [16].

1. Gaius, 4, 35. — 2. Cf. D., 27, 10, 15, 1. — 3. Mommsen ; *Dig.* : receperit. — 4. D., 42, 5, 25. — 5. Cf. C., 7, 75, 6. — 6. Gaius, 4, 35. — 7. *Rubr.* D., 42, 6. — 8. *Rubr.* D., 42, 7. — 9. Cf. D., 42, 7, 2, 1. — 10. D., 42, 8, 1, *pr.* ; Lenel considère ce texte comme ayant, avant d'être interpolé, visé l'*in integrum restitutio ob fraudem.* V. plus haut, n° 40 *a.* — 11. Rubrique actuellement donnée par Lenel, à ce titre relatif à l'action *judicati.* antérieurement placé par lui sous la rubrique *De re judicata.* Fin de la 4° partie générale de l'édit. — 12. *Rubr.* D., 43, 1. — 13. *Flor.* : Quod quidem. — 14. D., 43, 2, 1, *pr.* — 15. *Rubr.* D., 43, 3. — 16. D., 43, 3 rapproché de *F. Vat.,* 90, qui donne comme formule d'un interdit *quod legatorum* utile : Quod de his bonis legati nomine pos-

229. c. *A quo hereditas petetur, si rem nolit defendere.* Quam hereditatem [1]...

230. d. Ne vis fiat ei, qui *legatorum servandorum causa* in possessionem missus erit [2].

231. Ne vis fiat ei, quae *ventris nomine* in possessionem missa erit [3].

232. e. De tabulis exhibendis [4]. Quas tabulas Lucius Titius ad causam testamenti sui pertinentes reliquisse dicetur, si hae penes te sunt aut dolo malo tuo factum est, ut desinerent esse, ita eas illi exhibeas. Item si libellus aliudve quid relictum esse dicetur, decreto comprehendam [5].

233. f. *Interdictum possessorium* [6].

234. g. *Interdictum sectorium* [7].

235. Ne quid in loco sacro *religioso sancto* fiat [8]. *Quod factum erit ut restituatur.* — In loco sacro facere inve eum immittere quid veto [9]...

236. De mortuo inferendo et sepulchro aedificando [10]. a. Quo quave illi mortuum inferre invito te jus est, quo minus illi eo eave mortuum inferre et ibi sepelire liceat, vim fieri veto [11].

b. Quo illi jus est invito te mortuum inferre, quo minus illi in eo loco sepulchrum sine dolo malo aedificare liceat, vim fieri veto [12].

De locis et itineribus publicis [13]. — 237. Ne quid in loco publico vel itinere fiat [14]. *Quod in itinere publico factum erit ut restituatur.*

a. Ne quid in loco publico facias inve eum locum immittas, qua ex re quid illi damni detur, praeterquam quod lege senatus consulto edicto decretove principum tibi concessum est. De eo, quod factum erit, interdictum non dabo [15].

b. In via publica itinereve publico facere immittere quid, quo ea via idve iter deterius sit fiat, veto [16].

c. Quod in via publica itinereve publico factum immissum habes, quo ea via idve iter deterius sit fiat, restituas [17].

238. Ut via publica *itinereve publico ire agere* liceat. Quo minus illi via publica itinereve publico ire agere liceat, vim fieri veto [18].

sides quodque uteris frueris quodque dolo malo fecisti, quominus possideres utereris fruereris'.

1. Ulpien, *Inst.*, 4. — 2. *Rubr. D.*, 43, 4, cf. *D.*, 43, 4, 3 ; 36, 4, 5, 27. — 3. *Rubr. D.* 43 4 ; cf. *D.* 43, 4, 3, 2. — 4. *Rubr. D.*, 43, 5. — 5. *D.*, 43, 5, 1, *pr.* — 6. Gaius, 4, 145. — 7. Gaius, 4, 146. — 8. *Rubr. D.*, 43, 6. — 9. *D.*, 43, 6, 1, *pr.* — 10. *Rubr. D.*, 11, 8. — 11. *D.*, 11, 8,1, *pr.* — 12. *D.*, 11,8, 1, 5. — 13. *Rubr. D.*, 43, 7. — 14. *Rubr. D.*, 43, 8. — 15. *D.* 43, 8, 2, *pr.* — 16. *D.*, 43, 8, 2, 20. — 17. *D.*, 43, 8, 2, 35. — 18. *D.*, 43, 8, 2, 45.

239. De loco publico fruendo. Quo minus loco publico, quem is, cui locandi jus fuerit, fruendum alicui locavit, ei qui conduxit sociove ejus e lege locationis frui liceat, vim fieri veto [1].

240. De via publica et itinere publico reficiendo. Quo minus illi viam publicam iterve publicum aperire reficere liceat, dum ne ea via idve iter deterius fiat, vim fieri veto [2].

De fluminibus. — 241. Ne quid in flumine publico ripave ejus fiat quo pejus navigetur [3]. *Quod factum erit ut restituatur*.

a. Ne quid in flumine publico ripave ejus facias neve quid in flumine publico neve in ripa ejus immittas, quo statio iterve navigio deterior sit fiat [4].

b. Quod in flumine publico ripave ejus factum [5] sive quid in id flumen ripamve ejus immissum habes, quo statio iterve navigio deterior sit fiat, restituas [6].

242. Ne quid in flumine publico *ripave ejus* fiat, quo aliter aqua fluat atque uti priore aestate fluxit [7]. *Quod factum erit ut restituatur*. a. In flumine publico inve ripa ejus facere aut in id flumen ripamve ejus immittere, quo aliter aqua fluat, quam priore aestate fluxit, veto [8].

b. Quod in flumine publico ripave ejus factum sive quid in *id* flumen ripamve ejus immissum habes, si ob id aliter aqua fluit atque uti priore aestate fluxit, restituas [9].

243. Ut in flumine publico navigare liceat. Quo minus illi in flumine publico navem ratem agere quove minus per ripam *ejus* onerare exonerare liceat, vim fieri veto. Item, ut per lacum fossam stagnum publicum navigare liceat, interdicam [10].

244. De ripa munienda. Quo minus illi in flumine publico ripave ejus opus facere ripae agrive qui circa ripam est tuendi causa liceat, dum ne ob id navigatio deterior fiat, si tibi damni infecti in annos decem viri boni arbitratu [vel cautum vel] [11] satisdatum est aut per illum non stat, quo minus viri boni arbitratu [caveatur vel] [11] satisdetur, vim fieri veto [12].

245. Unde vi [13]. — a. *De vi (non armata)*. Unde in hoc anno tu illum vi dejecisti aut familia tua dejecit [14], cum ille possideret, quod nec vi nec clam nec precario a te possideret [15], eo illum

---

1. D., 43, 9, *Rubr.* 1, *pr.* — 2. D., 43, 11, *Rubr.* 1. *pr.* — 3. *Rubr.* D., 43, 12. — 4. D , 43, 12, 1, *pr.* — 5. *Flor.* : fiat ; cf. D. 43, 12, 1, 22. — 6. D., 43, 12, 1, 19. — 7. *Rubr.*, D., 43, 13. — 8. D. 43, 13, 1, *pr.* — 9. D., 43, 13, 1, 11. — 10. D., 43, 14, *Rubr.* 1, *pr.* — 11. Interpolation ; v. Gradenwitz, *Bull. di D. R.*, 2, 7 et ss. — 12. D., 43, 15, *Rubr.* 1, *pr.* — 13 *Rubr.* D., 43, 16. C., 8, 4. — 14. D., 43,16, 1, 1, *pr.* Ancienne rédaction de cette clause dans Cicéron, *Pro Tullio*, 19, 44. — 15. Cicéron, *loc. cit.*

quaeque ille tunc ibi habuit restituas [1]. Post annum de eo, quod ad eum qui vi dejecit pervenerit, judicium dabo [2].

b. De vi armata. Unde tu illum vi hominibus coactis armatisve dejecisti aut familia tua dejecit, eo illum quaeque ille tunc ibi habuit restituas [3].

c. Si uti frui prohibitus esse dicetur [4].

246. d. *Ne vis fiat ei, qui damni infecti in possessionem missus erit* [5].

247. Uti possidetis [6]. — a. Uti nunc possidetis eum fundum, quo de agitur, quod nec vi nec clam nec precario alter ab altero possidetis, *quo minus* ita possideatis, adversus ea vim fieri veto [7].

b. Uti nunc eas eades, q. d. a., n. v. n. cl. n. pr. alter ab altero possidetis, quo minus ita possideatis, vim fieri veto [8].

c. ..... neque pluris, quam quanti res erit, intra annum quo primum experiundi potestas fuerit, *sponsionem restipulationemque facere* [9] permittam.

d. *Uti eo fundo q. d. a. n. v. n. cl. n. pr. alter ab altero utimini fruimini, quo minus ita utamini fruamini, vim fieri veto* [10].

248. a. A quo fundus petetur si rem nolit defendere [11]. — *Quem fundum* [12]....

b. A quo usus fructus petetur, si rem nolit defendere. — *Quem usumfructum..... vindicare vult ......, si rem nolis defendere eoque nomine tibi satisdatum est aut per te stat quo minus satisdetur, restituas* [13].

249. De superficiebus [14]. — Uti ex lege locationis [sive conductionis] superficie q. d. a. nec vi n. cl. n. pr. alter ab altero fruimini, quo minus *ita* fruamini, v. f. v. Si qua alia actio de superficie postulabitur, causa cognita dabo [15].

250. De itinere actuque privato [16]. — a. Quo itinere actuque [privato], q. d. a., [vel via] hoc anno nec v. n. c. n. p. ab illo usus es, quo minus ita utaris, v. f. v. [17].

---

1. Cicéron, *Pro Caecina*, 30, 88, rapproché de *D*., 43, 16, 1, *pr*. — 2. Edit relatif à l'action *in factum* de *Fr. V*., 312, réuni dans le Dig. à l'interdit. — 3. Ancien interdit, Cicéron, *Pro Caecina*, passim ; *Ad fam*., 15, 16, 3 : 'Unde tu aut familia aut procurator tuus illum vi hominibus coactis armatisve dejecisti, eo restituas'. — 4. Cf. *Fr. Val*., 91. — 5. *D*., 43, 4 4, pr. 4. — 6. Rubr., *D*., 43, 17. — 7. Restitué d'après Festus, vº *Possessio*. Cf. Girard, *Manuel*, p. 278, n. 4. — 8. *D*., 43, 17, 1, *pr*. avec l'addition de *nunc* commandée par Gaius, 4, 160. 150 et Paul, *Sent*., 5, 6, 1. — 9. *D*.: agere. Relatif à la *sponsio*, conjecture Lenel. — 10. Cf. *Fr. V*., 90, rapproché de *D*., 43, 18, 1, *pr*.— 11. Inscription de *D*., 39, 2, 1, 11, 1. — 14. 45. Cf. *Fr. V*., 92. — 12. Ulpien, *Inst*., 4. — 13. *Fr. V*., 92 ; Paul, *Sent*., Rubr. *D*., 43, 18. — 15. *D*., 43, 18, 1, *pr*. — 16. Rubr. *D*., 43, 19. — 17. *D*., 43, 19, 1, *pr*.

b. Quo itinere *actuque q. d. a. is, a quo emisti, hoc anno n. v. n. c. n. p. ab illo* usus est, quo minus *ita utaris*, v. f. v. [1].

c. Quo itinere actuque hoc anno non v. n. c. n. p. ab *illo* usus es, quo minus id iter actumque, ut tibi jus est, reficias, v. f. v. Qui hoc interdicto uti volet, is adversario damni infecti, quod per ejus *operis* [2] vitium datum sit, caveat [3].

251. De aqua cottidiana et aestiva [4]. — a. Uti hoc anno aquam, q. d. a., non v. n. cl. n. p. ab illo duxisti, quo minus ita ducas, v. f. v. [5].

b. Uti priore aestate aquam, q. d. a., nec v. n. cl. n. p. ab illo duxisti, quo minus ita ducas, v. f. v. [6].

c. *Item* inter heredes emptores (?) et bonorum possessores interdicam [7].

d. Quo ex castello illi aquam ducere ab eo, cui ejus rei jus fuit, permissum est, quo minus ita uti permissum est ducat, v. f. v. Quandoque de opere faciendo interdictum erit, damni infecti caveri jubebo [8].

252. De rivis [9]. — Rivos specus septa reficere purgare aquae ducendae causa quo minus liceat illi, dum ne aliter aquam ducat, quam uti priore aestate (*hoc anno*) non v. n. c. n. p. a te duxit, v. f. v. [10].

253. De fonte [11]. — a. Uti de eo fonte, q. d. a., hoc anno nec v. n. c. n. p. ab illo usus es, quo minus ita utaris, v. f.v. De lacu puteo piscina item interdicam [12].

b. Quo minus fontem, q. d. a., purges reficias, ut aquam coercere utique ea possis, dum ne aliter utaris atque uti hoc anno non v. n. c. n. p. ab illo usus es, v. f. v. [13].

254. De cloacis [14]. — a. Quo minus illi cloacam, quae ex aedibus ejus in tuas pertinet, q. d. a., purgare reficere liceat, v. f. v. Damni infecti, quod operis vitio factum sit, caveri jubebo [15].

b. Quod in cloaca publica factum sive [ea] immissum habes, quo usus ejus deterior sit fiat, restituas. Item ne quid fiat immittaturve, interdicam [16].

255. [*A quo servitus petetur sive ad eum pertinere negabitur, si rem nolit defendere*] [17].

256. Quod vi aut clam factum erit, ut restituatur [18]. — Quod

---

1. Cf. *D.*, 43, 1, 2, 3. 43, 20, 1, 37. — 2. Cf. *D.*, 43,19, 5, *in fine.* — 3. *D.*, 43, 19, 3, 11. — 4. *Rubr. D.*, 43, 20. — 5, *D.*, 43, 20, 1, *pr.* — 6. *D.*, 43, 20, 1, 29. — 7. *D.*, 43, 20, 1, 37. — 8. *D.*, 43, 20, 1, 38. — 9. *Rubr. D.*, 43,21. — 10. *D.*, 43, 21,1, *pr.* — 11. *Rubr. D.*, 43, 22. — 12. *D.*, 43, 22, 1, *pr.* — 13. *D.*, 43, 22, 1, 6. — 14. *Rubr. D.*, 43, 23. — 15. *D.*, 43, 23, 1, *pr.* — 16. *D.*, 43, 23, 1, 45. — 17. V. *D.*, 43, 20, 7. 39, 1, 15. 39, 2, 45 et Lenel, n° 255. — 18. *Rubr. D.*, 43, 24.

vi aut clam factum est, qua de re agitur, id, *si non plus quam annus est* [1] cum experiundi potestas est, restituas [2].

257. *Si opus novum nuntiatum erit*. — a. Quod jus sit illi prohibere, ne se invito fiat, in eo nuntiatio teneat. Ceterum nuntiationem missam facio [3].

b. Quem in locum nuntiatum est, ne quid operis novi fieret, q. d. r. a., quod in eo loco, antequam nuntiatio missa fieret aut in ea causa esset, ut remitti deberet, factum est, id restituas [4].

c. Quem in locum nuntiatum est, ne quid operis novi fieret, q. d. r. a., si de ea re satisdatum est, quod ejus cautum sit, aut per te stat quo minus satisdetur : quo minus illi in eo loco opus facere liceat, v. f. v. [5].

U. 71.
P. 67.

258. De precario [6]. — Quod precario ab illo habes aut dolo malo fecisti, ut desineres habere, q. d. r. a., id illi restituas [7].

259. De arboribus caedendis [8]. — a. Quae arbor ex aedibus tuis in aedes illius impendet, si per te stat, quo minus eam adimas, tunc, quo minus illi eam arborem adimere sibique habere liceat, v. f. v. [9].

b. Quae arbor ex agro tuo in agrum illius impendet, si per te stat, quo minus pedes quindecim a terra eam altius coerceas, tunc, quo minus illi ita coercere lignaque sibi habere liceat, v. f. v. [10].

260. De glande legenda [11]. — Glandem, quae ex illius agro in tuum cadat, quo minus illi tertio quoque die legere auferre liceat, v. f. v. [12].

261. De homine libero exhibendo [13]. — Quem liberum dolo malo retines, exhibeas [14].

262. De liberis exhibendis item ducendis [15]. — a. Qui quaeve in potestate Lucii Titii est, si is eave apud te est dolove malo tuo factum est, quo minus apud te esset, ita eum eamve exhibeas [16].

b. Si Licius Titius in potestate Lucii Titii est, quo minus eum Lucio Titio ducere liceat, v f. v. [17].

---

1. Cf. *D.*, 43, 24, 15, 4-6. — 2. *D.*, 43, 24, 1, *pr*. — 3. *D.*, 43, 25, 1, *pr*. — 4. *D.*, 39, 1, 20, *pr*. — 5. *D.*, 39, 1, 20, 9. — 6. *Rubr. D.*, 43, 26. — 7. *D.*, 43, 26, 2, *pr*. — 8. *Rubr. D.* 43, 27. — 9. *D.*, 43, 27, 1, *pr*. — 10. *D.*, 43, 27, 1, 7. — 11. *Rubr. D.*, 43, 28. — 12. *D.*, 43, 28, 1, *pr*. — 13. *Rubr. D.*, 43, 29. — 14. *D.*, 43, 29, 1, *pr*. — 15. *Rubr. D.*, 43, 30. — 16. *D.*, 43, 30, 1, *pr*. — 17. *D.*, 43, 30, 3, *pr*.

263. *De liberto exhibendo* [1].

264. *Utrubi* [2]. — Utrubi vestrum hic homo q. d. a. nec v. n. c. n. p. ab altero fuit apud quem majore parte hujus anni fuit, quo minus is eum ducat, v. f. v. [3].

265. De migrando [4]. — Si is homo, q. d. a., non est ex his rebus, de quibus inter te et actorem convenit, ut, quae in eam habitationem, q. d. a., introducta importata ibi nata factave essent, ea pignori tibi pro mercede ejus habitationis essent, sive ex his rebus est et ea merces tibi soluta eove nomine satisfactum est aut per te stat, quo minus solvatur : ita, quo minus ei, qui eum pignoris nomine induxit, inde abducere liceat, v. f. v. [5].

266. Salvianum interdictum [6].

267. *Formulae Serviana et quasi Serviana*.

268. Quae in fraudem creditorum facta sunt ut restituantur [7]. — Quae Lucius Titius fraudandi causa sciente te in bonis, quibus de [ea re] agitur, fecit : ea illis, *quos* eo nomine, q. d. a., ex edicto meo *in possessionem ire* esseve oportet [8] [ei] si non plus quam annus est cum de ea re, q. d. a., experiundi potestas est, restituas. Interdum causa cognita, et si scientia non sit, *interdicam et sponsionem restipulationemque facere* permittam [9].

XXXXIIII. DE EXCEPTIONIBUS [10].

269. Si quis *vadimoniis* [11] non obtemperaverit [12]. — a. E. *pacti conventi* : si inter A^m A^m et N^m N^m non convenit, ne ea pecunia peteretur [13].

b.-f. *E^{os} quod N^s N^s sine dolo malo rei publicae causa afuerit, quod valetudine vel tempestate vel vi fluminis prohibitus, quod sine dolo malo ipsius a magistratu retentus, quod rei capitalis antea condemnatus fuerit, quod dolo malo Aⁱ Aⁱ factum sit quo minus vadimonium sisteret* [14].

1. Cf. Gaius, 4, 162. — 2. *Rubr. D.*, 43, 31. — 3. Restitution de Partsch, *Formules de procédure romaine*, 1909, n° 22, à l'aide de *D.*, 43, 31, 1, *pr.* Gaius, 4, 160, 150. Restitution légèrement différente chez Lenel. — 4. *Rubr. D.*, 43, 32. — 5. *D.* 43, 32, 1, *pr.* — 6. *Rubr. D.*, 43, 33. — 7. *Rubr. D.*, 42, 8. — 8. Conjecture de Lenel ; cf. Gradenwitz, *Z. S. St.*, 8, 1887, p. 256. Le *D.* : 'si eo nomine q. d. a actio ei ex edicto meo competere esseve oportet'. — 9. *D.* 42. 8, 10 : 'in factum actionem permittam', sans doute interpolé ; cf. Gradenwitz, *Z. S. St.*, 8, 1887, p. 256. Lenel, *Pal.*, 2, p. 852, n. 3. et *Edictum*, n° 268. — 10. *Rubr. D*, 44, 1. — 11. *D.* : 'cautionibus in judicio sistendi causa factis'. — 12. *Rubr. D.*, 2, 11. — 13. Gaius, 4, 119, cf. *D.*, 2, 11, 2, *pr.* — 14. *D.*, 2, 11, 2, 1. 4-9, 4, *pr.* 4, 1, 5, *pr.* ; cf. *D.*, 22, 3, 19. 1. V. encore sur une autre clause possible, *D.*, 2, 11, 5, 1-2.

270. *Litis dividuae et rei residuae* [1].

271. *Si alieno nomine agatur* : E[es] *cognitoriae, procuratoriae, tutoriae, curatoriae. E. cessionis bonorum.*

272. *Si ex contractibus argentariorum agatur.* a. *E. mercis non traditae* : Si ea pecunia, q. d. a., non pro ea re petitur, quae venit neque tradita est [2]. b. *E. redhibitionis* [3]. c. *E. pecuniae pensatae* [4].

273. *Temporis* [5].

274. *Ne praejudicium hereditati fundove fiat* [6].   U. 75.

275. Rei judicatae [7] *vel in judicium deductae* [8] : Si ea res,   P. 70. q. d. a., judicata *non est in judiciumve deducta* non est [9].

276. Rei venditae et traditae [10].   U. 76.

277. Doli mali et metus. a. E. doli mali [11] : Si in ea re   U. 76. nihil dolo malo Ai A[i] factum est neque fit [12].   P. 71.

b. E. metus [13] : Si in ea re nihil metus causa factum est [14].

278. Quarum rerum actio non datur [15]. — a. *E. jurisjurandi.* b. *E. negotii in alea gesti.* c. *E. onerandae libertatis causa* [16].

279. Si quid contra legem senatusve consultum factum esse dicetur [17].

XXXXV. *DE STIPULATIONIBUS* [18].   U.77-81.   P.72-78.

280. — *Vadimonium sisti.*   U. 77.
281. — *Pro praede litis et vindiciarum* [19].   U. 77. P. 74.
282. — *Judicatum solvi* [20].   U. 78.

1. Gaius, 4, 122. — 2. D., 50, 16, 66. 19, 1, 25. Gaius, 4. 126 a. — 3. *D*, 21, 1, 59. 44, 1, 14. — 4. D., 22, 3, 19, 3. — 5. D., 44, 3, 1. — 6. D., 44, 1, 13. 16. 18 ; 10, 2, 1, 1. — 7. *Rubr.*, 44, 2. — 8. Exception unique, visant à la fois les deux cas, selon Lenel ; cf. Gaius, 4, 121 : 'quod metus causa *aut* dolo malo *aut* quod contra..., *aut* quod res judicata est *vel* in judicium deducta '. V. cependant les objections d'Eisele, *Abhandlungen zum römischen Civilprocess*, 1889, pp. 4-8. Z. S. St., 21, 1900, p. 1 et ss. — 9. Cf. D., 44, 2, 9, 2. Vestiges d'une rédaction plus ancienne, loi agraire de 643, ligne 38. — 10. *Rubr.* D., 21, 3 Cf. sur le caractère édictal de cette exception les objections de Hugo Krueger. *Beiträge zur Lehre von der* Exceptio doli, 1892. pp. 6-46, et la réponse d'Erman, *Z. S. St.*, 14, 1893, p. 237-255. — 11. *Rubr.* D., 44, 4. — 12. Gaius, 4, 119. D., 44, 4, 2, 1. 2, 3-5. — 13. *Rubr.* D.. 44, 4. — 14. D., 44, 4, 4, 33. — 15. *Rubr.* D., 44, 5. Exceptions fondées sur les causes, pour lesquelles le préteur avait déclaré dans les précédentes parties de l'Album qu'il refuserait l'action. — 16. D., 44, 5, 1. 2. — 17. Gaius, 4, 121. — 18. *Rubr.* D., 46, 5 : 'De stipulationibus praetoriis' ; mais le préteur ne devait pas dans son édit qualifier lui-même ces stipulations du nom de praetoriae ; cf. C. Ferrini, *Rivista italiana per le scienze giuridiche*, 1886, pp. 37-38. — 19. Lenel, arg. *D.*, 46, 7, 6, où Ulpien paraît aborder l'étude de la caution *judicatum solvi* dans son livre 78 ; v. en sens contraire Karlowa, *R. R. G.*, 2, p. 441. — 20. *Rubr.* D. 46, 7.

U. 79.	283. *De conferendis bonis et dotibus*.
U. 79. P. 75.	284. *Si cui plus quam per legem Falcidiam licuerit legatum esse dicetur* [1].
	285. *Evicta hereditate legata reddi* [2].
	286. *Usufructuarius quemadmodum caveat* [3].
	287. *Legatorum servandorum causa* [4].
P. 76.	288. *Rem pupilli* [vel adolescentis] [5] *salvam fore* [6].
U. 80.	289. *Ratam rem haberi* [7].
U.80-81. P.76-77.	290. *De auctoritate* [8].
U. 81.	291. *Ex operis novi nuntiatione* [9].
U. 81. P. 78.	292. *Damni infecti* [10].

2. Édit des édiles curules.

Il n'est pas douteux que l'édit des édiles curules a été codifié par Julien, en même temps que celui du préteur urbain. V. notamment Justinien, const. *Omnem*, § 4 ; const. *Tanta*, § 6. Le langage de Justinien, joint à une confusion de Paul, *Sent.*, 1, 15, 2, qui attribue au préteur l'édit *de feris*, porterait même à croire qu'il se serait alors fondu dans l'édit prétorien. Mais Gaius, 1, 6, atteste qu'après la réforme, les édiles continuèrent à rendre leur édit distinct comme le préteur le sien, sauf naturellement à se conformer comme lui au sénatus-consulte qui avait prescrit aux magistrats futurs la reproduction de l'œuvre de Julien, et le langage de Justinien tout au moins peut se rapporter aux commentaires de l'édit, dans lesquels le second était devenu une annexe du premier, de telle sorte que par exemple les 81 livres sur l'édit du préteur et les 2 livres sur l'édit des édiles d'Ulpien sont représentés par l'*Index Florentinus* comme un commentaire sur l'édit en 83 livres. Suivant une disposition symétrique à celle de l'édit du préteur, l'édit des édiles se compose d'une partie principale, contenant les édits suivis des formules d'action correspondantes, et d'un appendice, contenant la formule de la *stipulatio duplae*. Comme pour l'édit du préteur, la restitution sommaire donnée ici de l'édit des édiles procède directement du travail de Lenel.

1. *Rubr. D.*, 35, 3. — 2. *D.*, 5, 3, 17. 29, 4, 1,9. — *Rubr. D.*, 7, 9. — 4. Cf. *Rubr. D.*, 36, 3. — 5. Mots effacés avec vraisemblance par Gradenwitz, Z. de Grünhut, 18, p. 344, n. 1, bien qu'au reste l'édit paraisse avoir contenu une cautio rem adolescentis (v. *D.*, 46, 6, 4, 7-8). — 6. *Rubr. D.*, 46, 6. — 7. *Rubr. D.*, 46, 8. — 8. Découverte de Lenel qui place à cet endroit : 1º l'action au double résultant de la mancipation, v. notamment *D.*, 22, 1, 51, 1, du livre 80 d'Ulpien et *D.*, 50, 16, 72, du livre 76 de Paul ; 2º une stipulation de garantie dont ils traitent tous deux au livre suivant et que M. Lenel croit être la *satisdatio secundum mancipium*, mais qui est simplement à notre sens la *stipulatio duplae* ordinaire ; cf. *N. R. H.*, 1884, pp. 419-422. — 9. *D.*, 39, 1, 13, 1, 45, 1, 4, 2. — 10. *D.* 45, 1, 4, 2.

293. De mancipiis vendundis [1]. — a. Qui mancipia vendunt certiores faciant emptores, quid morbi vitiive cuique sit, quis fugitivus errove sit noxave solutus non sit : eademque omnia. cum ea mancipia venibunt, palam recte pronuntianto. Quod si mancipium adversus ea venisset sive adversus quod dictum promissumve fuerit, cum veniret, fuisset, quod ejus praestari oportere dicetur : emptori omnibusque, ad quos ea res pertinet, *in sex mensibus quibus primum de ea re experiundi potestas fuerit*, judicium dabimus, ut id mancipium redhibeatur, si quid autem post venditionem traditionemque deterius emptoris opera familiae procuratorisve ejus factum erit, sive quid ex eo post venditionem natum adquisitum fuerit, et si quid aliud in venditione ei accesserit, sive quid ex ea re fructus pervenerit ad emptorem, ut ea omnia restituat, item, si quas accessiones ipse praestiterit, ut recipiat. Item si quod mancipium capitalem fraudem admiserit, mortis conciscendae sibi causa quid fecerit, inve harenam depugnandi causa ad bestias intromissus fuerit, ea omnia in venditione pronuntianto : ex his enim causis judicium dabimus. Hoc amplius, si quis adversus ea sciens dolo malo vendidisse dicetur, judicium dabimus [2].

b. *Adversus venaliciarios* [3].
c. *De iis qui pueros castraverint* [4].
d. *De ornamentis mancipiorum* [5].

294. *De jumentis vendundis*. — Qui jumenta vendunt, palam recte dicunto, quid in quoque eorum morbi vitiique sit, utique optime ornata vendendi causa fuerint, ita emptoribus tradantur. Si quid ita factum non erit, de ornamentis restituendis jumentisve ornamentorum nomine redhibendis in diebus sexaginta, morbi autem vitiive causa inemptis faciendis in sex mensibus, vel quo minoris cum venirent fuerint, in anno judicium dabimus. Si jumenta paria simul venierint et alterum in ea causa fuerit, ut redhiberi debeat, judicium dabimus, quo utrumque redhibeatur [6]. Quae de jumentorum sanitate diximus, de cetero quoque pecore omni venditores faciunto [7].

---

1. Aulu-Gelle, 4, 2, 1 : 'In edicto aedilium curulium qua parte de mancipiis vendendis cautum est'. — 2. *D*., 21, 1. 1, *pr*. Commencement d'un ancien édit dans Aulu-Gelle, 4, 2 : 'titulus *servorum* singulorum scriptus sit curato ita, ut intellegi recte possit, quid, etc.' Fragment de la formule redhibitoire, *D*, 21, 1, 25, 9. — 3. Cf. *D*., 21, 1, 44, 1.— 4. Cf. *D*., 9, 2, 27, 28. — 5. Cf. *D*., 50, 16, 74. — 6. *D*., 21, 1, 38, *pr*. Fragment de la formule relative aux *ornamenta*, *D*., 21, 1, 38, 11.— 7. *D*., 21, 1, 38, 5.

295. *De feris.* — Ne quis canem, verrem [vel minorem] [1], aprum, lupum, ursum, pantheram, leonem, qua volgo iter fiet, ita habuisse velit, ut cuiquam nocere damnumve dare possit [2]. Si adversus ea factum erit et homo liber ex ea re perierit, *sestertium* ducent*orum milium nummorum* [3], si nocitum homini libero esse dicetur, quanti bonum aequum judici videbitur, *judicium dabimus.* Ceterarum rerum, quanti damnum factumve sit, dupli *judicium dabimus* [4].

296. *Duplae stipulatio.*

3. Décret du préteur d'Espagne Ultérieure L. Aemilius Paulus (an 565 de Rome).

C. I. L., II, 5041 ; Bruns, n° 70. Inscription gravée sur une plaque de bronze trouvée en 1866, en Espagne, aux environs de Cadix, et actuellement conservée au musée du Louvre. Décret rendu par le célèbre Paul Emile (L. Aemilius Paulus. l'inscription ne donne pas le *cognomen* exclu de la langue officielle) au cours de son commandement d'Espagne Ultérieure de 563-565. Paul Emile, préteur d'Espagne Ultérieure en 564, prorogé en 565, fut acclamé *imperator* à la suite d'une victoire remportée dans le cours de l'année 564 et résigna son commandement dans l'automne de 565 ; l'inscription datée du 19 janvier qui le qualifie d'*imperator* doit donc être du 19 janvier 565. Le général y délie les habitants de *Turris Lascutana* des liens de vassalité dans lesquels ils étaient par rapport aux Hastenses, les déclare *liberi* et les maintient jusqu'à nouvel ordre dans la propriété pérégrine (*possidere habereque*) de leur territoire. Cf. sur ce texte Huebner, *Hermes*, 3, 1868, p. 243 et ss. ; Mommsen, *Hermes*, 3, p. 261 et ss. = *Ges. Schr.*, 4, p. 56 et ss., et *Droit public*, 6, 2, pp. 364, n. 3. 362, n. 5. 381, n. 2 ; Karlowa, *R. R. G.*, 1, p. 447.

L. Aimilius L. f. inpeirator decreivit utei quei Hastensium servei in turri Lascutana habitarent leiberei essent ; agrum oppidumqu(e) quod ea tempestate posedisent item possidere habereque jousit, dum poplus senatusque Romanus vellet. Act(um) in castreis a. d. XII k. Febr.

4. Edit du triumvir Caesar Octavianus sur les privilèges des vétérans (an de Rome 714-717).

B.G.U., 628, v° Papyrus, édité d'abord par M. Gradenwitz, puis par MM. Scialoja, *Bull. di D. R.*, 9, 1898, pp. 691-693, Dareste, *N. R. H.*, 1898, pp. 691-693, et *Nouv. études d'hist. du droit*, 1902,

---

1. *D.* : minorem ; Huschke, *Zur Pandektenkritik*, 1875, p. 52 ; maialem. Mais cf. Scialoja, *Bull. di D. R.*, 13, 1900, pp. 75-86. — 2. *D.*, 21, 1, 40, 1, 42. — 3. *D.* : solidi ducenti. — 4. Cf. *D.*, 21, 1, 42.

pp. 206-207, Riccobono, n° 50, et de nouveau par M. Gradenwitz. dans Bruns n° 69, et enfin, après un nouvel examen, par M. Wilcken, *Chrestomathie*, n° 462. Il porte sur deux colonnes un édit sur les privilèges des vétérans, invoqué par un vétéran dans un procès et transcrit par une personne très ignorante de la langue latine, qui a été rendu par le futur empereur Auguste pendant le triumvirat. Une fausse lecture qui n'a été écartée que par M. Wilcken (v. note 2), le mettait en 723. En réalité, comme l'a montré le même auteur, il se place entre l'an 714, avant lequel Auguste n'a pas pris le titre d'*imperator* qu'il y porte déjà, et l'an 717, avant la fin duquel il ajouta à son titre de triumvir la mention de l'itération qui n'y est pas encore.

... p. cum Manius Valens veteranus ex*actor* recitasse ait [1] partem edicti hoc quod infra scriptum est : Imp(erator) Caesar Divi filius, triumvir rei publicae cons*tituendae* [2] dicit : Visum *est* edicendum mi*hi vete*ranis dare om*nibus* ut tributis ....ti [3] ....
..... [4] ipsis parenti*bus* liberis*que* eorum et *ux*oribus qui sunt qui*que* erunt [5] immunitatem omnium rerum dare, utique optimo jure optimaque lege cives Romani sint, immunes sunto, liberi sunto militiae, muneribus publicis fungendi vocatio, *item* in qua*vis* tribu s(upra)s(cripta) suffragium ferendi censendi*que* potestas esto et si absentes voluerint censeri, da*tur* quod*cum*que iis qui s(upra)s(cripti) sun*t* ipsis parenti*bus* conj*ugibus* [6] liberisq*ue* eorum ; item quem*ad*modum [7] veterani immune. esint et a... [8] esse volui ; que *jura* [9] que sacerdotia [*do* tia] quosque honor*es* quaeque praemia *b*eneficia commoda habuerunt item ut habeant, utantur, fruanturque permi*tto*, io invitis iis neque magistra*tus* ceter*os* neque laegatum *n*eque procuratorem *n*eque emptorem *tr*ibutorum esse *p*lacet *n*eque in domo eorum divertendi emendique causamque... rem quem de*d*uci place*t*.

1. Dareste. Le ms. : ex..ter recitasserit. — 2. Le ms. d'après la lecture de Wilcken : 'consultor', qui apparaît comme une corruption du dernier terme indispensable du titre des triumvirs *rei publicae constituendae*. Auparavant, tout le monde avait lu 'consul ter', ce qui plaçait l'édit en 723 et avait un certain intérêt pour l'histoire du triumvirat. — 3. Gradenvitz : *comitiis* ; Dareste : *exempti*. — 4. Lacune entre la première colonne et la seconde où on lit seulement, au bas de la première colonne, 'quem' avant un vide d'au moins une ligne, et, en haut de la seconde, 'dire' sur une ligne, 'l..bro' et 'majo.po' sur une autre. — 5. Mommsen ; le ms. : ' qui sec. que erunt ; Wilcken : 'qui secumque erunt'. — 6. Dareste ; le ms. : parentes *conjuges*. — 7. Le ms. : 'quem...otum' ; Gradenvitz : 'quem a*t*motum'. — 8. Dareste : 'immunes et in*t*actos'. — 9. Dareste.

10.

5. Édit du préfet d'Égypte Tibère Alexandre
(an 68 après J.-C.).

Inscription grecque découverte en 1818 dans la grande oasis de Thèbes par le voyageur français F. Cailliaud et dans laquelle le stratège de cette région publie un édit rendu le 28 septembre 68 après J.-C. par le préfet d'Egypte bien connu Ti. Julius Alexander. La liste des édits des préfets d'Egypte n'a pendant longtemps compris que cet édit commenté par Rudorff, *Rheinisches Museum für Philologie*, 2, 1828, pp. 64 et ss., 133 et ss., reproduit *C. I. Gr.*, III, 4957, puis par Dittenberger, *Or. Gr. Inscr. sel.*, II, 669, et un autre édit du préfet M. Vergilius Capito du 1er février de l'an 49 découvert en même temps par Cailliaud qui a été pareillement commenté par Rudorff, *M. Vergilii Capitonis edictum*, 1834, et reproduit *C. I. Gr.*, III, 4956 et *Or. Gr. inscr. sel.*, II, 665. Elle est en voie d'être sensiblement augmentée par les publications de papyrus : édits d'A. Avilius Flaccus, préfet au temps de Tibère et de Caligula (J. Nicole, *R. de Philologie*, 22, 1898, p. 18 et ss. ; Wilcken, *Arch. f. P.*, 1, pp. 168-172 ; Wilcken, *Chrestom.*, n° 13) ; de l'an 42 d'Aemilius Rectus (*P. Lond.*, III, p. 107, n° 1171, col. 3 ; Wilcken, *Chrestom.*, n° 439 ; cf. Mitteis, *Z. S. St.*, 28, 1907, p. 380 ; Wilcken, *Arch. f. P.*, 4, 2-3, 1908, p. 539) ; de l'an 89 de Mettius Rufus, de l'an 138 de Valerius Eudaemon, de l'an 182 de Flavius Sulpicius Similis, contenus dans *P. Oxy.*, II, 237 (cf. ci-après les renvois du n° 6) ; de Flavius Titianus de l'an 127 (*P. Oxy.*, I, 34 ; Mitteis, *Chrestom.*, n° 188) ; de l'an 134 de M. Petronius Mamertinus, duquel une lettre de l'an 135, *B. G. U.*, 19, est reproduite plus loin à la division des décisions judiciaires (*P. Fay.*, 24) ; de C. Avidius Heliodorus de l'an 139 (*B. G. U.*, 747 ; Wilcken, *Chrestom.*, n° 35) ; de L. Valerius Proculus, du temps d'Antonin le Pieux (*B. G. U.*, 288) ; de M. Sempronius Liberalis de l'an 154 (*B. G. U.*, 372 ; Wilcken, *Chrestom.*, n° 19) ; de Flavius Valerius Pompeianus de 287 (*P. Oxy.*, VI, 888 ; Mitteis, *Chrestom.*, n° 329), etc. Mais notre texte demeure juridiquement l'un des plus importants. Nous en reproduisons ici, comme Bruns, n° 72, et Riccobono, n° 52, uniquement la partie qui présente un intérêt direct pour le droit privé. On y remarquera notamment le passage dans lequel, conformément au droit gréco-égyptien et contrairement au droit romain, l'édit reconnaît la propriété de la femme sur sa dot, et celui plus curieux encore et souvent mal entendu qui défend la cession de créances pour couper court aux abus de ceux qui essayaient d'appliquer à des créances privées la contrainte par corps réservée par le droit local aux créances publiques, probablement en partant de l'usage également local de modifier les compétences en joignant au contrat la convention d'une amende au profit du fisc. V. sur le premier point, Bechmann, *Römisches Dotalrecht*, 1, 1863, p. 112. Mitteis, *Reichsrecht und Volksrecht in östlichen Provinzen*, 1891, p. 233. Denisse, *N. R. H.*, 1893, pp. 32-33 ; et sur le second, Mitteis, pp. 447, 448, 527. Denisse, p. 41.

1. (1.) Ἰούλιος Δημήτριος, στρατηγὸς Ὀάσεως Θηβαίδος, τοῦ

1. (1.) *Julius Demetrius, strategus Oasis Thebaidis edicti mihi*

πεμφθέντος μοι διατάγματος ὑπὸ τοῦ κυρίου ἡγεμόνος | Τιβερίου Ἰουλίου Ἀλεξάνδρου τὸ ἀντίγραφον ὑμεῖν ὑπέταξα, ἵν᾽ εἰδότες ἀπολαύητε τῶν εὐεργεσιῶν. L²β´ Λουκίου Λιβίου Σεβαστοῦ Σουλπικίου | Γάλβα αὐτοκράτορος, Φαωφὶ α´², Ἰουλίᾳ Σεβαστῇ³.

(2.) Τιβέριος Ἰούλιος Ἀλέξανδρος λέγει· (12 lignes omises).

(4.) Ἐπειδὴ ἔνιοι προφάσει τῶν δημοσίων καὶ ἀλλότρια δάνεια παραχωρούμενοι εἴς τε τὸ πρακτόρειον⁴ τινας παρέδοσαν καὶ εἰς ἄλλας φυλακάς, ἃς καὶ δι᾽ αὐτὸ τοῦτο | ἔγνων ἀναιρεθείσας, ἵνα αἱ πράξεις τῶν δανείων ἐκ τῶν ὑπαρχόντων ὦσι καὶ μὴ ἐκ τῶν σωμάτων, ἑπόμενος τῇ τοῦ θεοῦ Σεβαστοῦ βουλήσει, κελεύω μηδένα τῇ τῶν δημοσίων προφά | σει παραχωρεῖσθαί παρ᾽ ἄλλων δάνεια, ἃ μὴ αὐτὸς ἐξ ἀρχῆς ἐδάνεισεν, μηδ᾽ ὅλως κατακλείεσθαί τινας ἐλευθέρους εἰς φυλακὴν ἡντινοῦν, εἰ μὴ κακοῦργον, μηδ᾽ εἰς τὸ πρακ | τόρειον, ἔξω τῶν ὀφειλόντων εἰς τὸν κυριακὸν λόγον.

(5.) Ἵνα δὲ μηδαμόθεν βαρύνῃ τὰς πρὸς ἀλλήλους συναλλαγὰς τὸ τῶν δημοσίων ὄνομα, μηδὲ συνέχωσι⁵ τὴν κοινὴν πίστιν | οἱ τῇ πρωτοπραξίᾳ πρὸς ἃ μὴ δεῖ καταχρώμενοι, καὶ περὶ ταύτης ἀναγκαίω προέγραψα. Ἐδηλώθη γάρ μοι πολλάκις, ὅτι ἤδη τινὲς καὶ ὑποθήκα

transmissi a domino praefecto | Ti. Julio Alexandro exemplar vobis subjeci ut cognito eo beneficiis fruamini. Anno II L. Livi Augusti Sulpicii | Galbae imperatoris, Phaophi I² Julia Augusta³.

(2.) *Tiberius Julius Alexander dicit:* (12 lignes omises).

(4.) *Cum quidam praetextu publicorum etiam propter debita aliena sibi cessa in pignerarium ⁴ quosdam conjecerint et in alias custodias, quas vel ob id ipsum | sublatas novi, ut debitorum exactiones e bonis, non e corporibus fierent, divi Augusti voluntati obtemperans jubeo, ne quis sub publicorum praetextu | aliis debita sibi cedere faciat, quae non ipse ab initio crediderit, neve omnino homines liberos in custodiam qualemcumque includat, nisi maleficum, neve in pignerarium | nisi qui dominicae ration obnoxii sunt.*

(5.) *Ne autem umquam publicorum nomen privatorum contractibus molestiam afferat, neve communem fidem infringant ⁵ | privilegium exigendi ubi non licet usurpantes, etiam de ho proscribere necessarium fuit. Saepe enim mihi denuntiatum est,*

---

1. Signe qui désigne l'année dans les titres égyptiens. — 2. 28 septembre. — 3. Désignation éponyme du jour, selon l'opinion la plus répandue (cf. *P. Oxy.*, 283) ; indication du lieu, selon Wilcken, *Griechische Ostraka*, 1, 1899, p. 813. — 4. Prison pour dette de πράσσειν, poursuivre en justice ou de πράκτωρ, exécution judiciaire ; cf. Mitteis, *P. Lips.*, 120, et les renvois. — 5. Dobree cité par Dittenberger : συγχέωσι || turbent.

20. ἐπείρασαν ἀφελέσθαι νομίμως || γεγονυίας, καὶ ἀποδεδομένα δάνεια παρὰ τῶν ἀπολαβόντων ἀναπράσσειν πρὸς βίαν, καὶ ἀγορασμοὺς ἀναδάστους ποιεῖν, ἀποσπῶντες τὰ κτήματα τῶν ὠνησαμένων, ὡς | συμβεβληκότων τισὶν ἀναβολικὰ [1] εἰληφόσ[ι] ἐκ τοῦ φίσκου, ἢ στρατηγοῖς, ἢ πραγμκτικοῖς [2], ἢ ἄλλοις τῶν προσοφειληκότων τῷ δημοσίῳ λόγῳ. Κελεύω οὖν · ὅστις ἂν ἐνθάδε | ἐπίτροπος τοῦ κυρίου ἢ οἰκονόμος ὕποπτόν τινα ἔχῃ τῶν ἐν τοῖς δημοσίοις πράγμασι ὄντων, κατέχεσθαι αὐτοῦ τὸ ὄνομα ἢ προγράφειν, ἵν[α μηδ]εὶς τῷ τοιούτῳ συνβάλλῃ, | ἢ μέρη τῶν ὑπαρχόντων αὐτοῦ κατέχειν ἐν τοῖς δημοσίοις γραμματοφυλακίοις πρὸς ὀφείλημα. Ἐὰν δέ τις, μήτε ὀνόματος κατεσχημένου, μήτε τῶν ὑπαρχόντων κρατου | μένων, δαν[ε]ίσῃ νομίμως λαβὼν ὑποθήκην, ἢ φθάσῃ ἃ ἐδάν[ε]ισεν κομίσασθαι, ἢ καὶ ὠνήσηταί τι, μὴ κατεχομέ-
25. νου τοῦ ὀνόματος μηδὲ τοῦ ὑπάρχοντος, οὐδὲν πρᾶγμα ἕξει· || τὰς μὲν γὰρ προῖκας, ἀλλοτρίας οὔσας καὶ οὐ τῶν εἰληφότων ἀνδρῶν, καὶ ὁ θεὸς Σεβαστὸς ἐκέλευσεν καὶ οἱ ἔπαρχοι ἐκ τοῦ φίσκου ταῖς γυναιξὶ ἀποδίδοσθαι, ὧν βεβαίαν δεῖ | τὴν πρωτοπραξίαν φυλάσσειν.

20. *quod quidam hypothecas tollere conati sint legitime* || *constitutas, nec non debita soluta ab iis qui acceperint per vim reposcere, et emptiones irritas facere emptoribusque res emptas eripere, quippe | qui contraxissent cum iis qui species devehendas a fisco accepissent* [1] *vel cum strategis vel cum tabellionibus* [2] *vel cum aliis publicae rationi obnoxiis. Jubeo igitur, si quis posthac | procurator Caesaris aut dispensator suspectum aliquem eorum habeat, qui in publicis negotis versantur, aut nomen ejus detineri aut proscribi, ne quis cum eo contrahat, | aut partes bonorum ejus pro debitis retineri in publicis tabulariis. Si quis autem alicui cujus neque nomen detentum est neque bona possessa, | crediderit hypotheca legitime accepta, aut quae crediderit antea ab eo receperit, aut ab eo emerit atiquid, neque nomine neque bonis deten-*
25. *tis, nihil negotii ei fiet.* || *Dotes enim, cum alienae sint neque virorum qui eas acceperant, etiam divus Augustus jussit et praefecti a fisco mulieribus reddi, quarum firmum oportet | servari privilegium.*

6. Édit du préfet d'Égypte M. Mettius Rufus
(an 89 après J.-C.).

Édit relatif à la publicité des aliénations immobilières en Egypte

1. Les *anabolicarii*, *Fr. V.*, 137, selon Mommsen ; Dittenberger entend au contraire le texte de ceux à qui a été accordé un délai de paiement (ἀναβολη) pour ce qu'ils doivent au trésor. — 2. Mommsen renvoie à *D.*, 48, 19, 9 4.

conservé à la fin d'un long papyrus (*P. Oxy.*, II, 237) dont il reste huit colonnes et qui rapportait sur au moins neuf colonnes un mémoire adressé en l'an 186 au magistrat d'Oxyrhynchos Pomponius Faustinus par une certaine Dionysia, épouse d'un Égyptien, nommé Horion, au cours d'un procès qu'elle avait avec son père. Le procès parait avoir été relatif à des biens que son père lui avait donnés au moment de son mariage en s'en réservant l'usufruit et qu'il avait plus tard, avec son consentement, affectés à la sûreté d'une créance, et qu'elle prétendait, semble-t-il, conserver en sa jouissance jusqu'à l'extinction de la dette. Le mémoire soutient, à l'occasion d'incidents du procès et avec pièces à l'appui, trois points : 1° d'abord qu'on ne peut arrêter une action d'ordre patrimonial en intentant une action d'une autre nature (ici une action en dissolution du mariage de la fille intentée par le père), point sur lequel la plaideuse invoque d'abord un édit de Valerius Eudaemon, préfet d'Égypte en 138, qui présente un rapport singulier avec les règles portées en 421 par une const. du Code Théodosien, 2, 27, 1, et qui invoque lui-même l'autorité de Petronius Mamertinus, préfet en 134-135, puis une décision de L. Munatius Félix, préfet vers 150 ; 2° qu'une femme majeure ne peut être enlevée à son mari par son père, question sur laquelle elle rapporte divers jugements et même une consultation d'un jurisconsulte nommé Ulpius Dionysodorus ; 3° que les droits acquis par les enfants sur les biens de leurs parents ou par les femmes sur ceux de leurs maris sont inattaquables quand ils ont été régulièrement enregistrés, point à propos duquel elle rapporte deux édits des préfets d'Égypte L. Mettius Rufus de l'an 89 et Flavius Sulpicius Similis de l'an 182. L'ensemble de ces textes a été commenté par MM. Mitteis, *Arch. f. P.*, 1, pp. 178-199, 343-351 ; Naber, *id.*, pp. 313-327 ; Gradenwitz, *id.*, pp. 328-335 ; R. de Ruggiero, *Bull. di D. R.*, 13, 1901, pp. 64-71 : R. Dareste, *Nouvelles études*, 1902, pp. 199-206, puis dans les ouvrages généraux de MM. O. Eger, *Zum ägyptischen Grundbuchwesen in römischer Zeit*, 1909 ; H. Lewald, *Beiträge zur Kenntniss des römisch-ägyptischen Grundbuchrechts*, 1909 (cf. les comptes rendus des deux ouvrages de MM. Mitteis, *Z. S. St.*, 30, 1909, pp. 455-457 ; de Ruggiero, *Bull. di D. R.*, 21, 1909, pp. 255-308 ; Fliniaux, *N. R. H.*, 1910, pp. 404-409) ; Preisigke, *Girowesen im griechischen Aegypten*, 1910, pp. 373 et ss. et en dernier lieu de nouveau par M. Mitteis, qui a donné, *Grundzüge*, pp. 90-112, un exposé complet du système des livres fonciers égyptiens et *Chrestomathie*, nᵒˢ 192-223, les papyrus fondamentaux.

Nous nous bornons à reproduire ici celui des deux édits relatifs à la publicité des aliénations qui est de beaucoup le plus important, celui de L. Mettius Rufus, qui est toujours le document fondamental pour la connaissance du système de publicité des aliénations de propriété d'ailleurs signalé par beaucoup d'autres textes comme ayant fonctionné dans l'Égypte romaine jusqu'au temps de Dioclétien. C'est peut-être le titre qui décrit le plus clairement le fonctionnement de la conservation des hypothèques, ou plutôt de la conservation des livres fonciers (βιβλιοθήκη ἐγκτήσεων) administrée par des βιβλιοφύλακες, probablement au nombre de deux, qui existait sans doute dans chaque nome, et à laquelle étaient portées pour y être conservées les déclarations écrites (ἀπογραφαί) des acquéreurs de droits de propriété et d'autres droits réels. C'est aussi

le premier titre qui ait fait connaître les feuilles dressées dans ce
dépôt (διαστρώματα) avec indication au nom de chaque personne
de ses biens et des droits réels constitués sur eux (exemples concrets chez Mitteis, *Chrestomathie*, n°s 193-195 : *P. Oxy.*, II, 271.
B. G. U. 959. 1072) non seulement dans un but fiscal, mais dans
l'intérêt des tiers, dit expressément le texte, s'il laisse toujours incertain le point de savoir jusqu'à quel point l'acquisition non trans-
crite sur le livre foncier était réputée non avenue, au moins à
l'égard des tiers. V. contre une contestation plus radicale du caractère de la βιβλοθήκη ἐγκτήσεων formulée par Preisigke, *Girowesen*,
p. 285 et ss., les réponses de Mitteis, *Berichte* de Leipzig, 62, 1910,
p. 249 et ss. et Partsch, *Goettingische Gelehrte Anzeigen*, 1910, p. 714
et ss. L'édit de Mettius, prescrit dans les six mois une déclaration
générale de toutes les propriétés devenue nécessaire pour la
réfection des livres mis hors d'usage par des négligences passées,
puis prévoit, pour l'avenir, en termes dont le sens est discuté, de
nouvelles révisions quinquennales. V. pour le commentaire les
travaux cités, et sur la loi locale citée ligne 34, Mommsen, *Fest-
gabe Dernburg*. Berlin, 1900, 183-190 = *Ges. Schr.*, 2, 144-149.
Cf. les traductions latines de Bonfante, *Bull. di D. R.*, 13, 1901,
p. 41 et ss., Riccobono, n° 54, et Gradenwitz dans Bruns, n° 73.

VIII, 27.   Μάρκος Μέττι | ος Ῥοῦφος ἔπαρχος Αἰγύπτου λέγει· Κλαύδιος
Ἄρειος ὁ τοῦ Ὀξυρυγχείτου στρατηγὸς [ἐ]δήλωσέν μοι μήτε τὰ ἰ[δι]-
ωτικὰ μ[ήτε τὰ δημ]όσια | πράγματα τὴν καθήκουσαν λαμβάνειν διοί-
κησιν διὰ τὸ ἐκ πολλῶν χρόνων μὴ καθ' ὃν ἔδει τρόπον ᾠκονομῆσθαι
30. τὰ ἐν τῇ τῶν ἐν || κτήσεων βιβλιοθήκῃ δια[σ]τρώματα, καίτοι
πολλάκις κριθὲν ὑπὸ τῶν πρὸ ἐμοῦ ἐπάρχων τῆς δεούσης αὐτὰ τυχεῖν
ἐπανορθώ | σεως· ὅπερ οὐ καλῶς ἐνδέχεται εἰ μὴ ἄνωθεν γένοιτο
ἀντίγραφα. Κελεύω οὖν πάντας τοὺς κτήτορας ἐντὸς μηνῶν ἓξ ἀπογρά-
| ψασθαι τὴν ἰδίαν κτῆσιν εἰς τὴν τῶν ἐνκτήσεων βιβλιοθήκην καὶ
τοὺς δανειστὰς ἃς ἐὰν ἔχωσι ὑποθήκας καὶ τοὺς ἄλλους | ὅσα ἐὰν
ἔχωσι δίκαια, τὴν δὲ ἀπογραφὴν ποιείσθωσαν δηλοῦντες πόθεν ἕκαστος
τῶν ὑπαρχόντων καταβέβηκεν εἰς αὐτούς | ἡ κτῆσις. Παρατιθέτωσαν

*Marcus Metti | us Rufus praefectus Aegypti dicit: Claudius
Arius, Oxyrynchiti strategus, mihi nuntiavit neque privatas ne-
que publicas | res convenientem servare ordinem, quia ex longo
30 jam tempore non administratae sunt uti oportuit in pos || sessio-
num bibliotheca tabulae, etsi saepe decretum sit a praefectis qui
ante me fuerint ut necessariam reciperent reformatio | nem.
Quod non bene continget nisi antea fiant exempla. Jubeo igitur
omnes dominos intra sex menses descri | bere propriam posses-
sionem in bibliotheca possessionum et creditores quas habeant
hypothecas et ceteros | quae habeant jura, descriptionem autem
facere sic ut quisque declaret unde venerit ei | possessio. Refe-*

δὲ καὶ αἱ γυναῖκες ταῖς ὑποστάσεσι τῶν ἀνδρῶν ἐὰν κατά τινα ἐπι-
χώριον νόμον κρατεῖται τὰ ὑπάρ || χοντα, ὁμοίως δὲ καὶ τὰ τέκνα 35.
ταῖς τῶν γονέων οἷς ἡ μὲν χρῆσις διὰ δημοσίων τετήρηται χρηματισ-
μῶν ἡ δὲ κτῆ | σις μετὰ θάνατον τοῖς τέκνοις κεκράτηται, ἵνα οἱ συ-
ναλλάσσοντες μὴ κατ' ἄγνοιαν ἐνεδρεύονται παραγγέλλω δὲ καὶ τοῖς
συναλλα | γματογράφοις καὶ τοῖς μνήμοσι μηδὲν δίχα ἐπιστάλματος τοῦ
βιβλιοφυλακ[ίου τελειῶσαι, γνοῦσιν ὡς οὐκ ὄφελος τὸ]τοιοῦτο ἀλλὰ καὶ
| αὐτοὶ ὡς παρὰ τὰ προστεταγμένα ποιήσοντες δίκην ὑπομενοῦσι τὴν
προσήκουσαν. Ἐὰν δ' εἰσὶν ἐν τῇ βιβλιοθήκῃ τῶν ἐπά | νω χρόνων
ἀπογραφαί, μετὰ πάσης ἀκριβείας φυλασσέσθωσαν, ὁμοίως δὲ καὶ τὰ
διαστρώματα, ἵν' εἴ τις γένοιτο ζήτησις εἰς || ὕστερον περὶ τῶν μὴ δεόν- 40.
τως ἀπογραψαμένων, ἐξ ἐκείνων ἐλεγχθῶσι. [Ἵνα] δ'[οὖ]ν βεβαία τε
καὶ εἰς ἅπαν διαμένῃ τῶν διασ | τρωμάτων ἡ χρῆσ[ε]ις πρὸς τὸ μὴ
πάλιν ἀπογραφῆς δεηθῆναι, παραγγέλλω τοῖς β[ι]βλιοφύλαξι διὰ πεν-
ταετίας ἐπανανεοῦσθαι | τὰ διαστρώματα μεναφερομένης εἰς τὰ καινο-
ποιουμένα τῆς τελευταίας ἑκάστου ὀνόματος ὑποστάσεως κατὰ κώμην
καὶ κα | τ' εἶδος. ἔτους θ' Δομειτιανο[υ] μηνὸς Δομιτ [τ] ιανοῦ¹.

*rant autem et mulieres in articulis virorum, si per aliquam re-
gionis legem obligata sunt bo* || *na, item et liberi in parentum,* 35.
*quibus ususfructus quidem instrumentis publicis reservatur, pos-
| sessio vero post mortem liberis concessa est, ne contrahentes
per ignorantiam decipiantur. Jubeo autem et eos qui scri | bunt
contractus et eos qui custodiunt nihil sine mandato curae libro-
rum perficere, scientibus id inutile, sed etiam | ipsos contra
jura agentes poenam passuros statutam. Si vero sunt in biblio-
theca superiorum | temporum descriptiones, cum omni dili-
gentia custodiantur, similiter tabulae, ut si qua fiat investigatio
in* || *posterum de iis qui ut oportuit non descripserunt, ex iis* 40.
*arguantur. Ut igitur firmus et in perpetuum maneat ta | bu-
larum usus, ne rursus descriptione opus sit, jubeo librorum cus-
todes quinto quoque anno renovare | tabulas, in novas relato
postremo cujusque nominis articulo secundum vicos et se | cun-
dum formas. Anno VIIII Domitiani, mensis Domitiani IIII*¹.

7. Décret du proconsul de Sardaigne L. Helvius Agrippa
(an 69 après J.-C.).

C. I. L., X., 7852; Bruns, n° 70; Dessau, 5947. Table de
bronze découverte en mars 1866 à Esterzili en Sardaigne et relative à
une contestation de limites survenue entre les deux cités des Pa-
tulcences Campani et des Galillenses dont les territoires avaient été
officiellement délimités par M. Metellus, le consul de 639 qui triom-

---

1. 4 octobre 89. Cf. Suétone, *Dom.*, 1.

pha *ex Sardinia* en 643. L'inscription contient une copie d'un jugement rendu à ce sujet après de longues controverses, que Mommsen, *Hermes*, 2, 1867, pp. 102-127. 173 (= *Ges. Schr.*, 5, pp. 325-354); 3, 1868, pp. 167-170, avait d'abord placé en l'an 68 après J.-C. en partant d'une transcription fausse de Baudi de Vesme et de l'idée que la copie en date du 18 mars 69 devait avoir été prise à l'Aerarium de Rome après l'expiration des pouvoirs du gouverneur ; mais, bien que ces solutions aient été purement et simplement reproduites par Karlowa, *R. R. G.*, 1, pp. 818-820, Mommsen les a depuis corrigées en démontrant que le scribe dont il est question au sujet de la copie est un scribe du questeur d'Agrippa et que l'original est de la même année que cette copie ; *Droit public*, 1, p. 394, n. 6, et *C.I.L.*, *loc. cit.* Le débat roulait sur un empiètement des Galillenses qui avaient occupé par violence des *praedia* attribués aux Patulcenses sur le plan cadastral de Metellus, et il avait, avant Agrippa, déjà été soumis à deux gouverneurs successifs : à M. Juventius Rixa, *procurator Augusti*, qui avait décidé que les Patulcenses devaient être maintenus dans leurs limites, mais qui, sa décision n'ayant pas été exécutée par les Galillenses, leur donna, dans un nouvel édit, jusqu'au 1er octobre pour vider les lieux litigieux ; puis, sans doute, à la suite de la transformation de la Sardaigne en province du sénat, au proconsul Caecilius Simplex, auquel les Patulcenses demandèrent, afin de justifier leurs prétentions, de prendre au *tabularium principis* une copie de l'original de la table de Metellus, et qui leur accorda pour cela un nouveau délai de trois mois expirant au 1er décembre de l'année suivante, en spécifiant que, faute de production dans ce délai, l'affaire serait décidée d'après l'exemplaire du plan existant dans la province. Le nouveau proconsul Agrippa consentit encore à leur accorder, pour la réception de cette pièce, un nouveau délai de deux mois allant jusqu'au 1er février suivant. Mais, ce nouveau délai étant expiré sans succès, il rend, à la date du 3 mars 69, notre décret dans lequel il ordonne aux Galillenses de délaisser les *praedia* usurpés par eux ; faute de quoi ils encourront pour leur longue résistance une peine qui, selon Mommsen, serait celle de la *seditio*. Notre titre reproduit une copie du décret prise quinze jours après, sans doute par les Patulcenses, sur le registre des *acta* du gouverneur qui leur a été communiqué, au siège du gouvernement, par le *scriba quaestorius*, Cn. Egnatius Fuscus. Il se distingue d'autres actes nombreux de limitation qui nous ont été transmis en ce qu'il se rapporte moins à une contestation de limites qu'à son exécution, et il présente par là un sérieux intérêt non seulement pour la connaissance de l'histoire administrative de la Sardaigne (Mommsen, article cité et *C. I. L.*) ou de l'organisation du conseil du magistrat (*Droit public*, 1. p. 364, n. 2), mais pour celle des voies d'exécution : on y remarquera la façon dont, même en matière extraordinaire et en province, le magistrat s'abstient encore, à la fin de la dynastie julienne, de procéder en matière réelle à l'exécution directe et recourt de préférence à l'expédient de la menace d'une poursuite criminelle (Mommsen, article cité ; cf. Karlowa, *R. R. G.*, 1, p. 820).

Imp. Othone Caesare Aug. cos. XV k. Apriles descriptum

et recognitum ex codice ansato [1] L. Helvi Agrippae procons(ulis), quem protulit Cn. Egnatius Fuscus scriba quaestorius, in quo scriptum fuit it quod infra scriptum est tabula V *ceris* [2] VIII et VIIII et X :

III idus Mart. L. Helvius Agrippa proco(n)s(ul) caussa cognita pronuntiavit :

Cum pro utilitate publica rebus judicatis stare conveniat et de caussa Patulcensium M. Juventius Rixa vir ornatissimus procurator Aug(usti) saepius pronuntiaverit :

fines Patulcensium ita servandos esse, ut in tabula ahenea a M. Metello ordinati essent,

ultimoque pronuntiaverit :

Galillenses frequenter retractantes controversiam nec parentes decreto suo se castigare voluisse, sed respectu clementiae optumi maximique principis contentum esse edicto admonere, ut quiescerent et rebus judicatis starent et intra k. Octobr. primas de praedis Patulcensium recederent vacuamque possessionem traderent; quod si in contumacia perseverassent, se in auctores seditionis severe animadversurum ;

et postea Caecilius Simplex vir clarissimus ex eadem caussa aditus a Galillensibus dicentibus :

tabulam se ad eam rem pertinentem ex tabulario principis adlaturos,

pronuntiaverit :

humanum esse dilationem probationi dari,

et in k. Decembres trium mensum spatium dederit,

intra quam diem nisi forma allata esset, se eam, quae in provincia esset, secuturum ;

ego quoque aditus a Galillensibus excusantibus, quod nondum forma allata esset, in k. Februarias quae p(roximae) f(uerunt) spatium dederim, et moram illis possessoribus intellegam esse jucundam :

Galillenses ex finibus Patulcensium Campanorum, quos per vim occupaverant, intra k. Apriles primas decedant. Quodsi huic pronuntiationi non optemperaverint, sciant se longae contumaciae et jam saepe denuntiatae animadversioni obnoxios futuros.

In consilio fuerunt : M Julius Romulus, leg(atus) pro pr(aetore), T. Atilius Sabinus, q(uaestor) pro pr(aetore), M. Ster-

---

1. C'est-à-dire un *codex* fait de *tabulae* réunies par une *ansa*. — 2. L'inscription : O. Cf. Mommsen, dans Bruns, *ad. h. l.* et *Hermes*, 20, 1885, p. 280 = *Ges. Schr.*, 5, p. 506. Dessau : capitibus.

tinius Rufus f(ilius) (et 5 autres noms). Signatores : Cn. Pompei Ferocis, Aureli Galli (et 9 autres noms).

7. Édit du gouverneur de Numidie sur les réceptions et les frais de justice (361-363).

C. I. L., VIII, *suppl.*, 17896 ; Bruns, n° 103. Inscription découverte en 1882 à Thamugadi en Numidie et contenant un édit rendu sous Julien, par conséquent entre la fin de 361 et le milieu de 363, par le gouverneur de Numidie, consulaire *sexfascalis*, Ulpius Mariscianus. Cet édit, qui a été commenté par Mommsen, *Eph. ep.*, V, pp. 632-646, et A. Pernice, *Z. S. St.*. 7, 2, 1886, pp. 112-139 (cf. encore Th. Kipp, *Litisdenuntiatio im römischen Civilprozess*, 1887, pp. 202-205, 218), se divise en deux parties. La première réglemente l'ordre de réception, en cinq séries, des personnes admises aux audiences du gouverneur. La seconde, qui est de beaucoup la plus importante au point de vue du droit privé, fixe en denrées les taxes judiciaires que pourront exiger des plaideurs les employés de son tribunal et les avocats et les scribes accrédités près de lui. Elle a pour intérêt fondamental d'attester, à une époque sensiblement plus ancienne qu'on n'admettait communément, l'existence de diverses particularités de la procédure byzantine, soit des taxes judiciaires elles-mêmes, qu'on pensait auparavant n'avoir apparu que dans la seconde moitié du v° siècle, soit de la procédure écrite, à laquelle elle semble bien attribuer une étendue plus large que ne voulait l'opinion courante.

Ex au*ctori*tate Ulpi Marisciani v(iri) c(larissimi) consularis sexfascalis, promoti primo a domino nostro invicto principe Juliano, ordo salutationis factus et ita ad perpetui*t*atis memoriam aere incisus :

Primo senatores et comites et ex comitibus et adminis*t*ratores.

Secundo princeps, corni*cularius*, Palatini.

Ter*t*io coronati *provinciae*.

Quarto promoti of*fi*ciales,... tus cum ordi... ni.

Quinto (?) *offi*ciales ex ordine.

Item quamt*a com*moda consequi debeat princeps : Ad of*fi*cialem intra civitatem dandum Italicos tritici modios quinque aut pretium frumenti ; intra primum modios septem aut pretium modiorum septem ; etiam per dena milia bini modi vel eorum praetia subcrescant ; s*i* mitte*n*dus sit trans mare, centum modi vel modiorum centum praetium sufficiet.

Cornicularius et commentariensis medietatem hujus summae commodi nomine consequentur.

Scolastici in postulatione simplici quincue modios tritici

vel quinque modiorum praetia consequentur ; in contradictione decem modios tritici vel decem modiorum praetium consequantur ; in urguenti qu*ae* finienda sit, quindeci modios vel quindeci modiorum praetia consequantur.

Exceptores in postulatione quinque modios tritici vel quinque modiorum praetium consequantur ; in contradictione duodeci modios tritici vel duodeci modiorum praetium consequantur ; *in* definita causa viginti modios trittici vel viginti modiorum praetia consequantur.

Carta in postulatione singuli *tomi* sufficiunt majores ; in contradictionibus quatern*i* majores ; in definito negotio numquam amplius sex a litigatore exigi oportebit.

Libellensis in libello uno duos modios tritici vel duorum modiorum pretium debebit accipere.

Officialis missus intra civitate duos modios trittici vel duorum modiorum pretium consequatur.

CHAPITRE IV

CONSTITUTIONS IMPÉRIALES

Nous donnons ici quelques-unes des constitutions impériales antérieures à Dioclétien qui ont été conservées à titre isolé par des inscriptions ou des papyrus : deux édits d'Auguste et de Claude, des rescrits de Vespasien et de Domitien, un édit de Domitien, des rescrits d'Hadrien, de Commode et de Sévère et Caracalla, l'édit de Caracalla sur le droit de cité, des rescrits de Gordien et des deux Philippes et un édit impérial dont la date est controversée.

Les constitutions impériales, soit antérieures, soit postérieures à Dioclétien qui nous sont parvenues en dehors des recueils juridiques spéciaux sont très nombreuses. M. Haenel a rassemblé dans son *Corpus legum ab imperatoribus Romanis ante Justinianum latarum*, Leipzig, 1857, celles qui étaient connues à cette époque. — Parmi celles dont le texte est fourni par des inscriptions ou des papyrus, nous citerons, pour la première période, outre les constitutions reproduites ici et celles de langue grecque énumérées dans Lafoscade, *De epistulis imperatorum magistratuumque Romanorum*, 1902, pp. 1-37. n°° 1-84 : une lettre d'Hadrien de l'an 127 aux habitants de Stratonicée Hadrianopolis intéressante pour l'histoire des règles sur la conservation des édifices (*Bull. corr. hell.*, 11, 1887, p. 111; Riccobono, n° 68) ; un rescrit d'Hadrien relatif à une contestation de possession (*P. Teb.*, 286 ; Mitteis, *Chrestom.*, n° 83 ; cf. le même, *Z. S. St.*, 28, 1907, p 286) ; un édit de Claude de l'an 48 sur la poste impériale, découvert à Tégée en Arcadie (*C. I. L.*, III, *suppl.*, 7251) ; un fragment de bronze trouvé dans les environs de Séville et contenant probablement les débris d'une *epistula* de Trajan ou d'Hadrien sur les procès entre le fisc et les particuliers (*C. I. L.*, II, *suppl.*, 5368 ; Bruns, n° 83) ; des exemplaires multiples d'une inscription placée par ordre de Marc-Aurèle et de Commode aux limites de la zone de perception de *vectigalia* dont la détermination reste incertaine (*C. I. L.*, VI, 1016. 31227 ; Bruns, n° 850) ; un rescrit découvert en Afrique sur la répression des dommages causés par les animaux (*An. ép.*, 1903, n° 202 ; cf. *Manuel*, p. 397, n. 1) ; un rescrit de Commode aux habitants de Chersonèse de l'an 185 ou 186 sur le *capitulum lenocini* publié et commenté par M. Mommsen (*C. I. L.*, III, *add.*, 13750); des rescrits de Sévère et Caracalla de l'an 200 relatifs aux transactions (*P. Amh.*, 63 ; Mitteis, *Chrest*, n° 876 ; Bruns, n° 88) et à la cession des biens (*B. G. U.*, 473 ; Mitteis, *Chrestom.*, n° 875 ; Bruns, n° 91 ; cf. Mitteis, *Hermes*, 32, 1897. p. 651 et ss.) ; une *epistula* de l'an 201 des mêmes empereurs sur l'immunité de certains droits de douane réclamée par les habitants de Tyra en Bessarabie (*C. I. L.*, III, 781, et p. 1009 ; Bruns, n° 89) ; un autre rescrit de l'an 204 des mêmes empereurs conservé en latin et en grec par les inscriptions *C. I. L.*, III, *add.*, 14203, 8 et 14203, 9 ; d'autres rescrits d'eux sur l'exemption des charges publiques des gens âgés de 70 ans (*P. Flor.*, 57 ; Wilcken, *Chrestomathie*, n° 143) ; des extraits de constitutions de Claude, Sévère, Caracalla et Alexandre Sévère sur les privilèges accordés à un collège d'Oxyrhynchos (*B. G. U.*, 1074 ; cf. Wilcken, *Arch. f. P.*, 4, 3-4, 1908. pp. 564-565) ; un rescrit de l'empereur Gallien de l'an 267 accordant des immunités à un membre d'une famille d'athlètes célèbres (Wilcken, *Chrestomathie*, n° 158) ; enfin un rescrit d'empereurs incertains qui appartient peut-être déjà à l'époque de Dioclétien, sur la constitution en cité de la ville des Tymandeni en Pisidie (*C. I. L.*, III, *suppl.*, 6866 ; Bruns, n° 34 ; cf. Mommsen, *Hermes*, 20, 1885, 321 = *Ges. Sch.*, 5, 550).

Un certain nombre de constitutions de Dioclétien et de ses successeurs ont également été conservées par des inscriptions ou des papyrus. Ce sont : l'*edictum Diocletiani de pretiis rerum venalium*, de l'an 301, dont divers exemplaires ont été conservés partiellement soit dans le texte latin, soit dans la traduction grecque (restitution d'ensemble de tous les fragments connus en 1893 par Mommsen, *C. I. L.*, III, *suppl.*, pp. 1926-1953 ; autres fragments découverts depuis *C. I. L.*, III, *add.*, pp. 2208-2211. 2328. 57-63. 2328, 204 ; commentaires par Mommsen, *Abh. d. sächs. Gesellschaft*, 3, 1851, pp. 1 80, Waddington, *Edit de Dioclétien établissant le maximum dans l'empire romain*, 1864, et en dernier lieu, d'après le dernier texte de Mommsen par H. Blümner, dans *Der Maximaltarif des Diocletian herausgegeben von Th. Mommsen, erläutert von H. Blümner*, Berlin. 1893) ; le rescrit mutilé *P. Amh.*, II, 27, Bruns, n° 92, ingénieusement restitué et rapporté à Dioclétien par M. Gradenwitz, *Z. S. St.*, 23, 1902 pp. 356-379 (cf. Mommsen, *Z. S. St.*, 22, 1901, p. 194 ; Wenger, *Arch f. P.*, 2, 1902, pp. 41-43 ; R. Leonhard, *Mélanges Fitting*, 2, pp. 63-75) ; un rescrit de Dioclétien et Maximien relatif aux privilèges des athlètes (*P. Lips.*, 44 ; Mitteis, *Chrestom.*, n° 381 ; cf. *C. Just.*, 10, 54,1) ; une constitution de l'an 305 ou 306, sur le recouvrement des créances du fisc contre les débiteurs de ses débiteurs, conservée à la fois en grec et en latin (*C. I. L*, III, *add.*, 12134) et au début de laquelle appartient peut-être un fragment antérieurement rapporté à une constitution de Constantin (*C. I. L.*, V, 2781 ; Bruns, n° 95) ; une curieuse inscription découverte à Arykanda en Lycie et publiée par M. Mommsen, *Archäologisch-epigraphische Mittheilungen aus Oesterreich*, 16, 1893, pp. 93-102, puis *C. I. L.*, III, *add.*, 12132. qui contient, avec une pétition en langue grecque contre la tolérance accordée aux chrétiens, des débris du texte latin de la réponse favorable faite par Maximin en 311 ou plutôt 312, dont Eusèbe, *Hist. eccl.*, 9, 7, donne la traduction grecque ; l'original en plusieurs exemplaires d'un édit de Constantin morcelé *C. Th.*, 9, 5, et *C. Just.*, 9, 8, 3 (*C. I. L.*, V, 2781 ; *C. I. L.*, III, *add.*, 12043. 12133 ; Bruns. n° 94) ; une inscription d'Orcistus en Phrygia salutaris contenant deux rescrits de Constantin qui se placent, l'un en 323 et 326 et l'autre au 30 juin 331, et une lettre du préfet du prétoire Ablabius accompagnant le premier (*C. I. L.*, III, *suppl.*, 7000 ; Bruns, n° 35 ; *Hermes*, 22, 1887, p. 309) ; une inscription d'Hispellum en Ombrie contenant un autre édit de Constantin sur la création d'une assemblée distincte des Umbri et d'un temple de la famille impériale dans cette ville (*C. I. L.*, XI, 5265) ; une constitution sur la restitution à leurs propriétaires des choses prises par le fisc qui est probablement de Constantin (*C. I. L.*, III, *add.*, 13559) ; un édit faisant remise aux habitants de l'empire de l'*aurum coronarium* (*P. Fay.*, 20 ; Bruns. n° 96) que les éditeurs avaient cru d'Alexandre Sévère et que M. Dessau, *R. de philologie*, 25, 1901, pp. 286-288, a démontré être de Julien et du 24 juin 362 ; une inscription de l'île d'Amorgos reproduisant la constitution de Julien sur les *judices pedanei* abrégée *C. Just.*, 3, 3, 5 (*C. I. L.*, III, 459 ; autre fragment de Mitylène, *C. I. L.*, *add.*, 14198) ; des lettres de Valentinien, Valens et Gratien relatives à la province d'Asie des années 370-371 et 375 (Bruns, n° 97) ; les débris bilingues d'une *pragmatica sanctio* adressée entre 425 et 450 par Théodose II et Valentinien III, au *comes largitionum* Eudoxus qui ont été découverts à Mylasa en Carie (*C. I. L.*, III, *suppl.* 7151) ; une constitution d'Anastase trouvée à Ptolemaïs, sur l'un des *duces*, probablement celui de Pentapolis, et son *officium* (*C. I. Gr.*, III, 5187 ; cf. Krueger, *Kritik des Justinianischen Codex*, 1867, pp. 186-202 ; Waddington, *R. Arch.*, 1868, 2, pp. 417-430 ; Zachariae von Lingenthal, *Sitzungsberichte* de Berlin, 1879, p. 134) ; un rescrit bilingue des empereurs Justin et Justinien du 1er janvier 527, publié et commenté par M. Diehl, *Bull. corr. hell.*, 17, 1893, pp. 501-520 et reproduit aujourd'hui, *C. I. L*, III, *add.*, 13640, et chez M. Riccobono, n° 79 ; enfin les rescrits de Justinien contenus dans les papyrus du Caire publiés par M. J. Maspéro, *P. Cairo*, 67024-67029, qui ont été commentés par M. Partsch, *Nachrichten* de Goettingue, 1911, pp. 201-253, et dont l'avant-dernier a été reproduit par M. Mitteis, *Chrestomathie*, n° 382. Il faut en outre toujours signaler les originaux de deux rescrits du Ve siècle contenus dans des fragments de papyrus égyptiens de Leyde et de Paris (N. de Wailly, *Mémoires de l'Acad. des inscr.*, 15, 1, 1842, pp. 399-423 ; commentaire de Mommsen, *Iahrbuch des deutschen Rechts*, 6, 1863, pp. 398-416 = *Ges. Schr.*, 2, 342-357), ainsi que les débris d'un 3e rescrit publiés plus récemment d'après un autre papyrus égyptien de Leyde, par M. K. Wessely, *Ein bilingues Majestätsgesuch aus dem Jahre 391.2 n. Chr.*, 1888 (cf. U. Wilcken, *Berlin. Philol. Wochenschr.*, 1888, p. 1205).

1. Édit d'Auguste sur l'aqueduc de Venafrum
(an de Rome 737-743).

Édit d'Auguste relatif à l'aqueduc offert par lui à la ville samnite de Venafrum dans laquelle il avait déduit une colonie. Inscription découverte en 1846 par Mommsen sur un bloc de marbre qui était alors encastré dans un mur et qui en a été extrait seulement en 1876 pour être déposé dans la maison d'un particulier. Le texte en est aujourd'hui *C. I. L.*, X, 4842 (Bruns, n° 77. Dessau, 5743). Un commentaire étendu, basé sur sa première lecture, en a été donné *Z. G. R.*, 15, 1848, pp. 287-326 (*Ges. Schr*, 3, pp. 75-97), par Mommsen qui a démontré par d'autres inscriptions de Venafrum que l'aqueduc a été construit par Auguste et que l'édit émane de lui. L'empereur réglemente le fonctionnement de l'aqueduc construit par lui, et notamment enlève à la juridiction locale le jugement de certaines infractions à ce règlement, pour les soumettre à la justice de Rome, à des récupérateurs nommés par le préteur pérégrin. La date précise de l'édit d'Auguste est incertaine. Cependant Mommsen a conjecturé que, puisqu'il renvoie les procès en question au préteur pérégrin, et non pas aux *curatores aquarum*, institués en 743, et qu'en outre il ne contient aucune trace des peines établies en 745 par la loi Quinctia, il doit être antérieur à ces deux années. D'autre part, la loi *de judiciis privatis*, à laquelle il renvoie d'après son texte aujourd'hui certain, étant nécessairement la loi Julia *judiciorum privatorum*, il faut, si l'on admet le raisonnement par lequel M. Wlassak, *Römische Processgesetze*, 1, 1888, pp. 173-188, a placé cette loi en 737, décider que l'édit d'Auguste ne peut être antérieur à cette année. L'incertitude se trouve donc alors limitée entre les années 737-743.

Edictum imp. Caesaris Augusti.... (manquent 6 lignes).... Venafranorum nomine... *jus sit lice*atque.

Qui rivi specus saepta fon*tes*... que aquae *ducen*dae reficiundae causa supra infrave libram *facti aedi*ficati structi sunt, sive quod aliut opus ejus aquae ducendae reficiundae causa supra infrave libram factum est, uti quidquid earum rerum factum est, ita esse habere itaque reficere reponere restituere resarcire semel saepius, fistulas canales tubos ponere, aperturam committere, sive quid aliud ejus aquae ducendae causa opus *e*rit, facere placet : dum qui locus ager in fundo, qui Q. Sirini (?) L. f. Ter. *est esse*ve dicitur, et in fundo, qui L. Pompei M. f. Ter. Sullae est esseve dicitur, m*a*ceria saeptus est, per quem locum subve quo loco specus ejus aquae *per*venit, ne ea maceria parsve quae ejus maceriae aliter diruatur *tolla*tur, quam specus reficiundi aut inspiciendi causa ; *neve quid ibi* privati sit, quominus ea aqua ire fluere ducive possi*t*.... Dextra sinistraque circa eum rivom circaque ea *opera, quae ejus aqu*ae ducendae causa facta sunt, octonos pedes agrum *vacuom esse p*l*acet*[1] ; per quem locum Venafranis eive, qui Venafranorum *nomine opus sum*e*t* (?), iter facere ejus aquae ducendae operumve ejus aquae *ductus faciendo*rum reficiendo*rum causa*, quod ejus s(ine) d(olo) m(alo) fiat, jus sit liceatque, quaeque ea*rum rerum* cujus faciendae reficiendae causa opus erunt, quo proxume poterit, advehere adferre adportare, quaeque inde exempta erunt, quam maxime aequaliter dextra sinistraque p(edes) VIII jacere, dum ob eas res damn*i* infecti jurato promittatur. Earumque rerum omnium ita habendarum colon(is) (?) Ven*a*franis jus potestatemque esse placet, dum

---

1. Cf. *C. I. L.*, X, 4843 = Dessau, 5744.

ne ob id opus dominus eorum cujus agri locive, per quem agrum locumve ea aqua ire fluere ducive solet, invius fiat; neve ob id opus minus ex agro suo in partem agri quam transire transferre transvertere recte possit; neve cui eorum, per quorum agros ea aqua ducitur, eum aquae ductum corrumpere abducere avertere facereve, quominus ea aqua in oppidum Venafranorum recte duci fluere possit, liceat.

Quaeque aqua in oppidum Venafranorum it fluit ducitur, eam aquam distribuere discribere vendundi causa, aut ei rei vectigal inponere constituere IIviro IIviris praefec(to) praefectis ejus coloniae ex majoris partis decurionum decreto, quod decretum ita factum erit, cum in decurionibus non minus quam duae partes decurionum adfuerint, legemque ei dicere ex decreto decurionum, quod ita ut supra scriptum est decretum erit, jus potestatem*que* esse placet; dum ne ea aqua, quae ita distributa discripta deve qua ita decretum erit, aliter quam fistulis plumbeis d(um) t(axat) ab rivo p(edes) L ducatur; neve eae fistulae aut rivos nisi sub terra, quae terra itineris viae publicae limitisve erit, ponantur conlocentur; neve ea aqua per locum privatum invito eo, cujus is locus erit, ducatur. Quamque legem ei aquae tuendae operibusve, quae ejus aquae ductus ususve causa facta sunt erunt, tuendis *IIviri praefecti* ex decurion(um) decreto, quod ita ut s(upra) s(criptum) e(st) factum erit, dixerin*t*, *eam... fir*mam (?) ratamque esse placet... (manquent 11 lignes)... Venafranae s... atio quam colono aut incola*e aut... da..i.....is* cui ex decreto decurionum ita ut supra comprensum est negotium datum erit, agenti, tum, qui inter civis et peregrinos jus dicet, judicium reciperatorium in singulas res HS X reddere testibusque dumtaxat X denuntiando *q*uaeri placet; dum reciperatorum rejectio inter eum qui aget et eum quocum agetur ita fie*t*, *ut ex lege q*uae de judicis privatis lata est, licebit oportebit.

2. Edit de Claude sur la condition des Anauni et des populations voisines (an 46 après J.-C.).

C. I. L., V, 5050; Bruns, n° 79. Table de bronze découverte en 1869, à Cles, dans le Val di Non, auprès de Trente, et rapportant un édit de l'an 46 de l'empereur Claude, qui a été publié et commenté par Mommsen, *Hermes*, 4, 1869, pp. 99-120 (*Ges. Schr.*, 4, 291-311) et *Z. R. G.*, 9, pp. 179-181; Fr. Schupfer, *Archivio*, 3, 1869, pp. 559-591; Fr. Kenner, *Edict des Kaisers Claudius*, 1869, et Ernest Dubois, *Revue de dr. français et étranger*, 1872, pp. 7-52. L'empereur commet, pour statuer sur la qualité de terres situées dans le val de Bregaglia actuel et signalées comme appartenant au fisc, le délégué Julius Planta envoyé par lui sur les lieux. En même temps, il statue lui-même sur la condition personnelle des habitants des territoires litigieux qui, sans preuves bien positives de leur droit, se trouvaient depuis longtemps en possession des droits des citoyens, portant des noms romains, figurant dans le corps des prétoriens et dans les décuries de juges ; il leur accorde rétroactivement le droit de cité, confirme expressément les actes antérieurement faits par eux, et les maintient dans la possession des noms romains qu'ils avaient usurpés.

M. Junio Silano Q. Sulpicio Camerino cos., idibus Martis, Bais in praetorio edictum Ti. Claudi Caesaris Augusti Germanici propositum fuit id quod infra scriptum est :

Ti. Claudius Caesar Augustus Germanicus, pont(ifex) maxim(us), trib(unicia) potest(ate) VI, imp(erator) XI, p(ater) p(atriae), co(n)s(ul) designatus IIII, dicit :

(1.) Cum ex veteribus controversis pe*nd*entibus aliquamdiu etiam temporibus Ti. Caesaris patrui mei, ad quas ordinandas Pinarium Apollinarem miserat, quae tantum modo inter Comenses essent, quantum memoria refero, et Bergaleos, is [que] primum apsentia pertinaci patrui mei, deinde etiam Gai principatu quod ab eo non exigebatur referre, non stulte quidem, neglexserit, et posteac detulerit Camurius Statutus ad me agros plerosque et saltus mei juris esse : in rem praesentem misi Plantam Julium amicum et comitem meum, qui cum adhibitis procuratoribus meis qui[s]que in alia regione quique in vicinia erant, summa cura inquisierit et cognoverit, cetera quidem, ut mihi demonstrata commentario facto ab ipso sunt, statuat pronuntietque ipsi permitto.

(2.) Quod ad condicionem Anaunorum et Tulliassium et Sindunorum pertinet, quorum partem delator adtributam Tridentinis, partem ne adtributam quidem arguisse dicitur, tametsi animadverto non nimium firmam id genus hominum habere civitatis Romanae originem : tamen cum longa usurpatione in possessionem ejus fuisse dicitur et ita permixtum cum Tridentinis, ut diduci ab is sine gravi splend*id*i municipi injuria non possit, patior eos in eo jure, in quo esse se existimaverunt, permanere beneficio meo, eo quidem libentius, quod pleri[s]que ex eo genere hominum etiam militare in praetorio meo dicuntur, quidam vero ordines quoque duxisse, nonnulli allecti in decurias Romae res judicare.

(3.) Quod benificium is ita tribuo, ut quaecumque tanquam cives Romani gesserunt egeruntque, aut inter se aut cum Tridentinis alisve, rata esse jubeam, nominaque ea, quae habuerunt antea tanquam cives Romani, ita habere is permittam.

3. Epistula de Vespasien aux Vanacini (an 72 environ).

C. I. L., X, 8038 ; Bruns, n° 80. Lame de bronze découverte en Corse. Constitution de Vespasien adressée à la cité corse des Vanacini, relative au règlement d'une contestation de limites survenue entre elle et une cité voisine, et à la confirmation des *beneficia* qui lui avaient été concédés par Auguste.

Imp. Caesar Vespasianus Augustus magistratibus et senatoribus Vanacinorum salutem dicit.

Otacilium Sagittam, amicum et procuratorem meum, ita vobis praefuisse ut testimonium vestrum mereretur, delector.

De controversia finium, quam habetis cum Marianis, pendenti ex is agris, quos a procuratore meo Publilio Memoriale emistis, ut finiret Claudius Clemens procurator meus, scripsi ei et mensorem misi.

Beneficia tributa vobis ab divo Augusto post septimum consulatum, quae in tempora Galbae retinuistis, confirmo.

Egerunt legati Lasemo Leucani f. sacerd(os) Aug(usti), Eunus Tomasi f. sacerd(os) Augu(sti), C. Arruntio Catellio Celere, M. Arruntio Aquila cos. IIII. idus Octobr.

4. Epistula de Vespasien aux Saborenses (an 78).

C. I. L., II, 1423 ; Bruns, n° 81. Lame de bronze découverte au xvi° siècle en Espagne et aujourd'hui perdue. Réponse de l'empereur Vespasien aux habitants de Sabora en Bétique qui lui demandaient l'autorisation de reconstruire leur ville et d'établir de nouvelles taxes : il accueille la première demande et les renvoie, pour la seconde, à se pourvoir devant le gouverneur sans l'avis duquel il ne veut pas statuer.

Imp. Caes. Vespasianus Aug. pontifex maximus, tribuniciae potestatis VIIII, imp. XIIX, consul VIII, p(ater) p(atriae), salutem dicit IIII viris et decurionibus Saborensium.

Cum multis difficultatibus infirmitatem vestram premi indicetis, permitto vobis oppidum sub nomine meo, ut voltis, in planum extruere. Vectigalia, quae ab divo Aug. accepisse dicitis, custodio ; si qua nova adjicere voltis, de his proco(n)-

s(ulem) adire debebitis ; ego enim nullo respondente constituere nil possum. Decretum vestrum accepi VIII. ka. August. ; legatos dimisi IIII. ka. easdem. Valete.

IIviri C. Cornelius Severus et M. Septimius Severus publica pecunia in aere inciderunt.

5. Epistula de Domitien aux Faleriones (an 82).

C. I. L., IX, 5420 ; Bruns, n° 82. Table de bronze découverte à la fin du xvi° siècle à Falerio dans le Picenum. Epistula de l'empereur Domitien communiquant aux Faleriones le texte d'une décision rendue par lui entre eux et les Firmani relativement à la possession de *subsiciva*. Sur cette décision par laquelle il maintient les Faleriones en possession, cf Hyginus, *De gen. controv.*, éd. Lachmann. p. 133,9-19 : *Cum divus Vespasianus subsiciva omnia quae non veniissent..., sibi vindicasset..., Domitianus per totam Italiam subsiciva possidentibus donavit*. V. aussi Frontin, *De contr. agr.*, même éd., pp. 53-54 Le nom de Domitien a été martelé, par suite de la *damnatio memoriae* de ce prince.

Imp. Caesar divi Vespasiani f. Domitianus [1] Augustus pontifex max., trib. potest., imp. II, cos. VIII, designat. VIIII, p. p., salutem dicit IIIIviris et decurionibus Faleriensium ex Piceno.

Quid constituerim de subsicivis cognita causa inter vos et Firmanos, ut notum haberetis, huic epistulae subjici jussi.

P. Valerio Patruino...... [2] cos. XIIII kal. Augustas.

Imp. Caesar divi Vespasiani f. Domitianus Aug. adhibitis utriusque ordinis splendidis viris cognita causa inter Falerienses et Firmanos pronuntiavi quod suscriptum est.

Et vetustas litis, quae post tot annos retractatur a Firmanis adversus Falerienses, vehementer me movet, cum possessorum securitati vel minus multi anni sufficere possint, et divi Augusti, diligentissimi et indulgentissimi erga quartanos [3] suos principis, epistula, qua admonuit eos, ut omnia subpsiciva sua colligerent et venderent, quos tam salubri admonitioni paruisse non dubito ; propter quae possessorum jus confirmo. Valete.

D(atum) XI k. Aug. in Albano, agente curam T. Bovio Vero, legatis P. Bovio Sabino, P. Petronio Achille. D(ecreto) d(ecurionum) p(ublice).

6. Edit de Domitien sur les privilèges des vétérans (an 88 ou 89).

Seule tablette conservée d'un diptyque de bois enduit de cire à

---

1. Le nom de Domitien est martelé. — 2. Le nom de l'autre consul est martelé. — 3. C'est-à-dire les soldats de la 4ᵉ légion.

la façon des titres privés romains (v., dans notre 3ᵉ partie, les notices sur les contrats, chapitre IV, et sur les quittances de Pompéi, chapitre V, Extinction des obligations, § 1) découvert en 1910 et provenant de Philadelphie d'Egypte. V. G. Lefebvre, *Bull. de la société archéol. d'Alexandrie*. 1910, p. 39 et ss. ; Cagnat et Besnier, *Ann. ép.*, 1910, n° 75 ; Mispoulet. *N. R. H.*, 1911, pp. 5-34 ; S. de Ricci, *R. Arch.*, 1911, 1, pp. 373-375 ; U. Wilcken, *Arch. f. P.*, 5, 3, 1911, pp. 434-435 et *Chrestomathie*, n° 463 (cf. *Grundzüge*, pp. 404 et 398-403) ; Dessau, *Z. S. St.*, 32, 1911, pp. 384-385. Cette tablette que l'on croit généralement avoir été la première du diptyque (v. cependant en sens contraire Dessau) contient sur la face extérieure correspondant au feuillet 1 du diptyque complet et divisée en deux parties selon la disposition ordinaire de ces titres, d'une part (I, 1), les noms et les cachets de témoins au nombre de neuf et, d'autre part (I, 2), le commencement d'un texte qui devait se terminer sur la seconde tablette, à sa face extérieure constituant le 4ᵉ feuillet ; puis la face intérieure correspondant au 2ᵉ feuillet (II), donne la fin d'un texte qui devait commencer au feuillet 3, sur la face interne de la tablette perdue et qui devait, d'après les usages romains, être le même que celui écrit sur les feuillets extérieurs 1 et 4 : en sorte que nous avons, dans la première partie de l'exemplaire extérieur et la seconde de l'exemplaire intérieur, un texte complet sauf une lacune de quelques lignes. Au début, un vétéran de la légion X Fretensis, laquelle a été en garnison à Jérusalem et a probablement participé à la prise de cette ville, déclare en présence de neuf témoins, le 2 juillet 94, à Alexandrie, avoir fait transcrire sur la table de bronze qui se trouve au Caesareum magnum (donc, dit avec raison M. Wilcken, à celui d'Alexandrie cité par Philon, *Leg. ad Gaium*, 22, et non pas, comme avaient pensé MM. Lefebvre et Mispoulet, dans un édifice de Rome) le document qui suit : à savoir un édit de Domitien accordant divers privilèges aux vétérans, que l'on avait d'abord cru porter des dates correspondantes à l'an 87 ou 88, mais qui, a montré M. Dessau, date de l'an 88 ou 89. Après la lacune, il est question des vétérans libérés le 28 décembre 93 et entrés au service dans les années 68 et 69, d'une autorisation accordée par le préfet d'Egypte le 1ᵉʳ juillet 94 et de la déclaration faite par le vétéran, sous la foi du serment, en présence des témoins, qu'il lui est né pendant son service trois enfants dénommés et que tous trois inscrits sur le bronze ont obtenu la cité par la faveur du même empereur. Suivant une observation qui a été présentée pour la première fois par M. Wilcken et qui est un véritable trait de lumière, il y a là, non pas, comme l'avaient pensé MM. Lefebvre et Mispoulet, dont l'interprétation différait sur d'autres points, la transcription d'un document unique, mais celle de documents absolument distincts : celle d'un édit général en faveur des vétérans de l'an 88 ou 89, qu'il sera profitable de rapprocher de l'édit d'Auguste de 714-717 (p. 172), et celle d'un autre document à déterminer, visant personnellement le vétéran et ses enfants qu'il jure en conséquence nés pendant le service : ce qui explique tout naturellement que l'édit, dont les premiers éditeurs changeaient arbitrairement la date, puisse avoir été de 88 ou 89, et le document individuel de l'an 93. Le seul point qui nous semble douteux est le caractère du document visant les vétérans, leurs femmes et leurs enfants dans des termes visiblement symétriques à ceux des diplômes militaires. Ce peut difficilement être, comme l'avait pensé d'abord M. Wilcken, le diplôme militaire par lequel les avantages mentionnés ont été concédés au vétéran ; car, ainsi qu'il a remarqué depuis, les mots *in aere incisi* qui renvoient au diplôme ne pourraient guère se trouver dans le diplôme lui-même. Ce pourrait être, comme il pense maintenant, le titre constatant la comparution du vétéran congédié le 28 décembre 93 et muni de son diplôme à la visite du préfet (ἐπίκρισις) le 1er juillet suivant ; ce pourrait encore être à la rigueur un certificat quelconque donné au vétéran, pour remplacer, par ex., par suite de perte, le carnet de bronze où il aurait eu l'extrait littéral du diplôme rendu en faveur de lui et des autres vétérans congédiés le 28 décembre,

C. Epidius, C. f., Pol(lia tribu), Bassus, vet(eranus) ; L. Petronius, L. f., Poll(ia), Crispus, vet(eranus) ; M. Plotius, M. f., Pol(lia), Fuscus, vet(eranus) ; M. Antonius, M. f., Pol(lia), Celer, vet(eranus ; P. Audasius, P. f., Poll(ia), Paullus, vet(eranus) ; M. Antonius Longus Pull. vet(eranus) ; L. Petronius Niger vet(eranus) ; L. Valerius Clemen(s) vet(eranus) ; M. Antonius Germanus vet(eranus). I, 1.

(Sceaux placés entre la première colonne et la seconde.)

L. Nonio Calpurnio Torquato Asprenate, T. Sextio Magio | Laterano co(n)s(ulibus) VI. non(as) Julias anno XIII imp. Caesaris Domitiani | Aug. Germanici, mense Epip, die VIII [1], Alex(andriae) ad Aegyptum, | M. Valerius M. f. Pol(lia) Quadratus vet(eranus) dimmissus honesta || missione ex leg(ione) X. Fretense testatus est se descriptum | et recognitum fecisse ex tabula aenea quae est fixa | in Caesareo Magno escendentium scalas secundas | sub porticum dexteriorem, secus aedem Veneris mar | moreae, in pariete in qua scriptum est et id quod infra scriptum es*t* : || Imp(erator) Caesar, divi Vespasiani f., Domitianus Aug Germanicus | pontifex maximus, trib(unicia) potest(ate) VIII, imp(erator) XVI [2], censor perpetuus, | p(ater) p(atriae), dicit : Visum est mihi edicto significare universorum | vestrorum vi [3] : veterani milites, omnibus vectigalibus ι portoriis [4] publicis liberati immunes esse deben*t* || ipsi, conjuges I. 2. 5. 10. 15.

1. Date donnée à la fois d'après le calendrier romain et le calendrier égyptien : 2 juillet 94. — 2. An 88 ou 89, d'après la lecture de Dessau ; toutes les éditions antérieures : trib(unicia) potest(ate) VII, imp(erator) XIII. — 3. Wilcken conjecture 'vestrorum ve' ; mais 'vestrorum' reste inexplicable. Ce pourrait être une transcription défectueuse d'un membre de phrase écrit en abrégé et visant la condition des vétérans : vel(eranorum) sta*tum* univ(ersum) par ex. — 4. Conjecture de Wilcken ; le ms. : portitoribus.

liberique eorum parentes que [1] conubia.. | rum sument, omnis [2] optumo iure c(ives) R(omani) esse possint et | omni immunitate liberati apsolutique sint, et omnem immuni | tatem qui s(upra) s(cripti) s(unt) parentes liberique eorum, idem [3] juris | idem [3] condicionis sint utique praedia, domus, tabernae ||
20. invitos indemnis que [4] veteranos, s.. onis. . . |

(Lacune de quelques lignes).

II, 1. ...veteranorum cum uxoribus et liberis s(upra) s(criptis) in aere in | cisi [5] aut si qui caelibes sint cum is quas postea duxissent | dumtaxat singuli singulas, qui militaverunt Hierosolym[n]is | in leg(ione) X Fretense, dimmissorum honesta
5. missione stipendis eme || ritis per Sex. Hermetidium Campanum leg. Aug. pro praetore | V. ka(lendas) Jan(uarias), Sex. Pompeio Collega, Q. Peducaeo Priscino co(n)s(ulibus) [6], qui militare | coeperunt P. Galerio Trachalo, Ti. Catio [7], et T. Flavio, Cn. Aruleno co(n)s(ulibus) [8].

Ex permissu M. Juni Rufi praefecti Aegypti, L. Nonio Calpurnio | Torquato Asprenate, L. Sextio Magio Laterano
10. co(n)s(ulibus) k(alendis) Julis, anno || XIII imp. Caesaris Domitiani Aug. Germanici mense Epip, die VII [9]. | Ibi M. Valerius M. f. Pol(lia) Quadratus coram ac praesentibus eis | qui signaturi erant testatus est juratusque dixit per J(ovem) O(ptimum) M(aximum) et genium | sacratissimi imp(eratoris) Caesaris Domitiani Aug(usti) Germanici in militia | sibi L. Valerium Valentem et Valeriam Heraclun et Valeriam ||
15. Artemin, omnes tres s(upra) s(criptos) natos esse eosque in aere incisos civitatem | Romanam consecutos esse beneficio ejusdem optumi principis.

7. Epistula d'Hadrien sur les droits successoraux des enfants des militaires (an 119).

B.G.U., 140 ; Bruns, n° 196 ; Mitteis, *Chrestomathie*, n° 373. Version grecque d'une constitution d'abord attribuée à Trajan, mais que M. Wilcken a depuis démontré, *Hermes*, 37, 1901, pp. 84-90, avoir été rendue par Hadrien en l'an 119. Cette constitution, qui accorde aux enfants des soldats, ou tout au moins de certains soldats, la *bonorum possessio unde cognati*, prouve directement, ainsi

---

1. Wilcken, arg. l. 20. Le ms. : qui. Lefebvre, Mispoulet : parentes qui conubia eorum sument. — 2. Wilcken, au sens d'omnes. Le ms. : omni. — 3. Lisez : ejusdem. — 4. Conjecture de Wilcken ; le ms. : intemni qui. — 5. M. Wilcken, *Arch.*, corrigeait : incisis ; mais il a retiré cette conjecture dans l'édition de la *Chrestomathie*. — 6. 28 décembre 93. — 7. An 68. — 8. An 69. — 9. Date donnée à la fois d'après le calendrier romain et le calendrier égyptien : 1ᵉʳ juillet 94.

que l'a remarqué Mommsen, *C.I.L.*, III, *suppl.*, p. 2011, le système depuis longtemps soutenu par lui, selon lequel le mariage était interdit aux militaires pendant la durée du service — v. particulièrement les lignes 10-16 ; cf. dans le même sens le recueil privé de décisions judiciaires sur ce sujet contenu dans le P. Cattaoui, recto (éd. par Grenfell Hunt, *Arch. f. P.*, III, pp. 57 et ss. et en dernier lieu par Mitteis, *Chrestomathie*, n° 372, où l'on trouvera la bibliographie ; commentaire notamment par P. Meyer, *Arch. f. P..*, pp. 67-94 et par Mitteis, *Grundzüge* pp. 281-286).— Elle nous révèle en même temps pour la première fois une concession de la *B. P. unde cognati* fondée exclusivement sur le lien du sang existant entre le père et l'enfant et que rien ne permettait de soupçonner antérieurement. Cf. le commentaire de M. P. Meyer, *Z. S. St.*, 18, 1897, pp. 44-57. Nous avons conservé les crochets et les parenthèses par lesquelles M. Wilcken a indiqué les suppléments proposés par lui [ ] et la solution des abréviations ( ).

Ἀν[τί]γρ(αφον) ἐπιστ[ολ(ῆς) τοῦ κυρίου μεθ]ηρ[μηνευ] | μένης...ω[ἢ
L.] γ Τραι[α]νο[ῦ Ἀδριανοῦ Σεβαστο]ῦ, | Που]πλίου Α[ἰλίου τὸ γ
καὶ Ῥου]στικοῦ || [ὑπό]τοις προε[τέθη ἐν . . . . ἐν τῇ] π[α]- 5.
ρεμβολ(ῇ) | τῇ[ς] χειμασία[ς λεγιῶνο(ς) τρίτης] Κυ[ρ]ηναικῆς | καὶ
λεγιῶνο(ς) [β] κ[αὶ εἰκο]στ[ῆ]ς Δηιοτεριανῆς | πρίδιε νό[ν]ας Ἀου-
γο[ύσ]τας, ὅ ἐστιν (?) Μεσορὴ | ια, ἐν πρινκε[π]ίοι[ς]. ||

Ἐπί[σ]ταμα(ι), Ῥάμμιέ μου, τ[ο]ύτους, ο[ὕ]ς οἱ | γονεῖς αὐτῶν τῷ 10.
τῆς στρατείας ἀνεί | λα[ν]το χρόνῳ, τὴν πρὸς τὰ πατρικὰ | [ὑπάρ]-
χοντα πρόσοδον κεκωλῦσθαι, | κ[αὶ τ]οῦτο οὐκ ἐδόκει σκληρὸν [εἶ]ναι
|| [τοὐν]αντίον αὐτῶν τῆ[ς] στρατιω[τ]ικῆ[ς] | [διδα]χῆς πεποιηκό- 15.
των. Ἥδιστα δὲ | αὐτὸς προίεμαι' τὰς ἀφορμὰς. δι' ὧν | τὸ αὐστηρό-
τερον ὑπὸ τῶν πρὸ ἐμοῦ | αὐτοκρατόρων σταθὲν φιλανθρωπό || τερ[ο]ν 20.
ἑρμηνεύω. Ὅνπερ τοιγαροῦν | τ[ρόπ]ον οὔκ εἰσὶν νόμιμοι κληρο | [νό-
μ]οι τῶν ἑαυτῶν πατέρων οἱ τῷ | [τ]ῆς στρατε [ί]ας χρόνῳ ἀναλ[η]μφ-
θέν | τες, ὅμως κατ[ο]χή[ν] ὑ[πα]ρχόντων || ἐξ ἐκείνου τοῦ μέ[ρ]ους 25.

Exemplar epistulae domini transla | *tae..... | Anno 3 Trajani Hadriani Augusti* | *P. Aelio III et Rustico* || *consulibus* 5. *proposita est haec epistula in castris* | *hibernis legionis tertiae Cyrenaicae* | *et legionis vicesimae secundae Deiotarianae* | *pridie nonas Augustas, quod est Mesore* | *XI, in principiis.* || 10.

Scio, mi Rammi, eis quos | *patres eorum militiae suscepe-* | *runt temporibus, ad paterna* | *bona aditum denegari,* | *neque id videbatur durum esse,* || *si quidem illi adversus militarem* 15. | *disciplinam fecerunt. At libentissime* | *ego largior occasio-* *nes, ob quas* | *durius a retro* | *principibus statutum huma* || 20. *nius interpretor. Quemadmodum igitur* | *non sunt legitimi he* | *redes patrum suorum ii qui* | *militiae temporibus suscep* | *ti sunt, sic possessionem bonorum* || *ex illa parte edi* | *cti, ex* 25.

1. Mommsen : le texte προσιέναι.

τοῦ διατάγμα | τος, οὗ καὶ τοῖς πρὸς [γ]ένους συγγενεσι | δίδοται, αἰτεῖσθαι δύνασθαι καὶ αὐτούς | κρε[ίν]ω. Ταύτην μου τὴν δωρεὰν |
30. καὶ τοῖς στρατιώταις ἐμοῦ καὶ τοῖς οὐε || τρανοῖς εὔγνωστόν σε ποιῆ- σαι δεή | σει, οὐχ ἕνεκα τοῦ δοκεῖν με αὐτοῖς | εὐλογεῖν, ἀλλὰ ἵνα τούτῳ χρῶνται, | ἐὰν ἀγνοῶσι.

qua etiam genere cognatis | datur, petere posse etiam illos |
30. decerno. Hoc meum beneficium | et militibus meis et ve || teranis palam facere te opor | tebit, non ut id iis imputare videar, | sed ut eo utantur, | si ignorant.

8. Rescrit d'Hadrien sur la nomination du directeur du collège d'Épicure a Athènes (an 121).

C. I. L., III, *add.*, 12283 et 14203, 5. Inscription découverte à Athènes et publiée d'abord par M Coumanoudis, Ἐφημερίς αρχαιολογιχῆ, 1890, p. 142, ensuite avec un commentaire historique par M. Diels, *Arch. für Geschichte der Philosophie*, 4, 1891, p. 478 et ss.; avec des observations juridiques par MM. Dareste, *N. R.* 1892, pp. 622-624, et Mommsen, *Z. S. St.*, 12, 1892, pp. 152-154 (*Ges. Schr.* 3, 50 52), et depuis, avec un autre fragment complétant sa partie finale, par M. Wilhelm, *Jahreshefte des österr. arch. Inst.*, 2, 1899, p. 270 et ss. La partie conservée de l'inscription commence par la date latine correspondant à l'an 121, mise en latin à la fin d'une pièce qui manque. Ensuite vient, également en latin, une lettre de l'impératrice Plotine, veuve de Trajan, demandant à Hadrien d'autoriser le directeur actuel de l'école fondée par Epicure, Popillius Theotimus, à faire en grec la disposition testamentaire contenant la nomination de son successeur et à pouvoir choisir ce successeur même parmi les pérégrins, et en même temps d'accorder la même faveur à tous ses successeurs à venir, afin, dit-elle, que, comme le choix est au besoin rectifié par l'assemblée générale des étudiants, ceux-ci puissent prendre les plus dignes dans un cercle plus large. La lettre de Plotine est suivie de la réponse d'Hadrien, toujours en latin, accordant tout ce qu'elle demandait, et d'une lettre grecque de Plotine annonçant la bonne nouvelle à tous les amis, c'est-à-dire sans doute aux membres du collège, et leur recommandant de s'en montrer dignes par de bons choix. Ainsi que l'a discerné M. Dareste, la simple qualité de citoyen de Popillius aurait, alors même qu'elle eût été un fait accidentel, rendu la faveur d'Hadrien nécessaire pour qu'il pût dans son testament se nommer un Grec pour successeur ; car étant citoyen, il ne pouvait gratifier dans son testament des pérégrins (Ulpien, 22,2 ; v. aussi pour les fidéicommis, Gaius, 2, 285, qui cite précisément une interdiction d'Hadrien) comme aussi il ne pouvait tester valablement qu'en latin (Ulpien, 25, 9. Mais peut être doit-on même croire, avec M. Mommsen, que la qualité de citoyen du directeur de l'école d'Epicure, révélée par cette correspondance, n'était pas un fait accidentel et que les diadoques des quatre grandes écoles philosophiques d'Athènes ne pouvaient depuis la conquête romaine être pris que parmi les Grecs naturalisés. Nous supprimons les quelques lignes finales de l'inscription contenant la seconde lettre de Plotine.

M. Annio Vero II... Arrio Augure coss.
A Plotina Augusta.

Quod studium meum erga sectam Epicuri sit, optime scis, domine. Hujus successioni a te succurendum *est, quia n*on licet nisi ex civibus Romanis adsumi diadochum, in angustum redigitur eligendi *jus. R*ogo nomine Popilli Theotimi, qui est modo diadochus Athenis, ut illi permittatur a te et Graece *t*estari circa hanc partem judiciorum suorum, quae ad diadoches ordinationem pertinet, et peregrinae condicionis posse substituere sibi successorem, s*i i*ta suaserit profectus personae, et quod Theotimo concesseris, ut eodem jure et deinceps utantur fu*turi* di*a*dochi sectae Epicuri, eo magis quod opservatur, quotiens erratum est a testatore circa electionem *d*iadochi, ut communi consilio substituatur a studiosis ejusdem sec*t*ae qui optimus erit : quod facilius fiet si e*x* compluribus eligatur.

Imp. Caesar Trajanus Hadrianus Aug. Popillio Theotimo permitto Graece testari de eis quae pertinent ad diadochen sectae Epicureae. Set cum et facilius successorem *e*lecturus sit, si ex peregrinis quoque substituendi facultatem *h*abuerit, hoc etiam praesto, e*i et* deinceps ceteris, q*ui* diadochen habuerint, licebit, vel i*n* p*e*regreinum vel in civem Romanum jus hoc transferre.

9. Rescrit d'Antonin le Pieux adressé aux habitants de Smyrne (an 139).

C. I. L., III, 411. Dessau, 338. Cippe de marbre découvert à Smyrne et aujourd'hui perdu. Rescrit par lequel l'empereur Antonin le Pieux autorise Sextilius Acutianus qui sollicitait cette permission pour les habitants de Smyrne à prendre copie d'une constitution d'Hadrien les concernant, peut-être d'une constitution relative aux jeux de Smyrne. Le cippe portait : 1º la requête des habitants de Smyrne qui était rédigée en grec et qui est aujourd'hui fort mutilée ; 2º le rescrit de l'empereur ; 3º la constatation que la copie régulièrement faite de ce rescrit avait été scellée par sept témoins ; 4º une apostille administrative. Nous reproduisons comme M. Riccobono, nº 69, et M. Gradenwitz, dans la 7º édition de Bruns, nº 84, ce texte qui ne figurait pas dans nos éditions précédentes, en omettant seulement comme eux la requête. C'est à cause de l'intérêt qu'il présente pour la connaissance du système de confection et de transcription des constitutions impériales. V. pour leur publication, la notice du nº 13, p. 206.

Notre cippe reproduit visiblement, à la suite de la requête d'Acutianus, l'exemplaire même de la constitution qu'il a rapporté à Smyrne après avoir obtenu, sur sa présentation, des archives impériales la communication qu'elle autorisait. L'original de cette constitution a d'abord été rédigé dans les bureaux de la chancellerie impériale de la main d'un employé et revêtu, de la main de l'empereur, comme d'une sorte de signature, du mot *rescripsi* qu'on trouve pour cette raison pareillement avant le mot *recognovi* dans l'inscription de Scaptoparène, p. 206, n° 13, et dans le rescrit de Justin et Justinien cité, p. 186 (*scripsi* dans le rescrit de Commode sur le *saltus Burunitanus*, p. 204, n° 10 ; v. encore *vale* dans les *epistulae*, n°ˢ 6, 7, 8 et dans le rescrit des deux Philippes, n° 14). Puis, à côté de cette minute, il a été fait à la chancellerie, de la constitution, une sorte de grosse, un second exemplaire sur lequel a été ajouté le mot *recognovi* (v., outre notre texte, les constitutions de Commode, de Gordien, et de Justin et Justinien précitées) dont le caractère est discuté, que Mommsen a pensé en dernier lieu, à raison des usages postérieurs de la chancellerie pontificale, être encore de la main de l'empereur (*Z. S. St.*, 16, 1895, p. 97 = *Ges. Schr.*, 1, p. 479, v. auparavant *Z. S. St.*, 12, 1892, p. 255 = *Ges. Schr.*, 2, p. 181) que l'on admet plus généralement être un contreseing d'un employé de la chancellerie (de l'*undevicesimus*, c'est-à-dire du n° 19, dans notre hypothèse). Et la constitution a reçu alors la date du 8 avril 139. Ensuite il en a été pris copie le 5 mai en présence de sept témoins qui ont apposé leur sceau sur cette copie, et c'est ce qu'exprime la phrase suivante en grec. Enfin le tout constitué par la transcription de la demande, par cette copie du rescrit et par la phrase grecque corrélative a été présenté aux archives où le directeur des archives y a apposé, à la suite de la phrase grecque relative aux sceaux, une note invitant les esclaves publics employés aux archives Stasimus et Dapenius à faire la communication autorisée.

1. (Requête en langue grecque des habitants de Smyrne.)

2. Imp(erator) Caes(ar) T. Aelius Hadrianus Antoninus Augustus Pius Sextilio Acutiano. Sententiam divi patris mei, si quid pro sententia dixit describere tibi permitto. Rescripsi. Recog(novi) undevicensimus. Act(um) VI id(us) April(es) Romae Caes(are) Antonino II et Praesente II co(n)s(ulibus) [1].

3. Ἐσφραγίσθη ἐν Ῥώμῃ πρὸ τριῶν νωνῶν Μαίων Αὐτοκράτορι Καίσαρι Τ. Αἰλίῳ Ἀδριανῷ Ἀντωνείνῳ τὸ Β΄ Γαίῳ Βρουττίῳ Πραίσεντι τὸ Β΄ ὑπάτοις [2]. Παρῆσαν Τ. Φλ. Μακρεῖνος Σιμωνᾶς, Λ. Ἀτάνιος Φλαούιος Δημοστενιανός, Λ. Αἴ[λ]ιος Ἑρμογένης Αἰλια[νος], Μ. Ἀντώνιος Κρίσπος, Λ. Λικίννιος Ἀλβεινιανός, Μ. Κοσκώνιος Καρικός, Τι. Κλαύδιος Ἄκτιος [3].

1. 8 avril 139. — 2. 5 mai 139. — 3. (Signata Romae a(nte) d(iem) III non(as) Mai(as) imperatore Caesare T. Aelio Hadriano Antonino II, Gaio Bruttio Praesente II co(n)s(ulibus). Adfuerunt T. Fl. Macrinus Simonas, L. Atanius Flavius Demosthenianus, L. Aelius Hermogenes Aelianus, M. Antonius Crispus, L. Licinnius Albinianus, M. Cosconius Caricus, L. Claudius Actius).

4. Stasime, Dapeni, edite ex forma sententiam vel constitutionem.

10. Rescrit de Commode relatif aux colons du Saltus Burunitanus (180-183).

Inscription découverte à Souk-el-Khmis, sur la route de Carthage à Bulla Regia, par le docteur Dumartin et communiquée à l'Académie des inscriptions, le 2 août 1880, par une lettre de M. Tissot (*Comptes rendus de l'Ac. des Inscr.*, 1880, pp. 80-85). Elle a été depuis étudiée par MM. Mommsen, *Hermes*, 15, 1880, pp. 385-411 (*Ges. Schr.*, 3, 153-176), 478-480 ; Esmein, *Journal de savants*, novembre 1880, reproduit *Mélanges*, pp. 293-311 ; Fernique et Cagnat, *R. Arch.*, 1881, 1, pp. 94-103, 138-151 ; Karlowa, *R. R. G.*, 1, 1885, pp. 616, 656, 657, 924-926 ; Fustel de Coulanges, *Recherches sur quelques problèmes d'histoire*, 1886, pp. 33-42. Cf. aussi plus largement Schulten, *Die römischen Grundherrschaften*, 1896, et Beaudouin, *Les grands domaines dans l'empire romain*, 1899 (extrait de la *N. R. H.*, 1897-1898). Elle est reproduite *C. I. L.*, VIII, 10570 et *suppl.*, 14464 (cf. *Eph. ep.*, V. n. 470) dans Bruns, n° 86, et chez Dessau, 6870. Le document, gravé sur une table de calcaire, était divisé en quatre colonnes, dont la première manque à peu près complètement, dont la seconde a perdu la fin de ses lignes dans sa dernière moitié, et dont la troisième et la quatrième sont complètes à quelques lignes près. Il contient : d'abord un *libellus* des *coloni* du *saltus Burunitanus* se plaignant de l'administration des domaines impériaux et des corvées illégales qu'elle leur impose contrairement à une *lex Hadriana*, au profit du fermier général du domaine ; puis la réponse de l'empereur Commode, donnée, sous forme de *subscriptio*, à une date que les titres pris par l'empereur placent entre 180 et 183, et enfin une *epistula* du *procurator* dans la circonscription duquel était le *saltus*, c'est-à-dire du *procurator tractus Karthaginiensis*, notifiant la décision impériale à un certain Andronicus, qui peut bien être l'intendant dont se plaignaient les *coloni*. Cette inscription, — à laquelle il faut joindre une inscription trouvée depuis sur un autre point du domaine, *C. I. L.*, VIII, *suppl.*, 14451, qui paraît avoir reproduit seulement le rescrit impérial, et une dernière inscription très mutilée, trouvée à peu de distance, *C. I. L.*, VIII, *suppl.*, 14428, qui semble contenir une plainte symétrique formulée vers la même époque par d'autres colons, et également gravée avec la réponse impériale et la lettre de transmission, — présente une importance considérable non seulement pour la connaissance de l'administration et de l'exploitation des grands domaines impériaux laissés notamment en Afrique en dehors des circonscriptions des cités, mais, comme l'ont immédiatement aperçu certains de ses interprètes (v. en particulier Esmein, pp. 306-321), pour celle des origines du colonat que ce texte et ceux qui l'ont suivi montrent s'être particulièrement développé dans les domaines impériaux, peut-être à l'imitation de modèles helléniques (cf. *Beiträge z. alten Geschichte*, 1, 1902, les articles de MM. Rostowsew, pp. 295-299, et P. Meyer, pp. 424-426, et l'ouvrage spécial de

M. Rostowsew, *Studien zur Geschichte des römischen Colonats*, 1910, particulièrement aux pp. 312-402).

Depuis la découverte de l'inscription de Souk-el-Khmis, le régime des domaines impériaux a encore été éclairé par des découvertes postérieures : par celle de trois autres inscriptions relatives aux domaines africains et par celle d'une inscription contenant un rescrit rendu par les deux Philippes en réponse à une plainte de colons asiatiques. On trouvera plus loin, p.207, le rescrit rapporté à sa date sous le n° 14. Les inscriptions africaines sont reproduites dans la troisième partie, au chapitre VI, consacré aux statuts de domaines impériaux.

..... *Procuratoris* tui *intellegis praevaricationem* quam non mod*o* cum Allio Maximo adversario nostro, set cum omnibus fere *c*onductorib(us) contra fas atq(ue) in perniciem rationum tuarum sine modo exercuit, ut non solum cognoscere per tot retro annos instantibus ac suplicantibus vestramq(ue) divinam subscriptionem adlegantibus nobis supersederit, verum etiam hoc ejusdem Alli Maximi conductoris artibus gratiosissimi *a*nimo [1] indulserit, ut missis militib(us) *in* eundem saltum Burunitanum alio*s* *n*ostrum adprehendi et vexari, alios *vi*nciri, nonnullos cives etiam Rom*a*nos virgis et fustibus effligi jus*s*erit, *sc*i*l*icet, eo solo merito nostro, qu*o*d, *eunt*es in tam gravi pro modulo m*e*diocrita*t*is nostrae tamq(ue) manifesta *injuria* i*m*ploratum majestatem tu*am*, *immodesta* epistula usi fuissemus. C*u*jus *nostrae* in*j*uriae evidentia, Caes(ar), *inde profec*to potest aestimari quo*d*..... quidem, quem majesta..... *ex*sistimamus vel pro..... t omnico cognos..... plane gratificati..... mum invenerit..... nostris, quibus..... bamus cogni..... beret inte..... tare operas..... ret ita tot pe.....ieri...

(Lacune).

..... *Idque c*o*m*pulit nos miserrimos homin*es j*am *r*u*r*sum divinae providentiae *tuae suppl*icare. Et ideo rogamus, sacratissime imp(erator), subvenias. Ut kapite legis Hadriane, quod supra scriptum est, ademptum est, ademptum sit jus etiam proc(uratoribus), nedum conductori, adversus colonos ampliandi partes agrarias aut operar(um) praebitionem jugorumve : et ut se habent littere proc(uratorum), quae sunt in ta*b*ulario tuo tractus Karthag(iniensis), non amplius annuas quam binas aratorias, binas sartorias, binas messorias operas

---

1. Mommsen ; la pierre :.. imo ; Dessau : *ultimo*.

debeamus ¹ itq(ue) sine ulla controversia sit, utpote cum in aere inciso et ab omnib(us) omnino undiq(ue) versum vicinis nostris lecto legis capite ita sit perpetua in hodiernum forma praestitutum et proc(uratorum) litteris, quas supra scripsimus, ita confirmatum. Subvenias, et cum homines rustici tenues manuum nostrarum operis victum tolerantes conductori profusis largitionib(us) gratiosissimo impares aput proc(uratores) tuos simus, quib(us) per vices succession(is) per condicionem conductionis notus est, miserearis ac sacro rescripto tuo non amplius praestare nos, quam ex lege Hadriana et ex litteras proc(uratorum) tuor(um) debemus, id est ter binas operas, praecipere digneris, ut beneficio majestatis tuae rustici tui vernulae et alumni saltuum tuorum n(on) ultr(a) a conductorib(us) agror(um) fiscalium inquietemur.

(Lacune.)

Imp. Caes. M. *A*urelius Commodus An*to*ninus Aug(ustus) Sarmat(icus) Germanicus maximus ² Lurio Lucullo et nomine aliorum. Proc(uratores) contemplatione discipulinae et instituti mei [ne plus quam ter binas operas] curabunt, ne quit per injuriam contra perpetuam formam a vobis exigatur. Et alia manu : Scripsi. Recognovi ³.

Exemplum epistulae proc(uratoris) e(gregii) v(iri). Tussanius Aristo et Chrysanthus Andronico suo salutem. Secundum sacram subscriptionem domini n(ostri) sanctissimi imp(eratoris), quam ad libellum suum datam Lurius Lucullus *accepit* ⁴..

(Manquent 6 lignes.)

Et alia manu : O*p*tamus te felicissimum be*ne vive*re. Vale. Dat(a) pridie idus Sept. Karthagine.

Feliciter consummata et dedicata idibus Mais Aureliano et Corneliano cos., cura agente C. Julio *Pelo*pe ⁵ Salaputi mag(istro).

11. Rescrit de Sévère et Caracalla sur la prescription de dix a vingt ans (an 199).

Rescrit de Sévère et Caracalla de l'an 199. Le texte en a d'abord

---

1. L'inscription mutilée *C. I. L.*, VIII, 14428, porte : 'ut aratorias IIII, sartorias IIII, messicias IIII'. — 2. An 182-183. — 3. Cf. p. 198. — 4. Hirschfeld, *Kaiserl. Verwaltung*, ed. 2, 1905, p. 135, n. 5, suivi par Riccobono ; tous les autres éditeurs : *misit*. — 5. Nom restitué par Dessau.

été découvert dans un papyrus de Berlin, *B.G.U.*, 267, d'après lequel il a été publié et commenté par MM. Dareste, *N.R.H.*, 1894, p. 692 (*Nouvelles études*, p. 194) ; Mitteis, *Hermes*, 30, 1895, pp. 612-614 ; Mommsen, *Z.S.St*, 16. 1895, pp. 195-196. 22, 1901, pp. 143 (= *Ges. Schr.*, 1, pp. 477-478. 2, p. 369) ; Partsch, *Longi temporis praescriptio*, 1906, p. 1 et ss. Mais un second exemplaire en a depuis été trouvé dans un papyrus de Strasbourg, *P. Strassb.* 22 (Mitteis, *Chrestom.*, n° 374), qui le donne avec d'autres pièces, dont un jugement de l'an 207, et il y est encore fait allusion dans d'autres papyrus (v. Partsch, p. 59 et ss.). Le texte est rapporté en termes semblables dans les deux papyrus, sauf une différence de prolixité dans l'adresse qui est plus complète dans *B.G.U.*, et une discordance dans la date de l'affichage que les deux disent bien avoir été fait à Alexandrie (v. p. 206), mais *B.G.U.*, le 29 décembre 199 et *P. Strassb.* le 19 avril 200, tandis qu'à notre avis il est à croire, en face de la pratique attestée par l'édit d'amnistie de 212 signalé p. 203, que l'affichage du 25 décembre eut lieu en réalité à Rome, et celui du 19 avril ensuite à Alexandrie (v. Mitteis, *P. Strassb.*, I, p. 85, *Z. S.St.*, 28, 1907, p. 390 et *Grundzüge*, p. 286 ; P. Meyer, *P. Giss.*, I, 2, pp. 18-19, et l'article de Wenger cité p. 203).

Ce rescrit constitue le plus ancien témoignage sur la prescription de dix à vingt ans qu'il définit (en réponse à une question d'une personne qui n'avait pas le droit de cité) en l'appelant du nom de *praescriptio longae possessionis*, également employé dans des textes de Paul (*D.*, 18,1,76,1.44.3,12) et de Modestin (*D.*, 44,3,3), en déterminant ses conditions dans des termes singulièrement voisins de ceux de Paul, *Sent.*, 5 2,4, et en fixant son délai à dix ou à vingt ans, selon que les parties résident ou non dans la même cité, conformément à un système signalé et rejeté par Justinien, *C.*, 7,33, 12, que cela nous révèle avoir été le système ancien.

Le *P. Strassb.* 22, étant reproduit tout entier parmi les décisions judiciaires, au chapitre IX de notre 3e partie et la première phrase étant plus complète dans *B.G.U.*, 287, nous donnons ici la constitution d'après ce dernier en signalant dans les notes les variantes de *P. Strassb.*

(22 lettres) λογ¹ [Αὐτοκ]ρ[άτωρ] Καῖσαρ | [Λούκιος Σεπτίμιος Σεουῆρ]ος Πέρ[τ]ιναξ [Σε]βαστός | Ἀραβικὸς Ἀδιαβη]νικός (une demi-ligne vide) | [Παρθικὸς μέγιστος] καὶ αὐτοκρά[τωρ] Καῖσαρ || [Μᾶρκος Αὐρή]λιος Ἀντωνεῖνος Σεβαστός | Ἰουλιανῇ Σω[σθ]ενιανοῦ διὰ Σωσθένους | ἀνδρός².

5. ...*imperator Caesar* | *Lucius Septimus Severus Pertinax Augustus* | *Arabicus Adiabenicus* .... | *Parthicus Maximus et imperator Caesar* || *Marcus Aurelius Antoninus Augustus Julianae Sostheniani filiae per Sosthenem* | *maritum.*

1. Peut-être [Ἀντίγραφον...]λ ογ[ισμοῦ]. — 2. P. Strassb.: Θεοὶ Σεουῆρος καὶ Ἀντωνῖνος Ἰου[λ]ιανῇ Σωσθενους διὰ Σωσθένους ἀνδρός = *Divi Severus et Antoninus Julianae Sosthenis filiae per Sosthenem maritum.*

[M]ακρᾶς νομῆς παραγραφ[ὴ]¹ | τοῖς δικαία[ν] αἰτ[ί]αν ἐσχη-
κόσι καὶ ἄνευ | τινὸς ἀμφισβητήσεως ἐν τῇ νομῇ || γενομ[έν]οις ² πρὸς
μὲν τοὺς ἐν ἄλλο | τρίᾳ πόλει διατρείβοντας ἐτῶν εἴκοσι | ἀριθμῷ βε-
βαιοῦται³, τοὺς δὲ ἐπὶ τῆς | αὐτῆς ἐτῶν δέκα⁴. | 10.
Προετέθη ἐν Ἀ | λεξανδρείᾳ. ἢ L Τῦβι γ⁵.

Longae possessionis praescriptio | *iis qui justum titulum
habuerunt et sine* | *ulla controversia in possessione* || *fuerunt*⁴
contra eos qui in a | *lia urbe morantur annorum viginti* | *numero* 10.
confirmatur contra eos vero qui in ea | *dem annorum decem.* |
Proposita in Alexandria, anno VIII Tubi III ⁵.

12. Édit de Caracalla accordant la cité aux habitants de l'empire (an 212).

P. Giss., 40, col. 1. Mitteis, *Chrestomathie*, nᵒ 377. Le papyrus
de Giessen, nᵒ 40, publié et commenté par M.P. Meyer, *P. Giss.*, I,
2, pp. 25-45 (cf. encore notamment U. Wilcken, *Arch. f. P.*, V, 3,
1911, pp. 426-430), contient, avant deux autres constitutions de
Caracalla relatives l'une à l'amnistie prononcée par Caracalla après
la mort de Geta en 212 (Dion, 77,3), l'autre à une expulsion d'A-
lexandrie des Égyptiens de l'intérieur prescrite par lui en 215 (Dion,
77,23), le texte malheureusement mutilé de la fameuse constitution
de l'an 212, par laquelle Caracalla étendit le droit de cité à toute
la population de l'empire (Dion, 77,9 ; Ulpien, *D.*, 1.5,17 ; *Vita
Severi*, 1 ; *Nov.* 78, c. 5).

Il ne serait pas très conforme au caractère de ce recueil d'y insérer ni la constitution de 215 reproduite par Wilcken,*Chrestom.*,nᵒ 22,
ni la seconde constitution de 212 reproduite par Mitteis,*Chrestom.*,nᵒ
378. Nous remarquerons seulement sur cette dernière qui figure mutilée et généralisée dans le *C.Just.*10,61 (59).1, et qui a servi de base
à Ulpien, *D*, 50,2,3,1, que sa souscription nous la représente comme
ayant été affichée dans l'original latin, à la résidence impériale à
Rome, le 11 juillet 212, puis envoyée à Alexandrie où elle fut officiellement enregistrée en présence du gouverneur le 29 janvier
213 et affichée de nouveau par le *procurator usiacus* seulement le
10 février 213. V. au sujet de ce double affichage, P. Meyer, pp. 28-
29, et surtout L. Wenger, *Vierteljahrschrift für social-und Wirt-
schaftgeschichte*, 1911, pp. 192-193.

1. *B. G. U.* : παραγραφης ; *P. Strassb* : παραγραφή. — 2. Paul,
Sent., 5, 2, 4 : ei qui justum initium possessionis habuit nec medio tempore interpellatus est ; mais voir sur l'exigence distincte de la bonne
foi le jugement de 207. — 3. *P. Strassb.* : βοηθοῦνται = *confirmant* qu'il
faut corriger en βοηθει à moins de corriger παραγραφή en παραγραφαι.
— 4. *P. Strassb.* : πρὸς δὲ τούς... αὐτῆς δέκα. — 5. (29 décembre 199).
P. Strassb. : η L. Φαρμοῦθι κ δ' = *Anno VIII Pharmuti XXIV* (18 avril
200).

Au contraire, il nous est impossible de ne pas reproduire, malgré ses lacunes et ses obscurités, le texte de l'édit sur le droit de cité. Contrairement à ce qu'avait d'abord cru M. Meyer, qui avait commencé par penser que la date de la deuxième constitution était celle de la première le papyrus ne donne pas de nouvelles précisions sur la date de l'innovation placée par Dion en 212 et localisée par une application contenue dans *C.I.Gr*, 4680, entre le 1ᵉʳ janvier et le 8 novembre. Au lieu du motif fiscal bien connu mentionné par Dion, l'empereur invoque assez naturellement des raisons religieuses. Quant à la portée de la décision, il indique au moins une restriction qui serait, d'après une restitution assez plausible de l'éditeur, l'exclusion des déditices. Cependant la restitution a été contestée par M. Jouguet, *Vie municipale dans l'Égypte romaine*, 1911, pp. 351-357. Il nous paraît, en tout cas, fort douteux qu'on puisse admettre la définition des déditices proposée à ce propos par M. Meyer et admise depuis par à peu près tous les interprètes, même par M. Jouguet, selon laquelle les déditices embrasseraient tous les pérégrins soumis au tribut, et nous ne croyons même aucunement sûr que cette exception fût la seule indiquée dans le papyrus qui est gravement mutilé. V. *Manuel*, pp. 116-118. On verra, par les crochets entre lesquels sont insérées les parties manquantes du texte, en combien de points sont incertaines les restitutions proposées, et à plus forte raison notre traduction latine.

[Αὐτοκράτωρ Καῖσαρ Μα]ρκος Αὐρήλι[ος Σεουῆρος] Ἀντωνῖνο[ς] Σε[βαστὸ]ς λέγει· | Οὐδὲν εὐκταιότερον] ἢ μᾶλλον ἀν[αζητέον ἐστιν ἢ τὰ]ς αἰτίας¹ κ[α]ὶ το[ὺς] λ[ιβ]έλλου[ς] | [........² Καὶ τοῖς θ]εοῖς τ[οῖ]ς ἁγ[ιωτ]άτοι, εὐχαριστήσαιμι, ὅτι τι[ς] τοιαύτη[ς] | χάριτος
5. ἀφορμὴ νῦν ε[ἰς ἐμὲ σὺν[εκύ]ρησεν. Τοιγαροῦν νομίζω[νο]ὕτω με || [γαλοπρεπῶς καὶ εὐσε β]ως δύ[να]σθαι τῇ μεγαλειό]τητι αὐτῶν τὸ ἱκανὸν ποι | εῖν, εἰ τοὺς ξένους, ὁσάκις ἐὰν ὑ[π]εισέλθ[ωσ]ιν εἰς τοὺς ἐμοὺς ἀν[θρ]ώπους], | εἰς.. ....³ τῶ[ν θεῶν συνεπενέγ[κοι]μι, δίδωμι τοῖ[ς σ]υνάπα | [σιν ξένοις τοῖς κατὰ τ]ὴν οἰκουμένην π[ολιτ]είαν Ῥωμαίων.

Imperator Caesar Marcus Aurelius Severus Antoninus Augustus dicit : | *Nihil optabilius vel magis quaerendum est quam querellas*¹ *et libellos* | ...² *Et diis sanctissimis gratias quem agere quod quae talis* | *gratiae occasio nunc mihi contingat. Itaque,*
5. *existimans sic mag* || *nifice et religiose posse majestati eorum satis face* | *re, si peregrinos, quotiens cumque subingrediantur in meos homines, in*..... ³ *Deorum, inducam, do omnibus peregrinis qui*

1. V. pour ce sens un peu singulier d'*αἰτίας*, Justinien, nov. 78, c. 5. Peut-être pourrait-on voir là avec Mitteis, *Z. S. St.*, une faute de transcription pour αἰτήσεις = *petitiones*. — 2. P. Meyer : ἐκκόπτειν = *extirpare*. — 3. Wilcken : εἰς [τὰς θρησκείας τῶ]ν θεων = *in religiones deorum*.

[μ]ενοντος | [παντὸς γένους πολιτευμ]άτων, χωρ[ὶς] τῶν [δεδ]ειτικίων¹·
Ὀφίλει [γ]άρ τὸ || [............]... ν.. ν πάντα α[...]α ἤδη κ[α]ὶ 10.
τηνίκα ἐνπεριει ² | [............ πρ]ᾶγμα ὁ[μ]αλῶς εἰ[ς τὴν] μεγα-
λειότητα [τοῦ Ῥωμα[ί] | [ων δήμου ....]. Περὶ τούς [.....]υς³
γεγενῆσθαι. Ὑπὲρ δὲ | [............ τῶν κα]ταλειφ[θέντων.....] ων
τῶ[ν ἑ]κάστης | χώρας ?...........] η τω[......]ος [....] || [....] 15.
θη [.....] | [.....] ολω.

sunt in orbe civitatem Romanam, manente | quocumque genere
rerum publicarum, exceptis dediticiis ¹. Oportet enim || .... 10.
omnia... jam et nunc ².. | .. rem pariter majestati Romani | po-
puli.... erga peregrinos evenisse. Super autem | ... reliquos... ³
cujuscumque | regionis .... || .... 15.

13. RESCRIT DE GORDIEN EN RÉPONSE AUX HABITANTS DE SCAPTOPARÈNE (an 238).

Bruns, n° 90 ; *C. I. L.*, III, *add.*, 12336. Inscription découverte en Bulgarie sur l'emplacement de la station thermale antique
de Scaptoparène, dans le territoire de la ville thrace de Pantalia,
et relative à des plaintes adressées à l'empereur Gordien par les
habitants de Scaptoparène contre les réquisitions illégales de loge-
ments et de vivres dont les agréments de leur pays les faisaient
être victimes de la part de divers personnages, et en particulier de
celle des militaires de passage dans la région. Cette inscription qui
a été découverte en 1868, mais qui a été publiée seulement en
1890, après que le marbre était déjà mutilé et détérioré, d'après
une copie de 1868 et un estampage de ses restes actuels, a principalement été commentée par MM. Mommsen, *Z. S. St.*, 12,1892,
pp. 244-267 = *Ges. Schr.*, 2, 172-179 (cf. *Z. S. St.*, 16,1895,
pp. 196-198. 22,1901, pp. 142-144 = *Ges. Schr.* 1, 476-478. 2, 368-370) ;
Karlowa, *Neue Heidelberger Iahrbücher*, 2, 1892, pp. 141-146, et
Scialoja, *Bull. di D. R.*, 5, 1892, pp. 23-31. Elle contient, d'une
part, en un texte grec écrit sur trois colonnes, la plainte adressée
à l'empereur et le commencement d'une plaidoirie prononcée en
faveur des plaignants devant le gouverneur de Thrace ; d'autre
part, au-dessus et au-dessous du texte grec, en un texte latin occupant toute la largeur de la pierre : en tête, un procès-verbal de
copie du rescrit en date du 16 décembre 238 et le reçu de la demande des plaignants, au-dessous, le rescrit lui-même qui les
renvoie à se pourvoir d'abord devant le gouverneur de Thrace. Il

---

1. Restitution admise par tous les interprètes ; V. cependant
les objections de M. Jouguet, p. 354, qui conjecture, à titre d'exemple, p. 355, n. 1 : [παντὸς γένους ονομ] άτων, χωρ[ὶς] τῶ[ν γεντ] ει-
λικίων = *quocumque genere nominum exceptis gentiliciis*. — 2. Wilcken
suppose une forme quelconque d'ἐνπεριει[λῆφθαι]. — 3. Boulard : [ξένο]υς
= *peregrinos*.

est probable qu'une seconde table devait contenir la fin de la plaidoirie et la décision définitive rendue par le gouverneur et peut-être même après lui par l'empereur ; en sorte que le monument donnait, dans un ordre d'ailleurs peu cohérent, la demande, la mention de sa remise, la copie authentique du rescrit, la plaidoirie et la décision finale.

L'intérêt très considérable de l'inscription n'est ni dans la requête des habitants de Scaptoparène, ni dans la plaidoirie de leur avocat, ni même dans le rescrit de l'empereur. Il est dans les renseignements qu'elle fournit sur la publication des rescrits impériaux. L'inscription de Scaptoparène a été la première à nous faire connaître une notification des rescrits faite, non pas par délivrance directe à l'intéressé, mais par voie d'affichage dans un lieu public, à Rome, le portique des thermes de Trajan, et d'enregistrement dans un *liber libellorum rescriptorum et propositorum* que le lieu d'affichage fait supposer avoir été dressé à Rome par le préfet de la ville, et d'après lequel les intéressés pouvaient en prendre copie dans les formes ordinaires. C'est, croyons-nous avec Mommsen et malgré le dissentiment de M. Krueger, *Sources*, p. 130, n. 9 et p. 128, n. 7, à cet affichage fait le plus souvent à Rome, mais parfois aussi en province (à la suite de celui de Rome dans l'exemple certain de la constitution d'amnistie de 212 citée p. 203 et dans l'exemple probable du rescrit de Sévère et Caracalla reproduit p. 202; même à la place de celui de Rome, pensait Mommsen en invoquant peut-être à tort le rescrit de Sévère et Caracalla et l'un de ceux de l'an 200 signalés p. 184) que se rapportent la mention *proposita* et les mentions voisines mises avant la date, à la fin des constitutions, dans les codes. Mais il n'y a encore là que le point de départ des conclusions que l'illustre auteur a su dégager du précieux monument. En nous révélant la dualité du mode de notification des rescrits, tantôt remis à celui qui les obtient et tantôt publiés impersonnellement par voie d'affiches dont il lui sera loisible comme à tout le monde de prendre copie, l'inscription nous donne la solution du problème de la force législative accordée à certains rescrits, qui ne dépend pas de caractères intrinsèques obscurs et incertains, mais précisément du fait matériel de la notification par voie d'affiches, notification qui n'a été employée qu'à partir d'Hadrien ou tout au plus de Trajan avec lesquels commencent les rescrits insérés dans les recueils juridiques (cf. *Vita Macrini*, 13,1), et qui a dû cesser quand Constantin a supprimé l'autorité législative des rescrits. Elle nous explique en même temps comment la commodité de ce procédé, qui dispensait de vérifier l'identité ou la qualité des destinataires de la constitution, a pu le faire suivre à l'administration pour nombre de constitutions simplement confirmatives du droit commun ou dépourvues d'intérêt juridique, qu'on s'étonnait de trouver insérées dans les recueils. Elle nous fait enfin connaître dans les registres du préfet de la ville la source où les jurisconsultes et les auteurs de recueils ont pu aisément se procurer une si grande quantité de rescrits adressés à des habitants de toutes les parties de l'empire.

Comme a fait Mommsen, dans Bruns, nous nous contentons ici de reproduire la partie latine du titre donnant : 1° le procès-verbal de transcription du rescrit dressé dans la forme ordinaire (v. ci-dessus, (pp. 197-198 et plus bas, 3ᵉ partie, l'introduction du chapitre IV); 2° la mention de la présentation de la requête des Scaptoparéniens par un de leurs compatriotes, soldat des cohortes prétoriennes, inscrite probablement sur la requête par les employés de la chancellerie, et 3° le rescrit impérial La partie grecque de l'inscription se trouve notamment dans les articles précités de Mommsen et Karlowa et, avec une traduction latine, dans celui de M. Scialoja.

1. Bona fortuna. Fulvio Pio et *Pon*tio Proculo cons. XVII kal. Jan. descriptum *et* recognitum factum *ex* libro *li*bellorum rescriptorum a domino n(ostro) imp. Caes. M. Antonio Gordiano pio felice Aug. *e*t propositorum Romae in portic*u t*hermarum Tr*a*janarum in verba *q*(*uae*) i(nfra) s(cripta) s(unt).

2. Dat(um) per Aur(elium) Purrum mil(item) coh(ortis) X p*r*(*aetoriae*) p(*iae*) f(*idelis*) Gordianae cen*turia* Proculi conv*ica*n*um* et conpossessorem.

(Suivent la requête et le commencement de plaidoirie précités.)

3. Imp. Caesar M. Antonius Gordianus Pius Felix Aug. vikanis per Pyrrum mil. compossessorem. Id genus qu*a*erellae praecibus intentum an*te* justitia pra*e*s*i*dis potius super his quae adlegabuntur instructa discinge *q*uam rescripto principali certam formam reportare debeas. Rescripsi. Recognovi. Sig*n*a.

14. Rescrit des deux Philippes en réponse aux Aragueni
(an 244-247).

Inscription découverte en Phrygie en 1897, qui a été publiée et commentée d'abord par M. Anderson, *Journal of hellenic studies*, 17, 1897, pp. 396-424, puis par MM. Schulten, *Römische Mittheilungen*, 13, 1898, pp. 221-247, et Scialoja, *Bull di D.R.*, 11, 1898, p. 58-60 et qui se trouve aujourd'hui *C. I. L.*, III, add., 14191, et chez Dittenberger, *Inscr. Or. gr.*, 519. Cf. Beaudouin, *Grands domaines*, pp. 349-351 ; O. Hirschfeld *Beiträge, zur alt. Gesch.*, 2, 1902, p. 299 et ss. ; Rostowsew, *Klio*, 6, 1906, p.256 et ss., et *Studien zur Gesch. des Kolonates*, 1910, pp. 299, n. 2 et 303. Lettre présentée aux deux Philippes par Aurelius Eclectus où les Aragueni qui se déclarent πάροικοι καὶ γεωργοί des empereurs, leur demandent d'être protégés contre les vexations des soldats et des affranchis impériaux et réponse des empereurs qui, étant postérieure à l'avènement de Philippe le père et antérieure à l'époque où Philippe le fils reçut le titre d'Auguste, se place entre 244 et 247. L'inscription donne d'abord le rescrit impérial en latin, puis la requête en langue grecque des Aragueni où se trouvent citées deux lignes latines d'une lettre impériale antérieure. Comme M. Riccobono, n° 87, et M. Gradenwitz, dans Bruns, n° 93, nous laissons de côté le texte grec et donnons seulement les deux textes latins que nous reproduisons dans l'ordre de l'inscription inverse de leur ordre chronologique. On en rapprochera non seulement le rescrit symétrique de Commode, n° 10, et les titres relatifs aux domaines impériaux reproduits dans notre 3° partie, chapitre VI, mais le rescrit de Scaptoparène, n° 13, motivé par des plaintes analogues.

1. Ἀγαθῇ τύχῃ[1]. Imp(eratores) Caes. M. *Julius* Philippus *Aug.* et M. *Julius Philippus*[2] nobilissimus Caes. M. Aur(elio) *Eglecto* per Didymum mili*tem* f*rum*(entarium)[3]. Proconsule v(ir) c(larissimus) perspecta fide eorum quae *adlegastis* ne quid injuriose geratur ad sollicitudinem suam revocabit. V*ale*.

(Suit la requête précitée des Aragueni.)

2. Quae libello complexi estis *ad proconsulem misimus*, qui dabit operam ne d*iu*tius[4] querell*is locus sit*.

15 ÉDIT SUR LES DÉLAIS DES APPELS CRIMINELS PORTÉS DEVANT L'EMPEREUR.

Édit impérial en langue latine écrit au recto du papyrus dont le verso porte l'édit d'Auguste, p. 172, publié par M. Gradenwitz, *B. G. U.*, II, 628, puis, avec une restitution plus complète fondée en partie sur un nouvel examen du papyrus dû à M. Krebs et avec un commentaire important, par M. Mitteis, *Hermes*, 32, 1897, pp. 630-639, ensuite encore par MM. Scialoja, *Bull di D R.*, 9, 1898, pp. 180-189, et Dareste, *N. R. H.*, 1898, pp. 689-691 et *Nouvelles études*, pp. 211-213, puis de nouveau par M. Gradenwitz dans Bruns, n° 78, et enfin de nouveau, après un dernier examen du texte dû à M. Naber, par M. Mitteis, *Chrestom.*, n° 371 (cf. *Grundzüge*, p. 580). Il a en outre été étudié par MM. Cuq, *N. R. H.*, 1899, pp. 111-116, Gradenwitz, *Berlin. philol. Wochenschr.*, 1899, p. 113, et Mommsen, *Droit pénal*, pp.154, n.2, 158, n.5 et 159, n.2. L'auteur de l'édit, rappelant un édit de son père qui fixait un délai dans lequel les affaires criminelles déférées des provinces au tribunal impérial par l'appel des parties ou le renvoi du juge devraient lui être soumises et qui défendait aux parties de quitter Rome avant l'appel de leur cause, refond les délais en les fixant à six mois pour les Italiens et un an pour les provinciaux en matière ordinaire et neuf mois pour les Italiens et dix-huit mois pour les provinciaux en matière capitale et touche encore au moins une autre catégorie d'appels (*appellationes quae ad magistratus et sacerdotia et alios honores*). Le point le plus obscur est peut-être la sanction précise portée contre le défaut de l'accusateur ou du défendeur par les

---

1. (*Bona fortuna*). V. p. 207. — 2. Noms des empereurs martelés à dessein suivant Huelsen chez Schulten. — 3. Huelsen ; la pierre : miligenesum. — 4. La pierre : d...tivis.

mots *ut altera parte audita servaretur sententia aut secundum praesentem pronuntiaretur* dans le 1ʳᵉ édit, et par les mots *et stetur sententiae et accusatores ad petendam poenam in re cogantur* dans le second. Cf. Mitteis, pp. 637 et 638-639 ; Cuq, p. 111, n. 3, et p. 115 ; Mommsen, p. 159, n. 1. Mais les opinions sont encore plus divergentes sur la date de notre texte. Mommsen le considérait comme appartenant sûrement, pour des raisons de langue et des raisons de fond, au iiiᵉ siècle ; M. Dareste et M. Cuq, l'attribuent à Néron, M. Dareste en identifiant le premier édit de Claude à *l'oratio* de *B. G. U.*, II, 611, reproduite p. 133, M. Cuq en voyant la preuve que le premier édit vient de Claude dans les témoignages de Dion Cassius, 60, 28, et de Sénèque, *Apokolok.*, 10, 4. 12, 2, 14, 2, et M. Mitteis qui l'avait d'abord attribué à Tibère se rallie aujourd'hui à cette idée.

Exemplum edicti. | I, 1.

In multis bene factis consultisque divi parentis mei id quoque | jure nobis praedicandum puto quod causas quae ad principalem | notionem *vel* provocatae vel *remissae* fuissent imposita qua || dam necessitate decidendas [1] esse perspexit, 5. ne *aut* probi homines | conflictarentur diutina mora aut callidiores fructum capere | aliquem protrahenda lite aucuparentur ; quod cum animadver | tisset jam per multos annos evenire, edixit [2] salubriter praefini | tis temporibus intra quae cum ex provinciis ad agendum veni || ssent, utraeque partes 10. nec discederent priusquam ad disceptan | dum introducti fuissent aut scirent fore ut altera parte audi | ta servaretur sententia aut secundum praesentem pronuntia | retur ; sin vero neuter litigantium adfuisset, excidere tum eas | lites ex ordine cognitionum offici nostri. Et meercule jam || dudum id 15. obtenendum fuit cum a prescripto ejus edicti satis super | que temporis quasi coniventibus nobis transcucurrerit | et . . . judex in pr. . . . di . . . . interposito tem | pore [3] . . . . io. . . . ation. . . . conti |

(Manquent quelques lignes.)

. . . . s in Italia quidem . . . . edi . . || . . . . t sex menses 20. . . . . transalpinis | *et transmarinis autem* annum [4], qui

1. Naber ; les éditeurs antérieurs : ad*mitt*endas. — 2. Naber ; Dareste : ed*ixit* : les autres éditeurs antérieurs : et s*anxit*. — 3. Naber dubitativement : *judex* in *provincia aedium fundive interposito tempore*. — 4. Mommsen ; Naber : *integrum autem* ; Mitteis quelque chose comme : *sex menses* in Italia *quidem* edi, *transmarinis annum et sex menses, transalpinis autem integrum* annum.

12.

nisi adfuerint vel | defensi fuerint cum controversiae eorum noscantur |

II 1, sciant fore ut stetur sententiae et accusatores | ad petendam poenam in re cogantur[1]. Sed quoniam | capitales causae aliquid auxilium conctationis ad | mittunt et accusatoribus et
5. reis in Italia quidem || novem menses dabuntur, transalpinis autem et trans | marinis annus et sex menses intra quos nisi [a] | adfuerint, fore jam nunc sciant ut cum prosecu | toribus veniant : quod neque grave neque durum | videri
10. potest si iis tam prolixum tempus indulserim, || et opinor qui aliqua dignitate censeri possunt | tanto. . . . i debent solliciti esse ut iis quae praecepta | sunt maturato obsequantur, cum praesentem repu | tent interesse honestatis suae, ut quam primum | molestia careant. Appellationes vero quae ad magis
15. || tratus et sacerdotia et alios honores pertinebunt | habeant formam temporis sui. Set ea quaequae sunt | er. . . . rump... umqu. . . . ad notionem |

(Manquent quelques lignes).

copr. . . . . f. . . . | bo .

1. Mitteis : jure cogantur ? Naber : intrare cogantur ?

DEUXIÈME PARTIE

LES COMMENTAIRES

DEUXIÈME PARTIE

1. Fragments de M. Valerius Probus.

En laissant de côté les opinions des jurisconsultes rapportées par des auteurs littéraires, qu'on trouvera notamment relevées dans Huschke, éd. Seckel et Kuebler, 1, pp.1-82. 92-106, le premier ouvrage relatif au droit dont nous ayons, dans l'ordre chronologique, à donner ici les restes, n'est pas l'œuvre d'un jurisconsulte, mais d'un grammairien, du contemporain de Néron et de Domitien, Valerius Probus. Ce petit traité, presque exclusivement juridique, dont Probus a sans doute pris les matériaux dans des ouvrages de droit et qui porte dans les mss. le titre : *De juris notarum*, nous a été rendu dans sa forme première par M. Mommsen qui l'a dégagé d'éléments étrangers qu'on lui avait adjoints depuis le xve siècle. V. *Berichte* de Leipzig, 1853, pp. 91-134 (reproduction seulement partielle,*Ges. Schr.*, 7, pp.207-213), et *Gramm. Lat.*, éd.Keil, 4,1864, pp. 265-276. 347-352. 611, où il en a donné son édition définitive d'après les meilleurs mss. dont aucun ne remonte au delà du milieu du xive siècle, et dont les deux principaux sont un ms. de Milan, l'Ambrosianus, J. 115 *sup.*, et un ms. de Rome, le Chigianus, I. VI. 204. Après une introduction sur l'utilité de la connaissance des abréviations (*notae*), Probus indique, dans trois sections, les mots et les formules exprimés par des initiales : 1º dans les lois, les plébiscites et les sénatus-consultes ; 2º dans les actions de la loi ; 3º dans les *edicta perpetua*. Seulement la fin de la 3e section manque ; car, de l'avis unanime, les abréviations qu'elle contient s'arrêtent bien avant la fin de l'édit : plus précisément, à notre sens, aucune d'elles ne se rapporte ni aux trois dernières des quatre grandes parties de l'édit, ni aux formules, pas plus aux formules d'actions qui se trouvaient, croyons-nous, au temps antérieur à Julien où écrit Probus dans un appendice, qu'aux formules d'exceptions, d'interdits et de stipulations. V. *Mélanges*, 1, pp. 179-213, et plus haut, p. 138. Mais Mommsen a encore découvert que ces lacunes peuvent être comblées en partie à l'aide d'un ms. du xe siècle qu'on a longtemps cru unique, le ms. d'Einsiedeln 326, où sont intercalées à leur rang, parmi les abréviations d'une collection alphabétique de basse époque,de la collection dite de Papias,un certain nombre d'abréviations venant de Probus dont les unes se retrouvent dans la partie conservée de l'ouvrage systématique et dont les autres se rapportent à toutes les sections de l'ouvrage, en particulier à la section des *edicta perpetua* et là aussi bien aux édits finaux et aux formules qu'aux édits du commencement (v. sur le classement, *Mélanges*, 1, pp. 203-211). Depuis j'ai trouvé, en 1910, dans un autre ms. du x⁰ siècle, le ms. lat. 4841 de la Bibliothèque Nationale, un nouvel exemplaire égal en valeur à celui d'Einsiedeln du recueil de Papias enrichi des extraits de Probus. V. *N. R. H.*, 1910, pp. 479-520.

Le texte donné ici du Probus systématique procède principalement de l'édition donnée par Mommsen dans les *Gram. Lat.* de Keil, à côté de laquelle il faut surtout citer celle de P. Krueger, *Coll. libr.*, 2, pp. 141-148, et celle de Huschke, revue récemment par Seckel et Kuebler, pp. 82-88. Au contraire, les extraits alphabétiques étrangers aux mss. actuels de l'ouvrage systématique qui sont publiés dans tous les recueils d'après le seul ms. d'Einsiedeln dans un ordre arbitraire dû à Mommsen, sont donnés ici d'après les deux mss. de Paris et d'Einsiedeln, dont les leçons diverses ont été relevées intégralement, *N. R. H.*, 1910, pp. 492-505, et dans l'ordre même dans lequel ils se trouvent dans les deux mss. Les incertitudes que pourrait entraîner l'abandon de l'ordre conventionnel de Mommsen pour l'ordre véritable des manuscrits, seront, espérons-nous, écartées par les deux concordances qu'on trouvera, p. 217, n. 2, des nᵒˢ de Mommsen avec les nôtres et de nos nᵒˢ avec ceux de Mommsen.

VALERII PROBI

[DE JURIS NOTARUM] [1].

1. — Est etiam circa prescribendas vel paucioribus litteris notandas voces studium necessarium. Quod partim pro voluntate cujusque fit, partim pro usu publico et observatione communi. Namque apud veteres cum usus notarum nullus esset, propter scribendi *diffi*cultatem, maxime in senatu qui scribendo aderant, ut celeriter dicta comprehenderent, quaedam verba atque nomina ex communi consensu primis litteris notabant, et singulae litterae quid significarent, in promptu erat. Quod *in* praenominibus legibus publicis pontificumque monumentis et in juris civilis libris etiam nunc manet. Ad quas notationes publicas accedit etiam studiosorum voluntas. Sed unusquisque familiares sibi notas pro voluntate *quas signarit*, comprehendere infinitum est : publicae sane tenendae, quae in monumentis plurimis et in historiarum libris sacrisque publicis reperiuntur, ut :

2. — P. Publius : C. Gaius : M. Marcus : *C*N. Gnaeus : Q. Quintus : NV. Manius : TI. Tiberius : CL. Claudius : SP. Spurius : SEX. Sextus : SER. Servius : OP. Opiter : A. V. C. ab urbe condita : P. R. E. post reges exactos : P. C. patres conscripti : S. P. Q. R. senatus populusque Romanus : EQ. R.

---

1. Titre dont la fausseté a été établie par Mommsen, *Gramm.*, 4, p. 268.

eques Romanus : V. R. urbs Rom*a* : C. R. civis Romanus : COL. colon*i*ae vel coloni : MVN. municipia vel municeps [1] ; N. L. nominis Latini ; L. C. Latini colonarii : S. N. L. socii nominis Latini : et similia. Secundum haec curiarum nomina, tribuum, comitiorum, sacerdotiorum, potestatum, magistratuum, praefecturarum, sacrorum, ludorum, rerum urbanarum, rerum militarium, collegiorum, decuriarum, fastorum, numerorum, mensurarum, [juris civilis] et similium ceterorum notationes proprias habent.

LITTERAE SINGULARES IN JURE CIVILI DE LEGIBUS ET PLEBISCITIS *ET SENATUS CONSULTIS* [2].

3. — 1. P. I. R. P. Q. I. S. I. F. P. R. E. A. D. P. populum jure rogavit populusque jure sc*iv*it in foro pro rostris ex ante diem pridie.

2. E. H. O. L. N. R. ejus hac omnibus [3] lege nihilum rogatur.

3. S. R. L. R. I. C. Q. O. R. E. sirem*ps* lex res jus causaque omnium rerum esto.

4. S. N. L. socii nominis Latini.

5. L. P. C. R. Latini prisci cives Roman*i*.

6. M. E. M. D. D. E. municipi*bus* ejus municipii dare damnas esto.

7. C. E. C. colonis ejus coloniae.

8. Q. E. R. F. E. D. quod ejus recte factum esse dicetur.

9. L. I. D. A. C. lex Julia de adulteriis cohercendis.

10. V. D. P. R. L. P. unde de plano recte legi possit.

11. A. A. A. F. F. aere argento auro flando feriundo.

12. I. N. Q. Q. justis nuptiis quaesitos quaesitas.

13. S. Q. S. S. E. Q. N. I. S. R. E. H. L. N. R. si quid sacri sancti est, quod non jure sit rogatum, ejus hac lege nihil rogatur.

14. V. P. R. veteri possessori redditum.

15. V. A. veterano adsignatum.

16. V. F. usus fructus.

17. S. C. senatus consultum.

18. P. S. plebi scitum.

---

1. Les éd. antérieures : 'municipes'. Mais v. *N. R. H.*, 1910, p. 497. — 2. 'et senatus consultis' omis par les mss. — 3. Huschke transporte 'O. omnibus' au n° 3 après : 'O. omnium'.

19. Q. D. E. R. F. P. D. E. R. V. I. C. qu*id* de ea re fieri placere*t*, de ea re universi ita censuerunt.
20. Q. F. E. quod factum est.
21. I. S. F. in senatu fuerunt.
22. D. C. S. de consilii sententia.
23. S. Q. M. D. E. R. A. P. P. V. L. O. E. COS. PR. TR. PL. Q. N. S. Q. E. V. A. P. P. V. F. *Q. S. N. T. COS. PR. TR. PL. Q. D. E. Q. E. V. A. P. P. V. F.* si quid mee [1] de ea re ad populum plebem*v*e *l*ato opus est, cos. praetor*es* tribuni plebis qui nunc sunt, qu*ibus eorum* [2] videbitur, ad populum plebem*v*e ferant : quod si non tulerint, *c*os. praetores tribuni plebis qui deinceps erunt, *quibus eorum* [2] videbitur, ad populum plebemve ferant.
24. S. F. S. sine fraude sua.

4. IN LEGIS ACTIONIBUS HAEC :

1. A. T. M. D. O. aio te mihi dare oportere.
2. Q. N. T. S. Q. P. quando negas, te sacramento quingenario provoco.
3. Q. N. *Q. A.* N. Q. N. quando neque ais neque negas.
4. E. I. M. C. V. ex jure manum consertum vocavit.
5. S. N. S. Q. si negat, sacramento quaerito.
6. S. S. C. S. D. E. T. V. secundum suam causam ; sicut dixi, ecce tibi vindic*t*am.
7. Q. I. I. T. C. P. A. F. A. quando in jure te conspicio, postulo, anne far auctor.
8. T. PR. I. A. V. P. V. D. te praetor judicem arbitrumve postulo uti des.
9. 1. D. T. S. P. in diem tertium sive perendinum.
10. A. L. A. arbitrum liti aestimandae.
11. Q. B. F. quare bonum factum [3].

5. IN EDICTIS PERPETUIS HAEC :

1. I. D. P. E. jure dicundo praeerit.
2. I. D. C. juris dicundi causa.
3. Q. R. F. E. V. quod recte factum esse videbitur.

---

1. Mss., Huschke : 'm*ag*(istratus)' ; Mommsen : 'me*l*ius'. — 2. Huschke aujourd'hui suivi par Mommsen, *Droit public*, VI, 1, p. 370, 15, en partant de Cicéron, *Ad fam.*, 8, 8, 5 ; les mss. : 'quod eis' ou 'quod ejus". — 3. Transporté avec raison par Huschke dans la partie suivante.

4. V. B. A. viri boni arbitratu.
5. D. M. F. V. C. dolo malo fraudisve causa.
6. I. D. judicium dabo.
7. I. D. juris dictio.
8. Q. E. R. E. T. P. I. R. D. T. Q. P. D. T. D. D. P. F. quanti ea res erit, tantae pecuniae judicium recuperatorium dabo testibusque publice dumtaxat decem denuntiandi potestatem faciam.
9. Q. S. S. S. quae supra scripta sunt.
10. I. C. E. V. justa causa esse videbitur.
11. N. K. C. non calumniae causa.
12. C. C. consilium cepit vel causa cognita.
13. F. C. fraudare creditores vel fiduciae causa vel fideicommissum.
14. P. C. [patres conscripti vel] pactum conventum vel pecunia constituta.
15. C. V. centum viri [vel clarissimi viri].
16. S. T. A. sine tutoris auctoritate.
17. T. A. tutore auctore.
18. F. E. D. factum esse dicetur.
19. H. S. haec sic [vel hora secunda].
20. Q. A. M. quemadmodum.
21. Q. M. quo modo vel quo magis.
22. P. P. L. V. pro praede litis vindiciarum.
23. I. S. judicatum solvi.
24. B. E. E. P. P. V. Q. I. bona ex edicto possideri proscribi venirique jubebo [1].

Extraits alphabétiques [2].

1. D. D. D. deinde deperiit deminutum.
2. D. V. M. dolove malo.
3. D. M. O. donum munus operas.
4. D. D. decreto decurionum.
5. D. M. F. dolo malo fecisti.

---

1. Restitué par Mommsen à l'aide de notes séparées du ms. d'Einsiedeln. — 2. Les 77 nᵒˢ du classement de Mommsen jusqu'à présent suivi par les éditeurs se retrouvent ici sous les nᵒˢ suivants : 1=21. 2=56. 3=10. 4=49. 5=35. 6=38. 7=42. 8=41. 9=29. 10=66. 11=63. 12=65. 13=69. 14=5. 15=6. 16=2. 17=27. 18=34. 19=39. 20=78. 21=59. 22=32. 23=4. 24=26. 25=47. 26=68. 27=51. 28=23. 29=24. 30=57. 31=28. 32=9. 33=45. 34=61. 35=17. 36=30. 37=18. 38=8. 39=78. 40=62.

6. D. V. M. T. dolove malo tuo.
7. EX. C. ex consuetudine.
8. E. H. E. exheres esto.
9. E. I. C. ex jure Quiritum.
10. E. R. E. ea res agatur.
11. F. I. C. familiam testamenti causa.
12. F. E. familiae erciscundae.
13. F. P. fidei promissor.
14. F. R. finibus regundis.
15. F. C. L. fraudationis causa latitat.
16. F. P. P. R. forma publica populi Romani.
17. H. B. V. P. heres bonorumve possessor.
18. H. Q. M. heredemque meum.
19. H. CO. herede cognitore.
20. I. L. in loco.
21. I. E. judex esto.
22. K. D. capite damnatus.
23. L. E. lege egisse.
24. L. A. E. lege actum est.
25. L. C. libertatis causa.
26. M. P. D. majorem partem diei.
27. M. T. F. E. malo tuo factum est.
28. M. M. P. manu mancipio potestate.
29. M. A. E. melius aequius erit.
30. M. H. E. mihi heres erit.
31. M. C. M. mortis causa manumissa.
32. M. C. F. municipii *coloniae* fori.
33. N. C. N. P. nec clam nec precario.
34. N. R. non restituetur.

41=46. 42=72. 43=36. 44=74. 45=71. 46=11. 47=70. 48=25. 49=31. 50=76. 51=67. 52=1. 53=40. 54=3. 55=40. 56=52. 57=16. 58=53. 59=13. 60=44. 61=12. 62=14. 63=73. 64=33. 65=75. 66=15. 67=48. 68=59. 69=77. 70=55. 71=7. 72=37. 73=43. 74=50. 75=54. 76=64. 77=60. Nos 79 n°⁸ figurent dans le classement de Mommsen, à l'exception du n° 20 qu'il nous paraît avoir omis à tort (v. *N. R. H.*, 1910, p. 490, n. 1) et du n° 22 qui est dû au ms. de Paris, sous les n°ˢ suivants : 1=52. 2=16. 3=54. 4=23. 5=14. 6=15. 7=71. 8=38. 9=32. 10=3. 11=46. 12=61. 13=59. 14=62. 15=66. 16=57. 17=35. 18=37. 19=53. 21=1. 23=28. 24=29. 25=48. 26=24. 27=17. 28=31. 29=9. 30=36. 31=49. 32=22. 33=64. 34=18. 35=15. 36=43. 37=72. 38=6. 39=19. 40=55. 41=8. 42=7. 43=73. 44=60. 45=33. 46=41. 47=25. 48=67. 49=4. 50=76. 51=27. 52=56. 53=58. 54=75. 55=70. 56=2. 57=30. 58=68. 59=21. 60=77. 61=34. 62=40. 63=11. 64=76. 65=12. 66=10. 67=51. 68=26. 69=13. 70=47. 71=45. 72=42. 73=63. 74=44. 75=65.

35. N. N. Numerius Negidius.
36. O. O. O. T. omnia ornamenta omnia texta.
37. O. A. Q. omnes ad quos.
38. O. E. R. ob eam rem.
39. O. C. ope consilio.
40. O. D. M. operas donum munus.
41. O. E. F. B. oportebit ex fide bona.
42. O. O. oportet oportebit.
43. O. F. ostia fenestrae.
44. P. A. pluviae arcendae.
45. P. D. E. possessio data est.
46. P. S. T. Q. H. praecipito sumito tibique habeto.
47. P. P. D. pro parte dimidia.
48. P. P. V. pupillus pupillave.
49. Q. D. R. A. qua de re agitur.
50. Q. M. E. quae mea est.
51. Q. I. S. S. quae infra scripta sunt.
52. Q. P. N. M. C. quod pondere numero mensura continetur.
53. R. R. P. rebus recte praestari.
54. R. N. rerum novarum.
55. R. A. Q. E. I. E. restituas ante quam ex jure exeas.
56. R. S. recuperatores sunto.
57. R. R. recte recipitur.
58. R. P. C. S. D. M. rei publicae causa sine dolo malo
59. R. R. E. P. Romae recte experiri possit.
60. S. P. M. Sexti Pedii Medivani [1].
61. S. L. P. H. A. secundum legem [2] publicam hoc aere.
62. S. P. S. Q. H. sine presumere sibi que habere.
63. S. P. si parret.
64. S. N. P. Q. A. D. si non plus quam magnus [3].
65. S. N. P. A. si non parret absolvito.
66. S. D. E. R. Q. D. A. si de ea re qua de agitur.
67. S. Q. M. M. M. M. si quis manu missus manu missa moritur.
68. S. S. S. supra scripti sunt.
69. T. M. D. F. O. te mihi dare facere oportere.
70. T. C. testamenti causa.
71. T. T. A. A. A. tegulas testas aurum argentum aes.

1. Huschke: 'Medmani'.— 2. Mommsen, arg. Gaius, 2,104. —3. Mommsen: 'mille aeris'. Huschke: 'mille asses'.

72. T. Q. H. tibi que habeto.
73. V. F. I. vadimonium fieri jubere.
74. V. M. M. vestem mundum muliebrem.
75. V. F. V. vim fieri veto.
76. V. R. C. vindicta recte competet.
77. V. I. I. videbitur in integrum.
78. V. V. C. volo vos curare.
79. V. R. urbis Romae.

2. Fragment de Pomponius.

Règle rapportée par Arnaud de Ferron, *Arnoldi Ferroni regii consiliarii in posteriorem partem consuetudinum Burdigalensium commentarii, Lugd. apud. Seb. Gryphium*, 1538, p. 72 (exemplaire Le Mans, *Juris.*, 509), — et non, quoi qu'il soit dit partout, *Consuetudinum Burdigalensium commentarii, Arnoldo Ferrono regio consiliario Burdigalensi auctore, Lugd. ap. Seb. Gryph.*, 1536, où ne se trouve pas cette partie de l'ouvrage (exemplaires Le Mans, *Juris.*, 509. Bordeaux, *Juris.*, 1172), — comme tirée 'ex libris Pomponii,... ex vetustissimis quibusdam fragmentis carie corrosis,... quae nobis dono dedit Julius Caesar Scaliger,... excerpta e bibliotheca Petri Criniti Florentini'. Elle paraît appartenir au *liber singularis regularum* du jurisconsulte cité dont les œuvres se placent sous Hadrien (117-138), Antonin le Pieux (138-161), et Marc-Aurèle et Lucius Verus (161-169). V. pour le premier règne, *D.*, 1, 2, 2, 49, et pour le dernier, *D.*, 50, 12, 15.

Et servitutes dividi non possunt : nam earum usus ita connexus est, ut qui eum partiatur, naturam ejus corrumpat.

3. Institutes de Gaius.

Les Institutes de Gaius sont l'ouvrage de droit romain dont le texte original nous est parvenu le moins incomplètement. Mais leur auteur reste parmi les jurisconsultes dont la biographie nous est le plus mal connue.

Le simple prénom, qui lui sert de nom, apparaît pour la première fois dans des constitutions impériales du ve siècle, postérieures de 300 ans à la date approximative de sa vie : sauf une exception qui n'est qu'apparente (*D.*, 45, 3, 39, qui se rapporte probablement à Gaius Cassius Longinus), il n'est jamais cité par les jurisconsultes. Et c'est ce qui a permis d'aller récemment jusqu'à soutenir qu'il n'aurait jamais existé, que les ouvrages dont des fragments nous ont été transmis sous son nom seraient tout simplement les ouvrages de Gaius Cassius Longinus. V. en ce sens G. Longinescu, *Caius der Rechtsgelehrte*, 1896, et avant lui, jusqu'à un certain point, Kniep, *Praescriptio und Pactum*, 1891, pp. 1-24 et depuis surtout Kalb, *Iahresberichte* de Bursian, 89, 1896, p. 232.109,

1901, p. 40. C'est, à notre avis, une erreur. V. N. Herzen, *Z. S. St.*, 20, 1899, pp. 211-229. Mais si elle a pu se former, c'est parce que tous les renseignements que nous avons sur Gaius viennent de ses œuvres. C'est d'elles que se déduisent les seules conjectures possibles sur sa carrière et sur sa patrie : la nature de ses livres donne à penser qu'il s'est exclusivement adonné à l'enseignement ; son commentaire sur l'édit provincial et d'autres indices, — par exemple, sa dénomination par un simple prénom, contraire aux habitudes des jurisconsultes de Rome, sa connaissance de la langue technique des Grecs (*D.*, 19, 2, 25 ; 50, 16, 30. 232, 2. 236, 1), ses citations des lois de Solon (*D.*, 10, 1, 13 ; 47, 22, 4) et du droit des Bithyniens et des Galates (1, 55 ; 1, 193), ses exemples du *jus Italicum* pris uniquement dans la portion grecque de l'empire, *D.*, 50, 15, 7, — ont permis à M. Mommsen de soutenir avec force qu'il a vécu et écrit non seulement dans une province, mais dans une province de la moitié grecque de l'empire, probablement dans la province proconsulaire d'Asie (v. aussi Kalb, *Roms Juristen nach ihrer Sprache dargestellt*, 1890, pp. 77-83, et Kniep qui conclut même pour la Bithynie, proconsulaire sous Antonin le Pieux d'après lui). V. en sens contraire, M. Fehr, *Z. S. St.*, 32, 1911, pp. 392-397 et les nombreux auteurs cités par lui. C'est par ses livres que nous savons qu'il était Sabinien. C'est aussi par eux qu'on peut essayer de déterminer les dates de sa vie. Il est né au plus tard sous Hadrien (117-138) ; car il relate, *D.*, 34, 5, 7, *pr.*, comme ayant eu lieu de son vivant un événement arrivé sous ce prince. Il n'y a pas d'indices qu'il ait publié aucun ouvrage avant 138. Au contraire, il en a écrit un assez grand nombre sous Antonin le Pieux (138-161). Les Institutes n'ont été rédigées que vers la fin du règne d'Antonin et n'ont même été terminées qu'après sa mort, car, tandis qu'elles l'appellent *Imperator Antoninus* au livre premier (v. notamment 1, 53 = *Inst.*, 1, 8, 2, rapproché de *D.*, 1, 6, 2 ; 1, 102 rapproché de *D.*, 38, 5, 13) et même au commencement du livre II (v. surtout 2, 151a, rapproché de *D.*, 28, 4, 3), elles l'appellent *Divus Pius Antoninus*, à la fin du même livre (2, 195). Mais Gaius y cite comme antérieurement publiés par lui, 1, 188, les *libri ex Q. Mucio* ; 1, 188, l'*edicti interpretatio*, par laquelle on discute s'il faut entendre l'ouvrage sur l'édit provincial, celui sur l'édit urbain, ou les deux ; 3, 33, des *commentarii* relatifs à la *bonorum possessio*, qui peuvent être ceux sur l'édit, et 3, 54, d'autres *commentarii* sur la succession des affranchis, qui sont probablement ceux sur les lois Julia et Papia où cette question était traitée au livre 8 ou 10. Il a publié seulement après la mort d'Antonin le Pieux : son traité des fidéicommis en 2 livres dans lequel cet empereur est appelé *Divus Antoninus* (*D.*, 35, 1, 90 ; 32, 9, 6 ; 36, 1, 63, 5) ; les derniers livres du commentaire des lois Julia et Papia où la même expression se trouve employée au livre 14 (*D.*, 31, 56) ; le *liber singularis regularum*, nécessairement postérieur aux Institutes, par rapport à la solution desquelles, 1, 101, il indique *D.*, 1, 7, 21, une innovation législative ; enfin ses *res cottidianae*, qui doivent également être postérieures aux Institutes sur lesquelles elles accusent un progrès de méthode. Celui de ses ouvrages qui fournit la date la plus récente est son traité sur le sénatus-consulte Orfitien de 178, écrit même après 180, si c'est à Commode qu'il faut rapporter la formule : *oratio sacratissimi principis nostri*, par laquelle il désigne, *D.*, 38, 17, 9, ce sénatus-consulte rendu sous Marc-Aurèle et Commode. Gaius paraît donc avoir encore vécu dans les dernières années du règne de Marc-Aurèle et peut-être même sous le gouvernement exclusif de Commode (180-192). On ne sait rien de plus sur l'époque de sa mort. — V. sur tous ces points, Fitting, *Alt. und Folge d. Schr.*, pp. 49-60 ; Th. Mommsen, *Iahrbuch d. gem. Rechts*, 3, 1859, pp. 1-15 (*Ges Sch.*, 2, 26-38) ; la préface de Huschke, avec les additions de Seckel et Kuebler, *J. ant.*, éd. 6, 1, pp. 107-139 ; Glasson, *Etude sur Gaius*, 1888, pp. 5-37, 126-129, 201-211 ; Karlowa, *R. R. G.*, 1, pp. 720-728 ; Krueger, *Sources*, pp. 243-255 ; Kuebler, dans Pauly-Wissowa, 7, pp. 489-508, v° Gaius, n° 2 ; Kniep, *Der Rechtsgelehrte Gaius und die Ediktscommentare*, 1910, et les notes de Lenel sous le titre des divers ouvrages, *Pal.*, 1, pp. 181-266.

Les Instituts de Gaius, que leur nom même d'*Institutiones* signale comme destinées à l'enseignement et dans lesquelles un auteur a voulu voir littéralement la publication des notes d'un professeur (Dernburg, *Die Institutionem des Gaius, ein Kollegienheft aus dem Jahre 161 nach Christi Geburt*, 1869 ; en sens contraire Glasson, *Gaius*, pp. 141-151 ; Karlowa, *R.R.G.*, 1, p 724), exposent, dans leurs quatre *commentarii*, après une brève introduction sur l'histoire des sources, l'ensemble du droit privé, civil ou prétorien, suivant un plan d'ensemble et selon la division, depuis bien connue, en droit des personnes, droit des choses et droit des actions: v. pour l'analyse détaillée de leur plan, Glasson, *Gaius*, pp. 131-136 ; Krueger, *Sources*, pp. 249-252, et les tableaux annexés aux éd. Boecking et Seckel et Kuebler. Quoique cette division tripartite eût été déjà employée dans d'autres domaines, par exemple, pour la théorie des *res divinae*, par Varron qui étudie, dans ses *Antiquitates*, d'abord, livres 2-4, les personnes en rapport avec ces choses, puis livres 5-7, les *loca sacra vel religiosa* et enfin, livres 8-10, le calendrier et les fêtes, nous ne connaissons aucun ouvrage juridique antérieur dans lequel se rencontre le plan méthodique suivi par Gaius. Mais cela ne prouve pas que Gaius en ait été l'inventeur. M. Krueger a même fait valoir des considérations très sérieuses qui semblent indiquer qu'avec sa docilité d'esprit ordinaire, Gaius a simplement reproduit un plan déjà ancien, suivi sans explications dans un ouvrage qu'il avait pris comme modèle ; sans cela, on ne comprendrait pas que Gaius n'essayât pas de justifier son innovation au lieu de donner la division comme allant de soi ; en outre et surtout, Gaius ne paraît pas avoir toujours parfaitement compris le plan de son modèle et l'a par suite alourdi par endroits de transitions embarrassées et de subdivisions inutiles : v. par exemple la transition de Gaius, 4, 69, où le modèle passait probablement, après l'étude des actions et des parties de la formule, au cas où l'on est tenu *alieno nomine* (4, 69-81), puis, à ceux où l'on peut *agere alieno nomine* (4, 82-87) ; v. encore, 4, 103-104, les théories des *judicia legitima* et *imperio continentia*, de la prescription et de la transmissibilité des actions, de la satisfaction du demandeur au cours du procès, mises simplement à la file au lieu d'être rassemblées sous l'idée commune d'extinction des actions. L'omission parmi les contrats réels (Gaius, 3, 90-91) du dépôt, du gage et du commodat peut être relevée comme un indice de l'antiquité de ce plan traditionnel dont la découverte pose même la question aussi logique qu'ardue de la séparation des textes antérieurs et des additions de Gaius — v. à ce sujet Kniep, *op. cit.* et *Gai institutionum commentarius primus*, 1911; cf. les observations de M. Fehr, *Z. S. St.*, 32, 1911, pp. 397-400. — En tout cas, il n'existe à notre sens, aucune raison de considérer, ainsi qu'on l'a fait, ce plan comme emprunté à Gaius par d'autres ouvrages dans lesquels il reparaît plus ou moins fidèlement, tels que les *Regulae* d'Ulpien, les *Institutiones* d'Ulpien et de Marcien, dont les auteurs ne nomment jamais Gaius (v. aussi les arguments d'ordre philologique signalés par Kalb, *Roms Juristen*, pp. 84-88). Au contraire, Justinien indique lui-même les Institutes de Gaius comme le modèle de ses propres Institutes, qui leur ont, dans la mesure du possible, emprunté avec leurs termes mêmes leur cadre et leur distribution.

Les Institutes de Gaius n'ont été connues, jusqu'au début du xixe siècle, que par des extraits contenus dans les compilations de Justinien, dans la *Collatio*, dans Priscien et dans Boèce et surtout par un résumé en deux livres, l'*Epitome Gai* de la loi romaine des Wisigoths, qui va jusqu'au milieu du 3e livre de l'ouvrage original, et que l'on pensait, autrefois, en avoir été directement extrait par les commissaires d'Alaric, mais que l'on croit aujourd'hui provenir d'une nouvelle version rédigée en Occident vers la fin du ive siècle ou le début du ve. V. en dernier lieu pour la première doctrine, Max Conrat, *Die Entstehung des westgotischen Gaius*, 1905, et en sens contraire, Krueger, *Sources*, pp. 418-420; H.F. Hitzig, *Z.S.St.*, 14, 1893, pp. 187-188, et Kuebler, v° *Gaius*. Parmi les éditions de cet *Epitome* encore utile à consulter pour combler les lacunes de l'ouvrage original et pour déterminer le droit de l'époque où il a été écrit (v. à ce sujet l'étude précitée d'Hitzig, *Z.S.St.*, 14, 1893, pp. 187-223), celle donnée par Boecking, dans le *Corpus juris antejustiniani*, 1, 2, 1841, et reproduite par Baviera, *Fontes*, 2, pp. 167-190, est préférable à celle de Haenel, *Lex Romana Visigothorum*, 1849.

L'ouvrage même de Gaius a été retrouvé, presque entièrement, en 1816, par Niebuhr, dans un ms. palimpseste de la bibliothèque du chapitre de Vérone, où il avait été recouvert par une copie du vi[e] siècle des *Epistulae* et des *Polemica* de Saint Jérôme. Une feuille qui avait été détachée du ms. avant la 2e écriture, avait été publiée dès le milieu du xviiie siècle par Scipion Maffei; mais elle était restée inaperçue des jurisconsultes jusqu'aux environs de la découverte de Niebuhr, qui a été l'un des instruments essentiels du relèvement des études de droit romain au xixe siècle. Le ms. de Vérone, auquel il manque seulement trois feuillets, dont l'un peut être intégralement restitué à l'aide d'autres sources, a été écrit, vers le ve siècle, en lettres onciales, avec des abréviations juridiques, en partie inconnues jusqu'à sa découverte, et des incorrections fort nombreuses. Son déchiffrement, qui était très difficile, fut accompli d'abord par Goeschen, Imm. Bekker et Bethmann-Hollweg, puis après eux par Bluhme, qui employa des réactifs énergiques au moyen desquels il obtint des lectures nouvelles, mais détériora le ms. à tel point qu'on a cru pendant longtemps impossible d'en essayer un nouvel examen. C'est sur les données ainsi acquises que s'est exclusivement exercée, jusqu'aux quarante dernières années environ, la critique dont le texte de Gaius a été l'objet de la part de nombreux savants, en tête desquels il faut citer, en Allemagne, Lachmann, Huschkke, Boecking, et chez nous, Pellat: cf. sur le ms., sa découverte et les éd. antérieures à Studemund, Glasson, *Gaius*, pp. 165-167; Karlowa, *R. R. G.*, 1, pp. 759-761; Krueger, *Sources*, pp. 326-329. Mais un autre philologue, Studemund, a, dans les années 1866 à 1868, entrepris un nouvel examen méthodique du ms., et il est parvenu, avec une admirable habileté, à établir, aussi bien pour les passages lus par Goeschen que pour ceux traités par Bluhme, toute une série de leçons inédites qui renouvellent le texte à la fois dans le fond et dans la forme et qui n'ont été complètement connues qu'en 1874, par un fac-similé du ms. édité sous le titre : *Gai institutionum commentarii IV, Codicis Veronensis denuo collati apographum edidit G. Studemundus.* On en trouvera des relevés dans Dubois, *Institutes de Gaius*, 1881, p. 533-534; Glasson, *Gaius*, pp. 192-194; Labbé, *N. R. H.*, 1881, pp. 122-127. Parmi les éditions postérieures à l'apographum, on peut citer surtout celle donnée en 1876, avec une lettre critique de Mommsen, dans la *Collectio librorum juris antejustiniani*, par MM. Studemund et Krueger ; celle de M. Polenaar, *Syntagma institutionum novum*, Leyde, 1879 ; celle avec commentaire de M. Muirhead, *The Institutes of Gaius and Rules of Ulpian*, Edimbourg, 1880 ; celle donnée par Huschke en 1878 dans la 4e éd. de la *Jurisprudentia antejustiniana* et celle donnée en 1881, avec une collection commode des leçons anciennes et nouvelles, par M. Ernest Dubois. Mais ces diverses éditions ne se trouvent plus elles-mêmes en concordance parfaite avec le texte depuis un nouvel examen qui a été fait de divers passages du ms. par M. Studemund en 1878 et en 1883 et duquel il a donné les résultats en 1885, dans un supplément à l'apographum placé en tête de la 2e éd. de Gaius de lui et M. Krueger. Ces corrections, sur l'importance desquelles on pourra consulter notamment un article de M. Krueger, *K. V. I.*, 1884, 548-556, figurent en particulier depuis la 2e éd. précitée dans l'excellente édition de Krueger et Studemund que nous avons, dès la première publication de ces *Textes*, prise pour guide principal et, depuis la 5e éd. parue en 1886, dans la *Jurisprudentia* de Huschke où il faut bien noter que le texte donné comme 6e éd. en 1903 et en 1908, par MM. Seckel et Kuebler, est en réalité, malgré la déférence naturelle des deux savants pour quelques conjectures de Huschke, une véritable édition indépendante et du plus grand intérêt. Au contraire, la publication faite en 1909 d'une reproduction phototypique du ms. de Vérone est restée, par suite du caractère du palimpseste, sans utilité sérieuse pour le déchiffrement de son premier texte.

Enfin, il faut aujourd'hui rapprocher du texte des Institutes de Gaius donné par le palimpseste de Vérone, celui d'une paraphrase de ces Institutes donné par un autre palimpseste découvert en 1898 à Autun par le savant français Chatelain. Dix-neuf feuillets d'un ms. dont l'écriture semi-onciale remonte, d'après M. Mommsen, au milieu du ve siècle et a été recouverte au viie par une copie des *Institutiones* de Cassien, nous ont conservé quelques passages d'un déchiffrement très difficile de cette paraphrase prolixe et encombrée de répétitions, qui semble un commentaire purement scolaire de l'ouvrage de Gaius et qui par malheur ne comble qu'en peu d'endroits les lacunes du ms. de Vérone. Le texte des premières pages lues par M. Chatelain a été publié par lui dans un article de la *Revue de Philologie*, 23, 1899, pp. 169-184, à la suite de l'apparition duquel les résultats de sa découverte ont été appréciés en France par M. Dareste, *Journal des Savants*, 1899, pp. 728-733 ; en Allemagne par M. Mommsen, *Z. S. St.*, 20, 1899, pp. 235-236, et en Italie par MM. Ferrini, *Rendiconti dell'Istituto lombardo*, série 2, vol. 32, et Scialoja, *Bull. di D. R.*, 11, 1899, pp. 97-112. Des éditions plus complètes ont été données ensuite, d'abord en 1900 dans le tome Ier, 4e éd., de la *Collectio librorum juris antejustiniani*, par M. Paul Krueger, auquel M. Chatelain avait communiqué, en même temps que des photographies des pages les plus lisibles du ms., la continuation de son travail de déchiffrement et qui avait aussi profité du concours de M. Mommsen, puis par MM. Ferrini et Scialoja, *Bull. di D. R.*, 13, 1900, pp. 5-31 (aujourd'hui, Baviera, *Fontes*, 2, pp. 193-212), d'après un examen personnel des photographies communiquées par M. Chatelain qui les a conduits à plusieurs perfectionnements profitables et enfin de nouveau par M. P. Krueger, *Z. S. St.*, 24, 1903, pp. 378-485, et *Collectio*, 1, 5e éd., pp. xl-lxix. C'est ce dernier texte que nous avons suivi le plus ordinairement.

a. *Institutes de Gaius.*

COMMENTARIUS PRIMUS.

[I. DE JURE CIVILI ET NATURALI.] 1[1]. *Omnes populi qui legibus et moribus reguntur, partim suo proprio, partim communi omnium hominum jure utuntur : nam quod quis*que populus ipse sibi jus constituit, id ipsius proprium est vocaturque jus civile, quasi jus proprium civitatis ; quod vero naturalis ratio inter omnes homines constituit, id apud omnes populos peraeque custoditur vocaturque jus gentium, quasi quo jure omnes gentes utuntur. Populus itaque Romanus partim suo proprio, partim *communi omnium hominum jure utitur.* Quae singula qualia sint, suis locis proponemus.

2. Constant autem jura populi Romani ex legibus, plebiscitis, senatusconsultis, constitutionibus principum, edictis eorum qui jus edicendi habent, responsis prudentium. 3. Lex est quod populus jubet atque constituit. Plebiscitum est quod plebs jubet atque constituit. Plebs autem a populo eo distat, quod populi appellatione universi cives significantur connumeratis *etiam* patriciis ; plebis autem appellatione sine patriciis ceteri cives significantur ; unde olim patricii dicebant ple-

---

1. = D., 1, 1, 9. Selon M. Samter, Z. S. St., 31, 1910, pp. 401-402, le texte des *Inst.*, 1, 1, 2, viendrait aussi du préambule perdu du ms. de Vérone.

biscitis se non teneri, qu*ia* sine auctoritat*e* eorum facta essent; sed postea lex Hortensia lata est, qua cautum est ut plebiscita universum populum tenerent : itaque eo modo legibus exaequata sunt. 4. Senatusconsultum est, quod senatus jubet atque constituit : idque legis vicem optinet, quamvis [1] fuerit quaesitum 5. Constitutio principis est, quod imperator decreto vel edicto vel epistula constituit. Nec umquam dubitatum est, quin id legis vicem optineat, cum ipse imperator per legem imperium accipiat. 6 [2]. Jus autem edicendi habent magistratus populi Romani : sed amplissimum jus est in edictis duorum praetorum, urbani et peregrini, quorum in provinci*is* jurisdictionem praesides earum habent ; item in *e*dictis aedilium curulium, quorum jurisdictionem in provinc*iis* populi Romani quaestores habent ; nam in provincias Caesaris omnino quaestores non mittuntur, et ob id hoc edictum in his provinc*iis* non proponitur. 7. Responsa prudentium sunt sententiae et opiniones eorum quibus permissum est jura condere. Quorum omnium si in unum sententiae concurr*u*nt, id, quod ita sentiunt legis vicem optinet ; si vero dissentiunt, judici licet quam ve*l*it sententiam sequi ; idque rescripto divi Hadriani significatur.

[II. DE JURIS DIVISIONE.] 8. Omne autem jus, quo utimur vel ad personas pertinet, vel ad res, vel ad actiones. *E*t prius videamus de personis.

[III. DE CONDICIONE HOMINUM.] 9. Et quidem summa divisio de jure personarum haec est, quod omnes homines aut liberi sunt aut servi. 10. Rursus liberorum hominum al*i*i ingenui sunt, al*i*i libertini. 11. Ingenui sunt, qui liberi nati sunt ; libertini, qui ex justa servitute manumissi sunt. 12. Rursus libertinorum *tria sunt genera* ; *nam aut cives Romani aut Latini aut dediticiorum* [3] numero sunt ; de quibus singulis dispiciamus ; ac prius de *ded*itic*i*is.

[IIII. DE DEDITICIIS VEL LEGE AELIA SENTIA.] 13. Lege itaque Aelia Sentia cavetur, u*t* qui servi a dominis poenae nomine vincti s*i*nt, quibusve stigmata inscripta s*i*nt, deve quibus ob noxam quaestio tormentis habita s*i*t et in ea noxa fuisse convicti s*i*nt, quive *ut* ferro aut cum bestiis depugnarent traditi

---

1. Seckel et Kuebler ajoutent : *de ea re* arg. 2, 26. — 2. Huschke intercalait : *Edicta sunt praecepta eorum qui jus edicendi habent*, et Krueger admet aussi la probabilité d'une lacune, malgré la contestation de Wlassak, *Kritische Studien*, 1884, p. 13, n. 3. Mommsen efface : 'autem'. — 3. *Ep.*, 1, 1, *pr.*

sint, inve ludum custodiamve conjecti fuerint, et postea vel ab eo*dem* domino vel ab alio manumissi. ejusdem condicionis liberi fiant, cujus condicionis sunt peregrini dediticii. [v. DE PEREGRINIS DEDITICIIS.] 14. Vocantur autem peregrini dediticii hi qui quondam adversus populum Romanum armis susceptis pugnaverunt, deinde victi se dediderunt. 15. Hujus ergo turpitudinis servos quocumque modo et cujuscumque aetatis manumissos, etsi pleno jure dominorum fuerint, numquam aut cives Romanos aut Latinos fieri dicemus, sed omni modo dediticiorum numero constit*ui* intellegemus. 16. Si vero in nulla tali turpitudine sit servus, manumissum modo civem Romanum modo Latińum fieri dicemus. 17. Nam in cujus person*a* tria haec concurrunt, ut major sit annorum triginta, et ex jure Quiritium domini, et justa ac legitima manumissione liberetur, id est vindicta aut censu aut testamento, is civis Romanus fit; sin vero aliquid eorum deerit, Latinus erit.

[VI. DE MANUMISSIONE VEL CAUSAE PROBATIONE.] 18. Quod autem de aetate servi requiritur, lege Aelia Sentia introductum est. Nam ea lex minores xxx annorum servos non aliter voluit manumissos cives Romanos fieri, quam si vindicta, apud consilium justa causa manumissionis adprobata, liberati fuerint. 19. Justa autem causa manumissionis est veluti si quis filium filiamve aut fratrem sororemve naturalem, aut alumnum, aut p*ae*dagogum, aut ser*v*um procuratoris habendi gratia, aut ancillam matrimon*ii* causa apud consilium manumittat.

[*VII*. DE CONSILIO ADHIBENDO.] 20. Consilium autem adhibetur in urbe Roma quidem quinque senatorum et quinque *e*quitum Romanorum puberum [1]; in provinciis autem viginti recuperatorum civium Romanorum, idque fit ultimo die conventus; sed Romae certis diebus apud consilium manumittuntur. Majores vero triginta annorum servi semper manumitti solent, adeo ut vel in transitu manumittantur, veluti cum praetor aut pro consule in balneum vel in t*h*eatrum eat. 21. Praeterea minor triginta annorum servus [manumissus] potest civis Romanus fieri, si ab eo domino qui solvendo non erat, testamento eum liberum e*t* heredem relict*um alius heres nullus excludit*; *idque eadem lege Aelia Sentia cautum est* [2].

(Manquent 24 lignes illisibles dans le ms.).

1. Le peu vraisemblable 'puberum' est corrigé par Hartmann, *Ordo judiciorum*, 1, p. 249 et ss. en 'recuperatorum' et plus heureusement par Karlowa, *R. R. G.*, 2, p. 1110, en 'equo publico'. — 2. Restitution quant au sens de Mommsen; sur le passage perdu qui suit, cf. *Inst.*, 1, 6, 2; Ulpien, 1, 14; *Ep.*, 1, 1, 2.

22... homines Latini Juniani appellantur ; Latini ideo, quia adsimulati sunt Latinis coloniariis ; Juniani ideo, quia per legem Juniam libertatem acceperunt, cum olim servi viderentur esse. 23. Non tamen illis permittit lex Junia vel ipsis testamentum facere, vel ex testamento alieno capere, vel tutores testamento dari. 24. Quod autem diximus ex testamento eos capere non posse, ita intellegemus, ne quid directo hereditatis legatorumve nomine eos posse capere dicamus ; alioquin per fideicommissum capere possunt.

25. Hi vero qui dediticiorum numero sunt, nullo modo ex testamento capere possunt, non magis quam quilibet peregrinus, nec ipsi testamentum facere possunt secundum id quod magis placuit. 26. Pessima itaque libertas eorum est qui dediticiorum numero sunt ; nec ulla lege aut senatusconsulto aut constitutione principali aditus illis ad civitatem Romanam datur. 27. Quin etiam in urbe Roma vel intra centesimum urbis Romae miliarum morari prohibentur ; et si qui contra ea fecerint, ipse bonaque eorum publice venire jubentur ea condicione, ut ne in urbe Roma vel intra centesimum urbis Romae miliarium serviant neve umquam manumittantur ; et si manumissi fuerint, servi populi Romani esse jubentur ; et haec ita lege Aelia Sentia conprehensa sunt.

[QUIBUS MODIS LATINI AD CIVITATEM ROMANAM PERVENIANT.]
28. Latini vero multis modis ad civitatem Romanam perveniunt. 29. Statim enim ex lege Aelia Sentia minores triginta annorum manumissi et Latini facti si uxores duxerint vel cives Romanas vel Latinas coloniarias vel ejusdem condicionis cujus et ipsi essent, idque testati fuerint adhibitis non minus quam septem testibus civibus Romanis puberibus, et filium procreaverint, cum is filius anniculus esse coeperit, datur eis potestas per eam legem adire praetorem vel in provinciis praesidem provinciae, et adprobare se ex lege Aelia Sentia uxorem duxisse et ex ea filium anniculum habere ; et si is, apud quem causa probata est, id ita esse pronuntiaverit, tunc et ipse Latinus et uxor ejus, si et ipsa *ejusdem condicionis sit, et filius, si et ipse* ejusdem condicionis sit, cives Romani esse jubentur. 30. Ideo autem in *persona filii* adjecimus 'si et ipse ejusdem condicionis sit', quia si uxor Latini civis Romana est, qui ex ea nascitur, ex novo senatusconsulto, quod auctore divo Hadriano factum est, civis Romanus nascitur. 31. Hoc tamen jus adipiscendae civitatis Romanae etiamsi soli minores triginta annorum manumissi et Latini facti ex lege Aelia Sentia habuerunt,

tamen postea senatusconsul*to*, quod Pegaso et Pusione consulibus factum est, etiam majoribus triginta annorum manumissis Latinis factis concessum est. 32. Ceterum etiamsi ante decesserit Latinus, quam anniculi filii causam probaverit, potest mater ejus causam probare, et sic et ipsa fiet civis Romana, si Latina fuerit.... Permissum..... *quibusdam*...... ipse filius civis Romanus sit, qui ex cive Romana matre natus est, tamen debet causam probare, ut suus heres patri fiat[1]. 32[a]. Qu*ae* vero diximus de filio anniculo, *eadem et de filia annicula* dicta intellegemus. 32[b]. *Praeterea ex lege Visellia tam majores quam minores triginta annorum manumissi et Latini facti jus Quiritium adipiscuntur*[2], id est fiunt cives Romani, si Romae inter vigiles sex annis militaverint. Postea dicitur factum esse senatusconsultum, quo data est illis civitas Romana, si triennium militiae expleverint. 32[c]. Item edicto Claud*ii* Latini jus Quiritium consecuntur, si navem marinam *ae*dificaverint, quae non minus quam decem milia modio*rum frumenti* capiat, eaque navis vel quae in ejus locum substituta *sit*, *sex* annis frumentum Romam portaverit. 33. Praeterea *a Nerone constitutum est*[3], ut si Latinus qui patrimoni*um* sestertium cc milium plurisve habebit, in urbe Roma dom*um* aedificaverit, in qu*am* non minus quam partem dimidiam patrimon*ii* sui *in*penderit, jus Quiritium consequatur. 34. Denique Trajanus constituit, ut si *Latinus* in urbe triennio pistrinum exercuerit, *in quo in* dies singulos non minus quam centenos *modios* frumenti *p*inseret, ad jus Quiritium perven*iat*.... sequi. 35. *Praeterea possunt* majores triginta annorum manumissi et Latini facti *iteratione* jus Quiritium consequi. Quo.... *triginta* annorum manumittant.... (une ligne et demie illisible)... manumissus vindicta aut censu aut testamento *et ci*vis Romanus *et ejus* libertus fit, qui eum iteraverit. Ergo si servus *in* bonis tuis, ex jure Quiritium meus erit, Latinus quidem a te solo fieri potest, iterari autem a me, non etiam a te potest, et eo modo meus libertus fit.Sed et ceteris modis jus Quiritium consecutus meus libertus fit. Bonorum autem quae... *cum* is morietur reliquerit, tibi possessio datur, quocumque modo jus Quiritium fuerit consecutus. Quodsi cuj*us* et in bonis et ex jure Quiritium

---

1. Seconde révision de Studemund, qui a prouvé l'inadmissibilité de toutes les restitutions antérieures. — 2. Restitution quant au sens de Huschke, arg. Ulp., 3, 5. — 3. Cf. Tacite, *Ann.*, 15, 43.

sit manumissus, ab eodem scilicet et Latinus fieri potest et jus Quiritium consequi.

36. *Non tamen cuicumque volenti manumittere licet.* 37. *Nam is qui* in fraudem creditorum vel in fraudem patroni manumittit, nihil agit, quia lex Aelia Sentia impedit libertatem. 38. *Item* eadem lege minori xx annorum domino non aliter manumittere permittitur, quam [si] vindicta apud consilium justa causa manumissionis adprobata [fuerit]. 39. Justae autem causae manumissionis sunt veluti si quis patrem aut matrem aut paedagogum aut conlactaneum manumittat. Sed et illae causae, quas superius in servo minore xxx annorum exposuimus, ad hunc quoque casum de quo loquimur adferri possunt. Item ex diverso hae causae quas in minore xx annorum domino rettulimus, porrigi possunt et ad servum minorem xxx annorum. 40. Cum ergo certus modus manumittendi minoribus xx annorum dominis per legem Aeliam Sentiam constitutus sit, evenit ut qui xiiii annos aetatis expleverit, licet testamentum facere possit et in eo heredem sibi instituere legataque relinquere possit, tamen si adhuc minor sit annorum xx, libertatem servo dare non possit. 41. Et quamvis Latinum facere velit minor xx annorum dominus, tamen nihilo minus debet apud consilium causam probare, et ita postea inter amicos manumittere.

42. Praeterea lege Fufia Caninia certus modus constitutus est in servis testamento manumittendis. 43. Nam ei qui plures quam duos neque plures quam decem servos habebit, usque ad partem dimidiam ejus numeri manumittere permittitur; ei vero qui plures quam x neque plures quam xxx servos habebit, usque ad tertiam partem ejus numeri manumittere permittitur. At ei qui plures quam xxx neque plures quam centum habebit, usque ad partem quartam potestas manumittendi datur. Novissime ei qui plures quam c nec plures quam d habebit, non plures manumittere permittitur quam quintam partem; neque plures *quam D servos habentis mentio in ea lege habet*ur [1] : sed praescribit lex, ne cui plures manumittere liceat quam C. Quod si quis unum servum omnino aut duos habet, ad hanc legem non pertinet, et ideo liberam habet potestatem manumittendi. 44. Ac ne ad eos quidem omnino haec lex pertinet, qui sine testamento manumittunt: itaque licet iis qui vindicta aut censu aut inter amicos manumittunt, to-

1. Supplément proposé par Krueger et Studemund sans lacune dans le ms.

tam familiam liberare, scilicet si alia causa non impediat libertatem. 45. Sed qu*od* de numero servorum testamento manumittendorum diximus, ita intellegemus, ne umquam ex eo numero, ex quo dimidia aut tertia aut quarta aut quinta pars liberari potest, *pauciores* m*anumittere* liceat, quam ex antecedenti numero licuit. Et hoc ipsa *ratione* [1] provisum est ; erat enim sane a*b*surdum, ut x servorum domino quinque liberare liceret, quia usque ad dimidiam partem ejus numeri manumittere ei conced*itur*, xii *autem* servos habenti non plures liceret manum*itt*ere quam iiii ; *item* eis qui plures quam x neque...[2]

(Manquent 24 lignes illisibles dans le ms.)

46. Nam et si *testamento* scriptis in orbem servis libertas data sit, quia nullus ordo manumissionis invenitur, nulli liberi erunt, quia lex Fufia Caninia quae in fraudem ejus facta sint rescindit. Sunt etiam specialia senatusconsulta, quibus rescissa sunt ea quae in fraudem ejus legis excogitata sunt.

47. In summa sciendum est, *cum* lege Aelia Sentia cautum sit, *ut* creditorum fraudandorum causa manumissi *li*beri non fiant, *hoc etiam* ad peregrinos pertinere (senatus ita censuit ex

---

1. Polenaar, Seckel et Kuebler ; cf. Paul, *Sent.*, 2, 1, 1. Krueger et Studemund, Huschke : *lege*. — 2. Gaius continuait dans la page illisible qui suit à donner des exemples relatifs à des chiffres supérieurs ; puis il posait les règles analysées dans les termes suivants par l'*Epitome*, 1, 2, 2-4 : 'Nam si aliquis testamento plures manumittere voluerit, quam quot continet numerus supra scriptus, ordo servandus est, ut illis tantum libertas valeat, qui prius manumissi sunt, usque ad illum numerum, quem explanatio continet superius comprehensa ; qui vero postea supra constitutum numerum manumissi leguntur, in servitute eos certum est permanere. Quodsi non nominatim servi vel ancillae in testamento manumittantur, sed confuse omnes servos suos vel ancillas is qui testamentum facit liberos facere voluerit, nulli penitus firma esse jubetur hoc ordine data libertas, sed omnes in servili condicione, qui hoc ordine manumissi sunt, permanebunt. Nam etsi ita in testamento servorum manumissio adscripta fuerit, id est in circulo, ut qui prior, qui posterior nominatus sit, non possit agnosci, nulli ex his libertatem valere manifestum est, si agnosci non potest qui prior, qui posterior fuerit manumissus. 3. Nam si aliquis in aegritudine constitutus in fraudem hujus legis facere noluerit testamentum, sed epistulis aut quibuscumque aliis rebus servis suis pluribus quam per testamentum licet, conferre voluerit libertates, et sub tempore mortis hoc fecerit, hi qui prius manumissi fuerint usque ad numerum superius constitutum liberi erunt, qui vero post statutum numerum manumissi fuerint, servi sine dubio permanebunt. 4. Nam si incolumis quoscumque diverso tempore manumisit, inter eos qui per testamentum manumissi sunt nullatenus computentur'.

auctoritate Hadriani) [1], cetera vero jura ejus legis ad peregrinos non pertinere.

48. Sequitur de jure personarum alia divisio. Nam quaedam personae sui juris sunt, quaedam alieno juri subjectae sunt. 49. Rursus earum personarum, quae alieno juri subjectae sunt, aliae in potestate, aliae in manu, aliae in mancipio sunt. 50. Videamus nunc de his quae alieno juri subjectae sint; *nam* si cognoverimus quae *i*stae personae si*n*t, simul intellegemus quae sui juris sint. 51. Ac prius dispiciamus de iis qui in aliena potestate sunt.

52. In potestate itaque sunt servi dominorum. Quae quidem potestas juris gentium est; nam apu*d* omnes peraeque gentes anim*a*dvertere possumus dominis in servos vitae necisque potestatem esse; et quo*d*cumque per servum adquiritur, id domino adquiritur. 53. Sed hoc tempore neque civibus Romanis nec ullis aliis hominibus qui sub imperio populi Romani sunt, licet supra modum et sine causa in servos suos saevire; nam ex constitutione [2] imperatoris Antonini qui sine causa servum suum occiderit, non minus teneri jubetur, quam qui alienum servum occiderit. Sed et major quoque asperitas dominorum per ejusdem principis constitutionem coercetur; nam consultus a quibusdam praesidibus provinciarum de his servis qui ad fana deorum vel ad statuas principum confugiunt, praecepit, ut si intolerabilis videatur dominorum saevitia, cogantur servos suos vendere. Et utrumque recte fit; *m*ale enim nostro jure uti non debemus; qua ratione et prodigis interdicitur bonorum suorum administratio. 54. Ceterum cum apu*d* cives Romanos duplex sit dominium (nam vel in bonis vel ex jure Quiritium vel ex utroque jure cujusque servus esse intelle*g*itur), ita demum servum in potestate domini esse dicemus, si in bonis ejus sit, etiamsi simul ex jure Quiritium ejusdem non sit; nam qui nudum jus Quiritium in servo habet, is potestatem habere non intellegitur.

55. Item in potestate nostra sunt liberi nostri quos justis nuptiis procreavimus. Quod jus proprium civium Romanorum est; fere enim nulli alii sunt homines qu*i* talem in filios suos habent potestatem, qualem nos ha*b*emus. Idque div*us* Hadrian*us* edicto, quod proposuit de his qui sibi liberisque suis ab eo ci-

---

1. Mommsen suivi par Seckel et Kuebler efface ces mots. —
2. Le ms. : 'constitutiones'. Huschke, Seckel et Kuebler : 'constitutione s(acratissimi)'.

vitatem Romanam petebant, significavit. Nec me praeterit Galatarum gentem credere in potestate parentum liberos esse.

56. *Itaque liberos suos in potestate habent cives Romani* [1], si cives Romanas uxores duxerint, vel etiam Latinas peregrinasve cum quibus conubium habeant; cum enim conubium id efficiat, ut liberi patris condicionem sequantur, evenit ut non *solum* cives Romani fiant, sed et*iam* in potestate patris sint. 57. Unde *et* veteranis quibusdam concedi solet principalibus constitutionibus conubium cum his Latinis peregrinisve quas primas *post* missionem uxores duxerint; et qui ex eo matrimonio nascuntur, et cives Romani et in potestate parentum fiunt.

58. *Non tamen omnes nobis uxores ducere licet*: nam a quarundam nuptiis abstinere debemus. 59. Inter eas enim personas, quae parentum liberorumve *locum* inter se optinent, nuptiae contrahi non possunt, nec inter eas conu*b*ium est, veluti inte*r* patrem et filiam, vel inter matrem et filium, vel inter avum et neptem; et si tales personae inter se coierint, nefarias et incestas nuptias contraxisse dicuntur. Et haec adeo ita sunt, ut quamvis per adoptionem parentum liberorumve loco sibi esse coeperint, non possint inter se matrimonio conjungi, in tantum, ut etiam dissoluta adoptione idem juris maneat; itaque eam, quae mihi per adoptionem filiae *aut* neptis loco esse coeperit, non potero *uxorem* ducere, quamvis eam emancipaver*im*. 60. Inter eas quoque personas, quae ex transverso gradu cognatione junguntur, est quaedam similis observatio, sed non tanta. 61. Sane inter fratrem et sororem prohibitae sunt nuptiae, sive eodem patre eademque matre nati fuerint, sive alterutro eorum; sed si qua per adoptionem soror mihi esse coeperit, quamdiu quidem constat adoptio, sane inter me et eam nuptiae non possunt consistere; cum vero per emancipationem adoptio dissoluta sit, potero eam uxorem ducere; sed et si ego emancipatus fuero, nihil inpedimento erit nuptiis. 62. Fratris filiam uxorem ducere licet; idque primum in usum venit, cum divus Claudius Agrippinam fratris sui filiam uxorem duxisset; sororis vero filiam uxorem ducere non licet. Et haec ita principalibus constitutionibus significantur. Item amitam et materteram uxorem ducere non licet. 63. Item eam quae mihi quondam socrus aut nurus aut privigna aut

---

1. Krueger et Studemund; Huschke: ' *Justas autem nuptias contraxisse liberosque iis procreatos in potestate habere cives Romani ita intelleguntur* ',

noverca fuit. Ideo autem diximus ' quondam ', quia si adhuc constant eae nuptiae, per quas talis adfinitas quaesita est, alia ratione mihi nupta esse non potest, quia neque eadem duobus nupta esse potest, neque idem duas uxores habere. 64. Ergo si quis nefarias atque incestas nuptias contraxerit, neque uxorem habere videtur neque liberos; itaque hi qui ex eo coitu nascuntur, matrem quidem habere videntur, patrem vero non utique ; nec ob id in potestate ejus *sunt, sed tales* sunt quales sunt h*i* quos mater vulgo concepit ; nam et h*i* patrem habere non intelleguntur, cum *is etiam* incertus sit ; unde solent spurii filii appellari, vel a Graeca voce quasi σποράδην concepti, vel quasi sine patre filii.

65. *Aliquando autem evenit, ut liberi qui statim ut na*ti sunt, parentum in potestate non fiant, ii postea tamen redigantur in potestatem. 66. *Veluti si Lati*nus ex lege Aelia Sentia uxore ducta filium procreaverit aut Latinum ex Latina aut civem Romanum ex cive Romana, non habebit eum in potestate ; *sed si postea causa probata jus Quiritium consecutus fuerit,* simul eum in potestate sua habere incipit. 67. Item si civis Romanus Latinam aut peregrinam uxorem duxerit per *i*gnorantiam, cum eam civem Romanam esse crederet, et filium procreaverit, hic non est in potestate ejus, quia ne quidem civis Romanus est, sed aut Latinus aut peregrinus, id est ejus condicionis cujus et mater fuerit, quia non aliter quisque ad patris condicionem accedit, quam si inter patrem et matrem ejus conubium sit ; sed ex senatusconsulto permittitur causam erroris pro*b*are, et ita uxor quoque et filius a*d* civitatem Romanam perveniunt, et ex eo tempore incipit filius in potestate patris esse. Idem juris est si eam per ignorantiam uxorem duxerit quae dedi*ti*ciorum numero est, nisi quod uxor non fit civis Romana. 68. Item si civis Romana per errorem nupta sit peregrino tamquam civi Romano, permittitur ei causam erroris probare, et ita filius quoque ejus et maritus a*d* civitatem Romanam perveniunt, et aeque simul incipit filius in potestate patris esse. Idem juris est si peregrino tamquam Latino ex lege Aelia Sentia nupta sit ; nam et de hoc specialiter senatusconsulto cave*t*ur. Idem juris est aliquatenus si ei qui dedi*ti*ciorum numero est tamquam civi Romano aut Latino *e* lege Aelia Sentia nupta sit ; nisi quod scilicet qui dediticiorum numero est, in sua condicione permanet, et ideo filius, quamvis fiat civis Romanus, in potestatem patris non redigitur. 69. Item si Latina peregrino, cum eum Latinum esse crederet, *e lege*

Aelia Sentia nupserit, potest ex senatusconsulto filio nato causam erroris probare, *et ita* omnes fiunt cives Romani, et filius in potestate patris esse incipit. 70. Idem constitutum est si Latinus per errorem peregrinam quasi Latinam aut civem Romanam e lege Aelia Sentia uxorem duxerit. 71. Praeterea si civis Romanus qui se credidisset Latinum esse, ob id Latinam *uxorem duxerit*, permittitur *ei* filio nato erroris causam probare, tamquam *si* e lege Aelia Sentia uxorem duxisset. Item his, qui cum cives Romani essent peregrinos se esse cred*i*dissent et peregrinas uxores duxissent, permittitur ex senatusconsulto filio nato causam erroris pro*b*are ; quo facto fiet uxor civis Romana et filius qu*oque ex ea* non solum *ad civi*tatem Romanam pervenit, sed etiam in potestate*m* patris redigitur. 72. Quaecumque de filio esse diximus, eadem et de filia dicta intellegemus. 73. Et quantum ad erroris causam pro*b*andam attinet, nihil interest cujus aetatis filius sit, *nisi forte eorum aliquis, qui e lege Aelia Sentia matrimonium se contrahere putarint, causam probare velit ; ab hoc enim,* si minor anniculo sit filius filiave, causa probari non potest. Nec me praeterit in aliquo rescripto divi Hadriani ita esse constitutum, tamquam qu*od* ad erroris quoque causam pro*b*andam *attinet anniculus filius esse debeat* [1].
. . . . imperator. . . . .
dedit. 74. *Sed* si peregrinus civem Romanam uxorem duxerit, an ex senatusconsulto *causam* pro*b*are possit, qua*e*situm *est....; probare* causam non *potest*, quamvis 'ipse. . . . . hoc ei specialiter concessum est. Sed cum peregrinus cive m Romanam uxorem duxisset et filio nato alias civitatem Romanam consecutus esset, deinde cum qu*a*ereretur an causam pro*b*are posset, rescripsit imperator Antoninus proinde posse eum causam pro*b*are, atque si peregrinus mansisset. Ex quo colligimus etiam peregrinum causam pro*b*are posse. 75. Ex *hi*s quae diximus apparet, sive civis Romanus peregrinam sive peregrinus civem Romanam uxorem duxerit, eum qui nascitur peregrinum *esse*. *Sed* siquidem p*er* errorem tale matrimonium contractum fuerit, emendari vitium ejus ex *senatusconsulto licet secundum* ea quae superius diximus. Si vero nullus error intervenerit, *sed* scien-

---

1. Krueger suppose que Gaius ajoutait qu'on ne peut argumenter de ce rescrit contre le maintien de la législation décrite par lui, attendu que l'empereur n'y aurait fait que reproduire les allégations de l'impétrant auquel il répondait ; Huschke, non reproduit par Seckel et Kuebler, restitue : ' *sed non semper videri generale* jus *inductum, cum imperator epistulam ad* quendam dedit '.

tes suam condicionem ita coierint, nullo casu emendatur vitium ejus matrimonii. 76. Loquimur autem de his scilicet, *inter* quos conubium non sit ; nam alioquin si civis Romanus peregrinam, cum qua ei conubium est, uxorem duxerit, sicut supra quoque diximus, justum matrimonium contrahitur ; et tunc ex his qui nascitur, civis Romanus est et in potestate patris erit. 77. Item si civis Romana peregrino, cum quo ei conubium est, nupserit, peregrinus sane procreatur et is justus patris filius est, tamquam si ex peregrina eum procreasset. Hoc tamen tempore *ex* senatusconsulto quod auctore divo Hadriano factum est, etiamsi non fuerit conubium inter civem Romanam et peregrinum, qui nascitur, justus patris filius est. 78. Quod autem diximus inter civem Romanam peregrinumque *nisi conubium sit, qui* nascitur, peregrinum esse, lege Minicia cavetur, *qua lege effectum* est ut si *matrimonium inter cives Romanos peregrinosque non interveniente conubio contrahatur, is qui nascitur peregrini* [1] parentis condicionem *sequatur*. Eadem lege enim ex diverso cavetur, *ut* si peregrinam, *cum* qua ei conubium non sit, uxorem duxerit civis Romanus, peregrinus ex eo coitu nascatur. Sed hoc maxime casu necessaria lex Minicia ; nam remota ea lege diversam condicionem sequi debebat, quia ex is inter quos non est conubium, qui nascitur, jure gentium matris condicioni accedit. Qua parte autem jubet lex ex cive Romano et peregrina peregrinum nasci, supervacua videtur ; nam et remota ea lege hoc utique jure gentium futurum erat. 79. Adeo autem hoc ita est, ut *ex cive Romano et Latina qui nascitur, Latinus nascatur, quamquam ad eos, qui hodie Latini appellantur, lex Minicia non pertinet ; nam comprehenduntur quidem peregrinorum appellatione in ea lege non* [2] solum exterae nationes et gentes, sed etiam qui Latini nominantur ; sed ad alios Latinos pertinet, qui proprios populos propriasque civitates habebant et erant peregrinorum numero. 80. Eadem ratione ex contrario ex Latino et cive Romana, sive ex lege Aelia Sentia sive *aliter contractum* fuerit matrimonium, civis Romanus nascitur. Fuerunt tamem qui putaverunt ex lege Aelia Sentia contracto matrimonio Latinum nasci, quia videtur eo casu per legem Aeliam Sentiam et Juniam conubium inter eos dari, et semper conubium efficit, ut qui nascitur patris condicioni accedat ; aliter vero contracto matrimonio eum qui nascitur, jure gentium matris condicionem sequi et ob id esse

1. Restitution quant au sens de Krueger ; v. le supplément de l'apographum. — 2. Restitution de Mommsen.

civem Romanum. Sed hoc jure utimur ex senatusconsulto, quo auctore divo Hadriano significatur, ut quo*quo* modo ex Latino et cive Romana natus civis Romanus nascatur. 81. His *convenienter etiam* illud senatusconsultum divo Hadriano auctore significavit, ut *qui* ex Latino *et* peregrina, item contra *qui* ex peregrino et Latina nasci*tur*, is matris condicionem sequatur. 82. Illud quoque his consequens est, quod ex ancilla et libero jure gentium servus nascitur, et contra ex libera et servo liber nascitur. 83. Animadvertere tamen debemus, ne juris gentium regulam ve*l* lex aliqua vel quod leg*is* vicem optinet, aliquo casu commutaverit. 84. Ecce enim ex senatusconsulto Claudiano poterat civis Romana quae alieno servo volente domino ejus coiit, ipsa ex pactione libera permanere, sed servum procreare ; *nam* quod inter eam et dominu*m* istius servi convenerit, eo senatusconsulto ratum esse jubetur. Sed postea divus Hadrianus iniquitate rei et inelegantia juris motus restituit juris gentium regulam ut cum ipsa mulier libera permaneat, liberum pariat. 85. *Item e lege...* [1] ex ancilla et libero poterant *liberi* nasci ; nam ea lege cavetur, ut si quis cum aliena ancilla quam credebat liberam esse coierit, siquidem mascu*li* nascantur, liberi sint, si vero feminae, ad *eum* pertinea*nt*, cujus mater ancilla fuerit. Sed et in hac specie divus Vespasianus inelegantia juris motus restituit juris gentium regulam, ut omni modo, etiamsi masculi nascantur, servi sint ejus cujus et mater fuerit. 86. Sed illa pars ejusdem legis salva est, ut ex libera et servo alieno quem sciebat servum esse, servi nascantur. Itaque apud quos talis lex non est, qui nasc*i*tur, jure gentium matris condicione*m* sequitu*r* et ob id liber e*st*.

87. Quibus autem casibus matris et non patris condicionem sequitur qui nascitur, *i*sdem casibus in potestate eum patris, etiamsi is civis Romanus sit, non esse plus quam manifestum est. Et ideo superius rettulimus quibusdam casibus per errorem non justo contracto matrimonio senatum intervenire et emendare vitium matrimonii, eoque modo plerumque efficere, ut in potestatem patris filius redig*atur*. 88. Sed si ancilla ex cive Romano conceperit, deinde manumissa civis Romana facta sit, et tunc pariat, licet civ*is Romanus* sit qui nascitur, sicut pater ejus, non tamen in potestat*e* patris est,

---

1. Loi inconnue, dont on ne sait même si c'est une loi romaine ; Huschke : '*e lege Latina*'.V. cependant en sens contraire Paul, *Sent.*, 2, 21a, 1, dont il semble résulter que le sc. Claudien s'appliquait aux Latins ; v. d'autres conjectures dans Dubois.

quia neque ex justo coitu conceptus est neque ex ullo senatusconsulto talis coitus quasi justus constituitur.

89. Quod autem placuit, si ancilla ex cive Romano conceperit, deinde manumissa pepererit, qui nascitur liberum nasci, naturali ratione fit; nam hi qui illegitime concipiuntur, statum sumunt ex eo tempore quo nascuntur; itaque si ex libera nascuntur, liberi fiunt, nec interest ex quo mater eos conceperit, cum ancilla fuerit; at hi, qui legitime concipiuntur, ex conceptionis tempore statum sumunt. 90. Itaque si cui mulieri civi Romanae praegnati aqua et igni interdictum fuerit, eoque modo peregrina facta tunc pariat, conplures distinguunt et putant, siquidem ex justis nuptiis conceperit, civem Romanum ex ea nasci, si vero vulgo conceperit, peregrinum ex ea nasci. 91. Item si qua mulier civis Romana praegnas ex senatusconsulto Claudiano ancilla facta sit ob id quod alieno servo invito et denuntiante domino ejus coierit, conplures distinguunt et existimant, siquidem ex justis nuptiis conceptus sit, civem Romanum ex ea nasci, si vero vulgo conceptus sit, servum nasci ejus cujus mater facta esset ancilla. 92. Peregrina quoque si vulgo conceperit, deinde civis Romana fiat et tunc pariat, civem Romanum parit; si vero ex peregrino secundum leges moresque peregrinorum conceperit, ita videtur ex senatusconsulto, quod auctore divo Hadriano factum est, civem Romanum parere, si et patri ejus civitas Romana donetur.

93. Si peregrinus sibi liberisque suis civitatem Romanam petierit, non aliter filii in potestate ejus fient, quam si imperator eos in potestatem redegerit; quod ita demum is facit, si causa cognita aestimaverit hoc filiis expedire. Diligentius autem exactiusque causam cognoscit de inpuberibus absentibusque; et haec ita edicto divi Hadriani significantur. 94. Item si quis cum uxore praegnate civitate Romana donatus sit, quamvis is qui nascitur, ut supra diximus, civis Romanus sit, tamen in potestate patris non fit; idque subscriptione divi Hadriani significatur; qua de causa qui intellegit uxorem suam esse praegnatem, dum civitatem sibi et uxori ab imperatore petit, simul ab eodem petere debet, ut eum qui natus erit in potestate sua habeat.

95. Alia causa est eorum qui Latii jure cum liberis suis ad civitatem Romanam perveniunt; nam horum in potestate fiunt liberi. Quod jus quibusdam peregrinis civitatibus datum est vel a populo Romano vel a senatu vel a Caesare. 96. Hujus

autem juris duae species sunt; *nam* aut majus est Latium aut minus : majus est Latium, cum et h*i* qui decuriones leguntur et ei qui honorem aliquem aut magistratum gerunt, civitatem Romanam consecuntur ; minus Latium est, cum hi tantum, *q*ui magistratum vel honorem gerunt, ad civitatem Romanam perveniunt ; idque conpluribus epistulis principum significatur.

97. *Non solum tamen naturales liberi, secundum ea quae* diximus [1], in potestate nostra sunt, verum et hi quos adoptamus. 98. Adoptio autem duobus modis fit, aut populi auctoritate, aut *imperio* magistratus, vel*uti* praetoris. 99. Populi auctoritate adoptamus eos qui sui juris sunt : quae species adoptionis dicitur adrogatio, quia et is qui adoptat rogatur, id est interrogatur, an velit eum quem adoptaturus sit justum si*bi* filium esse ; et is qui adopta*tur* rogatur, an id fieri patiatur ; et populus rogatur, an id fieri jubeat. Imperio magistratus adoptamus eos qui in potestate paren*tum* sunt, sive primum gradum liberorum optineant, qualis est filius et filia, sive inferiorem, qualis est nepos neptis, pronepos proneptis. 100. Et quidem illa adoptio, quae per populum fit, nusquam nisi Romae fit ; a*t* haec etiam in provinciis apu*d* praesides earum fieri solet. 101. Item per populum feminae non adoptantur, nam id magis placuit ; apu*d* pr*aetorem* vero vel in provinciis apu*d* proconsule*m* legatumve etiam feminae solent adoptari. 102. Item inpuberem apu*d* populum adoptari aliquando prohibitum est [aliquando permissum est [2]] ; nunc ex epistula optimi imperatoris Antonini quam scripsit ponticifibus, si justa causa adoptionis esse vide*bi*tur, cum quibusdam condicionibus permissum est. Apu*d* praetorem vero et in provinciis apu*d* proconsulem legatumve, cujuscumque aetatis *personas* adoptare possumus. 103. Ill*ud* utriusque adoptionis commune est, qu*od* et hi qui generare non possunt, quales sunt spadones, adoptare possunt. 104. Feminae vero nullo modo adoptare possunt, quia ne quidem naturales liberos in potestate habent. 105. Item si quis per populum sive apu*d* praetorem vel apu*d* praesidem provinciae adoptaverit, potest eundem alii in adoptionem dare. 106. S*ed* et illa quaestio, an minor natu majorem natu adoptare possit, utriusque adoptionis commun*is* est. 107. Ill*ud* proprium est ejus adoptionis quae per populum fit, quod is qui liberos in potestate habet, si se adrogandum dederit, non solum ipse

---

1. *Inst.*, 1, 11, *pr.* — 2. Effacé, comme une glose, par Mommsen.

potestati adrogatoris subjicitur, se*d* etiam liberi ejus in ejusdem fiunt potestate *ta*mquam nepotes.

108. *Nunc de his personis videamus quae in manu nostra sunt.* Quod et ipsum jus proprium civium Romanorum est. 109. Sed in potestate quidem et masculi et feminae esse solent ; in manum autem feminae tantum conveniunt. 110. Olim itaque *t*ribus modis in manum conveniebant : usu, farreo, coemptione. 111. Usu in manum conveniebat quae anno continuo nupta perseverabat ; *quia* enim veluti annua possessione usucapiebatur, in familiam viri trans*i*bat filiaeque locum optinebat. Itaque lege XII tabularum cau*tum* est, ut si qua nollet eo modo in manu*m* mariti convenire, ea quo*t*annis trinoctio abesset a*t*que eo modo *usum* cujusque anni interrumperet. Sed hoc totum jus partim legibus sublatum est, partim ipsa desuetudine oblit*t*eratum est. 112. Farreo in manu*m* conveniunt per quoddam genus sacrificii quod Jovi Farreo [1] fit ; in quo farreus panis adhibetur, unde etiam con*f*arreatio dici*t*ur ; conplura praeterea hujus juris ordinandi gratia cum certis et sollemnibus verbis, praesentibus decem testibus, aguntur et fiunt. Quo*d* jus etiam nostris temporibus in usu est ; nam flamines majores, id est Diales Martiales Quirinales, item reges sacrorum, nisi ex farreatis nati *n*on leguntur : ac ne ipsi quidem sine confarreat*i*one sacerdotium habere possunt. 113. Coemptione vero in manum conveniunt per mancipatione*m*, *id est* per quandam imaginariam vendiditionem ; nam adhibitis non m*i*nus quam v testibus civibus Romanis puberibus, item libripend*e*, emit *vir* mulierem [2] cujus in manum convenit. 114. Po*test* autem coemptionem facere mulier non solum cum marito suo, se*d* etiam cum extraneo ; scilicet aut matrimonii causa facta coemptio dicitur, aut fiduciae ; quae enim cum marito suo facit coemptionem, *ut* apu*d* eum filiae loco sit, dicitur matrimonii causa fecisse coemptionem ; quae vero alterius rei causa fecit coemptionem aut cum viro suo aut cum extraneo, veluti tutelae evitandae causa, dicitur fiduciae causa fecisse coemptionem. 115. Quod est tale : si qua velit quos habet tutores *d*eponere et alium nancisci, illis *auc*toribus coemptionem facit ; deinde a coemptionatore remancipata ei cui ipsa velit, et ab eo vindicta manumissa incipit eum habere tu*t*orem, *a* quo manu-

---

1. Marquardt, *Vie privée des Romains*, 1 (*Manuel des antiquités romaines*, 14), 1892, p. 60, note 3, lit : Jovi farreo (c'est-à-dire par un farreum). — 2. Seckel et Kuebler ; le ms. : 'emit eum mulierem' ; Krueger : 'emit *is* mulierem' ; Huschke : 'emit eum *mulier et is* mulierem'.

missa est; qui tutor fiduciarus dicitur, sicut inferius apparebit. 115a. Olim etiam testamenti faciendi gratia fiduciaria fiebat coemptio; tunc enim non aliter feminae testamenti faciendi jus habebant, exceptis quibusdam personis quam si coemptionem fecissent remancipataeque et manumissae fuissent; sed hanc necessitatem coemptionis faciendae ex auctoritate divi Hadriani senatus remisit [1]... femina... 115b... fiduciae causa cum viro suo fecerit coemptionem, nihilo minus filiae loco incipit esse; nam si omnino qualibet ex causa uxor in manu viri sit, placuit eam filiae jura nancisci.

116. Superest ut exponamus, quae personae in mancipio sint. 117. Omnes igitur liberorum personae, sive masculini sive feminini sexus, quae in potestate parentis sunt, mancipari ab hoc eodem modo possunt, quo etiam servi mancipari possunt. 118. Idem juris est in earum personis quae in manu sunt; nam feminae a coemptionatoribus eodem modo possunt mancipari, quo liberi a parente mancipantur, adeo quidem ut, quamvis ea sola apud coemptionatorem filiae loco sit, quae ei nupta sit, tamen nihilo minus etiam quae ei nupta non sit nec ob id filiae loco sit, ab eo mancipari possit. 118a. Plerumque vero tum solum et a parentibus et a coemptionatoribus mancipantur, cum velint parentes coemptionatoresque ex suo jure eas personas dimittere, sicut inferius evidentius apparebit. 119. Est autem mancipatio, ut supra quoque diximus, imaginaria quaedam venditio; quod et ipsum jus proprium civium Romanorum est, eaque res ita agitur : adhibitis non minus quam quinque testibus civibus Romanis puberibus et praeterea alio ejusdem condicionis, qui libram aeneam teneat, qui appellatur libripens, is qui mancipio accipit, rem [2] tenens ita dicit : HUNC EGO HOMINEM EX JURE[3] QUIRITIUM MEUM ESSE AIO ISQUE MIHI EMPTUS ESTO HOC AERE AENAEQUE LIBRA; deinde aere percutit libram idque aes dat ei a quo mancipio accipit quasi pretii loco. 120. Eo modo et serviles et liberae personae mancipantur; animalia quoque quae mancipi sunt, quo in numero habentur boves, equi, muli, asini; item praedia tam urbana quam rustica quae et ipsa mancipi sunt, qua-

---

1. Passage illisible. Selon Studemund et Krueger, Gaius disait que la femme qui faisait une *conventio in manum* fiduciaire avec un *extraneus* ne tombait pas sous sa *patria potestas*, mais que celle qui etc. — 2. Le ms. défendu par Mommsen, *Dr. publ.*, 6, 1, p. 24, note 1, Beaudouin, *N. R. H.*, 1894, p. 339, n. 4, Seckel et Kuebler. Boèce, *ad Top.*, 3, 5, 28, suivi par Krueger, Huschke : 'aes'. — 3. Le ms. : 'just'; Kniep, *Gai inst. comm. I* : 'ju(re) st(ricto)'.

lia sunt Italica, eodem modo solent mancipari. 121. In eo solo praediorum mancipatio a ceterorum mancipatione differt, quod personae serviles et liberae, item animalia quae mancipi sunt, nisi in praesentia sint, mancipari non possunt ; adeo quidem, ut eum, *qui* mancipio acc*i*pit, adprehendere id ipsum quod ei mancipio da*tur*, necesse sit ; unde etiam mancipatio dici*tur*, quia manu res capitur ; praedia vero absentia solent mancipari. 122. Ideo autem aes et libra adhibetur, quia olim aereis tantu*m* nummis utebantur, et erant asses, dupund*ii*, semisses, quadrantes, nec ullus aureus vel argenteus nummus in usu erat, sicut ex lege XII tabularum intellegere possumus ; eorumque nummorum vis et potestas non in numero erat sed in pondere *posita* , *nam et* asses librales erant, et d*u*pund*ii* *bilibres* ; unde etiam dup*u*ndius dictus *est* quasi duo pondo, quod nomen adhuc in usu retine*tur* ; semiss*es quo*que et quadrantes pro rata scilicet portione ad pondus examinati erant. *Quam ob rem* qui daba*t* *olim* pecuniam, non numerabat eam, sed appendebat ; unde servi quibus permittitur administratio pecuniae, dispensatores appellati sunt et [1] . . . . . 123 . . . .
. . . .coemptio. . . . . .ea quidem quae coemptionem facit non d*e*duci*tur* i*n* servilem condicionem ; a pa*rentibus autem et a* *coemptionato*ribus mancipa*ti* mancipataeve servorum loco constituuntur, adeo quidem, ut ab eo cujus in mancipio sunt, neque hereditate*m* neque legata aliter capere poss*i*nt, quam s*i* simul eodem testamento liberi esse jubean*tur*, sicut *j*uris est in persona servorum. Sed differentiae ratio manifesta *est*, cum a parentibus et a coemptionatoribus isdem verbis mancipio accipi*a*n*tur*, quibus servi ; quod non simili*ter* fi*t* in coemptione.

124. Videamus nunc quomodo *hi* qui alieno juri *subj*ecti sunt, eo jure li*b*erentur.

125. Ac prius de his dispiciamus qui in potestate sunt. 126. Et quidem serv*i* *que*madmodum potestate liberen*tur*, ex his intel*le*gere possumus quae de servis manumittend*is superius* exposuimus. 127. Hi vero qui *in potestate parentis* sun*t*, *mortuo* eo sui juris fiunt. Sed hoc distinctionem recepit ; nam *mortuo* *patre* sane omni modo fil*ii* filiaeve sui juris efficiun*tur* ; mortuo vero avo *non omni* modo *nepotes neptes*ve *sui juris fiunt*,

---

1. Passage illisible ; Gaius devait ensuite parler de la différence de condition de la femme *in manu* et de l'individu *in mancipio* ; Huschke écrit : ' et ad *hunc di*e*m dicuntur*. 123. Si tamen quaerat al*iquis quare* si qua coemptionem fecit differat a mancipatis illa quidem ', etc.

sed ita, si post mortem avi in patris sui potestatem recasuri non sunt. Itaque si moriente avo *pater eorum et vivat et in potestate* patris *sui* fuerit, tunc post *obitum avi in patris* sui potestate fiunt; si vero is, quo tempore avus moritur, aut jam mor*tuus* est aut exiit de potestate *patris, tunc hi, quia in potestatem* ejus cadere non possunt, sui *j*uris fiunt. 128. Cum autem is, cui ob aliquod maleficium ex lege Cornelia aqua et igni interdicitur, civitatem Romanam amittat, sequitur ut, quia eo modo ex numero civium Romanorum tollitur, proinde ac mortuo eo desinant liberi in potestate ejus esse; nec enim ratio patitur, ut peregrinae condicionis homo civem Romanum in potestate habeat. Pari ratione et si ei, qui in potestate parentis sit, aqua et igni interdictum fuerit, desinit in potestate parentis esse, quia aeque ratio non patitur, ut peregrinae condicionis homo in potestate sit civis Romani parentis. 129. Quodsi ab hostibus captus fuerit parens, quamvis servus hostium fiat, tamen pendet jus liberorum propter jus postliminii, quo hi qui ab hostibus capti sunt, si reversi fuerint, omnia pristina jura recipiunt; itaque reversus habebit liberos in potestate. Si vero illic mortuus sit, erunt quidem liberi sui juris; sed utrum ex hoc tempore quo mortuus est apud hostes parens, an ex illo quo ab hostibus captus est, dubitari potest. Ipse quoque filius neposve si ab hostibus captus fuerit, similiter dicemus propter jus postliminii potestatem quoque parentis in suspenso esse. 130. Praeterea exeunt liberi virilis sexus de parentis potestate, si flamines Diales inaugurentur, et feminini sexus, si virgines Vestales capiantur. 131. Olim quoque, quo tempore populus Romanus in Latinas regiones [1] colonias deducebat, qui *j*ussu parentis in coloniam Latinam nomen dedissent, desinebant in potestate *p*arentis esse, quia efficerentur alterius civitatis cives.

132. *Praeterea* emancipatione desinunt liberi in potestate parentum esse; sed filius quidem tribus mancipationibus, ceteri vero liberi, sive masculini sexus sive feminini, una mancipatione exeunt de parentum potestate; lex enim XII tabularum tantum in persona filii de tribus mancipationibus loquitur his verbis: SI PATER FILIUM TER VENUM DUIT, A PATRE FILIUS LIBER ESTO. *Eaque* res ita agitur : mancipat pater filium alicui ; is eum vindicta manumittit ; eo facto revertitur in potestatem patris; is eum iterum mancipat vel eidem vel alii (sed

---

1. Effacé comme une glose par Mommsen ; cf. cependant Krueger, *Sources*, p. 247, n. 2.

in usu est eidem mancipari) isque eum postea similiter vindicta manumittit ; eo facto rursus in potestatem patris revertitur ; tertio pater eum mancipat vel eidem vel alii (sed hoc in usu est, ut eidem mancipetur), eaque mancipatione desinit in potestate patris esse, etiamsi nondum manumissus sit sed adhuc in causa mancipi. Si [1]. . . . .

(Manque une page entière.)

. . . . 133. *Admonendi autem sumus liberum esse arbitrium ei qui filium et ex eo nepotem in potestate habebit, filium quidem de potestate dimittere, nepotem vero in potestate retinere ; vel ex diverso filium quidem in potestate retinere, nepotem vero manumittere, vel omnes sui juris efficere. Eadem et de pronepote dicta esse intellegemus.* 134. Praeterea parentes, liberis in adoptionem datis, in potestate eos habere desinunt. Et in filio quidem, si in adoptionem datur, tres mancipationes et duae intercedentes manumissiones proinde fiunt, ac fieri solent, cum ita eum pater de potestate dimittit, ut sui juris efficiatur. Deinde aut patri remancipatur, et ab eo is qui adoptat vindicat apud praetorem filium suum esse, et illo contra non vindicante a praetore vindicanti filius addicitur ; aut non remancipatur patri, sed ab eo vindicat is qui adoptat apud quem in tertia mancipatione est ; sed sane commodius est patri remancipari. In ceteris vero liberorum personis, seu masculini seu feminini sexus, una scilicet mancipatio sufficit, et aut remancipantur parenti aut non remancipantur. Eadem et in provinciis apud praesidem provinciae solent fieri. 135. Qui ex filio semel iterumve mancipato conceptus est, licet post tertiam mancipa-

---

1. Manque une page complète de laquelle on n'a pu lire que les mots : 'missi... patrono in bonis liberti... mancipatione exeunt de patris potestate... manumissae fuerint s...' qui s'accordent bien avec l'idée courante selon laquelle Gaius traite là des matières exposées *Ep.*, 1, 6, 3 : 'Tamen cum tertio mancipatus fuerit filius a patre naturali fiduciario patri, hoc agere debet naturalis pater, ut ei a fiduciario patre remancipetur et a naturali patre manumittatur, ut si filius ille mortuus fuerit, ei in hereditate naturalis pater, non fiduciarius, succedat. Feminae vel nepotes masculi ex filio una emancipatione de patris vel avi exeunt potestate et sui juris efficiuntur. Et hi ipsi quamlibet una mancipatione de patris vel avi potestate exeant, nisi a patre fiduciario remancipati fuerint et a naturali patre manumissi, succedere eis naturalis pater non potest, nisi fiduciarius, a quo manumissi sunt (Krueger intercale : 'hereditatem repudiaverit aut decesserit'). Nam si remancipatum eum sibi naturalis pater vel avus manumiserit, ipse ei in hereditate succedit'. Le § 133 de la même page est restitué d'après *D.*, 1, 7, 28, et *Inst.*, 1, 12, 7.

tionem patris sui nascatur, tamen in avi potestate est, et ideo ab eo et emancipari et in adoptionem dari potest. At is, qui ex eo filio conceptus est qui in tertia mancipatione est, non nascitur in avi potestate. Sed eum Labeo quidem existimat *in ejusdem mancipio esse* cujus et pater sit, utimur autem hoc jure, ut quamdiu pater ejus in mancipio sit, pendeat jus ejus; et siquidem pater ejus ex mancipatione manumissus erit, cadat in ejus potestatem ; si vero is dum in mancipio sit decesserit, sui juris fiat. 135ª . Eadem scilicet *dicemus de eo qui ex nepote semel mancipato necdum manumisso conceptus fuerit. Nam* ut supra diximus, quod in filio faciunt tres mancipationes, hoc facit una mancipatio in nepote. 136. *Praeterea mulieres quae in manum conveniunt, in patris potestate esse desinunt, sed in confarreatis nuptiis de flaminica Diali senatusconsulto ex relatione* [1] Maximi et Tuberonis cautum est, ut haec quod ad sacra tantum videatur in manu esse, quod vero ad ceteras causas proinde habeatur, atque si in manum non convenisset. *Coemptione autem facta mulieres omni modo* potestate parentis liberantur ; nec interest an in viri sui manu sint an extranei, quamvis hae solae loco filiarum habeantur, quae in viri manu sunt.

137. *In manu autem esse mulieres desinunt isdem modis, quibus filiae familias potestate patris liberantur ; sicut igitur filiae familias una mancipatione de potestate patris exeunt, ita eae quae in manu sunt, una mancipatione* desinunt in manu esse, et si ex ea mancipatione manumissae fuerint, sui juris efficiuntur.

137ª. *Inter eam vero* quae *cum extraneo, et eam quae cum viro suo coemptionem fecerit, hoc interest, quod illa quidem co*gere coemptionatorem *potest, ut se remancipet,* cui ipsa velit, *haec autem virum suum* nihilo magis potest cogere, quam et filia patrem [2]. Sed filia quidem nullo modo patrem potest cogere, etiamsi adoptiva sit ; haec autem *virum* repudio misso proinde conpellere potest, atque si ei numquam nupta fuisset.

138. Ii qui in causa mancipii sunt, quia servorum loco habentur, vindicta, censu, testamento manumissi sui juris fiunt. 139. Nec tamen in hoc casu lex Aelia Sentia locum habet. Itaque nihil requirimus, cujus aetatis sit is qui manumittit et qui manumittur ; ac ne illud quidem, an patronum creditoremve manumissor habeat ; ac ne numerus quidem lege

1. Restitué seulement quant au sens par Krueger. Autres conjectures dans Dubois. — 2. Restitution quant au sens de Krueger.

Fufia Caninia finitus in his personis locum habet. 140. Quin etiam invito quoque eo cujus in mancipio sunt, censu libertatem consequi possunt, excepto eo quem pater ea lege mancipio dedit, ut sibi remancipetur ; nam quodammodo tunc pater potestatem propriam reservare sibi videtur eo ipso, quod mancipio recipit. Ac ne is quidem dicitur invito eo cujus in mancipio est, censu libertatem consequi, quem pater ex noxali causa [mancipio dedit], veluti quod furti ejus nomine damnatus est, [et eum] mancipio actori dedit ; nam hunc actor pro pecunia habet. 141. In summa admonendi sumus adversus eos quos in mancipio habemus, nihil nobis contumeliose facere licere ; alioquin injuriarum tenebimur. Ac ne diu quidem in eo jure detinentur homines, sed plerumque hoc fit dicis gratia uno momento, nisi scilicet ex noxali causa mancipentur.

142. Transeamus nunc ad aliam divisionem. Nam ex his personis quae neque in potestate, neque in manu, neque in mancipio sunt, quaedam vel in tutela sunt vel in curatione, quaedam neutro jure tenentur. Videamus igitur quae in tutela, quae in curatione sint ; ita enim intellegemus ceteras personas quae neutro jure tenentur. 143. Ac prius dispiciamus de his quae in tutela sunt.

144. Permissum est itaque parentibus, liberis quos in potestate sua habent testamento tutores dare : masculini quidem sexus inpuberibus, *feminini autem sexus cujuscumque aetatis sint, et tum quoque* cum nuptae sint. Veteres enim voluerunt feminas, etiamsi perfectae aetatis sint, propter animi levitatem in tutela esse. 145. Itaque si quis filio filiaeque testamento tutorem dederit, et ambo ab pubertatem pervenerint, filius quidem desinit habere tutorem, filia vero nihilo minus in tutela permanet ; tantum enim ex lege Julia et Papia Poppaea jure liberorum tutela liberantur feminae. Loquimur autem exceptis virginibus Vestalibus, quas etiam veteres in honorem sacerdotii liberas esse voluerunt, itaque etiam lege XII tabularum cautum est. 146. Nepotibus autem neptibusque ita demum possumus testamento tutores dare, si post mortem nostram in patris sui potestatem [jure] recasuri non sint. Itaque si filius meus mortis meae tempore in potestate mea sit, nepotes ex eo non poterunt ex testamento meo habere tutorem, quamvis in potestate mea fuerint ; scilicet quia mortuo me in patris sui potestate futuri sunt. 147. Cum tamen in conpluribus aliis causis postumi pro jam natis habeantur, et in hac causa placuit non minus postumis quam jam natis testamento tutores

dari posse, si modo in ea causa sint, ut si *v*ivis nobis nascantur, in potestate nostra fiant. Hos *enim* etiam heredes instituere possumus, cum extraneos postumos heredes instituere permissum non s*i*t. 148. *Uxori* quae in manu est, proinde ac filiae, item nurui quae in fili*i* manu est, proinde ac nepti, tutor dari potest. 149. Rectissime autem tutor sic dari potest : L. TITIUM LIBERIS MEIS TUTOREM D*O*. Sed et si ita scriptu*m* sit : LIBERIS ME*I*S vel UXORI MEAE TITIUS TUTOR ESTO, recte datus intellegitur. 150. In persona tamen uxoris quae in manu est, rece*p*ta est etiam tutoris op*t*io, id est ut liceat ei permittere quem velit ipsa tutorem sibi optare, hoc modo : TITIAE UXORI MEAE TUTORIS OPTIONEM DO. Quo casu licet uxori *tutorem optare* vel in omnes res vel in unam forte au*t* duas. 151. Ceterum aut plena optio datur aut angusta. 152. Plena ita dari solet, ut proxime supra diximus. Angusta ita dari solet : TITIAE UXORI MEAE *TUTORIS OPTIONEM DUMTAXAT* SEMEL DO, aut : DUMTAXAT BIS DO. 153. Quae optiones plurimum inter se differ*u*nt. Nam qu*a*e plenam optionem habet, potest semel et bis et ter et saepius tutorem optare ; quae vero angus*tam* habet opti*o*nem, si dumtaxat semel data est optio, amplius quam semel optare non potes*t* ; si *dumtaxat* bis, amplius quam *b*is optandi facultatem non habe*t*. 154. Vocantur autem hi, qui nominatim testament*o* tutores dantur, dativi : qui ex optione sumuntur, optivi.

155. Quibus testamento quidem tutor datus non sit, iis ex lege XII *tabularum* agnati sunt tutores, qui vocantur legitimi. 156. Sunt autem agnati per virilis sexus personas cognatione juncti, quasi a patre cognati, veluti frater eodem patre natus, fratris filius neposve ex eo, item patr*u*us et patrui filius et nepos ex eo. At hi, qui per feminini sexus personas cognatione conjunguntur, non sunt agnati, sed alias naturali jure cognati. Itaque inter avunculum et sororis filium non agnatio est, sed cognatio. Item amitae, materterae filius non est mihi agnatus, sed cognatus, et invicem scilice*t* e*g*o illi eodem jure conjungor, quia qui nascuntur patris, non matris familiam secuntur. 157. *Et* olim quidem, quantum ad legem XII tabularum attinet, etiam femin*a*e agnatos habebant tutores. Se*d* postea lex Claudia lata est, quae quo*d* ad feminas attinet, *agnatorum* tutelas sustulit ; itaque masculus quidem inpubes fratrem puberem aut patr*u*um habet tutorem, femina vero talem habere tutorem non potest. 158. Se*d* *a*gnationis quidem jus *c*apitis deminutione perimitur, cognationis vero jus eo modo non commutatur, quia civilis ratio civilia quidem jura corrumpere

potest, naturalia vero non potest. 159. Est autem capitis deminutio prioris *status* permutatio. Eaque tribus modis accidit: nam aut maxima est capitis deminutio, aut minor, quam quidam mediam vocant, aut minima. 160. Maxima est capitis deminutio, cum aliquis simul et civitatem et libertatem amittit; quae accidit incensis, qui ex forma censuali venire jubentur; quod jus proprie *hodie in usu non est* ; *sed libertatem poenae causa hodie amittunt* ex lege *Aelia Sentia qui dediticiorum numero sunt, si* [1] qui contra eam legem in urbe Roma domicilium habuerint; item feminae, quae ex senatusconsulto Claudiano ancillae fiunt eorum dominorum, quibus invitis et denuntiantibus cum servis eorum coierint. 161. Minor sive media est capitis deminutio, cum civitas amittitur, libertas retinetur; quod accidit ei cui aqua et igni interdictum fuerit. 162. Minima est capitis deminutio, cum et civitas et libertas retinetur, sed status hominis commutatur; quod accidit in his qui adoptantur, item in his quae coemptionem faciunt, et in his qui mancipio dantur quique ex mancipatione manumittuntur ; adeo quidem, ut quotiens quisque mancipetur aut manumittatur, totiens capite deminuatur. 163. Nec solum majoribus capitis deminutionibus jus agnationis corrumpitur, sed etiam minima ; et ideo si ex duobus liberis alterum pater emancipaverit, post obitum ejus neuter alteri agnationis jure tutor esse poterit. 164. Cum autem ad agnatos tutela pertineat, non simul ad omnes pertinet, sed ad eos tantum qui proximo gradu sunt [2].

(Manquent 17 lignes illisibles.)

165. Ex eadem lege XII tabularum libertarum et inpuberum libertorum tutela ad patronos liberosque eorum pertinet. Quae et ipsa tutela legitima vocatur, non *quia nominatim* ea lege de hac tutela cavetur, *sed* quia proinde accepta est per interpretationem, atque si verbis legis *introducta* esset. Eo enim ipso, *quod heredita*tes libertorum libertarumque, si intestati decessissent, jusserat lex ad patronos liberosve eorum pertinere, crediderunt veteres voluisse legem etiam tutelas ad eos pertinere, quia et agnatos, quos ad hereditatem vocavit, eosdem et tutores esse jusserat.

---

1. Restitution de Mommsen ; v. les autres conjectures dans Dubois. — 2 Gaius traite sans doute ensuite de la tutelle des gentils à laquelle doit se rapporter le renvoi de 3, 17. Des 15 premières lignes de la page on n'a pu lire que les mots : 'urbe..., in urbe Roma... itaque ut serv... est...sunt...esse....simile'.

166. Exemplo patronorum recepta est *et alia tutela, quae et ipsa legitima vocatur.* Nam si quis filium nepotemve aut proneptem inpuberes, aut filiam neptemve aut proneptem tam puberes quam inpuberes alteri ea lege mancipio dederit, ut sibi remanciparentur, remancipatosque manumiserit, legitimus eorum tutor erit [1]. [DE FIDUCIARIA TUTELA]. 166ª. Sunt et aliae tutelae, quae fiduciariae vocantur, id est quae ideo nobis conpetunt, quia liberum caput mancipatum nobis vel a parente vel a coemptionatore manumiserimus. 167. Se*d* Latinarum et Latinorum inpuberum *tute*la non omni modo ad manumissores eorum pertinet, sed ad eos quorum ante manumissionem *ex jure* Quir*itium fuerunt; unde si ancilla* ex jure Quiritium tua sit, in bonis mea, a me quidem solo, non etiam a te manumissa, Latina fieri potest, et bona ejus ad me pertinent, se*d* ejus *tu*tela ti*bi* conpetit ; nam ita lege Junia cavetur ; itaque si ab eo, cujus et in bonis et ex j*ure* Quir*itium* ancilla fuerit, facta sit Latina, ad eundem et bona et tutela pertine*n*t.

168. Agnatis et patronis et liberorum capitum manumissoribus permissum est feminarum tutelam alii in jure cedere ; pupillorum autem tutelam non est permissum cedere, quia non videtur onerosa, cum tempore pubertatis finiatur.

169. Is autem cui ceditur tutela, cessicius *tu*tor vocatur. 170. Quo mortuo aut capite deminuto revertitur ad eum tutorem tutela qui cessit ; ipse quoque qui cessit si mortuus aut capite deminutus sit, *a* cessic*io* tutela discedit et revertitur ad eum qui post eum qui cesserat secundum gradum in ea tutela habueri*t.* 171. Se*d* quantum ad agnatos pertinet, nihil hoc tempore de cessicia tutela qu*a*eritur, cum agnatorum tutelae in feminis lege Claudia sublatae sint. 172. Sed fiduciarios quoque quidam putaverunt cedendae tutelae jus non habere, cum ipsi se oneri subjecerint. Quod etsi placeat, in parente tamen qui filiam neptemve aut proneptem alteri ea lege mancipio dedit, ut sibi remanciparetur, remancipatamque manumisit, idem dici non debet, cum is et legitimus tutor habeatur, et non minus huic quam patronis honor praestandus si*t.*

173. Praeterea senatusconsulto mulieribus permissum est in absentis tutoris locum alium petere ; quo petito prior desinit; nec interest quam longe absit is tutor. 174. Se*d* excipitur, ne in absentis patroni locum liceat liber*t*ae tutorem petere. 175. Patroni autem loco habemus etiam parentem, qui ex eo,

---

1. Restitution de Krueger tirée des Inst. 1, 18, et de Gaius, 1, 172, adoptée par Huschke et rectifiée par Seckel et Kuebler.

quod ipse sibi remancipatam filiam neptemve aut proneptem manumisit, legitimam tutelam nactus est. Sed hujus quidem liberi fiduciarii tutoris loco numerantur, *patroni autem* liberi eandem tutelam adipiscuntur, quam et pater eorum habuit. 176. Sed aliquando etiam in patroni absentis locum permittitur tutorem petere, veluti ad hereditatem adeundam. 177. Idem senatus censuit et in persona pupilli patroni filii. 178. Nam et lege Julia de maritandis ordinibus ei quae in legitima tutela pupilli sit, permittitur dotis constituendae gratia a praetore urbano tutorem petere. 179. Sane patroni filius etiamsi inpubes sit, libertae efficietur tutor, *quamquam* in nulla re auctor fieri potest, cum ipsi nihil permissum sit sine tutoris auctoritate agere. 180. Item si qua in tutela legitima furiosi aut muti sit, permittitur ei senatusconsulto dotis constituendae gratia tutorem petere. 181. Quibus casibus salvam manere tutelam patrono patronique filio manifestum est. 182. Praeterea senatus censuit, ut si tutor pupilli pupillaeve suspectus a tutela remotus sit, sive ex justa causa fuerit excusatus, in locum ejus alius tutor detur, quo facto prior tutor amittit tutelam. 183. Haec omnia similiter et Romae et in provinciis observantur, scilicet *ut Romae a praetore* et in provinciis a praeside provinciae tutor peti debeat. 184. Olim cum legis actiones in usu erant, etiam ex illa causa tutor dabatur, si inter tutorem et mulierem pupillumve lege agendum erat ; nam quia ipse tutor in re sua auctor esse non poterat, alius dabatur, quo auctore legis actio perageretur, qui dicebatur praetorius tutor, quia a praetore urbano dabatur. Sed post sublatas legis actiones quidam putant hanc speciem dandi tutoris in usu esse desiisse, aliis *autem* placet adhuc in usu esse, si legitimo judicio agatur.

185. Si cui nullus omnino tutor sit, ei datur in urbe Roma ex lege Atilia a praetore urbano et majore parte tribunorum plebis, qui Atilianus tutor vocatur ; in provinciis vero a praesidibus provinciarum *ex* lege Julia et Titia. 186. Et ideo si cui testamento tutor sub condicione aut ex die certo datus sit, quamdiu condicio aut dies pendet, tutor dari potest ; item si pure datus fuerit, quamdiu nemo heres existat, tamdiu ex his legibus tutor petendus est ; qui desinit tutor esse posteaquam aliquis ex testamento tutor esse coeperit. 187. Ab hostibus quoque tutore capto ex his legibus tutor peti debet ; qui desinit tutor esse, si is qui captus est, in civitatem reversus fuerit; nam reversus recipit tutelam jure postliminii.

188. Ex his apparet quot sint species tutelarum. Si vero quae-

ramus in quot genera hae species diducantur, longa erit disputatio ; nam de ea re valde veteres dubitaverunt, nosque diligentius hunc tractatum executi sumus et in edicti interpretatione et in his libris quos ex Q. Mucio fecimus. Hoc tantisper sufficit admonuisse, quod quidam quinque genera esse dixerunt, ut Q. Mucius ; alii tria, ut Ser. Sulpicius ; alii duo, ut Labeo ; alii tot genera esse crediderunt, quot etiam species essent.

189. Sed inpuberes quidem in tutela esse omnium civitatium jure contingit, quia id naturali rationi conveniens est, ut is qui perfectae aetatis non sit, alterius tutela regatur. Nec fere ulla civitas est, in qua non licet parentibus liberis suis inpuberibus testamento tutorem dare ; quamvis, ut supra diximus, soli cives Romani videantur liberos suos in potestate habere. 190. Feminas vero perfectae aetatis in tutela esse fere nulla pretiosa ratio suasisse videtur ; nam quae vulgo creditur, quia levitate animi plerumque decipiuntur et aequum erat eas tutorum auctoritate regi, magis speciosa videtur quam vera ; mulieres enim quae perfectae aetatis sunt, ipsae sibi negotia tractant, et in quibusdam causis dicis gratia tutor interponit auctoritatem suam ; saepe etiam invitus auctor fieri a praetore cogitur. 191. Unde cum tutore nullum ex tutela judicium mulieri datur ; at ubi pupillorum pupillarumve negotia tutores tractant, ei post pubertatem tutelae judicio rationem reddunt. 192. Sane patronorum et parentum legitimae tutelae vim aliquam habere intelleguntur eo, quod hi neque ad testamentum faciendum neque ad res mancipi alienandas neque ad obligationes suscipiendas auctores fieri coguntur, praeterquam si magna causa alienandarum rerum mancipi obligationisque suscipiendae interveniat ; eaque omnia ipsorum causa constituta sunt, ut, quia ad eos intestatarum mortuarum hereditates pertinent, neque per testamentum excludantur ab hereditate, neque alienatis pretiosioribus rebus susceptoque aere alieno minus locuples ad eos hereditas perveniat. 193. Apud peregrinos non similiter ut apud nos in tutela sunt feminae ; sed tamen plerumque quasi in tutela sunt ; ut ecce lex Bithynorum, si quid mulier contrahat, maritum auctorem esse jubet aut filium ejus puberem.

194. Tutela autem liberantur ingenuae quidem trium liberorum jure. libertinae vero quattuor, si in patroni liberorumve ejus legitima tutela sint ; nam ceterae quae alterius generis tutores habent, velut Atilianos aut fiduciarios, trium liberorum

jure tutela liberantur. 195. P*ot*est autem pluribus modis libertina alterius generis *tutorem* habere, veluti si a femina manumissa sit ; tunc enim e le*ge* Atilia petere debet tutorem, vel in provinc*iis* e *lege Jul*ia et Titia ; nam in patronae tutela esse non potest. 195a. Item si *a* masculo manumissa *fuerit* et auctore eo coemptionem fecerit, deinde remancipata et manumissa sit, patronum quidem habere tutorem desinit, incipit autem habere eum tutorem a quo manumissa est, qui fiduciarius dicitur. 195b. Item si patron*us ejusve filius* in adoptionem se dedit, debet liberta e *lege Atilia vel Julia et* Titia tu*torem* petere. 195c. Similiter ex isdem legibus petere debet tutorem li*ber*ta, si patronus decesserit nec ullum virilis sexus liberorum in familia re*liquerit*.

196. Masculi *autem cum* puberes esse coeperint, tutela liberantur. P*uberem autem* Sabinus quidem et Cassius ceterique nostri praeceptores eum esse putan*t*, qui habitu corporis pubertatem ostendit, id est eum qui generare potest ; sed in his qui pubescere non possunt, quales sunt spadones, eam aetatem esse spectandam, cujus aetatis puberes fiunt ; sed diversae s*c*holae auctores annis putant pubertatem *a*estimandam, id est eum puberem esse existimant *qui XIIII annos explevit* [1].

(25 lignes illisibles.)

197 [2]..... aetatem pervener*i*t, in qua res suas tueri possit ; sicuti apu*d* peregrinas gentes custodiri superius indicavimus. 198. Ex isdem causis et in provinciis a praesidibus earum curatores dari solent [3].

199. Ne tamen et pupillorum et eorum qui in curatione sunt, negotia a tutoribus curatoribusque consumantur aut deminuantur, curat praetor, ut et tutores *et* curatores eo nomine satisdent. 200. Se*d* hoc non est perpetuum ; nam et tutores *testamento* dati satisdare non coguntur, quia fides eorum et diligentia ab ipso testatore probata est ; et curatores, ad quos non e lege cura*tio* pertinet, se*d qui* vel a consule vel a

---

1. Dans la page illisible qui suit, Gaius doit avoir d'abord cité l'opinion de Priscus sur le moment de la puberté (Ulp., 11, 28), puis avoir traité des curateurs tels qu'ils existaient de son temps dans le même ordre qu'Ulpien, 12 (cf. *Ep.* 1, 8). — 2. Krueger suppose que le début du § se rapporte à la curatelle imposée au mineur par le testament du père et confirmée par le préteur donec ad eam aetatem... En sens contraire, Huschke. — 3. Ms. : ' volunt ' ; Lachmann, suivi par Krueger : '*solent* ' ; Huschke : ' vol*uit* ', en le rapportant non pas à la décision de Marc-Aurèle, qui est postérieure, mais à la loi Plaetoria.

praetore vel a praeside provinciae *dantur*, plerumque non coguntur satisdare, scil*i*cet quia satis hon*esti* *electi* sunt.

COMMENTARIUS SECUNDUS.

1. *Superiore commentario de jure personarum* exposuimus; modo videamus de rebus; quae vel in nostro patrimonio sunt vel extra nostrum patrimonium habentur.

2. Summa itaque rerum divisio in duos articulos diducitur: nam aliae sunt divini juris, aliae humani. 3. Divini juris sunt veluti res sac*rae* et religiosae. 4. Sacrae sunt quae diis superis consecratae sunt; religiosae quae diis Manibus relictae sunt. 5. Sed sacrum quidem hoc solum existimatur quod *ex* auctoritate populi Romani consec*ratum est*, veluti lege de ea re lata aut senatusconsulto facto. 6. Religiosum vero nostra voluntate facimus mortuum inferentes in locum nostrum, si modo ejus mortui funus a*d* nos pertineat. 7. Se*d* in provinciali solo placet plerisque solum religiosum non fieri, quia in eo solo dominium populi Romani est vel Caesaris, nos autem possessionem tantum vel usumfructum habere videmur; utique tamen etiamsi non sit religiosu*m*, pro rel*i*gioso habetur. 7a. Item quod in provinc*i*is non ex auctoritate populi Romani consecratum est, proprie sacrum non est, tamen pro sacro habetur. 8. Sanctae quoque res, velut muri et portae, quodammodo divini juris s*unt*. 9. Quod autem *d*ivini juris est, id nullius in bonis est; id vero, quod humani *juris est, plerumque alicujus in bonis est; potest autem et nullius in bonis esse; nam res hereditariae, antequam aliquis heres existat, nullius in bonis sunt* [1].

(8 lignes illisibles environ.)

... e domino. 10. Hae autem quae humani juris sunt, *aut publicae sunt* aut privatae. 11. Quae publicae sunt, nullius videntur in bonis esse; ipsius enim universitatis *esse* creduntur. Privatae sunt quae singulorum homin*um sunt.*

12. Quaedam praeterea res corporales sunt, quaedam incorporales. 13. Corporales hae *sunt* quae tangi possunt, velut fundus homo vestis aurum argentum et denique aliae res innumerabiles. 14. Incorporales *sunt quae* tangi non possunt,

---

[1]. Restitué d'après *D.*, 1, 8, 1, *pr.* Le texte devait ensuite contenir un autre passage omis au *Dig.* V. les conjectures dans Dubois.

qualia sunt ea quae jure consistunt, sicut hereditas, ususfructus, obligationes quoquo modo contractae. Nec ad rem pertinet, *quod in hereditate res corporales continentur*, et fructus qui ex fundo percipiuntur corporales *sunt*, et quod ex aliqua obligationes nobis debe*tur id* plerumque corporale *est*,*veluti* fundus homo pecunia ; nam ipsum jus successionis et ipsum jus u*t*endi fruendi et ipsum jus obligationis incorporale est. Eodem numero sunt jura praediorum urbanorum et rusticorum. *Praediorum urbanorum jura sunt velut jus* altius tollendi *aedes et officiendi* luminibus vicini aed*ium aut* non extollendi, ne luminibus vicini officiatur. Item fluminum et stilicidiorum jus, *id est* ut *vicinus flumen vel stilicidium* in aream *vel in aedes suas recipiat*; *item cloacae immittendae et luminum immittendorum. Praediorum rusticorum jura sunt velut via iter actus, item pecoris ad aquam adpulsus, item* jus aquae ducendae. *Haec jura tam rusticorum quam urbanorum praediorum servitutes vocantur*[1]. 14a. *Est etiam alia rerum divisio : nam aut mancipi sunt aut* nec mancipi. Mancipi *sunt velut fundus in Italico solo*, item aedes in Italico solo, *item servi et ea animalia quae collo dorsove domari solent, velut boves equi muli asini* ; *item servitutes praediorum rusticorum. Nam servitutes* praediorum urbanorum nec mancipi *sunt*[2]. 15. Item stipendiaria praedia et tributaria nec mancipi sunt. Sed quod diximus *ea animalia quae domari solent* mancipi esse *quomodo intellegendum sit, quaeritur, quia non statim ut nata sunt domantur. Et nostrae quidem scholae auctores*[3], statim ut nata sunt mancipi esse putan*t* ; Nerva vero et Proculus et ceteri diversae sc*h*olae auctores non aliter ea mancipi esse putant, quam si domita sunt ; et si propter nimiam feritatem domari non possunt, tunc videri mancip*i* esse incipere, cum ad eam aetatem pervenerint, in qua domari solent. 16. *Item* ferae bestiae nec mancipi sunt, velut ursi leones, item ea animalia quae fere *b*estiarum numero sunt, veluti elep*h*anti et cameli ; et ideo ad rem non pertinet, quod haec animalia etiam collo dorsove domari so*l*ent ; nam ne *nomen* quidem eorum animalium illo tempore *notum* fuit, quo constituebatur quasdam res mancipi esse, quasdam nec mancipi. 17. Item fere omnia quae incorporalia sunt, nec mancipi sunt, exceptis servitutibus praediorum rusticorum ; nam eas mancipi esse constat, quamvis sint ex numero rerum incorporalium.

1. Restitué quant au sens par Krueger ; v. d'autres restitutions dans Dubois. — 2. Restitué quant au sens par Krueger. — 3. Restitué quant au sens par le même.

18. Magna autem differentia est inter mancipi res et nec mancipi. 19. Nam res nec mancipi ipsa traditione pleno jure alterius fiunt, si modo corporales sunt et ob id recipiunt traditionem. 20. Itaque si tibi vestem vel aurum vel argentum tradidero sive ex venditionis causa sive ex donationis sive quavis alia ex causa, statim tua fit ea res, si modo ego ejus dominus sim. 21. In [1] eadem causa sunt provincialia praedia, quorum alia stipendiaria alia tributaria vocamus. Stipendiaria sunt ea, quae in his provinciis sunt, quae propriae populi Romani esse intelleguntur ; tributaria sunt ea quae in his provinciis sunt, quae propriae Caesaris esse creduntur.

22. Mancipi vero res sunt quae per mancipationem ad alium transferuntur ; unde etiam mancipi res sunt dictae. Quod autem valet *mancipatio, idem valet et in jure cessio.* 23. *Et* mancipatio quidem quemadmodum fiat, superiore commentario tradidimus. 24. In jure cessio autem hoc modo fit : apud magistratum populi Romani, vel*uti* praetorem [2], is cui res in jure ceditur rem tenens ita dicit : HUNC EGO HOMINEM EX JURE QUIRITIUM MEUM ESSE AIO ; deinde postquam hic vindica*verit, praetor* in*terrogat eum qui cedit, an contra vindicet ; quo negante aut tacente tunc ei qui vindicaverit, eam rem addicit ; id*que legis actio vocatur. Hoc fieri potest etiam in provinciis apu*d* praesides earum. 25. Plerumque tamen et fere semper mancipationibus utimur : quod enim ipsi per nos praesentibus amicis agere possumus, hoc non est necesse cum majore difficultate apu*d* praetorem aut apu*d* praesidem provinciae agere. 26. Quodsi neque mancipata neque in jure cessa sit res mancipi, sed *tantum tradita*.... [3]

(Suivent 31 lignes presque totalement illisibles.)

27..... est quo nomine.....ere vel.... praedium... dem

---

1. Le ms. : 'm in'; Seckel et Kuebler conjecturent quelque chose comme : ' *Fere* in'. — 2. Passage corrompu où l'on efface 'praesides provinciae et où Seckel et Kuebler conjecturent : ' velut praetorem urbanum aut peregrinum ' ; cf. Mommsen chez Krueger. — 3. Suit une page très difficile dans laquelle on n'avait rien lu avant Studemund qui n'y a discerné que quelques mots : '... plena possessio concessa... ex formula qua hi qu...fructus na... item adhuc i... non fuissent '. Pour cette page, ainsi que pour la suivante. dont le commencement est également très difficile à lire, les lettres lues par Studemund condamnent quant à la forme à peu près toutes les restitutions antérieures. Quant au fond, Gaius paraît avoir traité, dans le passage qui manque, de la tradition d'une *res mancipi* et du *commercium.* Cf. Ulpien, 19, 4-5.

ulla libera civitas.... *adm*onendi sumus... esse, provincialis soli nexum non e... .... significationem solum *I*talicum mancipi *est*, provinciale nec mancipi est ; aliter enim veteri lingua a... mancipa...

28. *R*es incorporales traditionem non recipere manifestum est. 29. Sed jura praediorum urbanorum in jure cedi *tantum* possunt ; rusticorum vero etiam mancipari possunt.

30. Ususfructus in jure cessionem tantum recipit, nam dominus proprietatis al*i*i usumfructum in jure cedere pot*est*, ut ille usumfructum habeat et ipse nudam proprietatem re*tineat*. Ipse usufructu*a*rius in jure cedendo domino proprietatis usumfructum efficit, ut a se discedat et convertatur in proprietatem ; al*i*i vero in jure cedendo nihilo minus jus suum retine*t* ; creditur enim ea cessione nihil agi. 31. Sed haec scilicet in Italicis praediis ita sunt, quia et ipsa praedia mancipationem et in jure cessionem recipiunt. Alioquin in provincialibus praed*ii*s sive qu*i*s usumfructum sive jus eundi agendi aquamve ducendi vel altius tollendi aedes aut non tollendi, ne luminibus vicini officiatur, ceteraque similia jure constituere velit, pactionibus et s*t*ipulationibus id efficere potest ; quia ne ipsa quidem praedia mancipationem aut *in* jure cessionem recipiun*t*. 32. Se*d* cum ususfructus et hominum et ceterorum animalium constitui possit, intellegere debemus horum usumfructum etiam in provinciis per in jure cessionem constitui posse. 33. Qu*od* autem diximus usumfructum in jure cessionem tantum recipere, non est temere dictum, qu*amvis* etiam per mancipationem constitui possit eo, quod in mancipanda proprietate detrahi potest ; non enim ipse ususfructus mancipatur, sed cum in mancipanda proprietate deducatur, eo fit ut apu*d* alium ususfructus, apu*d* alium proprietas sit.

34. Hereditas quoque in jure cessionem tantum recipit. 35. Nam si is a*d* quem ab intestato legitimo jure pertinet hereditas, in jure eam al*i*i ante aditionem cedat, id est antequam *h*eres extiterit, proinde fit heres is cui in jure cesserit, ac si ipse per legem ad hered*ita*tem vocatus esset ; post obligationem vero si cesserit, nihilo minus ipse heres permanet et ob *id* creditoribus tenebitur, debita vero pereunt eoque modo de*b*itores hereditar*i*i lucrum faciunt ; corpora vero ejus hereditatis p*r*oinde transeunt ad eum cui cessa est hereditas, ac si ei singula in jure cess*a* fuissent. 36. Testamento autem scriptus heres ante aditam quidem hereditatem in jure cedendo eam al*i*i nihil agi*t* ; postea vero quam adierit si cedat, ea acci-

dunt quae proxime diximus de eo ad quem ab intestato legitimo jure pertinet hereditas, si post obligationem *in* jure cedat. 37. Idem et de necessariis heredibus diversae scholae auctores existimant, quod nihil videtur interesse, utrum *aliquis* adeundo hereditatem fiat heres, an invitus existat; quod quale sit, suo loco apparebit. Sed nostri praeceptores putant nihil agere necessarium heredem, cum in jure cedat hereditatem.

38. Obligationes quoquo modo contractae nihil eorum recipiunt. Nam quod mihi ab aliquo debetur, id si velim tibi deberi, nullo eorum modo, quibus res corporales ad alium transferuntur, id efficere possum, sed opus est, ut jubente me tu ab eo stipuleris; quae res efficit, ut a me liberetur et incipiat tibi teneri; quae dicitur novatio obligationis. 39. Sine hac vero novatione non poteris tuo nomine agere, sed debes ex persona mea quasi cognitor aut procurator meus experiri.

40. Sequitur ut admoneamus apud peregrinos quidem unum esse dominium : nam aut dominus quisque est, aut dominus non intellegitur. Quo jure etiam populus Romanus olim utebatur: aut enim ex jure Quiritium unusquisque dominus erat, aut non intellegebatur dominus; sed postea divisionem accepit dominium, ut alius possit esse ex jure Quiritium dominus, alius in bonis habere. 41. Nam si tibi rem mancipi neque mancipavero neque in jure cessero, sed tantum tradidero, in bonis quidem tuis ea res efficitur, ex jure Quiritium vero mea permanebit, donec tu eam possidendo usucapias; semel enim inpleta usucapione proinde pleno jure incipit, id est et in bonis et ex jure Quiritium tua res esse, ac si ea mancipata vel in jure cessa esset. 42. *Usucapio autem* mobilium quidem rerum anno conpletur, fundi vero et aedium biennio; et ita lege XII tabularum cautum est.

43. Ceterum etiam earum rerum usucapio nobis conpetit quae non a domino nobis traditae fuerint, sive mancipi sint eae res sive nec mancipi, si modo eas bona fide acceperimus, cum crederemus eum qui traderet dominum esse. 44. Quod ideo receptum videtur, ne rerum dominia diutius in incerto essent, cum sufficeret domino ad inquirendam rem suam anni aut biennii spatium, quod tempus ad usucapionem possessori tributum est.

45. Sed aliquando etiamsi maxime quis bona fide alienam rem possideat, non tamen illi usucapio procedit, velut si quis rem furtivam aut vi possessam possideat; nam furtivam lex XII tabularum usucapi prohibet, vi possessam lex Julia et

Plautia. 46. Item provincialia praedia usucapionem non recipiunt 47. *Item olim* mulieris quae in agnatorum tutela erat, res mancipi usucapi non poterant, praeterquam si ab ipsa tutore *auctore* traditae essent ; id*que* ita lege XII tabularum *cautum erat*. 48. Item liberos homines et res sacras et religiosas usucapi non posse manifestum est. 49. Quod ergo vulgo dicitur furtivarum rerum et vi possessarum usucapionem per legem XII tabularum prohibitam esse, non eo pertinet, ut ne *ipse furquive* per vim *possi*det, usucapere *possit* (nam huic alia ratione usucapio non conpetit, quia scilicet mala fide possidet) ; sed nec ullus alius, quamquam ab eo bona fide emerit, usucapiendi jus habeat. 50. Unde in rebus mobilibus non facile procedit, *ut bonae fidei possessori usucapio con*petat, quia qui alienam rem vendidit et tradidit, furtum committit ; idemque accidit etiam si ex alia causa tradatur. Sed tamen hoc aliquando aliter se habet ; nam si heres rem defuncto commodatam aut locatam vel apud eum depositam, existimans eam esse hereditariam vendiderit aut donaverit, furtum non committit ; item si is ad quem ancillae ususfructus pertinet, partum et*iam* suum esse credens vendiderit aut donaverit, furtum non committit ; *furtum* enim sine ad*f*ectu furandi non committitur. Aliis quoque modis accidere potest, ut quis sine vitio furti rem alienam ad aliquem transferat et efficiat, ut a possessore usucapiatur. 51. Fundi quoque alieni potest aliquis sine vi possessionem nancisci, quae vel ex neglegentia domini vacet, vel quia dominus sine successore decesserit vel longo tempore afuerit ; *quam* si ad alium bona fide accipientem transtulerit, poterit usucapere possessor ; et quamvis ipse, qui vacantem possessionem nactus est, intellegat alienum esse fundum, *tamen* nihil hoc *bonae fidei* possessori ad usucapionem nocet, *cum* inprobata sit eorum sen*ten*tia, qui putaverint furt*ivum* fundum fieri posse.

52. Rursus ex contrario accidit, ut qui sciat alienam rem se possidere, usucapiat, veluti si rem hereditariam, cujus possessionem heres nondum nactus est, aliquis possederit ; nam ei concessum *est usu*capere, si modo ea res est, quae recipit usucapionem ; quae species possessionis et usucapionis pro herede vocatur. 53. Et in tantum haec usucapio concessa est, ut et res quae solo continentur, anno usucapiuntur. 54. Quare autem *hoc casu etiam* soli rerum annua constituta sit usucapio, illa ratio est, quod olim rerum hereditariarum possessione *velu*t ipsae hereditates usucapi credebantur, scilicet anno. Lex

enim XII tabularum soli quidem res biennio usucapi jussit, ceteras vero anno. Ergo hereditas in ceteris rebus videbatur esse, quia soli non est [quia neque corporalis est] : *et* quamvis postea creditum sit ipsas hereditates usucapi non posse, tamen in omnibus rebus hereditariis, etiam quae solo tenentur, annua usucapio remansit. 55. Quare autem omnino tam inproba possessio et usucapio concessa sit, illa ratio est, quod voluerunt veteres maturius hereditates adiri, ut essent qui sacra facerent, quorum illis temporibus summa observatio fuit, *et ut* creditores haberent, a quo suum consequerentur. 56. Haec autem species possessionis et usucapionis etiam lucrativa vocatur; nam sciens quisque rem alienam lucri facit. 57. Sed hoc tempore *jam* non est lucrativa : nam ex *a*uctoritate Hadriani senatusconsultum factum est, ut tales usucapione*s* revocarentur; et ideo potest heres ab eo qui rem usucepit hereditatem petendo *p*roinde eam rem consequi, atque si usucapta non esse*t*. 58. Necessario tamen herede extante nihil ipso jure pro herede usucapi potest. 59. A*d*huc etiam ex aliis causis sciens quisque rem alienam usucapit ; nam qui *r*em alicui fiduciae causa mancipio dederit vel in jure cesserit, si eandem ipse possederit, potest usucapere, anno scilicet, [1] soli si sit. Quae species usucapionis dicitur usureceptio, quia id, quod aliquando habuimus, recipimus per usucapionem. 60. Se*d* fiducia contrahitur aut cum creditore pignoris jure, aut cum amico, quo tutius nostr*a*e res apud eu*m* sin*t* ; *et* siquidem cum amico contracta sit fiducia, sane omni modo conpetit ususreceptio ; si vero cum creditore, soluta quidem pecunia omni modo conpetit, nondum vero soluta ita demum co*n*petit, si neque conduxerit eam rem a creditore de*b*itor, neque precario rogaverit, ut eam rem possidere liceret ; quo casu lucrativa ususcapio conpetit. 61. Item si rem obligatam sibi populus vendiderit eamque dominus possederit, concessa est ususreceptio ; sed hoc casu p*r*aedium *b*iennio usurecipitur. Et hoc est quod v*u*lgo dicitur ex praediatura possessionem usurecipi ; nam qui mercatu*r* a populo, praediator appella*tur* [2].

1. Lachmann, suivi par à peu près tous les éditeurs actuels, intercale : *etiam* ; G. Beseler, *Beiträge zur Kritik d. römischen Rechtsquellen*, 2, 1911, pp 1-2 : *si mobilis sit, biennio*, et *et* après ' sed ' au § 61. —
2. Beaucoup d'éditeurs ont transporté ici les §§ 65-79 en admettant un déplacement de pages conjecturé par Heimbach et nié par Mommsen. V., dans le premier sens, P. Krueger, Z. S St., 22, 1901, pp. 49-50, et, dans le second, Gradenwitz, *Naturalobligation des Sklaven*, 1900, p. 134 et ss.

62. Accidit aliquando, ut qui dominus sit, alienandae rei potestatem non habeat, et qui dominus non sit, *alienare* possit. 63. Nam dotale praedium maritus invita muli*ere* per legem Juliam prohibetur alienare, quamvis ipsius *sit* vel mancipatum ei dotis causa vel in jure cessum vel usucaptum. Quod quidem jus utrum ad Italica tantum prae*dia* an etiam ad provincialia pertineat, dubitatur. 64. Ex diverso agnatus furiosi curator rem furiosi alienare potest ex lege XII tabularum ; item procurator *si quid ne corrumpatur dis*trahen*dum* est [1] ; item creditor pignus ex pactione, quamvis ejus ea res non sit. Sed hoc forsitan ideo videatur fieri, quod voluntate debitoris intellegitur pignus alienari, qui olim pactus est, ut liceret creditori pignus vendere, si pecunia non solvatur.

65. Ergo ex his qu*ae* diximus a*p*paret quaedam naturali *j*ure alienari, qualia sunt et ea quae traditione alienantur; qu*ae*dam civili, nam mancipationis et in jure cessionis et usucapionis jus proprium est civium Romanorum.

66. Nec tamen ea tantum qu*ae* traditione nostra fiunt, naturali nobis ratione adquiruntur, sed etiam *quae* occupando ideo *res adepti* erimus [2], quia antea nullius essent ; qualia sunt omnia qu*ae* terra mari caelo capiuntur. 67. Itaque si *feram b*estiam aut volucrem aut piscem *ceperimus, quidquid illa* captum *fuerit, id statim nostrum fit et eo* usque [3] nostrum esse intellegitur, donec nostra custodia coerceatur ; cum vero custodiam nostram evaserit et in naturalem *libertatem se recepe*rit, rursus occupantis fit, quia nostr*um* esse desinit ; naturalem autem libertatem recipere videtur, cum aut oculos nostros evaserit, aut licet *i*n conspectu sit nostro, difficilis tamen *ejus* persecutio sit. 68. In *h*is autem animalibus qu*a*e ex consuetudine abire et redire solent, veluti columbis et apibus, item cervis, qui in silvas ire et redire solent, talem habemus regulam traditam, ut si revertendi animum habere desierint, etiam nostra esse desinant et fiant occupantium ; revertendi autem animum videntur desinere habere, cum revertendi consuetudinem deseruerint. 69. Ea quoque quae ex hostibus capiuntur, naturali ratione nostra fiunt. 70. Sed et id qu*od*, per ad*l*uvionem nobis adjicitur, eodem jure nostrum fit ; per ad*l*u-

1. Mommsen, arg. *D.*, 3. 3, 63 ; Krueger, arg. *Inst.*, 2, 1, 43. *D.*, 41, 1, 9, 4 : 'item procurator *rem absentis, cujus negotiorum libera administratio ei permissa est*'. — 2. Restitution quant au sens de Seckel et Kuebler. — 3. Restitution ancienne exacte quant au fond, mais non quant aux termes (cf. *Inst.*, 2, 1, 12. *D.*, 41, 1, 8, 3).

vionem autem *id* videtur adjici quod ita paulatim flumen agro nostro *a*djicit, ut aestimare non possimus, quantum quoquo momento temporis adjiciatur: hoc est quod v*u*lgo dicitur per adluvionem id adjici videri quod ita paulatim adjicitur, ut oculos nostros fallat. 71. Itaque si flumen partem aliquam ex tuo praedio resciderit et ad meum praedium pertulerit, haec pars tua manet. 72. A*t* si in medio flumine insula nata sit, haec eorum omnium commun*is* est qui ab utraque parte fluminis prope ripam praedia possiden*t*; si vero non sit in medio flumine, ad eos pertinet qui ab ea parte quae proxima est juxta ripam praedia habent. 73. Praeterea id quod in solo nostro ab aliquo aedificatum est, qu*amvis* ille suo nomine *a*edificaverit, jure naturali nostrum fit, quia superficies solo cedi*t*. 74. Multoque magis id accidit et in planta quam quis in solo nostro posuerit, si modo radicibus terram conplexa fuerit. 75. Idem contingit et in *fru*mento quod in solo nostro ab aliquo satum fuerit. 76. Sed si ab eo petamus f*und*um vel aedificium, et inpensas in aedificium vel in seminaria vel in sementem factas ei solvere nolimus, poterit nos per exceptionem doli mali repellere, utique si bonae fidei possessor fuerit. 77. Eadem ratione probatum est, quod in *c*hartulis sive membranis meis aliquis scripserit, licet aureis litteris, meum esse, quia litterae *c*hartulis sive membranis cedun*t*. Itaque si ego eos libros ea*s*ve membranas petam nec inpensam scripturae solvam, per exceptionem doli mali summoveri potero. 78. Se*d* si in tabula mea aliquis pinxerit veluti *i*maginem, contra pro*b*atur; magis enim dicitur tabulam picturae cedere. Cujus diversitatis vix idonea ratio redditur; certe secundum hanc regulam si me possidente petas imaginem tuam esse, nec solvas pr*e*tium tabul*ae*, poteris per exceptionem doli mali summoveri; at si tu possideas, consequens est ut utilis mihi actio adversum te dari debe*at*; quo casu nisi solvam impensam picturae, poteris me per exceptionem doli mali repellere, utique si bonae fidei possessor fueris. Illu*d* palam est, quod sive tu subripu*eris* tabulam sive alius, conpetit mihi furti actio.

79. In aliis quoque speciebus naturalis ratio requiritur. Proinde si ex u*vis aut olivis aut spicis* meis vinum aut oleum aut frumentum feceris, qu*a*eritur utrum meum sit id vinum aut oleum aut frumentum, an t*uu*m. Item si ex auro aut ar*g*ento meo vas aliquod feceris, vel ex tabulis meis navem aut armarium aut subsellium fabricaveris: item si ex lana mea vestimentum feceris, vel si ex vino et melle meo mulsum fece-

ris, sive ex medicamentis meis emplastrum vel collyrium feceris, *quaeritur utrum tuum sit id quod ex meo effeceris*, an meum. Quidam materiam et substantiam spectandam esse putant, id est ut cujus materia sit, illius et res quae facta sit videatur esse, idque maxime placuit Sabinio et Cassio. Alii vero *ejus rem* esse putant qui fecerit, idque maxime diversae scholae auctoribus visum est ; sed eum quoque, cujus materia et substantia fuerit, furti adversus eum qui subripuerit habere actionem; nec minus adversus eundem condictionem ei conpetere, quia extinctae res, licet vindicari non possint, condici tamen furibus et quibusdam aliis possessoribus possunt.

[R. V. DE PUPILLIS AN ALIQUID A SE ALIENARE POSSUNT].

80. Nunc admonendi sumus neque feminam neque pupillum sine tutoris auctoritate rem mancipi alienare posse ; nec mancipi vero feminam quidem posse, pupillum non posse. 81. Ideoque si quando mulier mutuam pecuniam alicui sine tutoris auctoritate dederit, quia facit eam accipientis, cum scilicet *pecunia* res nec mancipi sit, contrahit obligationem 82. At si pupillus idem fecerit, quia non *facit accipientis sine tutoris auctoritate pecuniam,* nullam contrahit obligationem ; unde pupillus vindicare quidem nummos suos potest, sicubi extent, id est *eos petere suos ex* jure Quiritium *esse neque tamen stricto jure* petere potest *sibi eos dari oport*ere. *Un*de de pupillo quidem quaeritur an num*mis* quos mutuos dedit ab eo qui accepit *consumptis civili* actione eos persequi possit, quoniam *dari eos sibi oportere intendere non* potest [1]. 83. At ex contrario *omnes res tam mancipi quam* nec mancipi mulier*ibus* et pupillis sine tutoris auctoritate solvi possunt, quoniam meliorem condicionem suam facere eis etiam sine tutoris auctoritate concessum est. 84. Itaque si debitor pecuniam pupillo solvat, facit quidem pecuniam pupilli, sed ipse non liberatur, quia nullam obligationem pupillus sine tutoris auctoritate dissolvere potest, quia nullius rei alienatio ei sine tutoris auctoritate concessa est ; sed tamen si ex ea pecunia locupletior factus sit et adhuc petat, per exceptionem doli mali summoveri potest. 85. Mulieri vero etiam sine tutoris auctoritate recte solvi potest ; nam qui solvit, liberatur obligatione, quia res nec mancipi, ut proxime diximus, a se dimittere mulieres etiam sine tutoris auctoritate possunt. Quamquam hoc ita est, si accipiat pecuniam ; at si non accipiat, sed habere se dicat et per acceptilationem velit debitorem sine tutoris auctoritate liberare, non potest.

1. Mommsen. V. les autres restitutions dans Dubois, pp. 158-160.

86. Adquiritur autem nobis non solum per nosmet ipsos, sed etiam per eos quos in potestate manu mancipiove habemus ; item per eos servos in quibus usum*fructum* habemus, item per homines liberos et servos alienos quos bona fide possidemus. De quibus singulis diligenter dispiciamus. 87. Igitur *quod* liberi nostri quos in potestate habemus, item quod servi *nostri* mancipio accipiunt vel ex traditione nanciscuntur, sive quid stipulentur, vel ex aliqualibet causa adquirunt, id nobis adquiritur ; ipse enim qui in potestate nostra est, nihil suum habere potest. Et ideo si h*eres* institutus sit, nisi nostro jussu hereditatem adire non potest ; et si ju*b*entibus nobis adierit, hereditas nobis adquiritur proinde a*t*que si nos ipsi heredes instituti essemus ; et convenienter scilicet legatum per eos nobis adquiritur. 88. Dum tamen sciam*us*, si alterius in bonis sit servus, alterius ex jure Quiritium, ex omnibus causis ei soli p*er* eum adquiri, cujus in bonis est. 89. Non solum autem proprietas per eos quos in potestate habemus adquiritur nobis, sed etiam possessio ; cujus enim rei possessionem adepti fuerint, id nos possidere videmur ; unde etiam per eos usucapio procedit. 90. Per eas vero personas quas in manu mancipiove habemus, proprietas quidem adquiritur nobis ex omnibus causis, sicut per eos qui in potestate nostra sunt ; an autem possessio adquiratur, quaeri solet, quia ipsas non possidemus. 91. De his autem servis in quibus tantum usumfructum habemus, ita placuit, ut qui*d*quid ex re nostra vel operis suis adquir*ant*, id nobis adquiratur ; quod vero extra eas causas, id ad dominum proprietatis pertineat. Itaque si iste servus heres institutus sit legatumve quod ei datum fuerit, non mihi sed domino proprietatis adquiritur. 92. Idem placet de eo qui a nobis bona fide possidetur, sive liber sit sive alienus ser*vus*. Quod enim placuit de usufructuario, idem probatur etiam de bonae fidei possessore. Itaque qu*od* extra duas istas causas adquiritur, id vel ad ipsum pertinet, si liber est, vel ad dominum, si servus *est*. 93. Se*d* bonae fidei possessor, cum usuce*pe*rit servum, quia eo modo dominus fit, ex omni causa per eum sibi adquirere potest. Usufructuarius vero usucapere non potest : primum quia non possidet, se*d* habet jus utendi [et] fruendi ; deinde quia scit alienum servum esse. 94. De illo quaeritur, an per eum servum in quo usumfructum h*a*bemus, possidere aliqua*m* rem et usucapere possimus, quia ipsum non possidemus. Per eum vero, quem bona fide possidemus, sine dubio et possidere et usucapere possumus. Loquimur autem in

utriusque persona secundum definitionem quam proxime exposuimus, id est si quid ex re nostra vel ex operis suis adquirant [id nobis adquiritur]. 95. Ex his apparet per liberos homines, quos neque juri nostro subjectos habemus neque bona fide possidemus, item per alienos servos, in quibus neque usumfructum habemus neque justam possessionem, nulla ex causa nobis adquiri posse. Et hoc est quod vulgo dicitur per extraneam personam nobis adquiri non posse. Tantum de possessione quaeritur, an *per extraneam personam* nobis adquiratur. 96. In summa sciendum est his, qui in potestate manu mancipiove sunt, nihil in jure cedi posse; cum enim istarum personarum nihil suum esse possit, conveniens est scilicet, ut nihil suum esse in jure vindicare possint.

97. *Hactenus* tantisper admonuisse sufficit quemadmodum singulae res nobis adquirantur. Nam legatorum jus, quo et ipso singulas res adquirimus, opportunius alio loco referemus. Videamus itaque nunc quibus modis per universitatem res nobis adquirantur. 98. Si cui heredes facti sumus, sive cujus *bonorum possessionem* petierimus, sive cujus bona emerimus, sive quem adoptaverimus, sive quam in manum ut uxorem receperimus, ejus res ad nos transeunt.

99. Ac prius de hereditatibus dispiciamus, quarum duplex condicio est: nam vel ex testamento vel ab intestato ad nos pertinent. 100. Et prius est ut de his dispiciamus quae nobis ex testamento obveniunt.

101. Testamentorum autem genera initio duo fuerunt: nam aut calatis comitis testamentum faciebant, quae comitia bis in anno testamentis faciendis destinata erant, aut in procinctu, id est cum belli causa arma sumebant; procinctus est enim expeditus et armatus exercitus. Alterum itaque in pace et in otio faciebant, alterum in proelium exituri. 102. Accessit deinde tertium genus testamenti, quod per aes et libram agitur. Qui neque calatis comitiis neque in procinctu testamentum fecerat, is si subita morte urguebatur, amico familiam suam, id est patrimonium suum, mancipio dabat, eumque rogabat quid cuique post mortem suam dari vellet. Quod testamentum dicitur per aes et libram, scilicet quia per mancipationem peragitur. 103. Sed illa quidem duo genera testamentorum in desuetudinem abierunt; hoc vero solum quod per aes et libram fit, in usu retentum est. Sane nunc aliter ordinatur quam olim solebat. Namque olim familiae emptor, id est qui a testatore familiam accipiebat mancipio,

heredis locum optinebat, et ob id ei mandabat testator, quid cuique post mortem suam dari vellet ; nunc vero alius heres testamento instituitur, a quo etiam legata relinquuntur, alius dicis gratia propter veteris juris imitationem familiae emptor adhibetur. 104. Eaque res ita agitur : qui facit *testamentum*, adhibitis, sicut in ceteris mancipationibus, v testibus civibus Romanis puberibus et libripende, postquam tabulas testamenti scripserit, mancipat alicui dicis gratia familiam suam ; in qua re his verbis familiae emptor utitur : FAMILIAM PECUNIAMQUE TUAM ENDO MANDATELA TUA CUSTODELAQUE MEA ESSE AIO, ET EA QUO TU JURE TESTAMENTUM FACERE POSSIS SECUNDUM LEGEM PUBLICAM, HOC AERE, et ut quidam adjiciunt AENEAQUE LIBRA, ESTO MIHI EMPTA [1] ; deinde aere percutit libram, idque aes dat testatori velut pretii loco ; deinde testator tabulas testamenti tenens ita dicit : HAEC ITA UT IN HIS TABULIS CERISQUE SCRIPTA SUNT, ITA DO ITA LEGO ITA TESTOR ITAQUE VOS QUIRITES TESTIMONIUM MIHI PER-HIBETOTE ; et hoc dicitur nuncupatio : nuncupare est enim palam nominare, et sane quae testator specialiter in tabulis testamenti scripserit, ea videtur generali sermone nominare atque confirmare. 105. In testibus autem non debet is esse qui in potestate est aut familiae emptoris aut ipsius testatoris, quia propter veteris juris imitationem totum hoc negotium, quod agitur testamenti ordinandi gratia, creditur inter familiae emptorem agi et testatorem ; quippe olim, ut proxime diximus, is qui familiam testatoris mancipio accipiebat, heredis loco erat : itaque reprobatum est in ea re domesticum testimonium. 106. Unde et si is qui in potestate patris est, familiae emptor adhibitus sit, pater ejus testis esse non potest ; ac ne is quidem qui in eadem potestate est, velut frater ejus. Sed si filius familias ex castrensi peculio post missionem faciat testamentum, nec pater ejus recte testis adhibetur nec is qui in potestate patris est. 107. De libripende eadem quae et de testibus dicta esse intellegemus ; nam et is testium numero est. 108. Is vero, qui in potestate heredis aut legatarii est, cujusve heres ipse aut legatarius in potestate est, quique in ejusdem potestate est, adeo testis et libripens adhiberi potest, ut ipse quoque heres aut legatarius jure adhibeantur. Sed tamen quod ad heredem pertinet quique in ejus potestate est cujusve is in potestate erit, minime hoc jure uti debemus.

1. Restitution de Mommsen. V. les autres restitutions dans Dubois. Ajoutez Salkowski, *Z. S. St.*, 3, 1, 1882, 197-211.

[DE TESTAMENTIS MILITUM].

109. Sed haec diligens observatio in ordinandis testamentis militibus propter nimiam imperitiam constitutionibus principum remissa est. Nam quamvis neque legitimum numerum testium adhibuerint neque vendiderint familiam neque nuncupaverint testamentum, recte nihilo minus testantur. 110. Praeterea permissum est iis et peregrinos et Latinos instituere heredes vel iis legare, cum alioquin peregrini quidem ratione civili prohibeantur capere hereditatem legataque, Latini vero per legem Juniam. 111. Caelibes quoque, qui lege Julia hereditatem legataque capere vetantur ; item orbi, id est qui liberos non habent quos lex [1]....

(Manquent 60 lignes perdues ou illisibles.)

112... ex auctoritate divi Hadriani senatusconsultum factum est, quo permissum est sui juris feminis etiam sine coemptione testamentum facere, si modo non minores essent annorum XII[2], scilicet ut quae tutela liberatae non essent, tutore auctore testari deberent. 113. Videntur ergo melioris condicionis esse feminae quam masculi ; nam masculus minor annorum XIIII testamentum facere non potest, etiamsi tutore auctore testamentum facere velit, femina vero post XII annum testamenti faciendi jus nanciscitur.

114. Igitur si quaeramus an valeat testamentum, inprimis advertere debemus an is qui id fecerit habuerit testamenti factionem ; deinde, si habuerit, requiremus an secundum juris civilis regulam testatus sit, exceptis militibus, quibus propter nimiam inperitiam, ut diximus, quomodo velint vel quomodo possint, permittitur testamentum facere.

115. Non tamen, ut jure civili valeat testamentum, suf-

---

1. Manquent un feuillet perdu et les 21 premières lignes de la page suivante où on n'a pu lire que les mots : 'prohibentur hi... ejus more faciant... XXX annorum... res'. Huschke finit la phrase interrompue par : *Papia plus quam dimidias partes hereditatis legatorumque capere vetat, ex militis testamento solidum capiunt.* Gaius terminait la théorie du testament militaire ; puis il traitait de ceux qui sont incapables de tester, comme Ulp.,20, 10-16 et l'*Ep.*,2, 2, 1 et ss. qui porte : 'Id quoque statutum est, quod non omnibus liceat facere testamentum ; sicut sunt hi qui sui juris non sunt, sed alieno juri subjecti sunt, hoc est filii tam ex nobis nati quam adoptivi. 2. Item testamenta facere non possunt impuberes, id est minores quattuordecim annorum, aut puellae duodecim. 3. Item et hi qui furiosi, id est mente insani fuerint, non possunt facere testamenta. Sed hi qui insani sunt, per intervalla quibus sani sunt, possunt facere testamenta'. — 2. Le ms. : 'XII tab' ; v. les détails dans Dubois.

ficit ea observa*t*io quam supra exposuimus de familiae venditione et de testibus et de nuncupationibus. 116. *Sed* ante omnia requirendum e*st*, a*n* institutio heredis sollemni more facta sit; nam aliter facta institutione nihil proficit familiam testatoris ita venire testesque ita a*d*hibere *et ita* nuncupare testamentum, ut supra diximus. 117. Sollemnis autem institutio haec est: TIT*I*US HERES ESTO; sed et ill*a* jam conprobata videtur: TITIUM HEREDEM ESSE JUBEO; at illa non est conprobata: TITIUM HEREDEM ESSE VOLO; se*d* et illae a plerisque inprobatae s*u*nt: TITIUM HEREDEM INSTIT*U*O, item HEREDEM FACIO.

118. Observandum praeterea est, ut si mulier quae in tutela est faciat testamentu*m*, tutore *auctore* facere debeat; alioquin inutiliter jure civili testabitur. 119. Praetor tamen si septem signis testium signatum sit testamentum, scriptis heredibus secundum tabulas testamenti b*onorum possessionem* pollicetur; *et* si nemo sit, a*d* quem ab intestato jure legitimo pertineat hereditas, velut frater eodem patre natus aut pa*t*ruus aut fratris filius, ita poterunt scripti heredes retinere hereditatem. Nam idem juris est et si alia ex *causa* testamentum non valeat, velut quod familia non venierit aut nuncupationis verba testator locutus non sit. 120. Sed videamus an etiamsi frater aut patruus extent, potiores scriptis heredibus habeant*ur*. Rescrip*to* enim imperatoris Antonini significat*ur* eos, qui secundu*m* tabulas testamenti non jure factas bonorum possessionem petierint, posse adversus eos qui ab intestato vindicant hereditatem, defendere se per exceptionem doli mali. 121. Quod sane quidem ad masculorum testamenta pertinere certum est; item ad feminarum quae ideo non utiliter testa*t*ae sunt, qu*i*a verbi gratia familiam non vendiderint aut nuncupationis verba locutae non sint; an autem et ad ea testamenta feminarum, qu*a*e sine tutoris auctoritate fecerint, haec constitutio pertineat, vide*b*imus. 122. Loquimur autem de his scilicet feminis, quae no*n* in legitima paren*t*um aut patronorum tutela s*u*nt, sed [de his] quae alterius generis tutores habent, qui etiam inviti coguntur auctores fieri; alioquin parentem et patron*u*m sine auctoritate ejus facto testamento non summoveri palam est.

123. Item qui filium in potestate habet, curare debe*t*, ut eum vel heredem instituat vel nominatim exheredet; alioquin si eum silentio praeterierit, inutiliter testabitur, adeo quidem ut nostri praeceptores existiment, etiamsi vivo patre filius defunctus sit, neminem heredem ex eo testamento existere posse,

qu*ia* scilice*t* statim ab initio non constiterit institutio. Sed diversae scholae auctores, siquidem filiu*s* mortis patris tempore vivat, sane i*n*pedimento eum esse scriptis heredibus et illum ab intestato heredem fieri confitentur ; si vero ante mortem patris interceptus sit, posse ex testamento heredi*tate*m adiri putant, nullo jam filio i*n*pedimento ; quia scilicet existimant *non* statim ab initio inutiliter fieri testamentum filio praeterito. 124. Ceteras vero liberorum personas si praeterierit testator, valet testamentum, *sed* praeteritae ist*a*e personae scriptis heredibus in partem adcrescunt, si sui heredes sint, in virilem, si extranei, in dimidiam. Id est si quis tres verb*i* gratia filios heredes instituerit et filiam praeterierit, filia adcrescendo pro quarta parte fit heres, et ea ratione id*em* consequitur, quod ab intestato patr*o* mor*tuo* habitura esset : a*t* si extraneos ille heredes instituerit et filiam praeterierit, filia adcrescendo ex dimidia parte fit heres. Quae de filia diximus, eadem et de nepote deque omnibus liberorum personis *seu* masculini seu feminini sexus dicta intellegemus. 125. Quid ergo est ? Licet eae secundum ea quae diximus scriptis *heredibus dimidiam partem* detrahant, tamen praetor eis contra tabulas bonorum possessionem promitti*t*, qua ratione extranei heredes a tota hereditate reppelluntur et efficiuntur sine re heredes. 126. Et hoc jure uteb*amur, quas*i nihil inter feminas et masculos interesset ; sed nuper imperator Antoninus significavit rescripto sua*s* [1] non plus nancisci feminas per bonorum possessionem, qua*m* quo*d* jure adcrescendi consequerentu*r*. Quod in emancipatarum quoque persona observandum es*t, ut hae quoque, quod* adcrescendi jure habiturae essen*t*, si in pot*es*ta*te* fuissent, id ipsum etiam per bonorum possessionem habeant. 127. Sed siquidem filius a patre exheredetur, nominatim ex*h*eredari debet ; alioquin non *videtur* exheredari. Nominatim autem exheredari videtur, sive ita exheredetur : TIT*I*US FILIUS MEUS EXHERES ESTO, *sive ita* : FILIUS MEUS EXHERES ESTO, non adjecto proprio nomine. 128. Ceterae vero liberorum person*a*e vel feminini sexus, vel masculini satis inter ceteros exheredantur, id est his *verbis* :*:* CETERI OMNES EXHEREDES SUNTO, *quae verba statim post institutio*nem heredum adjici solent. Sed hoc ita *est jure civili.* 129. Nam praetor omnes virilis sexus *liberorum personas*, id est nepotes quoque et pronepotes *nominatim exheredari jubet, feminini vero inter ceteros* ; *qui nisi fuerint ita exheredati, promitit eis contra tabulas bonorum possessionem* [2].

1. Huschke, suivi par Krueger. Le ms. : 'suo'. — 2. Restitution de Lachmann, critiquée par Huschke.

130 [1]. Postumi quoque liber*i vel heredes institui* debent vel exheredari. 131. Et *in* eo par omnium condicio *est, quod et in* filio pos*tumo et in quolibet ex ceteris li*beris sive *feminini sexus sive masculini* praeterito valet *quidem testamentum, sed postea agnatione postumi sive* postumae rumpitur, et ea ratione totum infirmatur. *Ideoque* si mulier, ex qua *postumus aut postuma* sperabatur, abor*tum feceril, nihil inpedimento est scriptis heredibus ad hereditatem adeundam*. 132. *Sed feminini* quidem sexus personae *vel nominatim vel in*ter ceteros *exheredari solent, dum tamen si inter ceteros exheredentur, aliquid eis legetur, ne videantur per obliv*ionem praeteritae esse. *Masculini vero sexus personas placuit non aliter recte ex*heredari, quam si *nominatim exheredentur, hoc scilicet modo* : QUICUMQUE MIHI FILIUS GENITUS FUERIT, EXHERES ESTO. 132 [a]...[2].

(10 lignes presque entièrement illisibles.)

133 [3]. *Postumorum autem loco sunt et hi, qui in sui heredis locum succedendo quasi agnascendo fiunt parent*ibus sui heredes. Ut ecce si filium et *ex eo nepotem neptemve in potestate habeam, quia filius gradu praecedit, is solus jura sui heredis habet, quamvis nepos quoq*ue et neptis *ex eo in eadem potestate sint; sed si filius meus me vivo moriatur, aut qualibet ratione exeat de potestate mea, incipit nepos neptisve in ejus locum succedere, et* eo modo jura suorum heredum *quasi agnatio*ne nanciscuntur. 134. Ne ergo eo modo rumpatur mihi testa*mentum sicut ipsum filium vel heredem* instituere vel exheredare debeo, ne non *jure faciam testamentum, ita et* nepotem neptemve ex eo necesse est mihi *vel heredem instituere vel exheredare, ne forte, me vivo filio mortuo, succedendo in locum ejus nepos neptisve* quasi *agnatione* rumpat testamentum; idque lege Junia Vellaea provisum est, in qua simul exheredationis modus notatur, ut virilis sexus *postumi* nominatim, feminini vel nominatim vel inter ceteros exheredentur, dum tamen iis qui inter ceteros exheredantur aliquid legetur. 135. *E*mancipatos liberos jure civili neque heredes instituere neque exheredare necesse est, quia non sunt sui heredes; sed praetor omnes tam feminini

---

1. Restitution des §§ 130-132 à l'aide des *Inst.*, 2, 13, 1, confirmée par les fragments du texte lus par Studemund. — 2. Espace vide dans lequel on n'a lu après ' eres esto ', que les lettres : '... potest. u... agat... n' et dans lequel Gaius a dû traiter de quelque objet omis par Justinien entre les §§ 1 et 2 des *Inst.*, 2, 13, de l'institution et de l'exhérédation de *postumi* autres que le fils et la fille, conjecturait Huschke. — 3. §§ 133 et 134 complétés d'après *Inst.*, 2, 13, 2. et *D.*, 28, 2, 13.

quam masculini sexus si heredes non instituantur, exheredari jubet, virilis sexus *nominatim*, feminini ve*l* n*o*minatim vel inter ceteros; quodsi neque heredes instituti fuerint neque ita ut supra diximus exheredati, praetor promittit eis contra tabulas bonorum possessionem. 135ᵃ. In potestate patri*s* non sunt, qui cum eo civitate Romana donati s*u*nt nec in accipienda civitate Romana pater *petiit ut* eos in potestate habere*t*, aut, si petiit, no*n* inpetravit; nam qui *in* po*testatem* patris ab imperatore rediguntur, nihil differunt a*b* his *qui* ita *nati sunt* [1]. 136. Adoptivi fil*i*i quamdiu manent in adoptione, naturalium loco sunt; emancipati vero *a* patre adoptivo neque jure civili neque quod ad edictum praetoris pertinet, inter liberos numerantur. 137. Qua ratione accidit, ut ex diverso quod ad naturalem parentem pertinet, quamdiu quidem sint in adoptiva familia, extraneorum numero habeantur; si vero emancipati fuerint ab adoptivo patre, tunc incipiant in ea causa esse, qua futuri essent, si ab ipso naturali patre *emancipati* fuissent.

138. Si quis post factum testamentum adoptaverit sibi filium aut per populum eum qui sui juris est, aut per praetorem eum qui in potestate parentis fuerit, omni modo testamentum ejus rumpitur quasi agnatione sui heredis. 139. Idem juris est, si cui post factum testamentum uxor in manu*m* conveniat, vel quae in manu fuit nubat; nam eo modo filiae loco esse incipit et quasi su*a*. 140. Nec prodest, s*i*ve haec sive ille qui adoptatus est in eo testamento sit institutus institutave; nam de exheredatione ejus super*vacuum* videtur qu*a*erere, cum testamenti faciendi tempore suorum heredum numero non fuerit. 141. Filius quoque, qui ex prima secundave mancipatione manumittitur, quia revertitur in potestatem patriam, rumpi*t* ante factum testamentum; nec prodest, *si* in eo testamento heres institutus vel exheredatus fuerit. 142. Simile jus olim fuit in ejus persona cujus nomine ex senatusconsulto erroris causa pro*batur*, quia forte ex peregrina vel Latina quae per errorem quasi civis Romana uxor ducta esset, natus esset; nam sive heres institutus esset a parente sive exheredatus, sive vivo patre causa proba*ta* sive post mortem ejus, omni modo quasi *a*gnatione rumpebat testamentum. 143. Nunc vero ex novo senatusconsulto quod auctore divo Hadriano factum est, siquidem vivo patre causa pro*b*atur, aeque ut olim omni modo rumpit testamentum, si vero post mortem patris, praeteritus quidem

---

1. Seckel et Kuebler; le ms. 'athisunit'.

rumpit testamentum, si vero heres in eo scriptus est vel exheredatus, non rumpit testamentum ; ne scilicet diligenter facta testamenta rescinderentur eo tempore quo renovari non possent. 144. Posteriore quoque testamento quod jure factum est superius rumpitur. Nec interest an extiterit aliquis ex eo heres, an non extiterit ; hoc enim solum spectatur an existere potuerit : ideoque si quis ex posteriore testamento quod jure factum est aut noluerit heres esse, aut vivo testatore, aut post mortem ejus, antequam hereditatem adiret, decesserit, aut per cretionem exclusus fuerit, aut condicione sub qua heres institutus est defectus sit, aut propter caelibatum ex lege Julia summotus fuerit ab hereditate : quibus casibus pater familias intestatus moritur, nam et prius testamentum non valet, ruptum a posteriore, et posterius aeque nullas vires habet, cum ex eo nemo heres extiterit. 145. Alio quoque modo testamenta jure facta infirmantur, veluti cum is qui fecerit testamentum capite deminutus sit ; quod quibus modis accidat, primo commentario relatum est. 146. Hoc autem casu inrita fieri testamenta dicemus, cum alioquin et quae rumpuntur inrita fiant, *et quae statim ab initio non jure fiunt inrita sint ; sed et ea quae jure facta sunt et postea propter capitis deminutionem inrita fiunt* [1], possunt nihilo minus rupta dici. Sed quia sane commodius erat singulas causas singulis appellationibus distingui, ideo quaedam non jure fieri dicuntur, quaedam jure facta rumpi vel inrita fieri.

147. Non tamen per omnia inutilia sunt ea testamenta quae vel ab initio non jure facta sunt vel jure facta postea inrita facta aut rupta sunt. Nam si septem testium signis signata sint testamenta, potest scriptus heres secundum tabulas bonorum possessionem petere, si modo defunctus testator et civis Romanus et suae potestatis mortis tempore fuerit. Nam si ideo inritum *factum sit* testamentum, quod puta civitatem vel etiam libertatem testator amisit, aut is in adoptionem se dedit et mortis tempore in adoptivi patris potestate fuit, non potest scriptus heres secundum tabulas bonorum possessionem petere. 148. *Itaque qui* secundum tabulas testamenti quae aut statim ab initio non jure factae sint, aut jure factae postea ruptae vel inritae erunt, bonorum possessionem accipiunt, si modo possunt hereditatem optinere, habebunt bonorum possessionem cum re ; si vero ab iis avocari hereditas

---

1. Restitué à l'aide d'*Inst.*, 2, 17, 5.

potest, habebunt bonorum possessionem sine re. 149. Nam si quis heres jure civili institutus sit vel ex primo vel ex posteriore testamento, vel ab intestato jure legitimo heres sit, is potest ab iis hereditatem avocare ; si vero nemo sit alius jure civili heres, ipsi retinere hereditatem possunt, nec ullum jus adversus eos habent cognati, *qui* legitimo jure deficiuntur. 149ᵃ. Aliqu*ando tamen, sicut s*upra quoque notavimus, etiam legitim*i*s quoque *heredibus* potior*es* scripti habentur, ve*luti* si ideo non *jure* factum sit testamentum, quod familia non venierit aut nuncupationis verba testator locutus non sit ; *cum, si a*gnati petant heredi*tatem, exceptione doli mali ex constitutione imperatoris A*nton*i*ni removeri possint. 150. *Sane* lege Julia *scriptis non auferturhereditas, si b*o*norum* possessores *ex edicto constituti s*in*t. Nam ita demum ea* lege bona caduca fiunt et ad populum deferri jubentur, si defuncto nemo *heres vel bonorum possessor existat*¹.

151. Potest ut jure facta testamenta *contraria voluntate* infirmentur. Apparet *autem* non posse *ex eo solo infirmari* testamentum quod postea testator id noluerit valere, usque adeo, ut si ² linum ejus inciderit, nihilo minus jure civili valeat. Quin etiam si deleverit quoque a*u*t conbus*serit* tabulas testamenti, ni*hi*lo minus *non* desinent valere *quae* ibi fuerunt scripta, licet eorum probatio diffi*cilis* sit. 151ᵃ. Quid ergo est ? Si quis ab intestato bonorum possessionem petieri*t et* is qui ex eo testamento heres *est,* petat her*editatem, per exceptionem doli mali repelletur ; si vero nemo ab intestato bonorum possessionem petierit, populus scripto heredi quasi indigno auferet hereditatem, ne ullo modo ad eum quem testator heredem habere noluit* ³, perveniat hereditas ; et hoc ita rescripto imperatoris Antonini significatur.

152. Heredes autem aut necessarii dicuntur aut sui et necessarii aut extranei. 153. Necessarius heres est servus cum libertate heres institutus, ideo sic appellatus, quia sive velit sive nolit, omni modo post mortem testatoris protinus liber et heres est. 154. Unde qui facultates suas suspectas habet,

---

1. Restitué quant au sens par Krueger depuis 'cum si agnati'. Cf. Dubois. — 2. Schirmer, Z. S. St., 7, 1, 1886, p. 1-15. 8, 1, 1887, pp. 99-108 : 'usque adeo ut *nisi*' ; mais v. en sens contraire Krueger, Z. S. St., 7, 2, 1886, pp. 91-94. 8. 1887, pp. 109-112. — 3. Restitution quant au sens de Krueger qui seulement écrivait autrefois *fiscus* au lieu de *populus*. Huschke, Seckel et Kuebler : '*potest eum per exception*e*m doli mali repellere, si modo ea mens testatoris fuisse probetur ut ad eos qui ab intestato vocantur* perveniat hereditas'. Autres restitutions dans Dubois.

solet servum suum primo aut secundo vel etiam ulteriore gradu
liberum et heredem instituere, ut si creditoribus satis non
fiat, potius hujus heredis quam ipsius testatoris bona veneant,
id est ut ignominia, quae accidit ex venditione bonorum, hunc
potius heredem quam ipsum testatorem contingat; quamquam
apud Fufidium Sabino placeat eximendum eum esse ignominia, quia non suo vitio sed necessitate juris bonorum venditionem pateretur; sed alio jure utimur. 155. Pro hoc tamen
incommodo illud ei commodum praestatur, ut ea, quae post
mortem patroni sibi adquisierit, sive ante bonorum venditionem sive postea, ipsi reserventur; et quamvis pro portione
bona venierint, iterum ex hereditaria causa bona ejus non
venient, nisi si quid ei ex hereditaria causa fuerit adquisitum, velut si [1] Latinus adquisierit, locupletior factus sit; cum
ceterorum hominum quorum bona venierint pro portione,
si quid postea adquirant, etiam saepius eorum bona venire solent. 156. Sui autem et necessarii heredes, sunt velut filius
filiave, nepos neptisve ex filio, et deinceps ceteri qui modo in
potestate morientis fuerunt. Sed uti nepos neptisve suus heres
sit, non sufficit eum in potestate avi mortis tempore fuisse,
sed opus est ut pater quoque ejus vivo patre suo desierit suus
heres esse aut morte interceptus aut qualibet ratione liberatus
potestate; tum enim nepos neptisve in locum sui patris succedunt. 157. Sed sui quidem heredes ideo appellantur, quia
domestici heredes sunt et vivo quoque parente quodammodo
domini existimantur; unde etiam si quis intestatus mortuus
sit, prima causa est in successione liberorum. Necessarii vero
ideo dicuntur, quia omni modo, *sive* velint *sive nolint, tam* ab
intestato quam ex testamento heredes fiunt. 158. Sed his praetor permittit abstinere se ab hereditate, ut potius parentis bona
veneant. 159. Idem juris est et in uxoris persona quae in
manu est, quia filiae loco est, et in nuru quae in manu filii
est, quia neptis loco est. 160. Quin etiam similiter abstinendi
potestatem facit praetor etiam ei qui in causa [id est mancipato,] mancipii est, si cum libertate heres institutus sit, *quamvis* necessarius, non etiam suus heres sit, tamquam servus.
161. Ceteri qui testatoris juri subjecti non sunt, extranei heredes appellantur. Itaque liberi quoque nostri, qui in potestate
nostra non sunt, heredes a nobis instituti [sicut] extranei videntur. Qua de causa et qui a matre heredes instituuntur
eodem numero sunt, quia feminae liberos in potestate non

1. Omission dans le ms. selon quelques interprètes; cf. Dubois.

habent. Servi quoque, qui cum liber*tate* heredes instituti sunt et postea a domino manumissi, eodem numero habentur. 162. Extraneis autem heredibus deliberandi potestas data est de adeunda hereditate vel non adeunda. 163. Sed sive is cui *absti*nendi potestas est, immiscuerit se bonis hereditariis, sive is cui de adeunda *hereditate* deliberare licet, adierit, postea relinquendae hereditatis facultatem non habet, nisi si minor sit annorum xxv. Nam hujus aetatis hominibus, sicut in ceteris omnibus causis deceptis, ita etiam si temere damnosam hereditatem susceperint, praetor succurrit. Scio quidem divum Hadrianum etiam majori xxv annorum veniam dedisse, cum post *a*ditam hereditatem grande *a*es alienum quod aditae hereditatis tempore latebat apparuisset.

164. Extraneis heredibus solet cretio dari, id est finis deliberandi, ut intra certum tempus vel adeant hereditatem, vel si non adeant, temporis fine summoveantur. Ideo autem cretio appellata est, quia cernere est quasi decernere et constituere. 165. Cum ergo ita scri*p*tum sit : HERES TITIUS ESTO, adjicere de*b*emus : CERNITOQUE IN CENTUM DIEBUS PROX*I*MIS QUIBUS SCIES POTERISQUE. QUODNI ITA CREVERIS, EXHERES ESTO. 166. Et qui ita heres institutus est, si velit heres esse, debebit intra diem cretionis cernere, id est haec verba dicere : QUO ME P. *M*EV*I*US TESTAMENTO SUO HEREDEM INSTITUIT, EAM HEREDITATEM ADEO CERNOQUE. Quodsi ita non creverit, finito tempore cretionis excluditur ; nec quicquam proficit, si pro herede gerat, id est si rebus hereditariis tamquam heres utatur. 167. At is qui sine cretione heres insti*tu*tus sit, aut qui ab intestato legitimo jure ad hereditatem vocatur, potes*t* aut cernendo aut pro herede gerendo vel etiam nuda voluntate suscipiend*ae* hereditatis heres fieri ; eique liberum est quocumque tempore voluerit adire hereditatem ; *sed* solet praetor postulantibus hereditariis creditoribus tempus constituere, intra quod si ve*li*t adea*t* hereditatem, si minus, ut liceat creditoribus *bona* defuncti vendere. 168. Sicu*t* autem *qui* cum cretione heres institutus est, nisi creverit hereditatem, non fit heres, ita non aliter excluditur, quam si non creverit intra id tempus quo cretio finita es*t* ; itaque, licet ante diem cretionis constituerit hereditatem non adire, tamen paenitentia actus superante die cretionis cernendo heres esse potest. 169. A*t* *is* qui sine cretione heres institutus est, qui*r*e ab intestato per legem vocatur, sicut voluntate nuda heres fit, ita et contraria destinatione statim ab hereditate repellitur. 170. Omnis autem cretio

certo tempore constringitur. In quam rem tolerabile tempus visum est centum dierum. Potest tamen nihilo minus jure civili aut longius aut brevius tempus dari ; longius tamen interdum praetor coartat. 171. Et quamvis omnis cretio certis diebus constringatur, tamen alia cretio vulgaris vocatur, alia certorum dierum : vulgaris illa, quam supra exposuimus, id est in qua adjiciuntur haec verba : QUIBUS SCIET POTERITQUE ; certorum dierum, in qua detractis his verbis cetera scribuntur. 172. Quarum cretionum magna differentia est. Nam vulgari cretione data nulli dies conputantur, nisi quibus scierit quisque se heredem esse institutum et possit cernere. Certorum vero dierum cretione data etiam nescienti se heredem institutum esse numerantur dies continui ; item ei quoque qui aliqua ex causa cernere prohibetur, et eo amplius ei qui sub condicione heres institutus est, tempus numeratur ; unde melius et aptius est vulgari cretione uti. 173 [1]. Continua haec cretio vocatur, quia continui dies numerantur. Sed quia [tamen] dura est haec cretio, altera in usu habetur ; unde etiam vulgaris dicta est.

[DE SUBSTITUTIONIBUS]. 174. Interdum duos pluresve gradus heredum facimus, hoc modo : L. TITIUS HERES ESTO CERNITOQUE IN DIEBUS CENTUM PROXIMIS QUIBUS SCIES POTERISQUE. QUODNI ITA CREVERIS, EXHERES ESTO. TUM MEVIUS HERES ESTO CERNITOQUE IN DIEBUS CENTUM et reliqua ; et deinceps in quantum velimus substituere possumus 175. Et licet nobis vel unum in unius locum substituere pluresve, et contra in plurium locum vel unum vel plures substituere. 176. Primo itaque gradu scriptus heres hereditatem cernendo fit heres et substitutus excluditur ; non cernendo summovetur, etiamsi pro herede gerat, et in locum ejus substitutus succedit. Et deinceps si plures gradus sint, in singulis simili ratione idem contingit. 177. Sed si cretio sine exheredatione sit data, id est in haec verba : SI NON CREVERIS, TUM P. MEVIUS HERES ESTO, illud diversum invenitur, quod si prior omissa cretione pro herede gerat, substitutum in partem admittit et fiunt ambo aequis partibus heredes ; quodsi neque cernat neque pro herede gerat, tum sane in universum sommovetur, et substitutus in totam hereditatem succedit. 178. Sed Sabino quidem placuit, quamdiu cernere et eo modo heres fieri possit prior, etiamsi pro herede gesserit, non tamen admitti substitutum ; cum vero cretio finita sit, tum pro herede gerente admitti substitutum : aliis vero placuit

1. Paragraphe supprimé tout entier comme une glose par Muirhead.

etiam superante cretione posse eum pro herede gerendo in partem substitutum admittere et amplius ad cretionem reverti non posse.

179. Liberis nostris inpuberibus quos in potestate habemus, non solum ita ut supra diximus substituere possumus, id est ut si heredes non extiterint, alius nobis heres sit; sed eo amplius, ut etiamsi heredes nobis extiterint et adhuc inpuberes mortui fuerint, sit iis aliquis heres; velus hoc modo: TITIUS FILIUS MEUS MIHI HERES ESTO. SI FILIUS MEUS MIHI *HERES NON ERIT SIVES HERES*[1] ERIT ET PRIUS MORIATUR QUAM IN SUAM TUTELAM VENERIT, TUNC SEIUS HERES ESTO. 180. Quo casu siquidem non extiterit heres filius, substitutus patri fit here*s*; *si vero* heres extiterit filius et ante pubertatem decesserit, ipsi filio fit heres substitutus Quam ob rem duo quodammodo sunt testamenta, aliu*d* patris, aliu*d* filii, tamquam si ipse filius sibi heredem instituisset; aut certe unum est testamentum duarum hereditatum. 181. Ceterum ne post obitum parentis periculo insidiarum subjectus videatur pupillus, in usu est vulgarem quidem substitutionem palam facere, id est eo loco quo pupillum heredem instituimus ; *nam* vulgaris substitutio ita vocat ad hereditatem substitutum, si omnino pupillus heres non extiterit; quod accidit, cum vivo parente moritur, quo casu nullum substituti maleficium suspicari possumus, cum scilicet vivo testatore omnia quae in testamento scri*p*ta sint, ignorentur: *illam* autem substitutionem, per quam *etiamsi* heres extiterit pupillus et intra pubertatem decesserit, substitutum vocamus, separatim in inferioribus tabulis scribimus, easque tabulas proprio lino propriaque cera consignamus, et in prioribus tabulis cavemus, ne inferiores tabulae vivo filio et adhuc inpubere aperiantur. Se*d* longe *t*utius est utrumque genus substitutionis [separatim] in inferioribus tabulis consignari, quo*d si* ita [consignatae vel] separatae fuerint substitutione*s*, ut diximus, *ex* priore potest intellegi in altera [alter] quoque idem esse substitutus. 182. Non solum aut*em* heredibus institutis inpuberibus liberis ita substituere possumus, ut si ante pubertatem mortui fuerint, sit is heres quem nos voluerimus, sed etiam exhe*r*edatis. Itaque eo casu si quid pupillo ex hereditatibus legatisve aut donationibus propinquorum adquisitum fuerit, id om*n*e a*d* substitutum pertinet. 183. Qu*ae*cumque diximus de substitutione inpuberum liber*o*rum vel heredum institutorum vel exherederatorum, eadem etiam de postumis intellege-

---

1. Restitué à l'aide d'*Inst.*, 2, 16, *pr.*

mus. 184. Extraneo vero heredi instituto ita substituere non possum*us*, ut si heres extiterit et intra aliquod tempus decesserit, alius ei heres sit; sed hoc solum no*b*is permissum est, ut eum p*er* fideicommissum obligemus, ut hereditatem nostram totam vel *pro* parte restituat; quod jus quale sit, suo' loco trademus.

185. Sicut autem liberi homines, ita et servi, tam nostri quam alieni, heredes scribi possunt. 186. Sed noster servus simul et liber et heres esse juberi debet, id est hoc modo: STIC*H*US SERVUS MEUS LIBER HERESQUE *E*STO, vel: HERES LIBERQUE ESTO. 187. Nam si sine libertate heres institutus sit, etiamsi postea manumissus fuerit a domino, heres esse non potest, quia institutio in persona e*jus* non consti*ti*t; ideoque licet alienatus sit, non potest jussu domini novi cernere hereditatem. 188. Cum libertate vero heres institutus siquidem in ea*dem* causa duraverit, fit ex testamento li*b*er et inde necessarius heres. Si vero ab ipso testatore manumissus fuerit, suo arbitrio hereditatem adire potest. Quodsi alienatus sit, jussu novi domin*i* adire hereditatem debet, qua ratione per eum dominus fit heres; nam ips*e* neque heres neque liber esse potest. 189. Alienus quoque servus heres institutus si in eadem causa duraverit, jussu domini hereditatem adire debet; si vero alienatus ab eo fuerit aut vivo testatore aut post mortem ejus, antequam cernat, debet jussu novi domini cernere; si vero manumissus est, suo arbitrio adire hereditatem potes*t*. 190. Si autem servus alienus heres institutus est vulgari cretione data, ita in*tel*legitur dies cretionis cedere, si ipse servus scierit se heredem instit*ut*um esse, nec ullum in*p*edimentum sit, quominus certiorem dominum faceret, ut illius jussu cernere possit.

191. Post haec videamus de legatis. Quae pars juris extra propositam quidem materiam videtur; nam loquimur de his juris figuris. quibus p*er* universitatem res no*b*is adquiruntur; sed cum omni modo de testamentis deque heredibus qui testamento instituunt*ur*, locuti sumus, non sine causa sequenti loco poterit haec juris materia tractari.

[DE LEGATIS.]

192. Legatorum itaque genera sunt quattuor: aut enim per vindicationem legamus, aut per damnationem, aut sinendi modo, aut per praeceptionem.

193. Per vindicationem hoc modo legamus: TITIO verbi gratia HOMINEM STICHUM DO LEGO; sed *et* si alter*utr*um verbum posi-

tum sit, veluti : DO aut : LEGO, aeque per vindicationem legatum est ; item, ut magis *visum est*, si ita legatum fuerit : SUMITO, vel ita ; SIBI HABETO, *vel* ita : CAPITO, aeque per vindicationem legatum est. 194. Ideo *au*tem per vindicationem legatum appellatur, qui*a* post aditam hereditatem statim ex jure Quiritium res legatar*ii* fit ; et si eam rem legatarius vel ab herede vel ab alio quocumque qui eam possidet petat, vindicare debet, id est intendere suam r*em* ex jure Quiritium esse. 195. In eo solo dissentiunt prudentes, quod Sabinus quidem et Cassius ceterique nostri praeceptores quod ita legatum sit statim post aditam hereditatem putant fieri legatar*ii*, etiamsi ignoret sibi legatum esse [dimissum],*sed* posteaquam scierit et o*m*iserit legatum, p*r*oinde esse atque si legatum non esset ; Nerva vero et Proculus ceterique illius s*cho*lae auctores non alite*r* putant rem legatar*ii* fieri, quam si voluerit eam ad se pertinere. Sed hodie ex divi Pii Antonini constitutione hoc magis jure uti *v*idemur quod Proculo placuit ; nam cum legatus fuisset Latinus p*er* vindicationem coloniae, 'Deliberent, inqui*t*, decuriones, an ad se velint pertinere, proinde ac si uni legatus esset'. 196. *E*ae autem sol*ae* res per vindicationem legan*tur* recte, quae ex jure Quiritium ipsius testatoris sunt. Sed eas quidem res quae pondere numero mensura constant placuit sufficere, si mortis tempore sint ex jure Quiritium testatoris, veluti vinum oleum frumentum pecuniam numeratam. Ceteras res vero placuit utroque tempore testatoris ex jure Quiritium esse debere, id est et quo facere*t* testamentum et quo moreretur ; alioquin inutile est legatum. 197. Sed sane hoc ita est jure civili. Postea vero auctore Nerone Caesare senatusconsultum factum est, qu*o* cautum est, ut si eam rem quisque legaverit quae ejus numquam fuerit, proinde utile sit legatum, atque si optimo jure relictum esset ; opt*i*mum autem jus est per damnationem lega*ti*, quo genere etiam aliena res legari potest, sicut inferius apparebit. 198. Sed si quis rem suam legaverit, deinde post testamentum factum eam alienaverit, plerique putant non solum jure civili inutile esse legatum, sed ne*c* ex senatusconsulto confirmari. Quod ideo dictum est, quia et si per damnationem aliquis rem suam legaverit eamque postea alienaverit, plerique putant, licet ipso jure debeatur legatum, tamen legatarium petentem posse per exceptionem doli mali repelli, quasi contra voluntatem defuncti petat. 199. Illu*d* constat, si duobus pluribusve per vindicationem eadem res legata sit, sive conjunctim sive disjunctim, et omnes

veniant ad legatum, partes ad singulos pertinere et deficientis portionem collegatario adcrescere. Conjunctim autem ita legatur : TITIO ET SEIO HOMINEM STICHUM DO LEGO ; disjunctim ita : L. TITIO HOMINEM STICHUM DO LEGO, SEIO EUNDEM HOMINEM DO LEGO.
200. Illud quaeritur, quod sub condicione per vindicationem legatum est, pendente condicione cujus sit. Nostri praeceptores heredis esse putant exemplo statu liberi, id est ejus servi, qui testamento sub aliqua condicione liber esse jussus est ; quem constat interea heredis servum esse. Sed diversae scholae auctores putant nullius interim eam rem esse ; quod multo magis dicunt de eo quod [sine condicione] pure legatum est, antequam legatarius admittat legatum.

201. Per damnationem hoc modo legamus : HERES MEUS STICHUM SERVUM MEUM DARE DAMNAS ESTO ; sed et si DATO scriptum fuerit, per damnationem legatum est. 202. Eoque genere legati etiam aliena res legari potest, ita ut heres redimere rem et praestare aut aestimationem ejus dare debeat. 203. Ea quoque res quae in rerum natura non est, si modo futura est, per damnationem legari potest, velut : FRUCTUS QUI IN ILLO FUNDO NATI ERUNT, aut QUOD EX ILLA ANCILLA NATUM ERIT. 204. Quod autem ita legatum est, post aditam hereditatem, etiamsi pure legatum est, non, ut per vindicationem legatum, continuo legatario adquiritur, sed nihilo minus heredis est. Et ideo legatarius in personam agere debet, id est intendere heredem sibi dare oportere ; et tum heres, si res mancipi sit, mancipio dare aut in jure cedere possessionemque tradere debet ; si nec mancipi sit, sufficit si tradiderit. Nam si mancipi rem tantum tradiderit nec mancipaverit, usucapione pleno jure fit legatarii ; conpletur autem usucapio, sicut alio quoque loco diximus, mobilium quidem rerum anno, earum vero quae solo tenentur, biennio. 205. Est et illa differentia hujus et per vindicationem legati, quod si eadem res duobus pluribusve per damnationem legata sit, siquidem conjunctim, plane singulis partes debentur, sicut in [illo] per vindicationem legato diximus [1], si vero disjunctim, singulis solidum debetur. Ita fit, ut scilicet heres alteri rem, alteri aestimationem ejus praestare debeat. Et in conjunctis deficientis portio non ad collegatarium pertinet, sed in hereditate remanet.

206. Quod autem diximus deficientis portionem in per damnationem quidem legato in hereditate retineri, in per vindicationem vero collegatario adcrescere, admonendi sumus

1. Conjecture de Kalb, *Das Juristenlatein*, éd. 2, 1888, p. 52, n. 1.

ante legem Papiam *hoc* jure civili ita fuisse ; post legem vero Papiam deficientis portio caduca fit et ad eos pertinet qui in eo testamento liberos habent. 207. Et quamvis prima causa sit in caducis vindicandis heredum liberos habentium, deinde si heredes liberos non habeant, legatariorum liberos habentium, tamen ipsa lege Papia significatur, ut collegatarius conjunctus, si liberos habeat, potior sit heredibus, etiamsi liberos habebunt. 208. Sed plerisque placuit, quantum ad hoc jus quod lege Papia conjunctis constituitur, nihil interesse, utrum per vindicationem an per damnationem legatum sit.

209. Sinendi modo ita legamus : HERES MEUS DAMNAS ESTO SINERE L. TITIUM HOMINEM STICHUM SUMERE SIBIQUE HABERE. 210. Quod genus legati plus quidem habet *quam* per vindicationem legatum, minus autem quam per damna*tio*nem. Nam eo modo non solum suam rem testator utiliter legare potest, sed etiam heredis sui ; cum alioquin per vindicationem nisi suam rem legare non potest, per damnationem autem cujuslibet extranei rem legare potest. 211. Sed siquidem mortis testatoris tempore res vel ipsius testatoris sit vel heredis, plane utile legatum est, etiamsi testamenti faciendi tempore neutrius fuerit. 212. Quodsi post mortem testatoris ea res heredis esse coeperit, qu*ae*ritur an utile sit legatum. Et plerique putant inutile esse. Qui*d* ergo est ? Licet aliquis eam rem legaverit quae neque ejus umquam fuerit neque postea heredis ejus umqu*am* esse coeperit, ex senatusconsulto Neroniano proinde videtur, ac si per damnationem relicta esset. 213. Sicut autem per damnationem legata res non statim post aditam hereditatem legatar*i*i efficitur, sed manet heredis eo usque, donec is [heres] tradendo vel mancipando vel in jure cedendo legatarii eam fecerit, ita et in sinendi modo legato juris est ; et ideo hujus quoque legati nomine in personam actio est QUIDQUID HEREDEM EX TESTAMENTO DARE FACERE OPORTET. 214. Sunt tamen qui putant ex hoc legato non videri obligatum heredem, ut mancipet aut in jure cedat aut tradat, sed sufficere ut legatarium rem sumere patiatur ; quia nihil ultra ei testator imperavit, quam u*t* sinat, id est patiatur, legatarium rem si*b*i habere. 215. Major illa dissensio in hoc legato intervenit, si eandem rem duobus pluribusve disjunctim legasti ; quidam putant utrisque solidam deberi, [sicut per vindicationem ;] nonnulli occupantis esse meliorem condicionem aestimant, quia cum eo genere legati damnetur heres patientiam praestare, ut legatarius rem habeat, sequitur, ut si

priori patientiam praestiterit et is rem sumpserit, securus sit adversus eum qui postea legatum petierit, quia neque habet rem, ut patiatur eam ab eo sumi, neque dolo malo fecit quominus eam rem haberet.

216. Per praeceptionem hoc modo legamus : L. TITIUS HOMINEM STICHUM PRAECIPITO. 217. Sed nostri quidem praeceptores nulli alii eo modo legari posse putant, nisi ei qui aliqua ex parte heres scriptus esset ; praecipere enim esse praecipuum sumere ; quod tantum in ejus persona procedit qui aliqua ex parte heres institutus est, quod is extra portionem hereditatis praecipuum legatum habiturus sit. 218. Ideoque si extraneo legatum fuerit, inutile est legatum : adeo ut Sabinus existimaverit ne quidem ex *senatus*consulto Neroniano posse convalescere : nam eo, inquit, senatusconsulto ea tantum confirmantur quae verborum vitio jure civili non valent, non quae propter ipsam personam legatarii non deberentur. Sed Juliano et Sexto placuit etiam hoc casu ex senatusconsulto confirmari legatum ; nam ex verbis etiam hoc casu accidere, ut jure civili inutile sit legatum, inde manifestum esse, quod eidem aliis verbis recte legatur, veluti per vindicationem, per damnationem, sinendi modo ; tunc autem vitio personae legatum non valere, cum ei legatum sit, cui nullo modo legari possit, velut peregrino, cum quo testamenti factio non sit ; quo plane casu senatusconsulto locus non est. 219. Item nostri praeceptores quod ita est nulla *alia* ratione putant posse consequi eum cui ita fuerit legatum, quam judicio familiae erciscundae, quod inter heredes de hereditate erciscunda, id est dividunda, accipi solet ; officio enim judicis id contineri, ut ei quod per praeceptionem legatum est, adjudicetur. 220. Unde intellegimus nihil aliud secundum nostrorum praeceptorum opinionem per praeceptionem legari posse nisi quod testatoris sit ; nulla enim alia res quam hereditaria deducitur in hoc judicium. Itaque si non suam rem eo modo testator legaverit, jure quidem civili inutile erit legatum ; sed ex *s*enatusconsulto confirma*b*itur. Aliquo tamen casu etiam alienam rem *per* praeceptionem legari posse fatentur ; veluti si quis eam rem legaverit quam creditori fiduciae causa mancipio dederit ; nam officio judicis coheredes cogi posse existimant soluta pecunia luere eam rem, ut possit praecipere is cui ita legatum sit. 221. Sed diver*s*ae *s*cholae auctores putant etiam extraneo per praeceptionem legari posse proinde a*c* si ita scribatur : TITIUS HOMINEM STICHUM CAPITO, supervacuo adjecta PRAE syllaba ; ideoque per vindicationem eam

rem legatam videri : quae sententia dicitur divi Hadriani constitutione confirmata esse. 222. Secundum hanc igitur opinionem si ea res ex jure Quiritium defuncti fuerit, po*test* a legatario vindicari, sive *is* unus ex heredibus sit sive extraneus ; quodsi in bonis tantum testatoris fuerit, extraneo quidem ex senatusconsulto utile erit legatum, heredi vero familiae erciscundae judicis officio praestabitur ; quodsi nullo jure fuerit testatoris, tam heredi quam extraneo ex senatusconsulto utile erit. 223. Sive tamen heredibus secundum nostrorum opinionem, sive etiam extraneis secundum illorum opinionem, duobus pluribusve eadem res conjunctim aut disjunctim legata fuerit, singuli partes ha*b*ere debent.

[AD LEGEM FALCIDIAM R.] 224. Sed ol*i*m quidem licebat totum patrimonium legatis atque libertatibus erogare nec quicquam heredi relinquere praeterquam inane nomen here*di*s ; *id*que lex XII tabularum permittere videbatur, qua cavetur, ut quod quisque de re sua testatus esset, id ratum ha*b*eretur, his verbis : UTI LEGASS*I*T SUAE RE*I* ITA JUS ESTO. Quare qui scripti heredes erant, ab hereditate se abstinebant, et idcirco plerique intestati moriebantur. 225. Itaque lata est lex Furia, qu*a*, exceptis personis quibusdam, ceteris plus mille assibus legatorum nomine mortisve causa capere permissum non est. Sed et h*a*ec lex non perfecit quod voluit ; qui enim verbi gratia quinque milium *a*eris patrimonium habebat, poterat quinque hominibus singulis millenos asses legando totum patrimoninm erogare. 226. Ideo postea lata est lex Voconia, qua cautum est, ne cui plus legatorum nomine mortisve causa capere liceret quam heredes caperen*t*. Ex qua lege plane quidem aliquid utique heredes habere videbantur ; se*d* tamen fere vitium simile nascebatur ; nam in multas legatariorum personas distributo patrimonio poterat *testator* adeo heredi minimum relinquere, ut non expediret heredi hujus lucri gratia totius hereditatis onera sustinere. 227. Lata est itaque lex Falcidia, qua cautum est, ne plus ei legare liceat quam dodra*n*tem : itaque necesse est, ut heres quartam partem hereditatis habeat ; et hoc n*unc* jure utimur. 228. In libertatibus quoque dandis nimiam licentiam conpescuit lex Fufia Caninia, sicut in primo commentario rettulimus.

[R. DE INUTILITER RELICTIS LEGATIS. R.]229. Ante heredis institutionem *i*nutiliter legatur, scilicet quia testamenta vim ex institutione heredis accipiunt, et ob id velut caput et fundamentum intellegitur totius testamenti heredis institutio. 230.

Pari ratione nec libertas ante heredis institutionem dari potest.
231. Nostri praeceptores nec tutorem eo loco dari posse existimant; sed Labeo et Proculus tutorem posse dari, quod nihil ex hereditate erogatur tutoris datione. 232. Post mortem quoque heredis inutiliter legatur, id est hoc modo : CUM HERES MEUS MORTUUS ERIT, DO LEGO, aut : DATO. Ita autem recte legatur : CUM HERES MEUS MORIETUR, quia non post mortem heredis relinquitur, sed ultimo vitae ejus tempore. Rursum ita non potest legari : PRIDIE QUAM HERES MEUS MORIETUR ; quod non pretiosa ratione receptum videtur. 233. Eadem et de libertatibus dicta intellegemus. 234. Tutor vero an post mortem heredis dari possit quaerentibus eadem forsitan [poterit esse] quaestio, quae de eo agitatur qui ante heredum institutionem datur.

[DE POENAE CAUSA RELICTIS LEGATIS.] 235. Poenae quoque nomine inutiliter legatur. Poenae autem nomine legari videtur quod coercendi heredis causa relinquitur, quo magis heres aliquid faciat aut non faciat ; veluti quod ita legatur : SI HERES MEUS FILIAM SUAM TITIO IN MATRIMONIUM CONLOCAVERIT, X MILIA SEIO DATO, vel ita : SI FILIAM TITIO IN MATRIMONIUM NON CONLOCAVERIS, X MILIA TITIO DATO ; sed et si heredem, si verbi gratia intra biennium monumentum sibi non fecerit, x milia Titio dare jusserit, poenae nomine legatum est ; et denique ex ipsa definitione multas similes species circumspicere possumus. 236. Nec libertas quidem poenae nomine dari potest, quamvis de ea re fuerit quaesitum. 237. De tutore vero nihil possumus quaerere quia non potest datione tutoris heres conpelli quicquam facere aut non facere ; ideoque nec datur poenae nomine tutor ; si vero ita tutor [1] datus fuerit, magis sub condicione quam poenae nomine datus videbitur.

238. Incertae personae legatum inutiliter relinquitur. Incerta autem videtur persona quam per incertam opinionem animo suo testator subjicit, velut cum ita legatum sit : QUI PRIMUS AD FUNUS MEUM VENERIT, EI HERES MEUS X MILIA DATO. Idem juris est si generaliter omnibus legaverit : QUICUMQUE AD FUNUS MEUM VENERIT. In eadem causa est quod ita relinquitur : QUICUMQUE FILIO MEO IN MATRIMONIUM FILIAM SUAM CONLOCAVERIT, EI HERES MEUS X MILIA DATO. Illud quoque [in eadem causa est] quod ita relinquitur : QUI POST TESTAMENTUM SCRIPTUM PRIMI CONSULES DESIGNATI ERUNT, aeque incertis personis legari videtur. Et denique aliae multae hujusmodi species sunt. Sub certa vero demon-

---

1. Correction ancienne et répandue d'un passage certainement défectueux ; v. d'autres corrections dans Dubois.

stratione incertae personae recte legatur veluti : EX COGNATIS MEIS QUI NUNC SUNT QUI PRIMUS AD FUNUS MEUM VENERIT, EI X MILIA HEREDES MEUS DATO. 239. Libertas quoque non videtur incertae personae dari posse, quia lex Fufia Caninia jubet nominatim servos liberari. 240. Tutor quoque certus dari debet. 241. Postumo quoque alieno inutiliter legatur. *Est* autem alienus postumus qui natus inter suos heredes testatori futurus non est; ideoque ex emancipato quoque filio conceptus nepos extraneus postumus est; item qui in utero est ejus quae jure civili non intellegitur uxor, extraneus postumus patris intellegitur. 242. Ac ne heres quidem potest institui postumus alienus; est enim incerta persona. 243. Cetera vero quae supra diximus, ad legata proprie pertinent. Quamquam non inmerito quibusdam placeat poenae nomine heredem institui non posse; nihil enim interest, utrum legatum dare jubeatur heres, si fecerit aliquid aut non fecerit, an coheres ei adjiciatur, quia tam coheredis adjectione quam legati datione conpellitur, ut aliquid contra propositum suum faciat aut non faciat.

244. An ei qui in potestate sit ejus quem heredem instituimus, recte legemus quaeritur. Servius recte legari putat, sed evanescere legatum, si quo tempore dies legatorum cedere solet, adhuc in potestate sit, ideoque sive pure legatum sit et vivo testatore in potestate heredis esse desierit, sive sub condicione et ante condicionem id acciderit, deberi legatum. Sabinus et Cassius sub condicione recte legari, pure non recte, putant; licet enim vivo testatore possit desinere in potestate heredis esse, ideo tamen inutile legatum intellegi oportere, quia quod nullas vires habiturum foret, si statim post testamentum factum decessisset testator, hoc ideo valere, quia vitam longius traxerit, absurdum esset. *Sed* diversae scholae auctores nec sub condicione recte legari, quia quos in potestate habemus, eis non magis sub condicione quam pure debere possumus. 245. Ex diverso constat ab eo qui in potestate *tua* est, herede instituto recte tibi legari; sed si tu per eum heres extiteris, evanescere legatum, quia ipse tibi legatum debere non possis; si vero filius emancipatus aut servus manumissus erit vel in alium translatus, et ipse heres extiterit aut alium fecerit, deberi legatum.

246. *Nunc* transeamus ad fideicommissa.

247. Et prius de hereditatibus videamus. 248. Inprimis igitur sciendum est opus esse, ut aliquis heres recto jure instituatur ejusque fidei committatur, ut eam hereditatem alii

restituat ; alioquin inutile est testamentum, in quo nemo recto
jure heres instituitur. 249. Verba autem [utilia] fideicommissorum haec [recte] maxime in usu esse videntur : PETO, ROGO,
VOLO, FIDEI COMMITTO ; quae proinde firma singula sunt, atque
si omnia in unum congesta sint. 250. Cum igitur scripserimus :
L. TITIUS HERES ESTO, possumus adjicere : ROGO TE L. TITI PETO-
QUE A TE, UT CUM PRIMUM POSSIS HEREDITATEM MEAM ADIRE, C. SEIO
REDDAS RES*TI*TUAS. Possumus autem et de parte restituenda
rogare ; et liberum est vel sub condicione vel pure relinquere
fideicommissa, vel ex die certa. 251. Restituta autem heredita*te*, is qui restituit nihilo minus heres permanet ; is vero qui
recipit hereditatem, aliquando heredis loco est, aliquando legatar*ii*. 252. Olim autem nec heredis loco erat nec legatar*ii*, sed
potius emptoris. Tunc enim in *u*su erat ei cui restituebatur
hereditas, nummo uno eam hereditatem dicis causa venire ;
et quae stipulationes *inter venditorem hereditatis et emptorem
interponi solent, eaedem interponebantur* inter heredem et eum
cui restituebatur hereditas, id est hoc modo : heres quidem
stipulabatur ab eo cui restituebatur hereditas, ut quidquid hereditario nomine condemnatus *sol*visset, sive quid alias bona fide
dediss*et*, eo nomine indemnis *es*set, et omnino si quis cum eo
hereditario nomine ageret, ut recte defenderetur ; ille vero qui
recipiebat hereditatem, invicem stipulabatur, ut si qui*d* ex
hereditate ad heredem pervenisset, id sibi restitueretur, ut
etiam pateretur eum hereditarias actiones procuratorio aut cognitorio nomine exequi. 253. Sed posterioribus temporibus
Tre*b*ellio Maximo et Ann*a*eo Seneca consulibus senatusconsultum factum est, quo cautum est, ut si cui hereditas ex fideicommissi causa restituta sit, actiones qu*a*e jure civili heredi et
in heredem conpeterent, *ei* et in eum darentur cui ex fideicommisso restituta esset hereditas. Per quod senatusconsultum
desierunt ill*a*e cautiones in usu haberi ; pr*a*etor enim utiles
actiones ei et in eum qui recepit hereditatem, quasi heredi et
in heredem dare coepit, eaeque in edicto proponuntur. 254. Sed
rursus quia heredes scripti, cum aut totam hereditatem aut
paene totam plerumque restituere rogabantur, adire hereditatem ob nullum aut minimum lucrum recusabant, atque ob id
extinguebantur fideicommissa, *postea* Pegaso et Pusione *consulibus* senatus censuit, ut ei qui rogatus es*set* hereditatem restituere, proinde liceret quartam partem retinere, atque e lege
Falcidia in legatis [retinendis] conceditur. (Ex singulis quoque
rebus quae per fideicommissum relincuntur, eadem retentio

permissa est). Per quod senatusconsultum ipse *heres* onera hereditaria sustinet. Ille autem qui ex fideicommisso reliquam partem hereditatis recipit, legatarii partiarii loco est, id est ejus legatarii cui pars bonorum legatur ; quae species legati partitio vocatur, quia cum herede legatarius partitur hereditatem. Unde effectum est, ut quae solent stipulationes inter heredem et partiarium legatarium interponi, eaedem interponantur inter eum, qui ex fideicommissi causa recipi*t* hereditatem, et heredem, id est ut *et* lucrum et damnum hereditarium pro rata parte inter eos commune sit. 255. Ergo siquidem non plus qua*m* dodrantem hereditatis scriptus heres rogatus sit restituere, tum ex Tre*b*elliano senatusconsulto restituitur hereditas, *et* in utrumque actiones hereditariae pro rata parte dan*tur*, in heredem quidem jure civili, in eum vero qui recipit hereditatem, ex senatusconsulto Trebelliano ; quamquam heres etiam pro ea parte quam restituit heres permanet, eique et in eum solid*ae* actiones conpetunt ; sed non ulterius oneratur nec ulterius illi dantur actiones, quam apu*d* eum commodum hereditatis remanet. 256. At si quis plus quam dodrantem vel etiam totam hereditatem restituere rogatus sit, locus *est* Pegasiano senatusconsulto. 257. Se*d* is qui s*em*el adierit hereditatem, si modo sua voluntate adierit, sive retinuerit quartam par*tem* sive noluerit retinere, ipse universa onera hereditaria sustine*t*; se*d* quarta quidem retenta quasi partis et pro parte stipulationes interponi debent tamquam inter partiarium legatarium et heredem ; si vero totam hereditatem restituerit, ad exemplum emp*tae* et vendi*tae* hereditatis stipulationes interponend*ae* sunt. 258. Se*d* si recuset scriptus heres adire hereditatem ob id quod dicat eam sibi suspectam esse quasi damnosam, cavetur *Peg*asiano senatusconsulto ut, desiderante eo cui restituere rogatus est, jussu praetoris adeat et restituat, proindeque ei et in eum qui receperit *hereditatem* actiones dentur, ac juris est ex senatusconsulto Trebelliano. Quo casu nullis stipulationibus opus est, quia simul et huic qui restituit securitas datur, et actiones hereditariae ei et in eum transferuntur, qui receperit hereditatem. 259. Nihil autem interest, utrum aliquis ex asse heres institu*tus* aut totam hereditatem aut pro parte restituere rogetur, an ex parte heres institutus aut totam eam partem aut partis partem restituere rogetur ; nam et hoc casu de quarta pa*r*te ejus partis ratio ex Pegasi*a*no senatusconsulto haberi solet.

260. Potest autem quisque etiam res singulas per fideicom-

missum relinquere, velut fundum hominem vestem argentum pecuniam, et vel ipsum heredem rogare, ut alicui restituat, vel legatarium, quamvis a legatario legari non possit. 261. Item potest non solum propria testatoris res per fideicommissum relinqui, sed etiam heredis aut legatarii aut cujuslibet alterius. Itaque et legatarius non solum de ea re rogari potest, ut eam alicui restituat quae ei legata sit, sed etiam de alia, sive ipsius legatarii sive aliena sit; [sed] hoc solum observandum est, ne plus quisquam rogetur aliis restituere, quam ipse ex testamento ceperit; nam quod amplius est inutiliter relinquitur. 262. Cum autem aliena res per fideicommissum relinquitur, necesse est ei qui rogatus est aut ipsam redimere et praestare, aut aestimationem *ejus* solvere, *sicut juris est*, *si* per damnationem alienam res legata sit. Sunt tamen qui putant, si rem per fideicommissum relictam dominus non vendat, extingui fideicommissum; sed aliam esse causam per damnationem legati.

263. Libertas quoque servo per fideicommissum dari potest, ut vel heres rogetur manumittere vel legatarius. 264. Nec *interest, utrum de suo proprio* servo testator roget, an de eo qui ipsius heredis aut legatarii vel etiam extranei sit. 265. Itaque et alienus servus redimi et manumitti debet. Quodsi dominus eum non vendat, sane extinguitur fideicommissaria libertas, quia hoc *casu* pretii conputatio nulla intervenit. 266. Qui autem ex fideicommisso manumittitur, non testatoris fit libertus, etiamsi testatoris servus *fuerit*, sed ejus qui manumittit. 267. At qui directo testamento liber esse jubetur, velut hoc modo: STICHUS SERVUS MEUS LIBER ESTO, vel hoc: STICHUM SERVUM MEUM LIBERUM ESSE JUBEO, *is ipsius testa*toris fit libertus. Nec alius ullus directo testamento libertatem habere potest, quam qui utroque tempore testatoris ex jure *Quiritium fuerit, et quo* faceret testamentum et quo moreretur.

268. Multum autem differunt ea quae per fideicommissum relincuntur, ab his quae directo jure legantur. 269. Nam ecce per fideicommissum *etiam ab herede* heredis relinqui potest; cum alioquin legatum *ita relictum* inutile sit [1]. 270. Item intestatus moriturus potest ab eo, ad quem bona ejus pertinent, fideicommissum alicui relinquere; cum alioquin ab eo legari non possit. 270a. *Item legatum codicillis* relictum non aliter valet, quam si a testatore confirmati fuerint, id est nisi in testamento caverit testator, ut quidquid 'in codicillis scripse-

---

1. Restitution quant au sens de Krueger, d'après *Ep.*, 2, 7, 8; cf. de nombreuses autres restitutions dans Dubois.

rit, id ratum sit ; fideicommissum vero etiam non confirmatis codicillis relinqui potest. 271. Item a legatario legari non potest; sed fideicommissum relinqui potest. Quin etiam ab eo quoque cui per fideicommissum relinquimus, rursus al*ii* per fideicommissum relinquere possumus. 272. Item servo alieno directo li*b*ertas dari non potest; se*d* per fideicommissum potest. 273. Item codicillis nemo heres institu*i* potest neque exheredari, quamvis testamento confirmati sint. At *is* qui testamento heres institutus est, potest codicillis rogari, ut eam hereditatem alii totam vel ex parte restituat, quamvis testamento codicilli confirmati non sint. 274. Item mulier, qu*ae* ab eo qui centum milia aeris census est per legem Voconiam here*s* institu*i* non potest, tamen fideicommisso relictam sibi hereditatem capere potest. 275. Latini quoque, qui hereditates legataqu*e* directo jure lege Junia capere prohibentur, ex fideicommisso capere possunt. 276. Item cum senatusconsulto prohibitum sit proprium servum minorem annis xxx liberum et heredem instituere, plerisque placet posse nos jubere liberum esse, cum annorum xxx erit, et rogare ut tunc illi restituatur hereditas. 277. Item quamvis non *possimus* post mortem ejus, qui nobis heres extiterit, alium in locum ejus heredem instituere, tamen possumus eum rogare ut cum morietur alii eam hereditatem totam vel ex parte restituat; et quia post mortem quoque heredis fideicommissum dari potest, idem efficere possumus et si ita scripserimus : CUM TITIUS HERES MEUS MORTUUS ERIT, VOLO HEREDITATEM MEAM AD P. MEVIUM PERTINERE. Utroque autem modo, tam hoc quam illo, Titiu*s* heredem *s*uum obligatum relinqui*t* de fideicommisso restituendo. 278. Praeterea legata *per* formulam petim*us* ; fideicommissa vero Romae quidem apu*d* consulem vel apu*d* eum praetorem, qui praecipue de fideicommissis jus dicit, persequimur, in provinciis vero apu*d* praesidem provinciae. 279. Item de fideicommissis semper in urbe jus dicitur ; de legatis vero, cum res agun*tur*. 280. Item fideicommissorum usurae et fructus debentur, si modo moram solutionis fecerit qui fideicommissum debebit; legatorum vero usurae non debentur ; idque rescripto divi Hadriani significatur. Scio tamen Juliano placu*i*sse, in eo legato quod sine*n*di modo relinquitur, idem juris esse quod in fideicommissis ; quam sententiam et his temporibus magis optinere video. 281. Item legata Grae*ce* scripta non valent ; fideicommissa vero valent. 282. Item si legatum per damnationem relictum heres infi*ti*etur, in duplum cum *eo* agitur ; fideicommissi vero nomine semper in simplum persecutio est. 283. Item *quod* quisque ex fideicommisso plus debito per errorem solverit, repetere potest ; a*t* id quod ex causa falsa per damnationem legati plus de*b*ito solutum sit, repeti non potest. Idem scilicet juris est de eo [legato] quod non debitum vel ex hac vel ex illa causa per errorem solutum fuerit.

284. Erant etiam aliae differentiae qu*ae* nunc non sunt. 285. Ut ecce peregrini poterant fide*i*commiss*a* capere ; et fere haec fuit origo fide*i*commiss*orum*. Sed postea id prohibitum est ; et nunc ex oratione div*i* Hadriani senatusconsult*um* factum est, ut ea fide*i*commissa fisco vindicarentur. 286. Caeli*b*es quoque, qui per legem Julia*m* hereditates legataque capere prohibentur, olim fideicommissa videba*n*tur capere posse. 286ª. *I*tem orbi qui per legem Papia*m* [ob id quod liberos non habebant] dimidias partes hereditat*u*m legatorumque perdunt, olim solida fideicommissa videbantur capere posse. Sed postea senatusconsulto Pe*g*asiano pr*o*inde fide*i*commissa quoque ac legata hereditatesque capere posse prohibiti sunt : eaque translata sunt ad eos qui *in eo* testamento liberos habent, aut si nul*l*us liberos habeb*i*t, ad populum, sicut *j*uris est in legatis et in hereditatibus, qu*a*e eadem aut simili ex caus*a caduca fiunt*. 287. *I*tem olim incertae personae vel postumo alieno per fideicommissum relinqui poterat, quamvis neque heres institui neque legari ei posset ; s*ed* senatusconsulto quod auctore divo Hadriano factum est, idem in fideicommissis quod in legatis hereditatibusque constitutum est. 288. Item poenae nomine jam non dubitatur nec per fideicommissum quidem relinqui posse.

289. Se*d* quamvis *in* multis juris partibus longe latior causa sit fideicommissorum quam eorum quae directo relincuntur, in quibusdam tantumdem valeant, tamen tutor non aliter testamento dari potest quam directo, veluti hoc modo : LIBERIS MEIS TITIUS TUTOR ESTO, vel ita : LIBERIS MEIS TITIUM TUTOREM DO ; per fideicommissum *vero dari* non potest.

COMMENTARIUS TERTIUS [1].

1. Intestatorum hereditates ex lege XII tabularum primum ad suos heredes pertinent. 2. Sui autem heredes existimantur liberi qui in potestate morientis fuerunt, veluti filius filiave. nepos neptisve ex filio, pronepos proneptisve ex nepote filio nato prognatus

---

[1]. Manque une feuille entière du manuscrit. Les §§ 1 à 5 sont

prognatave. Nec interest, utrum naturales sint liberi an adoptivi. Ita demum tamen nepos neptisve et pronepos proneptisve suorum heredum numero sunt, si praecedens persona desierit in potestate parentis esse, sive morte id acciderit, sive alia ratione, veluti emancipatione. Nam si per id tempus quo quisque moritur, filius in potestate ejus sit, nepos ex eo suus heres esse non potest. Idem et in ceteris deinceps liberorum personis dictum intellegemus. 3. *Uxor quoque quae in manu est, ei cujus in manu est sua heres est, quia filiae loco est. Item nurus quae in filii manu est, nam et haec neptis loco est. Sed ita demum erit sua heres, si filius cujus in manu sit, cum pater moritur, in potestate ejus non sit. Idemque dicemus et de ea quae in nepotis manu matrimonii causa sit, quia proneptis loco est.* 4. *Postumi quoque qui si vivo parente nati essent, in potestate ejus futuri forent, sui heredes sunt.* 5. *Idem juris est de his quorum nomine ex lege Aelia Sentia vel ex senatusconsulto post mortem patris causa probatur. Nam et hi vivo patre causa probata in potestate ejus futuri essent.* 6. Quod etiam de eo filio qui ex prima secundave mancipatione post mortem patris manumittitur, intellegemus. 7. Igitur cum filius filiave et ex altero filio nepotes neptesve extant, pariter ad hereditatem vocantur; nec qui gradu proximior est, ulteriorem excludit, aequum enim videbatur nepotes neptesve in patri sui locum portionemque succedere. Pari ratione et si nepos neptisve sit ex filio et ex nepote pronepos proneptisve, simul omnes vocantur ad hereditatem. 8. Et quia placebat nepotes neptesve, item pronepotes proneptesve in parentis sui locum succedere, conveniens esse visum est non in capita, sed *in* stirpes hereditatem dividi; ita ut filius partem dimidiam hereditatis ferat et ex altero filio duo pluresve nepotes alteram dimidiam; item si ex duobus filiis nepotes exten*t*, ex altero filio unus forte vel duo, ex altero tres aut quattuor, ad unum aut ad duos dimidia pars pertineat et ad tres aut quattuor altera dimidia.

9. Si nullus sit suorum heredum, tunc hereditas pertinet ex eadem lege XII tabularum ad *agnatos.* 10. *Vocantur autem agnati qui legitima cognatione juncti sunt : legitima autem cognatio est ea quae per virilis sexus personas conjungitur. Itaque eodem patre nati fratres agnati sibi sunt, qui etiam consanguinei*[1] *vocantur, nec requiritur an etiam matrem eandem*

---

restitués à l'aide de la *Collatio*, 16, 2, complétée pour les §§ 1, 2, 4, par les *Inst.*, 3, 1, 1-2. Mais ils ne suffisent pas pour remplir les deux pages perdues, soit qu'il s'y trouvât des développements omis dans la *Collatio*, soit que l'une d'elles fût laissée en blanc.

1. Restitué à l'aide de *Coll.*, 16, 2, 10, et d'*Inst.*, 3, 2, 1.

habuerint. Item patruus fratris filio et invicem is illi agnatus est. Eodem numero sunt fratres patrueles inter se, id est qui ex duobus fratribus progenerati sunt, quos plerique *etiam* consobrinos vocant. Qua ratione scilicet etiam ad plures gradus agnationis pervenire poterimus. 11. Non tamen omnibus simul agnatis dat lex XII tabularum hereditatem, sed his qui tum, cum certum est aliquem intestatum decessisse, proximo gradu sunt. 12. Nec in eo jure successio est. Ideoque si agnatus proximus hereditatem omiserit vel antequam adierit decesserit, sequentibus nihil juris ex lege conpetit. 13. Ideo autem non mortis tempore quis *proximus fuerit* requirimus, sed eo tempore quo certum fuerit aliquem intestatum decessisse ; quia si quis *testamento facto* decesserit, melius esse visum est tunc requiri proximum, cum certum esse coeperit neminem ex eo testamento fore heredem. 14. Quod ad feminas tamen attinet, in hoc jure aliud in ipsarum hereditatibus capiendis placuit, aliud in ceterorum [bonis] ab his capiendis : nam feminarum *hereditates* proinde ad nos agnationis jure redeunt atque masculorum ; nostrae vero hereditates ad feminas ultra consanguineorum gradum non pertinent. Itaque soror fratri sororive legitima heres est, amita vero et fratris filia legitima heres esse *non potest. Sororis autem nobis loco est* etiam mater aut noverca quae per in manum conventionem apud patrem nostrum jura filiae nacta est. 15 Si ei qui defunctus erit, sit frater et alterius fratris filius, sicut ex superioribus intellegitur, frater potior est, quia gradu praecedit ; sed alia facta est juris interpretatio inter suos heredes. 16. Quodsi defuncti nullus frater extet, *sed* sint liberi fratrum, ad omnes quidem hereditas pertinet ; sed quaesitum est, si dispari forte numero sint nati, ut ex uno unus vel duo, ex altero tres vel quattuor, utrum in stirpes dividenda sit hereditas, sicut inter suos heredes juris est, an potius in capita. Jam dudum tamen placuit in capita dividendam esse hereditatem : itaque quotquot erunt ab utraque parte personae, in tot portiones hereditas dividetur, ita ut singuli singulas portiones ferant.

17. Si nullus agnatus sit, eadem lex XII tabularum gentiles ad hereditatem vocat. Qui sint autem gentiles, primo commentario rettulimus ; et cum illic admonuerimus totum gentilicium jus in desuetudinem abiisse, supervacuum est hoc quoque loco de eadem re curiosius tractare.

18. Hactenus lege XII tabularum finitae sunt intestatorum hereditates, quod jus quemadmodum strictum fuerit, palam

est intellegere. 19. Statim enim emancipati *li*beri nullum jus in hereditatem parentis ex ea lege habent, cum desierint sui heredes esse. 20. *I*dem juris est, si ideo *li*beri non sint in potestate patris, quia sint cum eo civitate *R*omana donati, nec ab imperatore in potestate*m* redacti fuerint. 21. Item agnati *c*apite deminuti non admittuntur ex ea lege ad hereditatem, quia nomen agnationis capitis deminutione perimitur. 22. Item proximo agnato non adeunte hereditatem nihilo magis sequens jure legitimo admittitur. 23. Item feminae agnatae, quaecumque consanguineorum gradum excedunt, nihil juris ex lege haben*t*. 24. Similiter non admittuntur cognati qui per feminini sexus personas necessitudine junguntur ; adeo quidem, ut nec inter matrem et filium filiamve ultro citroque hereditatis capien*d*ae jus conpetat, praeterquam si per in manum conventionem consanguinitatis jura inter eos constiterint.

25. Sed hae juris iniquitates edicto praetoris emendatae sunt. 26. Nam *li*be*r*os omnes qui legitimo jure deficiuntur, vocat ad hereditatem, proinde ac si in potestate parentis mortis tempore fuissent, sive soli sint sive etia*m* sui heredes, id est qui in potestate patris fuerunt, concurrant. 27. Agnatos autem capite deminutos non secundo gradu post suos heredes vocat, id est non eo gradu vocat quo per legem vocarentur si *c*apite *d*eminuti non essent, sed tertio proximitatis nomine ; licet enim capitis deminutione jus legitimum perdiderint, certe cognationis jura retinent. Itaque si quis alius sit qui integrum jus agnationis habebit, is potior erit, etiamsi longiore gradu fuerit. 28. Idem juris est, ut quidam putant, in ejus agnati persona, qui, proximo agnato omittente hereditatem, nihilo magis jure legitimo admittitur. Sed sunt qui putant hunc eodem gradu a praetore vocari, quo etiam per legem agnatis hereditas datur. 29. Feminae cert*e* agnatae quae consanguineorum gradum excedunt, tertio gradu vocantur, id est si neque suus heres neque agnatus *u*llus erit. 30. Eodem grad*u* vocantur etiam *e*ae personae qu*a*e per feminini sexus personas copulatae sunt. 31. Liberi quoque qui in adoptiva familia su*nt*,ad naturalium parentum hereditatem hoc eodem gradu vocantur.

32[1]. Quos autem *p*raetor vocat ad hereditatem, hi heredes ipso quidem jure non fiunt ; nan praetor heredes facere non *potest ; per legem enim tantum vel similem juris constitutionem*

---

1. Restitué d'après *Inst.*, 3, 9, 2.

*heredes fi*unt, veluti per senatusconsultum et constitutionem principalem : sed *cum eis* praetor *dat bonorum possessionem*, loco heredum *constituuntur*.

33. *Adhuc autem etia*m alios conplures gradus *praetor facit in bonorum possessionibus dandis, dum id a*g*it*, ne *quis sine successore moriatur* [1]. De quibus in his commentariis consulto *non agimus, cum* hoc jus totum propriis commentariis *executi simus*. 33ᵃ *Hoc* solum admonuisse sufficit... [2]

(37 lignes presque complètement illisibles).

33ᵇ. *Aliquando tamen neque emendandi neque impugnandi veteris juris sed* ma*gis confirmandi gratia pollicetur bonorum possessionem. Nam illis quoque* qui recte *facto testamento heredes instituti sunt*, dat *secundum tabulas bonorum possessionem*[3]. 34. *Item ab in*testato heredes suos et agna*tos* ad bonorum possessionem vocat. Quibus casibus *b*eneficium ejus in eo solo videtur aliquam utilitatem habere, ut *is*, qui ita bonorum possessionem petit, interdicto cujus principium est QUORUM BONORUM uti possit. Cujus interdicti quae sit utilitas, suo loco proponemus. Alioquin remota quoque bonorum possessione ad eos hereditas pertinet jure civili.

35. Ceterum saepe quibusdam ita datur bonorum possessio, ut is cui data sit *non* optineat hereditatem ; quae bonorum possessio dicitur sine re. 36. Nam si verbi gratia jure facto testamento heres insti*tu*tus cre*v*erit hereditatem, sed bonorum possessionem secundum tabulas testamenti petere noluerit, contentus eo quod jure civil*i* heres sit, nihilo minus ii, qui nullo facto testamento ad intestati *b*ona vocantur, possunt petere bonorum pessessionem ; sed sine re ad eos [hereditas] pertinet, cum testamento scriptus heres evincere hereditatem possit. 37. Idem juris est, si intestato aliquo mortuo suus heres nolueri*t* petere *bonorum* possessionem, *c*ontentus le*gitimo jure*; *id si f*iet, agnato conpetit quidem bonorum possessio, sed sine re, quia evinci hereditas *a* suo herede potest. Et [illud] convenienter, si ad agnatum jure civili pertinet hereditas et is adierit hereditatem, se*d* bonorum possessionem petere noluerit, et si [quis ex proximis] cognatus petierit, sine re habebit bonorum possessionem propter eandem rationem. 38. Sunt et

---

1. Phrase restituée d'après *Inst.*, 3, 9, 2. — 2. Passage dont on n'a pu lire que des mots entrecoupés : '... tabu*lis* . hereditatem... invidiosum... *per in manum conven*tionem jura consangui*nitatis* nacta... fratre... nam *hereditas* non pertine......, et dans lequel il est probable que Gaius traitait du sénatus-consulte Tertullien.— 3. Restitué d'après *Inst.*, 3, 9, 1.

alii quidam similes casus, quorum aliquos superiore commentario tradidimus.

39. Nunc de libertorum *bonis* videamus. 40. Olim itaque licebat liberto patronum suum *in*pune testamento praeterire; nam ita demum lex XII tabularum ad hereditatem liberti vocabat patronum, si intestatus mortuus esset libertus nullo suo herede relicto. Itaque intestato quoque mortuo liberto, si is suum heredem reliquerat, nihil in *b*onis ejus patrono juris erat. Et siquidem ex naturalibus liberis aliquem suum heredem reliquisset, nulla videbatur esse querella ; si vero vel adoptivus filius filiave vel uxor quae in manu esset sua heres esset, aperte iniquum erat nihil juris patrono superesse. 41. Qua de causa postea praetoris edicto haec juris iniquitas emendata est. Sive enim faciat testamentum libertus, jubetur ita testari, ut patrono suo partem dimidiam bonorum suorum relinquat, et si aut nihil aut minus quam partem dimidiam reliquerit, datur patrono contra tabulas testamenti partis dimidiae bonorum possessio ; si vero intestatus moriatur suo herede relicto adoptivo filio *vel* uxore quae in manu ipsius esset, vel nuru quae in manu filii ejus fuerit, datur aeque patrono adversus hos suos heredes partis dimidiae bonorum possessio. Prosunt autem liberto ad excludendum patronum naturales liberi, non solum quos in potestate mortis tempore habet, sed etiam emancipati et in adoptionem dati, si modo aliqua ex parte heredes scripti sint, *aut praeteriti con*tra [1] tabulas testamenti bonorum possessionem ex edicto petierint ; nam exheredati nullo modo repellunt patronum. 42. Postea lege Papia aucta sunt jura patronorum, quod ad locupletiores libertos pertinet. Cautum est enim ea lege, ut ex bonis ejus qui sestertiorum *centu*m milium *plu*risve patrimonium reliquerit, et pauciores quam tres liberos habebit, sive is testamento facto sive intestato mortuus erit, virilis pars patrono debeatur. Itaque cum unum filium unamve filiam heredem reliquerit libertus, proinde pars dimidia patrono debetur, ac si sine ullo filio filiave moreretur ; cum vero duos duasve heredes reliquerit, tertia pars debetur ; si tres relinquat, repellitur patronus.

43. In bonis libertinarum nullam injuriam antiquo jure patiebantur patroni. Cum enim hae in patronorum legitima tutela essent, non aliter scilicet testamentum facere poterant quam patrono auctore. Itaque sive auctor ad testamentum faciendum factus erat, *aut sibi imputare debebat, quod heres ab ea*

---

1. Restitué d'après *Inst.*, 3, 7, 1.

relictus non erat, aut ipsum ex testamento, si heres ab ea relictus erat, sequebatur hereditas ; si vero auctor ei factus non erat, et intestata liberta moriebatur, ad *patronum*........ pertinebat. Nec enim ullus *olim vel heres vel bonorum possessor erat, qui* posset patronum a bonis libertae *intestatae* repellere [1].

44. Sed postea lex Papia cum quattuor liberorum jure libertinas tutela patronorum liberaret et eo modo concederet eis etiam sine tutoris auctoritate *testamentum facere, prospexit*, ut pro numero liberorum *quos liberta mortis tempore* habuerit, virilis pars patrono debeatur. Ergo ex bonis ejus quae omnes quattuor incolumes liberos reliquerit quin*ta pars patrono debe*tur; *quodsi omnibus liberis superstes fuerit, heredit*as ad patronum pertinet [2].

45. Quae diximus de patrono, eadem intellegemus et de filio patroni ; item de nep*ote ex* filio et *de* pronep*ote ex nepote* filio nato prognato. 46. Filia vero patroni et *neptis* ex filio et pronep*tis ex* nepote filio nato prognata olim quidem eo *jure utebantur quod l*ege XII tabularum patrono datum est, pr*aetor autem non nisi virilis sexus* patronorum *l*iberos vocat, filia vero ut contra tabulas [3] testamenti liberti aut ab intestato contra filium adoptivum vel uxorem nurumve quae in manu fuerit, bonorum possessionem petat, trium liberorum jure lege Papia consequitur ; aliter hoc jus non habet. 47. Sed ut ex bonis libertae testatae quattuor liberos habentis virilis pars ei debeatur, ne liberorum quidem jure consequitur, ut quidam putant. Sed tamen intestata liberta mortua verba legis Papiae faciunt, ut ei virilis pars debeatur. Si vero testamento facto mortua sit liberta, tale jus ei datur, quale datum est contra tabulas testamenti liberti, id est quale et virilis sexus patronorum liberi contra tabulas testamenti liberti habent ; quamvis parum diligenter ea pars legis scripta sit. 48. Ex *h*is apparet e*x*traneos heredes patronorum longe remotos *esse* [ab omni eo jure, quod vel in *in*testatorum bonis vel con*tra* tabulas testamenti patrono conpetit.

49. Patronae olim ante legem Papiam hoc solum jus habebant in bonis libertorum, quod etiam patronis ex lege XII

---

1. Fin du § lue incomplètement, mais dans laquelle le déchiffrement partiel obtenu dans la 2ᵉ révision de Studemund contredit à peu près toutes les restitutions antérieures. — 2. Restitution de Krueger, d'après la 2ᵉ révision de Studemund ; même observation que sur 43 *in fine*. — 3. Restitution quant au sens de Krueger ; v. d'autres conjectures dans Dubois.

tabularum datum est. Nec enim ut contra tabulas tes*t*amenti ingrati liberti vel ab intestato contra filium adoptivum vel uxorem nurumve bonorum possessionem partis dimidiae peterent, praetor similiter ut de patrono liberisque ejus curabat. 50. Sed lex Papia duobus liberis honora*t*ae ingenuae patronae, libertinae tribus, eadem fere jura dedit, qu*a*e ex edicto praetoris patroni habent ; trium vero liberorum jur*e* honoratae ingenuae patronae ea jura dedit, qu*a*e per eandem legem patrono data sunt ; libertinae autem patronae non idem juris praestitit. 51. Quod autem ad libertinarum bona pertinet, siquidem intestatae decesserint, nihil novi patronae liberis honoratae lex Papia praestat. Itaque si neque ipsa patrona neque liberta *capite deminuta* sit, ex lege XII tabularum ad eam hereditas pertinet et excluduntur libertae liberi ; quod juris est etiam si liberis honorata non sit patrona ; numquam enim, sicut supra diximus, feminae suum heredem habere possunt. Si vero vel hujus vel illius capitis deminutio interveniat, rursus liberi libertae excludunt patronam, quia legitimo jure *capitis deminutione p*erempto evenit, ut liberi libertae cognationis jure potiores habeant*ur*. 52. Cum autem testamento facto moritur liberta, ea quidem patrona quae liberis *h*onorata non est nihil juris habet contra liber*t*ae testamentum ; e*i* vero quae liberis honorata sit hoc jus tribuitur per legem Papiam, quod habet ex edicto patronus contra tabulas li*b*erti.

53. Eadem lex patronae filio liberis honorato *civi Romano* patroni jura dedit ; sed in hujus persona etiam unius filii filiaeve jus sufficit [1].

54. Hactenus omnia jura quasi per indicem tetegisse satis est ; alioquin diligentior interpretatio propriis commentariis exposita est.

55. Sequitur ut de bonis Latinorum libertinorum dispiciamus. 56. Quae pars juris ut manifestior fiat, admonendi sumus, id quo alio loco diximus, eos qui nunc Latini Juniani dicuntur, olim ex jure Quiritium servos fuisse, sed auxilio praetoris in li*b*ertatis form*a* servari solitos ; unde etiam res eorum pecul*i*i jure ad patronos pertinere solita est ; postea vero per legem Juniam eos omnes quos praetor in libertate tuebatur, liberos esse coepisse et appellatos esse Latinos Junianos : Latinos ideo, quia lex eos liberos perinde esse voluit atque [si essent cives Romani ingenui] qui ex urbe Roma in

---

1. Cf. sur la lecture de ce § les notes de Dubois.

Latinas colonias deducti Latini coloniarii esse coeperunt ; Junianos ideo, quia per legem Juniam liberi facti sunt, [etiamsi non essent cives Romani]. Legis itaque Juniae lator cum intellegeret futurum ut ea fictione res Latinorum defunctorum ad patronos pertinere desinerent, quia *scilicet* neque ut servi decederent, ut possent jure peculii res eorum ad patronos pertinere, neque liberti Latini hominis bon*a* possent manumissionis jure ad patronos pertinere, necessarium existimavit, ne beneficium istis datum in injuriam patronorum converteretur, cavere [voluit], ut bona eorum proinde ad manumissores pertinerent, ac si lex lata non esset ; itaque jure quodammodo peculii bona Latinorum ad manumissores ea lege pertinent. 57. *Un*de accidit ut longe differant ea jura qu*a*e in bonis Latinorum ex lege Junia constituta sunt, ab his quae in hereditate civium Romanorum libertorum observantur. 58. Nam civis Romani liberti hereditas ad extraneos heredes patroni nullo modo pertinet ; ad filium autem patroni nepotesque ex filio et pronepotes ex nepote *filio nato* prognatos omni modo pertinet, etiamsi *a* parente fuerint ex*h*eredati. Latinorum autem bona tamquam peculia servorum etiam ad extraneos heredes pertinent, et ad liberos manu*missoris* exheredatos non pertinent. 59. Item *civis Romani liberti* hereditas ad duos pluresve patronos aequaliter pertinet, licet dispar in eo servo dominium habuerint ; bona *v*ero Latinorum pro ea parte pertinent, pro qua parte quisque eorum dominus fueri*t*. 60. Item in hereditate civis Romani liberti patronus alterius patroni filium excludi*t*, et filius patroni alterius patroni nepotem repellit ; bona autem Latino*rum* [et ad ipsum patronum] et *ad* alterius patroni heredem simul pertinent, pro qua parte ad ipsum manumissorem pertinerent. 61. Item si unius patroni tres forte liberi sunt et alterius unus, hereditas civis Romani liberti in capita dividitur, id est tres fratres tres portiones ferunt et unus quarta*m* ; bona vero Latinorum pro ea parte ad successores pertinent, pro qua parte ad ipsum manumissorem pertinerent. 62. Item si alter ex *h*is patronis suam partem in hereditat*e* civis Romani liberti spernat, vel ante moriatur quam cernat, tota hereditas ad alterum pertinet ; bona autem Latini pro parte de*fici*entis patroni caduca fiunt et ad populum pertinent.

63. Postea Lupo et Largo consulibus senatus censuit, ut bona Latinorum primum ad eum pertinerent qui eos liberasset ; deinde ad liberos eorum non nominatim ex*h*eredatos, uti quis-

17.

que proximus esset ; tunc antiquo jure ad heredes eorum qui liberassent, pertinerent. 64. Quo senatusconsulto quidam id actum esse putant, ut in bonis Latinorum eodem jure utamur, quo utimur in hereditate civium Romanorum libertinorum. Idque maxime Pegaso placuit. Quae sententia aperte falsa est. Nam civis Romani liberti hereditas numquam ad extraneos patroni heredes pertinet, bona autem Latinorum [etiam] ex hoc ipso senatusconsulto non obstantibus liberis manumissoris etiam ad extraneos heredes pertinent. Item in hereditate civis Romani liberti liberis manumissoris nulla exheredatio nocet, in bonis Latinorum nocere nominatim factam exheredationem ipso senatusconsulto significatur. 64ᵃ. Verius est ergo hoc solum eo senatusconsulto actum esse, ut manumissoris liberi qui nominatim exheredati non sint, praeferantur extraneis heredibus. 65. Itaque emancipatus filius patroni praeteritus quamvis contra tabulas testamenti parentis sui bonorum possessionem non petierit, tamen extraneis heredibus in bonis Latinorum potior habetur. 66. Item filia ceterique sui heredes licet jure civili inter ceteros exheredati sint et ab omni hereditate patris sui summoveantur, tamen in bonis Latinorum, nisi nominatim a parente fuerint exheredati, potiores erunt extraneis heredibus. 67. Item ad liberos qui ab hereditate parentis se abstinuerunt, nihilo minus bona Latinorum pertinent; nam hi quoque exheredati nullo modo dici possunt, non magis quam qui testamento. silentio praeteriti sunt. 68. Ex his omnibus satis illud apparet, si is qui Latinum fecerit [1] . . . . .

(Suivent 21 lignes presque totalement illisibles.)

69. Item illud quoque constare videtur, si solos liberos ex disparibus partibus patronus *heredes instituerit, ex isdem partibus bona Latini, si patri heredes exis*tant [2], ad eos pertinere, quia nullo interveniente extraneo herede senatusconsulto locus non est. 70. Sed si cum liberis suis etiam extraneum heredem patronus reliquerit, Caelius Sabinus ait tota bona pro virilibus partibus ad liberos defuncti pertinere, quia cum extraneus heres intervenit, non habet lex Junia locum, sed senatusconsultum. Javolenus autem ait tantum eam partem ex senatusconsulto liberos patroni pro virilibus partibus habituros esse, quam extranei heredes ante senatusconsultum lege Junia ha-

1. Passage dans lequel on n'a pu lire que les mots entrecoupés: '...sse hunc enim solum... in bonis Latinorum... quaeritur an exheredes,... et libe... constat... bona Latinorum... est ut... ab alteri...' —
2. Restitution indiquée comme possible par Krueger et Studemund; autres conjectures dans Dubois.

bituri essent, reliquas vero partes pro hereditariis partibus ad eos pertinere. 71. Item quaeritur an hoc senatusconsultum ad eos patroni liberos pertineat, qui ex filia nepteve procreantur, id est ut nepos meus ex filio potior sit in bonis Latini mei quam extraneus heres. Item *an* ad maternos Latinos hoc senatusconsultum pertineat quaeritur, id est ut in bonis Latini materni potior sit patronae filius quam heres extraneus matris. Cassio placuit utroque casu locum esse senatusconsulto. Sed hujus sententiam plerique improbant, quia senatus de his liberis [patronarum] nihil sentiat, qui aliam familiam sequerentur. Idque ex eo apparet quod nominatim exheredatos summovet; nam videtur de his sentire qui exheredari a parente solent, si heredes non instituantur; neque autem matri filium filiamve, neque avo materno nepotem neptemve, si eum eamve heredem non instituat, exheredare necesse est, sive de jure civili quaeramus, sive de edicto praetoris, quo praeteritis liberis contra tabulas testamenti bonorum possessio promittitur.

72. Aliquando tamen civis Romanus libertus tamquam Latinus moritur, velut si Latinus salvo jure patroni ab imperatore jus Quiritium consecutus fuerit. Nam, ut divus Trajanus constituit, si Latinus invito vel ignorante patrono jus Quiritium ab imperatore consecutus sit, quibus casibus dum vivit iste libertus, ceteris civibus Romanis libertis similis est et justos liberos procreat, moritur autem Latini jure, nec ei liberi ejus heredes esse possunt; et in hoc tantum habet testamenti factionem, *ut* patronum heredem instituat eique, si heres esse noluerit, alium substituere possit. 73. Et quia hac constitutione videbatur effectum, ut ne umquam isti homines tamquam cives Romani morerentur, quamvis eo jure postea usi essent, quo vel ex lege *Aelia* Sentia vel ex senatusconsulto cives Romani essent, divus Hadrianus iniquitate rei motus auctor fuit senatusconsulti faciendi, ut qui ignorante vel recusante patrono ab imperatore jus Quiritium consecuti essent, si eo jure postea usi essent, quo ex lege Aelia Sentia vel ex senatusconsulto, si Latini mansissent, civitatem Romanam consequerentur, proinde ipsi haberentur ac si lege Aelia Sentia vel senatusconsulto ad civitatem Romanam pervenissent.

74. Eorum autem quos lex Aelia Sentia dediticiorum numero facit, bona modo quasi *civium Romanorum* libertorum, modo quasi Latinorum ad patronos pertinent. 75. Nam eorum bona qui, si in aliquo vitio non essent, manumissi cives Romani futuri essent, quasi civium Romanorum patronis eadem

lege tribuuntur : non tamen *hi* habent etiam testamenti factionem ; nam id plerisque placuit, nec inmerito ; nam incredibile *v*idebatur pessim*ae* condicionis hominibus voluisse legis latorem testamenti faciendi jus concedere. 76. Eorum vero bona qui, si non in aliquo vitio essent, manumissi futuri Latini essent, proinde tribuuntur patronis, ac si Latin*i* decessissent : nec me pr*ae*terit non satis in ea re legis *l*atorem voluntatem suam verbis express*i*sse.

77. Videamus autem et d*e* ea successione qu*ae* nobis ex emptione bon*o*rum conpetit. 78. Bona autem veneunt aut vivorum aut mortuorum : vivorum veluti eorum qui fraudationis causa latitant nec absentes defenduntur ; item eorum qui ex lege Julia *b*onis cedunt ; item judicatorum post tempus quod e*i*s partim lege XII tabularum partim edicto praetoris ad expediendam pecuniam tribuitur. Mortuorum bona *v*eneunt veluti eorum quibus certum est neque heredes neque bonorum possessores neque ullum alium justum successorem existere. 79. Siquidem vivi bona *v*eneant, ju*b*et ea praetor per dies continuos xxx poss*i*deri *e*t proscribi ; si vero mortui, per dies xv. Postea jubet convenire creditores et ex eo numero magistrum creari, id est eum per quem bona veneant. Itaque si vivi bona veneant, in diebus *x bonorum venditionem* fieri jubet, si mortui, in dimidio. D*i*ebus itaq*ue* vivi bona xxxx, mortui vero xx emptori addici jubet[1]. Quare autem tardius viventium bonorum venditionem conpler*i* jubet, illa ratio est, quia de vivis curandum erat, ne facile bonorum venditiones paterentur.

80. Neque autem bonorum possesso*rum* neque *bonorum emptorum* res pleno jure fiunt, sed in bonis efficiun*tur* ; *ex jure* Quiritium autem ita demum adquiruntur, si us*u*ceperunt. Interdum quidem bonorum emptoribus ne *u*sus quidem capio contingit, veluti si. . . . . bonorum emptor [2]. . . . .

81. Item quae de*b*i*ta sunt ei cujus fuerunt bona* aut ipse debuit, neque bonorum possessor neq*ue* bonorum emptor ipso jure debe*t aut ipsis debentur, et ideo* de omnibus rebus *utilibus actionibus et experiuntur et conveniuntur, quas in* sequenti commentario proponemus.

1. Restitution de Krueger ; v. les restitutions aboutissant à des chiffres différents, notamment de Huschke, dans Dubois. — 2. Paragraphe incomplet dans lequel Gaius traitait, selon Huschke, du cas où le *bonorum emptor* était pérégrin, selon l'opinion plus vraisemblable de Krueger, de celui où la *venditio* était nulle pour quelque irrégularité (cf. D. 42, 4, 7, 3. 42, 5, 30).

82. Sunt autem etiam alterius generis successiones quae neque lege XII tabularum neque praetoris edicto, sed eo jure *quod* consensu receptum est introductae sunt. 83. Etenim cum pater familias se in adoptionem de*dit*, mulier*ve* in manum convenit, omnes ejus res incorporales et corporales quaeque ei de*b*itae sunt, patri adoptivo coemptionatorive adquiruntur, exceptis his quae per capitis deminutionem pereunt, quales sunt ususfructus, operarum obligatio *libertorum* quae per jusjurandum contracta est, et *lites contestatae* legitimo judicio. 84. Ex diverso quod *is* debu*it qui se in* adoptionem dedit, qua*e*ve in manu*m* conven*it, non* transit ad coemptionatorem aut ad patrem adoptivum, *nisi si* hereditarium aes alienum fu*erit. Tunc* enim quia ipse pater adoptivus aut coemptionator heres fit, directo tenetur jure ; is *vero qui* se adoptandum dedit, quaeve in manum convenit desinit esse heres. De eo vero quod proprio nomine eae personae debuerint, licet neque pater adoptivus teneatur neque coemptionator, *et ne* ipse quidem qui se *in a*doptionem ded*it* quaeve in ma*n*um convenit maneat obligatus obligata*ve*, quia s*cilicet* per capitis deminutionem liberetur, tamen in eum eamve utilis actio datur rescissa capitis deminutione ; et si adversus hanc actionem non defendantur, quae bona eorum futura fuissent, si se alieno juri non subjecissent, universa vendere creditoribus praetor permitti*t*.

85. *Item si* legitimam h*ereditatem heres*, *antequam c*ernat aut pro herede gerat, al*ii* in jure cedat, pleno jure fit ille heres, cui cessa est hereditas, *proinde ac si ipse per* legem ad hereditatem vocaretur ; quodsi posteaquam heres extiterit, cesserit, adhuc heres manet et ob *id* creditoribus ipse tenebitur ; sed res corporales transferet proinde ac si singulas in jure cessisset, de*b*ita vero pereunt, eoque modo debitores hereditarii lucrum faciunt. 86. Idem juris est, si testamento scriptus heres posteaquam heres extiterit, in jure cesserit hereditatem ; ante aditam vero hereditatem cedendo nihil agit. 87. S*u*us autem et necessarius heres an aliqui*d* agant [1] in jure cedendo quaeritur. Nostri praeceptores nihil eos agere existimant ; diversae s*c*holae auctores idem eos agere putant, quod ceteri post adi*ta*m hereditatem ; nihil enim interest utrum aliquis cernendo aut pro herede gerendo heres fiat, an juris necessitate hereditati adstringatur [2].

---

1. Ms. : 'agat' ; la plupart des éditeurs : 'agant'. Cf. Dubois sur l'intérêt de la question. — 2. Sur la conjecture de Polenaar considérant les §§ 85-87 comme n'étant pas de Gaius, v. en sens divers Krueger et Du-

88. *Nunc transeamus* [1] ad obligationes. Quarum summa divisio in duas species diducitur : omnis enim obligatio vel ex contractu nascitur vel ex delicto.

89. Et prius videamus de his quae ex contractu nascuntur. Harum autem quattuor genera sunt : aut enim re contrahitur obligatio aut verbis aut litteris aut consensu.

90. Re contrahitur obligatio velut mutui datione. *Mutui autem datio* [2] proprie in his [fere] rebus contingit quae pondere numero mensura constant, qualis est pecunia numerata vinum oleum frumentum aes argentum aurum. Quas res aut numerando aut metiendo aut pendendo in hoc damus, ut accipientium fiant et quandoque nobis non eaedem, sed aliae ejusdem naturae reddantur. Unde etiam mutuum appellatum est, quia quod ita tibi a me datum est, ex meo tuum fit. 91. Is quoque, qui non debitum accepit ab eo qui per errorem solvit, re obligatur : nam proinde ei condici potest SI PARET EUM DARE OPORTERE, ac si mutuum accepisset. Unde quidam putant pupillum aut mulierem cui sine tutoris auctoritate non debitum per errorem datum est, non teneri condictione, non magis quam mutui datione. Sed haec species obligationis non videtur ex contractu consistere, quia is qui solvendi animo dat, magis distrahere vult negotium quam contrahere.

92. Verbis obligatio fit ex interrogatione et responsione, veluti : DARI SPONDES ? SPONDEO ; DABIS ? DABO ; PROMITTIS ? PROMITTO ; FIDEPROMITTIS ? FIDEPROMITTO ; FIDEJUBES ? FIDEJUBEO ; FACIES ? FACIAM. 93. Sed haec quidem verborum obligatio : DARI SPONDES ? SPONDEO propria civium Romanorum est ; ceterae vero juris gentium sunt, itaque inter omnes homines, sive cives Romanos sive peregrinos, valent ; et quamvis ad Graecam vocem expressae fuerint, veluti hoc modo : Δώσεις ; Δώσω · Ὁμολογεῖς ; Ὁμολογῶ · Πίστει κελεύεις ; Πίστει κελεύω. Ποιήσεις ; Ποιήσω, [3] [etiam haec] tamen inter cives Romanos valent, si modo Graeci sermonis intellectum habeant ; et e contrario quamvis Latine enuntientur, tamen etiam inter peregrinos valent, si modo Latini sermonis intellectum habeant. At illa verborum obligatio : DARI SPONDES ? SPONDEO adeo propria civium Romanorum est, ut ne quidem in Graecum sermonem per interpretationem proprie transferri possit, quamvis dicatur a Graeca voce figurata esse. 94. Unde dicitur uno

bois. — 1. Restitué à l'aide d'*Inst.*, 3, 13, *pr*. — 2. Restitué à l'aide d'*Inst.*, 3, 14, *pr*. — 3. Mots grecs restitués d'après la paraphrase des *Inst.* attribuée à Théophile ; espace laissé en blanc dans le ms.

casu hoc verbo peregrinum quoque obligari posse, veluti si imperator noster principem alicujus peregrini populi de pace ita interroget : PACEM FUTURAM SPONDES ? vel ipse eodem modo interrogetur. Quod nimium subtiliter dictum est. quia si quid adversus pactionem fiat, non ex stipulatu agitur, sed jure belli res vindicatur. 95. Illud dubitari potest, si quis [1] ....
.... 95ª. Sunt et aliae obligationes [2] ....
(Suivent 10 lignes presque totalement illisibles.)

......item si debitor mulieris jussu ejus, dum...doti dicat quod debet; alius autem obligari hoc modo non potest. Et ideo si quis alius pro muliere dotem promittere velit communi jure obligare se debet, id est stipulanti viro promittere[3]. 96. Item uno loquente et sine interrogatione alii promittente contrahitur obligatio, si libertus patrono aut donum aut munus aut operas se daturum esse juravit [4], sed haec sola causa est, ex qua jurejurando contrahitur obligatio. Sane ex alia nulla causa [5] jurejurando homines obligantur, utique cum quaeritur de jure Romanorum. Nam apud peregrinos quid juris sit, singularum civitatium jura requirentes aliud intellegere poterimus in aliis valere.

97. Si id quod dari stipulamur, tale sit, ut dari non possit, inutilis est stipulatio, velut si quis hominem liberum quem servum esse credebat, aut mortuum quem vivum esse credebat, aut locum sacrum vel religiosum quem putabat humani juris esse, dari stipuletur. 97ª. Item si quis rem quae in rerum natura esse non potest, velut hippocentaurum [6], stipuletur, aeque

1. Relatif à des hypothèses de stipulations de validité discutable restituées différemment par Krueger et Huschke. — 2. Connu vraisemblablement quant au sens à l'aide de l'Ep., 2, 9, 3, qui dit : 'Sunt et aliae obligationes, quae nulla praecedente interrogatione contrahi possunt, id est ut si mulier sive sponso uxor futura sive jam marito dotem dicat. Quod tam de mobilibus rebus quam de fundis fieri potest. Et non solum in hac obligatione ipsa mulier obligatur, sed et pater ejus, et debitor ipsius mulieris, si pecuniam quam illi debebat sponso creditricis ipse debitor in dotem dixerit. Hac tantum tres personae nulla interrogatione praecedente possunt dictione dotis legitime obligari. Aliae vero personae si pro muliere dotem viro promiserint, communi jure obligari debent, id est ut et interrogata respondeant et stipulata promittant'. Mais le mot 'corporal..' de la 7º ligne manquante montre que Gaius y parlait de la distinction des choses corporelles ou non. Cf. aussi Ulpien, 6, 2. — 3 Lignes provenant en partie de la 2º lecture de Studemund par laquelle il faut rectifier toutes les éditions antérieures.— 4. Restitué à l'aide de l'Epitome par Huschke.— 5. Lignes provenant de la 2º lecture de Studemund, par laquelle il faut rectifier, quant à la forme plus que quant au fond, les éditions antérieures. — 6. Cf. Inst., 3, 19, 1.

inutilis est stipulatio. 98. Item si quis sub ea condicione stipuletur quae existere non potest, veluti si digito caelum tetigerit, inutilis est stipula*tio*. Sed legatum sub inpossibili condicione relictum nostri praeceptores proinde deberi putant, ac si sine condicione relictum esset ; diversae scholae auctores ni*hi*lo minus legatum inutile existimant quam stipulationem. Et sane vix idonea diversitatis ratio reddi potest. 99. Praeterea inutilis est stipulatio, si quis ignorans rem suam esse dari sibi eam stipuletur ; quippe quod alicujus est, id ei dari non potest. 100. Denique inutilis est talis stipulatio, si qui ita dari stipuletur : POST MORTEM MEAM DARI SPONDES ? vel ita : POST MORTEM TUAM DARI SPONDES ? ; *valet autem, si quis ita dari stipuletur*: CUM MORIAR DARI SPONDES ? *vel ita* : CUM MORIERIS DARI SPONDES ? id est ut in novissimum vitae tempus stipulatoris aut promissoris obligatio conferatur. Nam inelegans esse visum est ab heredis persona incipere obligationem. Rursum ita stipulari non possumus : PRIDIE QUAM MORIAR, aut : PRIDIE QUAM MORIERIS DARI SPONDES ? quia non potest aliter intellegi 'pridie quam aliquis morietur', quam si mors secuta sit ; rursus morte secuta in praeteritum reducitur stipulatio et quodammodo talis est : HEREDI MEO DARI SPONDES ? quae sane inutilis est. 101. Quaecumque de morte diximus, eadem et de capitis deminutione dicta intellegemus. 102. Adhuc inutilis est stipulatio, si quis ad id quod interrogatus erit non responderit, veluti si sestertia x a te dari stipuler, et tu sestertia v promittas, aut si ego pure stipuler, tu sub condicione promittas. 103. Praeterea inutilis est stipulatio, si ei dari stipulemur, cujus juri subjecti non sumus. Unde illud quaesitum est, si quis sibi et ei cujus juri subjectus non est, dari stipuletur, in quantum valeat stipulatio. Nostri praeceptores putant in universum valere et proinde ei soli qui stipulatus sit solidum deberi, atque si extranei nomen non adjecisset ; sed diversae scholae auctores dimidium ei deberi existimant, pro altera vero parte inutilem esse stipulationem. 103ᵃ. Alia causa est *si ita stipulatus sim* : MIHI AUT TITIO DARI SPONDES ? *quo casu constat, mihi* solidum deberi et me solum *ex ea stipulatione agere posse quamquam* etiam Tit*io solvendo liberaris* [1]. 104. Praeterea inutilis est stipulatio, si ab eo stipuler qui juri meo subjectus est, item si is a me stipuletur. *Sed* servus quidem et qui in mancipio est et *filia familias* et quae in manu est non solum ipsi, cujus juri

1. Restitué quant au sens par Krueger et Studemund ; restitution toute différente dans Huschke.

subjecti subjectaeve sunt, obligari non possunt, sed ne alii quidem ulli. 105. Mutum neque stipulari neque promittere posse palam est. Idem etiam in surdo receptum est; quia et is qui stipulatur verba promittentis et qui promittit verba stipulantis exaudire debet. 106. Furiosus nullum negotium gerere potest, quia non intellegit quid agat. 107. Pupillus omne negotium recte gerit, ut tamen, sicubi tutoris auctoritas necessaria sit, adhibeatur, veluti si ipse obligetur; nam alium sibi obligare etiam sine tutoris auctoritate potest. 108. Idem juris est in feminis quae in tutela sunt. 109. *Sed* quod diximus de pupillo, utique de eo verum est qui jam aliquem intellectum habet. Nam infans et qui infanti proximus est non multum a furioso differt, quia hujus aetatis pupilli nullum intellectum habent; sed in his pupillis pro*pter* utilitatem *be*nignior juris interpretatio facta est.

110. Possumus tamen ad id quod stipulamur alium adhibere qui idem stipuletur; quem vulgo adstipulatorem vocamus. 111. *Et* huic proinde actio conpetit proindeque ei recte solvitur ac nobis; sed quidquid consecutus erit, mandati judicio nobis restituere cogetur. 112. Ceterum potest etiam aliis verbis uti adstipulator quam quibus nos usi sumus. Itaque si verbi gratia ego ita stipulatus sim : DARI SPONDES?, ille sic adstipulari potest : IDEM FIDE TUA PROMITTIS? vel IDEM FIDEJUBES? vel contra. 113. I*tem m*inus adstipulari potest, plus non potest. Itaque si ego sestertia x stipulatus sim, ille sestertia v stipulari potest; contra vero plus non potest. Item si ego pure stipulatus sim, ille sub condicione stipulari potest; contra vero non potest. Non solum autem in quantitate, sed etiam in tempore minus et plus intellegitur; plus est enim statim aliquid dare, minus est pos*t* tempus dare. 114. In hoc autem jure quaedam singulari jure observantur. Nam adstipulatoris heres non habet actionem. Item servus adstipulando nihil agit, qu*amvis* ex ceteris omnibus causis stipulatione domino adquir*at*. Id*em* de eo qui in mancipio est, magis placuit; nam et is servi loco est. Is autem qui in potestate patris est agit aliquid, sed parenti non adquirit, quamvis ex omnibus ceteris causis stipulando ei adquirat. Ac ne ipsi quidem aliter actio *con*petit, quam si sine *capitis* deminutione exierit de potestate parentis, veluti morte ejus aut quod ipse flamen Dialis inauguratus est. Eadem de filia familias et qu*a*e in manu est dicta intellegemus.

115. Pro eo quoque qui promittit solent alii obligari;

quorum alios sponsores, alios fidepromissores, alios fidejussores appellamus. 116. Sponsor ita interrogatur : IDEM DARI SPONDES ? fidepromissor *ita* : IDEM FIDEPROMITTIS ? fidejussor ita : ID [1] FIDE TUA ESSE JUBES ? Vide*b*imus [de his] autem, quo nomine possint proprie appellari qui ita interrogantur : IDEM DABIS ? IDEM PROMITTIS ? IDEM FACIES ? 117. Sponsores quidem et fidepromissores et fidejussores saepe solemus accipere, dum curamus ut diligentius nobis cautum sit ; adstipulatorem vero fere tunc solum a*d*hibemus, cum ita stipulamur, ut aliquid post mortem nostram detur ; *quia enim nobis ut post mortem nostram detur* [2] stipulando nihil agimus, a*d*hibetur a*d*stipulator, ut is post mortem nostram agat ; qui si quid fuerit consecutus, de res*titu*endo eo mandati judicio heredi [meo] tenetur.

118. Sponsoris *vero* et fidepromissoris similis condicio *est*, fidejussoris valde dissimilis. 119. Nam illi quidem nullis obligationibus accedere possunt nisi ver*b*orum, (quamvis interdu*m* ipse qu*i* promiserit non fuerit obligatus, velut si *mulier* aut pupillus sine tutoris auctoritate aut quilibet pos*t* mortem suam dari promiserit. At illu*d* quaeritur, si ser*v*us aut peregrinus spoponderit, an pro eo sponsor au*t* fidepromissor obligetur). 119a. Fidejussor vero omnibus obligationibus, id est sive re sive verbis sive litteris si*v*e consensu contractae fuerint obligationes, adjici potest. Ac ne illu*d* quidem interest. utrum civilis a*n* naturalis obligatio sit cui adjiciatur ; adeo quidem, ut pro servo quoque obligetur, sive extraneus sit qui a servo fidejussorem accipi*at*, sive ipse dominus in id quod sibi debeatur. 120. Praeterea sponsoris et fidepromissoris heres non tenetur, nisi si de peregrino fidepromissore quaeramus, et alio jure civitas ejus utatur. Fidejussoris autem etiam heres tenetur. 121. Item sponsor et fidepromissor lege Furi*a* biennio liberantur, et quo*t*quo*t* erunt numero eo tempore quo pecunia peti potest, in tot partes d*i*ducitur inter eos obligatio et singuli *in* viriles partes *obliga*ntur. Fidejussores vero perpetuo tenentur, et quo*t*quo*t* erunt numero, singuli in solidum obligantur. Itaque liberum est creditori a quo ve*lit* *s*olidum petere. Sed nunc ex epistula divi Hadriani co*n*pel*litur* creditor a singulis, qui modo solvendo sint, par*tes* petere. Eo igitur distat haec epistula a lege Furia, quod si

---

1. Le ms. : id : toutes les éditions corrigent : idem : mais voir en sens contraire Pernice, *Z. S. St.*, 19, 1798, p. 182 ; Girard, *Manuel*, p. 752 n. 4. — 2. Ligne omise par suite d'une similitude du mot final, pense Mommsen.

quis ex sponsoribus aut fidepromissoribus solvendo non sit, hoc onus ad *ceteros non pertinet; sed ex fidejussoribus et si unus tantum solvendo sit, ad hunc onus* [1] ceterorum quoque pertinet. 121ᵃ. Se*d* cum lex Furia tantum in Italia locum habeat, evenit ut in ce*teris* provinciis sponsores quoque et fidepromissores proinde ac fidejussores *p*erpetuo teneantur et singuli in soli*dum* obligentur, nisi ex epistula divi Hadriani hi quo*que* adjuven*tur* in parte. 122. Praeterea inter sponsores et fidepromissores lex A*p*puleia quandam societatem introduxit. Nam si quis horum plus sua portione solverit, de eo quod amplius dederit, adversus ceteros actiones constituit. Quae lex ante legem Furiam lata est, quo tempore in solidum obligabantur. Unde quaeritur an post legem Furiam adhuc legis Appuleiae beneficium supersit. Et utique extra Italiam superest. Nam lex quidem Furia tantum in Italia valet, Appuleia vero etiam in ceteris provinciis. Se*d* an etiam *in Italia* beneficium legis Appuleiae supersit, valde quaeritur. Ad *fidejussores autem lex* Appuleia non pertinet. Itaque si creditor ab uno totum consecutus fuerit, hujus sol*ius* detrimentum er*it*, scilicet si is pro quo fidejussit solvendo non sit. Sed *ut ex* supra dictis apparet, *is* a quo creditor totum petit, poterit ex epistula divi Hadriani desiderare ut pro parte in se detur actio. 123. Praeterea lege Cicereia cautum est, ut is, qui sponsores aut fidepromissores accipiat, praedica*t* palam et declaret, et de qua res satis accipiat et quo*t* sponsores a*ut* fidepromissores in eam obligationem accepturus sit; et nisi pr*a*edixerit, *p*ermitttitur sponsoribus et fidep*r*omissoribus intra diem xxx prajudicium postulare, quo qu*a*eratur an ex ea lege praedictum sit; et si judicatum fuerit praedictum no*n* esse, liberantur. Qua lege fidejusso*rum* mentio nulla fit; sed in us*u* est, etiam si fidejussores accipiamus, praedicere.

124. Sed beneficium leg*is* Corneliae o*m*nibus commune est. Qua lege idem pro eodem apu*d* eundem eodem anno vetatur in ampliorem summam obligari creditae pecuniae quam in xx mili*a*; et quamvis sponsores vel fidepromisores [2] in ampliorem pecuniam, veluti si sestertium c milium *se obligaverint*. . . . . [3]. Pecuniam autem creditam

1. Omission comblée ainsi par Mommsen et autrement par Huschke. — 2. Huschke ajoute: '*vel fidejussores*'. — 3. Krueger et Studemund: *tamen duntaxat XX tenentur*; restitution équivalente quant au sens dans Huschke; Pellat: '*se obligaverit, non tamen tenebitur*'. La question est de savoir si l'engagement excédant le taux de la loi Cornelia était nul ou réductible. Or, il n'y a de preuve ni dans un sens ni dans l'autre.

dicimus non solum eam quam credendi causa damus, sed omnem quam tum cum contrahitur obligatio certum est debitum iri, id est quae sine ulla condicione deducitur in obligationem. Itaque et ea pecunia, quam in diem certum dari stipulamur, eodem numero est, quia certum est eam debitum iri, licet post tempus petatur. Appellatione autem pecuniae omnes res in ea lege significantur : itaque si vinum vel frumentum aut si fundum vel hominem stipulemur, haec lex observanda est. 125. Ex quibusdam tamen causis permittit ea lex in infinitum satis accipere, veluti si dotis nomine, vel ejus quod ex testamento tibi debeatur, aut jussu judicis satis accipiatur. Et adhuc lege Julia de vicesima hereditatium cavetur, ut ad eas satisdationes, quae ex ea lege proponuntur, lex Cornelia non pertineat. 126. In eo quoque jure par condicio est omnium, sponsorum, fidepromissorum, fidejussorum, quod ita obligari non possunt, ut plus debeant quam debet is pro quo obligantur. At ex diverso ut minus debeant, obligari possunt, sicut in adstipulatoris persona diximus. Nam ut adstipulatoris ita et horum obligatio accessio est principalis obligationis, nec plus in accessione esse potest quam in principali re. 127. In eo quoque par omnium causa est quod si quid pro reo solverint, ejus reciperandi causa habent cum eo mandati judicium. Et hoc amplius sponsores ex lege Publilia propriam habent actionem in duplum, quae appellatur depensi.

128 Litteris obligatio fit veluti in nominibus transscripticiis. Fit autem nomen transscripticium duplici modo, vel a re in personam vel a persona in personam. 129. A re in personam transscriptio fit, veluti si id quod tu ex emptionis causa aut conductionis aut societatis mihi debeas, id expensum tibi tulero. 130. A persona in personam transscriptio fit, veluti si id quod mihi Titius debet, tibi id expensum tulero, id est si Titius te delegaverit mihi. 131. Alia causa est eorum nominum quae arcaria vocantur. In his enim rei, non litterarum obligatio consistit, quippe non aliter valent, quam si numerata sit pecunia ; numeratio autem pecuniae re facit obligationem. Qua de causa recte dicemus arcaria nomina nullam facere obligationem, sed obligationis factae testimonium praebere. 132. Unde non proprie dicitur arcariis nominibus etiam peregrinos obligari, quia non ipso nomine, sed numeratione pecuniae obligantur ; quod genus obligationis juris gentium est. 133. Transscripticiis vero nominibus an obligentur peregrini, merito quaeritur, quia quodammodo juris civilis est talis

obligatio ; quod Nervae placuit. Sabino autem et Cassio visum est, si a re in personam fiat nomen transscripticium, etiam peregrinos obligari ; si vero a persona in personam, non obligari. 134. Praeter ea litterarum obligatio fieri videtur chirographis et syngraphis, id est si quis debere se aut daturum se scribat ; ita scilicet si eo nomine stipulatio non fiat. Quod genus obligationis proprium peregrinorum est.

135. Consensu fiunt obligationes in emptionibus venditionibus, locationibus conductionibus, societatibus, mandatis. 136. Ideo autem istis modis consensu dicimus obligationes contrahi quia neque verborum neque scripturae ulla proprietas desideratur, sed sufficit eos qui negotium gerunt consensisse. Unde inter absentes quoque talia negotia contrahuntur, veluti per epistulam aut per internuntium ; cum alioquin verborum obligatio inter absentes fieri non possit. 137. Item in his contractibus alter alteri obligatur de eo quod alterum alteri ex bono et aequo praestare oportet, cum alioquin in verborum obligationibus alius stipuletur, alius promittat, et in nominibus alius expensum ferendo obliget, alius obligetur. [138 [1]. Sed absenti expensum ferri potest, etsi verborum obligatio cum absente contrahi non possit.]

[DE EMPTIONE ET VENDITIONE.]

139. Emptio et venditio contrahitur, cum de pretio convenerit, quamvis nondum pretium numeratum sit, ac ne arra quidem data fuerit ; nam quod arrae nomine datur, argumentum est emptionis et venditionis contractae. 140. Pretium autem certum esse debet. Nam alioquin si ita inter nos convenerit, ut quanti Titius rem aestimaverit, tanti sit empta, Labeo negavit ullam vim hoc negotium habere ; cujus opinionem Cassius probat. Ofilius et eam emptionem et venditionem ; cujus opinionem Proculus secutus est. 141. Item pretium in numerata pecunia consistere debet. Nam in ceteris rebus an pretium esse possit, veluti homo aut toga aut fundus alterius rei pretium esse possit, valde quaeritur. Nostri praeceptores putant etiam in alia re posse consistere pretium. Und illud est quod vulgo putant per permutationem rerum emptionem et venditionem contrahi, eamque speciem emptionis venditionisque vetustissimam esse ; argumentoque utuntur Graeco poeta Homero qui aliqua parte sic ait:

---

1. Exclu comme une glose par Krueger.

Ἔνθεν ἄρ' οἰνίζοντο καρηκομόωντες Ἀχαιοί,
ἄλλοι μὲν χαλκῷ, ἄλλοι δ' αἴθωνι σιδήρῳ,
ἄλλοι δὲ ῥινοῖς, ἄλλοι δ' αὐτῇσι βόεσσιν,
ἄλλοι δ' ἀνδραπόδεσσι [1].

Diversae scholae auctores dissentiunt aliud*que* esse existimant permutationem rerum, aliud emptionem et venditionem ; alioquin *non posse* rem expediri permutatis rebus, quae videatur res venisse, et quae pretii nomine data esse, sed rursus utramque rem videri et venisse et utramque pretii nomine datam esse absurdum videri. Sed ait Caelius Sabinus, si rem tibi venalem habenti, veluti fundum, [acceperim et] pretii nomine hominem forte dederim, fundum quidem videri venisse, hominem autem pretii nomine datum esse, ut fundus acciperetur.

142. Locatio autem et conductio similibus regulis constituitur ; nisi enim merces certa statuta sit, non videtur locatio et conductio contrahi. 143. Unde si alieno arbitrio merces permissa sit, velut quanti Titius aestimaverit, quaeritur an locatio et conductio contrahatur. Qua de causa si fulloni polienda curandave, sarcinatori sarcienda vestimenta dederim, nulla statim mercede constituta, postea tantum daturus quanti inter nos convenerit, quaeritur an locatio et conductio contrahatur. 144. *Item* si rem tibi utendam dederim et invicem aliam rem utendam acceperim, quaeritur an locatio et conductio contrahatur. 145. Adeo autem emptio et venditio et locatio et conductio familiaritatem aliquam inter se habere videntur, ut in quibusdam causis quaeri soleat, utrum emptio et venditio contrahatur an locatio et conductio. Veluti si qua res in perpetuum locata sit, quod evenit in praediis municipum quae ea lege locantur, ut quamdiu [id] vectigal praestetur, neque ipsi conductori neque heredi ejus praedium auferatur. Sed magis placuit locationem conductionemque esse. 146. Item [quaeritur] si gladiatores ea lege tibi tradiderim, ut in singulos qui integri exierint pro sudore denarii xx mihi darentur, in eos vero singulos qui occisi aut debilitati fuerint, denarii mille, quaeritur utrum emptio et venditio an locatio et conductio contrahatur. Et magis placuit eorum qui integri exierint, locationem et conductionem contractam videri, at eorum qui occisi aut debilitati sunt, emptionem et venditionem esse ; idque ex accidentibus apparet, tamquam sub condicione

1. Restitué d'après *Inst.*, 3, 23, 2 : le ms. : ' ait et reliqua '.

facta cujusque venditione an locatione. Jam enim non dubitatur quin sub condicione res veniri aut locari possint. 147. Item quaeritur, si cum aurifice mihi convenerit, ut is ex auro suo certi ponderis certaeque formae anulos mihi faceret, et acciperet verbi gratia denarios cc, utrum emptio et venditio an locatio et conductio contrahatur. Cassius ait materiae quidem emptionem venditionemque contrahi, operarum autem locationem et conductionem. Sed plerisque placuit emptionem et venditionem contrahi. Atqui si meum aurum ei dedero, mercede pro opera constituta, convenit locationem conductionem contrahi.

148. Societatem coire solemus aut totorum bonorum aut unius alicujus negotii, veluti mancipiorum emendorum aut vendendorum. 149. Magna autem quaestio fuit, an ita coiri possit societas, ut quis majorem partem lucretur, minorem damni praestet. Quod Q. Mucius *contra naturam societatis esse existimavit. Sed Ser. Sulpicius cujus* [1] etiam praevaluit sententia, adeo ita coiri posse societatem existimavit, ut dixerit illo quoque modo coiri posse, ut quis nihil omnino damni praestet, sed lucri partem capiat, si modo opera ejus tam pretiosa videatur, ut aequum sit eum cum hac pactione in societatem admitti. Nam et ita posse coiri societatem constat, ut unus pecuniam conferat, alter non conferat, et tamen lucrum inter eos commune sit; saepe enim opera alicujus pro pecunia valet. 150. [Et] illud certum est, si de partibus lucri et damni nihil inter eos convenerit, [tamen] aequis ex partibus commodum et incommodum inter eos commune esse. Sed si in altero partes expressae fuerint, velut in lucro, in altero vero omissae, in eo quoque quod omissum est, similes partes erunt. 151. Manet autem societas eo usque, donec in eodem consensu perseverant. At cum aliquis renuntiaverit societati, societas solvitur. Sed plane si quis in hoc renuntiaverit societati, ut obveniens aliquod lucrum solus habeat, veluti si mihi totorum bonorum socius, cum ab aliquo heres esset relictus, in hoc renuntiaverit societati, ut hereditatem solus lucri faciat, cogetur hoc lucrum communicare. Si quid vero aliud lucri fecerit quod non captaverit, ad ipsum solum pertinet. Mihi vero quidquid omnino post renuntiatam societatem adquiritur, soli conceditur. 152. Solvitur adhuc societas etiam morte socii, quia qui societatem contrahit certam personam sibi eligit. 153. Dicitur etiam capitis deminutione solvi societatem, quia civili ratione capitis

---

[1]. Restitué d'après *Inst.*, 3, 25, 2.

deminutio morti coaequatur ; sed utique si adhuc consentiant in societatem, nova videtur incipere societas 154. Item si cujus ex sociis bona publice aut privatim venierint, solvitur societas. Sed haec quoque societas de qua loquimur, id est quae consensu contrahitur nudo, juris gentium est, itaque inter omnes homines naturali ratione consistit [1].

155. Mandatum consistit, sive nostra gratia mandemus sive aliena ; itaque sive ut mea negotia geras, sive ut alterius, mandaverim, contrahitur mandati obligatio, et invicem alter alteri tenebimur in id, quod vel me tibi vel te mihi bona fide praestare opportet. 156. Nam si tua gratia tibi mandem, supervacuum est mandatum ; quod enim tu tua gratia facturus sis, id de tua sententia, non ex meo mandatu facere debes. Itaque si otiosam pecuniam domi te habentem hortatus fuerim, ut eam faenerares, quamvis eam ei mutuam dederis a quo servare non potueris, non tamen habebis mecum mandati actionem. Item si hortatus sim, ut rem aliquam emeres, quamvis non expedierit tibi eam emisse, non tamen tibi mandati tenebor. Et adeo haec ita sunt, ut quaeratur an mandati teneatur qui mandavit tibi, ut Titio pecuniam faenerares. [Sed] Servius negavit nec magis hoc casu obligationem consistere putavit, quam si generaliter alicui mandetur, uti pecuniam suam faeneraret. Sed sequimur Sabini opinionem contra sentientis, quia non aliter Titio credidisses, quam si tibi mandatum esset. 157. Illud constat, si quis de ea re mandet quae contra bonos mores est, non contrahi obligationem ; veluti si tibi mandem, ut Titio furtum aut injuriam facias. 158. Item si quid post mortem meam faciendum mihi mandetur, inutile mandatum est, quia generaliter placuit ab heredis persona obligationem incipere non posse. 159. Sed recte quoque consummatum mandatum si, dum adhuc integra res sit, revocatum fuerit, evanescit. 160. Item si adhuc integro mandato mors alterutrius alicujus interveniat, id est vel ejus qui mandaverit vel ejus qui mandatum susceperit, solvitur mandatum. Sed utilitatis causa receptum est, ut si mortuo eo qui mihi mandaverit, ignorans eum decessisse executus fuero mandatum, posse me agere mandati actione : alioquin justa et probabilis ignorantia damnum mihi adferret. Et huic simile est quod plerisque placuit, si debitor meus manumisso dispensatori meo per ignorantiam solverit, liberari eum, cum alioquin

---

1. Passage considéré par plusieurs auteurs comme corrompu ou incomplet ; v. dans Dubois les restitutions et compléments proposés.

stricta juris ratione non posset liberari eo quod alii solvisset quam cui solvere deberet. 161. Cum autem is cui recte mandaverim egressus fuerit mandatum, ego quidem eatenus cum eo habeo mandati actionem, quatenus mea interest inplesse eum mandatum, si modo inplere potuerit; at ille mecum agere non potest. Itaque si mandaverim tibi, ut verbi gratia fundum mihi sestertiis c emeres, tu sestertiis CL emeris, non habebis mecum mandati actionem, etiamsi tanti velis mihi dare fundum, quanti emendum tibi mandassem; idque maxime Sabino et Cassio placuit. Quodsi minoris emeris, habebis mecum scilicet actionem, quia qui mandat, ut c milibus emeretur, is utique mandare intellegitur, uti minoris, si posset, emeretur. 162. In summa sciendum est, quotiens aliquid gratis faciendum dederim, quo nomine, si mercedem statuissem, locatio et conductio contraheretur, mandati esse actionem, veluti si fulloni polienda curandave vestimenta dederim aut sarcinatori sarcienda.

163. Expositis generibus obligationum quae ex contractu nascuntur, admonendi sumus adquiri nobis non solum per nosmet ipsos, sed etiam per eas personas quae in nostra potestate manu mancipiove sunt. 164. Per liberos quoque homines et alienos servos quos bona fide possidemus, adquiritur nobis, sed tantum ex duabus causis, id est si quid ex operis suis vel ex re nostra adquirant. 165. Per eum quoque servum in quo usumfructum habemus, similiter ex duabus istis causis nobis adquiritur. 166. Sed qui nudum jus Quiritium in servo habet, licet dominus sit, minus tamen juris in ea re habere intelligitur quam usufructuarius et bonae fidei possessor. Nam placet ex nulla causa ei adquiri posse; adeo ut, etsi nominatim ei dari stipulatus fuerit servus, mancipiove nomine ejus acceperit, quidam existiment nihil ei adquiri. 167. Communem servum pro dominica parte dominis adquirere certum est: excepto eo quod uni nominatim stipulando aut mancipio accipiendo illi soli adquirit, velut cum ita stipuletur: TITIO DOMINO MEO DARI SPONDES? aut cum ita mancipio accipiat: HANC REM EX JURE QUIRITIUM L. TITII DOMINI MEI ESSE AIO EAQUE EI EMPTA ESTO HOC AERE AENEAQUE LIBRA. 167ª. Illud quaeritur an quod domini nomen adjectum efficit, idem faciat unius ex dominis jussum intercedens. Nostri praeceptores perinde ei qui jusserit soli adquiri existimant, atque si nominatim ei soli stipulatus esset servus mancipiove accepisset. Diversae scholae auctores proinde utrisque adquiri putant, ac si nullius jussum intervenisset.

168. Tollitur autem obligatio praecipue solutione ejus quod debetur. Unde quaeritur, si quis consentiente creditore aliud pro alio solverit, utrum ipso jure liberetur, quod nostris praeceptoribus placuit, an ipso jure maneat obligatus, sed adversus petentem exceptione doli mali defendi debeat, quod diversae scholae auctoribus visum est.

169. Item per acceptilationem tollitur obligatio. Acceptilatio autem est veluti imaginaria solutio; quod enim ex verborum obligatione tibi debeam, id si velis mihi remittere, poterit sic fieri, ut patiaris haec verba me dicere: QUOD EGO TIBI PROMISI, HABESNE ACCEPTUM? et tu respondeas: HABEO. 170. Quo genere, ut diximus, *tantum eae obligationes solvuntur, quae ex verbis consistunt* [1], non etiam ceterae; consentaneum enim visum est verbis factam obligationem posse aliis verbis dissolvi. Sed id quod ex alia causa debeatur, potest in stipulationem deduci et per *acceptilationem dissolvi*. 171. *Quamvis autem dixerimus fieri* acceptilationem imaginaria solutione, tamen mulier sine tutoris auctoritate acceptum facere non potest, cum alioquin solvi ei sine tutoris auctoritate possit. 172. Item quod debetur, pro parte recte solvitur; an autem in partem acceptum fieri possit, quaesitum est.

173. Est etiam alia species imaginariae solutionis per aes et libram. Quod et ipsum genus certis in causis receptum est, veluti si quid eo nomine debeatur quod per aes et libram gestum sit, sive quid ex judicati causa debeatur. 174. *Eaque res ita agitur*: adhibentur non minus quam quinque testes et libripens. Deinde is qui liberatur, ita oportet loquatur: QUOD EGO TIBI TOT MILIBUS CONDEMNATUS SUM, ME EO NOMINE A TE SOLVO LIBEROQUE HOC AERE AENEAQUE LIBRA. HANC TIBI LIBRAM PRIMAM POSTREMAMQUE EXPENDO SECUNDUM LEGEM PUBLICAM [2]. Deinde asse percutit libram eumque dat ei a quo liberatur, veluti solvendi causa. 175. Similiter legatarius heredem eodem modo liberat de legato quod per damnationem relictum est, ut tamen scilicet, sicut judicatus condemnatum se esse significat, ita heres testamento se dare damnatum esse dicat. De eo tamen tantum potest heres eo modo liberari, quod pondere numero constet et ita si certum sit; quidam et de eo quod mensura constat idem existimant.

176. Praeterea novatione tollitur obligatio; veluti si quod tu mihi debeas, a Titio dari stipulatus sim. Nam interventu

---

1. Restitué d'après *Inst.*, 3, 29, 1. — 2. Boecking, suivi par Cuq, *Institutions*, 1, 2ᵉ éd., p. 121, n. 1; 'expendo lege jure obligatus'.

novae personae nova nascitur obligatio et prima tollitur translata in posteriorem, adeo ut interdum, licet posterior stipulatio inutilis sit. tamen prima novationis jure tollatur; veluti si quod mihi debes, a Titio post mortem ejus vel a muliere pupillove sine tutoris auctoritate stipulatus fuero. Quo casu rem amitto; nam et prior debitor liberatur et posterior obligatio nulla est. Non idem juris est si a servo stipulatus fuero; nam tunc *prior* proinde adhuc obligatus tenetur, ac si postea a nullo stipulatus fuissem. 177 Sed si eadem persona sit, a qua postea stipuler, ita demum novatio fit, si quid in posteriore stipulatione novi sit, forte si condicio *aut dies aut sponsor* adjiciatur aut detrahatur. 178. Sed quod de sponsore diximus non constat; nam diversae scholae auctoribus placuit nihil ad novationem proficere sponsoris adjectionem aut detractionem. 179. Quod autem diximus, si condicio adjiciatur, novationem fieri, sic intellegi *oportet*, ut ita dicamus factam novationem, si condicio extiterit; alioquin si defecerit. durat prior obligatio. Sed videamus num is, qui eo nomine agat, doli mali aut pacti conventi exceptione possit summoveri, quia videtur inter eos id actum, ut ita ea res peteretur, si posterioris stipulationis extiterit condicio. Ser. tamen Sulpicius existimavit statim et pendente condicione novationem fieri, et si defecerit condicio, ex neutra causa agi posse et eo modo rem perire. Qui consequenter et illud respondit, si quis id quod sibi L. Titius deberet, a servo fuerit stipulatus, novationem fieri et rem perire, quia cum servo agi non posset. *Sed* in utroque casu alio jure utimur: nec magis his casibus novatio fit, quam si id quod tu mihi debeas, a peregrino cum quo sponsus communio non est, SPONDES verbo stipulatus sim.

180. Tollitur adhuc obligatio litis contestatione, si modo legitimo judicio fuerit actum. Nam tunc obligatio quidem principalis dissolvitur, incipit autem teneri reus litis contestatione; sed si condemnatus sit, sublata litis contestatione incipit ex causa judicati teneri. Et hoc est quod apud veteres scriptum est ante litem contestatam dare debitorem oportere, post litem contestatam condemnari oportere, post condemnationem judicatum facere oportere. 181. Unde fit, ut si legitimo judicio debitum petiero, postea de eo ipso jure agere non possim, qui inutiliter intendo DARI MIHI OPORTERE, quia litis contestatione dari oportere desiit. Aliter atque si imperio continenti judicio egerim; tunc enim nihilo minus obligatio durat, et ideo ipso jure postea agere possum, sed debeo per exceptionem rei judi-

catae vel in judicium deductae summoveri. Quae autem legitima judicia et quae imperio continentia sint, sequenti commentario referemus.

182. Transeamus nunc ad obligationes quae ex delicto nascuntur, veluti si quis furtum fecerit, bona rapuerit, damnum dederit, injuriam commiserit ; quarum omnium rerum uno genere consistit obligatio, cum ex contractu obligationes in IIII genera diducantur, sicut supra exposuimus.

183. Furtorum autem genera Ser. Sulpicius et Masurius Sabinus IIII esse dixerunt, manifestum et nec manifestum, conceptum et oblatum ; Labeo duo, manifestum et nec manifestum ; nam conceptum et oblatum species potius actionis esse furto cohaerentes quam genera furtorum : quod sane verius videtur, sicut inferius apparebit. 184. Manifestum furtum quidam id esse dixerunt, quod dum fit deprehenditur. Alii vero ulterius, quod eo loco deprehenditur ubi fit, veluti si in oliveto olivarum, in vineto uvarum furtum factum est, quamdiu in eo oliveto aut vineto fur sit ; aut si in domo furtum factum sit, quamdiu in ea domo fur sit. Alii adhuc ulterius eo usque manifestum furtum esse dixerunt, donec perferret eo quo perferre fur destinasset. Alii adhuc ulterius, quandoque eam rem fur tenens visus fuerit ; quae sententia non optinuit. Sed et illorum sententia qui existimaverunt, donec perferret eo quo fur destinasset, deprehensum furtum manifestum esse, ideo non videtur probari, quia magnam recipit dubitationem, utrum unius diei an etiam plurium dierum spatio id terminandum sit : quod eo pertinet, quia saepe in aliis civitatibus subreptas res in alias civitates vel in alias provincias destinant fures perferre. Ex duabus itaque superioribus opinionibus alterutra adprobatur ; magis tamen plerique posteriorem probant. 185. Nec manifestum furtum quid sit, ex iis quae diximus intellegitur ; nam quod manifestum non est, id nec manifestum est. 186. Conceptum furtum dicitur, cum apud aliquem testibus praesentibus furtiva res quaesita et inventa sit ; nam in eum propria actio constituta est, quamvis fur non sit, quae appellatur concepti. 187. Oblatum furtum dicitur, cum res furtiva tibi ab aliquo oblata sit eaque apud te concepta sit ; utique si ea mente data tibi fuerit, ut apud te potius quam apud eum qui dederit conciperetur ; nam tibi, apud quem concepta est, propria adversus eum qui optulit, quamvis fur non sit, constituta est actio, quae appellatur oblati. 188. Est etiam prohibiti furti actio adversus eum qui furtum quaerere volentem prohibuerit.

189. Poena manifesti furti ex lege XII tabularum capitalis erat. Nam liber verberatus addicebatur ei cui furtum fecerat; utrum autem servus efficeretur ex addictione, an adjudicati loco constitueretur, veteres quaerebant. In *servum* aeque verberatum *animadvertebatur.* Sed postea inprobata est asperitas poenae et tam ex servi persona quam ex liberi quadrupli actio praetoris edicto constituta est. 190. Nec manifesti furti poena per legem *XII* tabularum dupli inrogatur, eamque etiam praetor conservat. 191. Concepti et oblati poena ex lege XII tabularum tripli es*t, ea*que similiter a praetore servatur. 192. Prohibiti actio quadrupli est ex *edicto* praetoris introducta; lex autem eo nomine nullam poena*m* constituit: hoc solum praecipit, ut qui quaerere velit, nudus quaerat, lic*io* [1] cinctus, lancem habens; qui si quid invenerit, jubet id lex furtum manifestum esse. 193. Quid sit autem lic*i*um, qu*a*esitum est; se*d* verius *est* consuti genus esse, quo necessariae partes tegeren*tur*. Quae res [lex tota] ridicula est. Nam qui vestitum quaerere prohibet, is et nudum quaerere prohibit*ur*us est, eo magis quod ita qu*a*esita re *et* inventa majori poen*ae* subjiciatur. Deinde quod lancem sive ideo haberi jubeat, ut manibus occupa*t*is nihil subjiciat, sive ideo ut quod invenerit*,* ibi i*n*ponat, neutrum eorum procedit, si id quod qu*a*eratur, ejus magnitudinis aut naturae sit, ut neque subjici neque ib*i* inponi possit. Certe non dubitatur, cujuscumque materiae sit ea lanx, satis legi fieri. 194. Propter hoc tamen quod lex ex ea causa manifestum furtum esse jubet, sunt qui scribunt furtum manifestum aut lege i*ntellegi* aut natura: lege id ipsum de quod loquimur, natura illud de quo superius exposuimus. Sed verius est natura tantum manifestum furtum intellegi: neque enim lex facere potest, ut qui manifestus fur non si*t*, manifestus sit, non magis quam qui omnino fur non sit, fur sit, et qui adulter au*t* homicida non sit, adulter vel *h*omicida sit; at illu*d* sane lex facere potest, ut proinde aliquis poena teneat*ur* atque si furtum vel adulterium vel homicidium admis*i*sset, quamvis nihil eorum admiserit.

195. Furtum autem fit non solum cum quis intercipiendi caus*a* rem alienam *a*movet, se*d* generaliter cum quis rem alienam invito domino contrectat. 196. Itaque si quis re quae apu*d* eum deposita sit utatur, furtum committit; et si quis utendam rem acceperit eamque in alium usum transtulerit,

---

1. Le ms. défendu par Karlowa, *R. R. G.*, 2, p. 778 : 'linteo', et plus loin : 'linteum'.

furti obligatur, veluti si quis argentum utendum acceperit, quasi amicos ad cenam invitaturus, et id peregre secum tulerit, aut si quis equum gestandi gratia commodatum longius aliquo duxerit, quod veteres scripserunt de eo qui in aciem [1] perduxisset. 197. Placuit tamen eos qui rebus commodatis aliter uterentur quam utendas accepissent, ita furtum committere, si intellegant id se invito domino facere, eumque, si intellexisset, non permissurum ; at si permissurum credant, extra furti crimen videri ; optima sane distinctione, quod furtum sine dolo malo non committitur. 198. Sed et si credat aliquis invito domino se rem contrectare, domino autem volente id fiat, dicitur furtum non fieri. Unde illud quaesitum [et probatum] est cum Titius servum meum sollicitaverit, ut quasdam res mihi subriperet et ad eum perferret, et servus id ad me pertulerit, ego, dum volo Titium in ipso delicto deprehendere, permiserim servo quasdam res ad eum perferre, utrum furti an servi corrupti judicio teneatur Titius mihi, an neutro. Responsum neutro eum teneri, furti ideo quod non invito me res contrectaverit, servi corrupti ideo quod deterior servus factus non est. 199. Interdum autem etiam liberorum hominum furtum fit, veluti si quis liberorum nostrorum qui in potestate nostra sint, sive etiam uxor quae in manu nostra sit, sive etiam judicatus vel auctoratus meus subreptus fuerit. 200. Aliquando etiam suae rei quisque furtum committit, veluti si debitor rem quam creditori pignori dedit subtraxerit, vel si bonae fidei possessori rem meam possidenti subripuerim. Unde placuit eum, qui servum suum, quem alius bona fide possidebat, ad se reversum celaverit, furtum committere. 201. Rursus ex diverso interdum alienas res occupare et usucapere concessum est, nec creditur furtum fieri, veluti res hereditarias quarum heres non est nactus possessionem, nisi necessarius heres extet ; nam necessario herede extante placuit nihil pro herede usucapi posse. Item debitor rem quam fiduciae causa creditori mancipaverit aut in jure cesserit, secundum ea quae in superiore commentario rettulimus, sine furto possidere et usucapere potest. 202. Interdum furti tenetur qui ipse furtum non fecerit, qualis est cujus ope consilio furtum factum est. In quo numero est qui nummos tibi excussit, ut eos alius subriperet, vel obstitit tibi, ut alius subriperet, aut oves aut boves tuas fugavit, ut alius eas exciperet : et hoc veteres scripserunt de eo qui panno rubro fugavit armentum. Sed si quid

---

1. Polenaar, suivi par Huschke, arg. Val. Max., 8, 2, 4 : 'uls Ariciam'.

per lasciviam et non data opera ut furtum committeretur, factum sit, videbimus an utilis actio dari debeat, cum per legem Aquiliam quae de damno lata est etiam culpa puniatur.

203. Furti autem actio ei conpetit cujus interest rem salvam esse, licet dominus non sit. Itaque nec domino aliter conpetit quam si ejus intersit rem non perire. 204. Unde constat creditorem de pignore subrepto furti agere posse; adeo quidem, ut quamvis ipse dominus, id est ipse debitor, eam rem subripuerit, nihilo minus creditori conpetat actio furti. 205. Item si fullo polienda curandave aut sarcinator sarcienda vestimenta mercede certa acceperit eaque furto amiserit, ipse furti habet actionem, non dominus, quia domini nihil interest ea non periisse, cum judicio locati a fullone aut sarcinatore suum consequi possit, si modo is fullo aut sarcinator rei praestandae sufficiat; nam si solvendo non est, tunc quia ab eo dominus suum consequi non potest, ipsi furti actio conpetit, quia hoc casu ipsius interest rem salvam esse. 206. Quae de fullone aut sarcinatore diximus, eadem transferemus et ad eum cui rem commodavimus; nam ut illi mercedem capiendo custodiam praestant, ita hic quoque utendi commodum percipiendo similiter necesse habet custodiam praestare 207. Sed is apud quem res deposita est, custodiam non praestat, tantumque in eo obnoxius est, si quid ipse dolo malo fecerit. Qua de causa si res ei subrepta fuerit, quia restituendae ejus nomine depositi non tenetur, nec ob id ejus interest rem salvam esse, furti [itaque] agere non potest, sed ea actio domino conpetit.

208. In summa sciendum est quaesitum esse an inpubes rem alienam amovendo furtum faciat. Plerisque placet, quia furtum ex adfectu consistit, ita demum obligari eo crimine inpuberem, si proximus pubertati sit et ob id intellegat se delinquere.

209. Qui res alienas rapit, tenetur etiam furti : quis enim magis alienam rem invito domino contrectat quam qui vi rapit ? Itaque recte dictum est eum inprobum furem esse. Sed propriam actionem ejus delicti nomine praetor introduxit, quae appellatur vi bonorum raptorum, et est intra annum quadrupli [actio], post annum simpli. Quae actio utilis est, etsi quis unam rem, licet minimam, rapuerit.

210. Damni injuriae actio constituitur per legem Aquiliam, cujus primo capite cautum est, ut si quis hominem alienum alienamve quadrupedem quae pecudum numero sit inju-

ria occiderit, quanti ea res in eo anno plurimi fuerit, tantum domino dare damnetur. 211. *Injuria* autem occidere intellegitur, cujus dolo *aut* culpa id acciderit; nec ulla alia lege damnum quod sine injuria da*tur*, reprehendi*tur*; itaque inpunitus est qui sine culpa et dolo malo casu quodam damnum committit. 212. Nec solum corpus in actione hujus legis aestimatur; sed sane *si* servo occiso plus dominus capiat damni quam pretium servi si*t*, id quoque aestimatur, veluti si servus meus ab aliquo heres institutus, antequam jussu meo hereditatem cerneret, occis*us* fuerit; non enim tantum ipsius pretium aestimatur, sed et hereditatis amissae quantitas. Item si ex gemellis vel ex comoedis vel ex sym*p*honiacis unus occisus fuerit, non solum occisi fit *a*estimatio, sed eo amplius *id* qu*oque* conputa*tur* quod ceteri qui supersunt depretiati su*nt*. Idem juris est etiam si ex pari mularum unam vel etiam ex quadrigis *e*quorum unum occiderit. 213. Cujus autem servus occisus est, is liberum arbitrium habet vel capitali crimine reum facere eum qui occiderit, vel hac lege damnum persequi. 214. Quod autem adj*ec*tum est in hac lege: QUANTI IN EO ANNO PLURIMI EA RES FUERIT, illu*d* efficit, si clodum puta aut luscum servum occiderit, qui in eo anno integer *fuerit, ut non quanti fuerit, cum occideretur, sed quanti in eo anno plurimi*[1] fuerit, aestimatio fiat; quo fit, ut quis plus in*ter*dum *c*onsequatur quam ei damnum datum est.

215. Capite secundo *adversus* adstipulatorem qui pecuniam in fraudem stipulatoris acceptam fecerit, quanti ea res *est*, tanti actio constitui*tur*. 216. Qua et ipsa parte legis damni nomine actionem introduci m*ani*f*est*um est; sed id caveri non fuit necessarium, cum actio mandati ad eam rem sufficeret; nisi quod ea lege adversus infitiantem in duplum agitur.

217. Capite tertio de omni cetero damno cave*tur*. Itaque si quis servum vel eam quadrupedem qu*ae* pecudum *numero est vulneraverit, sive eam quadrupedem quae* p*ecudum* numero *non est*, veluti canem, aut feram *b*estiam, vel*uti* ursum, leonem, vulneraverit vel occiderit, *h*oc capite actio constituitur. In ceteris quoque animalibus, item in omnibus rebus qu*ae* anima carent, damnum injuria datum hac parte vindicatur. Si quid enim ustum aut ruptum aut fractum *fuerit*, actio hoc capite constitui*tur*, q*uamquam* potuerit sola rupti appellatio in omnes istas causas sufficere; ruptum *enim intellegitur quod quo-*

---

1. Restitué d'après *Inst.*, 4, 3, 9. — 2. Restitué d'après *Inst.*, 4, 3, 13.

quo modo corruptum est. Unde non solum usta [aut rupta] aut fracta, sed etiam scissa et conlisa et effusa et quoquo modo vitiata aut perempta atque deteriora facta hoc verbo continentur. 218. Hoc tamen capite non quanti in eo anno, sed quanti in diebus xxx proximis ea res fuerit damnatur is qui damnum dederit. Ac ne PLURIMI quidem verbum adjicitur ; et ideo quidam putaverunt liberum esse judici vel ad id tempus ex diebus xxx aestimationem redigere, quo plurimi res fuerit, vel ad id quo minoris fuerit ; sed Sabino placuit proinde habendum ac si etiam hac parte PLURIMI verbum adjectum esset ; nam legis latorem contentum fuisse, *quod prima parte eo verbo usus esset* [1]. 219. *Ceterum* placuit ita demum ex ista lege actionem esse, si quis corpore suo damnum dederit ; *ideoque* alio modo damno dato utiles actiones dantur, veluti si quis alienum hominem aut pecudem incluserit et fame necaverit, aut jumentum tam vehementer egerit, ut rumperetur ; item si quis alieno servo persuaserit, ut in arborem ascenderet vel in puteum descenderet, et is ascendendo aut descendendo ceciderit et aut mortuus fuerit aut aliqua parte corporis laesus sit ; item *contra* [2] si quis alienum servum de ponte aut ripa in flumen projecerit et is suffocatus fuerit, corpore suo damnum dedisse eo quod projecerit non difficiliter intellegi potest.

220. Injuria autem committitur non solum cum quis pugno puta aut fuste percussus vel etiam verberatus erit, sed etiam si cui convicium factum fuerit, sive quis bona alicujus quasi debitoris sciens eum nihil sibi debere proscripserit, sive quis ad infamiam alicujus libellum aut carmen scripserit, sive quis matrem familias aut praetextatum adsectatus fuerit, et denique aliis pluribus modis. 221. *Pati autem* injuriam videmur non solum per nosmet ipsos, sed etiam per liberos nostros quos in potestate habemus ; item per uxores nostras, [cum in manu nostra sint] [3]. Itaque si filiae meae, quae Titio nupta est, injuriam feceris, non solum filiae nomine tecum agi injuriarum potest, verum etiam meo quoque et Titii nomine. 222. Servo autem ipsi quidem nulla injuria intellegitur fieri, sed domino per eum fieri videtur ; non tamen isdem modis quibus etiam per liberos nostros vel uxores injuriam pati videmur, sed ita cum quid atrocius commissum fuerit, quod aperte in contumeliam domini fieri videtur, veluti si quis alienum servum verberaverit ; et in hunc casum formula proponitur. At si

1. Restitué d'après *Inst.*, 4, 3, 13. — 2. Seckel et Kuebler, arg. 1, 81. — 3. Effacé par Mommsen comme une glose ; v. dans Dubois les autres corrections proposées.

quis servo convicium fecerit vel pugno eum percusserit, non proponit*ur* ulla formula, nec temere petenti datur.

223. Poena autem injuriarum ex *lege* XII tabula*rum* propter membrum quidem ruptum talio erat ; propter os vero fractum aut conlisum trecentorum assium poena era*t*, si libero os fractum erat ; at si servo, cl ; propter ceteras vero injurias xxv assium poena er*at* constituta, et *v*idebantur illis temporibus in magna paupertate satis idoneae istae pecunia*r*iae poenae. 224. Se*d* nunc alio jure utim*ur* ; p*er*mittit*ur* enim nobis a praetore *ip*s*is* injuriam *a*estimare, et judex vel tanti condemnat quanti nos aestimaverimus, vel minoris, pro*ut* *ei* visum fuerit. Se*d* cum atrocem injuriam praetor aestimare soleat, si simul constituerit quantae pecuniae eo nomine fieri debeat vadimonium, *h*ac ipsa quantitate taxamus formulam, et judex qu*amvis* possit vel minoris damnare, plerumque tamen propter ipsius praetoris auctoritatem non audet minuere condemnationem. 225. Atrox autem injuria aestimatur vel ex facto, veluti si quis ab aliquo vulneratus aut verberatus fustibusve caesus fuerit ; vel ex loco, veluti si cui in theatro aut in foro injuria facta sit ; vel ex persona, veluti si magistratus injuriam passus fuerit vel senator*i* ab humili persona facta sit injuria.

COMMENTARIUS QUARTUS.

1. *Superest ut de actionibus loquamur* [1]. *Et si quaeramus* quo*t* genera actionum sint, verius videtur duo esse, in rem et in personam ; nam qui iiii esse dixer*unt* ex sponsion*um* generibus, non animadverterunt quasdam species actionum inter genera se rettulisse. 2. In personam actio est qua agimus cum aliquo qui nobis vel ex contractu vel ex delic*to* obligatus est, id est cum intendimus dare, facere, praestare oportere. 3. In *rem* actio est, cum aut corporalem rem intendimus nostram esse,*aut* *j*us aliquod nobis conpetere, veluti utend*i* aut utendi fruend*i*, eundi agendi aquamve ducend*i*, vel altius tollendi *p*rospiciendive ; *aut cum* actio ex diverso adversario est negativa. 4. Sic itaque discretis actionibus certum est non posse nos rem nostram ab alio ita petere : si paret eum dare oportere ; nec enim quod nostrum est nobis dari potest, cum scilicet id dari nobis intellegatur quod *ita datur, ut* nostrum fiat ; nec res quae

---

1. Restitué d'après *Inst.*, 4, 6, *pr.*

nostra jam est [1], nostra amplius fieri potest. Plane odio furum, quo magis pluribus actionibus tenean*tur*, receptum est ut extra poenam dupli aut quadrupli rei recipiendae nomine fures *etiam* hac action*e* teneantur : SI PARET EOS DARE OPORTERE, quamvis sit etiam adversus eos haec actio qua rem nostram esse petimus. 5. Appellantur autem in rem quidem actiones vindicationes, in personam vero actiones quibus DARI FIERIVE OPORTERE intendimus, condictiones.

6. Agimus autem interdum ut rem tantum consequamur, interdum ut poenam tan*tum*, alias ut rem et poena*m*. 7. Rem tantum persequimur velut actionibus *quibus* ex contractu agimus. 8. Poenam tantum *per*sequimur velut actione furti et injuriarum et secundum quorundam opinionem actione vi bonorum raptorum ; nam ipsius rei et vindicatio et condictio nobis conpetit. 9. Rem vero et poenam persequimur velut ex his causis, ex quibus adversus infitiantem in duplum agimus ; quod accidit per actionem judica*ti*, depensi, damni injuriae *legis* Aqui*liae,* au*t* legatorum nomine quae per damnationem certa relic*ta* sunt.

10. Quaedam praeterea sunt actiones quae ad legis actionem exprimuntur, quaedam sua vi ac potestate constant. Quod ut manifestum fiat, opus est ut prius de legis actionibus loquamur.

11. Actiones, quas in usu veteres *h*abuerunt, legis actiones appellaban*t*ur vel ideo quod legibus proditae erant (quip*pe* tunc edicta praetor*is* [2], quibus conplu*res* actiones introductae sunt, nondum in usu habebantur), vel ideo quia ipsarum legum verbis accommodatae erant et ideo i*n*mutabiles proinde atque leges observa*ban*tur ; unde eum qui de vi*t*ibus succisis ita egisset, ut in actione vites nominaret, responsum *est* rem perdidisse, *cu*m debuisset arbores nominare eo quod lex XII tabularum, ex qua de vitibus succisis actio conpeteret, generaliter de arboribus succisis loqueretur. 12. Lege autem agebatur modis quinque : sacramento, per judic*is* postulationem, per condictionem, per manus injectionem, per pignoris ca*p*ionem.

13. Sacramenti actio generalis erat ; *de* quibus enim rebus ut aliter ageretur lege cautum non erat, de his sacramento agebatur. Eaque actio proinde periculosa erat falsi... [3], atque hoc tempore periculosa est actio certae creditae pecuniae prop-

1. Restitutions d'après *Inst.*, 4, 6, 14. — 2. Le ms. défendu par Wlassak, Z. S. St., 9, p. 386. *Processgesetze*, 2, p. 304 ; Krueger, *Sources*, p. 49, n. 2, corrige : *praetorum* ; cf. Girard *Mélanges*, 1, p. 70, n. 2. — 3. Mot illisible en partie pour lequel la 2ᵉ révision de Studemund ne semble autoriser aucune des restitutions proposées.

ter sponsionem qua periclitatur reus, si temere neget, *et* restipulationem qua periclitatur actor, si non debitum petat; nam qui victus erat, summam sacramenti praestabat poenae nomine, eaque in publicum cedebat praedesque eo nomine praetori dabantur, non ut nunc sponsionis et restipulationis poena lucro cedit adve*rs*ario [1] q*ui* vicer*it*. 14. Poena autem sacramenti aut quingenaria erat aut quinquagenaria. Nam de rebus mille aeris plurisve quingentis assibus, de minoris vero quinquaginta assibus sacramento contendebatur; nam ita lege XII tabularum cautum erat. A*t* si de libe*rta*te hominis controversia erat, etiamsi pretiosissimus homo esset, tamen ut L assibus sacramento contendere*tur*, eadem lege cautum est, favore scilicet libertatis, ne o*ne*rarentur adsertores [2].

(Suivent 23 lignes presque complètement illisibles.)

15... Omnes actiones. . . . . . . captus. . . . .
. . . . ad judicem accipiendum venirent; postea vero reversis dabatur. Ut autem *die* XXX judex d*a*retur, per legem Pinariam factum est; ante eam autem legem *stat*im [3] dabatur judex. Illu*d* ex superioribus intellegimus; si de re minoris quam M aeris agebatur, quinquagenario sacramento, non quingenario eos contendere solitos fuisse. Postea tamen quam judex datus esset, co*n*perendinum diem, ut ad judicem venirent, denuntiabant. Deinde cum ad judicem venerant, antequam apud eum *causam* perorarent, solebant breviter ei et quasi per indicem rem exponere; quae dicebatur causae co*n*jectio [4], quasi causae suae in breve coactio. 16. Si in rem agebatur, mobilia quidem et moventia, quae modo in jus ad*fe*rri adducive possent, in jure vindica*b*antur ad hunc modum : qui vindicabat, *f*estucam tenebat; deinde ipsam rem adprehendebat, veluti hominem, et ita dicebat : HUNC EGO HOMINEM EX JURE QUIRITIUM MEUM ESSE AIO SECUNDUM SUAM CAUSAM. SICUT DIXI, ECCE TIBI VINDICTAM INPOSUI, et simul homini festucam inponebat; adversarius eadem similiter dicebat et faciebat; cum uterque vindicasset, praetor dicebat : MITTITE AMBO HOMINEM ; illi mittebant; qui prior vindicaverat, *ita alterum interroga*bat : POSTULO ANNE DICAS QUA EX CAUSA VINDICAVERIS; ille respondebat : JUS FEC*I* SICUT VINDICTAM INPOSUI ; deinde qui prior vindicaverat, di-

---

1. Seckel et Kuebler : adve*rs*arii. — 2. Page illisible sauf les mots : 'omnes actiones' à la ligne 12 et 'captus' à la ligne 18. Gaius y traitait sans doute du *sacramentum* dans les actions personnelles. Cf. les diverses restitutions dans Dubois. — 3. Restitution généralement admise aujourd'hui ; la plupart des éditions antérieures à Studemund : 'nondum', qui s'accorde moins bien avec le ms. — 4. Correction assez généralement admise ; le ms. : 'collectio'.

cebat; QUANDO TU INJURIA VINDICAVISTI, D AERIS SACRAMENTO TE PROVOCO ; adversarius quoque dicebat similiter : ET EGO TE ; scilicet *si de re M aeris pluris*ve *agebatur*, D, *si de minoris*[1], L asses sacramenti nominabant; deinde ea*d*em sequebantur quae cum in personam ageretur ; postea praetor secundum alterum eorum vindicias dicebat, id est interim aliquem possessorem constituebat, eumque jubebat praedes adversario dare litis et vindiciarum, id est rei et fructuum ; alios autem praedes ipse praetor ab utroque accipiebat sacramenti, quod id in publicum cedebat. Festuca autem utebantur quasi hastae loco, signo quodam justi dominii ; *quod maxime sua esse credebant quae ex hostibus cepissent*; unde in centum*v*iralibus judiciis hasta praeponitur. 17. Si qua res talis erat, ut sine incommodo non posset in jus adferri vel adduci, veluti si columna aut grex alicujus pecoris esset, pars aliqua inde sumebatur; deinde in eam partem quasi in totam rem praesentem fiebat vindicatio. Itaque ex gre*g*e vel una *o*vis aut capra in jus adducebatur, vel et*iam* pilus inde sumebatur et in jus adferebatur, ex na*v*e vero et columna aliqua pars defringebatur. Similiter si de fundo vel de aedibus sive de hereditate controversia erat, pars aliqua inde sumebatur et in jus adferebatur et in eam partem perinde atque in totam rem praesentem fiebat vindicatio, veluti ex fundo gleba sumebatur et ex *a*edibus tegula, et si de hereditate controversia erat, aeque *res aliqua inde sumebatur*[2]...

(48 lignes perdues.)

17a.... qualem... capiendum judicio... die xxx ad judicem capiendum praesto esse debe*b*ant. 18. *C*ondicere autem denuntiare est prisca lingua. Itaque haec quidem actio proprie condictio vocabatur; nam *a*ctor adversario denunti*a*bat, ut ad judicem capiendum die xxx adesset. Nunc vero non proprie condictionem dicimus actionem in personam *esse*, *qua* intendimus DARI NOBIS OPORTERE ; null*a* enim hoc tempore eo nomine denuntiatio fit. 19. Haec autem legis actio constituta est per legem Siliam et Calpurniam, lege quidem Silia certae pecuniae, lege vero Calpurnia de omni certa re. 20. Quare autem haec actio desiderata sit, cum de eo quod *n*obis dari oportet, potueri*m*us aut sacramento aut per judicis postulationem agere, valde quaeritur.

21. Per manus injectionem aeque *de* his rebus agebatur de quibus ut ita ageretur, lege a*l*iqua cautum est, veluti judi-

---

1. Gradenwitz, chez Krueger. — 2. Feuillet perdu dans lequel on admet généralement que Gaius devait finir la théorie du *sacramentum*, faire celle de la *judicis postulatio* et aborder celle de la *condictio*.

cati lege XII tabularum. Quae actio talis erat : qui agebat, sic dicebat : QUOD TU MIHI JUDICATUS (sive DAMNATUS) ES SESTERTIUM X MILIA, QUANDOC [1] NON SOLVISTI, OB EAM REM EGO TIBI SESTERTIUM X MILIUM JUDICATI MANUM INJICIO, et simul aliquam partem corporis ejus prehendebat. Nec licebat judicato manum sibi depellere et pro se lege agere ; sed vindicem dabat qui pro se causam agere solebat ; qui vindicem non dabat, domum ducebatur ab actore et vinciebatur. 22. Postea quaedam leges ex aliis quibusdam causis pro judicato manus injectionem in quosdam dederunt : sicut lex Publilia in eum pro quo sponsor dependisset, si in sex mensibus proximis quam pro eo depensum esset, non solvisset sponsori pecuniam ; item lex Furia de sponsu adversus eum qui a sponsore plus quam virilem partem exegisset ; et denique conplures aliae leges in multis causis talem actionem dederunt. 23. Sed aliae leges *ex quibusdam causis* constituerunt quasdam actiones per manus injectionem, sed puram, id est non pro judicato : veluti lex *Furia* testamentaria adversus eum qui legatorum nomine mortisve causa plus M assibus cepisset, cum ea lege non esset exceptus, ut ei plus caperet liceret ; item. lex Marcia adversus faeneratores, ut si usuras exegissent, de his reddendis per manus injectionem cum eis ageretur. 24. Ex quibus legibus et si quae aliae similes essent, cum agebatur, *reo licebat* manum sibi depellere et pro se lege agere. Nam et actor in ipsa legis actione non adjiciebat hoc verbum PRO JUDICATO, sed nominata causa ex qua agebat, ita dicebat : OB EAM REM EGO TIBI MANUM INJICIO ; cum hi, quibus pro judicato actio data erat, nominata causa ex qua agebant, ita inferebant : OB EAM REM EGO TIBI PRO JUDICATO MANUM INJICIO. Nec me praeterit in forma legis Furiae testamentariae PRO JUDICATO verbum inseri, cum in ipsa lege non sit ; quod videtur nulla ratione factum. 25. Sed postea lege Vallia, excepto judicato et eo pro quo depensum est, ceteris omnibus cum quibus per manus injectionem agebatur, permissum est sibi manum depellere et pro se agere. Itaque judicatus et is pro quo depensum est etiam post hanc legem vindicem dare debebant, et nisi darent, domum ducebantur. Idque quamdiu legis actiones in usu erant, semper ita observabatur : unde nostris temporibus is, cum quo judicati depensive agitur, judicatum solvi satisdare cogitur.

26. Per pignoris capionem lege agebatur de quibusdam rebus moribus, *de quibusdam rebus* lege. 27. Introducta est

---

1. Eisele, Z. S. St., 18, 1897, corrige 'quandoc' en : 'quando Ic'.

moribus rei militaris. Nam [et] propter stipendium licebat militi ab eo qui *a*es tr*i*bu*e*bat [1], nisi daret, pignus capere; dicebatur autem ea pecunia, qu*a*e stipend*i*i nomine dabatur, aes militare. Item propter eam pecuniam licebat pignus capere ex qua e*quu*s emendus erat; quae pecunia dicebatur aes equestr*e*. Item propter eam pecuniam ex qu*a* hordeum equis erat conparandum; quae pecunia dicebatur aes hordiarium. 28. Lege autem introduc*t*a est pignoris capio veluti lege XII tabularum adversus eum qui hostiam emisset nec pretium redderet; it*em* adversus eum qui mercedem non redderet pro eo jumento quod quis ideo locasset, ut inde pecuniam accept*am* in d*a*pem, id est in sacrificium inpenderet. Item lege censoria data est pignoris ca*pio* publicanis vectigalium publicorum populi Romani adversus eos qui aliqua lege vectigalia deberent. 29. Ex omnibus autem istis causis certis verbis pignus capiebatur, et ob id plerisque placebat hanc quoque actionem legis actionem esse; quibusdam autem *contra* placebat, primum quod pignoris ca*pio* extra jus peragebatur, id est non apu*d* prae*t*orem, plerumque etiam absent*e* adversario, cum alioquin ceteris actionibus non aliter uti possen*t* quam apu*d* praetorem praesente adversario, praeterea quod nefasto quoque di*e*, id est quo non licebat l*e*ge agere, pignus capi poterat.

30. Se*d* istae omnes legis actiones paulatim in odium venerunt, namqu*e* ex nimia subtilitate veterum qui tunc jura condiderunt eo res perducta es*t*, ut vel qui minimum errasset *litem* perderet. Itaque per legem *A*ebutiam et duas Julias sublatae sunt istae legis actiones effectumque est, ut per concepta verba, id est per formulas, litigemus. 31. Tantum ex duabus causis permissum es*t* lege agere: damni infecti et si centumvirale judicium fu*tu*rum *est*. Sane qu*idem* cum ad centumviros it*ur*, ante lege agitur sacramento apu*d* praetorem urbanum vel peregrinum [praetorem]. Damni vero infecti nemo vult lege agere, se*d* potius stipulatione quae in edicto proposita est obligat adversarium suum, i*d*que et commodius jus et plenius est. Per pignoris *capionem*... [2]

(Suivent 23 lignes illisibles.)

1. Niebuhr: le ms.: 'distruebat'. — 2. Page restée totalement illisible dans laquelle on pense assez communément que Gaius aurait de nouveau traité de la *legis actio per pignoris capionem*, puis serait revenu aux *actiones quae ad legis actionem exprimuntur* du § 10 à propos desquelles il a exposé le système des Actions de la loi V. les diverses conjectures dans Dubois. Ajouter Baron, *Die Condictionen*, 1881, pp. 211-217.

... apparet. 32. *Item* in ea forma quae publicano proponi*tur*, talis fictio est, ut quanta pecunia olim, si pignus captum esset, id pignus is a quo captum erat luere deberet, tantam pecuniam condemnetur. 33. Nulla autem formula ad condictionis fictionem exprimitur. Sive enim pecunia*m* sive rem aliquam certam de*b*itam nobis petamus, eam ipsam DARI NOBIS OPORTERE intendimus ; nec ullam adjungimus condictionis fictionem. Itaque simul intellegimus eas formulas, quibus pecuniam aut rem aliquam nobis dar*i* oportere intendimus, sua vi ac potestate valere. Ejusdem naturae sunt actiones commodati, fiduciae, negotiorum gestorum et aliae innumerabiles.

34. Habemus adhuc alterius generis fictiones *in* quibusdam formulis, veluti cum is qui ex edicto bonorum possessionem petiit ficto se herede agit. Cum enim praetorio jur*e*, non legitimo succedat in locum defuncti, non ha*b*et directas actiones, et neque id quod defuncti fuit potest intendere SUUM ESSE, *neque id quod e*i debebatur, potest intendere DARI SIBI OPORTERE, itaque ficto se herede intendit velut hoc modo ; JUDEX ESTO SI A. AGERIUS (id est si ipse actor) *L. TITIO* HERES *ESSET, TUM SI EUM* FUNDUM DE QUO AGITUR EX JURE QUIRITIUM *EJUS* ESSE *OPORTERET*; et sic *de* de*b*ito cum praeposita simili *fictione heredis*[1] ita subjicitur : TUM SI P*A*RERET N. NEGIDIUM *A.* AGERIO SESTERTIUM X MILIA DARE OPORTERE. 35. Similiter et bonorum emptor ficto se herede agit ; sed interdum et alio modo agere solet ; nam ex persona ejus cujus bona emerit sumpta intentione convertit condemnationem in suam personam, id est ut quod illius esse vel illi dar*i* oporteret, eo nomine adversarius huic condemnetur ; quae species actionis appellatu*r* Rutiliana, quia a praetore P. Rutilio, qui et bonorum venditionem introduxisse dicitur, conparata es*t*. Superior autem species actionis, qua ficto se herede bonorum emptor *agit,* Serviana *vocatur.* 36. *Item usucapio fingitur in ea actione quae Publiciana* vocatur. Datur autem haec actio ei qui ex justa causa traditam sibi rem nondum usucepit eamque *amissa* possessione petit. Nam quia non potest eam EX JURE QUIRITIUM SUAM ESSE intendere, fingitur rem usucepisse et ita quasi ex jure Quiritium dominus factus esset intendit, *veluti* hoc modo : JUDEX ESTO. SI QUEM HOMINEM A. AGERIUS EMIT *ET* IS EI TRADITUS EST, ANNO POSSEDISSET, TUM SI EUM HOMINEM DE QUO AGITUR *EX JURE QUIRITIUM EJUS* ESSE OPORTERET *et* reliqua. 37. Item civitas Romana peregrino fingitur, si eo nomine agat aut cum eo agatur, quo nomine nostris legibus

---

1. Restitution de Mommsen; cf. les autres restitutions dans Dubois

actio constituta est, si modo justum sit eam actionem etiam
ad peregrinum extendi : veluti si furti agat peregrinus aut cum
eo *agatur*. Nam *si cum peregrino* agatur, *formula* ita concipitur : JUDEX ESTO. SI PARET L. *TITIO A DIONE HERMAEI FILIO OPEVE
CONSILIO* [VE][1] DIONIS *HERMAEI* FILII FURTUM FACTUM ESSE PATERAE
AUREAE, QUAM OB REM EUM, SI CIVIS ROMANUS ESSET PRO FURE DAM-
NUM DECIDERE OPORTERET et reliqua. Item si peregrinus furti
agat, civitas ei Romana fingitur. Similiter si ex lege Aquilia
peregrinus damni injuriae agat aut cum eo aga*tur*, ficta civitate Romana judi*c*ium datur. 38. Praeterea aliquando fingimus
ad*v*ersarium nostrum *c*apite deminutum non esse. Nam si ex
contractu nobis obligatus obligatave sit et *c*apite deminutus
deminutave fuer*i*t, velut mulier per coemptionem, masculus
per adrogationem, desinit jure civili debere nobis, nec directo
intendi potest si*b*i dare eum eamve oportere ; sed ne in potestate ejus sit jus nostrum corrumpere, introducta est contra
eum eamve actio utilis rescissa *c*apitis deminutione, id est in
qua fingitur capite deminutus deminutave non esse.

39. Partes autem formularum hae sunt : demonstratio,
intentio, adjudicatio, condemnatio. 40. Demonstratio est ea
pars formulae quae pr*i*ncip*io* [2] ideo *i*nseritur, ut demonstretur
res de qua agitur : velut haec pars formulae : QUOD A. AGERIUS
N. NEGIDIO HOMINEM VENDIDIT ; item haec : QUOD A. AGERIUS *APUD*
N. NEGIDIUM HOMINEM DEPOSUIT. 41. Intentio est ea pars formulae
qua actor desiderium suum concludit : velut haec pars formulae : SI PARET N. NEGIDIUM A. AGERIO SESTERTIUM X MILLIA DARE
OPORTERE ; item haec : QUIDQUID PARET N. NEGIDIUM A. AGERIO
DARE FACERE *OPORTERE* ; item haec : SI PARET HOMIN*EM* EX JURE
QUIRITIUM A. AGERII ESSE. 42. Adjudicatio est ea pars formulae
qua permittitur judici rem alicui ex litigatoribus adjudicare ;
velut si inter coheredes familiae erciscundae agatur, aut inter
socios communi dividundo, aut inter vicinos finium regundorum ; nam illic ita est : QUANTUM ADJUDICARI OPORTET, JUDEX
TITIO [3] ADJUDICATO. 43. Condemnatio est ea pars formulae qua
judici condemnandi absolvendive potestas p*e*rmittitur ; velut
haec pars formulae : JUDEX N. NEGIDIUM A. AGERIO SESTERTIUM X
MILIA CONDEMNA. SI NON PARET, ABSOLVE ; item haec : JUDEX N.
NEGIDIUM A. AGERIO DUMTAXAT *X MILIA* CONDEMNA: SI *NON* PARET,
ABSOLVITO ; item haec : JUDEX N. NEGIDIUM A. AGERIO CONDEMNATO,

1. Restitution proposée par Lenel, *Edictum*, § 128. Nombreuses autres
conjectures dans Dubois. Ajouter Mommsen, *Droit pénal*, 3, p. 48, n. 2.
— 2. Krueger, Seckel et Kuebler ; le ms. : 'quae praecipue' — 3. Polenaar corrige *tantum* ; Huschke : *cui oportet*.

et reliqua, ut non adjiciatur : DUMTAXAT X MILIA [1]. 44. Non tamen istae omnes partes simul inveniuntur, sed quaedam inveniuntur, quaedam non inveniuntur. Certe intentio aliquando sola invenitur, sicut in praejudicialibus formulis, qualis est qua quaeritur, aliquis libertus sit, vel quanta dos sit, et aliae conplures. Demonstratio autem et adjudicatio et condemnatio numquam solae inveniuntur, nihil enim omnino *demonstratio* sine intentione vel condemnatione valet ; item condemnatio sine intentione, vel adjudica*tio sine demonstratio*ne [2] nullas vires habet, *et* ob id numquam solae inveniuntur.

45. Sed eas quidem formulas in quibus de jure quaeritur, in jus conceptas vocamus, quales sunt quibus intendimus NOSTRUM ESSE ALIQUID EX JURE QUIRITIUM, au*t* NOBIS DARI OPORTERE aut PRO FURE DAMNUM DECIDI OPORTERE ; *sunt et aliae, in* quibus juris civilis intentio est. 46. Ceteras vero in factum conceptas vocamus, id est in quibus nulla talis intentio concepta est, *sed* initio formulae nominato eo quod factum est, adj*ic*iuntur ea verba per quae judici damnandi absolvendive potestas datur ; qualis est formula qua utitur patron*us* contra. *li*bertum qui eum contra edictum praetoris in jus *v*ocavit ; nam in ea ita est : RECUPERATORES SUNTO. SI PARET ILLUM PATRONUM AB ILLO LIBERTO CONTRA EDICTUM ILLIUS PRAETORIS IN JUS VOCATUM ESSE, RECUPERATORES ILLUM LIBERTUM ILLI PATRONO SESTERTIUM X MILLIA [3] CONDEMNATE. SI NON PARET, ABSOLVITE. Ceterae quoque formulae quae sub titulo DE IN JUS VOCANDO propositae sunt, in factum conceptae sunt, velut adversus eum qui in jus vocatus neque venerit neque vindicem dederit ; item contra eum qui vi exemerit eum qui in jus *v*oca*t*ur ; et denique innumerab*i*les ejus modi aliae formulae in al*bo* proponuntur. 47. Sed ex quibusdam causis praetor et in jus et in factum conceptas formulas proponit, vel*u*ti depositi et commodati. Illa enim formula quae ita concepta est : JUDEX ESTO. QUOD A. AGERIUS APUD N. NEGIDIUM MENSAM ARGENTEAM DEPOSU*I*T, QUA DE RE AGITUR, QUIDQUID OB EAM REM N. NEGIDIUM A. AGERIO DARE FACERE OPORTET EX FIDE BONA, EJUS JUDEX N. NEGIDIUM A. AGERIO CONDEMNATO [N.R.[4]]. SI NON PARET,

---

1. X MILIA transporté ici de la ligne précédente ; le ms. : 'JUDEX N NEGIDIUM A. AGERIO X MILIA CONDEMNATO et reliqua, ut non adjiciatur DUMTAXAT'. — 2. Seckel et Kuebler : le ms. : 'item condemnatio sine demonstratione vel intentione vel adjudicatione'. — 3. Peut-être L, peut-être V, arg. *D.*, 2, 4, 24. 12, 2, 6, 2. Cf. Lenel, *Edictum*, § 11, 1. — 4. Le ms. : N. R., ordinairement traduit par *NISI RESTITUAT* ; v. aujourd'hui en sens contraire Lenel, *Edictum*, § 106, et l'éd. Seckel et Kuebler ; cf. les auteurs cités par Dubois.

ABSOLV*ITO*, in jus concepta est. A*t* illa formula quae ita concepta est : JUDEX ESTO. SI PARET A. AGERIUM APU*D* N. NEGIDIUM MENSAM ARGENTEAM DEPOSUISSE EAMQUE DOLO MALO N. NEGIDII A. AGERIO REDDITA*M* NON ESSE, QUANTI EA RES ERIT, TANTAM PECUNIAM JUDEX N. NEGIDIUM A. AGERIO CONDEMNATO. SI NON PARET ABSOLV*ITO*, in factum concepta est. Similes etiam commodati formulae sunt.

48. Omnium autem formularum quae condemnationem habent, ad pecuniariam aestimationem condemnatio concepta est. Itaque et si corpus aliquod petamus, veluti fundum hominem vestem *aurum* argentum, judex non ipsam rem condemnat *e*um cum quo actum est, sicut olim fieri solebat, *sed* aestimata re pecuniam eum condemnat[1]. 49. Condemnatio autem vel certae pecuniae in formula proponitur vel incertae. 50. Certae pecuniae velut in ea formula qua certam pecuniam petimus ; nam illic ima parte formulae ita est : JUDEX N. NEGIDIUM A. AGERIO SESTERTIUM X MILIA CONDEMNA. SI NON PARET, ABSOLVE. 51. Incertae vero condemnatio pecuniae duplicem significationem habet. Est enim una *cum* aliqua praefinitione, quae vulgo dicitur cum taxatione, velut si incertum aliquid petamus ; nam illic ima parte formulae ita est : JUDEX N. NEGIDIUM A. AGERIO DUMTAXAT SESTERTIUM X MILIA CONDEMN*A*. SI NON PARET, ABSOLVE ; vel incerta es*t* et infinita, *vel*ut si rem aliquam a possidente nostram esse petamus, id est si in rem agam*us* vel ad exhibendum ; nam illic ita est : QUANTI E*A* RES ERIT, TANTAM PECUNIAM, JUDEX, N. NEGIDIUM *A*. *A*GERIO CONDEMNA. SI NON PARET, ABSOLVITO. Quid er*go* es*t* ? Judex si condemnet, certam pecuniam condemnare debet, etsi certa pecunia in condemnatione posita non sit. 52. Debet autem judex attendere, *ut* cum certae pecuniae condemnatio posita sit, neque majoris neque minoris summa posit*a* condemnet, alioquin litem suam facit. Item si taxatio posita sit, ne plur*is* condemnet quam taxat*um* sit, alia*s* enim simil*i*ter litem suam fac*it*. Minoris autem damnare ei permissum est. At si etiam[2] . . . .
. . . . qui formulam acc*ip*it, intendere de*b*et nec am*plius*. . . . . . certa condemnatione constringi . . . . *potest condemnare quo*usque velit.

1. Brini, *Archivio*, 1878, pp. 213-278, suivi par Thaller, *N. R. H.*, 1884, pp. 459-470, ponctue : ' eum cum quo actum est. Sicut olim fieri solebat aestimata re, pecuniam eum condemnat'. — 2. Passage lu très incomplètement dans lequel Gaius traitait peut-être des précautions à prendre pour que les parties ne souffrent pas d'une mauvaise rédaction de la *condemnatio*, et ensuite de la *condemnatio in infinitum*.

53[1]. Si quis intentione *plus* conplexus fuerit, *causa cadit*, id est rem perdit, nec a praetore in integr*um* restituitur except*is* quibusdam casibus in q*uibus* . . . . . . praetor non patitur. . . . .

. . . . 53a. *Plus autem quattuor* modis petitur : *re*, tempore, loco, causa. Re, *veluti si quis pro x* milibus quae ei debentur xx milia petierit, *aut* si *is cujus* ex parte res est, totam eam aut majore ex parte *suam* esse intender*it*. 53b. *Tempore plus petitur, veluti si quis* ante *diem petierit.* 53c. *Loco plus petitur, veluti si quod certo loco* dari promissum est, id *alio loco sine commemoratione* ejus loci petatur, velut si *quis ita stipulatus fuerit* : EPHESI DARE SPONDES?, *deinde* Romae *pure intendat* DARI SIBI OPORTERE. . . . . . .
. . . . . dare mihi oportere. . . . .

(Suivent 2 lignes illisibles.)

. . . . . . petere id es*t* non adjecto loco. 53d. Causa plus petitur, velut si quis in intentione tollat electionem de*b*itoris quam *is* habet obligationis jure : velut si quis ita stipulatus sit : SESTERTIUM X MILIA AUT HOMINEM STICHUM DARE SPONDES?, deinde alterutr*um* ex his petat ; nam quamvis petat quod minus est, plus tamen petere videtur, quia potest adversarius interdum facilius id praestare quod non petitur. Similiter si quis genus stipulatus sit, deinde speciem petat : veluti si quis purpuram stipulatus sit generaliter, deinde Tyriam specialiter petat ; quin etiam licet vilissimam petat, idem juris est *propter* eam rationem quam proxime diximus. Idem juris est, si quis generaliter hominem stipulatus sit, deinde nominatim aliquem petat, velut Stichum, quamvis vilissimum. Itaque sicut ipsa stipulatio concepta est, ita et intentio formulae concipi de*b*et. 54. Illud satis apparet in incertis formulis plus peti non posse, quia, cum certa quantitas non petatur, sed QUIDQUID adversarium DARE FACERE OPORTET intendat*ur*, nemo potest plus intendere. Idem juris est et si in rem incertae partis actio data sit : velut tal*is* : QUANTAM PARTEM PARET IN EO FUNDO QUO DE AGITUR actoris ESSE ; quod genus actionis in paucissimis causis dari solet. 55. Item palam est, si quis aliud pro alio intenderit, nihil eum periclitari eumque ex integro agere posse, quia nihil ante videtur egisse : veluti si is, qui hominem Stichum petere debere*t*, Erotem petierit ; aut si quis EX TESTAMENTO DAR*I* SI*bi* OPORTERE intenderit, cui ex stipulatu debebatur ; aut

---

1. §§ restitués à l'aide d'*Inst.*, 4, 6, 33, 33 a, 33 b, 33 c.

si cognitor aut procurator intenderit si*bi* DARI OPORTERE. 56. Se*d* plus quidem intendere, sicut supra diximus, periculosum est ; minus autem intendere licet; sed de reliquo intra ejusdem praeturam agere non permittitur; n*am* qui it*a* agit, per exceptionem excluditur, quae exceptio appellatur litis dividuae. 57. A*t* si in condemnatione plus *po*situm sit quam oportet, actoris qui*dem* periculum nullum est, sed *reus cum* iniquam formulam acceperit, in integrum restituitur, ut minuatur condemnatio. Si vero minus positum fuerit quam oportet, hoc solum consequitur *actor* quod posuit ; nam tota quidem res in judicium deducitur, constringitur autem condemnationis fine, qua*m* judex egredi non potest. Nec ex ea parte praetor in integrum restituit ; facilius enim reis praetor succurrit quam actoribus. Loquimur autem exceptis minoribus xxv annorum ; nam hujus aetatis hominibus in omnibus rebus lapsis praetor succurrit. 58. Si in demonstratione plus aut minus positum sit, nihil in judicium deducitur, et ideo res in integro manet ; et hoc est quod dicitur falsa demonstratione rem non perimi. 59. Sed sunt qui putant minus recte comprehendi, ut qui forte Stichum et Ero*tem* emerit, recte videatur ita demonstrare : QUOD EGO DE TE HOMINEM EROTEM EMI, et si velit de Sticho, alia formul*a* agat, quia verum est eum qui duos emerit, singulos quoque emisse ; idque ita maxime La*b*eoni visum est. Sed si is, qui unum emerit, de duobus egerit, falsum demonstrat. Idem et in aliis actionibus est, veluti commodati et depositi. 60. Sed nos apu*d* quosdam scriptum invenimus, in actione depositi et denique in ceteris omnibus ex quibus damnatus unusquisque ignominia notatur, eum qui plus quam oporteret demonstraverit, litem perdere : veluti si quis una *re* deposita duas pluresve *se de*posuisse demonstraverit ; aut si is, cui pugno mala percussa est, in actione injuriarum etiam aliam partem corporis percussam si*bi* demonstraverit. Quod an de*b*eamus credere verius esse diligentius requiremus. Certe cum duae sint depositi formulae, alia in jus concepta, alia in factum, sicut supra quoque notavimus, et in ea quidem formula quae *in* jus concepta est, initio res de qua agitur demonstratorio modo designetur, deinde inferatur juris contentio his verbis : QUIDQUID OB EAM REM ILLUM ILLI DARE FACERE OPORTET ; in ea vero quae in factum concep*ta est*, sta*t*im initio in*t*entionis alio modo res de qua agitur designetur his verbis : SI PARET ILLUM APUD *ILLUM REM ILLAM* DEPOSUISSE : dubitare non debemus, quin si quis in formula quae in factum conposita est, plures

res designaverit quam deposuerit, litem perdat, quia in intentione plus po*suisse videatur*... [1]

(Suivent 48 lignes illisibles.)

61 [2]... continetur, ut habita ratione ejus quod invicem actorem eadem causa praestare oporteret, in reliquum eum cum quo actum est condemnare. 62. Sunt autem bonae fidei judicia haec : ex empto vendito, locato conducto, negotiorum gestorum, mandati, depositi, fiduciae, pro socio, tutelae, rei uxoriae [3]. 63. Liberum est tamen judici nullam omnino invicem conpensationis rationem habere : nec enim aperte formulae verbis praecipitur, sed quia id bonae fidei judicio conveniens videtur, ideo officio ejus contineri creditur. 64. Alia causa est illius actionis qua argentarius experitur : nam is cogitur cum conpensatione agere, et ea conpensatio verbis formulae exprimitur ; adeo quidem, ut ab initio conpensatione facta minus intendat sibi dari oporteret. Ecce enim si *sestertium* x milia debeat Titio, atque ei xx debeantur, sic intendit : SI PARET TITIUM SIBI X MILIA DARE OPORTERE AMPLIUS QUAM IPSE TITIO DEBET. 65. Item bonorum emptor cum deductione agere jube*tur, id est ut* in hoc solum adversarius ejus condemnetur quod superest, deducto eo quod invicem ei bonorum emptor defraudatoris nomine debet. 66. Inter conpensationem autem quae argentario opponitur, et deductionem quae objicitur bonorum emptori, illa differentia est, quod in conpensationem hoc solum vocatur quod ejusdem generis et naturae est : veluti pecunia cum pecunia conpensatur, triticum cum tritico, vinum cum vino ; adeo ut quibusdam placeat non omni modo vinum cum vino aut triticum cum tritico conpensandum, sed ita si ejusdem naturae qualitatisque sit. In deductionem autem vocatur et quod non est ejusdem generis. Itaque si [vero] pecuniam petat bonorum emptor et invicem frumentum aut vinum is debeat, deducto quanti id erit, in reliquum experitur. 67. Item vocatur in deductionem et id quod in diem debetur ; conpensatur autem hoc solum quod praesenti die debetur. 68. Praeterea conpensationis quidem ratio in intentione ponitur ; quo fit, ut si facta conpensatione plus nummo uno intendat argen-

---

1. 2 pages restées illisibles dans lesquelles on admet communément que Gaius traitait des matières exposées dans *Inst.*, 4,6, 36-39. — 2. Sur le commencement du §, cf. *Inst.*, 4, 6, 30. — 3. Énumération généralement complétée à l'aide d'*Inst.*, 4, 6. 28 ; mais cf., outre Huschke, Labbé, *R. de Législat.*, 1873, pp. 312-31 pour l'action *praescriptis verbis*, et, pour les actions en partage, Gradenwitz, *Interpolationen in den Pandekten*, 1878, p. 108, n. 1.

tarius, causa cadat et ob id rem perdat. Deductio vero ad condemnationem ponitur, quo loco plus petenti periculum non intervenit ; utique bonorum emptore agente, qui licet de certa pecunia agat, incerti tamen condemnationem concipit.

69. Quia tamen superius mentionem habuimus de actione qua in peculium filiorum familias servorumque agitur, opus est ut de *hac* actione et de ceteris quae eorundem nomine in parentes dominosve dari solent, diligentius admoneamus. 70. Inprimis itaque si jussu patris domini*ve* negotium gestum erit, in solidum praetor actionem in patrem dominumve conparavit ; et recte, quia qui ita negotium gerit, magis patris dominive quam filii servive fidem sequitur. 71. Eadem ratione conparavit duas alias actiones, exercitoriam et *institoriam*. Tunc autem exercitoria locum habet, cum pater dominusve filium servumve magistrum nav*i* praeposuerit, et quid cum eo ejus rei gratia cui praepositus fuerit, [negotium] gestum erit. Cum enim ea quoque res ex voluntate patris dominive contrahi videatur, aequissimum esse visum est in solidum action*em in eum* dari. Quin etiam, licet extraneum quisque magistrum nav*i* praeposuerit sive servum sive liberum, tamen ea praetoria actio in eum redditur. Ideo autem exercitoria actio appellatur, quia exercitor vocatur is a*d* quem cottidianus navis quaestus pervenit. Insti*t*oria vero formula tum locum habet, cum quis tabernae aut cuilibet negotiationi filium servumve aut quemlibet extraneum sive servum sive liberum praeposuerit, et quid cum eo ejus rei gratia cui praepositus est, contractum fuerit. Ideo autem insti*t*oria vocat*ur*, quia qui tabernae praeponitur insti*t*or appellat*ur*. Qua*e* et ipsa formula in solidum est. 72. Praeterea tributoria quoque actio in patrem dominumve constituta est, cum filius serv*us*ve in peculiar*i* merce sciente patre dominove negotietur. Nam si quid ejus rei gratia cum eo contrac*tum* fuerit, ita praetor jus dicit, ut quidquid in *his* mercibus *erit quodque inde receptum erit, id inter patrem dominumve, si quid ei debebitur, et ceteros creditores pro rata portione distribuatur* [1].

(Suivent 21 lignes illisibles.)

73. *Cum autem quaeritur, quantum in peculio sit,* ante deducitur quod patri dominove quique in ejus potestate sit, a filio servove debe*tur*, et quod superest, hoc solum peculium

---

1. Restitué d'après *Inst.*, 4, 7, 4 c. Le passage illisible qui suit doit, en visant à la fois l'esclave et le fils et en termes un peu plus concis, avoir traité les mêmes points qu'*Inst.*, 4, 7, 3, 4. 4 a. 4 b.

esse intellegitur. Aliquando tamen id quod ei debet filius servusve qui in potestate patris dominive sit, non deducitur ex peculio, velut si is cui debet in hujus ipsius peculio sit. 74. Ceterum dubium non est, quin et is, qui jussu patris dominive contraxit cuique exercitoria vel institoria formula conpetit, de peculio aut de in rem verso agere possit. Sed nemo tam stultus erit, ut qui aliqua illarum actionum sine dubio solidum consequi possit, in difficultatem se deducat probandi habere peculium eum cum quo contraxerit, exque eo peculio posse sibi satisfieri, vel id quod persequitur in rem patris dominive versum esse. 74ᵃ. Is quoque cui tributoria actio conpetit de peculio vel de in rem verso agere potest. Sed huic sane plerumque expedit hac potius actione uti quam tributoria; nam in tributoria ejus solius peculii ratio habetur, quod in his mercibus est quibus negotiatur filius servusve quodque inde receptum erit; at in actione peculii, totius. Et potest quisque tertia forte aut quarta vel etiam minore parte peculii negotiari, maximam vero partem peculii in aliis rebus habere; longe magis si potest adprobari, id quod *dederit is qui cum filio servove* contraxit, in rem patris dominive versum esse, ad hanc actionem transire debet; nam, ut supra diximus, eadem formula et de peculio et de in rem verso agitur.

75. Ex maleficio filiorum familias servorumque, veluti si furtum fecerint aut injuriam commiserint, noxales actiones proditae sunt, uti liceret patri dominove aut litis aestimationem sufferre aut noxae dedere; erat enim iniquum nequitiam eorum ultra ipsorum corpora parentibus dominisve damnosam esse. 76. Constitutae sunt autem noxales actiones aut legibus aut edicto praetoris: legibus, velut furti lege XII tabularum, damni injuriae lege Aquilia; edicto praetoris, velut injuriarum et vi bonorum raptorum. 77. Omnes autem noxales actiones caput secuntur, nam si filius tuus servusve noxam commiserit, quamdiu in tua potestate est, tecum est actio; si in alterius potestatem pervenerit, cum illo incipit actio esse; si sui juris coeperit esse, directa actio cum ipso est, et noxae deditio extinguitur. Ex diverso quoque directa actio noxalis esse incipit; nam si pater familias noxam commiserit, et is se in adrogationem tibi dederit aut servus tuus esse coeperit, quod quibusdam casibus accidere primo commentario tradidimus, incipit tecum noxalis actio esse quae ante directa fuit. 78. Sed si filius patri aut servus domino noxam commiserit, nulla actio nascitur; nulla enim omnino inter me et eum qui

in potestate mea est obligatio nasci potest. Ideoque etsi in alienam potestatem pervenerit aut sui juris esse coeperit, neque cum ipso neque cum eo cujus nunc in potestate est agi potest. Unde quaeritur, si alienus servus filiusve noxam commiserit mihi, et is postea in mea esse coeperit potestate, utrum intercidat actio an quiescat. Nostri praeceptores intercidere putant, quia in eum casum deducta sit, in quo consistere non potuerit, ideoque, licet exierit de mea potestate, agere me non posse; diversae scholae auctores, quamdiu in mea potestate sit, quiescere actionem putant, quia ipse mecum agere non possum, cum vero exierit de mea potestate, tunc eam resuscitari. 79. Cum autem filius familias ex noxali causa mancipio datur, diversae scholae auctores putant ter eum mancipio dari debere, quia lege XII tabularum cautum sit, *ne aliter filius de potestate patris* exeat, quam si ter fuerit mancipatus; Sabinus et Cassius ceterique nostrae scholae auctores sufficere unam mancipationem crediderunt, et illas tres legis XII tabularum ad voluntarias mancipationes pertinere.

80. Haec ita de his personis quae in potestate *sunt* sive ex contractu sive ex *maleficio* earum *controversia* esset; quod vero ad *eas* personas quae in manu mancipiove sunt [1], ita jus dicitur, ut cum ex *contractu* [2] earum agatur, nisi ab eo cujus juri subjectae sint in solidum defendantur, bona quae earum futura forent, si *ejus* juri subjectae non essent, veneant. Sed cum rescissa *capitis deminutione cum iis* imperio continenti *judicio agitur, si adversus eum actionem non defendantur, etiam cum ipsa muliere, dum in manu est, agi potest, quia tum tutoris auctoritas necessaria non est* [3].

(Suivent 20 lignes presque totalement illisibles.

81. *Quid* ergo *est* ? etiamsi... de qua re modo diximus quoque non permissum fuerit ei mortuos homines dedere, tamen etsi quis eum dederit qui fato suo vita excesserit, aeque liberatur.

1. Lenel, *Ed.*, § 249 *in fine*, avait primitivement supposé ici une lacune comblée par Krueger par les mots: '*cum ex maleficiis earum, agatur, eadem valent, quae in persona filiorum familias servorumve diximus. De contractibus autem eorum qui in mancipio sunt adversus eos quorum in mancipio sunt nulla actio proposita est, de debitis vero earum quae in manu sunt*, ita jus dicitur, etc. — 2. Mandry, *Das gemeine Familiengüterrecht*, 2, 1876, p. 348 : 'ex maleficio'; mais cf. Girard. *N. R. H*, 1887, p. 423, n. 3. — 3. Restitution vraisemblable de Huschke. Dans les lignes suivantes où l'on n'a pu lire que les mots : *XII tabularum*'. Gaius, traitait, prouve le fr. d'Autun, §: 81-87, de l'action *de pauperie* et des autres actions noxales et en particulier de l'abandon noxal du cadavre ; cf. *N. R. H.*, 1887, p. 437, n. 2.

82. Nunc admonendi sumus agere nos aut nostro nomine aut alieno, veluti cognitorio, procuratorio, tutorio, curatorio, cum olim, quo tempore legis actiones in usu fuissent, alieno nomine agere non liceret, praeterquam ex certis causis 83. Cognitor autem certis verbis in litem coram adversario substituitur. Nam actor ita cognitorem dat : QUOD EGO A TE verbi gratia FUNDUM PETO, IN EAM REM L. TITIUM TIBI COGNITOREM DO ; adversarius ita : QUIA TU A ME FUNDUM PETIS, IN EAM REM TIBI P. MEVIUM COGNITOREM DO. Potest ut actor ita dicat : QUOD EO TECUM AGERE VOLO, IN EAM REM COGNITOREM DO, adversarius ita : QUIA TU MECUM AGERE VIS, IN EAM REM COGNITOREM DO. Nec interest praesens an absens cognitor detur ; sed si absens datus fuerit, cognitor ita erit, si cognoverit et susceperit officium cognitoris. 84. Procurator vero nullis certis verbis in litem substituitur, sed ex solo mandato et absente et ignorante adversario constituitur. Quin etiam sunt qui putant eum quoque procuratorem videri cui non sit mandatum, si modo bona fide accedat ad negotium et caveat ratam rem dominum habiturum, quamquam et ille cui mandatum est plerumque satisdare debet, quia saepe mandatum initio litis in obscuro est et postea apud judicem ostenditur [1]. 85. Tutores autem et curatores quemadmodum constituantur, primo commentario rettulimus. 86. Qui autem alieno nomine agit, intentionem quidem ex persona domini sumit, condemnationem autem in suam personam convertit. Nam si verbi gratia L. Titius *pro* P. Mevio agat, ita formula concipitur : SI PARET N. NEGIDIUM P. MEVIO SESTERTIUM X MILIA DARE OPORTERE, JUDEX, N. NEGIDIUM L. TITIO SESTERTIUM X MILIA CONDEMNA, SI NON PARET, ABSOLVE ; in rem quoque si agat, intendit P. MEVII REM ESSE EX JURE QUIRITIUM, et condemnationem in suam personam convertit. 87. Ab adversarii quoque parte si interveniat aliquis cum quo actio constituitur, intenditur dominum DARE OPORTERE, condemnatio autem in ejus personam convertitur qui judicium accipit [2] ; sed cum in rem agitur, nihil *in* intentione facit ejus persona cum quo agitur, sive suo nomine alieno aliquis judicio interveniat ; tantum enim intenditur REM ACTORIS ESSE.

88. Videamus nunc quibus ex causis is cum quo agitur, vel hic qui agit, cogatur satisdare. 89. Igitur si verbi gratia in rem tecum agam, satis mihi dare debes : aequum enim vi-

---

1. 'Quia saepe mandatum.. ostenditur' est signalé comme une glose postérieure à *C. Th*, 2, 12, 3, par Eisele *Cognitur und Procuratur*. 1881, pp. 143-145. — 2. Wlassak, suivi par Krueger ; le ms. suivi par Seckel et Kuebler : 'acceperit'.

sum est *te ideo* quod interea tibi rem quae an a*d* te pertineat du*b*ium *est,* possidere conceditur, cum satisdatione cavere, ut si victus sis *nec rem* ipsam restituas nec litis aestimationem sufferas, sit mihi potestas aut tecum agendi aut cum sponsoribus tuis. 90. Multoque magis debes satisdare mihi, si alieno nomine judicium accipias. 91. Ceterum cum in rem actio duplex sit, aut enim per formulam petitoriam agit*ur* aut per sponsionem. siquidem per formulam petitoriam agitur, illa stipulatio locum habet quae appellatur IUDICATUM SOLVI ; si vero per sponsionem, illa quae appellatur PRO PRAEDE LITIS ET VINDICIARIUM. 92. Petitoria autem formula haec est qua actor intendit REM SUAM ESSE. 93. Per sponsionem vero hoc modo agimus : provocamus adversarium tali sponsione : SI HOMO QUO DE AGITUR EX JURE QUIRITIUM MEUS EST, SESTERTIOS XXV NUMMOS DARE SPONDES ? deinde formulam edimus qu*a* intendimus sponsionis summam nobis dar*i* oportere ; qua formula ita demum vincimus, si pro*b*averimus rem nostra*m* esse. 94. Non tamen *h*aec summa sponsionis exigitur ; non enim poenalis est, sed praejudicialis, et propter hoc solum fit ut per eam de re judicetur : unde etiam is cum quo agit*ur,* non restipulat*ur.* Ideo autem appellata est PRO PRAEDE LITIS VINDICIARUM stipulatio, quia in locum praedium successit, qui olim, cum lege agebatur, pro lite et v*i*ndiciis. id est pro re et fructibus, a possessor*e* petitori dabantur. 95. Ceterum si apud centumviros agitur, summam sponsionis non per formulam petimus, sed per legis actionem ; sacramento enim re*um* provoca*mus* ; eaque sponsio sestertium CXXV nummum fi*t scillic*et propter legem Crepereiam. 96. Ipse autem qui in rem agit, si suo nomine agat, satis non dat. 97. Ac nec si per cognitorem quidem aga*tur,* ulla satisdatio vel ab ipso vel a domino desideratur ; cum enim certis et quasi sollemnibus verbis in locum domini substituatur cognitor, merito domini loco habetur. 98. Procurator vero si agat, satisdare jube*tur* rata*m* rem dominum habiturum ; periculum enim est, ne iterum dominus de eadem re experiatur ; quod periculum *non* intervenit, si per cognitorem actum f*u*erit, quia de qua re quisque per cognitorem egerit, de ea non magis amplius actionem habet quam si ipse egerit. 99. Tutores et curatores eo modo quo et procuratores satisdare de*b*ere verba edicti faciunt ; sed aliquando illis satisdatio remittitur. 100. Haec ita si in rem agatur ; si vero in personam, ab actoris quidem parte quando satisdari de*b*eat quaerentes, eadem repetemus quae diximus in actione qua in rem agitur. 101. Ab ejus vero parte cum quo agitur, siquidem alieno nomine aliquis interveniat, omni modo satisdari debet, quia nemo alienae rei sine satisdatione defensor idoneus intellegitur. Sed siquidem cum cognitore agatur, dominus satisdare jubetur; si vero cum procuratore, ipse procurator. Idem et de tutore et de curatore juris est. 102 Quodsi proprio nomine aliquis judicium accipiat in personam, certis ex causis satisdare solet quas ipse praetor significat. Quarum satisdationum duplex causa est; nam aut propter genus actionis satisdatur, aut propter personam, quia suspecta sit: propter genus actionis, veluti judicati depensive aut cum de moribus mulieris agitur; propter personam veluti si cum eo agitur qui decoxerit, cujusve bona a creditoribus possessa proscriptave sunt, sive cum eo herede agatur quem praetor suspectum aestimaverit.

103. Omnia autem judicia aut legitimo jure consistunt aut imperio continentur. 104. Legitima sunt judicia quae in urbe Roma vel intra primum urbis Romae miliarium inter omnes cives Romanos sub uno judice accipiuntur; eaque e lege Julia judiciaria, nisi in anno et sex mensibus judicata fuerint, expirant. Et hoc est quod vulgo dicitur e lege Julia litem anno et sex mensibus mori. 105. Imperio vero continentur recuperatoria et quae sub uno judice accipiuntur interveniente peregrini persona judicis aut litigatoris. In eadem causa sunt, quaecumque extra primum urbis Romae miliarium tam inter cives Romanos quam inter peregrinos accipiuntur. Ideo autem imperio contineri judicia dicuntur, quia tamdiu valent, quamdiu is qui ea praecepit imperium habebit. 106. Et siquidem imperio continenti judicio actum fuerit, sive in rem sive in personam, sive ea formula quae in factum concepta est, sive ea quae in jus habet intentionem, postea nihilo minus ipso jure de eadem re agi potest; et ideo necessaria est exceptio rei judicatae vel in judicium deductae. 107. Si vero legitimo judicio in personam actum sit ea formula quae juris civilis habet intentionem, postea ipso jure de eadem re agi non potest, et ob id exceptio supervacua est; si vero vel in rem vel in factum actum fuerit, ipso jure nihilo minus postea agi potest, et ob id exceptio necessaria est rei judicatae vel in judicium deductae. 108. Alia causa fuit olim legis actionum: nam qua de re actum semel erat, de ea postea ipso jure agi non poterat; nec omnino ita. ut nunc, usus erat illis temporibus exceptionum. 109. Ceterum potest ex lege quidem esse judicium, sed legitimum non esse; et contra ex lege non esse,

sed legitimum esse. Nam si verbi gratia ex lege Aquilia vel Ollinia vel Furia in provinciis agatur, imperio continebitur judicium ; idemque juris est et si Romae apud recuperatores agamus, vel apud unum judicem interveniente peregrini persona ; et ex diverso si ex ea causa, ex qua nobis edicto praetoris datur actio, Romae sub uno judice inter omnes cives Romanos accipiatur judicium, legitimum est.

110. Quo loco admonendi sumus eas quidem actiones quae ex lege senatusve consultis proficiscuntur, perpetuo solere praetorem accommodare, eas vero quae ex propria ipsius jurisdictione pendent, plerumque intra annum dare. 111. Aliquando tamen *et* perp*etuo eas dat, scilicet cum* [1] *imitatur* jus legitimum : quales sunt eae quas *bonorum possessoribus* ceterisqu*e* qui heredis loco s*unt accommodat*. *Furti* quoque manifesti actio, quamvis ex ipsius praetoris juris dictione proficiscatur, perpetuo datur ; et merito, cum pro capitali poena pecuniaria constituta sit.

112. Non omnes actiones, quae in aliquem aut ipso jure conpetunt aut a praetore dantur, etiam in heredem aeque conpetunt aut dari solent. Est enim certissima juris regula, ex maleficiis poenales actiones in heredem nec conpetere nec dari solere, veluti furti, vi bonorum raptorum, injuriarum, damni injuriae ; sed heredibus hujus modi actiones conpetunt nec denegantur, excepta injuriarum actione et si qua alia similis inveniatur actio. 113. Aliquando tamen *etiam* ex contractu actio neque heredi neque in heredem conpetit ; nam adstipulatoris heres non habet actionem, et sponsoris et fidepromissoris heres non tenetur.

114. Superest ut dispiciamus, si ante rem judicatam is cum quo agitur post acceptum judicium satisfaciat actori, quid officio judicis conveniat, utrum absolvere, an ideo potius damnare, quia judicii accipiendi tempore in ea causa fuerit, ut damnari debeat. Nostri praeceptores absolvere eum debere existimant, nec interesse cujus generis sit judicium ; et hoc est quod vulgo dicitur Sabino et Cassio placere omnia judicia absolutoria esse [2] . . . . de bonae fidei judiciis autem idem sentiunt, quia in ejusmodi judiciis liberum est officium judicis. Tantumdem et de in rem

1. Restitution de Huschke corrigée par Mommsen. — 2. Il est certain, quant au sens. que Gaius opposait la à l'opinion des Sabiniens l'opinion différente des Proculiens. Krueger et Studemund pensent qu'il disait qu'ils admettaient l'opinion contraire pour les *judicia stricti juris.*

actionibus putant, quia *formulae verbis* id ipsum *exprimatur* [1]
. . . .
. . . . quibus . . . .
. . . . petentur et ad. . . .
. . . . *inter*dum enim. . . . . . .

sunt etiam in personam tales actiones in quibus *exprimitur ut arbitretur judex, quomodo reus satis facere debeat* actori quominus condemnetur [2]...

(Suivent 3 lignes presque entièrement illisibles.)

115. Sequitur ut de exceptionibus dispiciamus. 116. Conparatae sunt autem exceptiones defendendorum eorum gratia cum quibus agitur. Saepe enim accidit, ut quis jure civili teneatur, sed iniquum sit eum judicio condemnari. 116ᵃ. Veluti *si* stipulatus sim *a* te pecuniam tamquam credendi causa numeraturus, nec numeraverim; nam eam pecuniam a te peti posse certum est, dare enim te oportet, cum ex stipulatu teneris; sed quia iniquum est te eo nomine condemnari, placet per exceptionem doli mali te defendi debere. 116ᵇ. Item si pactus fuero tecum, ne id quod mihi debeas a te petam, nihilo minus [id ipsum] a te petere possum dari mihi oportere, quia obligatio pacto convento non tollitur; sed placet debere me petentem per exceptionem pacti conventi repelli. 117. In his quoque actionibus quae non in personam sunt, exceptiones locum habent: veluti si metu me coegeris aut dolo induxeris, ut tibi rem aliquam mancipio darem; nam si eam rem a me petas, datur mihi exceptio per quam, si metus causa te fecisse vel dolo malo arguero, repelleris. 117ᵃ. Item si fundum litigiosum sciens *a* non possidente emeris eumque a possidente petas, opponitur tibi exceptio per quam omni modo summoveris. 118. Exceptiones autem alias in edicto praetor habet propositas, alias causa cognita accommodat. Quae omnes vel ex legibus vel ex his quae legis vicem optinent substantiam capiunt, vel ex jurisdictione praetoris proditae sunt. 119. Om-

---

1. Krueger et Studemund conjecturent : 'ita demum, reum condemnandum esse, nisi arbitratu judicis rem restituerit'. Huschke proposait une restitution équivalente quant au fond 'Seckel et Kuebler ne donnent rien depuis 'de *in* rem actionibus putant, quia' jusqu'au § 115 Gaius traitait ensuite probablement avant. 'sunt' des mêmes matières qu'*Inst.*, 4, 17, 2. — 2. Restitution quant au sens de Krueger et Studemund. Les lignes qui suivent dans lesquelles on lit seulement ; 'paratus ad actoris... actum fuerit', peuvent, selon les mêmes auteurs, s'être rapportées à ce qui est dit, *Inst.*, 4, 17, 3, de l'action *ad exhibendum* et de la caution imposée à celui qui demande un délai pour l'exhibition.

nes autem exceptiones in contrarium concipiuntur, qu*am* adfirmat is cum quo agitur. Nam si verbi gratia reus dolo malo aliquid actorem facere dicat, qui forte pecuniam petit quam non numeravit, sic exceptio concipitur : SI IN EA RE NIHIL DOLO MALO A. AGERII FACTUM SIT NEQUE FIAT : item si dica*t* contra pactionem pecuniam peti, ita concipitur exceptio : SI INTER A. AGERIUM ET N. NEGIDIUM NON CONVENIT NE EA PECUNIA PETERETUR ; et denique in ceteris causis similiter concipi solet ; ideo scilicet qu*ia* omn*is* exceptio objicitur quidem a reo, sed ita formulae inseritur, ut condicionalem faciat condemnationem, id est ne aliter judex eum cum quo agitur condemnet, quam si nihil in ea re qua de agitur dolo actoris factum sit ; item ne aliter judex eum condemnet, quam si nullum pactum conven*tum* de non petenda pecunia factum *fuerit*.

120. Dicuntur autem exceptiones aut peremptoriae aut dilatoriae. 121. Peremptoriae sunt quae perpetuo valent nec evitari possunt, veluti quod metus causa, aut dolo malo, aut quod contra legem senatusve consul*tum* factum est, aut quod res judicata est vel in judicium deducta est, item pacti conventi quod *f*actum est, ne omnino pecunia peteretur. 122 Dilatoriae sunt exceptiones quae ad tempus valent, velut*i* illius pacti conventi quod factum est verbi gratia, ne intra quinquennium peteretur ; finito *enim* eo tempore non habet locum exceptio. Cui similis exceptio est litis dividuae et rei residuae ; nam si quis partem rei petierit et intra ejusdem praeturam reliquam partem petat, hac exceptione summovetur quae appellatur litis dividuae ; item si is, qui cum eodem plures lites habebat, de quibusdam egerit, de quibusdam distulerit, ut ad alios judices *e*ant, si intra ejusdem praeturam de his quas distulerit, agat, per hanc exceptionem quae appellatur rei residuae summove*tur*. 123. Observandum est autem ei cui dilatoria objicitur exceptio, ut differat actionem ; alioquin si objecta exceptione egerit, rem perdit ; non enim post illud tempus quo integra re *eam* evitare poterat, adhuc ei potestas agendi su*perest* re in judicium deduc*ta* et per exceptionem peremp*ta*. 124. Non solum autem ex tempore, s*ed* etiam ex persona dilatoriae exceptiones intelleguntur, quales sunt cognitoriae : veluti si is, qui per edictum cognitorem dare non potest, per cognitorem agat, vel dandi quidem cognitoris jus habeat, sed eum det cui non licet cognituram suscipere ; nam si objiciatur exceptio cognitoria, si ipse talis er*it*, ut ei non liceat cognitorem dare, ipse agere potest ; si vero cognitori non

liceat cognituram suscipere, per alium cognitorem aut per semet ipsum liberam habet agendi potestatem, et tam hoc quam illo modo evitare *potest* exceptionem ; quodsi dissimulaverit *eam* et per cognitorem egerit, rem perdit. 125. Se*d* peremptoria quidem exceptione si reus per errore*m* non fuerit usus, in integrum restituitur adjiciendae exceptionis gratia ; dilatoria vero si non fuerit usus, an in integrum restitu*a*tur, quaeritur.

126. Interdum evenit, ut exceptio quae prima facie justa videatur, iniqu*e* noceat actori. Quod cum accidat, alia adjectione opus est adjuvandi actoris gratia; quae adjectio replicatio vocatur, quia per eam replicatur atqu*e* resolvitur vis exceptionis. Nam si verbi gratia pactus sum tecum, ne pecuniam quam mihi debes a te peterem, deinde postea in contrarium pacti sumus, id est ut petere mihi liceat, et, si agam tecum, excipias tu, ut ita demum mihi condemneris : SI NON CONVENERIT NE EAM PECUNIAM PETEREM, nocet mihi exceptio pacti conventi , namqu*e* nihilo minus hoc verum manet, etiamsi postea in contrarium pacti sumus ; sed qu*i*a iniquum est me excludi exceptione, replicatio mihi datur ex posteriore pacto hoc modo : AUT SI POSTEA CONVENIT UT MIHI EAM PECUNIAM PETERE LICERET. 126ᵃ. Item si argentarius pretium rei quae in auctionem venerit persequatur, objicitur ei exceptio, ut ita demum emptor damnetur, SI EI RES QUAM EMERIT, TRADITA EST ; et es*t* justa exceptio ; sed si in auctione praedictum est NE ANT*E* EMPTORI *RES* TRADERETUR QUAMSI PRETIUM SOLVERIT, replicatione tali argentarius adjuvatur : AUT SI PRAEDICTUM EST, NE ALITER EMPTORI RES TRADERETUR, QUAM SI PRETIUM EMPTOR SOLVERIT. 127. Interdum autem evenit, ut rursus replicatio quae prima facie justa sit, inique reo noceat : quod cum accidat, adjectione opus est adjuvandi rei gratia, quae duplicatio vocatur. 128. Et si rursus ea prima facie justa videatur, sed propter aliquam causa*m* inique actori noceat, rursus *a*djectione opus est qua actor adjuvetur, qu*a*e dicitur triplicatio. 129 Quarum omnium adjectionum usum interdum etiam ulterius quam diximus varietas negotiorum introduxit.

130 Videamus etiam de praescriptionibus quae receptae sunt pro actore. 131. Saepe enim ex una eademque obligatione aliquid jam praestari oportet, aliquid in futura praestatione est : veluti cum in singulos annos vel menses certam pecuniam stipulati fuerimus ; *nam* finitis quibusdam annis aut mensibus hujus quidem temporis pecuniam praestari oportet, futurorum autem annorum sane quidem obligatio contracta

intellegitur, praestatio vero adhuc nulla est ; si ergo velimus id quidem quod praestari oportet petere et in judicium deducere, futuram vero obligationis praestationem in integro relinquere, necesse est ut cum hac praescriptione agamus : EA RES AGATUR CUJUS REI DIES FUIT ; alioquin si sine hac praescriptione egerimus, ea scilicet formula qua incertum petimus, cujus intentio his verbis concepta est : QUIDQUID PARET N. NEGIDIUM A. AGERIO DARE FACERE OPORTERE, totam obligationem, id est etiam futuram in hoc judicium deducimus, et quae ante tempus obligat*io in judicium deducitur, ex ea condemnatio fieri non potest neque rursus de ea agi potest* [1]. 131a. Item si verbi gratia ex empto agamus, *ut* nobis fundus mancipio detur, debemus *hoc modo* praescribere : EA RES AGATUR DE FUNDO MANCIPANDO, ut postea, si velimus vacuam possessionem nobis tradi, *vel* trad*ita ea de evictione nobis caveri, iterum ex empto agere possimus. Alioquin si praescribere obliti* [2] sumus, totius illius juris obligatio illa incerta actione : QUIDQUID OB EAM REM N. NEGIDIUM A. AGERIO DARE FACERE OPORTET, per in*ten*tionem consumitur, ut postea nobis agere volentibus de vacua possessione tradenda nulla supersit actio. 132. Praescriptiones *autem* appellatas esse ab eo quod *a*nte formulas praescribuntur, plus quam manifestum est. 133 Sed *h*is quidem temporibus, sicut supra quoque notavimus, omnes praescriptiones ab actore proficiscuntur. Olim autem quaedam et pro reo opponebantur, qualis illa erat praescriptio : EA RES AGATUR, SI IN EA RE PRAEJUDICIUM HEREDITATI NON FIAT. quae nunc in speciem exceptionis deducta est, et locum habet, cum petitor hereditatis alio genere judicii praejudicium hereditati faciat, veluti cum singulas res pet*at* ; est enim iniquum per unius *rei petitionem universae hereditati praejudicium fieri* [3].

(Suivent 23 lignes illisibles ;

134. *Et si quidem ex contractu servorum agatur, intenti*one [4] formulae det...m est cui dar*i* oport*eat*, et sane domino dari oportet quod servus stipulatur ; a*t* in praescriptione de *f*acto quaeritur, quod secundu*m* naturalem significationem verum esse debet. 135. Quaecumque autem diximus de servis, eadem

---

1. Restitué quant au sens par Krueger. — 2. Restitution donnée à titre d'exemple par Krueger. — 3. Restitution du même. Gaius traitait ensuite probablement des *praescriptiones pro reo*, puis revenait aux *praescriptiones pro actore* destinées à déterminer l'objet du litige. Autres hypothèses dans Huschke ; Seckel et Kuebler jugent toute conjecture impossible. — 4. Restitution de Krueger ; cf. la restitution de Huschke conservée par Seckel et Kuebler.

de ceteris quoque personis quae nostro juri subjectae sunt, dicta intellegemus. 136. Item admonendi sumus, si cum ipso agamus qui incertum promiserit, ita nobis formulam esse propositam, ut praescriptio inserta sit formulae loco demonstrationis hoc modo: JUDEX ESTO, QUOD A. AGERIUS DE N. NEGIDIO INCERTUM STIPULATUS EST, CUJUS REI DIES FUIT, QUIDQUID OB EAM REM N. NEGIDIUM A. AGERIO DARE FACERE OPORTET et reliqua. 137. Si cum sponsore aut fidejussore agatur, praescribi solet in persona quidem sponsoris hoc modo: EA RES AGATUR, QUOD A. AGERIUS DE L. TITIO INCERTUM STIPULATUS EST, QUO NOMINE N. NEGIDIUS SPONSOR EST, CUJUS REI DIES FUIT, in persona vero fidejussoris: EA RE AGATUR, QUOD N. NEGIDIUS PRO L. TITIO INCERTUM FIDE SUA ESSE JUSSIT, CUJUS REI DIES FUIT; deinde formula subjicitur.

138. Superest ut de interdictis dispiciamus.

139. Certis igitur ex causis praetor aut proconsul principaliter auctoritatem suam finiendis controversiis *interponit:* quod tum maxime facit, cum de possessione aut quasi possessione inter aliquos contenditur; et in summa aut jubet aliquid fieri aut fieri prohibet. Formulae autem *et* verborum conceptiones, quibus in ea re utitur, interdicta *vocantur vel accuratius interdicta* decretaque. 140. Vocantur autem decreta, cum fieri aliquid jubet, veluti cum praecipit, ut aliquid exhibeatur, aut restituatur; interdicta vero, cum prohibet fieri, veluti cum praecipit, ne sine vitio possidenti vis fiat, neve in loco sacro aliquid fiat. Unde omnia interdicta aut restitutoria aut exhibitoria aut prohibitoria vocantur. 141. Nec tamen cum quid jusserit fieri aut fieri prohibuerit, statim peractum est negotium, sed ad judicem recuperatoresve itur et ibi editis formulis quaeritur, an aliquid adversus praetoris edictum factum sit, vel an factum non sit, quod is fieri jusserit. Et modo cum poena agitur, modo sine poena: cum poena, veluti cum per sponsionem agitur, sine poena, veluti cum arbiter petitur. Et quidem ex prohibitoriis interdictis semper per sponsionem agi solet; ex restitutoriis vero vel exhibitoriis modo per sponsionem, modo per formulam agitur quae arbitraria vocatur.

142. Principalis igitur divisio in eo est, quod aut prohibitoria sunt interdicta aut restitutoria aut exhibitoria. 143. Sequens in eo est divisio, quod vel adipiscendae possessionis causa comparata sunt vel retinendae vel reciperandae. 144. Adipiscendae possessionis causa interdictum accommodatur bonorum possessori, cujus principium est QUORUM BONORUM; ejusque vis et potestas haec est, ut quod quisque ex his bonis

quorum possessio alicui data es*t*, pro herede aut pro possessore possideα*t*, id ei cui bonorum possessio data est. restituatur. Pro herede autem possidere videtur tam is qui heres est, quam is qui putat se heredem esse ; pro possessore *is* possidet qui sine causa aliqua*m* rem hereditariam vel etiam totam hereditatem sciens ad se non pertinere possidet. Ideo autem adipiscendae possessionis vocatur *interdictum*, qui*a* ei tantum utile est qui nunc primum conatur adipisci rei possessionem : itaque si quis adeptus possessionem amiserit, desinit ei id i*n*terdictum utile esse. 145. Bonorum quoque emptori similiter proponit*ur* interdictum quod quidam possessorium vocant. 146. Item ei qui publica bona emerit, ejusdem condicionis interdictum proponitur quod appellatur sectorium, quod sectores vocantur qui publice bona mercantur. 147. Interdictum quoque quod appellatur Salvianum, apiscendae[1] possessionis *causa* conparatum est, eoque utitur dominus fundi de rebus coloni quas *is pro* mercedibus fundi pignori futuras pepigisset. 148. Retinendae possessionis causa solet interdictum reddi, cum ab utraque parte de proprietate alicujus rei controversia est, et ante quaeritur, uter ex litigatoribus possidere et uter petere debeat ; cujus rei gratia conparata sunt UTI POSSIDETIS et UTRUBI. 149. Et quidem UTI POSSIDETIS interdictum de fundi vel aedium possession*e* redditur, UTRUBI vero de re*r*um mobilium possession*e*. 150. Et siquidem de fundo vel aedibus interdicitur, eum potiorem esse praetor jubet, qui eo tempore quo interdictum redditur nec vi nec clam nec precario ab adversario possideat ; si vero de re mo*b*ili, *e*um potiorem esse jubet, qui majore parte ejus anni nec vi nec clam nec precario ab adversario possede*rit* ; idque satis ips*is* verbis interdictorum significatur. 151. S*ed* in UTRUBI interdicto non solum sua cu*i*que possessio prodest, sed etiam alter*ius* quam justum est ei accedere, veluti ejus cui heres extiterit, ejusque a quo emerit vel ex donatione aut dotis nomine acceperit : itaque si nostrae possessioni juncta alterius justa possessio exsuperat adversarii possessionem, nos eo interdicto vincimus : nullam autem propriam possessionem habenti accessio temporis nec datur nec dari potest ; nam ei quod nullum est nihil accedere potest. Sed et si *v*itiosam habeat possessionem, id est aut vi aut clam aut precario ab adversario adquisitam, non datur *a*ccessio ; na*m* ei *possessio* sua nihil prodest. 152. Annus

---

1. Ms. : 'apiscendac,. Krueger et Studemund : ' a*d*ipiscendae'. Mais cf. Kalb, *Juristenlatein*, éd. 2, 1888, p. 11, note 3.

autem retrorsus numeratur ; itaque si tu ver*b*i gratia viii mensibus possederis prior*i*bus, et ego vii posterioribus, ego potior ero, quod tr*i*um priorum mensium possessio nihil tibi in hoc interdicto prodest, quod alterius anni possessio est. 153. Possidere autem videmur non solum si ipsi possideamus, sed etiam si nostro nomine aliquis in possessione sit, licet is nostro jur*i* subjectus non sit, qualis est colonus et inquilinus; per eos quoque, apud quos deposuerimus, aut quibus commodaverimus, aut quibus gratuitam habitationem *praes*tit*e*rimus, ipsi possidere *vi*demur ; et hoc est quod *vu*lgo dicitur retineri possessionem posse per quemlibet, qui nostro nomine sit in possessione. Quin etiam plerique putant animo quoque *reti*neri possession*em, id est ut quamvis neque ipsi simus in possessione* [1] neque nostro nomine alius, tamen si non relinquendae possession*is* animo sed postea reversuri inde discesserimus, retinere possessionem videamur. Apisci [2] vero possessionem per quos possimus, secundo commentario rettulimus ; nec ulla dubitatio est quin animo possessionem apisci non possimus. 154. Reciperandae possessionis causa solet interdictum dari, si quis ex possessione vi dejectus sit ; nam ei proponitur interdictum cujus principium est : UNDE TU ILLUM VI DEJECISTI, per quod is qui deject*t* cogitur ei restituere rei possessionem, si m*o*do is qui dejectus est nec vi nec clam nec precario *ab eo possederit* ; *namque* [3] eum, qui a me vi aut clam aut precario possidet, inpune dejicio. 155. Interdum tamen etsi eum vi dejecerim qui a me vi aut clam aut precario possed*erit*, cogor ei restituere possessionem, veluti si armis eum vi dejecerim ; na*m* propter atrocitatem delicti in tantum patior actionem, ut omni modo debeam ei r*e*stituere possessionem. Armorum autem appellatione non solum scuta et gladios et galeas significari intellegemus, se*d* et fustes et lapides.

156. Tertia divisio interdictorum in hoc est, quod aut simplicia sunt aut duplicia. 157. Simplicia *sunt* veluti in quibus alter actor, alter reus est, qualia sunt omnia restitutoria aut exhibitoria ; namque actor est qui desiderat aut exhiberi aut restitui, reus is est a quo desideratur ut exhibeat aut restituat. 158. Prohibitoriorum au*tem* interdictor*um* alia duplicia, alia simplicia sunt. 159. Simplicia sunt veluti quibus prohibet praetor in loco sacro aut in flumine publico ripave ejus aliquid

---

1. Restitué d'après *Inst.*, 4, 15, 5. — 2. Cf. p. 347, note 1. — 3. Huschke, d'après la 2ᵉ révision de Studemund, selon laquelle il faut rectifier les conjectures antérieures.

facere reum ; nam actor *est* qui desiderat ne quid fiat, reus is qui aliquid facere conatur. 160. Duplicia sunt veluti UTI POSSI-DETIS interdictum et UTRUBI. Ideo autem duplicia vocantur, quod *par* utriusque litigatoris in his condicio est, nec quisquam praecipue reus vel actor intellegitur, sed unusquisque tam rei quam actoris partes sustinet ; quippe praetor pari sermone cum utroque loquitur ; *nam* summa conceptio eorum interdictorum haec est : UTI *NUNC* POSSIDETIS, QUOMINUS ITA POSSIDEATIS VIM FIERI VETO ; item alterius : UTRUBI HIC HOMO DE QUO AGITUR APUD QUEM MAJORE PARTE HUJUS ANNI FUIT, QUOMINUS IS EUM DUCAT, VIM FIERI VETO [1].

161. Expositis generibus interdictorum sequitur, ut de ordine et de exitu eorum dispiciamus ; et incipiamus a *sim*pli-cibus. 162. *Si* igitur restitutorium vel exhibitorium interdictum redditur, veluti ut restituatur ei possessio qui vi dejectus est, aut exhibeatur libertus cui patronus operas indicere vellet, modo sine periculo res ad exitum perducitur, modo cum periculo. 163. Namque si arbitrum postulaverit is cum quo agitur, accipit formulam quae appellatur arbitraria, et judicis arbitrio si quid restitui vel exhi*b*eri debeat, id sine periculo exhibet aut restituit, et ita absolvit*ur* ; quodsi nec restituat neque exhibeat, quanti ea res est condemnat*ur*. *Sed* et actor sine poena experitur cum eo que*m* neque exhibere neque restituere quicquam oporte*t*, praeterquam si calumniae judicium ei oppositum fuerit decimae partis ; quamquam Proculo placuit *denegand*um calumniae judiciu*m* ei qui ar*b*itrum postulave*rit*, quasi hoc ipso confessus videatur restituere se vel exhibere de*b*ere : sed alio jure utimur, et recte ; *p*otius enim ut modestiore via litig*et*, arbitrum quisque petit, quam quia confitetur. 164. Observare *autem* debet is qui vult arbitrum petere, ut statim petat, antequam ex jure exeat, id est antequam a praetore *discedat* ; sero enim petentibus non indulgetur. 165. *Itaque* si arbitrum non petierit, sed tacitus de jure exierit, cum periculo res ad exitum perducit*ur*. Nam actor provocat adversarium sponsione *quod* contra edictum praetoris non exhibuerit aut non restituerit ; ille autem adversus sponsionem adversarii restipulatur. Deinde actor quidem sponsionis formulam edit adversario, ille huic invicem restipulationis. Sed actor sponsionis formulae subjicit et aliu*d* judicium de re restituenda vel exhibenda, ut si sponsione vicerit, nisi ei res

---

1. Voir les formules complètes pp. 165 et 168.

exhibeatur aut restituatur, *quanti ea res erit, adversarius ei condemnetur* [1].

(Suivent 24 lignes illisibles.)

..... aliud facere quam *qu*... dicat *qu*.....

(Suivent 23 lignes presque totalement illisibles.)

166..... *Et qui superaverit* [2] fructus licitando, is tantisper in possessione constituitur, si modo adversario suo fructuaria stipu*latione caverit*, cujus vis *et* potestas haec est, ut si contra eum de *possessione* pronun*tiatum fuerit*, eam summam adversario solvat. Haec autem licendi contentio fructus licitatio vocatur, scilicet quia [3]........................
.... Postea alter alterum sponsione provocat, quod adversus edictum praetoris possidenti si*bi v*is facta si*t*, et invicem ambo restipulantur adversus sponsionem; vel [4]..........................
.... una inter eos sponsio item*que re*stipulatio un*a*
...... ad eam fit.....

166ᵃ. *Deinde editis formulis sponsionum et restipulationum* [5], judex apud quem de ea re agitur, illud scilicet requirit *quod* praetor interdicto conplexus est, id est uter eorum eum fundum easve aedes per id tempus quo interdictum redditur, nec vi nec clam nec precario possederit. Cum judex id exploraverit, et forte secundum me judicatum sit, adversarium mihi et sponsionis et restipulationis summas quas cum eo feci condemnat, et convenienter me sponsion*i*s et restipulationis, quae mecum factae sunt, absolvit. Et hoc amplius si apud adversarium meum possessio est, qu*ia* is fructus licitatione vicit, nisi restituat mihi possessionem, Cascelliano sive secutorio judicio condemnatur. 167. Ergo is qui fructus licitatione vicit, si non probat ad se pertinere possessionem, sponsionis et restipulationis et fructus licitationis summam poenae nomine solvere et praeterea possessionem restituere jubetur ; et hoc amplius

---

1. Restitué approximativement quant au sens. Dans les 24 lignes de la page qui suit et dans la page suivante, où, après la ligne rapportée au texte, les 23 autres lignes donnent seulement les mots entrecoupés : '..... appellata..... intelle.... qua.... modis ... paratus fuit..... Gaius devait traiter de la procédure et des résultats des interdits *relinendae possessionis*. V. les restitutions dans Dubois. — 2. Restitution de Krueger. — 3. Krueger : '*de eo inter se certant, uter eorum fructus interim percipiat*'. — 4. Schmidt, *Interdiktenverfahren*, 1853, p. 288 : '*vel si unus tantum sponsione provocaverit alter*um, una inter eos sponsio'. Huschke : '*vel stipulationibus junctis duabus*, una inter eos sponsio'. Karlowa, *R. R. G.*, 2, p. 327 : 'vel *si unus tantum possidere se dicit* una etc.'. — 5. Restitué quant au sens.

fructus quos interea percepit reddit. Summa enim fructus licitationis non pretium est fructuum, sed poenae nomine solvitur, quod quis alienam possessionem per hoc tempus retinere et facultatem fruendi nancisci conatus est. 168. Ille autem, qui fructus licitatione victus est, si non probaverit ad se pertinere possessionem, tantum sponsionis et restipulationis summam poenae nomine debet. 169. Admonendi tamen sumus liberum esse ei, qui fructus licitatione victus erit omissa fructuaria stipulatione, sicut Cascelliano sive secutorio judicio de *possessione reciperanda* experitur, ita *similiter* de fructus licitatione agere. In quam rem proprium judicium conparatum est quod appellatur fructuarium, quo nomine actor judicatum solvi satis accipi*t*. Dicitur autem et hoc judicium secutorium, quod sequitur sponsionis victoriam ; sed non aeque Cascellianum voca*tur*. 170. Sed quia nonnulli interdicto reddito cetera ex interdicto facere nolebant, atque ob id non poterat res expediri, praetor in eam rem prospexit et conparavit interdicta quae secundaria appellamus, quod secundo loco redduntur. Quo*rum vis et potesta*s haec est, ut qui cetera ex interdicto non faciat, veluti qui vim non faciat aut fructus non liceatur, aut qui fructus licitationis sat*is* non det [1] aut si sponsiones non faciat sponsion*um*ve judicia non accipiat, sive possidea*t*, restituat adversario possessionem, *sive non* possideat, vim illi possidenti ne faciat. Itaque et si alias potue*rit* interdicto UTI POSSIDETIS vincere, si cetera ex interdicto . . . .
. . . . per interdictum secundarium [2]. . . . .
(Suivent 2 lignes illisibles.)
. . . . secundarium. . . . .
. . . . quamvis hanc opinione*m* . . . .
. . . . *Sabin*us et Cassius secuti fuerint . . .
(Suivent 29 lignes illisibles.)

171. *Temeritas tam agentium quam eorum cum quibus agitur, modo* pecuniaria poena modo jurisjurand*i* religione *modo metu infamiae coercetur* [3] ; eaque praetor. . . . . . adversus in*fitiantes ex quibusdam* causis dupli actio constituitur, veluti si judicati aut depensi aut damni injuriae aut legatorum per damnationem relict*orum* nomine agitur ; ex quibusdam causis

1. Le texte omet ici, selon la remarque de Krueger, le cas où celui qui serait en possession ne céderait pas la possession à l'adversaire qui aurait emporté sur lui dans la *fructuum licitatio*. — 2. Huschke restitue : 'si cetera ex interdicto *fecisset, si non fecit*, tamen per interdictum secundarium *vincitur*'. — 3. Restitué par Krueger et Studemund d'après le ms., en s'inspirant d'*Inst.*, 4, 16, *pr.*

sponsionem facere permittitur, veluti de pecunia certa credita et pecunia constituta ; sed certae quidem creditae pecuniae tertiae partis, constitutae vero pecuniae partis dimidiae. 172. Quodsi neque sponsionis neque dupli actionis periculum ei cum quo agitur injungatur [1], ac ne statim quidem ab initio pluris quam simpli sit actio, permittit praetor jusjurandum exigere NON CALUMNIAE CAUSA INFITIAS IRE. Unde quamvis heredes vel qui heredum loco habentur, ... [2] obligati sint, item feminae pupillique eximantur periculo sponsionis, jubet tamen eos jurare. 173. Statim autem ab initio pluris quam simpli actio est veluti furti manifesti quadrupli, nec manifesti dupli, concepti et oblati tripli. Nam ex his causis et aliis quibusdam, sive quis neget sive fateatur, pluris quam simpli est actio.

174. Actoris quoque calumnia coercetur modo calumniae judicio, modo contrario, modo jurejurando, modo restipulatione. 175. Et quidem calumniae judicium adversus omnes actiones locum habet, et est decimae partis, praeterquam quod adversus adsertorem tertiae partis est. 176. Liberum est autem ei cum quo agitur, aut calumniae judicium opponere aut jusjurandum exigere, non calumniae causa agere. 177 Contrarium autem judicium ex certis causis constituitur, veluti si injuriarum agatur, et si cum muliere eo nomine agatur, quod dicatur ventris nomine in possessionem missa dolo malo ad alium possessionem transtulisse, et si quis eo nomine agat, quod dicat se a praetore in possessionem missum ab alio quo admissum non esse. Sed adversus injuriarum quidem actionem decimae partis datur, adversus vero duas istas quintae. 178. Severior autem coercitio est per contrarium judicium. Nam calumniae judicio decimae partis nemo damnatur nisi qui intellegit non recte se agere, sed vexandi adversarii gratia actionem instituit, potiusque ex judicis errore vel iniquitate victoriam sperat quam ex causa veritatis ; calumnia enim in adfectu est, sicut furti crimen. Contrario vero judicio omni modo damnatur actor, si causam non tenuerit, licet aliqua opinione inductus crediderit se recte agere 179. Utique autem ex quibus causis contrario judicio agi potest, etiam calumniae judicium locum habet: sed alterutro tantum judicio agere permittitur. Qua ratione si jusjurandum de calumnia exactum fuerit, quemadmodum calumniae judicium non datur, ita et

1. Lachmann suivi par à peu près tous les éditeurs (Krueger, Huschke, Seckel et Kuebler, etc.). Le ms. défendu par Cuq, *Institutions*, 2, p. 730, n. 3: 'conjungatur'. — 2. Studemund croyait apercevoir : 'simplo tenus'.

contrarium *dari non* debet. 180. Restipulationis quoque poena ex certis causis fieri solet ; et quemadmodum contrario judicio omni modo condemnatur actor, si causam non tenuerit, nec requiritur an scierit non recte se agere, ita etiam restipulationis poena omni modo damnatur actor, si vincere non potuerit. 181. Qui autem restipulationis poenam patitur, ei neque calumniae judicium opponitur, neque jurisjurandi religio *injungitur* ; *nam* contrarium judicium ex his causis locum non habere palam est.

182. Quibusdam judiciis damnati ignominiosi fiunt, veluti furti, vi bonorum raptorum, injuriarum ; item pro socio, fiduciae, tutelae, mandati, depositi. Sed furti aut vi *bonorum* raptorum aut injuriarum non solum damnati notantur ignominia, sed etiam pacti, *ut* in edicto praetoris scriptum est ; et recte : plurimum enim interest, utrum ex delicto aliquis an ex contractu de*b*itor sit. Nec *tamen* ulla parte edicti id ipsum nominatim exprimitur, ut aliquis ignominiosus *sit* ; *sed qui* prohibet*ur* et pro alio postulare *et cognitorem* dare procuratoremve habere, item *procuratorio* aut cogni*t*orio nomine judicio intervenire, ignominiosus esse *dicitur* [1].

183. In summa sciendum est eum qui cum aliquo consistere velit, *in jus vocare* oportere et eum qui vocatus est, si non venerit, poenam ex edicto praetoris committere. Quasdam tamen personas sine permissu praetoris in jus vocare non licet, veluti parentes patronos patronas, item liberos et parentes patroni patronaeve ; et in eum qui adversus ea egerit, poena constituitur. 184. Cum autem in jus vocatus fuerit adversarius, neque eo die finiri potuerit negotium, vadimonium ei faciendum est, id est ut promittat se certo die sisti. 185. Fiunt autem vadimonia quibusdam ex causis pura, id est sine satisdatione, quibusdam cum satisdatione, quibusdam jurejurando, quibusdam recuperatoribus suppositis, id est ut qui non steterit, is protinus a recuperatoribus in summam vadimonii condemnetur ; eaque singula diligenter praetoris edicto significantur. 186. Et siquidem judicati depensive agetur, tanti fit [2] vadimonium, quanti ea res erit ; si vero ex ceteris causis, quanti actor juraverit non calumniae causa postulare sibi vadi-

1. Restitution de Krueger d'après la 2ᵉ révision de Studemund, aujourd'hui reproduite par Seckel et Kuebler. Restitution diamétralement opposée et beaucoup moins vraisemblable dans Karlowa, *R. R. G.*, 1, p. 762. — 2. Huschke ; le ms. : 'fiat' ; cf. M. Wlassak, *Die Litiskontestation in Formularprocess.*, 1889, p. 40, n. 5.

monium promitti. Nec tamen *pluris quam partis dimidiae*, nec pluribus quam sestertium c m fit vadimonium. Itaque si centum milium res erit, nec judicati depensive agetur, non plus quam sestertium quinquaginta mili*um* fit vadimonium. 187. Q*u*as autem personas sine permissu praetoris inpune in jus vocare non possumus, easdem nec vadimonio invi*tas* obligare *p*ossumus, praeterqua*m* si praetor aditus *p*ermittat.

b. *Paraphrase des Instilutes de Gaius (fragments d'Autun).*

LIBER PRIMUS.

1[1]. Liberi, qui cum patre impetraverunt Romanam civitatem propter patris *petitionem*, cives Romani sunt non propter patris condicionem, sed propter beneficium *principis*, nam, nisi eo modo imperator indulsisset, peregrini essent.

2. Quid si solus pater inpe*travit civi*tatem Romanam ? non liberi sunt cives Romani, nisi specialiter dicat : ' pe*to*... cri... mihi *et* liberis meis civitatem deferre dignemini". *Cui si imperat*or in*dulserit, fient* etiam liberi cives Romani.

3. Ergo vides quod se... civit... eor... eg... civi... tionis... propter patris condicionem cives Romani sunt... in... ndum qui debet... re iste pater... civitatem Romanam specialiter debet p*etere*...[2]

(Suivent 22 lignes illisibles en très grande partie.)

..... habere in potestate ut bona eorum consumat et ita *aut* conced*it* aut negat[3].

4[4]..... ut illud tractemus : peregrinus et sibi *et uxo*ri suae peregrinae petit civitatem Romanam. Nunc quaeritur *an* specialiter debeat petere, ut et filius, qui nascitur civis Romanus sit. *Hoc non est*[5] necesse : nam diximus, quod si eo tempore quo parit mulier *civis est Romana*[6] et maritus, qui nascitur civ*is* Romanus erit.

5. Quid ergo petet ? *Diximus* quod civis Romanus nascitur non secundum re.... sed secundum m*en*tem senatuscon-

---

1. Cf., sur 1-3, Gaius, 1, 93. — 2. Les mots et les membres de phrases entrecoupés qu'on déchiffre encore jusqu'à la finale laissent seulement apercevoir que les amplifications du texte se rapportent aux matières étudiées par Gaius, 1, 95. — 3. Ferrini et Scialoja ; Mommsen restitue quant au sens avant *habere* : *potest pater propterea filios velle habere*. — 4. Cf., sur 4, 5, Gaius, 1, 94. — 5. Ferrini et Scialoja. — 6. Mommsen ; le ms. : in via ; Ferrini et Scialoja : civ(is) *jam facta est Romana*.

sulti [1] : ideo specialiter debet petere, ut is qui nascitur *in potestate ejus sit*, non debet petere ei civitatem Romanam ; *non enim civitate ipsa habebit natos in potestate*.

6 [2]. Peregrini *aut specialiter* petebant ab inperatore civitatem Romanam, *aut generali* beneficio perveniebant ad civitatem Romanam. Generale beneficium, quod petebant peregrini jus Latii dicebatur : *cum enim ex Latio origo civium Romanorum ducitur*. . . *Latium est jus civitatis*. . .

7 [3]. Interdum populus Romanus vel imperator deferebat civitati jus Latii. Hoc autem dicebatur jus Latii minoris, jus Latii majoris. Interdum dicebat populus : 'deferimus illi civitati jus Latii majoris '. Si dicebat jus Latii majoris, statim qui in magistratu erant positi vel in honore aliquo, perveniebant ad civitatem Romanam, *item decuriones* [4]. Si autem dicebat jus Latii minoris, hi soli perveniebant ad civitatem Romanam, qui erant in magistratu vel in aliquo honore positi.

8. Ergo intererat inter beneficium speciale et generale quo jus Latii deferebatur, quod ubi speciale beneficium petebatur [5]..... nisi specialiter petitum fuisset ut essent liberi in potestate ; si autem ad jus Latii majoris perveniebant, omnimodo erant in potestate.

9 [6]. Non solum naturales liberi, secundum ea quae diximus, possunt in potestate patris esse, sed etiam hi qui adoptantur. Tractandum ergo nobis est diligentius, quemadmodum fiant adoptiones. Nam quamadmodum diximus, quod liberi, qui ex legitimis matrimoniis suscipiuntur, in potestate sunt, et tractavimus quae sint legitima matrimonia ; sic nunc adjicimus : hi qui adoptantur, in potestate sunt.

10 [7]. Debemus *ergo* tractare quemadmodum fiant adoptiones. Adoptiones sunt quidem duae... eos [8], qui alieni juris sunt aut eos, qui sui. Cum duae sint species adoptionum, duplici modo adoptio celebratur : vel sui juris personae apud populum adop . . . .

(Manquent 4 pages.)

11 [9]. *Videamus nunc quomodo hi qui alieno juri* subjecti sunt, eo jure liberentur.

12 [10]. Prius de his personis inspiciamus.... *Quae* personae

---

1. Ferrini et Scialoja : non secundum *rescriptum*, sed secundum tenorem senatusconsulti. — 2 Cf. sur 6, Gaius, 1, 95. — 3. Cf., sur 7-8, Gaius, 1, 96. — 4. Krueger : le ms. corionis — 5. Krueger : *liberi non fiebant in potestate*. — 6. Cf., sur 9, Gaius, 1, 97. — 7. Cf., sur 10, Gaius, 1, 98. — 8. Chatelain : *secundum eos*. — 9. Cf., sur 11, Gaius, 1, 124. — 10. Cf., sur 12, Gaius, 1, 125.

in potestate sunt atque in manu vel mancipio, plene tractavimus. Nunc consequens est, ut dicamus quemadmodum istae personae... subjectae jure liberentur et fiant sui juris. Nec enim semper quae in *potestate* vel in manu vel in mancipio sunt constitutae retinentur, sed *certis modis* et certis casibus [1] liberantur.

13 [2]. Et superius tractavimus de his qui *in potestate sunt*. Prius tractemus, quemadmodum exeant de potestate. In potes*tate servi sunt* dominorum aut liberi parentum.

14 [3]. Exeunt servi de potes*tate dom*inorum, secundum ea quae diximus de manumittendis servis. *Servus non* aliter potest exire de potestate nisi manumissione ; nam si *dominus*, ejus decesserit, ad heredes transit dominium ; ergo his *modis* exeunt de potestate, quibus modis manumittuntur, aut ut *fiant* dediticii aut Latini aut cives Romani.... ?

15 [4]. Liberi autem diversis modis liberan*tur*. *Liberantur* morte paren*tis*, cujus fuerint in potestate, si non sint in alte*rius potestatem* recasuri. Ut puta pater habet filios vel filias in potes*tate* ; *si* decesserit, erunt sui juris filii vel filiae. Si avus decesserit, *inter fil*ium et nepotem extat distinctio : statim filius quidem erit *sui juris*, nepos vero non erit sui juris, nam cadit in patris potestatem nepos per mor*tem avi* ; si non sit in alterius potestatem recasurus, tunc.. non cadit in potestatem alterius. 16. Si vero tempore quo *moritur* avus, pater non sit in familia, aut quod mortuus est, aut quod e*mancipat*us est, aut si filios *ex* hac vel illa *causa* avus non habuerit in potes*tate*, nepos quia *filius* in potestate non fuit mortis tempore.... sui juris... erit. 17. Dicimus..... morte parentis *cujus* paren*tis* fuerint in potestate, *si* non in alterius potes*tatem sunt* recasuri. Nam generaliter dicimus : morte parentis *sui juris fiunt, scilicet ejus* cujus fuerint *in potestate*. Quod si filius et nepo*tes* ex eo sin*t in potestate* et pater mortuus fuerit, non fient prius sui juris *quam avus* mortuus est, cujus fuerint in potestate. 18. Ideo sic dicimus : *morte* parentis cujus paren*tis* fuerint in potestate, nec *hoc sufficit, sed* et illud adjiciendum est : si non in alterius potesta*tem* recasuri sunt. Habes ergo pronum modum, quo exeu*nt de po*testate.

19 [5]. Quid erit, si aquae et ignis et patri interdicatur vel

---

1. Ferrini et Scialoja suivis par Krueger. — 2. Cf., sur 13, Gaius, 1, 125. — 3. Cf., sur 14, Gaius, 1, 126. — 4. Cf., sur 15-18, Gaius, 1, 127. — 5. Cf., sur 19, Gaius, 1, 128.

liberis? *patria* potestas tolletur. Ut puta pater habet filium in potestate ; *facit* tale crimen, ut aqua et ignis ei interdicatur : per hanc poenam adimitur *ei civitas Romana et incipit esse peregrinus* : peregrinus factus jam filium *civem* Romanum habere in potestate non potest. Et e contrario filius, qui, cum in *patris* potestate est, facit tale crimen, ut aqua et ignis ei interdicatur ; *quo facto* adimitur *ei civitas Romana*, incipit esse peregrinus : peregri*nus fac*tus in potestate patris civis Romani esse non potest.

20 [1]. Ergo si *c*ui aqua et igne *interdicitur* patri vel filio, patria potestas tollitur. Velut si pater ab *hostibus* captus fuerit... erunt filii *sui* juris. Hoc ple*nius et cum* diligentia nobis tractandum est.

21 [2]. Qui ab hostibus capitur, servus *hostium* fit [3], cuj*uscumque f*uerit dignitatis ; nam hoc bellorum [4] generaliter *accept*um est, si cap. . . . . . . incipiat. . . . . . esse po*testate.* . . . . . . *hostibus vit*ae necis*que pot*estatem. . . . . . . exeunt de potestate. . . . . . pater. . . . . ab hostibus hodie *nisi captus* ab hostibus, interficitur, potest fieri, ut apud hostes moriatur *vel etiam* revertatur [5] . . . . .

22 [6]. Quid ergo hac necessitate *si ad*duceris ad *responsum*, ut dicas eos sui juris esse eo... po*tes*tate, opponitur tibi statim : cujus sunt in potestate ? servi ? *nam pater* eorum, qui ab hostibus captus est, servus est ; ergo servus pater *non habet f*ilios in potestate. Utrumque ergo difficile est : sive dicamus sui juris *esse filios,* illud opponitur, quod si revertatur et postliminium recepit, *redit ad st*atum suum [7], si dicamus eos in potestate, illud, quod est facilius . . . .

LIBER SECUNDUS.

23 [8]... extranei autem deliberandi arbitrium habent ; nam possunt *r*epudiare hereditatem, possunt et adire.

24 [9]. Sed sui heredes licet repudiare *non* possint hereditatem, quia statim fiunt heredes, tamen abstinere poss*unt* praetoris beneficio. 25 [10]. At si non abstinuerint vel per id se miscuerint hereditati, nec recedere postea ex paenitudine pos-

---

1. Cf., sur 20, Gaius, 1, 128-129. — 2. Cf., sur 21, Gaius, 1, 129. — 3. Ferrini et Scialoja suivis par Krueger. — 4. Krueger corrige : bell*i jure*. – 5. Finale de dix lignes où on lit seulement quelques mots relatifs au même ordre d'idées. — 6. Cf., sur 22, Gaius, 1, 129. — 7. Mommsen suivi par Ferrini et Scialoja. — 8. Cf., sur 23, Gaius, 2, 162. — 9. Cf. sur 24, Gaius, 2, 158. — 10. Cf sur 25, Gaius, 2, 163.

sunt. Sicut enim si extran*eus heres* semel adierit hereditatem jam tenetur, ita et suus heres, si *semel* se miscuerit, omnimodo tenebitur. Quod facit in extraneo aditio, hoc facit in suo herede, si se miscuerit bonis parentis. Ergo si *vult* non teneri, ab initio se abstineat a bonis parentis.

26 [1]. Vel extr*aneus* ut adierit hereditatem, potest in integrum restitui, ut postea abstineat. Nam s*i minor* sit xxv annorum, habet generale beneficium in integrum restitutio*nis, quod po*llicetur praetor hujus aetatis hominibus. Nam minores xxv an*norum possunt decipi vel* circuiri..... magno per aetatis imbecill. . . . . in damno, isti minori pollicetur praetor genera*liter* in integrum restitutionem, ut si quid perperam minor gesse*rit, in inte*grum restituatur. Interdum perperam vendit rem suam : potest resti*tui a praetore* vel a preside si ostendat se minorem.

27. Ergo sicuti ceteris s*ubvenitur* in ceteris causis, in integrum restitutionis auxilium meretur *minor, si* ignarus damnosam hereditatem inconsiderate adierit. *Potest dicere*: ' si major essem, prius deliberassem, prius quaesissem nec *heredita*tem adissem : modo per inconsultam aetatem temere adi*i* ; *peto* in integrum restitui '. Hoc, quod dicit extraneus, potest minor su*us dicere*, si temere se miscuerit bonis paternis.

28. Quod si major *fuerit* extraneus qui adierit vel suus qui miscuerit se bonis, *in integrum* restitui non potest, omnimodo tenetur oneribus hereditatis, quia deest i*lli auxilium* nec potest majo*ri*, nisi exhibeantur interdum justae causae ..... ale [2] beneficium d..... tor quidem hoc contigit.

29. Quidam, cum major esset aetate, contra opin*ionem* adiit hereditatem, quam putabat non esse damnosam. Ideo *puta*bat eam non esse damnosam, quod aes alienum in occul*to erat*. Emerserunt plures creditores ; coeperunt proferre tabulas [3] cum debitum fecit apparere hereditatem damnosam ; *heres qui* major adierat, tenebatur ; dedit ergo preces impera*tori cum hereditas* non sit quod fuerat, meruit speciale rescriptum, ut recede*ret ab* hereditate. 30. Ita dixit : 'Ignorans, cum lateret aes alienum, *adii* hereditatem ; postea emersit grande debitum, apparuit damnosa *ea hereditas* : ergo a te peto, ut

---

1. Cf., sur 26-33, Gaius, 2, 163. — 2. Gaius demanderait *imperiale* : Ferrini et Scialoja suivis aujourd'hui par Krueger, *generale*.— 3. Ferrini et Scialoja : *testes*.

liceat mihi discedere'. Concessit ei imperator. 31. Hoc ergo *exemplo* hodieque si tali re procedis, possumus dare consilium, ut *supplicetur*. Nam facile impe*t*rantur ab imperatore ea quae jam ab *aliis* impe*t*rata sunt : aliud est novum beneficium petere, aliud est id p*etere cuju*s extant exempla. 32. Nam per *gratiam* factum est, ut si major *sit qui*, licet per ignorantiam omnimodo heres fit, ei discedere ab hereditate, ... cum habet : propter quod exemplo ejus alii possunt in integrum restitui a praetore.

33. Ergo ubi *is minor* est qui adiit vel qui se miscuit, per praetorem vel per praesidem provinciae potest *in integrum* restitui ; sed qui major *est* sine beneficio principali non poterit *in integrum restitui neque* auxilium exorari ei heredi, secundum ea quae tractavimus.

34[1]. *Extranei*, qui habent potestatem, quamdiu volunt, tamdiu protrahunt *aditio*nem hereditatis : et quid interea facient creditores ? quid illo tempore *fiebat* interea de sacris, quorum[2] magna erat observatio ? 35[3]. Ideo qui testamenta faciu*nt*, si scribunt extraneos heredes, dant eis certum tempus *ad cernendam* hereditatem : quod est tale : TITIUS HERES ESTO CERNITOQUE IN DIE*B*US CENTUM. SI NON CREVERIT, EXHERES ESTO.

36. Ista dicitur cretio, propter id *tempus, quod* datur ad deliberandum, hoc est ad decernendum. Ideo *cretio dicitur* quia ad hoc accipitur tempus, ut apud se deliberet et decernat *an adeunda* sit hereditas.

37[4]. Ergo ubi datur cretio, aut adit intra tempus et verba dicit *cretionis*, aut, si non dixerit verba cretionis intra tempus, excluditur. 38. Quae autem sunt *verba cretionis* ? sic dicit : QUOD ILLE GAIUS ME SCRIPSIT HEREDEM, ADEO CERNOQUE HEREDITATEM. 39. Nisi haec verba dixerit intra tempus, quod praefinivit tes*t*ator, *e*xcluditur, etiamsi pro herede gesserit, etiamsi teneat res hereditarias. *Quare nisi verba* dixerit intra dies praestitutos, heres esse non poterit.

40[5]. Et scire *debes, quod quantum* vult testator tempus dat ad cretionem ; et *licet plerique* testatores centum dies dant, potest quidem et brevius *tempus dare* ; potest dicere : CERNITO IN DIEBUS X, CERNITO IN DIEBUS XX, potest et l*ongius* constituere : CERNITO ET IN BIENNIO, CERNITO IN *ANNO*.

---

1. Cf., sur 34, Gaius, 2, 167. — 2. Transporter ici *illo tempore* d'après Gaius, 2, 55. — 3. Cf., sur 35, Gaius, 2, 161. — 4. Cf., sur 37 30, Gaius, 2, 164. — 5. Cf., sur 40, Gaius, 2, 170.

41¹. *Sed vulgo* datum tempus et consuetum est: CENTUM DIEBUS.

42². Dicit ergo *heres haec* verba: ADEO CERNOQUE HEREDITATEM. Nihil quaeritur nisi *de* dictione verborum. Ergo intra tempus ubi dicat non interest, ut tamen probetur. Interim si ea *tecte separatim* dicat, unde potest probare quod verba cretionis dixerit? d*ebet* ergo adhibere amicos, quibus praesentibus haec verba dicat. 43³. Quod si sine *cretione* scriptus fuit, haec verba cretionis dicere non cogetur, sed p*otest etiam pro* herede gerendo adquirere hereditatem.

44⁴. Quid est pro herede gerere? ani*mum* habere capiendae hereditatis: ergo si aut rem teneat aut praesentibus *amicis* dicat velle se heredem esse, satisfacit aditioni hereditatis. 45. Nam duobus *modis* ab extraneis heredibus aditur hereditas, aut cretione aut pro herede *gerendo*. Cretione, ut verba dicantur; pro herede *gerendo*, ut ostendat se animum *habere* capiendae hereditatis. Sed heres is, qui cum cretione scriptus est heres, n*isi verba* cretionis dixerit, heres esse non poterit; qui autem sine cretione scrip*tus est*, vel cernendo vel pro herede gerendo potest adquirere hereditatem.

46⁵. Ex hoc *ista* nascitur differentia: qui sine cretione scriptus est heres, potest medio *tempore* repudiare hereditatem, et si semel repudiaverit, paenitentia *actus* redire ad hereditatem non poterit. 47. Quid est repudiare? nolle ca*pere* hereditatem, contraria destinatio, repudiare. Quomodo destinatio cap*iendae* hereditatis adquirit, sic destinatio contraria, hoc est voluntas non cap*iendi*, tollit hereditatem. 48. Qui sine cretione scriptus est, si velit heres esse, est heres, et s*i nolit* heres esse, perdit hereditatem. Nam quod nudo animo adquiritur, nudo an*imo* amitti potest. 49⁶. Ubi autem cum cretione scriptus est heres, non aliter excluditur, *quam si* tempus transiverit cretionis, quod a testatore praefinitum est. Sicut enim *adquirere* hereditatem non potest, qui cum cretione scriptus est, nisi si verba dixe*rit* cretionis intra tempus, ita non aliter excluditur, nisi exierit dies cretio*nis* 50⁷ Ergo si medio tempore dixerit se nolle esse heredem, nihil ei praejudicare *potest, nam* repudiare hereditatem non potest, quae cum cretione deferatur; si adhuc sup*erest* tempus cretionis, potest verba d*icere* et adquirere hereditatem;

---

1. Cf., sur 41 Gaius, 2, 171 — 2. Cf., sur 42, Gaius, 2, 166 — 3. Cf., sur 43, Gaius, 2, 167. — 4. Cf., sur 44-45, Gaius, 2, 166-167. 5. Cf., sur 46-48, Gaius, 2, 169. — 6. Cf., sur 49, Gaius, 2, 168. — 7. Cf., sur 50, Gaius, 2, 168-169.

ubi autem *sine* cretione scriptus est, si semel repudiaverit, postea per paenitent*iam* redire non poterit.

51 [1]. Hoc etiam circa eos servatur, qui ab intestato *vocantur* ad hereditatem. Qui ab intestato voc*a*tur, sicut aut cernendo aut pro herede gerendo fit heres, ita et contraria destinatione potest am*ittere* hereditatem.

52 [2]. Ubi cretionem accepit heres scriptus, non diu potest trahere aditionem, nam aut cogitur intra tempus adire, aut excluditur, si *non* adierit. Qui sine cretione scriptus est tamdiu potest deliberare quamd*iu*... r voluerit, tempore non urguetur. 53 [3]. Sed hoc ipsum nocet credi*tor*ibus : transierunt centum dies et adhuc iste dicit se deliberare ; *transi*it annus et adhuc dicit se deliberare : tempore enim non exclu*ditur*. 54. Ergo si voluerit post quinquaginta annos adire hereditatem. expec*tabun*t creditores exitum, nam nihil possunt hodie facere. Dum ille se *dicit* deliberare, convenire eum, qui nondum adiit, non possunt, bona proscrib*ere non* possunt, quia adhuc incertum est quin habeat defunctus success*or*em. Quorum enim bona proscribuntur ? eorum qui sine successore moriun*tur*. 55. Ne ergo hoc incommodum creditoribus obstet, solet praetor adiri *ab* i*p*sis creditoribus, ut ipse constituat diem heredi scripto vel qui *ab in*testato vocatur ad adeundam hereditatem. Et dicit praetor : ' Ju*beo* illum heredem intra centum dies deliberare, an debeat adi*re hered*itatem : sciat autem me creditoribus permissurum bona *illa* proscribere, si intra tempus non adierit'... Licet ei diutius deliberar*e*. 56. *I*taque intra tempus quod a praetore praefinitum est, omnimodo adire de*bebit*, aut si non adierit, bona proscribentur : et quod dixit Gaius, prout mo*der*atus fuerit ipse praetor, ita tempus constituitur.

57 [4]. Ecce habes re*medium*, ubi sine cretione scriptus est vel ubi ab intestato vocatur ad hereditatem. Quod si cum cretione scriptus est heres et longum *tempus* accipit, interdum in *biennio jussus cern*ere, nisi *cernit* in biennio, in biennio expectabunt creditores utrum adeat ille hereditatem, *an* excludatur. Nam aliter non excluditur, nisi tempus, quod a testatore praefi*nitum* est, impleatur.

58. Quod ergo facere non possit qui cretionem non habet, *ideo* potest facere qui longam cretionem habet ? at potest interpellari *a* creditoribus, ut ipse praetor moderetur

---

1. Cf., sur 51, Gaius, 2, 169. — 2. Cf., sur 52, Gaius, 2, 166-167. — 3. Cf., sur 53-56, Gaius, 2, 167. — 4. Cf., sur 57-59, Gaius, 2, 170.

tempus adeundae hereditatis, et dicat: 'nisi intra tempus adierit, permittam creditoribus bona proscribere'.

59. Omnis cretio certum numerum dierum habet. Nam testator *cum* dat cretionem, non simpliciter dicit : CERNITO, sed dicit : CERNITO IN DIEBUS TOT. Necesse est ut exprimat numerum dierum : alioquin non est cretio, et nisi dicat: TOT DIEBUS. Ergo omnis cretio certum numerum dierum habet.

60[1]. Duplex nomen est cretionis ; nam quaedam cretio dicitur [verborum] certorum dierum, alia dicitur vulgaris cretio. Interdum cretio sic datur : CERNITO IN DIEBUS CENTUM ; SI NON CREVERIS, EXHERES ESTO.

61[2].... universitas, ubi hereditas directis verbis relinquitur : sing*ulae res, si per* legata singulas res relinquit, sed universitatem in omnibus re*stituit et qui* dimidiam videtur restituere. Ergo et si dicat : ROGO UT HERES VICESIMAM PARTEM HEREDITATIS RESTITUAT, universitatis di*citur fideicommissum*.

62. Universitatis dicimus, id est juris, eo ipso quod pars aliqua *hereditatis* restituitur q... rerum pars.......... et e contrario si sing*ulas res* relinquat, id est si singillatim relinquat, etiam si totum *patrimonium*, non dicitur universitatis fideicommissum, sed singularum *rerum fideicommissum*.

63. P....[3] postea quid intersit inter universitatis fideicommissum et singularum *rerum fideicommissum*. Qui tres agros habet in patrimonio suo et dicit : TITIUS HERES ESTO, deinde *a*djicit : ROGO TE, UT, CUM ADIERIS HEREDITATEM, ILLUM ET ILLUM ET *ILLUM AGRUM C. SEIO* RESTITUAS, licet paene totum patrimonium reliquerit, *non dicitur* universitatis fideicommissum, sed singularum rerum *fideicommissum ; sed si pars* aliqua hereditatis relinquitur per fideicommissum, dicitur universitatis *fideicommissum*. 64. *V*ocabitur alius heres directis verbis institutus, alius fideicommissarius, *licet totam accipiat* hereditatem, non partem hereditatis.

65[4]. Fideicommissarius non potest suo jure adi*re heredi*tatem, sed debet ab herede petere : et hoc est quod dicitur vulgo[5] *fideicommissum non in usurp*atione esse, se in petitione, nec bona debet usurpare, sed *petere* debet ab herede, *ut* hereditatem... ade*at et* restituat ei fideicommissum ; nam heres instituitur directis verbis..... petit hereditatem, sed suo jure potest adire et adquirere si...... h...... aut fideicommitti

---

1. Cf., sur 60, Gaius, 2, 171. — 2. Cf., sur 61-63, Gaius, 2, 247.250. — 3. Mommsen : *Quaeris*. — 4. Cf., sur 65, Gaius, 2, 251. — 5. Cf. Paul, *Sent*., 4, 1, 18.

h...... bona fide qui......... nam heredem non facit nisi directa institutio, sed interdum is quidem erit loco *heredis* fideicommissarius : interdum erit loco legatarii.

66 [1]. Apud veteres autem neque loco *heredis erat*, neque loco legatarii, sed loco emptoris. Plene ergo ex*plicabimus* quemadmodum apud veteres loco emptoris fuit, e*t* quando hodie fideicommissarius *loco heredis est*, quando loco legatarii. TUNC ENIM IN USU ERAT EI CUI *RESTITUE*BATUR HEREDITAS NUMMO UNO EAM HEREDITATEM *DICIS CAUSA VENIRE* [2].

67. Sicut superius diximus, fideicommissarius apud veteres nec here*dis* loc*o erat, nec* legatarii, sed emptoris ; nam qui rogabatur, hereditatem res*tituere* apud veteres adhibebat quinque testes libripende*mque et imaginaria* venditione videbatur vendere hereditatem illi fi*deicommissario* ; loco venditoris heres ipse, fideicommissarius loco emptoris era*t et stipulationes interpone*bantur inter heredem et fideicommissarium, quae solent interponi inter venditorem et *emp*t*orem* ubi institutus heres vendit hereditatem. 68. Nam quando heres hereditatem deferre....... *generaliter*, quod onera hereditaria apud eum manebant et actiones................ ut quidquid venditor hereditario *nomine* solverit bona fide............... di.................... rit emptoris nomine.................. .... t esset............. debet......... debeat sed distr.......... se.......... et stipulabatur quidquid vendi .... test......... emptor ita : stipulor a te, interrogo te sollemnibus *verbis*, spon*des*......... quidquid hereditario nomine condemnatus *fueris vel bona* fide solveris......... con*demn*a*tus* fuero in judicio, *bona* fide solvero illis privatim, iis semper de......... atur.......... manifestum esse debitum .... litigare................... d. solvero.

69. Ideo hoc dicit, ne per judicem supponas hoc......... modo creditor dicat..... solvis hereditatis *nomine*......... *quidquid* condemnatus fuero vel .... reddi......... stipulabatur et emptor hoc modo : si quis creditor hereditarius... proponere actionem.................. defensionem suscipere .... spon*des* ?.... postea............ creditori ego solvam............ et postea agam contra te ; suscipe defensionem in rem......... fueris aut r........ si victus fueris...... sustineas non sequetur, ut onera hereditatis.........

70......... *E* contrario fideicommissarius interrogabat he-

1. Cf., sur 66-70, Gaius, 2, 252. — 2. Passage de Gaius, 2, 252, reproduit textuellement en lettres capitales.

redem : quidquid hereditario nomine *exege*ris, mihi dare spondes ?.............................. *heredi*tarios proponere actionis facturum esse spondes ? ... t. e.... rem in rem ineas sive non ille exigat, sed mihi teneat*ur*.... actionem cedere...... t interponi inter heredem et fideicommissarium. Ideo apud veteres loco empt*oris erat.*

71 [1]. Hoc ipsum postea visum est emendatione indigere.... heres autem pure heres............. batem erga.... ibus hereditariis ei donabant........................ ieci fideicommissarium et dicebat : veni, suscipe causas....

(Manquent une ou deux feuilles.)

71ᵃ [2]. quarta ex beneficio senatusconsulti Pegasiani tam dici illam d......... etiam hereditatem, ut non sit ei necessaria ipsa quartam dare.. *me*lius prospectum, cum antea prospectum est senatusconsulto Trebell*iano* ... inter...... n. veli .. tim adit....... postea in*tr*oductum est Pegasianum ne post .. rentes..... tenem liberi.. um senatusconsulti Pegasiani,... de quarta........................ adi .... tus heres autem non dicat sibi inutile .... fideicommissum hereditatis...... partem retine......... fuit, ut si heres nolit adire heredi*tatem*....

72 [3] ....tur................... heres d*icat heredilatem* esse sibi suspectam *et periculosam* ejus esse aditionem, adeat fideicomm*issarius praetorem vel praesidem* .... us prae*tori vel* praesidi................. .... heres institutus .... puta potest dicere : 'Ille scriptus heres rogatus est mihi res*tituere*; *heredi*tatem suspectam sibi *esse dicit* : e*go para*tus sum *onera* hereditatis in me suscipere : meo periculo adeat et restit*uat he*reditatem' si coactus heres adierit hereditatem.......... restituerit heredita*tem*............. erre... restitutae res hereditatis ...... loco .... hereditatem rogatus est restituere, non quod suspectam....... et nolit adire.......... coactus sit adi*re, coac*tus adire maneat obligatus, hunc reddere heredi*tem cons*titutum est, ut ita transeant actiones, ac si ex Trebel*liano resti*tu*t*a esset hereditas........ Pegasian........ et respondemus ex senatusconsulto Trebelliano actiones transferen*das si con*pulsus heres a fideicommissario *a*dit hereditatem et restituet is*tam* .... onera .... quartam, sed omne jus hereditatis transfert, et senatusconsulto P*e*gasi*ano* ideo locus fit, quia non habet qua-

---

1. Cf., sur 71, Gaius, 2, 253. — 2. Cf. sur 71ᵃ, Gaius, 2,257. — Cf., sur 72, Gaius, 2,258.

drantem beneficio testa*toris*, tota*m* enim hereditatem rogatus est restituere fideicommissario ; *suspectam* dixit et noluit adire .... ipsius .... quantum ad fideicommissarii contentionem et permisit institutus... erit scriptus heres, ipse quidem omnino emolumentum non *retinet*, sed omne jus hereditatis transfertur ad fideicommissarium, ita ut acti*onibus* t*en*eatur vel habeat obnoxios debitores hereditarios. 73 [1]. Nam ipso *senatusconsulto Pega*siano..... a praetore coactus *hereditatem* heres adierit et restitue*rit hereditatem*, *t*ranseant actiones ac si ex senatusconsulto Trebelliano restitua*tur* ... non est locus Trebelliano, sed ex Pegasiano ista *fideicommissa* .... *ac si ex Trebelliano restituta esset.*

74. Vides ergo quod si uni*versitatis* fideicommissum rogatus sit restituere, id est hereditatis partisve *ejus* non retenta quarta, tum cogitur adire hereditatem, etiamsi *cum singulae* res relinquantur, non cogitur : sicut si legatum sit singularum .... itur heres adire ut det legatario et si singularum rerum si*t fideicommissum*. Alite*r* ergo in universitatis fideicommisso placuit propter voluntatem. 75[2]. Quod.......... est de eo herede qui ex asse scriptus est, etiam de eo qui pro parte *scriptus* heres rogatus est restituere hereditatem s. .... ex unc*ia roga*tus sit restituere : ex Pegasiano senatus-consulto regi, non ex .... sic restituere reliquas partes. 76. Ergo hic non transeunt action*es et stipulationes* erunt necessariae. Quisque heres debet quartam..... *partem* retinere, sive ex asse scripserit heredem, sive pro par*te*, ... eruatur ..... Pegasianum senatusconsultum, ut si non habeat quar*tam partem* .... semissi ex defuncti *voluntate* habeat unam semis unciam, jam fiet necessarium..... senatusconsultum, ex Trebelliano restituit quattuor semis.............. *t*ranseunt actiones inter .... fideicommissa aut universitatis sint aut singularum rerum, ut trac*tavimus*.

77 [3]. Testator ergo potest dicere : ROGO TE HERES UT ILLI GAIO SEIO DES CENTUM ...... i Titio.... TI ILLUM FUNDUM HERES DES... ILLAM DOMUM vel ILLI MAEVIO MANCIPIUM........ tit..... relinquuntur et tota hereditas vel paene *tota lega*ta sit. Quod si *a* singulis fideicommissariis quartam relinquit, heres institutus *ex* Pegasiano senatusconsul*to*.... t imperat suis liberis reliquuntur. Hoc facit Pegasianum.

78 [4] ..... legata ab his tantum possunt relinqui qui scripti

1. Cf., sur 73-74, Gaius, 2, 258. — 2. Cf., sur 75, Gaius, 2, 259. — 3. Cf., sur 77, Gaius, 2, 260. — 4. Cf., sur 78, Gaius, 2,271.

sunt heredes, *contra a legatario legatum relinqui* non potest. *Non* potest dicere : *Titio do lego illum.*

LIBER QUARTUS.

79 [1].. *INTENT*IONEM ADJUDICATIONEM CONDEMNATIONEM.

80 [2]... ALIAE IN QUIBUS JURIS CIVILIS INTENTIO EST. CETERAS VERO *IN FACTUM.*

81 [3]....committitur, si per lasciviam aut fervorem aut feritatem damnum *factum est*; *et* tenetur dominus ut aut damnum sustineat aut in noxam *tradat* animal. 82 [4]. Sed interest utrum servi filiive nomine noxalis actio propon*atur, an* animalium; nam si servi filiive nomine condemnatus fuit do*minus vel* pater poterunt in noxam dare etiam mortuum : condemn..... [5] noxali actione potest servum etiam mortuum in noxam dare. 83. *Et non solum si* totum corpus det, liberatur, sed etiam si partem aliquam corporis. Denique tra*ctatur de* capillis et unguibus an partes corporis sint. Quidam enim dicunt..... tationi..... [6] foris posita ; animal m*ortuum* dedi non potest.

84. Quae ratio est ut servi mortui etiam dedantur ? voluere..... r..... imponere servis vel filiis, ut delinquentes semet t.... vel potestatem dominorum... namque hoc volebant liberari a dom..... *servus* delinquebat, non poterat dominus aut reddere, dabat..... *noxam* p................. 85 [7]. Ergo cum praetor corpus te dedere dom.......... parentem putes............. jure uti t..... *domino* vel parenti etiam occidere eum et mortuum dedere in n*oxam* .... patria potestas potest n... .... cum patris potestas talis est ut habeat vitae et necis pote*stat*em. 86. De filio hoc tractari crudele est, sed... non est....n post r..... *occi*dere sine justa causa, ut constituit lex XII tabularum, sed deferre ju*dici* debet propter calumniam.

87. Ergo ideo interest mortuum dedere....... ter animalibus nec est. m nisi..... ctio.. ponis his quae ratione *carent.*

88 [8]. Nunc admonendi sumus quod judicium..... in pri-

---

1. Extrait textuel de Gaius, 4, 39, reproduit en lettres capitales. — 2. Extrait textuel de Gaius, 4, 45, reproduit en lettres capitales. — 3. Cf., sur 81, Gaius, 4,80. — 4. Cf., sur 82-84. Gaius, 4,81. — 5. Ferrini et Scialoja : condemna*tus dominus*. — 6. Les mêmes lisent dubitativement: dicunt ea additamenta corporis esse ; sunt enim. — 7. Cf., sur 85-87, Gaius, 4, 80.81. — 8. Cf., sur 88, Gaius, 4, 82.

m.... personae constituet actio.... sine personis legitimum *judicium* stare non potest, *et* cum non stet judicium nec res judicata habebit effectum.

89[1]. *Ergos* tractamus quae sint legitim*ae personae*. Nam permittitur his qui haben*t litem ut p*roprio nomine consistant ut legitimae personae. 90. Sed non solum per nos*met ipsos p*ossumus litigare, sed etiam per alias : non per quascumque, sed per certas person*as, scilicet per* cognitores aut per procuratores aut per tutores aut curatores qui pro alii*s a*gentes habent legitimas personas.

91[2]. Hi quemadmodum tutor vel *curator* constituantur in primo commentario relatum est. Cognitor cert*is rerbis co*nstituitur et a praesente praesenti datur hoc modo : s*i* velim dare te mihi *fundum*[3], ita dico : QUOD TECUM AGERE VOLO DE ILLA RE, HOC EST ILLO FUNDO, IN EAM REM DO TIBI[4] COGNITOREM ILLUM GAIUM SEIUM, aut si reus velit dare cognitorem : QUOD TU MECUM AGERE VIS, IN EAM REM DO TIBI COGNITOREM ILLUM GAIUM SEIUM.

92[5]. Ergo ut cog*nitor* constituatur, *et praesentia* necessaria est et verborum dictio ; nam praesens *praesenti de*bet dare cognitorem.

(Manquent 3 lignes illisibles.)

93[6]. .....Sed etsi absens fuit datus, non est vitiosa *datio* ; nam s*i* postea cognitor consenserit, erit cognitor..... procurator........ absit procurator........ dat.........

(Manquent 2 lignes illisibles.)

sollemnibus verbis......... opponitur............ si praesens non est da*tus*.... adversus....... bsis...... aliorum.......

(Manquent 10 lignes.)

94.... lit*i a*gendae admittur adjecta satisdatione, qui quod ex meo man*dato*........

.... vindiciarum.

95[7]. Ergo cum duae sint actiones, in rem et in personam, in rem au*t*[8] *per peti*toriam formulam agitur, judicatum solvi satisdatio interponi*tur* ; *si* per sponsionem, pro praede litis et vindiciarum, non per sponsionem.... de.... ejus ponitur satisdatio sine len.......... pro *praede litis et* vindiciarum et incipias quasi novum audire... et quarere, ideo...

---

1. Cf., sur 89.90, Gaius, 4, 82.— 2. Cf., sur 91, Gaius, 4, 85.83.— 3. Ferrini et Scialoja ; Krueger : *quae mihi debes*. — 4. Ferrini et Scialoja. — 5. Cf., sur 92, Gaius, 4, 83.— 6. Cf., sur 93.94, Gaius, 4, 83.84.— 7. Cf., sur 95, Gaius, 4, 91.93. — 8. Manquent sans doute les mots : *per sponsionem agitur aut per formulam petitoriam : si*.

96 [1]. NON TAMEN HAEC SUMMA SPONSION*IS* NON ENIM [2] .... non est paene............ sponsione....... poenalis sponsio. Ideo nec restipulatio fit. Interdum enim sponsio st... si *pro*bavero te debere mihi xxx, dabis alia x *eaque* sponsio poenal*is est*..... ceri.......... ...... ergo ubi poenalis sponsio *est, resti*pulatio sequitur ; *dicit* enim debitor : si non probas tibi xx*x* deberi,dabis mihi x.Ubi poenalis sponsio est, est et restipulatio. Ubi autem praejud*icialis est cessat* restipulatio.

97 [3] OMNIA JUDICIA AUT LEGITIM*O JURE* CONSISTUNT [4]. SAEPE TRACTANTES DIXIMUS [5]. Q*uod*.... judices non legitima, sed imperialia judicia dent. De hac parte trac*tandum* quae legitima, quae imperialia.......... ex pers*onarum condicio*ne, ex loco, et numero : si omnes litigatores cives Romani sint, *hoc est ex personar*um condicione : si unus judex sit et civis Romanus, hoc est ex numero : *ex loco* 6, si in urbe Roma vel intra primum urbis Romae miliarium *accipiatur* judicium : tunc videbitur legitimum esse judicium.

98 [7]. Quod si aliqui*d* ex his no*n*....rat, non erit legitimum judicium, sed imperiale, puta si non unus *judex sit*, sed plures judices sint, *si non in* urbe Roma nec intra primum urb*is Romae* miliarium, sed alibi, accipiatur judicium....... si in his locis....... *judic*ium est et si aliquis ex litigatoribus peregrinus sit, ex his si *quid est, imperi*ale fit judicium, quia....... ....*didic*imus quid sit legitimum, quid imperiale.

99 [8]. Legitima judicia anno *et sex men*sibus ex lege Julia finiuntur : denique nisi *in*tra annum et sex menses *fuerit legi*timum judicium pronuntiatum, expirat. Imperiale judicium.. ...anno et sex mensibus et....

100. *Imperiale* autem dicitur,quia imperio ejus continetur a quo concipitur, puta praetoris vel praesid*is provinciae*. Imperiale tamdiu viget judicium, quamdiu praetor et praeses... si ille ab........ qui incepit, desinet............ imperio continentia judicia, quia imperio praetoris vel praesid*is con*tinentur, nam t*amdiu judex potestatem h*abet judicandi, quamdiu ille in imperio est, hoc est in magistratu. Si *vero cessa*verit potestas, etiam judex desinit. 101. Ut apparet ergo,

---

1 Cf., sur 96, Gaius, 4, 94. — 2. Extrait de Gaius, 4, 94, reproduit textuellement (sauf l'omission d'*exigitur* avant *non*) en lettres capitales. — 3. Cf. sur 97, Gaius, 4, 103. — 4. Passage de Gaius, 4, 103, reproduit textuellement en lettres capitales. — 5. Texte de la paraphrase écrit par mégarde en lettres capitales. — 6. Restitué par Ferrini et Scialoja. — 7. Cf., sur 98, Gaius, 4, 105. — 8. Cf. sur 99-101, Gaius, 4, 104-105.

quod non qualitas actio*nis facit* legitimum judicium, sed numerus, condicio *personarum aut* locus. 102 [1]. Alioquin *potest legitim*a esse actio et tamen imperiale esse judicium ; potest etiam praetoria esse actio et tamen *legitim*um esse judicium. 103. Puta : ex lege Aquilia actio legitima est. Judicium *si non intra* primum urbis Romae miliarium agatur, non erit legitimum *judicium* ; si non inter omnes cives Romanos agatur, sed inter peregrinos, imperiale est judicium : si *non unus* detur judex, sed et plures, non erit legitimum, sed imperiale. 104. Et e contrario *vi bonorum* raptorum actio praetoria est ; sed si apud unum judicem civem Romanum *et in urbe* vel intra primum urbis Romae miliarium Romanus civis *aget contra cives Roman*os litigatores, erit legitimum judicium.

105 [2]. Vides quod non qualitas actio*nis efficit* aut legitimum aut imperiale judicium, sed numerus et locus et condicio *personarum, ut dixi*mus ; ea causa interest inter legitima judicia et imperialia.

106 [3]. Haec si tenetis, *jam videtis quod* in legitimo judicio ipso jure actio consumitur, in imperiali judicio numquam *ipso jure consum*i potest. 107. In legitimo judicio non omnis actio consumitur, sed ea sola quae habet *intentionem personalem* in jus conceptam ; nam est et in factum concepta. 108. Dicis : SI PARRET TE MIHI DARE [4] OPORTERE TOT MILIA vel ILLAM REM vel QUIDQUID TE DARE FACERE PRAESTARE OPORTET, ista est personalis *intentio* [5] *in jus* concepta.

109. Nam ubi in rem actio proponitur, non potest consumi legitimo *judicio*.... quomodo : SI PARRET ILLUM FUNDUM MEUM ESSE EX JURE QUIRITIUM... et eger*is* in legitim*o judicio, tamen* [6] non consumis actionem : tamdiu enim potest tibi competere actio, quamdiu domin*us es, nam* recte dominus quandoque dicit : SI PARRET ILLAM *REM* MEAM ESSE EX JURE QUIRITIUM.

110 [7]. *Ne autem idem* [8] litigans audiatur in judiciis diversis post primam actionem, ... er... e opponitur exceptio rei in judicium, hoc est si adhuc pendet judicium... um deductae, si judicata in legitimo judicio, rei judicatae de... judicatae... le.

111. Sunt et actiones, quae dicuntur in factum, de quibus

---

1. Cf., sur 102-104, Gaius, 4, 109.— 2. Cf., sur 105, Gaius, 4, 104-105.— 3. Cf., sur 106-109, Gaius, 4, 106-107. — 4. Ferrini et Scialoja ; Krueger : si parret le dare. — 5. Ferrini et Scialoja ; Krueger : actio. — 6. Ferrini et Scialoja. — 7. Cf., sur 110-113, Gaius, 4, 106. — 8. Ferrini et Scialoja ; Mommsen : ne iterum.

jam *locuti sumus*. Et in factum actio non consumitur, quia quod factum est infectum fieri non potest. Puta *depositi* actio est in factum : SI PARRET ME DEPOSUISSE APUD ILLUM GAIUM SEIUM ILLAM REM *NEC REDDITAM* ESSE DOLO MALO ILLIUS GAI SEI, CONDEMNA ILLUM. Numquam ex eo, quod *factum est*, *infectum* esse, cum deposuisti, potest. 112. Venis et dicis : SI PARRET ME DEPOSUISSE. *Deinde* dicis : quod semel factum est infectum fieri non potest, si quid opponitur tibi ex*ceptio quod* jam res judicata est vel in judicium deducta est.

113. Ergo neque in factum *actiones* consumuntur, neque in rem ; sed solae actiones personales quae habent in *jus concept*am intentionem.

114[1]. In imperiali autem judicio numquam actio consumitur, sed semper.....

1. Cf., sur 114, Gaius, 4, 106.

4. Fragments des livres I, V et IX des Réponses de Papinien.

L'extrait du livre premier des *responsa* placé à la fin de la loi romaine des Wisigoths a été pendant longtemps le seul fragment de Papinien connu en dehors des textes du Digeste, de la *Collatio* et des Fragments du Vatican. Nous possédons en outre aujourd'hui des extraits plus étendus des livres V et IX du même ouvrage, avec les notes d'Ulpien et de Paul, inscrits sur les débris de parchemin qui ont été envoyés d'Egypte en 1877 et en 1883 aux musées de Berlin et de Paris et qui viennent probablement tous d'un même ms. du IVe ou du Ve siècle. — Les *responsorum libri XIX*, auxquels appartiennent ces divers extraits, sont un des deux principaux ouvrages du célèbre jurisconsulte Papinien. Papinien, ou mieux Aemilius Papinianus, qui aurait été l'élève de Q. Cervidius Scaevola en même temps que le futur empereur Septime Sévère, d'après une allégation de la vie de Caracalla, c. 8, que M. Mommsen, Z. S. St., 11, 1891, 30-33 (*Ges. Schr.*, 2, 64-67), a prouvé ne provenir que d'une interpolation, a été successivement assesseur des préfets du prétoire, *advocatus fisci* (en remplacement de Septime Sévère, d'après le même texte interpolé) sous Marc-Aurèle, puis, sous Septime Sévère, *magister libellorum* et, probablement à partir de 205, préfet du prétoire, et il a été exécuté par ordre de Caracalla en 212. Il a été considéré par les générations suivantes comme le premier des jurisconsultes romains : v., sur sa biographie, Karlowa, *R. R. G.*, 1, pp. 735-736 ; Krueger, *Sources*, pp. 263-264 ; Kalb, *Roms Juristen*, 1890, pp. 111-118, et *Commentationes Wölfflinianae*, 1891, pp. 332-334 ; Schulze, Z. S. St., 11, pp. 124-129 ; E. Costa, *Papiniano*, 4 vol. Bologne, 1894-1899 ; Fitting, *Alter und Folge*, pp. 71-78, et parmi les ouvrages anciens, le *Papinianus* d'Otto, éd. de 1743. Papinien a composé ses *responsa* après son autre grand ouvrage, ses *quaestionum libri XXXVII*, — qui appartiennent à la période du gouvernement exclusif de Septime Sévère (193-198), — en totalité ou en partie sous le gouvernement commun de Sévère et Caracalla (198-211) qu'il cite tous deux dès le 1er livre (*D.*, 50, 5, 8, 5) et qu'il continue à supposer vivants dans les livres 5-12 (cf. par ex., *F. V.*, 294), et, tout au moins depuis le livre 4, postérieurement à l'*oratio* de 206 sur les donations entre époux (*D.*, 24, 1, 32, 16) ; mais un texte du livre 15 ou même, croit Lenel, du livre 14 (*D.*, 34, 9, 18, *pr.*), où se trouve mentionné le *divus Severus*, prouve que les derniers livres ont été écrits après la mort de Sévère (en ce sens Fitting, p. 77 ; Lenel, *Pal.*, 1, p. 884, n. 6), à moins qu'on n'admette, avec l'opinion d'Otto reprise par Krueger, *Sources*, p.266, n. 2, que cette phrase émane d'un annotateur de Papinien. En tout cas, nos fragments extraits des livres I, V et IX se placent donc sûrement entre 198 et 211, et même, sauf le Ier, entre 206 et 211. — Le Ier, extrait de la loi des Wisigoths, figure depuis longtemps dans tous les recueils. Quant aux fragments du livre V, qui sont relatifs à l'administration de la tutelle et à la *bonorum possessio contra tabulas* et dont le texte écrit sur une feuille double de parchemin se trouve à Berlin, ils ont été publiés pour la 1re fois en 1879. Une excellente restitution en a été donnée par M. Krueger d'abord dans deux articles de la Z. S. St., 1, 1880, pp. 93-116. 2, 1881, pp. 83-90, puis dans le tome III de la *Collectio*, pp. 287-291. Il faut en outre citer les éditions qui en ont été données par Alibrandi, *Studi e doc.*, 1, 1880, pp. 39-61, 183-190, par Lenel, *Pal.*, 1, pp. 900-904, où il a réuni les fragments assez complets pour présenter un sens certain aux autres fragments déjà connus du même livre, et par Seckel et Kuebler, dans la 6° édition de la *Jurisprudentia*, 1, pp. 430-435, à la place d'un texte beaucoup moins sûr établi par Huschke, *Die jüngst aufgefundenen Bruchstücke*, 1880, pp. 26-53. *J. ant.*, 5° éd., pp. 436-438 (cf. Krueger, *Deutsche Litteraturzeitung*, 1877, p. 872). Les fragments de Paris, qui traitent des affranchissements, ont d'abord été déchiffrés et publiés par M. Dareste, *N. R. H.*, 1883, pp. 361-385 ; le texte en a depuis été de nouveau édité et commenté en France par M. Esmein, qui a été le premier à en déterminer l'attribution au livre IX des Réponses de Papinien dans une communication à l'Institut, du 17 août 1883, *Mélanges*, pp. 339-358 ; en Italie, par Alibrandi, qui fit presque simultanément la même observation, *Studi e doc.*, 4, 1883, pp. 125-142 ; en Allemagne, par M. P. Krueger, *Z.S. St.*, 5, 1884, pp. 166-180. *Collectio*, 3, pp. 291-297, par Huschke, *Z. S. St.*, 5, 1884, pp. 180-191 et par MM. Seckel et Kuebler, dans la 6° éd. de la *J. ant.*, 1, pp. 434-435 (v. encore en France le texte assez différent de celui des autres éditeurs donné par M. Mispoulet, *Manuel de textes de droit romain*, 2, 1899, pp. 666-674). M. Lenel a également admis ceux dont le sens peut se déterminer avec quelque certitude dans sa restitution du livre IX, *Pal.*, 1, pp. 926-927. Comme lui, nous n'avons cru devoir reproduire, soit parmi les fragments de Berlin, soit parmi ceux de Paris, que les fragments assez complets pour présenter un sens arrêté ; nous avons dû par suite leur donner un numérotage distinct de ceux, du reste divergents, suivis dans les diverses éditions antérieures à la nôtre.

LIBER I.

(Extrait de la *lex Romana Visigothorum* [1].)

1. Inter virum et uxorem pacta non solum verbis sed et voluntate contrahentium constituuntur, ut neuter conjugum locupletior fiat.

LIBER V.

(Fragments de Berlin.)

1 [2]. Post mortem furiosi *non dabitur in* curatorem *qui negotia* gessit *actio judicati, si modo* nullam *ex consensu novationem* factam *et in curatorem obligationem esse translatam constabit* [3].

1. Fragment rapporté à la fin de cette loi sous la rubrique : 'Papiniani, lib. 1 responsorum I de pactis inter virum et uxorem' où les mots 'I De pactis...' paraissent, comme le suppose Krueger, une addition des Wisigoths. Sur un texte entièrement différent et sans doute apocryphe donné dans le ms. de Paris, lat. 4414, v. Krueger, *Coll.*, 3, p. 296.— 2. = *D.* 26,9,5, *pr.*, sauf quelques mots omis dans notre fr. ; vient dans le ms. après une autre réponse qui parle de tuteurs et de curateurs, mais dont pour le surplus le sujet ne peut être déterminé.— 3. Suivi par une autre réponse dont le sujet ne peut être déterminé.

2 [1]... *Nam hereditatis in provincia fideicommisso restituto causam quidem juris expediri potuisse, rerum autem administrationem ad eos recidere debuisse* qui tutelam *in Italia suscepissent.*

3 [2]. *Adversus tutorem,* qui pupillum *hereditate patris abstinuit, actionem...* denegari non oportet credi*tori, qui cum ipso tutore* contraxit, quamvis tutor *pecuniam in rem inpuberis* verterit [3].

4 [4]. *Curatores adulescentis mutui periculi gratia cautionem invicem sibi praebuerunt et in eam rem pignora dederunt : cum officio deposito solvendo fuissent, inritam cautionem esse factam et pignoris vinculum solutum apparuit.*

5 [5]. Scriptus *heres* filius per fratrem *emancipatum* ac praeteritum edic*to commisso* contra tabulas solus possessionem accepit. *Ex*trariis legata praestabit *neque edictum* commisisse videtur qui volu*ntat*em patris tueri potuit ac de*buit* : idque optimi maximique principes nostri *rescripserunt idemque sententia* divi Hadriani in persona Cornelii..... ni demonstravit.

6 [6]. Bonorum possessione contra tabulas praeterito filio *emancipato* da*ta scriptu*s heres alter filius qui possessionem accepit, vel jure civil*i* co*n*tentus no*n* accepit, legata praecipua no*n* habebit [7].

7 [8]. Peculium cas*trense filius* accepta bonorum *possessione* contra tabulas aut intestati *p*atris fratribus *co*nferre non cogitur. *Itaq*ue fisco....

8 [9]. *Filius emancipatus intestati patris bonorum possessionem accepit. Nepos ex eodem in familia retentus semissem hereditatis* cum emolu*mento collationis* habebit. Conl..... quoque possession.. [10]. Idem* nepos si pos*tea possessionem intestati* p*a*tris accipia*t, fratri post* emanci*p*ationem *patris quaesito et in familia* retento *bona sua conferre* cogetur [11].

9 [12]. Fi*lio praeterito qui fuit in patris potestate neque libertate*s conpetunt neque *legata praestantur, si praeteritus fratribus*

---

1. = D., 26,7,39,3. — 2. = D., 26, 7, 39, 4. — 3. Ensuite vient une ligne presque totalement illisible contenant peut-être une note placée entre les §§ 3 et 4. — 4. = D., 26, 7, 39, 5. Suivent plusieurs lignes dont le sujet ne peut être déterminé. — 5. Cf. D., 37, 5, 14, *pr.* 15, 1. — 6. = D., 37,4,22, sauf quelques mots omis. — 7. Suivent deux notes de Paul dont le sens ne peut être déterminé. — 8. Cf. D., 37, 6, 1, 15. — 9. = D., 37,6,9. — 10. Passage illisible omis dans le D. — 11. Suit une note d'Ulpien. — 12. = D., 28, 3, 17.

*part*em hereditatis avoc*avit* : *quod si* bonis se patris absti-
*nuit*¹....

10². ... *possessionem* haberet, ideoque lib*eris et* parentibus primo loco *legata r*elicta praestabit, quae non presta*bit
si co*ndicio institutionis de*fecerit*³. Eadem erunt tabulis quoque non si*gn*atis ; defertur enim contra nuncupa*tio*nem possessio, cum valuit nuncup*atio*, tametsi primus gradus *non* valuit.

Ul(*pianus*) (?) : *Si a* secundo exheredatus non fuit, pu*to
contra* nuncupationem peti posse bonorum possessionem ;
*ca*ducariae enim non offenditur, cum *vocatur* suus heres, qui
legem exclu*dit c*aducariam.

11. *Testamento* j*u*re facto nepos alteri ex *in*stitutis substitutus contra *tabulas* bonorum possessionem accepit. Quoniam
in pr... m gradum, a quo praeteritus est, eum... t. e non
successurum.

Paulus : Adquin jure honorario potest succedere, immo
successit.

Ulpianus : Idem J*u*lianus *p*utat, qui negat nepotes *subsli-
tutos* in rupto testamento secundum tabulas *habere* possessionem, sed contra tabulas. Mar*cellus contra*. *M*ihi³ sententia
Ma*r*celli* melior vide*tur*.

12⁴. Filius *emanci*patus, qui possessionem *contra* tabulas
acc*i*pere potuit, intestati patris possessionem accepit adque
ita filia...

LIBER IX.
(Fragments de Paris.)

1⁵. Servos ab eo, qui non... *census est* ante crimen inlatum manumis*sos*, ad libertatem pervenire placuit. Sed *manu-*

---

1. Le *D.* finit par les mots sans doute interpolés : 'licet suptilitas
juris refragari videtur, attamen voluntas testatoris ex bono et aequo
tuebitur' qui ne correspondent pas à la finale restée illisible dans
notre ms. Suivent une autre réponse de Papinien accompagnée d'une
note d'Ulpien, puis une autre colonne, dont le sens ne peut être déterminé. — 2. Lenel, qui rapproche la 1ʳᵉ phrase de *D.*, 37, 5, 12, 13, restitue au début : 'Duos quis gradus heredum fecit : suum a primo gradu
praeteriit, a secundo exheredavit : a primo gradu liberis et parentibus
legata adscripsit. Suus contra tabulas bonorum possessionem agnitam
retinebit, licet instituti hereditatem omittant, quamvis jam in eo gradu
versetur hereditas, ex quo suus neque hereditatem adirit neque bonorum' etc. — 3. Seckel et Kuebler. — 4. *D.*, 37, 7, 5. — 5. Sur la lecture de ce texte cf. Esmein, *Mélanges*, pp. 354-358 ; Lenel, *Pal.*, p. 926,
nº 624 : Krueger, *Collectio*, p. 291.

missi quoque similiter u*t* patronus incensorum crimine tenebuntur.

Ulpianus : Qu*i* a me (?) census *t*empore *n*o*n* fuerint liberi. . . . .

Paulus : Si cluso censu manu*m*issi sunt, nec postea census *actus est*, incensorum poenis non *tenentur*.

Paulus : Quare ipsi si cluso *censu manu*missi sunt. . . .

Apu*d v*eteres autem antequam *i*ncensus do*m*inus judica*retur libertat*es obtinere constitit. . . . .

2. Ulpianus : Exceptis qui testamento libertatem acce*perunt.

Quod si verbis fideicommissi libertatem acce*perint*, eorum causam probandam.

3 ¹. Quod divo Marco p*ro libertatibus conservand*is placuit, locum habet inrit*o testamento* facto, si bona ventura sint ; a*lio*quin vacantibus populo vin*d*icatis non habere constitutionem *locum* aperte cavetur ².

4 ³. Servos *autem testamento* manumissos u*t bona suscip*ia*nt jure cautionem offerre non minus quam ceteros* defu*ncti liber*t*os aut extrarios declaravit* ; *quod bene*f*icium minoribus* an*nis heredibus* scriptis *auxilium bonis praestitutum* more so*lito* desi*d*erantibus *no*n *au*fer*tur* ⁴.

5 ⁵. *Non videbitur* per statuliberum *non stare,quominus* condicio libertatis exi*stat, si de p*eculio, quod apud vend*itorem* servus habuit, pe*cu*niam cond*icionis o*f*ferre non possit ; ad alienum enim pecul*ium voluntas de*f*uncti... porrigi non potuit. Idem erit *et si* cum peculio servus venierit *et venditor f*ide ru*pta peculium* retinuerit. *Quamquam* enim ex em*pto sit act*io, tamen apud emptorem pecu*lium servus n*on habuit.

1. = *D.*, 40,4,50, *pr.*, sauf la substitution du *D.* de 'fisco' à 'populo'. — 2. Suit une note d'Ulpien dont le sens n'a pu être restitué. — 3. = *D.*, 40,4,50, 1. — 4 Suit une note de Paul dont il ne reste que la rubrique et le mot 'ratio'. — 5. = *D.*, 40,7,35. Réponse précédée et suivie de deux autres textes mutilés dans lesquels M. Esmein croit reconnaître deux réponses se rapportant la 1ʳᵉ à l'hypothèse de *D.*, 40,7,15, *pr.*, la 2ᵉ à celle de *D.*, 40,7,13,2.

5. Fragment des *quaestiones* de Papinien.

La courte citation des questions de Papinien, que nous plaçons ici, contrairement à l'ordre chronologique (v. p. 374), à la suite des restes de ses réponses, a été relevée par M. Zachariae de Lingenthal, *Z. S. St.*, 9, 1890, pp. 252-253, dans l'ἑξάβιβλος d'Harménopule, 2, 4, 51, et elle se trouve également dans un appendice du *Livre du Préfet* de Léon le Philosophe (v. l'éd. Nicole, Genève, 1893, p. 75), auquel l'a peut-être empruntée Harménopule. Elle est extraite d'un recueil de règlements des constructions composé probablement un peu avant Justinien, pour la Palestine, par un architecte du nom de Julien l'Ascalonite. Cf. sur l'ouvrage original de Julien et son rapport avec les deux recueils, C. Ferrini, *Rendiconti* de l'Institut lombard, 2ᵉ série, 35, 1902, pp. 613-622. Ainsi que le remarque M. Krueger, *Coll*, 3, p. 285, le fragment se rapporterait, d'après le plan général de l'ouvrage de Papinien, plutôt à son livre XXI qu'au livre III.

Τὴν ἐπὶ τὰ ὄρη ἄποψιν [οὐ][1] δύναιταί τις κωλύειν, ὡς εἶπεν ὁ Παπιανὸς[2] ἐν τῷ τρίτῳ βιβλίῳ τῶν κοιαιστιώνων ἐν τῇ τελευταίᾳ τοῦ τίτλου[3] κοιαιστιῶνι.

Prospectum montium prohibere [non] *licet, ut ait Papinianus in libro tertio quaestionum in ultima tituli... quaestione.*

1. Négation effacée par Zachariae et Krueger ; v. cependant pour son maintien Monnier, *N. R. H.*, 1895, pp. 685-686, Riccobono, *Studi Fadda*, 1, 1906, pp. 291-307, et Seckel et Kuebler, p. 429. — 2. Παπιανὸς par abréviation de Παπινιανὸς. — 3. L'indication du titre manque.

6. Sentences de Paul.

Le jurisconsulte Julius Paulus, qui fut sans doute l'élève de Q. Cervidius Scaevola qu'il appelle *noster*, eut une carrière administrative fort remplie. Après avoir probablement débuté comme avocat, il fut membre du conseil impérial de Septime Sévère (193-198), *magister memoriae* sous Sévère et Caracalla (198-211), assesseur du préfet du prétoire Papinien (202-212), et il parvint lui-même à la préfecture du prétoire sous Alexandre Sévère (222-235), d'après les uns du vivant d'Ulpien, d'après les autres, à sa mort en 228. V. sur tous ces points, Huschke, *J. ant.*, 6ᵉ éd., 2, pp. 4-12 ; Karlowa, *R. R. G.*, 1. pp. 744-745 ; Krueger, *Sources*, p. 271. Mais il a en même temps été l'un des jurisconsultes les plus féconds : il a publié, outre des *notae* sur divers auteurs, 86 ouvrages en 319 livres, dont les premiers remontent peut-être jusqu'au temps de Commode (180-192) et dont les plus récents sont seulement de celui d'Alexandre Sévère. Dans cette foule d'ouvrages dont on trouvera les débris rassemblés chez Lenel, *Pal.*, 1, pp. 951-1308, et sur les titres et les dates desquels on pourra de plus consulter Fitting, *Alter und Folge*, pp. 81-98 ; Mommsen, *Z. R. G.*, 9, 1870, pp. 114-116 (*Ges. Schr.*, 2, pp. 169-171) ; Karlowa, *R. R. G.*, 1, pp. 745-750 ; Krueger, *Sources*, pp. 271-285, les plus importants paraissent avoir été un commentaire sur l'édit en 78 livres — 80 avec les deux livres sur l'édit des édiles, — placé avec raison, croyons-nous, par Fitting et Krueger sous le règne de Commode ; 16 *libri ad Sabinum* que les mêmes auteurs estiment ne pouvoir être postérieurs au règne de Septime Sévère ; deux recueils de *quaestiones* et de *responsa*, dont le premier a été publié après la mort de Sévère qui y est qualifié de *divus* et le second a été terminé sous Alexandre Sévère appelé *imperator noster* dans les derniers livres ; et enfin les 5 livres des Sentences.

Les Sentences de Paul, qui sont désignées le plus ordinairement du simple nom de *Sententiae*, par quelques mss. de la loi des Wisigoths, du nom de *Sententiae ad filium*, par d'autres et par un passage de la *Consultatio* de celui plus suspect de *Sententiae receptae* et dont le titre complet était, pense-t-on généralement, *Julii Pauli sententiarum ad filium libri quinque*, ont certainement été écrites après l'*Oratio* de Caracalla de 206 sur les donations entre époux, qui y est invoquée 2, 23, 5-7, et probablement après la concentration du pouvoir opérée en février 212 sur la tête de ce prince à une constitution duquel (*D.*, 8, 4, 2), elles semblent faire allusion, 1, 17, 3, en employant le mot *hodie*. En revanche, les solutions données par Paul, 5, 22, 3-4, sans prévoir le cas où les *cives Romani* dont il parle seraient eux-mêmes Juifs, seraient sûrement antérieures à la constitution de Caracalla de 212 concédant le droit de cité à tout l'empire, si l'exception relative aux déditices révélée par le *P. Giss.*, 40 (p. 203) ne paraissait s'appliquer aux Juifs. Les Sentences de Paul ont donc été publiées sûrement entre l'*Oratio* du 206 et la mort de Caracalla en 217, très probablement entre 212 et 217, peut-être en 212. L'ordre qui y est suivi est celui de l'édit, ou plus exactement celui des *digesta*, ouvrages en deux parties dont la première était disposée selon le plan de l'édit et la seconde étudiait d'autres branches du droit d'après un plan distinct. Paul se contente d'y poser, sans discussion ni citations, les règles du droit en vigueur, dans une forme élémentaire et pratique qui a certainement beaucoup contribué à la popularité obtenue par son livre dans la période de la décadence. On le trouve déjà recommandé aux juges comme autorité dans une constitution de Constantin de 327, *C. Th.*, 1, 4, 2, qui fut expressément confirmée par une disposition spéciale et remarquable de la loi des citations de 426, *C. Th.*, 1, 4, 3, et les compilateurs de la loi des Wisigoths n'ont fait que suivre un courant dont il existe encore bien d'autres traces en y prenant, pour compléter leur *epitome* du code Théodosien, le long extrait par lequel surtout nous connaissons la structure et le contenu de l'ouvrage original de Paul.

Cet extrait est divisé, comme l'était sans doute l'ouvrage lui-même, non seulement en livres, mais en titres accompagnés de rubriques. Par malheur, les rubriques actuelles ne correspondent certainement pas exactement aux rubriques primitives. Il en a été ajouté de nouvelles. Il en a été supprimé d'anciennes. D'autres ont été modifiées. D'autres ont été déplacées, rapportées par suite de coupures à des textes auxquels elles étaient primitivement étrangères, — cf. par exemple, 5, 10, la rubrique *de contrahenda auctoritate* placée au-dessus d'un texte relatif au *damnum infectum* par suite de la suppression des textes relatifs à la *stipulatio duplae* qui suivaient cette rubrique et de la rubrique *de damno infecto* qui précédait le texte conservé. — Elles ne peuvent dans leur ensemble être considérées comme authentiques. Quant au texte, bien que les commissaires d'Alaric n'eussent pas reçu le pouvoir de l'interpoler, il porte certaines traces de remaniement, et même en quelques endroits d'interpolation caractérisée (v. par ex. 1, 19, 1. 2, 31, 12). Il est surtout considérablement mutilé, parfois jusqu'à l'obscurité, au point de ne correspondre peut-être qu'au 6ᵉ de l'original qu'il remplace et qu'on doit désespérer de restituer complètement. Cependant le texte des Wisigoths peut parfois être rectifié et surtout être complété dans une proportion sensible par un certain nombre d'autres extraits de l'ouvrage de Paul. Ce sont : les fragments des Sentences insérés dans le Digeste et naturellement encore plus suspects d'interpolation que ceux de la loi des Wisigoths ; les fragments non interpolés, mais quelquefois déplacés de leur ordre primitif, contenus dans la *Collatio* ; ceux moins nombreux rapportés dans la *Consultatio* et dans les Fragments du Vatican ; quelques citations de la *Lex Romana Burgundionum* ; enfin, par un phénomène qui atteste l'existence en Occident, après la publication du bréviaire d'Alaric, d'exemplaires complets de l'ouvrage original, des additions de deux sortes faites à certains mss. de la loi des Wisigoths : en premier lieu, des sentences plus ou moins nombreuses intercalées dans le corps du texte des Wisigoths, pour le compléter, par certains mss. dont le plus important était un ms. de Besançon, le *Vesontinus*, utilisé par Cujas et aujourd'hui perdu ; ensuite des sentences ajoutées à part à la fin de la loi dans des appendices distincts qui n'existent également que dans certains mss. Il n'y a au contraire rien à tirer des abrégés postérieurs de la loi des Wisigoths qu'on a parfois voulu mettre à contribution et dont le plus connu est l'*Epitome Aegidii*, ainsi désigné du nom de son 1ᵉʳ éditeur. Cf., sur tous ces points, Huschke et ses nouveaux éditeurs, *J. ant.*, 2, pp. 1-12 ; Karlowa, *R. R. G.*, 1, pp. 772-775 ; Krueger, *Sources*, pp. 330-331, et surtout *Collectio*, 2, pp. 41-45.

Quant aux éditions, on conçoit l'intérêt, pour ne pas dire la nécessité que présentait, en vue de l'établissement scientifique du texte de Paul, un classement méthodique des mss. de la loi des Wisigoths. Cependant ce travail préalable a pendant longtemps fait presque entièrement défaut. On n'a eu jusqu'à l'édition donnée en 1878 par M. Paul Krueger dans le tome 2 de la *Collectio* d'autre instrument critique que le recueil de variantes de Paul mis par Haenel à la suite de l'éd. de Arndts dans le *Corpus juris antejustiniani* de Bonn, 1, pp. 104-204, recueil dont Arndts ne s'était pas servi pour son éd., qui avait au contraire servi de base à Huschke pour la sienne, mais qui, dit M. Krueger, est surchargé de citations de mss. sans valeur en même temps que défiguré par des erreurs et des lacunes. L'excellente édition de M. Krueger a un fondement systématique bien supérieur dans deux manuscrits, le ms. de Munich 22.501 (auparavant D, 2) et le ms. de Paris lat. 4403, qui lui ont paru les meilleurs représentants des deux principales familles de mss. de la loi romaine des Wisigoths. Depuis MM. Seckel et Kuebler ont, pour l'édition très remarquable des Sentences de Paul qu'ils viennent de publier dans le tome II de la réimpression de Huschke, utilisé, à côté des leçons des deux mss. de Paris lat. 4403 et de Munich 22501 fournies par l'éd. Krueger, celles données par l'Apographum du ms. palimpseste de Léon publié à Madrid en 1896 et par le ms. de Berlin Philipps, 1761. Et la base critique des textes de Paul pourrait sans doute encore aujourd'hui être élargie et consolidée par une utilisation plus étendue des mss. de la loi romaine des Wisigoths étudiés par Mommsen pour son édition du code Théodosien (v. les notices de Mommsen, *Theodosiani, libri XVI et Leges novelles*, 1, 1905, pp. LXV-LXXXI. XCIII-CVI ; v. aussi celles de P. Meyer, même ouvrage, 2, 1905, pp. XXXI et ss.). Nous n'avons fait ici, pour notre part, que mettre à profit les sources imprimées, c'est-à-dire principalement et dès notre première édition, l'édition Krueger, et en outre accessoirement aujourd'hui l'édition Seckel et Kuebler, en nous bornant à apporter à leur texte quelques modifications de détail qui ne touchent pas sa transmission et à signaler pour les points les plus importants les principales conjectures proposées. Comme a fait dès le principe M. Krueger, et comme font aujourd'hui MM. Seckel et Kuebler, à la différence de Huschke, nous avons adjoint au texte des Wisigoths non seulement les compléments qui y sont annexés dans certains mss., mais tous les autres fragments des Sentences de Paul qui nous sont parvenus par un canal quelconque, en ayant seulement soin de distinguer les uns et les autres par des astérisques et d'en faire connaître la source dans les notes.

JULII PAULI SENTENTIARUM AD FILIUM

LIBER PRIMUS.

[I A.]

1 1. *Consiliario eo tempore quo adsidet negotia tractare in suum quidem auditorium nullo modo concessum est, in alienum autem non prohibetur*. 2 2.* Filii libertorum libertorumque liberti paterni et patroni manumissoris domicilium aut originem sequuntur. 3. Vidua mulier amissi mariti domicilium retinet exemplo clarissimae personae per maritum factae ; sed utrumque aliis intervenientibus nuptiis permutatur. 4. Municipes sunt liberti et in eo loco, ubi ipsi domicilium sua voluntate tulerunt, nec aliquod ex hoc origini patroni faciunt praejudicium et utrubique muneribus adstringuntur. 5. Relegatus in eo loco, in quem relegatus est, interim necessarium domicilium habet. 6 3. Senator ordine motus ad originalem patriam, nisi hoc specialiter impetraverit, non restituitur. 7. Senatores et eorum filii filiaeque quoquo tempore nati nataeve, itemque nepotes pronepotes et proneptes ex filio origini eximuntur, licet municipalem retineant dignitatem. 8. Senatores, qui liberum commeatum, id est ubi velint morandi arbitrium impetraverunt, domicilium in urbe retinent. 9. Qui fenus exercent, omnibus patrimonii intributionibus fungi debent, etsi possessionem non habeant*. 10 4. * Honores et munera non ordinatione, sed potioribus quibusque injungenda sunt. 11. Surdus et mutus si in totum non audiant aut non loquantur, ab honoribus civilibus, non etiam a muneribus excusantur. 12. Is, qui non sit decurio, duumviratu vel aliis honoribus fungi non potest, quia decurionum honoribus plebeii fungi prohibentur. 13. Ad decurionatum filii ita demum pater non consentit, si contrariam voluntatem vel apud acta praesidis vel apud ipsum ordinem vel quo alio modo contestatus sit*. 14 5. *Aestimationem honoris aut muneris in pecunia pro administratione offerentes audiendi non sunt. 15. Qui pro honore pecuniam promisit, si solvere eam coepit, totam praestare operis inchoati exemplo cogendus est. 16. Invitus filius pro patre rem publicam salvam fore cavere non co-

---

1. Ia, 1 = D., 1,22,5. — 2. Ia, 2-9 = D., 50,1,22. — 3. Mommsen transpose les §§ 6 et 7. — 4. Ia, 10-13 = D., 50,2,7. — 5. Ia, 14-17 = D., 50,4,16.

gitur. 17. Defensionem rei publicae amplius quam semel suscipere nemo cogitur, nisi id fieri necessitas postulet*. 18¹. *Ab his oneribus, quae possessionibus vel patrimonio indicuntur, nulla privilegia praestant vacationem. 19. Corpus mensurarum frumenti juxta annonam urbis habet vacationem : in provinciis non item. 20. Angariorum praestatio et recipiendi hospitis necessitas et militi et liberalium artium professoribus inter cetera remissa sunt. 21. Auctis post appellationem medio tempore facultatibus paupertatis obtentu non excusantur. 22. Defensores rei publicae ab honoribus et muneribus eodem tempore vacant*. 23 ². *Legato, qui publicum negotium tuitus sit, intra tempora vacationis praestituta rursum ejusdem negotii defensio mandari non potest. 24. Comites praesidum et proconsulum procuratorumve Caesaris a muneribus vel honoribus et tutelis vacant*. 25 ³. *Legatus antequam officio legationis functus sit, in rem suam nihil agere potest, exceptis his quae ad injuriam ejus vel damnum parata sunt. 26. Si quis in munere legationis, antequam ad patriam reverteretur, decessit, sumptus qui proficiscenti sunt dati non restituuntur*. 27⁴. *Decuriones pretio viliori frumentum, quod annona temporalis est patriae suae, praestare non sunt cogendi. 28. Nisi ad opus novum pecunia specialiter legata sit, vetera ex hac reficienda sunt*. 29 ⁵. *Ad curatoris rei publicae officium spectat, ut dirutae domus a dominis ex*t*ruantur. 30. Domum sumptu publico extructam, si dominus ad tempus pecuniam impensam cum usuris restituere noluerit, jure [eam] res publica distrahit*.

[I. DE PACTIS ET CONVENTIS.]

1⁶. * De his rebus pacisci possumus, de quibus transigere licet ; ex his enim pacti obligatio solummodo nascitur *.

2⁷. *In bonae fidei contractibus pactum conventum alio * pacto dissolvitur*, et* licet exceptionem pariat *, replicatione tamen excluditur*. 3⁸. *Pacto convento Aquiliana stipulatio subjici solet : sed consultius est huic poenam quoque subjungere, quia rescisso quoquo modo pacto poena ex stipulatu peti potest*. 4. Neque contra leges, neque contra bonos mores pacisci

---

1. 1a, 18-22 = *D.*, 50,5,10. — 2. 1a, 23. 24 = *D.*, 50,5,12. — 3. 1a, 25.26 = *D.*, 50,7,11. — 4. 1a, 27. 28 = *D.*, 50,8,7. — 5. 1a, 29. 30 = *D.*, 39,2,46. — 6. Ajouté dans quelques mss. — 7. 1. 2 = *Cons.*, 4, 4 ; la *lex Visig.* : 'omne pactum posteriore pacto dissolvitur, licet pariat exceptionem. — 8. Ajouté dans quelques mss. (= *D.*, 2, 15, 15).

possumus. 4ᵃ ¹. *Pactum contra jus aut constitutiones aut senatus consulta interpositum nihil momenti habet. 5 ².De rebus litigiosis et convenire et transigere possumus*. 5ᵃ ³. *Post rem judicatam pactum, nisi donationis causa interponatur, servari non potest*. 6 ⁴. *Functio dotis pacto mutari non potest, quia privata conventio juri publico nihil derogat*. 7 ⁵. *De criminibus propter infamiam nemo cum adversario pacisci potest*.

[IB.]

1 ⁶. *Parentes naturales in jus vocare nemo potest : una est enim omnibus parentibus servanda reverentia*. 2 ⁷. *Ingratus libertus est, qui patrono obsequium non praestat, vel res ejus filiorumve tutelam administrare detractat*⁸.

[II. DE PROCURATORIBUS ET ⁹ COGNITORIBUS.]

1. Omnes infames, qui postulare prohibentur, cognitores fieri non possunt etiam volentibus adversariis. 2. Femina in rem suam cognitoriam operam suscipere non prohibetur. 3. In rem suam cognitor procuratorve ille fieri potest, qui pro omnibus postulat. 4. Actio judicati non solum in dominum aut domino, sed etiam heredi et in heredem datur.

[III. DE PROCURATORIBUS.]

1. Mandari potest procuratio praesenti ¹⁰ et nudis verbis et per litteras et per nuntium et apud acta praesidis et magistratus. 2. Procurator aut ad litem aut ad omne negotium aut ad partem negotii aut ad res administrandas datur. 3 ¹¹. *Voluntarius procurator, qui se negotiis alienis offert, rem ratam dominum habiturum cavere debet*. 4 ¹². *Cum quo agitur suo nomine, si quidem in rem, pro praede litis et vindiciarium adversario satisdare cogitur aut judicatum solvi : quod si in personam sit actio, dumtaxat ex certis causis judicatum solvi satisdat. Alieno nomine qui convenitur in rem, pro praede litis et vindiciarium aut judicatum solvi, qui in personam judicatum solvi satisdabit.* 5 ¹³. *Actoris procurator non solum absentem defendere sed

---

1. 1, 4a = Cons., 7,5. — 2. Ajouté dans quelques mss. — 3. 1, 5 a = Cons., 4, 6. 7, 6. — 4. 1, 6 = Cons., 4, 3. — 5. 1, 7 = Cons., 4, 7. = 6. 1b, 1 = D., 2, 4, 6. — 7. 1b, 2. = D., 37, 14, 19. — 8. Seckel et Kuebler intercalent ici. sous la rubrique Iᵉ la sentence de Paul, sur la peine de l'*advocatus fisci* qui a agi contre le fisc, signalée par Thalelaeus, sch. ad Bas., 8, 1, 36, comme omise au Dig. avant *D.*, 3, 1, 10. — 9. Cujas efface PROCURATORIBUS ET. — 10. Huschke : 'et praesenti et absenti'. — 11. 3, 3 = Cons., 8, 6. — 12. 3, 4 = F. V., 336. — 13. 3, 5 = Cons., 3,7. *F. V.* 336.

et rem ratam dominum habiturum satisdare cogitur*. 6 [1]. *Procurator antequam . . . . accipere judicium . . . . 7 [2]. Petitoris procurator rem ratam dominum habiturum desiderante adversario satisdare cogendus est, quia nemo in re aliena idoneus est sine satisdatione. 8. Si satis non det procurator absentis, actio ei absentis nomine non datur*. 9 [3]. *Actoris procurator non in rem suam datus propter impensas quas in litem fecit potest desiderare, ut sibi ex judicatione satis fiat, si dominus litis solvendo non sit*. 10 [4]. *Absens reus causas *absentiae per* procuratorem reddere potest*.

[IV. DE NEGOTIIS GESTIS.]

1. Qui negotia aliena gerit et bonam fidem et exactam diligentiam rebus ejus, pro quo intervenit, praestare debet. 2. Tutor post finitam tutelam si in administratione duret, actione negotiorum gestorum pupillo vel curatori ejus tenebitur. 2a [5]. * Litis contestatae tempore quaeri solet, an pupillus, cujus sine tutoris auctoritate negotia gesta sunt, locupletior sit ex ea re factus, cujus patitur actionem*. 3 [6]. Si pecuniae quis negotium gerat, usuras quoque totius temporis praestare cogitur et periculum eorum nominum quibus collocavit agnoscere, si litis tempore solvendo non sint; hoc enim in bonae fidei judiciis servari convenit. 4. Mater, quae filiorum suorum rebus intervenit, actione negotiorum gestorum et ipsis et eorum tutoribus tenebitur. 5. Filiusfamilias vel servus si negotium alicujus gerant, in patrem dominumve peculio tenus actio dabitur. 6 Si pater vel dominus servo vel filiofamilias negotia aliena agenda commiserit, in solidum tenebitur. 7. Pater si emancipati filii res sine ulla exceptione a se donatas administravit, filio actione negotiorum gestorum tenebitur. 8. Qui, cum tutor curatorve non esset, *pro tutore curatoreve* res pupilli adultive administravit, actione negotiorum gestorum pro tutore curatoreve tenebitur. 9 [7]. *Actio negotiorum gestorum illi datur, cujus interest hoc judicio experiri. 10. Nec refert directa quis an utili actione agat vel conveniatur, quia in extraordinariis judiciis, ubi conceptio formularum non observa-

---

1. 3, 6 = *F. V.* 337. — 2. 3, 7-8. *Cons.*, 3, 8, 9. — 3. 3, 9 = *D.*, 3, 3, 30. — 4. 3, 10 = *D.*, 3, 3 71. — 5. 4, 2 a. = *D.*, 3, 5, 36, *pr.* — 6. Texte plus étendu, et sans doute interpolé dans *D.*, 3, 5, 36, 1. — 7. 4, 9-10 = *D.*, 3, 5, 46. Cf. sur l'interpolation de ce texte Lotmar, *K. V. J.*, 28, p. 337-340.

tur, haec subtilitas supervacua est, maxime cum utraque actio ejusdem potestatis est eundemque habet effectum*.

[V. DE CALUMNIATORIBUS.]

1. Calumniosus est, qui sciens prudensque per fraudem negotium alicui comparat. 2. Et in privatis et in publicis judiciis omnes calumniosi extra ordinem pro qualitate admissi plectuntur.

[VIA. *DE FUGITIVIS*]. [1]

1. * Servus a fugitivario comparatus intra decem annos manumitti contra prioris domini voluntatem non potest. 2. Contra decretum amplissimi ordinis fugitivum in fuga constitutum nec emere nec vendere permissum est, inrogata poena in utrumque sestertiorum D^s millium. 3. Limenarchae et stationarii fugitivos deprehensos recte in custodiam retinent. 4. Magistratus municipales ad officium praesidis provinciae vel proconsulis comprehensos fugitivos recte transmittunt. 5. Fugitivi in fundis fiscalibus quaeri et comprehendi possunt. 6. Fugitivi, qui a domino non agnoscuntur, per officium praefecti vigilum distrahuntur. 7. Intra triennium [3] venditionis agniti fugitivi emptor pretium a fisco recipere potest*.

[VIB. DE REIS INSTITUTIS.]

1a 4. *Ab accusatione destitit qui cum adversario suo de compositione ejus criminis quod intendebat fuerit locutus. 1b. Animo ab accusatione destitit, qui affectum et animum accusandi deposuit. 1c. Destitisse videtur, qui intra praefinitum accusationis a praeside tempus reum suum non peregit. 1d. Nuntiatores, qui per notoriam indicia produnt, notoriis suis adsistere jubentur. 1e. Calumniae causa puniuntur, qui in fraudem alicujus librum vel testimonium aliudve quid conquisisse vel scripsisse vel in judicium protulisse dicuntur*. 1. De his criminibus, de quibus quis absolutus est, ab eo qui accusavit refricari accusatio non potest. 2. Filius accusatoris si hoc crimen, quod pater intendit, post liberatum rem persequi velit, ab accusatione removendus est. 3. Crimen, in quo alius destitit vel victus discessit, alius objicere non prohibetur. 4 [5]. *Delator non est, qui protegendae causae suae gratia aliquid ad fiscum nuntiat*.

1. 6a donné par Cujas d'après le Vesontinus, sauf peut-être les §§ 3 et 4 que M. Krueger croit extraits par lui uniquement de D., 11, 4, 4. — 2. Huschke, arg. Coll., 14, 3, 5 : L. — 3. Huschke, arg. C., 7, 37, 1: 'quadriennium'. — 4. 6 b, 1a-1e = D., 48, 16, 6. — 5. 6 b, 4 = D., 49, 14, 4

[VII. DE INTEGRI RESTITUTIONE.]

1. Integri restitutio est redintegrandae rei vel causae actio[1]. 2. Integri restitutionem praetor tribuit ex his causis: quae per metum, dolum, et status permutationem, et justum errorem, et absentiam necessariam, et infirmitatem aetatis gesta esse dicuntur. 3. Integri restitutio plus quam semel non est decernenda, ideoque causa cognita decernitur.

4[2]. *Integri restitutio aut in rem competit aut in personam. In rem competit, ut res ipsa qua de agitur revocetur; in personam aut quadrupli poena intra annum vel simplum post annum peti potest*. 5. Si aliquis, ut se de vi latronum vel hostium vel populi liberaret, aliquid mancipavit vel promisit, ad metum non pertinet; mercedem enim depulsi metus tribuit. 6. Servus per metum mancipatus quidquid quaesierit vel stipulatus sit, ei adquirit qui vim passus est. 7. Vis est major rei impetus, qui repelli non potest. 8. Qui quem in domo inclusit, ut sibi rem manciparet aut promitteret, extorsisse mancipationem *promissionemve* videtur. 9. Qui quem ferro vinxit, ut sibi aliquid traderet vel venderet, vim intulisse videtur. 10. Qui in carcerem quem detrusit, ut aliquid ei extorqueret, quidquid ob hanc causam factum est, nullius est momenti.

[VIII. DE DOLO.]

1. Dolus est, cum aliud agitur, aliud simulatur. 2. Qui [dolum aut] metum adhibuit, ut res ad alium transiret, utraque de vi et *de* dolo actione tenebitur[3].

[IX. DE MINORIBUS VIGINTI ET QUINQUE ANNORUM.]

1. Minor viginti et quinque annorum si aliquod flagitium admiserit, quod ad publicam coercitionem spectet, ob hoc in integrum restitui non potest. 2. Qui minori mandavit, ut negotia sua agat, ex ejus persona in integrum restitui non potest, nisi minor sua sponte negotiis ejus intervenerit[4]. 3. Si major effectus rem, quam minor egit, pacto[5] vel silentio comprobavit, adversus hoc quoque in integrum restitui frustra desiderat. 4. Si minor minori heres existat, ex sua persona,

---

1. Définition dans laquelle Seckel et Kuebler soupçonnent la main des Wisigoths. — 2. Intercalé dans quelques mss.; Huchke ajoute en tête: 'Cum metus causa decernitur'. Seckel et Kuebler croient, avec Savigny et Burchardi, le texte mutilé. — 3. Krueger; mss: 'uterque de vi et dolo'. — 4. Cf. *D.*, 4, 4, 24, *pr.* — 5. Les mss.: 'pacto'; Huschke, Pellat, suivant une conjecture ancienne: 'facto'.

non ex defuncti in integrum restitui potest[1]. 4a [2]. *Si minor viginti quinque annis filio familias minori pecuniam credidit, melior est causa consumentis, nisi locupletior ex hoc inveniatur litis contestatae tempore is qui accepit. 4b. Minores si in judicem compromiserunt et tutore auctore stipulati sunt, integri restitutionem adversus talem obligationem jure desiderant*. 5. Minor se in his, quae fidejussit vel fidepromisit vel spopondit vel mandavit, in integrum restituendo reum principalem non liberat. 5a [3]. *Minor ancillam vendidit: si eam emptor manumiserit, ob hoc in integrum restitui non poterit, sed adversus emptorem quanti sua interest actionem habebit. 5b. Mulier minor viginti quinque annis si pactione dotis deterior condicio ejus fiat et tale pactum inierit, quod numquam majoris aetatis constitutae paciscerentur, atque ideo revocare velit, audienda est *.6. Qui sciens prudensque se pro minore obligavit, si id consulto consilio fecit, licet minori succurratur, ipsi tamen non succurretur. 7. Minor adversus emptorem in integrum restitutus pretio restituto fundum recipere potest; fructus enim in compensationem usurarum penes emptorem remanere placuit. 8. Minor adversus distractiones eorum pignorum et fiduciarum, quas pater obligaverat, si non ita ut oportuit a creditore distractae sint, restitui in integrum potest[4].

[IXA.][5]

1. *Is, qui rei publicae causa afuturus erat, si procuratorem reliquerit, per quem defendi potuit, in integrum volens restitui non auditur*.

[X. DE PLUS PETENDO.]

1. *Plus petendo* causa cadimus aut loco aut summa aut tempore aut qualitate: loco alibi, summa plus, tempore petendo ante tempus, qualitate ejusdem rei speciem meliorem postulantes.

[XI. DE SATISDANDO.]

1. Quotiens hereditas petitur, satisdatio jure desideratur; et, si *satis* non detur, in petitorem hereditas transfertur: si petitor satisdare noluerit, penes possessorem possessio remanet; in pari enim causa potior est possessor. 2. Usufructuarius et

---

1. Seckel et Kuebler ne croient pas 'in integrum restitui potest' de Paul, qui pourrait avoir écrit par ex.: 'restitutionis annus computatur'. — 2. 9,4a. 4b = D., 4, 4, 31. — 3. 9, 5a. 5b = D., 4. 4, 48,1.2 probablement interpolé. — 4. Paul: 'non restitui' pensent Seckel et Kuebler, arg. C. 2, 28 (29), 2. — 5. 9a = D., 4,6,39.

de utendo usufructu satisdare debet perinde usurum, ac si ipse paterfamilias uteretur.

[XII. DE JUDICIIS OMNIBUS.]

1. Hi, qui falsa rescriptione usi fuerint, lege Cornelia de falsis puniuntur [1]. 2 (3). Qui falsum nesciens allegavit, falsi poena non tenetur. 3 (4). In caput domini patronive nec servus nec libertus interrogari potest. 4 (5). Praegnantes neque torqueri neque damnari nisi post editum partum possunt. 5 (6) [2]. *Qui rescriptum a principe falsa allegatione elicuerint, uti eo prohibentur*. 6 (7). Qui de se confessus est, in alium torqueri non potest, ne alienam salutem in dubium deducat, qui de sua desperaverit. 7 (8) [3]. *Qui sine accusatoribus in custodiam recepti sunt, quaestio de his habenda non est, nisi si aliquibus suspicionibus urgueantur*. 8 (9) [4]. *Per minorem causam majori cognitioni praejudicium fieri non oportet; major enim quaestio minorem causam ad se trahit*. 9 (10) [5]. *In crimine adulterii nulla danda dilatio est, nisi ut personae exhibeantur, aut judex ex qualitate negotii motus hoc causa cognita permiserit*.

[XIII[A]. DE JUDICATO.]

1a [6]. *Eum, pro quo quis apud officium cavit, exhibere cogitur. Item eum qui apud acta exhibiturum se esse quem promisit, etsi officio non caveat, ad exhibendum tamen cogitur*. 1. Qui exhibiturum se aliquem judicio [7] caverat, mortuo eo pro quo caverat periculo cautionis liberatur. 1b [8]. *Acta apud se habita, si partes consentiant et judex hoc permiserit, potest jubere ea die circumduci, nisi vel negotium vel lis terminata est [9]. 1c. De amplianda vel minuenda poena damnatorum post sententiam dictam sine principali auctoritate nihil est statuendum. 1d. Contra indefensos minores tutorem vel curatorem non habentes nulla sententia proferenda est *. 1e [10]. Contra pupillum indefensum eumque qui rei publicae causa abest vel minorem viginti quinque annis propositum peremptorium ni-

---

1. La plupart des éditions anciennes intercalaient ici, comme § 2, la phrase : Qui ancillam corruperit alienam, aliam reformare cogendus est', texte étranger à Paul introduit dans certains mss. probablemen sous l'influence du droit barbare ; cf. *Interpr.* 1, 13a, 6. *Lex Rom. Bur. gund.*, 19.2. — 2. Ajouté dans quelques mss. — 3. 12,7 = *D.*, 48, 18, 22. — 4. 12, 8 = *D.*, 5, 1, 54. — 5. 12, 9 = *D.*, 48, 5, 42 où la finale 'aut judex..' paraît interpolée à MM. Seckel et Kuebler. — 6. 13 a, 1 a = *D.*, 2, 4, 17. — 7. Seckel et Kuebler : *in jure*. — 8. 13a, 1b-1d = *D.*, 42, 1, 45. — 9. Finale justement suspectée d'interpolation par Seckel et Kuebler. — 10. 13a, 1e-1f = *D.* 42, 1, 54.

hil momenti habet. 1ᶠ. Is, qui ad majus auditorium vocatus est, si litem inchoatam deseruit, contumax non videtur*. 1ᵍ¹. *Bonis venditis excipiuntur concubina et liberi naturales. 1ʰ. Res publica creditrix omnibus chirographariis creditoribus praefertur*. 2. Filius familias jussu patris manumittere potest, matris non potest. 3. In eum, qui album raserit corruperit sustulerit mutaverit, quidve aliud propositum edicendi causa turbaverit, extra ordinem *animadvertitur*. 4. Si id, quod emptum est, neque tradatur neque mancipetur, venditor cogi potest, ut tradat aut mancipet. 5. Deteriorem servum facit, qui fugam suaserit et qui furtum, et qui mores ejus corpusve corruperit. 6. Qui ancillam alienam virginem immaturam corruperit, poena legis Aquiliae tenebitur.

[XIIIB. *SI HEREDITAS VEL QUID ALIUD PETATUR*.]²

1. In petitione hereditatis ea veniunt, quae defunctus mortis tempore reliquit, vel ea, quae post mortem ante aditam hereditatem ex ea quaesita sunt. 2. Possessor hereditatis pretia earum rerum, quas dolo alienavit, cum usuris praestare cogendus est. 3³. *Rerum ex hereditate alienatarum aestimatio in arbitrio petitoris consistit*. 4. Petitio hereditatis, cujus defunctus litem non erat contestatus, ad heredem non transmittitur. 5⁴. *Hereditas pro ea parte peti debet, pro qua ad nos pertinet: alioquin, plus petendi periculum incurrimus et causam perdimus*. 6⁵.*Qui petit hereditatem ipse probare debet ad se magis quam ad eum qui possidet sive ex testamento sive ab intestato pertinere. 7. Eas res, quas quis juris sui esse putat, petere potest, ita tamen ut ipsi incumbat necessitas probandi eas ad se pertinere*. 8⁶. *Possessor hereditatis, qui ex ea fructus capere vel possidere neglexit, duplam eorum aestimationem praestare cogetur. 9. Ii fructus in restitutione praestandi sunt petitori, quos unusquisque diligens paterfamilias et honestus colligere potuisset*.

[XIV. DE VIA PUBLICA.]

1ᵃ ⁷. *Si in agrum vicini viam publicam quis rejecerit, in tantum in eum viae receptae actio dabitur, quanti ejus interest, cujus fundo injuria inrogata est*. 1. Qui viam publicam exaravit, ad munitionem ejus solus compellitur.

---

1. 13a, 1g-1h = *D.*, 42, 5, 38. — 2. Rubrique restituée à l'aide de *Consultatio*, 5, 5. 6, 5. 7 et *App.* 1 10. — 3. Intercalé dans quelques mss. — 4. 13b, 5 = *Cons.*, 5, 5. — 5.13b, 6. 7 = *Cons.*, 6, 5a. 6. — 6. 13b, 8. 9. = *App.* 1, 10. 11. — 7. 14, 1a = *D.*, 43, 11, 3.

[XV. SI QUADRUPES DAMNUM INTULERIT.]

1. Si quadrupes pauperiem fecerit damnumve dederit quidve depasta sit, in dominum actio datur, ut aut damni aestimationem subeat aut quadrupedem dedat : quod etiam lege Pesolania[1] de cane cavetur. 1 ª ². *Si quis saevum canem habens in plateis vel in viis publicis in ligamen diurnis horis non redegerit, quidquid damni fecerit, a domino solvatur. 1b. Si quis caballum quodve aliud animal habens scabidum ita ambulare permiserit, ut vicinorum gregibus permixtus proprium inferat morbum, quidquid damni per eum datum fuerit, similiter a domino sarciatur*. 2. Feram bestiam in ea parte, qua populo iter est, colligari praetor prohibet : et ideo, sive ab ipsa sive propter eam ab alio alteri damnum datum sit, pro modo admissi extra ordinem actio in dominum vel custodem datur, maxime si ex eo homo perierit. 3. Ei, qui inritatu suo feram bestiam vel quamcumque aliam quadrupedem in se proritaverit eaque damnum dederit, neque in ejus dominum neque in custodem actio datur. 4 ³. *In circulatores, qui serpentes circumferunt et proponunt, si cui ob eorum metum damnum datum est, pro modo admissi actio dabitur*.

[XVI. FINIUM REGUNDORUM.]

1. In eum, qui per vim terminos dejecit vel amovit, extra ordinem animadvertitur.

[XVII. DE SERVITUTIBUS.]

1. Viam, iter, actum, aquae ductum, qui biennio usus non est, amisisse videtur ; nec enim ea usucapi possunt, quae non utendo amittuntur. 2. Servitus hauriendae aquae vel ducendae biennio omissa intercidit, et biennio usurpata recipitur. 3 ⁴. *Servitus aquae ducendae vel hauriendae nisi ex capite vel ex fonte constitui non potest : hodie tamen ex quocumque loco constitui solet*.

[XVIII. DE FAMILIAE HERCISCUNDAE.]

1. Arbiter familiae herciscundae plus quam semel dari non potest ; et ideo de his, quae divisa eo judicio non sunt, communi dividundo arbiter postulatus partietur. 2 ⁵. * De omnibus rebus hereditariis judex cognoscere debet et celebrata

---

1. Cujas : 'Solonia'. — 2. 15, 1a, 1b = *Lex Rom. Burg.*, 13. — 3. 15 ⁴ = *D.*, 47, 11, 11. — 4. 17, 3 = *D.*, 8, 3, 9 où Seckel et Kuebler soupçonnent la restriction finale d'être interpolée. — 5. 18, 2-5 = *App.*, 1, 12-15

divisione in semel de omnibus pronuntiet. 3. Judici familiae herciscundae convenit, ut ea, quae quis ex communi accepit, aut ipsa aut aestimationem eorum repraesentet, ut inter coheredes dividi possint. 4. Judex familiae herciscundae nec inter paucos coheredes, sed inter omnes dandus est: *alioquin* inutiliter datur. 5. Omnes res, quae sociorum sunt, communi dividundo *judicio* inter eos separantur*.

[XIX. QUEMADMODUM ACTIONES PER INFITIATIONEM DUPLENTUR.]

1. Quaedam actiones si a reo infitientur, duplantur, velut judicati, depensi, legati per damnationem relicti, damni injuriarum legis Aquiliae, [item de modo agri, cum a venditore emptor deceptus est][1]. 2. Ex his causis, quae infitiatione duplantur, pacto decidi non potest.

[XX. DE FIDEJUSSORE ET SPONSORE.]

1. Inter fidejussores ex edicto praetoris, si solvendo sint, licet singuli in solidum teneantur, obligatio dividetur.

[XXA.] [2]

1. *In dardanarios propter falsum mensurarum modum ob utilitatem popularis annonae pro modo admissi extra ordinem vindicari placuit*.

[XXI. DE SEPULCHRIS ET LUGENDIS.]

1. Ob incursum fluminis vel metum *ruinae* [3] corpus jam perpetuae sepulturae traditum sollemnibus redditis sacrificiis per noctem in alium locum transferri potest. 2. Corpus in civitatem inferri non licet, ne funestentur sacra civitatis: et qui contra ea fecerit, extra ordinem punitur. 3[4]. *Intra muros civitatis corpus sepulturae dari non potest vel ustrina fieri. 4. Qui corpus perpetuae sepulturae traditum vel ad tempus alicui loco commendatum nudaverit et solis radiis ostenderit, piaculum committit, atque ideo, si honestior sit, in insulam, si humilior, in metallum dari solet. 5. Qui sepulchrum violaverint aut de sepulchro aliquid sustulerint, pro personarum qualitate aut in metallum dantur aut in insulam deportantur. 6. Qui sepulchrum alienum effregerit vel aperuerit eoque mortuum suum alienumve intulerit, sepulchrum vio-

---

1. Addition mensongère; cf. 2, 17, 4, et Rudorff, *Z. G. R.*, 14, pp. 417 et ss. — 2. 20a = *D.*, 48,19,37. — 3. Mot omis par les Wisigoths, ajouté par le Vesontinus et un autre ms. — 4. 21, 3-9 ajouté par Cujas d'après le Vesontinus.

lasse videtur. 7. Vendito fundo religiosa loca ad emptorem non transeunt nec in his jus inferre mortuum habet. 8. Qui monumento inscriptos titulos eraserit vel statuam everterit vel quid ex eodem traxerit, lapidem columnamve sustulerit, sepulchrum violasse videtur. 9. In eo sarcophago vel solo ubi corpus jam depositum est, aliud corpus inferri non potest, et qui intulerit reus sepulchri violati postulari potest*. 10 [1]. Qui alienum mortuum sepelierit, si in funus ejus aliquid impenderit, recipere id ab herede vel a patre vel a domino potest. 11 [2]. *Maritus id, quod in funus uxoris impendit, ex dote retinere potest. 12. Neque juxta monumentum neque supra monumentum habitandi jus est; attactu enim conversationis humanae piaculum admittitur; et qui contra ea fecerit, pro qualitate personae vel opere publico vel exilio multatur. 13 [3]. Parentes et filii majores sex annis anno lugeri possunt, minores mense; maritus decem mensibus et cognati proximioris gradu octo. Qui contra fecerit, infamium numero habetur*. 14. Qui luget, abstinere debet a conviviis, ornamentis, *purpura*[4] et alba veste. 15. Quidquid in funus erogatur, inter aes alienum primo loco deducitur. 16 [5]. *Corpora animadversorum quibuslibet petentibus ad sepulturam danda sunt*.

LIBER SECUNDUS.

[I. DE REBUS CREDITIS ET DE JUREJURANDO.]

1a [6]. *Praesidis provinciae officiales, quia perpetui sunt, mutuam pecuniam dare et fenebrem exercere possunt. 1b. Praeses provinciae mutuam pecuniam fenebrem sumere non prohibetur*. 1. In pecuniariis causis si alter ex litigatoribus jusjurandum deferat, audiendus est; hoc enim et compendio litium et aequitatis ratione provisum est [7]. 2. Deferre jusjurandum prior actor potest; contrarium autem de calumnia jusjurandum reo competit. 3. Si, reus cum jurare velit, actor illi necessitatem jurisjurandi remisit et hoc liquido appareat, actio in eum non datur. 4. Heredi ejus cum quo contractum

---

1. 21, 10, placé à cet endroit par le Vesontinus, transposé à la fin du titre par les Wisigoths. — 2. 21, 11-13 ajouté par Cujas, à l'aide du Vesontinus. — 3. Cf. les solutions divergentes des *F. V.*, 321. — 4. Mot omis par les Wisigoths suppléé à l'aide du Vesontinus. — 5. 21-16 = *D.*, 48, 24, 3. — 6. 1, 1a, 1b = *D.*, 12, 1, 34. — 7. Texte remanié. Cf. Demelius, *Schiedseid*, 1887, p. 127.

est jusjurandum deferri non potest, quoniam contractum ignorare potest.

5. Si qui de debito quocumque modo confessus docetur, ex ea re actio creditori non datur, sed ad solutionem compellitur.

[II. DE PECUNIA CONSTITUTA.]

1. Si id, quod mihi L. Titius debet, soluturum te constituas, teneris actione pecuniae constitutae. 2¹. *Idem est et si ei qui bona fide mihi servit constitutum fuerit*. 3². *Si quis duobus pecuniam constituerit TIBI AUT TITIO, etsi stricto jure propria actione pecuniae constitutae manet obligatus, etiamsi Titio solverit, tamen per exceptionem adjuvatur*.

[III. DE CONTRACTIBUS.]

1. Stipulatio est verborum conceptio, ad quam quis congrue interrogatus respondet, velut : SPONDES ? SPONDEO ; DABIS ? DABO ; PROMITTIS ? PROMITTO ; FIDEI TUAE ERIT ? FIDEI MEAE ERIT ; et tam pure quam sub condicione concipi potest.

[IV. DE COMMODATO ET DEPOSITO PIGNORE FIDUCIAVE.]

1. Quidquid in rem commodatam ob morbum vel aliam rationem impensum est, a domino recipi potest. 2. Si facto incendio ruina naufragio aut quo alio simili casu res commodata amissa sit, non tenebitur eo nomine is cui commodata est, nisi forte, cum posset rem commodatam salvam facere, suam praetulit. 3. Servus vel *equus a* latronibus vel in bello *occisi* si in aliam causam commodati sunt, actio commodati datur ; custodia enim et diligentia rei commodatae praestanda est. 4. Si rem aestimatam tibi dedero, ut ea distracta pretium ad me deferres, eaque perierit, siquidem ego te rogavi, meo periculo perit ; si tu de vendenda promisisti, tuo periculo perit.

[V. DE PIGNORIBUS.]

1. Creditor si simpliciter sibi pignus depositum³ distrahere velit, ter ante denuntiare debitori suo debet, ut pignus luat, ne a se distrahatur. 2. Fetus vel partus ejus rei quae pignori data est pignoris jure non tenetur, nisi hoc inter contrahentes convenerit.

3. Compensatio debiti ex pari specie et causa dispari⁴

---

1. 2, 2 = *D.*, 13, 5, 6. — 2. 2, 3 = *D.*, 13, 5, 30. — 3. Expression signalée par Seckel et Kuebler comme étrangère à la langue des jurisconsultes. — 4. Huschke, suivi par Eisele, *Compensation*, 1876, p. 97, n. 40: 'paris speciei et ex causa dispari'.

admittitur, velut si pecuniam tibi debeam et tu mihi pecuniam debeas, aut frumentum aut cetera hujusmodi, licet ex diverso contractu, compensare vel deducere debes; si totum petas, plus petendo causa cadis.

[VI. DE EXERCITORIBUS ET INSTITORIBUS.]

1. Filiusfamilias si voluntate patris navem exerceat, patrem in solidum ob ea, quae salva receperit, obligat.

[VII. AD LEGEM RHODIAM.]

1. Levandae navis gratia jactus cum mercium factus est, omnium intributione sarciatur, quod pro omnibus jactum est. 2 (3). Nave vel arbore vi tempestatis amissa vectores ad contributionem non tenentur, nisi ipsis arborem salutis causa eruentibus navis salva sit. 3 (2). Jactu navis levata si perierit, extractis aliorum per urinatores mercibus, ejus *quoque* rationem haberi placuit, qui merces salva nave jactavit. 4. Levandae navis gratia merces in scapham transjectas atque ideo amissas intributione earum, quae in navi salvae erunt, refici convenit; nave autem perdita conservatae cum mercibus scaphae ratio non habetur. 5. Collatio intributionis ob jactum salva nave fieri debet.

[VIII. DE INSTITORIBUS.]

1. Sicut commoda sentimus ex actu praepositi institoris, ita et incommoda sentire debemus. Et ideo [in eum] qui servum sive filium filiamve familias sive ancillam praeposuit negotio, vel mercibus exercendis, eorum nomine in solidum convenitur. 2. Si quis pecuniae fenerandae agroque colendo, condendis vendendisque frugibus praepositus est, ex eo nomine, quod cum illo contractum est, in solidum fundi dominus obligatur: nec interest, servus an liber sit. 3. Quod cum discipulis eorum, qui officinis vel tabernis praesunt, contractum est, in magistros vel institores tabernae in solidum actio datur.

[IX. DE IN REM VERSO.]

1. Servus vel filius familias si acceptam pecuniam in rem patris vel domini verterit, hoc modo: agrum puta colendo, domum fulciendo, mancipia vestiendo, mercando vel creditori solvendo vel quid tale faciendo, de in rem verso in solidum vel patrem vel dominum obligat: si tamen ob hanc causam pecunia data sit [1]. 2 [a]. *Filiusfamilias si in id acceperit mutuam

---

[1]. Restriction finale signalée par Seckel et Kuebler comme ne venant pas de Paul. — 2. 9, 2 = *D*., 4, 6, 17.

pecuniam, ut eam pro sorore sua in dotem daret, pater ejus de in rem verso actione tenebitur; ipsi enim mortua in matrimonio puella repetitio dotis datur*.

[X. DE SENATUS CONSULTO MACEDONIANO.]

1. Qui filio familias contra interdictum amplissimi ordinis pecuniam mutuam crediderit, post mortem patris ex eo quod vivo patre credidit cum eo agere non potest.

[XI. AD SENATUS CONSULTUM VELLEIANUM.]

1. In omni genere negotiorum et obligationum tam pro viris quam pro feminis intercedere mulieres prohibentur. 2. Mulier, quae pro ¹ tutoribus filiorum suorum indemnitatem promisit, ad beneficium senatus consulti non pertinet. 3 ². *Si decipiendi animo, vel cum sciret se non teneri, mulier pro aliquo intercesserit, exceptio ei senatus consulti non datur; actionem enim, quae in dolum mulieris competit, amplissimus ordo non excludit. 4. Procurator si mandatu mulieris pro alio intercesserit, exceptione senatus consulti Velleiani adjuvatur, ne alias actio intercidat *.

[XII. DE DEPOSITO.]

1 ³. *Deponere possumus apud alium id quod nostri juris est vel alieni. 2. Depositum est quasi diu positum. Servandum est, quod *ad* breve tempus custodiendum datur. 3. Deponere videtur qui in metu ruinae incendii naufragii apud alium custodiae causa deponit. 4. Deponere videtur et is, qui suspectam habens vel minus idoneam custodiam domus vel vim latronum timens apud aliquem rem custodiendam commen*d*at *. 5. Si sacculum vel argentum signatum deposuero, et is penes quem depositum fuit me invito contrectaverit, et depositi et furti actio mihi in eum competit. 5ᵃ ⁴. *Si ex permissu meo deposita pecunia is penes quem deposita est utatur, ut in ceteris bonae fidei judiciis usuras ejus nomine praestare mihi cogitur *. 6 ⁵. * Ob res depositas dolus tantum praestari solet*. 6ᵃ ⁶. *Latae culpae finis est non intellegere id quod omnes intellegunt *. 7. In judicio depositi ex mora et fructus veniunt et usurae rei depositae praestantur. 8 ⁷. * Si quis rem penes se depositam apud alium deposuerit, tam ipse directam, quam is qui apud

---

1. Huschke : 'pro *se* tutoribus' ; Cujas efface 'pro', arg. *C.*, 4, 29, 6, pr. 5, 46, 2. — 2. 11, 3, 4 = *D.* 16, 1, 30. — 3. 12, 1-4 = *Coll.*, 10, 7, 1-4. — 4. 12, 5a = *D.*, 16, 3, 29, 1, que Seckel et Kuebler croient à la vérité venir des compilateurs. — 5. 12, 6 = *Coll.*, 10, 7, 6. — 6. 12, 6a = *D.*, 50, 16, 223. — 7. 12, 8-11 = *Coll.*, 10, 7, 8-11.

eum deposuit utilem actionem depositi habere possunt. 9. Si pecuniam deposuero eaque *uti* tibi permisero, mutua magis videtur quam deposita, ac per hoc periculo tuo erit. 10. Si rem apud te depositam vendideris eamque redemeris, pos*t* perdideris, semel admisso dolo perpetua depositi actione teneberis. 11. Ex causa depositi lege duodecim tabularum in duplum actio datur, edicto praetoris in simplum. * 12. In causa depositi compensationi locus non est, sed res ipsa reddenda est.

[XIII.] [1]

1. Debitor distractis fiduciis a creditore de superfluo adversus eum habet actionem. 1a [2]. *Si autem tardius superfluum restitua*t* creditor id quod apud eum depositum est, ex mora etiam usuras debitori hoc nomine praestare cogendus est*. 1 [3]. *Cum debitor gratuita pecunia utatur, potest creditor de fructibus rei sibi pigneratae [4] ad modum legitimum usuras retinere*. 2. Quidquid creditor per fiduciarium servum quaesivit, sortem debiti minuit. 3. Debitor creditori vendere fiduciam non potest; sed alii si velit vendere potest, ita ut ex pretio ejusdem pecuniam offerat creditori, atque ita remancipatam sibi rem emptori praestet. 4. Si per suppositam personam creditor pignus suum [5] invito debitore comparaverit, emptio non videtur et ideo quandoque lui potest; ex hoc enim causa pignoris vel fiduciae finiri non potest. 5. Si inter creditorem et debitorem convenerit, ut fiduciam sibi vendere non liceat, non solvente debitore, creditor denuntiare ei sollemniter potest et distrahere; nec enim *ex* tali conventione fiduciae actio nasci potest.

[DE LEGE COMMISORIA.]

6. Si creditor rem fiduciae datam uni ex heredibus vel extraneo legaverit, adversus omnes heredes actio fiduciae competit. 7. Si creditor rem fiduciariam fecerit meliorem, ob ea recuperanda, qu*ae* impendit, judicio fiduciae debitorem habebit obnoxium. 8. Novissimus creditor priorem, obl*a*ta pecunia, quo possessio in eum transferatur, dimittere potest. Sed et prior creditor secundum creditorem, si voluerit, dimittere non prohibetur, quamquam ipse in pignore potior sit.

9. Servus si mutuam pecuniam tempore servitutis acceperit, ex ea obligatione post manumissionem conveniri non potest.

1. Manque la rubrique: *De fiducia*. — 2. 13, 1a = *D*., 13, 7, 7. — 3. 13, 1b = *D*., 20, 2, 8. — 4. Paul: 'fiduciae datae'. — 5. Paul: 'pignus suum vel fiduciam', à moins que le texte ne fût même chez lui exclusivement relatif à la fiducie.

[XIV. DE USURIS.]

1. Si pactum nudum de praestandis usuris interpositum sit, nullius est momenti ; ex nudo enim pacto inter cives Romanos actio non nascitur. 2. Usurae supra centesimam solutae sortem minuunt, consumpta sorte repeti possunt. 3. Trajectitia pecunia propter periculum creditoris, quamdiu navigat navis, infinitas usuras recipere potest. 4. Usurae, quae centesimam excedunt, per errorem solutae repeti possunt. 5. Si quis pignora debitoris citra auctoritatem judicantis abduxerit, violentiae crimen admittit. 5a [1]. *Si tutor constitutus quos invenerit debitores non convenerit ac per hoc minus idonei efficiantur, vel intra sex primos menses pupillares pecunias non collocaverit, ipse in debitam pecuniam et in usuras ejus pecuniae quam non feneravit convenitur.* 6. Tutor in usuras non convenitur, si pecuniam pupillarem ideo non collocavit quod idonea nomina non habeat, cui pecunia collo*ce*tur : cujus rei contestatio apud praesidem provinciae deponenda est. 7 [2]. *Ob fenus pupillaris pecuniae per contumaciam non exercitum aut fundorum omissam comparationem tutor, si non ad damnum resarciendum idoneus est, extra ordinem coercebitur*.

[XV. DE MANDATIS.]

1. Ob subitam valetudinem, ob necessariam peregrinationem, ob inimicitiam et inanes rei actiones integra [3] adhuc causa mandati negotio renuntiari potest. 2. Si meis nummis mandato tuo aliquid tibi comparavero, etsi rem postea accipere nolis, mandati actio mihi adversus te competit ; non enim tantum quod impensum est, sed *et* usuras ejus consequi possum. 3. Certo pretio rem jussus distrahere si minoris vendiderit, mandati judicio pretii summa poterit integrari ; venditionem enim dissolvi non placuit.

[XVI. PRO SOCIO.]

1. Sicut lucrum ita damnum inter socios communicatur : nisi quid culpa socii vel fraude eversum sit.

[XVII. EX EMPTO ET VENDITO.]

1. Venditor si ejus rei quam vendid*er*it [4] dominus non sit, pretio accepto auctoritatis manebit obnoxius ; aliter enim non

---

1. 14, 5a = *D.*, 2, 6, 7, 15 (suspecté d'interpolation par Seckel et Kuebler). — 2. 14, 7 = *D.*, 26, 7, 49. — 3. Huschke : 'nec integra' arg. *Inst.*, 3, 26, 11. *D.*, 17,1, 23-25. — 4. Seckel et Kuebler ; les mss. : vendidit.

potest obligari. 2. Si res simpliciter traditae evincantur, tanto venditor emptori condemnandus est, quanto si stipulatione pro evictione cavisset. 3. Res empta, mancipatione et traditione perfecta, si evincatur, auctoritatis venditor duplo tenus obligatur.

[DE MODO.]

4. Distracto fundo si quis de modo mentiatur, in duplum ejus, quod mentitus est, officio judicis aestimatione facta convenitur. 5. Redhibitio vitiosi mancipii intra sex menses fieri potest propter latens vitium. 6. Si, ut servum quis pluris venderet, de artificio ejus, vel de peculio mentitus est, actione ex empto conventus, quanto minoris valuisset emptori praestare compellitur, nisi paratus sit eum redhibere. 7. Ex die emptionis [si pars pretii numerata sit][1] et fructus et operae *servorum* et fetus pecorum et ancillarum partus ad emptorem pertinent. 8. Fundum alienum mihi vendidisti; postea idem ex causa lucrativa meus factus est; competit mihi adversum te *ad* pretium recuperandum actio ex empto. 9. Post rem traditam nisi emptor pretium statim exsolvat, usuras ejus praestare cogendus est. 10. Mutus emere et vendere potest; furiosus autem neque vendere neque emere potest. 11. Servus bona fide comparatus si ex veteri vitio fugerit. non tantum pretium dominus, sed et ea quae per fugam abstulit reddere cogitur. 12 (13). Cum probatio prioris fugae defecerit, servi responsioni credendum est: in se enim interrogari, non pro domino aut in domin*um* videtur. 13 (14). In eo contractu qui ex bona fide descendit, instrumentorum oblatio sine causa desideratur, si quo modo ver*i*tas de fide contractus possit ostendi. 13ᵃ [2]. *Instrumentorum nomine ea omnia accipienda sunt, quibus causa instrui potest: et ideo tam testimonia quam personae instrumentorum loco habentur*. 14 (15). Fundus ejus esse videtur, cujus nomine comparatus est, non a quo pecunia numerata est, si tamen fundus comparatori sit traditus[3]. 15 (12)[4]. *Heredibus debitoris adversus creditorem. qui pignora vel fiducias distraxit, nulla actio datur, nisi a testatore inchoata ad eos transmissa sit*. 16. Electo reo principali fidejussor vel heres ejus liberatur; non *idem* in mandatoribus observatur.

1. Le Vesontinus d'après Cujas: 'si pretium numeratum sit'. Membre de phrase transporté par Huschke au § 8 après 'factus est'. — 2. 17, 18a = D., 22, 4, 1. — 3. Texte suspecté de remaniement par Seckel et Kuebler à cause notamment du mot *comparator*. — 4. 17, 15 = *Cons.*, 6, 8.

[XVIII. DE LOCATO ET CONDUCTO.]

1. Homo liber, qui statum suum in potestate habet, et pejorem eum et meliorem facere potest: atque ideo operas suas diurnas nocturnasque locat. 2. Fundi deterioris facti et culturae non exercitatae et aedificiorum non refectorum culpa arbitrio judicis domino a conductore sarciri potest. 3¹. *Dominus horreorum effractis et compilatis horreis non tenetur, nisi custodiam eorum recepit: servi tamen ejus cum quo contractum est propter aedificiorum notitiam in quaestionem peti possunt. 4 In conducto fundo si conductor sua opera aliquid necessario vel utiliter auxerit vel aedificaverit vel instituerit, cum id non convenisset, ad recipienda ea quae impendit ex conducto cum domino fundi experiri potest. 5. Qui contra legem conductionis fundum ante tempus sine justa ac probabili causa deseruerit, ad solvendas totius temporis pensiones ex conducto conveniri potest, ² quatenus locatori in id quod ejus interest indemnitas servetur*.

[XIX. DE NUPTIIS.]

1. Sponsalia tam inter puberes quam inter impuberes contrahi possunt. 2. Eorum qui in potestate patris sunt sine voluntate ejus matrimonia jure non contrahuntur, sed contracta non solvuntur; contemplatio enim publicae utilitatis privatorum commodis praefertur. 3³. *Inter parentes et liberos jure civili matrimonia contrahi non possunt nec filiam sororis aut neptem uxorem ducere [non] possumus: proneptem aetatis ratio prohibet. 4. Adoptiva cognatio impedit nuptias inter parentes ac liberos omnimodo, inter fratres eatenus, quatenus capitis minutio non intervenit. 5. Nec socrum nec nurum nec privignam nec novercam aliquando citra poenam incesti uxorem ducere licet, sicut nec amitam aut materteram. Sed qui vel cognatam contra interdictum duxerit, remisso mulieri juris errore, ipse poenam adulterii lege Julia patitur, non etiam ducta*.

6. Inter servos et liberos matrimonium contrahi non potest, contubernium potest. 7. Neque furiosus neque furiosa matrimonium contrahere possunt; sed contractum matrimonium furore non tollitur. 8. Vir absens uxorem ducere potest; femina absens nubere non potest. 9. Libertum, qui ad nuptias patronae vel uxoris filiaeque patroni adfectaverit, pro di-

---

1. 18, 3-5 =*D.*, 19, 2, 55. — 2: Finale interpolée suivant Eisele. — 3. 19, 3-5 = *Coll.*, 6, 3.

gnitate personae metalli poena vel operis publici coerceri placuit. 10¹. *Si quis officium in aliqua provincia administrat, inde oriundam vel ibi domicilium habentem uxorem ducere non potest, quamvis sponsare non prohibeatur : ita scilicet, ut, si post officium depositum noluerit mulier nuptias contrahere, liceat ei hoc facere arris tantummodo redditis qu*a*s acceperat. 11. Veterem sponsam in provincia, qua quis administrat, uxorem ducere potest, et dos data non fit caduca. 12. Qui in provincia aliquid administrat, in ea provincia filias suas in matrimonium collocare et dotem constituere non prohibetur*. 13². *Non est matrimonium, si tutor vel curator pupillam suam intra vicesimum et sextum annum non desponsam a patre nec testamento destinatam ducat uxorem vel eam filio suo jungat : quo facto uterque infamatur et pro dignitate pupillae extra ordinem coercetur : nec interest, filius sui juris an in patris potestate sit. 14. Curatoris libertum eam pupillam, cujus patronus res administrat, uxorem ducere satis incivile est*.

[XX. DE CONCUBINIS.]

1. Eo tempore, quo quis uxorem habet, concubinam habere non potest. Concubina igitur ab uxore solo dilectu separatur. 2³. *Concubinam ex ea provincia, in qua quis aliquid administrat, habere potest*.

[XXIᴬ ⁴. *DE MULIERIBUS QUAE SE SERVIS ALIENIS JUNXERINT VEL AD SENATUS CONSULTUM CLAUDIANUM*.]

1. *Si mulier ingenua civisque Romana vel Latina alieno se servo conjunxerit, si quidem invito et denuntiante domino in eodem contubernio perseveraverit, efficitur ancilla. 2. Si servo pupilli ingenua mulier se conjungat, denuntiatione tutoris efficitur ancilla. 3. Mulier et si. . . ⁵, tamen ei quae se servo junxerit denuntiando adquirit ancillam. 4. Procurator et filius familias et servus jussu patris aut domini denuntiando faciunt ancillam. 5. Si peculiari servo filii familias libera se mulier conjunxerit, nulla dis*quisiti*one paternae voluntatis jure sollemni decurso adquiret ancillam. 6. Liberta sciente patrono alieni servi secuta contubernium ejus qui denuntiavit efficitur ancilla. 7. Liberta si ignorante patrono servo se

---

1. 19, 10-12 = *D*., 23, 2, 38. — 2. 19, 13-14 = *D*., 23, 2, 66. — 3. 20, 2. = *D*., 25. 7, 5. — 4. 21a restitué par Cujas à l'aide du Vesontinus, mais signalé en outre aujourd'hui, à l'exception des §§ 2 et 5, dans le ms. Vat. Reg. 1050, par Max Conrat, *Z. S. St.*, *Germ. Abth.*, 29, 1910, pp. 242-249. — 5. Krueger : '*tutorem habeat*'.

alieno conjunxerit, ancilla patroni efficitur ea condicione, ne aliquando ab eo ad civitatem Romanam perducatur. 8. Filii familias servo, quem ex castrensi peculio habet, si se ingenua mulier conjunxerit, ejus denuntiatione efficitur ancilla. 9. Filia familias si invito vel ignorante patre servo alieno se junxerit, etiam post denuntiationem statum suum retinet, quia facto filiorum pejor condicio parentum fieri non potest. 10. Filia familias si jubente patre, invito domino, servi alieni contubernium secuta sit, ancilla efficitur, quia parentes deteriorem filiorum condicionem facere possunt. 11. Liberta servi patroni contubernium secuta etiam post denuntiationem in eo statu manebit, quia domum patroni videtur deserere noluisse. 12. Errore quae se putavit ancillam, atque ideo alieni servi contubernium secuta est, *si* postea liberam se sciens in contubernio eodem perseveraverit, efficitur ancilla. 13. Si patrona servo liberti sui se conjunxerit, etiam denuntiatione conventam ancillam fieri non placuit. 14. Mulier ingenua, quae se sciens servo municipum junxerit, etiam citra denuntiationem ancilla efficitur; non *item*, si nesciat: nescisse autem videtur, quae comperta condicione contubernio se abstinuit, aut libertum putavit. 15. Libera mulier contubernium ejus secuta, qui plures dominos habuit, ejus fit ancilla qui prior denuntiavit, nisi forte ab omnibus factum sit. 16. Si mater servo filii se junxerit, non tollit senatus consultum Claudianum erubescendam matris etiam in re turpi reverentiam, exemplo ejus, quae se servo liberti sui conjunxerit. 17. Tribus denuntiationibus conventa etsi ex senatus consulto facta videatur ancilla, domino tamen adjudicata citra auctoritatem interpositi per praesidem decreti non videtur; ipse enim debet auferre, qui dare potest libertatem. 18. Filia familias mortuo patre si in servi contubernio perseveraverit, pro tenore senatus consulti Claudiani conventa efficitur ancilla*.

[XXI^B. DE DOTIBUS.]

1. Dos aut antecedit aut sequitur matrimonium, et ideo vel ante nuptias vel post nuptias dari potest; sed ante nuptias data earum expectat adventum. 1a ¹. *Mutus surdus caecus dotis nomine obligantur, quia et nuptias contrahere possunt. 1b. Manente matrimonio non perditurae uxori ob has causas dos reddi potest: ut sese suosque alat, ut fundum idoneum emat, ut in exsilium vel in insulam relegato parenti praestet alimonia, aut ut egentem virum fratrem sororemve sustineat*.

1. 21b, 1a-1b = D., 23, 3, 73.

2. Lege Julia de adulteriis cavetur, ne dotale praedium maritus invita uxore alienet [1].

[XXII. DE PACTIS INTER VIRUM ET UXOREM.]

1. Fructus fundi dotalis constante matrimonio percepti lucro mariti cedunt, etiam pro rata anni ejus, quo factum est divortium. 2 Omnibus pactis stipulatio subjici debet, ut ex stipulatu actio nasci possit.

[XXIII. DE DONATIONIBUS INTER VIRUM ET UXOREM.]

1. Mortis causa donatio est, quae impendentis metu mortis fit, ut ortu valetudinis peregrinationis navigationis vel belli. 2. Manumissionis gratia inter virum et uxorem donatio favore libertatis recepta est, vel certe quod nemo ex hoc fiat locupletior : ideoque servum manumittendi causa invicem sibi donare non prohibentur. 3. Inter virum et uxorem nec per interpositam personam donatio fieri potest. 4. Inter virum et uxorem contemplatione donationis imaginaria venditio contrahi non potest. 5 [2]. Superstite eo qui matrimonii tempore donaverat, ante decedente cui fuerat donatum, id quod donatum est penes donatorem remanet. *Quod si simul tam is cui donatum est quam is qui donavit decesserit [3], quaestionis decidendae gratia magis placuit valere donationem, quod donator non supervivat, qui rem condicere possit*. 6. Quocumque tempore contemplatione mortis inter virum et uxorem donatio facta est, morte secuta convalescit. 7 [4]. *Si quis uxori ea condicione donavit, ut quod donavit in dotem accipiat, defuncto eo donatio convalescit*.

[XXIIIA.] [5]

1. *Mulier si in rem viri damnum dederit, pro tenore legis Aquiliae convenitur*.

[XXIV. DE LIBERIS AGNOSCENDIS.]

1. Si serva conceperit et postea manumissa pepererit, liberum parit. 2. Si libera conceperit et ancilla facta pepererit, liberum parit; id enim favor libertatis exposcit. 3. Si ancilla conceperit et medio tempore manumissa sit, rursus facta ancilla pepererit, liberum parit; media enim tempora

---

1. Seckel et Kuebler relèvent que Paul parlait aussi, dans ce titre, des *retentiones* d'après l'*interpr.* du *C. Th.*, 3, 13, 2. — 2. 23, 5 = *D.*, 34, 5, 8. — 3. Finale signalée par P. Krueger, dans son éd. du *D.*, comme ajoutée par les compilateurs. — 4. 23, 7 = *D.*, 24, 1, 59. — 5. 23a = *D.*, 9, 2, 56.

libertati prodesse, non [enim] nocere possunt. 4. Ex ea muliere natus, quae ex causa fideicommissi manumitti debuit si *post* moram libertati factam nascatur, ingenuus nascitur. 5. Si mulier divortio facto gravidam se sciat, intra tricensimum diem viro denuntiare debet vel patri ejus, ut ad ventrem inspiciendum observandumque custodes mittant : quo omisso¹ partum mulieris omnimodo coguntur agnoscere. 6. Si praegnantem se *esse* mulier non denuntiaverit, vel custodes ventris missos non admiserit, liberum est patri vel avo natum non alere. Ceterum neglegentia matris, quominus su*us* patri heres sit, obesse non debet. 7. Si mulier se ex viro praegnantem neget, permittitur marito ventrem inspicere et ventri custodes dare. 8. Venter inspicitur per quinque obstetrices, et quod maxima pars earum denuntiaverit, pro vero habetur. 9. Obstetricem, quae partum alienum attulit, ut supponi possit, summo supplicio adfici placuit. 10². *Necare videtur non tantum is qui partum p*rae*focat sed et is qui abjicit et qui alimonia denegat et is qui publicis locis misericordiae causa exponit, quam ipse non habet*.

[XXIV A ³.]

1. *Adoptare quis nepotis loco potest, etiam si filium non habet. 2. Eum, quem quis adoptavit, emancipatu*m* vel in adoptionem datum iterum non potest adoptare*.

[XXV. QUEMADMODUM FILII SUI JURIS EFFICIUNTUR.]

1. Pater ab hostibus captus desinet habere filios in potestate ; postliminio reversus tam filios quam omnia sui juris in potestatem recipit, ac si numquam ab hostibus captus sit. 2. Singulae mancipationes vel isdem vel aliis testibus fieri possunt, vel eodem die vel intermisso tempore. 3. Emancipatio etiam die feriato fieri potest. 4. Apud magistratus municipales, si habeant legis actionem, emancipari et manumitti potest. 5. Filius familias invitus emancipari non cogitur.

[XXVI. DE ADULTERIIS.]

1⁴. *Capite secundo legis Juliae de adulteriis permittitur patri tam adoptivo quam naturali adulterum cum filia cujuscumque dignitatis domi suae vel generi sui deprehensum sua manu occidere. 2. Filius familias pater si filiam in adulterio

---

1. Sichard, suivi par Pellat : 'quibus missis' conformément à l'*interpretatio*, mais contrairement à D., 25, 3, 1, 11. — 2. 24, 10 = D., 25, 3, 4. dont la fin est probablement interpolée. — 3. 24a = D., 1, 7, 37. — 4. 26, 1-6, restitués d'après le Vesontinus et Vat. reg. 1050 ; 26, 1-2, 4-6 = *Coll.*, 4, 12, 1-5.

deprehenderit, verbis quidem legis prope est, ut non possit occidere; permitti tamen ei debet, ut occidat. 3. Capite quinto legis Juliae cavetur, ut adulterum deprehensum viginti horas attestando vicinos retinere liceat. 4. Maritus in adulterio deprehensos non alios quam infames et eos qui corpore quaestum faciunt, servos etiam, excepta uxore quam prohibetur, occidere potest. 5. Maritum, qui uxorem deprehensam cum adultero occidit, quia hoc impatientia justi doloris admisit, lenius puniri placuit. 6. Occiso adultero dimittere statim maritus debet uxorem atque ita triduo proximo profiteri, cum quo adultero et in quo loco uxorem deprehenderit*. 7. Inventa in adulterio uxore maritus ita demum adulterum occidere potest, si eum domi suae deprehendat. 8. Eum, qui in adulterio deprehensam uxorem non statim dimiserit, reum lenocinii postulari placuit. 9 [1]. *Servi vero tam mariti quam uxoris in causa adulterii torqueri possunt, nec his libertas sub specie impunitatis data valebit*. 10 [2]. *Duos uno tempore uxoris adulteros accusari posse sciendum est, plures vero non posse. 11. Cum his, quae publice mercibus vel tabernis exercendis procurant, adulterium fieri non placuit. 12. Qui masculum liberum invitum stupraverit, capite punitur*. 13 [3]. *Qui voluntate sua stuprum flagitiumque impurum patitur, dimidia parte bonorum suorum multatur nec testamentum ei ex majore parte faceret licet*.

14 [4]. *Adulterii convictas mulieres dimidia parte dotis et tertia parte bonorum ac relegatione in insulam placuit coerceri, adulteris vero viris pari in insulam relegatione dimidiam bonorum partem auferri, dummodo in diversas insulas relegentur. 15. Incesti poenam, quae in viro in insulam deportatio est, mulieri placuit remitti, hactenus tamen, quatenus lege Julia de adulteriis non apprehenditur. 16. Ancillarum sane stuprum, nisi deteriores fiant, aut per eas ad dominam adfectet, citra noxam habetur*. 17. In causa adulterii dilatio postulata impertiri non potest.

[XXVII. DE EXCUSATIONIBUS TUTORUM.]

1. Inimicitiae capitales, quas quis cum patre defuncto habuit, a tutelis excusant, ne paterno inimico pupillus committatur 2. Ad curam ejus, cujus quis tutelam administravit invitus vocari non potest. 3 [5]. *Quinquaginta dierum spatium

---

1. 26, 9 = *Coll.*, 4, 12, 8. — 2. 26, 10-12 restitués d'après le Vesont. et Vat. reg. 1050. 26, 12 = *Coll.*, 5, 2, 1. — 3. 26, 13 = *Coll.*, 5, 2, 2. — 4. 26, 14-16, restitués d'après le Vesont. et Vat. reg. 1050. — 5. 27, 3 = D., 27, 1, 8.

tantummodo ad contestandas excusationum causas pertinet; peragendo enim negotio ex die nominationis continui quattuor menses constituti sunt*. 4 1. *Post susceptam tutelam caecus aut surdus aut mutus aut furiosus aut valetudinarius deponere tutelam potest. 5. Paupertas, quae operi et oneri tutelae impar est, solet tribuere vacationem*. 6 2. *Pro t. . . . ut est Latinus Junia*nus . . . . . . item qui codi*cillis ad testamentum non pertinen*tibus tutor datus est*.

[XXVIII. DE POTIORIBUS NOMINANDIS.]

1. Non recte potiorem videtur nominare, qui causam nominati potioris non expresserit. 2. Potior quis esse debet non solum gradu generis, sed et substantia rei familiaris. 3 3. *Amicos appellare debemus non levi notitia conjunctos, sed quibus fuerint in jura 4 cum patre familias honestis familiaritatis quaesita rationibus*.

[XXIX. QUI POTIORES NOMINARE NON POSSUNT.]

1. Libertus, quem pater tutorem dedit, si minus idoneus dicatur, excusari quidem non potest, sed adjungi illi curator potest.

[XXX. AD ORATIONEM DIVI SEVERI.]

1. Dolo tutoris curatorisve detecto in duplum ejus pecuniae condemnatione conveniuntur, qua minorem fraudare voluerunt.

[XXXA.] 5

1. *Postumo tutor datus non nato postumo neque tutelae, quia nullus pupillus est, neque negotiorum gestorum judicio tenetur, quia administrasse negotia ejus qui natus non esset non videtur; et ideo utilis in eum actio dabitur*.

[XXXI. DE FURTIS.]

1. Fur est qui dolo malo rem alienam contrectat. 2. Furtorum genera sunt quattuor: manifesti, nec manifesti, concepti et oblati. Manifestus fur est, qui in faciendo deprehensus est, et qui intra terminos ejus loci, unde quid sustulerat, deprehensus est, vel antequam ad eum locum, quod destinaverat, pervenerit. Nec manifestus fur est, qui in faciendo quidem deprehensus non est, sed eum furtum fecisse negari non potest. 3. Concepti actione is tenetur, apud quem furtum quaesitum

---

1. 27, 4-5 = D., 27, 1,40. — 2. 27, 6 = F.V., 172. — 3. 28, 3 = D., 50, 16, 223, 1. — 4. Mommsen: 'fuerint *vincula* cum patre familias familiaritatis honestis'. — 5. 30a = D., 27, 3, 24.

et inventum est ; oblati actione is tenetur, qui rem furtivam alii obtulit, ne apud se inveniretur. 4. Furti actione is agere potest, cujus interest rem non perdidisse. 5. Concepti is agere potest, qui rem concepit et invenit ; oblati is agere potest, penes quem res concepta et inventa est. 6. Manifesti furti actio et nec manifesti et concepti et oblati heredi quidem competit, sed in heredem non datur. 7. Servus, qui furtum fecerit damnumve dederit, nisi id pro sui quantitate dominus sarcire sit paratus, noxae dedi potest. 8. Si servus furtum fecerit, deinde manumissus sit aut alienatus, cum ipso manumisso vel emptore agi potest ; noxa enim caput sequitur. 9. Filius familias si furtum fecerit, deinde emancipetur, furti actio in eum datur, quia in omnibus noxa caput sequitur. 10. Non tantum qui furtum fecerit, sed etiam is, cujus ope aut consilio furtum factum fuerit, furti actione tenetur. 11[1]. *Rei hereditariae, antequam ab herede possideatur, furtum fieri non potest*. [12[2]. Qui meretricem libidinis causa rapuit et celavit, eum quoque furti actione teneri placuit.] 13. Furti manifesti actio praeter quadrupli poenam ipsius rei persecutionem genere vindicationis et condictionis continet. 14. Furti concepti[3] actio adversus eum qui obtulit tripli est poena et ipsius rei repetitio. 15. Furti quocumque genere condemnatus famosus efficitur. 16. Quaecumque in caupona vel in meritorio stabulo diversoriove perierint, in exercitores eorum furti actio competit. 17[4]. *Si res vendita ante traditionem subrepta sit, emptor et venditor furti agere possunt ; utriusque enim interest rem tradi vel tradere. 18. Si quid in nave rateve perierit, furti actio in exercitorem navis datur*. 19. Rem pignori datam debitor creditori subtrahendo furtum facit : quam si et ipse similiter amiserit, suo nomine persequi potest. 20. Pater vel dominus de ea re, quae filio familias vel servo subrepta est, furti agere potest ; interest enim ei deferri actionem, qui de peculio convenitur. 21. Si rem, quam tibi commendavi, postea subripui, furti actio competere tibi non poterit ; rei enim nostrae furtum facere non possumus. 22. * Qui furtum quaesiturus est, antequam quaerat, debet dicere, quid quaerat, et rem suo nomine et sua specie designare*. 23. Si, cum furtum quis quaerit, damnum injuriae

---

1. 31, 11 restitué à l'aide du Vesont. — 2. N'est pas de Paul ; cf. § 31 et *D*., 47, 2, 39. — 3. Pellat : '*oblati*' ; Huschke : '*concepti et oblati*'. Mommsen : concepti actio tripli est poena et ipsius rei repetitio, adversus eum qui obtulit *tripli*. — 4. 31, 17. 18. 22. 26-28 restitués d'après le Vesont.

dederit, actione legis Aquiliae tenebitur. 24 (25). Sive seges per furtum sive quaelibet arbores caesae sint, in duplum ejus rei nomine reus convenitur. 25 (24). Ob indicium comprehendendi furis praemium promissum jure debetur. 26. *Si servum communem quis furatus sit, socio quoque actio furti dabitur. 27. Qui pro derelicto rem jacentem occupavit, furtum non committit, tametsi a domino *non* derelinquendi animo relicta *sit*. 28. Si servus furtum fecerit cum domino, praeter rei condictionem furti actio in dominum datur*. 29 ¹.*Fullo et sarcinator, qui polienda vel sarcienda vestimenta accepit, si forte his utatur, ex contrectatione eorum furtum fecisse videtur, quia non in eam causam ab eo videntur accepta. 30. Frugibus ex fundo subreptis tam colonus quam dominus furti agere possunt, quia utriusque interest rem persequi. 31. Qui ancillam non meretricem libidinis causa subripuit, furti actione tenebitur et si suppressit, poena legis Fabiae coercetur*. 32. Qui tabulas cautionesve subripuit, in adscriptam summam furti actione tenebitur ; nec interest, cancellatae necne sint, quia ex his debitum dissolutum interest comprobari. 33 ². *Qui servo fugae consilium dedit, furti quidem actione non tenetur, sed servi corrupti. 34. Res subrepta si in domini potestatem reversa sit, cessat furti actio. 35. Qui furandi animo conclave effregit vel aperuit, sed nihil abstulit, furti actione conveniri non potest, injuriarum potest. 36. Qui rem suam furatur, ita demum furti actione non tenetur, si alteri ex hoc non noceatur*. 37 Servus, qui in fuga est, a domino quidem possidetur, sed dominus furti actione ejus nomine non tenetur, quia in potestate eum non habet.

[XXXII. DE OPERIS LIBERTORUM.]

1. Egentem patronum libertus obligatione doni muneris et operarum solutus alere cogendus est pro modo facultatum suarum.

LIBER TERTIUS.

[Iᴀ.]

1 ³. *Quotiens is, cui bonorum possessio ab altero postulata est, furere coeperit, magis probatum ratum eum videri habuisse ; rati enim habitio ad confirmationem prioris postulati pertinet*. 2⁴. *Si is cui ignoranti petita est bonorum posses-

---

1. 31, 29-31 = D., 47, 2, 83, *pr.*-2. — 2. 31, 33-36 restitués d'après le Vesont. — 3. Ia, 1 = D., 37, 1, 16, signalé par Seckel et Kuebler comme interpolé d'après le rapprochement de Paul, D., 29, 2. 48. — 4. Ia, 2 = D., 46, 8, 7.

sio, decesserit, heres ejus intra tempora petitionis ratam eam habere non potest*.

[1. DE CARBONIANO EDICTO.]

1. Si fratri puberi controversia fiat, an pro parte impuberis differri causa debeat, variatum est, sed magis est, ut differri non debeat.

[II. DE BONIS LIBERTI.]

1. In bonis liberti prior est patronus quam filius alterius patroni, itemque prior est filius patroni quam nepos alterius patroni. 2. Libertus duos patronos heredes instituit: alter eorum vivo liberto moritur: is qui superest contra tabulas testamenti bonorum possessionem recte postulat. 3. Libertorum hereditas in capita, non in stirpes dividitur: et ideo si unius patroni duo sint liberi et alterius quattuor, singuli viriles (id est aequales) portiones habebunt. 4. Patronus vel patroni liberi ex parte dimidia heredes instituti aes alienum liberti pro portionibus exsolvere coguntur. 5 [1]. *Sicut testamento facto decedente liberto potestas datur patrono vel libertatis causa imposita petere vel partis bonorum possessionem, ita et cum intestato decesserit, earum rerum electio ei manet*. 6 [2]. *Liberto per obreptionem adrogato jus suum patronus non amittit*.

[III. DE LEGE [3] FABIANA.]

1. Ea, quae in fraudem patroni a liberto quoquo modo alienata sunt, Fabiana formula tam ab ipso patrono quam a liberis ejus revocantur.

[IV. DE TESTAMENTIS.]

1. Testamentum facere possunt masculi post impletum quartum decimum annum, feminae post duodecimum. 2. Spadones eo tempore testamentum facere possunt, quo plerique pubescunt, id est annorum decem et octo. 3. Filius familias, qui militavit, de castrensi peculio, tam communi quam proprio jure, testamentum facere potest. Castrense autem peculium est, quod in castris adquiritur vel quod proficiscenti ad militiam datur. 4. Caecus testamentum potest facere, quia accire potest adhibitos testes et audire sibi testimonium perhibentes.

1, 2, 5 = D., 37, 14, 20. — 2. 2, 6 = D., 38, 2, 49. — 3. Schulting, Huschke: 'formula'.

4a¹. *Qui manus amisit. testamentum facere potest, quamvis scribere non possit*. 5. Furiosus tempore intermissi furoris testamentum facere potest. 6². *Et mulieri quae luxuriose vivit, bonis interdici potest* ³. 7. Moribus per praetorem bonis interdicitur hoc modo : QUANDO TIBI BONA PATERNA AVITAQUE NEQUITIA TUA DISPERDIS LIBEROSQUE TUOS AD EGESTATEM PERDUCIS, OB EAM REM TIBI EA RE COMMERCIOQUE INTERDICO. 8. Qui ab hostibus captus est, testamentum quasi servus facere non potest. Sane valet testamentum id, quod ante captivitatem factum est, si revertatur, jure postliminii, aut si ibidem decedat, beneficio legis Corneliae, qua lege etiam legitimae tutelae hereditatesque firmantur. 9. In insulam relegatus et in opus publicum ad tempus damnatus, quia retinent civitatem, testamentum facere possunt et ex testamento capere. 10. Plures quam septem ad testamentum adhibiti non nocent. Superflua enim facta prodesse juri tantum, nocere non possunt. 11. In adversa corporis valetudine mente captus eodem tempore testamentum facere non potest. 12. Prodigus recepta vitae sanitate ad bonos mores reversus et testamentum facere potest et ad testamenti sollemnia adhiberi potest. 13 Ex his, qui ad testamentum adhibentur, si qui sint qui Latine nesciant vel non intellegant, si tamen sentiant, cui rei intersint, adhibiti non vitiant testamentum. 14⁴. *Repetundarum damnatus nec ad testamentum nec ad testimonium adhiberi potest 15. Hermaphroditus an ad testamentum adhiberi possit, qualitas sexus incalescentis ostendit*. 16⁵. *Singulos testes. qui in testamento adhibentur, proprio chirographo adnotare convenit, quis et cujus testamentum signaverit*.

[IVᴮ. *DE INSTITUTIONE HEREDUM*.]⁶

1. Condicionum duo sunt genera : aut enim possibilis est, aut impossibilis ; possibilis, quae per rerum naturam admitti potest, impossibilis, quae non potest ; quarum ex eventu altera expectatur, altera [impossibilis] submovetur. 2. Condiciones contra leges et decreta principum vel bonos mores adscriptae nullius sunt momenti : veluti : SI UXOREM NON DUXERIS, SI FILIOS NON SUSCEPERIS, SI HOMICIDIUM FECERIS, SI LARVALI HABITU PROCESSERIS et his similia. 3. Quotiens non apparet, qui sit he-

---

1. 4a, 4a = *D.*, 28, 1, 10. — 2. 4a, 6 ajouté d'après quelques mss. et *D.*, 27, 10, 15 *pr*. — 3. Les mss. intercalent ici la rubrique : 'De eo qui moribus interdicitur' et répètent la rubrique : 'item de testamentis' avant le § 8. — 4. 4a, 14-15 = *D.*, 22, 2, 15. — 5. 4a, 16 = *D.*, 28, 1, 30. — 6. Rubrique suppléée d'après *Cons.*, 4, 8.

res institutus, institutio non valet : quod evenit, si testator plures amicos unius nominis habeat. 4. Heredes aut instituti aut substituti dicuntur, instituti primo gradu, substituti secundo vel tertio scripti. 5 Substituere quis et pure et sub condicione potest, et tam suis quam extraneis, tam puberibus quam impuberibus. 6. In quot vult uncias testator hereditatem suam dividere potest ; impleto asse, sine parte heredes instituti ad prioris assis semissem aequis portionibus veniunt. 7. Servus alienus cum libertate heres institutus institutionem non infirmat ; sed libertas ut alieno supervacue data videtur. 8. Filio et extraneo aequis partibus heredibus institutis si praeterita adcrescat. tantum suo avocabit. quantum extraneo ; si vero duo sint filii instituti, suis tertiam, extraneis dimidiam tollet. 9. Talis postumorum institutio : SI QUI POST MORTEM MEAM POSTUMI NATI FUERINT, HEREDES SUNTO : si vivo eo nascantur, rumpunt testamentum. 10. Nepos postumus, qui in locum patris succedere potest, ab avo aut heres instituendus est aut nominatim exheredandus, ne agnascendo rumpat testamentum 10a [1]. *Filius familias si militet, ut paganus nominatim a patre aut heres scribi aut exheredari debet. jam sublato edicto divi Augusti, quo cautum fuerat, ne pater filium militem exheredet*.

11. Qui semel constituit ad se hereditatem pertinere ac se ejus rebus immiscuit, repudiare eam non potest, etiamsi damnosa sit [2]. 12 [3]. *Pater quotiens filio mandat adire, certus esse debet, an pro parte an ex asse, et an ex institutione an ex substitutione, et an testamento an ab intestato filius suus heres exsistat. 13. Mutus pater vel dominus filio vel servo heredibus institutis magis est ut, si intellectu non careat, nutu jubere possit adire hereditatem, ut ei jure ejus commodum quaeri possit ; quod facile explicari possit scientia litterarum. 14. Mutus servus jussu domini pro herede gerendo obligat dominum hereditati*.

[V. AD SENATUSCONSULTUM SILANIANUM.]

1. Hereditas ejus, qui a familia occisus esse dicitur, ante habitam quaestionem adiri non potest, neque bonorum possessio postulari. 2. Occisus videtur non tantum qui per vim aut per caedem interfectus est, velut jugulatus praecipitatus,

---

1. 4 b, 10a = D., 28, 2, 26. — 2. Remanié à la suite de la suppression des formules, en 407, afin de supprimer la mention de la *cretio*, pense M. Kalb, *Das Juristenlatein*, p. 14, n° 1. — 3. 4b, 12-14 = D., 29, 2, 93, où la mention de la *cretio* peut aussi avoir été effacée.

sed et is qui veneno necatus dicitur; honestati enim heredis convenit qualemcumque mortem testatoris inultam non praetermittere. 3. Domino occiso de ea familia quaestio habenda est, quae intra tectum fuerit, vel certe extra tectum cum domino eo tempore quo occidebatur. 4. Qui occisus dicitur, si constet eum sibi quoquo modo manus intulisse, de familia ejus quaestio non est habenda, nisi forte prohibere potuit nec prohibuit. 5. Neroniano senatus consulto cavetur, ut occisa uxore etiam de familia viri quaestio habeatur, idque juxta *in* uxoris familia observatur, si vir dicatur occisus. 6. Servi, qui sub eodem tecto fuerint, ubi dominus perhibetur occisus, et torquentur et puniuntur, etsi testamento occisi manumissi sint; sed et hi torquentur, qui cum occiso in itinere fuerunt. 7. Servi de proximo si, cum possent ferre, auditis clamoribus auxilium domino non tulerunt, puniuntur. 8. Serv*os*, qui in itinere circumdatum a latronibus dominum per fugam deseruerunt, apprehensos et torqueri et summo supplicio adfici placuit. 9. Habebitur de familia quaestio et si heres testatorem occidisse dicatur: nec interest, extraneus an ex liberis sit. 10 [1]. *In summa tamen sciendum et de his omnibus habend*am* esse quaestionem, qui in suspicione*m* quacumque ratione veniunt. 11. In disponenda eorum quaestione, quorum dominus dicitur interemptus, h*ic* ordo servatur, primum ut constet occisum dominum, deinde, si *id* liqueat, de quibus ea quaestio habenda *sit*, atque ita de reis inquirendis. 12. Etsi percussor certus sit, tamen de familia habenda quaestio est, ut caedis mandator inveniri possit*.

12a [2]. *Hereditas a fisco ut indignis aufertur his primum, qui, cum suscepta re [3] esset testatoris, apertis tabulis testamenti vel ab intestato adi*erunt* hereditatem bonorumve possessionem accep*erunt*; amplius his et centum milia sestertiorum poena inrogatur. Nec refert, a quibus pater familias vel quemadmodum dicatur *occisus esse**. 13. Omnibus, qui contra voluntatem defuncti faciunt, ut indignis aufertur hereditas, si nihil testamento in fraudem legis fuerit cautum.

14. Sive falsum sive ruptum sive irritum dicatur esse testamentum, salva eorum disceptatione, scriptus heres jure in possessionem mitti desiderat. 15. Si inter heredem institutum et substitutum controversia sit, magis placet eum in possessionem rerum hereditariarum mitti, qui primo loco scriptus est.

---

1. 5, 10-12 = *App.*, 2, 16-17. — 2. 5, 12a = *App.*, 2, 15. — 3. Huschke 'suspecta nex'; Cujas: 'interfectus esset testator'.

16. Scriptus heres, ut statim in possessionem mittatur, jure desiderat. Hoc post annum impetrare non poterit. 17. In eo testamento heres scriptus, quod neque ut oportuit oblatum nec publice recitatum est, *in* possessionem mitti frustra desiderat. 18. In possessionem earum rerum, quas mortis tempore testator non possedit, heres scriptus, priusquam jure ordinario experiatur, improbe mitti desiderat.

[Vᴬ.] [1]

1. * Litterae, quibus hereditas promittitur vel animi adfectus exprimitur, vim codicillorum non obtinent*.

[VI. DE LEGATIS.]

1. Per praeceptionem uni ex heredibus nummi legati, qui domi non erant, officio judicis familiae herciscundae a coheredibus praestabuntur. 2. Ante heredis institutionem legari non potest; inter medias heredum institutiones, sive a*l*ter sive u*ter*que adeat, potest. Interdum dimidium, interdum totum debetur: dimidium, si per vindicationem legatum sit; totum, si per damnationem. 3 [2]. *Post diem legati cedentem actio quae inchoata non est, ad heredem non transmittitur*. 4. Communi servo cum libertate et sine libertate legari potest, totumque legatum socio testatoris adquiritur 5. Post mortem heredis legari non potest, quia nihil ab herede heredis relinqui potest.

6. In mortis tempus tam suae quam heredis ejus legata conferri possunt hoc modo: LUCIO TITIO, CUM MORIETUR, DO LEGO, aut: HERES MEUS DARE DAMNAS ESTO. 7. Per vindicationem legatum etsi nondum constituerit legatarius ad se pertinere, atque ita post apertas tabulas ante aditam hereditatem decesserit, ad heredem suum legatum transmittit. 7ᵃ [3]. *ILLUD AUT ILLUD UTRUM ELEGERIT LEGATARIUS: nullo a legatario electo decedente eo post diem legati cedentem ad heredem transmitti placuit*. 8. Si res obligata creditori, cujus causam testator non ignoravit, per damnationem legata sit, luitio ad heredis sollicitudinem spectat. 9. Servo fataliter interempto legatarii damn*um* est, quia legatum nulla culpa heredis intercidit. 10. Damnari heres potest, ut alicui domum extruat aut aere alieno eum liberet. 11. Sinendi modo tam corporales res, quam quae in jure consistunt, legari possunt. et ideo debitori id quod debet recte legatur. 12. Ejus rei, quae legata est, exemplo heredis

---

1. 5a = *D.*, 29, 7, 17. — 2. 6, 3 = *Cons.*, 6, 9. — 3. 6, 7a = *D.*, 33, 5, 19 (où une négation peut avoir été effacée en vertu de *C.*, 6, 43,3).

partem agnoscere, partem repudiare legatarius non potest.
13. Legatum nisi certae rei sit et ad certam personam deferatur, nullius est momenti. 14. Si quis sibi et Titio legatum adscripserit, magis est ut totum legatum ad conjunctum pertineat. 14a [1]. *Uxori legatum in alieno testamento scribere non prohibemur*. 15 [2]. Qui se filio testatoris impuberi tutorem adscripserit, ut suspectus a tutela removendus est, ad quam ultro videtur adfectasse. 16. Rem legatam testator si postea pignori vel fiduciae dederit, ex eo voluntatem mutasse non videtur [3]. 17. Ususfructus uniuscujusque rei legari potest, et aut ipso jure constituetur aut per heredem praestabitur; ex causa damnationis per heredem praestabitur; ipso jure per vindicationem. 18. Furiosi et aegrotantis et infantis ususfructus utiliter relinquitur. Horum enim alius resipiscere, alius convalescere, alius crescere potest. 19. Ancillae usufructu legato, partus ejus ad fructuarium non pertinent. 20. Gregis usufructu legato, grege integro manente, fetus ad usufructuarium pertinent, salvo eo, ut quidquid gregi deperierit ex fetibus impleatur. 21. Areae usufructu legato, aedificia in ea constitui non possunt. 22. Accessio ab alluvione ad fructuarium [fundum], quia fructus fundi non est, non pertinet; venationis vero et aucupii reditus ad fructuarium pertinent. 23. Servos nec torquere, neque flagellis caedere, neque in eum casum facto suo perducere usufructuarius potest, quo deteriores fiant. 24. Fructu legato, si usus non adscribatur, magis placuit usumfructum videri adscriptum; fructus enim sine usu esse non possunt. 25. Si alteri usus, alteri fructus legatus sit, fructuarius in usu concurrit, quod in fructu usuarius facere non potest 26. Conjunctim duobus ususfructus DO LEGO legatus altero mortuo ad alterum in solidum pertinebit. 27. Usufructu legato, de modo utendi cautio a fructuario solet interponi, et ideo perinde omnia se usurum, ac si optimus paterfamilias uteretur, fidejussoribus oblatis cavere cogitur.

27a [4]. *Arbores vi tempestatis, non culpa fructuarii eversas ab eo substitui non placet. 27b. Quidquid in fundo nascitur vel quidquid inde percipitur, ad fructuarium pertinet; pensiones quoque jam antea locatorum agrorum, [5] si ipsae quoque specialiter comprehensae sint. Sed ad exemplum venditionis,

---

1. 6, 14a = *D.*, 48, 10, 18, *pr.* — 2. Rédaction plus prolixe et corrompue dans *D.*, 48, 10, 18, 1. — 3. Les mss. insèrent ici la rubrique: 'De usufructu'. — 4. 6, 27a-27c = *D.*, 7, 1, 59. — 5. Incidente attribuée aux compilateurs par Eisele.

nisi fuerint specialiter exceptae, potest usufructuarius conductorem repellere 27ᶜ. Caesae harundinis vel pali compendium, si in eo quoque fundi vectigal esse consuevit, ad fructuarium pertinet*. 28. Ususfructus amissus ad proprietatem recurrit; amittitur autem quinque modis : capitis minutione, rei permutatione, non utendo, in jure cessione, dominii comparatione. 29. Capitis minutione amittitur, si in insulam fructuarius deportetur, vel si ex causa metalli servus poenae efficiatur, et si statum ex adrogatione vel adoptione mutaverit. 30. Non utendo amittitur usufructus, si possessione fundi biennio fructuarius non utatur, vel rei mobilis anno. 31. Rei mutatione amittitur ususfructus, si domus legata incendio conflagraverit aut ruina perierit, licet postea restituatur. 32. In jure cessione amittitur ususfructus, quotiens domino proprietatis eum fructuarius in jure cesserit 33. Finitur ususfructus aut morte aut tempore : morte, cum usufructuarius moritur ; tempore, quotiens ad certum tempus ususfructus legatur, velut biennio aut triennio. 34. Fundo vel servo legato tam fundi instrumentum quam servi peculium ad legatarium pertinet¹. 35. Quaerendorum fructuum causa esse videntur, qui opus rusticum faciunt, et monitores et vilici et saltuarii : item boves aratorii, aratra, bidentes et falces putatoriae : frumentum quoque ad sementem repositum. 36. Fructuum cogendorum causa comparata instrumento cedunt, velut corbes, alvei, falces messoriae et fenariae, item molae olivariae. 37. Conservandorum fructuum causa comparata instrumento cedunt, velut dolia, cupae, vehicula rustica, cibaria, pistores, asini, focariae : item ancillae quae vestimenta rusticis faciunt, scutra quoque et sutor continebuntur. 38. Uxores eorum qui operantur magis est ut instrumento cedant ; pecora quoque et pastores eorum stercorandi causa parata instrumento continentur. 39. Ea autem, quae custodiae magis causa quod ² ad usus patris familias eo delata sunt, instrumenti nomine non continentur. 40 Uxores vero eorum, qui mercedes praestare consueverant, neque instructionis neque instrumenti appellatione continentur. 41. Piscationis vel venationis instrumentum ita demum instrumento fundi continetur, si ex his maxime fundi reditus cogantur. 42. Fructus percepti instrumento fundi ita demum cedunt, si ibidem absumi a testatore consueverant. 43. Fundo cum omni instrumento rustico et urbano et manci-

---

1. Paul disait probablement le contraire, d'après *D.*, 33, 8, 24 ; 33, 10, 14. — 2. Krueger corrige 'quaeve' en partant de *D.*, 33, 7, 12, 15.

piis quae ibi sunt legato, semina quoque et cibaria debebuntur. 44. Fundo cum omni instrumento rustico et urbano et mancipiis quae ibi sunt legato, tam supellex quam aeramentum itemque argentum et vestes, quae ibi pater familias instruendi gratia habere solet, debebuntur : item ea mancipia, quae usui patris familias esse solent, itemque aves et pecora, quae instruendarum epularum gratia in fundo comparata sunt : exceptis his, quae ibi custodiae causa deposita sunt. 45. Fundo legato ITA UT OPTIMUS MAXIMUSQUE EST retia apraria et cetera venationis instrumenta continebuntur : quae etiam ad instrumentum pertinent, si quaestus fundi ex maxima parte in venationibus consistat. 46. Fructus, qui solo cohaerebant mortis testatoris tempore, ad legatarium pertinent ; ante percepti ad heredem. 47. Fundo legato cum mancipiis et pecoribus et omni instrumento rustico et urbano, peculium actoris ante testatorem defuncti, si ex eodem fundo fuerit, magis placet ad legatarium pertinere. 48. Actor vel colonus ex alio fundo in eodem constitutus, qui cum omni instrumento legatus erat, ad legatarium non pertinet, nisi eum ad jus ejus fundi testator voluerit pertinere. 49. Adjunctiones, quas fundo legato testator ex diversis emptionibus applicaverat, legatario cedere placuit. 50. Instructo praedio legato, fabri ferrarii, item tignarii, putatores et qui instruendi fundi gratia ibidem morabantur, legato cedunt. 51. Instructo fundo legato, libri quoque et bibliothecae, quae in eodem fundo sunt, legato continentur. 52. Servos studendi gratia ex eodem fundo, qui cum mancipiis fuerat legatus, alio translatos ad legatarium placuit pertinere. 53. Fundo ita ut possederat legato mancipia tam urbana quam rustica, itemque argentum et vestes, quae eodem tempore in fundo comprehendentur, ad legatarium pertinent. 54. Pascualia quae postea comparata ad fundum legatum testator adjunxerat, si ejus appellatione contineantur, ad legatarium pertinent. 55. Quidquid in eadem domo, quam instructam legavit paterfamilias, perpetuo instruendi se gratia habuit, legatario cedit. 56. Instructa domo legata, ea legato continentur, quibus domus munitior vel tuta ab incendio praestatur : tegulae, specularia et vela legato continebuntur ; item aeramenta, lecti, culcitae, pulvini, subsellia, cathedrae, mensae, armaria, delphicae, pelves, conchae, aquimanalia, candelabra, lucernae, et similia quacumque materia expressa. 57. Domo legata, balneum ejus, quod publice praebetur, nisi alias separetur, legato cedit. 58. Domo cum omni jure suo, sicut instructa est, legata, urbana familia, item artifices et vestiarii [1] et zetarii et aquarii eidem domui servientes legato cedunt. 59. Omnibus, quae in domo sunt, legatis, cautiones debitorum rationesque servorum legato cedunt. 60. Monilibus legatis, aurum vel argentum non debetur, nisi de his quoque manifeste sensisse testatorem possit ostendi. 61. Instrumento cauponio legato, ea debentur, quae cauponis usui parata sunt, velut vasa, in quibus vinum defunditur, escaria quoque et pocularia vasa debentur ; sane ministri earum rerum legato non cedunt. 62. Instrumento medici legato, collyria et emplastra et apparatus omnis conficiendorum medicamentorum, itemque ferramenta legato cedunt. 63. Instrumento pictoris legato, colores, penicilli, cauteria et temperandorum colorum vasa debebuntur. 64. Pistoris instrumento legato, cribra, asini, molae et servi, qui pistrinum exercent, item machinae, quibus farinae subiguntur, legato cedunt. 65. Instrumento balneatorio legato, balneator ipse et scamna et hypopodia, fistulae, miliaria, epitonia, rotae aquariae, jumenta quoque, quibus ligna deferuntur, legato cedunt. 66. Instrumento piscatoris legato, et retia et nassae et fuscinae et naviculae, hami quoque et cetera ejusmodi usibus destinata debentur. 67. Supellectile legata, capsae armaria, nisi solum librorum aut vestis ponendae gratia paratae sint, debebentur ; sed et buxina et cristallina et argentea et vitrea vasa, tam escaria quam pocularia, et vestis stratoria legato cedunt. 68. Villis vel agris separatim legatis alterum alteri cedit. 69. Servis DO LEGO legatis, ancillae quoque debebuntur : non item servi, legatis ancillis ; sed ancillarum appellatione tam virgines quam servorum pueri continentur : his scilicet exceptis, qui fiduciae dati sunt. 70. Servis amanuensibus legatis, omnes, qui ex conversatione urbana eo in ministerio fuerint, debebuntur, nisi ex his aliqui perpetuo ad opus rusticum transferantur. 71. Venatores servi vel aucupes an inter urbana ministeria contineantur, dubium remansit : et ideo voluntatis est quaestio. Tamen si instruendarum cotidianarum epularum gratia habentur, debentur. 72. Muliones et institores inter urbana ministeria continentur ; item opsonatores et vestiarii et cellararii et cubicularii et arcarii et coqui, placentarii, tonsores, pistores, lecticarii. 73. Pecoribus legatis quadrupedes omnes continentur, quae gregatim pascuntur. 74. Jumentis legatis boves non continentur ; equis vero legatis equas quoque placuit contineri ; ovibus au-

---

1. Cujas: 'ostiarii'.

tem legatis agni non continentur, nisi annuales sint. 75. Grege ovium legato arietes etiam continentur. 76[1]. Avibus legatis, anseres, phasiani. gallinae et aviaria debebuntur : an autem phasianarii et pastores anserum, voluntatis est quaestio. 77. Dulcibus legatis, sapa, defrut*um*, muls*um*, dulce etiam vin*um*, palmae, caricae, uvae. passae debebuntur. Sed in hoc quoque voluntatis est quaestio, quia et in specie pomorum comprehendi possunt. 78 Frugibus legatis tam legumina quam hordeum et triticum continentur. 79. Veste legata, ea cedunt, quae ex lana et lino texta sunt ; item serica et bombycina, quae tamen induendi vel operiendi, cingendi, sternendi injiciendique causa parata sunt : pelles quoque indutoriae continebuntur. 80. Veste virili legata, ea tantummodo debentur, quae ad usum virilem salvo pudore virilitatis attinent ; stragula quoque huic legato cedunt. 81. Muliebri veste legata, omnia quae ad usum muliebrem spectant debebuntur. 82. Lana legata, sive sucida sive lota sit sive pectinata sive versicoloria, legato cedit ; purpura vero aut stamen subtemenve hoc nomine non continentur. 83. Mundo muliebri legato ea cedunt, per quae mundior mulier lautiorque efficitur, velut speculum, conchae, situli, item pyxides, unguent*a* et vasa, in quibus ea sunt ; item sella balnearis et cetera ejusmodi. 84. Ornamentis legatis ea cedunt, per quae ornatior mulier efficitur, veluti anuli, catenae reticuli et cetera, quibus collo vel capite vel manibus mulieres ornantur. 85. Argento legato, massae tantummodo debebuntur ; vasa enim, quae proprio nomine separantur, legato non cedunt. quia nec lana legata vestimenta debebuntur 86. Vasis argenteis legatis ea omnia continentur, quae capacitati alicui praeparata sunt, et ideo tam potoria quam escaria, item ministeria omnia debebuntur, veluti urceoli, lances, patinae, piperataria ; cochlearia quoque, itemque trullae, calices, scyphi et his similia. 87. Libris legatis tam chartae volumina vel membranae et philyrae continentur ; codices quoque debentur ; librorum enim appellatione non volumina chartarum, sed scripturae modus, qui certo fine concluditur, aestimatur. 88. Auro legato gemmae quoque inclusae, itemque margaritae *et* smaragdi legato cedunt. Sed magis est voluntatis esse quaestionem ; infectum enim aurum debetur, factum [enim] ornamentorum genere continetur. 89 Vasis argenteis legatis, embl mata quoque ex auro infixa legato cedunt. 90. Argento potorio legato, omnia, quae ad

---

1. Texte un peu différent, *D.*, 32, 66.

poculorum speciem comparata sunt, debebuntur, veluti paterae, calices scyphi, urceoli, oenophoria et conchae. 91 Carruca cum junctura legata, mulae quoque legatae, *non* et mulio videtur, propter cotidianam loquendi consuetudinem. 91 ¹. Heres servum proprium, quem testator legaverat, manumittendo nihil agit, quia scientiae vel ignorantiae ejus nullam placuit admitti rationem*. 91b ². *Libertus, qui in priore parte testamenti legatum acceperat et ingratus postea eadem scriptura a testatore appellatus est, commutata voluntate actionem ex testamento habere non potest*.

92. Prolatis codicillis vel alio testamento, quibus ademptum est legatum vel certe rescissum, perperam soluta repetuntur.

[VII. DE MORTIS CAUSA DONATIONIBUS.]

1. Mortis causa donat, qui ad bellum proficiscitur, et qui navigat, ea scilicet condicione, ut, si reversus fuerit, sibi restituatur, si perierit, penes eum remaneat cui donavit. 2. Donatio mortis causa, cessante valetudine et sequente sanitate, paenitentia etiam revocatur; morte enim tantummodo convalescit.

[VIII. AD LEGEM FALCIDIAM.]

1. Exhausta legatis aut fideicommissis vel mortis causa donationibus hereditate auxilio Falcidiae institutus heres quadrantem retinere potest. 2. Quotiens de modo quartae retinendae quaeritur, propter periculum plus petendi, officio judicis omnibus aestimatis, quarta facienda est, quae apud heredem remaneat, aut certe exigenda cautio a legatario, ut quod plus dodrante perceperit restituat. 3. Ea, quae mater viva filio donavit, in quartam non imputantur. 3ᵃ ³. *Aeris alieni loco deducuntur non solum pretia eorum quibus libertas data est et eorum qui supplicio sunt adfecti, sed et ejus quem praetor propter indicium proditae mortis vel detectae eorum conjurationis libertate donavit*.

4. Ex mora praestandorum fideicommissorum vel legatorum fructus et usurae peti possunt; mora autem fieri videtur, cum postulanti non datur.

[IX.] ⁴

1. *Si nullae sint res hereditariae, in quas legatarii vel fideicommissarii mittantur, in rem quidem heredis mitti non

---

1. 6, 91a = *D.*, 40, 9, 28. — 2. 6, 91b = *D.*, 34, 4, 29. — 3. 8, 3a = *D.*, 35, 2, 39. — 4. 9 = *D.*, 36, 4, 10.

possunt, sed per praetorem denegatas heredi actiones ipsi persequuntur*.

[x.] [1]

1. *In bonis curatoris privilegium furiosi furiosaeve servatur; prodigus et omnes omnino, etiamsi in edicto non sit eorum mentio, in bonis curatoris decreto privilegium consequuntur*.

LIBER QUARTUS.

[1. DE FIDEICOMMISSIS.]

1. Ab uxore, cui vir dotem praelegavit, fideicommissum relinqui non potest, quia non ex lucrativa causa testamento aliquid capit, sed proprium recipere videtur. 2. A postumo herede instituto fideicommissum dari potest. 3. Ab imperatore herede instituto legatum et fideicommissum peti potest. 4. A surdo vel muto, sive legatum acceperit, sive heres institutus sit, vel ab intestato successerit, fideicommissum relinquitur. 4^a [2]. *A patre vel domino relictum fideicommissum, si hereditas ei non quaeratur, ab emancipato filio vel servo manumisso utilibus actionibus postulatur; penes eos enim quaesitae hereditatis emolumentum remanet*. 5. Qui fideicommissum relinquit, etiam cum eo loqui potest cui relinquit velut: PETO, GAI SEI, CONTENTUS SIS ILLA RE, aut: VOLO TIBI ILLUD PRAESTARI. 6. Fideicommittere his verbis possumus: ROGO, PETO, VOLO, MANDO, DEPRECOR, CUPIO, INJUNGO; DESIDERO quoque et IMPERO verba utile faciunt fideicommissum; RELINQUO vero et COMMENDO nullam fideicommissi pariunt actionem.

6^a [3]. *Nutu etiam relinquitur fideicommissum, dummodo is nutu relinquat, qui et loqui potest, nisi superveniens morbus ei impedimento sit*.

7. Tam nostras res quam alienas per fideicommissum relinquere possumus; sed nostrae statim, alienae autem aestimatae aut redemptae praestantur. 8. Si alienam rem tanquam suam testator per fideicommissum reliquerit, non relicturus, si alienam scisset, ut solet legatum, ita inutile erit fideicommissum. 9. Testator supervivens si eam rem, quam reliquerat, vendiderit, extinguitur fideicommissum. 10. Codicillis,

---

1. 10 = *D.*, 27, 10, 15, 1. — 2. 1, 4a = 32, 4, où Seckel et Kuebler soupçonnent toute la fin du texte depuis 'ab emancipato' de venir des compilateurs; cf. *D.*, 31, 62. — 3. 1, 6a = *D.* 32, 21, *pr.* où la finale à partir de 'nisi' a déjà été suspectée par Cujas; v. *C.*, 6, 22, 10.

qui testamento confirmati non sunt, adscriptum fideicommissum jure debetur. 11. Filio quibuscumque verbis a patre fideicommissum relictum jure debetur : sufficit enim inter conjunctas personas quibuscumque verbis, ut in donatione, voluntas expressa. Et ideo etiam PRIDIE QUAM MORIETUR recte relictum videtur. 12. In tempus emancipationis, vel CUM SUI JURIS ERIT, fideicommissum relictum quocumque modo patria potestate liberato debetur. 13. Rogati invicem sibi, si sine liberis decesserint, hereditatem restituere, altero decedente sine liberis hereditas ad eum pervenit, qui supervixit : nec ex eo pacisci contra voluntatem testatoris possunt. 14. Heres ante aditam hereditatem, legatarius antequam legatum accipiat, fideicommissum praestare non possunt. 15. Rem fideicommissam si heres vendiderit, eamque sciens compararit, nihilominus in possessionem ejus fideicommissarius mitti jure desiderat. 16. Quotiens libertis fideicommissum relinquitur, ad eos tantummodo placuit pertinere, qui manumissi sunt, vel qui in eodem testamento libertatem intra numerum legitimum consecuti sunt. 17. Cui ab herede fideicommissum non praestatur, non solum in res hereditarias, sed et in proprias heredis inducitur. 18. Jus omne fideicommissi non in vindicatione, sed in petitione consistit. 19 [1]. *Fideicommissum relictum et apud eum cui relictum est ex causa lucrativa inventum extingui placuit, nisi defunctus aestimationem quoque ejus praestari voluit [2]. 20. Columnis aedium vel tignis per fideicommissum relictis ea tantummodo amplissimus ordo praestari voluit nulla aestimationis facta mentione, quae sine domus injuria auferri possunt*.

[II. DE SENATUS CONSULTO TREBELLIANO.]

1. Senatus consulto Trebelliano prospectum est, ne solus heres omnibus hereditariis actionibus oneretur. Et ideo, quotiens hereditas ex causa fideicommissi restituitur, actiones ejus in fideicommissarium transferuntur, quia unicuique damnosam esse fidem suam non oportet.

[III. DE SENATUS CONSULTO PEGASIANO.]

1. Inter heredem et fideicommissarium, cui ex Pegasiano hereditas restituitur, partis et pro parte stipulatio interponitur, ut heredi instituto pro quarta actiones, pro ceteris vero portionibus fideicommissario competant. 2. Totam heredita-

---

1. 1, 19-20 = D., 32, 21, 1-2. — 2. Restriction attribuée par Ferrini aux compilateurs.

tem restituere rogatus si quartam retinere nolit magis est, ut eam ex Trebelliano debeat restituere; tunc enim omnes actiones in fideicommissarium dantur. 3. Lex Falcidia itemque senatus consultum Pegasianum deducto omni aere alieno deorumque donis quartam residuae hereditatis ad heredem voluit pertinere. 4. Qui totam hereditatem restituit, cum quartam retinere ex Pegasiano debuisset, si non retineat, repetere eam non potest. Nec enim indebitum solvisse videtur, qui plenam fidem defuncto praestare maluit.

[IV. DE REPUDIANDA HEREDITATE.]

1. Recusari hereditas non tantum verbis, sed et re potest et alio quovis indicio voluntatis. 2. Heres per magistratus municipales ex auctoritate praesidis fideicommissario postulante hereditatem adire et restituere compellitur. 3. Fideicommissarius si adfirmet heredem nolle adire hereditatem, absente eo interponi decretum et in possessionem mitti jure desiderat. 4. Suspectam hereditatem adire compulsus omnia ex Trebelliano restituit.

[V. DE INOFFICIOSI QUERELLA.]

1. Inofficiosum dicitur testamentum, quod frustra liberis exheredatis non ex officio pietatis videtur esse conscriptum. 2. Post factum a matre testamentum filius procreatus, non mutata ab ea, cum posset, voluntate, ad exemplum praeteriti, inofficiosi querellam recte instituit 3. Testamentum, in quo imperator heres scriptus est, inofficiosum argui potest ; eum enim, qui leges facit, pari majestate legibus obtemperare convenit 4. Qui inofficiosum dicere non [1] potest, hereditatem petere non prohibetur. 5. Ex asse heres institutus inofficiosum dicere non potest : nec interest, exhausta nec ne sit hereditas, cum apud eum quarta aut legis Falcidiae aut senatus consulti Pegasiani beneficio sit remansura. 6. Quartae portionis portio liberis, deducto aere alieno et funeris impensa, praestanda est, ut ab inofficiosi querella excludantur. Libertates quoque eam portionem minuere placet. 7 [2]. Filius judicio patris si minus quarta portione consecutus sit, ut quarta sibi a coheredibus fratribus citra inofficiosi querellam impleatur, jure desiderat. 8 Pactio talis ne de inofficioso testamento dicatur, querellam super judicio futuram non excludet ; meritis

---

1. Négation effacée par Sichard et Huschke. — 2. Seckel et Kuebler considèrent l'action en supplément comme ayant été placée ici par les Wisigoths sous le nom de Paul.

enim liberos *magis* quam pactionibus adstringi placuit. 9. Rogatus hereditatem restituere etsi inofficiosi querellam instituerit, fideicommisso non fit injuria ; quartam enim solummodo hereditatis amittit, quam beneficio senatus consult*i* habere potuisset. 10. Heres institutus, habens substitutum, si de inofficioso dixerit nec obtinuerit, non id ad fiscum, sed ad substitutum pertinebit.

[VI. DE VICESIMA.]

1. Tabulae testamenti aperiuntur hoc modo, ut testes vel maxima pars eorum adhibeatur, qui signaverint testamentum, ita ut agnitis signis, rupto lino aperiatur et recitetur atque ita describendi exempli fiat potestas, ac deinde signo publico obsignatum in archivum redigatur, ut, si quando exemplum ejus interciderit, sit, unde peti possit. 2. Testamenta in municipio, colonia, oppid*o* [1], praefectura, vico, castello, conciliabulo facta in foro vel basilica praesentibus testibus vel honestis viris inter horam secundam et decimam diei *aperiri* recitarique debebunt, exemploque sublato, ab iisdem rursus [magistratibus] obsignari, *in* quorum praesenti*a* apert*a* sunt. 2a [2]. *Qu*i* aliter aut alibi, quam ubi lege praecipitur, testamentum aperuerit recitaveritve, poena sestertiorum quinque milium tenetur*. 3. Testamentum lex statim post mortem testatoris aperiri voluit : et ideo, quamvis sit rescriptis variatum, tamen a praesentibus intra triduum vel quinque dies aperiendae sunt tabulae, *ab* absentibus quoque intra eos dies, cum supervenerint ; nec enim oportet *tam* heredibus aut legatariis aut libertatibus quam necessario vectigali moram fieri.

[VII. DE LEGE CORNELIA.]

1. Qui testamentum falsum scripserit, recitaverit, subjecerit, signaverit, suppresserit, amoverit, resignaverit, deleverit, poena legis Corneliae de falsis tenebitur, id est in insulam deportatur. 2. Non tantum is, qui testamentum subjecit, suppressit, delevit, poena legis Corneliae coercetur, sed et is, qui sciens dolo malo id fieri jussit faciendumve curavit. 3. Testamentum supprimit, qui sciens prudensque tabulas testamenti in fraudem heredum vel legatariorum fideivecommissariorum aut libertatium non profert. 4. Supprimere tabulas videtur, qui, cum habeat et proferre possit, eas proferre non

1. Mommsen, *Dr. public*, 6, 2, p. 438, n. 2 ; les mss. : 'municipiis colonia oppidis' ; Krueger, Huschke : 'municipiis colon*iis* oppidis'. — 2. 6, 2a ajouté d'après deux mss.

curat. 5. Codicilli quoque, si lateant nec proferantur, supprimi videbuntur. 6. Edicto perpetuo cavetur. ut, si tabulae testamenti non appareant, de earum exhibitione interdicto reddito intra annum agi possit, quo ad exhibendum compellitur qui supprimit ; tabularum autem appellatione chartae quoque et membranae continentur.

[VIII. DE INTESTATORUM SUCCESSIONE.]

1[1]. *Intestati dicuntur, qui testamentum facere non possunt, vel ipsi linum, ut intestati decederent, abruperunt, vel quorum hereditas repudiata est, *quibus*ve condicio defecerit, (2) *nisi* jure praetorio *non jure* factum testamentum objecta doli ex*ceptione* obtinebit. 2. *Contra* quorum testamenta rumpuntur aut inrita fiunt, ipso quidem jure testati decedunt, sed per consequentias sublato testamento intestati decedunt. 3. Intestatorum hereditas lege duodecim tabularum primum suis heredibus, deinde agnatis et aliquando quoque genti*li*bus deferebatur. Sane consanguinei, *quos* lex non adprehenderat, interpretatione prudentium primum inter agnatos locum acceperunt. 4. Sui heredes sunt h*i* : primo loco, filius filia in potestate patris constituti : nec interest, *a*doptivi sint an naturales et secundum legem Juliam Papiamve quaesiti, modo maneant in potestate. 5. Qui sui heredes sunt. ipso jure heredes etiam ignorantes constituuntur, ut furiosi aut infantes et peregrinantes : quibus bonorum possessio nis*i* propter praetoriam actionem non erat necessaria. 6. Suis heredibus adeo a morte testatoris rerum hereditariarum dominium continuatur, ut nec tutoris auctoritas pupill*is* nec furiosis curator sit necessarius, nisi forte *ut abstineant si minus* solven*do* sit hereditas : quamvis etiam furiosus, si resipuerit, et pupillus, si adoleverit, abstinere possint. 7. Post mortem patris natus vel ab hostibus reversus aut ex primo secundove mancipio manumissus, cujusve erroris causa probata *est*. licet non fuerint in potestate, sui tamen patri heredes efficiuntur. 8. Post filios filias ad intestatorum successionem inter suos veniunt nepotes neptes pronepotes proneptes ac deinde masculino sexu p*er* filium descendentes, si nullo parentum impedimento ipsi in avi potestate vel proavi familia remanseri*nt* ; parentes enim liberis suis, cum quibus in potestate fuerunt ipsi, ordine successionis obsistunt 9. Fili*i si* cum nepotibus ex alio filio susceptis in familia retinentur, ad intestati patris successionem cum fratris filiis vocantur. Quibus in patris sui p*ar*tem venientibus hereditas in stirpes, non in capita

---

1. 8, 1-13 = *Coll.*, 16, 3, 1-13.

dividitur, ita ut unus filius et plures nepotes singulos semisses habeant. Idemque evenit, si avo ex duobus filiis impari numero nepotes successerint. 10. Ex filia nepotes sui heredes non sunt ; in avi enim materni potestate alienam familiam sequentes ipsa ratione esse non possunt. 11. Eo tempore suus heres constituendus est, quo certum est aliquem intestatum decessisse : quod ex eventu deficientis condicionis et ortu nepotis, qui vivo avo post mortem patris *conceptus sit et post mortem avi* natus, finiri potest. 12. *Quem* filius emancipatus suscepit vel adoptavit, sui heredis locum in avi successione, sicut ipse pater, obtinere non potest ; *potest* adoptivus tamen nec quasi cognatus bonorum possessionem ejus petere potest. 13. Si sui heredes non sunt, ad agnatos legitima hereditas pertinebit, inter quos primum locum consanguinei obtinent. Agnati autem sunt cognati virilis sexus per virilem *sexum* descendentes, sicut filius fratris et patruus et deinceps tota successio*. 14. Inter agnatos et cognatos hoc interest, quod in agnatis etiam cognati continentur, inter cognatos vero agnati non comprehenduntur. Et ideo patruus et agnatus est et cognatus, avunculus autem cognatus tantummodo. 15 [1]. *Consanguinei sunt eodem patre nati, licet diversis matribus, qui in potestate fuerunt mortis tempore : adoptivus quoque frater, si non sit emancipatus, et hi qui post mortem patris nati sunt vel causam probaverunt. 16. Soror jure consanguinitatis tam ad fratris quam ad sororis hereditatem admittitur. 17. Consanguineis non exsistentibus agnatis defertur hereditas, prout quis alterum gradu praecesserit. Quod si plures eodem gradu consistunt, simul admittuntur*. 18. Si sint fratres defuncti et fratres filii vel nepotes fratre non exsistente, filius fratris nepoti praefertur. 19 [2]. *Sed si duorum fratrum sint liberi, non in stirpes, sed in capita hereditas distribuitur, scilicet ut pro numero singulorum viritim distribuatur hereditas*. 20 (22) [3]. Feminae ad hereditates legitimas ultra consanguineas successiones non admittuntur : idque jure civili Voconiana ratione videtur effectum. Ceterum lex XII tabularum nulla discretione sexus *agnatos* admittit. 21 (23). In hereditate legitima successioni locus non est ; et ideo fratre decedente, antequam

---

1. 8, 15-17 = *Coll.*, 16. 3, 15-17. — 2. 8, 19 = *Coll.*, 16,3,19. — 3. La plupart des éditeurs ajoutent après le § 19, un § 20 tiré de l'Epitome d'Aegidius : 'Filius fratris intestati filio sororis praefertur' et un § 21 tiré d'*App.*, 1, 7 : 'Legitimi heredes jure Gallico intra centesimum diem nisi adierint hereditatem, ad proximos eadem successio transfertur' écartés tous deux avec raison par Krueger et par Seckel et Kuebler comme n'étant pas de Paul.

adeat aut repudiet hereditatem,fratris filius admitti non potest, quia omissa successio proximiori defertur. 22 (24). Ab hostibus captus neque sui neque legitimi heredis jus amittit postliminio reversus. Quod et circa eos, qui in insulam deportantur vel servi poenae effecti sunt, placuit observari, si per omnia in integrum indulgentia principali restituantur. 23 (25). Pro herede gerere est destinatione futuri dominii aliquid ex hereditariis rebus usurpare; et ideo pro herede gerere videtur, qui fundorum hereditariorum culturas rationesque disponit, et qui servis hereditariis, jumentis rebusve aliis utitur. 24 (26). Ex pluribus heredibus isdemque legitimis si qui omiserint hereditatem vel in adeundo aliqua ratione fuerint impediti, his qui adierunt vel eorum heredibus omittentium portiones adcrescunt. Quod in herede instituto, [eum] qui acceperat substitutum, evenire non poterit : diversa enim causa est scripti et legitimi.

[IX. AD SENATUS CONSULTUM TERTULLIANUM.]

1. Matres tam ingenuae quam libertinae cives Romanae, ut jus liberorum consecutae videantur, ter et quater peperisse sufficiet, dummodo vivos et pleni temporis pariant. 2. Quae semel uno partu tres filios edidit, jus liberorum non consequitur; non enim ter peperisse, sed semel partum fudisse videtur; nisi forte per intervalla pariat. 3 [1]. Mulier si monstruo*sum* aliquid aut prodigio*sum* enixa sit, nihil proficit; non sunt enim liberi, qui contra formam humani generis converso more procreantur. 4. Partum, qui membrorum humanorum officia duplicavit, quia hoc ratione aliquatenus videtur effectum, matri prodesse placuit. 5. Septimo mense natus matri prodest; ratio enim Pythagoraei numeri hoc videtur admittere, ut aut septimo pleno aut decimo mense partus maturior videatur. 6. Aborsus et abactus venter partum efficere non videtur. 7. Libertina ut jus liberorum consequi possit, quater eam peperisse ut ingenuam sufficit. 8. Latina ingenua, jus Quiritium consecuta, si ter peperit, ad legitimam filii hereditatem admittitur; non est enim manumissa. 9. Jus liberorum mater habet, quae tres filios aut habet aut habuit, aut neque habet neque habuit. Habet, cui supersunt; habuit, quae amisit; neque habet neque habuit, quae beneficio principis jus liberorum consecuta est. 10 [2]. *Mater per fratrem excluditur et

---

1. Rapprocher de 9, 3-4, la rédaction modifiée de *D.*, 1, 5, 14. — 2. 9, 10 = *Lex Rom. Burgund.*, 28, 2-3, qui reproduit seulement le sens

in successione frater cum sorore aequa sorte succedit ; quod si frater defuerit, mater et filiae, quantae fuerint, aequales capiunt portiones*.

[X 1.]

1 2. *Filii vulgo quaesiti ad legitimam matris hereditatem adspirare non prohibentur, quia pari jure, *ut* ipsorum *hereditates* matribus, ita ipsis matrum deferri debuerunt. 2. Ad filiam ancillam vel libertam ex senatus consulto Claudiano effectam legitima matris intestatae hereditas pertinere non potest, quia neque servi neque liberti matrem civilem habere intelleguntur. 3. Ad legitimam intestatae matris hereditatem filii cives Romani, non etiam Latini admittuntur ; cives autem Romanos eo tempore esse oportet, quo eis defertur et ab iis legitima hereditas aditur ; perinde autem matris certiores filii fiunt, non nuntio accepto, sed pro liquido comperto, quod intestata decesserit*. 4 3. *Filius maternam hereditatem eandemque legitimam nisi adeundo quaerere non potest*.

[XI. DE GRADIBUS.]

1a 4. *Στέμματα cognationum directo limite in duas lineas separantur, quarum altera superior, altera inferior : ex superiore autem et secundo gradu transversae lineae pendent, quas omnes latiore tractatu habito in librum singularem contexuimus*. 1. Primo gradu superiori linea continentur pater, mater ; inferiori filius, filia : quibus nullae aliae personae junguntur. 2. Secundo gradu continentur superiori linea avus, avia ; inferiori nepos, neptis ; transversa frater, soror. Quae personae duplicantur ; avus enim et avia tam ex patre quam ex matre, nepos, neptis tam ex filio quam ex filia, frater, soror tam ex patre quam ex matre accipiuntur. Quae personae sequentibus quoque gradibus similiter pro substantia earum, quae in quoque gradu consistunt, ipso ordine duplicantur. 3. Tertio gradu veniunt supra proavus, proavia ; infra pronepos, proneptis ; ex obliquo fratris sororisque filius, filia, patruus, amita, id est patris frater et soror, avunculus, matertera, id est matris frater et soror. 4. Quarto gradu veniunt supra abavus, abavia ; infra abnepos, abneptis ; ex obliquo fratris et sororis nepos, neptis, frater patruelis, soror patruelis, id est patrui filius, filia, consobrinus, consobrina, id est avunculi et

---

1. Cujas suivi par Seckel et Kuebler restitue la rubrique : 'Ad senatus consultum Orfitianum'. — 2. 10, 1-3 = *App.*, 1, 17-19. — 3. 10, 4 = *App.*, 1, 8. — 4. 11, 1a = *D.*, 38, 10, 9.

materterae filius, filia, amitinus, amitina, id est amitae filius, filia; itemque consobrini, qui ex duabus sororibus nascuntur. Quibus adcrescit patruus magnus, amita magna, id est avi paterni frater et soror; avunculus magnus, matertera magna, id est aviae tam paternae quam maternae frater et soror. 5. Quinto gradu veniunt supra quidem atavus, atavia; infra adnepos, adneptis; ex obliquo fratris et sororis pronepos, proneptis; fratris patruelis, sororis patruelis, amitini, amitinae, consobrini, consobrinae filius, filia; propius sobrino. sobrina, id est patrui magni, amitae magnae, avunculi magni, materterae magnae filius, filia. His adcrescunt propatruus, proamita, hi sunt proavi paterni frater et soror; proavunculus, promatertera, hi sunt proaviae paternae maternaeque frater et soror, proavique materni. 6. Sexto gradu veniunt supra tritavus, tritavia; infra trinepos, trineptis; ex obliquo fratris et sororis abnepos, abneptis, fratris patruelis, sororis patruelis, amitini, amitinae, consobrini, consobrinae patrui magni, amitae magnae, avunculi magni, materterae magnae nepos, neptis, propioris sobrino filius, filia, qui consobrini appellantur. Quibus ex latere adcrescunt propatrui, proamitae, proavunculi, promaterterae filius, filia; abpatruus, abamita, hi sunt abavi paterni frater et soror; abavunculus, abmatertera, hi sunt abaviae paternae maternaeque frater et soror, abavique materni. 7. Septimo gradu qui sunt cognati, recta linea supra infraque, propriis nominibus non appellantur; sed ex transversa linea continentur fratris sororisve adnepotes, adneptes, consobrini filii filiaeque. 8. Successionis idcirco gradus septem constituti sunt, quia ulterius per rerum naturam nec nomina inveniri, nec vita succedentibus prorogari potest.

[XII. DE MANUMISSIONIBUS.]

1. Servum communem unus ex dominis manumittendo Latinum facere non potest, non magis quam civem Romanum: cujus portio eo casu, quo, si. proprius esset, ad civitatem Romanam perveniret, socio adcrescit. 2. Mutus et surdus servum vindicta liberare non possunt: inter amicos tamen et per epistulam manumittere non prohibentur. Ut autem ad justam libertatem pervenire possit, condicione venditionis excipi potest. 3. Tormentis apud praesidem subjectus et de nulla culpa confessus ad justam libertatem perduci potest. 4. Fideicommissa libertas data facto heredis non mutatur, si servum, quem manumittere jussus est, vinxerit. 5. Communem ser-

vum unus ex sociis vinciendo futurae libertati non nocebit;
inter pares enim sententia clementior severiori praefertur;
et certe humanae rationis est favere miserioribus, pro*pe* et
innocentes dicere, quos absolute nocentes pronuntiare non
possunt. 6. Debitor creditorve servum pignoris vinciendo
dediticium facere non possunt; alter enim sine altero causam
pignoris deteriorem facere non potest. 7. Servus furiosi domini
vel pupilli jussu vinctus dediticiorum numero non efficitur,
quia neque furiosus neque pupillus exacti consilii capax est.
8. Non tantum si ipse dominus vinciat, nocet libertati, sed et si
vinciri jubeat, aut vincientis procuratoris actorisve factum
comprobet. Quodsi, antequam sciret vinctum, solutionis ejus
causas approbaverit, libertati futurae vincula non nocebunt.
9. Caeco curator dari non potest, quia ipse sibi procuratorem
instituere potest.

[XIII. DE FIDEICOMMISSIS LIBERTATIBUS.]

1. Ea condicione heres institutus: SI LIBEROS SUOS EMANCI-
PAVERIT, omnimodo eos emancipare cogendus est [1]; pro condicione enim hoc loco emancipatio videtur adscripta. 2. Decedente eo, a quo fideicommissa libertas relicta est, heredes ejus
eam praestare cogendi sunt. 3. Decedens servis suis libertatem
ita dedit: ILLUM ET ILLUM LIBEROS ESSE VOLO EOSQUE FILIIS MEIS
TUTORES DO; impeditur fideicommissa libertas, quia pupilli sine
tutoris auctoritate manumittere non possunt et habentibus
tutores tutor dari non potest. Sed interim vice absentium pupilli habebuntur, ut ex decreto amplissimi ordinis primum
libertas ac deinde tutela competere possit.

[XIV. AD LEGEM FUFIAM CANINIAM.]

1. Nominatim servi testamento manumitti secundum legem
Fufiam possunt. Nominatim autem manumitti intellegitur hoc
modo: STICHUS LIBER ESTO. Cum autem OPSONATOREM, vel QUI EX
ANCILLA ILLA NASCETUR, LIBERUM ESSE VOLO, ex Orfitiano senatus
consulto perinde libertas competit, ac si nominatim data sit;
officiorum enim et artium appellatio nihil de significatione nominum mutat; nisi forte plures sint, qui eo officio designentur;
tunc enim nomen adjungendum est, ut eluceat, de quo testator
sensisse videatur. 2. Codicillis testamento confirmatis datae
libertates cum his, quae tabulis testamenti datae sunt, concurrunt, et sive antecedant sive sequentur testamentum, novissimo

---

1. Seckel et Kuebler soupçonnent que Paul disait le contraire.

loco adhibentur, quia ex testamento utraeque confirmantur. 3. Quotiens numerus servorum propter legem Fufiam Caniniam ineundus est, fugitivi quoque, quorum semper possessio animo retinetur, computandi sunt. 4. Lege Fufia Caninia cavetur, ut certus servorum numerus testamento manumittatur. Subductis igitur duobus usque ad decem pars dimidia, a decem usque ad triginta pars tertia, *a triginta* usque ad centum pars quarta, a centum usque ad quingentos pars quinta. Plures autem quam centum ex majori numero servorum manumitti non licet.

[XIVA.] [1]

1. *Nec filio patroni invito libertus natalibus suis restitui potest : quid enim interest ipsi patrono an filiis ejus fiat injuria ?*

LIBER QUINTUS.

[I. DE LIBERALI CAUSA.]

1. Qui contemplatione extremae necessitatis aut alimentorum gratia filios suos vendiderint, statui ingenuitatis eorum non praejudicant ; homo enim liber nullo pretio aestimatur. Idem nec pignori ab his aut fiduciae dari possunt ; ex quo facto sciens creditor deportatur [2]. Operae tamen eorum locari possunt. 2. Veritati et origini ingenuitatis manumissio quocumque modo facta non praejudicat. 3. Descriptio ingenuorum ex officio fisci inter fiscalem familiam facta ingenuitati non praejudicat. 4. Qui metu et impressione alicujus terroris apud acta praesidis servum se esse mentitus est, postea statum suum defendenti non praejudicat. 5. Post susceptum liberale judicium si adsertor causam deseruerit, in alium adsertorem omne judicium transferri placuit ; in priorem vero, quod prodendae libertatis gratia factum est, extra ordinem vindicatur ; non enim oportet susceptam status causam nulla cogente necessitate destitui. 6 [3]. *Cui necessitas probandi de ingenuitate sua non incumbit, ultro si ipse probare desideret, audiendus est. 7. Qui de ingenuitate cognoscunt, de calumnia ejus, qui temere controversiam movit, ad modum exsilii possunt ferre sententiam. 8. Tutores vel curatores pupillorum, quorum tutelam et res administraverunt, postea status quaestionem facere non possunt. 9. Maritus uxori eidemque libertae status quaestionem inferre non prohibetur*.

1. 14a = *D.*, 40, 11, 4. — 2. Cf. le même texte remanié, *D.*, 20, 3, 5. — 3. 1, 6-9 = *D.*, 40, 12, 39.

[1ᴀ.]

1. ¹*Locatio vectigalium, quae calor licitantis ultra modum solitae conductionis inflavit, ita demum admittenda est, si fidejussores idoneos et cautionem ² is qui licitatione vicerit offerre paratus sit. 2. Ad conducendum vectigal invitus nemo compellitur et ideo impleto tempore conductionis elocanda sunt. 3. Reliquatores vectigalium ad iterandam conductionem, antequam superiori conductioni satisfaciant, admittendi non sunt. 4. Debitores fisci itemque rei publicae vectigalia conducere prohibentur, ne ex alia causa eorum debita onerentur: nisi forte tales fidejussores obtulerint, qui debitis eorum satisfacere parati sint ³. 5. Socii vectigalium si separatim partes administrent, alter ab altero minus idoneo in se portionem transferri jure desiderat. 6. Quod illicite publice privatimque exactum est cum altero tanto passis injuriam exsolvitur; per vim vero extortum cum poena tripli restituitur: amplius extra ordinem plectuntur; alterum enim utilitas privatorum, alterum vigor publicae disciplinae postulat. 7. Earum rerum vectigal, quarum numquam praestitum est, praestari non potest: quod si praestari consuetum indiligentia publicani omiserat, alius exercere non prohibetur. 8. Res exercitui paratas praestationi vectigalium subjici non placuit. 9. Fiscus ab omnium vectigalium praestationibus immunis est; mercatores autem, qui de fundis fiscalibus mercari consuerunt, nullam immunitatem solvendi publici vectigalis usurpare possunt * 10.⁴. *Cotem ferro subigendo necessariam hostibus quoque venumdari, ut ferrum et frumentum et sales, non sine periculo capitis licet. 11. Agri publici, qui in perpetuum locantur, a curatore sine auctoritate principali revocari non possunt. 12. Dominus navis si illicite aliquid in nave vel ipse vel vectores imposuerint, navis quoque fisco vindicatur. Quod si absente domino [id] a magistro vel gubernatore aut proreta nautave aliquo id factum sit, ipsi quidem capite puniuntur commissis mercibus, navis autem domino restituitur. 13. Illicitarum mercium persecutio heredem quoque adfligit. 14. Eam rem, quae commisso vindicata est, dominus emere non prohibetur vel per se vel per alios quibus hoc mandaverit. 15. Qui maximos fructus ex redemptione vectigalium consequuntur,

---

1. 1a, 1-9 = D., 39, 4, 9. — 2. Paul : *praedes et praedia*, conjecturent Seckel et Kuebler. — 3. Seckel et Kuebler suspectent la finale à partir de 'nisi'. — 4. 1a, 10-15 = D., 39, 4, 11.

si postea tanto locari non possunt, ipsi ea prioribus pensionibus suscipere compelluntur*.

[II. DE USUCAPIONE.]

1. Possessionem adquirimus et animo et corpore : animo utique nostro, corpore vel nostro, vel alieno. Sed nudo animo adipisci quidem possessionem non possumus, retinere tamen nudo animo possumus, sicut in saltibus hibernis aestivisque contingit. 2. Per liberas personas, quae in potestate nostra non sunt, adquiri nobis nihil potest. Sed per procuratorem adquiri nobis possessionem posse utilitatis causa receptum est. Absente autem domino comparata non aliter ei, quam si rata sit, quaeritur. 3. Longi autem temporis praescriptio inter praesentes continui decennii spatio, inter absentes vicennii comprehenditur. 4. Viginti[1] annorum praescriptio etiam adversus rem publicam prodes*t* ei, qui justum initium possessionis habuit nec medio tempore interpellatus est. Actio tamen quanti ejus interest adversus eos rei publicae datur, qui ea negotia defendere neglexerunt. 5. Si post motam intra tempora quaestionem res ad novum dominum emptione transierit, nec is per viginti annos fuerit inquietatus, avelli ei possessionem non oportet.

[III. DE HIS QUAE PER TURBAM FIUNT.]

1. In eos, qui per turbam seditionemve damnum alicui dederint dandumve curaverint, si quidem res pecuniaria est, aestimatione dupli sarcitur ; quod si ex hoc corpori alicujus, vitae membrisve noceatur, extra ordinem vindicatur. 2. Quidquid ex incendio, ruina, naufragio, navique expugnata raptum, susceptum suppressumve erit, eo anno in quadruplum ejus rei, quam quis suppresserit, celaverit, rapuerit, convenitur, postea in simplum. 3[2]. Hi, qui aedes alienas villasve expilaverint, effregerint, expugnaverint, si quidem id turba cum telis coacta fecerint, capite puniuntur. Telorum autem appellatione omnia, ex quibus saluti hominis noceri possit, accipiuntur. 4. Receptores adgressorum, itemque latronum eadem poena adficiuntur, qua ipsi latrones ; sublatis enim susceptoribus grassantium cupido conquiescit. 5. Fures vel raptores balnearum plerumque in metallum aut in opus publicum damnantur ; nam nonnumquam pro frequentia admissorum

---

1. Huschke : '*Decem vel* viginti'. — 2. Cf. la version du *D.*, 48, 6, 11, *pr.* 1.

judicantis sententia temperatur. 6. Incendiarii, qui consulto incendium inferunt, summo supplicio adficiuntur. Quodsi per incuriam ignis evaserit, dupli`compendio damnum ejusmodi sarciri placuit.

[IV. DE INJURIIS.]

1. Injuriam patimur aut in corpus aut extra corpus : in corpus verberibus et illatione stupri, extra corpus conviciis et famosis libellis, quod ex adfectu uniuscujusque patientis et facientis aestimatur. 2. Furiosus itemque infans adfectu doli et captu contumeliae carent; idcirco injuriarum agi cum his non potest. 3. Si liberis qui in potestate sunt aut uxori fiat injuria, nostra interest vindicare; ideoque per nos actio inferri potest, si modo is, qui fecit, *in* injuriam nostram id fecisse doceatur. 4 Corpori injuria infertur, cum quis pulsatur cuive stuprum infertur [aut de stupro interpellatur]. Quae res extra ordinem vindicatur, ita ut pulsatio pudoris poena capitis vindicetur. 5. Sollicitatores alienarum nuptiarum itemque matrimoniorum interpellatores, et si effectu sceleris potiri non possint, propter voluntatem perniciosae libidinis extra ordinem puniuntur. 6. Injuriarum actio aut lege aut more aut mixto jure introducta est. Lege duodecim tabularum de famosis carminibus, membris ruptis et ossibus fractis. 7. Moribus, quotiens factum pro qualitate sui arbitrio judicis aestimatur *aut* congruentis poenae supplicio vindicatur. 8. Mixto jure actio injuriarum ex lege Cornelia constituitur, quotiens quis pulsatur vel cujus domus introitur ¹ ab his, qui vulgo directarii appellantur : in quos extra ordinem animadvertitur, ita ut *furis* inruentis consilium pro modo commentae fraudis poena vindicetur exilii aut metalli aut operis publici. 9. Injuriarum civiliter damnatus ejusque aestimationem inferre jussus famosus efficitur. 10. Atrox injuria aestimatur aut loco aut tempore aut persona : loco, quotiens in publico inrogatur ; tempore quotiens interdiu ; persona, quotiens senatori vel equiti Romano decurion*ive* vel alias spectatae auctoritatis viro [et si] plebeius vel humili loco natus [senatori vel equiti Romano decurioni] vel magistratui vel aedili vel judici quilibet [horum, vel si his omnibus plebeius] ². 11.Qui per calumniam injuriae actionem instituit. extra ordinem punitur ; omnes enim calumniatores exilii vel insulae relegatione aut ordinis amissione

---

1. Lacune probable.— 2.Restitution de Krueger, adoptée dans l'ensemble par Seckel et Kuebler, de cette finale certainement corrompue que Cujas supprimait tout entière depuis 'et si'.

puniri placuit. 12. Injuriarum non nisi praesentes accusare possunt ; crimen enim, quod vindictae aut calumniae judicium expectat, per alios intendi non potest. 13 [1]. Fit injuria contra bonos mores, veluti si quis fimo corrupto aliquem perfuderit, coeno, luto oblinierit, aquas spurcaverit, fistulas, lacus, quidve aliud in injuriam publicam contaminaverit ; in quos graviter animadverti solet. 14. Qui puero praetextato stuprum aliudve flagitium, abducto ab eo vel corrupto comite, persuaserit, mulierem puellamve interpellaverit, quidve pudicitiae corrumpendae gratia fecerit, domum praebuerit pretiumve, quo id persuadeat, dederit, perfecto flagitio capite punitur, imperfecto in insulam deportatur ; corrupti comites summo supplicio adficiuntur. 15 [2]. *Qui carmen famosum in injuriam alicujus [vel alia quaelibet cantica], quo agnosci possit, composuerit, ex auctoritate amplissimi ordinis in insulam deportatur ; interest enim publicae disciplinae opinionem uniuscujusque a turpi carminis infamia vindicare *. 16. Psalterium, quod vulgo canticum dicitur in alterius infamiam compositum et publice cantatum tam in eos, qui hoc cantaverint, quam in eos, qui composuerint, extra ordinem vindicatur : eo acrius, si personae dignitas ab hac injuria defendenda sit. 17. In eos auctores qui famosos libellos in contumeliam alterius proposuerint, extra ordinem usque ad relegationem insulae vindicatur. 18. Convicium judici ab appellatoribus fieri non oportet ; alioquin infamia notantur. 19. Maledictum itemque convicium publice factum ad injuriae vindictam revocatur ; quo facto condemnatus infamis efficitur. 20. Non tantum is, qui maledictum aut convicium ingesserit, injuriarum convictus famosus efficitur, sed et is, cujus ope consiliove factum esse dicitur. 21 [3]. *Convicium contra bonos mores fieri videtur, si obscaeno nomine aut inferiore parte corporis nudatus aliquis insectatus sit. Quod factum contemplatione morum et causa publicae honestatis vindictam extraordinariae ultionis expectat *. 22. Servus qui injuriam aut contumeliam fecerit, siquidem atrocem, in metallum damnatur ; si vero levem, flagellis caesus sub poena vinculorum temporalium domino restituitur.

[V^A. DE EFFECTU SENTENTIARUM ET FINIBUS LITIUM.]

1. Res judicatae videntur ab his, qui imperium potestatemque habent, vel qui ex auctoritate eorum inter partes

---

1. Cf. *D.*, 47, 11, 1, 1-2. — 2. 4, 15, intercalé dans quelques mss. — 3. 4, 21 intercalé dans quelques mss.

dantur, itemque *a magistratibus municipalibus* usque ad summam, qua jus dicere possunt ; itemque ab his, qui ab imperatore extra ordinem petuntur. Ex compromisso autem judex sumptus rem judicatam non facit ; sed si *sub* poena inter eos *compromissum sit*, poena *re* in judicium deducta ex stipulatu peti potest. 2. Confessi debitores pro judicatis habentur, ideoque ex die confessionis tempora solution*i* praestituta computantur. 3. Confiteri quis in judicio non tantum sua voce, sed et litteris et quocumque modo potest : convinci autem non nisi scriptura aut testibus potest. 4. Eorum, qui de debito confessi sunt, pignora capi et distrahi possunt. 5 (6). Ea, qua altera parte absente decernuntur, vim rerum judicatarum non obtinent. 5a (6a)¹. *De unoquoque negotio praesentibus omnibus, quos causa contingit, judicari oportet ; aliter enim judicatum tantum inter praesentes tenet. 5b. Qui apud fiscum causam defendere [saepius conventi] neglexerint, rebus judicatis subjiciendi sunt². Quod eo apparet, si saepe conventi praesentiam suam facere noluerint*. 6 (7). Trinis litteris vel edictis aut uno pro omnibus dato aut trina denuntiatione conventus nisi ad judicem, ad quem sibi denuntiatum est aut cujus litteris vel edicto conventus est, venerit, quasi in contumacem dicta sententia auctoritatem rerum judicatarum obtinet : quin immo nec appellari ab e*a* potest. 6ₐ (7a). Ab ea sententia, quae adversus contumaces lata est, neque appellari neque in duplum revocari potest. 7 (5)³. *Confessionem suam reus in duplum revocare non potest*. 8. Res olim judicata post longum silentium in judicium deduci non potest nec eo nomine in duplum revocari⁴. Longum autem tempus exemplo longae praescriptionis decennii inter praesentes, inter absentes vicennii computatur. 9. In causa capitali absens nemo damnatur neque absens per alium accusare aut accusari potest. 10. Falsis instrumentis religione judicis circumducta, si jam dicta sententia prius de crimine admisso constiterit, ejus causae instauratio jure deposcitur. 11⁵. *Ratio calculi saepius se patitur supputari atque ideo potest quocumque tempore retractari, si non longo tempore evanescat*.

[Vᴮ.] ⁶

1. *Pupillus si non defendatur, in possessione creditori-

1. 5a, 5a. 5b = *D.*, 42,1,47. — 2. Phrase attribuée aux compilateurs par Seckel et Kuebler.— 3. 5a, 7 = *App.*, 2, 10.— 4. Phrase étrangère à Paul, pensent Seckel et Kuebler. — 5. 5a, 11 = *App.*, 1, 16. — 6. 5b = *D.*, 42, 5, 39.

bus constitutis *bonorum* ejus, ex his usque ad pubertatem alimenta praestanda sunt. 2. Ejus, qui ab hostibus captus est, bona venire non possunt, quamdiu revertatur*.

[VI. DE INTERDICTIS.]

1a¹. *Neque muri neque portae habitari sine permissu principis propter fortuita incendia possunt*. 1b². *Concedi solet, ut imagines et statuae, quae ornamento rei publicae sunt futurae, in publicum ponantur*. 1. Retinendae possessionis gratia comparata sunt interdicta, per quae eam possessionem quam jam habemus retinere volumus, quale est UTI POSSIDETIS de rebus soli et UTRUBI de re mobili. Et in priore quidem is potior est, qui redditi interdicti tempore nec vi nec clam nec precario ab adversario possedit ; in altero vero potior est, qui majore parte anni retrorsum numerati nec vi nec clam nec precario possedit. 2. Ut interdictum, ita et actio proponitur, ne quis via publica aliquem prohibeat. Cujus rei sollicitudo ad viarum curatores pertinet, a quarum munitione nemo exceptus est. Si quis tamen in ea aliquid operis fecerit, quo commeantes impediantur, demolito opere condemnatur. 3. Non tantum si ipse dominus possessione dejicia*t*, utile interdictum est, sed etiam si familia ejus. Familiae autem nomine etiam duo servi continentur. 4³. Vi dejicitur non tantum qui oppressu multitudinis aut fustium aut telorum aut armorum metu terretur, sed et is, qui violentiae opinione comperta possessione cessit, si tamen eam adversarius ingressus sit. 5. De navi vi dejectus hoc interdicto experiri non potest ; sed utilis ei actio de rebus recuperandis, exemplo vi bonorum raptorum, datur. Idemque in eo dicendum est, qui carruca aut equo dejicitur ; quibus non abductis, injuriarum actio datur. 6. Vi dejectus videtur et qui in praedio vi retinetur et qui in via territus est, ne ad fundum suum accederet. 7. Qui vi aut clam aut precario possidet ab adversario, impune dejicitur. 8. Ex rebus vi possessis si aliquae res arserint vel servi decesserint, licet id sine dolo ejus, qui dejecit, factum sit, aestimatione tamen condemnandus est, qui ita voluit adipisci rem juris alieni. 8ᵃ ⁴. *Cujuscumque fundi usufructuarius prohibitus aut dejectus de restitutione omnium rerum simul occupatarum agit ; sed et si medio tempore aliquo casu interciderit ususfructus, aeque de perceptis

---

1. 6, 1a = *D.*, 43, 6, 3. — 2. 6, 1b = *D.*, 43, 9, 2. — 3. Les mss. intercalent ici la rubrique : 'De interdicto utrubi'. — 4. 6,8a-8b = *D.*, 7, 1, 60 (probablement remanié).

antea fructibus utilis actio tribuitur. 8b. Si fundus, cujus ususfructus petitur, non a domino possideatur, actio redditur. Et ideo si de fundi proprietate inter duos quaestio sit, fructuarius nihilo minus in possessione esse debet satisque ei a possessore cavendum est, quod non sit prohibiturus frui eum, cui ususfructus relictus est, quamdiu de jure suo probet. Sed si ipsi usufructuario quaestio moveatur, interim ususfructus ejus *differtur*, sed caveri de restituendo eo, quod ex his fructibus percepturus est, vel si satis non detur, ipse frui permittitur*. 8c^1. *Si de via itinere actu aquaductu agatur, hujusmodi cautio praestanda est, quamdiu quis de jure suo doceat, non se impediturum agentem et aquam ducentem et iter facientem. Quod si neget jus esse adversario agendi aquae ducend*ae*, cavere sine praejudicio amittendae servitutis debebit, donec quaestio finietur, non se usurum*. 8$^{d\,2}$.* . . . . fructuarius, licet suo nomine. 8^e . . . . . sive ad fundum nostrum facit vel ex fundo. 8^f. Servitute usus non videtur nisi is, qui suo jure uti se credidit : ideoque si quis pro via publica vel pro alterius servitute usus sit, nec interdictum nec actio utiliter competit*. 9. Si inter vicinos ex communi rivo aqua ducatur, induci prius debet, et his vicibus, quibus a singulis duci consuevit, ducent*i* vis fieri prohibetur ; alienam autem aquam usurpanti nummaria poena inrogatur. Cujus rei cura ad sollicitudinem praesidis spectat. 10. Redditur interdicti actio, quae proponitur ex eo, ut quis, quod precarium habet, restituat ; [nam et civilis actio hujus rei, sicut commodati, competit :]^3 eo vel maxime, quod ex beneficio suo unusquisque injuriam pati non debet. 11. Precario possidere videtur non tantum qui per epistulam vel qualibet alia ratione hoc sibi concedi postulavit sed et is, qui nullo voluntatis indicio, patiente tamen domino, possidet. 12. Heres ejus, qui precariam possessionem tenebat, si in ea manserit, magis dicendum est clam videri possidere ; nullae enim preces ejus videntur adhibitae. Et ideo persecutio ejus rei semper manebit nec interdicto locus est. 13. Arbor, quae in alienas aedes imminet vel in vicini agrum, nisi a domino sublucari non potest, isque conveniendus est ut eam sublucet. Quod si conventus dominus id facere noluerit, a vicino luxuries ramorum compescitur ; idque qualiscumque dominus facere non prohibetur. 14. Adversus

1. 6, 8c = *D.*, 43, 20, 7. — 2. 6, 8d-8f = *D.*, 8, 6, 21. 23. 25. — 3. Interpolation ou glose insérée dans le texte postérieurement à Paul ; cf. *D.*, 47, 2, 14, 11, et Dernburg, *System d. römisch. Rechts*, 2, 1912, p. 740, n. 11.

eum, qui hominem liberum vinxerit, suppresserit, incluserit, operamve ut id fieret dederit, tam interdictum quam legis Fabiae super ea re actio redditur ; et interdicto quidem id agitur ut exhibeatur is, qui detinetur. lege autem Fabia, *ut etiam poena nummaria coerceatur.* 15. Bene concordans matrimonium separari a patre divus Pius prohibuit, itemque a patrono libertum, a parentibus filium filiamque ; nisi forte quaeratur, ubi utilius morari debeat. 16. Omnibus bonis, quae habet quaeque habiturus est, obligatis, nec concubina, nec filius naturalis, nec alumnus, nec quae in usu cotidiano habet obligantur ; ideoque de his nec interdictum redditur.

[VII. DE OBLIGATIONIBUS.]

1. Obligationum firmandarum gratia stipulationes inductae sunt, quae quadam verborum sollemnitate concipiuntur, et appellatae, quod per eas firmitas obligationum constringitur ; stipulum enim veteres firmum appellaverunt. 2. Verborum obligatio inter praesentes, non etiam inter absentes contrahitur. Quod si scriptum fuerit instrumento promisisse aliquem, perinde habetur, atque si interrogatione praecedente responsum sit. 2ª [1]. *Si sub una significatione diversis nominibus ea res quae in stipulatum deducitur appellatur, non infirmat obligationem, si alter altero verbo utatur. 2ᵇ. Si qui viam ad fundum suum dari stipulatus fuerit, postea fundum partemve ejus ante constitutam servitutem alienaverit, evanescit stipulatio*. 3 Fructuarius servus si quid ex re fructuarii aut ex operis suis adquirit, ad fructuarium pertinet. Quidquid autem aliunde vel ex re proprietarii adquirit, domino proprietatis adquirit. 4. Cum facto promissoris res in stipulatum deducta intercidit, perinde agi ex stipulatu potest ac si ea res extaret : ideoque promissor aestimatione ejus punitur, maxime si in dolum quoque ejus concepta fuerit stipulatio.

[VIII. DE NOVATIONIBUS.]

1. Non solum per nosmet ipsos novamus, quod nobis debetur, sed etiam per eos, per quos stipulari possumus, velut per filiumfamilias vel per servum, jubendo vel ratum habendo. Procurator quoque noster ex jussu nostro receptum est ut novare possit.

[IX. DE STIPULATIONIBUS.]

1. Substitutus heres ab instituto, qui sub condicione scrip-

1. 7, 2a-2b = *D.*, 45, 1, 136.

tus est, utiliter sibi institutum hac stipulatione cavere compellit, ne petita bonorum possessione res hereditarias deminuat ; hoc enim casu ex die interpositae stipulationis duplos fructus praestare compellitur. Hujus enim praejudicium a superiore differt, quo quaeritur, an ea res, de qua agitur, major sit centum sestertiis ; ideoque in longiorem diem concipi*tur*. 2. Ex die accepti judicii dupli fructus computantur. Et tam dantes quam accipientes, heredes quoque eorum, procurato*rum* cognitorumque personae, itemque sponsor*um* eadem stipulatione comprehenduntur ; eorum quoque, quorum nomine promittitur [1]. 3. Quotiens judicatum solvi stipulatione satisdatur, omissa ejus actio rei judicatae persecutionem non excludit. 4. Emancipati liberi praeteriti si velint miscere se paternae hereditati et cum his, qui in potestate remanserunt, communis patris dividere hereditatem, antequam bonorum possessionem petant, de conferendo cavere cum satisdatione debebunt. Quodsi satisdare non possunt, statim ex fide bonorum con*fu*sionem, excepto peculio castrensi, facere cogendi sunt.

[X. DE CONTRAHENDA AUCTORITATE.]

1. Ob metum impendentis damni vicino satisdar*i* debet, datis sponsoribus, super eo quod damni acciderit. 2. De communi pariete utilitatis causa hoc coepit observari, ut aedificet quidem cuj*us* aedificare interest, cogatur vero socius portionis suae impensas agnoscere.

[XI. DE DONATIONIBUS.]

1. Species extra dotem a matre in honorem nuptiarum praesente filia genero traditae donationem perfecisse videntur. 2. Probatio traditae vel non traditae possessionis non tam in jure quam in facto consistit ; ideoque sufficit ad probationem, si rem corporaliter teneant. 3. Pater si filiofamilias aliquid donaverit et in ea voluntate perseverans decesserit, morte patris donatio convalescit. 4. Cum unius rei in duos donatio confertur, potior est ille, cui res tradita est : nec interest, posterior quis an prio*r* acceperit, et exceptae necne personae sint. 5. Invitus donator de evictione rei donatae promittere non cogitur, nec eo nomine, si promiserit, oneratur, quia lucrativae rei possessor ab evictionis actione ipsa juris ratione depellitur.

---

1. Krueger corrige : 'dantis quam accipientis heredes, procuratorum quoque eorum cognitorumque personae eadem stipulatione comprehenduntur, itemque sponsores eorum quorum nomine promittitur'.

5ᵃ ¹. *Si pater emancipati filii nomine donationis animo pecuniam feneravit eamque filius stipulatus est, ipso jure perfectam donationem ambigi non potest*. 6 ². Ei, qui aliquem a latrunculis vel hostibus eripuit, in infinitum donare non prohibetur (si tamen donatio et non merces eximii laboris appellanda est), quia contemplationem salutis certo modo aestimari non placuit.

[XII. DE JURE FISCI ET POPULI.]

1ᵃ ³. *In fraudem fisci non solum per donationem, sed quocumque modo res alienatae revocantur. Idemque juris est et si non quaeratur ; aeque enim in omnibus fraus punitur. 1ᵇ. Bona eorum, qui in custodia vel in vinculis vel compedibus decesserunt, heredibus eorum non auferuntur, sive testato sive intestato decesserunt. 1ᶜ. Ejus bona, qui sibi mortem conscivit, non ante ad fiscum coguntur, quam prius constiterit, cujus criminis gratia manus sibi intulerit*.1⁴. Ejus bona, qui sibi ob aliquod admissum flagitium mortem conscivit et manus intulit, fisco vindicantur. Quod si id taedio vitae aut pudore aeris alieni vel valetudinis alicujus impatientia admisit, non inquietabuntur, sed ordinariae successioni relinquuntur. 1ᵈ ⁵. *A debitore fisci in fraudem datas libertates retrahi placuit. Sane ipsum ita ab alio emere mancipium, ut manumittat, non est prohibitum : ergo tunc et libertatem praestare possit*. 2. Ei etiam velut indigno aufertur hereditas qui adfinem vel cognatum, cui ipse ab intestato successurus erat, testamentum facere prohibuit aut ne jure subsisteret operam dedit. 2ᵃ ⁶. *Portiones quoque eorum fisco vindicantur, qui mortem libertorum suspecto decedentium non defenderunt ; omnes enim heredes vel eos qui loco heredis sunt officiose agere circa defuncti vindictam convenit*. 3. Si pater vel dominus id testamentum, quo filius ejus vel servus heredes instituti sunt aut legatum acceperunt, falsum redarguant nec obtineant, fisco locus est. 4. Aetati ejus, qui accusat testamentum, si non obtineat, succurri solet in id quod ita amisit ; maxime si tutoris aut curatoris consilio actio instituta sit. 4ᵃ ⁷. *Minor viginti quinque annis omissam allegationem per in integrum restitutionis auxilium repetere potest*.

5 ⁸. In ea provincia, ex qua quis originem ducit, officium

1. 11, 5a = *D.*, 39,5,34. — 2. Cf. *D.*, 39,5,34. 1. — 3. 12, 1a-1c = *D.*, 49, 14, 45 *pr.*, 1. 2. — 4. Cf. *D.* 49. 14, 45, 2. — 5. 12. 1d = *D.*, 49, 14, 45, 3. — 6. 12, 2a = *D.*, 34, 9, 21. - 7. 12, 4a = *D.*, 4, 4, 36. — 8. Les mss. insèrent ici la rubrique : De fisci advocato.

fiscale administrare prohibetur, ne aut gratiosus aut calumniosus apud suos esse videatur. 6. Quotiens sine auctoritate judicati officiales alicujus bona occupant vel describunt vel sub observatione esse faciunt, adito procuratore injuria submovetur, et rei hujus auctores ad praefectos praetorio puniendi mittuntur. 7. Litem in perniciem privatorum fisco donari non oportet, nec ab eodem donatam suscipi. 8. Imperatorem litis causa heredem institui individiosum est; nec enim calumniandi facultatem ex principali majestate capi oportet. 9. Ex nuda pollicitatione nulla actio nascitur; ideoque ejus bona, qui se heredem imperatorem facturum esse jactaverat, a fisco occupari non possunt. 9a [1]. *Ex imperfecto testamento legata vel fideicommissa imperatorem vindicare inverecundum est; decet enim tantae majestati eas servare leges quibus ipse solutus esse videtur*. 9b [2]. *Quod si ea bona, ex quibus imperator heres institutus est, solvendo non sint, re perspecta consulitur imperator; heredis enim instituti in adeundis vel repudiandis hujusmodi hereditatibus voluntas exploranda est*.

10. Privilegium fisci est inter omnes creditores primum locum retinere. 11 [3]. Quicumque a fisco convenitur, non ex indice et exemplo alicujus scripturae, sed ex authentico conveniendus est, et ita, si contractus fides possit ostendi. Ceterum calumniosam scripturam vim justae petitionis in judicio obtinere non convenit. 12. Ejus bona, qui falsam monetam percussisse dicitur, fisco vindicantur. Quod si servi ignorante domino id fecisse dicantur, ipsi quidem summo supplicio adficiuntur, domino tamen nihil aufertur, quia pejorem domini causam servi facere, nisi forte scierit, omnino non possunt.

13 [4]. *Ex his bonis, quae ad fiscum delata sunt, instrumenta vel chirographa, acta etiam ad jus privatorum pertinentia restitui postulantibus convenit. 14. Neque instrumenta neque acta a quoquam adversus fiscum edi oportet. 15. Ipse autem fiscus actorum suorum exempla hac condicione edit, ut is, cui describendi fit potestas, adversus se vel rem publicam his actis ne utatur: de quo cavere compellitur, ut, si usus is contra interdictum fuerit, causa cadat. 16. Quotiens apud fiscum agitur, actorum potestas postulanda est, ut merito his uti liceat, eaque manu commentariensis adnotanda sunt. Quod si ea aliter preferantur, is qui ita protulerit causa cadit.

1. 12, 9a = $D.$, 32, 23. — 2. 12, 9b = $D.$, 1, 19, 2. — 3. Cf. $D.$, 22, 4, 2. — 4. 12, 13-23 = $D.$, 49,14.45, 4-14.

17. Quotiens iterum apud fiscum eadem causa tractatur, priorum actorum, quorum usus non fuerat postulatus, ex officio recitatio jure poscetur. 18. Qui pro alio a fisco conventus debitum exsolvit, non inique postulat persecutionem bonorum ejus pro quo solvit ; in quo etiam adjuvari per officium solet. 19. Fiscalibus debitoribus petentibus ad comparandam pecuniam dilationem negari non placuit. Cujus rei aestimatio ita arbitrio judicantis conceditur, ut in majoribus summis non plus quam tres menses, in minoribus vero non plus quam duo prorogentur ; prolixioris autem temporis spatium ab imperatore postulandum est. 20. Si principalis rei bona ad fiscum devoluta sint, fidejussores liberantur, nisi forte minus idonei sint et in reliquum exsolutae quantitatis accesserint[1]. 21. Si plus servatum est ex bonis debitoris a fisco distractis, jure ac merito restitui postulatur. 22. Conductor ex fundo fiscali nihil transferre potest nec cupressi materiam vendere vel olivae non substitutis aliis ceterasque arbores pomiferas caedere, et facta ejus rei aestimatione in quadruplum convenitur. 23. Minoribus viginti quinque annis neque fundus neque vectigalia locanda sunt, ne adversus ea beneficio aetatis utantur*.

[XIII. — DE DELATORIBUS.]

1. Omnes omnino deferre alterum et causam pecuniariam fisco nuntiare prohibentur ; nec refert, mares istud an feminae faciant, servi an ingenui an libertini, an suos an extraneos deferant ; omni enim modo puniuntur. 2. Servi fiscales, qui causam domino prodere ac nuntiare contendunt, deferre non videntur. Subornati sane reum prodere coguntur, ne qui, quod per se non potest, per alium deferat. Perinde autem subornatores ac delatores puniuntur. 3. Damnati servi, sive post sententiam sive ante sententiam dominorum facinora confessi sint, nullo modo audiuntur, nisi forte reos deferant majestatis.

[XIV. DE QUAESTIONIBUS HABENDIS.]

1. In criminibus eruendis quaestio quidem adhibetur ; sed non statim a tormentis incipiendum est, ideoque prius argumentis quaerendum, et si suspicione aliqua reus urgueatur, adhibitis tormentis de sociis et sceleribus suis confiteri compellitur. 2. Unius facinoris plurimi rei ita audiendi sunt, ut ab eo primum incipiatur, qui timidior et tenerae aetatis

1. Seckel et Kuebler attribuent la finale 'nisi...' aux compilateurs.

Summa supplicia sunt crux, crematio, decollatio; mediocrium autem delictorum poenae sunt metallum, ludus, deportatio; minimae, relegatio, exilium, opus publicum, vincula. Sane qui ad gladium dantur, intra annum consumendi sunt.

[XVIII. DE ABACTORIBUS.]

1. Abactores sunt, qui unum equum, duas equas, totidemque boves vel capras decem aut porcos quinque abegerint. Quidquid vero intra hunc numerum fuerit ablatum, in poenam furti pro qualitate ejus aut in duplum aut in triplum convenitur, vel fustibus caesus in opus publicum unius anni datur, aut sub poena vinculorum domino restituetur. 2 [1]. *Atroces pecorum abactores plerumque ad gladium vel in metallum, nonnumquam autem in opus publicum dantur. Atroces autem sunt, qui equos et greges ovium de stabulo vel de pascuis abigunt, vel si id saepius aut ferro *aut* conducta manu faciunt*. 3. Si ea pecora, de quibus quis litigat, abegerit, ad forum remittendus est atque ita convictus in duplum vel in triplum furis more damnatur. 4 [2]. *Qui bovem vel equum errantem quodve aliud pecus abduxerit, furem magis eum quam abactorem constitui placuit*.

[XIX. DE SACRILEGIS.]

1. Qui noctu manu facta praedandi ac depopulandi gratia templum inrumpunt, bestiis objiciuntur; si vero per diem leve aliquid de templo abstulerint, vel deportantur honestiores, vel humiliores in metallum damnantur.

[XIXA.] [3]

1. *Rei sepulchrorum violatorum, si corpora ipsa extraxerint vel ossa eruerint, humilioris quidem fortunae summo supplicio adficiuntur, honestiores in insulam deportantur: alias autem relegantur aut in metallum damnantur*.

[XX. DE INCENDIARIIS.]

1 [4]. *Incendiarii, qui quid in oppido praedandi causa faciunt, capite puniuntur. 2. Qui casam aut villam inimicitiarum gratia incenderunt, humiliores in metallum aut in opus publicum damnantur, honestiores in insulam relegantur. 3. Fortuita incendia, quae casu venti ferente vel incuria

---

1. 18, 2 = *Coll.*, 11, 2. — 2. 18, 4 = *Coll.*, 11, 5. — 3. 19a = *D.*, 47, 12, 11. — 4. 20, 1-5 (= *Coll.*, 12, 4. 2. 3) trouvés dans cet ordre par Cujas dans le Vesontinus.

ignem supponentis ad usque vicini agros evadunt, si ex eo seges vel vinea vel olivae vel fructiferae arbores concrementur, datum damnum aestimatione sarciatur. 4. Commissum vero servorum, si domino videatur, noxae deditione sarcitur. 5. Messium sane per dolum incensores, vinearum olivarumve aut in metallum humiliores damnantur, aut honestiores in insulam relegantur*. 6. Qui noctu frugiferas arbores manu facta ceciderint, ad tempus plerumque in opus publicum damnantur aut honestiores damnum sarcire coguntur vel curia submoventur vel relegantur.

[XXI. DE VATICINATORIBUS ET MATHEMATICIS.]

1. Vaticinatores, qui se deo plenos adsimulant, idcirco civitate expelli placuit, ne humana credulitate publici mores ad spem alicujus rei corrumperentur, vel certe ex eo populares animi turbarentur. Ideoque primum fustibus caesi civitate pelluntur; perseverantes autem in vincula publica conjiciuntur aut in insulam deportantur vel certe relegantur. 2. Qui novas et usu vel ratione incognitas religiones inducunt, ex quibus animi hominum moveantur, honestiores deportantur, humiliores capite puniuntur. 3. Qui de salute principis vel summa reipublicae mathematicos hariolos haruspices vaticinatores consulit, cum eo, qui responderit capite punitur. 4. Non tantum divinatione quis, sed ipsa scientia ejusque libris melius fecerit abstinere. Quodsi servi de salute dominorum consuluerint, summo supplicio, id est cruce, adficiuntur; consulti autem si responsa dederint, aut in metallum damnantur aut in insulam relegantur[1].

[XXIA.] [2]

1. *Si quis aliquid ex metallo principis vel ex moneta sacra furatus sit, poena metalli *aut* exilii punitur. 2. Transfugae ad hostes vel consiliorum nostrorum renuntiatores aut vivi exuruntur aut furcae suspenduntur *.

[XXII. DE SEDITIOSIS.]

1. Auctores seditionis et tumultus vel concitatores populi pro qualitate dignitatis aut in crucem tolluntur aut bestiis objiciuntur aut in insulam deportantur.

2 [3]. Qui terminos effodiunt vel exarant arboresve termina-

---

1. Huschke, Pellat : 'deportantur'. — 2. 21a = *D.*, 48, 19, 38, *pr.* 1. — 3. Texte rapporté *Gromatici*, 1, p. 270, comme venant des sentences de Paul, 'libro V, titulo de poenis'.

esse videatur. 3 [1]. *Reus evidentioribus argumentis oppressus repeti in quaestionem potest, maxime si in tormenta animum corpusque duraverit. 4. In ea causa, in qua nullis reus argumentis urguebatur, tormenta non facile adhibenda sunt, sed instandum accusatori, ut id quod intendat comprobet atque convincat. 5. Testes torquendi non sunt convincendi mendacii aut veritatis gratia, nisi cum facto intervenisse dicuntur*.

[XV. DE TESTIBUS.]

1 [2]. Suspectos gratiae testes, et eos vel maxime, quos accusator de domo produxerit vel vitae humilitas infamarit, interrogari non placuit; in teste enim et vitae qualitas spectari debet et dignitas. 2. In adfinem vel cognatum inviti testes interrogari non possunt. 3. Adversus se invicem parentes et liberi, itemque liberti nec volentes ad testimonium admittendi sunt, quia rei verae testimonium necessitudo personarum plerumque corrumpit. 4. Testes, cum de fide tabularum nihil dicitur, adversus scripturam interrogari non possunt. 5 [3]. Qui falso vel varie testimonia dixerunt vel utrique parti prodiderunt, aut in exilium aguntur aut in insulam relegantur aut curia submoventur. 6. In re pecuniaria tormenta, nisi cum de rebus hereditariis quaeritur, non adhibentur; alias autem jurejurando aut testibus explicantur.

[XVI. DE SERVORUM QUAESTIONIBUS.]

1. Servum de facto *suo* in se interrogari posse ratio aequitatis ostendit; nec enim obesse ei debet, qui per servum aliquid sine cautione commodat vel deponit. 2 [4]. Judex tutelaris itemque centumviri, si aliter de rebus hereditariis vel de fide generis instrui non possunt, poterunt de servis hereditariis habere quaestionem. 3. Servi alieni in alterius caput non nisi singuli torqueri possunt. Et hoc invito domino non est permittendum, nisi delator, cujus interest quod intendit probare, pretia eorum quanti dominus taxaverit inferre sit paratus, vel certe deterioris facti servi subire taxationem. 4 [5]. Servo qui ultro aliquid de domino confitetur, fides non accommodatur; nec enim oportet in rebus dubiis salutem dominorum servorum arbitrio committi. 5. Servi in caput domini neque a praeside neque a procuratore, neque in pecuniariis *magis* [6] quam in capitalibus causis interrogari possunt. 6. Communis

1. 14, 3-5 = *D.*, 48, 18, 18, 1-3. — 2. Cf. *Coll.*, 9, 3, 1-3. — 3. Cf. *Coll.*, 8, 3, 1. — 4. Cf. *D.*, 48, 18, 4. — 5. Cf. *D.*, 48, 18, 5. — 6. Addition de Seckel et Kuebler.

servus in caput alterius ex dominis torqueri non potest. 7. Qui servum ideo comparavit, ne in se torqueretur, restituto pretio poterit interrogari. 8. Servus in caput ejus domini, a quo distractus est cuique aliquando servivit, in memoriam prioris dominii interrogari non potest. 8a [1]. *Servus nec si a domino ad tormenta offeratur, interrogandus est. 8b. Sane quotiens quaeritur, an servi in caput domini interrogandi sint, prius de eorum dominio oportet inquiri*. 9. Si servus ad hoc fuerit manumissus, ne torqueatur, quaestio de eo nihilo minus haberi potest.

10. Quaestioni ejus latronis, quem quis obtulit, cum de eo confitetur, fidem accommodari non convenit: nisi id forte velandae conscientiae suae gratia, quam cum reo habuit, fecisse doceatur.

11. Neque accusator per alium accusare neque reus per alium defendi potest, nisi ingratum libertum patronus accuset aut rei absentia defendatur. 11a [2] *...alii propter suspicionem calumniae, ut illi qui falsum testimonium subornati dixerunt*. 12. Si pecunia data judici reus absolutus esse dicatur idque in eum fuerit comprobatum, ea poena damnatur, qua reus damnari potuisset. 13. In convictum reum, sive torqueri possit sive non possit, pro modo admissi sceleris statuendum est. 14. Reis suis edere crimina accusatores cogendi sunt; scire enim oportet, quibus sint criminibus responsuri. 15 [3]. *Cogniturum de criminibus praesidem oportet ante diem palam facere custodias se auditurum, ne hi, qui defendendi sunt, subitis accusatorum criminibus opprimantur: quamvis defensionem quocumque tempore postulante reo negari non oportet, adeo ut propterea et differantur et proferantur custodiae. 16. Custodiae non solum pro tribunali, sed et de plano audiri possunt atque damnari*. 17 [4]. *In pecuniariis causis omnibus dilatio singulis causis plus semel tribui non potest: in capitalibus autem reo tres dilationes, accusatori duae dari possunt: sed utrumque causa cognita*.

[XVII. DE ABOLITIONIBUS.]

1 (2) [5]. Post abolitionem publicam a delatore suo reus intra tricensimum diem repeti potest, postea non potest. 2 (3).

---

1. 16, 8a-8b = *D.*, 48, 18, 18, 7-8. — 2. 16, 11a = *D.*, 48, 2, 9. — 3. 16, 15. 16 = *D.*, 48, 18, 18, 9-10. — 4. 16, 17 = *D.*, 2, 12, 10. — 5. Les anciennes éditions mettaient à tort en tête de ce titre comme § 1, les mots: 'Abolitio est deletio oblivio vel extinctio accusationis', tirés de l'*Epitome* d'Aegidius et écartés avec raison depuis Krueger.

derint, etsi antea insuti culleo in mare praecipitabantur, hodie tamen vivi exuruntur vel ad bestias dantur.

[XXV. AD LEGEM CORNELIAM TESTAMENTARIAM.]

1. Lege Cornelia testamentaria [tenentur]: qui testamentum quodve aliud instrumentum falsum sciens dolo malo scripserit, recitaverit, subjecerit, suppresserit, amoverit, resignaverit, deleverit, quodve signum adulterinum sculpserit, fecerit, expresserit, amoverit, reseraverit, quive nummos aureos argenteos adulteraverit, laverit, conflaverit, raserit, corruperit, vitiaverit, vultuve principum signatam monetam, praeter adulterinam, reprobaverit: honestiores quidem in insulam deportantur, humiliores autem aut in metallum dantur aut in crucem tolluntur; servi autem postve admissum manumissi capite puniuntur.1a [1]. *Qui falsam monetam percusserint, si id totum formare noluerint, suffragio justae poenitentiae absolvuntur.1 b. Accusatio suppositi partus nulla temporis praescriptione depellitur, nec interest, decesserit necne ea quae partum subdidisse contenditur*. 2 [2]. Qui ob falsum testimonium perhibendum vel verum non perhibendum pecuniam acceperit dederit judicemve, ut sententiam ferat vel non ferat, corruperit corrumpendumve curaverit, humiliores capite puniuntur, honestiores publicatis bonis cum ipso judice in insulam deportantur. 3 [3]. *Falsum est, quidquid in veritate non est, sed pro vero adseveratur*. 4. Judex, qui contra sacras principum constitutiones contrave jus publicum, quod apud se recitatum est, pronuntiat, in insulam deportatur. 5. Qui rationes, acta, libellos, album propositum, testationes, cautiones, chirographa, epistulas sciens dolo malo in fraudem alicujus deleverit, mutaverit, subjecerit, subscripserit, quive aes inauraverit argentaverit, quive, cum argentum aurum poneret [4], aes stannumve subjecerit, falsi poena coercetur. 6. Amplissimus ordo decrevit eas tabulas, quae publici vel privati contractus scripturam continent, adhibitis testibus ita signari, ut in summa marginis ad mediam partem perforatae triplici lino constringantur, atque impositae supra linum cerae signa imprimantur, ut exterioris scripturae fidem interior servet [5].

---

1. 25, 1a-1b = *D.*, 48, 10, 19. — 2. Cf. *Coll.* 8, 5. — 3. 25, 3 = *Coll.*, 8, 6. — 4. Mommsen, *Droit pénal*, 2, p. 395, n. 3 : oporteret — 5. Les mss.: 'ut exterioris scripturae fidem interior reservaret' ou 'interiori servaverit'. Cf. Mommsen, *C.I. L.*,, IV, Suppl.1, p.278 (interior reseret), G. A. Gerhard. *Z. S. St.*, 25, 1904, pp. 382-389 (ut scripturae fidem integriorem servent) et Erman, *Z. S. St.*, 2,6, 1905, pp. 467.

Aliter tabulae prolatae nihil momenti habent. 6.ᵃ ¹. *Testamentum, quod nullo jure valet, impune supprimitur; nihil est enim, quod ex eo aut petatur aut consistere possit*. 7 ². Qui vivi testamentum aperuerit recitaverit resignaverit, poena legis Corneliae tenetur: et plerumque aut humiliores in metallum dantur aut honestiores in insulam deportantur. 8. Si quis instrumenta litis suae a procuratore vel cognitore adversario prodita esse convicerit, tam procurator quam cognitor, si humiliores sunt, in metallum damnantur, si honestiores sunt, adempta dimidia parte bonorum in perpetuum relegantur. 9 (10) Qui falsis instrumentis, actis, epistulis, rescriptis sciens dolo malo usus fuerit, poena falsi coercetur; ideoque humiliores in metallum damnantur, honestiores in insulam deportantur. 10 (9). Instrumenta penes se deposita quicumque alteri altero absente reddiderit vel adversario prodiderit, pro personae ejus condicione aut in metallum damnatur aut in insulam relegatur. 11. Qui sibi falsum nomen imposuerit, genus parentesve finxerit, quo quid alienum interciperet, caperet, possideret, poena legis Corneliae de falsis coercetur. 12. Qui insignibus altioris ordinis utuntur militiamque confingunt, quo quem terreant vel concutiant, humiliores capite puniuntur, honestiores deportantur. 13. Si qui de judicis amicitiis vel familiaritate mentientes eventus sententiarum ejus vendunt, quidve obtentu nominis ejus agunt, convicti pro modo delicti aut relegantur aut capite puniuntur ³.

[XXVI. AD LEGEM JULIAM DE VI PUBLICA ET PRIVATA.]

1. Lege Julia de vi publica damnatur, qui aliqua potestate praeditus civem ⁴ Romanarum antea ad populum, nunc imperatorem appellantem necaverit necarive jusserit, torserit verberaverit condemnaverit, inve publica vincula duci jusserit. Cujus rei poena in humiliores capi*tis* in honestiores insulae deportatione coercetur. 2. Hac lege excipiuntur, qui artem ludicram faciunt, judicati etiam et confessi, *et* qui ideo in carcerem duci jubentur, quod jus dicenti non obtemperaverint quidve contra disciplinam publicam fecerint; tribuni etiam militum et praefecti classium alarumve, ut sine aliquo impedimento legis Juliae per eos militare delictum coerceri possit.

---

1. 25, 6a = *D.*, 48, 19, 38, 6. — 2. cf. *D.*, 48, 19, 38, 7-9. — 3. Seckel et Kuebler ajoutent comme § 14 la *sententia Pauli* citée dans la *lex Romana Burgundionum*, 39, 2: Si novos quicumque terminos occulte posuerit, poena falsarii teneatur. — 4. Mommsen, *Droit pénal*, 1, p. 283, n° 2, intercale *provocantem*.

les evertunt, si quidem id servi sua sponte fecerint, in metallum damnantur; humiliores in opus publicum, honestiores in insulam amissa tertia parte bonorum relegantur aut exulare coguntur. 3. Cives Romani, qui se Judaico ritu vel servos suos circumcidi patiuntur, bonis ademptis in insulam perpetuo relegantur; medici capite puniuntur. 4. Judaei si alienae nationis comparatos servos circumciderint, aut deportantur aut capite puniuntur. 5 [1]. *Qui nondum viripotentes virgines corrumpunt, humiliores in metallum damnantur, honestiores in insulam relegantur aut in exilium mittuntur. 6. Qui se suis nummis redemptum non probaverit, libertatem petere non potest: amplius eidem domino sub poena vinculorum redditur, vel, si ipse dominus malit, in metallum damnatur*.

[XXIII. AD LEGEM CORNELIAM DE SICARIIS ET VENEFICIS.]

1. Lex Cornelia poenam deportationis infligit ei qui hominem occiderit ejusve rei causa furtive faciendi cum telo fuerit, et qui venenum hominis necandi causa habuerit vendiderit paraverit, falsum testimonium dixerit, quo quis periret mortisve causam praestiterit. Ob quae omnia facinora in honestiores poena capitis vindicari placuit, humiliores vero in crucem tolluntur aut bestiis objiciuntur. 2 [2]. *Homicida est qui aliquo genere teli hominem occidit mortisve causam praestitit*.

3. Qui hominem occiderit, aliquando absolvitur, et qui non occidit, ut homicida damnatur; consilium enim uniuscujusque, non factum puniendum est. Ideoque qui, cum vellet occidere, id casu aliquo perpetrare non potuit, ut homicida punitur, et is, qui casu jactu teli hominem imprudenter occidit, absolvitur. 4 [3]. *Quod si in rixa percussus homo perierit, quoniam ictus quoque ipsos contra unum quemque contemplari oportet, ideo humiliores in ludum aut in metallum damnantur, honestiores dimidia parte bonorum multati relegantur*.
5 [4]. *Causa mortis idonea non videtur, cum caesus homo post aliquot dies officium diurnae vitae retinens decessit, nisi forte fuerit ad necem caesus aut letaliter vulneratus*. 6 [5]. *Servus si plagis defecerit, nisi id dolo fiat, dominus homicidii reus non potest postulari; modum enim castigandi et in servorum coercitione placuit temperari*. 7 [6]. *Qui telum tutandae salutis causa gerit, non videtur hominis occidendi causa portare. Teli

---

1. 22, 5. 6 = D., 48, 19, 38, 3.4 — 2. 23, 2 = Coll., 1, 4. — 3. 23, 4 = Coll., 1, 7, 2. D., 48, 8, 17. — 4. 23, 5 = Coll., 2, 7. — 5. 23, 6 = Coll., 3, 2. — 6. 23, 7 = Coll., 1, 13; cf. D., 48, 6, 11, 2.

autem appellatione non tantum ferrum continetur, sed omne quod nocendi causa portatum est*. 8. Qui latronem caedem sibi inferentem vel alias quemlibet stupro [1] occiderit, puniri non placuit; alius enim vitam, alius pudorem publico facinore defenderunt. 9 [2]. *Si quis furem nocturnum vel diurnum, cum se telo defenderet, occiderit, hac quidem lege non tenetur, sed melius fecerit qui eum comprehensum transmittendum ad praesidem magistratibus obtulerit*. 10 (11). Mandatores caedis perinde ut homicidae puniuntur. 11 (10). Judex, qui in caput fortunasque hominis pecuniam acceperit, in insulam bonis ademptis deportatur. 12. Si putator, ex arbore cum ramum dejiceret, non proclamavit, ut vitaretur, atque ita praeteriens ejusdem ictu perierit, etsi in legem non incurrit, in metallum datur. 13. Qui hominem invitum libidinis aut promercii causa castravit castrandumve curavit, sive is servus sive liber sit, capite punietur, honestiores publicatis bonis in insulam deportantur. 14 [3]. Qui abortionis aut amatorium poculum dant, etsi id dolo non faciant, tamen quia mali exempli res est, humiliores in metallum, honestiores in insulam amissa parte bonorum relegantur; quod si ex hoc mulier aut homo perierit, summo supplicio adficiuntur. 15. Qui sacra impia nocturnave, ut quem obcantarent defigerent obligarent, fecerint faciendave curaverint, aut cruci suffiguntur aut bestiis objiciuntur. 16. Qui hominem immolaverint exve ejus sanguine litaverint, fanum templumve polluerint, bestiis objiciuntur, vel si honestiores sint, capite puniuntur 17. Magicae artis conscios summo supplicio adfici placuit, id est bestiis objici aut cruci suffigi. Ipsi autem magi vivi exuruntur. 18. Libros magicae artis apud se neminem habere licet; et penes quoscumque reperti sint, bonis ademptis, ambustis his publice, in insulam deportantur, humiliores capite puniuntur. [Non tantum hujus artis professio, sed etiam scientia prohibita est.] [4] 19. Si ex eo medicamine, quod ad salutem hominis vel ad remedium datum erat, homo perierit, is qui dederit, si honestior sit, in insulam relegatur, humilior autem capite punitur.

[XXIV. AD LEGEM POMPEIAM DE PARRICIDIIS.]

1. Lege Pompeia de parricidiis [tenentur] qui patrem matrem avum aviam fratrem sororem patronum patronam occi-

---

1. Passage corrompu; ancienne correction adoptée par Huschke et Pellat : *alium quemlibet stuprum inferentem*; P. Krueger : *alium quemlibet stupro se petentem*. — 2. 23, 9 = *Coll.*, 7, 2. — 3. Cf. *D.*, 48, 19,38,5. — 4. Phrase passée abusivement de l'*interpretatio* dans le texte.

3. Lege Julia de vi privata tenetur, qui quem armatis hominibus possessione domo villa agrove dejecerit expugnaverit obsederit cluserit, idve ut fieret homines commodaverit locaverit conduxerit ; quive coetum concursum turbam seditionem incendium fecerit, funerari sepelirive aliquem prohibuerit, funusve eripuerit turbaverit ; et qui eum, cui aqua et igni interdictum est, receperit celaverit tenuerit ; quive cum telo in publico fuerit, templa portas aliudve quid publicum armatis obsederit cinxerit clauserit occupaverit. Quibus omnibus convictis, si honestiores sunt, tertia pars bonorum eripitur et in insulam relegantur ; humiliores in metallum damnantur. 4. Creditor chirographarius si sine jussu praesidis per vim debitoris sui pignora, cum non haberet obligata, ceperit, in legem Juliam de vi privata committit. Fiduciam vero et pignora apud se deposita persequi et sine auctoritate judicis vindicare non prohibetur.

[XXVII. AD LEGEM JULIAM PECULATUS.]

1[1]. Si quis fiscalem pecuniam attrectaverit subripuerit mutaverit seu in suos usus converterit, in quadruplum ejus pecuniae quam sustulit condemnatur.

[XXVIII. AD LEGEM JULIAM REPETUNDARUM.]

1. Judices pedanei si pecunia corrupti dicantur, plerumque a praeside aut curia submoventur aut in exilium mittuntur aut ad tempus relegantur.

[XXIX. AD LEGEM JULIAM MAJESTATIS.]

1. Lege Julia majestatis tenetur is, cujus ope consilio adversus imperatorem vel rem publicam arma mota sunt exercitusve ejus in insidias deductus est, quive injussu imperatoris bellum gesserit dilectumve habuerit, exercitum comparaverit sollicitaverit, deseruerit imperatorem. His antea in perpetuum aqua et igni interdicebatur, nunc vero humiliores bestiis objiciuntur vel vivi exuruntur, honestiores capite puniuntur. Quod crimen non solum facto, sed et verbis impiis ac maledictis maxime exacerbatur. 2. In reum majestatis inquiri prius convenit, quibus opibus, qua factione, quibus hoc auctoribus fecerit ; tanti enim criminis reus non obtentu adulationis alicujus, sed ipsius admissi causa puniendus est, et ideo, cum de eo quaeritur, nulla dignitas a tormentis excipitur.

1. Cf. *D.*, 48, 19, 38, 10.

[XXX^A. AD LEGEM JULIAM AMBITUS.]

1. Petiturus magistratus vel provinciae sacerdotium si turbam suffragiorum causa conduxerit, servos advocaverit aliamve quam multitudinem conduxerit, convictus ut vis publicae reus in insulam deportatur.

[XXX_B*. AD LEGEM FABIAM*.] [1]

1. *Lege Fabia tenetur, qui civem Romanum ingenuum, libertinum servumve alienum celaverit vendiderit vinxerit comparaverit. Et olim quidem hujus legis poena nummaria fuit, sed translata est cognitio in praefectum urbis, itemque praesidis provinciae extra ordinem meruit animadversionem. Ideoque humiliores aut in metallum dantur aut in crucem tolluntur, honestiores adempta dimidia parte bonorum in perpetuum relegantur. 2. Si servus sciente domino alienum servum subtraxerit vendiderit celaverit, in ipsum dominum animadvertitur. Quod si id domino ignorante commiserit, in metallum datur*.

[XXXI. DE POENIS MILITUM.]

1. Si pecunia accepta miles custodiam dimiserit, capite puniendus est. Et certe quaeritur, cujus criminis reus dimissus esse videatur. 2. Qui custodiam militi prosequenti magna manu excusserunt capite puniuntur. 3 [2]. *Qui metu criminis, in quo jam reus fuerat postulatus, nomen militiae dedit, statim sacramento solvendus est. 4. Miles turbator pacis capite punitur*. 5 [3]. *Miles, qui ex carcere dato gladio erupit [4], poena capitis punitur. Eadem poena tenetur et qui cum eo quem custodiebat deseruit. 6. Miles, qui sibi manus intulit nec factum peregit, nisi impatientia doloris aut morbi luctusve alicujus vel alia causa fecerit, capite puniendus est: alias cum ignominia mittendus est*.

[XXXII. QUANDO APPELLANDUM SIT.]

1. Quotiens jusjurandum postulatur, eo tempore appellandum est, quo defertur, non quo juratur.

[XXXIII. DE CAUTIONIBUS ET POENIS APPELLATIONUM.]

1. Ne liberum quis et solutum haberet arbitrium retractandae et revocandae sententiae, et poenae et tempora appel-

---

1. 30b = *Coll.*, 14, 2. Cf. *Lex Rom. Burg.*, 20. — 2. 31, 3. 4 = *D.*, 49, 16, 16. — 3. 31, 5. 6 = *D.*, 48, 19, 38, 11. 12. — 4. Mommsen : 'erupit datus ad gladium'.

latoribus praestituta sunt. Quod nisi juste appellaverint, tempora ad cavendum in poena appellationis quinque dierum praestituta sunt. Igitur *morans* in eo loco, ubi appellavit, cavere debet, ut ex die acceptarum litterarum continui quinque dies computentur; si vero longius, salva dinumeratione interim [1] quinque dies cum eo ipso, quo litteras acceperit, computantur. 2. Ne quis in captionem verborum in cavendo incidat, expeditissimum est poenam ipsam vel quid aliud pro ea deponere; necesse enim non habet sponsorem quis vel fidejussorem dare aut praesens esse; et si contra eum fuerit pronuntiatum, perdit quod deposuit. 3. Quotiens in poena appellationis cavetur, tam unus quam plures fidejussores, si idonei sint, dari possunt; sufficit enim etiam per unum idoneum indemnitati poenae consuli. 4. Si plures appellant, una cautio sufficit, et si unus caveat, omnibus vincit. 5. Cum a pluribus sententiis provocatur, singulae cautiones exigendae sunt et de singulis poenis spondendum est. 6. Modus poenae, in qua quis cavere debet, specialiter in cautione exprimendus est, ut sit, in qua stipulatio committatur; aliter enim recte cavisse non videtur. 7. Adsertor si provocet, in ejusmodi tertiam cavere debet, quanti causa aestimata est. 8 [2]. *In omnibus pecuniariis causis magis est, ut in tertiam partem ejus pecuniae caveatur*.

[XXXV. DE LITTERIS DIMISSORIIS.]

1. Ab eo, a quo appellatum est, ad eum, qui de appellatione cogniturus est, litterae dimissoriae diriguntur, quae vulgo apostoli appellantur; quorum postulatio et acceptio intra quintum diem ex officio facienda est. 2. Qui intra tempora praestituta dimissorias non postulaverit vel acceperit vel reddiderit, praescriptione ab agendo submovetur et poenam appellationis inferre cogitur.

[XXXV. DE REDDENDIS CAUSIS APPELLATIONUM.]

1. Meritum appellationis causae capitalis et ipsam rationem status non nisi per nosmet ipsos prosequi possumus; nemo enim absens aut duci in servitutem potest aut damnari. 2. Moratorias appellationes et eas, quae ab exsecutoribus et confessis fiunt, recipi non placuit. 3. Eum qui appellat cum convicio ipsius judicis appellare non oportet; ideoque ita factum arbitrio principis vindicatur.

1. Cujas: 'itineri'. — 2. 33, 8 restitué d'après le Vesont. et deux autres mss.

[XXXVI. POST PROVOCATIONEM QUID OBSERVANDUM EST.]

1. Quotiens possessor appellat, fructus medii temporis deponi convenit. Quod si petitor provocet, fructus in causa depositi esse non possunt nec recte eorum nomine satisdatio postulatur. 2. Si propter praedia urbana vel mancipia appelletur, pensiones eorum vel mercedes, vecturae etiam, si de navi agatur, deponi solent.

[XXXVII. DE MERITIS APPELLATIONUM.]

1. Omnimodo ponendum est, ut, quotiens injusta appellatio pronuntiatur, sumptus, quos dum sequeretur adversarius impendit, reddere cogatur, non simplos, sed quadruplos [1].

---

1. Seckel et Kuebler rapprochent la *lex Visigoth.*, 10, 2, 6, ed. Zeumer, p. 395.

7. Fragments des institutes de Paul.

Il existe des Institutes de Paul en 2 livres, qui ne sont représentées au Digeste que par 3 extraits (cf. Lenel, *Pal.*, 1, p. 1114), un fragment depuis longtemps connu rapporté par Boèce sur Cicéron, *Top.*, 2, 4, 19, et deux autres fragments contenus dans un commentaire inédit du *De inventione*, qui ont été découverts à Bruxelles par M. P. Thomas dans le ms. 10.057 de la Bibliothèque de Bourgogne (xiiᵉ siècle) et publiés par lui dans la *Revue de l'Instruction publique en Belgique*, 21, 1878, pp. 30-31. Nous reproduisons ici, comme dans notre première édition, le fragment de Boèce et les deux fragments de Bruxelles, en tenant compte pour ces derniers de l'édition qui en a été donnée depuis par M. Krueger avec le concours de M. Mommsen, *Collectio*, 3, 297. MM. Seckel et Kuebler, qui les ont reproduits. *Jurisprudentia*. 2, 162, et qui attribuent également à Paul le *fragmentum de formula Fabiana* (plus loin, n° 8), et le fragment d'Oxford *de societate* (plus loin, n° 9), reproduisent en outre, parmi les extraits de cet auteur : 1° p. 163, le passage de l'*interpretatio* du C. Th., 3, 13, 2, déjà cité p. 401. n. 1, qui renvoie au sujet des rétentions dotales non seulement aux sentences de Paul, mais à ses *responsa* ; 2° pp. 164-165, un passage assurément très curieux, trouvé par eux dans les Gloses de Labbé, *Thesaurus* d'Otto, III, col. 1727 (et déjà chez C. Labbaeus; *Veteres glossae verborum juris quae passim in Basilicis reperiuntur*, Paris, 1606, p. 22) qui signale, à tort ou à raison, des solutions relatives au *tignum junctum* comme venant du livre I d'un traité de Paul *de inseparabilibus*.

1. Paulus institutorum libro secundo titulo de dotibus. Si divortium est matrimonii et hoc sine culpa mulieris factum est, dos integra repetetur. Quod si culpa mulieris factum est divortium, in singulos liberos sexta pars dotis a marito retinetur usque ad mediam partem dumtaxat dotis.

2. Secundum Paulum in libris institutionum, accipere[1] nomen extra ordinem significat[2] accusare aliquem, ut oporteat eum respondere sine respectu loci, temporis, condicionis, dignitatis. Si quis enim accusetur de morte patris aut de eo quod dominum morti tradere voluerit, oportebit eum sine respectu alicujus horum respondere absque dilatione cuilibet appellanti illum. Nam in quocunque loco eum appellaverit, sive in quocunque tempore, cujuscunque dignitatis fuerit, sive sit servus sive liber, oportebit eum respondere vel defendere se statim, quam cito appellatoris fuerit.

3. Secundum Paulum in eodem libro praejudicium est accusanti reatus ante causam.

---

1. Thomas : 'deferre'.— 2. Mommsen ; le ms. : 'sic'.

8. Fragmentum de formula Fabiana.
(Paul, *ad Plautium lib. 8*? *ad ed. lib. 42*?)

Feuille double de parchemin écrite sur les deux côtés en lettres onciales du IVe au VIe siècle et probablement originaire du même fonds que les fragments de Paris et de Berlin (v. ci-dessus n° 4 et plus bas n° 14), conservée aujourd'hui à Vienne dans la collection de l'archiduc Renier. Fragments d'un ouvrage juridique incertain publiés d'abord avec d'excellents fac-similés et un commentaire étendu, par MM. Pfaff et Hofmann. *Fragmentum de formula Fabiana* (extrait du tome IV des *Mittheilungen aus der Sammlung der Papyrus Erzherzogs Rainer*), 1888, et qui ont depuis été édités ou commentés à plusieurs reprises (Krueger, *Z. S. St.*, 9, 1888, p. 144 et ss. ; Gradenwitz, *Z. S. St.*, 9, 1888, p. 395 et ss. ; Lenel, *Pal.*, 2, pp. 1231-1232, et *Bull. di D. R.*, 2, 1889, pp. 142-150 ; P. F. Girard, *N. R. H.*, 14, 1890, pp. 677-704 ; P. Krueger et Th. Mommsen, *Collectio*, 3, pp. 299-301 ; C. Ferrini, *Rendiconti dell'Ist. Lomb.*, série 2, vol. 33, 1900, pp. 133-139 ; Seckel et Kuebler, 2, pp 165-168). Des deux feuilles, la seconde, dont il ne subsiste que quelques mots épars relatifs au testament, à l'exhérédation, à la *bonorum possessio* et peut-être aux affranchissements, présente un sens trop indécis pour qu'on puisse en déterminer le sujet, et nous croyons, comme M. Lenel, inutile d'en reproduire les débris. Au contraire, la 1re feuille, du recto et du verso de laquelle nous avons les 11 dernières lignes en totalité et les 5 précédentes en partie, donne un texte généralement lisible et d'un sens suivi relatif à l'action Fabienne accordée au patron contre les aliénations entre vifs faites par l'affranchi en fraude de ses droits. Les premiers éditeurs du texte l'ont attribué au commentaire sur l'édit de Pomponius ; mais cette conjecture est à peu près inconciliable avec la citation de Marcellus reconnue ingénieusement par M. Gradenwitz au § 8, et des raisons sérieuses permettent de l'attribuer à un ouvrage de Paul, soit à ses *libri ad Plautium*, avec M. Gradenwitz, soit à ses *libri ad edictum* avec M. Ferrini. Nous reproduisons le fragment avec la division en paragraphes de M. Krueger, en signalant soit au texte, soit en note les principales corrections proposées pour les lacunes et les défectuosités les plus certaines du ms.

1. ... oluntiduas [1] sunt qui contra sen*tiunt*. . . . . . *ex contractu* venit et cum eo contrahetur. . . . . *atur* formula qu*a*si ex delicto venerit liberti, et est in fac*tum et ar*bitraria [2] : etiam Viv(*ianus*) *vere* [3] huic dicebat alienatum esse

---

1. ? Krueger : 'oluntidua sed' ; Lenel : 'olunt in d(*ivers*)a s(*chol*)a'. — 2. Lenel : 'sen*tiant teneri eam quia haec actio ex* con*tractu venit et cum eo contrahitur, *licet ita concipiatur formula quasi ex delicto venerit liberti) et est in* fac*tum et arbitraria*' ; Girard, quelque chose comme : 'sen*tiunt, si alius a*(c*tionem) habiturus sit quae ex con*tractu venit et cum eo contrahatur, qui accipit. Quae non probamus cum semper is teneatur formula quasi ex delicto venerit liberti (et est in* fac*tum et arbitraria)*' ; Ferrini : '*fraus ex* con*trac*tu venit et cum eo contrahitur ; *sed et ita comparatur formula quasi ex delicto*, etc. — 3. Lenel ; le ms. : 'vivere' ; Mommsen : 'si vere huic di*citur*' ; Krueger : 'et *a muliere* huic dic*endum*'.

qui ser*vum* ma*ncipio accepit, alienationem nobis ad domini*i*
translationem referentibus. 2. Sed hoc de illo [1]. Quod si pro muliere dotem dederit, quis teneatur hac formula ? Sed in proposito et Javolenus confitetur cum viro actionem esse et idem
pu*tat* etiam dissoluto matrimonio sed venire t[2]. Octavenus
manente quidem matrimonio posse agi cum marito, et post
divortium antequam dotem red*dat* : quod si redd*i*derit, cum
muliere, et si quid retinuerit maritus, cum utroque. Hoc et
ego verum esse didici. 3. *Sed si marito debitorem* suum jusserit
dotem promittere libertus, secundum Javolenum quidem et
post divortium ipse tenebitur, ut actiones suas praestet, si nondum exegit ; sed si culpa ejus solvendo esse desi*it* debitor, periculo patroni peri*it*. Sed si [3] statim potest mulier rei uxoriae
agere et ante quam p*a*tronus Fabiana formula *r*evocet, damnabitur maritus propter suam culpam. Deinde quaeremus [4]...

4. [5].. Laetoriae noxales sunt. *Sed si filio suo mancipare
jusserit pater,* suo nomine tenebitur, non de p*eculio, filius autem ipse tenebitur*[6]*,quemadmodum si* quis jussit alii mancipare,
ut jam diximus. 5. Sed si ser*vo libertus alienaverit* [7], quaeritur
post mortem ejus vel manumissionem vel alienationem dominii, utrum *intra annum* dumtaxat de peculio teneatur, [an] et
post annum de eo quod ad eum perv*enerit*. 6. Et ea quidem,
quae non mortis causa data sunt, ita revocat, si dolo malo
alienata sint : *ea* autem quae mortis causa *data sunt, omnimodo.*
Nam in formula ita est : mortis causa *dolove* malo. In mortis
causa enim donatione semper *dolum malum* esse [8] praetor ar-
bi*tratus* est. 7. Ergo et *si* filio exheredato mortis causa donaverit, tenebitur hac formula. Sed cum potest ei pater legare,
videamus ne inutilis sit Fabiana formula adversus filium. 8.
Idque etiam Julianus scribit in majore centenario qui, cum
tres *liberos* haberet, duos heredes instituit et tertio exheredato
mortis causa donavit. Ait enim patronum, qui tertiae partis

1. Omission dans le ms., suppose Lenel.— 2. Krueger : 'et id *in rei uxoriae* etiam dissoluto matrimonio *non* venire'; Lenel, suivi par Ferrini :
'et idem proba*t* etiam dissoluto matrimonio sed venire *tanto minus in rei
uxoriae actionem,* et'. — 3. Krueger : 'Secundum *Octavenum autem*'. —
4. Krueger : '*an mulier patrono teneatur*'. — 5. Mommsen comble la lacune
du début en lisant : 'Si servo vel filiofamilias quis in fraudem patroni quid
mancipavit, in dominum patremque agi potest dumtaxat de peculio et de
in rem verso ; neque enim actiones ex formula Fabiana ita ut legis Laetoriae noxales sunt'. — 6. Girard ; Lenel, Mommsen, Krueger : '*vel de in
rem verso*'.— 7. Lenel ; Krueger : 'si ser*vus injussu patris filio mancipatus
fuerit*'. —8. Le ms. : 'utinesse' ; Krueger : 'dolum inesse' ; Mommsen :
'eum inesse' ; Ferrini : 'ut in *leg(ato)*'.

bonorum possessionem acceperit, Fabiana inutiliter adversus filium usurum, quia potest ei et legare pater, nisi, inquit, commodum, quod per Falcidiam habiturus esset, ei minuatur. *Marcellus autem* ait [1], non esse aequom quicquam filio eripi, cum etiam ex minima parte *heres institutus* expulsurus sit patronum.

1. Gradenwitz : le ms. : 'arcatail'.

9. Fragment d'Oxford *de societate*.

(Paul, *ad ed. lib. 32*? Pomponius, *ad Sab. lib. 2*?)

Fragment de parchemin écrit sur le recto et le verso, venu d'Egypte à Oxford où il se trouve présentement à la Bibliothèque Bodléienne, publié en 1897, *P. Grenf.*, II, p. 156, n° CVII. Le texte, qui appartient évidemment à un commentaire juridique sur le contrat de société, a été attribué à Paul, *32 ad ed.*, par MM. P. Krueger, *Z. S. St.*, 18, 1897, pp. 224-226, Scialoja, *Rendiconti dei Lincei*, 1897, pp. 236-240, et *Bull. di D. R.*, 9, 1898, pp. 170-171, et Seckel et Kuebler, *J. ant.*, 2, p. 163, à cause du rapprochement de I, 1-4 avec *D.*, 17, 2, 65, 16 et de II, 1-5, avec *D.*, 17, 2, 67, 1 ; à Pomponius, *2 ad Sab.*, à cause du rapprochement de I, 6-7 avec *D.*, 17, 2, 62, *pr.*, par M. Collinet, *N. R. H.*, 21, 1897, pp. 533-542, qui a retiré son opinion devant celle de MM. Krueger et Scialoja, *N. R. H.*, 22, 1898, pp. 388-390, et, en face de la transmission textuelle de certains développements d'ouvrage en ouvrage, il pourrait, à l'extrême rigueur, être encore de quelque autre jurisconsulte. — Nous avons pu profiter, pour le texte donné ici, d'une collation de l'original faite par M. Seymour de Ricci auquel est due notamment la lecture de la dernière ligne du recto et du verso (I, 7 et II, 7).

¹ *Quia apud eum esse debet* q(ui) one | *ra sustinet; quod si jam dissoluto* | matrimonio (*societas*) ² *distrahatur*, isdem die-b(us) prae | *cipi debet quib*(us) et solvi debet ³. || *Ita Ser*(vius) ⁴ et Lab(eo) scribunt. | *Si* decesserit socius meus et | cum putarem hereditat(em) ⁵ . . .   I,1

⁶ *Si societatis nomine faene* | *raverit; nam si suo nomine* | quoniam sor*tis periculum* | ad eum pertinu*erit, usuras* || ipsum retinere o*portet*, ... | Lab(eo) ita interpreta*tur* ⁷ ut socie*ta* | tis nomine tum ipse tum (?) | II,1 5

1. Texte identique jusqu'à 'isdem diebus' à Paul, *32 ad ed.*, *D.*, 17, 2, 65, 16, qui donne pour commencement de la phrase : Si unus ex sociis maritus sit et distrahatur societas manente matrimonio, dotem maritus praecipere debet, quia apud eum esse debet qui, etc. — 2. Mot supprimé faute de place par M. de Ricci. — 3. Le *D.*, 17, 1, 65, 15, écrit : 'eadem die recipienda est dos qua et solvi debet', à cause de la suppression de la restitution 'annua bina trima die' par Justinien, *C.*, 5, 13, 1, 7a, et ne donne pas la citation finale de Servius et de Labeo, du reste contestée pour le premier par M. de Ricci, ni la proposition commencée dans les lignes 6 et 7. — 4. Krueger ; de Ricci : r. . . . . — 5. Cf. Pomponius, *2 ad Sab.*, *D.*, 17, 2, 62, *pr.* — 6. Restitué d'après Paul, 32 *ad ed.*, *D.*, 17, 2, 67, 1, où on lit auparavant une première phrase et qui finit ensuite avant la citation de Labeo, qui a donc été supprimée par les compilateurs, comme auparavant celles de Labeo et Servius, si le texte vient de Paul, *ad ed.* — 7. Le ms. : 'interpretat', défendu par Scialoja en invoquant le passif *interpretatur*, *D.*, 8, 2, 20, 2 et 50, 17, 12 ; mais v. en sens contraire, outre Krueger, Kalb, *Jahresberichte* de Bursian, 109, 1901, p. 47.

10. Règles d'Ulpien.

Domitius Ulpianus, qui s'indique lui-même comme originaire de Tyr en Phénicie, fut, avec Paul, assesseur du préfet du prétoire Papinien (205-212). Il devint ensuite *magister libellorum*, probablement sous Caracalla (212-217), fut un moment en disgrâce sous Elagabal, et apparaît dès le début du règne d'Alexandre Sévère, en 222, comme occupant la préfecture de l'annone le 31 mars, et celle du prétoire le 1er décembre. Il conserva ce dernier poste et resta le conseiller le plus écouté de l'empereur jusqu'en 228 où il fut tué par les prétoriens. V. surtout Karlowa, *R. R. G.*, 1, pp. 739-741; Krueger, *Sources*, pp. 285-286; P. Joers, dans Pauly-Wissowa, 5, 1, 1903, v° *Domitius*, n° 88, pp. 1436-1439. Les fonctions administratives d'Ulpien ne l'ont pas plus empêché que Paul d'avoir une production juridique fort abondante. Comme lui il paraît avoir voulu embrasser dans ses œuvres tout l'ensemble du droit, et il ne lui est guère inférieur pour la quantité des ouvrages : 287 livres environ, parmi lesquels les principaux sont 81 *libri ad edictum praetoris*, 51 *libri ad Sabinum*, de nombreux traités sur les fonctions des divers magistrats, des *responsa*, des *disputationes*, 2 livres d'*institutiones*, des *regulae* en 7 livres et un *liber singularis regularum*; v. les fragments de tous ces ouvrages sauf le dernier dans Lenel, *Pal.*, 2, pp. 379-1200; cf. sur leur liste et leurs dates Fitting, *Alt. und Folge*, pp. 99-120; Mommsen, *Z R G.*, 9. 1870, pp. 101 102. 113-114 = *Ges. Schr.*, 2, pp. 158-159. 169-171; Karlowa, *R. R. G.*, 1, pp. 742-744; Krueger, *Sources*, pp. 286-296; P. Joers, *op. cit.*, pp. 1439-1455. 1502-1509. Mais, tandis que l'activité de Paul se répartit sur une période de temps considérable, Ulpien semble avoir publié pour ainsi dire tous ses ouvrages durant les cinq années du règne de Caracalla, et rien ne montre mieux le caractère de compilation impersonnelle et un peu hâtive des œuvres de cet écrivain clair et correct, qu'une illusion singulière a souvent fait prendre pour l'un des jurisconsultes les plus originaux : v sur ce point la démonstration d'A. Pernice, *Ulpian als Schriftsteller*, dans les *Sitzungsberichte* de Berlin, 1885, 1, pp. 443-484, dont les conclusions n'ont pas été écartées, mais seulement rectifiées et circonscrites par les observations de M. Krueger, *Sources*. pp. 297, 288, n. 3, 443, n. 2, et de M. Joers. *op. cit.*, pp. 1455-1502.

L'ouvrage d'Ulpien dont nous sont parvenus les débris les moins incomplets est le *liber singularis regularum*, écrit par lui sous Caracalla (Ulpien, 17, 2, rapproché de Dion, 77, 9, 4. 5). Le Digeste et la *Collatio* en renferment quelques passages ; mais il nous est surtout connu par un ms. écrit en Gaule au xe siècle ou à la fin du xie qui en reproduit des extraits à la suite de la *lex Romana Visigothorum* sous le titre : *Incipiunt tituli ex corpore Ulpiani*, et qui, après avoir été édité par Jean du Tillet en 1549 et encore consulté par Cujas en 1576, n'a été retrouvé que de notre temps par Savigny au Vatican, dans le ms. 1128 du fonds de la reine Christine. La détermination de l'ouvrage résulte de la concordance de passages du ms. avec des extraits des règles d'Ulpien rapportés au Digeste et dans la *Collatio* (5, 6. 7 = *Coll.*, 6, 2 ; 20, 6, 1 = *D.* 22, 5, 17). Il est facile aussi de constater qu'avec quelques additions Ulpien y suit le même ordre que les Institutes de Gaius : cf. le tableau probant donné dans Boecking, 4ᵉ éd., 1855, pp. 192-197. Mais ce rapprochement montre que le ms. est fort loin de nous donner l'ouvrage complet d'Ulpien. Son texte n'est pas seulement mutilé au commencement et surtout à la fin où il s'arrête à la succession des affranchis, au passage correspondant à Gaius. 3, 53, en omettant par conséquent la fin des successions, la théorie des obligations et celle des actions, pour lesquelles nous n'avons que deux extraits de la *Collatio*, 2, 2, et du Digeste, 44, 7, 25. L'ouvrage, dont le commencement et la fin nous manquent ainsi, parce que des feuillets manquaient déjà dans le ms. sur lequel le nôtre est copié, présente en outre, dans la partie conservée, des traces de suppressions et des coupures qui viennent de ce que le modèle copié n'était pas le texte primitif des Règles d'Ulpien, mais un abrégé de ces Règles, assez comparable à l'abrégé des Sentences de Paul contenu dans la loi des Wisigoths. On y a supprimé d'abord les divisions méthodiques des matières qui, atteste *D.*, 44, 7, 25, ne manquaient pas plus dans les Règles d'Ulpien que dans les Institutes de Gaius, et ensuite tous les renseignements historiques, étrangers au droit en vigueur, ainsi qu'on le voit par l'omission d'à peu près toutes les institutions signalées par Gaius comme en désuétude, par exemple des deux formes de testaments les plus anciennes, des vieilles lois sur le taux des legs, et en particulier des règles sur la succession des *gentiles* pour lesquelles le texte original d'Ulpien nous a été transmis par la *Collatio*, 16, 4. Et l'on peut même, d'après ces suppressions et le droit qu'elles impliquent, déterminer la date de la composition de cet abrégé d'Ulpien, placée par Mommsen peu après la constitution de Constantin de 320 sur l'abolition des peines du célibat, *C. Th.*, 8, 16, 1. En revanche, l'abréviateur n'a pas interpolé le texte d'Ulpien, il ne l'a modifié nulle part et il n'y a non plus rien ajouté, pas même les rubriques, qui à la vérité ne sont probablement pas d'Ulpien, mais qui sont plus anciennes que l'abrégé ; car on en rencontre quelques-unes dans la *Collatio*, et certaines se réfèrent à des portions de l'original effacées dans l'abrégé. Les seuls changements qui puissent être constatés ne sont pas des interpolations, mais des corruptions produites par des erreurs de copistes : ils se rattachent soit à des inintelligences d'abréviations techniques employées dans des mss. anciens (par exemple *jus Quiritium* pour *jure Quiritium*, *Ascia* pour *Aelia Sentia*, *praetoriani* pour *populi Romani*, *re vera* pour *rei uxoriae*, etc.), soit, comme l'a le premier aperçu Mommsen, à une interversion faite par le copiste de notre ms. relativement au premier feuillet de son modèle qui devait être détaché du reste du ms. et dont il a copié le verso avant le recto en prenant le titre *De libertis* pour le premier de l'ouvrage et en le faisant précéder d'une liste des titres copiés par lui. V sur tous ces points la dissertation de Mommsen, dans Boecking, pp. 109-120 = *Ges. Schr.*, 2, pp. 47-55, et en outre Krueger, *Collectio*, 2, pp. 1-4, et *Sources*, pp. 332-333 ; Karlowa, *R. R. G.*, 1, pp. 768-771. Un fac-simile commode du ms., dressé par Henri Brunn, se trouve adjoint à l'éd. précitée de Boecking, à côté de laquelle nous citerons seulement celle de Pellat *Manuale*, celle de Huschke, celle de M. Krueger, basée sur une nouvelle collation des passages les plus délicats du ms., et celle donnée par MM. Seckel et Kuebler dans le tome I de leur 6ᵉ éd. de Huschke.

ULPIANI LIBER SINGULARIS REGULARUM

1. *Leges aut perfectae sunt aut imperfectae aut minus quam perfectae. Perfecta lex est... Imperfecta lex est, quae fieri aliquid vetat, nec tamen si factum sit, rescindit: qualis est lex Cincia, quae plus quam* [1]... *donare* prohibet, exceptis quibusdam cognatis [2], et si plus donatum sit, non rescindit. 2. Minus quam perfecta lex est, quae vetat aliquid fieri, et si factum sit, non rescindit, sed poenam injungit ei qui contra legem fecit: qualis est lex Furia testamentaria, quae plus quam mille assium legatum mortisve causa prohibet capere, praeter exceptas personas, et adversus eum qui plus ceperit quadrupli poenam constituit.

3. *L*ex aut rogatur, id est fertur, aut abrogatur, id est prior lex tollitur, aut derogatur, id est pars primae *legis* tollitur, aut subrogatur, id est adjicitur aliquid primae legi, aut obrogatur, id est mutatur aliquid ex prima lege...

4 [3]. Mores sunt tacitus consensus populi, longa consuetudine inveteratus.

[I. DE LIBERTIS.]

5. Libertorum genera sunt tria, cives Romani, Latini Juniani, dediticiorum numero.

6. Cives Romani sunt liberti, qui legitime *manumissi sunt id est aut vindicta aut* censu aut testamento, nullo jure impediente. 7. Vindicta manumittuntur apud magistratum *populi Romani*, velut consulem *praetoremve vel* proconsulem. 8. Censu manumittebantur olim, qui lustrali censu Romae jussu dominorum inter cives Romanos censum profitebantur. 9. Ut testamento manumissi liberi sint, lex duodecim tabularum facit, quae confirmat [4] *testamento datas libertates*. 10. *Qui non legitime manumissi erant, sed nuda dominorum voluntate libertate donati erant, olim quidem servi remanebant, praetor autem eos in libertatis possessione tuebatur* [5]. Hodie autem ipso jure liberi sunt ex lege Junia, qua lege Latini *f*iunt nominatim inter amicos manumissi.

11. Dediticiorum numero sunt, qui poenae causa vincli

---

1. Huschke: 'duo milia assium', arg. Schol. ad. Juv., 7, 247 et ss.— 2. Krueger, peut-être *personis*; Huschke: '*personis* quibusdam *velut cognatis*'. — 3. Placé dans le ms. avant l'index des titres: cf. p. 459. — 4. Suivent ici, dans le ms, les §§ préliminaires 1 à 3; cf. p. 459. — 5. Restitution quant au sens de Krueger. Restitution différente quant à la forme, équivalente quant au fond dans Huschke. Restitution équivalente, mais plus laconique, de Mommsen, chez Boecking.

sunt a domino, quibusve stig*mat*a scripta fuerunt, qui*ve* propter noxam torti nocentesque inventi sunt, quive traditi sunt, ut ferro aut cum bestiis depugnarent, *vel in ludum* vel custodiam conjecti fuerunt, deinde quoquo modo manumissi sunt: idque lex A*elia Sent*ia facit.

12. Eadem lege cautum est, ut minor triginta annorum servus vindicta manumissus civ*is* Romanus non fiat, nisi apud consilium causa probata fuerit : ideo sine consili*o* manumissum Caesaris[1] servum manere putat ; testamento vero manumissum perinde haberi jubet, atque si domini voluntate in libertate esset, ideoque Latinus fit. 13. Eadem lex eum dominum, qui minor viginti annorum est, prohibet servum manumittere, praeterquam si causam apud consilium probaverit. 13ᵃ. In consilio autem adhibentur Romae quinque senatores et quinque equites Romani ; in provinci*is* viginti reciperato*res* cives Romani. 14. Ab eo domino, qui solvend*o* non est, servus testament*o* liber esse jussus et heres institutus, et si minor sit triginta annis, vel in ea causa sit, ut dediticius fieri debeat, civ*is* Romanus et heres *f*it ; si tamen alius ex eo testamento nemo heres sit. Quod si duo pluresve liberi heredesque esse jussi sint, primo loco scriptus liber et heres fit : quod et ipsum lex A*elia* Sentia facit. 15. Eadem lex in fraude*m* creditoris et patroni manumittere prohibet.

16. Qui tantum in bonis, non etiam ex jur*e* Quiritium servum habet, manumittendo Latinum facit. In bonis tantum alicujus servus est velut hoc modo, si civ*is* Romanus a cive Romano servum emerit, isqu*e* traditus ei sit, neque tamen mancipatus ei, neque *in* jure cessus, neque ab ipso anno possessus sit ; nam quamdiu horum quid fiat, is servus in bonis quidem emptoris, e*x* jur*e* Quiritium autem venditoris est.

17. Mulier, quae in tutela est, item pupillus et pupilla manumittere non possunt.

18. Communem servum unus ex dominis manumittendo partem suam *a*mittit, eaque adcrescit socio ; maxime si eo modo manumiserit, quo, si proprium haberet, civem Romanum facturus esset ; nam si inter amicos eum manumiserit, pleris*q*ue placet eum nihil egisse. 19. Servus, in quo alterius est usufructus, alterius proprietas, *a* proprietatis domino manumissus liber non fit, sed servus sine domino est.

---

[1]. Ms. : 'Caesaris' ; Hertz : '*lex* Aelia Sentia' ; Puchta : 'Cassius' ; Huschke : '*ejus aetatis*' ; Kniep, *Gai. Inst. comm. I*, p.112 : 'Cae(lius) Sa(binus) *manumissoris*'.

20. Post mortem heredis aut ante institutionem heredis testamento libertas dari non potest, excepto testamento militis. 21. Inter medias heredum institutiones libertas data utrisque adeuntibus non valet. Solo autem priore adeunte jure antiquo valet; sed post legem Papiam Poppaeam, quae partem non adeuntis caducam facit, si quidem primus heres vel jus *liberorum vel jus* antiquum habeat, valere eam posse placuit: quod si non habeat, non valere constat, quod loco non adeuntis legatarii patres heredes fiunt. Sunt tamen qui et hoc casu valere eam posse dicunt. 22. Qui testamento liber esse jussus est, mox quam vel unus ex heredibus adierit hereditatem, liber fit. 23. Justa libertas testamento potest dari his servis, qui testamenti faciendi et mortis tempore ex jure Quiritium testatoris fuerunt.

24. Lex Fufia Caninia jubet testamento ex tribus servis non plures quam duos manumitti, et usque ad decem dimidiam partem manumittere concedit; a decem usque ad triginta tertiam partem, ut tamen adhuc quinque manumittere liceat, aeque ut ex priori numero; a triginta usque ad centum quartam partem, aeque ut decem ex superiori numero liberari possint; a centum usque ad quingentos partem quintam, similiter ut ex antecedenti numero viginti quinque possint fieri liberi. Et denique praecipit, ne plures omnino quam centum ex cujusquam testamento liberi fiant. 25. Eadem lex cavet, ut libertates servis testamento nominatim dentur.

[II. DE STATU LIBERO VEL STATU LIBERIS.]

1. Qui sub condicione testamento liber esse jussus est, statu liber appellatur. 2. Statu liber, quamdiu pendet condicio, servus heredis *est*. 3. Statu liber seu alienetur ab herede sive *usuca*piatur ab aliquo, libertatis condicionem secum trahit. 4. Sub hac condicione liber esse jussus: SI DECEM MILIA HEREDI DEDERIT, etsi ab herede abalienatus sit, emptori dando pecuniam ad libertatem perveniet: idque lex duodecim tabularum jubet. 5. Si per heredem factum sit, quominus statu liber condicioni pareat, proinde fit liber, atque si condicio expleta fuisset. 6. Extraneo pecuniam dare jussus et liber esse, si paratus sit dare, et is, cui jussus est dare, aut nolit accipere, aut antequam acceperit moriatur, proinde fit liber ac si pecuniam dedisset.

7. Libertas et directo potest dari hoc modo: LIBER ESTO, LIBER SIT, LIBERUM ESSE JUBEO, et per fideicommissum, ut puta: ROGO, FIDEI COMMITTO HEREDIS MEI, UT STICHUM SERVUM MANUMIT-

TAT. 8. Is, qui directo liber esse jussus est, orcinus fit libert*us*; is autem, cui per fideicommissum data est libertas, non testatoris sed manumissoris fit libertus. 9. Cujus fidei committi potest ad rem aliquam praestandam, ejusdem etiam libertas fidei committi potest. 10. Per fideicommissum libertas dari potest tam proprio servo testatoris quam heredis aut legatarii vel cujuslibet extranei servo. 11. Alieno servo per fideicommiss*um* data libertate si dominus eum justo pretio non vendat, extinguitur libertas, quoniam nec pretii computatio pro libertate fieri potest. 12. Libertas sicut dari, ita et adimi ta*m* testamento quam codic*i*llis testamento confirmatis potest, ut tamen eodem modo adimatur, quo et data est.

[III. DE LATINIS.]

1. Latin*i* jus Quiritium consequuntur his modis : beneficio principali, liberis, iteratione, militia, nave, aedificio, p*i*strino; praeterea e*x* senatus consulto vulgo quae sit ter enixa [1]. 2. Beneficio principali Latinus civitatem Romanam accipit, si ab imperatore jus Quiritium impetraverit. 3. Liberis jus Quiritium consequitur Latinus, qui minor triginta annorum manumissionis tempore fuit; nam lege Junia cautum est, ut si cive*m* Romanam vel Latinam uxorem duxerit, testatione interposita, quod liberorum quaerendorum causa uxorem dux*er*it, postea filio filiave nato natave et ann*i*culo facto, possit apud praetorem vel praesidem provinciae causa*m* probare et fieri civ*is* Romanu*s*, tam ipse quam filius filiave ejus et uxor, scilicet si et ipsa Latina sit; nam si uxor civis Romana sit, partus quoque civis Romanus est ex senatus consult*o*, quod auctore divo Ha*d*riano factum est. 4. Iteratione fit civis Romanus, qui post Latinitatem quam acceperat, major triginta annorum iterum juste manumissus est ab eo, cujus ex ju*re* Quiritium servus fuit. Sed huic concessum est [ut] ex senatus consult*o* etiam liberis jus Quiritium consequi. 5. Militia jus Quiritium acc*i*pit Latinus, *si* inter vigiles Romae sex annis militaverit, ex lege Visellia. Po*s*tea ex senatus consult*o* concessum est ei, ut, si triennio inter vigiles militaverit, jus Quiritium consequatur. 6. Nave Latinus civitate*m* Romanam acc*i*pit, si non minore*m* quam decem mili*um* modiorum navem fabricaverit et Roma*m* sex annis frumentum portaverit, ex edicto divi Claudi*i*.

---

1. Ms. : 'vulgo quaesit te re nexa'; Boecking : 'vulgo quaesit*os* t*r*es enixa'; Huschke : '*mulier* quae sit ter enixa'.

[IV. DE HIS QUI SUI JURIS SUNT.]

1. Sui juris sunt familiarum suarum principes, id est pater familiae itemque mater familiae.

2. Qui matre quidem *certa*, patre autem incerto nati sunt, spurii appellantur.

[V. DE HIS QUI IN POTESTATE SUNT.] [1]

1. In potestate sunt liberi parentum e*x* justo matrimonio nati.

2. Jus*tum* matrimonium est, si inter eos, qui nuptias contrahunt, conubium sit, et ta*m* mascu*lus* pu*bes* quam femina potens sit, et utrique consentiant, si sui juris sunt, aut etiam parentes eorum, si in potestate sunt. 3. Conubium est uxoris jure ducendae facultas. 4. Conubium habent cives Romani cum civibus Romanis, cum Latinis autem et peregrinis ita si concessum sit. 5. Cum servis nullum est conubium. 6. Inter parentes et liberos infinite cujuscumque gradus si*nt* conubium non est. Inter cognatos autem ex transverso gradu olim quidem usque ad quartum gradum matrimonia contrahi non poterant: nunc autem etiam ex tertio gradu licet uxorem ducere; sed ta*ntum* fratris filia*m*, non etiam sororis filia*m* aut amita*m* vel matertera*m*, quamvis eodem gradu si*nt*. Ea*m*, qu*ae* noverca vel privigna vel nurus vel socrus nostra fuit, uxorem ducere non possumus. 7. Si quis eam, quam non licet, uxorem duxerit, incestum matrimonium contrahit, ideoque liberi in potestate ejus non fiunt, sed quasi vulgo concepti spur*ii* sunt.

8. Conubio interveniente liberi semper patrem sequuntur; non interveniente conubio matris condicion*i* accedunt, excepto *eo*, qui ex peregrino et cive Romana peregrinus nascitur, quoniam lex Min*i*cia ex alterutro peregrino nat*um* deterior*is* parent*is* condicione*m* sequi jubet. 9. Ex cive Romano et Latina Latinus nascitur, et ex libero et ancilla servus, quoniam, cum his casibus conubia non sint, partus sequi*tur* matrem. 10. In his, qui jure contract*o* matrimonio nascuntur, conceptionis tempus *spec*tatur; in his autem, qui non legitime concipiuntur, editionis. Veluti si ancilla conceperit, deinde manumissa pariat, liberum parit; nam quoniam non legitime concepit, cum editionis tempore libera sit, partus quoque liber est.

---

1. 5, 6-7 = *Coll.*, 6, 2, 1-3, sous la rubrique : 'Ulpianus, lib. regularum singulari sub tit. de nuptiis'.

[VI. DE DOTIBUS.]

1. Dos aut datur, aut dicitur, aut promittitur. 2. Dotem dicere potest mulier, quae nuptura est, et debitor mulieris, si jussu ejus dicat : *item* parens mulieris virilis sexus, per virilem sexum cognatione junctus, velut pater, avus paternus. Dare promittere dotem omnes possunt.

3. Dos au*t* profecticia dicitur, id est quam pater mulieris dedit ; aut adventicia, id est ea quae a quovis alio data est.

4. Mortua in matrimonio muliere dos a patre profecta ad patrem revertitur, quintis in singulos liberos in infinitum relictis penes virum. Quod si pater non sit, apud maritum remanet. 5. Adventicia autem dos semper penes maritum remanet, praeterquam si is qui dedit, ut sibi redderetur, stipulatus fuerit ; quae dos specialiter recepticia dicitur.

6. Divortio facto, si quidem sui juris sit mulier, ipsa habet *rei uxoriae* actionem, id est dotis repetitionem ; quod si in potestate patris sit, pater adjunct*a* filiae persona habet actionem *rei uxoriae* ; nec interest, adventicia sit dos an profecticia. 7. Post divortium defuncta muliere heredi ejus actio non aliter datur, quam si moram in dote mulieri reddenda maritus fecerit.

8. Dos si pondere numero mensura contineatur, annua bima trim*a* die redd*i*tur, nisi si ut praesens reddatur convenerit. Reliquae dotes statim redduntur.

9. Retentiones ex dote fiunt *aut propter liberos*, aut propter mores, aut propter impensas, aut propter res donatas, aut propter res amotas.

10. Propter liberos retentio fit, si culpa mulieris aut patris, cujus in potestate est, divortium factum sit ; tunc enim singulorum liberorum nomine sext*ae* retinentur ex dote, non plures tamen quam tres. Sextae in retentione sunt, non in petitione. 11. Dos quae semel functa est, amplius fungi non potest, nisi aliu*d* matrimonium sit.

12. Morum nomine graviorum quidem sext*a* retinetur, leviorum autem octava. Graviores mores sunt adul*t*eri*a* tantum, leviores omnes reliqui. 13. Mariti mores puniuntur in ea quidem dote, quae a die[1] reddi debet, ita *ut* propter majores mores praesentem dotem reddat, propter minores senum mensum die. In ea autem, quae praesens reddi solet, tantum ex fructibus jubetur reddere, quantum in illa dote, quae *t*rienno redditur, rep*r*aesentatio facit.

1. Huschke : '*annua* die' ; Cujas, Pellat : '*annua, bima trima* die' ; Boecking : '*ad die*m'.

14. *I*mpensarum species sunt tres : aut enim necessariae dicuntur, aut utiles, aut voluptuo*a*e. 15. Necessariae sunt impens*ae*, quibus non factis do*s* deterior futura est, velut si quis ruinosas aedes refecerit. 16. Utiles sunt, quibus non factis quidem deterior dos non fuerit, factis autem fructuosior effecta est, veluti si vineta et oliveta fecerit. 17. Voluptuos*ae* sunt, quibus neque omissis deterior dos fieret, neque factis fruc*tu*osior effecta est ; quo*d* evenit in viridiariis et picturis similibusque rebus.

[VII. DE JURE DONATIONUM INTER VIRUM ET UXOREM.]

1. Inter virum et uxorem donatio non valet nisi certis ex causis, id est mortis causa, divortii causa, servi manumittendi gratia. Hoc amplius principalibus constitutionibus concessum est mulieri in hoc donare viro suo, ut is ab imperatore lato clavo vel equo publico simili*v*e honore honoretur.

2. Si maritus[1] divortii causa res *a*moverit, rerum quoque amotarum actione tenebitur.

3. Si maritus pro muliere se obligaverit vel in rem ejus impenderit, divortio facto eo nomine cavere sibi solet stipulatione tribunicia.

4. In potestate parentum sunt etiam hi liberi, quorum causa probata est, per errorem contracto matrimonio inter dispa*ris* condi*cio*nis personas ; nam seu civis Romanus Latinam aut peregrinam vel eam quae dediticiorum numer*o* est quasi *civem Romanam* per ignorantiam uxorem duxerit, sive civis Romana per errorem peregrino vel ei qui dediticiorum numer*o* est *quasi civi Romano* aut etiam quasi Latino ex lege *Aeliā* Sen*t*ia nupta fuerit, causa probata civitas Roman*a* datur tam liberis quam parentibus praeter eos qui dediticiorum numer*o* sunt, et ex eo fiunt in potestate parentum liberi.

[VIII. DE ADOPTIONIBUS.]

1. Non tantum naturales liberi in potestate parentum sunt, sed etiam adoptivi. 2. Adoptio fit aut per populum, aut per praetorem vel praesidem provinciae. Illa adoptio, quae per populum fit, specialiter adrogatio dicitur. 3. Per populum qui sui juris sunt adrogantur ; per praetorem autem filii familiae a parentibus dantur in adoptionem. 4. Adrogatio Romae dum*ta*xat fit ; adoptio autem etiam in provinci*is* apud prae-

---

1. Ms. : 'Si maritus' ; Huschke : 'Si marito uxor' ; Mommsen, Pellat : 'Si mulier'.

sides. 5. Per praetorem vel praesidem provinciae adoptari tam masculi quam feminae. et tam puberes quam impuberes possunt per populum vero Romanum feminae non adrogan*tur* : pupilli an*tea* quidem non poterant adrogari, nunc autem possunt ex constitutione divi Antonini. P*ii*. 6. Qui generare non possunt velut spado, utroque modo po*ssunt* adoptare ; idem juris est in persona caelibis. 7. Item is, qui filium non habet, in locum nepotis adoptare potest. 8. Si pater familiae adrogandum se dederit, liberi quoque ejus quasi nepotes in potestate fiunt adrogatoris. 8ª. Feminae vero neutro modo possunt adop*tare*, quoniam nec naturales liberos in potestate habent.

[IX. DE HIS QUI IN MANU SUNT.]

1. Farreo convenitur [1] in manum certis verbis et testibus x praesentibus et sollemni sacrificio facto, in quo pan*is* quoque farr*eus* adhibetur.

[X. QUI IN POTESTATE MANCIPIOVE SUNT QUEMADMODUM
EO JURE LIBERENTUR.]

1. Liberi parentum potestate liberantur emancipatione, id est si, posteaquam mancipati fuerint, manumissi sint. Sed filius quidem ter mancipatus, ter manumissus sui juris fit ; id e*nim* lex duodecim tabularum jubet his verbis : SI PATER FILIUM TER VENUM DUIT, FILIUS A PATRE LIBER ESTO. Ceteri autem liberi praeter filium, tam masculi quam feminae, una mancipatione manumissioneque sui juris fiunt. 2. Morte patris filius et filia sui juris fiunt ; morte autem avi nepotes ita demum sui juris fiunt, si post mortem avi in potestate patris futuri non sunt, velut si moriente avo pater eorum aut etiam decessit aut de potestate dimissus est ; nam si mortis avi tempore pater eorum in potestate ejus sit, mortuo avo in patris sui potestate fiunt. 3. Si patri vel filio aqua et igni interdictum sit, patria potestas tollitur, quia peregrinus fit is, cui aqua et igni interdictum est ; neque autem peregrinus civem Romanum, neque civis Romanus peregrinum in potestate habere potest. 4. Si pater ab hostibus captus sit, quamvis servus hostium fiat, tamen cum reversus fuerit, omnia pristina jura rec*i*pit jure postliminii. Sed quamdiu apud hostes est, patria potestas in filio ejus interim pendebit, et cum reversus fuerit ab hostibus in potestate filium habebit ; si vero ibi decesserit, sui juris filius erit Filius quoque si captus fuerit ab hostibus, similiter propter jus postliminii patria potestas

---

1. Huschke : 'convenit uxor'.

interim pendebit. 5. In potestate parentum esse desinunt et hi, qui flamines Diales inaugurantur, et quae virgines Vestae capiuntur.

[XI. DE TUTELIS.]

1. Tutores constituuntur tam masculis quam feminis ; sed masculis quidem impuberibus dumtaxat propter aetatis infirmitatem ; feminis autem *tam* impuberibus quam puberibus et propter sexus infirmitatem et propter forensium rerum ignora*ntiam*.
2. Tutores aut legitimi sunt, aut senatus consultis constituti, aut moribus introducti.
3. Legitimi tutores sunt, *qui* ex lege aliqua descendunt ; per eminentiam autem legitimi dicuntur qui ex lege duodecim tabularum introducuntur seu *p*alam, quales sunt agn*a*ti, seu per consequentiam, quales sunt patroni. 4. Agn*a*ti sunt a patre cognati virilis sexus per virilem sexum descendentes ejusdem familiae, veluti patrui, fratres, filii fratris, pratrueles. 5. Qui liberum caput mancipatum sibi vel a parente vel a *c*oempt*i*onatore manumisit, per similitudinem patroni tutor efficitur, qui fiduciarius tutor appellatur. 6. Legitimi tutores alii tutelam in jure cedere possunt. 7. Is, cui tutela in jure *c*essa est, cessi*c*ius tutor appellatur ; qui sive mortuus fuerit, sive capite minutus, sive alii tutela*m in jure* cesserit [1], redit ad legitimum tutorem tutela. Sed et si legitimus decesserit aut capite minutus fuerit, cessicia quoque tutela extinguitur. 8. Quantum ad agnatos pertinet, hodie cessi*c*ia tutela non procedit, quoniam permissum erat in jure cedere tutelam feminarum tantum, non etiam masculorum, feminarum autem legitimas tutelas lex Claudia sus*tu*lit, excepta tutela patronorum.

9. Legitima tutela capitis deminutione amittitur. 10. Capitis minutionis species sunt tres : maxima, media, minima. 11. Maxima capitis deminutio est, per quam et civitas et libertas amittitur : veluti cum incensus aliquis ven*i*erit, aut quod mulier alieno servo se junxerit denuntiante domino et ancilla facta fuerit ex senatus consulto Claudiano. 12. Media capitis deminutio dicitur, per quam, sola civitate amissa, libertas retinetur : quod fit in eo, cui aqua et igni interdicitur. 13. Minima capitis deminutio est, per quam, et civitate et liberlate salva, status dumtaxat homin*is* mutatur : quod fit adoptione et in manu*m* con*v*entione.

1. Ms. : 'processerit' ; Krueger : '*in jure* cesserit' ; Boecking, Huschke : 'porro cesserit'.

14. Testamento quoque nominatim tutores dati confirmantur eadem lege duodecim tabularum his verbis: UTI LEGASSIT SUPER PECUNIA TUTELAVE SUAE REI, ITA JUS ESTO: qui tutores dativi appellantur. 15. Dari testamento tutores possunt liberis, qui in potestate sunt. 16. Testamento tutores dari possunt hi, cum quibus testamenti faciendi jus est, praeter Latinum Junianum; nam Latinus habet quidem testamenti factione*m*, sed tamen tutor dari non potest; id enim lex Junia prohibet. 17. Si capite deminutus fuerit tutor testamento datus, non amittit tutelam; sed si abdicaverit se tutela, desinit esse tutor. Abdicare autem est dicere nolle se tutorem esse; in jure cedere autem tutela*m* testamento datus non potest; nam et legitimus in jure cedere potest, abdicare se non potest.

18. Lex Atilia jubet mulieribus pupillisve non habentibus tutores dari a praetore et majore parte tribunorum plebis, quos tutores Atilianos appellamus. Sed quia lex Atilia Romae tantum locum habet, lege Julia et Titia prospectum est, ut in provinciis quoque similiter a praesidibus earum dentur tutores. 19. Lex Junia tutorem fieri jubet Latinae vel Latini impuberis eum, cujus etiam ante manumissionem *ex* jure Quiritium fuit. 20. Ex lege Julia de maritandis ordinibus tutor datur a praetore urbis ei mulieri virginive, quam ex hac ipsa lege nubere oportet, ad dotem dandam dicendam promittendamve, si legitimum tutorem pupillum habeat. Sed postea senatus censuit, ut etiam in provinciis quoque similiter a praesidibus earum ex eadem causa tutores dentur. 21. Praeterea etiam in locum muti furiosive tutoris alterum dandum esse tutorem ad dotem constituendam senatus censuit. 22. Item ex senatus consulto tutor datur mulieri ei, cujus tutor abest, praeterquam si patronus sit qui abest; nam in locum patroni absentis alter peti non potest nisi ad hereditatem adeundam et nuptias contrahendas. Idemque permisit in pupillo patroni filio. 23. Hoc amplius senatus censuit, ut si tutor pupilli pupillaeve suspectus a tutela submotus fuerit, vel etiam justa de causa excusatus, in locum ejus tutor alius *detur*.

24. Moribus tutor datur mulieri pupillove, qui cum tutore suo lege aut legitimo judicio agere vult, ut auctore eo agat (ipse enim tutor in rem suam autor fieri non potest), qui praetorius[1] tutor dicitur, quia *a* praetore urbis dari consuevit.

25. Pupillorum pupillarumque tutores et negotia gerunt et auctoritatem interponunt; mulierum autem tutores aucto-

---

1. Ms.: 'praetorianus'.

ritatem dumtaxat interponunt. 26. Si plures sunt tutores, omnes in omni re debent auctoritatem accommodare, praester eos, qui testamento dati sunt; nam ex his vel unius auctoritas sufficit.

27. Tutoris auctoritas necessaria est mulieribus quidem in his rebus: si lege aut legitimo judicio agant, si se obligent, si civile negotium gerant, si libertae suae permittant in contubernio alieni servi morari, si rem mancipi alienent. Pupillis autem hoc amplius etiam in rerum nec mancipi alienatione tutoris auctoritate opus est.

28. Liberantur tutela masculi quidem pubertate. Puberem autem Cassiani quidem eum esse dicunt, qui habitu corporis pubes apparet, id est qui generare possit; Proculeiani autem eum, qui quattuordecim annos explevit; verum Priscus eum puberem esse, in quem utrumque concurrit, et habitus corporis, et numerus annorum. 28[a]. Feminae autem tutela liberantur...

[XII. DE CURATORIBUS.]

1. Curatores aut legitimi sunt, id est qui ex lege duodecim tabularum dantur, aut honorarii, id est qui a praetore constituuntur. 2. Lex duodecim tabularum furiosum itemque prodigum, cui bonis interdictum est, in curatione jubet esse agnatorum. 3. A praetore constituitur curator, quem ipse praetor voluerit, libertinis prodigis itemque ingenuis, qui ex testamento parentis heredes facti male dissipant bona; his enim ex lege curator dari non poterat, cum ingenuus quidem non ab intestato, sed ex testamento heres factus sit patri, libertinus autem nullomodo patri heres fieri possit, qui nec patrem habuisse videtur, cum servilis cognatio nulla sit. 4. Praeterea dat curatorem ei etiam, qui nuper pubes factus idonee negotia sua tueri non potest.

[XIII. DE CAELIBE ORBO ET SOLITARIO PATRE.]

1. Lege Julia prohibentur uxores ducere senatores quidem liberique eorum libertinas et quae ipsae quarumve pater materve artem ludicram fecerit, item corpore quaestum facientem[1]. 2. Ceteri autem ingenui prohibentur ducere lenam et a lenone lenave manumissam, et in adulterio deprehensam, et

---

1. Mommsen, suivi par Huschke, efface ici 'item corpore quaestum facientem' et transporte 'quaestum corpore facientem et' dans la phrase suivante après 'ducere', arg. *D.*, 23, 2, 43. 44, *pr.*

judicio publico damnatam, et quae artem ludicram fecerit: adjicit Mauricianus et a senatu damnatam.

[XIV. DE POENA LEGIS JULIAE.]

1. Feminis lex Julia a morte viri anni tribuit vacationem, a divortio sex mensum, lex autem Papia a morte viri biennii, a repudio anni et sex mensum.

[XV. DE DECIMIS.]

1. Vir et uxor inter se matrimonii nomine decimam capere possunt. Quod si ex alio matrimonio liberos superstites habeant, praeter decimam, quam matrimonii nomine capiunt, totidem decimas pro numero liberorum accipiunt. 2. Item communis filius filiave post nonam diem amissus amissave unam decimam adjicit; duo autem post nonam[1] diem amissi duas decimas adjiciunt. 3. Praeter decimam etiam usumfructum tertiae partis bonorum [ejus] capere possunt, et quandoque liberos habuerint, ejusdem partis proprietatem; hoc amplius mulier, praeter decimam, dotem *capere* potest legatam sibi.

[XVI. DE SOLIDI CAPACITATE INTER VIRUM ET UXOREM.]

1. Aliquando vir et uxor inter se solidum capere possunt, velut si uterque vel alteruter eorum nondum ejus aetatis sint, a qua lex liberos exigit, id est si vir minor annorum xxv sit, aut uxor annorum xx minor; item si utrique lege Papia finitos annos in matrimonio excesserint, id est vir LX annos, uxor L; item si cognati inter se coierint usque ad sextum gradum; aut si vir[2] absit, et donec abest et intra annum, postquam abesse desierit[3]. 1ᵃ. Libera inter eos testamenti factio est, si jus liberorum a principe impetraverint, aut si filium filiamve communem habeant, aut quattuordecim annorum filium vel filiam duodecim amiserint; vel si duos trimos vel tres post nonam[4] diem amiserint; ut intra annum tamen et sex menses etiam unus cujuscumque aetatis impubes amissus solidi capiendi jus praestet. Item si post mortem viri intra decem menses uxor ex eo pepererit, solidum ex bonis ejus capit.

2. Aliquando nihil inter se capiunt, id est si contra legem

---

1. Le ms.: 'post nominum diem..... post nono die'; toutes les éd. modernes: 'post nominum diem... post nominum diem'; mais cf. Mommsen, *Droit public*, 6, 1, p. 227, n. 4. — 2. Huschke, d'après Godefroy, ajoute: 'rei publicae causa'. — 3. Proposition finale transportée au § 1a après 'impetraverint' par Huschke. — 4. Ms.: 'nonum'; toutes les éd. modernes: nominum; mais cf. Mommsen, *loc. cit.*

Juliam Papiamque contraxerint matrimonium, verbi gratia si famosam quis [1] uxorem duxerit, aut libertinam senator.

3. Qui intra sexagesimum vel quae intra quinquagesimum annum neutri legi paruerit, licet ipsis legibus post hanc aetatem liberatus esset, perpetuis tamen poenis tenebitur ex senatus consulto Perniciano [2]. Sed Claudiano senatus consulto major sexagenario si minorem quinquagenaria duxerit, perinde habebitur, ac si minor sexaginta annorum duxisset uxorem. 4. Quod si major quinquagenaria minori sexagenario nupserit, impar matrimonium appellatur et senatus consulto Calvisiano jubetur non proficere ad capiendas hereditates et legata et dotes. Itaque mortua muliere dos caduca erit.

[XVII. DE CADUCIS.]

1. Quod quis sibi testamento relictum, ita ut jure civili capere possit, aliqua ex causa non ceperit, caducum appellatur, veluti ceciderit ab eo : verbi gratia si caelibi vel Latino Juniano legatum fuerit, nec intra dies centum vel caelebs legi paruerit vel Latinus jus Quiritium consecutus sit ; aut si ex parte heres scriptus vel legatarius ante apertas tabulas decesserit vel peregrinus [3] factus sit. 2. Hodie ex constitutione imperatoris Antonini omnia caduca fisco vindicantur, sed servato jure antiquo liberis et parentibus. 3. Caduca cum suo onere fiunt : ideoque libertates et legata et fideicommissa ab eo data, ex cujus persona hereditas caduca facta est, salva sunt : scilicet et legata et fideicommissa cum suo onere fiunt caduca.

[XVIII. QUI HABEANT JUS ANTIQUUM IN CADUCIS.]

1. Item liberis et parentibus testatoris usque ad tertium gradum lex Papia jus antiquum dedit, ut heredibus illis institutis, quod quis ex eo testamento non capit, ad hos pertineat aut totum aut ex parte, prout pertinere possit.

[XIX. DE DOMINIIS ET ADQUISITIONIBUS RERUM.]

1. Omnes res aut mancipi sunt aut nec mancipi. Mancipi res sunt praedia in Italico solo, *tam* rustica, qualis est fundus, quam urbana, qualis domus ; item jura praediorum rusticorum, velut via iter actus aquaeductus ; item servi et quadrupedes, quae dorso collove domantur, velut boves muli equi

---

1. Ms. ; Huschke : 'ingenuus'. — 2. Huschke, d'après Perizionus : 'Persiciano'. — 3. Huschke, d'après Cujas ; ms. : 'pereger'.

asini. Ceterae res nec mancipi sunt. Elefanti et cameli, quamvis collo dorsove domentur, nec mancipi sunt, quoniam bestiarum numero sunt.

2. Singularum rerum dominium nobis adquiritur mancipatione, traditione, usucapione, in jure cessione, *adjudicatione,* lege.

3. Mancipatio propria species alienationis es*t* rerum mancipi, eaque fit certis verbis, libripende et quinque tes*ti*bus praesent*ibus*. 4. Mancipatio locum habet inter cives Romanos et Latinos coloniarios Latinosque Junianos eosque peregrinos, quibus commercium datum est. 5. Commercium est emendi vendendique invicem jus. 6. Res mobiles non nisi praesentes mancipari possunt. et non plures quam quo*t* manu capi possunt; immobiles autem etiam plures simul et quae diversis locis sunt mancipari possunt.

7. Traditio propria est alienatio rerum nec mancipi. Harum rerum dominium ipsa traditione adprehendimus, scilicet si ex justa causa traditae sunt nobis.

8. Usucapione dominium adipiscimur tam mancipi rerum quam nec mancipi. Usucapio est autem dominii adeptio per continuationem possessionis anni vel biennii; rerum mobilium anni, immobilium biennii.

9. In jure cessio quoque communis alienatio est et mancipi rerum et nec mancipi. Quae fit per tres personas, in jure cedentis, vindicantis, addicentis. 10. In jure cedit dominus; vindicat is, cui ceditur; addicit praetor. 11. In jure cedi res etiam incorporales possunt, velut ususfructus et hereditas et tutela legitima libertae. 12. Hereditas in jure ceditur vel antequam adeatur, vel posteaquam adita fuerit. 13. Antequam adeatur, in jure cedi potest ab herede *legitimo* [1]; posteaquam adita est, tam a legitimo quam ab eo, qui testamento heres scriptus est 14. Si antequam adeatur hereditas in jure cessa sit, proinde heres fit, cui cessa est, ac si ipse heres legitimus esset; quod si posteaquam adita fuerit in jure cessa sit, is, qui cessit, permanet heres, et ob id creditoribus defuncti manet obligatus. 15. Debita vero pereunt, id est debitores defuncti liberantur, res autem corporales, qu*asi* singulae in jure cessae *essent* [2], transeunt ad eum, cui cessa est hereditas.

16. Adjudicatione dominium nanciscimur per formulam familiae herciscundae, quae locum habet inter *co*heredes, et

---

1. Toutes les éditions modernes d'après Cujas; ms.: 'legitime ab herede'. — 2. Le ms.: 'quoties.. sunt'.

per formulam communi dividundo, cui locus est inter socios, et per formulam finium regundorum, quae est inter vicinos. Nam si judex uni ex heredibus aut sociis aut vicinis rem aliquam adjudicaverit, statim illi adquiritur, sive mancipi sive nec mancipi sit.

17. Lege nobis adquiritur velut caducum vel ereptorium ex lege Papia Poppea, item legatum ex lege duodecim tabularum, sive mancipi res sint sive nec mancipi.

18. Adquiritur autem nobis etiam per eas personas, quas in potestate manu mancipiove habemus. Itaque si quid mancipio puta acceperint, aut traditum eis sit, vel stipulati fuerint, ad nos pertinet. 19. Item si heredes instituti sint legatumve eis sit, et hereditatem jussu nostro adeuntes nobis adquirunt, et legatum ad nos pertinet. 20. Si servus alterius in bonis, alterius ex jure Quiritium sit, ex omnibus causis adquirit ei, cujus in bonis est. 21. Is, quem bona fide possidemus, sive liber sive alienus servus sit, nobis adquirit ex duabus causis tantum, id est quod ex re nostra et quod ex operis suis adquirit: extra has autem causas aut sibi adquirit, si liber sit, aut domino, si alienus servus sit. Eadem sunt et in eo servo, in quo tantum usumfructum habemus.

[XX. DE TESTAMENTIS.]

1. Testamentum est mentis nostrae justa contestatio, in id sollemniter factum, ut post mortem nostram valeat. 2. Testamentorum genera fuerunt tria, unum, quod calatis comitiis, alterum, quod in procinctu, tertium, quod per aes et libram appellatum est. His duobus testamentis abolitis hodie solum in usu est, quod per aes et libram fit, id est per mancipationem imaginariam. In quo testamento libripens adhibetur et familiae emptor et non minus quam quinque testes, cum quibus testamenti factio est. 3. Qui in potestate testatoris est aut familiae emptoris, testis aut libripens adhiberi non potest, quoniam familiae mancipatio inter testatorem et familiae emptorem fit, et ob id domestici testes adhibendi non sunt. 4. Filio familiam emente pater ejus testis esse non potest. 5. Ex duobus fratribus, qui in ejusdem patris potestate sunt, alter familiae emptor, alter testis esse non potest, quoniam quod unus ex his mancipio accipit, adquirit patri, cui filius suus testis esse non debet. 6 1. Pater et *filius*, qui in potestate ejus est, item duo fratres, qui in ejusdem patris potestate sunt, testes utrique, vel

---

1. = *D*., 22, 5, 17; *Inst*., 2, 10, 8.

alter testis, alter libripens fieri possunt, alio familiam emente, quoniam nihil nocet ex una domo plures testes alieno negotio adhiberi. 7. Mutus surdus furiosus pupillus femina neque familiae emptor esse neque testis libripensve fieri potest. 8. Latinus Junianus et familiae emptor et testis et libripens fieri potest, quoniam cum eo testamenti factio est.

9. In testamento, quod per aes et libram fit, duae res aguntur, familiae mancipatio et nuncupatio testamenti. Nuncupatur testamentum in hunc modum : tabulas testamenti testator tenens ita dicit : HAEC UT IN HIS TABULIS CERISVE SCRIPTA SUNT, ITA DO, ITA LEGO, ITA TESTOR, ITAQUE VOS, QUIRITES, TESTIMONIUM PERHIBETOTE. Quae nuncupatio et testatio vocatur.

10. Filius familiae testamentum facere non potest, quoniam nihil suum habet, ut testari de eo possit. Sed divus Augustus [Marcus][1] constituit, ut filius familiae miles de eo peculio, quod in castris adquisivit, testamentum facere possit. 11. Qui de statu suo incertus est forte[2], quod patre peregre mortuo ignorat se sui juris esse, testamentum facere non potest. 12. Impubes, licet sui juris sit, facere testamentum non potest quoniam nondum plenum judicium animi habet. 13. Mutus surdus furiosus itemque prodigus, cui lege bonis interdictum est, testamentum facere non possunt : mutus, quoniam verba nuncupationis loqui non potest ; surdus, quoniam verba familiae emptoris exaudire non potest ; furiosus, quoniam mentem non habet, ut testari de ea[3] re possit ; prodigus, quoniam commercio illi interdictum est, et ob id familiam mancipare non potest. 14. Latinus Junianus, item is, qui dediticiorum numero est, testamentum facere non potest : Latinus quidem, quoniam nominatim lege Junia prohibitus est ; is autem, qui dediticiorum numero est, quoniam nec quasi civis Romanus testari potest, cum sit peregrinus, nec quasi peregrinus, quoniam nullius certae civitatis civis est, ut secundum leges civitatis suae testetur. 15. Feminae post duodecimum annum aetatis testamenta facere possunt, tutore auctore, donec in tutela sunt. 16. Servus publicus populi Romani[4] partis dimidiae testamenti faciendi habet jus.

[XXI. QUEMADMODUM HERES INSTITUI DEBEAT.]

1. Heres institui recte potest his verbis : TITIUS HERES ESTO,

---

1. Ms. : 'Marcus' ; effacé par Cujas, Boecking, Krueger, Seckel et Kuebler, arg. *Inst.*, 2, 12, *pr.* ; Huschke : 'moribus'. — 2. Seckel et Kuebler ; le ms.: ' facto '. — 3. Ms. ; Pellat, Krueger : 'sua'. — 4. Cujas, suivi par tous les éditeurs modernes ; ms. : 'praetoriani'.

TITIUS HERES SIT, TITIUM HEREDEM ESSE JUBEO ; illa autem institutio : HEREDEM INSTITUO, HEREDEM FACIO plerisque improbata est.

[XXII. QUI HEREDES INSTITUI POSSUNT.]

1. Heredes institui possunt, qui testamenti factionem cum testatore habent. 2. Dediticiorum numero heres institui non potest, quia peregrinus est, cum quo testamenti factio non est. 3. *Latinus Junianus* si quidem mortis testatoris tempore vel intra diem cretionis civis Romanus sit, heres esse potest; quod si Latinus manserit, lege Junia capere hereditatem prohibetur. Idem juris est in persona caelibis propter legem Juliam. 4. Incerta persona heres institui non potest, velut hoc modo: QUISQUIS PRIMUS AD FUNUS MEUM VENERIT, HERES ESTO, quoniam certum consilium debet esse testantis. 5. Nec municipia nec municipes heredes institui possunt, quoniam incertum corpus est, et neque cernere universi, neque pro herede gerere possunt, ut heredes fiant : senatus consulto tamen concessum est, ut a libertis suis heredes institui possint. Sed fideicommissa hereditas municipibus restitui potest, denique hoc senatus consulto prospectum est. 6. Deos heredes instituere non possumus praeter eos, quos senatus consulto constitutionibusve principum instituere concessum est, sicuti Jovem Tarpeium, Apollinem Didymaeum Mileti, Martem in Gallia, Minervam Iliensem, Herculem Gaditanum, Dianam Ephesiam, Matrem Deorum Sipylensem[1] quae Smyrnae colitur, et Caelestem Salinensem Carthaginis.

7. Servos heredes instituere possumus, nostros cum libertate, alienos sine libertate, communes cum libertate vel sine libertate. 8. Eum servum, qui tantum in bonis noster est, nec cum libertate heredem instituere possumus, quia Latinitatem consequitur, quod non proficit ad hereditatem capiendam. 9. Alienos servos heredes instituere possumus eos tantum, quorum cum dominis testamenti factionem habemus. 10. Communis servus cum libertate recte quidem heres instituitur quasi proprius pro parte nostra; sine libertate autem quasi alienus propter socii partem. 11. Proprius servus cum libertate heres institutus si quidem in eadem causa permanserit, ex testamento liber et heres fit, id est necessarius. 12. Quod si ab ipso testatore vivente manumissus vel alienatus sit, suo arbitrio vel jussu emptoris hereditatem adire potest. Sed si sine libertate sit in-

---

1. Ms. : 'Sipilensim'; Cujas : 'Cybelen'; Jahn suivi par Krueger et Seckel et Kuebler : 'Sipylenen, Nemesim'.

stitutus, omnino non consistit institutio. 13. Alienus servus heres institutus si quidem in ea causa permanserit, jussu domini debet hereditatem adire ; quod si vivo testatore manumissus aut alienatus a domino fuerit, aut suo arbitrio aut jussu emptoris poterit adire hereditatem.

14. Sui heredes instituendi sunt vel exheredandi. Sui autem heredes sunt liberi, quos in potestate habemus, tam naturales quam adoptivi ; item uxor, quae in manu est, et nurus, quae in manu est filii, quem in potestate habemus. 15. Postumi quoque liberi, id est qui in utero sunt, si tales sunt, ut nati in potestate nostra futuri sint, suorum heredum numero sunt. 16. Ex suis heredibus filius quidem neque heres institutus neque nominatim exheredatus non patitur valere testamentum. 17. Reliquae vero personae liberorum, velut filia nepos neptis, si praeteritae sint, valet testamentum, sed scriptis heredibus adcrescunt, suis quidem heredibus in partem virilem, extraneis autem in partem dimidiam. 18. Postumi quoque liberi cujuscumque sexus omissi, quod valuit testamentum, agnatione rumpunt. 19. Eos, qui in utero sunt, si nati sui heredes nobis futuri sunt, possumus instituere heredes, si quidem post mortem nostram nascantur, ex jure civili, si vero viventibus nobis, ex lege Junia.

20. Filius, qui in potestate est, si non instituatur heres, nominatim exheredari debet : reliqui sui heredes utriusque sexus aut nominatim aut inter ceteros. 21. Postumus filius nominatim exheredandus est : filia postuma ceteraeque postumae feminae vel nominatim vel inter ceteros, dummodo inter ceteros exheredatis aliquid legetur. 22. Nepotes et pronepotes ceterique masculi postumi praeter filium vel nominatim vel inter ceteros cum adjectione legati sunt exheredandi ; sed tutius est tamen nominatim eos exheredari, et id observatur magis.

23. Emancipatos liberos quamvis jure civili neque heredes instituere neque exheredare necesse sit, tamen praetor jubet, si non instituantur heredes, exheredari, masculos omnes nominatim, feminas vel inter ceteros ; alioquin contra tabulas bonorum possessionem eis pollicetur.

24. Inter necessarios heredes, id est servos cum libertate heredes scriptos, et suos et necessarios, id est liberos qui in potestate sunt, jure civili nihil interest ; nam utrique etiam inviti heredes sunt. Sed jure praetorio suis et necessariis heredibus abstinere se a parentis hereditate permittitur, necessariis

27.

autem tantum heredibus abstinendi potestas non datur. 25. Extraneus heres si quidem cum cretione sit heres institutus, cernendo fit heres ; si vero sine cretione, pro herede gerendo. 26. Pro herede gerit, qui rebus hereditariis tamquam dominus utitur, velut qui auctionem rerum hereditariarum facit, aut servis hereditariis cibaria dat. 27. Cretio est certorum dierum spatium, quod datur instituto heredi ad deliberandum, utrum expediat ei adire hereditatem nec ne, velut : TITIUS HERES ESTO CERNITOQUE IN DIEBUS CENTUM PROXIMIS, QUIBUS SCIERIS POTERISQUE : NISI ITA CREVERIS, EXHERES ESTO. 28. Cernere est verba cretionis dicere ad hunc modum ; QUOD ME MEVIUS HEREDEM INSTITUIT, EAM HEREDITATEM ADEO CERNOQUE. 29. Sine cretione heres institutus si constituerit nolle se heredem esse, statim excluditur ab hereditate et amplius eam adire non potest. 30. Cum cretione vero heres institutus sicut cernendo fit heres, ita non aliter excluditur, quam si intra diem cretionis non creverit. Ideoque etiamsi constituerit nolle se heredem esse, tamen si supersint dies cretionis, paenitentia actus cernendo heres fieri potest.

31. Cretio aut vulgaris dicitur aut continua : vulgaris, in qua adjiciuntur haec verba : QUIBUS SCIERIS POTERISQUE, continua, in qua non adjiciuntur. 32. Ei, qui vulgarem cretionem habet, dies illi tantum computantur, quibus scivit se heredem institutum esse, et potuit cernere ; ei vero, qui continuam habet cretionem, etiam illi dies computantur, quibus ignoravit se heredem institutum, aut scivit quidem, sed non potuit cernere.

33. Heredes aut instituti dicuntur aut substituti : instituti, qui primo gradu scripti sunt ; substituti, qui secundo gradu vel sequentibus heredes scripti sunt, velut : TITIUS HERES ESTO CERNITOQUE IN DIEBUS PROXIMIS CENTUM, QUIBUS SCIES POTERISQUE. QUODNI ITA CREVERIS, EXHERES ESTO. TUNC MEVIUS HERES ESTO CERNITOQUE IN DIEBUS et reliqua. Similiter et deinceps substitui potest.

34 Si sub imperfecta cretione heres institutus sit, id est non adjectis his verbis : SI NON CREVERIS, EXHERES ESTO, sed si ita : SI NON CREVERIS, TUNC MEVIUS HERES ESTO, cernendo quidem superior inferiorem excludit, non cernendo autem, sed pro herede gerendo in partem admittit substitutum. Sed postea divus Marcus constituit, ut et pro herede gerendo ex asse fiat heres. Quod si neque creverit neque pro herede gesserit, ipse excluditur, et substitutus ex asse fit heres.

[XXIII. QUEMADMODUM TESTAMENTA RUMPUNTUR.]

1. Testamen*tum* jure factum infirmatur duobus modis, si ruptum aut *in*ritum factum sit.

2. Rumpitur testamentum mutatione, id est si postea aliud testamentum jure factum sit; item agnatione, id est si suus heres agnascatur, qui neque heres institutus neque ut oportet exheredatus sit. 3. Agnascitur suus heres aut agnascendo, aut adoptando, aut in manum conveniendo, aut in locum sui heredis succedendo, velut nepos mortuo filio vel emancipato, aut manumissione, id est si filius ex prima secun*dave* mancipatione manumissus reversus sit in patris potestat*em*.

4. I*n*ritum fit testamentum, si testa*to*r capite deminutus fuerit, aut si jure facto testamento nemo extiterit heres.

5. Si is, qui testamentum fecit, ab hostibus captus sit, testamentum ejus valet, si quidem reversus fuerit, jure postliminii, si vero ibi decesserit, ex lege Cornelia, *quae* perinde successionem ejus confirmat, atque si in civitate decessisset.

6. Si septem signis testium signatum sit testamentum, licet jure civili ruptum vel inritum factum sit, praetor scriptis heredibus juxta tabulas bonorum possessione*m* dat, si testator et civis Romanus et suae potestatis cum moreretur fuit; quam bon*orum* possessionem cum re, id est cum effec*tu* habe*nt*, si nemo alius jure heres sit.

7. Liberis impuberibus in potestate manentibus, tam natis quam postumis, heredes substituere parentes possunt duplici modo; id est aut eo, *quo* extraneis, ut, si heredes non extiterint liberi, substitutus heres fiat; aut proprio jure, id est *ut*, si post mortem parentis heredes facti intra pubertat*em* decesserint, substitutus heres fiat. 8. Etiam exhereda*tis* filiis substituere parentibus licet. 9. Non aliter impuberi filio substituere quis he*re*dem potest, quam si sibi quis [1] heredem instituer*it* vel ipsum filium vel quemlibet alium.

10. Milites *quo*modocumque fecerint testamenta, valent, id est etiam sine legitima observatione. Nam principalibus constitutionibus permissum est illis, quomodocumque vellent, quomodocumque possent, testari. Idque testamen*tum*, *quod* miles contra ju*ris* regulam fecit, ita demum valet, si vel in castris mortuus sit vel post missionem intra annum.

---

1. Ms.; Lachmann, suivi par Boecking, Pellat, : 'prius'.

[XXIV. DE LEGATIS.]

1. Legatum est, quod leg*is* modo, id est imperative, testamento relinquintur. Nam ea, quae precativo modo relinquuntur, fideicommissa vocantur.

2. Legamus autem quattuor modis: per vindicationem, per damnationem, sinendi modo, per praeceptionem. 3. Per vindicationem his verbis legamus: DO LEGO, CAPITO, SUMITO, SIBI HABETO. 4. Per damnationem his verbis: HERES MEUS DAMNAS ESTO DARE, DATO, FACITO, HEREDEM MEUM DARE JUBEO. 5. Sinendi modo ita: HERES MEUS DAMNAS ESTO SINERE LUCIUM TITIUM SUMERE ILLAM REM SIBIQUE HABERE. 6. Per praeceptionem sic: LUCIUS TITIUS ILLAM REM PRAECIPITO.

7. Per vindicationem legari possunt res, quae utroque tempore ex jure Quiritium testatoris fuerunt, mortis, et quo testamentum faciebat, praeterquam si pondere numero mensura contineantur: in his enim satis est, si vel mortis dumtaxat tempore fuerint ex jure Quiritium. 8. Per damnationem omnes res legari possunt, etiam quae non sunt testatoris, dummodo tales sint, quae dari possint. 9. Liber homo aut res populi aut sacra aut religiosa nec per damnationem legari potest, quoniam dari non potest. 10. Sinendi modo legari possunt res propriae testatoris et heredis ejus. 11. Per praeceptionem legari possunt res, quae etiam per vindicationem.

11ª. Si ea res, quae non fuit utroque tempore testatoris ex jure Quiritium, per vindicationem legata sit, licet jure civili non valeat legatum, tamen senatus consulto Neroniano firmatur, quo cautum est, ut quod minus *a*ptis verbis legatum est, perinde sit, ac si optimo jure legatum esset; optimum autem jus legati per damnationem est.

12. Si duobus eadem res per vindicationem legata sit, sive conjunctim, velut: TITIO ET SEIO HOMINEM STICHUM DO LEGO, sive disjunctim, velut: TITIO HOMINEM STICHUM DO LEGO, SEIO EUNDEM HOMINEM DO LEGO, jure civili concursu partes fiebant, non concurrente altero pars ejus alteri adcrescebat, sed post legem Papiam Poppaeam non capientis pars caduca fit. 13. Si per damnationem eadem res duobus legata sit, si quidem conjunctim, singulis partes debentur et non capientis pars jure civili in hereditate remanebat, nunc autem caduca fit; quod si disjunctim, singulis solidum debetur.

14. Optione autem legati per vindicationem data, legatarii electio est veluti: HOMINEM OPTATO, ELEGITO. Idemque est et si

tacite *data sit optio* hoc modo : TITIO HOMINEM DO LEGO. *Si vero per damnationem velut* : HERES MEUS DAMNAS ESTO TITIO HOMINEM DARE, heredis electio est, *quem* velit dare.

15. Ante heredis institutionem legari non potest, quoniam vis et potestas testamenti ab heredis institutione incipit. 16. Post mortem heredis legari non potest, ne ab heredis herede legari videatur, quod juris civilis ratio non patitur. In mortis autem heredis tempus legari potest, velut CUM HERES MORIETUR.

17. Poenae causa legari non potest. Poenae autem causa legatur, quod coercendi heredis *causa* relinquitur, ut faciat quid aut non faciat, non ut *ad* legatarium pertineat, ut puta hoc modo : SI FILIAM TUAM IN MATRIMONIO TITIO COLLOCAVERIS, DECEM MILIA SEIO DATO.

18 Incertae personae legari non potest, veluti : QUICUMQUE FILIO MEO FILIAM SUAM IN MATRIMONIO COLLOCAVERIT, EI *HERES MEUS* TOT MILIA DATO. Sub certa tamen demonstratione incertae personae legari potest, velut : EX COGNATIS MEIS, QUI NUNC SUNT, QUI PRIMUS AD FUNUS MEUM VENERIT, EI HERES MEUS ILLUD DATO.

19. Neque ex falsa demonstratione, neque ex falsa causa legatum infirmatur. Falsa demonstratio est velut : TITIO FUNDUM, QUEM A TITIO EMI, DO LEGO, cum is fundus a Titio emptus non sit. Falsa causa est velut : TITIO, QUONIAM NEGOTIA MEA CURAVIT, FUNDUM DO LEGO, *cum* negotia ejus numquam Titius curasset.

20. A legatario legari non potest. 21. Legatum ab eo tantum dari potest, qui *heres institutus est* ; ideoque filio familiae herede instituto vel servo, neque a patre neque a domino legari potest. 22. Heredi a semet ipso legari non potest. 23. Ei, qui in potestate manu mancipiove est scripti heredis, sub condicione legari potest, ut requiratur, quo tempore dies legati cedit, in potestate heredis non sit. 24. Ei, cujus in potestate manu mancipiove est heres scriptus, legari [non] potest.

25. Sicut singulae res legari possunt, ita universarum quoque summa legari potest, ut puta *hoc* modo : HERES MEUS CUM TITIO HEREDITATEM MEAM PARTITOR, DIVIDITO ; quo casu dimidia pars bonorum legata videtur. Potest autem et alia pars, velut tertia vel quarta, legari : quae species partitio *appellatur*.

26. Ususfructus legari potest jure civili earum rerum, quarum salva substantia utendi fruendi potest esse facultas, et tam singularum rerum quam plurium, *item* partis. 27. Senatus consulto cautum est, ut, etiamsi earum rerum, quae in abusu continentur, ut puta vini olei tritici, ususfructus legatus sit, legatario res tradantur, cautionibus interpositis de

restituendis eis, cum ususfructus ad legatarium pertinere desierit.

28. Civitatibus omnibus, quae sub imperio po*puli* Romani[1] sunt, legari potest ; idque a divo Nerva introductum, postea a senatu auctore *H*adriano diligentius constitutum est.

29. Legatum, quod datum est, adimi potest vel eodem testamento vel codic*i*llis testamento confirmatis, dum tamen eodem modo adimatur, quo modo datum est.

30. Ad heredem legatarii legata non aliter transeunt, nisi si jam die legatorum cedente legatarius decesserit. 31. Legato*rum*, quae pure vel in diem certum relicta sunt, dies cedit antiquo quidem jure ex mortis testatoris tempore ; per legem autem *Papiam* Popp*ae*am ex apertis tabulis testamenti ; eorum vero, quae sub condicione relicta sunt, cum condicio ext*i*terit.

32. Lex Falcidia jubet non plus quam dodrantem totius patrimonii legari, ut omnimodo quadrans integer apud heredem remaneat.

33. Legatorum perperam solutorum repetitio non est.

[XXV. DE FIDEICOMMISSIS.]

1. Fideicommissum est, quod non civilibus verbis, sed precative relinquitur, nec ex rigore jur*is* civilis proficiscitur, sed ex voluntate datur relinquent*is*. 2. Verba fideicommissorum in usu *f*ere haec sunt : FIDEI COMMITTO, PETO, VOLO DARI et similia. 3. Etiam nutu relinquere fideicommissum [in] usu receptum est. 4. Fideicommiss*um* relinquere possunt, qui testamentum facere possunt, licet non fecerint. Nam [et] intestato quis moriturus fideicommissum relinquere potest. 5. Res per fideicommissum relinqui possunt, quae etiam per damnationem legari possunt. 6. Fideicommissa dari possunt his, qui*bus* legari potest. 7. Latini Juniani fideicommissum capere possunt, licet legatum capere non possint. 8. Fideicommissum et ante heredis institutionem, et post mortem heredis, et codic*i*llis etiam non confirmatis testamento dari potest, licet *ita* legari non possit. 9. Item Graece fideicommissum scriptum valet, licet legatum Graece scriptum non valeat. 10. Filio qui in potestate est servove heredibus institutis, seu his legatum sit, patris vel domini fidei committi potest, quamvis ab eo legari non possit. 11. Qui testamento heres institutus est, codicillis etiam non confirmatis rogari potest, *ut* hereditatem totam vel ex parte alii restituat, quamvis directo heres insti-

---

1. Cujas, suivi par les éditions modernes : le ms. : 'praetoriani'.

tui ne quidem confirmatis codicillis possit. 12. Fideicommissa non per formulam petuntur, ut legata, sed cognitio est Romae quidem consulum aut praetoris, qui fideicommiss*arius* vocatur, in provinciis vero praesid*um* provinciarium. 13. Poen*ae* causa vel incertae personae ne quidem fideicommissa dari possunt.

14. Is, qui rogatus est alii restituere hereditatem, lege quidem Falcidia *locum* non habente, quoniam non plus puta quam dodrantem restituere rogatus est, ex Trebelliano senatus consulto restituit, ut ei et in eum dentur actiones, cui restituta est hereditas. Lege autem Falcidia interveniente, quoniam plus dodrant*e* vel etiam totam hereditatem restituere rogatus sit, ex Pe*g*asiano senatus consult*o* restituit, ut deducta parte quarta ips*i*, qui scriptus est heres, *et* in ipsum actiones conserventur, is autem, qui recipit hereditatem, legatarii loc*o* habeatur. 15. Ex Pe*g*asiano senatus consulto restituta hereditate commoda et incommoda hereditatis communicantur inter heredem et eum, cui reliquae partes restitutae sunt, interpositis stipulationibus ad exemplum part*is* et pro part*e* stipulationum. Part*is* autem et pro part*e* stipulation*e*s proprie dicuntur, quae de lucro et damno communicando solent interponi inter heredem et legatarium partiar*i*um, id est cum quo parti*t*us est heres. 16. Si heres damnosam hereditatem dicat, cogetur a praetore adire et restituere totam, ita ut ei et in e*u*m, qui recipit hereditatem action*e*s dentur, proinde atque si ex Trebelliano senatus consult*o* restituta fuisset. Idque ut ita fiat, Pe*g*asiano senatus consulto cautum.

17. Si quis in fraudem tacitam fidem accommodaverit, ut non capienti fideicommissum restituat, nec quadrantem eum deducere senatus censuit, nec caducum vindicare ex eo testamento, si liberos habeat.

18. Libertas dari potest per fideicommissum.

[XXVI. DE LEGITIMIS HEREDIBUS.][1]

1. Intestatorum ingenuorum [2] hereditates pertine*n*t primum ad suos heredes, id est liberos qui in potestate sunt ceterosque qui in liberorum loco sunt; si sui heredes non sunt, ad consanguineos, id est fratres et sorores ex eodem patre; si nec hi sunt, ad reliquos agnatos proximos, id est cognatos virilis sexus, per mares descendentes, ejusdem familiae. Id enim cautum est lege duodecim tabularum hac: si

---

1. 26, 1. 1a = *Coll.*, 16, 4. — 2. *Coll.*: 'gentiliciorum'.

INTESTATO MORITUR, CUI SUUS HERES NEC *ESCIT*, AGNATUS PROXIMUS FAMILIAM HABETO. 1a [1]. *Si agnatus defuncti non sit, eadem lex duodecim tabularum gentiles ad hereditatem vocat his verbis*: SI AGNATUS NEC ESCIT, GENTILES FAMILIAM HABENTO. Nunc nec gentilicia jura in usu sunt.

2. Si defuncti sit filius, et ex altero filio mortuo jam nepos unus vel etiam plures, ad omnes hereditas pertinet, non ut in capita dividatur, sed in stirpes, id est ut filius solus mediam partem habeat et nepotes quotquot sunt alteram dimidiam; aequum est enim nepotes in patris sui locum succedere et eam partem habere, quam pater eorum, si viveret, habiturus esset.

3. Quamdiu suus heres speratur heres fieri posse, tamdiu locus agnatis non est: velut si uxor defuncti praegnans sit, aut filius apud hostes sit.

4. Agnatorum hereditates dividuntur in capita: velut si sit fratris filius et alterius fratris duo pluresve liberi, quotquot sunt ab utraque parte personae, tot fiunt portiones, ut singuli singulas capiant. 5. Si plures eodem gradu sint agnati, et quidam eorum hereditatem ad se pertinere noluerint, vel antequam adierint decesserint, eorum pars adcrescit his, qui adierunt; quod si nemo eorum adierit, ad insequentem gradum ex lege hereditas non transmittitur, quoniam in legitimis hereditatibus successio non est. 6. Ad feminas ultra consanguineorum gradum legitima hereditas non pertinet; itaque soror fratri sororive legitima heres fit. 7. Ad liberos matris intestatae hereditas ex lege duodecim tabularum non pertinebat, quiae feminae suos heredes non habent; sed postea imperatorum Antonini et Commodi oratione in senatu recitata id actum est, ut sine in manum conventione [2] matrum legitimae hereditates ad filios pertineant, exclusis consanguineis et reliquis agnatis. 8. Intestati filii hereditas ad matrem ex lege duodecim tabularum non pertinet; sed si jus liberorum habeat, ingenua trium, libertina quattuor, legitima heres fit ex senatus consulto Tertulliano, si tamen ei filio neque suus heres sit quive inter suos heredes ab bonorum possessionem a praetore vocatur, neque pater, ad quem lege hereditas bonorumve possessio cum re pertinet, neque frater consanguineus: quod si soror consanguinea sit, ad utrasque pertinere jubetur hereditas.

1. Extrait de *Coll.*, 16, 4, 2. — 2. 'Sine... conventione' transporté par Huschke au début du § entre 'hereditas' et 'ex lege'.

[XXVII. DE LIBERTORUM SUCCESSIONIBUS VEL BONIS.]

1. Libertorum intestatorum hereditas primum ad suos heredes pertinet ; deinde ad eos, quorum liberti sunt, velut patronum patronam liberosve patroni. 2 Si sit patronus et alterius patroni filius, ad solum patronum hereditas pertinet. 3. Item patroni filius patroni nepotibus obstat. 4. Ad liberos patronorum hereditas defuncti pertinet *ita* ut in *c*apita, non in stirpes dividatur.

5. Legitimae hereditatis jus, quod ex lege duodecim tabularum descendit, capitis minutione amittitur.

[XXVIII. DE POSSESSIONIBUS DANDIS.]

1. Bonorum possessio datur aut contra tabulas testamenti, aut *secundum* tabulas, *aut* intestati.

2. Contra tabulas bonorum possessio datur liberis emancipatis testamento praeteritis, licet legitim*a* non ad eos pertineat hereditas. 3. Bonorum possessio contra tabulas liberis tam naturalibus quam adoptivis datur ; sed naturalibus quidem emancipatis, non tamen et illis qui in adoptiva familia sunt ; adoptivis autem his tantum qui in potestate manserunt. 4. Emancipatis liberis ex edicto datur bonorum possessio, si parati sunt cavere *f*ratribus suis, qui in potestate manserunt, bona, quae moriente patre habuerunt, se collaturos.

5. Secundum tabulas bonorum possessio datur scriptis heredibus, scilicet si eorum, quibus contra tabulas competit, nemo sit, aut petere nol*i*nt. 6. Etiam si jure civili non valeat testament*um*, forte quod familiae mancipatio vel nuncupatio defuit, si signatum testamentum sit non minus quam septem testium civium Romanorum signis, bonorum possessio datur.

7. Intes*ta*ti datur bonorum possessio per septem gradus ; primo gradu liberis ; secund*o* legitimis heredibus ; tertio proximis cognatis ; quarto familiae patroni ; *quinto* patrono patronae, item liber*is* *parentibus*ve patroni patronaeve ; sexto viro uxori ; septimo cognatis manumissoris, quibus per legem Furiam plus mille asses capere licet ; et si nemo sit, ad quem bonorum possessio pertinere possit, aut si quidem, sed jus suum omiserit, populo bona deferuntur ex lege Julia caducaria. 8. Liberis bonorum possessio datur tam his, qui in potestate usque in mortis tempus fuerunt, quam emancipatis ; item adoptivis, non tamen etiam in adoptione*m* datis. 9. Proximi cognati bonorum possessionem accipiunt non solum per feminini sexus personam cognati, sed etiam agnati capite

deminuti; nam licet legitimum jus agnationis capitis minutione amiserint, natura tamen cognati manent.

10. Bonorum possessio datur parentibus et liberis intra annum, ex quo petere potuerunt, ceteris intra centum dies.

11. Qui omnes intra id tempus si non petierint bonorum possessionem, sequens gradus admittitur, perinde atque si superiores non essent; idque per septem gradus fit.

12. Hi, quibus ex successorio edicto bonorum possessio datur, heredes quidem non sunt, sed heredis loco constituuntur beneficio praetoris. Ideoque seu ipsi agant, seu cum his agatur, ficticiis actionibus opus est, in quibus heredes esse finguntur.

13. Bonorum possessio aut *cum re* datur, aut sine re: cum re, *cum* is qui accepit cum effectu bona retineat; sine re, cum alius jure civili evincere hereditatem possit; veluti si suus heres in testa*mento praeteritus sit, licet scriptis heredibus secundum tabulas bonorum possessio deferatur, erit tamen ea* [1] bonorum possessio sine re, quoniam suus heres evincere hereditatem jure legitimo possit.

[XXIX. DE BONIS LIBERTORUM.]

1. Civis Romani liberti hereditatem lex duodecim tabularum patrono defert, si intestato sine suo herede libertus decesserit: ideoque sive testamento facto decedat, licet suus heres ei non sit, seu intestato, et suus heres ei sit, quam*quam* non naturalis, sed uxor puta quae in manu fuit vel adoptivus filius, lex patrono nihil praestat. Sed ex edicto praetoris, seu testato libertus moriatur, ut aut nihil aut minus quam partem dimidiam bonorum patrono relinquat, contra tabulas testamenti partis dimidiae bonorum possessio illi datur, nisi libertus aliquem ex naturalibus liberis successorem sibi relinquat, sive intestato decedat, et uxorem forte in manu vel adoptivum filium relinquat, eaque partis mediae bonorum possessio contra suos heredes patrono datur.

2. In bonis libertae patrono nihil juris ex edicto datur; itaque *seu testari voluerit liberta, in patroni potestate erat ne testamento auctor fieret, in quo ipse heres institutus non esset*[2],

---

1. Krueger; le ms. ··'intestati'; Seckel et Kuebler: 'intestati *bonorum possessionem petere noluerit, competit agnato*'. — 2. Krueger; Pellat: '*seu cum testamento decedat, non aliter potuit id testamentum facere quam patrono auctore*'; Seckel et Kuebler: '*sive testanti libertae auctoritatem adcommodet patronus, eo invito nemo heres instituti potest.*'

seu intestata moriatur liberta, semper ad eum hereditas pertinet, licet liberi sint libertae, quoniam non sunt sui heredes matri, *ut* obstent patrono. 3. Lex Papia Pop*p*aea postea libertas quattuor liberorum jure tutela patronorum liberavit; et cum intulerit jam posse eas sine auctoritate patronorum testari, prospexit, ut pro numero liberorum libertae su*p*erstitum virilis pars patrono debeatur. 4. Liberi patroni virilis sexus eadem jura in bonis libertorum parentum suorum habent, quae et ipse patronus. 5. Feminae vero ex lege quidem duodecim tabularum perinde jus habent, atque masculi patronorum liberi; contra tabulas autem testament*i* liberti aut ab intestato contra suos heredes non natural*es* bonorum possessio eis non competit; sed si jus trium liberorum habuerunt, etiam haec jura ex lege Papia Pop*p*aea nanciscuntur. 6. Patronae *in* bonis libertorum illud jus tantum habe*b*ant, quod lex duodecim tabularum introduxit; sed postea lex Papia patronae *ingenuae* duobus liberis honoratae, libertinae tribus, id juris dedit, quod patronus habet ex edicto. 7. Item ingen*uae* trium liberorum jure honoratae eadem lex id jus dedit, quod ipsi patrono tribuit.

[*DE INJURIIS.*]

1. ¹ *Injuria si quidem atrox (id est, gravis) non est, non sine judicis arbitrio aestimatur. Atrocem autem aestimare solere praetorem: idque colligi ex facto, ut puta si verberatus vel vulneratus quis fuerit.*

1. ² *Actionum genera sunt duo, in rem, quae dicitur vindicatio, et in personam, quae condictio appellatur. 2. In rem actio est, per quam rem nostram, quae ab alio possidetur, petimus: et semper adversus eum est qui rem possidet. 3. In personam actio est, qua cum eo agimus, qui obligatus est nobis ad faciendum aliquid vel dandum: et semper adversus eundem locum habet. 4. Actionum autem quaedam ex contractu, quaedam ex facto, quaedam in factum sunt. 5. Ex contractu actio est, quotiens quis sui lucri causa cum aliquo contrahit, veluti emendo vendendo locando conducendo et ceteris similibus. 6. Ex facto actio est, quotiens ex eo teneri quis incipit, quod ipse admisit, veluti furtum vel injuriam commisit vel damnum dedit. 7. In factum actio dicitur, qualis est exempli gratia actio, quae datur patrono adversus libertum, a quo contra edictum praetoris in jus vocatus est. 8. Omnes autem actiones aut civiles dicuntur aut honorariae.*

1. = *Coll.*, 2, 2, 1. — 2. 1-8 = *D.*, 44, 7, 25.

11. Fragments des Institutes d'Ulpien.

Fragments des *Institutionum libri II* d'Ulpien, découverts à Vienne en 1835 par M. Endlicher, sur d'étroites bandes de papyrus provenant du découpage d'un ms. et employées à la reliure d'un autre ms. Les débris fournissent : d'abord, en trois morceaux consécutifs, la portion inférieure d'une feuille double contenant les huit dernières lignes de quatre pages du ms. ; ensuite la partie supérieure de l'une des moitiés de la feuille double qui, quoique ne contenant que la 1re ligne de son recto et de son verso, suffit à établir que le texte des feuilles conservées ne se suit pas, et que par conséquent ces deux feuilles devaient être séparées par une autre feuille double au moins ; puis la marge supérieure d'une feuille quelconque du même cahier portant pour suscription au recto *lib. I* et au verso *Ulp. inst.* ; et enfin, sur une sixième lanière de papyrus, une coupure de la marge supérieure d'une autre feuille sur laquelle se lisent seulement quelques lettres de la 1re ligne de chacune des deux pages. V. le fac-similé dans Krueger, *Kritische Versuche*. 1870. L'attribution de ces textes aux Institutes d'Ulpien est établie avec certitude non seulement par les suscriptions précitées, mais par le Digeste, 43, 26, 1, où se retrouve le début du 1er fragment sous la rubrique : *Ulpianus libro primo institutionum*. Il y a eu beaucoup plus de difficultés sur l'ordre de classement des fragments et sur la détermination générale du plan de l'ouvrage d'Ulpien. On trouvera un exposé complet de la question et une restitution de l'ouvrage dans Krueger, *Krit. Versuche*, pp. 140-172. V. aussi *Collectio*, 2, pp. 157-159, la 6me éd. de Huschke, 1, pp. 492-495, et la restitution de Lenel, *Pal.*, 2, pp. 926-930. Nous donnons les fragments de Vienne dans l'ordre établi par Krueger, *loc. cit.* et admis par Huschke depuis sa 3e éd. qui est l'ordre généralement adopté aujourd'hui. — Selon l'usage, nous donnons à la suite de nos textes le passage de Boëce sur les Topiques dans lequel il cite plus ou moins textuellement les Institutes d'Ulpien sur les sources de la *manus*.

Fr. I.

1. ¹ *Precarium est, quod precibus petenti utendum conceditur tamdiu, quamdiu is qui concessit patitur. Quod genus liberalitatis ex jure gentium descendit. Et distat a donatione eo, quod qui donat sic dat, ne recipiat, at qui precario concedit, sic dat, quasi tunc recepturus, cum sibi libuerit precarium solvere. Et est simile commodato : nam et qui commodat rem, sic commodat, ut non faciat rem accipientis, sed ut ei uti re commodata permittat.*

2. Locatum quoque et conductum jus gentium induxit. Nam ex quo coepimus possessiones proprias et res habere, et locandi jus nancti sumus et conducendi res alienas ; et is, qui conduxit, jure gentium tenetur ad mercedem ex*solvendam*.

---

1. Suppléé à l'aide de *D.*, 43, 26, 1.

Fr. II.

1... *non eadem nummorum corpora* reddis, quae accepisti, sed aliam pecuniam ejusdem quantitatis. Mutuae autem dari possunt res non aliae quam quae pondere numero mensura continentur.

2. Depositi quoque utilitatem jus gentium prodidit, ut quis custodiendam rem suam animalem vel...

Fr. III.

1... *com*paratum est interdictum velut cui ini*tium est*...

Fr. IV.

1. *Sunt et alia* quae*dam interdicta duplicia tam* [1] adipiscendae quam reciperandae possessionis, qualia sunt interdicta QUEM FUNDUM et QUAM HEREDITATEM. Nam si fundum vel hereditatem ab aliquo petam nec lis defenda*tur*, cogitur ad me transferre possessionem, sive numquam possedi sive an*te posse*di, deinde amisi possessionem.

Fr. V.

1... *Restitutoria et exhibitoria interdicta aut per formulam* [2] arbitrariam explicantur aut per sponsionem, prohibitoria vero *semper* per sponsionem explicantur. 2. Restitutorio vel exhibitorio interdicto reddito si quidem arbitrum postulaverit is cum quo agitur, formulam *accipit* arbitrariam, per quam arbiter *nisi arbitratu suo restituatur vel exhibeatur, quanti ea res est condemnare jubetur* [3].

---

1 [4]. Tribus enim modis uxor habebatur : usu, farreo, coemptione. Sed confarreatio solis pontificibus conveniebat. Quae autem in manum per coemptionem convenerant, eae matresfamilias vocabantur, quae vero usu vel farreo minime. Coemptio vero certis sollemnitatibus peragebatur, et sese in coemendo invicem interrogabant : vir ita, an sibi mulier materfamilias esse vellet? illa respondebat velle. Item mulier interrogabat, an vir sibi paterfamilias esse vellet? ille respondebat velle. Itaque mulier viri conveniebat in manum, et vocabantur hae nuptiae per coemptionem, et erat mulier materfamilias, viro loco filiae. Quam sollemnitatem in suis Institutis Ulpianus exposuit.

---

1. Restitué à l'aide de *D.*, 43, 1, 2, 3, *in fine*. — 2. Cf. Gaius, 4, 141. — 3. Cf. Gaius, 4, 162. 163. — 4. Citation des Institutes d'Ulpien faite par Boëce, *in Topica*, 3, 4.

12. Fragments des livres II et III des *disputationes* d'Ulpien.

Feuillets de parchemin écrits sur deux colonnes en lettres onciales appartenant à la bibliothèque de Strasbourg et contenant des fragments des *disputationes* d'Ulpien publiés par M. Lenel. M. Lenel a d'abord découvert en 1903 dans un lot de papyrus venant d'Egypte acquis par la bibliothèque de Strasbourg un premier feuillet de parchemin (A) écrit sur les deux côtés (I, II) sur deux colonnes (*a*, *b*), correspondant à nos §§ 7-12, dans lequel il sut reconnaître un fragment du livre III des *disputationes* d'Ulpien en rapprochant le § 10 de *D*., 27, 8, 2, et dont il donna une excellente édition, *Sitzungsberichte* de Berlin, 1903, pp. 922-936, 1034-1035 et ensuite, *Z. S. St.*, 24, 1903, pp. 414-419. Puis il a encore déchiffré et identifié en 1904 deux nouveaux débris du même ms. acquis par la bibliothèque de Strasbourg dans l'intervalle : l'un B I, correspondant à nos §§ 1-2, contenant au recto (*a*) quelques lettres du commencement et au verso (*b*) quelques lettres de la fin de sept à huit lignes où M. Lenel a encore reconnu dans le fragment B I*a* un texte très connu, *D*., 15, 1, 32, *pr*., appartenant au livre II des *disputationes* d'Ulpien ; l'autre, B II, correspondant à nos §§ 3-6, portant sur ses deux faces (*a*, *b*) qui appartenaient sans doute à la colonne intérieure du feuillet complet (car sans cela leur texte se continuerait du recto au verso), vingt-sept lignes beaucoup moins mutilées. Et il a encore fort bien édité les nouveaux fragments, d'abord *Sitzungsberichte*, de Berlin, 1904, pp. 1156-1172, puis *Z. S. St.*, 25, 1904, pp. 368-374, et enfin de nouveau, pour le grand fragment B II (§§ 3-6), *Z.S.St.*, 27, 1906, pp. 71-82. Jusqu'à présent, ces fragments n'ont été, à notre connaissance, publiés dans aucun autre recueil d'ensemble que dans le tome II des *Fontes* de MM. Baviera et Riccobono, où M. Baviera a reproduit le texte des tomes 24 et 25 de la *Z. S. St.*, pp. 633-635, pour les fragments découverts en 1903, et pp. 681-682, pour ceux découverts l'année suivante, et dans le tome I, de la 6ᵉ éd. de la *Jurisprudentia* de Huschke où MM. Seckel et Kuebler les ont remis dans l'ordre original de l'ouvrage d'Ulpien inverse de leur ordre de découverte, leur ont donné du commencement à la fin un numérotage unique et ont aussi proposé pour leur restitution plusieurs conjectures intéressantes. Ils sont reproduits ici avec le numérotage de MM. Seckel et Kuebler, à côté duquel les divisions de M. Lenel sont indiquées entre parenthèses.

LIBER II.

1. (B I *a*)... [1] *sed et si duo* [2] *sint fructuarii vel bonae fidei possessores alterum conventum alterum* liberare *Julianus ait* [3], quamvis non maj*oris peculii, quam* penes eum [4] est, *condemnari* debeat. *Sed licet hoc jure contingat, tamen aequitas* dictat rescissorium [5] *judicium in eos dari, qui occasione juris liberantur*.

2. (B I *b*)..... conventus e....... mque tractat..... *Pom-*

---

1 = *D*., 15, 1, 32, *pr*. — 2. *D*. : plures. — 3. *D*. : unus conventus ceteros liberat quamvis.... — 4. *D*. : se. — 5. Le *D*. omet : rescissorium.

ponius ad.......... t in pe.......... venditor conve.......
licet condemnandus *non sit,* *liberari emp*torem, consu*lendum*
tamen [1]...

LIBER III.

3 (B II *a*)[2]. *Nec tamen ideo, quod obligationi in Italia contractae pignus* accessit, *pignu*ris dandi in Italia co*ntr*actus est, sed si pignus in Itali*a contractum est,* hoc est conventio de pignore : u*t* in Furia *lege* spectamus ubi sp*onsor* acceptus est, non ubi obli*gatio* co*nt*racta, cui sponsus accedit. Denique ex duobus *s*ponsoribus, quorum alter in Italia, *alt*er in provincia acceptus *est,* eum *d*emum relevat, *qui I*ta*l*icus est.

4. Si in Italia pignus da*tum est,* convenit tamen ut in provincia solvatur, *puto* nihilo minus *ex*ceptionem locum habere ; si *in* provincia datum convener*it* u*t in* Italia solvatur, *magis est Italic*um pignus *non videri*[3]. *U*nde si renovata *pigneratione* in provinci*a heres red*emerit, cessare *exceptionem pl*acet : e contrario s*i redemerit,* exceptionem locum *habituram. N*am si Romae pignus accep*t*um sit, in provincia eadem res *denuo pigneretur, pignus Italicum esse desinit.*

5. (B II *b*).... exceptio ei prosit : et, quod attinet a*d for*mulae conceptionem, *proderit,* quia extraneus possessor *est.* Sed, si ipse qui pi*g*neravit, rem distractam rede*mit, tunc* quaeri potest, an exceptione quasi extrane*us is* uti possit, et *magis est,* non ei prodesse exceptionem, *licet* in factum formula concepta sit, ut supra *ostendi*mus.

6. *Eo* accedit, quod etiam rescripto ad..... m Julianum, cujus *supra* memini, adjuvari hic.... at. Na.... me be.... *c*onsularis femin*a*.... Sa*b*iniano domum.... nam non *domin.*. a tamen a se pa.... *postea* domin.... m post multos *annos po*ssederat, *imperator n*os*ter* cum patre rescripsit an*nali exceptione ea*m uti non potuisse : ceteris quia possessoribus, *non* ei, qui *pignori* dedit, competit.

---

1. Restitution conjecturée par Lenel en partant de l'idée qu'Ulpien rapportait l'opinion de Pomponius sur le cas où le vendeur est poursuivi *de peculio,* quoiqu'il n'y ait rien dans le pécule, et avec laquelle s'accorderaient pareillement les restitutions indiquées par lui comme possibles pour les deux lacunes précédentes : '*si nihil sit* in *peculio*' et quelque chose comme '*venditor conveniatur*'. — 2. Cf. *D.*, 44, 3, 5, 1, l'extrait des dis*putationes* d'Ulpien auquel se rattachaient dans l'ouvrage original les développements des §§ 3 et 4. Cf. sur les §§ 3-6. Lenel, *Z. S. St.*, 27, 1906, pp. 71-82. — 3. Lenel, *Z. S. St.*, 27, suivi par Seckel et Kuebler. Auparavant Lenel, *Z. S. St.*, 25, 1903, p. 370, reproduit par Baviera, '*magis Italicum* pignus *videbitur.*

7. (A I a)¹... facit, tunc eum et sequenti condemnandum: sic fieri ut sua, in quid, culpa ab altera bona ejus veneant, aut, ut quibusdam, inquit, videtur, ducatur. Sed verius est nec post condemnationem maritum facile duci...... nec ducitur nudus. Sed melius est sic dicere utriusque rationem habendam, etiamsi altera postea litem sit contestata, ut post condemnationem alterius in bonorum venditionem aequas partes ferant, cum sine metu vinculorum sit futurum. Sibique imputet qui poterat se liberare a sequenti condemnatione, si satisfecisset priori sententiae.

8. Marcellus tamen libro VII digestorum putat si haec fuit patrimonii qualitas, ut difficile esset explicari pecuniam, aequissimum esse, etiamsi sequenti fuerat condemnatus, denegari sequenti judicati actionem aut certe.... ²

9. (A I b) re... a...... petantur...... cum ex c...... lares pet...... mittit eod...... effectu...... ad adm......

10 (A II a)... cum sciret a contutore suo satis non esse exactum... ³

11⁴. Scaev(ola) ait tutore a magistratibus municipalibus dato nullam in eos esse tutelae nomine actione nisi eam quae ita demum pupillo datur si (A II b) facultatibus tutorum satis ei fieri non potuerit, eamque actionem causa cognita in eos dandam scribit, divumque Pium rescripsisse⁵ et in heredes eorum itidem causa cognita, quamvis Julianus in heredem magistratus non putaverit tribuendam actionem, cum idem heredem judicis, qui litem suam fecisset, teneri existimaverit⁶. Sed utrumque contra est, cum heres magistratus teneatur et judicis non teneatur. Et magistratus... non ut tutores tenentur: denique in bonis eorum privilegium cessare procul dubio est⁷.

12... d quaestionis fuisse, ut sponsores an potius ut fidejussores deberent teneri. Et Julianum quidem ut fidejussores conveniendos putasse, Marcellum vero magis sponsorum locum optinere apud Julianum notare. Marcelli sententiam ratione juvari negari non posse : sufficere enim si in locum eorum succedant, quos accipi neglexerunt vel quos minus idoneos acceperunt.

1. Les §§ 7-8 sont relatifs à l'exécution contre le mari qui, à la suite de la dissolution de deux mariages, a été condamné sur deux actions *rei uxoriae* dans la limite de ses forces au moment de la sentence. — 2. Seckel et Kuebler suppléent quant au sens : *rem differri donec appareat, an explicita pecunia supersit unde maritus facere possit.* — 3. Complété par Lenel à l'aide de *D.,* 27, 8, 2. — 4. Restitution communiquée par Lenel à Seckel et Kuebler. — 5. Cf. *D.,* 27, 8, 6. — 6. Cf. *D.,* 5, 1, 16. — 7. Cf. *D.,* 27, 8, 1, 14.

13. Fragments d'Ulpien, ad edictum.

Nous reproduisons ci-dessous deux citations des *libri ad edictum* d'Ulpien faites l'une dans des fragments de l'écrivain ecclésiastique Pacatus, *libro I adversus Porphyrium*, publiés par Dom Pitra, *Spicilegium Solesmense*, d'après un ms. de Corbie actuellement conservé dans le fond latin de la bibliothèque nationale sous le n° 12309, et l'autre dans le grammairien Priscien : cf. sur la première, Boecking, *Ulpiani fragmenta*, 4° éd., 1855, pp. 177-179, et sur la seconde, Krueger, *Sources*, p. 339, n. 7. Il faudrait naturellement y ajouter le fragment de Berlin *de judiciis* (n° 14) si l'on admettait comme certaine son attribution au même ouvrage du même auteur. On pourrait encore se demander s'il ne faut pas y joindre le papyrus *P. Fay.*, n° 10, contenant le premier mot de chaque ligne du rescrit de Trajan rapporté par Ulpien. *44 ad ed.*, D., 29, 1, pr., jusqu'aux mots *rata esset eorum voluntas*, après lesquels l'accord cesse et le papyrus a encore deux autres lignes commençant par *milites* et *enia* ; cf. sur ce texte, qui n'est pas dans les recueils juridiques C. Ferrini, *Rendiconti* de l'Institut Lombard, 2° série, 34, 1901. Nous avons pareillement jugé inutile de reproduire un autre passage de Priscien, 10, 2, 13, où l'autorité d'Ulpien *ad Sabinum* (cf. D., 7, 1, 13, *pr.* 7, 9, 12) se trouve invoquée en faveur du futur 'fruiturum', un renvoi fait par Lydus, *De mag.*, 1, 48, éd. Wuensch, p. 51, à son traité *de omnibus tribunalibus*, et les mots isolés du *De officio proconsulis* signalés par Rudorff, *Abh.* de Berlin, 1865, p. 233 et ss. dans le glossaire latin-grec attribué à Philoxène ; v. ces derniers dans Lenel, *Pal.*, 2, p. 991, n. 3, et le tout dans Huschke, *J. ant.*, 6° éd., 1, pp. 502-503.

1 [1]. Ulpianus *libro ad edictum sexto qui pro aliis ne postulent titulo sexto sic refert* : Invenimus apud veteres mulieris appellatione etiam virgines contineri.

2 [2]. Ulpianus in libro XLVI ad edictum : Si quis proximior cognatus nasceretur [3].

---

1. *Spicilegium Solesmense*, éd. Pitra, 1, 1852, p. 281. — 2. Priscien, 3, 4, 21 = D., 38, 8, 1, 8. — 3. D. : 'nasci speretur'.

14. Fragment de Berlin DE JUDICIIS.
(Ulpien, *ad edictum lib. 16* ?)

Fragment mutilé d'une feuille de parchemin écrite sur deux colonnes en caractères qui ne doivent pas être antérieurs au vi° siècle, expédié d'Egypte à Berlin, en 1877, en même temps que le fragment de Berlin de Papinien (p. 351) et publié et commenté en premier lieu par Mommsen, dans les *Sitzungsberichte* de Berlin, 1879, pp. 502-518 (*Ges. Schr.*, 2, pp. 68-75), puis par Huschke, *Die jüngst aufgefundenen Bruchstücke*, 1880, pp. 3-26. 54 et *J. ant.*, 5° éd., pp. 623-624 (v. aujourd'hui, 6° éd., 2, p. 171) ; P. Krueger, *Z. S. St.*, 1, 1880, pp. 93-99, 2, 1881, pp. 83-90, et *Coll.*, 3, pp. 298-299 ; Alibrandi, *Studi e doc.*, 1, 1880, pp. 169-183. 2, 1881, pp. 61-70 ; Cohn, *Z. S. St.*, 2, 1881, pp. 90-111 ; Brinz, *Sitzungsberichte* de Munich, 1884, pp. 542 et ss. ; Karlowa, *R. R. G.*, 1, pp. 765-768. Son passage le plus important, relatif à une loi qui enjoignait au préteur de statuer et de délivrer des actions relativement aux biens de certains individus comme s'ils n'avaient pas été *dediticiorum numero facti* est rapporté par Huschke, Alibrandi, Cohn et Brinz, aux affranchis déditices : au contraire, Krueger et Karlowa pensent qu'il ne peut s'y agir d'individus qui, comme ceux-là, seraient esclaves s'ils n'avaient pas été *dediticiorum numero facti*, et Mommsen a dès le principe émis la conjecture maintenue *Droit public*, VI, 1, p. 157, n. 2, qu'il doit être rapporté soit aux *exules*, soit aux déportés. Quant à l'ouvrage dont nos textes sont tirés, le principal indice à ce sujet est fourni par la souscription : *De judiciis, lib. II.* mise à la suite du dernier fragment qui indique sans doute la fin d'un livre. Mommsen y voit le titre d'un ouvrage consacré aux *judicia* de la procédure ordinaire par opposition aux *cognitiones* de la procédure extraordinaire ; Karlowa, celui d'un traité général des actions ; Huschke, Krueger, Alibrandi pensent au contraire que cette rubrique se rapporte à la *pars de judiciis* de l'édit, et que nos textes viennent donc de cette section d'un des commentaires de l'édit, par exemple des *libri ad edictum* d'Ulpien, publiés au moins pour cette partie sous Caracalla (212-217) et dans lesquels il faudrait alors les placer non pas, avec Huschke, au livre 14, ou avec Alibrandi, au livre 15, mais au livre 16, avec M. Lenel, *Pal.*, 2, p. 510, n. 2, *Edictum*, p. 180, n. 4 (*Edit.*, 1, p. 210, n. 2).

1...... Quiritium...... qui...... anos...... ex jure Quiritium nostrum.... egeretur[1] ..... os Latinos..... are recte ex jure Quiritium petere...

2.... rum esset. Sed cum lege de bonis rebusque eorum hominum ita jus dicere judicium reddere praetor jubeatur, ut ea fiant, quae futura forent, si dediticiorum numero facti non essent, videamus, ne verius sit, quod quidam senserunt, et de universis bonis et de singulis *rebus*......

3..... est an..... restituendo, deinde *ex* abundanti praecepit praetoribus, uti e.. nom [2]... redderent.....

1. Huschke : 'nostrum *esse intellegeretur*'. — 2. Krueger : 'uti *eor(um nomine judi(cia)*'.

15. Fragment *de jure fisci*.

Fragment juridique écrit sur deux feuilles de parchemin qui ont été découvertes à Vérone en même temps que les Institutes de Gaius et qui ont probablement servi de couverture à la copie des œuvres de St Jérôme écrite par-dessus le texte de Gaius. Les deux feuilles sont écrites sur quatre colonnes, en une écriture semi-onciale du ve ou du vi[e] siècle. Elles ont subi dans leur partie supérieure une coupure qui a mutilé le texte de deux ou trois lignes au haut de chaque colonne ; quoiqu'il semble naturel que les deux feuilles aient dû former une feuille double au moment où elles furent prises pour servir de couverture au ms. de Vérone, elles n'en portent pas de trace matérielle, et le sens ne prouve pas non plus qu'elles se soient suivies immédiatement ; on ne sait pas davantage laquelle des deux précédait l'autre. Le texte paraît, d'après la langue, appartenir à la fin du IIe siècle ou au commencement du IIIe, en exceptant, à cause du paragraphe 3 qui reconnaît sur les *caduca* le *jus patrum*, le court espace qui s'écoula de sa suppression par Caracalla à son rétablissement par Macrin (Ulpien, *Reg.*, 17, 2 ; Dion, 78, 12 ; *Vita Macrini*, 13). Il peut venir soit d'un ouvrage indépendant sur le *jus fisci*, soit de la portion relative à ce sujet d'un ouvrage général, tel que les Sentences de Paul auxquelles avait pensé à tort Lachmann (cf. § 9 rapproché de Paul, 1, 6a, 2) ou les *regulae* ou les *opiniones* d'Ulpien pour lesquelles penche Huschke : cf. Huschke, éd. 6, 2, pp. 172-176 ; Karlowa, *R. R. G.*, 1, pp. 775-776 ; Krueger, *Sources*, pp. 335-337. Cf. aussi notamment contre Huschke, Kalb, *Roms Juristen*, p. 156, qui voit là un débris d'un *epitome* récent suivant servilement des sources plus anciennes. Le texte, qui, par suite de l'état des feuillets lors de leur découverte, n'avait d'abord été déchiffré qu'imparfaitement, a été revu d'une manière plus exacte et plus complète par M. Krueger qui en a publié un *apographum* à la fin de l'éd. intitulée *Fragmentum de jure fisci, ed. P. Krüger*, 1868. C'est sur cette éd. que se basent principalement celles données tant dans la *Collectio*, 2, pp. 163-165 par Krueger lui-même, que dans la *Jurisprudentia* de Huschke (en dernier lieu, 6e éd., 2, pp. 177-182, par Seckel et Kuebler).

FEUILLE 1.

.. n...t capere poss*it*. 1. Heredi ejus, qui cape*re* non poterat, deferendi potestas concessa *non* est, nisi *si* ostendi possit ejus *voluntatis* decessisse de*functum*, ut deferre se *vellet*. 2. Antequam quis ab alio deferatur, ipse se deferre debet : alias sero ad auxilium delationis confugit. Quod si per errorem se detulerit, nihil ei officit inconsiderata diligentia. 3. Jus patrum non minuitur, si se is deferat, qui solidum id quod relictum est capere non potest. Sane si post diem centensimum patres caducum vindicent, omnino fisco locus non est. 4. Si se is deferat, cui taci*tum*.... (Manquent 3 lignes environ). 4[a]. consid... ceterum..... tam personam ..... gu...... ejus rei...... minister vero *fraudis quad*ruplum... nomen sequi fis.... tet.

5. Bona *eorum*, qui cum fisco contrahun*t lege* vacuaria [1] velut *pignoris* jure fisco *obligantur*, non solum ea qu*ae* habent, sed *et* ea, quae postea habituri sunt. 6. Edicto divi Trajani cav*etur*, ne qui provincialium *c*um servis fiscalibus contrah*ant* nisi adsignante procuratore : quod factum dupli damno vel reliquorum e*x*solutione p*en*satur. Et ideo qui cum... (Manquent 3 lignes environ)... um.... cus ido....... contra amo.. que........ sa.m...... o contrax..... i non in cu.... u. *tam*en eo*rum*..... vere cogitur na..... causa (?) tu ad eum lo... io pervenit hereditas (?). 6ᵃ.... [2] Caesaris ab ad*min*istratione rerum *s*uarum itemque comm*un*ium rerum commercio non prohibentur : adeo [3] et stipulari ab his et *e*mere donatum*v*e accipere possumus, nisi cum in fraudem portionis Caesaris fiat. 7. *Qui* mutuam pecuniam contra interdictum dispensatori vicariove ejus crediderit... (Manquent 2 lignes environ).... in *p*oenam. ... enitur, quia quod *cred*idit non amisit. 8. *Qui contra* edictum divi Augus*ti rem* litigiosam a *non possid*ente comparavit, praeterquam *quod* emptio nullius momenti est, poenam quinquaginta sestertiorum fisco repraesentare compellitur. Res autem litigiosa videtur, de qua lis apud suum judicem delata est. Sed hoc in provincialibus fundis prava usurpatione optinuit. 9. Absentes fugitivos venum dari aut comparari amplissimus ordo prohibuit denuntiata in emptorem venditoremque poena sestertiorum quinquaginta, quae hodie fisco vindic*atur*.

FEUILLE 2.

10..... excepto castrensi peculio bona sua conferre debebunt. 11. Caesare a liberto suo *ex a*sse herede instituto, *filia* jure ad semisse*m vocatur*; cum extraneis vero instituto, filia ex semiss*e* extraneis, non et*iam* Caesari adcrescit. Quod si plus semisse Caesar accepit, in id quod plus est etiam Caesari adcrescit. 12. Libertae Caesaris tam manumissione quam beneficio conjunctionis effectae si testatae decedant, dimidium, si intestatae, *to*tum fisco vindicatur. Sane patris et patroni ignorantis jus non minuitur. 13. Ancilla Caesaris quae quinque liberos habuerit, in nu... (Manquent 3 lignes environ). n... Caes... orem.... milib*us* s..... e*d*an... um..na.... dicantur..... causa fisco ae... p.. non possunt n... en... vato contra*ctu* n... inter se *fi*sco stipulantur. 14. Eorum bonorum, quae a*d* fiscum pertinere dicuntur, s*i* controversia moveatur, an*te sen*-

---

1. Huschke, Krueger; Boecking: 'lege vicesimaria'. — 2. Huschke: *Servi*. Seckel et Kuebler; *Liberti* — 3. Seckel et Kuebler: *ideo*.

*tenti*am nec obsign*ari* nec describi aut incorporari possunt. Idem servatur et cum a sententia provocatio interponitur. 15.. Pro his bonis, quae fiscus inquietat, manus op*po*nere nemo quidem prohib*etur*...... (Manquent 3 lignes environ)......... tur....... es .... *Caesariani* (?).... pellunt...... io. i.. ram. 16. Ad-*vocati fisci etiam post deposi*tum officium *contra fi*scum, a quo sa*larium* acceperunt, nisi in *sua paren*tum filiorum *pupillo-*rum*ve* suo*rum* causa liberto*rum* etiam, adesse *pro*hibentur, et si adfue*rint*, *i*nfamia plectun*tur*. Sane hoc princi*pali* bene*fi*cio impetrare non prohibentur. 17. Fisci advocati, quibus ad tempus officium mandatum est, quia salarium non accipiunt, contra fiscum adesse non prohibentur. 18. Capite legis censoriae cavetur ut non tantum, cum quid... (Manquent 1 ligne ou 2 au plus) ..... praestatur, cujus rei omissa professio commis*so* i*n*tra quinquennium locum *facit.* 18ᵃ. Earum rerum *nom*ine quae per fraudem *fisco* ablat*ae* sunt vel professioni subtractae, quadruplum fisco dependitur, alias duplum. 19. A debitore fisci in fraudem datas libertates retrahi placuit. Sane ipsum ita emere, ut manumittat, aut fideicommissam libertatem praest*are* non est prohibitum. 20. Ab eo, qui reus criminis postulatus adversam sententiam meruit, tempore reatus quocum*que* modo alienata a fisco cum quadruplis fructibus revocantur. 21. Fidejussorem ejus, qui cum dispensatore contraxit, ip...

16. Tableau des degrés de cognation.

Petit exposé du système des degrés de cognation placé en tête des mss. de la *Notitia dignitatum*, qui a été publié en premier lieu par Boecking et que sa comparaison avec d'autres dissertations de même nature contenues dans le Digeste et ailleurs (Paul, 4, 11; *D.*, 38, 10, 1 ; *Inst.*, 3, 6) permet de supposer avoir été extrait des œuvres d'un jurisconsulte classique, de celles d'Ulpien, a encore conjecturé Huschke. Pour l'établissement critique du texte, cf. Krueger, *Collectio*, 2, pp. 166-167.

DE GRADIBUS.

1. Gradus cognationum appellantur ab eo, quod personae cognatorum aliae proximiore, aliae longiore gradu sunt et ob id quasi gradatim altera alteram antecedit. 2. Omnes personae cognatorum aut supra numerantur aut infra aut ex transverso sive a latere. Supra numerantur parentes, infra liberi, ex transverso sive a latere fratres et sorores liberique eorum, item parentium fratres et sorores liberique eorum. 3. Primo gradu supra pater et mater, infra filius et filia. 4. Secundo supra avus avia, infra nepos neptis, ex transverso frater et soror : hinc enim transversus incipit gradus. 5. Tertio supra proavus proavia, infra pronepos proneptis ; ex transverso fratris et sororis filius et filia, patruus amita, id est patris frater et soror, avunculus matertera, id est matris frater et soror. 6. Quarto supra abavus abavia, infra abnepos abneptis ; ex transverso fratris et sororis nepos et neptis ; patruus magnus et amita magna, id est avi frater et soror ; *a*vunculus magnus matertera magna, id est aviae frater et soror ; consobrinus consobrina, id est qui quaeve ex fratribus aut sororibus aut fratre et sorore progenerantur. Sciendum tamen proprie consobrinos appellari eos, qui ex duabus sororibus nati sunt, quasi consororinos, eos autem, qui ex duobus fratribus procreati sunt, fratres *p*atrueles vocari, eos veros, qui ex fratre et sorore nascuntur, amitinos dici. Hoc gradu sunt et*iam* patrui amitae

avunculi materterae filii. 7. Quinto gradu sunt supra atavus atavia, infra adnepos adneptis ; ex transverso fratris et sororis pronepos proneptis ; propatruus proamita, id est proavi frater et soror ; proavunculus promatertera, id est proaviae *frater et soror* ; consobrini filius filia ; item proprius sobrinus sobrina, id est patrui magni amitae magnae avunculi magni materterae magnae filii filiae. 8. Sexto gradu sunt supra tritavus tritavia, infra trinepos trineptis ; ex transverso fratris et sororis abnepos abneptis ; abpatruus abamita, id est abavi frater et soror ; *abavunculus abmatertera, id est abaviae frater et soror* ; item consobrini nepos neptisque ; item propatrui proamitae proavunculi promaterterae filii filiae ; item sobrini sobrinae, id est qui quaeve ex duobus consobrinis progenerantur.

17. TABLEAU DES AGNATS.

Tableau voisin du précédent, mais relatif aux agnats, seuls appelés à la succession civile, qui se trouve dans un certain nombre de mss. de la loi des Wisigoths (cf. Haenel, *Lex Rom. Visig.*, p. 456 et Seckel et Kuebler, 2, p. 185) et qui a été publié pour la première fois en 1564 par Cujas, *Observationes*, 6. 40.

TABLEAU DES AGNATS

Tritavus	Patruus maximus				
Atavus	Patruus major	Patrui majoris filius			
Abavus	Patruus magnus	Patrui magni filius	Patrui magni nepos		
Proavus	Patruus	Patrui filius	Patrui nepos	Patrui pronepos	
Avus	Frater	Fratris filius	Fratris nepos	Fratris pronepos	Fratris abnepos

LEGE HEREDITATES	Pater	QUEMADMODUM REDEANT	
	EGO		
Uxor quae in manu viri est	CONSANGUINEI	Filius qui ex potestate non exiit	SUNT INTER SE	Filia quae in potestate est
Nurus quae in manu filii est	HI QUOQUE SUNT IN	Nepos qui ex potestate non exiit	TER SE CONSANGUINEI	Neptis quae in potestate est
Pronurus quae in manu nepotis est	ITEM CONSANGUINEI	Pronepos qui ex potestate non exiit	SUNT INTER SE	Proneptis quae in potestate est
Abnurus quae in manu pronepotis est	ET HI INTER SE	Abnepos qui ex potestate non exiit	SUNT CONSANGUINEI	Abneptis quae in potestate est
Adnurus quae in manu abnepotis est	SUNT QUOQUE INTER	Adnepos qui ex potestate non exiit	SE CONSANGUINEI	Adneptis quae in potestate est
Trinurus quae in manu adnepotis est	ITEM II SUNT INTER	Trinepos qui ex potestate non exiit	SE CONSANGUINEI	Trineptis quae in potestate est

18. Fragment dit de Dosithée.

Extrait d'un ouvrage juridique conservé dans un recueil d'exercices de traduction latins-grecs qu'une conjecture ancienne et répandue attribue au grammairien Dosithée et qu'une autre conjecture admet avoir été composé par lui en 207, mais dont un examen plus approfondi laisse en réalité la date et le compilateur incertains. V. Keil, *Gramm. Lat.*, 7, 1880, pp. 367 et ss. ; Boucherie, *Comptes rendus de l'Académie des inscriptions*, 1868, p. 271, *Notices et extraits des mss.*, 23, 2, 1872, p. 280 et ss., et Krueger, *Sources*, pp. 337-339. Le fragment juridique latin et sa traduction grecque ne nous sont parvenus ni l'un ni l'autre dans leur forme originale ; mais, ainsi que l'a démontré Lachmann dans une étude où il a en même temps posé les principes de la restitution du texte primitif (*Versuche über Dositheus*, 1837, reproduit *Kleinere Schriften*, 1876, pp. 196 et ss.), ils ont été transformés par une série de traductions et de retraductions serviles et inintelligentes d'écoliers dont le dernier résultat nous est parvenu en deux versions, par deux mss., un ms. de Leyde du x⁰ siècle (Leid. Voss. Graec. 97) qui donne seul le § 1, et un ms. de Paris du ix⁰ siècle (Paris,lat. 6503), où il ne reste aujourd'hui que les §§ 2 à 4, mais où il ne manquait au xvi⁰ siècle que le § 1 et où tout ce qui suit fut transcrit alors par Claude Dupuy dans une copie elle-même perdue d'où viennent à la fois une copie de Joseph Scaliger conservée à Leyde (Leid. Scal. 61) et l'édition princeps publiée par Pierre Pithou en 1573. V. G. Goetz, *Corpus glossariorum Latinorum*, 3, 1892, pp. xiii-xiv sur ce dernier point et pp. 48-56, 102-108 pour la reproduction distincte du texte des deux mss. — Le fragment, dans lequel sont mentionnés Proculus, Octavenus, Neratius Priscus et Julien et qui ne peut donc être antérieur au milieu du ii⁰ siècle, paraît, d'après les expressions du paragraphe 3 : *Regulas enim exsequenti mihi*, être tiré d'un *liber regularum*. Il a été attribué, sans raisons bien décisives, par Cujas à Ulpien, par Lachmann à Paul, par Huschke à Cervidius Scaevola, par Dirksen à Gaius et par Voigt et Karlowa à Pomponius. Cf. notamment Huschke, éd. 5, pp. 424-425, et Karlowa, *R. R. G.*, 1, pp. 764-765. Les deux versions grecque et latine de ce fragment et d'un autre petit recueil intitulé *Divi Hadriani sententiae et epistulae* ont été éditées d'une manière complète par Boecking, *Dosithei interpretamentorum liber tertius*, 1832. Parmi les éd. du texte latin, il convient de signaler celle donnée par le même Boecking avec la restitution de Lachmann en regard, à la suite de sa 4⁰ éd. d'Ulpien, 1855, pp. 158-170 ; celle de Huschke, *J. ant.*, 5⁰ éd., pp. 425-434, celle de Seckel et Kuebler qui la remplace, *J. ant.*, 6⁰ éd., 1, pp. 419-428 et celle de Krueger, *Collectio*, 1, pp. 149-157, que nous avons généralement suivie en annexant comme lui au texte défiguré du paragraphe 1ᵉʳ une restitution analogue à celle de Lachmann.

1. Omne enim justum [cum jure] aut civile appellatur aut naturale dicitur [vel nationis] aut gentile justum. Ab eo enim nominatur et om-

Omne enim jus aut civile appellatur aut naturale. Naturale dicitur etiam jus gentium : ab eo nominatum, quod omnes gentes similiter

nes nationes similiter eo sunt usae ; quod enim bonum et justum est, omnium utilitati convenit. [Se] quod autem justum civile [m] proprium est [et] romanorum et ab eis dictum, quoniam nostra civitas ea veritate utitur. Sed quidam hoc esse quod omnes civibus suis praedicent aut majori parti expedit. Sunt enim qui et tradiderunt quanti tamen justitiae esse. Plurima hanc autem definitionem veriorem esse tradiderunt quae initio diximus.

eo sunt usae ; quod enim bonum et aequum est, omnium utilitati convenit. Sed jus civile proprium est civium Romanorum, ab eo dictum, quod nostra civitas eo... utitur. Sed quidam hoc esse praedicant, quod omnibus civibus peculiariter aut majori parti expedit. Sunt etiam qui tradiderunt ... Plurimi autem eam definitionem veriorem esse tradiderunt quam initio diximus.

2. Juris civilis ut quid appositicium appellatur, ex pluribus partibus constat. Sed constitutiones imperatorias similiter honorandum. Quod est et praetoris edictum similiter vel proconsulis. Ex eo enim consenserunt prudentiam et receptum est responsis et summatim solemus haec dicere. Lex enim Julia et Papia ceterae partes justitiae appellantur.

3. Regulas enim exsequenti mihi ad ea studia necessarium ante omnia scire. Nec enim unius sunt condicionis, sed variae : quae per singula, quae pertinent ad eam enarrationem, referenda sunt per ordinem.

4. Omnes enim aut ingenui sunt aut liberti. Sed ut magis possint singula declarari, melius videtur incipere a libertis [adferre] et primum de Latinis scribere, ne saepius eadem interpretari cogamur. Primum ergo videamus, quale est quod dicitur *de eis*, qui inter amicos *olim* manumittebantur, non esse liberos, sed domini voluntate in libertate morari et tantum serviendi metu dimitti.

5. Antea [enim] una libertas erat et *manumissio* fiebat vindicta vel testamento vel censu et civitas Romana competebat manumissis : quae appellatur justa *manumissio*. Hi autem, qui domini voluntate in libertate erant, manebant servi ; *sed si* manumissores ausi erant in servitutem denuo eos per vim ducere, interveniebat praetor et non patiebatur manumissum servire. Omnia tamen quasi servus adquirebat manumissori, vel*ut* si quid stipulabatur *vel* mancipio accipiebat vel ex qua-

cumque causa alia adquisierat, domini hoc faciebat, id est manumissi omnia bona ad patronum pertinebant.

6. Sed nunc habent propriam libertatem qui inter amicos manumittuntur, et fiunt Latini Juniani, quoniam lex Junia, quae libertatem eis dedit, exaequavit eos Latinis colonariis, qui cum essent cives Romani [liberti], nomen suum in coloniam dedissent.

7. In his qui inter amicos manumittuntur voluntas domini spectatur; lex enim Junia eos fieri Latinos jubet, quos dominus liberos esse voluit. *Quod* cum ita *sit*, debet voluntatem manumitten*di* habere dominus : unde si per vim coactus verbi gratia ab aliquo populo vel a singulis hominibus manumiserit, non veniet servus ad libertatem, quia non intellegitur voluisse qui coactus est.

8. *Item* ut possit habere servus libertatem, talis esse debet, ut praetor *vel* proconsul libertatem tueatur ; nam et hoc lege Junia *cautum* est. Sunt autem plures causae, in quibus non tuetur proconsul *libertatem*, de quibus procedentes ostendemus.

9. Sed et illud observandum, ut is qui manumittitur in bonis manumittentis *sit*; et ideo si tantum ex jure Quiritium sit manumittentis, non erit Latinus. Necesse est ergo servum non tantum ex jure Quiritium, sed etiam in bonis esse manumittentis.

10. Communis servus *ab uno ex sociis* manumissus, neque ad libertatem pervenit et alterius domini totus fit servus jure ad*c*rescen*di*. Sed inter amicos servus ab uno ex sociis manumissus utri*u*sque domin*i* servus manebit ; jus *enim* adcrescen*di* in hac manumissione *non* versatur ; *quamvis* Proculus *existi*maverit adcrescere eum socio..... qua sententia utimur.

11. Proprietarius eum servum, cujus usufructus ad alium pertinet, non potest vindicta manumittere obstante usufructu, et si manumiserit eum *vindicta*, faciet servum sine domino. Sed Latinum...

12. Peregrinus manumis*sor* ser*v*um non potest ad Latini*tate*m perducere, quia lex Junia, quae Latinorum genus introduxit, non pertinet ad peregrinos manumissores, sicut et Octavenus probat. A*t* praetor non permittet manumissum servire, nisi aliter lege peregrina caveatur.

13. Minor viginti annorum manumittere nec vindicta potest nec testamento, itaque nec Latinum facere potest ; *sed*

tantum apud consilium *causa probata* potest manumittere servum suum.

14. Is autem qui manumittitur inter amicos, quotcumque est annorum, Latinus fit, et tantum ei hoc prodest manumissio, ut postea iterum manumitti possit vindicta vel testamento et civis Romanus fieri.

15. Mulier sine tutoris auctoritate *inter amicos manumittere non potest*, nisi jus liberorum habeat ; tunc enim *et* vindicta sine tutore potest manumittere. Unde si mulier absens liberum esse jusserit, quae jus liberorum non habeat, quaesitum est, an *competat libertas* tutore ejus auctoritatem *accommodante* eo tempore, quo epistula scribitur servo a domina. Julianus negat ; existimat enim eo tempore debere auctoritatem praestari, quo peragitur *manumissio*, tunc *autem* peragi intellegi, cum servus cognoverit dominae voluntatem. Sed Neratius Priscus probat libertatem servo competere ; sufficere enim, quando epistula scribitur, adhiberi auctoritatem tutoris : cujus sententia et constitutione *principali* confirmata est.

16. Servum *specialiter* pignori datum civem Romanum facere debitor non potest, *generaliter pignori datum potest*, nisi si forte solvendo non sit [1] ; obstat enim libertati lex Aelia Sentia, quae prohibet servum creditorum *fraudandorum* causa manumissum civem Romanum fieri. Sed Latinum...

17. Et qui *censu* manumittitur, si triginta annos habeat, civitatem Romanam *nanciscitur*. Census autem Romae agi solet *et peracto* censu lustr*um* conditur : est autem lustrum quinquennale tempus quo Roma lustratur. Sed debet hic servus ex jure Quiritium manumiss*oris* esse, ut civis Romanus fiat. Magna autem dissensio est inter peritos, utrum eo tempore vires accipiant omnia, in quo census *agitur* [2], an eo tempore, *quo* lustrum conditur. Sunt enim qui existimant non alias vires accipere quae in censu aguntur, nisi haec dies sequatur, qua lustrum conditur ; existimant enim censum descendere ad diem lustri, non lustrum recurrere ad diem census. Quod ideo quaesitum est, quoniam omnia *quae* in censu aguntur lustro confirmantur. Sed in urbe Rom*a* tantum *censum* agi notum est ; in provinciis autem magis professionibus utuntur.

---

1. Restitution de Seckel et Kuebler s'inspirant de Dernburg, *Pfandrecht*, 2, 1864, p. 14. Krueger : '*generali hypotheca obligatum potest*'. Boecking, Pellat : 'nisi forte solvendo sit'. — 2. Addition proposée par Saumaise et admise par Boecking, Pellat, Mommsen, *Droit public*, 4, p. 4, n. 2 et Seckel et Kuebler : les mss. : 'in quo census' ; Krueger : '*quo in* censu *aguntur*'.

19. Fragments de Modestin.

Fragments du jurisconsulte Herennius Modestinus, élève d'Ulpien, que l'inscription relative au procès des foulons montre avoir été préfet des vigiles entre 226 et 244, qui fut le maître de droit de l'empereur Maximin, mort à une vingtaine d'années en 238, et que l'on trouve pour la dernière fois mentionné comme auteur d'une réponse en 239, *C.*, 3, 42,5. Cf. sur sa vie et ses écrits, Karlowa, *R. R. G.*, 1, pp. 752-754, Krueger, *Sources*, pp. 301-303 ; v. aussi Lenel, *Pal.*, 1, pp. 701-756. Le premier des deux fragments se trouvait dans un ms. appartenant au père de Pierre Pithou et aujourd'hui perdu à l'exception de quelques feuillets reconnus par Mommsen, *Z. S. St.*, 22, 1901, pp. 155-158 (*Ges. Schr.*, 2, pp. 418-421) ; *Theodosiani libri XVI*, 1, pp. LXXIX-LXXX, dans le ms. de Berlin, Fol. 270 ; il a été publié par Pierre Pithou en 1573 dans son édition de la *Collatio*, soit d'après le ms. lui-même, soit peut-être plutôt d'après une copie de son père qui existe encore dans l'exemplaire annoté par eux de l'édition du Code Théodosien donnée par Sichard en 1528, aujourd'hui Bibliothèque Nationale, Réserve F 380 (et non F 4). Le second fragment est extrait des *Differentiae* d'Isidore, où la corruption d'*Herennius* en *Orenius* a longtemps empêché de l'apercevoir.

1. Modestinus regularum lib. III sub titulo de bonis libertorum et de testamentis. Cum in testamento dies et consules adjecti non sunt, non nocet, quominus valeat testamentum.

2. Inter eum qui in insulam relegatur et eum qui deportatur magna est differentia, ut ait *Herennius* : primo quia relegatum bona sequuntur, nisi fuerint sententia adempta, deportatum non sequuntur, nisi palam ei fuerint concessa : ita fit, ut relegato mentionem bonorum in sententia non haberi prosit, deportato noceat. Item distant etiam in loci qualitate, quod cum relegato quidem humanius transigitur, deportatis vero hae solent insulae adsignari, quae sunt asperrimae quaeque sunt paulo minus summo supplicio comparandae.

20. Rubriques d'un ouvrage de droit criminel.

Rubriques en écriture onciale du v° ou du vi° siècle placées en marge d'un ouvrage juridique dont le texte est perdu, sur le recto et le verso d'un papyrus de la collection de l'archiduc Renier et publiées par M. Wessely, *Schrifttafeln zur älteren lateinischen Palaeographie*, 1898, p. 10, n° 24. Cf. Th. Mommsen, *Droit pénal romain*, 1, p. 353, n. 2 et 2, p. 156, n. 4; K. Zangemeister, *Literarisches Centralblatt*. 1899, p. 385; M. Ihm, *Centralblatt für Bibliothekwesen*, 16, 1899, p. 345, n. 12; Seckel et Kuebler, *J. ant.*, 6° éd., 2, p. 188.

R(ubrica) [1]. Catenatus esse debet, non tamen ut in carcere agat, nisi suspecta sit persona.

R(ubrica) [1]. (Con)festim excusare debet apud principem pr(ae)ses qui appellantem non distulit [2].

1. Wessely, Mommsen : R(ubrica); Zangemeister : K(apitulum) ou K(apitulatio). — 2. Cf. *D.*, 28, 3, 6, 9. Parmi les quelques lettres finales seules conservées au bout des lignes du texte, le fac-similé de M. Wessely donne à la dernière ligne les lettres *exc*.

21. Fragments du Vatican.

Fragments d'une compilation juridique étendue découverts en 1821 par le cardinal Angelo Maï dans un ms. palimpseste de la bibliothèque du Vatican. Ils viennent d'un ms. du ɪvᵉ ou du vᵉ siècle dont les feuilles doubles ont postérieurement été divisées en trois pour être insérées après avoir été grattées dans un autre cahier destiné à recevoir une copie des *Collationes Aegypti anachoretarum* de Cassien ; de telle sorte que chaque feuille nouvelle se trouva contenir les deux tiers d'une des feuilles anciennes ou, si c'était la feuille du milieu, le tiers de deux des feuilles anciennes, et qu'on a retrouvé, dans 33 de ces feuilles nouvelles, 28 des feuilles anciennes, soit en totalité, soit pour les deux tiers, soit pour un tiers. L'ouvrage, dont on ne connaît ni le nom, ni l'auteur, est un recueil par ordre des matières de passages de jurisconsultes et de constitutions impériales. Il ne paraît pas avoir été divisé en livres, mais seulement en titres, parmi lesquels nous connaissons les titres : *ex empto et vendito, de usu fructu, de re uxoria ac dotibus*, ou simplement *de re uxoria, de excusatione, quando donator intellegatur revocasse donationem, de donationibus ad legem Cinciam, de cognitoribus et procuratoribus*. Les jurisconsultes sont représentés par des extraits de divers ouvrages de Papinien, de Paul et d'Ulpien et d'un traité des interdits qui n'est peut-être lui-même que la section relative à cette matière du commentaire sur l'édit de Paul. Les constitutions, dont la plus ancienne est de Sévère et de Caracalla (an 205 après J.-C.), et la plus récente de Valentinien, Valens et Gratien (an 372) et dont l'éditeur paraît s'être servi des Codes Grégorien et Hermogénien, mais non du Code Théodosien, au lieu du texte abrégé duquel il donne pour certaines le texte intégral frappé d'abrogation par ce code, sont pour la plupart des rescrits rendus en matière judiciaire sur la demande des parties ou des magistrats ; elles sont placées dans chaque titre, sans ordre fixe, tantôt avant, tantôt après les fragments des jurisconsultes, tantôt pêle-mêle avec eux. Pour les unes et les autres, le texte est reproduit fidèlement, sans trace d'interpolation ni de remaniement. Mais les 28 pages, que nous possédons en tout ou partie, ne sont qu'une faible portion du ms. primitif, que les chiffres de cahiers de 8 pages, de *quaterniones*, conservés en marge de quelques feuilles établissent avoir contenu 232 pages jusqu'au point où s'interrompent nos fragments, peut-être longtemps avant la fin de l'ouvrage, et dans lequel les mêmes chiffres permettent de mesurer des lacunes considérables entre les parties conservées : environ 9 cahiers entre des fragments du titre *ex empto et vendito* qui appartiennent au VIᵉ quaternion et d'autres du titre *de usu fructu* qui appartiennent au XVᵉ ; un autre intervalle considérable entre le titre *de re uxoria*, qui n'est pas séparé par une grande lacune du titre *de usu fructu*, et le titre *de excusatione* sur une des feuilles duquel on trouve le chiffre XXVII. Il est impossible de discerner le plan de l'ouvrage, qu'on voit cependant n'être pas celui des commentaires de l'édit ; car, par exemple, l'usufruit, étudié dans la théorie des legs, ne viendrait pas alors seulement après la vente, mais après la dot et les excuses. Quant à sa nature, ce n'est certainement pas une compilation officielle, et il n'y a même pas grande probabilité en faveur de l'opinion, soutenue par Huschke, selon laquelle ce serait un projet de compilation de ce genre fait sur l'ordre d'un empereur et resté pour une raison quelconque dépourvu de la sanction impériale. C'est une œuvre doctrinale privée, destinée à la pratique, et peut-être à l'enseignement, auquel peuvent se référer aussi les gloses marginales et interlinéaires qui l'accompagnent dans certaines parties et dont les premières au moins peuvent remonter au compilateur lui-même. Quant aux temps et lieux d'origine de l'ouvrage, la mention qui y est faite de constitutions de Maximien omises au Code Hermogénien donne à croire qu'il a été composé en Occident, et on en place assez communément la rédaction entre l'an 372, date de la dernière constitution qu'il rapporte, et la publication du Code Théodosien, en 438. Mais Mommsen, dont les arguments ont cependant été contestés par Karlowa et Huschke, croit pouvoir conclure de la façon dont sont citées les constitutions de Dioclétien et de Constantin que l'ouvrage aurait été écrit du vivant de ce dernier, vers 320, et que l'addition de la constitution de 372, ainsi que de trois autres, y aurait été faite après coup. Cf. Karlowa, *R.R. G.*, 1, pp. 969-973 ; Krueger, *Sources*, pp. 399-404, et les notices des éd. Mommsen et Huschke.

Les fragments du Vatican ont d'abord été publiés, en 1823 et 1824, par le cardinal Angelo Maï lui-même, d'après le texte duquel d'autres éditions en ont été données, avec un commentaire, par Buckholtz en 1828 et, avec de nombreuses corrections critiques, par Bethmann-Hollweg dans le *Corpus juris antejustiniani* de Bonn, en 1833. Plus tard, un texte bien supérieur en fut établi par Mommsen, d'après une collation nouvelle du ms. faite par Detlefsen, dans une éd. savante accompagnée d'un fac-similé, publiée en 1850 dans les *Abhandlungen* de Berlin, et dans une éd. scolaire publiée en 1861. Les fragments du Vatican se trouvent en outre dans les divers recueils généraux, notamment dans celui de Huschke (5° éd., 1886) et dans celui de Pellat qui s'inspire principalement du texte de Bethmann-Hollweg en le corrigeant par celui de Mommsen. Mais une autre éd. en a encore été donnée depuis, en 1890, *Collectio*, 3, pp. 1-106, par Mommsen, qui dans ce but a non seulement mis à profit une collation récente de quelques passages du ms. faite par M. Krueger, mais soumis tout le texte à un nouvel examen d'ensemble. Nous suivons ici en principe le texte de cette dernière révision de Mommsen dont, grâce à une inappréciable complaisance de l'illustre auteur, nous avions déjà pu profiter pour notre première édition. Les passages imprimés en caractères plus fins sont les gloses marginales et interlinéaires signalées plus haut. Les indications placées en marge font connaître les auteurs certains ou probables des fragments.

EX EMPTO ET VENDITO.

(Manquent 80 pages.)

Paul, L. VIII ad Sab. (?)
1 [1]. *Qui a muliere* sine tutoris auctoritate sciens rem mancipi emit vel falso tutore auctore quem sciit non esse, non videtur bona fide emisse ; itaque et veteres putant et Sabinus et Cassius scribunt. Labeo quidem putabat nec pro emptore eum possidere, sed pro possessore, Proculus et Celsus, pro emptore,

1. Cf. *D.*, 18, 2, 27.

21. Fragments du Vatican.

Fragments d'une compilation juridique étendue découverts en 1821 par le cardinal Angelo Maï dans un ms. palimpseste de la bibliothèque du Vatican. Ils viennent d'un ms. du ive ou du ve siècle dont les feuilles doubles ont postérieurement été divisées en trois pour être insérées après avoir été grattées dans un autre cahier destiné à recevoir une copie des *Collationes Aegypti anachoretarum* de Cassien ; de telle sorte que chaque feuille nouvelle se trouva contenir les deux tiers d'une des feuilles anciennes ou, si c'était la feuille du milieu, le tiers de deux des feuilles anciennes, et qu'on a retrouvé, dans 33 de ces feuilles nouvelles, 28 des feuilles anciennes, soit en totalité, soit pour les deux tiers, soit pour un tiers. L'ouvrage, dont on ne connaît ni le nom, ni l'auteur, est un recueil par ordre des matières de passages de jurisconsultes et de constitutions impériales. Il ne paraît pas avoir été divisé en livres, mais seulement en titres, parmi lesquels nous connaissons les titres : *ex empto et vendito, de usu fructu, de re uxoria ac dotibus*, ou simplement *de re uxoria, de excusatione, quando donator intellegatur revocasse donationem, de donationibus ad legem Cinciam, de cognitoribus et procuratoribus*. Les jurisconsultes sont représentés par des extraits de divers ouvrages de Papinien, de Paul et d'Ulpien et d'un traité des interdits qui n'est peut-être lui-même que la section relative à cette matière du commentaire sur l'édit de Paul. Les constitutions, dont la plus ancienne est de Sévère et de Caracalla (an 205 après J.-C.), et la plus récente de Valentinien, Valens et Gratien (an 372) et dont l'éditeur paraît s'être servi des Codes Grégorien et Hermogénien, mais non du Code Théodosien, au lieu du texte abrégé duquel il donne pour certaines le texte intégral frappé d'abrogation par ce code, sont pour la plupart des rescrits rendus en matière judiciaire sur la demande des parties ou des magistrats ; elles sont placées dans chaque titre, sans ordre fixe, tantôt avant, tantôt après les fragments des jurisconsultes, tantôt pêle-mêle avec eux. Pour les unes et les autres, le texte est reproduit fidèlement, sans trace d'interpolation ni de remaniement. Mais les 28 pages, que nous possédons en tout ou partie, ne sont qu'une faible portion du ms. primitif, que les chiffres de cahiers de 8 pages, de *quaterniones*, conservés en marge de quelques feuilles établissent avoir contenu 232 pages jusqu'au point où s'interrompent nos fragments, peut-être longtemps avant la fin de l'ouvrage, et dans lequel les mêmes chiffres permettent de mesurer des lacunes considérables entre les parties conservées : environ 9 cahiers entre des fragments du titre *ex empto et vendito* qui appartiennent au VIe quaternion et d'autres du titre *de usu fructu* qui appartiennent au XVe ; un autre intervalle considérable entre le titre *de re uxoria*, qui n'est pas séparé par une grande lacune du titre *de usu fructu*, et le titre *de excusatione* sur une des feuilles duquel on trouve le chiffre XXVII. Il est impossible de discerner le plan de l'ouvrage, qu'on voit cependant n'être pas celui des commentaires de l'édit ; car, par exemple, l'usufruit, étudié dans la théorie des legs, ne viendrait pas alors seulement après la vente, mais après la dot et les excuses. Quant à sa nature, ce n'est certainement pas une compilation officielle, et il n'y a même pas grande probabilité en faveur de l'opinion, soutenue par Huschke, selon laquelle ce serait un projet de compilation de ce genre fait sur l'ordre d'un empereur et resté pour une raison quelconque dépourvu de la sanction impériale. C'est une œuvre doctrinale privée, destinée à la pratique, et peut-être à l'enseignement, auquel peuvent se référer aussi les gloses marginales et interlinéaires qui l'accompagnent dans certaines parties et dont les premières au moins peuvent remonter au compilateur lui-même. Quant aux temps et lieux d'origine de l'ouvrage, la mention qui y est faite de constitutions de Maximien omises au Code Hermogénien donne à croire qu'il a été composé en Occident, et on en place assez communément la rédaction entre l'an 372, date de la dernière constitution qu'il rapporte, et la publication du Code Théodosien, en 438. Mais Mommsen, dont les arguments ont cependant été contestés par Karlowa et Huschke, croit pouvoir conclure de la façon dont sont citées les constitutions de Dioclétien et de Constantin que l'ouvrage aurait été écrit du vivant de ce dernier, vers 320, et que l'addition de la constitution de 372, ainsi que de trois autres, y aurait été faite après coup. Cf. Karlowa, *R.R. G.*, 1, pp. 969-973 ; Krueger, *Sources*, pp. 399-404, et les notices des éd. Mommsen et Huschke.

Les fragments du Vatican ont d'abord été publiés, en 1823 et 1824, par le cardinal Angelo Maï lui-même, d'après le texte duquel d'autres éditions en ont été données, avec un commentaire, par Buckholtz en 1828 et, avec de nombreuses corrections critiques, par Bethmann-Hollweg dans le *Corpus juris antejustiniani* de Bonn, en 1833. Plus tard, un texte bien supérieur en fut établi par Mommsen, d'après une collation nouvelle du ms. faite par Detlefsen, dans une éd. savante accompagnée d'un fac-similé, publiée en 1850 dans les *Abhandlungen* de Berlin, et dans une éd. scolaire publiée en 1861. Les fragments du Vatican se trouvent en outre dans les divers recueils généraux, notamment dans celui de Huschke (5° éd., 1886) et dans celui de Pellat qui s'inspire principalement du texte de Bethmann-Hollweg en le corrigeant par celui de Mommsen. Mais une autre éd. en a encore été donnée depuis, en 1890, *Collectio*, 3, pp. 1-106, par Mommsen, qui dans ce but a non seulement mis à profit une collation récente de quelques passages du ms. faite par M. Krueger, mais soumis tout le texte à un nouvel examen d'ensemble. Nous suivons ici en principe le texte de cette dernière révision de Mommsen dont, grâce à une inappréciable complaisance de l'illustre auteur, nous avions déjà pu profiter pour notre première édition. Les passages imprimés en caractères plus fins sont les gloses marginales et interlinéaires signalées plus haut. Les indications placées en marge font connaître les auteurs certains ou probables des fragments.

EX EMPTO ET VENDITO.

(Manquent 80 pages.)

Paul, L. VIII ad Sab. (?) 1 [1]. *Qui a muliere* sine tutoris auctoritate sciens rem mancipi emit vel falso tutore auctore quem sciit non esse, non videtur bona fide emisse ; itaque et veteres putant et Sabinus et Cassius scribunt. Labeo quidem putabat nec pro emptore eum possidere, sed pro possessore, Proculus et Celsus, pro emptore,

1. Cf. *D.*, 18, 2, 27.

quod est verius; nam et fructus suos facit, quia scilicet voluntate dominae percipit et mulier sine tutoris auctoritate possessionem alienare potest. Julianus propter Rutilianam constitutionem eum, qui pretium mulieri dedisset,etiam usucapere et si ante usucapionem offerat mulier pecuniam, desinere eum usucapere.

2. P(apinianus) libro III responsorum. Usurae venditori post traditam possessionem arbitrio judicis praestantur; ante traditam autem possessionem emptori quoque fructus rei vice mutua praeberi necesse est: in neutro mora considerabitur. *Pap., III res*

3 ¹. Venditor, qui legem commissoriam exercere noluit, ob residuum pretium judicio venditi recte agit, quo secuto legi renuntiatum videtur.

4 ². Qui die transacto legem commissoriam exercere voluit, postea variare non potest.

5 ³. Papinianus libro III responsorum. Aede sacra terrae motu diruta, locus aedificii non est profanus et ideo veniri non potest.

6 ⁴. Mulier servam ea lege vendidit, ut, si redisset in eam civitatem, unde placuit exportari, manus injectio esset. Manente vinculo servitutis si redierit, quae vendidit manum injiciet et ex jure concesso mancipium abducet. Post manumissionem autem si redierit, in perpetuam servitutem sub eadem lege publice distrahetur. Quae vendidit si manum injecerit non liberatae, mancipium retinere poterit ac manumittere; adimi quippe libertatem et publice venditionem ita fieri placuit propter pericula venditorum, qui vel metuentes servis suis offensam vel duritiam possunt paenitendo remittere.

7. Quo minus possessio rei venditae tradatur empti judicio, decem annorum praescriptione non impeditur.

8. Evictione citra dolum emptoris et judicis injuriam secuta, duplum ex empti judicio secundum legem contractus praestabitur.

9 ⁵. Creditor a debitore pignus recte emit, sive in exordio contractus ita convenit sive postea; nec incerti pretii venditio videbitur, si convenerit, ut pecunia fenoris non soluta creditor jure empti dominium retineat, cum sortis et usurarum quantitas ad diem solvendae pecuniae praestitutam certa sit.

10. Iniquam sententiam evictae rei periculum venditoris non spectare placuit neque stipulationem auctoritatis committere.

1. Cf. *D.*, 18, 3, 7. — 2. Cf. *D*, 18, 3, 4, 2. — 3. = *D.*, 18, 1, 73, *pr.* — 4. Cf. *D.*, 18, 7, 1. — 5. Cf. *D.*, 20, 5, 12, *pr.*

Pap., L.
VI resp.

11[1]. Convenit ad diem pretio non soluto venditori alterum tantum praestari. Quod usurarum centesimam excedit, in fraudem juris videtur additum. Diversa causa est commissoriae legis, cum in ea specie non fenus inlicitum exerceatur, sed lex contractui non improbabilis dicatur.

12[2]. Ante pretium solutum dominii quaestione mota pretium emptor restituere non cogetur, tametsi maxime fidejussores evictionis offerantur, cum ignorans possidere coeperit. Nam usucapio frustra complebitur anticipata lite nec oportet evictionis securitatem praestari, cum in ipso contractus limine domini periculum immineat.

13[3]. Venditor si per conlusionem imaginarium colonum emptoris decipiendi causa subposuit, ex empto tenebitur, nec idcirco recte defenditur, si, quo facilius excogitatam fraudem retineret, colonum et quinque annorum mercedes in fidem suam recipiat. Alioquin si bona fide locavit, suspectus non erit.

14. Lege venditionis inempto praedio facto fructus interea perceptos judicio venditi restitui placuit, quoniam eo jure contractum in exordio videtur, sicuti in pecunia quanto minoris venierit ad diem pretio non soluto. Cui non est contrarium, quod judicium ab aedilibus in factum de reciperando pretio mancipii redditur, quia displicuisse proponitur : quod non erit necessarium, si eadem lege contractum ostendatur.

15. Fructus pendentes etsi maturi fuerunt, si eos venditor post venditionem ante diem solvendi pretii percepit, emptori restituendos esse convenit, si non aliud inter contrahentes placuit.

16. Vino mutato periculum emptorem spectat, quamvis ante diem pretii solvendi vel condicionem emptionis impletam id evenerit. Quodsi mille amphoras certo pretio corpore non demonstrato vini vendidit, nullum emptoris interea periculum erit.

17[4]. Evictis agris quanti emptoris interest judicio empti lis aestimatur. Quod si ab initio convenit, ut venditor pretium restitueret, usurae quoque post evictionem praestabuntur, quamvis emptor post dominii litem inchoatam fructum adversario restituat ; nam incommodum medii temporis damnum emptoris est.

(Manquent 12 pages.)

1. Cf. D., 19, 1, 13, 26. — 2. D., 18, 6, 19, 1 : ' Ante... emptor solvere non cogetur nisi fidejussores idonei a venditore ejus evictionis offerantur '; cf. C., 8, 44, 24. — 3. Cf. D., 19, 1, 49, pr. — 4. = D., 22, 1, 18, pr.

18. ..... secundum jus in facinorosos. ..... *empto-* | Valér. Gallien (a. 255)
res inquietari, sed actione fiduciae . . . .
Valeriano III et *Gallieno II* conss.

19. Gallienus Aug . . . . *Res* | Gallien (a. 260)
pupillorum a credito*ribus patris propter debita paterna jure vin-*
dicari nullo possunt. Si igitur abs*tinuisti paterna hereditate non*
agnita, contra venditionem a *creditoribus patris tui rei tuae fac-*
tam praesidem adi, qui inquietari te in possess*ione non sinet*...
. . . . *Saeculare*
II et Donato conss.

20. ... per Julium Menophil*um spectabilem virum* . . . . | Emp. incert.
auxilium non potest denega*ri.* . . . . *pe-*
cuniam creditoribus. . . . .
habere non potuit in poss. . . . .
et usurarum, quia in commun. . . . .
kal. Juliis Viminac*ii*....

21. Gallienus Au*g*. . . . . *alie-* | Gallien
nandae non sunt. Aditus ita*que* . . . .
cedente ejus jussione, qui i . . . .
Proposita VIIII kal. Nov. Pa*tavii* ?...

22 ¹. Diocletianus et Max(imus) *Constantius Aliniae Plotia-* | Diocl. Max. Const. Galère
nae. Si deserta praedia... *ob* cessationem conlationum... *dis-*
tracta vera fide comparasti et ven*ditionem sollemniter perfecisti,*
venditio... *necessitate* facta convelli non debet...

23 ². Dioclet(ianus) Aurel*io Leontio. Cum speciem venditam* | Diocl. (a. 285)
violentia ignis, qui nunc per poc... *grassatus est, absump*tam
dicas, si venditionem *nulla condicio suspenderat, amissae rei*
periculum te non adstringet. Proposita *III non. Nov. Atubino*
Diocletiano Aug. II et Aristobulo conss.

24. Diocletianus Claudia. . . . . | Diocl. (a. 285)
emptori indemnita . . . .
possessionem venditam esse cog . . . .
ex qualitate rei perdoc*tus* . . . . *Diocletiano Aug.*
II et Aristobu*lo* conss.

25. *Gallienus Aug.* . . . . mtico possessionem pa- | Gallien (a. 262)
ternam. . . . . ab aliquo directi juris emp-
tore. . . . . *Gallieno* V et Faustino conss.

26. . . . . *necessitatibus* urguentibus pater | Emp. incert.
. . . . vivis parentibus placuit
. . . . i familia longa aetate
. . . . .e praef. urbi v. c. Proposita II kal.
. . . . conss.

1. = C., 4, 46, 2. — 2. = C., 4, 48, 5.

Emp.
incert.
27. . . . . *ium* Fortunatum militem
. . . . e controversia moveri consti-
. . . . ipso Aug. III consule.

Sev. Alex.
(a. 230).
28. *Alexander Aug.* . . . . . vendendarum possessionum
. . . . ii neque alienare eas, neque
. . . . *Agricola et Clementino conss.*

Emp.
incert.
29. . . . . Sabiniani non oportuit post interpo-
. . . . cari. Praepropere igitur procurator
. . . . rationis meae possessiones
. . . . ium nec emptor ignora-
. . . . ordine audietur. Proposita kal.

Aurél.
(a. 271).
30. *Aurelianus Aug.* . . . *Si praedii, de quo controversia est inter vos,* ita in possessione fuisti, *ut proponis* [1], *et inde* . . . . ejectus inveniris, is erit . . . . v. c. pro sua aequitate ad effec-*tum* . . . . *Aureliano et Basso conss.*

Emp.
incert.
31. . . . . *cari*ssime nobis. Tenes tu quidem . . . . *l*iquidissime et lites dirimis . . . . tum statutis tuis non cu . . . . e incipient discedere . . . . *in di*versum eventum sententiae . . . . litigabatur, insidunt par-*tium allegationibus.* . . . . u et interpretationem diversam . . . . est, non censui : quasi vero in ea. . .

(Manquent quelques pages.)

Const.
Licinius
(312).
32. . . . aditus competens judex considerato tutelae judi-cio, eam curabit ferre sententiam, quam agnitam legibus esse providerit. Proposita III kal. Sept. Constantino et Licinio Augg. II conss.

mêmes
(315).
33. Augg. [et Caess.] Rutiliae Primae. Ingenuos progenitos servitutis adfligi dispendiis minime oportere etiam nostri tem-poris tranquillitate sancitur, nec sub obtentu initae venditio-nis inlicitae decet ingenuitatem infringi. Quare judicem com-petentem adire par est, qui in liberali causa ea faciet compleri, quae in hujuscemodi contentionibus ordinari consuerunt, se-cundum judiciariam disciplinam partibus audientiam praebi-turus. Proposita idib. Aug. Romae Constantino et Licinio Aug. IIII conss.

mêmes
(313).
34. Augg. [et Caess.] Flaviae Aprillae. Cum profitearis te certa quantitate mancipium ex sanguine comparasse, cujus

---

1. Restitution de Husche adoptée par Mommsen.

pretium te exsolvisse dicis et instrumentis esse firmatum, hoc
a nobis jam olim praescriptum est, quod, si voluerit liberum
suum [legitimum] reciperare, tunc in ejus locum mancipium
domino daret aut pretium quo valuisset numeraret. Etiamnunc, si a suis parentibus certo pretio comparasti, jus dominii possidere te existimamus. Nullum autem ex gentilibus liberum adprobari licet. Su*b*scripta XII kal. Au*g*. Constantino
Aug. III cons.

35¹. Augg. [et Caess.] (1). Nulla verecundiae vel quietis
mora vel quolibet intervallo cunctandi passim nunc singuli,
modo populi proruentes *n*ostros in obtutus sic uniformes querellas *is*dem fere sermocinationibus volutarunt, ut nec interpellantium credulitati valeret occurri nec allegationum qualitas disparari, parens carissime atque amantissime *nobis*. Pari
siquidem exemplo, vociferationibus co*n*ser*tis* multitudines memorarunt non juste res suas esse divenditas, aliis possidentibus se fiscalia luere, frequenti denique obsecratione delata
remedium cupiverunt. (2). His sumus valde permoti, verentes
ne alicujus calliditatibus *a*versabili emolumento persuasi res
suas venderent sine censu ac post subsidia nostrae mansuetudinis precarentur, itaque versu*tis* calliditatis commenta miscentibus, dum ins*id*iarum fallentium non suspicamur arcana,
pro innocentiae nostrae natura ceteros aestimantes, detrimento census nocent*es* levaremus. (3). Has fraudes, hos dolos,
istas argut*ias* lege prohibemus, constitutione seclud*imus*, et
idcirco justae providentiae consulta deliberatione sancimus,
ut omnino qui comparat rei comparatae jus cognoscat et censum, neque liceat alicui rem sine censu vel comparare vel
vendere. Inspectio autem publi*ca* vel fiscalis esse debebit hac
lege, ut si aliquid sine censu venierit et post ab aliquo deferetur, venditor quidem possessionem, comparator vero id quod
dedit pretium fisco vindicante deperdat. (4). Id etiam volumus
omnibus intimari nostrae clementiae placuisse neminem debere ad venditionem rei cujuslibet adfectare et accedere, nisi
eo tempore, qu*o* inter venditorem et emptorem contractus sollemniter explicatur, certa et vera proprietas vicinis praesentibus demonstretur : usque eo legis istius cautione currente, ut
etiamsi subsellia vel ut vulgo aiunt scamna vendantur, ostendendae proprietatis probatio comple*a*tur. (5). Hinc etenim jurgia multa nascuntur ; hinc proprietatis jura temerantur ; hinc
dominiis vetustissimis molestia comparatur, cum caecitate

1. Cf. *C. Th.*, 3, 1, 2.

29.

praepropera et rei inquisitione neglecta, luce veritatis omissa
nec perpetuitate cogitata dominii, juris ratione postposita ad
rei comparationem accedunt, omissis [1] omnibus dissimulatis
atque neglectis id properant atque festinant, ut quoque modo
cuniculis nescio quibus inter emptorem et venditorem sollemnia celebrentur ; cum longe sit melius, sicuti diximus, ut luce
veritatis, fidei testimonio publica voce, sub clamationibus populi idoneus venditor adprobetur, quo sic felix comparator atque securus aevo diuturno persistat. (6). Quod pro quiete totius
successionis eloquimur, ne forte aliquis venditor suum esse
dicat, quod esse constat alienum, *idque* comparator malo venditore deterior incautus et credulus, cum testificantibus vicinis omnia debeat quaerere, ab universorum disquisitione dis-
simulet ; quem sic oporteat agere, ut nec illud debeat requiri
quod ex jure dicitur 'si a domino res vendita sit'. (7). Ita ergo
venditionum omnium est tractanda sollemnitas, ut fallax illa
et fraudulenta venditio penitus sepulta depereat. Cui legi deinceps cuncti parere debebunt, ut omnia diligenti circumspec-
tione quaesita per universas successiones tuto decurrant neque
aliquem ex improvidentia casum malignae captionis horres-
cant. Data IIII kal. Sept. a praefecto *praetorio* ad correctorem
Piceni Aquileia. Accepta XIIII kal. Oct. Albae Constantino
Aug. III cons.

36. Augg. et Caess. Basso. Valentinus perfidiam et maxime
de illo queritur, quia a tutore processit, a quo aliquid in for-
tunas suas perniciosissimum proficisci minime omnium con-
decebat. Exuperantius v. c. si tantum avunculus Valentino
esset, nequaquam in Valentinum peccare deberet, qui nunc ..
(Manquent 4 ou 8 pages.)

37. (1) . . . videlicet jactando numquam . . . .
fiduciam sibi esse servatam . . . .
obnoxia comparator accedi . . . .
num, proinde posthac saltim . . . .
fraudesque talia dissemina . . . .
centur nullus aditus fictis c. . . . .
dolis relinquatur ingenui . . . .
ad provincialium preces dudum est *constitulum* . . . . . (2) [2]
satisfacere vel nollent pub. . . . .
summa re levaret. Jam nunc i . . . . *constituimus* per-
spicue lege sancire, ut quaecumque *pro reliquis in anno-*

---

1. M. Mommsen note préférer : 'et jussis' ou 'provisis'. — 2. Cf. *C.
Th.*, 10, 17, 1. *C.*, 10, 3, 5.

nario titulo ceterisve fiscalibus debitis luxu ac *nequitia perdito-*   Valent.
rum hominum prodigorumque in fundis atque mancipiis vel in   Valens
quibus*cumque corporibus sub auctione licitanda sunt, fisco* auc- (a. 369-3
tore vendantur et ut perpetuo *penes eos sint jure dominii, qui-*
*bus res hujus*cemodi sub hastae sollemnis *arbitrio fiscus addi-*
xerit. . . . .
in iis utitur venditoris, quae ob d . . . .
gi vel permissu judicum distra*huntur.* . . . .
emolumenta malle quam debita n . . . .
penes perditos maneant sib . . . .
nere contractuum tergiversatio nu . . . .
interpretationis insidias pertimes. . . . .
talis accesserit ignav*orum* . . . . (3). *Si quid*
umquam, quo fisco facta venditio *possit infringi, auctoritate*
rescripti fuerit impetratum, iis, quae contra utilitatem provi-
sionis *hujus rescripta sunt, nullus obtemperet,* magisque obrep-
tivi praerogatu. . . . . *tale rescriptum repel-*
latur. Cum haec sit commissa sec . . . .
atque luxuriam ferre debem . . . . *ante-*
lucana saepius vina rede. . . . .
per somnum et gulam atque las*civiam* . . . .
alienare velle nec posse defend. . . . .
mus est. Ita status debet esse fe . . . .
concedit qui et in satisfactio. . . . .
. . . . nitas, nisi forsitan hi copiam
. . . . que repetendi, cum in praeteritum
. . . . vis omnium rerum multis ex
. . . . . *cum etiam minoribus, si quando* aliquid eorum pro
fiscalibus debi*tis adjudicatur emptoribus, repetitionis facu*ltas
in omnem intercipiatur aetatem . . . .
. . . . o res obnoxiae necessitatibus
. . . . *saepius respexere leges, quia paren*
. . . . ut desidia mereri posse se cre-
dant. . . . .*Data* IIII id. Nov. Treveris. Accepta
. . . . . *Valentiniano* nobilissimo puero et Victore conss.
. . . *ad.* . . . consularem provinciae Lugdunensis primae Mo-
desto et *Arintheo conss.*
    38. . . . . bus tantum praedii rustici sit interdicta   Emp
. . . . nullum debitum doceatur. Haec   incer
. . . . supplicans Eugraphius memo
. . . . .ad speciem fue*rit* ementitum
. . . . a res gesta probatur, ut precibus continetur

. . . . .fuisse suggerit, Fauste carissime, aes
. . . . rem sit an in rem ejus versum
. . . . .t si res minori profuisse potuerit
. . . .

Emp. cert.
39 . . . . emptio et venditio bonae fidei auctori
. . . . supplicet memorant raptis atque
. . . . .t terroris injectum, ut ei casula
. . . . scinderet vitesque inspectori
. . . . bonam fidem gestam in possessionis
. . . . auxilium jure congruum ita faciat
. . . . as aestimet. Data pr. non.
. . . .

40. . . . . te patris, ut Maximus adserit,
. . . . comparata omnium heredum commu
. . . . suam quoque consortes obtineant
. . . .

(Manquent plusieurs pages.)

DE *USU FRUCTU*.

Diocl. Const. Galère 298).
41. Diocletianus et Maximus Constantius Tanuoniae Juliae. Usum fructum locari et venumdari posse a fructuario nulli dubium est. Proinde si, vendente filio tuo possessionem, etiam tu certo pretio usu fructu proprio cessisti, quem testamento mariti tui *tibi* relictum esse proponis, quando quidem emptorem contractus fidem commemores minime custodire, aditus Aelius Dionysius vir clarissimus amicus noster id tibi faciet repraesentari, quod te constiterit jure deposcere. Proposita VI id. Mart. Carthagini Fausto II et Gallo conss.

mêmes 293).
42[1]. Aurelio Loreo cui et Enucentrio. Fructuario superstite licet dominus proprietatis rebus humanis eximatur, jus utendi fruendi non tollitur. Subscripta V id Feb. Sirmi Augg. V et IIII conss.

mêmes 298).
43[2]. Claudio Theodoto. Habitatio morte finitur, nec proprietatem ea quae habitationem habuit legando *domini* vindicationem, vel debitum negando *in* testamento creditoris actionem excludit. Subscripta IIII kal. Oct. Viminaci Caess. conss.

L. II resp.
44[3]. *Ulpianus* lib. II. R(espondit) Aurelio Felici fructus ex fundo per vindicationem pure relicto post aditam hereditatem a legatario perceptos ad ipsum pertinere, colonum autem cum herede ex conducto habere actionem.

1. Cf. *C.*, 3, 33, 3, 1. — 2. Cf. *C.*, 3, 33, 11. — 3. = *D.* 30, 120, 2, sauf les mots 'per vindicationem'.

45. *Paulus lib. II manualium ex tribus.* Tametsi usus fructus fundi mancipi non sit, tamen sine tutoris auctoritate alienare eum mulier non potest, cum aliter quam in jure cedendo id facere non possit nec in jure cessio sine tutoris auctoritate fieri possit. Idemque est in servitutibus praediorum urbanorum.

46. *Idem lib. I manualium.* Actio de *usu* fructu isdem modis perit, quibus ipse usus fructus, praeterquam non utendo. Pecuniae quoque usus fructus legatus per annum non utendo *non perit*, quia nec usus fructus est et pecuniae dominium fructuarii, non heredis est.

47. Item. Per mancipationem deduci usus fructus potest, non etiam transferri. Per do lego legatum et per in jure cessionem et deduci et dari potest.

47ª. Item. Potest constitui et *familiae erciscundae* vel *communi dividundo* judicio legitimo. In re nec mancipi per traditionem deduci usus fructus non potest nec in homine, si peregrino tradatur; civili enim actione constitui potest, non traditione, quae juris gentium est.

48. Item. Ad certum tempus et in jure cedi et legari et officio judicis constitui potest.

49. Item. Ex certo tempore legari po*test*; *sed* an in jure cedi vel an adjudicari possit, variatur; videamus, ne non possit, quia nulla legis actio prodita est de futuro.

50. Item. In mancipatione vel in jure cessione an deduci possit vel ex tempore vel ad tempus vel ex condicione vel ad condicionem, dubium est; quemadmodum si is, cui in jure ceditur, dicit: 'Aio hunc fundum meum esse deducto usu fructu ex kal. Jan.' vel: 'deducto usu fructu usque ad kal. Jan. decimas', vel: 'Aio hunc fundum meum esse deduc*to* usu fructu, si navis ex Asia venerit'; item in mancipatione: 'Emptus mihi esto pretio, deducto usu fructu ex kal. illis' vel: 'usque ad kal. illas'; et eadem sunt in condicione. Pomponius igitur putat non posse ad certum tempus deduci nec per *in* jure cessionem nec per mancipationem, sed tantum transferri ipsum posse. Ego didici et deduci ad tempus posse, quia et mancipationem et in jure cessionem lex XII tabularum confirma*t*. Num quid ergo et ex tempore et condicione deduci possit? Sequitur et legatum deduci ad certum tempus poss*e*.

51. Adquiri nobis potest usus fructus et per eos quos in po*t*estate manu mancipiove habemus, sed non omnibus modis, sed legato, vel si *h*eredibus illis institutis deducto usu fructu

proprietas legetur. Per in jure cessionem autem vel judicio familiae erciscundae non potest; per mancipationem ita potest, ut nos proprietatem, quae illis mancipio data sit, deducto usu fructu remancipemus.

52. Usus fructus ad certum tempus constitutus cum adjectione temporis sui vindicari debet. Diversum est, si in statu libero constitutus sit ; tunc enim pure vindicandus est, sicut pure vindicatur qui simpliciter constitutus est, non adjectis casibus quibus solet amitti usus fructus.

53. Item. Si altius tollendo aget is qui in infinitum tollendi jus non habet, si non expresserit modum, plus petendo causa cadit, quasi intenderit jus sibi esse in infinitum tollere.

54. Sicut legato usu fructu loci sine servitute iter quoque per loca testatoris debetur, ita in jure cesso iter quoque contineri Neratius scribit.

55 [1]. Usus fructus sine persona esse non potest et ideo servus hereditarius inutiliter usum fructum stipulatur. Legari autem ei posse dicitur, quia dies ejus non cedit statim, stipulatio autem pura suspendi non potest. Quid ergo, si sub condicione stipuletur ? Videamus ne nec hoc casu valeat, quia ex praesenti vires accipit stipulatio, quamvis petitio ex ea suspensa sit.

56. Item. Servo via inutiliter legatur, stipulatur autem eam utiliter, si dominus fundum habeat.

57. Usus fructus do lego servo legatus morte et alienatione servi perit, si stipuletur, non perit ; igitur et post mortem suam sicut cetera usum fructum servus stipulari potest ; quod aliter est in legatis.

58. Si heres fundi, cujus usus fructus ab ipso sub condicione legatus sit, usum fructum legaverit *alii pure et posterior eum adquisiverit.... usus fructus existente* ea desinit ad posteriorem pertinere *et priori adquiritur ; nec ad posteriorem redit, si prior* desierit habere usum fructum. . . . . . item ac si quis usum fructum *uxori pure reliquerit... Titio autem*, si ea nupserit, nubente ea p*ertinet ad Titium* . . . . *sed is eum* deinde amittet, si juraverit *mulier secundum legem Juliam...* : *ad mulierem tamen usus fructus non redit* : *legis* enim beneficium, quatenus pervenit, *usum fructum sublatum semel... non restituit. Sed videa*mus, quid dicendum sit, si Titius *postquam usus fructus ad eum pervenit*. . . . *capite deminutus* sit ; nihil enim habuit, quod amitteret. . . . . . *Titio* ac si id ipsum testator expres-

1. = *D.*, 45, 3, 26.

sisset . . legaverit Meviae, deinde Titio . . . .

59¹. *Ulpianus* lib. XVII ad Sabinum. *Verum est usu fructu legato diem semel tantum* cedere. Quamquam enim usus fructus *ex fruendo consistat, id est facto aliquo ejus, qui fruitur* et utitur, tamen ei semel cedit *dies*.

60². Item. Dies autem usus fructus, *item usus non prius cedet quam adita heredi*tate. Et Labeo quidem putabat etiam *ante aditam eam diem ejus cedere ut reliquorum* legatorum ; sed est verior Ju*liani sententia secundum quam tunc constituitur* usus fructus, cum quis jam *frui potest*.

61³. Item. Amitti autem usum *fructum capitis minutione constat* : *nec solum usum* fructum, sed etiam actionem de usu *fructu* : *scilicet si Titio usum fructuum*... *testamento* vel per fideicommissum lego *vel relinquo et die ejus cedente is capite minutus est*. . . *agere non potest. Et parvi* refert, utrum jure sit constitutus *usus fructus an vero tuitione praetoris* ; *proinde usus fructus*, licet in fundo stipendiario *vel tributario, item in fundo vectigali vel superficie, non* jure constitutus, capite m*inutione amittitur*. . . *capitis* minutio extinguit usum *fructum*. . . .

62⁴. Item. Sed ita demum amitt*itur capitis diminutione usus fructus, si jam constitutus est* ; ceterum, si ante *aditam* hereditatem aut ante *diem cedentem quis capite minutus est, constat non* amitti. Et ita Julianus lib. *XXXV digestorum scribit* : *quare si tibi usus fructus per vindica*tionem fuit ex die legatus *et capite minueris, antequam dies venit*,... *non nocebit tibi capitis* diminutio : hodie enim incip*it*.

63⁵. Item. Usque adeo autem capitis d*iminutio eum demum usum fructum perimit*, qui jam constitutus est, ut si in s*ingulos annos vel menses vel dies legatus sit, is demum amittatur qui jam processit*.

64⁶. Item. *Sicut in annos singulos usus fructus legari potest, ita* nec capitis diminutione amissum *denuo legari prohibemur, ut adjiciatur* 'quotiensque capite minutus erit', vel sic 'quotiens amissus erit ei lego' ;.... *et tunc si capitis* minutione amittatur repetitus *videbitur*. . . . . iorum ante aditam hereditatem . . . .

64ᵃ. Papinianus *l. VII responsorum*.... netur.

65⁷. *Item. Equis per fideicommissum relictis ut fructus post moram* fetus quoque praestabitur ; sed fetus *secundus ut causa*.

1. = *D.*, 7, 3, 1, *pr.*— 2. Cf. *D.*, 7, 3. 1, 2. — 3. Cf. *D.*, 7, 4, 1, *pr.* — 4. = *D.*, 7, 4, 1, 1, jusqu'à 'Et ita'. — 5. = *D.*, 7, 4, 1, 3. — 6. Cf. *D.*, 7, 4, 3, *pr.* — 7. = *D.*, 22, 1, 8, jusqu'à 'Quod si gregem'.

sicut partus mulieris. Quod si gregem reliquit, vel morae actio supervacanea est cum fetus gregem relictum sequatur.

66. *Item*. . . . . um usu fructu legato. Ulpianus : . . . . . usum fructum posse *legari*.

67. . . . . .escendum, ut ne in cujus . . . . m. summam igitur senatus consulti sententiam eam puto . . . . ate usus fructus caperet cete . . . . n ea aut in re nova omnes . . . . fructum sed in veteribus rebus . . . .*diserte* ibi scriptum est. Verendum . . . . ae.

68 [1]. *Paulus libro singulari ad legem Falcidiam. Usu fructu legato* (nam iter non recipit hanc quaestionem), quia et di*vidi potest*, *videamus quomodo lex Falcidia in eo locum habere possit*. Et veteres quidem aestimand*um totum usum fructum putabant et it*a constituendum quantum sit in *legato* ; *sed Aristo a veterum opinione recessit* ; ait enim posse quartam ex eo *sic ut ex corporibus retineri idque Julian*us probat.

69. *Paulus l. XIII ? responsorum*. . . . *testamento ita* cavit: Do lego eidem Seiae uxo*ri meae bonorum meorum partis ejus*, *filius* meus qua mihi pro parte heres est, usum *fructum* . . . . *eum* in diem, quo legitimae aetatis erit filius..*et ab ea satisdation*em exigi veto ; ita tamen ut ab ea *filius meus alatur* . . . . et studiis liberalibus instituatur. Quaesitum est *de satisdatione fideicom*missaria. Paulus respondit uxorem de . . . . *jussu praetoris* non debere compelli ad satis*dationem eam*. . .

(Manquent 8 pages.)

70. (1) [2]. *Si fundi usus fructus fuerit legatus, et sit ager unde palo in fundum, cujus usus fructus legatus est,solebat pater familias uti vel salice vel harundine, puto* fructuarium hactenus *uti posse, ne ex eo vendat. Item si* [3] *salicti ei, vel silvae pala*ris vel harundineti usus *fructus sit legatus* [4]. *Nam et Trebatius scribit* silvam caeduam [5] posse *fructuarium caedere, sicut pater familias caedebat* [6]. Item, ut harundinetum *caedat fructuarius, quod caedendi causa paterfamilias* alebat, non, puto, prohibetur. *Vendere autem non poterit, si* [7] *paterfamilias vendere* non sole-

1. Cf. *D.*, 35 2, 1, 9. — 2. Cf. *D.*, 7, 1, 9, 7 et Riccobono, *Studi in onore di B. Brugi*, 1910, pp. 173-202. — 3. Riccobono ; le *D.*, suivi par les éditions antérieures : *vendat, nisi forte*. — 4. Le *D.*, suivi par les éd. ajoute : *tunc enim et vendere potest*. — 5. Le *D.* ajoute : *et harundinetum*. — 6. Le *D.* ajoute *caedebat* et omet toute la phrase : 'Item... prohibetur'. — 7. Riccobono. Les éd. antérieures : *Item poterit vendere, licet*.

bat¹, sed ipse uti : . . . .
utendi ². (2). Cassius autem usum fructum. . . . .
*ligni tig*nari quoque usum *fructum* ita *quidem habebit fructuarius.* . . . . *ut eo utatur in aedificia, quae ejus*
tantum agri causa *facta* sunt, sed *neque alio modo.* . . . . . .
. . . . .*ea adhibeat nec vendat. Sed tamen cum constet arbores*
demortuas ad *fructuarium pertinere.* . . . .
cetereaque materiae. . . . .
sequuntur, numquid. . . . . *ad proprie*tarium spectet ut. . . . .
Trebatius autem sim*pliciter* . . . .
esse eas fructuarii . . . .
fructuarium adm. . . . .

71 ³. *Similiter de ligno Labeo ait* usque ad usum suum *et villae posse usu fructuarium ferre nec materia eum pro ligno usurum, si* habeat, unde utatur ligno. *Idem ait usurum eum arboribus evulsis vel vi ventorum* etiam dejectis, puto tamen *usque ad usum suum ; alioquin et si totus ager sit hunc* casum passus, omnes arbores *auferret fructuarius*. Materiam tamen ipse succidere quantum ad villae refectionem poterit, ut putat Neratius lib. III membranarum, *quemadmodum calcem, inquit, coquere vel harenam fodere aliudve* quid aedificio necessarium sumere . . . .

71ᵃ . . . . . . apud Labeonem agita*t.* . . . .
pertinere, quamvis Proculus non. . . . .
. . . .

71ᵇ ⁴. Nunc videndum, si *fructus servi legatus sit,*... *quid contineatur* legato. Quidquid is ex opera *sua adquirit vel ex re fructuarii, ad eum pertinet, sive mancipio* accipiat, sive stipuletur, *sive ei possessio fuerit tradita. Similiter legatario* adquirit, et si heres *institutus sit vel legatum acceperit, nec recte de hoc puto* quaeri ; quamvis Labeo distingu*at, cujus gratia vel heres instituitur, vel legatum acceperit*.

72. (1). ⁵ *Sed sicuti stipulatione* fructuario adquirit, *ita etiam paciscendo eum adquirere exceptionem fructu*ario Julianus XXXV⁶ *digestorum scribit, idemque et si acceptum rogaverit, liberationem ei parere. Quoniam autem diximus quod ex operis adquiritur ad* fructuarium pertinere, sciendum *est etiam cogendum eum operari ; etenim modicam* quoque castigationem fructuario compe-

---
1. Le *D.* : non solebat vendere. — 2. Le *D.* suivi par les éditeurs : *ad modum enim referendum est, non ad qualitatem utendi.* Riccobono : *ad modum.... et ad qualitatem.* — 3. Cf. *D.*, 7, 1, 12, *pr.* — 4. Cf. *D.*, 7, 1, 21. — 5. = *D.*, 7, 1, 23, *pr.*.-1. — 6. *D.* : XXX.

tere Sabinus respondit et Cassius lib. VIII juris civilis scripsit ita ut neque *torqueat, neque flagellis caedat.* (2). [1] *Iidem fructum operae* gladiatoriae ejus *usque ad praemia fructuario putant* competere posse, ut vero *pugnet, cogi non posse....* Idem *et* Sabinus, quamvis navis *usu fructu legato navigatum mittendam* putet, licet naufragii pericu*lum immineat,... neque id contrarium est supra dictis ;* naves enim ad hoc parantur *ut navigent ; homine autem aliter uti possumus.*

73. . . *Si quis tibi* fundos et mancipia dona*vit partisque alterius eorum usum fructum inter*veniente recipit *stipulatione . . . . jus utendi* fruendique partis *alterius . . . . in diem* vitae suae ex vo*luntate sua retinet . . . .* a habuerit usque in *. . . . .* us partis alterius adpro *. . . . . et* Paterno conss.

74. *Usu fructu pluribus liberis per vindicationem legato, si* ex his aliqui mortuus *erit, pars ejus fratribus adcrescit . . . . quod* si per damnationem *legaverit. . . . . ceteris quibus legaverit* liberis mor*tui pars non adcrescit.*

75 [2]. (1). *Quotiens usus fructus legatus est, est inter fructuarios* jus adcrescendi, sed *ita, si conjunctim sit usus fructus relictus nec nisi* in do lego legato. *Ceterum, si separatim unicuique partis rei usus fructus* sit relictus, sine du*bio jus adcrescendi cessat.* (2). *Denique apud Julianum* lib. XXXV digestorum quaeritur, si com*muni servo usus fructus sit relictus et utrique ex dominis* adquisitus sit, an al*tero repudiante vel amittente usum fructum, alter totum* habeat. Et Julianus quidem *putat ad alterum pertinere et licet dominis* usus fructus non aequis par*tibus, sed pro dominicis adquiratur, tamen persona ipsius, non dominorum inspecta ad alterum ex dominis pertinere non proprietati* accedere. (3). Idem ait et si communi servo et separatim Titio usus fructus legatus sit, amissam partem usus fructus non ad Titium, sed ad solum socium pertinere debere quasi solum conjunctum. Quam sententiam neque Marcellus neque Mauricianus probant; Papinianus quoque libro XVII quaestionum ab ea recedit. Quae sententia Nerati fuerit, est libro I responsorum relatum. Sed puto esse veram Juliani sententiam ; nam quamdiu vel unus utitur, potest dici usum fructum in suo esse statu. (4). Pomponius ait libro VII ex Plautio, relata Juliani sententia, quosdam esse in diversam opinionem ;

---

1. Cf. *D.*, 7, 1, 12, 1. — 2. 75, 1-3. Cf. *D* . 7, 1, 1, *pr.*-2.

nec enim magis socio debere adcrescere, quam deberet ei, qui fundi habens usum fructum partem usus fructus proprietario cessit vel non utendo amisit. (5). Ego autem Juliani sententiam non ratione adcrescendi probandam puto, sed eo, quod quamdiu servus est, cujus persona in legato spectatur, non debet perire portio. Urgetur tamem Juliani sententia argumentis Pomponi; quamquam Sabinus responderit, ut et *Celsus* libro XVIII digestorum refert, eum, qui partem usus fructus in jure cessit, et amittere partem et ipso momento recipere. Quam sententiam ipse ut stolidam reprehendit; etenim esse incogitabile eandem esse causam cuique et amittendi et recipiendi.

76[1]. Julianus scribit, si servo communi et Titio usus fructus legetur et unus ex dominis amiserit usum fructum, non adcrescere Titio, sed soli socio, quemadmodum fieret, si duobus conjunctim et alteri separatim esset relictus. Sed qui diversam sententiam probant, quid dicerent? Utrum extraneo soli an etiam socio adcrescere? Et qui Julianum consuluit, ita consuluit, an ad utrum pertineat, quasi possit et ipsi socio adcrescere. Atquin quod quis amittit, secundum Pomponi sententiam ipsi non accedit.

77[2]. Interdum tamen etsi non sint conjuncti, tamen usus fructus legatus alteri adcrescit, ut puta si mihi fundi usus fructus separatim totius et tibi similiter fuerit usus fructus relictus; nam, ut Celsus libro XVIII digestorum et Julianus libro XXXV scribunt, concursu partes habemus. Quod et in proprietate contingeret; nam altero repudiante alter totum fundum haberet. Sed in usu fructu hoc plus est (contra quam Atilicinum respondisse Aufidius Chius refert), quod et constitutus nihilominus amissus jus adcrescendi admittit. Omnes enim auctores apud Plautium de hoc consenserunt: *et, ut* Celsus et Julianus eleganter aiunt, usus fructus cotidie constituitur et legatur, non, ut proprietas, eo solo tempore quo vindicatur. Cum primum itaque non inveniet alter eum, qui sibi concurrat, solus utetur *in* totum. Vindius tamen dum consulit Julianum, in ea opinione est, ut putet non alias jus adcrescendi esse quam in conjunctis; qui responso ait: nihil refert conjunctim an separatim relinquatur.

78[3]. Julianus libro XXXV scribit, si duobus heredibus institutis deducto usufructu proprietas legetur, jus adcrescendi

---

1. Cf. *D.*, 7, 1, 1, 2. — 2. Abrégé, *D.*, 7, 2, 1, 3. — 3. = *D.*, 7, 2, 1, 4

heredes non habere, nam videri usum fructum constitutum non per councrsum divisum.

79 1. Neratius putat cessare jus adcrescendi libro I responsorum. Cujus sententiae congruit ratio Celsi dicentis totiens jus adcrescendi esse, quotiens in duobus, qui solidum habuerunt, concursu divisus est.

80 2. Unde Celsus libro XVIII : Si duo fundi domini deducto usu fructu proprietatem mancipaverint, uter eorum amiserit, usum fructum ad proprietatem redire, sed non ad totam, sed cujusque usum fructum ei parti accedere, quam ipse mancipavit ; ad eam enim partem redire debet, a qua initio divisus est. Plane, inquit, si partem usus fructus habeas et ego totam proprietatem cum partis usu fructu, non posse me eam partem tibi mancipare, quae est sine usu fructu, quoniam nullam partem habeo, in qua non est tibi usus fructus.

81. *Papinianus* quoque libro XVIII quaestionum sententiam Nerati probat, quae non est sine ratione.

82. Poterit quaeri, si duobus servis heredibus institutis deducto usu fructu proprietas sit legata, an altero defuncto usus fructus proprietati adcrescat ; nam illud constat, ut et Julianus libro XXXV scribit et Pomponius libro VII ex Plautio non reprobat, si duobus servis meis usus fructus legetur et alter decesserit, cum per utrumque quaesissem usum fructum, jus adcrescendi me habere, cum, si alterius nomine repudiassem, alterius quaesissem, haberem quidem usum fructum totum jure adcrescendi, sed ex solius persona amitterem. In proposito autem, si quidem pure fundus, non *sub condicione legatus sit, constituitur usus fructus* ex persona servi ; et ita Julianus quoque libro XXXV digestorum scribit, quamvis Scaevola apud Marcellum dubitans notet. At si sub condicione sit legatus, potius ex persona domini constitui usum fructum Marcellus libro XIII digestorum scribit. Ubi Scaevola notat : 'quid si pure ?' Sed dubitare non debuit, cum et Julianus scribat ex persona servi constitui. Secundum quae jus adcrescendi locum haberet in duobus servis, si quis contrariam sententiam probaret. Sed nunc, secundum Juliani sententiam et Nerati, cessat quaestio.

83 3. Non solum autem si duobus do lego usus fructus legetur, erit jus adcrescendi, verum *et* si alteri usus fructus, alteri proprietas ; nam amittente usum fructum altero, cui erat

---

1. = D., 7, 2, 3. *pr.* — 2. = D., 7, 2, 3, 1, jusqu'à *divisus est*, sauf la substitution de la tradition à la mancipation.— 3. Abrégé D., 7, 2, 3, 2.

legatus, magis jure adcrescendi ad alterum pertinet quam redit ad proprietatem. Nec novum ; nam et si duobus usus fructus legetur et apud alterum sit consolidatus, jus adcrescendi non perit, nec ei apud quem consolidatus est, neque ab eo, et ipse, quibus modis amitteret ante consolidationem, iisdem et nunc ipso quidem jure non amittet, sed praetor secutus exemplum juris civilis utilem actionem dabit fructuario ; et ita Neratio et Aristoni videtur et Pomponius probat. Quamquam Julianus libro XXXV digestorum scribat ipsi quidem jus adcrescendi *competere, non vero fructuario ab eo*.

(Manquent 2 ou 4 pages.)

84 [1] . . . difficile est dicere. Quamquam non sit longe, quod Marcellus libro XIII digestorum scribit, si duobus pure Stichus legetur et alter manumittat, alter post manumissionem repudiet, ubi non fit caducum, libertatem locum habere. Idemque et [2] si heres deliberante legatario manumittat, mox legatarius repudiaverit, nam et hoc casu liberum fore ait.

85. Si tamen per damnationem usus fructus legetur, jus adcrescendi cessat non inmerito, quoniam damnatio partes facit. Proinde si rei alienae usus fructus legetur et ex Neroniano confirmetur legatum, sine dubio dicendum est jus adcrescendi cessare, si modo post constitutum usum fructum fuerit amissus. Quod si ante et socius amittat, erit danda totius petitio. Idemque et si sinendi modo fuerit legatus usus fructus. An tamen in Neroniano, quoniam exemplum vindicationis sequimur, debeat dici utilem actionem amisso usu fructu ab altero alteri dandam, quaeri potest ; et puto secundum Neratium admittendum. In fideicommisso autem id sequimur, quod in damnatione.

86 [3]. Novissime quod ait Sabinus, si uxori cum liberis usus fructus legetur, amissis liberis eam habere, quale sit videndum. Et si quidem do lego legetur, tametsi quis filios legatarios acceperit, sine dubio locum habebit propter jus adcrescendi ; sed si legatarii non fuerint, multo magis, quoniam partem ei non fecerunt, tametsi cum ea uterentur. Matre autem mortua, si quidem legatari fuerunt, soli habebunt jure adcrescendi ; si heredes, non jure adcrescendi, sed jure dominii, si fundus eorum est, ipsis adcrescit, sin minus domino proprietatis ; sed si nec heredes fuerunt nec legatarii, nihil habebunt. Quod si per damnationem fuerit usus fructus legatus matri,

---

1. Cf. *D.*, 29, 1, 31. — 2. 84, *in fine* = *D.*, 40, 1, 2. — 3. Cf. *D.*, 7, 2, 8.

siquidem legatarii sunt filii, partes sumunt ; si non sunt, sola mater legataria est nec mortalitas liberorum partem ei facit.

87 [1]. Sabinus certe verbis istis non ostendit, utrum legatarii fuerint necne. Sed Julianus libro XXXV digestorum relata Sabini scriptura ait intellegendum eum, qui solos liberos heredes scribit, non ut legatariorum fecisse mentionem, sed ut ostenderet magis matrem ita se velle frui, ut liberos secum habeat. Alioquin, inquit, in damnatione ratio non permittebat jus adcrescendi. Proposuit autem Julianus vel do lego legatum usum fructum vel per damnationem et sic sensit, *quamvis legatarii sint et heredes soli, in do lego legato non esse jus adcrescendi* ; atque, si alteri ab altero legetur (quoniam a semet ipsis inutiliter legatum est), sibi non concurrunt, matri vero non in totum concurrunt, sed alter pro alterius portione et in eo dumtaxat jus adcrescendi erit ; mater tamen adversus utrumque jus adcrescendi habet.

88 [2]. Julianus subjicit Sextum quoque Pomponium *referre*, si per damnationem usus fructus *cum* liberis uxori legetur, singulare hoc esse atque ideo filii personam matri *accedere, ne sine liberis ad usum fructum mater* accederet, nec esse legatarios, sed matre mortua liberos quasi heredes usum fructum habituros. Ego, inquit Pomponius, quaero, quid si mixti fuerint liberis extranei heredes ? *Et* ait filios pro legalariis habendos et mortui partem interituram, Aristonem autem adnotare haec vera esse ; et sunt vera.

89 [3]. *Ulpianus* ad Sabinum libro XVI [4]. De illo Pomponius dubitat, si fugitivus, in quo usus fructus meus est, stipule*tur* aliquid vel mancipio accipiat, an per hoc ipsum quasi *utar*, retineam usum fructum ; magisque admittit retineri. Nam saepe etiamsi praesentibus servis non utamur, tamen usum fructum retinemus, ut puta aegrotante servo *vel* infante, cujus operae nullae sunt, vel defectae senectutis homine ; nam et si agrum aremus, licet tam sterilis sit, ut nullus fructus nascatur, retinemus eum. Julianus tamen libro XXXV digestorum scribit, etiam si non stipuletur qui*d* servus fugitivus intra annum mancipiove accipiat, tamen retineri usum fructum ; *nam* qua ratione, inquit, retinetur a proprietatis domino possessio, etiamsi in fuga servus sit, pari ratione etiam usus fructus non amittitur.

1. Cf. D., 7, 2, 8. — 2. Cf. D., 7, 2, 8. — 3. Cf. D., 7, 1, 12, 3. — 4. D., 7, 1, 12, 3, avec raison : 'XVII'.

90... [1] libro I de interdictis, sub titulo 'In eum, qui legatorum nomine, non voluntate ejus, cui bonorum *possessio* data erit, possidebit'. Si usu fructu legato legatarius fundum nanctus sit, non competit interdictum adversus eum, quia non possidet legatum, sed potius fruitur. Inde et interdictum UTI POSSIDETIS utile hoc nomine proponitur *et* UNDE VI, quia non possidet, utile datur, vel tale concipiendum est : 'quod de his bonis legati nomine possides quodque uteris frueris quodque dolo malo fecisti, quominus possideres utereris fruereris'.

91. *Idem* libro II de interdictis, sub titulo 'Si uti frui prohibitus esse dicetur'. Non is ad quem usus fructus *venit* vivi tum vel qui utendi fruendi causa, cum usus fructus ad eum *non pertineat, in aliqua* re sit, possidere eum videtur, et ob id, qui uti frui prohibitus est, proprie dejectus dici non potest. Ideo specialiter hoc interdictum eo casu desideratum est.

92. *Idem* libro IIII de interdictis, sub titulo 'A quo usus fructus petitur, si rem nolit defendere'. Sicut corpora vindicanti ita et jus satisdari oportet, et ideo necessario *ad* exemplum interdicti QUEM FUNDUM, proponi etiam ei interdictum QUEM USUMFRUCTUM VINDICARE VELIT de restituendo usu fructu.

93. Post pauca sub titulo supra scripto. Restitutus ex hoc interdicto usus fructus intellegitur, cum petitor in fundum admissus sine periculo interdicti UNDE VI ad eam rem propositi depelli non potest. Idem Pedius. Ali diversam causam esse possessionis, cum ille qui posses...

(Manquent 4 ou 8 pages.)

DE RE UXORIA AC DOTIBUS.

94 [2]. *Fundus aestimatus in dotem datus a creditore antecedente ex causa* fiduciae ablatus est ; quaero, an mulier, si aestimationem dotis repetat, exceptione submovenda sit ; ait enim se propterea non teneri, quod pater ejus dotem pro se dedit, cui heres non extitit. Paulus respondit pro praedio evicto *sine* dolo et culpa viri pretium petenti *mulieri* doli mali exceptionem obesse, quae tamen officio judicis rei uxoriae continetur. Poterit mulieri prodesse hoc quod ait se patri heredem non extitisse, si conveniretur ; amplius autem et consequi eam pretium fundi evicti evidens iniquitas est, cum dolus patris ipsi nocere debeat.

95. Paulus respondit solam testationem dotis repetendae

---

1. Attribué par Huschke à Venuleius; cf., en sens contraire, Lenel, *Pal.*, 2, p. 1230, n. 1. — 2. Cf. *D.*, 24, 3, 49, 1.

non sufficere ad moram doti factam, ut actio ejus ad heredem transmittatur.

96. Die nuptiarum *vir* virgini optulit munus et duxit eam. Quaero de donatione. Paulus respondit, si ante nuptias uxori futurae situlus argenteus traditus est, donationem perfectam videri ; quod si post nuptias donatio intercessit, jus civile donationem inpedisse. Quoniam igitur die nuptiarum munus datum proponitur, facilius in judicio examinari posse tempus donationis et matrimonii.

97. Paulus respondit id quod dotis nomine marito datum est post mortem mariti, *si* nulla mora intercessit, apud heredem mariti remanere oportere.

98. Paulus respondit stipulationem quidem in hunc casum conceptam 'cum moriar dari' utilem esse, etiamsi mixti casus non intervenirent [1] ; ut autem de dote sua, quam apud maritum habet, mulieri testari liceat, inutiliter convenisse videri.

99. Paulus respondit filiam familias ex dotis dictione obligari non potuisse.

100. Mater pro filia partem dotis dedit, partem dixit; filia in matrimonio decessit relictis filiis ex alio matrimonio; quaero de jure dotis. Paulus respondit eam quae data est mortua in matrimonio muliere apud virum remansisse, eam, quae dicta est, a ma*tre* petit non posse.

101. Paulus respondit rebus non aestimatis in dotem datis maritum culpam, non etiam periculum praestare debere.

102. L. Titius cum esset in patris potestate, absente eo duxit in matrimonium Septiciam filiam familias, cujus nomine dotem accepit a patre. Postea supervenit pater, quo praesente duravit in diem mortis filii matrimonium. Postmodum decessit L. Titius. Quaero, an ex eo, quod non contra dixit [2], pater etiam dotis dationi consensisse videatur et ideo actione rei uxoriae filii nomine teneatur. Paulus respondit patrem etiam postea nuptiis consentientem et matrimonium filii sui et dotem efficere, et ideo ex persona fili rei uxoriae judicio [vulgari] conveniri posse, in qua actione peculi quantitas deducitur *tantummodo*. In proposito tutius fuit respondere ex persona fili eum conveniri posse, qui solus contraxerat, etsi alias placeat patrem, quo consentiente filius dotem accepit, rei uxoriae judicio vulgari conveniri posse.

1. Le ms. suivi par Huschke. Keller : 'si *mulieris curatores* non intervenirent'. Mommsen : 'si *mortis causa* non interveniret'. — 2. 'Nuptiis' semble avoir été omis.

103. Paulus respondit rei uxoriae titulo id solum peti posse, quod in dotem datum est. Ex donatione autem non potest peti id, quod ante matrimonium in stipulatum deductum non est, salvo eo ut quaeratur, utrum perfecta fuit donatio an non.

104. Paulus respondit dignitatem mulierum ex honore matrimonii et augeri et minui solere.

105. Paulus respondit aestimatis rebus in dotem datis et manente matrimonio evictis, viro adversus uxorem ex empto competere actionem et ideo ejus quantitatis, quae in aestimationem deducta est, sextas retineri posse.

106. Convenit in pacto dotali, ut divortio facto sextae liberorum nomine retinerentur : quaero, an discidio interveniente sextae retineri possint. Paulus respondit secundum ea quae proponuntur posse.

107. Item quaesitum est, si vir repudium misit et eandem reduxit eaque mulier absente viro de domo ejus discesserit, an aeque sextae retineri possint ex priore pacto. Paulus respondit, si verum divortium intercessit et ad eundem rursum reversa non renovato pacto manente dote divortit, sextas liberorum nomine ita demum retineri posse, si culpa mulieris divortium intercessit.

108. Paulus libro VIII responsorum titulo de re uxoria. Paulus respondit patrem dotem a se profectam, mortua in matrimonio filia, deductis quintis singulorum liberorum nomine repetere posse.

109. Paulus respondit pupillorum matrem uxorem ducere tutoribus interdictum non esse et ideo eum, de quo quaeritur, et privignum fuisse et recte heredem institutum videri.

110. Paulus respondit etiam post nuptias copulatas dotem promitti vel dari posse, sed non curatore praesente promitti debere, sed tutore auctore.

111 [1]. L. Titius a Seia uxore sua inter cetera accepit aestimatum etiam Stichum puerum et eum possedit annis fere quattuor ; quaero, an eum usuceperit. Paulus respondit, si puer, de quo quaeritur, in furtivam causam non incidisset neque maritus sciens alienum in dotem accepisset, potuisse eum aestimatum in dotem datum post nuptias anno usucapi. *Quamvis enim* Julianus et ante nuptias res dotis nomine traditas usucapi pro suo posse existimaverit et nos quoque idem

[1]. Cf. *D.*, 41. 9, 1, 2.

Paul,
*VIII
resp.*

probemus, tamen hoc tunc verum est, cum res dotales sunt. Cum vero aestimatae dantur, quoniam ex empto incipiunt possideri, ante nuptias pendente venditione, non prius usucapio sequi potest quam nuptiis secutis.

112. Apud magistratus de plano L. Titius his verbis a marito repetit. Anicius Vitalis dixit : Quoniam praesto est Flavius Vetus junior, peto rem *uxoriam Seiae nomine* ab eodem ex legibus et edictis. Dotem et peculium *scripta habere se* dixit tabulis signatis nec protulit. Flavius Vetus junior dixit:......
.... us sum [1]. Duumvir dixit : Sermo vester in actis erit. *Quaero, Seia mortua an a*d heredes ejus rei uxoriae actio transierit, cum is qui repe*tisset neque tutor Seiae neque* curator neque procurator neque cognitor aut *actor ejus fuisset neque omnino actionem* haberet. Paulus respondit mulieris nomine postulatum videri *et per quemcumque po*sse actionem rei uxoriae perpetuari.

Schol. ad 112, in fine : B'. posse per quemcunque actionem *rei uxoriae* perpetuar.

Emp.
ncert.

113 [2]... verecundiam hoc est vitae probabilis instrumentum *nolumus ita... in per*iculum redigi, ut eam praelatam *liceat p...* tatis eum . . . .
. . . . . fretus conjunctionis firmitate proi. . ! . . . . em
. . . . m juxta statutum judicantis adflixerit *sententia*. . . . . a deprimitur. Viderit enim utrum in praeteritum, *ex auctoritate Pauli non nisi d*ote repromissa aestimantis aliquid remanere *debere; eo solo mod*o constituta petendi firmitas putaretur *e communi jure dotium,* an, *quod nobis* sanctior parentium affectus persuasit, ut in sola *libelli datione de* dote obligatio gigneretur. Frustra evidens *impugnat calumnia patern*am restituendae dotis voluntatem astutia heredum. . . speciebus, quas doti pater filiae nomine designaverat. . . . . um libelli scriptione promat, et de redhibitione . . . . a filiae dotem restitui voluit, frustra Maximus . . . . . . desiderat, Renato submoto, cui dos Paulinae no*mine petita est, heredes* repetitionem instituere potuisse judicavit. *Jure Renatus quoniam demortu*i voluntas soceri primo per libellum, dehinc *testamento declarata est, nos* consuluit, auxilium nostrae mansuetudinis in*plora*. . . . . . undique versum ejus actionibus aditum daret. Qui cum repetitionem. . . . . s et violato necessitudinis jure secundo soceri j*udicio*

---

1. Mommsen, 1re et 2e éd. : '*actione excipere paratus sum*' ; Huschke : '*nullo jure a te postulatus* sum'. — 2 Cf. C., 5, 14, 7.

... *adipisci* merebatur. Quapropter Maximi sententia, dotem, cujus *postulatur restitutio, juxt*a extremam restitui voluntatem, qui eam reddi *sibi desiderat filium non prohi*beri placuit. Nec enim dubium est effectum restitutio*nis ei a patre esse de*stinatum, cui dotem filiae nomine per libellum *dari voluit.*

Schol. ad *113, princ.* : B. Dotem per libellum promis*sam* et sine stipulatione a*fferre* actionem.

114. Paulus libro VIII responsorum. *Inter* virum et uxorem convenit, cum res et *aliae et ancillae in do*tem darentur, ut divortio secuto utrum vellet mulier eligeret vel mancipia vel aestimationem ; manent*e matrimonio ancillae* pepererunt ; quaesitum est, *si* mulier mancipia elegisset, *an partus eam sequi deberent ?* Paulus respondit, quoniam periculo mariti vixeru*nt ancillae, partus medio* tempore perceptos apud virum remanere debere.

115. *Idem ibidem refert t*alem consultationem et responsum. Lucia Titia cum nuberet Septicio majoris dign*itatis viro, ei . . . . . .* milia in dotem dedit, cum non amplius in bonis ha*beret... . . . num* verum est, quod a quibusdam dicitur, omnia in dotem dar*i posse ? Paulus respondit recte dotem da*tam ; dari posse argumento esse in manum conventionem.

116. P*ater invi*ta filia repudium genero misit ; quaero *an profectam ex suis b*onis do*tem* petere possit. Paulus respondit matrimonium quidem re *ipsa jure solutum* videri, sed patri filiam invitam a marito *abducere non liceri nec eum* dotem repetere posse nisi filia consentiente.

117. Lucius Titius Septiciam ducturus uxorem *cum esset nondum nubilem*, postea Septicius datus tutor Septiciae eund*em Titium nominavit potiorem* tutorem ; quaero an excusandus sit. Paulus respondit de offic*io praetoris se consuli ; recte tamen* eum facturum, si eum, de quo quaeritur, potiorem non *pronuntiet, ne nuptias* destinatas ea res impediat.

118. Paulus respondit etiam man*ente adulterii reatu* eam, quae rea facta erat, nubere potuisse.

119. Ulpianus libro II de officio proconsulis. Impp. Augg. Julio Ju*liano rescripserunt . . . . .ream fac*tam dotem recte reddi sibi desiderare divusque. . . . . . quod etiam in patre servabitur qui consentiente filia re*petit* . . . nec moratoriae dilationi locus erit, quod mal. . .

120. Ulpianus libro XXXIII ad edictum. Inter cetera de reddenda *dote pacta praeter legitimam* ut retentionum ratio habeatur siquidem convenit*, eo pacto verendum est, ne* non deterior

dotis causa fiat, nisi in eum casum, quo *filii extent, convenerit*; hoc enim jure utimur et Julianus scribit et est rescriptum. *Tum igitur et universa* dos retineri uno filio interveniente potest, si modo non culpa *viri divortium factum est.* Quod si nihil convenit, exercendae retentiones non sunt *nisi legitimae*.

121. Papinianus libro IIII responsorum. Non ab eo culpa dissociandi matrimonii procedit, *qui nuntium divortii* misit, sed qui discidii necessitatem inducit.

Schol. ad 121 : B'. Non ab eo culpam divorti procedere qui repudium dedit sed qui dandi necessitatem induxit.

122. Item. Convenit ut divortio vel morte viri solu*to matrimonio*. . . . .

(Manquent 158 ou 160 pages.)

DE EXCUSATIONE.

. . . .

123... eum de quo agitur, et de incolumitate ejus sibi rescribant.

124. Item. Hi quoque, qui sunt ex collegio sex primorum, habent a tutelis excusationem, sed non simpliciter, sed post unam ; nam non alias a ceteris vacant, nisi unam habeant.

125. Item. Olim varie observa*batur* circa numerum tutelarum, sed hodie certo jure utimur tam ex rescriptis divorum quam ex constitutionibus imperatorum nostrorum ; nam si quis tres tutelas sive curas habea*t*, excusatur.

126. Item. Haec locuti sumus de tutelis, finitis non imputandis ; eodem loco sunt et non coeptae.

127. Item. Sed hodie hoc jure utimur, ut si filium quis habeat in potestate, tam patris quam fili onera patri in numerum procedere *debeant*.

128. Item. Hodie itaque, ut quis excusetur, tria onera allegare debet sive tutelarum sive curarum sive etiam curae kalendari, et sive ejusdem *sive non ejusdem* tituli sint tria onera, a quarta excusant.

129. Item. Valetudo quoque mala praesta*t* vacationem, si talis sit, ut ostendat eum ne quidem rebus suis administrandis idoneum esse.

130. Item. Si quando autem hujusmodi valetudo adfirmetur, inspectio praetoris necessaria est. Sive autem quis arthriticus sit sive posicus [1] sive epilepticus sive orbus, et his similia, excusantur.

1. M. Mommsen, arg. *C.* 10, 51, 3 : 'podagricus', ou peut-être : 'leprosus'.

131. Item. Verba rescripti : 'Libertus qui negotia senatoris populi Romani gerit, a tutela excusatur ; a muneribus autem civilibus, cum ipse quoque bonis publicis fruatur, non vacat'.   Ulp., *L. excusat*

132. Item. Sic autem interpretantur prudentes has constitutiones, ut unum libertum procuratorem in quaqua domo senatoris voluerint vacare, non quotquot erunt, si plures fuerint.

133. Item. Ergo videmur hoc jure uti, ut is vacet, cui omnium rerum generaliter procuratio mandata sit, et non amplius quam unus.

134. Item. Arcari Caesariani, qui in foro Trajani habent stationes, ex sacris constitutionibus multifariam emissis habent immunitatem.

135. Item. Qui jam tutores vel curatores sunt, si rei publicae causa absint, ad tempus excusantur.

136. Item. Eum, qui viae curam habet ab imperatore injunctam, excusari.

137. Item. Anabolicari a tutelis curationibusque habent vacationem.

138. Item. Ii, qui in centuria *accensorum* velatorum sunt, habent immunitatem a tutelis et curis.

139. De litibus, quas tutor cum pupillo habet, an propterea excusetur? Et dicit[1] propterea non excusandum et extant rescripta.

140. Item Veterani quoque post emerita stipendia missi honesta missione in perpetuum a tutelis vacant.

141. Item. Primipilaribus ob id ipsum, quod primipilares sunt, vacatio a tutelis a divo Hadriano dari coepit.

142. Item. Decuriales quoque, qui ob id ipsum vacant, a tutelis [2] condecurial*is* filii non vacare, si non habeant aliam excusationem.

143. Item. Neque autem primipilarium filii neque veteranorum a tutelis excusantur.

144. Item. Is qui inter vigiles militat, quamvis post emerita stipendia legitima missus sit, non in perpetuum vacat a tutelis, sed intra annum, quam missus est ; ultra non vacat.

145[3]. Item. Officium quoque militare excusat ; namque munus emeritum prodest, multo magis, cum frequentatur.

---

1. Mommsen préférerait : 'et didici'. — 2. Mommsen préférerait: 'vacant a tutelis, *a tutela*'. — 3. Cf. *F. V.*, 222, Ulp., *De off praet. tut.*

L. de excusat.

146. Item. Qui Romae magistratu funguntur, quamdiu hoc funguntur, dari tutores non possunt.

147. Item. Imperatores nostri constituerunt, ne *nisi* intra ducentesimum miliarium senator populi Romani cogatur res pupillares administrare. Itaque in usu ita servatur, ut ad eas res, quae ultra ducentesimum lapidem sunt, equestris ordinis viri dentur tutores sive curatores a praetore ; et hoc non tantum in eo senatore servatur, qui decreto tutor vel curator datus est, sed et in eo, qui testamento.

148. Item. *Is*, quin in Portu pro salute imperatoris sacrum facit ex vaticinatione archigalli, a tutelis excus*a*tur.

149. Item. Philosophis quoque et medicis et rhetoribus et grammaticis, quibus per hanc professionem immunitas dari solet, etiam vacatio a tutelis datur tam divorum principum rescriptis quam impera*to*rum nost*ro*rum. Quan*tum* ad medicos uniuscujusque civitatis pertinet, intra numerum quinque esse debere sacrae constitutiones docent. Cetera.

150. Item. Neque geometrae neque hi qui jus civile docent a tutelis excusantur.

151 [1]. Item. Qui muniti sunt aliquo privilegio, aliquando *non* admittuntur ad excusationem ; velut si minor sit annorum XXV, si adfini datus sit tutor et aliquem usum rerum habeat ; quod jus venit ex epistula divi Hadriani.

152. Item. De libertis quoque, quamvis multa privilegia excusationum praetendant, tamen a patroni sui liberorum tutela non excusantur.

153. Item. Qui patri pupilli promiserunt se suscepturos tutelam, non excusantur, quia est ini*q*uum alios non esse datos.

154. Item. Si inmiscuit se administrationi tutor, perdit beneficium excusationis ; plus enim egit, quam si promisisset ; idque divi fratres Domitio Rufo rescripserunt in haec verba : Libe*ra*ri tutela, quam sponte suscepisti, p*er*p*er*am desideras.

155. Item. Igitur observandum deinceps erit, ut qui tutor datus *sit*, si quas habere se causas excusationis arbitrabitur, adea*t* ex more. *Nec* in infinitum captiosi silentii temp*us*, per quo*d* res interfrigescat, concessum sibi credant : hi qui Romae vel intra centesimum fuerint, sciant in proximis diebus quinquaginta se excusationis causas allegare debere aut capessere administrationem ; ac nisi id fecerin*t*, in ea causa fore, in qua

---

1. Cf. *F. V.*, 223, Ulp., *De off. praet. tut.*

sunt, de quibus consules amplissimi decreverunt periculo suo eos cessare.

156. Item. Formam autem ex hac constitutione datam hodie in usu ita celebrari animadvertimus, ut ex eo die incipiant quinquaginta dies enumerari, ex quo scierat se esse tutorem vel curatorem, scilicet ex eo, ex quo in notitiam ejus decretum perlatum sit testato, vel, si testamento datus sit, ex quo id quoquo *modo* scierit. Itaque ubi sciit, ne praescriptione quinquaginta dierum excludatur, si sint sessiones vel pro tribunali vel de plano, adversario, id est ei, qui eum petit, denuntiare debet et adire praetorem et titulum excusationis suae apud eum expromere; si feriae sint, libellos det contestatorios.

157. Item. Tunc demum excusandus est, qu*i* prius datus fuerat, si is quem nominaverit et potior necessitudine et idoneus re fideque vel absens *d*eprehendatur.

158. Item. Pars orati*onis* imperatoris Severi. Promiscua facultas potioris nominandi nisi intra certos fines cohibeatur, ipso tractu temporis pupillos fortunis suis privabit. Cui rei obviam ibitur, patres conscripti, si censueritis, ut collegae patris vel pupilli in decuria vel corpore, item cognati vel affines utriusque necessitudinis, qui lege Julia et Papia excepti sunt, potiorem non nominent, ceteri cognati vel adfines amicive atque municipes eos tantummodo nominent, quos *supra* complexus sum, vicinitatis autem jure nemo potior existimetur.

159 [1]. *Imperatores* nost*ri* Aelio Diodoto. Tutores secundum patris voluntatem decreto praetoris clarissimi viri, quo*d* non jure testamento vel codicillis dati fuerant, confirmatos potiores nominare posse non arbitramur, nam judicium patris, licet jure deficiat, servandum est.

160. Item. Libertus sicut excusare se a tutelis, ita *etiam* potiorem nominare potest.

161. Item. Ex ea die, ex qua quis potiorem nominavit, deinceps omnibus sessionibus adversus eum, quem nominavit, adire debet, usque dum causam finiat : ceterum si aliquam sessionem intermiserit is, qui potiorem nominavit, praescriptione excluditur. Plane illa sessio, quae de plano celebratur, ei non computabitur.

162. Item. Si is, qui potiorem nominavit, litteras petierit

---

1. = *F. V.* 246.

L. de cusat. ad magistratus, ut compellant eum venire, quem potiorem nominavit, *postquam* libellos dedit al*tera* die litteras accipere debet ac magistratibus reddere per dinumerationem vicenum milium passum.

163. Item. Illud curare debet ut intra diem decimum quam litteras reddidit magistratibus, rescriptas deposcat; et ubi eas acceperit, per dinumerationem simili modo reverti debebit et si sessionem invenerit pro tribunali, reddere praetori, ut subnotet sua manu quod volet.

164. Item. Si quis eos, quos potiores nominavit, non probaverit, si adhuc intra quinquagesimum diem est, alios potiores potest nominare.

165. Item. Quamvis supra dixerimus [1] eum qui potiorem nominaverit, si aliquam sessionem intermiserit pro tribunali, praescriptione submoveri, utique verum est, si litterae non sunt impetratae: ceterum ex quo impetratae sunt in eum diem, quo reddi praetori rescriptae debent, et*si* hoc medio spatio sessio fuerit, non oberit, si sessionibus non adierit; et ita in usu servatur.

166. Item. Libelli ita formandi. 'Cum proxime decreto tutorem me dandum existimaveris illi, quod mihi in notit*i*am pertulit *ille* illa die, nomino potior*em*, ut municip*em* supra scripti, illum, Veientanum, morantem eo loco, habentem in substantia plus minus tantum'. Si eques Romanus fuerit qui *p*otior nominabitur, etiam hoc comprehendi debet. Deinde fine talem clausulam *a*ddat: 'Rogo, praetor, propter praescriptio-n*is* tempora, libellos accipere digner*is*'.

167. Si pro tribunali dabuntur, quinque, de plano quattuor dandi erunt et petendum, ut denuntietur ex auctoritate, cum denuntiaverit et non venerit, libellos det et litteras petat [2].

168. Item [3]..... Quidam tamen justos secundum has *leges* putant dici. Divi quoque Marcus et Lucius Apronio Saturnino ita scripserunt: 'Si instrumentis probas habere te justos tres liberos, excusationem tuam Manilius Carbo praetor vir clarissimus accipiet. Sed justorum mentio ita accipienda est, ut secundum jus civile quaesiti sint'.

169. Item. I*n* adoptionem dati ad hanc causam proderunt.

---

1. Mommsen propose de lire : 'Quod vero supra diximus', ou d'insérer *id* avant 'utique'. — 2. Cf. Mitteis, *C. P. R.*, 1, p. 88 ; ponctuation différente dans Mommsen — 3. Il faut suppléer au début quelque chose comme : '*Justos autem liberos esse oportet, id est non naturales, sed ex vero matrimonio etsi non secundum lege Juliam Papiamve quaesitos*'.

170. Item. Jus liberorum a principe impetratum nec ad hanc causam, nec ad mu*nera prodest*.

(Manquent 2 pages.)

171. . . . tionem poterit s . . . . non enim testamentarius. . . . . . .

172 [1]. Paulus libro II sententiarum. Pro t. . . . . ut est Latinus Junia*nus*, ... *item qui codi-*cillis ad testamentum non pertinen*tibus tutor datus est*.   Paul, L. sent.

173. Ulpianus de officio prae*toris tutelaris*. . . . . *Habentem in It*alia domicilium consentaneum est a provinciali *administratione liberari* ; iis itaque muneribus subjicietur tantummodo, quae pertinent ad res Italicas pupilli. . . . . recuperabit.   Ulp., L. de o pr. tu

173ᵃ. *Item. Si ei, quem pater testamento tutorem nomina-*vit, sacerdotium contigit. . . . . *quo adversus* tutelam privileg*ium continetur, tamen ita demum excusabitur, si* ante apertum testamentum sacerdos *factus est*.

174. Item. Haec de sa*cerdotio dicta pertinent ad eum quoque, cui magistratus* excusationem con*fert* ; itaque haec non liberat *nisi a tutelis eo tempore delatis,* quo quis consul vel praetor vel aedilis est.

175. Item. Collegas eos *accipimus* . . . . . *eandem artem* exerceant, quam pater f*actitarit* . . . . quo pater pupillorum ex. . . . .   Ulp., L. off. pr. t

176. Item. Sicut autem de. . . . . lium et ita imperator noster. . . . .

177 [2]. Item. Veteran*i a reliquorum tutelis omnibus excusan-*tur, a veteranorum autem fi*liorum tutelis ita, ut non plus unam* suscipere cogantur. Sed utrum simul non plus *unam ejusmodi* tutelam suscipere debeant an sufficiat semel suscepisse unam, tractari potest. Puto *tamen gestam tutelam eis non profuturam et* ita inveni rescriptum.

177ᵃ [3]. *Item. Missi nisi honesta missione non* excusantur et ita de ignominiose demissis *imperatores* . . . . riae Sabinae rescrips*erunt*. . . . . exauctoratum e. . . . . Ab urbicis plane *tutelis excusabuntur, quia ingredi eis* urbem non licet. Sed etsi non sint perfuncti *stipendiis tamen, qui post* annum vigesimum missi sunt, si missionem non ignominiosam acceperunt, *excusantur*.

1. Paul, Se*nt*., 2, 27, 6. — 2. Cf. D , 27, 1, 8, 10. — 3. Cf. D., 27, 1, 8, 9.

L. de pr. tut.

178. Item. Sed primipilares *etsi a reliquis tutelis universis excusantur, tamen ipsi filiis suis recte tutorem* primipilarem dabunt . . . . legare quoque. Ipse quoque in locum . . . .

179. *Item. Sacerdos ad tempus factus etsi excusatur* dum sacerdotio fungitur, *tamen postquam id deposuit, privilegium amplius non habet et ita* rescripto divi Pii declaratur . . . . .

180. *Item* . . . . *qui* sunt in primipilaribus . . . . *exemplo veteranorum excusantur.*

181. . . . . i veterem suam emp- . . . . sestertia centum mi- *lia* . . . . consummatam eam nan- . . . . . .

182. . . . . ducit: nam minor vigin- *ti quinque annis* . . . . a *tute*la excusantur ut . . . . o daret minores XXV *annis*, ...

183. Item . . . . *cui data* est a principe negotiorum *fiscalium administratio, quamdiu administrat,* onera tutelarum *suscipere non cogitur, ne publicae rei utilitas privatorum* inju- riam adferat.

183ª ¹. Item. *In valetudinem quoque qui inciderit, aut ad tem- pus aut in perpetuum a tute*la excusabitur. Hi quos va*letudo perpetua excusat* . . . . eas quoque tutelas, quas ante *suscepe- rant deponunt.*

184. Item. *In furorem qui inciderit, item* excusabitur etiam ab ea quam antea susceperat *tutela; neque tamen in totum, sed in locum furio*si ad tempus curator *dabitur.*

185 ². *Item. Imp.* . . . . *rescripsit L. Titio adfirmanti imparem* per rusticitatem se alienis *negotiis gerendis esse, rus- ticitatem posse excusationem* mereri. Paupertas plane *dat excu- sationem.*

186 ³. *Item. Tria onera tutelarum excusationem* tribuunt. Tria autem *onera sic sunt accipienda, ut non numerus pupillo- rum plures tutelas faciat, sed patrimoniorum separatio. Et ideo qui tribus* fratribus tutor datus est, qui indivisum patrimonium habent, vel quibusdam tutor, quibusdam curator, unam tute- lam suscepisse creditur.

187. Item. Qui curam kalendarii Gaditanorum a principe

---

1. Cf. *D.*, 27, 1 10, 8. — 2. = *F. V.*, 240. Cf. *D.*, 27, 1, 7. — 3. = *D.*, 27, 1, 3.

injunctam in equestri ordine susceptam administrabat . . . Ulp., L.
off. pr. t.

188. In tribus non inputabitur tutela vel cura, quae affectata est. Affectatam sic accipiemus, si vel appetita videatur, vel cum posset quis se excusare, ab ea se non excusavit. Creditur enim affectasse, qui onus cum posset declinare non recusavit. Et id saepe decretum est in tutore, qui non potuit invitus dari tutor, vel curatore, qui cujus fuerat tutor, curator est nominatus.

189 [1]. Item. Si quis inter tres emancipati fili sui tutelam administret, an ei haec in numero cedat, scio dubitatum. Invenio tamen Fulvio Aemiliano in persona Manili Optivi rescriptum emancipatae filiae tutelam numerari ei inter onera oportere.

190 [2]. Item. Tria autem onera in domo esse sufficit. Proinde si pater alicujus vel filius vel frater, qui est in ejusdem potestate, tria onera sustineat, quae ad periculum patris pertinent quoniam voluntate ejus administrant, omnibus excusatio a tutela competit.

191 [3]. Item. Numerus quoque liberorum a tutela excusationem tribuit civibus quidem Romanis earum tutelarum quae Romae sunt injunctae, a trium, earum vero, quae in municipiis Italicis injunguntur, a quattuor numero liberorum ; idque imperator noster et divus Severus Claudio Herodiano rescripserunt. Et ideo si quis a magistratibus municipalibus fuerit datus, quattuor numero liberorum debebit excusari.

192. Item. *Sed* si in provincia delata fuerit tutela, licet Romae excusatio allegetur, a quinque liberis debet recipi.

193. Item Exemplo civium Romanorum Latinos Junianos excusari oportet.

194. Item. Justi autem an injusti sint filii, non requiritur ; multo minus, in potestate necne sint, cum etiam judicandi onere injustos filios relevare Papinianus libro V quaestionum scribat.

195. Item. Ex filia nepotes *non* prodesse ad tutelae liberationem sicuti nec ad caducorum vindicationem palam est, nisi mihi proponas ex veterano praetoriano genero socerum avum effectum ; tunc enim secundum orationem d*ivi* Marci, quam in castris praetoris recitavit Paulo iterum et Aproniano conss. [4] VII id. Jan., id habebit avus, quod habet in nepotibus ex filio natis. Cujus orationis verba haec sunt : 'Et quo facilius

---

1. Cf. *D.*, 7, 1, 15, 16. — 2. = *D.*, 27, 1, 5. — 3. Cf. *F. V.*, 247. —
4. An 168 après J. C.

L. de pr. tut. veterani nostri soceros repperiant, illos quoque novo privilegio sollicitabimus, ut avus nepotum ex vete*ra*no praetoriano natorum iisdem commodis nomine eorum fruatur, quibus frueretur, si eos haberet ex filio'.

196. Item. In adoptionem dedisse non nocet, nec adoptasse ad excusationem proderit, quoniam soli naturales tribuunt excusationem.

197. Item. An bello amissi a tutela excusare debeant? Nam et in fascibus sumendis et in judicandi munere pro superstitibus habentur, ut lege Julia de maritandis ordinibus de fascibus sumendis et publicorum kapite *XXVI* [1] item privatorum kapite vicensimo VII de judicando cavetur. Et puto constituendum ut et a tutelis excusent; proinde sive tres bello amiserit sive unum duosve, pro superstitibus cedent.

198. Item. Sed utrum soli filii an et nepotes debent prodesse? Subsistendum, quoniam lex quidem privatorum kapite XXVII *'ex* se natos' appellat, lex vero publicorum kapite XXVI liberorum facit mentionem. Puto tamen eandem esse aequitatem in nepotibus, qui in locum filiorum succedunt, quae est in filiis.

199. Item. Utrum in acie dumtaxat amissus, an tempore belli amissus prosit? [Sed] Aristo in acie amissum dumtaxat; ego puto per tempus belli amissum debere prodesse, ne publica strages patri noceat [2].

200. Item. Erit haec etiam excusatio, si quis se dicat tutelam alicujus administrasse et ad curam ejus vocetur; nam invitum non esse compellendum suscipere imperator noster cum patre Polo Terentiano rescripsit.

201. Item si quis uxori suae cura*t*or datur, nam sicuti senatus censuit, ne quis eam ducat, cujus tutor vel curator fuit, ita uxoris suae non debere curam administrare divus Severus Flavio Severiano rescripsit.

202. Item. Proinde si cui fuerit pupilla a patre desponsa, non debebit ei tutor dari, ne nuptiae inpediantur, et datus excusabitur ; et si sponsae suae curator fuerit datus, debebit excusari ; nisi forte a patre tutor vel curator fuerit destinatus. Aut enim ipse eam pater despondit et utrumque perficiet ; aut post mortem patris desponsa est et magis est, ut voluntati patris obtemperetur in onere quam ipsius in matrimonio ; quare nuptiae impediuntur.

1. Le ms.: viginti sex. — 2. Cf. en sens contraire, Ulpien, *D.*, 27, 1,18.

203. Item. Est et hoc genus excusationis, si quis se dicat Ulp., *L.* domicilium non habere Romae delectus ad munus vel in ea *off. pr.* provincia, ubi domicilium non habet, idque et divus Marcus Pertinaci et Aeliano consulibus [1] rescripsit.

204. Item. Proinde qui studiorum causa Romae sunt praecipue civilium, debent *excusari, quamdiu juris* causa Romae agunt studii cura distracti ; et ita. . . . . . *imperator* Antoninus Aug. Cereali a censibus et a *libellis* [2] *rescripsit.*

205. Item. Proinde si quis ad urbicam dioecesim pertinens *testamento tutor dabitur*, excusare se debebit ab eo patrimonio, quod in region*ibus juridicorum est, pariter* a re provinciali. Sed caveat, si legatum accepit, hoc facere ; *licite enim urbana sola admin*istrat, verum qu*ia non* in plenum voluntati paret, legati *ei petitio denegabitur* ; idque divus Marcus in eo, qui se a re provinciali excusavit *legato honoratus* [3], Claudio Pulchro rescripsit.

206. *Item. An is qui se v*oluit excusare nec optinuit, postea potiores nomi*nare possit scio quaesitum.* Et magis est ut possit, si eum tempora patiantur ; *quos enim habet, iis utetur die*bus, licet potior nominatus alterutrum debeat eligere, *utrum velit nega*re se potiorem an vero magis potiorem nominare : *et ita*. . . . . io praetori rescripsit.

207. *Item. Etsi is qui* tutor datus est et excusare se et non recepta excus*atione potiores* nominare potest, si tempora dierum patiantur, *tamen si praetulerit* potiores nominare, postea ad excusationem transire *non potest* ; *nam loco fatent*is est nullam se excusationem habere, cum potiores *nominat. Nec magis* ferendus est, si dicat se sine praejudicio hoc facere, forte *adeo simul et profi*teatur excusationem et potiorum nominationem. . . . . . . *suscipiat.*

208 [4]. *Item. Is qui potior* nominatus est, si quidem neget se esse in ea conjunctione, am*plius nominare magis* potiorem non potest ; convictus ne excusare se quidem poterit ; *idque est rescripto ad Claudium* Herodianum de excusatione insertum.

209. *Item. Is qui potior* nominatus est, ad omnia haec dies eos habebit, quos *habent qui primo loco dati* sunt, ut eodem rescripto declaratur.

210. *Item. Is qui potiorem* nominat libellos debet quaternos dare praetori *de plano, quinos pro tribunali*, ut epistula

---

1. An 175 après J.-C. — 2. Correction ingénieuse et inédite qu'a bien voulu nous communiquer M. Otto Hirschfeld ; le ms. : 'aliis'. — 3. Mommsen ; Pellat : '*testamento tutor datus*'. — 4. Cf. *F. V.*, 247.

p., L. de *divi* Marci ad Aemilianum *continetur, et dicere, quo* jure potio-
pr. tut. rem nominet, id est gradum necessitu*dinis et jus cog*nationis
aperte designare ; et ideo non sufficit cognatum *vel adfinem
generaliter* dicere, sed debebit gradum adjicere vel nomen *proprium cognationis adfinitatisve* designare et jus cognationis exprimere ; *nec sufficit colle*gam dicere, nisi in quo collegio addiderit. Et si forte in aliquo horum deliquerit, emendandi ei
facultas *intra tempus, quo* potuit potiorem nominare, conceditur,
postea non, idque *imperator noster*... *rescripsit.*

211. Item. Ne hi quidem possunt, quos praetor confirmavit
testamento de*signatos, ut imperator noster Diodo*to praetori rescripsit. Proinde si a matre fuerint design*ati, an ii potiores*
nominare possint, quaeri potest ; et puto eos nomin*are posse,
nam de iis tantum* rescriptum est, qui a patre erant designati.
Sed hoc erit serv*andum in filio solo, non in* alio virilis sexus
per virilem sexum descenden*te, licet liberti sunt tutelae vel* curae
destinati ; nam et Papinianus respondit libertum a patro*no
nepoti ex filio destinatum* tutorem posse potiorem nominare.

212. Item. Nominare autem potiores non possunt inprimis
collegae patris, ut divus Severus constituit.

213. Item. Licet autem patris appellatio in oratione *sit,
puto de avo quoque* accipiendam, quamquam circa primipilares
hoc jure u*timur, ut filio primi*pilaris dentur soli, non etiam
nepoti.

214. Item. Sed nec cognati vel adfines possunt nominare
potiores ; *prohibentur vero, ut oratione ex*pressum est, hi soli
qui lege Julia *Papia*ve excepti sunt.

215. Proinde si quis cognatus alteru*tra* lege exceptus licet
*non proximus datus est, ut Diodo*to praetori est rescriptum, potiorem nominare non poterit, n*eque potest potiorem* nominare
adfinis qui alteru*tra* lege exceptus est.

216. Item. Excipiuntur autem lege quidem Julia cognatorum *sex gradus et ex septimo* sobrino sobrinave natus, sed et
nata per interpr*etationem, quive in alicujus* horum potestate
sunt quaeve in matrimonio, vel hi qui sun*t cognatarum* nostrarum hoc gradu nos contingentium mariti, vel *eorum, qui
sunt in potes*tate nostra, cognati contingentes eos ea cognatio-
ne, quae supra scriptum gradum non excedit.

217. Item nuptarum nobis *cognati a nobis ad eundem* gradum vel nostri cognati ab uxoribus nostris *excipiuntur.*

218. Item. Lege autem Papia ii adfines excipiuntur, qui
vir et uxor et gener et nurus et socer et socrus umquam fuerunt.

219. Item vitricus *noverca privignus* privigna vel ipsorum vel eorum qui in eorum potes/ate *matrimoniove sunt quive* fuerunt.

220. Item. Memini itaque me suad*ente* . . . .
. . .Alcimum libertum maternum Furi Octav*iani* clarissimi viri pr*aetorem in cura retinuisse*, cum tutelam ejus administrasset, necessariusque ad *res gerendas videretur* ; nam et liberti materni in pari sunt condicione. Oratio enim d*ivi* Marci ita scripta est, ut patroni patronae*ve liberis* libertus tutor deligi possit, tametsi aliquo privilegio subnixus sit.

221. Item. Si alius eum Latinum fecerit, alius iteraverit, an utriusque liberorum tutelam suscipiat, videndum, quasi utriusque meritum habeat : nisi forte exemplo munerum, *quibus* divus Marcus rescripsit apud originem ejus qui Latinum fecit debere eum fungi, sol*ius* ejus liberorum tutelam suscepturum dicemus.

222 [1]. Item. Officium quoque militare excusat, nam cum munus emeritum prodest, multo magis cum frequentatur prodesse debet. Sed si ad tempus rei publicae causa absit, non in perpetuum, sed ad tempus excusabitur. Denique *consulto* ex facto [sub] divo Hadriano quidam, cum legatus esset legionis *et* testamentum recitatum esset, quo tutor erat datus, non in perpetuum, sed ad tempus, quo legatus legionis erat, meruit excusationem. *Excusatur* etiam is, qui commentarios habet praefecti, quamdiu hic commentarios habet praefecti, ut divus Marcus cum filio rescripsit.

223 [2]. Item. Hi qui muniti sunt aliquo privilegio, aliquando non admittuntur ad excusationem, velut si minor sit annis XXV adfini datus tutor et aliquem usum rerum habeat hereditariarum ; quod jus venit ex epistula divi Hadriani, quam scripsit Claudio Saturnino legato Belgicae. Quae constitutio videtur de his loqui, *qui* a praetore dati sunt ; ego idem esse accipiendum, si testamento datus sit. In eandem sententiam et divus Pius Platorio Nepoti scripsit.

224 [3]. Papinianus libro XI quaestionum respondit verbis orationis fratrum imperatorum libertum, etsi ob aliquod privilegium a tutelis vac*et*, patroni tamen patronaeque libero*r*um tutor ut del*i*gatur comprehensum. *In* numero liberorum pronepos patroni sine dubio continetur. Sed potest dici non aliis patroni *patronaeve* liberis libertum hoc debere quam qui jure patroni hoc [4] sperare possunt, et ideo neque patronae nepotis

Pap., L.
quaest.

---

1. Cf. *F. V.*, 145. — 2. Cf. *F. V.*, 151. — 3. Cf. *D.*, 26, 5, 14. — 4. Mommsen préférerait : 'hereditatem'.

tutelam administrare compell*endum p*rivilegio subnixum, neque pupilli, qui ex filia patroni venit, quia vacatione pr*ae*ter liberos patronorum, qui per virilem sexum descendunt, liberti fruuntur.

225[1]. Item. Et hoc qui*dem* de eo, cui beneficium datae libertatis exprobrari potest. Alioqui nequaquam credendum est ei privilegium ablatum, cui fideicommissa libertas soluta est; nam in toto fere jure manumissor ejusmodi nihil juris *ut* patronus adversus personam modo liberti consequitur, licet in bonis ejus patroni jus exerceat, excepto quod in jus vocare patronum injussu praetoris non debeat.

226. Item. Jus anulorum ingenuitatis imaginem praestat salvo jure patronorum patronique liberorum.

Paul, L. VI quaest. 227[2]. Paulus libro sexto quaestionum sub rubrica *de legitimis tutelis*. Apollinaris Paulo. Duo sunt Titi pater et filius; datus est tutor Titius nec apparet, de quo sensit testator: quaero quid sit juris. Respondit: Is datus est, quem dare se testator sensit; si id non adparet, non jus deficit, sed probatio, ergo neuter est tutor. Hoc rescriptum est in Sticho manumisso, si duo sint Stichi et incertum, de quo testator senserit, vel si Erotem legaverit qui plures eodem nomine habuit servos. Quod in nummis legatis non ita placuit: si non adparet voluntas, id acceptum est quod minus est.

Antonin Caracalla. 228. *Imp.* Antoninus Granio Firmino militi. Ex duobus tutoribus qui non specialiter in locum excusati dati sunt, sicut precibus tuis adlegas, si unus pro tutore res *t*uas administravit; adversus eum tantum tibi competere actionem ignorare non debes. Nec enim mutuo cessationis periculo qui nihil gessit teneri potest, cum simpliciter datus ejus, qui administrationi se miscuit, contutor jure fuisse non videatur.

Paul, L. de testam. 229. Paulus libro singulari de testamentis. Parentibus licet liberis suis in potestate m*an*entibus testamento tutores dare, masculis quidem inpuberibus, feminis vero etiam puberibus, et tam jam natis quam etiam postumis. Itaque post institutionem h*er*edum hoc modo scribere potest: ' Lucio Titio filio meo, et si mihi vivo mortuove nati *ali* erunt, tutores do Lucium Aurelium et Gaium Optatum, a quibus peto, ut tutelam liberorum meorum gerant ita, ut ea quae in Asia reliquero, Aurelius, ea autem quae in Italia, Optatus administret'.

230. Possumus autem et singulis liberis alium atque

---

1. = *D.*, 27, 1, 24. — 2. = *D.*, 26, 2, 30, jusqu'à 'igitur ergo neuter est tutor'.

alium tutorem dare velut hoc modo : 'Titio filio meo Aurelium tutorem do ; Seio filio meo tutorem Optatum do'. Pluribus quoque liberis unus tutor, item uni plures dari possunt.

231. Paulus libro singulari de excusationibus. Ii, qui tres pluresve tutelas vel curationes vel permixto modo cujuscumque separatas administrant, excusari a tutela curationeve solent. Quod si fratrum tutelam suscipiant, pro una tutela *reputa*ntur eadem bona. *Paul. L. excus.*

232. Ulpianus de officio praetoris tutelaris. Observari autem oportet, ne his pupillis tutorem det, qui patrimonia in his regionibus habent, quae sunt sub juridicis, ut Claudio Pompeiano praetori imperator noster rescripsit, multo magis, si in provincia sit patrimonium, licet is *cui* petitur in urbe consistat. *Ulp., L. off. pr. t*

233 [1]. Ulpianus de officio praetoris tutelaris. Sed qui in collegio pistorum sunt a tutelis excusantur, si modo per semet ipsos pistrinum exerceant; sed non alios puto excusandos, quam qui intra numerum constituti centenarium pistrinum secundum litteras divi Trajani ad Sulpicium Similem exerceant; quae omnia litteris praefecti annonae significanda sunt. *Paul. L. cogn.*

234. Ulpianus libro supra scripto. Sed Ostienses pistores non excusantur, ut Phi*l*umeniano imperator noster cum patre rescripsit. *Ulp., L. off. pr.*

235 [2]. Item. Urbici pistores a collegarum quoque filiorum tutelis excusantur, quamvis neque decuriales neque qui in ceteris corporibus sunt excusentur. Et *i*ta Hadriano [3] rescripto ad Claudium Julianum praefectum annonae significatur, quam epistulam quodam rescripto ad Vernam et Montanum pistores imperator noster cum patre interpretatus est et ad pistores pertinere, cum in eo negotio frumentum agent*ibus* daretur a collegarum filiorum tutelis vacatio. Plus etiam imperator noster indulsi*t*, ut a tutelis, quas susceperant ante quam pistores essent, excusarentur ; sed h*o*c ab ipso creatis pistoribus praestitit et ita Marco Diocae praefect*o* annonae rescripsit. *Paul, L. cogn.*

236. Item. Sed et qui in foro suario negotiantur, si duabus partibus bonorum annonam juvent, habent excusationem litteris allatis *a praefecto* urbis testimonialibus negotiationis, ut imperator noster et divus Severus Mani*l*io Cereali rescripserunt, quo rescripto declaratur ante eos non habuisse inmu-

---

1. Cf. *D.*, 27, 1, 46 *pr.* — 2. Cf. *D.*, 27, 1, 46, 1. — 3. Huschke : '*divi Hadriani*'.

nitatem, sed nunc eis dari eam quae data est is qui annonam populi Romani juvant.

Ul. L. ad munic.
237. Paulus libro singulari ad municipalem. Urbici autem pistores a collegarum quoque filiorum tutelis excusantur. Sed et si qui in foro suario negotiantur [si a] duabus partibus patrimonii annonam juvent, a tutelis habent excusationem.

L. de pr. tut.
238. Ulpianus de officio praetoris tutelaris libro singulari. Proinde si mutus surdusve quis sit, sine dubio a tutela excusabitur. Hi vero, quos valetudo vel furor vel morbus perpetuus excusat, etiam eas tutelas quas ante susceperant deponunt. Alia causa aetatis est. Luminibus etiam captum Porcatio Faustino rescripsit imperator noster cum patre.

239. Item Furio Epaphrae, cum allegasset se unum oculum amisisse et in alio periclitari, rescripsit, an propter adversam valetudinem oculorum excusari deberet, praetorem aestimaturum. Hi etiam a susceptis excusabuntur.

240 [1]. Item. Paupertas plane dat excusationem, si quis imparem se oneri injuncto possit docere, idque divorum fratrum rescripto continetur.

241. Item. Si quis autem in provincia domicilium habet, debet excusari, sed et si quis patrimonium in ea regione, quam juridicus administrat, habet.

242. Item. Scio tamen quosdam, cum per errorem ad potiorum nominationem prosilissent, haud impetrasse, ut deserto jure potiorum ad excusationem se converterent.

L. ad munic.
243. Paulus libro singulari ad municipalem. Paupertas quoque solet tribuere excusationem, quod oneri tutelae inpar esse videatur.

Paul, de off. tut.
244 [2]. Paulus libro singulari de officio praetoris tutelari. Mediocritas et rusticitas et domesticae lites interdum excusationes merentur, ex epistulis divorum Hadriani et Antonini et fratrum ad Caerellium Priscum, praetorem tutelarem.

245. Item. Qui complura allegant, quae singula non sint firma, interdum excusari solent; nam et fratres imperatores Sentio Potito ita rescripserunt: 'Quamvis singula, quae litteris tuis complexus es, non praestent tibi justas causas excusationis, tamen quia multa simul congruerunt, movere nos possunt, ut excusatio tua a tutela recipi possit'.

L. de tut.
246 [3]. Paulus libro singulari de excusatione tutorum. 'Imperatores nostri Aelio Diodoto suo salutem. Tutores secundum

---

1. = F. V., 185, in fine. Cf. D., 27, 1, 7. — 2. Cf. D., 27, 1, 6, 19. — 3. = F. V., 159.

patris voluntatem decreto praetoris clarissimi viri, quod non jure testamento vel codicillis dati fuerant, confirmatos nominare potiores posse non arbitramur, nam judicium patris, licet jure deficiat, servandum est'.

247 [1]. Paulus libro I editionis secundae de jurisdictione tutelaris. Qui tres pluresve liberos habent superstites, excusari solent idque compluribus constitutionibus cavetur tam divorum Marci et Luci quibus Pontium Marcellum trium liberorum patrem liberaverunt litteris ad eum emissis, quam dominorum nostrorum. Sed hic numerus in Italia cives Romanos liberat. Nunc ex constitutione principum nostrorum nec in Italia, sed Romae tantum exemplo municipalium munerum; nam Clodio Herodiano ita scripserunt: 'Sicut in Italia cives Romani consistentes numero quattuor liberorum incolumium a civilibus muneribus excusantur, ita qui ad tutelam vel curam vocantur, Romae quidem trium liberorum incolumium numero, quorum etiam status non ambigitur, in Italia vero quattuor, in provinciis autem quinque, habent excusationem'.

(Manquent 16 pages.)

QUANDO DONATOR INTELLEGATUR REVOCASSE VOLUNTATEM.

. . . .
248 [2]... ipsam contumeliis persequi neque in affectu pietatis monitos posse mitescere. Volumus igitur ut, si constiterit juxta patrem liberos, contra quam humanitatis ratio deposcit, superbe crudeliterque se tollere, emancipatio firmitudine evacuetur, idque quod liberis pater donationibus contulit, patris dicioni naturaeque juri subjugati patriae reddant potestati, et ita illi, qui sacris evoluti a functione obsequii recesserunt, necessitatis laqueis adstrictri nova commendatione pietatis etiam detrectantes ad id veniant. Data XVII k. Aug. Constantinopoli Gallicano et Symmacho conss.

249. Constantinus [et Caess.] (1). Multas saepe natas ex donatione causas cognovimus, in quibus vel adumbrata pro expressis vel inchoata pro perfectis vel plurima pro omnibus controversiam faciant, cum agentium visa pro ingenio ac facultate dicendi aut perfecta deformarent aut inchoata perfi-

---

1. Cf. *C.*, 5, 66, 1 (a. 203). *F. V.*, 191. 208. — 2. Le début du texte doit être restitué à peu près comme suit : '*Emancipati filii ingrati adversus eum qui potestate eos liberavit severa poena coercenditi sunt, cum dubiam non sit qui paternae reverentiae immemores sustineant* ipsam contumeliis persequi neque in affectu pietatis monitos posse mitescere'.

Const. Licinius a. 316).

cerent. Inde jus anceps ac pro dicentium inpulsu vaccillanti sententia *non parum* decreta differebant, Maxime karissime ac jucundissime nobis. Hinc enim nuper exceptis personis dicta lex est, in quibus summum jus et voluntas omni libera sollemnitate modo perfecta ortus suos praesenti munere opulentat. (2). Tempestiva dehinc communium donationum cura successit; absolutis enim illis, quae ideo prima sunt, quoniam sunt religione potiora, circumacto animo ad universum donationum genus conspeximus omnes earum species signis ac nominibus inprimendas, ut in hominum contractibus differentiam sui nuncupationum proprietate secernant. (3) [1]. Itaque sive illa donatio directa sit, sive mortis causa instituta, sive condicionibus faciendi non faciendive suspensa, sive ex aliquo notato tempore promissa, sive ex animo dantium accipientiumve sententiis quantum jus sinit cognominata, ejus haec prima observatio est, ut quas leges indulgent condiciones pactionesque promantur, hisque penitus cognitis vel recipiantur, si complacitae sunt, vel rejiciantur, si sunt molestae. Sed jure requisitis parendum orit nec denegabitur officium quin simul spes abjiciatur adipiscendi. (4) [2]. Inretiri sane condicionibus indefensos minores, quoniam praestare promissa difficile est, non placuit. Quorum tamen defensores, si forte per eos in obeundis donationum officiis, quarum cura erit recepta, neglecta utilitas minoris probabitur et ita minor commodis spoliabitur, rei amissae periculum praestabunt; ita rei familiaris dispendii metus etiam segniores ad ea conficienda ex tarditate incitabit. (5) [3]. Post in iisdem conscribendis praecipue nomen donatoris, jus ac rem notans proscribat. Tum utrumque jure compleatur, neque id occulto aut per imperitos aut privatim; his enim rebus saepe clandestina fraus, et quae facta sunt infecta et inducta quae scripta sunt simulans aliisque ac dehinc aliis largiendo atque donando ac saepe venum dando, multos habendi spe allectos concurrere in expugnanda sibi proprietate impulit. (6). Tabulae itaque, aut quodcumque aliud materiae tempus dabit, vel ab ipso vel ab eo quem fors subministraverit scientibus plurimis prescribantur eaeque, ut supra comprehensum est, rebus nominibus personisque distinctae sint; ac tum corporalis traditio (in quam saepe multi talia simulando inrepentes aut vi corpora capientes sollemne illud jus ac voluntarium in-

---

1. Cf. *C. Th.*, 8, 12, 1, pr. = *C.*, 8, 53, 25, pr. — 2. Cf. *C. Th.*, 8, 12, 1, pr. *C. Th.*, 3, 30, 2 = *C.*, 5, 37, 21. — 3, 249, 5-8. Cf. *C. Th.*, 8, 12, 1, 1-2 = *C.*, 8, 53, 25, 1.

concessa usurpa*t*ione praeripiunt) — ea igitur ipsa rerum traditio praesentium, advocata vicini*t*ate omnibusque arbitris, quorum post fide uti liceat, conventu plurimorum celebretur. (7). Non enim aliter vacua jure dantis res erit, quam ea vel ejus voluntate, si est mob*i*lis, tradatur, vel abscessu sui, si domus aut fundus aut quid ejusdem generis eri*t*, sedem novo domino patefecerit. Quae omnia consignare actis judic*i*s praestat, ut res multorum mentibus oculis auribus testata nullum effugiat, cujus aut scientiam capiat aut dissimulationem tegat. (8). Quodsi *j*udex aberit, cui summa provinciae commissa est, mandetur istud magistratuum actis, atque ut nullus sit subjiciendi aut surripiendi locus, cum alterutri commodum sit, eorum exemplis idem magistratus adscribant. Sic enim conscientia multorum, monumentis judiciorum ac populorum perscriptis aut litium causa [1] pervulgatis omnibus fides abstrusior non erit. (9). Tal*i*a enim esse oportet dominorum initia, quorum diuturna possessio saepe legitim*a* proprietatum jura perfringit, talis liberalitatum honestas, quae locis clamata omnibus accipientium donantiumque famili*as* liberalitatis et gratiae praedicatione compleat, simul ut, cum sit eximi*um* cujusque donum promerendo cepisse, ejus jucunditas nulla lit*i*um tristitudine minuatur. (10). Quod si in spectanda causa dicendaque sententia orba publico testimonio liberalitas caecam gratiam obscurosque coetus prodiderit, quoniam sola fraus cognita est, eorum, quae donata dicuntur, temere non erit fides accipienda ; sed ea aliena*tione, quae publice non sit testata, in donationibus vivorum rejecta vel superhabita solam eam probamus, quae celebrata universis studiis recte regulas supra propositas sequatur. Abolito igitur* jure, quod quibusque rebus don*andis Cincia lex imposuit neque amplius* ea perfectione facienda *quam illa ordinaverat negamus certae formae verborum* deinde esse quicquam *requirendum, quoniam jam* lege commutata ver*ba et ipsa abolita sunt antea necessaria in donationibus* faciendis. Neque ullam *donationibus jam factis controversiam volumus* conflare, cum futuris jus per *hanc legem ponamus*, quae, ut omnes cognoscan*t quae jussimus*. . . . . *programmati* tuo praeferenda est. Proposita *III non*. Febr. Romae Sabino et Rufino conss. in foro divi *Trajani*.

Schol. ad. 249, 6 : Donationes apud acta firmandas et praesentibus multis inplendas.

1. 'Ante litium contestationem' serait préférable selon Mommsen.

250. Papinianus libro XII responsorum. Inperfectam donationem perfectam efficit voluntas liberalitatis novissimum usque in diem vitae perseverans.

251. Item. Non ideo donatio. . . . .
filiae tradita placuit . . . .
tantem sibi recepisse . . . .

252. Item. Cum mater absenti filio . . . .
ad eum fecit, quas procura . . . .
quae instrumenta praediorum e . . . .
praediorum ad filium p. . . . .
vel servis ejus tradita non. . . . . *prae-*
diorum ad filium perven . . . . *mater-*
nae voluntatis et ei . . . .
causa redire jussisset. . . . .
possessionem praediorum. . . . . constare.

252ª ¹. *Item* . . . .
factam praedio neque mancipato. . . . .
habuisse. Respondi nec fideicommiss . . . .
in aede sacra aeditu. . . . . *lit-*
teris post mortem suam . . . .
post mortem suam . . . .
. . . . redditam. . . rationem
. . . . vit, quod ne fiduciae daretur
. . . . num accepit, perveniret, qui

253. . . . . . . donatio perficitur ; cum autem creditor
. . . . nem si debitor pecuniam quam delega. . . . . stipulatione factam novationem
. . . . dam stipulationem venit
. . . . inchoavit respondi.

253ª. *Item.* . . . . . *possessione tradita*, quam inritam
. . . . donavit, in iis praediis fuit.

253 ᵇ ². *Item.* . . *Donationes in concubinam collat*as non *posse revocari convenit, nec, si matrimonium inter eosdem postea fuerit contractum,* ad irritum reccidere, *quod ante jure valuit ; an autem maritalis honor* et *affectio pridem praecesserit* . . . . *personis comparatis, vitae conjunctione considerata perpendendum esse respondi.*

254 ³. *Item. Species extra dotem a matre viro filiae nomine* traditas filiae, quae *praesens fuit, donatas et ab ea viro tradi-*

---

1. Cf. *D.*, 31, 77, 26. — 2. = *D.*, 39, 5, 31, *pr.* — 3. Remanié *D.*, 39, 5, 31. 1. V. Lenel, *Pal.*, 1, p. 936, nº 687.

tas videri respondi, nec matrem *offensam repetitionem habere vel eas recte* vindicare, quod vir cavis*set extra dotem usibus puellae sibi traditas*, cum ea significatione non *modus donationis declaretur nec ab usu proprie*tas separetur, sed peculium a dote puellae distingueretur.

255 [1]. *Item. Pater qui filiae quam habuit in potestate mancipia* donavit et peculium, *quamquam soluta potestate jure emancipationis vita* deces*sit, ei non ademit, ex post facto donationem videbatur per*fecisse.

256. . . . . bat praediorum, quae pater ei post
. . . . am donationem genuit
. . . . esset ; parvi etenim refert
. . . *nam licet jure donatio perfec*ta non probaretur, arbitrum *hereditatis dividendae*. . . *nihilominus patris volunta*tem recte secuturum. . . . . ea dati sin*t*.

256ᵃ. *Item. Recte filiae in potestate patrem donasse respondi*, cum *alter*i filiae *propria praedia praelegaret et adjecisset*'exceptis quae sorori tuae donavi'. Nam et testamento liberalitatem confirmatam et aperte patris declaratam voluntatem ; quod divisionis arbitrio sufficit juris quoque verbis deficientibus.

257 [2]. Item. Ejusmodi lege deposita in aede arca, ut eam ipse *solus, qui* deposuit, tolleret aut post mortem domini Aelius Speratus, non videri perfectam [3] donationem respondi.

258 [4]. Item. Pomponius Philadelphus dotis causa praedia filiae Pomponiae, quam habuit in potestate, tradidit et mercedes eorum generi *solv*i mandavit : an ea praecipua filia retinere possit, cum *omnes* filios heredes instituisset, quaerebatur. Justam causam retinendae possessionis habere filiam, quoniam pater praedia *de* quibus quaerebatur dotis esse voluit, et matrimonium post mortem quoque patris constiterat, *respondi* ; filiam etenim, quae naturaliter agros retinuit, specie dotis, cujus capax fuit, defendi.

259. Item. Mulier sine tutoris auctoritate praedium stipendiarium instructum non mortis causa Latino donaverat. Perfectam in praedio ceterisque rebus nec *mancip*ii donationem esse apparuit, servos autem et pecora, quae collo vel dorso domarentur, usu non capta. Si tamen voluntatem mulier non mutasset, Latino quoque doli profuturam duplicationem respondi ; non enim mortis causa capitur quod a*liter* donatum est, quoniam morte Cincia removetur.

1. Cf. *D*., 39, 5, 31, 2. — 2. = *D*., 39, 5, 31, 3. — 3. *D*. : 'celebratam'. —
4. = *D*., 10, 2, 35.

Pap.,
XII resp.

AD LEGEM CINCIAM DE DONATIONIBUS.

260. Item. Filius emancipatus, cui pater peculium non ademit, res quidem pro donato vel pro suo, quod justam causam possidendi habet, usu capit, sed debitores convenire non potest neque lites pecu*liares* prosequi, si non sit in rem suam cognitor datus aut nominum delegationes intervenerunt. Plane quod ei solvitur patre non dissentiente, debitorem liberat, nec interest an emancipatum ignoret vel ei non esse peculium ademptum, cum rei substantia plus polleat existimatione falsa.

261. Item. Peculium vindicta manumisso vel inter amicos si non adimatur, donari videtur. Quae ratio facit, ut ex justa causa possidens usucapere *rem* possit. Aliud in his placuit, qui *testamento* libertatem acceperunt *vel testamento* parentis potestate solvuntur; quos amittere peculium, si non sit legatum, constitit, neque enim tacita liberalitas defuncti permittentis retinere peculium potuit intellegi.

262. Item. Sponsae res simpliciter donatae non insecutis nuptiis non repetuntur. Sed et si adfinitatis contrahendae causa donationes factae sunt et nuntium sponsus culpa sua remiserit, aeque non repetuntur. Quod ita intellegi oportet, si revocan*dis* donation*ibus* condicio *non* comprehendatur non conjunc*to* matrimon*io* non perficiendi contractus [1].

263. Item. Eam quae bona sua filiis per epistulam citra stipulationem donavit, si neque possessionem rerum singularum tradidit neque per mancipationem praediorum dominium transtulit nec interpositis delegationibus aut inchoatis litibus actiones novavit, nihil egisse placuit.

264. Item. Matrem, quae sine tutoris auctoritate filio donationis causa praesentes servos mancipio dedit, perfecisse donationem apparuit.

264a [2]. Pollicitatio donationis inter privatos vim obligationis non inducit.

265. Item. Aurum et argentum, quod in re praesenti fuit, pater filio sui juris donavit ejusque possessionem traditam esse instrumento palam fecit; non idcirco donationem inritam factam existimavi, quod usum omnium rerum apud patrem filius reliquit.

1. Mommsen; le ms.: ' si revocantis donationis condicio non conjuncti matrimoni compraehendatur non perficiendi contractus '.— 2. Paragraphe ordinairement regardé à tort comme une scolie; cf. la note de Mommsen.

266 ¹. Ulpianus libro I ad edictum de rebus creditis. Indebitum solutum accipimus non solum si omnino non debebatur, sed et si per aliquam exceptionem peti non poterat, id est perpetuam exceptionem. Quare hoc quoque repeti poterit, si quis perpetua exceptione tutus solverit. Unde si quis contra legem Cinciam obligatus non excepto solverit, debuit dici repetere eum posse, nam semper exceptione Cinciae uti potuit, nec solum ipse, verum, ut Proculeiani contra Sabinianos putant, etiam quivis, quasi popularis sit haec exceptio ; sed et heres ejus, nisi forte durante voluntate decessit donator ; *tunc* enim doli replicationem locum habere imperator noster rescripsit in haec verba.

266ª. Gregorianus libro XIII titulo. *Imp.* Alexander Flavio Menandro. Professio donationis apud acta facta, cum neque mancipationem neque traditionem subsecutam esse dicas, destinationem potius liberalita*ti*s quam effectum rei actae continet. Eapropter quod non habuit filius tuus dominium, si quae adfirmas vera sunt, obligare pacto suo creditori non potuit, nec quod sine effectu gestum est vindicationem tui juris impedit. Proposita III kal. Jan. Alexandro Aug. III et Dione II conss.

267. I*mpp*. Severus et Antoninus Augg. Cosoniae Hilarae. Actio nova ex promissione, quae donationis causa facta sit, dari non solet. Proposita prid. kal. Jan. Romae Antonino II ² conss.

268. Quaerebatur, an, cum Seius filiam suam emancipari*t* et apud acta professus sit ei se donare fundum nec instrumenta donationis fecerit, an videatur professione actorum perfecta esse donatio. Respondi, si neque mancipatio neque traditio secuta est, solis actis dominium non transisse.

269. Ulpianus libro *XLIII* ³ ad Sabinum : 'Ut quod utendum mater filiae dedit, non videatur donatum et si donatum sit, non valeat, in potestate filia constituta patris :. aliud esse, si dotem dedit'. Ulpianus : Constat, quod utendum filiae datum est, non esse donatum ; sed et si dona*tum* esset, eaque donatio non valeret in filiam conlata, quae in patris erat potestate. Plane si in dotem mater filiae dedisset, valet quod factum est ; potest enim donare filiae, cum, *quamvis* res mariti fiant, quandoque filia vel sola, si juris sui fuerit, vel voluntate filiae pater habeat rei uxoriae actionem. Merito igitur Sabinus ait, si inscia

---

1. Cf. *D*., 12, 6, 26, 3. — 2. Le nom de Geta est omis. — 3. Lenel, *Pal.*, 2, p. 1174, n. 3. Le ms.: XLVI.

uxore vel invita [maritus] in dotem dedit[1], rem mariti non esse factam et ideo vindicari ab herede mulieris posse ; quod si sciente ea hoc factum sit, consequens erit dicere in dotem conversum esse id quod datum est.

Schol. ad 269, med. : B' Mater filio in patria potestate posito donando nihil agit.

270. Hermogenianus titulo de donationibus. Divi Diocletianus et Constantius Caeciliae Anagrianae. Si donationibus in unam filiam conlatis quarta non retenta patrimonium exhaustum in fraudem ceterorum filiorum probetur, has rescindi ad instar inofficiosi testamenti sacris constitutionibus parentum nostrorum evidenter continetur. Matre quoque filiae res venum dante nihil ei auferri posse non ambigitur. Subscripta V kal. Mai. Sirmi Caesaribus conss.

271. Idem Boncio Secundo. Praeses provinciae amicus noster notionem suam inpertiet, non ignorans pro sua auctoritate atque experientia, si docebitur inmoderatis donationibus non retenta quarta ad excludendam inofficiosi querellam nepotis ex filio nati patrimonium suum avum exhausisse, plerisque constitutionibus hujusmodi commentis ad exemplum in officiosi querellae esse occursum. Proposita Mogontiaci XI kal. Jul. Maximo et Aquilino conss.

Schol. ad 271 : B. De inmodicis donationibus.

272[2]. Gregorianus libro XIII titulo. Imperator Philippus Agilio Cosmiano suo salutem. Inter patronos et libertos de jure donationum tractari non oportet, cum etsi perfectis donationibus in possessionem inductus libertus quantolibet tempore ea quae sibi donata sunt pleno jure ut dominus possederit, tamen omnis donatio mutata patronorum voluntate revocanda sit. Quod observabitur etiam circa ea, quae libertorum nomine, pecunia tamen patronorum et beneficio comparata sunt. Nam qui obsequic suo liberalitatem patronorum provocaverunt, sunt digni qui eam [non] retineant, cum coeperint obsequia neglegere, cum magis eos conlata liberalitas ad obsequium inclinare debeat quam ad insolentiam erigere. Fundus autem, quem ais Agilio liberto donasse te, tribus et decuria, quae ipsius nomine comparatae sunt, re . . . .

. . . . . libertus vindican. . ., *cum eas* tantum donationes vel pecuniae largitiones libertus obtinere debeat, circa quas

---

1. Le ms. défendu par Lenel, *Pal.*, 2, p 1174, n. 6 : 'invita, maritus in dotem dedit'. Pellat : 'invita mater...... dedit' ; Huschke : 'invita marito.... dedit'. — 2. Abrégé C., 8, 55 (56), 1.

voluntas patronorum in supremam usque diem perseveraverit.
Hoc tamen jus stabit intra ipsorum tantum liberalitatem, qui
donaverunt: ceterum neque filii eorum neque successores ad hoc
beneficium pervenient; neque enim fas est omnimodo inquietari
donationes, quas is qui donaverat in diem vitae suae non revocavit.

Schol.. ad 272, init. : B'. In libertos conlatam a patrono donationem, si ingrati extent, revocandam vel si nomine eorum quid emptum sit.

273. Dominus Constantinus [et Caesares]. Prisca legum aequitate p*raeclusa* variis ambagum versutiis exquisita donatio, licet titulum emptionis vel debiti tenorem comprehendere videatur, tamen claris testationibus probata debe*t* in irritum devocari, si quidem consultissima ratione videatur esse provisum matrimonio constante donationes inter virum et uxorem altrinsecus agitatas nullam firmitatem habere. Nec sibi debent mulieres blandiri, si tamquam venditores vel debitores ad eludendas legum sanctiones mariti earum se falso videantur esse professi. Quare Vettium Rufinum clarissimum virum praefectum urbi amicum nostrum, cujus notio est, adire non prohiberis, qui *p*artium allegationibus examinatis petitioni tuae secundum juris providebit justitiam. Data XIIII kal. Nov. Mediolano Constantino et Licinio conss.

Schol. ad. 273, init. : B'. De *donationibus* sub *emptionis titulo fac*tis.

274. Item Aureliae Sabinae sive Gaudiosae. Licet in potestate filii degentes donationum effectum a patre sibi conlata*r*um mox consequi minime posse videantur, tamen perseverantia voluntatis ad instar mortis causa donationis hujuscemodi liberalitatem redigi oportere retro principum *re*scriptis cog*noscitur* esse concessum. Unde virum clarissimum praefectum urbi amicum nostrum, cujus notio est, adire non prohiberis, qui omnibus rite consideratis, quae in precem tuam conferend*a* tu du*xis*ti pro experientia sua recte *judi*cari *cura*bit. Data idibus Augustis Romae Constantino et Licinio Augg. conss.

275. [Divi] Diocletianus [et Constantius] Sa . . . . iodul. . . Perfectam donationem mutata vòlu*ntate* donatoris, etsi parum gratus existet, cui dono res data est, minime *re*scindi posse saepe rescriptum est. Proposita V non. Mart. Nicomediae Maximo *et* Aquilino conss.

276. Idem . . . . iae. Si *pater* tuus nomine matris tuae de sua pecunia *fundum comparavit* dona*ti*onis causa eique tradidit et decedens non revocavit id *quod in eam* contulisse vide*tur*, intellegis frustra te velle experiri, cum oratione divi Se-

veri hujusmodi donationes post obitum eorum, qui donaverunt, confirmentur. Proposita pridie non. Mart. Antiochiae Augg. IIII et III conss.

277. Idem Aureli. . . . . . Si quam impugnat frater pater tuus in te contulit donationem et decedens supremo judicio non revocavit, scilicet manente potestate, praeses provinciae juxta divorum principum constitutiones super hac re factas vim prohibebit, de ceteris inter vos disceptaturus. Proposita IIII kal. Sept. Maximo et Aquilino conss.

278. Idem Aurelio Zoilo. Cum adfirmes patrem tuum donationes perfectas in te contulisse et supremis judiciis eas non revocasse, poteris jure constituto, praesertim cum honori primipilari sis adstrictus, securo animo ea quae donata sunt possidere. Proposita VIII kal. Nov. Maximo et Aquilino conss.

279. Idem Benignae Superlatae. In filiam post emancipationem donationem a patre conlatam postea auferri ab ea non potuisse dubitari non oportet. Si igitur nihil aliud tibi de jure adversatur, praeses provinciae, ne qua tibi legitime possidenti fiat injuria, intercessu auctoritatis suae providebit. Proposita IIII kal. Dec. Maximo et Aquillino conss.

280 [1]. Idem Aur. Anniano. In dubium, non venit adversus enormes donationes, quae tantummodo in quosdam liberos, vacuefactis facultatibus reliquorum pernicie, conferuntur, jamdudum divorum principum statutis esse provisum. Si igitur mater tua ita patrimonium suum, profunda liberalitate in fratrem tuum evisceratis opibus suis, exhausit, ut quartae partis dimidiam, quam ad excludendum inofficiosi querellam adversum testamentum sufficere constat, his donatis datisque haud relictum tibi habeas, praeses provinciae, quod immoderate gestum est, revocabit. Sane aeris alieni solutionem, si ab intestato cum fratre tuo matri heres exstitisti, renovare non potest. Data Nicomediae V non. Mart. Augustis III et II conss.

Schol. ad 280, init. : B'. De inmodicis donationibus.

281. Idem Aurelio Seve..... dro. Pater in filium, quem in potestate habet, conferens ipso jure donationem non facit, sed ex praeceptis statutorum recepta humanitate placuit, si in eodem judicio perseverans in factum concesserit, liberalitatem ejus salva lege Falcidia probari. Proinde si pater, qui per epistulam res tibi dono dedit, non revocata liberalitate nec mutata voluntate fatalem diem intestato obiit, inlibata donatio permanet, si tamen legis Falcidiae ratio comminui eam nec

1. Cf., C., 3, 29, 7.

exegerit; quod si locum habet, eatenus ex donatione fratres tui deducent, quatenus id fieri indemnitas et juris ratio [et] in optinendis portionibus, quas eos habere necesse est, exigunt. Juxta hanc juris formam praeses provinciae ad vicem familiae erciscundae officium sententiae suae legibus temperabit. Proposita Byzantio XI kal. Apr. Maximo et Aquilino conss.

Schol. ad 281, init. : B'. Si pater in filium aliquid confert, liberalitas ejus salva *lege Falcidia* probanda *est.*

282 [1]. Idem Calpurniae Aristaenetae. Quoniam non contenta rescripto, quod ad primas preces acceperas, iterato supplicare voluisti, ex jure rescriptum reportabis. Communes res in solidum donari nequeunt, sed portiones eorum qui donant ad eos qui dono accipiunt transitum faciunt. Nec ambigi oportet donationes etiam inter absentes, si ex voluntate donantium possessionem ii quibus donatum est nanciscantur, validas esse. Restat ut, si filius tuus immoderatae liberalitatis effusione patrimonium suum exhausit, juxta legum placita praesidis provinciae auxilio utaris, qui discussa fide veri, si integri restitutionem ex filii persona competere tibi ob improbabilem donationis enormitatem animadverterit, in removendis his quae perperam gesta sunt tibi subveniet. Proposita IIII id. Feb. Mediolani Maximo et Aquilino conss.

Schol. ad 282, init. : B'. Communes res in solidum donari non posse. Donationes etiam inter absentes posse fieri et validas esse, si ex voluntate donantium hi quibus donatum est nanciscuntur possessionem rerum donatarum.

Schol. ad restat ut. : « Idem supra pagina VIII et infra pagina XV, et XXIII [2]. »

283 [3]. Idem Aurelio Carrenoni. Si *praediorum* stipendiariorum proprietatem dono dedisti ita, ut post mortem ejus qui accepit ad te rediret, donatio inrita est, cum ad *tempus* [4] proprietas transferri nequiverit. Si vero usum fructum in eam, contra quam supplicas, contulisti, usum fructum a proprietate alienare non potuisti. Proposita V id. Mart. Maximo et Aquilino conss.

284. Idem Alexandriae. Ea quidem, quae jure donationis a socru tua in te conlata sunt, manere inconcussa rector provinciae efficiet. *De* matrimonio vero retinendo tui arbitri est,

---

1. = *C.*, 8, 53, 6 de 'nec ambigi' à 'validas esse' et = *C.* 3, 29, 4, de 'Si filius' à 'subveniet'. — 2. Scolie d'une écriture différente. — 3. Version remaniée *C*, 8, 54, 2 — 4. Correction appuyée sur le texte du *C.*, et admise dans toutes les éditions ; le ms. défendu par Appleton, *Propriété prétorienne*, 1889, 2, pp. 178-187 : 'ad te'. Mais voir en sens contraire les observations probantes d'A. Pernice, *Labeo*, 3, 1, 1892, pp. 92-94. Cf. L. Michon, *N. R. H.*, 1911, pp. 536-554.

an velis et filiis communibus intervenientibus in eodem proposito perseverare. Proposita III id. Oct. Heraclea Thracum Maximo et Aquilino conss.

285. Gregorianus libro XIII tit. Idem Aurelio Abanti. Si filiae tuae possessiones, de quibus agitur, neque mancipasti neque tradidisti, frustra vereris, ne ex una professione vel *ut suas eas vindicet*. . . . . *praesertim cum fundos tributarios esse dicas* . . . . etiam ab injuria tempera . . . . Maximo et Aquilino conss.

286 [1]. Eodem libro eodem titulo. Idem Juliae Marcellae. *Quoties donatio ita conficitur, ut post tempus id quod donatum est alii restituatur, veteris juris auctoritate rescriptum est,* si is, in quem liberalitatis compen*dium conferebatur stipulatus non sit, placiti* fide non servata, ei qui libera*litatis auctor fuit vel heredibus ejus condicticiae actionis* persecutionem competere. Sed cum *postea benigna juris interpretatione* divi *princi*pes ei qui stipulatus non sit *utilem actionem juxta donatoris voluntatem decernendam esse admiserint,* actio, quae sorori tuae, si in rebus humanis ageret, potuit decerni, *si quae proponis vera sunt*, tibi adcommodabitur. Proposita Sirmi XI kal. Oct. Augg. IIII et III conss.

287. Constantinus et Caess . . . . *Donatione secundum juris normam perfecta* nec ea, quae matres in filios contu*lerunt, revocari jura permit*tunt. Sane si generaliter *tantummodo vel stipulatione interposita* vel mancipatione totius patrimonii *donatio celebra*ta est, id quod donatum est stare non pote*st, cum haec donatio ad id ut proprietas possit* transferri non valeat. Quare *num hoc modo tibi consuli* possit, rectorem provinciae interpe*llare poteris* . . . . Licinio V et Crispo *conss* . . . .

288[2]. Gregorianus libro XIII tit. [Dominus] Imp. Probus Massiciae R. . . . *Indubitati juris est,* si quidem donaturam te quaedam *dixisti neque apud acta instrumenta* fecisti aut eundem cui *donabas dominum effecisti per rei cessionem* perfectam ac solam tibi *possessionem retinuisti, eum rem eam vindicare sibi* non posse, quando apud te ejus rei proprietas mansit . . . . *nec functionum pensiones vel per eum, cui donata res non erat, vel ab actoribus ipsius nomine* celebratae, nunc tibi obesse a. . . . *poterunt* jus tum magistrum summarum. . . . . . . cum comminatione vide. . . . .

1. = C., 8, 51, 3. — 2. Cf. C., 8, 53, 4.

praefinitione allega, ut, si *praesidi rem probaveris*... *compellatur.* Proposita VI kal. Jan Messalla *et Grato conss.*

289. . . . . p stipendiarii vel tribu*tarii* . . *non sine traditione donat*io perficitur. Pone igitur sollicitu*dinem.* . . . . egit non tradidisse ea, vel quae . . . . *revocanda* non sunt. Proposita non. Oct. . . . . . .

290. . . . . . . *modo preces tua*s fides adjuvet. Ceterum . . . . lem declarat volun*t*atem . . . . onem ab eo perfecisti, si quidem feminis *quoque* . . . . *in f*amilia degentibus pater do*nare videtur cum moritur voluntate non mutata* . . . . . . s adeo emolumenti tribuat. . . . . . les quod *tibi ex patris rebus jure*. . . . . *itaque ne tibi inferant templamina fratr*um tuorum inquietudinem, si qua *tibi adquisita sunt.* . . . *per donat*ionem, quae tibi ex bonis patris *obvenit, modo eam*. . . *ad diem novissim*um voluntas perseverans *patris confirmavit.* . . . . . *debet* etiam fundi ex pecunia a patre *tibi donata empli possessio.* . . . . *per eu*m tibi tradita ac postmodum *a te retenta apud te manere.* . . . . *si recte emisti solutione* pretii facta numerans quod penes *te fuit*. . . . . Data III kal. Oct. Verona. . . . .

291. . . . . *Firmam esse*. . . . *rerum paternarum donat*ionem in te conlatam, licet in potestate *constituto tibi pater donaverit.* . . . . *modo in diem novissimum* vitae voluntas *duraverit, non ignorabit*. . . . . *praeses provinciae cujus erit de hac re judicem dare.* Is tum verorum quae praetulisti. . . *ratione habita*. . . . *curabit, ne quid* fiat contra voluntatem defuncti *et ita inter vos*. . . . . *arbitr*um divisioni dabit. Qui in *familiae erciscundae judicio*. . . . . *id spect*are debebit, ut tibi istae res *et praeterea*. . . . . *porti*o ex legibus ab intestato de*bita adjudicentur*. . . . Proposita V kal. Jun. Treveri. . . . . III conss.

292. . . . . . . *Donatio quidem a patre in* filium *familias collata ipso jure nulla est.* . . . . ., *sed benigne subvenitur* filio, si in eadem voluntate pater *perseverans decessit* ; *valet enim novissima* voluntas, quam in *extremum diem pater retinuit, modo legitima omnibus p*ortio quae ab intestato debetur inlibata servetur. Juxta quae adi correctorem virum clarissimum amicum nostrum et ea, quae in precem contulisti, adlega, qui in examinationibus eam sententiam promet, quam juris atque aequitatis ratio dictaverit. Proposita Mediolano XII kal. Jan. Tusco et Anullino conss.

293. Idem Aur. Luciano. (1). In donatione rei tributariae circa exceptam et non exceptam personam legis Cinciae nulla differentia est, cum et vacuae possessionis inductione celebrata in utriusque persona perficiatur et, si hanc secutam post hujusmodi placitum non constet, manifeste nec coepta videatur. Quapropter in his quidem, quae solo tributario consistunt, a majore V et XX annis in vacuam inductos *vos* possessionem ostendi convenit. Rerum autem mobilium sive moventium, si excepti *non* fuistis, quae mancipi sunt usu capta vel mancipata, post vel antea majore tempore a vobis anni possessa, avocari non possunt ; nec mancipi vero traditione facta propter ejusdem interdicti potestatem similis possessionis probatio necessaria est. Nam si exceptus fuisti privignus tum constitutus, sola traditio sufficit. (2) [1]. Quod autem res tibi ab herede donatricis distractas esse pro*ponis*, *duplicari* tibi titulum possessionis non potuisse constat, sed ex perfecta donatione dominum factum frustra emisse, cum rei propriae emptio non possit consistere ac tum demum tibi profuerit, si ex donatione te non fuisse dominum monstretur. Sane quoniam omnia *bona* vobis ab *ea* donata et tradita dicitis, ad hoc a filio facta venditi*o* rerum maternarum adferre perfecta etiam donatione poterit defensionem, *ne* exemplo inofficiosi testamenti possit haec avocare. Quibus omnibus praeses provinciae suam notionem praebebit. Proposita IIII kal. Jun. Diocletiano et Maximiano V et IIII conss.

294. Papinianus libro XII responsorum. Quod pater filiae, quam habuit ac retinuit in potestate, donavit, cum eam donationem testamento non confirmasset, filiae non esse respondi ; nam et peculia non praelegata communia fratrum esse constabat. Diversa ratio est contra legem Cinciam factae donationis. Tunc enim except*ionem* voluntatis perseverantia doli replicatione perimi*t* ; cum pater filiis, quos habuit ac retinuit in potestate, donat, nihil prodest non mutari voluntatem, quoniam quod praecessit totum inritum est. Unde cum filius in divisione bonorum penes fratrem quod pater donaverat errore lapsus reliquit, portionem ejus non esse captam usu Servio Sulpicio placuit quod neque frater ipse donaverat neque pater donare poterat. Cur ergo quod vir uxori dedit, morte soluto matrimonio, si voluntas perseverarit, fini decimarum auferri non oportere, maximi principes nostri suaserunt et ita senatus censuit ? Sed nimirum liberi, qui repulsam donationis

---

1. == *C.*, 4, 38, 4.

auctoritate juris tulerunt, aliis rationibus ad bona patris perveniunt, ac plerique plus habere quam fratres jurgiis ejusmodi contendunt.

Schol. ad 294 init. : B'. Nihil prodesse filio familias donatum, si *testamento* non confirmetur donatio, quamvis pate*r* non mutaverit voluntatem. Et sequens et tertia. (Infra, 7 pagina X adnota... similis huic inc(ipit ?) ad no*tam* VI. [1])

295. Impp. Severus et Antoninus Augg. Atilio Natali militi. Si frater tuus in potestate patris in diem mortis perseveravit, donationes, quas a patre in eum conlatas esse adfirmas, nullius esse momenti dubitare non debes. De patris igitur bonis dividundis cum fratre tuo apud eum, de quo meres [2], consiste. Proposita XIIII kal. Sept. Fausti[nia]no et Rufino conss.

Schol. : B'. Quaere supra.

296. Papinianus libro II responsorum. Donationem, quam pater in filium, quem in familia retinuit, frustra contulit, arbiter hereditatis dividundae non sequitur ; et ideo, si frater coheres apud fratrem suum possessionem errore juris lapsus reliquerit, usu capio partis non erit.

Schot. : B'. Quaere supra.

297. [Divi] Diocletianus *A*. [et Constantius] Clodiae Juliae Ptolemaidi. Cum matrem tuam donationis instrumenta in neptem suam fecisse nec ea tradidisse dicas, in dubium non venit liberalitatem, quae *non* adsignatis instrumentis minime coepta est, invalidam esse. Igitur ut quaestio, quae inter vos orta est, cognita causa comprimatur, a viva matre tua neque instrumenta neque possessionem traditam esse ostende. Proposita IIII non. Nov. Suneata Diocletiano Augusto II et Aristobulo conss.

Schol. ad 297, init. : B'. Donationem non adsignatis instrumentis non valere.

298. Paulus libro LXXI ad edictum, ad Cinciam. Personae igitur cognatorum excipiuntur his verbis : 'Sive quis cognatus cognata inter se, dum sobrinus sobrinave propiusve eo sit, sive quis in alterius potestate man*u* ma*ncipi*ove erit, qui eos hac cognatione attinget quorumve *is* in potestate m*anu* man*cipi*ove erit, eis omnibus inter se donare capere liceto'.

299. Item. Quinque igitur gradus pleni excepti sunt et ex sexto una persona, sobrinus et sobrina.

300. Item. Excipiuntur et ii, qui in potestate eorum vel manu mancipiove, item quorum in potestate manu mancipiove erunt.

1. Écrit d'une main différente. — 2. Peut-être : 'de quo pendet res' pense M. Mommsen.

301. Item. Itaque si is qui in eo gradu est in potestate habeat eum, qui mihi longiore gradu sit, dare ei potero. Sic et lex Furia scripta est, eo amplius, quod illa lex sex gradus et unam personam ex septimo gradu excepit, sobrino natum.

302. Item. Excipiuntur et adfinium personae, ut privignus privigna, noverca vitricus, socer socrus, gener nurus, vir et uxor, sponsus sponsa.

303. Item. Sed in hac adfines qui sunt tempore donationis excipiuntur, idemque etiam divus Pius rescripsit; leges enim, quae voluissent etiam eos excipere qui fuissent, nominatim id cavisse.

304. Item. Excipit tutorem, qui tutelam gerit, si dare volet, quia tutores quasi parentes proprii pupillorum sunt. [Nam permisit eis *in* infinitum donare.] Contra ut possit pupillus donare, non excepit.

305. Item. Item excipit 'si quis mulieri virginive cognatus dotem confere volet'; igitur quocumque gradu cognatus dotis nomine donare potest.

306. Item. Quaesitum, an et cognata cognatae ultra exceptum *gradum* donare possit. Labeo scribit non posse; sed ratio aequitatis *ae*que in feminis est.

307. Item. Item excipit 'si quis a servis quique pro servis servitutem servierunt accipit *isve* duit'. His verbis 'si quis a servis' se*r*vis liberti continentur, ut patronis dare possunt. Sequentibus vero excipitur, ut is qui bona fide serviit, si postea liber pronuntiatus sit, possit dare ei cui serviit. Sabinus utraque scriptura *libertos putat* contineri et *bis* idem dictum.

308. Item. Sed tantum patronum a liberto excipit. Quidam putant etiam liberos patroni exceptos, quoniam libertus continetur servi appellatione et sicut in XII tabulis patroni appellatione etiam liberi patroni continentur, ita et in hac lege.

309. Item. Contra autem liberti a patronis excepti sunt ? Et hoc jure utimur, ne excepti videantur, ut et dare et capere lex iis permittat.

310. Paulus libro XXIII ad edictum de brevibus. Perficitur donatio in exceptis personis sola mancipatione vel promissione, quoniam neque Cinciae legis exceptio obstat neque in factum 'si non donationis causa mancipavi vel promisi me daturum'; idque et divus Pius rescripsit.

311. Item. Sed in persona non excepti sola mancipatio vel promissio non perficit donationem. In rebus mobilibus

etiamsi traditae sint, exigitur, ut et interdicto *utrubi* superior sit is cui donata est, sive mancipi mancipata sit sive nec mancipi tradita.

312. Divi Diocletianus et Constantius Aurelio Onesimo. Successoribus donatoris perfectam donationem revocare non permittitur, cum inperfectam perseverans voluntas per doli mali replicationem confirmet. Unde aditus praeses provinciae, si de possessione te pulsum animadvertit nec annus excessit, ex interdicto UNDE VI restitui te cum sua causa providebit, vel si hoc tempus finitum *est, ad* formulam promissam, quasi nullas vires donationem habuisse dicatur, quaestione facti examinata, ju*dicem* praeses provinciae sententiam ferre curabit. Proposita VIIII kal. Mart. Diocletiano V et Maximiano IIII conss.

Schol. ad 312, princ.: B'. Nec inperfectam donationem a successoribus posse revocari.

313. Idem Laelio Sempronio Laeporio. Donatio praedii quod mancipi est inter non exceptas personas traditione atque mancipatione perficitur, ejus vero quod nec mancipi est traditione sola. Si igitur patrona tua in rebus humanis agens supra dicto jure ex causa donationis, retento sibi usu fructu, ad te eundem fundum transtulit, intellegis jus tuum satis esse munitum, si tamen cum moreretur patrona, quam praedium donasse commemoras, possessionem rei donatae non revocavit. Juxta quae aditus is cujus de ea re notio est auctoritatem suam interponet. Data pridie kal. Apr. Aquileiae Diocletiano Aug. VI et Constantio II conss.

Schol. ad 313, princ. : B'. Donatio praedi mancipi ab eo quod nec mancipi est in quo discrepet.
Schol. ad 313, fin. : B'. Donationem praedii patronae in libertum ita firmam esse, si possessionem ejus cum moreretur non revocavit.

314. Idem Aurelio Apollonidae. In filium a patre donationum conscriptis instrumentis eum in vacuam inductum possessionem horum lectio manifestat. Ceterum sine dubia facti quaestione divus Titus Antoninus parens noster *nec necessarias angustias*, ratione ejus consortii quod nascendi tempore liberis et parentibus datur, cogitans, non admitti scrupulosam inquisitionem statuit; nec idcirco patris indignatione posse donationem justam umquam rescindi summa cum ratione placuit. Proposita V id. Nov. Melantia Caess. conss.

Schol. ad 314, med. : B'. Traditionem inter parentes et filios non requiri nec patris indignatione justam donationem debere rescindi.

315 [1]. Idem Ulpiae Rufinae. Cum ex causa donationis uter-

---

1. Cf. *C.*, 3, 32, 15.

.que dominium rei tributariae vindicetis, eum, cui priori possessio vel soli tradita est, haberi po*tio*rem convenit. Data XII kal. Mart. Dorocortoro, Tiberiano et Dione conss.

Schol. ad 315 : B'. Si in causa donationis duo sibi dominium rei tributariae vindicent, potiorem esse cui possessio tradita est.

mêmes. 316. Idem Au*reliae* Homonoeae. Si non est in vacuam possessionem ex causa donationis inductus is contra qu*em* supplicas, nulla ratione tributarii praedii dominus constitutus extraneus vindicationem habere potest.

Schol. ad 316, pr. : B'. Eum cui non sit tradita possessio, rem ex donatione sibi vindicare non posse.

(La suite manque.)

DE COGNITORIBUS ET PROCURATORIBUS.

. . . .

317[1]. . . . . . *Apud acta facto* procuratori haec satisdatio remitti solet; nam cum apud acta nonnisi a praesente domino constituatur, cognitoris loco intellegendus est. Ad defendendum cognitore constituto dominus, non cognitor actori satisdare cogendus est ; cum vero procurator defensurus intervenit, non dominus, sed procurator judicatum solvi satisdare compellitur. Quae satisdatio adeo necessaria est, ut eam remitti non posse, etiamsi apud acta procurator constituatur, divus Severus constituerit. Cognitore enim interveniente judicati *actio* domino vel in dominum datur ; non alias enim cognitor experietur vel ei actio*ni* subjicietur, qu*am* si in rem suam cognitor factus sit. Interveniente vero procuratore judicati actio ex edicto perpetuo ipsi et in ipsum, non domino vel in dominum competit.

Ulp., VIII ad ed. 318. Ulpianus libro VIII ad edictum. Non tamen sic putat certis verbis cognitorem dari debere, u*t*, si quid fuisset adjectum vel detractum, non valeat datio ut in legis actionibus.

Paul, VIII ed. ? 319. P(aulus). Etiam Graecis verbis cognitorem dari posse inter omnes constat.

Ulp. VIII ed. 320[2]. . . . . . Secuntur haec verba : 'Et qui eam, quam in potestate habet, genero mortuo, cum eum mortuum esse tum sciret, in matrimonium conlocaverit eamve sciens uxorem duxerit, et qui eum, quem in potestate haberet, earum quam uxorem ducere passus fuerit, quae*ve* virum parentem liberosve suos uti mo*ris* est non eluxerit, quae*ve*, cum in parentis

1. Attribué par Huschke à Paul, *l. LXXIV ad ed.* ; dubitativement par Lenel, *Pal.*, 2, p. 1233, n. 1, à Ulpien, *l. XIV ad ed.* — 2. Cf. *D.*, 3, 2, 1, *pr.*

sui potestate non esset, viro mortuo, cum eum mortuum esse sciret, intra id tempus, quo elugere virum moris est, nupserit.

321 [1]. '*Parentem*' inquit. Hic omnes parentes accipe utriusque sexus, nam lugendi eos mulieribus moris est. Quamquam Papinianus libro II quaestionum etiam a liberis viril*is* sexus lugendos esse dicat ; quod nescio ubi legerit. Sed quatenus extendatur parentum appellatio, non est definitum apud quemquam ; itaque erunt lugendi etiam ex feminino sexu parentes. Liberos similiter accipere debemus et nepotes et deinceps ulteriores exemplo parentium. Lugendi autem sunt parentes anno, liberi majores X annorum aeque anno. Quem annum decem mensuum esse Pomponius ait ; nec leve argumentum est annum X mensuum esse, cum minores liberi tot mensibus elugeantur, quot annorum decesserint usque ad trimatum ; minor trimo non lugetur, sed sublugetur ; minor anniculo neque lugetur neque sublugetur.

322..... VII [2]. Verba autem edicti haec sunt : ' Alieno, inquit, nomine, item p*er* alios agendi potestatem non faciam in his causis, in quibus ne dent cognitorem neve dentur, edictum comprehendit '.

323. Quod ait 'alieno nomine, item per alios ' breviter repetit duo edicta cognitori*a*, unum, quod pertinet ad eos qui dantur *cognitores, alterum ad eos qui dant* ; ut qui prohibentur vel dare vel dari cognitores, idem et procuratores dare darive arceantur.

324. Ob turpitudinem et famositatem prohibentur quidam cognituram suscipere, adsertionem non nisi suspecti praetori.

325. Divi Diocletianus et Constantius Aureliae Pantheae. Actor rei forum sequi debet et mulier quidem facere procuratorem sine tutoris auctoritate non prohibetur. Si quam itaque habes actionem, experiri magis jure quam adversus ea quae pro tuo *statu* statuta sunt quaecumque postulare debes. Proposita V id. Nov. Heracleae Augg. V et IIII conss.

326 [3]. *Idem* Aureliae *A*gemachae. Actor rei forum, sive in rem sive in personam sit actio, sequitur. Unde perspicis non ejusdem provinciae praesidem adeundum, de quibus *agitur res ubi* sitae sunt, sed in qu*a* is qui possidet sedes ac domicilium habet. In rem actio privati judicii quaestionem continet. Dominae praesentia [4] si procurator agat vel defendat, satisdatio non

---

1. Cf. *D.*, 3, 2, 25, *pr.* — 2. Lenel, *Pal.*, 2, p. 451, n. 3 : '*Ulp. ad ed. lib. VIIII*' ; Huschke : '*Paulus ad ed. lib. VII*'. — 3. Cf. *C.*, 3, 6, 2. — 4. Peut-être : ' praesentis '.

recte postulatur. Nam procuratorem tam puellam tutore auctore quam adultam posse facere nulli dubium est. Proposita Sersum XVIII kal. Feb. conss. supra scriptis.

327. . . . . .libro XV responsorum. Mulierem quoque et sine tutoris auctoritate procuratorem facere posse.

328 [1]. *Papinianus* libro II responsorum. Procurator absentis, qui pro evictione praediorum quae vendidit fidem suam adstrinxit, etsi negotia gerere desierit, obligationis tamen onere praetoris auxilio non relevabitur.

329. Sub condicione cognitor non recte datur, non magis quam mancipatur aut acceptum vel expensum fertur; nec ad rem pertinet, an ea condicio sit inserta, quae non expressa tacite inesse videatur.

330. *Idem* libro II responsorum. Papinianus respondit, si procurator absentis aliquam actionem absentis nomine inferre velit, cogendum eum adversus omnes absentem defendere.

331. *Idem* libro II responsorum. Quoniam praesentis procuratorem pro cognitore placuit haberi, domino causa cognita dabitur et in eum judicati actio.

332 [2]. Procurator absentis, qui pro domino vinculum obligationis suscepit, onus ejus frustra recusat; et ideo nec judicati actio post condemnatum procuratorem in dominum datur aut procuratori qui vicit denegatur.

333. . . libro XV responsorum. Absentis procuratorem satisdare debere de rato habendo recte responsum est. Multis enim casibus ignorantibus nobis mandatum solvi potest vel morte vel revocato mandato. Cum autem certum est mandatum perseverare, id est cum praesens est dominus, *satis*dationis necessitas cessat.

(Manquent 4 ou 8 pages.)

334. . . dotis nomine effici. . . . .
vel sponsorem revers . . . .
facientem prohibeat. . . . . *vel furtum mihi facientem*
deprehendat non furt . . . .
adquirat actionem, non mirum. . . . .
cant.

334[a]. Julianus et si m*ancipaverim tibi hominem ut eum manumittas, postea procurator denuntiet ne manumittas, respondit, nisi pareas denuntiationi, competere mihi* fiduciae actionem [3].

1. Cf. *D.*, 3, 3, 67. — 2. Cf. *D.*, 3, 3, 67. — 3. Mommsen, d'après Lenel, *Z. S. St.*, 8, 1887, p. 205 et *Pal.*, 2, p. 1233, n. 2, arg. *D.*, 17, 1, 30.

334b [1]. *Aliquoties per procuratorem jus* retinemus, velut si m . . . . . *vel si sponsorem* conveniat intra biennium, *vel si prohibeat opus novum fieri, quo casu interdictum* nobis utile est QUOD VI AUT CLAM ; *nam et hic pristinum jus procurator nobis conservat* et adquirit actionem simu*l*. . . .

335 [2]. *Actor* municipum *etsi ex edicto et cavere de rato et defendere* cogitur, interdum neutrum *praestare necesse habet* . . . . *neque ex judicato judicium* accipere cogitur, quod judic*ium in ipsos municipes datur* . . . sicut in cognitore. *iisdem* casibus. quibus et cognito*r*. . . . . *nec recte* ei solvitur, sicut nec *cognitori*. . . . . *sane si defendere volet municipes*, adversus omnes defe*ndat necesse est*. *Nec recte eos* defendere intell*egitur nisi*. . . . . satis dederit. Cete*rum*. . . . . *ad-* juvare debet, sicu*t*. . . . .

336. *Paulus* libro I sententiarum [3]. Cum quo ag*itur suo nomine si quidem in rem, pro praede litis et* vindiciarum ad*versa- rio satis dare cogitur aut judicatum solvi* : *quod si in personam sit* actio, d*umtaxat ex certis causis judicatum solvi satisdat. Alieno nomine qui convenitur* in rem, pro praede litis et *vindiciarum* cavebit aut *judicatum solvi,qui in personam judicatum solvi satis- dabit*. [4] *Actoris procurator non solum absentem defendere, sed et rem ratam* dominum habiturum *satisdare cogitur*.

337 [5]. Procurator antequam . . . . accipere judicium. . . . .

338. *Divi* Diocletianus et Constan*tius* . . . *A procuratoribus* citra mandatum *domini gesta nullius momenti sunt*. . . . . *ideoque quae invito* domino a procuratoribus dis*tracta comparasti, nullo jure retines*... Ex superfluo autem ea, quae procuratores ita... *gesserunt nos infirmare* desideras ; nam prin*cipum rescripto*.. *qui non inclusus intra certi* temporis ter- minos perpe*tua actione utitur, nequaquam indiget*... Mart. Ni- comediae. . . . .

339. *Cognitore vel procuratore ob eam rem damn*ato quae periculum ignominiae *continet, neque dominus, neque cognitor vel procurator* no*tabitur, quia neque dominus condemnatus est neque qui condemnatus est suo nomine egit. Sed et si cognitor in rem suam datus est, idem dicemus, quamquam cognitore vel pro-*

---

1. Cf. *D.*, 3, 3, 72. — 2. Cf. *D.*, 3, 3, 33, 3. 3, 4, 6, 3. 42, 1, 4, 2. — 3. Paul, *Sent.*, 1, 3. 4, 5. Cf. Gaius, 4, 89 et ss. — 4. = *Consult.*, 3, 7. — 5. Paul, *Sent.*, 1, 3, 6.

curatore in rem suam dato lis in *ipsum aestimatur neque in dominum a procuratore* vel cognitore transfertur *judicium*. . . .

340 [1]. . . . . *famae periculum inrogat* . . . . *cognitorem dirigere.*

340[a] . . . . *Actio popularis cognitorem procuratoremve ejus qui agit non nisi post litem* contestatam admittit.

L. IX ed. ? 340[b]. *Qui semel cognitor factus est, judicium* accipere cogitur, maxime. . . *Quodsi postquam judicium coepit* capitales inimicitias *intercessisse probabitur*. . . permittitur excusatio cogni*tori*. . . . . [2] *Item ait si* suspectus tutor postuletur, *defensorem ejus oportere etiam de rato cavere, ne reversus ille* velit retractare quod actum *est*. *Sed non facile per procuratorem quis suspectus accusabi*tur, quoniam famosa causa est, nisi *constet ei a tutore mandatum nominatim*.

341. . . . . *Hoc edict*um de pluribus speciebus *loquitur* . . . . *cavetur* quod edicto praetor prospiciendum *curavit*... *ut praestaret domino facultatem vel a cognitore in alium cognitorem vel a cognitore in se* judicium transferendi . . . . *lis* cognitoris sit effecta . . . . t possit transferre, non . . . . *verba* edicti talia sunt : 'Ei qui cognitorem *dedit causa cognita permittam judicium trans*ferre'. His verbis non solum. . . . . . care autem cognitorem . . . . .

(La suite manque.)

1. Fragments qui, d'après la disposition du ms., appartiennent tous au même auteur et parmi lesquels Huschke attribue 340. 340 a. 340 b. à Paul, *Sent.*, 1, 2 ; mais la fin de 340 b appartient d'après le *D.*, à Ulp., *L. IX ad ed.* — 2. = *D.*, 3, 3, 9; 7.

22. Mosaicarum et romanarum legum collatio.

Recueil comparatif de droit mosaïque et de droit romain composé, vers la fin du IVe siècle ou le début du Ve, par un auteur et dans un but incertains, dont un long fragment nous a été transmis par trois mss. indépendants venant d'un archétype commun. Ce fragment, que l'un des mss. et un témoignage digne de foi signalent comme appartenant au premier livre de l'ouvrage, est divisé en titres dans lesquels les textes attribués à Moïse sont cités en premier lieu, d'après une traduction latine antérieure à la Vulgate, très voisine de celle conservée dans les mss. de Lyon et de Wurzbourg, et sont suivis de textes de droit romain correspondants empruntés aux œuvres de Gaius, de Papinien, de Paul, d'Ulpien et de Modestin, aux codes Grégorien et Hermogénien et à une constitution de l'an 390. Dans les trois mss., le titre est : *Lex dei quam praecepit dominus* (ou *deus*) *ad Moysen* ; mais on emploie habituellement, depuis le XVIe siècle, le titre, plus conforme au contenu du recueil, de *Mosaicarum et Romanarum legum collatio*. L'auteur, qui paraît avoir été chrétien plutôt que juif et qui ne semble pas être un jurisconsulte (*Coll.*, 7, 1 : *Scitote, juris consulti*), ne nous est pas connu sûrement : un bruit répandu au XVIe siècle la disait d'un certain *Licinius Rufinus* dans lequel Huschke a voulu reconnaître Rufinus d'Aquilée mort en 397 ; Rudorff a cru depuis découvrir un témoignage qui en assignerait la rédaction à Saint Ambroise, évêque de Milan ; M. Max Conrat, *Hermes*, 35, 1899, pp. 344-347, a émis l'idée qu'elle serait l'œuvre de Saint Jérôme dans la plus ancienne biographie duquel un passage dit en effet qu'il avait adressé aux jurisconsultes un *liber singularis sonansque* et de qui la version de la Bible est assurément différente, mais pourrait être postérieure ; enfin M. Schanz, *Gesch. d. röm. Litt.*, 4,1,1904, p. 329, a encore conjecturé depuis qu'elle pourrait venir du juif converti et relaps Isaac dans lequel il voit l'Ambrosiaster, l'auteur du commentaire sur les épitres de Paul attribué à Saint Ambroise et des *quaestiones veteris et novi testamenti* attribuées à Saint Augustin ; mais, outre que la *Collatio* vient plutôt d'un chrétien que d'un juif et qu'Isaac n'était plus chrétien à l'époque de la rédaction de la *Collatio* (v. Schanz, pp. 326 et 329), l'auteur des *quaestiones* montre des sources juridiques une inintelligence (v. par ex. dans l'éd. Souter, *Corpus scriptorum ecclesiasticorum* de Vienne, 50, 1908, pp. 322 et 468, les passages sur l'édit de Julien et les XII tables) qui ne lui aurait pas permis de composer même une compilation telle que la nôtre. Bien que de nombreuses conjectures aient été proposées (v. notamment l'énumération de Karlowa, *R. R. G.*, 1, pp. 968-969), on ignore le but précis dans lequel cet auteur s'est attaché à relever les ressemblances existant d'après lui, notamment en matière pénale, entre le droit romain et l'ancienne législation hébraïque. Ce but devait sans doute être expliqué au début de l'ouvrage dont nous n'avons ni le commencement ni la fin. La partie conservée, où des discordances de numérotage établissent qu'il manque un premier titre et qui s'interrompt peut-être avant la fin du livre I, traite d'abord du droit pénal, qui est exposé suivant l'ordre du Décalogue ; puis elle passe au droit privé, pour lequel il ne subsiste qu'un titre consacré aux hérédités. L'auteur qui reproduit les textes de droit romain sans remaniements ni coupures et qui note seulement une fois (15, 2, 4) qu'il a fait quelques suppressions dans une constitution étendue, —

qui manque d'ailleurs dans les mss., — prend rarement la parole et se borne en général à rapporter les sources. Quant à la date du recueil, elle ne peut être antérieure à l'an 390, dont il rapporte, 5, 3, une constitution, ni postérieure à l'an 438, où la même constitution reçut dans le code Théodosien une nouvelle rédaction que l'auteur ne connaît pas. La façon dont le texte est cité donne même à croire qu'elle est postérieure à l'an 394. Cf. sur tous ces points, Karlowa, *R. R. G.*, 1, pp. 966-969 ; Huschke, *J. ant.*, 5° éd., pp. 645-647 ; Krueger, *Sources*, pp. 404-408 ; Mommsen, *Collectio*, 3, pp. 109-135 et Schanz, pp. 327-330.

La *Collatio*, dont Hincmar de Reims paraît avoir connu au IX° siècle un ms. différent de ceux qui nous sont parvenus et dont un texte est en outre cité au XI° siècle par l'auteur d'une collection canonique qui l'attribue à Justinien, — probablement d'après un ms. où, comme dans ceux que nous possédons, elle était placée à la suite d'une copie de l'*Epitome* de Julien, — a été imprimée pour la première fois en 1573 par Pierre Pithou d'après un ms. tombé entre ses mains vers 1570 et venant de l'abbaye de Saint-Denis. Nous en possédons aujourd'hui trois mss. issus d'une source commune : le premier et le meilleur est le ms. publié par Pithou, qui est du IX° siècle ; après avoir été longtemps perdu, il a été retrouvé en 1838 et est actuellement à Berlin ; les deux autres, qui sont du XI° siècle, ont été découverts de nos jours à Verceil et à Vienne. Mais il n'existait jusqu'à présent aucune édition savante basée sur l'examen systématique des trois mss. Celle qui a été donnée par Blume, d'abord à part en 1833, puis dans le tome I du *Corpus juris antejustiniani* de Bonn, en 1841, a été composée à l'aide des deux derniers mss., avant qu'on eût retrouvé celui de Pithou, qui n'avait depuis été mis à profit que pour des corrections isolées, notamment dans l'éd. de Huschke. Une éd. nouvelle et très supérieure, accompagnée d'une introduction magistrale et d'un appareil critique complet, a été donnée dans le 3° vol. de la *Collectio*, pp. 107-198, par Mommsen, qui voulut bien, en 1890, nous communiquer encore pour cet ouvrage les précieuses épreuves de son travail.

[LEX DEI QUAM PRAECEPIT DOMINUS AD MOYSEN.]

LIBER PRIMUS

[TITULUS 1.] DE SICARIIS [ET HOMICIDIS CASU VEL VOLUNTATE.]

I, 1. Moyses dei sacerdos haec dicit :

Si quis percusserit hominem ferro et occiderit eum, mortem moriatur. 2. Si autem manu lapide, quo mori possit, percusserit et mortuus fuerit, homicida est : mortem moriatur. 3. Si autem per inimicitiam inpulerit eum vel inmiserit super eum aliquod vas ex insidiis et mortuus fuerit, 4. vel per iram percusserit eum manu et mortuus fuerit, mortem moriatur.

II, 1. Paulus quoque libro quinto sententiarum sub titulo ad legem Corneliam de sicariis et veneficis dicit :

¹ Lex Cornelia poenam deportationis infligit ei, qui hominem occiderit ejusque rei causa furtive faciendi cum telo fuerit, et qui venenum hominis necandi causa habuerit vendiderit paraverit, falsumve testimonium dixerit quo quis periret, mortisve causam praestiterit. 2. Quae omnia facinora in honestiores poena capitis vindicari placuit : humiliores vero aut in crucem tolluntur aut bestiis subjiciuntur.

III, 1. ULPIANUS libro VII de officio proconsulis sub titulo de sicariis et veneficis :

Capite primo legis Corneliae de sicariis cavetur, ut si praetor judexve quaestionis, cui sorte obvenerit quaestio de sicariis ejus quod in urbe Roma propius*ve* mille passus factum sit, uti quaerat cum judicibus, qui ei ex lege sorte obvenerint de capite ejus, qui cum telo ambulaverit hominis necandi furtive faciendi causa, hominemve occiderit, cujusve id dolo malo factum erit. Et reliqua.

2. Relatis verbis legis modo ipse loquitur Ulpianus : Haec lex non omnem, qui cum telo ambulaverit, punit, sed eum tantum, qui hominis necandi furtive faciendi causa telum gerit, coercet. Compescit item eum, qui hominem occidit, nec adjecit cujus condicionis hominem, ut et ad servum et peregrinum pertinere haec lex videatur.

IV, 1. Item PAULUS libro qui supra, et titulo dicit ² :

Homicida est, qui aliquo genere teli hominem occidit mortisve causam praestitit.

DE CASUALIBUS HOMICIDIS.

V, 1. MOYSES legaliter dicit :

Si autem subito non per inimicitias inmiserit super eum aliquod vas non insidians, 2. vel lapidem, quo moriatur, non per dolum, et ceciderit super eum et mortuus fuerit, si autem non inimicus ejus fuerit neque quaesierit malefacere ei, 3. judicabitis inter eum, qui percussit, et proximum mortui secundum judicia haec, 4. et liberabitis percussorem.

VI, 1. ULPIANUS libro et titulo, qui supra relati :

Distinctionem casus et voluntatis in homicidio servari rescripto Hadriani ³ confirmatur. 2. Verba rescripti : ' Et qui hominem occidit absolvi solet, sed si non occidendi animo id admisit : et qui non occidit, sed voluit occidere, pro homicida damnatur. 3. E re itaque constituendum est : ecquo ferro per-

---

1. Répété plus bas, 8, 4 = Paul, *Sent.*, 5, 23, 1. — 2. 5, 23, 2. — 3. Cf. Marcien, *L. 14 inst.*, *D.*, 48, 8, 1, 3.

cussit *Epa*froditus? Nam si gladium instrinxit aut telo percussit, quid dubium est, qui*n* occidendi animo percusserit? Si cla*ve* percussit aut cucuma, aut, cum forte rixaretur, ferro percussit, sed non occidendi mente. 4. Ergo hoc exquirite et si voluntas occidendi fuit, ut homicidam servum supplicio summo jure jubete affici'.

VII, 1. Paulus libro *et* titulo qui supra[1] :

Qui hominem occidit, aliquando absolvitur et qui non occidit, ut homicida damnatur : consilium enim uniuscujusque, non factum puniendum est. Ideoque si cum vellet occidere, casu aliquo perpetrare non potuit, ut homicida punitur: et is, qui casu *jactu* teli hominem inprudenter ferierit, absolvitur. 2[2]. Quod si in rixa percussus homo perierit, quoniam ictus quoque ipsos contra unumquemque contemplari oportet, ideo humiliores in ludum aut in metallum damnantur, honestiores dimidia parte bonorum multati relegantur.

VIII, 1. Item Gregorianus libro IIII *sub titulo* ad legem Corneliam de sicariis et veneficis talem constitutionem ponit:

[3] Imperator Antoninus A. Aurelio Herculano et aliis militibus. Frater vester rectius fecerit, si se praesidi provinciae optulerit: cui si probaverit non occidendi animo Justam a se percussam esse, remissa homicidii poena secundum disciplinam militarem sententiam proferet. Proposita prid. kal. Febr. Laeto bis cons. (a. 215).

IX, 1. Item Gregorianus eodem titulo et libro talem constitutionem ponit:

Imp. Alexander A. Aurelio Flavio et aliis militibus. Si modo pro quo libellum dedistis, non dolo praestitit mortem, minime perhorrescat[4] : crimen quippe ita contrahitur, si et voluntas occidendi intercedat. Ceterum ea, quae ex improviso casu potius, quam fraude accidunt, fato plerumque, non noxae imputantur. Prop. XIII kal. Aug. Alexandro cons. (a. 222).

X, 1. Item Gregorianus eodem libro et titulo tale rescriptum dedit:

[5] *Exemplum* s(*acrarum*) l(*itterarum*) dd. nn. Have Agatho k(arissime) n(obis). Qualitas precum Juli Antonini clementiam nostram facile commovit : quippe quod adseveret homicidium se non voluntate, sed casu fortuito fecisse, cum calcis ictu mortis occasio praebita videatur. Quod si ita est neque super hoc ambigi poterit, omni eum metu ac suspicione, quod ex admis-

---

1. 5, 23, 3. — 2. Cf. *D*., 48, 8, 17. — 3. = *C*., 9, 16, 1. — 4. = *C*., 16, 1. — 5. Cf. *C*., 9, 16, 4.

sae rei discrimine sustinet, secundum id quod adnotatione nostra conprehensum est, volumus liberari. Dat. pr. k. Decemb. Diocletiano Aug. IIII et Maximiano conss. (*a.* 290).

XI, 1. ULPIANUS libro et titulo qui supra :

¹ Cum quidam per lasciviam causam mortis praebuisset, conprobatum est factum Taurini Egnati proconsulis Baeticae a divo Hadriano, quod eum in quinquennium relegasset. 2. Verba consultationis et rescripti ita se habent : 'Inter Claudium, optime imperator, et Evaristum cognovi, quod Claudius Lupi filius in convivio, dum sago jactatur, culpa Mari Evaristi ita male acceptus fuerit, ut post diem quintum moreretur. Atque adparebat nullam inimicitiam cum Evaristo ei fuisse. *Tamen* cupiditatis culpa coercendum credidi, ut ceteri ejusdem aetatis juvenes emendarentur. Ideoque Mario Evaristo urbe Italia provincia Baetica in quinquennium interdixi et decrevi, *ut* impendi causa duo milia patri ejus ² persolveret Evaristus, quod manifesta ejus fuerat paupertas'. 3. V(erba) r(escripti) ³. 'Poenam Mari Evaristi recte, Taurine, moderatus es ad modum culpae; refert enim et in majoribus delictis, consulto aliquid admittatur an casu'. 4. Et sane in omnibus criminibus distinctio haec poenam aut justam provocare debet aut temperamentum admittere ⁴.

XII, 1. MODESTINUS libro differentiarum sexto sub titulo de scientibus et ignorantibus generaliter loquitur :

Nonnumquam per ignorantiam delinquentibus juris civilis venia tribui solet, si modo rem facti quis, non juris ignoret : quae scilicet consilio delinquentibus praestari non solet. Propter quod necessarium est addita distinctione considerare, utrum sciente an ignorante aliquo quid gestum proponatur. Et reliqua.

XIII, 1. PAULUS libro et titulo qui supra :

⁵ Qui telum tutandae salutis causa gerit, non videtur hominis occidendi causa portare. 2 ⁶. Teli autem appellatione non tantum ferrum continetur, sed omne, quod nocendi causa portatum est.

[TITULUS II.] DE ATROCI INJURIA.

I, 1. MOYSES dicit :

Si autem contenderint duo viri et percusserit alter alterum

---

1. = *D.*, 48,8, 4, 1. — 2. Manque 'quem interfecit' ou quelque chose de pareil. — 3. Les mss. : 'vel res verba rescripti' probablement en donnant deux interprétations, l'une vraie et l autre fausse de l'abréviation 'v. r'. — 4. Cf. Ulpien., *D.*, 48,19, 5, 2. — 5. *Sent.*, 5, 23, 7 = *D.*, 48, 6, 11, 2. — 6. *Sent.*, 5, 23, 7.

lapide aut pugno et non fuerit mortuus, decubuerit autem in lectulo, 2. et si surgens ambulaverit homo foris in baculo, sine crimine erit ille, qui eum percusserat praeter ac cessationis ejus mercedem dabit ei et medico impensas curationis.

II, 1. ULPIANUS libro singulari regularum sub titulo de injuriis :

Injuria, si quidem atrox, id est gravis, *non* est, non sine judicis arbitrio aestimatur. Atrocem autem aestimare solere praetorem idque colligi ex facto, ut puta si verberatus vel vulneratus quis fuerit. Et reliqua.

III, 1. PAPINIANUS libro definitionum secundo sub titulo de judicatis :

Per hominem liberum noxae deditum si tantum adquisitum sit, quantum damni dedit, manumittere cogendus est a praetore qui noxae deditum accepit : sed fiduciae judicio non tenetur.

IV, 1. ULPIANUS libro XVIIII ad edictum sub titulo si fatebitur injuria occisum esse, in simplum et cum diceret [1] :

[2] Rupisse cum utique accipiemus, qui vulneraverit, vel virgis vel loris vel pugnis caedit, vel telo *quove* alio vis genere sciderit hominis corpus, vel tumorem fecerit, *sed* ita demum, si damnum datum est. Ceterum si in nullo servum pretio viliorem deterioremve fecerit, Aquilia cessat injuriarumque erit agendum [3]. Ergo et si pretio quidem non sit deterior factus servus, verum sumptus in salutem ejus et sanitatem facti sunt, in haec nec mihi videri damni Aquilia lege *agi* posse [4].

V, 1. PAULUS libro singulari et titulo de injuriis :

[5] Generaliter dicitur injuria omne, quod non jure fit : specialiter alia est contumelia, quam Graeci ὕβριν appelant, *alia culpa, quam Graeci ἀδίκημα dicunt, sicut in lege Aquilia damnum injuriae accipitur, alia iniquitas et injustitia, quam Graeci ἀδικίαν* vocant. Nam cum praetor non *jure* adversum nos pronuntiat, injuriam nos accepisse dicimus : unde apparet non esse verum, quod Labeo putabat, apud praetorem injuriam ὕβριν dumtaxat significare. 2. Commune omnibus *injuriis* est, quod semper adversus bonos mores fit idque non fieri alicujus interest.

1. Rubrique reproduite 12, 2, où il y a : 'et cum doceret'. Huschke restitue : 'ut condiceret'. Lenel, Z. S. St., 8, 1887, pp. 195-198 : 'in simplum e capite primo judicium. Rubrica' en supposant une corruption, d'un archétype portant : IN SIMPLUMEK IIUD R ; v., en sens contraire, Mommsen, p. 144. — 2. = D., 9, 2, 27, 17. — 3 Le D. ajoute : 'dumtaxat: Aquilia enim eas ruptiones quae damna sunt persequitur'. — 4. D. : 'in haec mihi videri damnum datum : atque ideoque lege Aquilia agi posse'. — 5. Cf. *Inst.*, 4, 4 *pr.*

3. Hoc edictum ad eam injuriam pertinet, quae contumeliae causa fit. 4. Fit autem injuria vel in corpore, dum caedimur, vel verbis, dum convicium patimur, vel cum dignitas laeditur, ut cum matronae vel praetextatae comites abducuntur. 5. Injuriarum actio aut legitima est aut honoraria. Legitima ex lege duodecim tabularum : qui injuriam alteri facit, quinque et viginti sestertiorum poenam subit. Quae lex generalis fuit ; fuerunt et speciales, velut manu fusti si os fregit libero, ccc, si servo cl poenam subit sestertiorum [1].

VI, 1. Idem Paulus eodem libro singulari, sub titulo quemadmodum injuriarum agatur :

'Qui autem injuriarum', inquit, 'agit, certum dicat, quid injuriae factum sit, et taxationem ponat non minorem [2], quam quanti vadimonium fuerit'. 2. Certum dicit, qui suo nomine demonstrat injuriam, neque ita, ut per disjunctionem hoc aut illud accidisse comprehendat, sed ut necesse habeat aut unam nomine suo rem designare aut plures ita conplecti, ut omnes eas accidisse cogatur probare. 3. Certum autem an incertum dicat, cognitio ipsius praetoris est. Demonstrat autem hoc loco praetor non vocem agentis, sed qualem formulam edat. 4. Certum non dicit, qui dicit pulsatum se sive verberatum. Sed et partem corporis demonstrat et quem in modum, pugno puta an fuste an lapide, sicut formula proposita est : QUOD AULI AGERII MALA PUGNO PERCUSSA EST. Illud non cogitur dicere, dextra an sinistra, nec qua manu percussa sit. 5. Item si dicat infamatum se esse, debet adjicere, quemadmodum infamatus sit. Sic enim et formula concepta est : QUOD NUMERIUS NEGIDIUS ILLI LIBELLUM INMISIT AULI AGERII INFAMANDI CAUSA [3].

VII, 1. Paulus libro sententiarum *quinto* sub titulo ad legem Corneliam de sicariis et veneficis [4] :

Causa mortis idonea non videtur, cum caesus homo post aliquot dies officium diurnae vitae retinens decessit nisi forte fuerit ad necem caesus aut letaliter vulneratus.

[TITULUS III.] DE JURE ET SAEVITIA DOMINORUM.

I, 1. Moyses dicit :

Si quis percusserit servum aut ancillam virga et mortuus fuerit in manibus ejus, judicio vindicetur. 2. Quod si super-

---

1. Restitution différente dans l'éd. Mommsen ; mais cf. p. 18, table 8, n° 3. — 2. Huschke : 'majorem'. — 3. Lenel, Z. S. St., 20, 1900, pp. 31-32. Les mss. : 'illum inmisit'. Huschke : 'sibilum'. Mommsen : 'libellum misit'. — 4. 5, 23, 5.

vixerit die uno aut duobus, non vindicabitur, pretium enim ipsius est.

II, 1. Paulus libro sententiarum *quinto* sub titulo ad legem Corneliam de sicariis et veneficis dicit :

¹ Servus si plagis defecerit, nisi id dolo fiat, dominus homicidii reus non potest postulari ; modum enim castigandi et in servorum coercitione placuit temperari ².

III, 1. Ulpianus libro octavo de officio proconsulis sub titulo de dominorum saevitia :

³ Si dominus in servum saevierit vel ad inpudicitiam turpemque violationem conpellat, quae sint partes praesidis, ex rescripto divi Pii ad Aurelium Marcianum proconsulem Baeticae manifestatur. 2. Cujus rescripti verba haec sunt : 'Dominorum quidem potestatem in suos servos inlibatam esse oportet, nec cuiquam hominum jus suum detrahi : sed dominorum interest, ne auxilium contra saevitiam vel famem vel intolerabilem injuriam denegetur his, qui juste deprecantur. 3. Ideoque cognosce de querellis eorum, qui ex familia Juli Sabini ad statuam confugerunt, et si vel durius *habitos*, quam aequum est, vel infami injuria adfectos cognoveris, venire jube, ita ut in potestatem Sabini non revertantur. Quod si meae constitutioni fraudem fecerit, sciet me admissum severius executurum'. 4. Divus etiam Hadrianus Umbram quandam matronam in quinquennium relegavit, quod ex levissimis causis ancillas atrocissime tractaret. 5. Item Divus Pius ad libellum Alfi Juli rescripsit *in* haec verba : 'Servorum obsequium non solum imperio, sed et moderatione et sufficientibus praebitis et justis operibus contineri oportet. 6. Itaque et ipse curare debes juste ac temperate tuos tractare, ut e*x* facili requirere ⁴ eos possis, n*e*, si apparuerit vel inparem te inpendiis esse vel atrociore dominationem saeviti*a* exercere, necesse habeat proconsul v. c., ne quid tumultuosius contra accidat, praevenire et ex mea jam auctoritate *te* ad alienandos eos conpellere. G*l*abrione et *H*omullo cons'. (*a*. 152).

IV,1. Gregorianus libro XVIIII sub titulo de accusationibus:

Impp. Diocletianus et Maximianus Augusti Aurelio Sacrato militi. Cum servum tuum v*i* aegritudinis graviter oppressum fati munus implesse proponas, propter inmoderatam castigationem calumniae accusationem emergere innocentiae ratio,

1. 5, 23, 6. — 2. Il doit manquer : 'sed tamen etsi eum dominus excessit, homicidium non commisit'.— 3. 3, 1-4 = *D*., 1, 6, 2.— 4. Lachmann : 'reprimere'.

cujus fiduciam geris, non permittit. Prop. non. Decemb. Diocletiano A. III et Aristobulo cons. (*a*. 285).

[TITULUS IIII.] DE ADULTERIIS.

I, 1. Moyses dixit:

Quicunque moechatus fuerit mulierem proximi sui, mortem moriatur qui moechatus fuerit et quae moechata fuerit. 2. Quod si aliqui seduxerit virginem non desponsatam et stupraverit eam, dotabit eam sibi in uxorem. 3. Quod si rennuerit pater ejus et noluerit eam dare illi uxorem, pecuniam inferet patri, in quantum est dos virginis.

II, 1. PAULUS libro singulari de adulteris sub titulo:

Brevem interpretationem *legis Juliae* de adulteris coercendis facturus per ipsa capita ire malui ordinemque legis servare. 2. Et quidem primum caput legis [Juliae de adulteris] prioribus legibus pluribus *o*brogat. 3. Secundo vero capite permittit patri, *si in* filia sua, quam in potestate habet, aut in ea, quae *eo* auctore, cum in potestate esset, viro in manum convenerit, adulterum domi suae generive sui deprehenderit, isve *in* eam rem socerum adhibuerit, ut is pater *e*um adulterum sine fraude occidat, ita ut filiam in continenti occidat. 4. In sui *juris* autem filia qui adulterum deprehensum occiderit et in coninenti filiam licito [1] jure hoc factum, Marcellus libro XXXI digestorum scribit. 5. Auctoritate quoque *legis* pat*rem* posse interficere vel consularem virum vel patronum suum, *si eum* in filia adulter*um* deprehenderit, eodem libro Marcellus probat. 6. Sed si filiam non interfecerit, sed solum adulterum, homicidii reus est. 7. Et si intervallo filiam interfecerit, tantundem est, nisi persecu*tus* illam interfecerit: continuatione enim animi videtur legis auctoritate fecisse.

III. 1. Idem PAULUS eodem singulari libro et titulo:

Certae autem enumerantur personae, quas viro liceat occidere in adulterio deprehens*a* uxor*e*, quamvis uxorem non liceat. 2. Ergo secundum leges viro etiam filiofamilias permittitur [etiam] domi suae deprehensum adulteru*m* interficere servum, et eum qui auctoramento rogatus est ad gladium, vel etiam illum qui operas suas, ut cum bestiis pugnaret, locavit. 3. Sed et judicio publico damnatum lice*t* interficere in adulterio deprehensum, vel libertinum vel suum vel paternum, et tam civem Romanum quam Latinum. 4. Sed et patris et matris et filii et filiae libertum permittitur occidere [2], quo

---

1. Cujas: '*illicito*'; Huschke: '*non* licito'. — 2. Phrase à placer

loco et dediticius habetur. 5. Debet autem profiteri apud eum, cujus jurisdictio est eo loco, ubi occidit, et uxorem dimittere. Quod si non fecerit, inpune non interficit. 6. Sciendum est, autem divum¹ Marcum et Commodum rescripsisse eum qui adulterum inlicite interfecerit, leviori poena puniri. Sed et Magnus Antoninus pepercit, si qui adulteros inconsulto calore ducti interfecerunt. Et reliqua.

IV, 1. Idem PAULUS eodem libro singulari et titulo :

Jure mariti vel patris qui accusat, potest et sine calumniae poena vinci : si jure extranei accusat, potest calumniae poena puniri. Sed *t*um post duos menses intra quattuor menses utiles expertus, licet talis sit, qui alias accusare non possit, ut libertinus aut minor viginti quinque annorum aut infamis, tamen ad accusationem admittitur, ut et Papinianus libro XV scripsit.

V, 1. PAPINIANUS, libro XV responsorum sub titulo ad legem Juliam de adulteris :

Civis Romanus, qui *civem Romanam* sine conubio sive peregrinam in matrimonio habuit, jure quidem mariti eam adulteram non postulat, sed ei non opponetur infamia vel quod libertinus rem sestertiorum triginta milium aut filium non habuit, propriam injuriam persequenti.

VI, 1. PAULUS libro singulari et titulo qu*i* supra :

In uxorem adulterium vindicatur jure mariti, non etiam sponsam. Severus quoque et Antoninus ita rescripserunt.

VII, 1. PAPINIANUS libro singulari de adulteris :

Quaerebatur, an pater emancipatam filiam jure patris accusare possit. Respondi : occidendi quidem facultatem lex tribuit eam filiam, quam habet in potestatem aut *quae* eo auctore in manum convenit, sed accusare jure patris ne quidem emancipatam filiam pater prohibetur.

VIII, 1. PAPINIANUS eodem libro singulari [et titulo] :

Cum patri lex regia dederit in filium vitae necisque potestatem, quod bonum fuit lege conprehendi, ut potestas fieret etiam filiam occidendi, vel*is* mihi rescribere ; nam scire cupio. Respondit numquid ex contrario praestat nobis argumentum haec adjectio, ut non videatur lex non habenti dedisse, *sed occidi eam cum adultero jussisse*, ut videatur majore aequitate ductus adulterum occidisse, cum nec filiae pepercerit ?

après '*paternum*' qui paraît venir d'une annotation ajoutée au texte de Paul.

1. Plutôt 'divos'.

IX, 1. Idem :

Si pater quis adulterum occidit et filiae suae pepercit, quaero quid adversus eum sit statuendum ? Respondit : sine dubio iste pater homicida est ; igitur tenebitur lege Cornelia de sicariis. Plane si filia non voluntate patris, sed casu servata est, non minimam habebit defensionem pater, quod forte fugit filia. Nam lex ita punit homicidam, si dolo malo homicidium factum fuerit. Hic autem pater non ideo servavit filiam, quia voluit, sed quia occidere eam non potuit.

X, 1. Idem :

Si maritus uxorem suam in adulterio deprehensam occidit, an in legem de sicariis incidat, quaero. Respondit : nulla parte legis marito uxorem occidere conceditur : quare aperte contra legem fecisse eum non ambigitur. Sed si de poena tractas, non inique aliquid ejus honestissimo calori permittitur, ut non quasi homicida puniatur capite vel deportatione, sed usque ad exilium poena ejus statuatur.

XI, 1. Idem sic :

De mancipiis alterutrius marito vel patre accusante quaestionem habendam palam est : an idem extraneo accusatori permitti debeat, quaero. Respondit : potest videri ea ratio fuisse permittendi istis personis de servis quaestionem habere, ut diligentius dolorem animi sui, item injuriam laesae domus non translaticie persequerentur. Sed quoniam non facile tale delictum sine ministerio servorum admitti creditum est, ratio eo perduxit, ut etiam extraneo accusante mancipia quaestioni tormentorum subjicerentur a judicibus.

XII, 1. Paulus libro sententiarum *secundo* sub titulo de adulteris[1] :

Permittitur *patri* tam adoptivo quam naturali, adulterum cum filia cujusque dignitatis domi suae vel generi sui deprehensum sua manu occidere. 2. Filius familias pater si filiam in adulterio deprehenderit, verbis quidem legis prope est, ut non possit occidere : permittitur tamen etiam ei, ut occidat. 3. Maritus in adulterio deprehensos non alios quam infames et eos qui corpore quaestum faciunt, servos etiam et liber*tos*[2] excepta uxore, quam prohibetur, occidere potest. 4. Marit*um*, qui uxorem deprehensam cum adultero occidit, quia hoc inpatientia justi doloris admisit, lenius puniri placuit. 5. Occiso

---

1. 12, 1-8 = Paul, *Sent.*, 2, 26, 1. 2. 4-9. — 2. Les mss. ; ' liberos '. Omis dans Paul, 2, 26, 4, par le Vesontinus et Vat. Reg. 1050 ; cf. la note de Mommsen.

adultero dimittere statim maritus debet uxorem atque ita triduo proximo profiteri, cum quo adultero et in quo loco uxorem deprehenderit. 6. Inventa in adulterio uxore maritus ita demum adulterum occidere potest, si eum domi suae deprehendat. 7. Eum, qui in adulterio deprehensam uxorem non statim dimiserit, reum lenocinii postulari placuit. 8. Servi vero tam mariti quam uxoris in causa adulteri torqueri possunt, nec his libertas sub specie impunitatis data valebit.

[TITULUS V.] DE STUPRATORIBUS.

I, 1. Moyses dicit :

Qui manserit cum masculo mansione muliebri, aspernamentum est : ambo moriantur, rei sunt.

II, 1. Paulus libro sententiarum II sub titulo de adulteris [1] :

Qui masculum liberum invitum stupraverit, capite punitur. 2. Qui voluntate sua stuprum flagitiumque inpurum patitur, dimidia parte bonorum suorum multatur nec testamentum ei ex majore parte facere licet.

III, 1. Hoc quidem juris est : mentem tamen legis Moysis imperatoris Theodosii constitutio [2] ad plenum secuta cognoscitur. [Item Theodosianus] :

IMPP. VALENTINIANUS, THEODOSIUS ET ARCADIUS Auggg. ad Orientium vicarium urbis Romae. Non patimur urbem Romam virtutum omnium matrem diutius effeminati in viro pudoris contaminatione foedari et agreste illud priscis conditoribus robur fracta molliter plebe tenuatum convicium saeculis vel conditorum inrogare vel principum, Orienti k(arissime) ac juc(undissime) nobis. 2. Laudanda igitur experientia tua omnes, quibus flagiti usus [3] est virile corpus muliebriter constitutum alieni sexus damnare patientia nihilque discretum habere cum feminis, occupatos, ut flagitii poscit immanitas, atque omnibus eductos, pudet dicere, virorum lupanaribus spectante populo flammae vindicibus expiabit, ut universi intellegant sacrosanctum cunctis esse debere hospitium virilis animae nec sine summo supplicio alienum expetisse sexum qui suum turpiter perdidisset. Prop. pr. id. Maias Romae in atrio Minervae (*a.* 390).

---

1. 2, 1-2 = Paul, *Sent.*, 2, 26, 12-13. — 2. Cf. *C. Th.*, 9, 7, 6. — 3. Peut-être 'flagitiosus usus'.

[TITULUS VI.] DE INCESTIS NUPTIIS.

I, 1. Moyses dicit :

Quicumque concubuerit cum muliere uxore patris sui, pudenda patris sui detexit, mortem moriantur ambo : rei sunt. 2. Et quicumque concubuerit cum nuru sua, mortem moriantur ambo : rei sunt.

II, 1. Ulpianus libro regularum singulari sub titulo de nuptiis [1] :

Inter parentes et liberos, cujuscumque gradus sint, conubium non est. 2. Inter cognatos autem ex transverso gradu olim quidem usque ad quartum gradum matrimonia contrahi non poterant : nunc autem ex tertio gradu licet uxorem ducere, sed tantum fratris filiam, non etiam sororis, nec amitam nec materteram, quamvis eodem gradu sint. 3. Eam quae noverca vel privigna, vel quae nurus vel socrus fuit, uxorem ducere non possumus. 4. Si quis eam quam non licet uxorem duxerit, incestum matrimonium contrahit : ideoque liberi in potestate *ejus* non fiunt, sed quasi vulgo concepti spurii sunt.

III, 1. Paulus libro sententiarum *secundo* sub titulo de nuptiis [2] :

Inter parentes et liberos jure civili matrimonia contrahi non possunt nec filiam sororis aut neptem uxorem ducere [non] possumus : proneptem aetatis ratio prohibet. 2. Adoptiva cognatio impedit nuptias inter parentes ac liberos omnimodo, inter fratres eatenus, quatenus capitis minutio non intervenit. 3. Nec socrum nec nurum *nec* privignam nec novercam aliquando citra poenam incesti uxorem ducere licet, sicut nec amitam aut materteram. Sed qui vel cognatam contra interdictum duxerit, remisso mulieri juris errore ipse poenam adulterii lege Julia patitur, non etiam duct*a*.

IV, 1. Gregorianus libro quinto sub titulo de nuptiis. Exemplum litterarum Diocletiani et Maximiani impp. talem conjunctionem graviter punire commemorat :

Exemplum edicti Diocletiani et Maximiani A*ugg*. *et Constantii et Maximiani* nobilissimorum Caesarum. Quoniam piis religiosisque mentibus nostris ea, quae Romanis legibus caste sancteque sunt constituta, venerabilia maxime videntur atque aeterna religione servanda, dissimulare ea, quae a quibusdam in praeteritum nefarie incesteque commissa sunt, non oportere credimus : cum vel cohibenda sunt vel

---

1. 2, 1-4 = Ulpien, 5, 6-7. — 2. Paul, *Sent.*, 2, 19, 3-5.

etiam vindicanda, insurgere nos disciplina nostrorum temporum cohortatur. Ita enim et ipsos immortales deos Romano nomini, ut semper fuerunt, faventes atque placatos futuros esse non dubium est, si cunctos sub imperio nostro agentes piam religiosamque et quietam et castam in omnibus mere colere perspexerimus vitam. 2. In quo id etiam providendum quam maxime esse censuimus, ut matrimoniis religiose atque legitime juxta disciplinam juris veteris copulatis tam eorum honestati, qui nuptiarum conjunctionem sectantur, quam etiam his, qui *inde* deinceps nascentur, servata religione incipiat esse consultum et honestate nascendi etiam posteritas ipsa purgata sit. Id enim pietati nostrae maxime placuit, ut sancta necessitudinum nomina optineant apud affectus suos piam ac religiosam consanguinitati debitam caritatem. Nefas enim credere est ea, quae in praeteritum a conpluribus constat esse commissa, cum pecudum ac ferarum promiscuo ritu ad inlicita conubia instinctu execrandae libidinis sine ullo respectu pudoris ac pietatis inruerint. 3. Sed quaecumque antehac vel imperitia delinquentium vel pro ignorantia juris barbaricae inmanitatis ritu ex inlicitis matrimoniis videntur admissa, quamquam essent severissime vindicanda, tamen contemplatione clementiae nostrae ad indulgentiam volumus pertinere, ita tamen, ut quicumque in ante actum tempus inlicitis incestisque se matrimoniis polluerunt, hactenus adeptos se esse nostram indulgentiam sciant, ut post tam nefaria facinora vitam quidem sibi gratulenter esse concessam, sciant tamen non legitimos se suscepisse liberos, quos tam nefaria conjunctione genuerunt. Ita enim fiet, ut de futuro quoque nemo audeat infrenatis cupiditatibus oboedire, cum et sciant ita praecedentes admissores istius modi criminum venia liberatos, ut liberorum quos inlicite genuerunt successione arceantur, quae juxta vetustatem Romanis legibus negabatur. Et optassemus quidem nec ante quicquam ejusmodi esse commissum, quod esset aut clementia remittendum aut legibus corrigendum. 4. Sed posthac religionem sanctitatemque in conubiis copulandis volumus ab unoquoque servari ut se ad disciplinam legesque Romanas meminerint pertinere et eas tantum sciant nuptias licitas, quae sunt Romano jure permissae. 5 [1]. Cum quibus autem personis tam cognatorum quam ex adfinium numero contrahi non liceat matrimonium, hoc

---

1. 4, 5 = *C.*, 5, 4, 17.

edicto nostro complexi sumus : cum filia nepte pronepte itemque matre avia proavia et ex latere amita ac matertera *sorore* sororis filia et ex ea nepte. Itemque ex adfinibus privigna noverca socru nuru ceterisque quae antiquo jure prohibentur, a quibus cunctos volumus abstinere. 6. Nihil enim nisi sanctum ac venerabile nostra jura custodiunt et ita ad tantam magnitudinem Romana majestas cunctorum numinum favore pervenit, quoniam omnes leges suas religione sapienti pudorisque observatione devinxit. 7. Quare hoc edicto nostro volumus omnibus palam fieri, quod praeteritorum venia, quae per clementiam nostram contra disciplinam videtur indulta, ad ea tantum delicta pertineat, quae in diem III kal. Jan. Tusco et Anullino cons. videntur esse commissa. 8. Si qua autem contra Romani nominis decus sanctitatemque legum post supradictum diem deprehendentur admissa, digna severitate plectentur. Nec enim ullam in tam nefario scelere quisquam aestimet veniam se consequi posse, qui tam evidenti crimini et post edictum nostrum non dubitabit inruere. Dat. kal. Mai. Damasco Tusco et Anullino cons. (*a*. 295).

V, 1. Hermogenianus sub titulo de nuptiis :

Impp. Diocletianus et Maximianus Augg. Fl. Flaviano. His, qui incestas nuptias per errorem contrahunt, ne poenis subjiciantur, ita demum clementia principum subvenit, si postea quam errorem suum rescierint, ilico nefarias nuptias diremerint. Prop. id. Mart. *Tiberiano* et Dione cons. (*a*. 291).

VI, 1. Hanc quoque constitutionem Gregorianus titulo de nuptiis inseruit, quae est tricesima et secunda, aliis tamen et die *et cons.*, id est : constitutio prop. V id. Jun. Diocletiano ter et Maximiano Augustis (*a*. 287).

Papinianus libro singulari de adulteris :

Qui sororis filiam uxorem duxerat per errorem, antequam praeveniretur a delatore, diremit coitum : quaero an adhuc possit accusari. Respondit : ei qui *coitu* sororis filiae bona fide abstinuit, poenam remitti palam est, quia qui errore cognito diremit coitum, creditur ejus voluntatis fuisse, ut, si scisset se in eo necessitudinis gradu positum, non fuisset tale matrimonium copulaturus.

VII, 1. Idem dicitur in eos, qui incestas nuptias contraxerunt. Maledicti tamen sunt omnes incesti per legem, cum adhuc rudibus populis ex divino nutu condita isdem adstipulantibus sanciretur. Et utique omnes maledicti puniti sunt, quos divina et humana sententia consona voce damnavit. Lex divina sic dicit :

Maledictus, inquit, dixit Moyses, qui concubuerit cum uxore patris sui ; et dicit omnis populus : fiat, fiat. 2. Maledictus, qui concubuerit cum sorore sua de patre aut de matre ; et dicit omnis populus : fiat, fiat. 3. Maledictus, qui concubuerit cum nuru sua ; et dicit omnis populus : fiat, fiat. 4. Maledictus, qui concubuerit cum socru sua ; et dicit omnis populus : fiat, fiat. 5. Maledictus, qui concubuerit cum sorore patris sui ; et dicit omnis populus : fiat, fiat. 6. Maledictus, qui concubuerit cum sorore matris suae ; et dicit omnis populus : fiat, fiat. 7. Maledictus, qui concubuerit cum sorore uxoris suae ; et dicit omnis populus : fiat, fiat. 8. Maledictus, qui dormierit cum uxore fratris sui ; et dicit omnis populus : fiat, fiat. 9. Maledictus, qui dormierit cum omni pecore ; et dicit omnis populus : fiat, fiat.

[TITULUS VII]. DE FURIBUS ET POENA EORUM.

I, 1. Quod si duodecim tabulae nocturnum furem *quoquo modo*, *diurnum* autem si se au*deat* telo defendere, interfici jubent : scitote, juris consulti, quia Moyses prius hoc statuit, sicut lectio manifestat. MOYSES dicit :

Si perfodiens nocte parietem inventus fuerit fur et percusserit eum alius et mortuus fuerit hic, non est homicida is qui percusserit eum. 2. Si autem sol ortus fuerit super eum, reus est mortis percussor : et ipse morietur.

II, 1. PAULUS libro sententiarum V ad legem Corneliam de sicariis et veneficis [1] :

Si quis furem nocturnum vel diurnum cum se telo defendere*t* occiderit, hac quidem lege non tenetur, sed melius fecerit, qui eum conprehensum transmittendum ad praesidem magistratibus optulerit.

III, 1. ULPIANUS libro VIII ad edictum sub titulo si quadrupes pauperiem dederit [2] :

Inju*ria* occisum esse merito adjicitur ; non enim sufficit occisum, sed oportet inju*ria* id esse factum. Proinde si quis servum latronem occiderit, lege Aquilia non tenetur, quia *injuria* non occidit. 2. Sed et quemcumque alium ferro se petentem qui occiderit, non videbitur injuria occidisse. Proinde si furem nocturnum, quem lex duodecim tabularum omnimodo permittit occidere, aut diurnum quem aeque lex permittit, sed ita [lex] demum [3], si se telo defendat, videamus, an lege

---

1. 5, 23, 29. — 2. Cf. *D.*, 9, 2, 5, *pr.* 1, Ulpien, *l. XVIII ad ed.* — 3. Peut-être faut-il lire : 'necare permittit, sed ita demum lex'.

Aquilia teneatur. Et Pomponius dubitat, num haec lex non sit in usu. 3. Et si quis noctu [1] furem occiderit, non dubitamus, quin lege Aquilia *non* teneatur : sin autem, cum posset adprehendere, maluit occidere, magis est, ut injuria fecisse videatur ; ergo etiam lege Cornelia tenebitur. 4. Injuriam autem accipere hic nos oportet non, quemadmodum [et] circa injuria*rum* actionem, contumeliam quandam, sed quod non jure factum est, hoc est contra jus, id est si culpa qui occiderit. Et reliqua.

IV, 1. ULPIANUS libro octavo de officio proconsulis sub titulo de furibus [2] :

Fures ad *forum* remittendi sunt diurni, nocturnique extra ordinem audiendi et causa cognita puniendi, dummo*do* in poena eorum sciamus operis publici temporari modum non egrediendum. Idem et in balneariis furibus. 2. Sed si se telo fures defendunt vel effractores vel ceteri *his* similes nec quemquam percusserunt, metalli poen*a* humiliores, honestiores vero relegatione adficiendi erunt.

V, 1. Paulus libro sententiarum II sub titulo de furibus [3]:

Furti quocumque genere damnatus famosus efficitur. 2. Fur est qui [4] rem alienam contrectat. 3. Furtorum genera sunt quattuor, manifesti, nec manifesti, concepti et oblati. Manifestus fur est, qui in faciendo deprehensus est, et qui intra terminos ejus loci, unde furatus est, conprehensus est, vel antequam ad eum locum, quo destinaverat, pervenerit. Nec manifestus est fur, qui in rapiendo quidem conprehensus non est, sed eum fecisse negari non potest. 4. Concepti actione tenetur, apud quem furtum est inventum. Oblati actione is tenetur, qui rem furtivam ali optulit, ne apud se inveniretur. 5. Furti actione is agere potest, cujus interest rem non perisse. 6. Conceptiva autem agere potest, qui rem concepit et invenit. Oblati agere potest, penes quem res concepta inventa est.

[TITULUS VIII.] DE FALSO TESTIMONIO.

I, 1. MOYSES dicit :

Si steterit testis injustus adversus hominem accusandum accusans eum impietatis, 2. stabunt duo homines, quibus est invicem contentio, ante deum et ante sacerdotes et ante judices, quicumque fuerint in illis diebus. 3. Cum inquisierint judices diligenter et inventus fuerit testis injustus testificans injusta, insurgentes adversus eum, 4. facietis ei sicut voluit

1. *D.* : 'metu quis mortis'. — 2. Abrégé *D.*, 47,17,1. — 3. 5, 1-6 = Paul, *Sent.*, 2, 31, 15, 1-5. — 4. Paul, *Sent.* : 'dolo malo'.

malefacere et delebitis malum de medio vestrum : 5. et ceteri audientes timebunt nec audebunt haec mala facere inter vos.

II, 1. Paulus libro singulari de poenis omnium legum sub titulo ad legem Juliam de adulteris :

Qui falsum testimonium dixerit, proinde tenebitur, ac si lege Cornelia testamentaria damnatus esset.

III, 1. Paulus libro sententiarum quinto sub titulo de testibus et de quaestionibus [1].

Hi, qui falso vel *varie* [2] testimonia dixerunt vel utrique parti prodiderunt, aut in exilium aguntur aut in insulam relegantur aut curia submoventur.

IV, 1. Idem libro *sententiarum quinto sub titulo* ad legem Corneliam de sicaris et veneficis [3] :

Lex Cornelia poenam deportationis infligit ei qui hominem occiderit ejusque [4] rei causa furtive faciendi cum telo fuerit, et qui venenum hominis necandi causa habuerit vendiderit paraverit, falsumve testimonium dixerit quo quis periret, mortisve causam praestiterit. 2. Quae omnia facinora in honestiores poena capitis vindicari placuit ; humiliores vero aut in crucem tolluntur aut bestiis subjiciuntur.

V, 1. Paulus libro sententiarum quinto sub titulo ad legem Corneliam testamentariam [5] :

Qui ob falsum testimonium perhibendum pecuniam acceperit dederit judicemve ut sententiam ferat vel non ferat corruperit corrumpendumve curaverit, humiliores capite puniuntur, honestiores publicatis bonis cum ipso judice in insulam deportantur.

VI, 1. Idem eodem libro et titulo [6] :

Falsum est quidquid in veritate non est, sed pro vero adseveratur.

VII, 1. Ulpianus libro octavo *de officio proconsulis* sub titulo de poena legis Corneliae testamentariae [7] :

Praeterea factum est senatus consultum Statilio et Tauro [8] consulibus, quo poena legis Corneliae inrogatur ei, qui quid aliud quam testamentum sciens *dolo malo falsum* signaverit signarive curaverit, item qui ad falsas testationes faciendas testamentave falsa invicem dicenda aut consignanda dolo malo *coierint*, Licinio V et Tauro conss. [9] 2. Item qui ob *instruendam*

---

1. Paul, *Sent.*, 5, 15, 5 = *D.*, 22, 5, 16. — 2. Paul et *D.* ; les mss. : 'falsum vel aliqua'. — 3. = Paul, *Sent.*, 1, 23, 1 = *Coll.*, 1, 2. — 4. Paul avec raison : 'ejusve'. — 5. = Paul, *Sent.*, 5, 25, 2. — 6. Paul, 5, 25, 3. — 7. = *D.*, 48, 10, 9, 3. — 8. Pithou : 'Statilio Tauro *et Scribonio Libone*'. — 9. Probablement les consuls de l'an 45, Vinicius II et Taurus.

advocationem testimoniave pecuniam acceperit pactusve fuerit societatem*ve* coierit, aut aliquam de ea *re pactionem* [1] interposuerit, item si quis coierit ad occisionem [2] innocentium, senatus consulto quod Cotta et Messalla factum est coercetur. 3. Sed et si quis ob *denuntiandum* vel non denun*ti*andum remittendumve testimonium pecuniam acceperit, senatus consulto, quod duobus Geminis conss. factum *est*, poena legis Corneliae adficitur. Et reliqua.

[TITULUS VIIII.] DE FAMILIARIS TESTIMONIO NON ADMITTENDO.

I, 1. Item MOYSES :

Falsum testimonium non dabis adversus proximum tuum.

II, 1. ULPIANUS libro VIIII [3] de officio proconsulis *sub titulo* ad legem Juliam de vi publica et privata :

Eadem lege quibusdam testimonium omnino, quibusdam interdicitur invitis, capite octogesimo septimo et capite octogesimo octavo. 2. *Capite octogesimo octavo* in haec verba his hominibus [4] : 'Hac lege in reum testimonium dicere ne liceto, qui se ab eo parenteve ejus libertove cujus eorum libertive libertave *libera*verit, quive inpubes erit, quive *judicio publico damnatus est*, *qui* eorum in integrum restitutus non est, quive in vinculis custodiaque publica erit, quive depugnandi causa auctoratus erit, quive ad bestias depugnare se locavit locaverit, praeterquam qui jaculandi causa ad urbem missus est erit, palamve corpore quaestum faciet feceritve, quive ob testimonium dicendum pecuniam accepisse judicatus erit'. Nec vo*lens* quis eorum hac lege in reum testimonium dicit. 3. Capite octogesimo septimo his [5] : '[Homines] inviti in reum testimonium ne dicunto qui sobrinus est ei reo propioreve cognatione conjunctus, quive socer gener vitricus privignusve ejus erit'. Et reliqua.

III, 1. PAULUS libro sententiarum *V* sub titulo de testibus et quaestionibus [6] :

Suspectos testes et eos vel maxime, quos accusator de domo duxit vel vitae humilitas infamaverit, interrogari non placuit ; in testibus enim et vitae qualitas spectari debet et dignitas. 2. In adfinem vel cognatum inviti testes interrogari non possunt. 3. Adversus se invicem parentes et liberi itemque *patroni*

---

1. Mommsen, arg. *D*., 48, 10, 20. Les mss.: 'delationem'.— 2. Pithou, arg, *D*., 47, 13, 2 : 'ad accusationem'. — 3. Les mss. ; Cujas suivi par Lenel, *Pal*., 2, p. 978, n. 1 : 'VIII'. — 4. Chapitre abrégé chez Callistrate, *D*., 22, 5, 3, 5. — 5. Chapitre également rapporté par Paul, *D*., 22, 5, 4. — 6. 3, 1-3 = Paul, *Sent*., 5, 15, 1-3.

et liberti nec volentes ad testimonium admittendi sunt quia rei verae testimonium necessitudo personarum plerumque corrumpit.

[TITULUS X.] DE DEPOSITO.

I, 1. Moyses dicit:

Si aliquis dabit proximo suo argentum aut vas servare et furatum fueri de domo hominis, si invenitur qui furatus est, reddet duplum. 2. Quod si non fuerit inventus fur, accedet is qui commendatum susceperat ante dominum et jurabit nihil se nequiter egisse de omni re commendata proximi sui et liberabitur.

II, 1. MODESTINUS libro differentiarum secundo *sub titulo* de deposito vel commendato:

Commodati judicio conventus et culpam praestare cogitur: qui vero depositi convenitur, de dolo, non etiam de culpa condemnandus est. Commodati enim contractu, quia utriusque contrahentis utilitas intervenit, utrumque praestatur: in depositi vero causa sola deponentis utilitas vertitur et ibi dolus tantum praestatur. 2. Sed in ceteris quoque partibus juris ista regula custoditur; sic enim et in fiduciae judicium et in actionem rei uxoriae dolus et culpa deducitur, quia utriusque contrahentis utilitas intervenit. 3. In mandati vero judicium dolus, non etiam culpa deducitur. Quamvis singulariter denotare liceat in tutelae judicium utrumque deduci, cum solius pupilli, non etiam tutoris utilitas in administratione versetur. 4 Depositi damnatus infamis est: qui vero commodati damnatur, non fit infamis; alter enim propter dolum, alter propter culpam condemnatur. 5.[1] Actione depositi conventus cibariorum nomine apud eundem judicem utiliter experitur; at *is* cui res commodata est inprobe cibariorum exactionem intendit. Inpensas tamen necessarias jure persequitur, quas forte in aegrum vel alias laborantem inpenderit. 6. Res deposita si subripiatur, dominus dum*taxat*[2] habet furti actionem, quamvis ejus apud quem res deposita est intersit ob inpensas in rem factas *rem* retinere. Is vero cui res commodata sit furti experiri debebit, si modo solvendo fuerit. 7. Actio commodati semper in simplum competit, depositi vero nonnumquam in duplum, scilicet si ruinae vel naufragii vel incendii aut tumultus causa res deponatur.

III, 1. HERMOGENIANUS sub titulo de deposito hujus modi inserit constitutiones.

1. Cf. *D.*, 16, 3, 23. — 2. Les mss.: 'domui'.

Idem Augg. *et* Caess. Fl. Munatio. Eum qui suscepit depositum dolum, non etiam casu*m* praestare certi juris est. Cum itaque proponas ignis vi quaedam cremata de his quae tibi fuere commendata nec ullum dolum in subtrahendis rebus adhibitum, rector provinciae nihil contra juris rationem fieri patietur. Et quoniam necti quereris moras adhibita varietate, negotium inter vos ortum secundum juris ordinem sua ratione decidetur. Subscripta VIII k. Jul. Serdica Augustis cons. (*a*. 293)[1].

IV, 1. Idem Augg. et Caess. Fl. Aurelio Altenico Andronico. Eos penes quos vestem et argenti materia*m* deposuisse proponis apud rectorem provinciae convenit interrogari, qui eos, sive teneant sive dolo fecerint quominus possint restituere, secundum bonam fidem tibi satisfacere conpellet. Subscripta VI k. April. Sirmi Caess. cons. (*a*. 294)[2].

V, 1. Idem Augg. et Caess. Aurelio et Eustathio et Diosimo. Is, qui depositum suscepit, ultra dolum, si non aliud specialiter convenit, praestare nihil necesse habet. Cujus memor juris rector provinciae partium allegationibus auditis pro ereptorum qualitate suam ordina*b*it sententiam. Subscripta XIIII k. Nov. Appiaria (*a*. 294 ?)[3].

VI, 1[4]. Idem Augg. et Caess. Septimiae Quadratillae. Qui dolo malo depositum non restituit, suo nomine conventus ad ejus restitutionem cum infamiae periculo urguetur. Subscripta prid. idus Decembres Nicomedia CC. cons. (*a*. 294).

VII, 1. Paulus libro secundo sententiarum sub titulo de deposito [5]:

Deponere possumus apud alium id quod nostri juris est vel alieni. 2. Depositum est quasi diu positum. Servandum [6] est, quod *ad* breve tempus custodiendum datur. 3. Deponere videtur, qui in metu ruinae incendii naufragii apud alium custodiae causa deponit. 4. Deponere videtur et is, qui suspectam habens vel minus idoneam custodiam domus vel vim latronum timens apud aliquem rem custodiendam commendat. 5 [7]. Si sacculum vel argentum *signatum* deposuero et is penes quem depositum fuit me invito contrectavit, et depositi et furti actio mihi in eum conpetit. 6 [8]. Ob res depositas dolus

---

1. Cf. sur la date de ce consulat, Mommsen, *Abh.* de Berlin, 1860, pp. 432-435 (*Ges. Schr.*, 2, 277-280). — 2. Cf. sur la date, Mommsen, *loc. cit*., pp. 440-443 (*Ges. Schr.*, 2,285-288). — 3. Cf. sur la date, Mommsen, *loc. cit*., pp. 438.442 (*Ges. Schr.*, 2, 283.287). — 4. = *C.*, 4, 34, 10. — 5. 7, 1-4 = Paul, 2, 12, 1-4. — 6. Le sens réclame : 'Sed pariter servandum' ou quelque chose d'analogue. — 7. = Paul, *Sent.*, 2,12,5. *D.*, 16, 3, 29, *pr*. — 8. 7, 6-11 = Paul, *Sent.*, 2, 12, 6-11.

tantum praestari solet. 7. In judicio depositi ex mora et fructus veniunt et usurae rei depositae praestantur. 8. Si quis rem penes se depositam apud alium deposuerit, tam ipse directam quam is qui apud eum deposuit utilem actionem depositi habere possunt. 9. Si pecuniam deposuero eaque *uti* tibi permisero, mutua magis videtur quam deposita ac per hoc periculo tuo erit. 10. Si rem apud te depositam vendideris eamque redemeris, pos*t* perdideris, semel admisso dolo perpetua depositi actione teneberis. 11. Ex causa depositi lege duodecim tabularum in duplum actio datur, edicto praetoris in simplum.

VIII, 1. Gregorianus libro IIII sub titulo de deposito [1] :

Imp. Alexander A. Mestrio militi. Incursu latronum ornamenta deposita apud interfectum ab eis perierunt: detrimentum ad heredes ejus qui depositum accepit, qui dolum tantum praestare debuit, non pertinet. Quod si *praetextu* latrocinii commissi res, quae in potestate heredis sunt, non restituuntur, tam depositi quam *ad* exhibendum actio, sed et in rem vindicatio conpetit. Prop. VII kal. Jul. Maximo bis et Urbano cons. (*a.* 234).

IX, 1. Paulus libro responsorum V [2] sub titulo ex locato et conducto :

[3] 'Imp. Antoninus Julio Agrippino. Dominus horreorum periculum *vis* majoris vel effracturae latronum praestare non cogitur. His cessantibus si quid ex *de*positis rebus inlaesis extrinsecus horreis periit, damnum depositorum sarciri debet. Prop. IIII non. Nov. Antonino IIII cons.' (*a.* 213). Paulus respondit : Satis praepositam constitutionem declarare his, qui horrea locant, majorem vim imputari non posse.

[TITULUS XI.] DE ABACTORIBUS.

I, 1. Moyses dicit :

Si quis involaverit vitulum aut ovem et occiderit aut vendiderit, quinque vitulos restituet pro vitulo uno, quattuor oves pro ove una. 2. Quod si non habet unde reddat, venundetur pro furto.

II, 1. Paulus libro sententiarum V sub titulo de abactoribus [4] :

Atroces pecorum abactores plerumque ad gladium vel in metallum, nonnumquam autem in opus publicum dantur. Atroces autem sunt, qui equos et greges ovium de stabulo

---

1. Cf. *C.*, 4, 34, 1. — 2. Peut-être VI ; cf. Lenel, *Pal.*, 1, p. 1230, n. 2. — 3. = *C.*, 4, 65, 1. — 4. Paul, *Sent.*, 5, 18, 2.

vel de pascuis abigunt vel si id saepius aut *ferro aut* conducta manu faciunt.

III, 1. Idem Paulus eodem libro et titulo [1] :

Abactores sunt, qui unum equum vel duas equas totidemque boves, *oves* vel capras decem, porcos quinque abegerint. Quidquid vero intra hunc numerum fuerit ablatum, in poen*a* furti pro qualitate ejus aut in duplum, aut in triplum [2] convenitur aut fustibus caesus in opus publicum unius anni datur aut sub poena vinculorum domino restituetur.

IV, 1. Idem Paulus eodem libro et titulo [3] :

Si ea pecora, de quibus quis litigaverat, abegerit, ad forum remittendus est atque ita convictus in duplum vel in triplum furis more damnatur.

V, 1. Idem Paulus eodem libro et titulo [4] :

Qui bovem vel equum errantem quodve aliud pecus abduxerit, furem magis eum quam abactorem constitui placuit.

VI, 1. Paulus libro singulari de poenis paganorum sub titulo de abigeis dixit :

Cum durius abigei damnantur, et ad gladium tradantur : itaque divus Pius ad concilium Baeticae rescripsit. 2. Qui pecora, de quibus litigabat, abegit, ad forum *r*emittendus est et si victus fuerit, in duplum vel quadruplum condemnandus.

VII, 1. Ulpianus libro octavo de officio proconsulis, sub titulo de abigeis :

[5] De abigeis puniendis ita divus Hadrianus rescripsit concilio Baeticae : 'Abigei cum durissime puniuntur, ad gladium damnari solent. Puniuntur autem durissime non ubique, sed ubi frequentius est hoc genus maleficii : alioquin et in opus et nonnumquam temporarium damnantur. 2. Ideoque puto apud vos quoque sufficere genus poenae, quod maxi*mum* huic maleficio inrogari solet, ut ad gladium abigei dentur : aut si quis tam notus et tam gravis in abigendo fuit, ut prius ex hoc crimine aliqua poena affectus sit, hunc in metallum dari oportere'. 3. Rescriptum divi Hadriani sic loquitur, quasi gravior poena sit metalli : nisi forte hoc sensit divus Hadrianus gladii poenam dicendo ludi damnationem. 4. Est autem differentia inter eos qui ad gladium et eos qui ad ludum damnantur ; nam ad gladium damnati confestim consumuntur vel certe intra annum debent consumi ; hoc enim *mand*atis continetur. Enimvero qui in ludum damnantur, non utique

---

1. Paul, *Sent.*, 5, 18, 1. — 2. Huschke : 'quadruplum'. — 3. Paul, *Sent.*, 5, 18, 3. — 4. Paul, *Sent.*, 5, 18, 4. — 5. = *D.*, 47, 14, 1, *pr.*

consumuntur, sed etiam pilleari et rudem accipere possunt post intervallum, siquidem post quinquennium pilleari, post triennium autem rudem induere eis permittitur. 5. Eodem rescripto divi Hadriani diligentissime expressum est non ubique parem esse poenam abigeorum.

VIII, 1. Item Ulpianus libro et titulo qui supra [1]:

Abigei autem proprie hi habentur, qui pecora ex pastu et ex armentis subtrahunt et quodammodo depraedantur et abigei studium quasi artem exercent equos de gregibus vel boves de armentis abducentes. Ceterum si quis bovem aberrantem vel equum in solitudine abduxerit non est abigeus, sed fur potius. 2. Sed et qui porcum vel capram vel verbecem abducunt, non tam graviter ut hi qui majora animalia abigunt plecti debent. 3. Quamquam autem Hadrianus metalli poenam temporari, vel etiam gladii praestituerit, attamen qui honestiore loco nati sunt, non debent ad hanc poenam pertinere, sed aut relegandi erunt aut removendi ordine. 4. Romae tamen etiam bestiis subjici abigeos videmus : et sane qui cum gladio abigunt, non inique hac poena adficiuntur.

[TITULUS XII.] DE INCENDIARIIS.

I, 1. Moyses dicit :

Si exierit ignis et invenerit spinas et conprehenderit areas vel spicas aut campum, aestimationem restituet ille qui succendit ignem.

II, 1. Paulus libro sententiarum *quinto* sub titulo de incendiariis [2] :

Qui casam aut villam inimicitiarum gratia incenderunt, humiliores in metallum aut in opus publicum damnantur, honestiores in insulam relegantur. 2. Fortuita incendia, quae casu venti urentis vel incuria ignem supponentis ad usque vicini agros evadunt, si ex eo seges vel vinea vel olivae vel fructiferae arbores concrementur, datum damnum aestimatione sarciatur.

III, 1. Idem Paulus eodem libro et titulo [3] :

Commissum vero servorum, si domino videatur, noxae deditione sarcitur. 2. Messium sane per dolum incensores vi, nearum olivarumve aut in metallum humiliores damnantur aut honestiores in insulam relegantur.

IV, 1. Idem Paulus libro et titulo qui supra [4] :

1. = *D*., 47, 14, 1, 1-4. — 2. = Paul, *Sent*., 5, 20,2-3. — 3. = Paul, *Sent*., 5, 20, 4-5. — 4. = Paul, *Sent*., 5, 20, 1.

Incendiarii, qui quid in oppido praedandi causa faciunt, facile capite puniuntur.

V, 1. ULPIANUS libro VIII de officio proconsulis *sub titulo* de naufragis et *incendiariis* :

Incendiariis lex quidem Cornelia aqua et igni interdici jussit, sed re varie sunt puniti. Nam [1] qui data opera in civitate incendium fecerunt, si humillimo loco sunt, bestiis subjici solent, si in aliquo gradu et Romae id fecerunt, capite puniuntur : aut certe... adficiendi sunt qui haec committunt. 2. Sed eis qui non data opera incendium fecerint plerumque ignoscitur, nisi in lata et incauta [2] neglegentia vel lascivia fuit.

VI, 1. PAULUS libro singulari de poenis paganorum sub titulo de abigeis dicit :

Incendiarii, qui in oppido praedae causa id admiserint, capite puniantur : qui casu insulam aut villam, non ex inimicitiis incenderint, levius. Fortuita enim incendia ad forum remittenda sunt, ut damnum vicinis sarciatur.

VII, 1. ULPIANUS libro XVIII ad edictum, sub titulo si fatebitur injuria occisum esse, in simplum et cum diceret [3] :

[4] Item si insulam meam adusseris vel incenderis, Aquiliae actionem habebo, idemque est, et si arbustum meum vel villam meam. 2. Quod si dolo quis insulam exusserit, etiam capitis poena plectitur, quasi incendiarius. 3 [5]. Item si quis insulam voluerit exurere et ignis etiam ad vicini insulam pervenerit, Aquilia tenebitur lege vicino etiam, non minus inquilinis ob res eorum exustas, et ita Labeo libro XV responsorum refert. 4. Sed si stipulam in agro tuo incenderis ignisque evagatus ad praedium vicini pervenerit et illud exusserit, Aquilia lex locum habeat an in factum actio sit, fuit quaestio. 5. Sed plerisque Aquilia lex locum habere non videtur, et ita Celsus libro XXXVII digestorum scribit. Ait enim 'si stipulam incendentis ignis effugit, Aquilia lege eum non teneri, sed in factum agendum, quia non principaliter hic exussit, sed dum aliud egit, sic ignis processit'. 6. Cujus sententia et rescripto divi Severi conprobata est in haec verba : 'Profitere propter ignem, qui pabuli gratia factus culpa servorum Veturiae Astiliae evagatus agrum tuum, ut proponis, depopulatus est, ad exemplum legis Aquiliae noxali judicio actura : si litis aestimatio permittitur, judicium consistere

---

1. = *D.*, 47, 9, 12, 1. — 2. M. Mommsen préférerait : 'in causa lata'. — 3. Cf. *Coll.*, 2, 4 et la note.— 4. Cf. *D.*, 9, 2, 27, 7. — 5. Cf. *D.*, 9, 2, 27, 8.

potest[1]. Videlicet non est visa Aquilia sufficere. 7. [2] Si forte servus, qui idem conductor est, coloni [3] ad fornacem obdormisset et villa fuerit exusta, Neratius scribit ex locato conventum praestare debere, si neglegens in elegendis ministeriis fuit. Ceterum si alius ignem subjecerit fornaci, alius neglegenter custodierit, an tenetur ? Namque qui non custodit, nihil fecit : qui recte ignem subjecit, non peccavit : quemadmodum si hominem medicus recte secuerit, sed neglegenter vel ipse vel alius curaverit, Aquilia cessat. Quid ergo est ? Et hic puto ad exemplum Aquiliae dandam actionem tam in eum qui ad fornacem obdormivit vel neglegenter custodit, quam in medicum qui neglegenter curavit, sive homo periit sive debilitatus est. Nec quisquam dixerit in eo qui obdormivit rem eum humanam et naturalem passum, cum deberet vel ignem extinguere vel ita munire, ut non evagaretur. 8 [4]. Item libro VI ex Vibiano relatum est : si furnum secundum parietem communem haberes, an damni injuria teneris ? Et ait *Proculus* agi non posse Aquilia lege, quia nec cum eo qui focum haberet : et ideo aequius putat in factum actionem dandam. Sed non proponit exustum parietem. Sane enim quaeri potest, si nondum mihi damnum dederis et ita ignem habeas, ut metuam ne mihi des, an aequum sit me interim actionem, id est in factum inpetrare ? Fortassis enim de hoc senserit Proculus. Nisi quis dixerit damni non facti sufficere cautionem. 9. [5] Sed et si qui servi inquilini insulam exusserint, libro X Urseius refert Sabinum respondisse lege Aquilia servorum nomine dominum noxali judicio conveniendum : ex locato autem dominum teneri negat. Proculus autem respondit, cum coloni servi villam exusserint, colonum vel ex locato vel lege Aquilia teneri, ita ut colonus servos posset noxae dedere et si uno judicio res esset judicata, altero amplius non agendum. 10. [6] Item Celsus libro XXVII digestorum scribit : si, cum apes meae ad tuas advolassent, tu eas exusseris, quosdam negare conpetere legis Aquiliae actionem, inter quos et Proculum, quasi apes domini mei non fuerint. Sed id falsum esse Celsus ait, cum apes revenire soleant et fructui mihi sint. Sed Proculus eo movetur, quod nec mansuetae nec ita clausae fuerint. Ipse autem Celsus ait nihil inter

---

1. Mommsen, qui indique encore comme possible : 'judicem tum adire potes' ; les mss. : 'judicium cum adire' et 'judicium kap. CII adhire' ; Lenel : 'confessorium edere potes'. = 2. = *D*.,9,2, 27, 9 avec quelques omissions. — 3. *D*. : 'Si fornicarius servus coloni'. — 4. = *D*., 9, 2, 27, 10 avec quelques omissions. — 5. Résumé *D*., 9, 2, 27, 11. — 6. Cf. *D*., 9, 2, 27, 12.

has et columbas interesse, quae, si manum refugiunt, domi tamen fugiunt.

[TITULUS XIII.] DE TERMINO AMOTO.

I, 1. Moyses dicit:

Non transmovebis terminos proximi tui, quos constituerunt patres tui vel principes possessionis tuae.

II, 1. Paulus libro sententiarum *primo* sub titulo finium regundorum [1]:

In eum, qui *per* vim terminos dejecit vel amovit, extra ordinem animadvertitur.

III, 1. Ulpianus libro octavo de officio proconsulis sub titulo de termino moto:

Eos qui terminos moverunt non inpune id facere debere divus Hadrianus Terentio Gentiano XVII k. Sept. se III consule rescripsit, quo rescripto poenam variam statuit. 2. Verba rescripti ita se habent [2]: 'Pessimum factum eorum, qui terminos finium causa positos abstulerunt, dubitari non potest. Poenae *tamen* modus ex condicione personae et mente facientis magis *statui potest*; nam si splendidiores sunt personae, quae convincuntur, non dubito quin occupandorum aliorum finium causa id admiserint: et possunt in tempus, ut cujusque patitur aetas, relegari; *id est si juvenior in longius, si senior recisius: si vero alii negotium gesserunt et ministerio functi sunt, castigari* et sic in biennium aut triennium ad opus publicum dari. Quod si per ignorantiam aut fortuito lapides *usus* causa furati sunt, sufficit eos verberibus coerceri.

[TITULUS XIIII.] DE PLAGIARIIS.

I, 1. Moyses dicit:

Quicumque plagiaverit quemquam Israhel et vendiderit eum, morte moriatur.

II, 1. Paulus libro sententiarum V sub titulo ad legem Fabiam [3]:

Lege Fabia tenetur, qui civem Romanum ingenuum libertinum*ve* servumve alienum celaverit vendiderit vinxerit comparaverit. 2. Et olim quidem hujus legis poena *nummaria* fuit, sed translata est cognitio in praefec*tum* urbis, itemque praesidis provinciae extra ordinem meruit animadversionem. Ideoque humiliores aut in metallum dantur aut in crucem

---

1. = Paul, *Sent.*, 1, 16. — 2. Reproduit par Callistrate, *D.*, 47, 21, 2. — 3. Paul, 5,5, 30 b.

tolluntur, honestiores adempta dimidia parte bonorum in perpetuum relegantur. 3. Si servus sciente domino alienum servum subtraxerit vendiderit celaverit. in ipsum dominum animadvertitur : quod si id domino ignorante commiserit, in metallum datur.

III, 1. Ulpianus libro nono de officio proconsulis sub titulo ad legem Fabiam :

Frequens est etiam legis Fabiae cognitio in tribunalibus praesidum, quamquam quidam procuratores Caesaris usurpaverint tam in provinciis quam Romae [1]. 2. Sed enim jam eo perventum est constitutionibus, ut Romae quidem praefectus urbis solus super ea re cognoscat, si intra miliarium centesimum sit injuria commissa : enimvero si ultra centesimum, praefectorum praetorio erit cognitio. In provincia est praesidum provinciarum, nec aliter procuratori Caesaris haec cognitio injungitur, quam si praesidis partibus in provincia fungatur. Plane post sententiam de Fabia latam procuratoris partes succedunt hujusce rei. 3. Attamen procurator qui nullam provinciam regit licet de capitalibus causis cognoscere nec soleat, tamen ut de lege Fabia possit cognoscere, imp. Antoninus constituit. Idem legis Juliae de adulteris coercendis constitutione imperatoris Antonini quaestionem accepit. 4. Lege autem Fabia tenetur, qui civem Romanum eumve [2], qui in Italia liberatus sit, celaverit vinxerit vinctumve habuerit, vendiderit emerit, quive in eam rem socius fuerit : cui capite primo ejusdem legis poena injungitur[3]. Si servus quis sciente domino fecerit, dominus ejus sestertiis quinquaginta milibus eodem capite punitur. 5. Ejusdem legis capite secundo tenetur, qui alieno servo persuaserit, ut dominum fugiat quive alienum servum invito domino celaverit vendiderit emerit dolo malo, quive in ea re socius fuerit : jubeturque populo sestertia quinquaginta milia dare. Et reliqua.

6. Sciendum tamen est ex novellis constitutionibus capitali sententia plagiatores pro atrocitate facti puniendos : quamvis et Paulus relatis supra speciebus crucis et metalli hujusmodi reis inrogaverit poenam.

[TITULUS XV.] DE MATHEMATICIS, MALEFICIS ET MANICHAEIS.

I, 1. Moyses, dicit :

Non inveniatur in te qui lustret filium tuum aut filiam

---

1. Mommsen ; les mss. : 'quam Romae tam in provinciis'. — 2. Pithou, suivi par Mommsen ; mms. : 'eundemque' et 'ejusdemque'; cf. la note de Mommsen. — 3. Huschke ajoute : '*sestertium C milium*'; v. en sens contraire la note de Mommsen.

tuam, nec divinus apud quem sortes tollas : nec consentias venenariis impostoribus, qui dicunt, quid conceptum habeat mulier, quoniam fabulae seductoriae sunt. Nec intendas prodigia, nec interroges mortuos. 2. [1] [Non inveniatur in te auguriator nec inspector avium nec maleficus aut incantator nec pythonem habens in ventrem nec haruspex nec interrogator mortuorum nec portenta inspiciens] : 3. omnia namque ista a domino deo tuo damnata sunt et qui fecerit haec. Propter has enim abominationes deus eradicabit Chaldaeos a facie tua. 4. Tu autem perfectus eris ante dominum deum tuum ; 5. gentes enim istae, quas tu possides, auguria et sortes et divinationes audiebant.

II, 1. ULPIANUS libro VII de officio proconsulis sub titulo de mathematicis et vaticinatoribus.

Praeterea interdictum est mathematicorum callida impostura et obstinata persuasione. Nec hodie primum interdici eis placuit, sed vetus haec prohibitio est : denique extat senatus consultum Pomponio et Rufo conss. factum [2], quo cavetur, ut mathematicis Chaldaeis ariolis et ceteris, qui simile inceptum fecerunt, aqua et igni interdicatur omniaque bona eorum publicentur, et si externarum gentium quis id fecerit, ut in eum animadvertatur. 2. Sed fuit quaesitum, utrum scientia hujusmodi hominum puniatur an exercitio et professio. Et quidem apud veteres dicebatur professionem eorum, non notitiam esse prohibitam : postea variatum. Nec dissimulandum est nonnumquam inrepsisse in usum, ut etiam profiterentur et publice se praeberent. Quod quidem magis per contumaciam et temeritatem eorum factum est, qui visi erant vel consulere vel exercere, quam quod fuerat permissum. 3. Saepissime denique interdictum est fere ab omnibus principibus, ne quis omnino hujusmodi ineptiis se inmisceret, et varie puniti sunt ii qui id exercuerint, pro mensura scilicet consultationis. Nam qui de principis salute, capite puniti sunt vel qua alia poena graviore adfecti ; enimvero si qui de sua suorumque, levius. Inter hos habentur vaticinatores, quamquam ii quoque plectendi sunt, quoniam nonnumquam contra publicam quietem imperiumque populi Romani inprobandas artes exercent. 4. Extat denique decretum divi Pii ad Pacatum, legatum provinciae Lugudunensis, cujus rescripti verba quia multa sunt, de fine ejus ad locum haec pauca subjeci. 5. Denique divus Marcus eum, qui motu Cassiano vaticinatus erat et multa quasi *ins-*

---

1. Seconde version du même passage. — 2. An 17 ap. J.-C.

tinctu deorum dixerat, in insulam Syrum relegavit. 6. Et sane non debent impune ferre hujusmodi homines, qui sub obtentu ex monitu deorum quaedam vel enuntiant vel jactant vel scientes confingunt.

III, 1. GREGORIANUS libro VII sub titulo de maleficis et Manichaeis :

Impp. Diocletianus et Maximianus AA. *et Constantius* et Maximianus, nobilissimi *CC*. Juliano proconsuli Africae. Otia maxima interdum homines in communione condicionis naturae humanae modum excedere hortantur et quaedam genera inanissima ac turpissima doctrinae superstitionis inducere suadent, ut sui erroris arbitrio pertrahere et alios multos videantur, Juliane karissime. 2. Sed dii immortales providentia sua ordinare et disponere dignati sunt, quae bona et vera sunt ut multorum et bonorum et egregiorum virorum et sapientissimorum consilio et tractatu inlibata probarentur et statuerentur, quibus nec obviam ire nec resistere fas est, neque reprehendi a nova vetus religio deberet. Maximi enim criminis est retractare quae semel ab antiquis statuta et definita suum statum et cursum tenent ac possident. 3. Unde pertinaciam pravae mentis nequissimorum hominum punire ingens nobis studium est ; hi enim, qui novellas et inauditas sectas veterioribus religionibus obponunt, ut pro arbitrio suo pravo excludant quae divinitus concessa sunt quondam nobis, 4. de quibus sollertia tua serenitati nostrae retulit, Manichaei, audivimus eos nuperrime veluti nova et inopinata prodigia in hunc mundum de Persica adversaria nobis gente progressa vel orta esse et multa facinora ibi committere, populos namque quietos perturbare nec non et civitatibus maxima detrimenta inserere : et verendum est, ne forte, ut fieri adsolet, accedenti tempore conentur per execrandas consuetudines et scaevas leges Persarum innocentioris naturae homines, Romanam gentem modestam atque tranquillam et universum orbem nostrum veluti venenis de suis malivolis inficere. 5. Et quia omnia, quae pandit prudentia tua in relatione religionis illorum, genera maleficiorum statutis evidentissime sunt exquisita et inventa commenta, ideo aerumnas atque poenas debitas et condignas illis statuimus. 6. Jubemus namque auctores quidem ac principes una cum abominandis scripturis eorum severiori poenae subjici, ita ut flammeis ignibus exurantur : consentaneos vero et usque adeo contentiosos capite puniri praecipimus, et eorum bona fisco nostro vindicari sancimus. 7. Si qui sane etiam honorati, aut cujuslibet dignitatis vel majores personae *ad* adhuc inauditam et turpem atque per omnia infamem sectam, vel ad doctrinam Persarum se transtulerint, eorum patrimonia fisco nostro adsociari facies, ipsos quoque *Phaen*ensibus vel Proconnensibus metallis dari. 8. Ut igitur stirpitus amputari *lues* haec nequitiae de saeculo beatissimo nostro possit, devotio tua jussis ac statutis tranquillitatis nostrae matur*et* obsecundare. Dat. pridie k. Aprilis, Alexandriae (*a.* 320) [1].

[TITULUS XVI.] DE LEGITIMA SUCCESSIONE.

I, 1. Scriptura divina sic dicit :

Filiae Salfad, adstantes ante Moysen et Eleazarum sacerdotem et principes omnemque senatum filiorum Israhel in foribus tabernaculi testimonii dixerunt : 2. Pater noster mortuus est et filii non fuerunt ei, sed filiae, 3. et ideo non deleatur nomen patris nostri de medio tribus suae. Non est ei masculus : date nobis possessionem in medio fratrum patris nostri. 4. Et obtulit Moyses petitionem earum coram deo. 5. Et locutus est dominus Moysi dicens : 6. Recte filiae Salphad locutae sunt : et ideo dabitis eis possessionem hereditatis in medio fratrum patris earum. 7. Et dices haec filiis Israhel : Homo si decesserit, et filios habuerit. . . . .
. . . . .dabitis hereditatem proximo eorum de tribu ejus : et possidebit omnia ejus : et erit haec filiis Israhel justificatio judiciorum secundum quae constituit dominus Moysi.

II, 1. GAIUS institutionum libro III legitimas sic ordinat successiones [2]:

Intestatorum hereditates lege duodecim tabularum primum ad suos heredes pertinent. 2. S*ui* autem heredes existimantur liberi qui in potestate morientis fuerunt, veluti filius filiave, nepos neptisve *ex filio*, pronepos proneptisve ex nepote filio nato prognatus prognatave. Nec interes*t* naturales *sint* liberi an adoptivi. Ita demum tamen nepos neptisve et pronepos proneptisve suorum heredum numero sunt, si praecedens persona desierit *in potestate parentis esse, sive morte id acciderit* sive alia ratione, veluti emancipatione. Nam si per id tempus, quo quisque morietur, filius in potestate ejus sit, nepos ex eo suus heres esse non potest. Idem et in ceteris deinceps liberorum personis dictum intellegimus. 3. Uxor quoque, quae in manu est, *ei cujus in manu est* [3] sua heres

1. Plutôt que 297 ; cf. la note de Mommsen. — 2. = Gaius, 3 1-17 ; cf. Justinien, *Inst.*, 3, 1, 2. — 3. Mommsen ; les mss. : ' ejus est is sua heres est ' et ' ejus est valere et '.

est, quia filiae loco est : item nurus quae in filii manu est, nam et haec neptis loco est. Sed ita demum erit sua heres, *si* filius, cujus in manu si cum pater moritur, in potestate ejus non sit. Idemque dicimus et de ea, quae *in* nepotis manu matrimonii causa sit, quia proneptis loco est. 4. Postumi quoque, *qui*, si vivo parente nati essent, in potestate ejus futur*i* forent, sui heredes sunt. 5. Idem juris est de his, quorum nomin*e* ex lege Aelia Sentia vel ex senatus consulto post mortem patris causa *probatur* ; *nam et hi vivo patre causa* probata in potestate ejus futuri essent. 6. *Quod* et de eo filio, qui ex prima secundave mancipatione post mortem patris manumittitur, intellegemus. 7. *Igitur* cum filius filiave et ex altero filio nepotes neptesve ext*ant*, pariter ad hereditatem vocantur nec qui grad*u* propior est, ulteriorem excludit. *A*e*q*uum enim videtur nepotes neptesve in patris sui locum portionemque succedere. Pari ratione et si nepos neptisve sit ex filio et ex nepote pronepos proneptisve, simul vocantur. 8. Et quia placebat nepotes neptesve, item pronepotes proneptesve in patris sui locum succedere, conveniens esse visum est non in capita, sed in stirpes hereditates divid*i*, ita ut filius dimidiam partem hereditatis ferat *et* ex altero filio duo pluresve nepotes alteram dimidiam : item si ex duobus filiis nepotes extent, ex altero filio unus forte vel *duo*, ex altero tres aut quattuor, *ad unum aut ad duos dimidia pars pertineat et ad tres aut quattuor* altera dimidia.

9 De agnatis. Si nullus sit suorum heredum, tunc hereditas pertinet ex eadem lege duodecim tabularum ad agnatos. 10. Vocantur autem agnati, qui legitima cognatione juncti sunt. Legitima autem cognatio est quae per virilis sexus personas conjungitur ; itaque *qui* eodem patre nati sunt fratres agnati *sibi* sunt, qui etiam consanguinei vocantur, nec requiritur, an matr*em* eandem habuerint. Item patruus fratris filio et invicem is illi agnatus est. Eodem numero sunt fratres patrueles inter se, id est qui ex duobus fratribus progenerati sunt, quos plerique etiam consobrinos vocant : qua ratione scilicet etiam ad plures gradas agnationis pervenire poterimus. 11. Non tamen omnibus simul agnatis dat lex duodecim tabularum hereditatem, sed his, quis tum *cum* certum est aliquem intesta*tum* decessisse, proximo gradu sunt. 12. Nec in eo jure successio est : ideoque si here*dita*tem proxim*us* omiserit vel antequam hereditatem adierit decesserit, sequentibus nihil juris ex lege competit. 13. Ideo autem non mortis tempore, quis proximus erit, requirimus, sed eo tempore, quo certum fuerit aliquem

intestatum decessisse, qui*a* si quis testamento facto decesserit melius esse visum est tunc requiri proximum, cum certum esse coeperit neminem ex *eo* testamento heredem fore. 14. Quod ad feminas tamen adtinet hoc jure aliud in ipsarum hereditatibus capiendis placet, aliud in ceterorum ab his capiendis. Nam feminarum hereditates proinde agnationis jure redeunt atque masculorum: nostrae vero hereditates ad feminas ultra consanguineorum gradum non pertinent. Itaque soror fratri sororive legitima heres est, amita vero et fratris filia heres esse non potest. Sororis autem nobis loco est etiam mater aut noverca, quae per in manum conventionem apud patrem nostrum jus filiae *na*ncta est. 15. Si *ei* qui defunctus erit sit frater et alterius fratris filius, sicut ex superioribus intellegitur, frater potior est, quia gradu praecedit : sed alia facta *est* juris interpretatio inter suos heredes. 16. Quod si defuncti nullus frater extet, sed sint liberi fratrum, ad omnes quidem hereditas pertinet, sed quaesitum est, si dispari numero sint, forte nati ex uno unus vel duo et ex altero tres aut quattuor, utrum in stirpes dividenda sit hereditas, sicut inter suos heredes juris est, an potius in capita. Jam dudum autem placuit in capita dividendam hereditatem : itaque quotquot erunt ab utraque parte personae, in tot portiones hereditas dividetur et singuli singulas portiones ferunt. 17. Si nullus agnatus sit, eadem lex duodecim tabularum gentiles ad hereditatem vocat. Qui sint autem gentiles, primo commentario *re*tulimus, et cum illic admonuerimus gentilicium jus in desuetudinem abisse, supervacuum est hoc quoque loco de ea re curiosius tractare.

III. 1. Paulus libro sententiarum IIII sub titulo de intestatorum successionibus [1]:

Intestati dicuntur, qui testamentum facere non possunt [2], vel ipsi linum ut intestati decederent abruperunt, vel quorum hereditas repudiata est qu*i*busve condicio defecerit, *nisi* jure praetorio *non jure* factum testamentum *o*bjecta doli ex*c*eptione optinebit [3]. 2. *Contra* quorum testamenta rumpuntur aut inrita fiunt, ipso quidem jure testati decedunt, sed per consequentias sublato testamento intestati decedunt. 3. Intestatorum hereditas lege duodecim tabularum primum suis heredibus, deinde agnatis et aliquando quoque genti*li*bus deferebatur. Sane consanguinei, *quos* lex non adprehenderat, interpretatione prudentium primum inter agnatos locum ac-

---

1. 4, 8. — 2. Mommsen intercale ici : 'vel jure non fecerunt cum possent'. — 3. Cf. les observations sous Gaius, 2, 151.

ceperunt. 4. Sui heredes sunt *hi* : primo loco filius filia in potestate patris constituti : nec interest, *a*doptivi sint an naturales et secundum legem Juliam Papiamve quaesiti, modo maneant in potestate. 5. Qui sui heredes sunt, ipso jure heredes etiam ignorantes constituuntur, ut furiosi aut infantes et peregrinantes : quibus bonorum possessio nisi propter praetoriam actionem non erat necessaria. 6. Suis heredibus adeo a morte testatoris rerum hereditarium dominium continuatur, ut nec tutoris auctoritas pupillis nec furiosis curator sit necessarius, nisi forte *ut abstineant si minus* solvendo sit hereditas : quamvis etiam furiosus, si resipuerit, et pupillus, si adoleverit, abstinere possint. 7. Post mortem patris natus vel ab hostibus reversus aut ex primo secundove mancipio manumissus cujusve erroris causa probata *est*, licet non fuerint in potestate, sui tamen patri heredes efficiuntur. 8. Post filios filias ad intestatorum successionem inter suos veniunt nepotes neptes, pronepotes proneptes ac deinde masculino sexu p*er* filium descendentes, si nullo parentum inpedimento ipsi in avi potestate vel proavi familia remanserin*t* ; parentes enim liberis suis, cum quibus in potestate fuerint ipsi, ordine successionis obsistunt. 9. Fili*i*, *si* cum nepotibus ex alio filio susceptis in familia retinentur, ad intestati patris successionem cum fratris filiis vocantur : quibus in patris sui pa*r*tem venientibus hereditas in stirpes, non in capita dividitur, ita ut unus filius et plures nepotes singulos semisses habeant. Idemque evenit, si av*o* ex duobus filiis inp*ari* numero nepotes successerint. 10. Ex filia nepotes sui heredes non sunt ; in avi enim materni potestate alienam familiam sequentes ipsa ratione esse non possunt. 11. Eo tempore suus heres constituendus est, quo certum est aliquem intestatum decessisse : quod ex eventu deficientis condicionis et ortu nepotis, qui vivo avo post mortem patris *conceptus sit et post mortem avi* natus *f*iniri potest. 12. Quem filius emancipatus suscepit vel adoptavit, sui heredis locum in avi successione, sicut ipse pater, obtinere non potest ; *potest* adoptivus, tamen nec quasi cognatus bonorum possession*em* ejus petere potest. 13. Si sui heredes non sunt, ad agnatos legitima hereditas pertinebit, inter quos primum locum consanguinei optinent. Agnati autem sunt cognati virilis sexus per virilem *sexum* descendentes, sicut filius fratris et patruus et deinceps tota successio. 14. Inter agnatos et cognatos hoc interest, *quod* in agnatis etiam cognati continentur, inter cognatos vero agnati non conprehenduntur. Et ideo patruus agnatus est et cognatus, avunculus autem cognatus tantummodo est. 15. Consanguinei sunt eodem patre nati, licet diversis matribus, qui in potestate fuerunt mortis tempore : adoptivus quoque frater, si non sit emancipatus, et hi qui post mortem patris nati sunt vel causam probaverunt. 16. Soror jure consanguinitatis tam ad fratris quam ad sororis hereditatem admittitur. 17. Consanguineis non existentibus agnatis defertur hereditas, prout quis alterum gradu praecesserit. Quod si plures eodem gradu consistunt, simul admittuntur. 18. Si sint defuncti fratris et filius et nepos fratre non existente, filius fratris nepoti praefertur. 19. Sed si duorum fratrum sint liberi, non in stirpes, sed in capita hereditas distribuitur, scilicet ut pro numero singulorum viritim distribuatur hereditas. 20. Feminae ad hereditates legitimas ultra consanguineorum successiones non admittuntur : id quo jure civili Voconiana ratione videtur effectum : ceterum lex duodecim tabularum sine ulla discretione sexus [cognatos] admittit.

IV, 1. ULPIANUS libro singulari *regularum* sub titulo de legitimis hereditatibus [1] :

Intestatorum gentiliciorum hereditates pertinent primum ad suos heredes, id est liberos qui in potestate sunt ceterosque qui liberorum loco sunt ; si sui heredes non sunt, ad consanguineos, id est fratres et sorores ex eodem patre : si nec hi sunt, ad reliquos agnatos *proximos, id est cognatos* virilis sexus per mares descendentes ejusdem familiae. Id enim cautum est lege duodecim tabularum hac : 'Si intestatus moritur, cui suus heres nec escit, agnatus proximus familiam habeto'. 2. Si agnatus defuncti non sit, eadem lex duodecim tabularum gentiles ad hereditatem vocat his verbis : ' Si agnatus nec escit, gentiles familiam *habento*'. *Nunc nec ullus est* heres hinc nec gentilicia jura in usu sunt.

V, 1. IDEM *libro* institutionum... *sub titulo de successionibus ab intestato* :

Ab intestato quoque hereditas defertur aut per jus civile aut per praetoris beneficium : per jus civile suis heredibus vel liberis, qui in potestate fuerunt, *qui sunt* filii filiae et deinceps qui in locum defuncti parentis, quia ex eodem nati sunt, succedunt.

VI, 1. IDEM eodem libro :

Post suos ab intestato legitimi admittuntur, primum consanguinei. *Consanguinei* sunt frater et soror qui in ejusdem

---

1. Ulpien, *Reg.*, 26, 1-1a.

potestate patris fuerunt, et si ex diversis matribus nati sunt. 2. Consanguineos et adoptio facit et adrogatio *et* causae probatio et in manum conventio.

VII, 1. IDEM eodem libro :

De*ficientibus* consanguineis legitimi vocantur. Hi sunt agnati qui nos per patris cognationem contingunt virilis sexus ; nam sciendum feminis ultra consanguineas hereditates legitimas non deferri. 2. Suis praetor solet emancipatos liberos itemque civitate donatos conjungere data bonorum possessione, *ita* tamen, ut bona si qua propria habent, his qui in potestate manserunt conferan*t*. Nam aequissimum putavit neque eos bonis paternis carere per hoc, quo*d* non sunt in potestate neque praecipu*a* bon*a* propria habere, cum partem sint ablatur*i* suis heredibus.

VIII, 1. IDEM libro qui supra *sub titulo* de suis heredibus :

Post agnatos praetor vocat cognatos : cognati autem sunt, qui nos per patrem aut matrem contingunt : post cognatos virum et uxorem. 2. Et haec, si qui decessit non fuit libertinus vel stirpis libertinae : ceterum si libertinus est vel libertina, patron*o* ejus legitima hereditas patronaeve leg*e* duodecim tabularum *d*efertur.

IX, 1. IDEM eodem libro :

Post familiam patroni vocat praetor patronum et patronam, i*t*em liberos et parentes patroni et patronae, deinde virum et uxorem, mox cognatos patroni et patronae. 2. Quod si is qui decessit liber fuit *nec* ex remancipatione manumissus, lex quidem duodecim tabularum manumissor*i* legitima*m* hereditatem detulit, sed praetor aequitate motus decem personas cognatorum ei praetulit has : patrem matrem, filium filiam, av*um* aviam, nepote*m* neptem, fratrem sororem, ne quis occasion*e* juris sanguinis necessitudinem vinceret. 3. Sed imperator noster in hereditatibus quae ab intestato deferuntur eas solas personas voluit admitti, quibus decimae inmunitate*m* ipse tribuit.

(La suite manque.)

23. Fragments du Sinaï.

Fragments découverts et copiés dans un monastère du Sinaï par M. G. Bernadakis et édités d'après cette copie, d'abord par M. R. Dareste, *Bull. Corr. hell.*, 1880, p. 449 et ss., et *N. R. H.*, 1880, pp. 643-656, puis par MM. Zachariæ, *Sitzungsberichte* de Berlin, 1881, p. 62 et ss., Krueger, *Z. S. St.*, 4, 1883, pp. 1-32, *Collectio*, 3, pp. 267-282, Huschke, *J. ant.*, 5ᵉ éd., pp. 815-834 et Baviera, *Fontes*, 2, pp. 533-546. V. aussi le fac-similé d'une page de l'original dû à M. Gardthausen et les observations de M. Lenel, *Z. S. St.*, 2, 1881, p. 233 et ss., ainsi que l'article de M. Zachariæ, *Bull. di D. R.*, 5, 1892, pp. 1-9. Ce sont des scolies en langue grecque, sur Ulpien, *ad Sabinum*, livres 36, 37, 38, et peut-être 39, que le ms. reproduit seules sans le texte commenté. L'abréviation Σαϐ ou *Cab.* qu'on trouve en tête de beaucoup de passages, semble désigner leur auteur, qui est peut-être même celui de tous les fragments. On trouve cités d'autres ouvrages, d'Ulpien, les *libri ad Sabinum* et les *responsa* de Paul, Marcien *ad formulam hypothecariam*, les Institutes de Florentinus, les *regulae* et les *differentae* de Modestin et les trois codes Grégorien, Hermogénien et Théodosien. Connaissant le code Théodosien et ne connaissant pas la législation de Justinien, l'ouvrage se place nécessairement entre les années 438 et 529 et il ne peut guère avoir été, comme l'a soutenu M. Riccobono, *Bull. di D. R.*, 9, 1898, pp. 217-300, et *Arra sponsalicia*, pour les §§ 1 et 8, revisé après Justinien afin d'être mis d'accord avec les interpolations des compilateurs. Il fournit quelques renseignements antérieurement inconnus sur les théories de la dot et de la tutelle : persistance de l'inapplicabilité de la loi Julia *de fundo dotali* aux fonds provinciaux, fr. 5 ; tutelle des Latins coloniaires, fr. 16 ; exclusion des Latins de la tutelle *ex lege Atilia*, fr. 17 ; incessibilité de la tutelle légitime à l'un des cotuteurs, fr. 18 ; différence de la loi Atilia et de la loi Titia, fr. 20. Mais il présente un intérêt au moins égal par les jours nouveaux qu'il ouvre sur la disposition matérielle et le mode de citation des ouvrages juridiques. V. sur tous ces points : Krueger, *Z. S. St.*, 4, pp. 28-32, *Collectio*, 3, pp. 267-268 et *Sources*, pp. 427. 340. 103. n. 6. 184, n. 1 ; Alibrandi, *Studi e doc.*, 3, 1883, pp. 33. 48. 99 132 (*Opere*, 1, 1896, pp. 417-467) ; Karlowa, *R. R. G.*, 1, pp. 985-987 ; Huschke, *J. ant.*, pp. 815-816 ; Riccobono, *Bull. di D. R.*, 9, 1898, pp. 217-300, et les observations de Lenel, *Pal.*, 2, pp. 1151-1159, sur les livres 36 à 39 d'Ulpien, *ad Sabinum*. On peut comparer aujourd'hui les scolies grecques post-justiniennes sur Paul, *D.*, 5, 2, 16-18, découvertes dans un ms. d'Heidelberg par MM. Gerhard et Gradenwitz qui les ont publiées et commentées, *Philologus*, 62, 1902, pp. 95-124. — Le texte que nous reproduisons ici est, à part quelques modifications signalées dans les notes, celui de M. Krueger ; nous avons seulement omis les signes en partie douteux, par lesquels sont distinguées, dans la copie médiocrement sûre de M. Bernadakis, les restitutions et les solutions d'abréviations, et nous avons simplement indiqué par des points d'interrogation les leçons les plus incertaines. Pour le classement des fragments, nous avons également suivi l'ordre de M. Krueger déjà adopté par Huschke et confirmé sauf en deux ou trois points par la restitution de l'ouvrage d'Ulpien de M. Lenel (cf. notamment pour le fr. 5, Lenel, *Pal.*, 2, p. 1154, n. 5 ; et pour le fr. 16, Lenel, *Pal.*, 2, p. 1159, n. 2), en indiquant entre parenthèses les chiffres des éditions Dareste et M. Zachariæ. Comme avaient déjà fait Zachariæ, Krueger et Huschke, nous avons joint au texte grec une traduction latine.

1. (Dar. 1. Zach. 1.)

τὸν ἀπελεύθερον ἐδεξα....

libertum...

... ιον.ο[1] ἀκίνδυνον εἶναι τὴν παράβασιν τῇ μνηστῇ καὶ τῷ μνηστῆρι p ἀλλ' ἐν τῷ γ' βιβλίῳ τοῦ Θεοδ. κώδικος τίτλῳ ιε' ἢ ιε' τοῦ τίτλου διάταξις[2] κρατύνει τὰς περὶ συστάσεως τῶν γάμων poenas καὶ μεχρί τοῦ διπλοῦ[3].....

...non periculosam esse violationem sponsae vel sponso ...sed in libro 3 Theodosiani codicis titulo 15 const. 15 confirmat poenas de nuptiis contrahendis promissas et usque ad duplum...

Σαβ.: Ἐκ πλεύρου τῆς μνηστῆς παραιτουμένης τὸν γάμον κέχρησο τῇ ἐν τῷ γ' βιβλίῳ τοῦ Θεοδοσιανοῦ κώδικος διατάξει[4] · περὶ γὰρ αὐτῆς μόνης διαλέγεται εἰς δὲ τὸ πρόσωπον τοῦ μνηστῆρος διακελεύομεν (?) τῇ ἐν τῷ ε' βιβλίῳ τοῦ Gregorianοῦ κώδικος ιζ' διατάξει,.... τατ αὐτὸν ἐπερωτηθέντα πρόστιμον ἐκ τοῦ ἐμποδίσαι τῷ γάμῳ τὴ κατέχεσθαι ἐνδυνάμως. Ἐν δὲ τῷ τέλει τοῦ...

Sab : Ex parte sponsae recusantis nuptias utere constitutione.... in libro 3 Theodosiani codicis : nam de ea sola loquitur. In sponsi vero persona,... constitutione 17 in Gregoriani codicis libro 5... eum ex poena promissa non efficaciter teneri, quod nuptias prohibuerit. In fine autem...

2. (Dar. 8. Zach. 2.)

...ὅπερ ἐν facto συνέβη τοιῷδε· ἔχων τις ἀδελφὴν καὶ δεόμενος Στεφάνου τινὸς ἐπί τινι πράγματι ἐρῶντος τῆς αὐτοῦ ἀδελφῆς ἐπηγγείλατο τῷ Στεφάνῳ, παρασκευάζειν τὴν ἀδελφὴν αὐτοῦ συναφθῆναι αὐτῷ, ἐπερωτηθείς, καὶ πρόστιμον ι' νομισμάτων, εἰ μὴ τοῦτο ποιήσῃ· ὁ δὲ οὐκ ἠδυνήθη πείθειν τὴν αὐτοῦ ἀδελφὴν ἢ καὶ οὐ θέλει αὐτὴν ἐκδοθῆναι. Καὶ ἐρωτηθεὶς εἶπον, ἀδύναμον εἶναι τὴν

.. quod tali facto evenit: qui sororem habuit indiguitque in aliqua re Stephani cujusdam qui ejus sororem amabat, Stephano promisit facturum se, ut soror sua ei copularetur, poena quoque X aureorum adjecta, si id non fecisset. Is autem non potuit sororem movere vel in matrimonium collocare non vult. Et consultus dixi inutilem esse

---

1. Zachariæ; *stipulationos*. — 2. Const. perdue. — 3. Cf. Karlowa, R. R. G., 1, p. 987; Riccobono, *Bull.*, pp. 292-296, et *Arra*. — 4. C. Th., 5, 3, 11 ?

ἐπερώτησιν ὡς contra bonos mores ὑπάρχουσαν ὥσπερ φησὶν ὁ Παῦλος βιβλίῳ ιε' responson[1] αὐτοῦ..... de stipulation.... δὲ τῆς μὲν πεύσεως.....

stipulationem utpote contra bonos mores factam, quemadmodum ait Paulus in libro 15 responsorum... de stipulation... quaestionis...

3. (Dar. 8 bis. Zach. 5.)

τὰ αὐτα..... ἐν τῷ Hermogeniano κώδικι τίτλῳ ξθ' ἢ ρκ, ἧς ἡ ἀρχὴ dubium n. e.[2] Σαβ. : κάνονα γὰρ ἔχε τοιοῦτον· .. ιονά[3] προσήκει κρατεῖν τὰ μὴ... ἀλλὰ καθαρᾷ διαθέσει γινόμενα, ὡς ἐν τῷ Hermogeniano κώδικι τίτλῳ μα' ἢ ιδ' καὶ ἡ διάταξίς φησι. θέμα, ἐφ' ᾧ τὸ εἰκονικὸν repudion ἀντὶ ἀληθοῦς λαμβάνεται. Ὡς ὅτε ἡ emancipata θυγάτηρ τὴν ficto repudio.... ἢ τὴν προῖκα καὶ.... ωταύτην τῷ ἀνδρὶ πάλιν τελευτ...[4]

eadem... in Hermogeniano codice titulo 69, c. 120, cujus initium est 'dubium non est'. Sab: Regulam enim hanc tene : repudia(?) valere oportet ea, quae... non sed mera voluntate facta ut in Hermogeniano codice tit. 41, constitutio 14 et... dicit... casus in quo simulatum repudium pro vero accipitur, veluti cum emancipata filia ficto repudio... dotem et... hanc viro rursus...

4. (Dar. 9. Zach. 6.)

.... εν των responso (?) ου ης πεύσεως η α...δεν. G.. ulgini καὶ βιβλίῳ ε' τοῦ διπλοῦ[5] αὐτοῦ ro τίτλῳ de sponsalibus. Ἀρχὴ τῶν ῥητῶν de die pone ciuera : ἐχέτο πᾶς ἐξουσίαν repudio λύειν τὸν γάμον καὶ μνηστείαν. Ἄτοπον γὰρ τὸν γάμον διηνεκοῦς τῆς ὁμονοίας δεόμενον διὰ τῆς poenas καὶ μὴ διαθέσει συνίστασθαι.

.... titulo de sponsalibus. Initium contextus de die poenae... habeat quisquis licentiam repudio solvere matrimonium et sponsalia. Absurdum enim est matrimonium, cui perpetua concordia requiritur, propter poenam nec voluntatem consistere.

Ὁ ἐπερωτηθεὶς καὶ ἡ ἐπερωτηθεῖσα poenan, ἐὰν διαλύσῃ τὸν γάμον, οὐ κατέχεται εἰ μὴ ἕως τοῦ μέτρου τῆς ob mortem[6], ὅσον

Qui quaeve poenam promisit si matrimonium solverit, non tenetur, nisi in quantitatem ejus quod ob mortem

---

1. Cf. D., 45. 1, 134, pr. — 2. Zachariae ; Krueger : u.. biut n. e. — 3. Zachariae : τὰ σύμφωνα ; Krueger : τὰ repudia. — 4. Cf., sur la finale. C., 5, 17, 12. — 5. Zachariae : τῶν disputationon. — 6. Zachariae, Huschke : 'ob mores'.

ἠδύνατο παρακατέχειν ὁ ἀνὴρ διὰ τῆς mortis[1] παίδων ὑπόντων (?) ἢ ἡ γυνὴ τὸν ἄνδρα ἀπαιτεῖν ἀπὸ τῆς ἐπὶ τῷ προστίμῳ ἐπερωτήσεως, ὅσον ἠδύνατο κινεῖν κατὰ τοῦτο...

promissum est. quantum vir propter mortem liberis intervenientibus (?) retinere potuit vel mulier a viro exigere ex poenae promissione...

5. (Dar. 4. Zach. 12.)

.........ἐκποίητο.........
...... νόμῳ (?) julio[2] ει .....
tributarioi ὡς ἐν τ. u.....
ἔστιν de dote ἡ ϛ' καὶ ζ' ακ. καὶ α. β καὶ.... τ φησὶ διάταξις. Τὸ πλέον μάθε· κἂν ἰδικῶς γραφῇ ἐν τῷ προικῴῳ μὴ ἐξεῖναι τῷ ἀνδρὶ ἐνεχυράζειν τὰ ἐπαρχιακὰ κτήματα, καὶ οὕτω συνέστηκεν ἡ αὐτῶν ὑποθήκη ἡ ἐν γάμῳ γενομένη κατὰ τοῦ ἀνδρός· ὡς βιβλίῳ ε' τοῦ *Gregorianu* κώδικος τίτλῳ παρατελεύτῳ ἡ γ' τοῦ τίτλου φησί. Σαβ. σημείωσαι τοῦτρ καὶ μὴ συναρπαγῆς ἀπὸ τῆς. διατάξεως τοῦ..... μετὰ τὸν *Gregorianon* κώδικα ἢ τῆς ἐν τῷ ια' βιβλίῳ τοῦ *Gregorianu* τίτλῳ ια' ιβ' τοῦ τίτλου.

...lege Julia...
....tributarii ut in........
est de dote 6 et 7.........
...ait constitutio. Amplius disce : etiam si specialiter scriptum sit in dotali instrumento non licere viro pignerare provincialia praedia, sic quoque constitit eorum hypotheca durante matrimonio facta contra virum, ut libro 5 Gregoriani codicis titulo paenultimo, const. 3 dicit. Sab. : Nota hoc, neque turbere constitutione...post Gregorianum codicem vel ea quae est in libro 11 Gregoriani titulo 11, duodecima tituli.

Ex pecunia dotali : τὸ ἀπὸ προικιμαίας οὐσίας ἀγοραζόμενον πρᾶγμα ὑπόκειται τῇ γυναικί. Σημείωσαι τὸ dotali. Τοῦτό φησι καὶ ὁ Marcianus ἐν τῇ ὑποθηκαρίᾳ.

Ex pecunia dotali]. Res ex dotali pecunia empta tenetur mulieri. Nota 'dotali'. Hoc dicit etiam Marcianus in hypothecaria.

6. (Dar. 9 bis. Zach. 13.)

s. iinsτιζι καὶ ἐπὶ τῆς.....
προικὸς κατέχεται ὁ ἀνὴρ εἰς ὅσον δύναται καταβάλλειν (?) ὡραῖον. Σαβ...... ὁ *Modestinus* βιβλίῳ β' differention αὐτοῦ τίτλῳ ϛ' ἀναφέρει Pii διάταξιν λέγουσαν

s.........et de........
dote tenetur vir in quantum facere potest. Pulchrum. Sab...Modestinus libro 2 differentiarum titulo 6 refert Pii constitutionem quae di-

---

1. Ms. : 'mores'; Huschke :'μοιρας'; Krueger: 'mortis παίδων ὑπόντων ἢ ἡ γυνὴ τὸν'.— 2. Huschke : ms. : '... julio'.

μὴ μόνον ἐπὶ προικός, ἀλλὰ καὶ ἐπὶ παντὸς συναλλάγματος ἐναχθέντα τὸν ἄνδρα καὶ εἰς ὅσον ἔχει καταδικάζεσθαι ε...

(Suivent 4 lignes illisibles.)

Δανειστὴς ἐραστευσεν πρὸς τὸν χρεώστην αὐτοῦ τοσοῦτον αὐτὸν ἀπαιτεῖν μόνον, ὅσον δύναται καταβάλλειν· ἰσχυρὸν τὸ pacton.

Καὶ ὁ πατὴρ καὶ ὁ πάτρων κατέχονται εἰς ὅσον ἔχουσιν μόνον, οὐκ εἰς τὸ πᾶν.

Νος·

cit non solum de dote sed etiam ex omni contractu conventum virum et in quantum habet condemnari......

Creditor pactus est cum debitore suo, tantum modo ab eo se exacturum, quantum facere potest : valet hoc pactum.

Et pater et patronus tenentur dumtaxat in quod habent, non in solidum.

7. (Dar. 5. Zach. 9.)

Graviori : ὁ ἀνὴρ βαρύ τι πλημμελήσας οι.

Graviori]. Vir, qui gravius aliquid deliquit.

8. (Dar. 7. Zach. 8.) [1]

... κάνονα γενικόν, τί ἐστι necessaria δαπανήματα.

Necessaria ἐστιν δαπανήματα, ὧν μὴ γινομένων κατεδικάζετο ὁ ἀνὴρ ἐναγόμενος τῇ rei uxoriae.

Nos generaliter[2]: ὁρᾶς, πῶς καὶ Ulpianos κανονίζει ἡμῖν, ὅσα δαπανήματα πεποίηκεν ὁ ἀνὴρ πρόσκαιρα τῶν καρπῶν ἕνεκεν, ταῦτα τοῖς καρποῖς compensaτεύεται, οὐ μὴν ποιεῖ τὴν retentiona· ὅσα δὲ διηνεκῆ ἢ καὶ ἐπὶ πολὺν χρόνον παρέχει τὴν χρείαν, οἷον μῶλος ἢ ἀρτοκοπεῖον ἢ τὸ φυτεῦσαι, ταῦτα necessaria ἐστι καὶ μειοῖ τὴν προῖκα. Τοῦτό φησι καὶ ὁ Paulos βιβλίῳ ζ΄ τῶν ad Sabinum αὐτοῦ τίτλῳ λε΄.

Ubi non sunt corpora [3] :

...regulam generalem, quae sint necessariae impensae.

Necessariae sunt impensae, quibus non factis condemnaretur vir rei uxoriae actione conventus.

Nos generaliter]. Vides, quomodo etiam Ulpianus regulam nobis ponit, quas impensas fecit vir ad tempus fructuum causa, eas cum fructibus compensat nec facit retentionem : quae vero perpetuae sunt et in multum tempus praebent utilitatem, velut moles vel pistrinum vel plantatio, eae necessariae sunt et minuunt dotem. Hoc ait et Paulus libro 7 ad Sabinum titulo 35.

Ubi non sunt corpora]:

1. Cf., sur 8 et 9, Riccobono, Bull., pp. 230-271. — 2. D., 25, 1, 3, 1. — 3. D., 25, 1, 5, pr.

τότε τὰ necessaria δαπανή- | tunc necessariae impen-
ματα.... | sae...

9. (Dar. 11. Zach. 7.)

[1]ἵνα ἄλλα.......... τὰ
μέντοι voluptaria οὐδὲ ἀπαιτεῖ
οὐδὲ λογίζεται, εἰ μὴ ἄρα ἔλοιτο
ἡ γυνὴ ἔχειν αὐτά· εἰ δὲ οὐ βού-
λεται ἔχειν αὐτὰ ἡ γυνή, δίδοται
τῷ ἀνδρὶ παρρησία τοῦ ἀφελέσθαι
αὐτὰ μὴ βλάπτοντι τὴν ἀρχαίαν
στάσιν[2].

....
tamen voluptaria neque exigit neque computat, nisi mulier habere eas voluerit : si
vero nolit habere eas mulier,
datur viro licentia tollendi,
si modo non laedat pristinum
statum.

Ob donationes[3] : μὴ
ἰσχυέτω pacton ἀναιροῦν
τὴν ob res donatas ἢ ob inpensas ἢ ob res amotas re-
tentiona.

Ob donationes]. Ne va-
leat pactum, quod tollit retentionem ob res donatas vel
ob impensas vel ob res amotas.

Sab. arbitrium rei uxoriae :
ἐν τῷ παρόντι ιε' κεφαλαίῳ διδάσκει τοὺς δυναμένους κινεῖν τὴν
rei uxoriae.
Mora : σημείωσαι, ὅτι moras
γενομένης ἐπὶ τῆς adventicias
προικὸς ὁ πατὴρ ἔχει τὴν rei uxoriae · μάθε ὅτι τελευτησάσης
τῆς κόρης ὁ πατὴρ ἔχει τὴν....

Sab. arbitrium rei uxo-
riae : in praesenti 15 capitulo
exponit, qui experiri possint
rei uxoriae actione.
Mora]. Notandum, quod
mora facta in adventicia dote
pater habet rei uxoriae actionem ; disce, quod mortua filia
pater habet...

10. (Dar. 12. Zach. 3.)

ap.... οχ τῇ τῶν ε c θνι
ὅταν ἐν γάμῳ τελευτήσῃ ἡ γυνὴ
καὶ αυ. .ε ἐπερωτη...... το
committeuθῆναι α..... εινεχι
.. τον ἐπετρωήσαντα.

..... si in matrimonio mulier
mortua est et.....

Sab..... ἐν τῷ παρόντι τίτλῳ ασεο διαλεσ... βε. ι τῆς
adventicias προικός.

Sab... in praesente titu-
lo.... loquitur de adventicia
dote.

1. Cf. *D.*, 25, 1, 9. — 2. Huschke ; Zachariæ, Krueger : ὄψιν. — 3. Cf. *D.*, 23, 4, 5.

De dote: περὶ τῆς adventicias προικὸς εἶπον [1], ἐν τοῖς προλαβοῦσιν βιβλίῳ λα΄ τίτλῳ α΄· ἀνάγνωθι τὰ ἐκεῖ ῥηθέντα.
Ac socer : ὅταν εἰς τὸν πένθερον ἡ προὶξ ἔρχεται, δύναται διὰ pactu βλαβῆναι, καὶ ὅτι ὁ πατὴρ ἐπιδοὺς προῖκα δύναται ποιῆσαι αὐτὴν adventician. Σημείωσαι ὡραῖον καὶ ὀνήσιμον.

De dote]. De adventicia dote dixi in antecedentibus libro 31 titulo primo : lege quae ibi dicta sunt.
Ac socer]. Cum ad socerum dos pervenit, potest pacto condicio ejus deterior fieri, et quod pater, cum dotem dat, potest eam facere adventiciam. Nota pulchrum et utile.

Ἐὰν ὑπεξούσιος δανεισάμενος ἐπιδῷ λόγῳ προικὸς ε τῆς ἑαυτοῦ θυγατρός, οὐκ ἐστὶν adventicia (?)[2] ἡ προὶξ[3]. Ἕτερόν ἐστιν, εἴ τις ἐν..

Si filius familias mutuo accepto dat nomine dotis suae filiae, non est adventicia dos. Aliud est, si quis........

11. (Dar. 3. Zach. 10.)

Θε ἐπίκοινον τῇ rei uxoriae διδόμενον procuratorem ο.τε....
δι..... αὐτῷ mandaton τοῦ τε πατρὸς καὶ τῆς θυγατρός. Μᾶλλον δὲ ὁ μὲν πατὴρ ἐντελἐσθω μόνος, ἡ δὲ κόρη συναινείτω [4].
Sab. e.osa : ἐν τῷ παρόντι ις΄ κεφαλαίῳ διδάσκει, τίνι κινδυνεύεται τὰ ἐπὶ τῇ προικὶ συμβαίνοντα.

.. communem rei uxoriae datum procuratorem...........
ei mandatum et patris et filiae. Potius autem pater mandet solus, filia consentiat.
Sab........ in praesenti 16 capitulo docet, cujus periculo sint, quae circa dotem eveniant.

Ἐπὶ πάσῃ οἱᾳδήποτε προικὶ dolon καὶ culpan χρεωστεῖ ὁ ἀνήρ. Ὁμοίως φησὶ καὶ ὁ Paulos βιβλίῳ ἡ τῶν responson αὐτοῦ πρὸ β΄ φύλλων τοῦ τέλους τοῦ βιβλίου, ὡς οροι β ετ · χων τοῦ de liberis adgnoscendis τίτλου οὕτως...

In omni qualicumque dote dolum et culpam praestat maritus. Similiter ait et Paulus libro 8 responsorum ejus duobus foliis ante finem libri.................... tituli de liberis adgnoscendis ..

12. (Dar. 3. Zach. 11.)

.... ιανελα . νον....... 。
[5] ἐπὶ τοῦ πατρὸς ἐπερωτηθέντος

............;
cum pater dotem promisit ;

---

1. Huschke : φησι = inquit (Ulpianus). — 2. Huschke : 'profecticia'. — 3. Cf. *D.*, 23, 3, 5, 8. — 4. Cf. *D.*, 3, 3, 8, pr. — 5. Se rapporte à *D.*, 23, 3, 33.

προῖκα· ἀλλ' ἐσθότε μὴ ἀπαιτή-
σας αὐτὸν ὁ ἀνήρ ε... ἐγκαλεῖται,
ὅτε adventicia εἴη ἡ προῖξ· καὶ
ὁ πατὴρ γὰρ ἐπιδιδοὺς ἐσθότε
ποιεῖ τὴν προῖκα adventician.
Σημείωσαι ὅτι καὶ ὁ πατὴρ ποιεῖ
adventician προῖκα.

sed interdum viro, qui ab eo
non petiit .. imputabitur si
adventicia sit dos; nam et
pater, qui dotem dat, interdum
fecit dotem adventiciam. Nota
quod etiam pater fecit dotem
adventiciam.

Δίελθε τὸ ιζ' καὶ ιή κεφά-
λαιον· πάντα γὰρ τὰ ἐν αὐτοῖς
εἶπον ἄνω βιβλίῳ λε' τίτλῳ β' καὶ
γ'. Ὁμοίως καὶ ὁ Paulos βιβλίῳ ζ'
τῶν ad Sabinum τίτλῳ λγ'. Ἐκεῖ
πλατέως φησὶ περὶ τῆς ἀμβλωσά-
σης γυναικός, ὅτι ἡ ἄκοντος τοῦ
ἀνδρὸς ἀμβλώσασα ζημιοῦται ἕκτη
τῆς προικὸς ὡς τεκοῦσα, ὅπερ καὶ
ὧδέ φησί...

Praetereas 17 et 18 capi-
tulum : omnia enim quae in
his tractantur dixi supra in
libro 45 titulo 2 et 3. Similiter et Paulus libro 7 ad Sabinum titulo 33. Ibi late ait
de muliere, quae abortum fecit, quod quae invito viro fecit, punitur sexta dotis, quasi
pepererit. Quod et hoc loco
dicit...

13. (Dar. 15. Zach. 4.)

Ouap[1].

Sab.Volenti : ἐν τῷ παρόντι
ιθ' κεφαλαίῳ διδάσκει περὶ τῆς ἐν
συνεστῶτι τῷ γάμῳ καταβληθείσης
προικὸς, ἢ καὶ μειωθείσης, καὶ
σημείωσαι, ὅτι ὃν τρόπον γίνεται
προικὸς αὔξησις ἐν συνεστῶτι τῷ
γάμῳ οὕτως καὶ μείωσις προικὸς
ἐν συνεστῶτι τῷ γάμῳ προβαίνει.
Καὶ τοῦτό σοι ἐσημειωσάμην καὶ ἐν
τῇ λβ' παραγραφῇ τοῦ de in integrum restitutione τῶν α' Ulpiani, ὅπου ἡ ἀφῆλιξ γυνὴ ἀπο-
καθίσταται, εἰ νασμικ.νη τὴν
προῖκα. Τὸ αὐτό φησι καὶ ὁ
Florentinus βιβλίῳ γ' τῶν insti-
tutionon αὐτοῦ περὶ τὰ τέλη τοῦ
βιβλίου πρὸ ε' φύλλων τοῦ τέλους ῥήμασιν τουτοις ut incrementum dotis prosit et de-

Sab. Volenti]. In praesenti
capitulo 19 docet de dote constante matrimonio reddita et
deminuta. Et nota quo modo
augmentum fit dotis durante
matrimonio, ita et deminutionem dotis durante matrimonio
locum habere. Et hoc tibi indi-
cavi etiam in 32 paragrapho
tituli de in integrum restitutione τῶν πρώτων Ulpiani, ubi
mulier minor restituitur, si...
... dotem. Idem dicit etiam
Florentinus libro 3 institutionum circa finem libri,
quinque foliis a fine his verbis : 'Ut incrementum dotis
prosit et deminutio noceat'.

---

1. Dareste, Huschke : O Ulp(ιανος).

minutio noceat. Συνᾴδει τούτοις καὶ ὁ Modestinus βιβλίῳ α'
regularum αὐτοῦ πρὸ ιζ regulas, τοῦ τέλους τοῦ βιβλίου ἐν
regula, οὗ ἡ ἀρχή· Dotis..
divortio semper esse καὶ ὁ
Paulus βιβλίῳ ε' τῶν ad Sabinum αὐτοῦ.

Quibus consentit etiam Modestinus libro 1 regularum
ante 17 regulam, in fine libri,
in regula, cujus initium:
'Dotis........ divortio semper esse', et Paulus libro 5 ad
Sabinum.

14. (Dar. 15 bis. Zach. 18.)

...διάταξις ἐστίν, φησί, τῶν ἀδελ-
φῶν λέγουσα, τῷ ἀπόντι [1] μήτε
διὰ procuratoros δίδοσθαι ἐπίτροπον ἀπ' ἔθους ἢ νόμου. Ση-
μειῶσαι ταύτης μέμνηται τῆς
διατάξεως μετὰ β' φύλλα πάλιν.

In plano: ἡ σύντομος διά-
γνωσις καὶ ἐξ ἐπιπέδου γίνεται, ὡς
ἡ τῶν ἐπιτρόπων. Διὰ τοῦτο καὶ ἡ
τοῦ in locum absentis διδομέ-
νου ἐπιτρόπου διάγνωσις εὐθὺς ἐξ
ἐπιπέδου γυμνάζεται καὶ εἰ μὴ
παρείη.

Insulas: τῆς Italias εἶναι
δοκοῦσιν καὶ αἱ νῆσοι τῆς Italias [2].
οὐκοῦν ὁ τῆς Italias ἐξορισθεὶς
εἴργεται καὶ τῶν νήσων ταύτης.

Ubicumque: ὁ ἀνθύπατος
ὁπουδήποτε ὤν, τουτέστι καὶ ἐν
ἄλλῃ ἐπαρχίᾳ, ἧς οὐκ ἄρχει δι-
δόναι δύναται. Οὕτως καὶ ὁ ὕπατος.
Ὁ δὲ praetor ε...

... constitutio est, inquit, fratrum, quae dicit absenti nec
per procuratorem dari tutorem moribus vel lege. Nota hujus constitutionis post 2 folia
rursus mentionem facit.

In plano]. Summaria co-
gnitio etiam de plano fit, velut
de tutoribus. Propterea etiam
cognitio de tutore in absentis
locum dando statim de plano
exercetur, etiamsi praesens
non sit.

Insulas]. Italiae esse videntur etiam insulae Italiae;
igitur ex Italia relegatus arce-
tur etiam insulis ejus.

Ubicumque]. Proconsul
ubicumque est, id est etiam
in alia provincia, cui non
praeest, dare potest. Ita etiam
consul. Praetor autem...

15. (Dar. 10. Zach. 16.)

In tute*li*s. Sab.: ἐν τῷ παρόντι
τίτλῳ διαλέγεται περὶ testamen-
tarion ἐπιτρόπων, καὶ ὅτι ὁ διδοὺς
παισὶν ἐπίτροπον ἔδοξεν δεδωκέναι
καὶ τοῖς postumois τὸν αὐτὸν
ἐπίτροπον.

In tutelis] Sab.: in praesenti
titulo disseritur de testamentariis tutoribus et quod is, qui
dedit liberis tutorem, videtur
dedisse etiam postumis eundem tutorem.

---

1. Dar., Huschke ajoutent: μὴ ἔχοντι. Mommsen: εἰς τόπον τοῦ
ἀπόντος. — 2. Cf. D., 6, 1, 9.

Quid si[1]. Sab.: τῇ τῶν παίδων προσηγορίᾳ καὶ οἱ ἔγγονοι περιέχονται, οὐκέτι δὲ τῇ τῶν υἱῶν. Διὰ τοῦτο ὁ δεδωκὼς τοῖς παισὶν ἐπίτροπον ἔδοξεν αὐτὸν καὶ τοῖς ἐγγόνοις δεδωκέναι.

Quid si] Sab. : liberorum appellatione etiam nepotes comprehenduntur, non vero filiorum. Ob id qui dedit liberis tutorem videtur eum etiam nepotibus dedisse.

16. (Dar. 2. Zach. 14.)

...εἶπεν ἐν τῷ de tutelis αὐτοῦ ἀ'βιβλίῳ[2], ὡς ὅπου τις τοῦ οἰκείου ἀδελφοῦ ἀπογραφέντος εἰς τὰς latinas colonias ἐπιτροπεύει ἀνήβου ὄντος.

Πάρελθε ἕως τοῦ τέλους τοῦ κεφαλαίου, καὶ τὸ δ' καὶ ε' κεφάλαιον, εὑρήσεις δὲ τοῦτο ἐν τῷ ε' κεφαλαίῳ, ὡς μετὰ ρ' ἔπη ἀπὸ τοῦ τέλους :

Nam et.. co qui a furioso : ὅτι ὁ παρὰ μαινομένου ἀγοράσας δύναται usucapere.

Sab.: πάρελθε ν' ἔπη ἕως τοῦ et quidem cum res venit : οὐκ ἄλλως γίνεται δεσπότης ὁ ἀγοραστής.

... dixit in ejus de tutelis libro 1, velut ubi quis fratris sui impuberis descripti in Latinas colonias tutor est.

Praetereas usque ad finem capituli et 4 et 5 capitulum : invenies autem hoc in 5 capitulo post verba circiter 100 a fine :

Nam et... qui a furioso]. Qui a furioso emit potest usucapere.

Sab. : praetereas 50 versus usque ad : 'et quidem cum res venit'. Non aliter fit dominus emtor.

17. (Dar. 14. Zach. 15.)

(4 lignes illisibles.)

Nam Latinus e lege Atilia tutor dari non potest : σεμειῶσαι ὅτι Latinos οὐ δίδοται Atilianos ἐπίτροπος, ὡς ἐν τῷ τέλει τοῦ ἑξῆς λη' βιβλίου τοῦτο σοι ἐδίδαξα[3].

Ὁ κατὰ inquisitiona δοθεὶς ἐπίτροπος κἂν πάθῃ capitis deminutiona μένει ἐπίτροπος.

Πάρελθε ι' ἔπη ἕως τοῦ aliis quoque modis [4]: ἡ αἰχμαλωσία

Nam Latinus e lege Atilia tutor dari non potest]. Nota quod Latinus non datur Atilianus tutor, ut in line sequentis 38 libri hoc te docui.

Ex inquisitione datus tutor etiamsi patiatur capitis deminutionem, manet tutor.

Praetereas 10 versus usque ad 'aliis quoque modis':

---

1. Krueger, suivi dubitativement par Lenel, *Pal.*, 2, 1115, n. 5 ; se rapporterait alors à *D.*, 26, 2, 6. Zach. : 'videtur'. — 2. Peut-être μονοβίβλῳ. — 3. Cf. Gaius, 1, 23 ; Ulpien, 11, 16.— 4. Se rapporte à *D.*, 26, 1, 14, 2.

τῶν ἐπιτρόπων ἢ καὶ τῶν ἐπιτρο- | captivitas tutorum vel etiam
πευομένων λύει τὴν ἐπιτροπήν, | pupillorum solvit tutelam ;
ὁμοίως δὲ καὶ ὁ προσκαίρως δο- | similiter vero etiam ad tem-
θείς... | pus datus...

18. (Dar. 13. Zach. 17.)

..... p οὐκ ἔστιν...... | ....non est..........
Ati*l*ianos ἐπίτροπος οὔτε ἀφίστα- | Atilianus tutor neque abdicare
σθαι δύναται οὔτε in jure cedere | potest neque in jure cedere...
...e...

Πάρελθε κε´ ἔπη ἕως τοῦ tu- | Praetereas 25 versus usque
telam... ὁ ὑπεξούσιος ὡς μὴ ὢν | ad 'tutelam'..... Filius fami-
legis[1] δεκτικὸς οὐ δύναται in jure | lias cum legis actionis (?) capax
cedere ἑτέρῳ τὴν ἐπιτροπήν. | non sit, non potest in jure ce-
 | dere alii tutelam.

Capax : ὥς ... ὁ ὑπεξούσιος | Capax] :... filius familias
ἐπίτροπος ουετει testamentarian | tutor... testamentariam tute-
ἐπιτροπήν. | lam.

Legitimos οὐ δύναται legi- | Legitimus non potest le-
timo ἄλλῳ in jure cedere τὴν | gitimo alii in jure cedere
ἐπιτροπήν, οὐ γὰρ οἷόν τε τὸν | tutelam, neque enim consen-
αὐτὸν καὶ legitimon εἶναι καὶ | taneum est eundem et legiti-
cessicion. | mum esse et cessicium.

19. (Dar. 14. Zach. 19.)

r. Sab. παρακατιὼν ὁ Ul- | r. Sab. : infra Ul-
pianos ε.... κεφαλαίῳ τὸ πλέον | pianus.... capitulo plus di-
φησί, ὅτι καὶ ὁ τοποτηρητὴς τῶν | cit, etiam vicarium magistra-
στρατηγῶν[2] δίδωσιν ἐπίτροπον· εἰ | tuum dare tutorem ; si vero
δὲ θέλεις εἰδέναι τὰ περὶ τῶν το- | vis scire quae pertinent ad
ποτηρούντων τοῖς ἄρχουσιν, ἀνά- | vicarios judicum, lege
γνωθι Θεοδοσιανὸν... τὴν ρκς´ διά- | Theodosiani..... 126 consti-
ταξιν κειμένην μετὰ τὸν νεμ.... | tutionem, quae posita est
ἐξ ἑτέρων ἐδίδαξα πλατέως τί δύ- | post... Ex aliis exposui late,
νανται ποιεῖν οἱ τοποτηροῦντες. | quid possint facere vicarii.

20. (Dar. 6. Zach. 20.)

uenηνι... (?) διδόασιν.... |
quod ὅτι u δύνανται καὶ excu- | ...... possunt etiam excusa-
sationas δοκιμάζειν καὶ potioras. | tiones examinare et potiores.

1. Manque probablement 'actionis'. — 2. C. à. d. des duumvirs.

Ἄλλος Titiu νόμου τίτλος ἦν τὸν ὀρφανὸν δι' ἑαυτοῦ αἰτεῖν ἐπίτροπον. Civis Romanus (?)[1] δύναται Latino ἐπιτροπεύσιμος εἶναι .... δύναται ποτε ἄλ)ος α.... αὐτῷ. Ἕτερόν ἐστιν ἐπὶ τοῦ Atilianu ἐπιτρόπου.

Alius Titiae legis titulus erat pupillum per semetipsum petere tutorem. Civis Romanus potest Latino tutor esse..... potest quando alius...... ei. Aliud est in Atiliano tutore.

1. Krueger, suivi par Lenel : 'Civis Romanus' ; Huschke : 'ὅπου' ; Zachariæ : 'ὅτι οὐ δύναται latino ἐπίτροπος λεγίτιμος εἶναι'.

24. CONSULTATIO VETERIS CUJUSDAM JURISCONSULTI.

L'ouvrage désigné de ce nom par Cujas, son premier éditeur, est un recueil de consultations adressées par un jurisconsulte d'une époque récente à des avocats auxquels il donne en même temps la solution de la question posée et les textes qui appuient cette solution. Parmi ces consultations, quelques-unes se rapportent directement à des hypothèses concrètes, d'autres semblent indiquer d'avance à l'avocat la solution de difficultés futures. Le chapitre final ne contient que des textes et est considéré par certains comme une addition. Malgré l'utilité qu'il présente soit pour l'appréciation du niveau juridique de son temps, soit pour la connaissance des rapports qui existaient alors entre les jurisconsultes et les praticiens, ce document nous intéresse surtout par les textes qu'il cite et qui sont empruntés aux sentences de Paul et aux trois codes Grégorien, Hermogénien et Théodosien. Le cercle même de sources auxquelles puise le compilateur et les ressemblances relevées par Huschke entre le langage de la *Consultatio* et celui de la *Lex Romana Burgundionum* portent à placer sa composition au début du vi[e] siècle, et elle paraît avoir été écrite en France, où l'on en trouve une citation, dans Yves de Chartres, au début du xiie siècle, et où l'on rencontre aussi, au xvie, le seul manuscrit dont on ait connaissance, un ms. appartenant à Antoine Loisel duquel il offrit une copie à Cujas. C'est d'après cette copie que Cujas a publié d'abord des citations, puis le texte intégral de la *Consultatio* dans les divers volumes qui, le ms. de Loisel et la copie de Cujas étant aujourd'hui perdus, restent le seul instrument de la critique moderne. V. la liste des éditions dans Krueger, *Coll.*, 3 pp. 201-202 ; *Sources*, p. 510. Cf. aussi, sur les diverses questions soulevées par cet ouvrage; Huschke, *J. ant.*, 5e éd., pp. 834-838 ; Karlowa, *R. R. G.*, 1. pp. 973-976 ; Krueger, *Sources*, pp. 408-410. — Les éditions les plus récentes sont celles de Puggé, *Corpus juris antejustiniani*, 1, 1831, pp. 333-407. de Husckhe, *J. ant.*, pp. 825-859, et de Krueger, *Collectio*, 3, pp. 203-220.

I, 1. Consuluisti me, utrum inter fratrem et sororem habita de rebus dividendis pactio virtutem aliquam possit retinere : quam tamen pactionem dicis mulierem illam metu mariti et imperio subscripsisse et ignorasse, quae vel quales condiciones ipsi pactioni fuissent inditae vel insertae. 2. Ergo si ita est, quemadmodum tua consultatione significas, pactum hujusmodi jure dissolvitur, nec stare poterit, quia legum beneficiis omnimodis impugnatur. 3. Primoreque juxta id, quod proposuisti, capite inviti pactio et metu coacti ipsis legibus de pactis clamantibus apertissime infirmatur ; nam manifeste constitutum est, ne quispiam pacisci cogatur invitus. 4. Dein textus memoratarum legum sic continet : 'quas libero arbitrio et voluntate confecit'. Quis erit tam destitutus sapientia et vacuus intellectu, ut dicat illam pactionem fortem et firmam esse debere, quam mulier metu coacta mariti subscripsit imperio, ac sic liberam voluntatem et proprium arbitrium non intellegitur habuisse ? 5. Ac per hoc ipso legum capite, sicut jam supra dictum est, tale pactum nullius judicatur esse momenti, quantum leges subter annexae testantur.

6. Ex corpore Gregoriani lib. II. : Imp. Severus A. Julio Conserturino. Ea, quae per vim et metum gesta sunt, etiam citra principale auxilium irrita esse debere jam pridem constitutum est. Accepta kal. Jul. Dextro II et *Prisco* conss. (a. 196).

7. Item alia ex corpore [et libro] supradicto [2] : Imp. Antoninus A. Juliae Basiliae. Pacta, quae ab invitis vel contra leges constitutionesque fiunt, nullam vim habere indubitati juris est, et cet. PP. V. kal. Aug. Antonino A. *IIII* et Albino conss. (*a*. 213).

8 [2]. Imp. Alexander A. Dionysio. Ad locum : Pactum, quod mala fide factum est, irritum esse, et cetera. PP. II id. Sept. Alexandro Aug. cons. (*a*. 222).

9. Item alia eod. libro et corpore : Impp. Diocletianus et Maximianus AA. Aurelio Heraclidi. Si non ex mandato uxoris tuae adversario ejus cautionem remisisti, idque evidentibus documentis monstrari potest, quod citra conscientiam uxoris tuae et ea invita factum est, carebit effectu. PP. VIII id. Sept. Diocletiano *IIII* et Maximiano III conss. (*a*. 290).

10. Item alia eodem libro et corpore : Impp. Carus *Carinus* et Numerianus AA. Aurelio. Cum fraudis studio transactionem interpositam esse dicas, quod inter vos gestum est infirmat juris auctoritas, et reliqua. PP. VI idus Decembr. Caro et Carino consulibus (*a*. 283).

11. Ergo si leges servantur et custodiuntur principum statuta, pactionem, de qua locuti sumus, manifestissimum est nullas vires habere. 12. Nam hoc loco Theodosiani legem [3] de pactis pro hoc credidi inserendam, quia initium ipsius constitutionis tale est, ut dicat : 'Si adversum pacta vel transactiones, quas libero arbitrio et voluntate confecit, putaverit esse veniendum, et poenam reddat, et emolumenta perdat, et infamiam incurrat' ; sed ille, qui liberum arbitrium habuit, non ille, qui invitus fecit et faciendi voluntatem non habuit.

II, 1. Secundo loco me consulendum sub hac voce duxisti, ut diceres divisionem in castello sic factam a marito mulieris ipsius, ut illa nesciente domus cum membris suis vel hospi-

---

1. = C., 2, 3, 6. — 2. = 9, 11. C., 2, 3, 8. — 3. C. Th., 2, 9, 3.

tiis circumjectis divisa sit. 2. Sine conscientia uxoris si ea praedictus maritus fecerit nulla aequalitate servata, nulla compensatione in omnibus custodita, ad haec verba ex legum constitutione respondi maritum in negotiis uxoris sine mandato non recte aliquid definire: nec posse aliquid firmum et stabile esse, quod sine conscientia uxoris de rebus uxoriis visus fuerit transegisse; praesertim si doceatur inutilis esse et sine aequalitate vel compensatione ipsa divisio. 3. Notum est, quod etiam si mandato uxoris niteretur et fraudulenta divisio vel minus aequalis posset ostendi, vacua et inanis specialiter remaneret. 4. Adde, quod sine uxoris conscientia maritus dicitur definisse, qualem poterit habere virtutem? Aut quid valebit, cum primum hoc refragari voluerit? 5. Sed ne forte dicat: 'Amplexa es divisionem et acquievisti rebus divisis', respondendum est legaliter, et pro omni veritate hoc specialiter habendum, quia etiam inter majores personas et legales, si fraudulenta divisio facta probetur, legibus rescinditur, et a judice divisio ipsa, aestimantibus magnis viris, ad meliora reducitur, et facta compensatione firmior divisio constituitur, sicut lex infra scripta evidenti lectione declarat.

6. Ex corpore Gregor. libro III [1] : Impp. Diocletianus et Maximianus AA. Aureliae Severae. An divisio, quam jam factam esse proponis, convelli debeat, rector provinciae praesente parte diversa diligenter examinabit; et si fraudibus eam non caruisse perspexerit, quando etiam majoribus in perperam factis divisionibus soleat subveniri, quod improbum atque inaequaliter factum esse constiterit, in melius reformabit. PP. XVII kal. Jul. ipsis *IIII* et [Constantio] III conss. (*a*. 290).

7. Item alia eodem libro et corpore: Impp. Diocletianus et Maximianus AA. Aproniae Mammae. Si divisio inter te et sororem tuam non bona fide facta est, etiam citra principalis restitutionis auxilium, quod etiam majoribus tribui solet, ad aequitatis temperamentum reformari potest, etc. PP. VI kal. Jul. Maxi*mo* II et Aqui*lino* consulibus (*a*. 286).

III, 1. Tertio loco vel capite interrogandum me specialius censuisti, utrum contra judicium iri possit, quod adversus maritum in causa mulieris prius datum est, eo quod mandato usus fuerit uxoris suae et in causa ipsa victus abscesserit et contra eum judicium prolatum fuerit. Addidisti etiam, quod mandatum neque gestis legaliter fuerit allegatum, nec satisdatorem dedisset ille ipse procurator ab uxore factus, et sic

---

1. = C., 3, 38, 3.

causam dixisset quam agebat. 2. Quod si verum est, illud judicium dici non potest. Sed nec judices sine verecundia et turpitudine erunt, qui personam in ipso litis initio non inquisierunt, sicut est legitimum, nec fecerunt ut satisdatorem daret procurator, quod et consuetudinis est et re vera legaliter observatur. Ac praeterea si hoc factum non est, nullam personam habuit litigandi. Sed nec illi potuerunt in causa proferre judicium, ubi fuit procuratoris ludificatoria inanis et nulla persona. 3. Quid potest esse miserius? Quid abjectius? Quid legibus sic contrarium, ut ingrediatur audientiam, sedentibus judicibus, ille qui nullam in se habeat firmitatem et citra legum sollemnia vanas actiones intendat? 4. Respice leges subter adjectas ; tunc intelleges, quod qui mandato utitur satisdatorem dare debet. Sed in illo mandato hoc futurum est, ubi aut verbo mandatur aut gestis epistula mandati non legitur allegata. 5. Ergo testimonium legum, sicut jam dictum est, sequentium diligenter attendite. Sic agnoscetis judicium stare non posse, ubi ad agendum sollemnis persona, id est sollemniter ordinata, ingressa non fuerit. 6. Ex Pauli sententiarum lib. I [1] : Voluntarius procurator, qui se negotiis alienis offert, rem ratam dominum habiturum cavere debet. 7. Item alia eodem libro et corpore [2] : Actoris procurator non solum absentem defendere sed et rem ratam dominum habiturum satisdare cogitur. 8. Item alia eodem libro et corpore [3] : Petitoris procurator rem ratam dominum habiturum desiderante adversario satisdare cogendus est, quia nemo in re aliena idoneus est sine satisdatione. 9. Item alia eodem libro et corpore [4] : Si satis non det procurator absentis, actio ei absentis nomine non datur.

10. Quid apertius, quam leges supra scriptae declarant, quod nulla actio per procuratorem sine satisdatione intendi potest aut proponi? 11. Ergo si actio non datur illi procuratori qui satis non dederit, quomodo poterit dici aut nominari judicium ubi *satisda*tionis vestigium nullatenus invenitur? Quid testificantur principes per constitutiones innumeras, nisi nulla esse debere judicia, ubi procurator satisdationem non dederit aut rem ratam dominum habiturum evidentissima sponsione firmarit? Attentus audi quid loquitur lex subter adjecta : tunc intelleges cadere judicia quae sine procuratoris satisdatione fuerint omnino prolata.

12. Ex corpore Theodosiani lib. II [5] : Impp. Valentinianus et Valens AA. Commune negotium et quibusdam absentibus

---

1. 1, 3, 3. — 2. 1, 3, 5. — 3. 1, 3, 7. — 4. 1, 3, 8. — 5. *C. Th.*, 2, 12, 2.

agi potest, si praesentes rem ratam dominum habiturum cavere sint parati, vel si quod ab his petitur judicatum solvi satisdatione firmaverint. PP. VI id. Decem. divo Joviano et Varroniano conss. (*a*. 364).

13. Item eodem libro et titulo[1] : Impp. Gratianus Valentinianus et Theodosius AAA. Pancratio pf. p. In principio quaestionis persona inquiri debet, utrum ad agendum negotium mandato utatur accepto. Quibus rite et sollemniter constitutis potest esse sententia ; praeteritis autem his, nec dici controversiae solent, nec potest esse judicium etc. Dat. prid. non Apr. CP. Antonio et Syagrio conss. (*a*. 382).

IV, 1. In dei nomine quid tractari aut observari debeat, quoties pacta inter partes emissa fuerint, si condiciones tales interponantur, quae nec legibus nec rationi conveniunt ? 2. Quid agere aut objicere adversario debeas, lectionibus subter annexis poteris evidentius informari, quod tantum *de* dubiis rebus pacisci possumus ; de rebus enim certis et incertis[2] et futuris aut de crimine transigi nulla penitus ratione potest.

3. Paulus sentent. lib. I tit. de pact. et conventionibus vel transactionibus[3] : Functio dotis pacto mutari non potest, quia privata conventio juri publico nihil derogat. 4. In bonae fidei contractibus pactum conventum alio pacto dissolvitur, et licet exceptionem pariat, replicatione tamen excluditur. Eodem lib. et tit. [4]. 5 [5]. Enimvero si de re judicata aliqua pactio interponatur, stare legibus non potest. Ad quam pactionem excludendam harum Pauli sententiarum proferes lectionem : 6. Post rem judicatam pactum, nisi donationis causa interponatur, servari non potest. Lib. I tit. de transact. [6]. 7. Item eodem lib. et tit. [7] : Neque contra leges neque contra bonos mores pacisci possumus. De criminibus propter infamiam nemo cum adversario pacisci potest. 8. Idem lib. III tit. de instit. hered. [8] : Pacta vel condiciones contra leges vel decreta principum vel bonos mores nullius sunt momenti.

9. Ex corpore Hermogeniani tit. de pact. et transact. : Impp. Diocletianus et Maximianus AA. Sebastiano. Neque ex nudo nascitur pacto actio, neque si contra bonos mores verborum intercessit obligatio, ex his actionem dari convenit, et reliqua. PP. IIII kal *Jan*. iisdem conss. (*a*. 293) [9].

1. *C. Th.*, 2, 12, 3. — 2. Mommsen : 'et *gestis*'. — 3. 1, 1, 6. — 4. 1, 1,2. — 5. Krueger remarque que les §§ 5 et 6 semblent devoir être transportés après le § 10. — 6. 1, 1, 5 a. — 7. 1, 1, 4. 7. — 8. 3, 4 b, 2. — 9. Sur la date de ce consulat, cf. Mommsen. *Abh*. de Berlin, 1860, pp. 432-435. (*Ges. Schr.*, 2, 277-280).

10. Item eodem corpore et *tit*. . Iidem AA. et CC. Flavio Rumitalo. Inter cetera et ad locum : Pactum neque contra bonos mores neque contra leges emissum valet et reliq. PP. iisdem AA. cons. (*a*. 293).

11. Item eodem corpore et tit. : Iidem AA. et CC. Zeuxiano Antonino. Pacto transactionis exactio judicati non tollitur. Unde si pater tuus condemnatus judicio post transegit et solvit, solutione magis quam transactione tuum defende negotium, et reliq. PP. XVIII kal. Jan. ipsis AA. conss. (*a*. 293).

V, 1. In dei nomine quid tractari debeat, quotiens adversarius aliqua sibi direpta sublata proposita intendit actione reposcere ? 2. Primore in loco debet personam suam, quae sit ad repetendum idonea, evidenter ostendere : et dum claruerit eum ad repetendum personam habere legitimam, in genere actionis quid aut quantum aut quas species in modum et mensuram vel summam et quantitatem debet specialiter designare et indubitanter exprimere. 3. Quae universa secundum leges subter adnexas hi qui judicaturi sunt petitorem impleri compellunt : qui si aut negle*xer*it aut satisfacere legibus fortasse nequiverit, causam perdat secundum leges subter adnexas. 4. Quibus modis causa petitor cadat, leges lib. I Paul. sentent. tit. de eo qui causa cadit ita [1] : Causa cadimus aut loco aut summa aut tempore aut qualitate. Loco alibi, summa *plus* petendo, tempore ante petendo, qualitate ejusdem rei speciem meliorem postulantes.

5. Item lib. I Pauli sentent. sub titulo si hereditas vel quid aliud petatur [2] : Hereditas pro ea parte peti debet, pro qua ad nos pertinet : alioquin plus petendi periculum incurrimus et causam perdimus.

6. Ex corpore Hermogeniani, tit. de calumniatorib. et plus petendo : Impp. Diocletianus et Maximianus AA. Aurelio Dextro. Inter cetera et ad locum : Si tutor vel curator plus petierit, causa cadit. Quod cum factum esse dicas, frustra a nobis remedium quaeris quia te ratio juris impugnat. PP. IIII id. Decemb. Nicomedia Constantio et Maxim*iano* conss. (*a*. 294).

7. Item eodem corpore et *tit*. : Iidem AA. et CC. Claudio Menandro. Quotiescumque ordinatis actionibus aliquid petitur, ideo petitor cogitur specialiter genus litis edere, ne plus debito aut eo quod competit postuletur. Sive itaque fideicommissum [3] sive fundus sive pars fundi sive domus sive pars domus sive debitum [aut] [4] quodcumque petatur, specialiter designari debet

1. 1, 10, 1. — 2. 1, 13 b, 5. — 3. Lenel, Z. S. *St*., 15, 1894, p. 388, n. 2 : pecunia. — 4. Effacé par Lenel, *loc. cit.*

petitionis summa vel quantitas, cum genus litis editur. Si quis igitur plus [ab] eo quod ei competit vel debetur petierit, rem et causam de qua agitur perdit. Plus enim petitur, sicut responsis prudentum continetur, summa loco tempore causa qualitate aestimatione. Unde instructus istius lege rescripti excipe adversarium apud judicem competentem; quem si judex plus petiisse perspexerit, extinctis adversarii tui petitionibus, pro partibus tuis sententiam dicet. PP. Mediolano XII kal. Apriles, Tusco et An*ull*ino conss. (*a*. 295).

[Hic require, qualiter actionis editio pulsato fiat.]

VI, 1. Juvante deo quid tractari debeat adversus eum, qui se heredem dicit alicujus aut ad se hereditatem personae cujuslibet aestimat posse competere? 2. Et dum agere forsitan temptaverit, primore in loco debet evidenter ostendere se personam habere legitimam; et hoc dum ostenderit ut juris legumque dictat auctoritas, genus actionis edere debet, in quo manu sua subscribat; quo dato genere actionis, acceptis triduanis indutiis quarto die respondeat adversarius suus, ut leges praecipiunt, responsionibus salvis pulsato, quae de jure et legibus suffragantur; salva etiam actione calumniae, quia, dum calumniator qui pulsat ostensus fuerit, qualis sit poena calumniae legibus subter annexis ostenditur: sic tamen, ut ipse probet quemadmodum sua interest et ostendat ad se universa quae repetit pertinere. 3. Illud praecipue summa cum cautela observari oportet, ut, si adversarius scripturam aliquam donationis ostender*it*, primore in loco fidem faciat scripturae: quam dum fecerit, in eadem munificentia singulae quaeque res si scriptae fuerint quae donantur, sicut leges jubent, valet facta donatio, et si eas dum vixit in bonis suis habuit, aut ejus juri vel dominio competebant, aut si lite contestata de hac luce migraverit. Quae universa qualiter et quibus modis adstruere *et* defenso*ri* vel adversario divinitatis auxilio resistere debeas, inferius continentur adscripta. 4. Et ne forte dicat adversa pars aliqua sibi principali rescripto aut praeceptione fuisse concessa, ad hujus modi versutiam potest pulsatus modis omnibus replicare, principem ea semper velle concedere quae legibus rationique conveniunt: quia causa, quae nullam de legibus sortitur firmitatem, in praejudicium alterius a principe non potest sumere firmitatem, sicut i*t*em inferius declaratur.

5. Petitio hereditatis, cujus defunctus litem non erat contestatus, ad heredem non transmittitur: lib. I sententiarum

tit. VI si hereditas vel quid aliud petatur [1]. 5a. Qui petit hereditatem, ipse probare debet ad se magis quam ad eum qui possidet sive ex testamento sive ab intestato pertinere. Idem eodem libro sententiarum receptarum, eodem titulo si hereditatis etc. [2]. 6. Eas res, quas quis juris sui esse putat, petere potest, ita tamen ut ipsi incumbat necessitas probandi eas ad se pertinere. Idem eod. leges lib. et tit. IIII [3]. 7. In petitione hereditatis ea veniunt, quae defunctus mortis tempore dereliquit, vel ea, quae post mortem ante aditam hereditatem ex ea quaesita sunt. Eod. lib. et tit. si hereditas vel quid aliud petatur [4]. 8. Lib. II sent. Pauli tit. ex empto et vendito [5] : Heredibus debitoris adversus creditorem, qui pignora vel fiducias distraxit, nulla actio datur, nisi a testatore inchoata ad eos transmissa sit. 9. Lib. III Paul. sent. tit. de legatis [6] : Post diem legati cedentem actio, quae inchoata non est, ad heredem non transmittitur.

10. Item qualiter donatio fieri debeat, ex corpore Hermogeniani, tit. de donat. inter vir. et uxor. [7] : Impp. Diocletianus et Maximianus AA. Septimio Sabiniano. Cum de bonis tuis partem quidem tertiam penes te retinuisse, partem vero tertiam in eum quem in potestate habes ac tertiam in emancipatum donationis titulo contulisse commemores, non est juris incerti in eum quidem qui in sacris familiae tuae remanet destinationem magis paternae voluntatis factam quam perpetuam donationem pervenisse, nec in emancipatum translatam, si generaliter eidem partem tertiam bonorum donasti ; quia generaliter bonorum portionem donari non posse, cum singulae res nominari debeant quae donatione mancipatione vel in jure cessione transferuntur, et reliqua. Dat. prid. kal. Mai. Heraclea ipsis AA. conss. (a. 293).

11. Idem eod. lib. et tit. : Impp. Diocletianus et Maximianus AA. Cretiano Maximo. Nec venditio donationis causa bonorum omnium valet, sed rerum singularum nominatim donatio facta capit effectum etc. Dat. VIII kal. Jan. Caesaribus conss. (a. 294) [8]. 12. Item leges legatum si per codicillos dimissum fuerit, sine testamento valere non posse. Ex corpore Hermogeniani tit. de donat. inter vir. et uxor. : Iidem AA. et CC. Aurelio Alpino. Inter cetera et ad locum : Codicillis autem sine testamento legatum nec adimi nec dari potest. Datum sub die VIII kal. Jan. Nicomedia CC. conss. (a. 294).

---

1. 1, 13 b, 4. — 2. 1, 13 b, 6. — 3. 1, 13 b, 7. — 4. 1, 13 b, 1. — 5. 2, 17, 15. — 6. 3, 6, 3. — 7. = *C.*, 8, 53, 11, jusqu'à 'pervenisse'. — 8. Sur la date de ce consulat, cf. *Abh.* de Berlin, 1860, p. 440 (*Ges. Schr.*, 2, 285).

13. Item leges, qua poena calumniatores plectendi sint. Ex corpore Hermogeniani tit. de calumniatorib. : Impp. Diocletian et Max. A A. Quintiano. Tibi magis quam adversario qui per calumniam petit, contra quem supplicas, judicio tutelae convenit excipere actionem, ad quam respondere debes ; quippe si per calumniam hoc eum facere confidis, remedio repromissionis initio postulatae calumniae decimae partis ejus quod petit tibi condemnari eum desiderare potes. PP. XI kal. Novembr. AA. conss. (*a*. 293).

14. Item leges qualiter petitor probare debeat, quod intendit, non ab adversario instrui. Ex corpore Hermogeniani tit. ad exhib.[1] : Impp. Diocletianus et Maximianus AA. Aurelio Diogeni. Nimis grave est quod petitis urgueri ad exhibitionem partem diversam eorum per quos sibi negotium fiat. Unde intellegitis quod intentioni vestrae proprias afferre debeatis probationes, non adversum se ab adversariis adduci. PP. kal. Mai. AA. et CC. conss. (*a*. 293). 15. Item eodem corpore tit. ubi agi debeat : Impp. Diocletianus et Maximianus AA. Flavianae. Inter cetera et ad locum : Quaecumque ad te pertinentia detineri dicis ab his quorum meministi, vel probaveris tibi deberi, praeses provinciae restitui providebit. PP. VII id. Januar. AA. conss. (*a*. 293). 16. Item eodem corpore tit. de instrum : Impp. Diocletianus et Maximianus AA. Julio Pancratio. Inter cetera et ad locum : Omissis itaque istiusmodi moris, si intentionem suam incipiat adversarius tuus implere, praescriptionibus temporis vel alterius *rei*[2] et tu causam magis tuam defende, habens securitatem victoriae, si quod intendit adversarius tuus probationibus implere non possit. PP. DD. Diocletiano V A. et Maximiano A. conss. (*a*. 293). 17. Item leges quod scriptura, quae nullam de legibus habeat firmitatem, firmari a principe non debet. Eodem corpore tit. de testament. : Impp. Diocletianus et Maximianus AA. Aurelio Secundino, optioni. Inter cetera et ad locum : Scriptura, quae nec jure nec legibus consistit, nec a nobis hanc confirmari convenit ; quippe cum beneficia *nisi* citra cujusquam injuriam petentibus decernere minime soleamus. PP. VII kalend Novemb. Marcianopoli, CC. conss. (*a*. 294). 18. Item leges qualiter quod auctor habuit hoc ejus heredi possit competere. Ex corpore Hermogeniani tit. de successionibus : Impp. Diocletianus et Maximianus AA. Aurelio Asterio. Inter cetera et ad locum : Si secundum edicti formam testamentum

---

1. = *C.*, 4, 20, 7. — 2. Huschke ajoute 'rei' ; Krueger propose de corriger 'alterius' en 'aliter'.

obsignatum extitit, bona, quae cum moreretur auctor tuus ejus fuerunt, sollemniter petes, et reliq. PP. III kal. April. Sirmio, CC. conss. (*a.* 294).

19. Item eodem corpore tit. de pact. et transact. [1] : Impp. Diocletianus et Maximianus AA. Eusebio. Inter cetera et ad locum : Manifesti atque evidentis juris est, antequam cerneret vel pro herede gereret vel bonorum possessionem peteret defuncta, successionem eam non potuisse ad heredes suos transmittere. PP. X kal. Mart. iisdem AA. conss. (*a.* 293).

20. Item leges qua poena calumniatores plectendi sunt, lib. I sentent. tit. de calumniator. [2] : Calumniosus est, qui sciens prudensque per fraudem negotium alicui comparat.

21. Idem lib. V tit. [3] : *Et in* privatis et *in* publicis judiciis omnes calumniosi extra ordinem pro qualitate admissi plectendi sunt.

VII, 1. Quantum ad nos delatae pactionis textus insinuat, potius contra bonos mores chartula ipsa litigii seminarium propagavit, quam tum utili [4] deliberatione adsurgentium jurgiorum scandala resecavit. Dinoscitur itaque calliditas dictantis non habuisse prudentiam. 2. Dum igitur contra legum jurisque ordinem veniens justam arbitrii ignoravit custodire mensuram, quae tanta duarum personarum dignitas potuit reperiri, aut quae intra regionem tanta fuit defectio judicantium, ut nec triumvirale judicium etiam de rebus judicatis male paciscentium non tam electio, sed, quod verius dici constat, facilitas eligeret ? De rebus enim judicatis soli principi et contra judices licuit judicare, aut si ita convenerat ut judicii vinculum solveretur. 3. Ergo pactio ipsa judicii ordinem et constitutionem infirmat *atque* discingit, quod tamen non paciscendo, sed donando fieri potuisset, secundum sententiam Pauli juridici, cujus sententias sacratissimorum principum scita semper valituras ac divalis constitutio declaravit [5].

4. Pauli sentent. I lib. de pact. [6] : Nec contra leges nec contra bonos mores pacisci possumus. 5. Item eod. lib. et tit. [7] : Pactum contra jus aut constitutiones aut s. c. interpositum nihil momenti habet. 6. Item ex corpore Pauli de pact. et conventis [8] : Post rem judicatam pactum, nisi donationis causa interponatur, servari non potest.

7. Intellegis memoratae pactionis constitutionem juridici

---

1. = *C.*, 6, 30, 7. — 2. 1, 5, 1. — 3. 1, 5, 2. — 4. Mots corrompus que Huschke remplace par 'amicabili'. — 5. *C. Th.*, 1, 4, 2.-3. — 6. I, 1, 4. — 7. 1, 1, 4 a. — 8. 1, 1, 5 a.

auctoris sententiis vacuam. Quid, inquam, ulterius requirendum? Dicit pars adversa: Pacti sumus libero arbitrio, nullo cogentis imperio, tibi et bonis moribus constat. Si certum non contra jussa et senatus consulta, quae judicata sunt prius, effectui contradantur: et de his, quae altercationi superesse noscuntur, sit dignus ac legalis numerus judicum, qui cuncta lata sententia moderatione discingat. 8. Certe si necesse est rusticis improbisque moribus aliquid amplius satisfieri, ipsi duo, quos quasi *judices* praefata cartula nominavit, sub praesentia electarum personarum, defensore quoque adhibito, appellentur, ut, si praesumunt aut putant justum vel legale, audiant, quae partes jurgantium crediderint intimanda: et si ipsius cartulae, quae jam dignoscitur juris formulis vacuata, modum aestimant se supplere, promant de agnitis leg*ibus* sententiam. 9. Tunc et ipsi sentient, qua*e* sit temeritas judicantis, ubi minor numerus post majorem, praeterea et religiosorum, quos non summi pontificatus honor attollit, contra res judicio terminatas praesumpserit ferre sententiam: ac si destiterint, contestatio allegetur illos aut differe aut non praesumere, aut electionem impleant paciscentium. 10. Demum si quae in contentionem veniunt, aut ampliori numero judicum aut summae potestatis sunt arbitrio decernenda.

VII[a]. 1. Deinde vero (quod minime fuerat necessarium consultationem nostram tuis utilitatibus sciscitari), si avus maternus nepoti aliqua contulisse noscatur, utrum in jure ejus manere debeant, an matri in possessione sua consorti persuasionibus lubricis imputari, pro eo fortasse, quod usufructuaria mater sit de proprietate filii constituta ac, si filiae proprium [1] vel cuilibet extraneo aliquid reliquisset, domino [2] de facultate sua testari non licuit; cumque etiam si pater filii superesset, nec ad ipsum ab avo materno quod nepoti collatum fuerat, pertineret, ut etiam C. Th. declarat auctoritas. 2. Quod tamen superfluum penes electas magnificasque personas fieri judicamus: sed necesse est, ut ignorantia rusticitatis vel tergiversationis iniquitas directis semper oblationibus comprimatur.

3. Ex Theodosiani lib. *VIII* sub tit. de mat. bon. et mat. gen. cretione sublata [3]: Impp. Honorius et Arcadius AA. Florentio praef. urb. Ad locum: Quicquid avus avia proavus proavia nepoti nepti pronepoti pronepti cujuslibet tituli largitate contulerint, id est testamento fideicommisso legato codicillo

---

1. 'Filiae *propriae*', conjecture Krueger. — 2. Mommsen: '*nisi* domino'. — 3. = *C. Th.*, 8, 18, 7.

donatione vel etiam intestati successione, pater filio filiaeve integra inlibataque custodiat. Dat. prid. id. Octobr. Mediolano Olybrio et Probino conss. (*a*. 395).

4. Luce clarius constitit patefactum nec matri usum obesse, ut de reliqua facultate por*t*ionem debitam consequatur, et circa nepotem munus aviaticum perpetua liberalitate mansurum. Hoc et consultorum jura declarant, quae necessarium tractatui nostro non duximus adhiberi.

VIII. 1. Adde dum [1] sollicitudinis tuae cura tractavit, ut de effractoribus et manifesto crimine comprehensis quam judex debuit ferre sententiam tractatus nostri pagina declaret, aut si maritus, quem judiciariae potestatis cingit auctoritas, de servis, qui res uxorias manifesto crimine abstulisse convicti sunt, peremptoriam debuerit ferre sententiam, quasi id objici possit, in propria causa quis judicet stulte : huic lex divorum principum, quae infra legitur opponenda, maritum illa tantum negotia uxoris velut extraneum *a*ctorem prosecuturum, quae procuratio emissa pr*ae*scripserit.

2. Ex corpore Theodosiani [2] : Impp. Theodosius et Arcadius et Honorius AAA. Victori proconsuli Asiae. Procurator, licet maritus sit, id solum exequi debet quod procuratio emissa praescripserit. Dat. V kal. Jul. Theodosio A. III et Abundantio conss. (*a*. 393).

3. Agnoscis maritum velut extraneum causam uxoriam prosecutum. 4. Agnoscis judicem de manifestis reis non potuisse tardare sententiam.

5. Item ex corpore Theodosiani lib. IX tit. de accusationibus et inscriptionibus [3]. : Impp. Arcadius et Honorius AA. Ne diversorum criminum rei vel desidia judicum vel quadam levitatis ambitione per provincias detenti in carcerem crudelius differantur, moneantur omnes judices productos e custodiis reos discussioni debitae subjicere et quod leges suaserint definire. Datum III non Aug. CP. Arcadio III*I* et Honorio *III* conss. (*a*. 396).

6. Hoc etiam specialiter post hanc legem judex sibi metuat inferendum, quod si dignam tardarit ex lege ferre sententiam, dum principium praecepta despexit, ipse legibus damnabitur.

7. Unde ex corpore Theodosiani [4] : Impp. Constant*i*us A. et Julianus Caes. ad Taurum pp. Ad locum : Multabuntur judi-

---

1. Schulting : 'Addendum' ; Huschke : 'Quod demum'. — 2. = *C. Th.*, 2, 12, 4. — 3. = *C. Th.*, 9, 1, 18. — 4 = *C. Th.*, 1, 2, 7.

ces, qui rescripta contempserint aut distulerint. Dat. III non. Jul. Constantino A. VII et Juliano conss. (*a.* 356).

8. Intellegat nunc improbus accusator cinctum judicem et uxoria velut externa debuisse negotia definire et non licuisse, ut alienum reatum metueret, cui de manifestis reis non licuit tardare sententiam.

IX, 1. Ex corpore Hermogeniani : Impp. Valens et Valentinianus AA. ad Volusianum praefect. urb. Post sententiam pacisci non licere juris ordine praecavetur. Unde cum supplicans inique se oppressum et post sententiam sacri auditorii depactum esse commemoret, Volusiane parens karissime atque amantissime, amota poena quam pacto contra jus facto serenitas tua inesse praeviderit, legum auxilio consulat supplicanti. Dat. IIII id. Aug. Mediolani (*a.* 365). 2. Iidem AA. Pompeio Favonio. Hereditatem, quam tibi competere jure confirmas, negotii merito discusso, approbatis allegationibus, restitui efficiet legum fonte demanans sententia judicantis, remota videlicet pactione quam dolo patuerit elicitam. Dat. VIII id. Februar. alleg. non [1]. kal April, in basilica Thermarum Commodianarum ipsis AA. conss. (*a.* 365). 3. Iidem Aug. Mamertino pp. Inter cet. et ad locum : Pacta quidem per vim et metum apud omnes satis constat cassata viribus esse respuenda. Dat. XII kal. April. ipsis AA. conss. (*a.* 365). 4. Iidem AA. ad Valentinianum consularem Piceni. Non dubium est eum a fide placiti recessisse qui quae promiserat implere noluit, Valentiniane carissime. Proinde si adversario supersedente cominus explicare ea, quae spoponderat, fides placiti vacillat, familiares litterae quas ad se missas dicit supplici Exoperio non oberunt. Fines etiam, quos temeratos asseverat amota praescriptione temporis, hi qui pervaserunt, ut ratio juris est, redhibere cogantur. Alleg. IIII kal. Mai. Flavia Fanestri in secretario, ipsis AA. cons. (*a.* 365).

5. Iidem AA. Heliae Bavoniae. Lites trahi et sub quodam potentiae terrore infimos fatigari judiciorum expectat invidia. Unde si adversarium tuum longe a filii tui successione positum haec in te, quae precibus texuisti, excogitasse constiterit, rector provinciae hominis, qui nec paciscendi nec conloquendi de negotio substantiam habuit, impudentiam submoveat reddique faciat quidquid claruerit usurpatum, nec impudentia vindicet quod concedere leges et jura non possunt, maxime cum

---

1. Godefroy : '*Rom*'.

memores nec a prima pactione, quae substantiam non habebat, secunda conventione discessum, sed etiam inaniter resedisse, quod non jam pactio, sed quaedam usurpaticiis non subsistentibus causis immoderatio doceatur. Dat. III kal. Aug. Mediolani, ipsis AA. conss. (*a.* 365). 6. Impp. Valens et Valentinianus AA. Ampeliae. Ea, quae heredes inter se transactione interposita composuerint, firma illibataque perseverabunt. Et ideo secundum fidem instrumenti conpetens tibi portio a possessoribus cum fructibus restituetur per virum clarissimum proconsulem Africae, amicum nostrum, fide gestorum diligenti examinatione comprobata. Dat. III non. Jul. Sirmio, divo Joviano et Varroniano conss. (*a.* 364). 7. Impp. Valentinianus et Valens AA. Felici consulari Macedoniae. Inter cetera et ad locum : Si servilibus contuberniis sese mulieres quondam ingenuae subdiderint et nunc contemnentes dominum minoris aetatis servitutis jugum conantur effugere, gravitas tua his, quae servilem condicionem non statim in ipsis conjunctionum primordiis refugerent, necessitatem subeundae servitutis imponat. Dat. XIIII kal. Aug. Mediolani, ipsis AA. conss. (*a.* 365).

8. Ex corpore Gregoriano [1] : Impp. Antoninus A. Prisciano militi. Summa sententia comprehensa, quam, cessantibus curatoribus quondam tuis, judex secutus jurejurandi a te perlati religionem in condemnationem deduxit, minui pacto non potuit : ac praeterea sublata cautione transactionis, quae nullo jure interposita est, Septimius Varianus rem judicatam exequatur. PP. kal. Jul. Laeto II et Cereale conss. (*a.* 215).

9. Impp. Diocletianus et Maximianus AA. Ulpiae Marcellinae. Si praeses provinciae ignorantiam tuam fraudulenta transactione ac dolosis artibus generi tui circumscriptam esse cognoverit, si quidem Aquiliana stipulatio et acceptilatio insecuta non est, pactum callide scriptum, integris singulorum actionibus, amovebit. PP. III non. Octob. ipsis AA. conss. (*a.* 293).

10. Imp. Gordianus A. Cliniae Antoniae. Pacta quae contra bonos mores interponuntur juris ratio non tuetur. PP. non. Octob. ipso A. II et Pompeiano conss. (*a.* 241).

11 [2]. Imp. Alexander Aurelio Dionysio. Cum posteaquam adversarius matris tuae victus esset, matrem tuam circumvenerit ut pacisceretur nullam se controversiam de servis moturam, id pactum mala fide factum irritum est. Et cum ex ea

---

1. = *C.*, 5, 53, 3. — 2. = 1, 8. *C.*, 2, 3, 8.

conventione cum matre tua agi coeperit, judex eam liberabit, quia de re judicata pacisci nemo potest. PP. pridie id. Sept. Alexandro A. cons. (*a.* 222).

12. Ex corpore Theodosiani [1] : Impp. Honorius et Theodosius AA. Juliano proconsuli Africae. Et mulieribus et minoribus in iis, quae praetermiserint vel ignoraverint, innumeris auctoritatibus constat esse consultum. Dat. prid. non. Mart. Ravennae Constantio cons. (*a.* 414).

13. Item eodem corpore : Imp. Constantinus A. ad Maximum praefect. urb. Inter cetera et ad locum : Pactiones eas valere volumus, si cum legibus consentiant, et reliqua. Dat. VI non Febr. Romae Sabino et Rufino conss. (*a.* 316).

14. Ex corpore Gregoriani [2] : Impp. Valerianus et Gallienus AA. et Valerianus Caesar Aurelio. Praeses provinciae aestimabit utrum de dubia lite transactio inter te et civitatis tuae ordinem facta sit, an de re judicata ; quia de re judicata pacisci nemo potest. PP. III kalend. Jun. Aemiliano et Basso conss. (*a.* 259).

15. Item ex corpore Gregoriani tit. de transact. : Imp. Gordianus A. Flavio Herculano. Super judicato non subsecuta appellatione frustra transigi non est opinionis incertae. PP. XIIII kalend. Nov. Sabino et Venusto conss. (*a.* 240).

16. Item eodem corpore : Impp. Alexander Donato militi. Si certa quantitas in condemnationem judicii deducta fuerit, pacisci exinde non posse, etc. PP. VIIII kalend. Jun. Fusco II et Dextro conss. (*a.* 225).

17. Item ex corpore Gregoriani : Qui contra arbitri sententiam petit, sola in eum poenae actio ex compromisso competit, non etiam *exceptio* pacti conventi : lib. I tit. X. 18. Ex eodem libro et tit. : Impp. Diocletianus et Maximianus AA. Sergiae et Anagio. Inter cetera et ad locum : De dubia vero lite facta transactio rescindi non potest. PP. VIII id. April. Caes. conss. (*a.* 294).

19. Item eodem corpore et titulo : Impp. Diocletianus et Maximianus AA. *et CC.* Aurelio Hermogeni militi. Pactum, quod contra juris formam provinciae rector factum animadvertit, id infirmare minime dubitabit. PP. XIIII kal. Nov. Caesaribus conss. (*a.* 294).

---

1. = *C. Th.*, 2, 16, 3. — 2. Cf. *C.*, 2, 4, 12.

25. INSTITUTES DE JUSTINIEN.

Ouvrage didactique spécialement destiné aux étudiants, mais cependant muni de la force législative, promulgué par Justinien le 21 novembre 533, après la 1re édition du Code publiée le 7 avril 529, et avant le Digeste, publié seulement le 16 décembre 533, et la 2e édition du Code publiée le 17 décembre 534.

Les Instituts sont, comme le Digeste, composées en grande partie d'extraits de jurisconsultes classiques; mais, à la différence de ce qui existe pour le Digeste, les extraits y sont fondus dans le texte sans indication d'origine et accompagnés de renvois et d'emprunts aux constitutions impériales contenues dans la première édition du Code ou rendues postérieurement. Quant à la source dont viennent ces extraits des jurisconsultes classiques, il est certain que plusieurs ont été tirés directement du Digeste déjà achevé au moment de la confection des Institutes : la preuve matérielle en est la façon dont se retrouvent réunis aux Institutes des morceaux déjà rassemblés au Digeste et empruntés soit à des auteurs différents (*Inst.*, 2, 4, *pr.*), soit à des ouvrages différents du même auteur (*Inst.*, 1, 26, *pr.* 3, 11. 13), soit à des livres différents du même ouvrage (*Inst.*, 1, 14, 5). Mais les compilateurs ont aussi consulté directement certains ouvrages élémentaires, pour la connaissance desquels les Institutes fournissent donc un second instrument indépendant du Digeste. C'est incontesté pour les Institutes de Gaius, relativement auxquelles le ms. de Vérone permet une comparaison suivie. Et, en dépit de l'opinion contraire formulée par M. Mispoulet, *N. R. H.*, 1890, pp. 5-30, et appliquée par lui dans l'établissement du texte des Institutes, *Manuel des textes du droit romain*, fasc. 1, 1889, pp. 3-270, la chose nous paraît également indubitable pour un groupe d'autres ouvrages élémentaires du même type, qui comprend notamment les *res cottidianae* de Gaius, les Institutes de Florentinus, les Institutes de Marcien, les Institutes d'Ulpien et les Institutes de Paul, auxquelles Krueger ajoute les *libri VII regularum* d'Ulpien, et Appleton, les *libri differentiarum* de Modestin. En laissant de côté ces derniers ouvrages et d'autres points de détail, l'extraction d'un certain nombre de fragments des ouvrages originaux est établie par le même procédé qui permet d'en considérer certains autres comme tirés du Digeste (v. par ex. pour les Institutes de Marcien, *Inst.*, 2, 20, 4. 16; pour celles de Florentinus, *Inst.*, 2, 1, 18. 19 ; pour celles d'Ulpien, *Inst.*, 2, 3, *pr.* 3) et par d'autres considérations encore (v. par ex. pour Marcien, *Inst.*, 1, 4, *pr.*, pour Florentinus, 3, 29, 2), et on a le droit de penser que les emprunts directs que nous pouvons constater ne sont qu'une faible partie de ceux qui ont été opérés, que, par exemple, une bonne part des solutions des Institutes que le Digeste montre données par Paul et Ulpien dans leurs ouvrages étendus ont été prises par les compilateurs des Institutes non pas dans le Digeste, mais dans les ouvrages élémentaires où ces auteurs les donnaient également, ainsi que Gaius fait par exemple dans ses Institutes et ses *res cottidianae*. Voir sur tous ces points la démonstration topique présentée par C. Ferrini, dans son mémoire *Sulle fonte dell'instituzioni di Giustiniano*, publié d'abord *Rendiconti dell'istituto Lombardo*, 23, 1890, pp. 131-180, puis, en une nouvelle édition revue et remaniée, *Bull. di D. R.*, 13, 1900, pp. 101-207, et par Appleton, *Revue générale de droit*, 1891, pp. 12-41. 97-125. Cf. encore Kuebler, *Z. S. St.*, 23, 1902, pp. 508-526 et A. Zocco-Rosa, *Imp. Justiniani institutionum palingenesia*, 2 vol., Catane, 1908-1911.

Pour le plan, les Institutes de Justinien suivent en général celui des Institutes de Gaius dont elles adoptent la division en quatre livres en la compliquant par une subdivision en titres ; seulement, par suite de la simplification de la théorie des actions, le quatrième livre contient en outre, à son début, la théorie des obligations qui naissent des délits, et à la fin, deux titres relatifs à l'office du juge et aux *judicia publica*. La commission chargée de la confection des Institutes était composée de trois membres, Tribonien, Dorothée et Théophile. Ce qui a été fait pour le Digeste donne à penser que Tribonien prit la présidence, et diverses particularités de rédaction font croire que le travail fut divisé par moitié entre les deux autres, l'un étant chargé des deux premiers livres et du dernier titre du livre IV, l'autre du livre III et du reste du livre IV (v. la préface de l'éd. de Huschke, 1868, p. v et ss. et surtout E. Grupe, *De Justiniani institutionum compositione*, 1884, et *Commentationes in honorem Guillelmi Studemund*, 1889, pp. 175-180 ; cf. C. Ferrini, *Archivio*, 37, 1886, p. 373 et ss.).

Parmi les mss. nombreux que nous possédons des Institutes (v. le relevé d'ensemble dans Th. von Dydynski, *Beiträge zur handschriftlichen Überlieferung der Justinianischen Rechtsquellen. I, Institutionen*, Lief. 1, Berlin, 1891, et les additions de Patetta, *Bull. di D. R.*, 4, 1891, pp. 18-36), les plus anciens et les meilleurs paraissent être un ms. incomplet de Bamberg (D II 3), du ixe ou du xe siècle, et un ms. incomplet de Turin, de la même période (D II 3), dont les lacunes sont d'autant plus regrettables que ces deux mss. paraissent les meilleurs représentants de deux familles auxquelles se ramènent tous les mss. plus récents. — Quant aux éditions, parmi celles antérieures à notre temps, les meilleures sont celles de Cujas dont la première est de 1585 et dont le texte a été jusqu'à notre siècle reproduit plus ou moins fidèlement par tous les éditeurs postérieurs. Celle donnée en 1832 par E. Schrader comme 1er vol. (seul paru) d'une éd. complète du *Corpus*, s'appuie sur un examen nouveau de mss. nombreux, entre lesquels l'auteur n'a malheureusement pas su établir de classification méthodique. Un texte beaucoup plus scientifique a été donné par M. Krueger, d'abord dans une éd. spéciale publiée en 1867, puis, avec des corrections qui rendent cette nouvelle version préférable, dans le 1er vol. de l'éd. stéréotype du *Corpus juris civilis* publiée par lui et M. Mommsen et dans une 2e éd. spéciale publiée en 1901. C'est ce texte que nous avons le plus ordinairement reproduit, en indiquant en note quelques-unes des variantes les plus importantes et en mettant entre apostrophes les passages dont le texte se retrouve ailleurs. Quant aux indications de sources contenues dans les notes, nous renvoyons d'abord au Digeste et seulement entre parenthèses à l'ouvrage pour les textes qui nous paraissent directement empruntés au Digeste, d'abord à l'ouvrage et seulement entre parenthèses au Digeste pour ceux qui nous semblent puisés directement aux ouvrages originaux ; pour ceux desquels on ne peut savoir si leur coïncidence plus ou moins entière avec un autre témoignage des sources vient ou non d'un emprunt, nous nous contentons de signaler la coïncidence. Nous aurions cru sortir de notre rôle d'éditeur en laissant pénétrer dans notre texte les conjectures, d'ailleurs en partie fort plausibles, en vertu desquelles on peut essayer de déterminer plus intégralement l'origine de chaque élément de l'ouvrage.

IN NOMINE DOMINI NOSTRI JHESU CHRISTI

IMPERATOR CAESAR FLAVIUS JUSTINIANUS ALAMANNICUS GOTHICUS FRANCICUS GERMANICUS ANTICUS ALANICUS VANDALICUS AFRICANUS PIUS FELIX INCLITUS VICTOR AC TRIUMPHATOR SEMPER AUGUSTUS CUPIDAE LEGUM JUVENTUTI.

Imperatoriam majestatem non solum armis decoratam, sed etiam legibus oportet esse armatam, ut utrumque tempus et bellorum et pacis recte possit gubernari et princeps Romanus victor existat non solum in hostilibus proeliis, sed etiam per legitimos tramites calumniantium iniquitates expellens, et fiat tam juris religiosissimus quam victis hostibus triumphator.

1. Quorum utramque viam cum summis vigiliis et summa providentia adnuente deo perfecimus. Et bellicos quidem sudores nostros barbaricae gentes sub juga nostra deductae cognoscunt et tam Africa quam aliae innumerosae provinciae post tanta temporum spatia nostris victoriis a caelesti numine praestitis iterum dicioni Romanae nostroque additae imperio protestantur. Omnes vero populi legibus jam a nobis vel promulgatis vel compositis reguntur. 2. Et cum sacratissimas constitutiones antea confusas in luculentam ereximus consonantiam, tunc nostram extendimus curam et ad immensa prudentiae veteris volumina, et opus desperatum quasi per medium profundum euntes caelesti favore jam adimplevimus. 3. Cumque hoc deo propitio peractum est, Triboniano viro magnifico magistro et exquaestore sacri palatii nostri nec non Theophito et Dorotheo viris illustribus antecessoribus, quorum omnium sollertiam et legum scientiam et circa nostra jussiones fidem jam ex multis rerum argumentis accepimus, convocatis specialiter mandavimus, ut nostra auctoritate nostrisque suasionibus componant institutiones: ut liceat vobis prima legum cunabula non ab antiquis fabulis discere, sed ab imperiali splendore appetere et tam aures quam animae vestrae nihil inutile nihilque perperam positum, sed quod in ipsis rerum optinet argumentis accipiant: et quod in priore tempore vix post quadriennium prioribus contingebat, ut tunc constitutiones imperatorias legerent, hoc vos a primordio ingrediamini

digni tanto honore tantaque reperti felicitate, ut et initium vobis et finis legum eruditionis a voce principali procedat. 4. Igitur post libros quinquaginta digestorum seu pandectarum, in quos omne jus antiquum collatum est (quos per eundem virum excelsum Tribonianum nec non ceteros viros illustres et facundissimos confecimus), in hos quattuor libros easdem institutiones partiri jussimus, ut sint totius legitimae scientiae prima elementa. 5. Quibus breviter expositum est et quod antea optinebat et quod postea desuetudine inumbratum ab imperiali remedio illuminatum est. 6. Quas ex omnibus antiquorum institutionibus et praecipue ex commentariis Gaii nostri tam institutionum quam rerum cottidianarum aliisque multis commentariis compositas cum tres praedicti viri prudentes nobis optulerunt, et legimus et cognovimus et plenissimum nostrarum constitutionum robur eis accommodavimus.

7. Summa itaque ope et alacri studio has leges nostras accipite et vosmet ipsos sic eruditos ostendite, ut spes vos pulcherrima foveat toto legitimo opere perfecto posse etiam nostram rem publicam in partibus ejus vobis credendis gubernare.

Data undecimo kalendas Decembres Constantinopoli domino nostro Justiniano perpetuo Augusto tertium consule.

DOMINI NOSTRI JUSTINIANI PERPETUO AUGUSTI
INSTITUTIONUM SIVE ELEMENTORUM

COMPOSITORUM PER TRIBONIANUM VIRUM EXCELSUM JURISQUE DOCTISSIMUM MAGISTRUM ET EX QUAESTORE SACRI PALATII ET THEOPHILUM VIRUM MAGNIFICUM JURIS PERITUM ET ANTECESSOREM HUJUS ALMAE URBIS ET DOROTHEUM VIRUM MAGNIFICUM QUAESTORIUM JURIS PERITUM ET ANTECESSOREM BERYTENSIUM INCLITAE CIVITATIS

LIBER PRIMUS.

I. DE JUSTITIA ET JURE [1].

[a] 'Justitia est constans et perpetua volontas jus suum cuique tribuens [3]. 1. Juris prudentia est divinarum atque humanarum rerum notitia, justi atque injusti scientia'.

1. Cf. $D.$, 1, 1 — 2. $D.$, 1, 1, 10, pr. 2. Ulp.; $L.1\ reg.$ — 3. $.D.$, suiv. par Pellat : 'tribuendi'.

2. His generaliter cognitis et incipientibus nobis exponere jura populi Romani ita maxime videntur posse tradi commodissime, si primo levi ac simplici, post deinde diligentissima atque exactissima interpretatione singula tradantur. Alioquin si statim ab initio rudem adhuc et infirmum animum studiosi multitudine ac varietate rerum oneraverimus, duorum alterum aut desertorem studiorum efficiemus aut cum magno labore ejus, saepe etiam cum diffidentia, quae plerumque juvenes avertit, serius ad id perducamus, ad quod leniore via ductus sine magno labore et sine ulla diffidentia maturius perduci potuisset.

3.[1] 'Juris praecepta sunt haec : honeste vivere, alterum non laedere, suum cuique tribuere'. 4.[2] ' Hujus studii duae sunt positiones, publicum et privatum. Publicum jus est, quod ad statum rei Romanae spectat; privatum, quod ad singulorum utilitatem pertinet. Dicendum est igitur de jure privato, quod est tripertitum : collectum est enim ex naturalibus praeceptis aut gentium aut civilibus'.

II. DE JURE NATURALI ET GENTIUM ET CIVILI [3].

[4] 'Jus naturale est, quod natura omnia animalia docuit; nam jus istud non humani generis proprium est, sed omnium animalium, quae in caelo, quae in terra, quae in mari nascuntur. Hinc descendit maris atque feminae conjugatio, quam nos matrimonium appellamus, hinc liberorum procreatio et educatio ; videmus etenim cetera quoque animalia istus juris peritia censeri'. 1. Jus autem civile vel gentium ita dividitur: [5] 'omnes populi, qui legibus et moribus reguntur, partim suo proprio, partim communi omnium hominum jure utuntur, nam quod quisque populus ipse sibi jus constituit, id ipsius proprium civitatis est vocaturque jus civile, quasi jus proprium ipsius civitatis, quod vero naturalis ratio inter omnes homines constituit, id apud omnes populos peraeque custoditur vocaturque jus gentium, quasi quo jure omnes gentes utuntur. Et populus itaque Romanus partim suo proprio, partim communi omnium hominum jure utitur. Quae singula qualia sunt, suis locis proponemus'. 2. Sed jus quidem civile ex unaquaque civitate appellatur, veluti Atheniensium ; nam si quis velit

---

1. D., 1, 1, 10, 1. Ulp., *L. 1 reg.* — 2. Ulp., *L. 1 inst.* (*D.*, 1, 1, 1, 2).—
3. Cf. Gaius, 1, 1-8. *D.*, 1, 1. — 4. Ulp., *L. 1 inst.* (*D.*, 1, 1, 1, 3). —
5. Gaius, 1, 1 (*D.*, 1, 1, 9).

Solonis vel Draconis leges appellare jus civile Atheniensium, non erraverit. Sic enim et jus, quo populus Romanus utitur, jus civile Romanorum appellamus, vel jus Quiritium, quo Quirites utuntur : Romani enim a Quirino Quirites appellantur. Sed quotiens non addimus, cujus sit civitatis, nostrum jus significamus : sicuti cum poetam dicimus nec addimus nomen, subauditur apud Graecos egregius Homerus, apud nos Vergilius. Jus autem gentium omni humano generi commune est. Nam usu exigente et humanis necessitatibus gentes humanae quaedam sibi constituerunt ; bella etenim orta sunt et captivitates secutae et servitutes, quae sunt juri naturali contrariae. Jure enim naturali ab initio omnes homines liberi nascebantur. Ex hoc jure gentium et omnes paene contractus introducti sunt, ut emptio venditio, locatio conductio, societas, depositum, mutuum et alii innumerabiles.

3[1]. 'Constat autem jus nostrum aut ex scripto aut ex non scripto : ut apud Graecos : τῶν νόμων οἱ μὲν ἔγγραφοι, οἱ δὲ ἄγραφοι'[2]. Scriptum jus est lex, plebi scita, senatus consulta, principum placita, magistratuum edicta, responsa prudentium. 4[3]. Lex est, quod populus Romanus senatore magistratu interrogante, veluti consule, constituebat. Plebi scitum est, quod plebs plebeio magistratu interrogante, veluti tribuno, constituebat. Plebs autem a populo eo differt, quo species a genere ; nam appellatione populi universi cives significantur connumeratis etiam patriciis et senatoribus, plebis autem appellatione sine patriciis et senatoribus ceteri cives significantur. Sed et plebi scita lege Hortensia lata non minus valere quam leges coeperunt. 5. [4] 'Senatus consultum est, quod senatus jubet atque constituit'. Nam cum auctus est populus Romanus in eum modum, ut difficile sit in unum eum convocare legis sanciendae causa, aequum visum est senatum vice populi consuli. 6. [5] 'Sed et quod principi placuit, legis habet vigorem, cum lege regia, quae de imperio ejus lata est, populus ei et in eum omne suum imperium et potestatem concessit. Quodcumque igitur imperator per epistulam constituit vel cognoscens decrevit vel edicto praecepit, legem esse constat : haec sunt, quae constitutiones appellantur. Plane ex his quaedam sunt personales, quae nec ad exemplum trahuntur, quoniam non hoc princeps vult ; nam quod alicui ob merita indulsit, vel si cui poenam

---

1. Ulp., *L. 1 inst.* (D., 1, 1, 6). — 2. = Legum aliae scriptae, aliae non scriptae. — 3. Cf. Gaius, 1, 3. — 4. Gaius, 1, 4. — 5. Ulp., *L. 1 inst.* (D., 1, 4, 1).

irrogavit, vel si cui sine exemplo subvenit, personam non egreditur'. Aliae autem, cum generales sunt, omnes procul dubio tenent. 7. Praetorum quoque edicta non modicam juris optinent auctoritatem. Haec etiam jus honorarium solemus appellare, quod qui honores gerunt, id est magistratus, auctoritatem huic juri dederunt. Proponebant et aediles curules edictum de quibusdam casibus, quod edictum juris honorarii portio est. 8. [1] 'Responsa prudentium sunt sententiae et opiniones eorum, quibus permissum erat jura condere'. Nam antiquitus institutum erat, ut essent qui jura publice interpretarentur, quibus a Caesare jus respondendi datum est, qui juris consulti appellabantur. Quorum omnium sententiae et opiniones eam auctoritatem tenent, ut judici recedere a responso eorum non liceat, ut est constitutum. 9. Ex non scripto jus venit, quod usus comprobavit. Nam diuturni mores consensu utentium comprobati legem imitantur. 10. Et non ineleganter in duas species jus civile distributum videtur. Nam origo ejus ab institutis duarum civitatium, Athenarum scilicet et Lacedaemonis, fluxisse videtur ; in his enim civitatibus ita agi solitum erat, ut Lacedaemonii quidem magis ea, quae pro legibus observarent, memoriae mandarent, Athenienses vero ea, quae in legibus scripta reprehendissent, custodirent.

11. Sed naturalia quidem jura, quae apud omnes gentes peraeque servantur, divina quadam providentia constituta semper firma atque immutabilia permanent ; ea vero, quae ipsa sibi quaeque civitas constituit, saepe mutari solent vel tacito consensu populi vel alia postea lege lata.

12. [2] 'Omne autem jus, quo utimur, vel ad personas pertinet vel ad res vel actiones. Ac prius de personis videamus'. Nam parum est jus nosse, si personae, quarum causa statutum est, ignorentur.

III. DE JURE PERSONARUM [3].

[4] 'Summa itaque divisio de jure personarum haec est, quod omnes homines aut liberi sunt aut servi'. 1. [5] 'Et libertas quidem est, ex qua etiam liberi vocantur, naturalis facultas ejus quod cuique facere libet, nisi si quid aut vi aut jure prohibetur. 2. Servitus autem est constitutio juris gentium, qua quis do-

---

1. Gaius, 1, 7. — 2. Gaius, 1, 8. — 3. Cf. *D.*, 1, 5. — 4. Gaius, 1, 9 (*D.*, 1, 5, 3). — 5. Florentinus, *L. 9 inst.* (*D.*, 1, 5, 4).

minio alieno contra naturam subjicitur. 3. Servi autem ex eo appellati sunt, quod imperatores captivos vendere jubent ac per hoc servare nec occidere solent. Qui etiam mancipia dicti sunt, quod ab hostibus manu capiuntur'. 4. Servi autem aut mascuntur aut fiunt. Nascuntur ex ancillis nostris; fiunt aut jure gentium, id est ex captivitate, aut jure civili, cum homo liber major viginti annis ad pretium participandum sese venumdari passus est. 5. In servorum condicione nulla differentia est. In liberis multae differentiae sunt; aut enim ingenui sunt aut libertini.

IIII. DE INGENUIS [1].

Ingenuus is est, qui statim ut natus est liber est, sive ex duobus ingenuis matrimonio editus, sive ex libertinis, sive ex altero libertino altero ingenuo. Sed et si quis ex matre libera nascatur, patre servo, ingenuus nihilo minus nascitur; quemadmodum qui ex matre libera et incerto patre natus est, quoniam vulgo conceptus est. [2] 'Sufficit autem liberam fuisse matrem eo tempore quo nascitur, licet ancilla conceperit. Et ex contrario si libera conceperit, deinde ancilla facta pariat, placuit eum qui nascitur liberum nasci, quia non debet calamitas matris ei nocere, qui in utero est. Ex his et illud quaesitum est, si ancilla praegnans manumissa sit, deinde ancilla postea facta peperit, liberum an servum pariat? Et Marcellus [3] probat liberum nasci; sufficit enim ei qui in ventre est liberam matrem vel medio tempore habuisse': quod et verum est. 1. Cum autem ingenuus aliquis natus sit, non officit illi in servitute fuisse et postea manumissum esse; saepissime enim constitutum est natalibus non officere manumissionem.

V. DE LIBERTINIS [4].

[5] 'Libertini sunt, qui ex justa servitute manumissi sunt'.
[6] 'Manumissio autem est datio libertatis; nam quamdiu quis in servitute est, manui et potestati suppositus est, et manumissus liberatur potestate. Quae res a jure gentium originem sump-

---

1. Cf. Gaius, 1, 11. — 2. Cf. Marcien, *L. 1 inst.* (*D.*, 1. 5, 5, 2. 3). — 3. Les mss. suivis par Krueger : 'Marcellus'. Accarias, Lenel : 'Marcianus'; mais voir en sens contraire Ferrini, *Rendiconti dell' Academia dei Lincei*, 6, 1890, p. 326 ; Appleton, p. 103, n. 52. — 4. Cf. Gaius, 1, 11-34. *D.*, 40, 1 et ss. *C.*, 7, 1 et ss.— 5. Gaius, 1, 11 (*D.*, 1, 5, 6).— 6. Ulpien, *L. 1 inst.* (*D.*, 1, 1, 4).

sit, utpote cum jure naturali omnes liberi nascerentur nec esset nota manumissio, cum servitus esset incognita ; sed posteaquam jure gentium servitus invasit, secutum est beneficium manumissionis. Et cum uno communi nomine homines appellaremur, jure gentium tria genera hominum esse coeperunt, liberi, et his contrarium servi, et tertium genus libertini, qui desierant esse servi'. 1. Multis autem modis manumissio procedit ; aut enim ex sacris constitutionibus in sacrosanctis ecclesiis aut vindicta aut inter amicos aut per epistulam aut per testamentum aut aliam quamlibet ultimam voluntatem. Sed et aliis multis modis libertas servo competere potest, qui tam ex veteribus quam nostris constitutionibus introducti sunt. 2. [1] 'Servi vero a dominis semper manumitti solent : adeo ut vel in transitu manumittantur, veluti cum praetor aut proconsul aut praeses in balneum vel in theatrum eat'.

3. Libertinorum autem status tripertitus antea fuerat ; nam qui manumittebantur, modo majorem et justam libertatem consequebantur et fiebant cives Romani, modo minorem et Latini ex lege Junia Norbana fiebant, modo inferiorem et fiebant ex lege Aelia Sentia dediticiorum numero. Sed dediticiorum quidem pessima condicio jam ex multis temporibus in desuetudinem abiit, Latinorum vero nomen non frequentabatur ; ideoque nostra pietas omnia augere et in meliorem statum reducere desiderans in duabus constitutionibus [2] hoc emendavit et in pristinum statum reduxit, quia et a primis urbis Romae cunabulis una atque simplex libertas competebat, id est eadem, quam habebat manumissor, nisi quod scilicet libertinus fit qui manumittitur, licet manumissor ingenuus sit. Et dediticios quidem per constitutionem expulimus, quam promulgavimus inter nostras decisiones, per quas suggerente nobis Triboniano viro excelso quaestore antiqui juris altercationes placavimus. Latinos autem Junianos et omnem quae circa eos fuerit observantiam alia constitutione per ejusdem quaestoris suggestionem correximus, quae inter imperiales radiat sanctiones, et omnes libertos nullo nec aetatis manumissi nec dominii manumissoris nec in manumissionis modo discrimine habito, sicuti antea observabatur, civitate Romana donavimus : multis additis modis per quos possit libertas servis cum civitate Romana, quae sola in praesenti est, praestari.

1. Gaius, 1, 20. — 2. C., 7, 5, 6

VI. Qui ex quibus causis manumittere non possunt [1].

[2] 'Non tamen cuicumque volenti manumittere licet. Nam is qui in fraudem creditorum manumittit nihil agit, quia lex Aelia Sentia impedit libertatem'. 1. Licet autem domino, qui solvendo non est, testamento servum suum cum libertate heredem instituere, ut fiat liber heresque ei solus et necessarius, si modo nemo alius ex eo testamento heres extiterit, aut quia nemo heres scriptus sit, aut quia is qui scriptus est qualibet ex causa heres non extiterit. Idque eadem lege Aelia Sentia provisum est et recte; valde enim prospiciendum erat, ut egentes homines, quibus alius heres extaturus non esset, vel servum suum necessarium heredem habeant, qui satisfacturus esset creditoribus, aut hoc eo non faciente creditores res hereditarias servi nomine vendant, ne injuria defunctus afficiatur. 2. Idemque juris est et si sine libertate servus heres institutus est. Quod nostra constitutio [3] non solum in domino, qui solvendo non est, sed generaliter constituit nova humanitatis ratione, ut ex ipsa scriptura institutionis etiam libertas ei competere videatur, cum non est verisimile eum, quem heredem sibi elegit, si praetermiserit libertatis dationem, servum remanere voluisse et neminem sibi heredem fore. 3. [4] 'In fraudem autem creditorum manumittere videtur, qui vel jam eo tempore quo manumittit solvendo non est, vel qui datis libertatibus desiturus est solvendo esse'. Praevaluisse tamen videtur, nisi animum quoque fraudandi manumissor habuit, non impediri libertatem, quamvis bona ejus creditoribus non sufficiant; 'saepe enim de facultatibus suis amplius quam in his est sperant homines'. Itaque tunc intellegimus impediri libertatem, cum utroque modo fraudantur creditores, id est et consilio manumittentis et ipsa re, eo quod bona non suffectura sunt creditoribus.

4. [5] 'Eadem lege Aelia Sentia domino minori annis viginti non aliter manumittere permittitur, quam si vindicta apud consilium justa causa manumissionis adprobata fuerint manumissi'. 5. [6] 'Justae autem manumissionis causae sunt, veluti si quis patrem aut matrem aut filium filiamve aut fratrem sororemve naturales aut paedagogum nutricem educatorem aut alumnum alumnamve aut collactaneum manumittat, aut ser-

---

1. Cf. Gaius, 1, 19-21. 36-42. 47. *D.*, 40, 2. 9. *C.*, 7, 1. 11. — 2. Gaius, 1, 36-37. — 3. *C.*, 6, 27, 5. — 4. Gaius, *L. 1 rer. cott.* (*D.*, 40, 9, 10). — 5. Gaius, 1, 38. — 6. Gaius, 1, 39; cf. 1, 19.

36.

vum procuratoris habendi gratia, aut ancillam matrimonii causa', dum tamen intra sex menses uxor ducatur, nisi justa causa impediat, et qui manumittitur procuratoris habendi gratia ne minor septem et decem [1] annis manumittatur. 6. Semel autem causa adprobata, sive vera sive falsa sit, non retractatur.

7. [2] 'Cum ergo certus modus manumittendi minoribus viginti annis dominis per legem Aeliam Sentiam constitutus sit, eveniebat ut qui quattuordecim annos aetatis expleverit, licet testamentum facere possit et in eo heredem sibi instituere legataque relinquere possit, tamen, si adhuc minor sit annis viginti, libertatem servo dare non poterat'. Quod non erat ferendum, si is cui totorum bonorum in testamento dispositio data erat uni servo libertatem dare non permittebatur. Quare nos similiter ei quemadmodum alias res ita et servos suos in ultima voluntate disponere quemadmodum voluerit permittimus, ut et libertatem eis possit praestare. Sed cum libertas inaestimabilis est et propter hoc ante vicesimum aetatis annum antiquitas libertatem servo dari prohibebat, ideo nos mediam quodammodo viam eligentes non aliter minori viginti annis libertatem in testamento dare servo suo concedimus, nisi septimum et decimum annum impleverit et octavum decimum tetigerit. Cum enim antiquitas hujusmodi aetati et pro aliis postulare concessit, cur non etiam sui judicii stabilitas ita eos adjuvare credatur, ut et ad libertates dandas servis suis possint pervenire.

VII. De lege Fufia Caninia sublata [3].

[4] 'Lege Fufia Caninia certus modus constitutus erat in servis testamento manumittendis'. Quam quasi libertatibus impedientem et quodammodo invidam tollendam esse censuimus, cum satis fuerat inhumanum vivos quidem licentiam habere totam suam familiam libertate donare, nisi alia causa impediat libertati, morientibus autem hujusmodi licentiam adimere.

VIII. De his qui sui vel alieni juris sunt [5].

[6] 'Sequitur de jure personarum alia divisio. Nam quaedam personae sui juris sunt, quaedam alieno juri subjectae sunt:

---

1. Les mss. et la paraphrase; *D.*, 40, 2, 13 : 'decem et octo'. — 2. Gaius, 1, 40. — 3. Cf. Gaius, 1, 42-46. *C.*, 7, 3. — 4. Gaius, 1, 42. — 5. Cf. *D.*, 1, 6. — 6. Gaius, 1, 48-53 (*D.*, 1, 6, 1).

rursus earum quae alieno jure subjectae sunt, aliae in potestate parentum, aliae in potestate dominorum sunt. Videamus itaque de his quae alieno juri subjectae sunt; nam si cognoverimus quae istae personae sint, simul intellegemus quae sui juris sunt. Ac prius dispiciamus de his qui in potestate dominorum sunt.

1. In potestate itaque dominorum sunt servi. Quae quidem potestas juris gentium est; nam apud omnes peraeque gentes animadvertere possumus dominis in servos vitae necisque potestatem esse. Et quodcumque per servum adquiritur, id domino adquiritur. 2. Sed hoc tempore nullis hominibus, qui sub imperio nostro sunt, licet sine causa legibus cognita et supra modum in servos suos saevire. Nam ex constitutione divi Pii Antonini qui sine causa servum suum occiderit, non minus puniri jubetur, quam qui servum alienum occiderit. Sed et major asperitas dominorum ejusdem principis constitutione coercetur. Nam consultus a quibusdam praesidibus provinciarum de his servis qui ad aedem sacram vel ad statuas principum confugiunt, praecepit ut, si intolerabilis videatur dominorum saevitia, cogantur servos bonis condicionibus vendere, ut pretium dominis daretur, et recte; expedit enim rei publicae, ne quis re sua male utatur'. [1] 'Cujus rescripti ad Aelium Marcianum emissi verba haec sunt: Dominorum quidem potestatem in suos servos illibatam esse oportet nec cuiquam hominum jus suum detrahi. Sed dominorum interest, ne auxilium contra saevitiam vel famem vel intolerabilem injuriam denegetur his qui juste deprecantur. Ideoque cognosce de querellis eorum, qui ex familia Julii Sabini ad statuam confugerunt et si vel durius habitos quam aequum est, vel infami injuria affectos cognoveris, veniri jube, ita ut in potestatem domini non revertantur. Qui Sabinus. si meae constitutioni fraudem fecerit, sciet me admissum severius exsecuturum'.

VIIII. DE PATRIA POTESTATE [2].

[3] 'In potestate nostra sunt liberi nostri, quos ex justis nuptiis procreaverimus'. 1. Nuptiae autem sive matrimonium est viri et mulieris conjunctio, individuam consuetudinem vitae continens. 2. [4] 'Jus autem potestatis, quod in liberos habemus, proprium est civium Romanorum; nulli enim alii sunt homines qui talem in liberos habeant potestatem qualem nos ha-

---

1. D., 1, 6, 2. Ulpien, *L. 8 de off. proc.*. cf. *Coll.* 3, 3. — 2. Cf. D., 1, 6. C., 8, 46 (47). — 3. Gaius, 1, 55 (D., I, 6, 3). — 4. Gaius, *l. c.*

bemus'. 3. ¹ 'Qui igitur ex te et uxore tua nascitur, in tua potestate est : item qui ex filio tuo et uxore ejus nascitur, id est nepos tuus et neptis, aeque in tua sunt potestate, et pronepos et proneptis et deinceps ceteri'. Qui tamen ex filia tua nascitur, in tua potestate non est, sed in patris ejus.

X. DE NUPTIIS [2].

Justas autem nuptias inter se cives Romani contrahunt, qui secundum praecepta legum coeunt, masculi quidem puberes, feminae autem viripotentes, sive patres familias sint sive filii familias, dum tamen filii familias et consensum habeant parentum, quorum in potestate sunt. Nam hoc fieri debere et civilis et naturalis ratio suadet in tantum, ut jussum parentis praecedere debeat. Unde quaesitum est, an furiosi filia nubere aut furiosi filius uxorem ducere possit? Cumque super filio variabatur, nostra processit decisio [3], qua permissum est ad exemplum filiae furiosi filium quoque posse et sine patris interventu matrimonium sibi copulare secundum datum ex constitutione modum.

1. [4] 'Ergo non omnes nobis uxores ducere licet; nam quarundam nuptiis abstinendum est. Inter eas enim personas quae parentum liberorumve locum inter se optinent, nuptiae contrahi non possunt, veluti inter patrem et filiam vel avum et neptem vel matrem et filium vel aviam et nepotem et usque ad infinitum : et si tales personae inter se coierint, nefarias atque incestas nuptias contraxisse dicuntur. Et haec adeo ita sunt, ut, quamvis per adoptionem parentum liberorumve loco sibi esse coeperint, non possint inter se matrimonio jungi in tantum, ut etiam dissoluta adoptione idem juris maneat; itaque eam quae tibi per adoptionem filia aut neptis esse coeperit, non poteris uxorem ducere, quamvis eam emancipaveris.

2. Inter eas quoque personas, quae ex transverso gradu cognationis junguntur, est quaedam similis observatio, sed non tanta. Sane enim inter fratrem sororemque nuptiae prohibitae sunt, sive ab eodem patre eademque matre nati fuerint, sive ex alterutro eorum. Sed si qua per adoptionem soror tibi esse coeperit, quamdiu quidem constat adoptio, sane inter te et eam nuptiae consistere non possunt; cum vero per emanci-

---

1. Ulpien, *L. 1 inst.* (D., 1,6, 4). — 2. Cf. Gaius, 1, 56-65. D., 23, 2. C., 5, 4. — 3. C., 5, 4, 25. — 4. Gaius, 1, 58-61.

pationem adoptio dissoluta sit, poteris eam uxorem ducere ; sed et si tu emancipatus fueris, nihil est impedimento nuptiis'. Et ideo constat, si quis generum adoptare velit, debere eum ante filiam suam emancipare, et si quis velit nurum adoptare, debere eum ante filium emancipare. 3. Fratris vel sororis filiam uxorem ducere non licet. Sed nec neptem fratris vel sororis ducere quis potest, quamvis quarto gradu sint ; cujus enim filiam uxorem ducere non licet, ejus neque neptem permittitur. Ejus vero mulieris, quam pater tuus adoptavit, filiam non videris impediri uxorem ducere, quia neque naturali neque civili jure tibi conjungitur. 4. Duorum autem fratrum vel sororum liberi vel fratris et sororis jungi possunt. 5. Item amitam licet adoptivam uxorem ducere non licet, item materteram, quia parentum loco habentur. Qua ratione verum est magnam quoque amitam et materteram magnam prohiberi uxorem ducere. 6. Adfinitatis quoque veneratione quarundam nuptiis abstinere necesse est. Ut ecce privignam aut nurum uxorem ducere non licet, quia utraeque filiae loco sunt. Quod scilicet ita accipi debeat, si fuit nurus aut privigna ; nam si adhuc nurus est, id est si adhuc nupta est filio tuo, alia ratione uxorem eam ducere non possis, quia eadem duobus nupta esse non potest ; item si adhuc privigna tua est, id est si mater ejus tibi nupta est, ideo eam uxorem ducere non poteris, quia duas uxores eodem tempore habere non licet. 7. Socrum quoque et novercam prohibitum est uxorem ducere, quia matris loco sunt. Quod et ipsum dissoluta demum adfinitate procedit ; alioquin si adhuc noverca est, id est si adhuc patri tuo nupta est, communi jure impeditur tibi nubere, quia eadem duobus nupta esse non potest ; item si adhuc socrus est, id est si adhuc filia ejus tibi nupta est, ideo impediuntur nuptiae, quia duas uxores habere non possis. 8. Mariti tamen filius ex alia uxore et uxoris filia ex alio marito vel contra matrimonium recte contrahunt, licet habeant fratrem sororemve ex matrimonio postea contracto natos. 9. Si uxor tua post divortium ex alio filiam procreaverit, haec non est quidem privigna tua ; sed Julianus[1] hujusmodi nuptiis abstinere debere ait ; nam nec sponsam filii nurum esse nec patris sponsam novercam esse, rectius tamen et jure facturos eos, qui hujusmodi nuptiis se abstinuerint. 10. Illud certum est serviles quoque cognationes impedimento esse nuptiis, si forte pater et filia aut frater et

---

1, Cf. *D.*, 23, 2, 12, 3.

soror manumissi fuerint. 11. Sunt et aliae personae, quae propter diversas rationes nuptias contrahere prohibentur, quas in libris digestorum seu pandectarum ex veteri jure collectarum enumerari permisimus.

12. Si adversus ea quae diximus aliqui coierint, nec vir nec uxor nec nuptiae nec matrimonium nec dos intellegitur. Itaque ii, qui ex eo coitu nascuntur, in potestate patris non sunt, sed tales sunt, quantum ad patriam potestatem pertinet, quales sunt ii, quos mater vulgo concepit. ¹ 'Nam nec hi patrem habere intelleguntur, cum is etiam incertus est: unde solent filii spurii appellari, vel a Graeca voce quasi σποράδην concepti vel quasi sine patre filii'. Sequitur ergo, ut et dissoluto tali coitu nec dotis exactioni locus sit. Qui autem prohibitas nuptias coeunt, et alias poenas patiuntur, quae sacris constitutionibus continentur.

13. ² 'Aliquando autem evenit, ut liberi, qui statim ut nati sunt in potestate parentum non fiant, postea *tamen* redigantur in potestatem'. Qualis est is, qui, dum naturalis fuerat, postea curiae datus potestati patris subjicitur. Nec non is, qui a muliere libera procreatus, cujus matrimonium minime legibus interdictum fuerat, sed ad quam pater consuetudinem habuerat, postea ex nostra constitutione ³ dotalibus instrumentis compositis in potestate patris efficitur: quod et aliis, si ex eodem matrimonio fuerint procreati, similiter nostra constitutio ⁴ praebuit.

XI. De adoptionibus ⁵.

⁶ 'Non solum tamen naturales liberi secundum ea quae diximus in potestate nostra sunt, verum etiam ii quos adoptamus. 1. Adoptio autem duobus modis fit, aut principali rescripto aut imperio magistratus. Imperatoris auctoritate adoptamus eos easve, qui quaeve sui juris sunt. Quae species adoptionis dicitur adrogatio. Imperio magistratus adoptamus eos easve, qui quaeve in potestate parentium sunt, sive primum gradum liberorum optineant, qualis est filius filia, sive inferiorem, qualis est nepos neptis, pronepos proneptis'. 2. Sed hodie ex nostra constitutione ⁷, cum filius familias a patre naturali extraneae personae in adoptionem datur, jura potestatis naturalis patris minime dissolvuntur nec quidquam ad patrem adopti-

---

1. Gaius, 1, 64. — 2. Gaius, 1, 65. — 3. *C.*, 5, 27, 10. — 4. *C.*, 5, 27, 11. — 5. Cf. Gaius, 1, 97-107. *D.*, 1, 7. *C.*, 8, 47 (48). — 6. Gaius, 1, 97-99 (*D.*, 1, 7, 2). — 7. *C.*, 8, 47 (48), 10.

vum transit nec in potestate ejus est, licet ab intestato jura successionis ei a nobis tributa sunt. Si vero pater naturalis non extraneo, sed avo filii sui materno, vel si ipse pater naturalis fuerit emancipatus, etiam paterno, vel proavo simili modo paterno vel materno filium suum dederit in adoptionem, in hoc casu, quia in unam personam concurrunt et naturalia et adoptionis jura, manet stabile jus patris adoptivi et naturali vinculo copulatum et legitimo adoptionis modo constrictum, ut et in familia et in potestate hujusmodi patris adoptivi sit. 3. Cum autem impubes per principale rescriptum adrogatur, causa cognita adrogatio permittitur et exquiritur causa adrogationis, an honesta sit expediatque pupillo, et cum quibusdam condicionibus adrogatio fit, id est ut caveat adrogator personae publicae, hoc est tabulario, si intra pubertatem pupillus decesserit, restituturum se bona illis, qui, si adoptio facta non esset, ad successionem ejus venturi essent. Item non alias emancipare eos potest adrogator, nisi causa cognita digni emancipatione fuerint et tunc sua bona eis reddat. Sed et si decedens pater eum exheredaverit vel vivus sine justa causa eum emancipaverit, jubetur quartam partem ei suorum bonorum relinquere, videlicet praeter bona, quae ad patrem adoptivum transtulit et quorum commodum ei adquisivit postea. 4. Minorem natu non posse majorem adoptare placet; adoptio enim naturam imitatur et pro monstro est, ut major sit filius quam pater. Debet itaque is, qui sibi per adrogationem vel adoptionem filium facit, plena pubertate, id est decem et octo annis praecedere. 5. Licet autem et in locum nepotis vel neptis vel in locum pronepotis vel proneptis vel deinceps adoptare, quamvis filium quis non habeat. 6. Et tam filium alienum quis in locum nepotis potest adoptare, quam nepotem in locum filii. 7. Sed si quis nepotis loco adoptet vel quasi ex eo filio, quem habet jam adoptatum, vel quasi ex illo, quem naturalem in sua potestate habet, in eo casu et filius consentire debet, ne ei invito suus heres adgnascatur. Sed ex contrario si avus ex filio nepotem dat in adoptionem, non est necesse filium consentire. 8. In plurimis autem causis adsimilatur is, qui adoptatus vel adrogatus est, ei qui ex legitimo matrimonio natus est. [1] 'Et ideo si quis per imperatorem sive apud praetorem vel apud praesidem provinciae non extraneum adoptaverit, potest eundem alii in adoptionem dare'. 9. [2] 'Sed

---

1. Gaius, 1, 105. — 2. Gaius, 1, 103-104 (D., 1, 7, 2, 1).

et illud utriusque adoptionis commune est, quod et hi, qui generare non possunt, quales sunt spadones, adoptare possunt, castrati autem non possunt. 10. Feminae quoque adoptare non possunt, quia nec naturales liberos in potestate sua habent'; sed ex indulgentia principis ad solacium liberorum amissorum adoptare possunt. 11. [1] 'Illud proprium est illius adoptionis, quae per sacrum oraculum fit, quod is, qui liberos in potestate habet, si se adrogandum dederit, non solum ipse potestati adrogatoris subjicitur, sed etiam liberi ejus in ejusdem fiunt potestate tamquam nepotes'. Sic enim et divus Augustus non ante Tiberium adoptavit, quam is Germanicum adoptavit : ut protinus adoptione facta incipiat Germanicus Augusti nepos esse. 12. Apud Catonem bene scriptum refert antiquitas, servi si a domino adoptati sint, ex hoc ipso posse liberari. Unde et nos eruditi in nostra constitutione [2] etiam eum servum, quem dominus actis intervenientibus filium suum nominaverit, liberum esse constituimus, licet hoc ad jus filii accipiendum ei non sufficit.

XII. Quibus modis jus potestatis solvitur [3].

[4] 'Videamus nunc quibus modis ii, qui alieno juri subjecti sunt, eo jure liberantur. Et quidem servi quemadmodum potestate liberantur, ex his intellegere possumus, quae de servis manumittendis superius exposuimus. Hi vero, qui in potestate parentis sunt, mortuo eo sui juris fiunt. Sed hoc distinctionem recipit. Nam mortuo patre sane omnimodo filii filiaeve sui juris efficiuntur. Mortuo vero avo non omnimodo nepotes neptesque sui juris fiunt, sed ita, si post mortem avi in potestatem patris sui recasuri non sunt. Itaque si moriente avo pater eorum et vivit et in potestate patris sui est, tunc post obitum avi in patris sui potestate fiunt ; si vero is, quo tempore avus moritur, aut jam mortuus est aut exiit de potestate patris, tunc hi, quia in potestatem ejus cadere non possunt, sui juris fiunt. 1. Cum autem is, qui ob aliquod maleficium in insulam deportatur, civitatem amittit, sequitur ut, quia eo modo ex numero civium Romanorum tollitur, perinde acsi mortuo eo desinant liberi in potestate ejus esse. Pari ratione et si is, qui in potestate parentis sit, in insulam deportatus fuerit, desinit in potestate parentis esse'. Sed si ex indulgentia principali restituti fuerint, per omnia [5] pristinum statum reci-

1. Gaius, 1, 107 (*D.*, 1, 7, 2, 2). — 2. *C.*, 7, 6, 1, 10. — 3. Cf. Gaius, 1, 124-141. *D.*, 1, 7. *C.*, 8, 48 (49). — 4. Gaius, 1, 124. 126-128. — 5. Sur la ponctuation, cf., en sens divers, Accarias et Pellat.

piunt. 2. ¹ 'Relegati autem patres in insulam in potestate sua liberos retinent' ; et e contrario liberi relegati in potestate parentum remanent. 3. Poenae servus effectus filios in potestate habere desinit. Servi autem poenae efficiuntur, qui in metallum damnantur et qui bestiis subjiciuntur. 4. Filius familias si militaverit, vel si senator vel consul fuerit factus, manet in patris potestate. Militia enim vel consularia dignitas patris potestate filium non liberat. Sed ex constitutione nostra ² summa patriciatus dignitas ilico ab imperialibus codicillis praestitis a patria potestate liberat. Quis enim patiatur patrem quidem posse per emancipationis modum suae potestatis nexibus filium relaxare, imperatoriam autem celsitudinem non valere eum quem sibi patrem elegit ab aliena eximere potestate ? 5. ³ 'Si ab hostibus captus fuerit parens, quamvis servus hostium fiat, tamen pendet jus liberorum propter jus postliminii, quia hi, qui ab hostibus capti sunt, si reversi fuerint, omnia pristina jura recipiunt. Idcirco reversus et liberos habebit in potestate', quia postliminium fingit eum qui captus est semper in civitate fuisse. Si vero ibi decesserit, exinde, ex quo captus est pater, filius sui juris fuisse videtur. 'Ipse quoque filius neposve si ab hostibus captus fuerit, similiter dicimus propter jus postliminii jus quoque potestatis parentis in suspenso esse'. Dictum est autem postliminium a limine et post, ut eum, qui ab hostibus captus in fines nostros postea pervenit, postliminio reversum recte dicimus. Nam limina sicut in domibus finem quendam faciunt, sic et imperii finem limen esse veteres voluerunt. Hinc et limes dictus est quasi finis quidam et terminus. Ab eo postliminium dictum, quia eodem limine revertebatur, quo amissus erat. ⁴ 'Sed et qui victis hostibus recuperatur, postliminio rediisse existimatur'. 6. ⁵ 'Praeterea emancipatione quoque desinunt liberi in potestate parentum esse'. Sed ea emancipatio antea quidem vel per antiquam legis observationem procedebat, quae per imaginarias venditiones et intercedentes manumissiones celebrabatur, vel ex imperiali rescripto. Nostra autem providentia et hoc in melius per constitutionem ⁶ reformavit, ut fictione pristina explosa recta via apud competentes judices vel magistratus parentes intrent et filios suos vel filias vel nepotes vel neptes ac deinceps sua manu dimitterent. Et tunc ex edicto praetoris in hujus filii

---

1. Marcien, *L. 2 inst.* (*D.*, 48, 22, 4). — 2. *C.*, 12, 3, 5. — 3. Gaius, 1, 129. — 4. Florentinus, *L. 6 inst.* (*D.*, 49, 15, 26). — 5. Gaius, 1, 132. — 6. *C.*, 8, 48 (49), 6.

vel filiae, nepotis vel neptis bonis, qui vel quae a parente manumissus vel manumissa fuerit, eadem jura praestantur parenti, quae tribuuntur patrono in bonis liberti ; et praeterea si impubes sit filius vel filia vel ceteri, ipse parens ex manumissione tutelam ejus nanciscitur. 7. [1] 'Admonendi autem sumus liberum esse arbitrium ei, qui filium et ex eo nepotem vel neptem in potestate habebit, filium quidem de potestate dimittere, nepotem vero vel neptem retinere, et ex diverso filium quidem in potestate retinere, nepotem vero vel neptem manumittere (eadem et de pronepote vel pronepte dicta esse intellegantur), vel omnes sui juris efficere'. 8. Sed et si pater filium, quem in potestate habet, avo vel proavo naturali secundum nostras constitutiones [2] super his habitas in adoptionem dederit, id est si hoc ipsum actis intervenientibus apud competentem judicem manifestavit, praesente eo qui adoptatur et non contradicente nec non eo qui adoptat, solvitur quidem jus potestatis patris naturalis, transit autem in hujusmodi parentem adoptivum, in cujus persona et adoptionem plenissimam esse antea diximus. 9. Illud autem scire oportet, quod, si nurus tua ex filio tuo conceperit et filium postea emancipaveris vel in adoptionem dederis praegnante nuru tua, nihilo minus quod ex ea nascitur in potestate tua nascitur ; quod si post emancipationem vel adoptionem fuerit conceptum, patris sui emancipati vel avi adoptivi potestati subjicitur : 10. Et quod neque naturales liberi neque adoptivi ullo paene modo possunt cogere parentem de potestate sua eos dimittere.

XIII. DE TUTELIS [3].

[4] 'Transeamus nunc ad aliam divisionem. Nam ex his personis, quae in potestate non sunt, quaedam vel in tutela sunt vel in curatione, quaedam neutro jure tenentur. Videamus igitur de his, quae in tutela vel in curatione sunt ; ita enim intellegemus ceteras personas, quae neutro jure tenentur. Ac prius dispiciamus de his quae in tutela sunt'. 1. [5] 'Est autem tutela, ut Servius definivit, *vis* [6] ac potestas in capite libero ad tuendum eum, qui propter aetatem se defendere nequit, jure civili data ac permissa. 2. Tutores autem sunt, qui eam vim ac potestatem habent, ex qua re ipsa nomen ceperunt. Itaque appellantur tutores quasi tuitores atque defensores, sicut aedi-

1. Gaius, 1, 133 (*D.*, 1, 7, 28). — 2. *C.*, 8, 47 (48), 11. — 3. Cf. Gaius, 1, 142-154. *D.*, 26, 1-3. *C.*, 5, 28-29. — 4. Gaius, 1, 142.143. — 5. *D.*, 26, 1, 1. Paul, *L. 38 ad ed.* — 6. *D.* ; les mss. : jus.

tui dicuntur qui aedes tuentur'. 3. ¹ 'Permissum est itaque parentibus liberis impuberibus, quos in potestate habent, testamento tutores dare'. Et hoc in filio filiaque omnimodo procedit; 'nepotibus tamen neptibusque ita demum parentes possunt testamento tutores dare, si post mortem eorum in patris sui potestatem recasuri non sunt. Itaque si filius tuus mortis tuae tempore in potestate tua sit, nepotes ex eo non poterunt testamento tuo tutorem habere, quamvis in potestate tua fuerint; scilicet quia mortuo te in patris sui potestatem recasuri sunt. 4. Cum autem in compluribus aliis causis postumi pro jam natis habentur, et in hac causa placuit non minus postumis quam jam natis testamento tutores dari posse, si modo in ea causa sint, ut, si vivis parentibus nascerentur, sui et in potestate eorum fierent'. 5. Sed si emancipato filio tutor a patre testamento datus fuerit, confirmandus est ex sententia praesidis omnimodo, id est sine inquisitione.

XIIII. Qui dari tutores testamento possunt ².

Dari autem potest tutor non solum pater familias, sed etiam filius familias. 1. Sed et servus proprius testamento cum libertate recte tutor dari potest. Sed sciendum est eum et sine libertate tutorem datum tacite et libertatem directam accepisse videri et per hoc recte tutorem esse. Plane si per errorem quasi liber tutor datus sit, aliud dicendum est. Servus autem alienus pure inutiliter datur testamento tutor; sed ita 'cum liber erit' utiliter datur. Proprius autem servus inutiliter eo modo datur tutor. 2. Furiosus vel minor viginti quinque annis tutor testamento datus tutor erit, cum compos mentis aut major viginti quinque annis fuerit factus.

3. Ad certum tempus et ex certo tempore vel sub condicione vel ante heredis institutionem posse dari tutorem non dubitatur. 4. Certae autem rei vel causae tutor dari non potest, ³ 'quia personae, non causae vel rei datur'.

5. ⁴ 'Si quis filiabus suis vel filiis tutores dederit, etiam postumae vel postumo videtur dedisse, quia filii vel filiae appellatione et postumus et postuma continentur. Quid si nepotes sint, an appellatione filiorum et ipsis tutores dati sunt? Dicendum est ut ipsis quoque dati videantur, si modo liberos dixit. Ceterum si filios, non continebuntur; aliter enim filii,

1. Gaius, 1, 144. 146. 147. — 2. Cf. D., 29. 2. C., 5, 28. — 3. Marcien, L. 2 inst. (D., 26, 2, 14). — 4. D., 26, 2. 5. 6 (Ulp., L. 15 ad Sab. L. 39 ad Sab.).

aliter nepotes appellantur. Plane si postumis dederit, tam filii postumi quam ceteri liberi continebuntur'.

XV. De legitima adgnatorum tutela [1].

[2] 'Quibus autem testamento tutor datus non sit, his ex lege duodecim tabularum adgnati sunt tutores, qui vocantur legitimi. 1. Sunt autem adgnati per virilis sexus cognationem conjuncti, quasi a patre cognati, veluti frater eodem patre natus, fratris filius neposve ex eo, item patruus et patrui filius neposve ex eo. At qui per feminini sexus personas cognatione junguntur, non sunt adgnati, sed alias naturali jure cognati. Itaque amitae tuae filius non est tibi adgnatus, sed cognatus, et invicem scilicet tu illi eodem jure conjungeris, quia qui nascuntur patris, non matris familiam sequuntur'. 2. Quod autem lex ab intestato vocat ad tutelam adgnatos, non hanc habet significationem, si omnino non fecerit testamentum is qui poterat tutores dare, sed si quantum ad tutelam pertinet intestatus decesserit. Quod tunc quoque accidere intellegitur, cum is qui datus est tutor vivo testatore decesserit. 3. [3] 'Sed adgnationis quidem jus omnibus modis capitis deminutione plerumque perimitur'; nam adgnatio juris est nomen. 'Cognationis vero jus non omnibus modis commutatur, quia civilis ratio civilia quidem jura corrumpere potest, naturalia vero non utique'.

XVI. De capitis minutione [4].

[5] 'Est autem capitis deminutio prioris status commutatio, eaque tribus modis accidit; nam aut maxima est capitis deminutio aut minor, quam quidam mediam vocant, aut minima. 1. Maxima est capitis deminutio, cum aliquis simul et civitatem et libertatem amittit; quod accidit in his, qui servi poenae efficiuntur atrocitate sententiae, vel liberti ut ingrati circa patronos condemnati, vel qui ad pretium participandum se venumdari passi sunt. 2. Minor sive media est capitis deminutio, cum civitas quidem amittitur, libertas vero retinetur; quod accidit ei, cui aqua et igni interdictum fuerit', vel ei, qui in insulam deportatus est. 3. 'Minima est capitis deminutio, cum et civitas et libertas retinetur, sed status hominis commutatur; quod accidit in his qui', cum sui juris fue-

---

1. Cf. Gaius, 1, 155-158. D., 26, 4. C., 5, 30. — 2. Gaius, 1, 155-156 (D., 26, 4, 7). — 3. Gaius, 1, 158. — 4. Cf. Gaius, 1, 159-164. D., 4, 5. — 5. Gaius, 1, 159-162.

runt, coeperunt alieno juri subjecti esse, vel contra. 4. Servus autem manumissus capite non minuitur, quia nullum caput habuit. 5. Quibus autem dignitas magis quam status permutatur, capite non minuuntur : et ideo senatu motos capite non minui constat.

6. Quod autem dictum est manere cognationis jus et post capitis deminutionem, hoc ita est, si minima capitis deminutio interveniat ; manet enim cognatio. Nam si maxima capitis deminutio incurrat, jus quoque cognationis perit, ut puta servitute alicujus cognati, et ne quidem, si manumissus fuerit, recipit cognationem. Sed et si in insulam deportatus quis sit, cognatio solvitur. 7. [1] 'Cum autem ad adgnatos tutela pertineat, non simul ad omnes pertinet, sed ad eos tantum, qui proximo gradu sunt', vel, si ejusdem gradus sint, ad omnes.

XVII. De legitima patronorum tutela [2].

[3] 'Ex eadem lege duodecim tabularum libertorum et libertarum tutela ad patronos liberosque eorum pertinet, quae et ipsa legitima tutela vocatur, non quia nominatim ea lege de hac tutela cavetur, sed quia perinde accepta est per interpretationem, atque si verbis legis introducta esset. Eo enim ipso, quod hereditates libertorum libertarumque, si intestati decessissent, jusserat lex ad patronos liberosve eorum pertinere, crediderunt veteres voluisse legem etiam tutelas ad eos pertinere, cum et adgnatos, quos ad hereditatem vocat, eosdem et tutores esse jussit' et quia plerumque, ubi successionis est emolumentum, ibi et tutelae onus esse debet. Ideo autem diximus plerumque, quia, si a femina impubes manumittatur, ipsa ad hereditatem vocatur, cum alius est tutor.

XVIII. De legitima parentium tutela [4].

Exemplo patronorum recepta est et alia tutela, quae et ipsa legitima vocatur. Nam si quis filium aut filiam, nepotem aut neptem ex filio et deinceps impuberes emancipaverit, legitimus eorum tutor erit.

XVIIII. De fiduciaria tutela [5].

Est et alia tutela, quae fiduciaria appellatur. Nam si pa-

---

1. Gaius, 1, 164. — 2. Cf. Gaius, 1, 165-167, *D.*, 26, 4. — 3. Gaius, 1, 165. — 4. Cf. Gaius, 1, 175, *D.*, 26, 4, 3, 10. — 5. Cf. Gaius, 1, 166. 175. *D.*, 26, 4, 3. 4.

rens filium vel filiam, nepotem vel neptem et deinceps impuberes manumiserit, legitimam nanciscitur eorum tutelam: quo defuncto si liberi virilis sexus extant, fiduciarii tutores filiorum suorum vel fratris vel sororis et ceterorum efficiuntur. Atqui patrono legitimo tutore mortuo, liberi quoque ejus legitimi sunt tutores : quoniam filius quidem defuncti, si non esset a vivo patre emancipatus, post obitum ejus sui juris efficeretur nec in fratrum potestatem recideret ideoque nec in tutelam, libertus autem si servus mansisset, utique eodem jure apud liberos domini post mortem ejus futurus esset. Ita tamen ii ad tutelam vocantur, si perfectae aetatis sint. Quod nostra constitutio [1] generaliter in omnibus tutelis et curationibus observari praecepit.

XX. De atiliano tutore vel eo qui ex lege Julia et Titia dabatur [2].

[3] ' Si cui nullus omnino tutor fuerat, ei dabatur in urbe quidem Roma a praetore urbano et majore parte tribunorum plebis tutor ex lege Atilia, in provinciis vero a praesidibus provinciarum ex lege Julia et Titia. 1. Sed et si testamento tutor sub condicione aut die certo datus fuerat, quamdiu condicio aut dies pendebat, ex isdem legibus tutor dari poterat. Item si pure datus fuerit, quamdiu nemo ex testamento heres existat, tamdiu ex isdem legibus tutor petendus erat, qui desinebat tutor esse, si condicio existeret aut dies veniret aut heres existeret. 2. Ab hostibus quoque tutore capto ex his legibus tutor petebatur, qui desinebat esse tutor, si is qui captus erat in civitatem reversus fuerat ; nam reversus recipiebat tutelam jure postliminii'. 3. Sed ex his legibus pupillis tutores desierunt dari, posteaquam primo consules pupillis utriusque sexus tutores ex inquisitione dare coeperunt, deinde praetores ex constitutionibus ; nam supra scriptis legibus neque de cautione a tutoribus exigenda rem salvam pupillis fore neque de compellendis tutoribus ad tutelae administrationem quicquam cavetur. 4. Sed hoc jure utimur, ut Romae quidem praefectus urbis vel praetor secundum suam jurisdictionem, in provinciis autem praesides ex inquisitione tutores crearent, vel magistratus jussu praesidum, si non sint magnae pupilli facultates. 5. Nos autem per constitutionem nostram [4] et hujusmodi difficultates hominum resecantes nec exspectata jussione praesi-

---

1. *C.*, 5, 30, 5. — 2. Cf. Gaius, 1. 185-191. *D.*, 26, 5. *C.*, 5, 34. — 3. Gaius, 1, 185-187. — 4. *C.*, 1, 4, 30.

dum disposuimus, si facultas pupilli vel adulti usque ad quingentos solidos valeat, defensores civitatum una cum ejusdem civitatis religiosissimo antistite vel apud alias publicas personas, id est magistratus, vel juridicum Alexandrinae civitatis tutores vel curatores creare, legitima cautela secundum ejusdem constitutionis normam praestanda, videlicet eorum periculo qui eam accipiant.

6.¹ 'Impuberes autem in tutela esse naturali jure conveniens est, ut is qui perfectae aetatis non sit alterius tutela regatur'. 7. Cum igitur ² 'pupillorum pupillarumque tutores negotia gerunt, post pubertatem tutelae judicio rationem reddunt'.

XXI. DE AUCTORITATE TUTORUM [3].

Auctoritas autem tutoris in quibusdam causis necessaria pupillis est, in quibusdam non est necessaria. Ut ecce si quid dari sibi stipulentur, non est necessaria tutoris auctoritas; quod si aliis pupilli promittant, necessaria est; namque placuit meliorem quidem suam condicionem licere eis facere etiam sine tutoris auctoritate, deteriorem vero non aliter quam tutore auctore. Unde in his causis, ex quibus mutuae obligationes nascuntur, in emptionibus venditionibus, locationibus conductionibus, mandatis, depositis, si tutoris auctoritas non interveniat, ipsi quidem qui cum his contrahunt obligantur, at invicem pupilli non obligantur. 1. ⁴ 'Neque tamen hereditatem adire neque bonorum possessionem petere neque hereditatem ex fideicommissio suscipere aliter possunt nisi tutoris auctoritate, quamvis lucrosa sit neque ullum damnum habeat. 2. Tutor autem statim in ipso negotio praesens debet auctor fieri, si hoc pupillo prodesse existimaverit. Post tempus vero aut per epistulam interposita auctoritas nihil agit'. 3. ⁵ Si inter tutorem pupillumve judicium agendum sit, quia ipse tutor in rem suam auctor esse non potest, non praetorius tutor ut olim constituitur, sed curator in locum ejus datur, quo interveniente judicium peragitur et eo peracto curator esse desinit.

XXII. QUIBUS MODIS TUTELA FINITUR [6].

Pupilli pupillaeque cum puberes esse coeperint, tutela liberantur. Pubertatem autem veteres quidem non solum ex

---

1. Gaius, 1, 189. — 2. Gaius, 1. 191. — 3. Cf. *D.*, 26, 8. *C.*, 5, 59. — 4. Cf. *D.*, 26, 8, 9, 3-5. Gaius, *L. 12 ad ed. prov.* — 5. Cf. Gaius, 1, 184. — 6. Cf. Gaius, 1, 170. 173. 182. 187. 194. 196. *D.*, 26, 1, 12. 14-17. *C.*, 5, 60.

annis, sed etiam ex habitu corporis in masculis aestimari volebant. Nostra autem majestas dignum esse castitate temporum nostrorum bene putavit, quod in feminis et antiquis impudicum esse visum est, id est inspectionem habitudinis corporis, hoc etiam in masculos extendere ; et ideo sancta constitutione promulgata [1] pubertatem in masculis post quartum decimum annum completum ilico initium accipere disposuimus, antiquitatis normam in femininis personis bene positam suo ordine relinquentes, ut post duodecimum annum completum viripotentes esse credantur. 1. Item finitur tutela, si adrogati sint adhuc impuberes vel deportati ; item si in servitutem pupillus redigatur vel ab hostibus fuerit captus. 2. [2] 'Sed et si usque ad certam condicionem datus sit testamento, aeque evenit ut desinat esse tutor existente condicione'. 3. Simili modo finitur tutela morte vel tutorum vel pupillorum. 4. Sed et capitis deminutione tutoris, per quam libertas vel civitas ejus amittitur, omnis tutela perit. Minima autem capitis deminutione tutoris, veluti si se in adoptionem dederit, legitima tantum tutela perit, ceterae non pereunt. Sed pupilli et pupillae capitis deminutio, licet minima sit, omnes tutelas tollit. 5. Praeterea qui ad certum tempus testamento dantur tutores, finito eo deponunt tutelam. 6. Desinunt autem esse tutores, qui vel removentur a tutela ob id quod suspecti visi sunt, vel ex justa causa sese excusant et onus administrandae tutelae deponunt secundum ea quae inferius proponemus.

XXIII. De curatoribus [3].

Masculi puberes et feminae viripotentes usque ad vicesimum quintum annum completum curatores accipiunt : qui, licet puberes sint, adhuc tamen hujus aetatis sunt, ut negotia sua tueri non possint. 1. Dantur autem curatores ab isdem magistratibus, a quibus et tutores. Sed curator testamento non datur, sed datus confirmatur decreto praetoris vel praesidis. 2. Item inviti adulescentes curatores non accipiunt praeterquam in litem ; curator enim et ad certam causam dari potest. 3. Furiosi quoque et prodigi, licet majores viginti quinque annis sint, tamen in curatione sunt adgnatorum ex lege duodecim tabularum. Sed solent Romae praefectus urbi vel praetor et in provinciis praesides ex inquisitione eis dare curatores. 4. Sed et mente captis et surdis et mutis et qui morbo perpetuo labo-

---

1. *C.*, 5, 60, 3.— 2. Cf. *D.*, 26,1, 14, 5. Ulpien, *L. 37 ad Sab.* — 3. Cf. Gaius, 1, 197-198. *D.*, 26, 5.

rant, quia rebus suis superesse non possunt, curatores dandi sunt. 5. Interdum autem et pupilli curatores accipiunt, ut puta si legitimus tutor non sit idoneus, quia habenti tutorem tutor dari non potest. Item si testamento datus tutor vel a praetore vel a praeside idoneus non sit ad administrationem nec tamen fraudulenter negotia administrat, solet ei curator adjungi. Item in locum tutorum, qui non in perpetuum, sed ad tempus a tutela excusantur, solent curatores dari.

6. Quodsi tutor adversa valetudine vel alia necessitate impeditur, quo minus negotia pupilli administrare possit, et pupillus vel absit vel infans sit, quem velit actorem periculo ipsius tutoris praetor vel qui provinciae praeerit decreto constituet.

XXIIII. De satisdatione tutorum et curatorum [1].

[2] 'Ne tamen pupillorum pupillarumve et eorum, qui quaeve in curatione sunt, negotia a tutoribus curatoribusve consumantur vel deminuantur, curat praetor, ut et tutores et curatores eo nomine satisdent. Sed hoc non est perpetuum; nam tutores testamento dati satisdare non coguntur, quia fides eorum et diligentia ab ipso testatore probata est'; item ex inquisitione tutores vel curatores dati satisdatione non onerantur, quia idonei electi sunt. 1. Sed et si ex testamento vel inquisitione duo pluresve dati fuerint, potest unus offerre satis de indemnitate pupilli vel adulescentis et contutori vel concuratori praeferri, ut solus administret, vel ut contutor satis offerens praeponatur ei, ut ipse solus administret. Itaque per se non potest petere satis a contutore vel concuratore suo, sed offerre debet, ut electionem det contutori suo, utrum velit satis accipere an satis dare. Quodsi nemo eorum satis offerat, si quidem adscriptum fuerit a testatore quis gerat, ille gerere debet; quodsi non fuerit adscriptum, quem major pars elegerit, ipse gerere debet, ut edicto praetoris cavetur. Sin autem ipsi tutores dissenserint circa eligendum eum vel eos qui gerere debent, praetor partes suas interponere debet. Idem et in pluribus ex inquisitione datis probandum est, id est ut major pars eligere possit, per quem administratio fieret.

2. Sciendum autem est non solum tutores vel curatores pupillis et adultis ceterisque personis ex administratione teneri, sed etiam in eos qui satisdationes accipiunt subsidiariam ac-

1. Cf. *D.*, 27, 7. 46. 6. *C.*, 5, 42-57. — 2. Gaius, 1, 199-200.

tionem esse, quae ultimum eis praesidium possit afferre. Subsidiaria autem actio datur in eos, qui vel omnino a tutoribus vel curatoribus satisdari non curaverint aut non idonee passi essent caveri. Quae quidem tam ex prudentium responsis quam ex constitutionibus imperialibus et in heredes eorum extenditur. 3. Quibus constitutionibus et illud exprimitur, ut, nisi caveant tutores vel curatores, pignoribus captis coerceantur. 4. Neque autem praefectus urbis neque praetor neque praeses provinciae neque quis alius cui tutores dandi jus est hac actione tenebitur, sed hi tantummodo qui satisdationem exigere solent.

XXV. De excusationibus [1].

Excusantur autem tutores vel curatores variis ex causis: plerumque autem propter liberos, sive in potestate sint sive emancipati. Si enim tres liberos quis superstites Romae habeat vel in Italia quattuor vel in provinciis quinque, a tutela vel cura possunt excusari exemplo ceterorum munerum; nam et tutelam et curam placuit publicum munus esse. Sed adoptivi liberi non prosunt, in adoptionem autem dati naturali patri prosunt. Item nepotes ex filio prosunt, ut in locum patris succedant, ex filia non prosunt. Filii autem superstites tantum ad tutelae vel curae muneris excusationem prosunt, defuncti non prosunt. Sed si in bello amissi sunt, quaesitum est, an prosint. Et constat eos solos prodesse qui in acie amittuntur: hi enim, quia pro re publica ceciderunt, in perpetuum per gloriam vivere intelleguntur. 1. Item divus Marcus in semestribus rescripsit eum, qui res fisci administrat, a tutela vel cura quamdiu administrat excusari posse. 2. Item qui rei publicae causa absunt, a tutela et cura excusantur. Sed et si fuerunt tutores vel curatores, deinde rei publicae causa abesse coeperunt, a tutela et cura excusantur, quatenus rei publicae causa absunt, et interea curator loco eorum datur. Qui si reversi fuerint, recipiunt onus tutelae nec anni habent vacationem, ut Papinianus responsorum libro quinto scripsit; nam hoc spatium habent ad novas tutelas vocati. 3. Et qui potestatem aliquam habent, excusare se possunt, ut divus Marcus rescripsit, sed coeptam tutelam deserere non possunt. 4. Item propter litem, quam cum pupillo vel adulto tutor vel curator habet, excusare se nemo potest: nisi forte de omnibus bonis vel here-

1. Cf. *D.*, 27, 1. *C.*, 5, 62-69.

ditate controversia sit. 5. Item tria onera tutelae non affectatae vel curae praestant vacationem, quamdiu administrantur : ut tamen plurium pupillorum tutela vel cura eorundem bonorum, veluti fratrum, pro una computetur. 6. Sed et propter paupertatem excusationem tribui tam divi fratres quam per se divus Marcus rescripsit, si quis imparem se oneri injuncto possit docere. 7. Item propter adversam valetudinem, propter quam nec suis quidem negotiis interesse potest, excusatio locum habet. 8. Similiter eum, qui litteras nesciret, excusandum esse divus Pius rescripsit : quamvis et imperiti litterarum possunt ad administrationem negotiorum sufficere. 9. Item si propter inimicitiam aliquem testamento tutorem pater dederit, hoc ipsum praestat ei excusationem : sicut per contrarium non excusantur, qui se tutelam patri pupillorum administraturos promiserunt. 10. Non esse autem admittendam excusationem ejus, qui hoc solo utitur, quod ignotus patri pupillorum sit, divi fratres rescripserunt. 11. Inimicitiae, quas quis cum patre pupillorum vel adultorum exercuit, si capitales fuerunt nec reconciliatio intervenit, a tutela vel cura solent excusare. 12. Item si quis status controversiam a pupillorum patre passus est, excusatur a tutela. 13. Item major septuaginta annis a tutela vel cura se potest excusare. Minores autem viginti et quinque annis olim quidem excusabantur ; a nostra autem constitutione [1] prohibentur ad tutelam vel curam aspirare, adeo ut nec excusatione opus fiat. Qua constitutione cavetur, ut nec pupillus ad legitimam tutelam vocetur nec adultus, cum erat incivile eos, qui alieno auxilio in rebus suis administrandis egere noscuntur et sub aliis reguntur, aliorum tutelam vel curam subire. 14. Idem et in milite observandum est, ut nec volens ad tutelae munus admittatur. 15. Item Romae grammatici rhetores et medici et qui in patria sua id exercent et intra numerum sunt, a tutela vel cura habent vacationem.

16 [2]. 'Qui autem se vult excusare, si plures habeat excusationes et de quibusdam non probaverit, aliis uti intra tempora non prohibetur'. Qui excusare se volunt, non appellant ; sed intra dies quinquaginta continuos, ex quo cognoverunt, excusare se debent (cujuscumque generis sunt, id est qualitercumque dati fuerint tutores), si intra centesimum lapidem sunt ab eo loco, ubi tutores dati sunt ; si vero ultra centesimum habitant, dinumeratione facta viginti milium diurnorum et

---

1. *C.*, 5, 30, 5. — 2. Marcien, *L. 2 inst.* (*D.*, 27, 1, 21, 1).

amplius triginta dierum. Quod tamen, ut Scaevola dicebat, sic debet computari, ne minus sint quam quinquaginta dies. 17. Datus autem tutor ad universum patrimonium datus esse creditur. 18. Qui tutelam alicujus gessit, invitus curator ejusdem fieri non compellitur, in tantum ut, licet pater, qui testamento tutorem dederit, adjecit se eundem curatorem dare, tamen invitum eum curam suscipere non cogendum divi Severus et Antoninus rescripserunt. 19. Idem rescripserunt maritum uxori suae curatorem datum excusare se posse, licet se immisceat. 20. Si quis autem falsis allegationibus excusationem tutelae meruit, non est liberatus onere tutelae.

XXVI. De suspectis tutoribus et curatoribus [1].

[2] 'Sciendum est suspecti crimen e lege duodecim tabularum descendere. 1. Datum est autem jus removendi suspectos tutores Romae praetori et in provinciis praesidibus earum et legato proconsulis. 2. Ostendimus, qui possunt de suspecto cognoscere : nunc videamus, qui suspecti fieri possunt. Et quidem omnes tutores possunt, sive testamentarii sint sive non, sed alterius generis tutores. Quare et si legitimus sit tutor, accusari poterit. Quid si patronus ? Adhuc idem erit dicendum, dummodo meminerimus famae patroni parcendum, licet ut suspectus remotus fuerit. 3. Consequens est, ut videamus qui possint suspectos postulare. Et sciendum est quasi publicam esse hanc actionem, hoc est omnibus patere. Quin immo et mulieres admittuntur ex rescripto divorum Severi et Antonini, sed hae solae, quae pietatis necessitudine ductae ad hoc procedunt, ut puta mater : nutrix quoque et avia possunt, potest et soror ; sed et si qua mulier fuerit, cujus praetor perpensam pietatem intellexerit non sexus verecundiam egredientis, sed pietate productam non continere injuriam pupillorum, admittit eam ad accusationem'. 4. Impuberes non possunt tutores suos suspectos postulare, puberes autem curatores suos ex consilio necessariorum suspectos possunt arguere : et ita divi Severus et Antoninus rescripserunt. 5. Suspectus est autem, qui non ex fide tutelam gerit, licet solvendo est, ut et Julianus quoque scripsit ; sed et ante, quam incipiat gerere tutelam tutor, posse eum quasi suspectum removeri idem Julianus scripsit et secundum eum constitutum est. 6. Suspectus autem remotus, si quidem ob dolum, famosus est, si ob culpam, non aeque. 7. Si quis autem suspectus postulatur, quoad cognitio

---

1. Cf. *D.*, 26, 10. *C.*, 5, 43. — 2. *D.*, 26, 10, 1, 2-7 (Ulp., *L. 35 ad ed.*).

finiatur, interdicitur ei administratio, ut Papiniano visum est. 8. Sed si suspecti cognitio suscepta fuerit posteaque tutor vel curator decesserit, extinguitur cognitio suspecti. 9. Si quis tutor copiam sui non faciat, ut alimenta pupillo decernantur, cavetur epistula divorum Severi et Antonini [1], ut in possessionem bonorum ejus pupillus mittatur ; et quae mora deteriora futura sunt, dato curatore distrahi jubentur. Ergo ut suspectus removeri poterit qui non praestat alimenta. 10. [2] Sed si quis praesens negat propter inopiam alimenta posse decerni, si hoc per mendacium dicat, remittendum eum esse ad praefectum urbis puniendum placuit, sicut ille remittitur, qui data pecunia ministerium tutelae redemit [3]. 11. [4] 'Libertus quoque, si fraudulenter gessisse tutelam filiorum vel nepotum patroni probetur, ad praefectum urbis remittitur puniendus'. 12. Novissime sciendum est eos, qui fraudulenter tutelam vel curam administrant, etiamsi satis offerant, removendos a tutela, [5]'quia satisdatio propositum tutoris malevolum non mutat, sed diutius grassandi in re familiari facultatem praestat'. 13.[6] 'Suspectum enim eum putamus, qui moribus talis est, ut suspectus sit ; enimvero tutor vel curator, quamvis pauper est, fidelis tamen et diligens, removendus non est quasi suspectus'.

LIBER SECUNDUS

I. De rerum divisione [7].

[8] 'Superiore libro de jure personarum exposuimus ; modo videamus de rebus ; quae vel in nostro patrimonio vel extra nostrum patrimonium habentur'. [9] 'Quaedam enim naturali jure communia sunt omnium, quaedam publica, quaedam universitatis, quaedam nullius, pleraque singulorum, quae variis ex causis cuique adquiruntur, sicut ex subjectis apparebit.

1. Et quidem naturali jure communia sunt omnium haec: aer et aqua profluens et mare et per hoc litora maris. Nemo igitur ad litus maris accedere prohibetur, dum tamen villis et monumentis et aedificiis abstineat, quia non sunt juris gentium, sicut et mare. 2. Flumina autem omnia et portus publica sunt' : ideoque jus piscandi omnibus commune est in portu fluminibusque. 3. Est autem litus maris, quatenus hibernus fluctus

---

1. Cf. *D.*, 26, 10, 7, 2.— 2. Cf. *D.*, 26,10, 3, 15. — 3. Pellat, Accarias, 'qui data pecunia ministeriis tutelam redemit'. — 4. *D.*, 26, 10, 2 (Ulpien, *L. 4 de omn. trib.*). — 5. *D.* 26, 10, 6 (Callistrate, *L. 4 de cogn.*). — 6. *D.*, 26, 10, 8 (Ulp., *L. 61 ad ed.*). — 7. Cf. Gaius, 2, 1-11. 19.21.41. 65-79. *D.*, 1,8.41,1. — 8. Gaius, 2, 1. — 9. Marcien, *L. 3 inst.* (*D.*, 1, 8, 2. 4).

maximus excurrit. 4. ¹ 'Riparum quoque usus publicus est juris gentium, sicut ipsius fluminis. Itaque navem ad eas appellere, funes ex arboribus ibi natis religare, onus aliquid in his reponere cuilibet liberum est, sicuti per ipsum flumen navigare. Sed proprietas earum illorum est, quorum praediis haerent : qua de causa arbores quoque in isdem natae eorundem sunt'. 5. Litorum quoque usus publicus juris gentium est, sicut ipsius maris : et ob id quibuslibet liberum est casam ibi imponere, in qua se recipiant, sicut retia siccare et ex mare deducere. Proprietas autem eorum potest intellegi nullius esse, sed ejusdem juris esse, cujus et mare et quae subjacent mari, terra vel harena. 6. ² 'Universitatis sunt, non singulorum veluti quae in civitatibus sunt, ut theatra stadia et similia et si qua alia sunt communia civitatium'.

7. Nullius autem sunt res sacrae et religiosae et sanctae ; quod enim divini juris est, id nullius in bonis est. 8. Sacra sunt, quae rite et per pontifices deo consecrata sunt, veluti aedes sacrae et dona, quae rite ad ministerium dei dedicata sunt, quae etiam per nostram constitutionem ³ alienari et obligari prohibuimus, excepta causa redemptionis captivorum. Si quis vero auctoritate sua quasi sacrum sibi constituerit, sacrum non est, sed profanum. Locus autem, in quo sacrae aedes aedificatae sunt, etiam diruto aedificio adhuc sacer manet, ut et Papinianus scripsit ⁴. 9. ⁵ 'Religiosum locum unusquisque sua voluntate facit, dum mortuum infert in locum suum. In communem autem locum purum invito socio inferre non licet. In commune vero sepulchrum etiam invitis ceteris licet inferre. Item si alienus usus fructus est, proprietarium placet nisi consentiente usufructuario locum religiosum non facere. In alienum locum concedente domino licet inferre ; et licet postea ratum habuerit, quam illatus est mortuus, tamen religiosus locus fit'. 10. ⁶ 'Sanctae quoque res, veluti muri et portae, quodammodo divini juris sunt et ideo nullius in bonis sunt'. Ideo autem muros sanctos dicimus, quia poena capitis constituta sit in eos, qui aliquid in muros deliquerint. Ideo et legum eas partes, quibus poenas constituimus adversus eos qui contra leges fecerint, sanctiones vocamus.

11 ⁷. Singulorum autem hominum multis modis res fiunt;

---

1. Gaius, *L. 2 rer. cott.* (D., 1, 8, 5). — 2. Marcien, *L. 3 inst.* (D., 1, 8, 6, 1). — 3. C., 1, 2, 21. — 4. Cf. Papinien, *L. 3. resp.* D., 18, 1, 73, *pr.* = *F. V.*, 5. — 5. Marcien, *l. c.* (D., 1, 8. 6, 4). — 6. Gaius, 2, 8. 9 (D., 1, 8, 1. *pr.*).— 7. Cf. Gaius, *L. 2 rer. cott.* (D., 41, 1, 1, *pr.*).

quarundam enim rerum dominium nanciscimur jure naturali, quod, sicut diximus, appellatur jus gentium, quarundam jure civili. Commodius est itaque a vetustiore jure incipere. Palam est autem vestustius esse naturale jus, quod cum ipso genere humano rerum natura prodidit; civilia enim jura tunc coeperunt, cum et civitates condi et magistratus creari et leges scribi coeperunt.

12 [1] « Ferae igitur bestiae et volucres et pisces, id est omnia animalia, quae in terra mari caelo nascuntur, simulatque ab aliquo capta fuerint, jure gentium statim illius esse incipiunt; quod enim ante nullius est, id naturali ratione occupanti conceditur. Nec interest, feras bestias et volucres utrum in suo fundo quisque capiat an in alieno. Plane qui in alienum fundum ingreditur venandi aut aucupandi gratia, potest a domino, si is providerit, prohiberi ne ingrediatur. Quidquid autem eorum ceperis, eo usque tuum esse intellegitur, donec tua custodia coercetur; cum vero evaserit custodiam tuam et in naturalem libertatem se receperit, tuum esse desinit et rursus occupantis fit. Naturalem autem libertatem recipere intellegitur, cum vel oculos tuos effugerit vel ita sit in conspectu tuo, ut difficilis sit ejus persecutio. 13. Illud quaesitum est, an, si fera bestia ita vulnerata sit, ut capi possit, statim tua esse intellegatur. Quibusdam placuit statim tuam esse et eo usque tuam videri, donec eam persequaris, quodsi desieris persequi, desinere tuam esse et rursus fieri occupantis. Alii non aliter putaverunt tuam esse, quam si ceperis. Sed posteriorem sententiam nos confirmamus, quia multa accidere solent, ut eam non capias. 14. Apium quoque natura fera est. Itaque quae in arbore tua consederint, antequam a te alveo includantur, non magis tuae esse intelleguntur quam volucres, quae in tua arbore nidum fecerint : ideoque si alius eas incluserit, is earum dominus erit. Favos quoque si quos hae fecerint, quilibet eximere potest. Plane integra re si provideris ingredientem in fundum tuum, potes eum jure prohibere ne ingrediatur. Examen, quod ex alveo tuo evolaverit, eo usque tuum esse intellegitur, donec in conspectu tuo est nec difficilis ejus persecutio est : alioquin occupantis fit. 15. Pavonum et columbarum fera natura est. Nec ad rem pertinet, quod ex consuetudine avolare et revolare solent; nam et apes idem faciunt, quarum constat feram esse naturam. Cervos quoque ita quidam mansuetos habent, ut in silvas ire et redire soleant. quorum et ipsorum feram esse na-

---

1. Gaius, *L. 2 rer. cott.* (*D.*, 41, 1, 1. 3. 5. 7, *pr.*).

turam nemo negat. In his autem animalibus, quae ex consuetudine abire et redire solent, talis regula comprobata est, ut eo usque tua esse intellegantur, donec animum revertendi habeant ; nam, [1] si revertendi animum habere desierint, etiam tua esse desinunt et fiunt occupantium. Revertendi autem animum videntur desinere habere, cum revertendi consuetudinem deseruerint. 16. Gallinarum et anserum non est fera natura, idque ex eo possumus intellegere, quod aliae sunt gallinae, quas feras vocamus, item alii anseres, quos feros appellamus. Ideoque si anseres tui aut gallinae tuae aliquo casu turbati turbataeve evolaverint, licet conspectum tuum effugerint, quocumque tamen loco sint, tui tuaeve esse intelleguntur : et qui lucrandi animo ea animalia retinet, furtum committere intellegitur. 17. Item ea quae ex hostibus capimus, jure gentium statim nostra fiunt : adeo quidem, ut et liberi homines in servitutem nostram deducantur : qui tamen, si evaserint nostram potestatem et ad suos reversi fuerint, pristinum statum recipiunt'. 18. [2] 'Item lapilli gemmae et cetera, quae in litore inveniuntur, jure naturali statim inventoris fiunt. 19. Item ea, quae ex animalibus dominio tuo subjectis nata sunt, eodem jure tibi adquiruntur'.

20. [3] 'Praeterea quod per alluvionem agro tuo flumen adjecit, jure gentium tibi adquiritur. Est autem alluvio incrementum latens. Per alluvionem autem id videtur adjici, quod ita paulatim adjicitur, ut intellegere non possis, quantum quoquo momento temporis adjiciatur. 21. Quodsi vis fluminis partem aliquam ex tuo praedio detraxerit et vicini praedio appulerit, palam est eam tuam permanere. Plane si longiore tempore fundo vicini haeserit arboresque, quas secum traxerit, in eum fundum radices egerint, ex eo tempore videntur vicini fundo adquisitae esse. 22. Insula, quae in mari nata est, quod raro accidit, occupantis fit ; nullius enim esse creditur. At in flumine nata, quod frequenter accidit, si quidem mediam partem fluminis teneat, communis est eorum, qui ab utraque parte fluminis prope ripam praedia possident, pro modo latitudinis cujusque fundi, quae latitudo prope ripam sit. Quodsi alteri parti proximior sit, eorum est tantum, qui ab ea parte prope ripam praedia possident. Quodsi aliqua parte divisum flumen, deinde infra unitum agrum alicujus in formam insulae redegerit, ejusdem permanet is ager, cujus et fuerat. 23. Quodsi

---

1. Cf. Gaius, 2, 68. — 2. Florentinus, *L. 6 inst.* (*D.*, 1, 8, 3.41, 1, 6). — 3. Gaius, *L. 2 rer. cott.* (*D.*, 41, 1, 7, 1-6).

naturali alveo in universum derelicto alia parte fluere coeperit, prior quidem alveus eorum est, qui prope ripam ejus praedia possident, pro modo scilicet latitudinis cujusque agri, quae latitudo prope ripam sit, novus autem alveus ejus juris esse incipit, cujus et ipsum flumen, id est publicus. Quodsi post aliquod tempus ad priorem alveum reversum fuerit flumen, rursus novus alveus eorum esse incipit, qui prope ripam ejus praedia possident. 24. Alia sane causa est, si cujus totus ager inundatus fuerit. Neque enim inundatio speciem fundi commutat et ob id, si recesserit aqua, palam est eum fundum ejus manere, cujus et fuit'.

25. [1] 'Cum ex aliena materia species aliqua facta sit ab aliquo, quaeri solet, quis eorum naturali ratione dominus sit, utrum is qui fecerit, an ille potius qui materiae dominus fuerit : ut ecce si quis ex alienis uvis aut olivis aut spicis vinum aut oleum aut frumentum fecerit, aut ex alieno auro vel argento vel aere vas aliquod fecerit, vel ex alieno vino et melle mulsum miscuerit, vel ex alienis medicamentis emplastrum aut collyrium composuerit, vel ex aliena lana vestimentum fecerit, vel ex alienis tabulis navem vel armarium vel subsellium fabricaverit. Et post multas Sabinianorum et Proculianorum ambiguitates placuit media sententia existimantium, si ea species ad materiam reduci possit, eum videri dominum esse, qui materiae dominus fuerat, si non possit reduci, eum potius inlellegi dominum qui fecerit : ut ecce vas conflatum potest ad rudem massam aeris vel argenti vel auri reduci vinum autem aut oleum aut frumentum ad uvas et olivas et spicas reverti non potest ac ne mulsum quidem ad vinum et mel resolvi potest'. Quodsi partim ex sua materia, partim ex aliena speciem aliquam fecerit quisque, veluti ex suo vino et alieno melle mulsum aut ex suis et alienis medicamentis emplastrum aut collyrium aut ex sua et aliena lana vestimentum fecerit, dubitandum non est hoc casu eum esse dominum qui fecerit, cum non solum operam suam dedit, sed et partem ejusdem materiae praestavit. 26. Si tamen alienam purpuram quis intexuit suo vestimento, licet pretiosior est purpura, accessionis vice cedit vestimento : et qui dominus fuit purpurae, adversus eum qui subripuit habet furti actionem et condictionem, sive ipse est qui vestimentum fecit, sive alius. Nam [2] 'extinctae res licet vindicari non possint, condici tamen a furibus et a quibusdam aliis possessoribus possunt'. 27. Si duorum materiae ex volun-

1. Cf. Gaius, *l. c.* (*D.*, 41, 1, 7, 7). — 2. Gaius, 2, 79.

tate dominorum confusae sint, totum id corpus, quod ex confusione fit, utriusque commune est, veluti si qui vina sua confuderint aut massas argenti vel auri conflaverint. Sed *et* si diversae materiae sint et ob id propria species facta sit, forte ex vino et melle mulsum aut ex auro et argento electrum, idem juris est; nam et eo casu communem esse speciem non dubitatur. Quodsi fortuitu et non voluntate dominorum confusae fuerint vel diversae materiae vel quae ejusdem generis sunt, idem juris esse placuit. 28. Quodsi frumentum Titii tuo frumento mixtum fuerit, si quidem ex voluntate vestra, commune erit, quia singula corpora, id est singula grana, quae cujusque propria fuerunt, ex consensu vestro communicata sunt. Quodsi casu in mixtum fuerit vel Titius id miscuerit sine voluntate tua, non videtur commune esse, quia singula corpora in sua substantia durant nec magis istis casibus commune fit frumentum, quam grex communis esse intellegitur, si pecora Titii tuis pecoribus mixta fuerint ; sed si ab alterutro vestrum id totum frumentum retineatur, in rem quidem actio pro modo frumenti cujusque competat, arbitrio autem judicis continetur, ut is aestimet, quale cujusque frumentum fuerit. 29. [1] 'Cum in suo solo aliquis aliena materia aedificaverit, ipse dominus intellegitur aedificii, quia omne quod inaedificatur solo cedit. Nec tamen ideo is, qui materiae dominus fuerat, desinit ejus dominus esse ; sed tantisper neque vindicare eam potest neque ad exhibendum de ea re agere propter legem duodecim tabularum, qua cavetur, ne quis tignum alienum aedibus suis injunctum eximere cogatur, sed duplum pro eo praestet per actionem quae vocatur de tigno juncto (appellatione autem tigni omnis materia significatur, ex qua aedificia fiunt) : quod ideo provisum est, ne aedificia rescindi necesse sit. Sed si aliqua ex causa dirutum sit aedificium, poterit materiae dominus, si non fuerit duplum jam persecutus, tunc eam vindicare et ad exhibendum agere. 30. Ex diverso si quis in alieno solo sua materia domum aedificaverit, illius fit domus, cujus et solum est. Sed hoc casu materiae dominus proprietatem ejus amittit, quia voluntate ejus alienata intellegitur, utique si non ignorabat in alieno solo se aedificare ; et ideo, licet diruta sit domus, vindicare materiam non possit. Certe illud constat, si in possessione constituto aedificatore soli dominus petat domum suam esse nec solvat pretium materiae et mercedes fabrorum, posse eum per exceptionem doli mali repelli, utique si bonae fidei possessor fuit

1. Gaius, *L. 2 rer. cott.* (*D.*, 41, 1, 7. 10. 12. 13).

qui aedificasset ; nam scienti alienum esse solum potest culpa
objici, quod temere aedificaverit in eo solo, quod intellegeret
alienum esse. 31. Si Titius alienam plantam in suo solo posuerit, ipsius erit, et ex diverso si Titius suam plantam in
Maevii solo posuerit, Maevii planta erit, si modo utroque casu
radices egerit. Antequam autem radices egerit, ejus permanet,
cujus et fuerat. Adeo autem ex eo, ex quo radices agit planta,
proprietas ejus commutatur, ut si vicini arborem ita terra [1]
Titii presserit, ut in ejus fundum radices ageret, Titii effici
arborem dicimus ; rationem etenim non permittere, ut alterius
arbor esse intellegatur, quam cujus in fundum radices egisset.
Et ideo prope confinium arbor posita si etiam in vicini fundum radices egerit, communis fit'. 32. [2] 'Qua ratione autem
plantae, quae terra coalescunt, solo cedunt eadem ratione fru-
menta quoque, quae sata sunt, solo cedere intelleguntur. Ceterum sicut is, qui in alieno solo aedificaverit, si ab eo dominus
petat aedificium, defendi potest per exceptionem doli mali secundum ea quae diximus, ita ejusdem exceptionis auxilio tutus
esse potest is, qui alienum fundum sua impensa bona fide
consevit. 33. Litterae quoque, licet aureae sint, perinde chartis
membranisque cedunt, acsi solo cedere solent ea quae inaedi-
ficantur aut inseruntur : ideoque si in chartis membranisve tuis
carmen vel historiam vel orationem Titius scripserit, hujus corporis non Titius, sed tu dominus esse judiceris. Sed si a Titio
petas tuos libros tuasve membranas esse nec impensam scripturae solvere paratus sis, poterit se Titius defendere per exceptionem doli mali, utique si bona fide earum chartarum mem-
branarumve possessionem nanctus est'. 34. Si quis in aliena
tabula pinxerit, quidam putant tabulam picturae cedere ; aliis
videtur picturam, qualiscumque sit, tabulae cedere. Sed nobis
videtur melius esse tabulam picturae cedere ; ridiculum est
enim picturam Apellis vel Parrhasii in accessionem vilissimae
tabulae cedere. [3] 'Unde si a domino tabulae imaginem possidente is qui pinxit eam petat nec solvat pretium tabulae, poterit per exceptionem doli mali summoveri, at si is qui pinxit
possideat, consequens est, ut utilis actio domino tabulae adversus eum detur, quo casu, si non solvat impensam picturae,
poterit per exceptionem doli mali repelli, utique si bona fide
possessor fuerit ille qui picturam imposuit. Illud enim palam

---

1. Pellat, Accarias : 'arbor ita terram' ; *D.* : 'arborem ita terra pres-
serim'. — 2. Gaius, *L, 2 rer. cott.* (*D.*, 41. 1, 9 *pr.* 1).— 3. Gaius, 2, 78.

est, quod, sive is qui pinxit subripuit tabulas sive alius, competit domino tabularum furti actio'.

35. Si quis a non domino, quem dominum esse crederet, bona fide fundum emerit vel ex donatione aliave qua justa causa aeque bona fide acceperit, naturali ratione placuit fructus quos percepit ejus esse pro cultura et cura. Et ideo si postea dominus supervenerit et fundum vindicet, de fructibus ab eo consumptis agere non potest. Ei vero, qui sciens alienum fundum possederit, non idem concessum est. Itaque cum fundo etiam fructus, licet consumpti sint, cogitur restituere. 36. Is, ad quem usus fructus fundi pertinet, non aliter fructuum dominus efficitur, quam si eos ipse perceperit. Et ideo licet maturis fructibus, nondum tamen perceptis decesserit, ad heredem ejus non pertinent, sed domino proprietatis adquiruntur. Eadem fere et de colono dicuntur. 37. [1] 'In pecudum fructu etiam fetus est, sicuti lac et pilus et lana. Itaque agni et haedi et vituli et equuli statim naturali jure dominii sunt fructuarii. Partus vero ancillae in fructu non est itaque ad dominum proprietatis pertinet; absurdum enim videbatur hominem in fructu esse, cum omnes fructus rerum natura hominum gratia comparavit'. 38. Sed si gregis usum fructum quis habeat, in locum demortuorum capitum ex fetu fructuarius summittere debet, ut et Juliano [2] visum est, et in vinearum demortuarum vel arborum locum alias debet substituere. Recte enim colere debet et quasi bonus pater familias uti debet.

39. Thesauros, quos quis in suo loco invenerit, divus Hadrianus naturalem aequitatem secutus ei concessit qui invenerit. Idemque statuit, si quis in sacro aut in religioso loco fortuito casu invenerit. At si quis in alieno loco non data ad hoc opera, sed fortuitu invenerit, dimidium domino soli concessit. Et convenienter, si quis in Caesaris loco invenerit, dimidium inventoris, dimidium Caesaris esse statuit. Cui conveniens est, ut, si quis in publico loco vel fiscali invenerit, dimidium ipsius esse, dimidium fisci vel civitatis.

40. [3] 'Per traditionem quoque jure naturali res nobis adquiruntur; nihil enim tam conveniens est naturali aequitati, quam voluntatem domini, volentis rem suam in alium transferre, ratam haberi'. Et ideo cujuscumque generis sit corporalis res, tradi potest et a domino tradita alienatur. Itaque stipendiaria quoque et tributaria praedia eodem modo alie-

---

1. Gaius, *L. 2 rer. cott.* (D., 22, 1, 28). — 2. Cf. *D.*, 7, 1, 70, 1. 5. Ulp., *L. 17 ad Sab.* — 3. Gaius, *L. 2 rer. cott.* (D., 41, 1, 9, 3).

nantur. Vocantur autem stipendiaria et tributaria praedia, quae in provinciis sunt, inter quae nec non Italica praedia ex nostra constitutione [1] nulla differentia est. 41. Sed si quidem ex causa donationis aut dotis aut qualibet alia ex causa tradantur, sine dubio transferuntur ; (41) venditae vero et traditae non aliter emptori adquiruntur, quam si is venditori pretium solverit vel alio modo ei satisfecerit, veluti expromissore aut pignore dato. Quod cavetur quidem etiam lege duodecim tabularum : tamen recte dicitur et jure gentium, id est jure naturali, id effici. Sed si is qui vendidit fidem emptoris secutus fuerit, dicendum est statim rem emptoris fieri. 42. [2] ' Nihil autem interest, utrum ipse dominus tradat alicui rem, an voluntate ejus alius. 43. Qua ratione, si cui libera negotiorum administratio a domino permissa fuerit isque ex his negotiis rem vendiderit et tradiderit, facit eam accipientis. 44. Interdum etiam sine traditione nuda voluntas sufficit domini ad rem transferendam, veluti si rem, quam tibi aliquis commodavit aut locavit aut apud te deposuit, vendiderit tibi aut donaverit. Quamvis enim ex ea causa tibi eam non tradiderit, eo tamen ipso, quod patitur tuam esse, statim adquiritur tibi proprietas perinde ac si eo nomine tradita fuisset. 45. Item si quis merces in horreo depositas vendiderit, simul atque claves horrei tradiderit emptori, transfert proprietatem mercium ad emptorem. 46. Hoc amplius interdum et in incertam personam collocata voluntas domini transfert rei proprietatem : ut ecce praetores vel consules, qui missilia jactant in vulgus, ignorant, quid eorum quisque excepturus sit, et tamen, quia volunt quod quisque exceperit ejus esse, statim eum dominum efficiunt'. 47. Qua ration verius esse videtur et, si rem pro derelicto a domino habitam occupaverit quis, statim eum dominum effici. Pro derelicto autem habetur, quod dominus ea mente abjecerit, ut id rerum suarum esse nollet, ideoque statim dominus esse desinit. 48. [3] 'Alia causa est earum rerum, quae in tempestate maris levandae navis causa ejiciuntur. Hae enim dominorum permanent, quia palam est eas non eo animo ejici, quo quis eas habere non vult, sed quo magis cum ipsa nave periculum maris effugiat : qua de causa si quis eas fluctibus expulsas vel etiam in ipso mari nactus lucrandi animo abstulerit, furtum committit'. Nec longe discedere videntur ab his, quae de rheda currente non intellegentibus dominis cadunt.

1. *C.*, 7, 31, 1. — 2. Gaius, *L. 2 rer. cott.* (*D.*, 41, 1, 9, 4-7). — 3 Gaius, *L. 2 rer. cott.* (*D.*, 41, 1, 9, 8).

II. De rebus incorporalibus.

[1] 'Quaedam praeterea res corporales sunt, quaedam incorporales. 1. Corporales eae sunt, quae sui natura tangi possunt: veluti fundus homo vestis aurum argentum et denique aliae res innumerabiles. 2. Incorporales autem sunt, quae tangi non possunt ; qualia sunt ea quae in jure consistunt : sicut hereditas, usus fructus, [usus] obligationes quoquo modo contractae. Nec ad rem pertinet, quod in hereditate res corporales continentur ; nam et fructus, qui ex fundo percipiuntur, corporales sunt et id, quo ex aliqua obligatione nobis debetur, plerumque corporale est, veluti fundus homo pecunia ; nam ipsum jus hereditatis et ipsum jus utendi fruendi et ipsum jus obligationis incorporale est. 3. Eodem numero sunt jura praediorum urbanorum et rusticorum', quae etiam servitutes vocantur.

III. De servitutibus [2].

[3] 'Rusticorum praediorum jura sunt haec : iter actus via aquae ductus. Iter est jus eundi ambulandi homini, non etiam jumentum agendi vel vehiculum. Actus est jus agendi vel jumentum vel vehiculum. Itaque qui iter habet, actum non habet. Qui actum habet, et iter habet eoque uti potest etiam sine jumento. Via est jus eundi et agendi et ambulandi ; nam et iter et actum in se via continet. Aquae ductus est jus aquae ducendae per fundum alienum'. 1. [4] Praediorum urbanorum sunt servitutes, quae aedificiis inhaerent, ideo urbanorum praediorum dictae, quoniam aedificia omnia urbana praedia appellantur, etsi in villa aedificata sunt. Item praediorum urbanorum servitutes sunt hae : ut vicinus onera vicini sustineat; ut in parietem ejus liceat vicino tignum immittere ; ut stillicidium vel flumen recipiat quis in aedes suas vel in aream [5], vel non recipiat ; et ne altius tollat quis aedes suas, ne luminibus vicini officiatur. 2. [6] 'In rusticorum praediorum servitutes quidam computari recte putant aquae haustum, pecoris ad aquam adpulsum, jus pascendi, calcis coquendae, harenae fodiendae.

3. Ideo autem hae servitutes praediorum appellantur, quoniam sine praediis constitui non possunt. Nemo enim potest servitutem adquirere urbani vel rustici praedii, nisi qui habet

---

1. Gaius, 2, 12-14 (*D.*, 1, 8, 1, 1). — 2. Cf. *D.*, 8, C., 3, 31. — 3. Ulp., L. 2 inst. (*D.*, 8, 3, 1, pr.). — 4. Cf. Ulp., *l. c.* (*D.*, 8, 4, 1, pr.). — 5. Les mss. inférieurs ajoutent : 'vel in cloacam'. — 6. Ulp., *l. c.* (*D.*, 8, 3, 1, 1. 8, 4, 1, 1).

praedium, nec quisquam debere, nisi qui habet praedium'. 4. Si quis velit vicino aliquod jus constituere, pactionibus atque stipulationibus id efficere debet. ¹ 'Potest etiam in testamento quis heredem suum damnare, ne altius tollat, ne luminibus aedium vicini officiat, vel ut patiatur eum tignum in parietem immittere vel stillicidium habere, vel ut patiatur eum per fundum ire agere aquamve ex eo ducere'.

IIII. De usu fructu ².

³ 'Usus fructus est jus alienis rebus utendi fruendi salva rerum substantia. Est enim jus in corpore: quo sublato et ipsum tolli necesse est'. 1. Usus fructus a proprietate separationem recipit idque plurimis modis accidit. Ut ecce si quis alicui usum fructum legaverit; nam heres nudam habet proprietatem, legatarius usum fructum; et contra si fundum legaverit deducto usu fructu, legatarius nudam habet proprietatem, heres vero usum fructum; item alii usum fructum, alii deducto eo fundum legare potest. ⁴ 'Sine testamento vero si quis velit alii usum fructum constituere, pactionibus et stipulationibus id efficere debet. Ne tamen in universum inutiles essent proprietates semper abscedente usu fructu, placuit certis modis extingui usum fructum et ad proprietatem reverti. 2. Constituitur autem usus fructus non tantum in fundo et aedibus, verum etiam in servis et jumentis ceterisque rebus, exceptis his quae ipso usu consumuntur; nam eae neque naturali ratione neque civili recipiunt usum fructum. Quo numero sunt vinum oleum frumentum vestimenta ⁵. Quibus proxima est pecunia numerata; namque in ipso usu adsidua permutatione quodammodo extinguitur. Sed utilitatis causa senatus censuit posse etiam earum rerum usum fructum constitui, ut tamen eo nomine heredi utiliter caveatur. Itaque si pecuniae usus fructus legatus sit, ita datur legatario, ut ejus fiat, et legatarius satisdat heredi de tanta pecunia restituenda, si morietur aut capite minuetur. Ceterae quoque res ita traduntur legatario, ut ejus fiant; sed aestimatis his satisdatur, ut, si morietur aut capite minuetur, tanta pecunia restituatur, quanti eae fuerint aestimatae. Ergo senatus non fecit quidem earum rerum usum

---

1. Gaius, *L. 2 rer cott.* (*D.*, 8, 4, 16. *D.*, 7, 1, 1). — 2. Cf. Gaius, 2, 30, 33. *D.*, 7. 1. 4. 5. 33, 2. *C.*, 3, 33. — 3. *D.*, 7, 1, 1. 2. (Paul, *L. 3 ad Vitell.*; Celse, *L. 18 dig.*). — 4. Gaius, *L. 2 rer. cott.* (*D.*, 7, 1, 3). — 5. R. de Ihering, *Gesammelte Aufsaetze*, 2, 1882, p. 450 = *OEuvres choisies*, 1, 1893, p. 281 : 'esculenta'; v. en sens contraire Kniep, *Praescriptio und Pactum*, 1891, p. 133, n. 118.

fructum (nec enim poterat), sed per cautionem quasi usum fructum constituit. 3. Finitur autem usus fructus morte fructuarii et duabus capitis deminutionibus, maxima et media, et non utendo per modum et tempus. Quae omnia nostra statuit constitutio [1]. Item finitur usus fructus, si domino proprietatis ab usufructuario cedatur (nam extraneo cedendo nihil agitur), vel ex contrario si fructuarius proprietatem rei adquisierit, quae res consolidatio appellatur. Eo amplius constat, si aedes incendio consumptae fuerint vel etiam terrae motu aut vitio suo corruerint, extingui usum fructum et ne areae quidem usum fructum deberi. 4. Cum autem finitus fuerit usus fructus, revertitur scilicet ad proprietatem et ex eo tempore nudae proprietatis dominus incipit plenam habere in re potestatem.

V. DE USU ET HABITATIONE [2].

Isdem istis modis, quibus usus fructus constituitur, etiam nudus usus constitui solet isdemque illis modis finitur, quibus et usus fructus desinit. 1. Minus autem scilicet juris in usu est quam in usu fructu. Namque is, qui fundi nudum usum habet, nihil ulterius habere intellegitur, quam ut oleribus pomis floribus feno stramentis lignis ad usum cottidianum utatur : [3] 'in eoque fundo hactenus ei morari licet, ut neque domino fundi molestus sit neque his, per quos opera rustica fiunt, impedimento sit, nec ulli alii jus quod habet aut vendere aut locare aut gratis concedere potest', cum is qui usum fructum habet potest haec omnia facere. 2. Item is, qui aedium usum habet, hactenus juris habere intellegitur, ut ipse tantum habitet, nec hoc jus ad alium transferre potest, et vix receptum videtur, ut hospitem ei recipere liceat. Et cum uxore sua liberisque suis, item libertis nec non aliis liberis personis, quibus non minus quam servis utitur, habitandi jus habeat : et convenienter si ad mulierem usus aedium pertineat, cum marito ei habitare liceat. 3. Item *is*, ad quem servi usus pertinet, ipse tantum operis atque ministerio ejus uti potest ; ad alium vero nullo modo jus suum transferre ei concessum est. Idem scilicet juris est et in jumento. 4. Sed si pecoris vel ovium usus legatus fuerit, neque lacte neque agnis neque lana utetur usuarius, quia ea in fructu sunt. Plane ad stercorandum agrum suum pecoribus uti potest.

5. Sed si cui habitatio legata sive aliquo modo constituta

---

1. *C.*, 3, 33, 16. — 2. Cf. *D.*, 7, 8. 33, 2. *C.*, 3, 33. — 3. Gaius, *L. 2 rer. cott.* (*D.*, 7, 8, 11).

sit, neque usus videtur neque usus fructus, sed quasi proprium aliquod jus. Quam habitationem habentibus propter rerum utilitatem secundum Marcelli sententiam nostra decisione [1] promulgata permisimus non solum in ea degere, sed etiam aliis locare.

6. Haec de servitutibus et usu fructu et usu et habitatione dixisse sufficiat. De hereditate autem et de obligationibus suis locis proponamus. Exposuimus summatim, quibus modis jure gentium res adquiruntur : modo videamus, quibus modis legitimo et civili jure adquiruntur.

VI. DE USUCAPIONIBUS ET LONGI TEMPORIS POSSESSIONIBUS [2].

Jure civili constitutum fuerat, ut qui bona fide ab eo, qui dominus non erat, cum crediderit eum dominum esse, rem emerit, vel ex donatione aliave qua justa causa acceperit, is eam rem, si mobilis erat, anno ubique, si immobilis, biennio tantum in Italico solo usucapiat, ne rerum dominia in incerto essent. Et cum hoc placitum erat, putantibus antiquioribus dominis sufficere ad inquirendas res suas praefata tempora, nobis melior sententia resedit, ne domini maturius suis rebus defraudentur neque certo loco beneficium hoc concludatur. Et ideo constitutionem [3] super hoc promulgavimus, qua cautum est, ut res quidem mobiles per triennium usucapiantur, immobiles vero per longi temporis possessionem, id est inter praesentes decennio, inter absentes viginti annis usucapiantur et his modis non solum in Italia, sed in omni terra, quae nostro imperio gubernatur, dominium rerum justa causa possessionis praecedente adquiratur.

1. [4] Sed aliquando etiamsi maxime quis bona fide rem possederit, non tamen illi usucapio ullo tempore procedit, veluti si quis liberum hominem vel rem sacram vel religiosam vel servum fugitivum possideat. 2. Furtivae quoque res et quae vi possessae sunt, nec si praedicto longo tempore bona fide possessae fuerint, usucapi possunt, nam furtivarum rerum lex duodecim tabularum et lex Atinia inhibet usucapionem, vi possessarum lex Julia et Plautia. 3. [5] 'Quod autem dictum est furtivarum et vi possessarum rerum usucapionem per legem prohibitam esse, non eo pertinet, ut ne ipse fur quive per vim possidet usucapere possit, nam his alia ratione usucapio non competit, quia scilicet mala fide possident, sed ne ullus alius,

---

1. C., 3, 33, 13. — 2. Cf. Gaius, 2, 41-61. D., 41, 3-10. 44, 3. C., 7, 26-40. — 3. C., 7, 31, 1. — 4. Cf. Gaius, 2, 45. — 5. Gaius, 2, 49-50.

quamvis ab eis bona fide emerit vel ex alia causa acceperit, usucapiendi jus habeat. Unde in rebus mobilibus non facile procedit, ut bonae fidei possessori usucapio competat. Nam qui alienam rem vendidit vel ex alia causa tradidit, furtum ejus committit. 4. Sed tamen id aliquando aliter se habet. Nam si heres rem defuncto commodatam aut locatam vel apud eum depositam existimans hereditariam esse bona fide accipienti vendiderit aut donaverit' aut dotis nomine dederit, quin is qui acceperit usucapere possit, dubium non est, quippe ea res in furti vitium non ceciderit, cum utique heres, qui bona fide tamquam suam alienaverit, furtum non committit. 5. [1] 'Item si is, ad quem ancillae usus fructus pertinet, partum suum esse credens vendiderit aut donaverit, furtum non committit; furtum enim sine affectu furandi non committitur. 6. Aliis quoque modis accidere potest, ut quis sine vitio furti rem alienam ad aliquem transferat et efficiat, ut a possessore usucapiatur'. 7. Quod autem ad eas res, quae solo continentur, expeditius procedit. Ut si quis loci vacantis possessionem propter absentiam aut neglegentiam domini, aut quia sine successore decesserit, sine vi nanciscatur. [2] 'Qui quamvis ipse mala fide possidet, quia intellegit se alienum fundum occupasse, tamen, si alii bona fide accipienti tradiderit, poterit ei longa possessione res adquiri, quia neque furtivum neque vi possessum accepit; abolita est enim quorundam veterum sententia existimantium etiam fundi locive furtum fieri' et eorum, qui res soli possident, principalibus constitutionibus prospicitur, ne cui longa et indubitata possessio auferri debeat. 8. Aliquando etiam furtiva vel vi possessa res usucapi potest: veluti si in domini potestam reversa fuerit. Tunc enim vitio rei purgato procedit ejus usucapio. 9. Res fisci nostri usucapi non potest. Sed Papinianus scribit bonis vacantibus fisco nondum nuntiatis bona fide emptorem sibi traditam rem ex his bonis usucapere posse: et ita divus Pius et divus Severus et Antoninus rescripserunt. 10. Novissime sciendum est rem talem esse debere, ut in se non habeat vitium, ut a bona fide emptore usucapi possit vel qui ex alia justa causa possidet.

11. Error autem falsae causae usucapionem non parit. Veluti si quis, cum non emerit, emisse se existimans possideat, vel cum ei donatum non fuerat, quasi ex donatione possideat.

12. Diutina possessio, quae prodesse coeperat defuncto, et heredi et bonorum possessori continuatur, licet ipse sciat prae-

---

1. Gaius, 2,50.— 2. Gaius, *L. 2 rer. cott.* (D., 41, 3, 38).

dium alienum : quodsi ille initium justum non habuit, heredi et bonorum possessori licet ignoranti possessio non prodest. Quod nostra constitutio [1] similiter et in usucapionibus observari constituit, ut tempora continuentur. 13. Inter venditorem quoque et emptorem conjungi tempora divus Severus et Antoninus rescripserunt.

14. Edicto divi Marci cavetur eum, qui a fisco rem alienam emit, si post venditionem quinquennium praeterierit, posse dominum rei per exceptionem repellere. Constitutio autem divae memoriae Zenonis [2] bene prospexit his, qui a fisco per venditionem vel donationem vel alium titulum aliquid accipiunt, ut ipsi quidem securi statim fiant et victores existant, sive conveniantur sive experiantur; adversus sacratissimum autem aerarium usque ad quadriennium liceat intendere his, qui pro dominio vel hypotheca earum rerum, quae alienatae sunt, putaverint sibi quasdam competere actiones. Nostra autem divina constitutio [3], quam nuper promulgavimus, etiam de his, qui a nostra vel venerabilis Augustae domo aliquid acceperint, haec statuit, quae in fiscalibus alienationibus praefatae Zenonianae constitutioni continentur.

VII. De donationibus [4].

Est etiam aliud genus adquisitionis donatio. Donationum autem duo genera sunt : mortis causa et non mortis causa. 1. Mortis causa donatio est, quae propter mortis fit suspicionem, cum quis ita donat, ut, si quid humanitus ei contigisset, haberet is qui accepit : sin autem supervixisset qui donavit, reciperet, vel si eum donationis poenituisset aut prior decesserit is cui donatum sit. Hae mortis causa donationes ad exemplum legatorum redactae sunt per omnia. Nam cum prudentibus ambiguum fuerat, utrum donationis an legati instar eam optinere oporteret, et utriusque causae quaedam habebat insignia et alii ad aliud genus eam retrahebant : a nobis constitutum est [5], ut per omnia fere legatis connumeretur et sic procedat, quemadmodum eam nostra formavit constitutio. [6] 'Et in summa mortis causa donatio est, cum magis se quis velit habere, quam eum cui donatur, magisque eum cui donat, quam heredem suum. Sic et apud Homerum Telemachus donat Piraeo' [7].

1. *C.*, 7, 31, 1. — 2. *C.*, 7, 37, 2. — 3. *C.*, 7, 37, 3. — 4. Cf. *D.*, 24, 1. 39. 5-6. *C.*, 5. 3, 16.8, 53-56 (54-57). — 5. *C.*, 8, 56 (57), 4. — 6. Marcien, *L. 9 inst.* (*D.* 39, 6, 1). — 7. *Od*, 17, 78-83.

2. Aliae autem donationes sunt, quae sine ulla mortis cogitatione fiunt, quas inter vivos appellamus. Quae omnino non comparantur legatis : quae si fuerint perfectae, temere revocari non possunt. Perficiuntur autem, cum donator suam voluntatem scriptis aut sine scriptis manifestaverit : et ad exemplum venditionis nostra constitutio [1] eas etiam in se habere necessitatem traditionis voluit, ut, et si non tradantur, habeant plenissimum et perfectum robur et traditionis necessitas incumbat donatori. Et cum retro principum dispositiones insinuari eas actis intervenientibus volebant, si majores ducentorum fuerant solidorum, nostra constitutio [2] et quantitatem usque ad quingentos solidos ampliavit, quam stare et sine insinuatione statuit, et quasdam donationes invenit, quae penitus insinuationem fieri minime desiderant, sed in se plenissimam habent firmitatem. Alia insuper multa ad uberiorem exitum donationum invenimus, quae omnia ex nostris constitutionibus, quas super his posuimus, colligenda sunt. Sciendum tamen est, quod, etsi plenissimae sint donationes, tamen si ingrati existant homines, in quos beneficium collatum est, donatoribus per nostram constitutionem [3] licentiam praestavimus certis ex causis eas revocare, ne qui suas res in alios contulerunt, ab his quandam patiantur injuriam vel jacturam, secundum enumeratos in nostra constitutione modos. 3. Est et aliud genus inter vivos donationum, quod veteribus quidem prudentibus penitus erat incognitum, postea autem a junioribus divis principibus introductum est, quod ante nuptias vocabatur et tacitam in se condicionem habebat, ut tunc ratum esset, cum matrimonium fuerit insecutum : ideoque ante nuptias appellabatur, quod ante matrimonium efficiebatur et nusquam post nuptias celebratas talis donatio procedebat. Sed primus quidem divus Justinus pater noster, cum augeri dotes et post nuptias fuerat permissum, si quid tale evenit, etiam ante nuptias donationem augeri et constante matrimonio sua constitutione [4] permisit ; sed tamen nomen inconveniens remanebat, cum ante nuptias quidem vocabatur, post nuptias autem tale accipiebat incrementum. Sed nos plenissimo fini tradere sanctiones cupientes et consequentia nomina rebus esse studentes constituimus [5], ut tales donationes non augeantur tantum, sed et constante matrimonio initium accipiant et non ante nuptias, sed propter nuptias vocentur et dotibus in hoc

1. *C.*, 8, 53 (54), 35, 5. — 2. *C.*, 8, 53 (54), 36. — 3. *C.*, 8, 55 (56), 10. — 4. *C.*, 5, 3, 19. — 5. *C.*, 5, 3, 20.

exaequentur, ut, quemadmodum dotes et constante matrimonio non solum augentur, sed etiam fiunt, ita et istae donationes, quae propter nuptias introductae sunt, non solum antecedant matrimonium, sed etiam eo contracto et augeantur et constituantur.

4. Erat olim et alius modus civilis adquisitionis per jus adcrescendi, quod est tale : si communem servum habens aliquis cum Titio solus libertatem et imposuit vel vindicta vel testamento, eo casu pars ejus amittebatur et socio adcrescebat. Sed cum pessimo fuerat exemplo et libertate servum defraudari et ex ea humanioribus quidem dominis damnum inferri, severioribus autem lucrum adcrescere, hoc quasi invidiae plenum pio remedio per nostram constitutionem [1] mederi necessarium duximus et invenimus viam, per quam et manumissor et socius ejus et qui libertatem accepit nostro fruantur beneficio, libertate cum effectu procedente (cujus favore et antiquos legislatores multa et contra communes regulas statuisse manifestissimum est) et eo qui eam imposuit suae liberalitatis stabilitate gaudente et socio indemni conservato pretiumque servi secundum partem dominii, quod nos definivimus, accipiente.

VIII. QUIBUS ALIENARE LICET VEL NON [2].

[3] 'Accidit aliquando, ut qui dominus sit alienare non possit et contra qui dominus non sit alienandae rei potestatem habeat. Nam dotale praedium maritus invita muliere per legem Juliam prohibetur alienare, quamvis ipsius sit dotis causa ei datum'. Quod nos legem Juliam corrigentes in meliorem statum deduximus [4]. Cum enim lex in soli tantummodo rebus locum habebat, quae Italicae fuerant, et alienationes inhibebat, quae invita muliere fiebant, hypothecas autem earum etiam volente, utrisque remedium imposuimus, ut etiam in eas res, quae in provinciali solo positae sunt, interdicta fiat alienatio vel obligatio et neutrum eorum neque consentientibus mulieribus procedat, ne sexus muliebris fragilitas in perniciem substantiae earum converteretur. 1.[5] 'Contra autem creditor pignus ex pactione; quamvis ejus ea res non sit, alienare potest. Sed hoc forsitan ideo videtur fieri, quod voluntate debitoris intellegitur pignus alienare, qui ab initio contractus pactus est, ut liceret creditori pignus vendere, si pecunia non solvatur'. Sed

1. *C.*, 7, 7, 1. — 2. Cf. Gaius, 2, 62-64. 80-85. — 3. Gaius, 2, 62-63. — 4. *C.*, 5, 13, 1, 15. — 5. Gaius, 2, 64.

ne creditores jus suum persequi impedirentur neque debitores temere suarum rerum dominium amittere videantur, nostra constitutione [1] consultum est et certus modus impositus est, per quem pignorum distractio possit procedere, cujus tenore utrique parti creditorum et debitorum satis abundeque provisum est. 2. [2] 'Nunc admonendi sumus neque pupillum neque pupillam ullam rem sine tutoris auctoritate alienare posse. Ideoque si mutuam pecuniam alicui sine tutoris auctoritate dederit, non contrahit obligationem, quia pecuniam non facit accipientis. Ideoque vindicare nummos possunt, sicubi extent'. Sed si nummi, quos mutuos dedit, ab eo qui accipit bona fide consumpti sunt, condici possunt, si mala fide, ad exhibendum de his agi potest. At ex contrario omnes res pupillo et pupillae sine tutoris auctoritate recte dari possunt. Ideoque si debitor pupillo solvat, necessaria est tutoris auctoritas : alioquin non liberabitur. Sed etiam hoc evidentissima ratione statutum est in constitutione, quam ad Caesareenses advocatos ex suggestione Triboniani viri eminentissimi quaestoris sacri palatii nostri promulgavimus [3], qua dispositum est ita licere tutori vel curatori debitorem pupillarem solvere, ut prius sententia judicialis sine omni damno celebrata hoc permittat. Quo subsecuto, si et judex pronuntiaverit et debitor solverit, sequitur hujusmodi solutionem plenissima securitas. Sin autem aliter quam disposuimus solutio facta fuerit et pecuniam salvam habeat pupillus aut ex ea locupletior sit et adhuc eandem summam pecuniae petat, per exceptionem doli mali summoveri poterit. Quodsi aut male consumpserit aut furto amiserit, nihil proderit debitori doli mali exceptio, sed nihilo minus damnabitur, quia temere sine tutoris auctoritate et non secundum nostram dispositionem solverit. Sed ex diverso pupilli vel pupillae solvere sine tutore auctore non possunt, quia id quod solvunt non fit accipientis, cum scilicet nullius rei alienatio eis sine tutoris auctoritate concessa est.

IX. PER QUAS PERSONAS NOBIS ADQUIRITUR [4].

[5] 'Adquiritur nobis non solum per nosmet ipsos, sed etiam per eos, quos in potestate habemus ; item per eos servos, in quibus usum fructum habemus ; item per homines liberos et servos alienos, quos bona fide possidemus. De quibus singulis diligentius dispiciamus. 1. Igitur liberi vestri utriusque sexus,

1. *C.*, 8, 33 (34). 3. — 2. Gaius, 2, 80-82. — 3. *C.*, 5, 37, 25. — 4. Cf. Gaius, 2, 86-100. *D.*, 41, 1. *C.*, 4, 27. — 5. Gaius, 2, 86-87 (*D.*, 41, I, 10).

quos in potestate habetis', olim quidem, quidquid ad eos pervenerat (exceptis videlicet castrensibus peculiis), hoc parentibus suis adquirebant sine ulla distinctione : et hoc ita parentum fiebat, ut esset eis licentia, quod per unum vel unam eorum adquisitum est, alii vel extraneo donare vel vendere vel quocumque modo voluerant applicare. Quod nobis inhumanum visum est et generali constitutione [1] emissa et liberis pepercimus et patribus debitum reservavimus. Sancitum etenim a nobis est, ut, si quid ex re patris ei obveniat, hoc secundum antiquam observationem totum parenti adquirat (quae enim invidia est, quod ex patris occasione profectum est, hoc ad eum reverti ?), quod autem ex alia causa sibi filius familias adquisivit, hujus usum fructum quidem patri adquiret, dominium autem apud eum remaneat, ne, quod ei suis laboribus vel prospera fortuna accessit, hoc in alium perveniens luctuosum ei procedat. 2. Hocque a nobis dispositum est et in ea specie, ubi parens emancipando liberum ex rebus, quae adquisitionem effugiunt, sibi partem tertiam retinere, si voluerat licentiam ex anterioribus constitutionibus habebat quasi pro pretio quodammodo emancipationis, et inhumanum quid accidebat, ut filius rerum suarum ex hac emancipatione dominio pro parte defraudetur et, quod honoris ei ex emancipatione additum est, quod sui juris effectus est, hoc per rerum deminutionem decrescat. Ideoque statuimus, ut parens pro tertia bonorum parte dominii, quam retinere poterat, dimidiam non dominii rerum, sed usus fructus retineat ; ita etenim et res intactae apud filium remanebunt et pater ampliore summa fruetur pro tertia dimidia potiturus. 3. [2] 'Item vobis adquiritur, quod servi vestri ex traditione nanciscuntur sive quid stipulentur vel ex qualibet alia causa adquirunt'. Hoc enim vobis et ignorantibus et invitis obvenit. 'Ipse enim servus qui in potestate alterius est nihil suum habere potest. Sed si heres institutus sit, non alias nisi jussu vestro hereditatem adire potest ; et si jubentibus vobis adierit, vobis hereditas adquiritur, perinde ac si vos ipsi heredes instituti essetis. Et convenienter scilicet legatum per eos vobis adquiritur. Non solum autem proprietas per eos quos in potestate habetis adquiritur vobis, sed etiam possessio ; cujuscumque enim rei possessionem adepti fuerint, id vos possidere videmini. Unde etiam per eos usucapio vel longi temporis possessio vobis accedit. 4. De his autem servis, in quibus tantum usum fructum habetis, ita

1. *C.*, 6, 61,6. — 2. Gaius, 2, 87. 89. 91-93 (*D.*, 41, 1, 10).

placuit, ut, quidquid ex re vestra vel ex operibus suis adquirant, id vobis adjiciatur, quod vero extra eas causas persecuti sunt, id ad dominum proprietatis pertineat. Itaque si is servus heres institutus sit legatumve quid ei aut donatum fuerit, non usufructuario, sed domino proprietatis adquiritur. Idem placet et de eo, qui a vobis bona fide possidetur, sive is liber sit sive alienus servus; quod enim placuit de usufructuario, idem placet et de bonae fidei possessore. Itaque quod extra duas istas causas adquiritur, id vel ad ipsum pertinet, si liber est, vel ad dominum, si servus est. Sed bonae fidei possessor cum usuceperit servum, quia eo modo dominus fit, ex omnibus causis per eum sibi adquirere potest; fructuarius vero usucapere non potest, primum quia non possidet, sed habet jus utendi fruendi, deinde quia scit servum alienum esse'. Non solum autem proprietas, per eos servos, in quibus usum fructum habetis vel quos bona fide possidetis, vel per liberam personam, quae bona fide vobis servit, adquiritur vobis, sed etiam possessio; [1] 'loquimur autem in utriusque persona secundum definitionem, quam proxime exposuimus, id est si quam possessionem ex re vestra vel ex operibus suis adepti fuerint.

5. Ex his itaque apparet per liberos homines, quos neque juri vestro subjectos habetis neque bona fide possidetis, item per alienos servos, in quibus neque usum fructum habetis neque justam possessionem, nulla ex causa vobis adquiri posse. Et hoc est, quod dicitur per extraneam personam nihil adquiri posse', excepto eo, quod per liberam personam veluti per procuratorem placet non solum scientibus, sed etiam ignorantibus vobis adquiri possessionem secundum divi Severi constitutionem [2] et per hanc possessionem etiam dominium, si dominus fuit qui tradidit, vel usucapionem aut longi temporis praescriptionem, si dominus non sit.

6. [3] 'Hactenus tantisper admonuisse sufficiat, quemadmodum singulae res adquiruntur: nam legatorum jus, quo et ipso singulae res vobis adquiruntur, item fideicommissorum, ubi singulae res vobis relinquuntur, opportunius inferiori loco referemus. Videamus itaque nunc, quibus modis per universitatem res vobis adquiruntur. Si cui ergo heredes facti sitis sive cujus bonorum possessionem petieritis vel si quem adrogaveritis vel si cujus bona libertatum conservandarum causa vobis addicta fuerint, ejus res omnes ad vos transeunt. Ac prius de hereditatibus dispiciamus. Quarum duplex condicio

---

1. Gaius, 2, 94. 95. — 2. C., 7. 32, 1. — 3. Gaius, 2, 97-100.

est ; nam vel ex testamento vel ab intestato ad vos pertinent. Et prius est, ut de his dispiciamus, quae vobis ex testamento obveniunt'. Qua in re necessarium est initio de ordinandis testamentis exponere.

X. DE TESTAMENTIS ORDINANDIS [1].

Testamentum ex eo appellatur, quod testatio mentis est.

1. Sed ut nihil antiquitatis penitus ignoretur, sciendum est olim quidem duo genera testamentorum in usu fuisse, quorum altero in pace et in otio utebantur, quod calatis comitiis appellabatur, altero, cum in proelium exituri essent, quod procinctum dicebatur. Accessit deinde tertium genus testamentorum, quod dicebatur per aes et libram, scilicet quia per emancipationem, id est imaginariam quandam venditionem, agebatur quinque testibus et libripende civibus Romanis puberibus praesentibus et eo qui familiae emptor dicebatur. Sed illa quidem priora duo genera testamentorum ex veteribus temporibus in desuetudinem abierunt ; quod vero per aes et libram fiebat, licet diutius permansit, attamen partim et hoc in usu esse desiit. 2. Sed praedicta quidem nomina testamentorum ad jus civile referebantur. Postea vero ex edicto praetoris alia forma faciendorum testamentorum introducta est ; jure enim honorario nulla emancipatio desiderabatur, sed septem testium signa sufficiebant, cum jure civili signa testium non erant necessaria. 3. Sed cum paulatim tam ex usu hominum quam ex constitutionum emendationibus coepit in unam consonantiam jus civile et praetorium jungi, constitutum est, ut uno eodemque tempore, quod jus civile quodammodo exigebat, septem testibus adhibitis et subscriptione testium, quod ex constitutionibus inventum est, et ex edicto praetoris signacula testamentis imponerentur : ut hoc jus tripertitum esse videatur, ut testes quidem et eorum praesentia uno contextu testamenti celebrandi gratia a jure civili descendant, subscriptiones autem testatoris et testium ex sacrarum constitutionum observatione adhibeantur, signacula autem et numerus testium ex edicto praetoris. 4. Sed his omnibus ex nostra constitutione [2] propter testamentorum sinceritatem, ut nulla fraus adhibeatur, hoc additum est, ut per manum testatoris vel testium nomen heredis exprimatur et omnia secundum illius constitutionis tenorem procedant.

5. Possunt autem testes omnes et uno anulo signare testa-

1. Cf. Gaius, 2, 101-108. 119. D., 28, 1. C., 6, 23. — 2. C, 6, 23, 29.

mentum (quid enim, si septem anuli una sculptura fuerint?) secundum quod Pomponio visum est. Sed et alieno quoque anulo licet signare. 6. Testes autem adhiberi possunt ii, cum quibus testamenti factio est. Sed neque mulier neque impubes neque servus neque mutus neque surdus neque furiosus nec cui bonis interdictum est nec is, quem leges jubent improbum intestabilemque esse, possunt in numero testium adhiberi. 7. Sed cum aliquis ex testibus testamenti quidem faciendi tempore liber existimabatur, postea vero servus apparuit, tam divus Hadrianus Catonio Vero [1] quam postea divi Severus et Antoninus rescripserunt subvenire se ex sua liberalitate testamento, ut sic habeatur, atque si ut oportet factum esset, cum eo tempore, quo testamentum signaretur, omnium consensu hic testis liberorum loco fuerit nec quisquam esset, qui ei status quaestionem moveat. 8. [2] 'Pater nec non is, qui in potestate ejus est, item duo fratres, qui in ejusdem patris potestate sunt, utrique testes in unum testamentum fieri possunt: quia nihil nocet ex una domo plures testes alieno negotio adhiberi'. 9. [3] 'In testibus autem non debet esse qui in potestate testatoris est. Sed si filius familias de castrensi peculio post missionem faciat testamentum, nec pater ejus recte testis adhibetur nec is qui in potestate ejusdem patris est; reprobatum est enim in ea re domesticum testimonium'. 10. Sed neque heres scriptus neque is qui in potestate ejus est neque pater ejus qui habet eum in potestate neque fratres qui in ejusdem patris potestate sunt testes adhiberi possunt, quia totum hoc negotium, quod agitur testamenti ordinandi gratia, creditur hodie inter heredem et testatorem agi. Licet enim totum jus tale conturbatum fuerat et veteres, qui familiae emptorem et eos, qui per potestatem ei coadunati fuerant, testamentariis testimoniis repellebant, heredi et his, qui conjuncti ei per potestatem fuerant, concedebant testimonia in testamentis praestare, licet hi, qui id permittebant, hoc jure minime abuti debere eos suadebant: tamen nos eandem observationem corrigentes et, quod ab illis suasum est, in legis necessitatem transferentes ad imitationem pristini familiae emptoris merito nec heredi, qui imaginem vetustissimi familiae emptoris optinet, nec aliis personis, quae ei ut dictum est conjunctae sunt, licentiam concedimus sibi quodammodo testimonia praestare: ideoque nec ejusmodi veterem constitutionem nostro codici inseri permi-

1. *C.*, 6. 23, 1. — 2. Ulp., *Reg.*, 20, 6. *D.*, 22, 5, 17. — 3. Gaius, 2, 105-106.

simus. 11. Legatariis autem et fideicommissariis, quia non juris successores sunt, et aliis personis eis conjunctis testimonium non denegamus, immo in quadam nostra constitutione [1] et hoc specialiter concessimus, et multo magis his, qui in eorum potestate sunt, vel qui eos habent in potestate, hujusmodi licentiam damus.

12. Nihil autem interest, testamentum in tabulis an in chartis membranisve vel in alia materia fiat. 13 [2]. Sed et unum testamentum pluribus codicibus conficere quis potest, secundum optinentem tamen observationem omnibus factis. Quod interdum et necessarium est, si quis navigaturus et secum ferre et domi relinquere judiciorum suorum contestationem velit, vel propter alias innumerabiles causas, quae humanis necessitatibus imminent. 14. Sed haec quidem de testamentis, quae in scriptis conficiuntur. Si quis autem voluerit sine scriptis ordinare jure civili testamentum, septem testibus adhibitis et sua voluntate coram eis nuncupata sciat hoc perfectissimum testamentum jure civili firmumque constitutum.

XI. De militari testamento [3].

[4] 'Supra dicta diligens observatio in ordinandis testamentis militibus propter nimiam imperitiam constitutionibus principalibus remissa est. Nam quamvis hi neque legitimum numerum testium adhibuerint neque aliam testamentorum sollemnitatem observaverint, recte nihilo minus testantur', videlicet cum in expeditionibus occupati sunt: quod merito nostra constitutio [5] induxit. Quoquo enim modo voluntas ejus suprema sive scripta inveniatur sive sine scriptura, valet testamentum ex voluntate ejus. Illis autem temporibus, per quae citra expeditionum necessitatem in aliis locis vel in suis sedibus degunt, minime ad vindicandum tale privilegium adjuvantur ; sed testari quidem et si filii familias sunt propter militiam conceduntur, jure tamen communi, ea observatione et in eorum testamentis adhibenda, quam et in testamentis paganorum proxime exposuimus. 1. [6] 'Plane de militum testamentis divus Trajanus Statilio Severo ita rescripsit : 'Id privilegium, quod militantibus datum est, ut quoquo modo facta ab his testamenta rata sint, sic intellegi debet, ut utique prius constare debeat testa-

---

1. Non insérée au Code. — 2. Cf. Florentinus, *L. 10 inst.* (D., 28, 1, 24). — 3. Cf. Gaius, 2, 109-111. D., 29, 1. 37, 13. C., 6, 21. — 4. Gaius, 2, 109. — 5. C., 6, 21, 17. — 6. Florentinus, *L. 10 inst.* (D., 29, 4, 24).

mentum factum esse, quod et sine scriptura a non militantibus quoque fieri potest. Is ergo miles, de cujus bonis apud te quaeritur, si convocatis ad hoc hominibus, ut voluntatem suam testaretur, ita locutus est, ut declararet, quem vellet sibi esse heredem et cui libertatem tribuere, potest videri sine scripto hoc modo esse testatus et voluntas ejus rata habenda est. Ceterum si, ut plerumque sermonibus fieri solet, dixit alicui : EGO TE HEREDEM FACIO aut TIBI BONA MEA RELINQUO, non oportet hoc pro testamento observari. Nec ullorum magis interest quam ipsorum, quibus id privilegium datum est, ejusmodi exemplum non admitti ; alioquin non difficulter post mortem alicujus militis testes existerent, qui adfirmarent se audisse dicentem aliquem relinquere se bona, cui visum sit, et per hoc judicia vera subvertantur'. 2. Quin immo et mutus et surdus miles testamentum facere possunt. 3. Sed hactenus hoc illis a principalibus constitutionibus conceditur, quatenus militant et in castris degunt ; post missionem vero veterani vel extra castra si faciant adhuc militantes testamentum, communi omnium civium Romanorum jure facere debent. Et quod in castris fecerint testamentum non communi jure, sed quomodo voluerint, post missionem intra annum tantum valebit. Quid igitur, si intra annum quidem decesserit, condicio autem heredi adscripta post annum extiterit? An quasi militis testamentum valeat ? Et placet valere quasi militis. 4. Sed et si quis ante militiam non jure fecit testamentum et miles factus et in expeditione degens resignavit illud et quaedam adjecit sive detraxit vel alias manifesta est militis voluntas hoc valere volentis, dicendum est valere testamentum quasi ex nova militis voluntate. 5. ¹ Denique et si in adrogationem datus fuerit miles vel filius familias emancipatus est, testamentum ejus quasi militis ex nova voluntate valet nec videtur capitis deminutione irritum fieri.

6. Sciendum tamen est, quod ad exemplum castrensis peculii tam anteriores leges quam principales constitutiones quibusdam quasi castrensia dederunt peculia, quorum quibusdam permissum erat etiam in potestate degentibus testari. Quod nostra constitutio ² latius extendens permisit omnibus in his tantummodo peculiis testari quidem, sed jure communi: cujus constitutionis tenore perspecto licentia est nihil eorum quae ad praefatum jus pertinent ignorare.

1. Cf. Marcien, *L. 4 inst.* (D., 29, 1, 22). — 2. *C.*, 6, 22, 12.

XII. Quibus non est permissum testamenta facere [1].

[2] Non tamen omnibus licet facere testamentum. Statim enim hi, qui alieno juris subjecti sunt, testamenti faciendi jus non habent, adeo quidem ut, quamvis parentes eis permiserint, nihilo magis jure testari possint: exceptis his quos antea enumeravimus et praecipue militibus qui in potestate parentum sunt, quibus de eo, quod in castris adquisierint, permissum est ex constitutionibus principum testamentum facere. Quod quidem initio tantum militantibus datum est tam ex auctoritate divi Augusti quam Nervae nec non optimi imperatoris Trajani, postea vero subscriptione divi Hadriani etiam dimissis militia, id est veteranis, concessum est. Itaque si quidem fecerint de castrensi peculio testamentum, pertinebit hoc ad eum quem heredem reliquerint; si vero intestati decesserint nullis liberis vel fratribus superstitibus, ad parentes eorum jure communi pertinebit. Ex hoc intellegere possumus, quod in castris adquisierit miles, qui in potestate patris est, neque ipsum patrem adimere posse neque patris creditores id vendere vel aliter inquietare neque patre mortuo cum fratribus esse commune, sed scilicet proprium ejus esse id quod in castris adquisierit, quamquam jure civili omnium qui in potestate parentum sunt peculia perinde in bonis parentum computantur, acsi servorum peculia in bonis dominorum numerantur: exceptis videlicet his, quae ex sacris constitutionibus et praecipue nostris propter diversas causas non adquiruntur. Praeter hos igitur, qui castrense peculium vel quasi castrense habent, si quis alius filius familias testamentum fecerit, inutile est, licet suae potestatis factus decesserit. 1. Praeterea testamentum facere non possunt impuberes, quia nullum eorum animi judicium est; item furiosi, quia mente carent. Nec ad rem pertinet, si impubes postea pubes factus aut furiosus postea compos mentis factus fuerit et decesserit. Furiosi autem si per id tempus fecerint testamentum, quo furor eorum intermissus est, jure testati esse videntur, certe eo quod ante furorem fecerint testamento valente; nam neque testamenta recte facta neque aliud ullum negotium recte gestum postea furor interveniens peremit. 2. Item prodigus, cui bonorum suorum administratio interdicta est, testamentum facere non potest, sed id quod ante fecerit, quam interdictio ei bonorum fiat, ratum est.

1. Cf. Gaius, 2. 111-114. D., 28, 1. C., 6, 22. — 2. Cf. D., 28, 1, 6, pr. Gaius, L. 17 ad ed. prov.

3. Item mutus et surdus non semper facere testamentum possunt. Utique autem de eo surdo loquimur, qui omnino non exaudit, non qui tarde exaudit ; nam et mutus is intelligitur, qui eloqui nihil potest, non qui tarde loquitur. Saepe autem etiam litterati et eruditi homines variis casibus et audiendi et loquendi facultatem amittunt : unde nostra constitutio [1] etiam his subvenit, ut certis casibus et modis secundum normam ejus possint testari aliaque facere quae eis permissa sunt. [2] Sed si quis post testamentum factum valetudine aut quolibet alio casu mutus aut surdus esse coeperit, ratum nihilo minus ejus remanet testamentum. 4. Caecus autem non potest facere testamentum nisi per observationem, quam lex [3] divi Justini patris mei introduxit. 5. [4] 'Ejus, qui apud hostes est, testamentum quod ibi fecit non valet, quamvis redierit' ; sed quod dum in civitate fuerat fecit, sive redierit, valet jure postliminii, sive illic decesserit, valet ex lege Cornelia.

XIII. DE EXHEREDATIONE LIBERORUM [5].

[6] 'Non tamen, ut omnimodo valeat testamentum, sufficit haec observatio, quam supra exposuimus. Sed qui filium in potestate habet, curare debet, ut eum heredem instituat vel exheredem nominatim faciat ; alioquin si eum silentio praeterierit, inutiliter testabitur, adeo quidem ut, etsi vivo patre filius mortuus sit, nemo ex eo testamento heres existere possit, quia scilicet ab initio non constiterit testamentum'. Sed non ita de filiabus vel aliis per virilem sexum descendentibus liberis utriusque sexus fuerat antiquitati observatum ; sed si non fuerant heredes scripti scriptaeve vel exheredati exheredataeve, testamentum quidem non infirmabatur, jus autem adcrescendi eis ad certam portionem praestabatur. Sed nec nominatim eas personas exheredare parentibus necesse erat, sed licebat et inter ceteros hoc facere. 1. [7] 'Nominatim autem exheredari quis videtur, sive ita exheredetur : TITIUS FILIUS MEUS EXHERES ESTO, sive ita : FILIUS MEUS EXHERES ESTO non adjecto proprio nomine', scilicet si alius filius non extet. [8] 'Postumi quoque liberi vel heredes institui debent vel exheredari. Et in eo par omnium condicio est, quod et in filio postumo et in quolibet ex ceteris liberis sive feminini sexus sive masculini

---

1. *C.*, 6, 22, 10. — 2. Cf. *D.*, 28, 1, 6, 1. Gaius, *L. 17 ad ed. prov.* — 3. *C.*, 6, 22, 8. — 4. *D.*, 28, 1, 8, *pr.* Gaius, *l. c.* — 5. Cf. Gaius, 2, 123-143. *D.*, 28, 2-3. *C.*, 6, 28-29. — 6. Gaius, 2, 115. 123. — 7. Gaius, 2, 127. — 8. Gaius, 2, 130. 131. 134 (*D.*, 28, 3, 12).

praeterito valet quidem testamentum, sed postea adgnatione postumi sive postumae rumpitur et ea ratione totum infirmatur: ideoque si mulier, ex qua postumus aut postuma sperabatur, abortum fecerit, nihil impedimento est scriptis heredibus ad hereditatem adeundam. Sed feminini quidem sexus personae vel nominatim vel inter ceteros exheredari solebant, dum tamen, si inter ceteros exheredentur, aliquid eis legetur, ne videantur per oblivionem praeteritae esse, masculos vero postumos, id est filium et deinceps, placuit non aliter recte exheredari, nisi nominatim exheredentur, hoc scilicet modo : QUICUMQUE MIHI FILIUS GENITUS FUERIT, EXHERES ESTO. 2. Postumorum autem loco sunt et hi, qui in sui heredis locum succedendo quasi adgnascendo fiunt parentibus sui heredes. Ut ecce si quis filium et ex eo nepotem neptemve in potestate habeat, quia filius gradu praecedit, is solus jura sui heredis habet, quamvis nepos quoque et neptis ex eo in eadem potestate sunt; sed si filius ejus vivo eo moriatur aut qualibet alia ratione exeat de potestate ejus, incipit nepos neptisve in ejus locum succedere et eo modo jura suorum heredum quasi adgnatione nanciscuntur. Ne ergo eo modo rumpatur ejus testamentum, sicut ipsum filium vel heredem instituere vel nominatim exheredare debet testator, ne non jure faciat testamentum, ita et nepotem neptemve ex filio necesse est ei vel heredem instituere vel exheredare, ne forte vivo eo filio mortuo, succedendo in locum ejus nepos neptisve quasi adgnatione rumpant testamentum. Idque lege Junia Vellaea provisum est, in qua simul exheredationis modus' ad similitudinem postumorum demonstratur. 3. [1] 'Emancipatos liberos jure civili neque heredes instituere neque exheredare necesse est, quia non sunt sui heredes. Sed praetor omnes tam feminini quam masculini sexus, si heredes non instituantur, exheredari jubet, virilis sexus nominatim, feminini vero et inter ceteros. Quodsi neque heredes instituti fuerint neque ita ut diximus exheredati, promittit praetor eis contra tabulas testamenti bonorum possessionem'. 4. Adoptivi liberi quamdiu sunt in potestate patris adoptivi, ejusdem juris habentur, cujus sunt justis nuptiis quaesiti, itaque heredes instituendi vel exheredandi sunt secundum ea quae de naturalibus exposuimus; [2] 'emancipati vero a patre adoptivo neque jure civili neque quod ad edictum praetoris attinet inter liberos numerantur. Qua ratione accidit, ut ex diverso quod ad naturalem parentem attinet, quam-

---

1. Gaius, 2, 135. — 2. Gaius, 2, 136-137.

diu quidem sint in adoptiva familia, extraneorum numero habeantur', ut eos neque heredes instituere neque exheredare necesse sit, 'cum vero emancipati fuerint ab adoptivo patre, tunc incipiant in ea causa esse, in qua futuri essent, si ab ipso naturali patre emancipati fuissent'. 5. Sed haec vetustas introducebat. Nostra vero constitutio [1] inter masculos et feminas in hoc jure nihil interesse existimans, quia utraque persona in hominum procreatione similiter naturae officio fungitur et lege antiqua duodecim tabularum omnes similiter ad successiones ab intestato vocabantur, quod et praetores postea secuti esse videntur, ideo simplex ac simile jus et in filiis et in filiabus et in ceteris descendentibus per virilem sexum personis non solum natis, sed etiam postumis introduxit, ut omnes, sive sui sive emancipati sunt, et nominatim exheredentur et eundem habeant effectum circa testamenta parentum suorum infirmanda et hereditatem auferendam, quem filii sui vel emancipati habent, sive jam nati sunt sive adhuc in utero constituti postea nati sunt. Circa adoptivos autem certam induximus divisionem, quae constitutioni nostrae [2], quam super adoptivis tulimus, continetur. 6. Sed si expeditione occupatus miles testamentum faciat et liberos suos jam natos vel postumos nominatim non exheredaverit, sed silentio praeterierit non ignorans, an habeat liberos, silentium ejus pro exheredatione nominatim facta valere constitutionibus principum cautum est. 7. Mater vel avus maternus necesse non habent liberos suos aut heredes instituere aut exheredare, sed possunt eos omittere. Nam silentium matris aut avi materni ceterorumque per matrem ascendentium tantum facit, quantum exheredatio patris. Neque enim matri filium filiamve neque avo materno nepotem neptemve ex filia, si eum eamve heredem non instituat, exheredare necesse est, sive de jure civili quaeramus, sive de edicto praetoris, quo praeteritis liberis contra tabulas bonorum possessionem promittit. Sed aliud eis adminiculum servatur, quod paulo post vobis manifestum fiat.

XIIII. DE HEREDIBUS INSTITUENDIS [3].

Heredes instituere permissum est tam liberos homines quam servos tam proprios quam alienos. Proprios autem olim quidem secundum plurium sententias non aliter quam cum libertate recte instituere licebat. Hodie vero etiam sine liber-

---

1. *C.*, 6, 28, 4. — 2. *C.*, 8, 47 (48), 10. — 3. Cf. Gaius, 2, 185-190. *D.*, 28, 5. *C.*, 6, 24.

tate ex nostra constitutione [1] heredes eos instituere permissum est. Quod non per innovationem induximus, sed quoniam et aequius erat et Atilicino placuisse Paulus suis libris, quos tam ad Massurium Sabinum quam ad Plautium scripsit, refert. Proprius autem servus etiam is intellegitur, in quo nudam proprietatem testator habet, alio usum fructum habente. [2] 'Est autem casus, in quo nec cum libertate utiliter servus a domina heres instituitur, ut constitutione divorum Severi et Antonini cavetur, cujus verba haec sunt : 'Servum adulterio maculatum non jure testamento manumissum ante sententiam ab ea muliere videri, quae rea fuerat ejusdem criminis postulata, rationis est : quare sequitur, ut in eundem a domina collata institutio nullius momenti habeatur'. Alienus servus etiam is intellegitur in quo usum fructum testator habet. 1. [3] 'Servus autem a domino suo heres institutus, si quidem in eadem causa manserit, fit ex testamento liber heresque necessarius. Si vero a vivo testatore manumissus fuerit, suo arbitrio adire hereditatem potest', quia non fit necessarius, cum utrumque ex domini testamento non consequitur. 'Quodsi alienatus fuerit, jussu novi domini adire hereditatem debet et ea ratione per eum dominus fit heres ; nam ipse alienatus neque liber neque heres esse potest', etiamsi cum libertate heres institutus fuerit ; destitisse etenim a libertatis datione videtur dominus, qui eum alienavit. 'Alienus quoque servus heres institutus si in eadem causa duraverit, jussu domini adire hereditatem debet. Si vero alienatus ab eo fuerit aut vivo testatore aut post mortem ejus antequam adeat, debet jussu novi domini adire. At si manumissus est' vivo testatore, vel mortuo antequam adeat, 'suo arbitrio adire hereditatem potest'. 2. Servus alienus post domini mortem recte heres instituitur, quia et cum hereditariis servis est testamenti factio ; nondum enim adita hereditas personae vicem sustinet, non heredis futuri, sed defuncti, cum et ejus, qui in utero est, servus recte heres instituitur. 3. Servus plurium, cum quibus testamenti factio est, ab extraneo institutus heres unicuique dominorum, cujus jussu adierit, pro portione dominii adquirit hereditatem.

4. Et unum hominem et plures in infinitum, quot quis velit, heredes facere licet. 5. [4] 'Hereditas plerumque dividitur in duodecim uncias, quae assis appellatione continentur. Habent autem et hae partes propria nomina ab uncia usque ad

---

1. C., 6, 27, 5. — 2. Marcien, L. 4 inst. (D., 28, 5, 49 [48], 2). — 3. Gaius, 2, 188, 189. — 4. D., 28, 5, 51 (50), 2. Ulp., L. 6 reg.

assem, ut puta haec : sextans, quadrans, triens, quincunx, semis, septunx, bes, dodrans, dextans, deunx, as'. Non autem utique duodecim uncias esse oportet ; nam tot unciae assem efficiunt, quot testator voluerit, et si unum tantum quis ex semisse verbi gratia heredem scripserit, totus as in semisse erit; neque enim idem ex parte testatus et ex parte intestatus decedere potest, nisi sit miles, cujus sola voluntas in testando spectatur. Et e contrario potest quis in quantascumque voluerit plurimas uncias suam hereditatem dividere. 6. Si plures instituantur, ita demum partium distributio necessaria est, si nolit testator eos ex aequis partibus heredes esse ; satis enim constat, nullis partibus nominatis, aequis ex partibus eos heredes esse. Partibus autem in quorundam personis expressis, si quis alius sine parte nominatus erit, si quidem aliqua pars assi deerit, ex ea parte heres fit, et si plures sine parte scripti sunt, omnes in eadem parte concurrent. Si vero totus as completus sit, in partem dimidiam vocatur et ille vel illi omnes in alteram dimidiam. Nec interest, primus an medius an novissimus sine parte scriptus sit ; ea enim pars data intelligitur quae vacat. 7. Videamus, si pars aliqua vacet nec tamen quisquam sine parte heres institutus sit, quid juris sit ? Veluti si tres ex quartis partibus heredes scripti sunt ? Et constat vacantem partem singulis tacite pro hereditaria parte accedere et perinde haberi, ac si ex tertiis partibus heredes scripti essent : et ex diverso si plus in portionibus sit, tacite singulis decrescere, ut, si verbi gratia quattuor ex tertiis partibus heredes scripti sint, perinde habeantur, ac si unusquisque ex quarta parte scriptus fuisset. 8. Et si plures unciae quam duodecim distributae sunt, is, qui sine parte institutus est, quod dipondio deest habebit : idemque erit si dipondius expletus sit. Quae omnes partes ad assem postea revocantur, quamvis sint plurium unciarum.

9. Heres et pure et sub condicione institui potest. Ex certo tempore aut ad certum tempus non potest, veluti POST QUINQUENNIUM QUAM MORIAR vel EX KALENDIS ILLIS aut USQUE AD KALENDAS ILLAS HERES ESTO : diemque adjectum pro supervacuo haberi placet et perinde esse, ac si pure heres institutus esset. 10. Impossibilis condicio in institutionibus et legatis nec non in fideicommissis et libertatibus pro non scripto habetur. 11. Si plures condiciones institutioni adscriptae sunt, si quidem conjunctim, ut puta SI ILLUD ET ILLUD FACTUM ERIT, omnibus parendum est ; si separatim, veluti SI ILLUD AUT ILLUD FACTUM ERIT, cuilibet obtemperare satis est.

12. Hi, quos numquam testator vidit, heredes institui possunt. Veluti si fratris filios peregri natos ignorans qui essent heredes instituerit; ignorantia enim testantis inutilem institutionem non facit.

XV. De vulgari substitutione [1].

² 'Potest autem quis in testamento suo plures gradus heredum facere, ut puta SI ILLE HERES NON ERIT, ILLE HERES ESTO, et deinceps in quantum velit testator substituere et novissimo loco in subsidium vel servum necessarium heredem instituere. 1. Et plures in unius locum possunt substitui, vel unus in plurium, vel singuli singulis, vel invicem ipsi qui heredes instituti sunt'. 2. Et si ex disparibus partibus heredes scriptos invicem substituerit et nullam mentionem in substitutione habuerit partium, eas videtur partes in substitutione dedisse, quas in institutione expressit: et ita divus Pius rescripsit[3]. 3. Sed si instituto heredi et coheredi suo substituto dato alius substitutus fuerit, divi Severus et Antoninus sine distinctione rescripserunt ad utramque partem substitutum admitti. 4. Si servum alienum quis patrem familias arbitratus heredem scripserit et, si heres non esset, Maevium ei substituerit isque servus jussu domini adierit hereditatem, Maevius in partem admittitur. Illa enim verba SI HERES NON ERIT in eo quidem, quem alieno juri subjectum esse testator scit, sic accipiuntur: si neque ipse heres erit neque alium heredem effecerit; in eo vero, quem patrem familias esse arbitratur, illud significant: si hereditatem sibi eive, cujus juri postea subjectus esse coeperit, non adquisierit. ⁴ Idque Tiberius Caesar in persona Parthenii servi sui constituit.

XVI. De pupillari substitutione [5].

⁶ 'Liberis suis impuberibus, quos in potestate quis habet, non solum ita, ut supra diximus, substituere potest, id est ut, si heredes ei non extiterint, alius ei sit heres, sed eo amplius ut et, si heredes ei extiterint et adhuc impuberes mortui fuerint, sit eis aliquis heres. Veluti si quis dicat hoc modo: TITIUS FILIUS MEUS HERES MIHI ESTO; SI FILIUS MEUS HERES MIHI NON ERIT, SIVE HERES ERIT ET PRIUS MORIATUR, QUAM IN SUAM TUTELAM VENERIT (id est pubes factus sit), TUNC SEIUS HERES ESTO.

---

1. Cf. Gaius, 2, 174-178, D., 28, 6. C., 6, 26. — 2. Marcien, L. 4 inst. (D., 28, 6, 36). — 3. C., 6, 26, 1. — 4. Cf. D., 28, 5, 42 (41). — 5. Cf. Gaius, 2, 179-184. D. 28, 6. C., 6, 26. — 6. Gaius, 2.179-180.

Quo casu si quidem non extiterit heres filius, tunc substitutus patri fit heres ; si vero extiterit heres filius et ante pubertatem decesserit, ipsi filio fit heres substitutus'. Nam moribus institutum est, ut, cum ejus aetatis sunt, in qua ipsi sibi testamentum facere non possunt, parentes eis faciant. 1. Qua ratione excitati etiam constitutionem [1] in nostro posuimus codice, qua prospectum est, ut, si mente captos habeant filios vel nepotes vel pronepotes cujuscumque sexus vel gradus, liceat eis, etsi puberes sint, ad exemplum pupillaris substitutionis certas personas substituere : sin autem resipuerint, eandem substitutionem infirmari, et hoc ad exemplum pupillaris substitutionis, quae postquam pupillus adoleverit infirmatur. 2. [2] 'Igitur in pupillari substitutione secundum praefatum modum ordinata duo quodammodo sunt testamenta, alterum patris, alterum filii, tamquam si ipse filius sibi heredem instituisset : aut certe unum est testamentum duarum causarum, id est duarum hereditatum'. 3. Sin autem quis ita formidolosus sit, ut timeret, ne filius ejus pupillus adhuc ex eo, quod palam substitutum accepit, post obitum ejus periculo insidiarum subjiceretur : 'vulgarem quidem substitutionem palam facere' et in primis testamenti partibus debet, 'illam autem substitutionem, per quam et si heres extiterit pupillus et intra pubertatem decesserit substitutus vocatur, separatim in inferioribus partibus scribere eamque partem proprio lino propriaque cera consignare et in priore parte testamenti cavere, ne inferiores tabulae vivo filio et adhuc impubere aperiantur'. Illud palam est non ideo minus valere substitutionem impuberis filii, quod in isdem tabulis scripta sit, quibus sibi quisque heredem instituisset, quamvis hoc pupillo periculosum sit. 4. [3] 'Non solum autem heredibus institutis impuberibus liberis ita substituere parentes possunt, ut et si heredes eis extiterint et ante pubertatem mortui fuerint, sit eis heres is quem ipsi voluerint, sed etiam exheredatis. Itaque eo casu si quid pupillo ex hereditatibus legatisve aut donationibus propinquorum atque amicorum adquisitum fuerit, id omne ad substitutum pertineat. Quaecumque diximus de substitutione impuberum liberorum vel heredum institutorum vel exheredatorum, eadem etiam de postumis intellegimus'. 5. Liberis autem suis testamentum facere nemo potest, nisi et sibi faciat ; nam pupillare testamentum pars et sequela est paterni testamenti, adeo ut, si patris testamentum non valeat, ne filii quidem valebit.

1. *C.*, 6, 26, 9. — 2. Gaius, 2, 180. 181. — 3. Gaius, 2, 182-183.

6. [1]'Vel singulis autem liberis vel qui eorum novissimus impubes morietur substitui potest. Singulis quidem, si neminem eorum intestato decedere voluit, novissimo, si jus legitimarum hereditatum integrum inter eos custodiri velit'. 7. Substituitur autem impuberi aut nominatim, veluti TITIUS, aut generaliter QUISQUIS MIHI HERES ERIT : quibus verbis vocantur ex substitutione impubere filio mortuo, qui et scripti sunt heredes et extiterunt, et pro qua parte heredes facti sunt. 8. Masculo igitur usque ad quattuordecim annos substitui potest, feminae usque ad duodecim annos ; et si hoc tempus excesserit, substitutio evanescit. 9. [2]'Extraneo vero vel filio puberi heredi instituto ita substituere nemo potest, ut, si heres extiterit et intra aliquod tempus decesserit, alius ei sit heres ; sed hoc solum permissum est, ut eum per fideicommissum testator obliget alii hereditatem ejus vel totam vel pro parte restituere : quod jus quale sit, suo loco trademus'.

XVII. QUIBUS MODIS TESTAMENTA INFIRMANTUR [3].

Testamentum jure factum usque eo valet, donec rumpatur irritumve fiat. 1. Rumpitur autem testamentum, cum in eodem statu manente testatore ipsius testamenti jus vitiatur. [4]'Si quis enim post factum testamentum adoptaverit sibi filium per imperatorem eum, qui sui juris est, aut per praetorem secundum nostram constitutionem eum, qui in potestate parentis fuerit, testamentum ejus rumpitur quasi adgnatione sui heredis. 2. Posteriore quoque testamento, quod jure perfectum est, superius rumpitur, nec interest, an extiterit aliquis heres ex eo, an non extiterit ; hoc enim solum spectatur, an aliquo casu existere potuerit. Ideoque si quis aut noluerit heres esse, aut vivo testatore aut post mortem ejus antequam hereditatem adiret decesserit, aut condicione, sub qua heres institutus est, defectus sit, in his casibus pater familias intestatus moritur ; nam et prius testamentum non valet ruptum a posteriore et posterius aeque nullas vires habet, cum ex eo nemo heres extiterit'. 3. [5]'Sed si quis priore testamento jure perfecto posterius aeque jure fecerit, etiamsi ex certis rebus in eo heredem instituerit, superius testamentum sublatum esse divi Severus et Antoninus rescripserunt. Cujus constitutionis inseri verba jussimus, cum aliud quoque praeterea in ea con-

---

1. Florentinus, *L. 10 inst.* (*D.* 28, 6, 37). — 2. Gaius, 2, 184. — 3. Cf. Gaius, 2, 138-151. *D.*, 28, 3. — 4. Gaius, 2, 138. 144. — 5. Marcien, *L. 4 inst.* (*D.*, 36, 1, 30 [29]).

stitutione expressum est. 'Imperatores Severus et Antoninus Cocceio Campano. Testamentum secundo loco factum, licet in eo certarum rerum heres scriptus sit, jure valere, perinde ac si rerum mentio facta non esset, sed teneri heredem scriptum, ut contentus rebus sibi datis aut suppleta quarta ex lege Falcidia hereditatem restituat his, qui in priore testamento scripti erant, propter inserta verba secundo testamento quibus, ut valeret prius testamentum expressum est, dubitari non oportet'. Et ruptum quidem testamentum hoc modo efficitur. 4. [1] 'Alio quoque modo testamenta jure facta infirmantur, veluti cum is qui fecerit testamentum capite deminutus sit. Quod quibus modis accidit, primo libro rettulimus. 5. Hoc autem casu irrita fieri testamenta dicuntur, cum alioquin et quae rumpuntur irrita fiunt et quae statim ab initio non jure fiunt irrita sint : et ea, quae jure facta [sunt], postea propter capitis deminutionem irrita fiunt, possumus nihilo minus rupta dicere. Sed quia sane commodius erat singulas causas singulis appellationibus distingui, ideo quaedam non jure facta dicuntur, quaedam jure facta rumpi vel irrita fieri. 6 (5). Non tamen per omnia inutilia sunt ea testamenta, quae ab initio jure facta propter capitis deminutionem irrita facta sunt. Nam si septem testium signis signata sunt, potest scriptus heres secundum tabulas testamenti bonorum possessionem agnoscere, si modo defunctus et civis Romanus et suae potestatis mortis tempore fuerit : nam si ideo irritum factum sit testamentum, quod civitatem vel etiam libertatem testator amisit, aut quia in adoptionem se dedit et mortis tempore in adoptivi patris potestate sit, non potest scriptus heres secundum tabulas bonorum possessionem petere'. 7 (6). Ex eo autem solo non potest infirmari testamentum, quod postea testator id noluit valere : usque adeo ut et, si quis post factum prius testamentum posterius facere coeperit et aut mortalitate praeventus, aut quia eum ejus rei poenituit, id non perfecisset, divi Pertinacis oratione cautum est, ne alias tabulae priores jure factae irritae fiant, nisi sequentes jure ordinatae et perfectae fuerint. Nam imperfectum testamentum sine dubio nullum est. 8 (7). Eadem oratione expressit non admissurum se hereditatem ejus, qui litis causa principem heredem reliquerit, neque tabulas non legitime factas, in quibus ipse ob eam causam heres institutus erat, probaturum neque ex nuda voce heredis nomen admissurum neque ex ulla scriptura, cui juris auctoritas desit, aliquid adepturum. Secundum haec divi quoque Severus et

1. Gaius, 2, 145-147.

Antoninus saepissime rescripserunt: 'licet enim' inquiunt 'legibus soluti sumus, attamen legibus vivimus'.

XVIII. DE INOFFICIOSO TESTAMENTO [1].

Quia plerumque parentes sine causa liberos suos vel exheredant vel omittunt, inductum est, ut de inofficioso testamento agere possint liberi, qui queruntur aut inique se exheredatos aut inique praeteritos, [2] 'hoc colore, quasi non sanae mentis fuerunt, cum testamentum ordinarent. Sed hoc dicitur, non quasi vere furiosus sit, sed recte quidem fecit testamentum, non autem ex officio pietatis; nam si vere furiosus est, nullum est testamentum'. 1. Non tantum autem liberis permissum est parentum testamentum inofficiosum accusare, verum etiam parentibus liberorum. Soror autem et frater turpibus personis scriptis heredibus ex sacris constitutionibus praelati sunt: non ergo contra omnes heredes agere possunt. Ultra fratres et sorores cognati nullo modo aut agere possunt aut agentes vincere. 2. Tam autem naturales liberi, quam secundum nostrae constitutionis [3] divisionem adoptati ita demum de inofficioso testamento agere possunt, si nullo alio jure ad bona defuncti venire possunt. Nam qui alio jure veniunt ad totam hereditatem vel partem ejus, de inofficioso agere non possunt. Postumi quoque, qui nullo alio jure venire possunt, de inofficioso agere possunt. 3. Sed haec ita accipienda sunt, si nihil eis penitus a testatoribus testamento relictum est. Quod nostra constitutio [4] ad verecundiam naturae introduxit. Sin vero quantacumque pars hereditatis vel res eis fuerit relicta, de inofficiosi querela quiescente id quod eis deest usque ad quartam legitimae partis repletur, licet non fuerit adjectum boni viri arbitratu debere eam repleri. 4. Si tutor nomine pupilli, cujus tutelam gerebat, ex testamento patris sui legatum acceperit, cum nihil erat ipsi tutori relictum a patre suo, nihilo minus possit nomine suo de inofficioso patris testamento agere. 5. Sed et si e contrario pupilli nomine, cui nihil relictum fuerit, de inofficioso egerit et superatus est, ipse quod sibi in eodem testamento legatum relictum est non amittit. 6. Igitur quartam quis debet habere, ut de inofficioso testamento agere non possit: sive jure hereditario sive jure legati vel fideicommissi, vel si mortis causa ei quarta donata fuerit, vel inter vivos in his tantummodo casibus, quorum nostra constitutio mentionem

---

1. Cf. *D.*, 5. 2. *C.*, 3, 28. — 2. Marcien, *L. 4 inst.*[(*D.*, 5, 2, 2). — 3. *C.*, 8, 47 (48), 10. — 4. *C.*, 3, 28, 30.

facit, vel aliis modis qui constitutionibus continentur. 7. Quod autem de quarta diximus, ita intellegendum est, ut, sive unus fuerit sive plures, quibus agere de inofficioso testamento permittitur, una quarta eis dari possit, ut pro rata distribuatur eis, id est pro virili portione quarta.

XVIIII. DE HEREDUM QUALITATE ET DIFFERENTIA [1].

[2] 'Heredes autem aut necessarii dicuntur aut sui et necessarii aut extranei. 1. Necessarius heres est servus heres institutus, ideo sic appellatus, quia, sive velit sive nolit, omnimodo post mortem testatoris protinus liber et necessarius heres fit. Unde qui facultates suas suspectas habent, solent servum suum primo aut secundo vel etiam ulteriore gradu heredem instituere, ut, si creditoribus satis non fiat, potius ejus heredis bona quam ipsius testatoris a creditoribus possideantur vel distrahantur vel inter eos dividantur. Pro hoc tamen incommodo illud ei commodum praestatur, ut ea, quae post mortem patroni sui sibi adquisierit, ipsi reserventur; et quamvis non sufficiant bona defuncti creditoribus, iterum ex ea causa res ejus, quas sibi adquisierit, non veneunt. 2. Sui autem et necessarii heredes sunt veluti filius filia nepos neptisque ex filio et deinceps ceteri liberi, qui modo in potestate morientis fuerint. Sed ut nepos neptisve sui heredes sint, non sufficit eum eamve in potestate avi mortis tempore fuisse, sed opus est ut pater ejus vivo patre suo desierit suus heres esse aut morte interceptus aut qualibet alia ratione liberatus potestate; tunc enim nepos neptisve in locum patris sui succedit. Sed sui quidem heredes ideo appellantur, quia domestici heredes sunt et vivo quoque patre quodammodo domini existimantur. Unde etiam, si quis intestatus mortuus sit, prima causa est in successione liberorum. Necessarii vero ideo dicuntur quia omnimodo, sive velint sive nolint, tam ab intestato quam ex testamento heredes fiunt. Sed his praetor permittit volentibus abstinere se ab hereditate, ut potius parentis quam ipsorum bona similiter a creditoribus possideantur'.

3. [3] 'Ceteri, qui testatoris juri subjecti non sunt, extranei heredes appellantur. Itaque liberi quoque nostri, qui in potestate nostra non sunt, heredes a nobis instituti extranei heredes videntur. Qua de causa et qui heredes a matre instituuntur, eodem numero sunt, quia feminae in potestate liberos

1. Cf. Gaius, 2, 152-173. *D.*, 29, 2. *C.*, 6, 30 31. — 2. Gaius, 2, 152-158. — 3. Gaius, 2, 161.

non habent. Servus quoque a domino heres institutus et post testamentum factum ab eo manumissus eodem numero habetur'. 4. [1] 'In extraneis heredibus illud observatur, ut sit cum eis testamenti factio, sive ipsi heredes instituantur sive hi qui in potestate eorum sunt. Et id duobus temporibus inspicitur, testamenti quidem facti, ut constiterit institutio, mortis vero testatoris, ut effectum habeat. Hoc amplius et cum adit hereditatem, esse debet cum eo testamenti factio, sive pure sive sub condicione heres institutus sit; nam jus heredis eo vel maxime tempore inspiciendum est, quo adquirit hereditatem. Medio autem tempore inter factum testamentum et mortem testatoris vel condicionem institutionis existentem mutatio juris heredi non nocet, quia ut diximus tria tempora inspici debent'. Testamenti autem factionem non solum is habere videtur, qui testamentum facere potest, sed etiam qui ex alieno testamento vel ipse capere potest vel alii adquirere, licet non potest facere testamentum. [2] Et ideo et furiosus et mutus et postumus et infans et filius familias et servus alienus testamenti factionem habere dicuntur; licet enim testamentum facere non possunt, attamen ex testamento vel sibi vel alii adquirere possunt. 5. [3] 'Extraneis autem heredibus deliberandi potestas est de adeunda hereditate vel non adeunda. Sed sive is, cui abstinendi potestas est, immiscuerit se bonis hereditariis sive extraneus, cui de adeunda hereditate deliberare licet, adierit, postea reliquendae hereditatis facultatem non habet, nisi minor sit annis viginti quinque; nam hujus aetatis hominibus, sicut in ceteris omnibus causis deceptis, ita et si temere damnosam hereditatem susceperint, praetor succurrit. 6. Sciendum tamen est divum Hadrianum etiam majori viginti quinque annis veniam dedisse, cum post aditam hereditatem grande aes alienum, quod aditae hereditatis tempore latebat, emersisset'. Sed hoc divus quidem Hadrianus speciali beneficio cuidam praestitit: divus autem Gordianus postea in militibus tantummodo hoc extendit; (6) sed nostra benevolentia commune omnibus subjectis imperio nostro hoc praestavit beneficium et constitutionem tam aequissiman quam nobilem scripsit [4], cujus tenorem si observaverint homines, licet eis adire hereditatem et in tantum teneri, in quantum valere bona hereditatis contingit: ut ex hac causa neque deliberationis auxilium eis fiat necessarium, nisi omissa observatione nostrae constitutionis et deli-

---

1. Florentinus, *L. 10 inst.* (*D.*, 28, 5, 50 [49], 1). — 2. Cf. *D.*, 28, 1, 16, *pr.* Pomponius, *Lib. sing. reg.* — 3. Gaius, 2. 162-163. — 4. *C.*, 6, 30, 22.

berandum existimaverint et sese veteri gravamini aditionis supponere maluerint. 7. ¹ 'Item extraneus heres testamento institutus aut ab intestato ad legitimam hereditatem vocatus potest aut pro herede gerendo vel etiam nuda voluntate suscipiendae hereditatis heres fieri'. Pro herede autem gerere quis videtur, si rebus hereditariis tamquam heres utatur vel vendendo res hereditarias aut praedia colendo locandove et quoquo modo si voluntatem suam declaret vel re vel verbis de adeunda hereditate, dummodo sciat eum, in cujus bonis pro herede gerit, testato intestatove obiisse et se ei heredem esse. Pro herede enim gerere est pro domino gerere ; veteres enim heredes pro dominis appellabant. ² 'Sicut autem nuda voluntate extraneus heres fit, ita et contraria destinatione statim ab hereditate repellitur'. Eum, qui mutus vel surdus natus est vel postea factus, nihil prohibet pro herede gerere et adquirere sibi hereditatem, si tamen intellegit quod agitur.

XX. DE LEGATIS ³.

⁴ 'Post haec videamus de legatis. Quae pars juris extra propositam quidem materiam videtur ; nam loquimur de his juris figuris, quibus per universitatem res nobis adquiruntur. Sed cum omnino de testamentis deque heredibus qui testamento instituuntur locuti sumus, non sine causa sequenti loco potest haec juris materia tractari'. 1. Legatum itaque est donatio quaedam a defuncto relicta. 2. Sed olim quidem erant legatorum genera quattuor : per vindicationem, per damnationem, sinendi modo, per praeceptionem : et certa quaedam verba cuique generi legatorum adsignata erant, per quae singula genera legatorum significabantur. Sed ex constitutionibus divorum principum⁵ sollemnitas hujusmodi verborum penitus sublata est. Nostra autem constitutio⁶, quam cum magna fecimus lucubratione, defunctorum voluntates validiores esse cupientes et non verbis, sed voluntatibus eorum faventes, disposuit, ut omnibus legatis una sit natura et, quibuscumque verbis aliquid derelictum sit, liceat legatariis id persequi non solum per actiones personales, sed etiam per in rem et per hypothecariam : cujus constitutionis perpensum modum ex ipsius tenore perfectissime accipere possibile est. 3. Sed non usque ad eam constitutionem standum esse existimavimus. Cum enim antiquitatem invenimus legata quidem stricte con-

1. Gaius, 2, 167. — 2. Gaius, 2, 169. — 3. Cf. Gaius, 2, 191-223. 229-245. *D.*, 30-32. *C.*, 6, 37-43. — 4. Gaius, 2, 191. — 5. *C.*, 37, 21. — 6. *C.*, 6, 43, 1.

cludentem, fideicommissis autem, quae ex voluntate magis descendebant defunctorum, pinguiorem naturam indulgentem: necessarium esse duximus [1] omnia legata fideicommissis exaequare, ut nulla sit inter ea differentia, sed quod deest legatis, hoc repleatur ex natura fideicommissorum et, si quid amplius est in legatis, per hoc crescat fideicommissi natura. Sed ne in primis legum cunabulis permixte de his exponendo studiosis adulescentibus quandam introducamus difficultatem, operae pretium esse duximus interim separatim prius de legatis et postea de fideicommissis tractare, ut natura utriusque juris cognita facile possint permixtionem eorum eruditi suptilioribus auribus accipere.

4. Non solum autem testatoris vel heredis res, sed et aliena legari potest: ita ut heres cogatur redimere eam et praestare vel, si non potest redimere, aestimationem ejus dare. Sed si talis res sit, cujus non est commercium, nec aestimatio ejus debetur, sicuti si campum Martium vel basilicas vel templa vel quae publico usui destinata sunt legaverit; nam nullius momenti legatum est. Quod autem diximus alienam rem posse legari, ita intellegendum est, si defunctus sciebat alienam rem esse, non et si ignorabat; forsitan enim, si scisset alienam, non legasset. Et ita divus Pius rescripsit. [2] 'Et verius est ipsum qui agit, id est legatarium, probare oportere scisse alienam rem legare defunctum, non heredem probare oportere ignorasse alienam, quia semper necessitas probandi incumbit illi qui agit'. 5. Sed et si rem obligatam creditori aliquis legaverit, necesse habet heres luere. Et hoc quoque casu idem placet, quod in re aliena, ut ita demum luere necesse habeat heres, si sciebat defunctus rem obligatam esse; et ita divi Severus et Antoninus rescripserunt. Si tamen defunctus voluit legatarium luere et hoc expressit, non debet heres eam luere.
6. Si res aliena legata fuerit et ejus vivo testatore legatarius dominus factus fuerit, si quidem ex causa emptionis, ex testamento actione pretium consequi potest; si vero ex causa lucrativa, veluti ex donatione vel ex alia simili causa, agere non potest. Nam traditum est duas lucrativas causas in eundem hominem et in eandem rem concurrere non posse. Hac ratione si ex duobus testamentis eadem res eidem debeatur, interest, utrum rem an aestimationem ex testamento consecutus est; nam si rem, agere non potest, quia habet eam

---

1. C., 6, 43, 2. — 2. Marcien, L. 6 inst. (D., 22, 3, 21).

ex causa lucrativa, si aestimationem, agere potest. 7. [1] 'Ea quoque res, quae in rerum natura non est, si modo futura est, recte legatur, veluti fructus qui in illo fundo nati erunt, aut quod ex illa ancilla natum erit'. 8. Si eadem res duobus legata sit sive conjunctim sive disjunctim, si ambo perveniant ad legatum, scinditur inter eos legatum ; si alter deficiat, quia aut spreverit legatum aut vivo testatore decesserit aut alio quolibet modo defecerit, totum ad collegatarium pertinet. Conjunctim autem legatur, veluti si quis dicat : TITIO ET SEIO HOMINEM STICHUM DO LEGO, disjunctim ita : TITIO HOMINEM STICHUM DO LEGO, SEIO STICHUM DO LEGO. Sed et si expresserit EUNDEM HOMINEM STICHUM, aeque disjunctim legatum intellegitur. 9. Si cui fundus alienus legatus fuerit et emerit proprietatem detracto usu fructu et usus fructus ad eum pervenerit et postea ex testamento agat, recte eum agere et fundum petere Julianus [2] ait, quia usus fructus in petitione servitutis locum optinet, sed officio judicis contineri, ut deducto usu fructu jubeat aestimationem praestari. 10. Sed si rem legatarii quis ei legaverit, inutile legatum est, quia quod proprium est ipsius, amplius ejus fieri non potest ; et licet alienaverit eam, non debetur nec ipsa nec aestimatio ejus. 11. Si quis rem suam quasi alienam legaverit, valet legatum ; nam plus valet, quod in veritate est, quam quod in opinione. Sed et si legatarii putavit, valere constat, quia exitum voluntas defuncti potest habere, 12. Si rem suam legaverit testator posteaque eam alienaverit. Celsus existimat, si non adimendi animo vendidit, nihilo minus deberi, idque divi Severus et Antoninus rescripserunt. Idem rescripserunt [3] eum, qui post testamentum factum praedia quae legata erant pignori dedit, ademisse legatum non videri et ideo legatarium cum herede agere posse, ut praedia a creditore luantur. Si vero quis partem rei legatae alienaverit, pars quae non est alienata omnimodo debetur, pars autem alienata ita debetur, si non adimendi animo alienata sit. 13. Si quis debitori suo liberationem legaverit, legatum utile est et neque ab ipso debitore neque ab herede ejus potest heres petere nec ab alio, qui heredis loco est, sed et potest a debitore conveniri, ut liberet eum. Potest autem quis vel ad tempus jubere ne heres petat. 14. Ex contrario si debitor creditori suo quod debet legaverit, inutile est legatum, si nihil plus est in legato quam in debito, quia nihil amplius habet per legatum. Quodsi in diem vel sub condicione debitum ei pure legaverit,

---

1. Gaius, 2, 203. — 2. *D*., 30, 82, 2. Julien, *L. 33 dig.* — 3. *C.*, 6, 37, 3.

utile est legatum propter repraesentationem. Quodsi vivo te statore dies venerit aut condicio extiterit, Papinianus scripsit [1] utile esse nihilo minus legatum, quia semel constitit. Quod et verum est ; non enim placuit sententia existimantium extinctum esse legatum, quia in eam causam pervenit, a qua incipere non potest. 15. Sed si uxori maritus dotem legaverit, valet legatum quia plenius est legatum quam de dote actio. Sed si quam non acceperit dotem legaverit, divi Severus et Antoninus rescripserunt, si quidem simpliciter legaverit, inutile esse legatum, si vero certa pecunia vel certum corpus aut instrumentum dotis in praelegando demonstrata sunt, valere legatum. 16. Si res legata sine facto heredis perierit, legatario decedit. Et si servus alienus legatus sine facto heredis manumissus fuerit, non tenetur heres. Si vero heredis servus legatus fuerit et ipse eum manumiserit, teneri eum Julianus scripsit, [2] 'nec interest, scierit an ignoraverit a se legatum esse. Sed et si alii donaverit servum et is, cui donatus est, eum manumiserit, tenetur heres, quamvis ignoraverit a se eum legatum esse'. 17. Si quis ancillas cum suis natis legaverit, etiamsi ancillae mortuae fuerint, partus legato cedunt. Idem est, si ordinarii servi cum vicariis legati fuerint, ut, licet mortui sint ordinarii, tamen vicarii legato cedant. Sed si servus cum peculio fuerit legatus, mortuo servo vel manumisso vel alienato et peculii legatum extinguitur. Idem est, si fundus instructus vel cum instrumento legatus fuerit ; nam fundo alienato et instrumenti legatum extinguitur. 18. Si grex legatus fuerit posteaque ad unam ovem pervenerit, quod superfuerit vindicari potest. Grege autem legato etiam eas oves, quae post testamentum factum gregi adjiciuntur, legato cedere Julianus ait ; esse enim gregis unum corpus ex distantibus capitibus, sicuti aedium unum corpus est ex cohaerentibus lapidibus. 19. Aedibus denique legatis columnas et marmora, quae post testamentum factum adjecta sunt, legato cedere. 20. Si peculium legatum fuerit, sine dubio quidquid peculio accedit vel decedit vivo testatore, legatarii lucro vel damno est. Quodsi post mortem testatoris ante aditam hereditatem servus adquisierit, Julianus [3] ait, si quidem ipsi manumisso peculium legatum fuerit, omne, quod ante aditam hereditatem adquisitum est, legatario cedere, quia dies hujus legati adita hereditate cedit, sed si extraneo peculium legatum fuerit, non cedere ea legato, nisi ex rebus

---

1. *D.*, 35, 2, 5. Papinien, *L. 5 resp.* — 2. Marcien, *L. 6 inst.* (*D.*, 30,112,1). — 3. Cf. *D.*, 33, 8, 8. Ulp., *L. 24 ad Sab.*

peculiaribus auctum fuerit peculium. Peculium autem nisi legatum fuerit, manumisso non debetur, quamvis si vivus manumiserit, sufficit, si non adimatur : et ita divi Severus et Antoninus rescripserunt. Idem rescripserunt peculio legato non videri id relictum, ut petitionem habeat pecuniae, quam in rationes dominicas impendit. Idem rescripserunt peculium videri legatum, cum rationibus redditis liber esse jussus est et ex eo reliquas inferre. 21. Tam autem corporales res quam incorporales legari possunt. Et ideo et quod defuncto debetur, potest alicui legari, ut actiones suas heres legatario praestet, nisi exegerit vivus testator pecuniam ; nam hoc casu legatum extinguitur. Sed et tale legatum valet : DAMNAS ESTO HERES DOMUM ILLIUS REFICERE vel ILLUM AERE ALIENO LIBERARE. 22. Si generaliter servus vel alia res legetur, electio legatarii est, nisi aliud testator dixerit. 23. Optionis legatum, id est ubi testator ex servis suis vel aliis rebus optare legatarium jusserat, habebat in se condicionem, et ideo nisi ipse legatarius vivus optaverat, ad heredem legatum non transmittebat. Sed ex constitutione nostra [1] et hoc in meliorem statum reformatum est et data est licentia et heredi legatarii optare, licet vivus legatarius hoc non fecit. Et diligentiore tractatu habito et hoc in nostra constitutione additum est, ut sive plures legatarii existant, quibus optio relicta est, et dissentiant in corpore eligendo, sive unius legatarii plures heredes, et inter se circa optandum dissentiant alio aliud corpus eligere cupiente, ne pereat legatum (quod plerique prudentium contra benevolentiam introducebant), fortunam esse ,hujus optionis judicem et sorte esse hoc dirimendum, ut, ad quem sors perveniat, illius sententia in optione praecellat.

24. Legari autem illis solis potest, cum quibus testamenti factio est. 25. Incertis vero personis neque legata neque fideicommissa olim relinqui concessum erat ; nam nec miles quidem incertae personae poterat relinquere, ut divus Hadrianus rescripsit. [2] ' Incerta autem persona videbatur, quam incerta opinione animo suo testator subjiciebat, veluti si quis ita dicat : QUICUMQUE FILIO MEO IN MATRIMONIUM FILIAM SUAM [DEDERIT ID EST] COLLOCAVERIT, EI HERES MEUS ILLUM FUNDUM DATO : illud quoque, quod his relinquebatur, qui post testamentum scriptum primi consules designati erunt, aeque incertae personae legari videbatur : et denique multae aliae hujusmodi species sunt. Libertas quoque non videbatur posse incertae personae dari, quia

---

1. *C.*, 6, 43, 3. — 2. Gaius, 2, 238-240.

placebat nominatim servos liberari. Tutor quoque certus dari debebat. Sub certa vero demonstratione, id est ex certis personis incertae personae, recte legabatur, veluti : EX COGNATIS MEIS QUI NUNC SUNT SI QUIS FILIAM MEAM UXOREM DUXERIT, EI HERES MEUS ILLAM REM DATO. Incertis autem personis legata vel fideicommissa relicta et per errorem soluta repeti non posse sacris constitutionibus cautum erat. 26. [1] 'Postumo quoque alieno inutiliter legabatur : est autem alienus postumus, qui natus inter suos heredes testatoris futurus non est ; ideoque ex emancipato filio conceptus nepos extraneus erat postumus avo'. 27. Sed nec hujusmodi species penitus est sine justa emendatione derelicta, cum in nostro codice constitutio [2] posita est, per quam et huic parti medevimus non solum in hereditatibus, sed etiam in legatis et fideicommissis : quod evidenter ex ipsius constitutionis lectione clarescit. Tutor autem nec per nostram constitutionem incertus dari debeat, quia certo judicio debet quis pro tutela suae posteritati cavere. 28. Postumus autem alienus heres institui et antea poterat et nunc potest, nisi in utero ejus sit, quae jure nostra uxor esse non potest. 29. Si quid in nomine cognomine praenomine legatarii erraverit testator, si de persona constat, nihilo minus valet legatum : idem in heredibus servatur et recte ; nomina enim significandorum hominum gratia reperta sunt, qui si quolibet alio modo intellegantur, nihil interest. 30. Huic proxima est illa juris regula falsa demonstratione legatum non peremi. Veluti si quis ita legaverit : STICHUM SERVUM MEUM VERNAM DO LEGO ; licet enim non verna, sed emptus sit, de servo tamen constat, utile est legatum. Et convenienter si ita demonstraverit STICHUM SERVUM, QUEM A SEIO EMI, sitque ab alio emptus, utile legatum est, si de servo constat. 31. Longe magis legato falsa causa non nocet. Veluti cum ita quis dixerit : TITIO, QUIA ABSENTE ME NEGOTIA MEA CURAVIT, STICHUM DO LEGO, vel ita : TITIO, QUIA PATROCINIO EJUS CAPITALI CRIMINE LIBERATUS SUM, STICHUM DO LEGO ; licet enim neque negotia testatoris umquam gessit Titius neque patrocinio ejus liberatus est, legatum tamen valet. Sed si condicionaliter enuntiata fuerit causa, aliud juris est, veluti hoc modo : TITIO, SI NEGOTIA MEA CURAVERIT, FUNDUM DO LEGO. 32. An servo heredis recte legamus, quaeritur. Et constat pure inutiliter legari nec quicquam proficere, si vivo testatore de potestate heredis exierit, quia quod inutile foret legatum, si statim post factum testamentum decessisset testator, hoc non debet

---

1. Gaius, 2, 241. — 2. C., 6, 48, 1.

ideo valere, quia diutius testator vixerit. Sub condicione vero recte legatur, ut requiramus, an, quo tempore dies legati cedit, in potestate heredis non sit. 33. Ex diverso herede instituto servo quin domino recte etiam sine condicione legetur non dubitatur. Nam et si statim post factum testamentum decesserit testator, non tamen apud eum qui heres sit dies legati cedere intellegitur, cum hereditas a legato separata sit et possit per eum servum alius heres effici, si prius, quam jussu domini adeat, in alterius potestatem translatus sit, vel manumissus ipse heres efficitur : quibus casibus utile est legatum ; quodsi in eadem causa permanserit et jussu legatarii adierit, evanescit legatum. 34. [1] 'Ante heredis institutionem inutiliter antea legabatur, scilicet quia testamenta vim ex institutione heredum accipiunt et ob id veluti caput atque fundamentum intellegitur totius testamenti heredis institutio. Pari ratione nec libertas ante heredis institutionem dari poterat'. Sed quia incivile esse putavimus ordinem quidem scripturae sequi (quod et ipsi antiquitati vituperandum fuerat visum), sperni autem testatoris voluntatem, per nostram constitutionem [2] et hoc vitium emendavimus, ut liceat et ante heredis institutionem et inter medias heredum institutiones legatum relinquere et multo magis libertatem, cujus usus favorabilior est. 35. [3] 'Post mortem quoque heredis aut legatarii simili modo inutiliter legabatur, veluti si quis ita dicat : CUM HERES MEUS MORTUUS ERIT, DO LEGO, item : PRIDIE QUAM HERES AUT LEGATARIUS MORIETUR '. Sed simili modo et hoc correximus [4] firmitatem hujusmodi legatis ad fideicommissorum similitudinem praestantes, ne vel in hoc casu deterior causa legatorum quam fideicommissorum inveniatur. 36. [5] Poenae quoque nomine inutiliter legabatur et adimebatur vel transferebatur. Poenae autem nomine legari videtur, quod coercendi heredis causa relinquitur, quo magis is aliquid faciat aut non faciat, veluti si quis ita scripserit : HERES MEUS SI FILIAM SUAM IN MATRIMONIUM TITIO COLLOCAVERIT (vel ex diverso SI NON COLLOCAVERIT), DATO DECEM AUREOS SEIO, aut si ita scripserit : HERES MEUS SI SERVUM STICHUM ALIENAVERIT (vel ex diverso SI NON ALIENAVERIT), TITIO DECEM AUREOS DATO. Et in tantum haec regula observabatur, ut perquam pluribus principalibus constitutionibus significetur nec principem quidem agnoscere, quod ei poenae nomine legatum sit. Nec ex militis quidem testamento talia legata valebant, quamvis aliae mili-

---

1. Gaius, 2, 229-230. — 2. C., 6, 23, 24. — 3. Gaius, 2, 232. — 4. C., 8, 37 (38), 11. — 5. Cf. Gaius, 2, 235.

tum voluntates in ordinandis testamentis valde observantur. Quin etiam nec libertatem poenae nomine dari posse placebat. Eo amplius nec heredem poenae nomine adjici posse Sabinus existimabat, veluti si quis ita dicat : TITIUS HERES ESTO ; SI TITIUS FILIAM SUAM SEIO IN MATRIMONIUM COLLOCAVERIT, SEIUS QUOQUE HERES ESTO ; nihil enim intererat, qua ratione Titius coerceatur, utrum legati datione an coheredis adjectione. At hujusmodi scrupulositas nobis non placuit et generaliter ea quae relinquuntur, licet poenae nomine fuerint relicta vel adempta vel in alios translata, nihil distare a ceteris legatis constituimus[1] vel in dando vel in adimendo vel in transferendo : exceptis his videlicet, quae impossibilia sunt vel legibus interdicta aut alias probrosa ; hujusmodi enim testatorum dispositiones valere secta temporum meorum non patitur.

XXI. DE ADEMPTIONE LEGATORUM ET TRANSLATIONE [2].

Ademptio legatorum, sive eodem testamento adimantur sive codicillis, firma est, sive contrariis verbis fiat ademptio, veluti si, quod ita quis legaverit : DO LEGO, ita adimatur : NON DO NON LEGO, sive non contrariis, id est aliis quibuscumque verbis. 1. Transferri quoque legatum ab alio ad alium potest, veluti si quis ita dixerit : HOMINEM STICHUM, QUEM TITIO LEGAVI, SEIO DO LEGO, sive in eodem testamento sive in codicillis hoc fecerit ; quo casu simul Titio adimi videtur et Seio dari.

XXII. DE LEGE FALCIDIA [3].

Superest, ut de lege Falcidia dispiciamus, qua modus novissime legatis impositus est. Cum enim olim lege duodecim tabularum libera erat legandi potestas, ut liceret vel totum patrimonium legatis erogare (quippe ea lege ita cautum esset : UTI LEGASSIT SUAE REI, ITA JUS ESTO) : visum est hanc legandi licentiam coartare, idque ipsorum testatorum gratia provisum est ob id, quod plerumque intestati moriebantur, recusantibus scriptis heredibus pro nullo aut minimo lucro hereditates adire. Et cum super hoc tam lex Furia quam lex Voconia latae sunt, quarum neutra sufficiens ad rei consummationem videbatur, novissime lata est lex Falcidia, qua cavetur, ne plus legare liceat, quam dodrantem totorum bonorum, id est ut, sive unus heres institutus esset sive plures, apud eum eosve pars quarta remaneret. 1. Et cum quaesitum esset, duobus heredibus in-

1. *C.*, 6, 41, 1. — 2. Cf. *D.*, 34, 4. — 3. Cf. Gaius, 2, 224-228. *D.*,35,2. *C.*, 6, 50.

stitutis, veluti Titio et Seio, si Titii pars aut tota exhausta sit legatis, quae nominatim ab eo data sunt, aut supra modum onerata, a Seio vero aut nulla relicta sint legata, aut quae partem ejus dumtaxat in partem dimidiam minuunt, an, quia is quartam partem totius hereditatis aut amplius habet, Titio nihil ex legatis, quae ab eo relicta sunt, retinere liceret : placuit, ut quartam partem suae partis salvam habeat et placuit posse retinere; etenim in singulis heredibus ratio legis Falcidiae ponenda est. 2. [1] Quantitas autem patrimonii, ad quam ratio legis Falcidiae redigitur, mortis tempore spectatur. Itaque si verbi gratia is, qui centum aureorum patrimonium habebat, centum aureos legaverit, nihil legatariis prodest, si ante aditam hereditatem per servos hereditarios aut ex partu ancillarum hereditariarum aut ex fetu pecorum tantum accesserit hereditati, ut centum aureis legatorum nomine erogatis heres quartam partem hereditatis habiturus sit, sed necesse est, ut nihilo minus quarta pars legatis detrahatur. Ex diverso si septuaginta quinque legaverit et ante aditam hereditatem in tantum decreverint bona incendiis forte aut naufragiis aut morte servorum, ut non amplius quam septuaginta quinque aureorum substantia vel etiam minus relinquatur, solida legata debentur. Nec ea res damnosa est heredi, cui liberum est non adire hereditatem : quae res efficit, ut necesse sit legatariis, ne destituto testamento nihil consequantur, cum herede in portione pacisci. 3. Cum autem ratio legis Falcidiae ponitur, ante deducitur aes alienum, item funeris impensa et pretia servorum manumissorum, tunc deinde in reliquo ita ratio habetur, ut ex eo quarta pars apud heredes remaneat, tres vero partes inter legatarios distribuantur, pro rata scilicet portione ejus, quod cuique eorum legatum fuerit. [2] Itaque si fingamus quadringentos aureos legatos esse et patrimonii quantitatem, ex qua legata erogari oportet, quadringentorum esse, quarta pars singulis legatariis detrahi debet. Quodsi trecentos quinquaginta legatos fingamus, octava debet detrahi. Quodsi quingentos legaverit, initio quinta, deinde quarta detrahi debet : ante enim detrahendum est, quod extra bonorum quantitatem est, deinde quod ex bonis apud heredem remanere oportet.

XXIII. De fideicommissariis hereditatibus [3].

[4] 'Nunc transeamus ad fideicommissa, et prius de hereditatibus fideicommissariis videamus'.

1. Cf. *D.*, 35, 2,73, *pr.* Gaius, *L. 18 ad ed. prov.* — 2. Cf., *D.*, 35, 2, 73, 5, Gaius, *l. c.* — 3. Cf. Gaius, 2,246-259. *D.*, 36, 1. *C.*, 6, 49. — 4. Gaius, 2, 246-247.

1. Sciendum itaque est omnia fideicommissa primis temporibus infirma esse, quia nemo invitus cogebatur praestare id de quo rogatus erat; quibus enim non poterant hereditates vel legata relinquere, si relinquebant, fidei committebant eorum, qui capere ex testamento poterant: et ideo fideicommissa appellata sunt, quia nullo vinculo juris, sed tantum pudore eorum qui rogabantur continebantur. Postea primus divus Augustus semel iterumque gratia personarum motus, vel quia per ipsius salutem rogatus quis diceretur, aut ob insignem quorundam perfidiam jussit consulibus auctoritatem suam interponere. Quod quia justum videbatur et populare erat, paulatim conversum est in adsiduam jurisdictionem, tantusque favor eorum factus est, ut paulatim etiam praetor proprius crearetur, qui fideicommissis jus diceret, quem fideicommissarium appellabant.

2. [1] 'In primis igitur sciendum est opus esse, ut aliquis recto jure testamento heres instituatur ejusque fidei committatur, ut eam hereditatem alii restituat; alioquin inutile est testamentum, in quo nemo heres instituitur. Cum igitur aliquis scripserit: LUCIUS TITIUS HERES ESTO, poterit adjicere: ROGO TE, LUCI TITI, UT, CUM PRIMUM POSSIS HEREDITATEM MEAM ADIRE, EAM GAIO SEIO REDDAS RESTITUAS. Potest autem quisque et de parte restituenda heredem rogare; et liberum est vel pure vel sub condicione relinquere fideicommissum vel ex die certo.

3. 'Restituta autem hereditate is quidem qui restituit nihilo minus heres permanet; is vero qui recipit hereditatem aliquando heredis aliquando legatarii loco habebatur'. 4. [2] 'Et in Neronis quidem temporibus Trebellio Maximo et Annaeo Seneca consulibus [3] senatus consultum factum est, quo cautum est, ut, si hereditas ex fideicommissi causa restituta sit, omnes actiones, quae jure civili heredi et in heredem competerent, ei et in eum darentur, cui ex fideicommisso restituta esset hereditas. Post quod senatus consultum praetor utiles actiones ei et in eum qui recepit hereditatem quasi heredi et in heredem dare coepit. 5. Sed quia heredes scripti, cum aut totam hereditatem aut paene totam plerumque restituere rogabantur, adire hereditatem ob nullum vel minimum lucrum recusabant atque ob id extinguebantur fideicommissa, postea Vespasiani Augusti temporibus Pegaso et Pusione consulibus [4] senatus censuit, ut ei, qui rogatus esset hereditatem restituere,

---

1. Gaius, 2, 248. 250. 251. — 2. Gaius, 2, 253-258. — 3. An 56 après J.-C.? — 4. Date incertaine du règne de Vespasien (décembre 69-juillet 79).

perinde liceret quartam partem retinere, atque lege Falcidia ex legatis retinere conceditur. Ex singulis quoque rebus, quae per fideicommissum relinquuntur, eadem retentio permissa est. Post quod senatus consultum ipse heres onera hereditaria sustinebat, ille autem, qui ex fideicommisso recepit partem hereditatis, legatarii partiarii loco erat, id est ejus legatarii, cui pars bonorum legabatur. Quae species legati partitio vocabatur, quia cum herede legatarius partiebatur hereditatem. Unde quae solebant stipulationes inter heredem et partiarium legatarium interponi, eaedem interponebantur inter eum, qui ex fideicommisso recepit hereditatem, et heredem, id est ut et lucrum et damnum hereditarium pro rata parte inter eos commune sit. 6. Ergo si quidem non plus quam dodrantem hereditatis scriptus heres rogatus sit restituere, tunc ex Trebelliano senatus consulto restituebatur hereditas et in utrumque actiones hereditariae pro rata parte dabantur, in heredem quidem jure civili, in eum vero qui recipiebat hereditatem ex senatus consulto Trebelliano tamquam in heredem. At si plus quam dodrantem vel etiam totam hereditatem restituere rogatus sit, locus erat Pegasiano senatus consulto, et heres, qui semel adierit hereditatem, si modo sua voluntate adierit, sive retinuerit quartam partem sive noluerit retinere, ipse universa onera hereditaria sustinebat. Sed quarta quidem retenta quasi partis et pro parte stipulationes interponebantur tamquam inter partiarium legatarium et heredem ; si vero totam hereditatem restituerit, emptae et venditae hereditatis stipulationes interponebantur. Sed si recuset scriptus heres adire hereditatem ob id, quod dicat eam sibi suspectam esse quasi damnosam, cavetur Pegasiano senatus consulto, ut desiderante eo, cui restituere rogatus est, jussu praetoris adeat et restituat hereditatem perindeque ei et in eum qui recipit hereditatem actiones dentur, acsi juris est ex Trebelliano senatus consulto : quo casu nullis stipulationibus opus est, quia simul et huic qui restituit securitas datur et actiones hereditariae ei et in eum transferuntur qui recipit hereditatem', utroque senatus consulto in hac specie concurrente. 7. Sed quia stipulationes ex senatus consulto Pegasiano descendentes et ipsi antiquitati displicuerunt et quibusdam casibus captiosas eas homo excelsi ingenii Papinianus appellat et nobis in legibus magis simplicitas quam difficultas placet, ideo omnibus nobis suggestis tam similitudinibus quam differentiis utriusque senatus consulti placuit exploso senatus consulto Pegasiano, quod postea supervenit, omnem auctoritatem Trebelliano senatus consulto praestare, ut ex eo fideicommissariae hereditates restituantur, sive habeat heres ex voluntate testatoris quartam sive plus sive minus sive penitus nihil, ut tunc, quando vel nihil vel minus quarta apud eum remaneat, liceat ei vel quartam vel quod deest ex nostra auctoritate retinere vel repetere solutum, quasi ex Trebelliano senatus consulto pro rata portione actionibus tam in heredem quam in fideicommissarium competentibus. Si vero totam hereditatem sponte restituerit, omnes hereditariae actiones fideicommissario et adversus eum competunt. Sed etiam id, quod praecipuum Pegasiani senatus consulti fuerat, ut, quando recusabat heres scriptus sibi datam hereditatem adire, necessitas ei imponeretur totam hereditatem volenti fideicommissario restituere et omnes ad eum et contra eum transire actiones, et hoc transponimus ad senatus consultum Trebellianum, ut ex hoc solo et necessitas heredi imponatur, si ipso nolente adire fideicommissarius desiderat restitui sibi hereditatem, nullo nec damno nec commodo apud heredem manente. 8. [1] 'Nihil autem interest, utrum aliquis ex asse heres institutus aut totam hereditatem aut pro parte restituere rogatur, an ex parte heres institutus aut totam eam partem aut partis partem restituere rogatur; nam et hoc casu' eadem observari praecipimus, quae in totius hereditatis restitutione diximus. 9. Si quis una aliqua re deducta sive praecepta, quae quartam continet, veluti fundo vel alia re rogatus sit restituere hereditatem, simili modo ex Trebelliano senatus consulto restitutio fiat, perinde ac si quarta parte retenta rogatus esset reliquam hereditatem restituere. Sed illud interest, quod altero casu, id est cum deducta sive praecepta aliqua re restituitur hereditas, in solidum ex eo senatus consulto actiones transferuntur et res quae remanet apud heredem sine ullo onere hereditario apud eum manet quasi ex legato ei adquisita, altero vero casu, id est cum quarta parte retenta rogatus est heres restituere hereditatem et restituit, scindantur actiones et pro dodrante quidem transferantur ad fideicommissarium, pro quadrante remaneant apud heredem. Quin etiam licet in una re, qua deducta aut praecepta restituere aliquis hereditatem rogatus est, maxima pars hereditatis contineatur, aeque in solidum transferuntur actiones et secum deliberare debet is, cui restituitur hereditas, an expediat sibi restitui. Eadem scilicet interveniunt et si duabus pluribusve

1. Gaius, 2, 259.

rebus deductis praeceptisve restituere hereditatem rogatus sit. Sed et si certa summa deducta praeceptave, quae quartam vel etiam maximam partem hereditatis continet, rogatus sit aliquis hereditatem restituere, idem juris est. Quae diximus de eo qui ex asse heres institutus est, eadem transferimus et ad eum qui ex parte heres scriptus est.

10. Praeterea intestatus quoque moriturus potest rogare eum, ad quem bona sua vel legitimo jure vel honorario pertinere intellegit, ut hereditatem suam totam partemve ejus aut rem aliquam, veluti fundum hominem pecuniam, alicui restituat: cum alioquin legata nisi ex testamento non valeant. 11. Eum quoque, cui aliquid restituitur, potest rogare, ut id rursus alii totum aut pro parte vel etiam aliud aliquid restituat. 12. Et quia prima fideicommissorum cunabula a fide heredum pendent et tam nomen quam substantiam acceperunt et ideo divus Augustus ad necessitatem juris ea detraxit, nuper et nos eundem principem superare contendentes ex facto, quod Tribonianus vir excelsus quaestor sacri palatii suggessit, constitutionem [1] fecimus, per quam disposuimus: si testator fidei heredis sui commisit, ut vel hereditatem vel speciale fideicommissum restituat, et neque ex scriptura neque ex quinque testium numero, qui in fideicommissis legitimus esse noscitur, res possit manifestari, sed vel pauciores quam quinque vel nemo penitus testis intervenerit, tunc sive pater heredis sive alius quicumque sit, qui fidem elegit heredis et ab eo aliquid restitui voluerit, si heres perfidia tentus adimplere fidem recusat negando rem ita esse subsecutam, si fideicommissarius jusjurandum ei detulerit, cum prius ipse de calumnia juraverit, necesse eum habere vel jusjurandum subire, quod nihil tale a testatore audivit, vel recusantem ad fideicommissi vel universitatis vel specialis solutionem coartari, ne depereat ultima voluntas testatoris fidei heredis commissa. Eadem observari censuimus et si a legatario vel fideicommissario aliquid similiter relictum sit. Quod si is, a quo relictum dicitur, confiteatur quidem aliquid a se relictum esse, sed ad legis suptilitatem decurrat, omnimodo cogendus est solvere.

XXIIII. De singulis rebus per fideicommissum relictis [2].

[3] 'Potest autem quis etiam singulas res per fideicommissum relinquere, veluti fundum hominem vestem argentum pecuniam numeratam, et vel ipsum heredem rogare, ut alicui re-

1. C., 6, 42, 32. — 2. Cf. Gaius, 2, 260-267. C., 6, 42. — 3. Gaius, 2, 260-265.

stituat, vel legatarium, quamvis a legatario legari non possit.
1. Potest autem non solum proprias testator res per fideicommissum relinquere, sed et heredis aut legatarii aut fideicommissarii aut cujuslibet alterius. Itaque et legatarius et fideicommissarius non solum de ea re rogari potest, ut eam alicui restituat, quae ei relicta sit, sed etiam de alia, sive ipsius sive aliena sit. Hoc solum observandum est, ne plus quisquam rogetur alicui restituere, quam ipse ex testamento ceperit ; nam quod amplius est, inutiliter relinquitur. Cum autem aliena res per fideicommissum relinquitur, necesse est ei qui rogatus est aut ipsam redimere et praestare aut aestimationem ejus solvere. 2. Libertas quoque servo per fideicommissum dari potest, ut heres eum rogetur manumittere vel legatarius vel fideicommissarius. Nec interest, utrum de suo proprio servo testator roget an de eo qui ipsius heredis aut legatarii vel etiam extranei sit. Itaque alienus servus redimi et manumitti debet : quod si dominus eum non vendat', si modo nihil ex judicio ejus qui reliquit libertatem percepit, non statim extinguitur fideicommissaria libertas, sed differtur, quia possit tempore procedente, ubicumque occasio redimendi servi fuerit, praestari libertas. ¹ 'Qui autem ex causa fideicommissi manumittitur, non testatoris fit libertus, etiamsi testatoris servus sit, sed ejus qui manumittit ; at is, qui directo testamento liber esse jubetur, ipsius testatoris fit libertus', qui etiam orcinus appellatur. 'Nec alius ullus directo ex testamento libertatem habere potest, quam qui utroque tempore testatoris fuerit, et quo faceret testamentum et quo moreretur'. Directo autem libertas tunc dari videtur, cum non ab alio servum manumitti rogat, sed velut ex suo testamento libertatem ei competere vult. 3. ² 'Verba autem fideicommissorum haec maxime in usu habeantur : PETO, ROGO, VOLO, MANDO, FIDEI TUAE COMMITTO, quae perinde singula firma sunt, atque si omnia in unum congesta essent'.

XXV. DE CODICILLIS ³.

Ante Augusti tempora constat jus codicillorum non fuisse, sed primus Lucius Lentulus, ex cujus persona etiam fideicommissa coeperunt, codicillos introduxit. Nam cum decederet in Africa, scripsit codicillos testamento confirmatos, quibus ab Augusto petiit per fideicommissum, ut faceret aliquid : et cum divus Augustus voluntatem ejus implesset, deinceps reliqui auctoritatem ejus secuti fideicommissa praestabant et filia Len-

---

1. Gaius, 2, 266. — 2. Gaius, 2,249. — 3. Cf. D., 29, 7. C., 6, 36.

tuli legata, quae jure non debebat, solvit. Dicitur Augustus convocasse prudentes, inter quos Trebatium quoque, cujus tunc auctoritas maxima erat, et quaesisse, an possit hoc recipi nec absonans a juris ratione codicillorum usus esset; et Trebatium suasisse Augusto, quod diceret utilissimum et necessarium hoc civibus esse propter magnas et longas peregrinationes, quae apud veteres fuissent, ubi, si quis testamentum facere non posset, tamen codicillos posset. Post quae tempora cum et Labeo codicillos fecisset, jam nemini dubium erat, quin codicilli jure optimo admitterentur.

1. Non tantum autem testamento facto potest quis codicillos facere, sed et intestatus quis decedens fideicommittere codicillis potest. Sed cum ante testamentum factum codicilli facti erant, Papinianus [1] ait non aliter vires habere, quam si speciali postea voluntate confirmentur. Sed divi Severus et Antoninus rescripserunt ex his codicillis qui testamentum praecedunt posse fideicommissum peti, si appareat eum, qui postea testamentum fecerat, a voluntate quam codicillis expresserat non recessisse. 2. Codicillis autem hereditas neque dari neque adimi potest, ne confundatur jus testamentorum et codicillorum, et ideo nec exheredatio scribi. Directo autem hereditas codicillis neque dari neque adimi potest ; nam per fideicommissum hereditas codicillis jure relinquitur. [2] 'Nec condicionem heredi instituto codicillis adjicere neque substituere directo potest. 3. Codicillos autem etiam plures quis facere potest ; et nullam sollemnitatem ordinationis desiderant'.

LIBER TERTIUS.

I. DE HEREDITATIBUS QUAE AB INTESTATO DEFERUNTUR [3].

Intestatus decedit, qui aut omnino testamentum non fecit aut non jure fecit aut id quod fecerat ruptum irritumve factum est aut nemo ex eo heres extitit.

1. [4] 'Intestatorum autem hereditates ex lege duodecim tabularum primum ad suos heredes pertinent. 2. Sui autem heredes existimantur, ut et supra diximus [5], qui in potestate morientis fuerunt : veluti filius filia, nepo neptisve ex filio, pronepos proneptisve ex nepote filio nato, prognatus prognatave. Nec interest, utrum naturales sunt liberi an adoptivi'. 2ᵃ. Quibus connumerari necesse est etiam eos, qui ex legitimis quidem

---

1. *D.*, 29,7,5. Papinien, *L. 7 resp.* — 2. Marcien, *L. 6 inst.* (*D.*, 29,7,6, pr. 1).— 3. Cf. Gaius, 3,1-8. *D.*, 38,16. *C.*, 6,55. — 4. Gaius, 3,1-2. — 5. 2,19,2.

matrimoniis non sunt progeniti, curiis tamen civitatum dati secundum divalium constitutionum, quae super his positae sunt, tenorem suorum jura nanciscuntur : nec non eos, quos nostrae amplexae sunt constitutiones [1], per quas jussimus, si quis mulierem in suo contubernio copulaverit non ab initio affectione maritali, eam tamen, cum qua poterat habere conjugium, et ex ea liberos sustulerit, postea vero affectione procedente etiam nuptialia instrumenta cum ea fecerit filiosque vel filias habuerit : non solum eos liberos, qui post dotem editi sunt, justos et in potestate esse patribus, sed etiam anteriores, qui et his qui postea nati sunt occasionem legitimi nominis praestiterunt : quod optinere censuimus, etiamsi non progeniti fuerunt post dotale instrumentum confectum liberi vel etiam nati ab hac luce subtracti fuerint. 2b.[2] 'Ita demum tamen nepos neptisve et pronepos proneptisve suorum heredum numero sunt, si praecedens persona desierit in potestate parentis esse, sive morte id acciderit sive alia ratione, veluti emancipatione; nam si per id tempus, quo quis moreretur, filius in potestate ejus sit, nepos ex eo suus heres esse non posset. Idque et in ceteris deinceps liberorum personis dictum intellegimus. Postumi quoque, qui, si vivo parente nati essent, in potestate futuri forent, sui heredes sunt'. 3. Sui autem etiam ignorantes fiunt heredes et, licet furiosi sint, heredes possunt existere : quia quibus ex causis ignorantibus adquiritur nobis, ex his causis et furiosis adquiri potest. Et statim morte parentis quasi continuatur dominium : et ideo nec tutoris auctoritate opus est in pupillis, cum etiam ignorantibus adquiritur suis heredibus hereditas, nec curatoris consensu adquiritur furioso, sed ipso jure. 4. Interdum autem, licet in potestate mortis tempore suus heres non fuit, tamen suus heres parenti efficitur, veluti si ab hostibus quis reversus fuerit post mortem patris sui ; jus enim postliminii hoc facit. 5. Per contrarium evenit ut, licet quis in familia defuncti sit mortis tempore, tamen suus heres non fiat, veluti si post mortem suam pater judicatus fuerit reus perduellionis ac per hoc memoria ejus damnata fuerit ; suum enin heredem habere non potest, cum fiscus ei succedit. Sed potest dici ipso jure esse suum heredem, sed desinere. 6.[3] 'Cum filius filiave et ex altero filio nepos neptisve extant, pariter ad hereditatem vocantur nec qui gradu proximior est ulteriorem excludit ; aequum enim esse videtur nepotes neptesque in patris sui locum succedere. Pari ratione

1. C., 5, 27, 10-11. — 2. Gaius, 3, 2. 4. — 3. Gaius, 3, 7. 8.

et si nepos neptisque sit ex filio et ex nepote pronepos proneptisve, simul vocantur. Et quia placuit nepotes neptesque, item pronepotes proneptesque in parentis sui locum succedere, conveniens esse visum est non in capita, sed in stirpes hereditatem dividi, ut filius partem dimidiam hereditatis habeat et ex altero filio duo pluresve nepotes alteram dimidiam. Item si ex duobus filiis nepotes extant et ex altero unus forte aut duo, ex altero tres aut quattuor, ad unum aut duos dimidia pars pertinet, ad tres vel ad quattuor altera dimidia'. 7. Cum autem quaeritur, an quis suus heres existere potest, eo tempore quaerendum est, quo certum est aliquem sine testamento decessisse, quod accidit et destituto testamento. Hac ratione si filius exheredatus fuerit et extraneus heres institutus est, filio mortuo postea certum fuerit heredem institutum ex testamento non fieri heredem, aut quia noluit esse heres aut quia non potuit: nepos avo suus heres existet, quia quo tempore certum est intestatum decessisse patrem familias, solus invenitur nepos. Et hoc certum est. 8. Et licet post mortem avi natus sit, tamen avo vivo conceptus, mortuo patre ejus posteaque deserto avi testamento suus heres efficitur. Plane si et conceptus et natus fuerit post mortem avi, mortuo patre suo desertoque postea avi testamento suus heres avo non existit, quia nullo jure cognationis patrem suis patris tetigit. Sic nec ille est inter liberos avo, quem filius emancipatus adoptaverat. Hi autem cum non sunt quantum ad hereditatem liberi, neque bonorum possessionem petere possunt quasi proximi cognati. Haec de suis heredibus.

9. Emancipati autem liberi jure civili nihil juris habent; neque enim sui heredes sunt, quia in potestate esse desierunt parentis, neque alio ullo jure per legem duodecim tabularum vocantur. Sed praetor naturali aequitate motus dat eis bonorum possessionem unde liberi, perinde ac si in potestate parentis mortis tempore fuissent, sive soli sint sive cum suis heredibus concurrant. Itaque duobus liberis extantibus, emancipato et qui mortis tempore in potestate fuerit, sane quidem is qui in potestate fuerit solus jure civili heres est, id est solus suus heres est; sed cum emancipatus beneficio praetoris in partem admittitur, evenit ut suus heres pro parte heres fiat. 10. At hi, qui emancipati a parente in adoptionem se dederunt, non admittuntur ad bona naturalis patris quasi liberi, si modo cum is moreretur in adoptiva familia sint. Nam vivo eo emancipati ab adoptivo patre perinde admittuntur ad bona naturalis patris, ac si emancipati ab ipso essent nec umquam

in adoptiva familia fuissent : et convenienter quod ad adoptivum patrem pertinet extraneorum loco esse incipiunt. Post mortem vero naturalis patris emancipati ab adoptivo et quantum ad hunc aeque extraneorum loco fiunt et quantum ad naturalis parentis bona pertinet nihilo magis liberorum gradum nanciscuntur : quod ideo sic placuit, quia iniquum erat esse in potestate patris adoptivi, ad quos bona naturalis patris pertinerent, utrum ad liberos ejus an ad adgnatos. 11. Minus ergo juris habent adoptivi quam naturales. Namque naturales emancipati beneficio praetoris gradum liberorum retinent, licet jure civili perdunt, adoptivi vero emancipati et jure civili perdunt gradum liberorum et a praetore non adjuvantur. Et recte ; naturalia enim jura civilis ratio peremere non potest nec, quia desinunt sui heredes esse, desinere possunt filii filiaeve aut nepotes neptesve esse, adoptivi vero emancipati extraneorum loco incipiunt esse, quia jus nomenque filii filiaeve, quod per adoptionem consecuti sunt, alia civili ratione, id est emancipatione, perdunt. 12. Eadem haec observantur et in ea bonorum possessione, quam contra tabulas testamenti parentis liberis praeteritis, id est neque heredibus institutis neque ut oportet exheredatis praetor pollicetur. Nam eos quidem, qui in potestate parentis mortis tempore fuerunt, et emancipatos vocat praetor ad eam bonorum possessionem, eos vero, qui in adoptiva familia fuerunt per hoc tempus, quo naturalis parens moreretur, repellit. Item adoptivos liberos emancipatos ab adoptivo patre sicut ab intestato, ita longe minus contra tabulas testamenti ad bona ejus admittit, quia desinunt in liberorum numero esse. 13. Admonendi tamen sumus eos, qui in adoptiva familia sunt quive post mortem naturalis parentis ab adoptivo patre emancipati fuerint, intestato parente naturali mortuo licet ea parte edicti, qua liberi ad bonorum possessionem vocantur, non admittantur, alia tamen parte vocari, id est qua cognati defuncti vocantur. Ex qua parte ita admittuntur, si neque sui heredes liberi neque emancipati obstent neque adgnatus quidem ullus interveniat ; ante enim praetor liberos vocat tam suos heredes quam emancipatos, deinde legitimos heredes, deinde proximos cognatos. 14. Sed ea omnia antiquitati quidem placuerunt, aliquam autem emendationem a nostra constitutione [1] acceperunt, quam super his personis posuimus, quae a patribus suis naturalibus in adoptionem aliis dantur. Invenimus etenim nonnullos casus, in

---

1. *C.*, 8, 47 (48), 10.

quibus filii et naturalium parentum successionem propter adoptionem amittebant et adoptione facile per emancipationem soluta ad neutrius patris successionem vocabantur. Hoc solito more corrigentes constitutionem scripsimus, per quam definivimus, quando parens naturalis filium suum adoptandum alii dederit, integra omnia jura ita servari, atque si in patris naturalis potestate permansisset nec penitus adoptio fuerit subsecuta : nisi in hoc tantummodo casu, ut possit ab intestato ad patris adoptivi venire successionem. Testamento autem ab eo facto neque jure civili neque praetorio aliquid ex hereditate ejus persequi potest neque contra tabulas bonorum possessione agnita neque inofficiosi querella instituta, cum nec necessitas patri adoptivo imponitur vel heredem eum instituere vel exheredatum facere utpote nullo naturali vinculo copulatum. Neque si ex Afiniano [1] senatus consulto ex tribus maribus fuerit adoptatus ; nam et in hujusmodi casu neque quarta ei servatur nec ulla actio ad ejus persecutionem ei competit. Nostra autem constitutione exceptus est is, quem parens naturalis adoptandum susceperit ; utroque enim jure tam naturali quam legitimo in hanc personam concurrente pristina jura tali adoptioni servavimus, quemadmodum si pater familias sese dederit adrogandum. Quae specialiter et singillatim ex praefatae constitutionis tenore possunt colligi.

15. Item vetustas ex masculis progenitos plus diligens solos nepotes vel neptes, qui ex virili sexu descendunt, ad suorum vocabat successionem et juri adgnatorum eos anteponebat ; nepotes autem, qui ex filiabus nati sunt, et proneptes ex neptibus cognatorum loco numerans post adgnatorum lineam eos vocabat tam in avi vel proavi materni quam in aviae vel proaviae sive paternae sive maternae successionem. Divi autem principes [2] non passi sunt talem contra naturam injuriam sine competenti emendatione relinquere ; sed cum nepotis et pronepotis nomen commune est utrisque, qui tam ex masculis quam ex feminis descendunt, ideo eundem gradum et ordinem successionis eis donaverunt. Sed ut aliquid amplius sit eis, qui non solum naturae, sed etiam veteris juris suffragio muniuntur, portionem nepotum et neptium vel deinceps, de quibus supra diximus, paulo minuendam esse existimaverunt, ut minus tertiam partem acciperent, quam mater eorum vel avia fuerat

---

1. Krueger, avec la paraphrase des Institutes et les meilleurs mss. des Institutes et du Code. D'autres mss. suivis par Pellat, Accarias: 'Sabiniano'. — 2. C., 6, 55, 9.

acceptura, vel pater eorum vel avus paternus sive maternus, quando femina mortua sit cujus de hereditate agitur, hisque, licet soli sint, adeuntibus adgnatos minime vocabant. Et quemadmodum lex duodecim tabularum filio mortuo nepotes vel neptes vel pronepotes et proneptes in locum patris sui ad successionem avi vocat : ita et principalis dispositio [1] in locum matris suae vel aviae eos cum jam designata partis tertiae deminutione vocat. 16. Sed nos, cum adhuc dubitatio manebat inter adgnatos et memoratos nepotes, partem quartam defuncti substantiae adgnatis sibi vindicantibus ex cujusdam constitutionis auctoritate, memoratam quidem constitutionem a nostro codice segregavimus neque inseri eam ex Theodosiano codice in eo concessimus. Nostra autem constitutione [2] promulgata toti juri ejus derogatum est : et sanximus talibus nepotibus ex filia vel pronepotibus ex nepte et deinceps superstitibus adgnatos nullam partem mortui successionis sibi vindicare, ne hi, qui ex transversa linea veniunt, potiores his habeantur, qui recto jure descendunt. Quam constitutionem nostram optinere secundum sui vigorem et tempora et nunc sancimus : ita tamen ut, quemadmodum inter filios et nepotes ex filio antiquitas statuit non in capita sed in stirpes dividi hereditatem, similiter nos inter filios et nepotes ex filia distributionem fieri jubemus, vel inter omnes nepotes et neptes et alias deinceps personas, ut utraque progenies matris suae vel patris, aviae vel avi portionem sine ulla deminutione consequantur, ut, si forte unus vel duo ex una parte, ex altera tres aut quattuor extent, unus aut duo dimidiam, alteri tres aut quattuor alteram dimidiam hereditatis habeant.

II. — DE LEGITIMA ADGNATORUM SUCCESSIONE [3].

Si nemo suus heres vel eorum, quos inter suos heredes praetor vel constitutiones vocant, extat et successionem quoquo modo amplectatur, tunc ex lege duodecim tabularum ad adgnatum proximum hereditas pertinet. 1. Sunt autem adgnati ut primo quoque libro [4] tradidimus, cognati per virilis sexus personas cognatione juncti, quasi a patre cognati. [5] 'Itaque eodem patre nati fratres adgnati sibi sunt, qui et consanguinei vocantur, nec requiritur an etiam eandem matrem habuerint. Item patruus fratris filio et invicem is illi adgnatus est. Eodem numero sunt fratres patrueles, id est qui ex duobus fratribus procreati sunt, qui etiam consobrini vocantur. Qua ratione

1. *C.*, 6. 55, 9. — 2. *C.*, 6, 55, 12.— 3. Cf. Gaius, 3, 9-16. 23-30. *D.*, 38, 7. 16, *C.*, 6,15.55. — 4. 1,15, 1. — 5. Gaius, 3, 10.

etiam ad plures gradus adgnationis pervenire poterimus'. Hi quoque, qui post mortem patris nascuntur, nanciscuntur consanguinitatis jura. [1] 'Non tamen omnibus simul adgnatis dat lex hereditatem, sed his, qui tunc proximo gradu sunt, cum certum esse coeperit aliquem intestatum decessisse'. 2. Per adoptionem quoque adgnationis jus consistit, veluti inter filios naturales et eos quos pater eorum adoptavit (nec dubium est, quin proprie consanguinei appellentur) : item si quis ex ceteris adgnatis tuis, veluti frater aut patruus aut denique is qui longiore gradu est, aliquem adoptaverit, adgnatos inter suos [2] esse non dubitatur. 3. Ceterum inter masculos quidem adgnationis jure hereditas etiam longissimo gradu ultro citroque capitur. Quod ad feminas vero ita placebat, ut ipsae consanguinitatis jure tantum capiant hereditatem, si sorores sint, ulterius non capiant, masculi vero ad earum hereditates, etiam si longissimo gradu sint, admittantur. Qua de causa fratris tui aut patrui tui filiae vel amitae tuae hereditas ad te pertinet, tua vero ad illas non pertinebat. Quod ideo ita constitutum erat, quia commodius videbatur ita jura constitui, ut plerumque hereditates ad masculos confluerent. Sed quia sane iniquum erat in universum eas quasi extraneas repelli, praetor eas ad bonorum possessionem admittit ea parte, qua proximitatis nomine bonorum possessionem pollicetur : ex qua parte ita scilicet admittuntur, si neque adgnatus ullus nec proximior cognatus interveniat. 3a . Et haec quidem lex duodecim tabularum nullo modo introduxit, sed simplicitatem legibus amicam amplexa simili modo omnes adgnatos sive masculos sive feminas cujuscumque gradus ad similitudinem suorum invicem ad successionem vocabat : media autem jurisprudentia, quae erat lege quidem duodecim tabularum junior, imperiali autem dispositione anterior, suptilitate quadam excogitata praefatam differentiam inducebat et penitus eas a successione adgnatorum repellebat, omni alia successione incognita, donec praetores, paulatim asperitatem juris civilis corrigentes sive quod deest adimplentes, humano proposito alium ordinem suis edictis addiderunt et cognationis linea proximitatis nomine introducta per bonorum possessionem eas adjuvabant et pollicebantur his bonorum possessionem, quae unde cognati appellatur. 3b. Nos vero legem duodecim tabularum sequentes et ejus vestigia in hac parte conservantes lau-

---

1. Gaius, 3, 11. — 2. Krueger, d'après la paraphrase : 'adgnatos *vos*' ou 'adgna*tionem* inter *vos*'.

damus quidem praetores suae humanitatis, non tamen eos in plenum causae mederi invenimus ; quare etenim uno eodemque gradu naturali concurrente et adgnationis titulis tam in masculis quam in feminis aequa lance constitutis masculis quidem dabatur ad successionem venire omnium adgnatorum, ex adgnatis autem mulieribus nullis penitus nisi soli sorori ad adgnatorum successionem patebat aditus ? Ideo in plenum omnia reducentes et ad jus duodecim tabularum eandem dispositionem exaequantes nostra constitutione [1] sanximus omnes legitimas personas, id est per virilem sexum descendentes, sive masculini sive feminini generis sunt, simili modo ad jura successionis legitimae ab intestato vocari secundum gradus sui praerogativam nec ideo excludendas, quia consanguinitatis jura sicuti germanae non habent. 4. Hoc etiam addendum nostrae constitutioni existimavimus, ut transferatur unus tantummodo gradus a jure cognationis in legitimam successionem, ut non solum fratris filius et filia secundum quod jam definivimus ad successionem patrui sui vocentur, sed etiam germanae consanguineae vel sororis uterinae filius et filia soli et non deinceps personae una cum his ad jura avunculi sui perveniant et mortuo eo, qui patruus quidem est fratris sui filiis, avunculus autem sororis suae suboli, simili modo ab utroque latere succedant, tamquam si omnes ex masculis descendentes legitimo jure veniant, scilicet ubi frater et soror superstites non sunt (his etenim personis praecedentibus et successionem admittentibus ceteri gradus remanent penitus semoti) : videlicet hereditate non ad stirpes, sed in capita dividenda. 5. Si plures sint gradus adgnatorum, aperte lex duodecim tabularum proximum vocat : itaque si verbi gratia sit frater defuncti et alterius fratris filius aut patruus, frater potior habetur. Et quamvis singulari numero usa lex proximum vocet, tamen dubium non est, quin et, si plures sint ejusdem gradus, omnes admittantur ; nam et proprie proximus ex pluribus gradibus intellegitur et tamen dubium non est, quin, licet unus sit gradus adgnatorum, pertineat ad eos hereditas. 6. Proximus autem, si quidem nullo testamento facto quisque decesserit, per hoc tempus requiritur, quo mortuus est is cujus de hereditate quaeritur. Quod si facto testamento quisquam decesserit, per hoc tempus requiritur, quo certum esse coeperit nullum ex testamento heredem extaturum ; tum enim proprie quisque intellegitur intestatus

1. *C.*, 6, 58, 14.

decessisse. Quod quidem aliquando longo tempore declaratur ; in quo spatio temporis saepe accidit, ut proximiore mortuo proximus esse incipiat, qui moriente testatore non erat proximus. 7. Placebat autem in eo genere percipiendarum hereditatum successionem non esse, id est ut, quamvis proximus, qui secundum ea quae diximus vocatur ad hereditatem, aut spreverit hereditatem aut antequam adeat decesserit, nihilo magis legitimo jure sequentes admittuntur. Quod iterum praetores imperfecto jure corrigentes non in totum sine adminiculo relinquebant, sed ex cognatorum ordine eos vocabant, utpote adgnationis jure eis recluso. Sed nos nihil deesse perfectissimo juri cupientes nostra constitutione [1] sanximus, quam de jure patronatus humanitate suggerente protulimus, successionem in adgnatorum hereditatibus non esse eis denegandam, cum satis absurdum erat, quod cognatis a praetore apertum est, hoc adgnatis esse reclusum, maxime cum in onere quidem tutelarum et primo gradu deficiente sequens succedit et, quod in onere optinebat, non erat in lucro permissum.

8. Ad legitimam successionem nihilo minus vocatur etiam parens, qui contracta fiducia filium vel filiam, nepotem vel neptem ac deinceps emancipat. Quod ex nostra constitutione [2] omnimodo inducitur, ut emancipationes liberorum semper videantur contracta fiducia fieri, cum apud antiquos non aliter hoc optinebat, nisi specialiter contracta fiducia parens manumisisset.

III. DE SENATUS CONSULTO TERTULLIANO [3].

Lex duodecim tabularum ita stricto jure utebatur et praeponebat masculorum progeniem et eos, qui per feminini sexus necessitudinem sibi junguntur, adeo expellebat, [4] 'ut ne quidem inter matrem et filium filiamve ultro citroque hereditatis capiendae jus' daret, nisi quod praetores ex proximitate cognatorum eas personas ad successionem bonorum possessione UNDE COGNATI accommodata vocabant. 1. Sed hae juris angustiae postea emendatae sunt. Et primus quidem divus Claudius matri ad solacium liberorum amissorum legitimam eorum detulit hereditatem. 2. Postea autem senatus consulto Tertulliano, quod divi Hadriani temporibus factum est, plenissime de tristi successione matri, non etiam aviae deferenda cautum est : ut mater ingenua trium liberorum jus habens, libertina quattuor ad bona filiorum filiarumve admittatur intestatorum mortuorum,

1. *C.*, 6, 4, 4, 20. — 2. *C.*, 8, 48 (49), 6. — 3. Cf. Gaius, 3, 24. 23. *D.*, 38, 17. *C.*, 6, 56. — 4. Gaius, 3, 24.

licet in potestate parentis est, ut scilicet, cum alieno juri subjecta est, jussu ejus adeat, cujus juri subjecta est. 3. Praeferuntur autem matri liberi defuncti, qui sui sunt quive suorum loco, sive primi gradus sive ulterioris. Sed et filiae suae mortuae filius vel filia opponitur ex constitutionibus matri defunctae, id est aviae suae. Pater quoque utriusque, non etiam avus vel proavus matri anteponitur, scilicet cum inter eos solos de hereditate agitur. Frater autem consanguineus tam filii quam filiae excludebat matrem; soror autem consanguinea pariter cum matre admittebatur; sed si fuerat frater et soror consanguinei et mater liberis honorata, frater quidem matrem excludebat, communis autem erat hereditas ex aequis partibus fratri et sorori. 4. Sed nos constitutione [1], quam in codice nostro nomine decorato posuimus, matri subveniendum esse existimavimus, respicientes ad naturam et puerperium et periculum et saepe mortem ex hoc casu matribus illatam. Ideoque impium esse credidimus casum fortuitum in ejus admitti detrimentum ; si enim ingenua ter vel libertina quater non peperit, immerito defraudabatur successione suorum liberorum : quid enim peccavit, si non plures, sed paucos pepererit? Et dedimus jus legitimum plenum matribus sive ingenuis sive libertinis, etsi non ter enixae fuerint vel quater, sed eum tantum vel eam, qui quaeve morte intercepti sunt, ut et sic vocentur in liberorum suorum legitimam successionem. 5. Sed cum antea constitutiones jura legitima perscrutantes partim matrem adjuvabant, partim eam praegravabant et non in solidum eam vocabant, sed in quibusdam casibus tertiam partem ei abstrahentes certis legitimis dabant personis, in aliis autem contrarium faciebant: nobis [2] visum est recta et simplici via matrem omnibus legitimis personis anteponi et sine ulla deminutione filiorum suorum successionem accipere, excepta fratris et sororis persona, sive consanguinei sint sive sola cognationis jura habentes, ut quemadmodum eam toto alio ordini legitimo praeposuimus, ita omnes fratres et sorores, sive legitimi sint sive non, ad capiendas hereditates simul vocemus, ita tamen ut, si quidem solae sorores cognatae vel adgnatae et mater defuncti vel defunctae supersint, dimidiam quidem mater, alteram vero dimidiam partem omnes sorores habeant, si vero matre superstite et fratre vel fratribus solis vel etiam cum sororibus sive legitima sive sola cognationis jura habentibus intestatus quis vel intestata mo-

1. *C.*, 8, 58 (59), 2. — 2. *C.*, 6, 56, 7.

riatur, in capita distribuatur ejus hereditas. 6. Sed quemadmodum nos matribus prospeximus, ita eas oportet suae suboli consulere : scituris eis, quod, si tutores liberis non petierint vel in locum remoti vel excusati intra annum petere neglexerint, ab eorum impuberum morientium successione merito repellentur. 7. Licet autem vulgo quaesitus sit filius filiave, potest ad bona ejus mater ex Tertulliano senatus consulto admitti.

IIII. De senatus consulto Orfitiano [1].

Per contrarium autem ut liberi ad bona matrum intestatarum admittantur, senatus consulto Orfitiano effectum est, quod latum est Orfito et Rufo consulibus [2], divi Marci temporibus. Et data est tam filio quam filiae legitima hereditas, etiamsi alieno juri subjecti sunt: et praeferuntur et consanguineis et adgnatis defunctae matris. 1. Sed cum ex hoc senatus consulto nepotes ad aviae successionem legitimo jure non vocabantur, postea hoc constitutionibus principalibus [3] emendatum est, ut ad similitudinem filiorum filiarumque et nepotes et neptes vocentur. 2. Sciendum autem est hujusmodi successiones, quae a Tertulliano et Orfitiano deferuntur, capitis deminutione non peremi propter illam regulam, qua novae hereditates legitimae capitis deminutione non pereunt, sed illae solae quae ex lege duodecim tabularum deferuntur. 3. Novissime sciendum est etiam illos liberos, qui vulgo quaesiti sunt, ad matris hereditatem ex hoc senatus consulto admitti.

4. [4] 'Si ex pluribus legitimis heredibus quidam omiserint hereditatem vel morte vel alia causa impediti fuerint quominus adeant, reliquis qui adierint adcrescit illorum portio et, licet ante decesserint qui adierint, ad heredes tamen eorum pertinet'.

V. De successione cognatorum [5].

Post suos heredes eosque, quos inter suos heredes praetor et constitutiones vocant, et post legitimos (quo numero sunt adgnati et hi, quos in locum adgnatorum tam supra dicta senatus consulta quam nostra erexit constitutio) proximos cognatos praetor vocat. 1. Qua parte naturalis cognatio spectatur. Nam adgnati capite deminuti quique ex his progeniti sunt ex lege duodecim tabularum inter legitimos non habentur, sed a praetore tertio ordine vocantur, exceptis solis tantum-

---

1. Cf. *D.*, 38, 17. *C.*, 6, 57. — 2. An 178 après J.-C. — 3. *C.*, 6, 55, 9. — 4. Marcien, *L. 5 inst.* (*D.*, 38, 16, 9). — 5. Cf. Gaius, 3, 21. 24. 27-31. *D.*, 38, 8. *C.*, 6, 15.

modo fratre et sorore emancipatis, non etiam liberis eorum, quos lex Anastasiana [1] cum fratribus integri juris constitutis vocat quidem ad legitimam fratris hereditatem sive sororis, non aequis tamen partibus, sed cum aliqua deminutione, quam facile est ex ipsius constitutionis verbis colligere, aliis vero adgnatis inferioris gradus, licet capitis deminutionem passi non sunt, tamen eos anteponit et procul dubio cognatis. 2 (1). Hos etiam, qui per feminini sexus personas ex transverso cognatione junguntur, tertio gradu proximitatis nomine praetor ad successionem vocat. 3 (2).[2] 'Liberi quoque, qui in adoptiva familia sunt, ad naturalium parentum hereditatem hoc eodem gradu vocantur'. 4 (3). Vulgo quaesitos nullum habere adgnatum manifestum est, cum adgnatio a patre, cognatio sit a matre, hi autem nullum patrem habere intelleguntur. Eadem ratione nec inter se quidem possunt videri consanguinei esse, quia consanguinitatis jus species est adgnationis: tantum igitur cognati sunt sibi, sicut et matris cognatis. Itaque omnibus istis ea parte competit bonorum possessio, qua proximitatis nomine cognati vocantur. 5 (4). Hoc loco et illud necessario admonendi sumus adgnationis quidem jure admitti aliquem ad hereditatem et si decimo gradu sit, sive de lege duodecim tabularum quaeramus, sive de edicto quo praetor legitimis heredibus daturum se bonorum possessionem pollicetur. Proximitatis vero nomine his solis praetor promittit bonorum possessionem, qui usque ad sextum gradum cognationis sunt, et ex septimo a sobrino sobrinaque nato nataeve.

VI. De gradibus cognationis [3].

Hoc loco necessarium est exponere, quemadmodum gradus cognationis numerentur. Qua in re inprimis admonendi sumus cognationem aliam supra numerari, aliam infra, aliam ex transverso, quae etiam a latere dicitur. Superior cognatio est parentium, inferior liberorum, ex transverso fratrum sororumve eorumque, qui ex his progenerantur, et convenienter patrui amitae avunculi materterae. Et superior quidem et inferior cognatio a primo gradu incipit; at ea, quae ex transverso numeratur, a secundo. 1.[4] Primo gradu est supra pater mater, infra filius filia. 2. Secundo supra avus avia, infra nepos neptis, ex transverso frater soror. 3. Tertio supra proavus proavia, infra pronepos proneptis, ex transverso fratris sororisque filius

---

1. Non reproduite dans la 2ᵉ éd. du Code; cf. *C.*, 5, 70, 5. — 2. Gaius, 3, 31. — 3. Cf. *D.*, 38, 10. — 4. Cf. *D.*, 38, 10, 1, 3-7. Gaius, *L. 8 ad ed. prov.*

filia et convenienter patruus amita avunculus matertera. Patruus est patris frater, qui Graece πάτρως vocatur : avunculus est matris frater, qui apud Graecos proprie μήτρως appellatur : et promiscue θεῖος dicitur. Amita est patris soror, matertera vero matris soror : utraque θεία vel apud quosdam τηθίς appellatur. 4. Quarto gradu supra abavus abavia, infra abnepos abneptis, ex transverso fratris sororisque nepos neptis et convenienter patruus magnus amita magna (id est avi frater et soror), item avunculus magnus matertera magna (id est aviae frater et soror), consobrinus consobrina (id est qui quaeve ex fratribus aut sororibus progenerantur). Sed quidam recte consobrinos eos proprie putant dici, qui ex duabus sororibus progenerantur, quasi consororinos : eos vero, qui ex duobus fratribus progenerantur, proprie fratres patrueles vocari (si autem ex duobus fratribus filiae nascantur, sorores patrueles appellantur) : at eos, qui ex fratre et sorore propagantur, amitinos proprie dici (amitae tuae filii consobrinum te appellant, tu illos amitinos). 5. Quinto supra atavus atavia, infra adnepos adneptis, ex transverso fratris sororisque pronepos proneptis et convenienter propatruus proamita (id est proavi frater et soror), proavunculus promatertera (id est proaviae frater et soror), item fratris patruelis sororis patruelis, consobrini et consobrinae, amitini amitinae filius filia, proprior sobrinus sobrina (hi sunt patrui magni amitae magnae avunculi magni materterae magnae filius filia). 6. [1] Sexto gradu sunt supra tritavus tritavia, infra trinepos trineptis, ex transverso fratris sororisque abnepos abneptis et convenienter abpatruus abamita (id est abavi frater et soror) abavunculus abmatertera (id est abaviae frater et soror), item sobrini sobrinaeque (id est qui quaeve ex fratribus vel sororibus patruelibus vel consobrinis vel amitinis progenerantur). 7. Hactenus ostendisse sufficiet, quemadmodum gradus cognationis numerentur. Namque ex his palam est intellegere, quemadmodum ulterius quoque gradus numerare debemus : quippe semper generata quaeque persona gradum adjiciat, ut longe facilius sit respondere, quoto quisque gradu sit, quam propria cognationis appellatione quemquam denotare. 8. Adgnationis quoque gradus eodem modo numerantur. 9. Sed cum magis veritas oculata fide quam per aures animis hominum infigitur, ideo necessarium duximus post narrationem graduum etiam eos praesenti libro inscribi, qua-

---

1. Cf. *D.*, 38, 10, 3, *pr.* Gaius, *l. c.*

tenus possint et auribus et inspectione adulescentes perfectissimam graduum doctrinam adipisci [1].

10. Illud certum est ad serviles cognationes illam partem edicti, qua proximitatis nomine bonorum possessio promittitur, non pertinere; nam nec ulla antiqua lege talis cognatio computabatur. Sed nostra constitutione [2], quam pro jure patronatus fecimus (quod jus usque ad nostra tempora satis obscurum atque nube plenum et undique confusum fuerat) et hoc humanitate suggerente concessimus, ut si quis in servili consortio constitutus liberum vel liberos habuerit sive ex libera sive servilis condicionis muliere, vel contra serva mulier ex libero vel servo habuerit liberos cujuscumque sexus, et ad libertatem his pervenientibus et hi, qui ex servili ventre nati sunt, libertatem meruerunt, vel dum mulieres liberae erant, ipsi in servitutem abierunt et postea ad libertatem pervenerunt, ut hi omnes ad successionem vel patris vel matris veniant, patronatus jure in hac parte sopito; hos enim liberos non solum in suorum parentium successionem, sed etiam alterum in alterius mutuam successionem vocavimus, ex illa lege specialiter eos vocantes, sive soli inveniantur qui in servitute nati et postea manumissi sunt, sive una cum aliis, qui post libertatem parentium concepti sunt sive ex eadem matre vel eodem patre sive ex aliis nuptiis, ad similitudinem eorum qui ex justis nuptiis procreati sunt.

11. Repetitis itaque omnibus quae jam tradidimus apparet non semper eos, qui parem gradum cognationis optinent, pariter vocari eoque amplius nec eum quidem, qui proximior sit cognatus, semper potiorem esse. Cum enim prima causa sit suorum heredum quosque inter suos heredes jam enumeravimus, apparet pronepotem vel abnepotem defuncti potiorem esse quam fratrem aut patrem matremque defuncti, cum alioquin pater quidem et mater, ut supra quoque tradidimus, primum gradum cognationis optineant, frater vero secundum, pronepos autem tertio gradu sit cognatus et abnepos quarto: nec interest, in potestate morientis fuerit an non fuerit, quod vel emancipatus vel ex emancipato aut ex feminino sexu propagatus est. 12. Amotis quoque suis heredibus quosque inter suos heredes vocari diximus, adgnatus, qui integrum jus ad-

---

1. Le tableau annoncé fait défaut. M. Max Conrat croit l'avoir retrouvé dans le tableau du ms. de Paris lat. 12448, *Lex canonice compta*, f. 113, reproduit et commenté par lui *Geschichte der Quellen und Litteratur des romischen Rechts im fruheren Mittelalter*, 1, 1891, pp. 631-639, et M. Patetta, *Bull. di D. R.*, 4, 1891, pp. 49-55, dans le ms. Ashburn. 1560 de la bibliothèque Laurentienne. — 2. C., 6, 4, 4, 10-11.

gnationis habet, etiamsi longissimo gradu sit, plerumque potior habetur quam proximior cognatus ; nam patrui nepos vel pronepos avunculo vel materterae praefertur. Totiens igitur dicimus aut potiorem haberi eum qui proximiorem gradum cognationis optinet, aut pariter vocari eos qui cognati sint, quotiens neque suorum heredum jure quique inter suos heredes sunt neque adgnationis jure aliquis praeferri debeat secundum ea quae tradidimus, exceptis fratre et sorore emancipatis, qui ad successionem fratrum vel sororum vocantur, qui etsi capite deminuti sunt, tamen praeferuntur ceteris ulterioris gradus adgnatis.

VII. DE SUCCESSIONE LIBERTORUM [1].

[2] 'Nunc de libertorum bonis videamus. Olim itaque licebat liberto patronum suum impune testamento praeterire ; nam ita demum lex duodecim tabularum ad hereditatem liberti vocabat patronum, si intestatus mortuus esset libertus nullo suo herede relicto. Itaque intestato quoque mortuo liberto, si is suum heredem reliquisset, nihil in bonis ejus patrono jus erat. Et si quidem ex naturalibus liberis aliquem suum heredem reliquisset, nulla videbatur querella, si vero adoptivus filius esset, aperte iniquum erat nihil juris patrono superesse. 1. Qua de causa postea praetoris edicto haec juris iniquitas emendata est. Sive enim faciebat testamentum libertus, jubebatur ita testari, ut patrono partem dimidiam bonorum suorum relinqueret : et si aut nihil aut minus partis dimidiae reliquerat, dabatur patrono contra tabulas testamenti partis dimidiae bonorum possessio. Si vero intestatus moriebatur suo herede relicto filio adoptivo, dabatur aeque patrono contra hunc suum heredem partis dimidiae bonorum possessio. Prodesse autem liberto solebant ad excludendum patronum naturales liberi, non solum quos in potestate mortis tempore habebat, sed etiam emancipati et in adoptionem dati, si modo ex aliqua parte heredes scripti erant aut praeteriti contra tabulas bonorum possessionem ex edicto petierant, nam exheredati nullo modo repellebant patronum. 2. Postea lege Papia adaucta sunt jura patronorum, qui locupletiores libertos habebant. Cautum est enim, ut ex bonis ejus, qui sestertiorum centum milium patrimonium reliquerit et pauciores quam tres liberos habebat, sive is testamento facto sive intestato mortuus erat, virilis pars patrono debebatur. Itaque cum unum

---

1. Cf. Gaius, 3, 39-76. *D.*, 38, 2. *C.*, 6, 4.13. — 2. Gaius, 3, 39-42.

filium filiamve heredem reliquerit libertus, perinde pars dimidia patrono debebatur, ac si is sine ullo filio filiave decessisset : cum duos duasve heredes reliquerat, tertia pars debebatur patrono : si tres reliquerat, repellebatur patronus'. 3. Sed nostra constitutio [1], quam pro omnium notione Graeca lingua compendioso tractatu habito composuimus, ita hujusmodi causas definivit, ut si quidem libertus vel liberta minores centenariis sint, id est minus centum aureis habeant substantiam (sic enim legis Papiae summam interpretati sumus, ut pro mille sestertiis unus aureus computetur), nullum locum habeat patronus in eorum successionem, si tamen testamentum fecerint. Sin autem intestati decesserint nullo liberorum relicto, tunc patronatus jus, quod erat ex lege duodecim tabularum, integrum reservavit. Cum vero majores centenariis sint, si heredes vel bonorum possessores liberos habeant sive unum sive plures cujuscumque sexus vel gradus, ad eos successionem parentum deduximus, omnibus patronis una cum sua progenie semotis. Sin autem sine liberis decesserint, si quidem intestati, ad omnem hereditatem patronos patronasque vocavimus ; si vero testamentum quidem fecerint, patronos autem vel patronas praeterierint, cum nullos liberos haberent vel habentes eos exheredaverint, vel mater sive avus maternus eos praeterierit, ita ut non possint argui inofficiosa eorum testamenta : tunc ex nostra constitutione per bonorum possessionem contra tabulas non dimidiam, ut ante, sed tertiam partem bonorum liberti consequantur, vel quod deest eis ex constitutione nostra repleatur, si quando minus tertia parte bonorum suorum libertus vel liberta eis reliquerint, ita sine onere, ut nec liberis liberti libertaeve ex ea parte legata vel fideicommissa praestentur, sed ad coheredes hoc onus redundaret : multis aliis casibus a nobis in praefata constitutione congregatis, quos necessarios esse ad hujusmodi juris dispositionem perspeximus : ut tam patroni patronaeque quam liberi eorum nec non qui ex transverso latere veniunt usque ad quintum gradum ad successionem libertorum vocentur, sicut ex ea constitutione intellegendum est : ut si ejusdem patroni vel patronae vel duorum duarum pluriumve sint liberi, qui proximior est, ad liberti seu libertae vocetur successionem et in capita, non in stirpes dividatur successio, eodem modo et in his qui ex transverso latere veniunt servando. Paene enim consonantia jura ingenuitatis et libertinitatis in successionibus fecimus. 4. Sed

1. C., 6, 4, 4.

haec de his libertinis hodie dicenda sunt, qui in civitatem Romanam pervenerunt, cum nec sunt alii liberti simul et dediticiis et Latinis sublatis, cum Latinorum legitimae successiones nullae penitus erant, qui licet ut liberi vitam suam peragebant, attamen ipso ultimo spiritu simul animam atque libertatem amittebant, et quasi servorum ita bona eorum jure quodammodo peculii ex lege Junia manumissores detinebant. Postea vero senatus consulto Largiano cautum fuerat, ut liberi manumissoris non nominatim exheredati facti extraneis heredibus eorum in bonis Latinorum praeponerentur. Quibus supervenit etiam divi Trajani edictum, quod eundem hominem, si invito vel ignorante patrono ad civitatem venire ex beneficio principis festinavit, faciebat vivum quidem civem Romanum, Latinum autem morientem. Sed nostra constitutione [1] propter hujusmodi condicionum vices et alias difficultates cum ipsis Latinis etiam legem Juniam et senatus consultum Largianum et edictum divi Trajani in perpetuum deleri censuimus, ut omnes liberti civitate Romana fruantur, et mirabili modo quibusdam adjectionibus ipsas vias, quae in Latinitatem ducebant, ad civitatem Romanam capiendam transposuimus.

VIII. De adsignatione libertorum [2].

In summa quod ad bona libertorum admonendi sumus senatum censuisse, ut quamvis ad omnes patroni liberos, qui ejusdem gradus sint, aequaliter bona libertorum pertineant, tamen liceret parenti uni ex liberis adsignare libertum, ut post mortem ejus solus is patronus habeatur, cui adsignatus est, et ceteri liberi, qui ipsi quoque ad eadem bona nulla adsignatione interveniente pariter admitterentur, nihil juris in his bonis habeant. Sed ita demum pristinum jus recipiunt, si is cui adsignatus est decesserit nullis liberis relictis. 1. Nec tantum libertum, sed etiam libertam, et non tantum filio nepotive, sed etiam filiae neptive adsignare permittitur. 2. Datur autem haec adsignandi facultas ei, qui duos pluresve liberos in potestate habebit, ut eis, quos in potestate habet, adsignare ei libertum libertamve liceat. Unde quaerebatur, si eum cui adsignaverit postea emancipaverit, num evanescat adsignatio? Sed placuit evanescere, quod et Juliano et aliis plerisque visum est. 3. Nec interest, testamento quis adsignet an sine testamento: sed etiam quibuscumque verbis hoc patronis permittitur facere ex ipso senatus consulto, quod Claudianis tempo-

---

1. *C.*, 7, 6, 1. — 2. Cf. *D.*, 38, 4.

ribus factum est Suillo [1] Rufo et Ostorio Scapula consulibus [2].

VIIII. De bonorum possessionibus [3].

Jus bonorum possessionis introductum est a praetore emendandi veteris juris gratia. Nec solum in intestatorum hereditatibus vetus jus eo modo praetor emendavit, sicut supra dictum est, sed in eorum quoque, qui testamento facto decesserint. Nam si alienus postumus heres fuerit institutus, quamvis hereditatem jure civili adire non poterat, cum institutio non valebat, honorario tamen jure bonorum possessor efficiebatur, videlicet cum a praetore adjuvabatur ; sed et hic e nostra constitutione [4] hodie recte heres instituitur, quasi et jure civili non incognitus. 1. [5] Aliquando tamen neque emendandi neque impugnandi veteris juris, sed magis confirmandi gratia pollicetur bonorum possessionem. Nam illis quoque, qui recte facto testamento heredes instituti sunt, dat secundum tabulas bonorum possessionem : item ab intestato suos heredes et adgnatos ad bonorum possessionem vocat ; sed et remota quoque bonorum possessione ad eos hereditas pertinet jure civili. 2. [6] ' Quos autem praetor solus vocat ad hereditatem, heredes quidem ipso jure non fiunt (nam praetor heredem facere non potest ; per legem enim tantum vel similem juris constitutionem heredes fiunt, veluti per senatus consultum et constitutiones principales), sed cum eis praetor dat bonorum possessionem, loco heredum constituuntur et vocantur bonorum possessores. Adhuc autem et alios complures gradus praetor fecit in bonorum possessionibus dandis, dum id agebat, ne quis sine successore moriatur' ; nam angustissimis finibus constitutum per legem duodecim tabularum jus percipiendarum hereditatum praetor ex bono et aequo dilatavit. 3. Sunt autem bonorum possessiones ex testamento quidem hae. Prima, quae praeteritis liberis datur vocaturque contra tabulas. Secunda, quam omnibus jure scriptis heredibus praetor pollicetur ideoque vocatur secundum tabulas. Et cum de testamentis prius locutus est, ad intestatos transitum fecit. Et primo loco suis heredibus et his, qui ex edicto praetoris suis connumerantur, dat bonorum possessionem quae vocatur unde liberi. Secundo legitimis heredibus. Tertio decem personis, quas extraneo manumissori praeferebat (sunt autem decem personae hae : pater mater,

---

1. *D.*, 38. 4, 1, *pr.* : 'Velleo' ; cf. Mommsen, dans Bruns, p. 194. — 2. Entre 41 et 46 après J.-C. — 3. Cf. Gaius, 3, 25-38. *D.*, 37, 1-13. *C.*, 6, 9-20. — 4. *C.*, 6, 48, 1. — 5. Gaius, 3, 33 b. 34. — 6. Cf. Gaius, 3, 32-33.

41.

avus avia tam paterni quam materni, item filius filia, nepos neptis tam ex filio quam ex filia, frater soror sive consanguinei sive uterini). Quarto cognatis proximis. Quinto TUM QUAM EX FAMILIA. Sexto patrono et patronae liberisque eorum et parentibus. Septimo viro et uxori. Octavo cognatis manumissoris. 4. Sed eas quidem praetoria induxit jurisdictio. Nobis tamen nihil incuriosum praetermissum est, sed nostris constitutionibus omnia corrigentes CONTRA TABULAS quidem et SECUNDUM TABULAS bonorum possessiones admisimus utpote necessarias constitutas, nec non ab intestato UNDE LIBERI et UNDE LEGITIMI bonorum possessiones. 5. Quae autem in praetoris edicto quinto loco posita fuerat, id est UNDE DECEM PERSONAE, eam pio proposito et compendioso sermone supervacuam ostendimus : cum enim praefata bonorum possessio decem personas praeponebat extraneo manumissori, nostra constitutio [1], quam de emancipatione liberorum fecimus, omnibus parentibus eisdemque manumissoribus contracta fiducia manumissionem facere dedit, ut ipsa manumissio eorum hoc in se habeat privilegium et supervacua fiat praedicta bonorum possessio. Sublata igitur praefata quinta bonorum possessione in gradum ejus sextam antea bonorum possessionem reduximus et quintam fecimus, quam praetor proximis cognatis pollicetur. 6 (5). Cumque antea septimo loco fuerat bonorum possessio TUM QUAM EX FAMILIA et octavo UNDE LIBERI PATRONI PATRONAEQUE ET PARENTES EORUM, utramque per constitutionem nostram [2], quam de jure patronatus fecimus, penitus vacuavimus : cum enim ad similitudinem successionis ingenuorum libertinorum successiones posuimus, quas usque ad quintum tantummodo gradum coartavimus, ut sit aliqua inter ingenuos et libertos differentia, sufficiunt eis tam CONTRA TABULAS bonorum possessio quam UNDE LEGITIMI et UNDE COGNATI, ex quibus possint sua jura vindicare, omni scrupulositate et inextricabili errore duarum istarum bonorum possessionum resoluta. 7 (6). Aliam vero bonorum possessionem, quae UNDE VIR ET UXOR appellatur et nono loco inter veteres bonorum possessiones posita fuerat, et in suo vigore servavimus et altiore loco, id est sexto, eam posuimus, decima veteri bonorum possessione quae erat UNDE COGNATI MANUMISSORIS propter causas enarratas merito sublata : ut sex tantummodo bonorum possessiones ordinariae permaneant suo vigore pollentes. 8 (7). Septima eas secuta, quam optima ratione praetores introduxerunt. Novissime enim promittitur

---

1. *C.*, 8, 58 (59), 6. — 2. *C.*, 6, 4, 4.

edicto his etiam bonorum possessio, quibus ut detur lege vel senatus consulto vel constitutione comprehensum est, quam neque bonorum possessionibus quae ab intestato veniunt neque eis quae ex testamento sunt praetor stabili jure connumeravit, sed quasi ultimum et extraordinarium auxilium, prout res exigit, accommodavit scilicet his, qui ex legibus senatus consultis constitutionibus principum ex novo jure vel ex testamento vel ab intestato veniunt. 9 (8). Cum igitur plures species successionum praetor introduxisset easque per ordinem disposuisset et in unaquaque specie successionis saepe plures extent dispari gradu personae : ne actiones creditorum differantur, sed haberent quos convenirent, et ne facile in possessionem bonorum defuncti mittantur et eo modo sibi consulerent, ideo petendae bonorum possessioni certum tempus praefinivit. (9). Liberis itaque et parentibus tam naturalibus quam adoptivis in petenda bonorum possessione anni spatium, ceteris centum dierum dedit. 10. Et si intra hoc tempus aliquis bonorum possessionem non petierit, ejusdem gradus personis adcrescit : vel si nemo sit, deinceps ceteris proinde bonorum possessionem ex successorio edicto pollicetur, ac si is qui praecedebat ex eo numero non esset. Si quis itaque delatam sibi bonorum possessionem repudiaverit, non quousque tempus bonorum possessioni praefinitum excesserit exspectatur, sed statim ceteri ex eodem edicto admittuntur. 11. In petenda autem bonorum possessione dies utiles singuli considerantur. 12 (10). Sed bene anteriores principes et huic causae providerunt, ne quis pro petenda bonorum possessione curet, sed quocumque modo si admittentis eam indicium intra statuta tamen tempora ostenderit, plenum habeat earum beneficium.

X. De adquisitione per adrogationem [1].

[2] 'Est et alterius generis per universitatem successio, quae neque lege duodecim tabularum neque praetoris edicto, sed eo jure, quod consensu receptum est, introducta est. 1. Ecce enim cum pater familias sese in adrogationem dat, omnes res ejus corporales et incorporales quaeque ei debitae sunt adrogatori ante quidem pleno jure adquirebantur, exceptis his quae per capitis deminutionem pereunt, quales sunt operarum obligationes' et jus adgnationis. Usus etenim et usus fructus, licet his antea connumerabantur, attamen capitis deminutione

1. Cf. Gaius, 3, 82-84. — 2. Gaius, 3, 82. 83.

minima eos tolli nostra prohibuit constitutio [1]. 2. Nunc autem nos eandem adquisitionem, quae per adrogationem fiebat, coartavimus [2] ad similitudinem naturalium parentum ; nihil etenim aliud nisi tantummodo usus fructus tam naturalibus patribus quam adoptivis per filios familias adquiritur in his rebus quae extrinsecus filiis obveniunt, dominio eis integro servato ; mortuo autem filio adrogato in adoptiva familia etiam dominium ejus ad adrogatorem transit, nisi supersint aliae personae, quae ex nostra constitutione [3] patrem in his quae adquiri non possunt antecedunt. 3. Sed ex diverso pro eo, quod is debuit qui se in adoptionem dedit, ipso quidem jure adrogator non tenetur, sed nomine filii convenietur et, si noluerit eum defendere, permittitur creditoribus per competentes nostros magistratus bona, quae eorum cum usu fructu futura fuissent, si se alieno juri non subjecissent, possidere et legitimo modo ea disponere.

XI. De eo cui libertatis causa bona addicuntur.

Accessit novus casus successionis ex constitutione divi Marci. Nam si hi, qui libertatem acceperunt a domino in testamento, ex quo non aditur hereditas, velint bona sibi addici libertatium conservandarum causa, audiuntur. Et ita rescripto divi Marci ad Popilium Rufum continetur. 1. Verba rescripti ita se habent : 'Si Virginio Valenti, qui testamento suo libertatem quibusdam adscripsit, nemine successore ab intestato existente in ea causa bona esse coeperunt, ut veniri debeant : is, cujus de ea re notio est, aditus rationem desiderii tui habebit, ut libertatium tam earum, quae directo, quam earum, quae per speciem fideicommissi relictae sunt, tuendarum gratia addicantur tibi, si idonee creditoribus caveris de solido quod cuique debetur solvendo. Et hi quidem, quibus directa libertas data est, perinde liberi erunt, ac si hereditas adita esset ; hi autem, quos heres rogatus est manumittere, a te libertatem consequantur : ita ut si non alia condicione velis bona tibi addici, [quam ut] [4] etiam qui directo libertatem acceperunt tui liberti fiant, nam huic etiam voluntati tuae, si ii de quorum statu agitur consentiant, auctoritatem nostram accommodamus. Et ne hujus rescriptionis nostrae emolumentum alia ratione irritum fiat, si fiscus bona agnoscere voluerit : et hi qui rebus nostris attendunt scient commodo pecuniario praeferendam libertatis causam et ita

---

1. *C.*, 3, 33, 16. — 2. *C.*, 6, 61, 6. — 3. *C.*, 6, 59, 11. — 4. 'Quam ut' effacé par Mommsen et Accarias.

bona cogenda, ut libertas his salva sit, qui eam adipisci potuerunt, si hereditas ex testamento adita esset'. 2. Hoc rescripto subventum est et libertatibus et defunctis, ne bona eorum a creditoribus possideantur et veneant. Certe si fuerint ex hac causa bona addicta, cessat bonorum venditio; extitit enim defuncti defensor, et quidem idoneus, qui de solido creditoribus cavet. 3. Inprimis hoc rescriptum totiens locum habet, quotiens testamento libertates datae sunt. Quid ergo [1] 'si quis intestatus decedens codicillis libertates dederit neque adita sit ab intestato hereditas? Favor constitutionis debet locum habere'. Certe si testatus decedat et codicillis dederit libertatem, competere eam nemini dubium est. 4. Tunc constitutioni locum esse verba ostendunt, cum nemo successor ab intestato existat: [2] ' ergo quamdiu incertum sit, utrum existat an non, cessabit constitutio: si certum esse coeperit neminem extare, tunc erit constitutioni locus. 5. Si is, qui in integrum restitui potest, abstinuit se ab hereditate, an, quamvis potest in integrum restitui, potest admitti constitutio et addictio bonorum fieri? Quid ergo, si post addictionem libertatum conservandarum causa factam in integrum sit restitutus? Utique non erit dicendum revocari libertates, quae semel competierunt'. 6. Haec constitutio libertatum tuendarum causa introducta est: ergo si libertates nullae sint datae, cessat constitutio. Quid ergo, si vivus dedit libertates vel mortis causa et, ne de hoc quaeratur, utrum in fraudem creditorum an non factum sit, idcirco velint addici sibi bona, an audiendi sunt? Et magis est, ut audiri debeant, etsi deficiant verba constitutionis. 7. Sed cum multas divisiones ejusmodi constitutioni deesse perspeximus, lata est a nobis plenissima constitutio [3], in quam multae species collatae sunt, quibus jus hujusmodi successionis plenissimum est effectum, quas ex ipsa lectione constitutionis potest quis cognoscere.

XII. DE SUCCESSIONIBUS SUBLATIS, QUAE FIEBANT PER BONORUM VENDITIONEM ET EX SENATUS CONSULTO CLAUDIANO [4].

Erant ante praedictam successionem olim et aliae per universitatem successiones. Qualis fuerat bonorum emptio, quae de bonis debitoris vendendis per multas ambages fuerat introducta et tunc locum habebat, quando judicia ordinaria in usu fuerunt; sed cum extraordinariis judiciis posteritas usa est, ideo cum ipsis ordinariis judiciis etiam bonorum venditiones

1. D., 40, 5, 2. Ulp., *L. 60 ad. ed.* — 2. D., 40, 5, 4, pr. 1. 2. Ulp., *L. 60 ad ed.* — 3. C., 7, 2, 15. — 4. Cf. Gaius, 3, 77-81.

exspiraverunt et tantummodo creditoribus datur officio judicis bona possidere et prout eis utile visum fuerit ea disponere, quod ex latioribus digestorum libris perfectius apparebit. 1. Erat et ex senatus consulto Claudiano miserabilis per universitatem adquisitio, cum libera mulier servili amore bacchata ipsam libertatem per senatus consultum amittebat et cum libertate substantiam : quod indignum nostris temporibus esse existimantes et a nostra civitate deleri et non inseri nostris digestis concessimus.

XIII. DE OBLIGATIONIBUS [1].

[2] 'Nunc transeamus ad obligationes'. Obligatio est juris vinculum, quo necessitate adstringimur alicujus solvendae rei secundum nostrae civitatis jura. 1. Omnium autem obligationum summa divisio in duo genera diducitur : namque aut civiles sunt aut praetoriae. Civiles sunt, quae aut legibus constitutae aut certe jure civili comprobatae sunt. Praetoriae sunt, quas praetor ex sua jurisdictione constituit, quae etiam honorariae vocantur. 2. Sequens divisio in quattuor species diducitur : aut enim ex contractu sunt aut quasi ex contractu aut ex maleficio aut quasi ex maleficio. Prius est, ut de his quae ex contractu sunt dispiciamus. Harum aeque quattuor species sunt : aut enim re contrahuntur aut verbis aut litteris aut consensu. De quibus singulis dispiciamus.

XIIII. QUIBUS MODIS RE CONTRAHITUR OBLIGATIO [3].

[4] 'Re contrahitur obligatio veluti mutui datione. Mutui autem obligatio in his rebus consistit, quae pondere numero mensurave constant, veluti vino oleo frumento pecunia numerata' aere argento auro, [5] 'quas res aut numerando aut metiendo aut pendendo in hoc damus, ut accipientium fiant et quandoque nobis non eaedem res, sed aliae ejusdem naturae et qualitatis reddantur. Unde etiam mutuum appellatum sit, quia ita a me tibi datur, ut ex meo tuum fiat'. Ex eo contractu nascitur actio quae vocatur condictio. 1. [6] 'Is quoque, qui non debitum accepit ab eo qui per errorem solvit, re obligatur'; daturque agenti contra eum propter repetitionem condicticia actio. ' Nam proinde ei condici potest SI PARET EUM DARE OPORTERE ac si mutuum accepisset : unde pupillus, si ei sine tutoris auctoritate non debitum per errorem datum est, non tenetur

---

1. Cf. Gaius, 3, 88-89. D., 44, 7. C., 4, 10. — 2. Gaius, 3, 88. — 3. Cf. Gaius, 3, 90. 91. — 4. Gaius, L. 2 rer. cott. (D., 44, 7, 1, 2). — 5. Gaius, 3, 90. — 6. Gaius, 3, 91.

indebiti condictione non magis quam mutui datione. Sed haec species obligationis non videtur ex contractu consistere, cum is, qui solvendi animo dat, magis distrahere voluit negotium quam contrahere'. 2. ¹ Item is cui res aliqua utenda datur, id est commodatur, re obligatur et tenetur commodati actione. Sed is ab eo, qui mutuum accepit, longe distat ; namque non ita res datur, ut ejus fiat, et ob id de ea re ipsa restituenda tenetur. Et is quidem qui mutuum accepit, si quolibet fortuito casu quod accepit amiserit, veluti incendio ruina naufragio aut latronum hostiumve incursu, nihilo minus obligatus permanet. At is qui utendum accepit sane quidem exactam diligentiam custodiendae rei praestare jubetur nec sufficit ei tantam diligentiam adhibuisse, quantam suis rebus adhibere solitus est, si modo alius diligentior poterit eam rem custodire, sed propter majorem vim majoresve casus non tenetur, si modo non hujus culpa is casus intervenerit : alioquin si id, quod tibi commodatum est, peregre ferre tecum malueris et vel incursu hostium praedonumve vel naufragio amiseris, dubium non est, quin de restituenda ea re tenearis. Commodata autem res tunc proprie intellegitur, si nulla mercede accepta vel constituta res tibi utenda data est. Alioquin mercede interveniente locatus tibi usus rei videtur ; gratuitum enim debet esse commodatum. 3. Praeterea et is, apud quem res aliqua deponitur, re obligatur et actione depositi, qui et ipse de ea re quam accepit restituenda tenetur. Sed is ex eo solo tenetur, si quid dolo commiserit, culpae autem nomine, id est desidiae atque neglegentiae, non tenetur : itaque securus est, qui parum diligenter custoditam rem furto amisit, quia, qui neglegenti amico rem custodiendam tradit, suae facilitati id imputare debet. 4. Creditor quoque qui pignus accepit re obligatur, qui et ipse de ea ipsa re quam accepit restituenda tenetur actione pigneraticia. Sed quia pignus utriusque gratia datur, et debitoris, quo magis ei pecunia crederetur, et creditoris, quo magis ei in tuto sit creditum, placuit sufficere, quod ad eam rem custodiendam exactam diligentiam adhiberet : quam si praestiterit et aliquo fortuitu casu rem amiserit, securum esse nec impediri creditum petere.

XV. DE VERBORUM OBLIGATIONE ².

³ 'Verbis obligatio contrahitur ex interrogatione et responsu, cum quid dari fierive nobis stipulamur'. Ex qua duae proficis-

---

1. Cf. Gaius, *L. 2 rer. cott.* (*D.*, 44. 7, 1, 3-6). — 2. Cf. Gaius, 3, 92-93. *D.*, 45, 1. *C.*, 8, 37 (38).— 3. Gaius, *L. 2 rer. cott.* (*D.*, 44, 7, 1, 7).

cuntur actiones, tam condictio, si certa sit stipulatio, quam ex stipulatu, si incerta. Quae hoc nomine inde utitur, quia stipulum apud veteres firmum appellabatur, forte a stipite descendens.

1. In hac re olim talia verba tradita fuerunt : SPONDES? SPONDEO ; PROMITTIS ? PROMITTO ; FIDEPROMITTIS ? FIDEPROMITTO ; FIDEJUBES ? FIDEJUBEO ; DABIS ? DABO ; FACIES ? FACIAM. Utrum autem Latina an Graeca vel qua alia lingua stipulatio concipiatur, nihil interest, scilicet si uterque stipulantium intellectum hujus linguae habeat ; nec necesse est eadem lingua utrumque uti, sed sufficit congruenter ad interrogatum respondere : quin etiam duo Graeci Latina lingua obligationem contrahere possunt. Sed haec sollemnia verba olim quidem in usu fuerunt ; postea autem Leoniana [1] constitutio lata est, quae sollemnitate verborum sublata sensum et consonantem intellectum ab utraque parte solum desiderat, licet quibuscumque verbis expressus est.

2. Omnis stipulatio aut pure aut in diem aut sub condicione fit : pure veluti QUINQUE AUREOS DARE SPONDES ? idque confestim peti potest. In diem, cum adjecto die quo pecunia solvatur stipulatio fit : veluti DECEM AUREOS PRIMIS KALENDIS MARTIIS DARE SPONDES ? ; id autem, quod in diem stipulamur, statim quidem debetur, sed peti prius quam dies veniat non potest : ac ne eo quidem ipso die, in quem stipulatio facta est, peti potest, quia totus dies arbitrio solventis tribui debet. Neque enim certum est eo die, in quem promissum est, datum non esse, priusquam praetereat. 3. At si ita stipuleris : DECEM AUREOS ANNUOS QUOAD VIVAM DARE SPONDES ? et pure facta obligatio intellegitur et perpetuatur, quia ad tempus deberi non potest. Sed heres petendo pacti exceptione submovebitur. 4. Sub condicione stipulatio fit, cum in aliquem casum differtur obligatio, ut, si aliquid factum fuerit aut non fuerit, stipulatio committatur, veluti SI TITIUS CONSUL FACTUS FUERIT, QUINQUE AUREOS DARE SPONDES ? Si quis ita stipuletur : SI IN CAPITOLIUM NON ASCENDERO, DARE SPONDES ? perinde erit, ac si stipulatus esset cum morietur dari sibi. Ex condicionali stipulatione tantum spes est debitum iri, eamque ipsam spem transmittimus, si, priusquam condicio existat, mors nobis contigerit. 5. Loca etiam inseri stipulationi solent, veluti CARTHAGINE DARE SPONDES ? : quae stipulatio licet pure fieri videatur, tamen re ipsa habet tempus injectum, quo promissor utatur ad pecu-

---

[1]. *C.*, 8, 37 (38), 10.

niam Carthagine dandam. Et ideo si quis ita Romae stipuletur : HODIE CARTHAGINE DARE SPONDES ? inutilis erit stipulatio, cum impossibilis sit repromissio. 6. Condiciones, quae ad praeteritum vel ad praesens tempus referuntur, aut statim infirmant obligationem aut omnino non differunt : veluti SI TITIUS CONSUL FUIT vel SI MAEVIUS VIVIT, DARE SPONDES ? nam si ea ita non sunt, nihil valet stipulatio : sin autem ita se habent, statim valet. Quae enim per rerum naturam certa sunt, non morantur obligationem, licet apud nos incerta sint.

7. Non solum res in stipulatum deduci possunt, sed etiam facta : ut *si* stipulemur fieri aliquid vel non fieri. Et in hujusmodi stipulationibus optimum erit poenam subjicere, ne quantitas stipulationis in incerto sit ac necesse sit actori probare, quid ejus intersit. Itaque si quis ut fiat aliquid stipuletur, ita adjici poena debet : SI ITA FACTUM NON ERIT, TUM POENAE NOMINE DECEM AUREOS DARE SPONDES ? Sed si quaedam fieri, quaedam non fieri una eademque conceptione stipuletur, clausula erit hujusmodi adjicienda : SI ADVERSUS EA FACTUM ERIT, SIVE QUID ITA FACTUM NON ERIT, TUNC POENAE NOMINE DECEM AUREOS DARE SPONDES ?

XVI. DE DUOBUS REIS STIPULANDI ET PROMITTENDI [1].

Et stipulandi et promittendi duo pluresve rei fieri possunt. Stipulandi ita, si post omnium interrogationem promissor respondeat : SPONDEO. Ut puta cum duobus separatim stipulantibus ita promissor respondeat : UTRIQUE VESTRUM DARE SPONDEO ; nam si prius Titio spoponderit, deinde alio interrogante spondeat, alia atque alia erit obligatio nec creduntur duo rei stipulandi esse. Duo pluresve rei promittendi ita fiunt [2] : MAEVI, QUINQUE AUREOS DARE SPONDES ? SEI EOSDEM QUINQUE AUREOS DARE SPONDES ? respondeant singuli separatim : SPONDEO. 1. Ex hujusmodi obligationibus et stipulantibus solidum singulis debetur et promittentes singuli in solidum tenentur. In utraque tamen obligatione una res vertitur : et vel alter debitum accipiendo vel alter solvendo omnium peremit obligationem et omnes liberat. 2. [3] ' Ex duobus reis promittendi alius pure, alius in diem vel sub condicione obligari potest : nec impedimento erit dies aut condicio, quo minus ab eo qui pure obligatus est petatur '.

1. Cf. *D.*, 45, 2. *C.*, 8, 40. — 2. Mommsen pense que les compilateurs ont ici supprimé à tort les mots *ut interroget stipulator* ou quelque chose d'équivalent. Pellat, Accarias lisent plus bas, au lieu de 'respondeant', 'si respondent'. — 3. Florentinus, *L. 8 inst.* (*D.*, 45, 2, 7).

XVII. De stipulatione servorum [1].

Servus ex persona domini jus stipulandi habet. Sed hereditas in plerisque personae defuncti vicem sustinet : ideoque quod servus hereditarius ante aditam hereditatem stipulatur, adquirit hereditati ac per hoc etiam heredi postea facto adquiritur. 1. [2] 'Sive autem domino sive sibi sive conservo suo sive impersonaliter servus stipuletur, domino adquirit'. Item juris est et in liberis, qui in potestate patris sunt, ex quibus causis adquirere possunt. 2. Sed cum factum in stipulatione continebitur, omnimodo persona stipulantis continetur, veluti si servus stipuletur, ut sibi ire agere liceat ; ipse enim tantum prohiberi non debet, non etiam dominus ejus. 3. Servus communis stipulando unicuique dominorum pro portione dominii adquirit, nisi si unius eorum jussu aut nominatim cui eorum stipulatus est ; tunc enim soli ei adquiritur. Quod servus communis stipulatur, si alteri ex dominis adquiri non potest, solidum alteri adquiritur, veluti si res quam dari stipulatus est unius domini sit.

XVIII. De divisione stipulationum.

[3] 'Stipulationum aliae judiciales sunt, aliae praetoriae, aliae conventionales, aliae communes tam praetoriae quam judiciales. 1. Judiciales sunt dumtaxat, quae a mero judicis officio proficiscuntur : veluti de dolo cautio vel de persequendo servo qui in fuga est restituendove pretio. 2. Praetoriae, quae a mero praetoris officio proficiscuntur, veluti damni infecti vel legatorum. Praetorias autem stipulationes sic exaudiri oportet, ut in his contineantur etiam aediliciae ; nam et hae ab jurisdictione veniunt. 3. Conventionales sunt, quae ex conventione utriusque partis concipiuntur, hoc est neque jussu judicis neque jussu praetoris, sed ex conventione contrahentium. Quarum totidem genera sunt, quot paene dixerim rerum contrahendarum. 4 Communes sunt stipulationes veluti rem salvam fore pupilli ; nam et praetor jubet rem salvam fore pupillo caveri et interdum judex, si aliter expediri haec res non potest' : vel de rato stipulatio.

XVIIII. De inutilibus stipulationibus [4].

Omnis res, quae dominio nostro subjicitur, in stipulatio-

---

1. Cf. Gaius, 3, 114. 167. *D.*, 45, 3. — 2. Flor., *L. 8 inst.* (*D.*, 45, 3, 15). — 3. *D.*, 45, 1, 5, *pr.* Pomponius, *L. 26 ad Sab.*— 4. Cf. Gaius, 3, 97-109. *C.*, 8, 38 (39).

nem deduci potest, sive illa mobilis sive soli sit. 1. At si quis rem, quae in rerum natura non est aut esse non potest, dari stipulatus fuerit, veluti Stichum, qui mortuus sit, quem vivere credebat, aut hippocentaurum, qui esse non possit, inutilis erit stipulatio. 2. Idem juris est, si rem sacram aut religiosam, quam humani juris esse credebat, vel publicam, quae usibus populi perpetuo exposita sit, ut forum vel theatrum, vel liberum hominem, quem servum esse credebat, vel cujus commercium non habuit, vel rem suam dari quis stipuletur. Nec in pendenti erit stipulatio ob id, quod publica res in privatum deduci et ex libero servus fieri potest et commercium adipisci stipulator potest et res stipulatoris esse desinere potest; sed protinus inutilis est. Item contra licet initio utiliter res in stipulatum deducta sit, si postea in earum qua causa, de quibus supra dictum est, sine facto promissoris devenerit, extinguitur stipulatio. Ac ne statim ab initio talis stipulatio valebit: LUCIUM TITIUM CUM SERVUS ERIT DARE SPONDES? et similia: quia natura sui dominio nostro exempta in obligationem deduci nullo modo possunt. 3. Si quis alium daturum facturumve quid spoponderit, non obligabitur, veluti si spondeat Titium quinque aureos daturum. Quodsi effecturum se, ut Titius daret, spoponderit, obligatur. 4. Si quis alii, quam cujus juri subjectus sit, stipuletur, nihil agit. Plane solutio etiam in extranei personam conferri potest (veluti si quis ita stipuletur: MIHI AUT SEIO DARE SPONDES?), ut obligatio quidem stipulatori adquiratur, solvi tamen Seio etiam invito eo recte possit, ut liberatio ipso jure contingat, sed ille adversus Seium habeat mandati actionem. Quod si quis sibi et alii, cujus juri subjectus non sit, decem dari aureos stipulatus est, valebit quidem stipulatio; sed utrum totum debetur quod in stipulatione deductum est, an vero pars dimidia dubitatum est; sed placet non plus quam partem dimidiam ei adquiri. Ei qui tuo juri subjectus est si stipulatus sis, tibi adquiris, quia vox tua tamquam filii sit, sicuti filii vox tamquam tua intellegitur in his rebus quae tibi adquiri possunt. 5. [1] 'Praeterea inutilis est stipulatio, si quis ad ea quae interrogatus erit non responderit, veluti si decem aureos a te dari stipuletur, tu quinque promittas', vel contra: 'aut si ille pure stipuletur, tu sub condicione promittas', vel contra, si modo scilicet id exprimas, id est si cui sub condicione vel in diem stipulanti tu respondeas: PRAESENTI DIE SPONDEO. Nam si hoc solum respondeas: PRO-

---

1. Gaius, 3, 102.

MITTO, breviter videris in eandem diem aut condicionem spopondisse; nec enim necesse est in respondendo eadem omnia repeti, quae stipulator expresserit. 6. ¹ 'Item inutilis est stipulatio, si ab eo stipuleris, qui juri tuo subjectus est, vel si is a te stipuletur. Sed servus quidem non solum domino suo obligari non potest, sed ne alii quidem ulli', filii vero familias aliis obligari possunt. 7. 'Mutum neque stipulari neque promittere posse palam est. Quod et in surdo receptum est: quia et is qui stipulatur verba promittentis et is qui promittit verba stipulantis audire debet'. ² 'Unde apparet non de eo nos loqui qui tardius exaudit, sed de eo qui omnino non exaudit'. 8. ³ 'Furiosus nullum negotium gerere potest, quia non intellegit quid agit. 9. Pupillus omne negotium recte gerit: ut tamen, sicubi tutoris auctoritas necessaria sit, adhibeatur tutor, veluti si ipse obligetur; nam alium sibi obligare etiam sine tutoris auctoritate potest. 10. Sed quod diximus de pupillis, utique de his verum est, qui jam aliquem intellectum habent; nam infans et qui infanti proximus est non multum a furioso distant, quia hujus aetatis pupilli nullum intellectum habent: sed in proximis infanti propter utilitatem eorum benignior juris interpretatio facta est', ut idem juris habeant, quod pubertati proximi. Sed qui in parentis potestate est impubes, nec auctore quidem patre obligatur. 11. Si impossibilis condicio obligationibus adjiciatur, nihil valet stipulatio. Impossibilis autem condicio habetur, cui natura impedimento est, quo minus existat, veluti si quis ita dixerit: SI DIGITO CAELUM ATTIGERO, DARE SPONDES ? at si ita stipuletur : SI DIGITO CAELUM NON ATTIGERO DARE SPONDES ? pure facta obligatio intellegitur ideoque statim petere potest. 12. Item verborum obligatio inter absentes concepta inutilis est. Sed cum hoc materiam litium contentiosis hominibus praestabat, forte post tempus tales allegationes opponentibus et non praesentes esse vel se vel adversarios suos contendentibus : ideo nostra constitutio ⁴ propter celeritatem dirimendarum litium introducta est, quam ad Caesareenses advocatos scripsimus, per quam disposuimus tales scripturas, quae praesto esse partes indicant, omnimodo esse credendas, nisi ipse, qui talibus utitur improbis allegationibus, manifestissimis probationibus vel per scripturam vel per testes idoneos approbaverit in ipso toto die, quo conficiebatur instrumentum, sese vel adversarium suum in aliis locis esse. 13. Post

---

1. Gaius, 3, 104. 105. — 2. Gaius, *L. 2 rer. cott.* (*D.*, 44, 7, 1, 15). — 3. Gaius, 3, 106. 107. 109. — 4. *C.*, 8, 37 (38), 14.

mortem suam dari sibi nemo stipulari poterat, non magis quam post ejus mortem a quo stipulabatur. Ac ne is, qui in alicujus potestate est, post mortem ejus stipulari poterat, quia patris vel domini voce loqui videtur. Sed et si quis ita stipuletur PRIDIE QUAM MORIAR vel PRIDIE QUAM MORIERIS DARI, inutilis erat stipulatio. Sed cum, ut jam dictum est, ex consensu contrahentium stipulationes valent, placuit nobis [1] etiam in hunc juris articulum necessariam inducere emendationem, ut, sive post mortem sive pridie quam morietur stipulator sive promissor stipulatio concepta est, valeat stipulatio. 14. Item si quis ita stipulatus erat : SI NAVIS EX ASIA VENERIT, HODIE DARE SPONDES ? inutilis erat stipulatio, quia praepostere concepta est. Sed cum Leo inclitae recordationis in dotibus eandem stipulationem, quae praepostera nuncupatur, non esse rejiciendam existimavit, nobis[2] placuit et huic perfectum robur accommodare, ut non solum in dotibus, sed etiam in omnibus valeat hujusmodi conceptio stipulationis. 15. Ita autem concepta stipulatio, veluti si Titius dicat : CUM MORIAR, DARE SPONDES ? vel CUM MORIERIS, et apud veteres utilis erat et nunc valet. 16. Item post mortem alterius recte stipulamur. 17. [3] 'Si scriptum fuerit in instrumento promisisse aliquem, perinde habetur, atque si interrogatione praecedente responsum sit'. 18. Quotiens plures res una stipulatione comprehenduntur, si quidem promissor simpliciter respondeat : DARE SPONDEO, propter omnes tenetur ; si vero unam ex his vel quasdam daturum se spoponderit, obligatio in his pro quibus spoponderit contrahitur. Ex pluribus enim stipulationibus una vel quaedam videntur esse perfectae ; singulas enim res stipulari et ad singulas respondere debemus. 19. [4]'Alteri stipulari, ut supra dictum est, nemo potest ; inventae sunt enim hujusmodi obligationes ad hoc, ut unusquisque sibi adquirat quod sua interest : ceterum si alii detur, nihil interest stipulatoris. Plane si quis velit hoc facere, poenam stipulari conveniet, ut, nisi ita factum sit, ut comprehensum esset, committetur poenae stipulatio etiam ei cujus nihil interest ; poenam enim cum stipulatur quis, non illud inspicitur, quid intersit ejus, sed quae sit quantitas in condicione stipulationis'. Ergo si quis stipuletur Titio dari, nihil agit, sed si addiderit de poena : NISI DEDERIS, TOT AUREOS DARE SPONDES ? tunc committitur stipulatio. 20. [5] Sed et si quis stipuletur alii, cum ejus interesset, placuit stipulationem valere.

1. *C.*, 8, 37 (38), II. — 2. *C.*, 6, 23, 25. — 3. Paul, *Sent.*, 5, 7, 2. — 4. *D.*, 45, 1, 38, 17. Ulp., *L.* 49 *ad Sab.* — 5. *D.*, 45, 1, 38, 20. 23. Ulp., *l. c.*

Nam si is, qui pupilli tutelam administrare coeperat, cessit administratione contutori suo et stipulatus est rem pupilli salvam fore, quoniam interest stipulatoris fieri quod stipulatus est, cum obligatus futurus esset pupillo, si male res gesserit, tenet obligatio. Ergo et si quis procuratori suo dari stipulatus sit, stipulatio vires habebit. Et si creditori suo quod sua interest, ne forte vel poena committatur vel praedia distrahantur quae pignori data erant, valet stipulatio. 21. Versa vice qui alium facturum promisit, videtur in ea esse causa, ut non teneatur, nisi poenam ipse promiserit. 22. 'Item nemo rem suam futuram in eum casum quo sua fit utiliter stipulatur'. 23. Si de alia re stipulator senserit, de alia promissor, perinde nulla contrahitur obligatio, ac si ad interrogatum responsum non esset, veluti si hominem Stichum a te stipulatus quis fuerit, tu de Pamphilo senseris, quem Stichum vocari credideris. 24. Quod turpi ex causa promissum est, veluti si quis homicidium vel sacrilegium se facturum promittat, non valet.

25. Cum quis sub aliqua condicione fuerit stipulatus, licet ante conditionem decesserit, postea existente condicione heres ejus agere potest. Idem est et a promissoris parte. 26. [2] 'Qui hoc anno aut hoc mense dari stipulatus sit, nisi omnibus partibus praeteritis anni vel mensis non recte petet'. 27. Si fundum dari stipuleris vel hominem, non poteris continuo agere, nisi tantum spatii praeterierit, quo traditio fieri possit.

XX. De Fidejussoribus [3].

[4] 'Pro eo qui promittit solent alii obligari, qui fidejussores appellantur, quos homines accipere solent, dum curant, ut diligentius sibi cautum sit. 1. In omnibus autem obligationibus adsumi possunt, id est sive re sive verbis sive litteris sive consensu contractae fuerint. Ac ne illud quidem interest, utrum civilis an naturalis sit obligatio, cui adjiciatur fidejussor, adeo quidem, ut pro servo quoque obligetur, sive extraneus sit qui fidejussorem a servo accipiat, sive ipse dominus in id quod sibi naturaliter debetur'. 2. Fidejussor non tantum ipse obligatur, sed etiam heredem obligatum relinquit. 3. Fidejussor et praecedere obligationem et sequi potest. 4. [5] ' Si plures sint fidejussores, quotquot erunt numero, singuli in solidum tenentur. Itaque liberum est creditori a quo velit solidum petere. Sed ex epistula divi Hadriani compellitur creditor a singulis,

---

1. *D.*, 45, 1, 87. Paul, *L. 75 ad ed.* — 2. *D.*, 45, 1, 42. Pomponius, *L. 27 ad Sab.* — 3. Cf. Gaius, 3, 115-127, *D.*, 46, 1. *C.*, 8, 40 (41). — 4. Gaius, 3, 115. 117. 119a. — 5. Gaius, 3. 121. 122. 126.

qui modo solvendo sint litis contestatae tempore, partes petere. Ideoque si quis ex fidejussoribus eo tempore solvendo non sit, hoc ceteros onerat. Sed et si ab uno fidejussore creditor totum consecutus fuerit, hujus solius detrimentum erit, si is pro quo fidejussit solvendo non sit : et sibi imputare debet, cum potuerit adjuvari ex epistula divi Hadriani et desiderare, ut pro parte in se detur actio. 5. Fidejussores ita obligari non possunt, ut plus debeant, quam debet is pro quo obligantur' ; nam eorum obligatio accessio est principalis obligationis nec plus in accessione esse potest quam in principali re. [1] 'At ex diverso, ut minus debeant, obligari possunt'. Itaque si reus decem aureos promiserit, fidejussor in quinque recte obligatur ; contra vero non potest obligari. Item si ille pure promiserit, fidejussor sub condicione promittere potest ; contra vero non potest. [2] 'Non solum enim in quantitate, sed etiam in tempore minus et plus intelligitur. Plus est enim statim aliquid dare, minus est post tempus dare'. 6. [3] 'Si quid autem fidejussor, pro reo solverit, ejus reciperandi causa habet cum eo mandati judicium'. 7. [4] 'Graece fidejussor plerumque ita accipitur : Τῇ ἐμῇ πίστει κελεύω, λέγω, θέλω sive βούλομαι[5] ; sed et si φημί dixerit, pro eo erit, ac si dixerit λέγω'. 8. [6] In stipulationibus fidejussorum sciendum est generaliter hoc accipi, ut, quodcumque scriptum sit quasi actum, videatur etiam actum : ideoque constat, si quis se scripserit fidejussisse, videri omnia sollemniter acta.

XXI. DE LITTERARUM OBLIGATIONE [7].

Olim scriptura fiebat obligatio, quae nominibus fieri dicebatur, quae nomina hodie non sunt in usu. Plane si quis debere se scripserit, quod numeratum ei non est, de pecunia minime numerata post multum temporis exceptionem opponere non potest ; hoc enim saepissime constitutum est. Sic fit, ut et hodie, dum queri non potest, scriptura obligetur : et ex ea nascitur condictio, cessante scilicet verborum obligatione. Multum autem tempus in hac exceptione antea quidem ex principalibus constitutionibus usque ad quinquennium procedebat ; sed ne creditores diutius possint suis pecuniis forsitan defraudari, per constitutionem nostram [8] tempus coartatum est, ut ultra biennii metas hujusmodi exceptio minime extendatur.

---

1. Gaius, 3, 126. — 2. Gaius, 3. 126. — 3. Gaius, 3, 127. — 4. *D.* 46, 1, 8, *pr.* Ulp., *L. 47 ad Sab.* — 5. (Mea fide jubeo, dico, volo). — 6. *D.*, 45, 1, 30. Ulp., *L. 48 ad Sab.* — 7. Cf. Gaius, 3, 128-138. *C.*, 4, 30. — 8. *C.*, 4, 30, 14.

XXII. DE CONSENSU OBLIGATIONE.

¹ 'Consensu fiunt obligationes in emptionibus venditionibus, locationibus conductionibus, societatibus, mandatis. 1. Ideo autem istis modis consensu dicitur obligatio contrahi, quia neque scriptura neque praesentia omnimodo opus est', ac ne dari quidquam necesse est, ut substantiam capiat obligatio, 'sed sufficit eos qui negotium gerunt consentire. 2. Unde inter absentes quoque talia negotia contrahuntur, veluti per epistulam aut per nuntium. 3. Item in his contractibus alter alteri obligatur in id, quod alterum alteri ex bono et aequo praestare oportet', cum alioquin in verborum obligationibus alius stipuletur, alius promittat.

XXIII. DE EMPTIONE ET VENDITIONE ².

³ 'Emptio et venditio contrahitur, simulatque de pretio convenerit, quamvis nondum pretium numeratum sit ac ne arra quidem data fuerit. Nam quod arrae nomine datur, argumentum est emptionis et venditionis contractae'. Sed haec quidem de emptionibus et venditionibus, quae sine scriptura consistunt, optinere oportet; nam nihil a nobis in hujusmodi venditionibus innovatum est. In his autem quae scriptura conficiuntur non aliter perfectam esse emptionem et venditionem constituimus [4], nisi et instrumenta emptionis fuerint conscripta vel manu propria contrahentium, vel ab alio quidem scripta, a contrahente [5] autem subscripta et, si per tabellionem fiunt, nisi et completiones acceperint et fuerint partibus absoluta. Donec enim aliquid ex his deest, et poenitentiae locus est et potest emptor vel venditor sine poena recedere ab emptione. Ita tamen impune recedere eis concedimus, nisi jam ararum nomine aliquid fuerit datum; hoc etenim subsecuto, sive in scriptis sive sine scriptis venditio celebrata est, is qui recusat adimplere contractum, si quidem emptor est, perdit quod dedit, si vero venditor, duplum restituere compellitur, licet nihil super arris expressum est. 1. Pretium autem constitui oportet; nam nulla emptio sine pretio esse potest. ⁶ 'Sed et certum pretium esse debet. Alioquin si ita inter aliquos convenerit, ut, quanti Titius rem aestimaverit, tanti sit empta': inter veteres satis abundeque hoc dubitabatur, sive constat venditio sive

---

1. Gaius, 3, 135-137 = D., 44, 7, 2. — 2. Cf. D., 18, 1-19, 1. C., 4, 38-49.
3. Gaius, 3, 139. — 4. C., 4, 21, 17. — 5. Accarias, Pellat : ' contrahentibus'; les mss. suivis par Krueger: 'contrahente'; v. en ce sens, Brunner, *Zur Rechtsgeschichte der Urkunde*, 1880, p. 59, n. 1; cf. Karlowa, R R G., 1, p. 996 et ss. — 6. Gaius, 3, 140.

non. Sed nostra decisio [1] ita hoc constituit, ut, quotiens sic composita sit venditio QUANTI ILLE AESTIMAVERIT, sub hac condicione staret contractus, ut, si quidem ipse qui nominatus est pretium definierit, omnimodo secundum ejus aestimationem et pretium persolvatur et res tradatur, ut venditio ad effectum perducatur, emptore quidem ex empto actione, venditore autem ex vendito agente. Sin autem ille qui nominatus est vel noluerit vel non potuerit pretium definire, tunc pro nihilo esse venditionem quasi nullo pretio statuto. Quod jus cum in venditionibus nobis placuit, non est absurdum et in locationibus et conductionibus trahere. 2. [2] 'Item pretium in numerata pecunia consistere debet. Nam in ceteris rebus an pretium esse possit, veluti homo aut fundus aut toga alterius rei pretium esse possit, valde quaerebatur. Sabinus et Cassius etiam in alia re putant posse pretium consistere : unde illud est, quod vulgo dicebatur per permutationem rerum emptionem et venditionem contrahi eamque speciem emptionis venditionisque vetustissimam esse : argumentoque utebantur Graeco poeta Homero, qui aliqua parte exercitum Achivorum vinum sibi comparasse ait permutatis quibusdam rebus, his verbis [3] :

> Ἔνθεν ἄρ' οἰνίζοντο καρηκομόωντες Ἀχαιοί,
> ἄλλοι μὲν χαλκῷ, ἄλλοι δ' αἴθωνι σιδήρῳ,
> ἄλλοι δὲ ῥινοῖς, ἄλλοι δ' αὐτῇσι βόεσσι,
> ἄλλοι δ' ἀνδραπόδεσσι [4].

Diversae scholae auctores contra sentiebant aliudque esse existimabant permutationem rerum, aliud emptionem et venditionem, alioquin non posse rem expediri permutatis rebus, quae videatur res venisse et quae pretii nomine data esse ; nam utramque videri et venisse et pretii nomine datam esse rationem non pati'. Sed Proculi sententia dicentis permutationem propriam esse speciem contractus a venditione separatam merito praevaluit, cum et ipsa aliis Homericis versibus [5] adjuvatur et validioribus rationibus argumentatur. Quod et anteriores divi principes admiserunt et in nostris digestis latius significatur [6]. 3. Cum autem emptio et venditio contracta sit (quod effici diximus, simulatque de pretio convenerit, cum sine scriptura res agitur), periculum rei venditae statim ad emptorem pertinet, tametsi adhuc ea res emptori tradita non sit. Itaque

---

1. *C.*, 4, 38, 15. — 2. Gaius, 3, 141. — 3. *Il.*, 7, 472 et ss. — 4. (Inde vinum comparabant comantes Achivi, alii aere, alii splendido ferro, alii pellibus, alii ipsis bobus, alii mancipiis.) — 5. *Il.*, 6, 235. Cf. *D.*, 18, 1, 1. — 6. *D.*, 19, 4.

si homo mortuus sit vel aliqua parte corporis laesus fuerit, aut aedes totae aut aliqua ex parte incendio consumptae fuerint, aut fundus vi fluminis totus vel aliqua ex parte ablatus sit, sive etiam inundatione aquae aut arboribus turbine dejectis longe minor aut deterior esse coeperit : emptoris damnum est, cui necesse est, licet rem non fuerit nactus, pretium solvere. Quidquid enim sine dolo et culpa venditoris accidit, in eo venditor securus est. Sed et si post emptionem fundo aliquid per alluvionem accessit, ad emptoris commodum pertinet ; nam et commodum ejus esse debet, cujus periculum est. 3ª. Quod si fugerit homo qui veniit aut subreptus fuerit, ita ut neque dolus neque culpa venditoris interveniat, animadvertendum erit, an custodiam ejus usque ad traditionem venditor susceperit. Sane enim, si susceperit, ad ipsius periculum is casus pertinet : si non susceperit, securus erit. Idem et in ceteris animalibus ceterisque rebus intellegimus. Utique tamen vindicationem rei et condictionem exhibere debebit emptori, quia sane, qui rem nondum emptori tradidit, adhuc ipse dominus est. Idem est etiam de furti et de damni injuriae actione. 4. Emptio tam sub condicione quam pure contrahi potest. Sub condicione veluti SI STICHUS INTRA CERTUM DIEM TIBI PLACUERIT, ERIT TIBI EMPTUS AUREIS TOT. 5. Loca sacra vel religiosa, item publica, veluti forum basilicam, frustra quis sciens emit, quae tamen si pro privatis vel profanis deceptus a venditore emerit, habebit actionem ex empto, quod non habere ei liceat, ut consequatur, quod sua interest deceptum eum non esse. Idem juris est, si hominem liberum pro servo emerit.

XXIIII. DE LOCATIONE ET CONDUCTIONE [1].

[2] 'Locatio et conductio proxima est emptioni et venditioni isdemque juris regulis consistunt. Nam ut emptio et venditio ita contrahitur, si de pretio convenerit, sic etiam locatio et conductio ita contrahi intellegitur, si merces constituta sit'. Et competit locatori quidem locati actio, conductori vero conducti. 1. Et quae supra diximus, si alieno arbitrio pretium permissum fuerit, eadem et de locatione et conductione dicta esse intellegamus, si alieno arbitrio merces permissa fuerit. [3]' Qua de causa si fulloni poliendra curandave aut sarcinatori sarcienda vestimenta quis dederit nulla statim mercede constituta, sed postea tantum daturus, quantum inter eos convenerit', non proprie locatio et conductio contrahi intellegitur, sed eo no-

---

1. Cf. Gaius, 3. 142 147. D., 19, 2. C., 4, 65. — 2. Gaius, L. 2 rer. cott. (D., 19,2, 2). — 3. Gaius, 3, 143.

mine praescriptis verbis actio datur. 2. Praeterea sicut vulgo quaerebatur, an permutatis rebus emptio et venditio contrahitur: ita quaeri solebat de locatione et conductione, si forte rem aliquam tibi utendam sive fruendam quis dederit et invicem a te aliam utendam sive fruendam acceperit. Et placuit non esse locationem et conductionem, sed proprium genus esse contractus. [1] 'Veluti si, cum unum quis bovem haberet et vicinus ejus unum, placuerit inter eos, ut per denos dies invicem boves commodarent, ut opus facerent, et apud alterum bos periit: neque locati vel conducti neque commodati competit actio, quia non fuit gratuitum commodatum, verum praescriptis verbis agendum est'. 3. [2] ' Adeo autem familiaritatem aliquam inter se habere videntur emptio et venditio, item locatio et conductio, ut in quibusdam causis quaeri soleat, utrum emptio et venditio contrahatur, an locatio et conductio. Ut ecce de praediis, quae perpetuo quibusdam fruenda traduntur, id est ut, quamdiu pensio sive reditus pro his domino praestetur, neque ipsi conductori neque heredi ejus', cuive conductor heresve ejus id praedium vendiderit aut donaverit aut dotis nomine dederit aliove quo modo alienaverit, auferre liceat. Sed talis contractus, quia inter veteres dubitabatur et a quibusdam locatio, a quibusdam venditio existimabatur: lex Zenoniana [3] lata est, quae emphyteuseos contractui propriam statuit naturam neque ad locationem neque ad venditionem inclinantem, sed suis pactionibus fulciendam, et si quidem aliquid pactum fuerit, hoc ita optinere, ac si naturalis esset contractus, sin autem nihil de periculo rei fuerit pactum, tunc si quidem totius rei interitus accesserit, ad dominum super hoc redundare periculum, sin particularis, ad emphyteuticarium hujusmodi damnum venire. Quo jure utimur. 4. [4] 'Item quaeritur, si cum aurifice Titio convenerit, ut is ex auro suo certi ponderis certaeque formae anulos ei faceret et acciperet verbi gratia aureos decem, utrum emptio et venditio an locatio et conductio contrahi videatur? Cassius ait materiae quidem emptionem venditionemque contrahi, operae autem locationem et conductionem. Sed placuit tantum emptionem et venditionem contrahi. Quodsi suum aurum Titius dederit mercede pro opera constituta, dubium non est, quin locatio et conductio sit'.

5. Conductor omnia secundum legem conductionis facere

1. Cf. *D.*, 19, 5, 17, 3. Ulpien, *L. 28 ad ed.* — 2. Gaius, 3, 145. — 3. *C.*, 4, 66, 1. — 4. Gaius, 3, 147.

debet et, si quid in lege praetermissum fuerit, id ex bono et aequo debet praestare. Qui pro usu aut vestimentorum aut argenti aut jumenti mercedem aut dedit aut promisit, ab eo custodia talis desideratur, qualem diligentissimus pater familias suis rebus adhibet. Quam si praestiterit et aliquo casu rem amiserit, de restituenda ea non tenebitur. 6. Mortuo conductore intra tempora conductionis heres ejus eodem jure in conductionem succedit.

XXV. DE SOCIETATE [1].

[2] 'Societatem coire solemus aut totorum bonorum', quam Graeci specialiter κοινοπραξίαν appellant, 'aut unius alicujus negotiationis, veluti mancipiorum emendorum vendendorumque', aut olei vini frumenti emendi vendendique. 1. Et quidem si nihil de partibus lucri et damni nominatim convenerit, aequales scilicet partes et in lucro et in damno spectantur. Quod si expressae fuerint partes, hae servari debent; nec enim umquam dubium fuit, quin valeat conventio, si duo inter se pacti sunt, ut ad unum quidem duae partes et damni et lucri pertineant, ad alium tertia. 2. De illa sane conventione quaesitum est, si Titius et Seius inter se pacti sunt, ut ad Titium lucri duae partes pertineant, damni tertia, ad Seium duae partes damni, lucri tertia, an rata debet haberi conventio? Quintus Mucius [3] contra naturam societatis talem pactionem esse existimavit et ob id non esse ratam habendam. Servius Sulpicius, cujus sententia praevaluit, contra sentit, quia saepe quorundam ita pretiosa est opera in societate, ut eos justum sit meliore condicione in societatem admitti; nam et ita coiri posse societatem non dubitatur, ut alter pecuniam conferat, alter non conferat et tamen lucrum inter eos commune sit, quia saepe opera alicujus pro pecunia valet. Et adeo contra Quinti Mucii sententiam optinuit, ut illud quoque constiterit posse convenire, ut quis lucri partem ferat, damno non teneatur, quod et ipsum Servius convenienter sibi existimavit: quod tamen ita intellegi oportet, ut, si in aliqua re lucrum, in aliqua damnum allatum sit, compensatione facta solum quod superest intellegatur lucri esse. 3. Illud expeditum est, si in una causa pars fuerit expressa, veluti in solo lucro vel in solo damno, in altera vero omissa: in eo quoque quod praetermissum est eandem partem servari. 4. [4] 'Manet autem societas

---

1. Cf. Gaius, 3, 148-154. D., 17, 2. C., 4, 37. — 2. Gaius, 3, 148. — 3. Cf. D., 17, 2, 30. Paul, L. 6 ad Sab. — 4. Gaius, 3, 151-152.

eo usque, donec in eodem consensu perseveraverint; at cum aliquis renuntiaverit societati, solvitur societas. Sed plane si quis callide in hoc renuntiaverit societati, ut obveniens aliquod lucrum solus habeat, veluti si totorum bonorum socius, cum ab aliquo heres esset relictus, in hoc renuntiaverit societati, ut hereditatem solus lucrifaceret, cogitur hoc lucrum communicare : si quid vero aliud lucrifaceret, quod non captaverit, ad ipsum solum pertinet : ei vero, cui renuntiatum est, quidquid omnino post renuntiatam societatem adquiritur, soli conceditur. 5. Solvitur adhuc societas etiam morte socii, quia qui societatem contrahit certam personam sibi eligit'. [1] Sed et si consensu plurium societas coita sit, morte unius socii solvitur, etsi plures supersint, nisi si in coeunda societate aliter convenerit. 6. Item si alicujus rei contracta societas sit et finis negotio impositus est, finitur societas. 7. Publicatione quoque distrahi societatem manifestum est, scilicet si universa bona socii publicentur ; nam cum in ejus locum alius succedit, pro mortuo habetur. 8. Item si quis ex sociis mole debiti praegravatus bonis suis cesserit et ideo propter publica aut propter privata debita substantia ejus veneat, solvitur societas. Sed hoc casu si adhuc consentiant in societatem, nova videtur incipere societas. 9. Socius socio utrum eo nomine tantum teneatur pro socio actione, si quid dolo commiserit, sicut is qui deponi apud se passus est, an etiam culpae, id est desidiae atque neglegentiae nomine, quaesitum est : praevaluit tamen etiam culpae nomine teneri eum. [2] 'Culpa autem non ad exactissimam diligentiam dirigenda est ; sufficit enim talem diligentiam in communibus rebus adhibere socium, qualem suis rebus adhibere solet. Nam qui parum diligentem socium sibi adsumit, de se queri debet'.

XXVI. DE MANDATO [3].

[4] 'Mandatum contrahitur quinque modis, sive sua tantum gratia aliquis tibi mandet, sive sua et tua, sive aliena tantum, sive sua et aliena, sive tua et aliena. At si tua tantum gratia tibi mandatum sit, supervacuum est mandatum et ob id nulla ex eo obligatio nec mandati inter vos actio nascitur. 1. Mandantis tantum gratia intervenit mandatum, veluti si quis tibi mandet, ut negotia ejus gereres, vel ut fundum ei emeres, vel ut pro eo sponderes. 2. Tua et mandantis, veluti si mandet tibi,

---

1. Cf. *D.*, 17, 2, 65, 9. 10. 12. Paul, *L. 32 ad ed.* — 2. Gaius, *L. 2 rer. cott.* (*D.*, 17, 2, 72). — 3. Cf. Gaius, 3, 155-162. *D.*, 17, 1. *C.*, 4, 35. — 4. Gaius, *L. 2 rer. cott.* (*D.*, 17, 1, 2).

ut pecuniam sub usuris crederes ei, qui in rem ipsius mutuaretur, aut si volente te agere cum eo ex fidejussoria causa mandet tibi, ut cum reo agas periculo mandantis, vel ut ipsius periculo stipuleris ab eo, quem tibi deleget in id quod tibi debuerat. 3. Aliena autem causa intervenit mandatum, veluti si tibi mandet, ut Titii negotia gereres, vel ut Titio fundum emeres, vel ut pro Titio sponderes. 4. Sua et aliena, veluti si de communibus suis et Titii negotiis gerendis tibi mandet vel ut sibi et Titio fundum emeres, vel ut pro eo et Titio sponderes. 5. Tua et aliena, veluti si tibi mandet, ut Titio sub usuris crederes. Quodsi *ut* sine usuris crederes, aliena tantum gratia intercedit mandatum. 6. Tua gratia intervenit mandatum, veluti si tibi mandet, ut pecunias tuas potius in emptiones praediorum colloces, quam feneres, vel ex diverso ut feneres potius, quam in emptiones praediorum colloces. Cujus generis mandatum magis consilium est quam mandatum et ob id non est obligatorium, quia nemo ex consilio mandati obligatur, etiamsi non expediat ei cui dabitur, cum liberum cuique sit apud se explorare, an expediat consilium'. Itaque si otiosam pecuniam domi te habentem hortatus fuerit aliquis, ut rem aliquam emeres vel eam credas, quamvis non expediet tibi eam emisse vel credidisse, non tamen tibi mandati tenetur. Et adeo haec ita sunt, ut quaesitum sit, an mandati teneatur qui mandavit tibi, ut Titio pecuniam fenerares; sed optinuit Sabini sententia obligatorium esse in hoc casu mandatum, quia non aliter Titio credidisses, quam si tibi mandatum esset. 7. Illud quoque mandatum non est obligatorium, quod contra bonos mores est, veluti si Titius de furto aut damno faciendo aut de injuria facienda tibi mandet. Licet enim poenam istius facti nomine praestiteris, non tamen ullam habes adversus Titium actionem.

8. Is qui exsequitur mandatum non debet excedere fines mandati. Ut ecce si quis usque ad centum aureos mandaverit tibi, ut fundum emeres vel ut pro Titio sponderes, neque pluris emere debes neque in ampliorem pecuniam fidejubere. alioquin non habebis cum eo mandati actionem : adeo quidem, ut Sabino et Cassio placuerit, etiam si usque ad centum aureos cum eo agere velis, inutiliter te acturum ; diversae scholae auctores recte te usque ad centum aureos acturum existimant; quae sententia sane benignior est. Quod si minoris emeris, habebis scilicet cum eo actionem, quoniam qui mandat, ut sibi centum aureorum fundus emeretur, is utique mandasse intellegitur, ut minoris si posset emeretur.

9. ¹'Recte quoque mandatum contractum, si, dum adhuc integra res sit, revocatum fuerit, evanescit. 10. Item si adhuc integro mandato mors alterutrius interveniat, id est vel ejus qui mandaverit, vel ejus qui mandatum susceperit, solvitur mandatum. Sed utilitatis causa receptum est, si mortuo eo, qui tibi mandaverit, tu ignorans eum decessisse exsecutus fueras mandatum, posse te agere mandati actione : alioquin justa et probabilis ignorantia damnum tibi afferat. Et huic simile est quod placuit, si debitores manumisso dispensatore Titii per ignorantiam liberto solverint, liberari eos : cum alioquin stricta juris ratione non possent liberari, quia alii solvissent, quam solvere deberent'. 11. Mandatum non suscipere liberum est ; susceptum autem consummandum aut quam primum renuntiandum est, ut aut per semet ipsum aut per alium eandem rem mandator exsequatur. Nam nisi ita renuntiatur, ut integra causa mandatori reservetur eandem rem explicandi, nihilo minus mandati actio locum habet, nisi si justa causa intercessit aut non renuntiandi aut intempestive renuntiandi.

12. Mandatum et in diem differri et sub condicione fieri potest. 13. In summa sciendum est mandatum, nisi gratuitum sit, in aliam formam negotii cadere ; nam mercede constituta incipit locatio et conductio esse. Et ut generaliter dixerimus : quibus casibus sine mercede suscepto officio mandati aut depositi contrahitur negotium, his casibus interveniente mercede locatio et conductio contrahi intelligitur. Et ideo si fulloni polienda curandave vestimenta dederis aut sarcinatori sarcienda nulla mercede constituta neque promissa, mandati competit actio.

XXVII. DE OBLIGATIONIBUS QUASI EX CONTRACTU.

Post genera contractuum enumerata dispiciamus etiam de his obligationibus, quae non proprie quidem ex contractu nasci intelleguntur, sed tamen, quia non ex maleficio substantiam capiunt, quasi ex contractu nasci videntur. 1. Igitur cum quis absentis negotia gesserit, ultro citroque inter eos nascuntur actiones, quae appellantur negotiorum gestorum ; sed domino quidem rei gestae adversus eum qui gessit directa competit actio, negotiorum autem gestori contraria. Quas ex nullo contractu proprie nasci manifestum est ; quippe ita nascuntur istae actiones, si sine mandato quisque alienis negotiis geren-

---

1. Gaius, 3, 159. 160.

dis se optulerit : ex qua causa ii quorum negotia gesta fuerint etiam ignorantes obligantur. Idque utilitatis causa receptum est, ne absentium, qui subita festinatione coacti nulli demandata negotiorum suorum administratione peregre profecti essent, desererentur negotia : quae sane nemo curaturus esset, si de eo quod quis impendisset nullam habiturus esset actionem. Sicut autem is qui utiliter gesserit negotia habet obligatum dominum negotiorum, ita et contra iste quoque tenetur, ut administrationis rationem reddat. Quo casu ad exactissimam quisque diligentiam compellitur reddere rationem : nec sufficit talem diligentiam adhibere, qualem suis rebus adhibere soleret, si modo alius diligentior commodius administraturus esset negotia. 2. [1] 'Tutores quoque, qui tutelae judicio tenentur, non proprie ex contractu obligati intelleguntur (nullum enim negotium inter tutorem et pupillum contrahitur) ; sed quia sane non ex maleficio tenentur, quasi ex contractu teneri videntur. Et hoc autem casu mutuae sunt actiones ; non tantum enim pupillus cum tutore habet tutelae actionem, sed et ex contrario tutor cum pupillo habet contrariam tutelae, si vel impenderit aliquid in rem pupilli vel pro eo fuerit obligatus aut rem suam creditori ejus obligaverit'. 3. Item si inter aliquos communis sit res sine societate, veluti quod pariter eis legata donatave esset, et alter eorum alteri ideo teneatur communi dividundo judicio, quod solus fructus ex ea re perceperit, aut quod socius ejus in eam rem necessarias impensas fecerit : non intellegitur proprie ex contractu obligatus esse, quippe nihil inter se contraxerunt : sed quia non ex maleficio tenetur, quasi ex contractu teneri videtur. 4. Idem juris est de eo, qui coheredi suo familiae erciscundae judicio ex his causis obligatus est. 5. Heres quoque legatorum nomine non proprie ex contractu obligatus intellegitur (neque enim cum herede neque cum defuncto ullum negotium legatarius gessisse proprie dici potest) : et tamen, quia ex maleficio non est obligatus heres, quasi ex contractu debere intellegitur. 6. Item is, cui quis per errorem non debitum solvit, quasi ex contractu debere videtur. Adeo enim non intellegitur proprie ex contractu obligatus, ut, si certiorem rationem sequamur, magis ut supra diximus ex distractu quam ex contractu possit dici obligatus esse ; nam qui solvendi animo pecuniam dat, in hoc dare videtur, ut distrahat potius negotium quam contrahat. Sed tamen proinde is qui accepit obligatur, ac si mutuum illi daretur, et ideo

---

1. Gaius, *L. 2 rer. cott.* (D., 44, 7, 5, 1).

condictione tenetur. 7. Ex quibusdam tamen causis repeti non potest, quod per errorem non debitum solutum sit. Sic namque definiverunt veteres : ex quibus causis infitiando lis crescit, ex his causis non debitum solutum repeti non posse, veluti ex lege Aquilia, item ex legato. Quod veteres quidem in his legatis locum habere voluerunt, quae certa constituta per damnationem cuicumque fuerant legata : nostra autem constitutio [1] cum unam naturam omnibus legatis et fideicommissis indulsit, hujusmodi augmentum in omnibus legatis et fideicommissis extendi voluit ; sed non omnibus legatariis praebuit, sed tantummodo in his legatis et fideicommissis, quae sacrosanctis ecclesiis ceterisque venerabilibus locis, quae religionis vel pietatis intuitu honorificantur, derelicta sunt, quae si indebita solvantur non repetuntur.

XXVIII. PER QUAS PERSONAS NOBIS OBLIGATIO ADQUIRITUR [2].

[3] 'Expositis generibus obligationum, quae ex contractu vel quasi ex contractu nascuntur, admonendi sumus adquiri vobis non solum per vosmet ipsos, sed etiam per eas quoque personas, quae in vestra potestate sunt', veluti per servos vestros et filios : ut tamen, quod per servos quidem vobis adquiritur, totum vestrum fiat, quod autem per liberos, quos in potestate habetis, ex obligatione fuerit adquisitum, hoc dividatur secundum imaginem rerum proprietatis et usus fructus, quam nostra discrevit constitutio [4] : ut, quod ab actione commodum perveniat, hujus usum fructum quidem habeat pater, proprietas autem filio servetur, scilicet patre actionem movente secundum novellae nostrae constitutionis divisionem. 1. [5] 'Item per liberos homines et alienos servos, quos bona fide possidetis, adquiritur vobis, sed tantum ex duabus causis, id est si quid ex operis suis vel ex re vestra adquirant. 2. Per eum quoque servum, in quo usum fructum vel usum habetis, similiter ex duabus istis causis vobis adquiritur. 3. Communem servum pro dominica parte dominis adquirere certum est, excepto eo, quod uni nominatim stipulando aut per traditionem accipiendo illi soli adquirit, veluti cum ita stipuletur : TITIO DOMINO MEO DARE SPONDES ?'. Sed si unius domini jussu servus fuerit stipulatus, licet antea dubitabatur, tamen post nostram decisionem [6] res expedita est, ut illi tantum adquirat, qui hoc ei facere jussit, ut supra [7] dictum est.

1. C., 1, 3. 45 (46), 7. — 2. Cf. Gaius, 3, 163-167. C., 4, 27. — 3. Gaius, 3, 163. — 4. C., 6, 61, 6.— 5. Gaius 3, 164. 165. 167. — 6. C.; 4, 27, 2 (3). —7. 3, 17, 3.

XXVIIII. Quibus modis obligatio tollitur [1].

[2] 'Tollitur autem omnis obligatio solutione ejus quod debetur, vel si quis consentiente creditore aliud pro alio solverit'. Nec tamen interest, qui solvat, utrum ipse qui debet an alius pro eo ; liberatur enim et alio solvente, sive sciente debitore sive ignorante vel invito solutio fiat. Item si reus solverit, etiam ii qui pro eo intervenerunt liberantur. Idem ex contrario contingit, si fidejussor solverit ; non enim solus ipse liberatur, sed etiam reus. 1. [3] 'Item per acceptilationem tollitur obligatio. Est autem acceptilatio imaginaria solutio. Quod enim ex verborum obligatione Titio debetur, id si velit Titius remittere, poterit sic fieri, ut patiatur haec verba debitorem dicere : QUOD EGO TIBI PROMISI HABESNE ACCEPTUM ? et Titius respondeat : HABEO ; [4] 'sed et Graece potest acceptum fieri, dummodo sic fiat, ut Latinis verbis solet : [5] Ἔχεις λαβὼν δηνάρια τόσα; ἔχω λαβών'. [6] 'Quo genere ut diximus tantum eae obligationes solvuntur, quae ex verbis consistunt, non etiam ceterae ; consentaneum enim visum est verbis factam obligationem posse aliis verbis dissolvi ; sed id, quod ex alia causa debetur, potest in stipulationem deduci et per acceptilationem dissolvi'. Sicut autem quod debetur pro parte recte solvitur, ita in partem debiti acceptilatio fieri potest. 2. Est prodita stipulatio, quae vulgo Aquiliana appellatur, per quam stipulationem contingit, ut omnium rerum obligatio in stipulatum deducatur et ea per acceptilationem tollatur. Stipulatio enim Aquiliana novat omnes obligationes et a Gallo Aquilio ita composita est: [7] 'Quidquid te mihi ex quacumque causa dare facere oportet oportebit praesens in diemve quarumque rerum mihi tecum actio quaeque abs te petitio vel adversus te persecutio est erit quodque tu meum habes tenes possides [possideresve] [8] dolove malo fecisti, quo minus possideas [9] : quanti quaeque earum rerum res erit, tantam pecuniam dari stipulatus est Aulus Agerius, spopondit Numerius Negidius'. Item e diverso Numerius Negidius interrogavit Aulum Agerium : 'Quidquid tibi hodierno die per Aquilianam stipulationem spopondi, id omne habesne acceptum ? respondit Aulus Agerius : 'Habeo acceptumque tuli'. 3. [10] 'Praeterea novatione tollitur obligatio, veluti si id, quod tu Seio debeas, a Titio dari stipulatus sit. Nam

---

1. Cf. Gaius, 3, 168-181. *D.*, 46, 2-4. *C.*, 8, 41.43 (42.44). — 2. Gaius, 3, 173. — 3. Gaius, 3, 169. — 4. *D.*, 46, 4, 8, 4. Ulp., *L. 48 ad Sab.* — 5. (Habesne acceptos tot denarios ? Habeo.) — 6. Gaius, 3, 170. — 7. Cf. *D.*, 46, 4, 18, 1. — 8. Omis avec raison au *D.* — 9. Membre de phrase également omis au *D.* — 10. Gaius, 3, 176.177.179.

interventu novae personae nova nascitur obligatio et prima tollitur translata in posteriorem, adeo ut interdum, licet posterior stipulatio inutilis sit, tamen prima novationis jure tollatur; veluti si id, quod Titio tu debebas, a pupillo sine tutoris auctoritate stipulatus fuerit, quo casus res amittitur; nam et prior debitor liberatur et posterior obligatio nulla est. Non idem juris est, si a servo quissti pulatus fuerit; nam tunc prior proinde obligatus manet, ac si postea *a nullo* stipulatus fuisset. Sed si eadem persona sit, a qua postea stipuleris, ita demum novatio fit, si quid in posteriore stipulatione novi sit, forte si condicio aut dies aut fidejussor adjiciatur aut detrahatur. Quod autem diximus, si condicio adjiciatur, novationem fieri, sic intellegi oportet, ut ita dicamus factam novationem, si condicio extiterit: alioquin si defecerit, durat prior obligatio'. 3$_a$. Sed cum hoc quidem inter veteres constabat tunc fieri novationem, cum novandi animo in secundam obligationem itum fuerat, per hoc autem dubium erat, quando novandi animo videretur hoc fieri et quasdam de hoc praesumptiones alii in aliis casibus introducebant: ideo nostra processit constitutio [1], quae apertissime definivit tunc solum fieri novationem, quotiens hoc ipsum inter contrahentes expressum fuerit, quod propter novationem prioris obligationis convenerunt, alioquin manere et pristinam obligationem et secundam ei accedere, ut maneat ex utraque causa obligatio secundum nostrae constitutionis definitiones, quas licet ex ipsius lectione apertius cognoscere. 4. Hoc amplius eae obligationes, quae consensu contrahuntur, contraria voluntate dissolvuntur. Nam si Titius et Seius inter se consenserunt, ut fundum Tusculanum emptum Seius haberet centum aureorum, deinde re nondum secuta, id est neque pretio soluto neque fundo tradito, placuerit inter eos, ut discederetur ab emptione et venditione, invicem liberantur. Idem est et in conductione et locatione et omnibus contractibus, qui ex consensu descendunt, sicut jam dictum est.

LIBER QUARTUS.

I. DE OBLIGATIONIBUS QUAE EX DELICTO NASCUNTUR [2].

Cum expositum sit superiore libro de obligationibus ex contractu et quasi ex contractu, sequitur ut de obligationibus ex maleficio dispiciamus. [3] Sed illae quidem, ut suo loco tradi-

---

1. *C.*, 8, 41 (42), 8. — 2. Cf. Gaius, 3, 182-208. *D.*, 47, 2, *C.*, 6, 2. —
3. Cf. Gaius, *L. 3 rer. cott.* (*D.*, 44, 7, 4)?

dimus, in quattuor genera dividuntur: hae vero unius generis sunt, nam omnes ex re nascuntur, id est ex ipso maleficio, veluti ex furto aut rapina aut damno aut injuria.

1. [1] 'Furtum est contrectatio rei fraudulosa vel ipsius rei vel etiam usus ejus possessionisve, quod lege naturali prohibitum est admittere'. 2.[2] 'Furtum autem vel a furvo id est nigro dictum est, quod clam et obscure fit et plerumque nocte, vel a fraude, vel a ferendo, id est auferendo, vel a Graeco sermone, qui φῶρας appellant fures. Immo etiam Graeci ἀπὸ τοῦ φέρειν[3] φῶρας dixerunt'. 3. [4] 'Furtorum autem genera duo sunt, manifestum et nec manifestum. Nam conceptum et oblatum species potius actionis sunt furto cohaerentes quam genera furtorum, sicut inferius apparebit'.[5] 'Manifestus fur est, quem Graeci ἐπ' αὐτοφώρῳ appellant' : nec solum is qui in ipso furto deprehenditur, sed etiam is qui eo loco deprehenditur, quo fit, veluti qui in domo furtum fecit et nondum egressus januam deprehensus fuerit, et qui in oliveto olivarum aut in vineto uvarum furtum fecit, quamdiu in eo oliveto aut in vineto fur deprehensus sit: immo ulterius furtum manifestum extendendum est, quamdiu eam rem fur tenens visus vel deprehensus fuerit sive in publico sive in privato vel a domino vel ab alio, antequam eo perveniret, quo perferre ac deponere rem destinasset. [6] 'Sed si pertulit quo destinavit, tametsi deprehendatur cum re furtiva, non est manifestus fur'. [7] 'Nec manifestum furtum quid sit, ex his quae diximus intellegitur; nam quod manifestum non est, id scilicet nec manifestum est. 4. Conceptum furtum dicitur, cum apud aliquem testibus praesentibus furtiva res quaesita et inventa sit, nam in eum propria actio constituta est, quamvis fur non sit, quae appellatur concepti. Oblatum furtum dicitur, cum res furtiva ab aliquo tibi oblata sit eaque apud te concepta sit, utique si ea mente tibi data fuerit, ut apud te potius quam apud eum qui dederit conciperetur; nam tibi, apud quem concepta sit, propria adversus eum qui optulit, quamvis fur non sit, constituta est actio, quae appellatur oblati. Est etiam prohibiti furti actio adversus eum, qui furtum quaerere testibus praesentibus volentem prohibuerit'. Praeterea poena constituitur edicto praetoris per actionem furti non exhibiti adversus eum, qui furtivam rem apud se quaesitam et inventam non exhibuit.

---

1. D., 47, 2, 1, 3 (Paul, L. 39 ad ed.). — 2. D., 47, 2, 1, pr. (Paul, L. 39 ad ed.). — 3. (a ferendo). — 4. Gaius, 3, 183 (cf. D., 47, 2, 2. Gaius, L. 13 ad ed.). — 5. D., 47, 2, 3, pr. (Ulp., L. 41 ad Sab.) — 6. D., 47, 2, 5, 1 (Ulp., L. 41 ad Sab.). — 7. Gaius, 3, 185-188.

Sed hae actiones, id est concepti et oblati et furti prohibiti nec non furti non exhibiti, in desuetudinem abierunt. Cum enim requisitio rei furtivae hodie secundum veterem observationem non fit : merito ex consequentia etiam praefatae actiones ab usu communi recesserunt, cum manifestissimum est, quod omnes, qui scientes rem furtivam susceperint et celaverint, furti nec manifesti obnoxii sunt. 5. [1] Poena manifesti furti quadrupli est tam ex servi persona quam ex liberi, nec manifesti dupli.

6. [2] 'Furtum autem fit non solum cum quis intercipiendi causa rem alienam amovet, sed generaliter cum quis alienam rem invito domino contrectat. Itaque sive creditor pignore sive is, apud quem res deposita est, ea re utatur sive is, qui rem utendam accepit, in alium usum eam transferat, quam cujus gratia ei data est, furtum committit, veluti si quis argentum utendum acceperit quasi amicos ad cenam invitaturus et id peregre secum tulerit, aut si quis equum gestandi causa commodatum sibi longius aliquo duxerit, quod veteres scripserunt de eo, qui in aciem equum perduxisset. 7. Placuit tamen eos, qui rebus commodatis aliter uterentur, quam utendas acceperint, ita furtum committere, si se intellegant id invito domino facere eumque si intellexisset non permissurum, ac si permissurum credant, extra crimen videri : optima sane distinctione, quia furtum sine affectu furandi non committitur. 8. Sed et si credat aliquis invito domino se rem commodatam sibi contrectare, domino autem volente id fiat, dicitur furtum non fieri. Unde illud quaesitum est, cum Titius servum Maevii sollicitaverit, ut quasdam res domino subriperet et ad eum perferret, et servus id ad Maevium pertulerit, Maevius, dum vult Titium in ipso delicto deprehendere, permisit servo quasdam res ad eum perferre, utrum furti an servi corrupti judicio teneatur Titius, an neutro'. Et cum nobis super hac dubitatione suggestum est et antiquorum prudentium super hoc altercationes perspeximus, quibusdam neque furti neque servi corrupti actionem praestantibus, quibusdam furti tantummodo ; nos hujusmodi calliditati obviam euntes per nostram decisionem [3] sanximus non solum furti actionem, sed etiam servi corrupti contra eum dari ; licet enim is servus deterior a sollicitatore minime factus est et ideo non concurrant regulae, quae servi corrupti actionem introducerent, tamen consilium corruptoris ad perniciem probitatis servi introductum est, ut sit ei

1. Cf. Gaius, 3, 189. 190. — 2. Gaius, 3, 195-198. — 3. C., 6, 2, 20.

poenalis actio imposita, tamquam re ipsa fuisset servus corruptus, ne ex hujusmodi impunitate et in alium servum, qui possit corrumpi, tale facinus a quibusdam perpetretur. 9. ¹ 'Interdum etiam liberorum hominum furtum fit, veluti si quis liberorum nostrorum, qui in potestate nostra sit, subreptus fuerit. 10. Aliquando autem etiam suae rei quisque furtum committit, veluti si debitor rem, quam creditori pignoris causa dedit, subtraxerit.

11. Interdum furti tenetur, qui ipse furtum non fecerit, qualis est, cujus ope et consilio furtum factum est. In quo numero est, qui tibi nummos excussit, ut alius eos raperet, aut obstitit tibi, ut alius rem tuam exciperet, vel oves aut boves tuas fugaverit, ut alius eas exciperet : et hoc veteres scripserunt de eo, qui panno rubro fugavit armentum. Sed si quid eorum per lasciviam et non data opera, ut furtum admitteretur, factum est, in factum actio dari debeat'. At ubi ope Maevii Titius furtum fecerit, ambo furti tenentur. Ope consilio ejus quoque furtum admitti videtur, qui scalas forte fenestris supponit aut ipsas fenestras vel ostium effringit, ut alius furtum faceret, quive ferramenta ad effringendum aut scalas ut fenestris supponerentur commodaverit, sciens cujus gratia commodaverit. Certe qui nullam operam ad furtum faciendum adhibuit, sed tantum consilium dedit atque hortatus est ad furtum faciendum, non tenetur furti. 12. Hi, qui in parentium vel dominorum potestate sunt, si rem eis subripiant, furtum quidem illis faciunt et res in furtivam causam cadit nec ob id ab ullo usucapi potest, antequam in domini potestatem revertatur, sed furti actio non nascitur, quia nec ex alia ulla causa potest inter eos actio nasci ; si vero ope consilio alterius furtum factum fuerit, quia utique furtum committitur, convenienter ille furti tenetur, quia verum est ope consilio ejus furtum factum esse.

13. ² 'Furti autem actio ei competit, cujus interest rem salvam esse, licet dominus non sit : itaque nec domino aliter competit, quam si ejus intersit rem non perire. 14. Unde constat creditorem de pignore subrepto furti agere posse, etiamsi idoneum debitorem habeat, quia expedit ei pignori potius incumbere quam in personam agere : 'adeo quidem ut, quamvis ipse debitor eam rem subripuerit, nihilo minus creditori competit actio furti. 15. Item si fullo polienda curandave aut sarcinator sarcienda vestimenta mercede certa acce-

1. Gaius, 3, 190.200.202. — 2. Gaius, 3, 203-205.

perit eaque furto amiserit, ipse furti habet actionem, non dominus, quia domini nihil interest eam rem non perire, cum judicio locati a fullone aut sarcinatore rem suam persequi potest'. Sed et bonae fidei emptori subrepta re quam emerit, quamvis dominus non sit, omnimodo competit furti actio, quemadmodum et creditori. Fulloni vero et sarcinatori non aliter furti competere placuit, quam si solvendo sint, hoc est si domino rei aestimationem solvere possint ; [1] 'nam si solvendo non sunt, tunc quia ab eis suum dominus consequi non possit, ipsi domino furti actio competit, quia hoc casu ipsius interest rem salvam esse'. Idem est et si in parte solvendo sint fullo aut sarcinator. 16. [2] 'Quae de fullone et sarcinatore diximus, eadem et ad eum cui commodata res est transferenda veteres existimabant; nam ut ille fullo mercedem accipiendo custodiam praestat, ita is quoque, qui commodum utendi percipit, similiter necesse habet custodiam praestare'. Sed nostra providentia etiam hoc in decisionibus nostris emendavit, [3] 'ut in domini sit voluntate, sive commodati actionem adversus eum qui rem commodatam accepit movere desiderat, sive furti adversus eum qui rem subripuit, et alterutra earum electa dominum non posse ex poenitentia ad alteram venire actionem. Sed si quidem furem elegerit, illum qui rem utendam accepit penitus liberari. Sin autem commodator veniat adversus eum qui rem utendam accepit, ipsi quidem nullo modo competere posse adversus furem furti actionem, eum autem, qui pro re commodata convenitur, posse adversus furem furti habere actionem, ita tamen, si dominus sciens rem esse subreptam adversus eum cui res commodata fuit pervenit: sin autem nescius et dubitans rem non esse apud eum commodati actionem instituit, postea autem re comperta voluit remittere quidem commodati actionem, ad furti autem pervenire, tunc licentia ei concedatur et adversus furem venire nullo obstaculo ei opponendo, quoniam incertus constitutus movit adversus eum qui rem utendam accepit commodati actionem (nisi domino ab eo satisfactum est ; tunc etenim omnimodo furem a domino quidem furti actione liberari, suppositum autem esse ei, qui pro re sibi commodata domino satisfecit), cum manifestissimum est, etiam si ab initio dominus actionem instituit commodati ignarus rem esse subreptam, postea autem hoc ei cognito adversus furem transivit, omnimodo liberari eum qui rem commodatam accepit, quemcumque cau-

1. Gaius, 3, 205. — 2. Gaius, 3, 206.— 3. *C.*, 6, 2, 22, 1. 2.

sae exitum dominus adversus furem habuerit : eadem definitione optinente, sive in partem sive in solidum solvendo sit is qui rem commodatam accepit'. 17. [1] 'Sed is, apud quem res deposita est, custodiam non praestat, sed tantum in eo obnoxius est, si quid ipse dolo malo fecerit. Qua de causa si res ei subrepta fuerit, quia restituendae ejus nomine depositi non tenetur nec ob id ejus interest rem salvam esse, furti agere non potest, sed furti actio domino competit. 18. In summa sciendum est quaesitum esse, an impubes rem alienam amovendo furtum faciat. Et placet, quia furtum ex affectu consistit, ita demum obligari eo crimine impuberem, si proximus pubertati sit et ob id intellegat se delinquere'. 19. Furti actio sive dupli sive quadrupli tantum ad poenae persecutionem pertinet ; nam ipsius rei persecutionem extrinsecus habet dominus, quam aut vindicando aut condicendo potest auferre. Sed vindicatio quidem adversus possessorem est, sive fur ipse possidet sive alius quilibet : condictio autem adversus ipsum furem heredemve ejus, licet non possideat, competit.

II. Vi bonorum raptorum [2].

[3] 'Qui res alienas rapit, tenetur quidem etiam furti (quis enim magis alienam rem invito domino contrectat, quam qui vi rapit? ideoque recte dictum est eum improbum furem esse); sed tamen propriam actionem ejus delicti nomine praetor introduxit, quae appellatur vi bonorum raptorum et est intra annum quadrupli, post annum simpli. Quae actio utilis est, etiamsi quis unam rem licet minimam rapuerit'. Quadruplum autem non totum poena est et extra poenam rei persecutio, sicut in actione furti manifesti diximus ; sed in quadruplo inest et rei persecutio, ut poena tripli sit, sive comprehendatur raptor in ipso delicto sive non. Ridiculum est enim levioris esse condicionis eum qui vi rapit, quam qui clam amovet. 1. Quia tamen ita competit haec actio, si dolo malo quisque rapuerit : qui aliquo errore inductus suam rem esse et imprudens juris eo animo rapuit, quasi domino liceat rem suam etiam per vim auferre possessoribus, absolvi debet. Cui scilicet conveniens est nec furti teneri eum, qui eodem hoc animo rapuit. Sed ne, dum talia excogitentur, inveniatur via, per quam raptores impune suam exerceant avaritiam : melius divalibus constitutionibus [4] pro hac parte prospectum est, ut nemini liceat vi

---

1. Gaius, 3, 207.208. — 2. Cf. *D.*, 47, 8. *C.*, 9, 33. — 3. Gaius, 3, 209.
— 4. Cf. *C.*, 8, 4, 7.

rapere rem mobilem vel se moventem, licet suam eandem rem existimet; sed si quis contra statuta fecerit, rei quidem suae dominio cadere, sin autem aliena sit, post restitutionem etiam aestimationem ejusdem rei praestare. Quod non solum in mobilibus rebus, quae rapi possunt, constitutiones optinere censuerunt, sed etiam in invasionibus, quae circa res soli fiunt, ut ex hac causa omni rapina homines abstineant. 2. [1] 'In hac actione non utique exspectatur rem in bonis actoris esse; nam sive in bonis sit sive non sit, si tamen ex bonis sit, locum haec actio habebit. Quare sive commodata sive locata sive etiam pignerata sive deposita sit apud Titium sic, ut intersit ejus eam non auferri, veluti si in re deposita culpam quoque promisit, sive bona fide possideat, sive usum fructum in ea quis habeat vel quod aliud jus, ut intersit ejus non rapi: dicendum est competere ei hanc actionem, ut non dominium accipiat, sed illud solum, quod ex bonis ejus qui rapinam passus est, id est quod ex substantia ejus ablatum esse proponatur. Et generaliter dicendum est, ex quibus causis furti actio competit in re clam facta, ex isdem causis omnes habere hanc actionem'.

III. DE LEGE AQUILIA [2].

[3] 'Damni injuriae actio constituitur per legem Aquiliam. Cujus primo capite cautum est, ut si quis hominem alienum alienamve quadrupedem quae pecudum numero sit injuria occiderit, quanti ea res in eo anno plurimi fuit, tantum domino dare damnetur'. 1. Quod autem non praecise de quadrupede, sed de ea tantum quae pecudum numero est cavetur, eo pertinet, ut neque de feris bestiis neque de canibus cautum esse intellegamus, sed de his tantum, quae proprie pasci dicuntur, quales sunt equi muli asini boves oves caprae. De suibus quoque idem placuit; nam et sues pecorum appellatione continentur, quia et hi gregatim pascuntur; sic denique et Homerus in Odyssea [4] ait, sicut Aelius Marcianus in suis institutionibus [5] refert:

Δήεις τόν γε σύεσσι παρήμενον · αἱ δὲ νέμονται
πὰρ Κόρακος πέτρῃ, ἐπί τε κρήνῃ Ἀρεθούσῃ [6].

2. Injuria autem occidere intellegitur, qui nullo jure occidit.

---

1. *D.*, 47, 8, 2, 22-23. Ulp., *L. 56 ad ed.* — 2. Cf. Gaius, 3, 210-219. *D.*, 9, 2. *C.*, 3, 35. — 3. Gaius, 3, 210. — 4. *Od.*, 13, 407 et ss. — 5. *D.*, 32, 65, 4. — 6. (Invenies eum apud sues sedentem. Hae vero pascuntur ad Coracis clivium et apud fontem Arethusam.)

Itaque qui latronem occidit, non tenetur, utique si aliter periculum effugere non potest. 3. Ac ne is quidem hac lege tenetur, qui casu occidit, si modo culpa ejus nulla invenitur ; nam alioquin non minus ex dolo quam ex culpa quisque hac lege tenetur. 4. Itaque si quis, dum jaculis ludit vel exercitatur, transeuntem servum tuum trajecerit, distinguitur. Nam si id a milite quidem in campo eoque, ubi solitum est exercitari, admissum est, nulla culpa ejus intellegitur ; si alius tale quid admisit, culpae reus est. Idem juris est de milite, si is in alio loco, quam qui exercitandis militibus destinatus est, id admisit. 5. Item si putator ex arbore dejecto ramo servum tuum transeuntem occiderit, si prope viam publicam aut vicinalem id factum est neque praeclamavit, ut casus evitari possit, culpae reus est ; si praeclamavit neque ille curavit cavere, extra culpam est putator. Aeque extra culpam esse intellegitur, si seorsum a via forte vel in medio fundo caedebat, licet non praeclamavit, quia eo loco nulli extraneo jus fuerat versandi. 6. Praeterea si medicus, qui servum tuum secuit, dereliquerit curationem atque ob id mortuus fuerit servus, culpae reus est. 7. Imperitia quoque culpae adnumeratur, veluti si medicus ideo servum tuum occiderit, quod eum male secuerit aut perperam ei medicamentum dederit. 8. Impetu quoque mularum, quas mulio propter imperitiam retinere non potuerit, si servus tuus oppressus fuerit, culpae reus est mulio. Sed et si propter infirmitatem retinere eas non potuerit, cum alius firmior retinere potuisset, aeque culpae tenetur. Eadem placuerunt de eo quoque, qui, cum equo veheretur, impetum ejus aut propter infirmitatem aut propter imperitiam suam retinere non potuerit. 9. His autem verbis legis : QUANTI ID IN EO ANNO PLURIMI FUERIT, illa sententia exprimitur, ut si quis hominem tuum, qui hodie claudus aut luscus aut mancus erit, occiderit, qui in eo anno integer aut pretiosus fuerit, non tanti teneatur, quanti is hodie erit, sed quanti in eo anno plurimi fuerit. Qua ratione creditum est poenalem esse hujus legis actionem, quia non solum tanti quisque obligatur, quantum damni dederit, sed aliquando longe pluris : ideoque constat in heredem eam actionem non transire, quae transitura fuisset, si ultra damnum numquam lis aestimaretur. 10. Illud non ex verbis legis, sed ex interpretatione placuit non solum perempti corporis aestimationem habendam esse secundum ea quae diximus, sed eo amplius quidquid praeterea perempto eo corpore damni vobis adlatum fuerit, veluti si servum tuum heredem ab aliquo institutum ante quis occiderit, quam is jussu tuo adiret; nam hereditatis quoque amissae rationem esse habendam constat. Item si ex pari mularum unam vel ex quadriga equorum unum occiderit, vel ex comoedis unus servus fuerit occisus: non solum occisi fit aestimatio, sed eo amplius id quoque computatur, quanto depretiati sunt qui supersunt. 11. Liberum est autem ei, cujus servus fuerit occisus, et privato judicio legis Aquiliae damnum persequi et capitalis criminis eum reum facere.

12. Caput secundum legis Aquiliae in usu non est. 13. 'Capite tertio de omni cetero damno cavetur. Itaque si quis servum vel eam quadrupedem quae pecudum numero est vulneraverit, sive eam quadrupedem quae pecudum numero non est, veluti canem aut feram bestiam, vulneraverit aut occiderit, hoc capite actio constituitur. In ceteris quoque omnibus animalibus, item in omnibus rebus quae anima carent damnum injuria datum hac parte vindicatur. Si quid enim ustum aut ruptum aut fractum fuerit, actio ex hoc capite constituitur, quamquam poterit sola rupti appellatio in omnes istas causas sufficere; ruptum enim intelligitur, quod quoquo modo corruptum est. Unde non solum usta aut fracta, sed etiam scissa et collisa et effusa et quoquo modo perempta atque deteriora facta hoc verbo continentur': denique responsum est, si quis in alienum vinum aut oleum id immiserit, quo naturalis bonitas vini vel olei corrumperetur, ex hac parte legis eum teneri. 14. Illud palam est, sicut ex primo capite ita demum quisque tenetur, si dolo aut culpa ejus homo aut quadrupes occisus occisave fuerit, ita ex hoc capite ex dolo aut culpa de cetero damno quemque teneri. ² 'Hoc tamen capite non quanti in eo anno, sed quanti in diebus triginta proximis res fuerit, obligatur is qui damnum dederit. 15. Ac ne PLURIMI quidem verbum adjicitur. Sed Sabino recte placuit perinde habendam aestimationem, ac si etiam hac parte PLURIMI verbum adjectum fuisset; nam plebem Romanam quae Aquilio tribuno rogante hanc legem tulit, contentam fuisse, quod prima parte eo verbo usa est.

16. Ceterum placuit ita demum ex hac lege actionem esse, si quis praecipue corpore suo damnum dederit. Ideoque in eum, qui alio modo damnum dederit, utiles actiones dari solent, veluti si quis hominem alienum aut pecus ita incluserit, ut fame necaretur, aut jumentum tam vehementer egerit, ut rum-

1. Gaius, 3, 217. — 2. Gaius, 3, 218-219.

peretur, aut pecus in tantum exagitaverit, ut praecipitaretur, aut si quis alieno servo persuaserit, ut in arborem ascenderet vel in puteum descenderet, et is ascendendo vel descendendo aut mortuus fuerit aut aliqua parte corporis laesus erit', utilis in eum actio datur. 'Sed si quis alienum servum de ponte aut ripa in flumen dejecerit et is suffocatus fuerit, eo quod projecerit corpore suo damnum dedisse non difficiliter intellegi poterit, ideoque ipsa lege Aquilia tenetur. Sed si non corpore damnum fuerit datum neque corpus laesum fuerit, sed alio modo damnum alicui contigit, cum non sufficit neque directa neque utilis Aquilia, placuit eum, qui obnoxius fuerit, in factum actione teneri : veluti si quis misericordia ductus alienum servum compeditum solverit, ut fugeret.

IIII. DE INJURIIS [1].

[2] Generaliter injuria dicitur omne quod non jure fit : specialiter alias contumelia, quae a contemnendo dicta est, quam Graeci ὕβριν appellant, alias culpa, quam Graeci ἀδίκημα dicunt, sicut in lege Aquilia damnum injuria accipitur, alias iniquitas et injustitia, quam Graeci ἀδικίαν vocant. Cum enim praetor vel judex non jure contra quem pronuntiat, injuriam accepisse dicitur. 1. [3] 'Injuria autem committitur non solum, cum quis pugno puta aut fustibus caesus vel etiam verberatus erit, sed etiam si cui convicium factum fuerit, sive cujus bona quasi debitoris possessa fuerint ab eo, qui intellegebat nihil eum sibi debere, vel si quis ad infamiam alicujus libellum aut carmen scripserit composuerit ediderit dolove malo fecerit, quo quid eorum fieret, sive quis matrem familias aut praetextatum praetextatamve adsectatus fuerit, sive cujus pudicitia attemptata esse dicetur : et denique aliis pluribus modis admitti injuriam manifestum est. 2. Patitur autem quis injuriam non solum per semet ipsum, sed etiam per liberos suos quos in potestate habet : item per uxorem suam, id enim magis praevaluit. Itaque si filiae alicujus, quae Titio nupta est, injuriam feceris, non solum filiae nomine tecum injuriarum agi potest, sed etiam patris quoque et mariti nomine'. Contra autem, si viro injuria facta sit, uxor injuriarum agere non potest ; defendi enim uxores a viris, non viros ab uxoribus aequum est. Sed et socer nurus nomine, cujus vir in potestate est, injuriarum agere potest. 3. [4] 'Servis autem ipsis quidem nulla injuria

---

1. Cf. Gaius, 3, 220-225, D., 47, 10. C., 9, 35. — 2 Cf. Paul, *L. sing. et tit. de injuriis, Coll.*, 2, 5. — 3. Gaius, 3, 220-221. — 4. Gaius, 3, 222.

fieri intellegitur, sed domino per eos fieri videtur; non tamen isdem modis, quibus etiam per liberos et uxores, sed ita cum quid atrocius commissum fuerit et quod aperte ad contumeliam domini respicit, veluti si quis alienum servum verberaverit, et in hunc casum actio proponitur. At si quis servo convicium fecerit vel pugno eum percusserit, nulla in eum actio domino competit'. 4. Si communi servo injuria facta sit, aequum est non pro ea parte, qua dominus quisque est, aestimationem injuriae fieri, sed ex dominorum persona, quia ipsis fit injuria. 5. Quodsi usus fructus in servo Titii est, proprietas Maevii est, magis Maevio injuria fieri intellegitur. 6. Sed si libero, qui tibi bona fide servit, injuria facta sit, nulla tibi actio dabitur, sed suo nomine is experiri poterit: nisi in contumeliam tuam pulsatus sit, tunc enim competit et tibi injuriarum actio. Idem ergo est et in servo alieno bona fide tibi serviente, ut totiens admittatur injuriarum actio, quotiens in tuam contumeliam injuria ei facta sit.

7. [1] 'Poena autem injuriarum ex lege duodecim tabularum propter membrum quidem ruptum talio erat; propter os vero fractum nummariae poenae erant constitutae quasi in magna veterum paupertate. Sed postea praetores permittebant ipsis qui injuriam passi sunt eam aestimare, ut judex vel tanti condemnet, quanti injuriam passus aestimaverit, vel minoris, prout ei visum fuerit'. Sed poena quidem injuriae, quae ex lege duodecim tabularum introducta est, in desuetudinem abiit: quam autem praetores introduxerunt, quae etiam honoraria appellatur, in judiciis frequentatur. Nam secundum gradum dignitatis vitaeque honestatem crescit aut minuitur aestimatio injuriae: qui gradus condemnationis et in servili persona non immerito servatur, ut aliud in servo actore, aliud in medii actus homine, aliud in vilissimo vel compedito constituatur. 8. Sed et lex Cornelia de injuriis loquitur et injuriarum actionem introduxit. Quae competit ob eam rem, quod se pulsatum quis verberatumve domumve suam vi introitum esse dicat. Domum autem accipimus, sive in propria domo quis habitat sive in conducta vel gratis sive hospitio receptus sit. 9. [2] 'Atrox injuria aestimatur vel ex facto, veluti si quis ab aliquo vulneratus fuerit vel fustibus caesus; vel ex loco, veluti si cui in theatro vel in foro vel in conspectu praetoris injuria facta sit; vel ex persona, veluti si magistratus injuriam passus fuerit, vel si senatori ab humili injuria facta sit', aut parenti patro-

1. Gaius, 3, 223-224. — 2. Gaius, 3, 225.

noque fiat a liberis vel libertis ; aliter enim senatoris et parentis patronique, aliter extranei et humilis personae injuria aestimatur. Nonnumquam et locus vulneris atrocem injuriam facit, veluti si in oculo quis percussus sit. [1] 'Parvi autem refert, utrum patri familias an filio familias talis injuria facta sit ; nam et haec atrox aestimabitur'. 10. In summa sciendum est de omni injuria eum qui passus est posse vel criminaliter agere vel civiliter. Et si quidem civiliter agatur, aestimatione facta secundum quod dictum est poena imponitur. Sin autem criminaliter, officio judicis extraordinaria poena reo irrogatur : hoc videlicet observando, quod Zenoniana constitutio [2] introduxit, ut viri illustres quique supra eos sunt et per procuratores possint actionem injuriarum criminaliter vel persequi vel suscipere secundum ejus tenorem, qui ex ipsa manifestius apparet. 11. [3] 'Non solum autem is injuriarum tenetur, qui fecit injuriam, hoc est qui percussit ; verum ille quoque continebitur, qui dolo fecit vel qui curavit, ut cui mala pugno percuteretur. 12. Haec actio dissimulatione aboletur : et ideo, si quis injuriam dereliquerit, hoc est statim passus ad animum suum non revocaverit, postea ex paenitentia remissam injuriam non poterit recolere'.

V. DE OBLIGATIONIBUS QUAE QUASI EX DELICTO NASCUNTUR [4].

[5] 'Si judex litem suam fecerit, non proprie ex maleficio obligatus videtur. Sed quia neque ex contractu obligatus est et utique peccasse aliquid intellegitur, licet per imprudentiam, ideo videtur quasi ex maleficio teneri, et in quantum de ea re aequum religioni judicantis videbitur, poenam sustinebit. 1. Item is, ex cujus cenaculo vel proprio ipsius vel conducto vel in quo gratis habitabat dejectum effusumve aliquid est, ita ut alicui noceretur, quasi ex maleficio obligatus intellegitur; ideo autem non proprie ex maleficio obligatus intellegitur, quia plerumque ob alterius culpam tenetur aut servi aut liberi. Cui similis est is, qui ea parte, qua vulgo iter fieri solet, id positum aut suspensum habet, quod potest, si ceciderit, alicui nocere' : quo casu poena decem aureorum constituta est. De eo vero quod dejectum effusumve est, dupli quanti damnum datum sit constituta est actio. Ob hominem vero liberum occisum quinquaginta aureorum poena constituitur ; si vero vivet nocitumque ei esse dicetur, quantum ob eam rem aequum

---

1. D., 47, 10, 9, 2. Ulp., *L. 57 ad ed.* — 2. C., 9, 35, 11. — 3. D., 47, 10, 11, *pr.* 1. Ulp., *L. 57 ad ed.* — 4. Cf. D., 9, 3, 4, 9. 47, 5. — 5. Gaius, *L. 3 rer. cott.* (D., 44, *1*, 5, 4. 5. 50, 13, 6).

judici videtur, actio datur ; judex enim computare debet mercedes medicis praestitas ceteraque impendia, quae in curatione facta sunt, praeterea operarum, quibus caruit aut cariturus est ob id quod inutilis factus est. 2. [1] 'Si filius familias seorsum a patre habitaverit et quid ex cenaculo ejus dejectum effusumve sit, sive quid positum suspensumve habuerit, cujus casus periculosus est : Juliano placuit in patrem nullam esse actionem, sed cum ipso filio agendum'. Quod et in filio familias judice observandum est, qui litem suam fecerit. 3. 'Item exercitor navis aut cauponae aut stabuli de dolo [2] aut furto, quod in nave aut in caupona aut in stabulo factum erit, quasi ex maleficio teneri videtur, si modo ipsius nullum est maleficium, sed alicujus eorum, quorum opera navem aut cauponam aut stabulum exerceret ; cum enim neque ex contractu sit adversus eum constituta haec actio et aliquatenus culpae reus est, quod opera malorum hominum uteretur, ideo quasi ex maleficio teneri videtur. In his autem casibus in factum actio competit, quae heredi quidem datur, adversus heredem autem non competit.

VI. De actionibus [3].

Superest, ut de actionibus loquamur. [4] 'Actio autem nihil aliud est, quam jus persequendi judicio quod sibi debetur'.

1. Omnium actionum, quibus inter aliquos apud judices arbitrosve de quaque re quaeritur, summa divisio in duo genera deducitur : aut enim in rem sunt aut in personam. Namque agit unusquisque aut cum eo, qui ei obligatus est vel ex contractu vel ex maleficio, quo casu proditae actiones in personam sunt, per quas intendit adversarium ei dare aut dare facere oportere et aliis quibusdam modis : aut cum eo agit, qui nullo jure ei obligatus est, movet tamen alicui de aliqua re controversiam : quo casu proditae actiones in rem sunt, veluti si rem corporalem possideat quis, quam Titius suam esse affirmet, et possessor dominum se esse dicat ; nam si Titius suam esse intendat, in rem actio est. 2. Aeque si agat jus sibi esse fundo forte vel aedibus utendi fruendi vel per fundum vicini eundi agendi vel ex fundo vicini aquam ducendi, in rem actio est. Ejusdem generis est actio de jure praediorum urbanorum, veluti si agat jus sibi esse altius aedes suas tollendi prospiciendive vel projiciendi aliquid vel immittendi in vicini aedes. Contra quoque de usu fructu et de servitutibus prae-

1. Gaius, l. c. (D., 44, 7, 5, 5. 6). — 2. D. : 'damno'. — 3. Cf. Gaius, 4, 1-74. — 4. D., 44, 7, 51. Celse, L. 3 dig.

diorum rusticorum, item praediorum urbanorum invicem quoque proditae sunt actiones, ut quis intendat jus non esse adversario utendi fruendi, eundi agendi aquamve ducendi, item altius tollendi prospiciendi projiciendi immittendi : istae quoque actiones in rem sunt, sed negativae. Quod genus actionis in controversiis rerum corporalium proditum non est ; nam in his is agit qui non possidet : ei vero qui possidet non est actio prodita, per quam neget rem actoris esse. Sane uno casu qui possidet nihilo minus actoris partes optinet, sicut in latioribus digestorum libris opportunius apparebit. 3. Sed istae quidem actiones, quarum mentionem habuimus, et si quae sunt similes, ex legitimis et civilibus causis descendunt. Aliae autem sunt, quas praetor ex sua jurisdictione comparatas habet tam in rem quam in personam, quas et ipsas necessarium est exemplis ostendere. Ecce plerumque ita permittit in rem agere, ut vel actor diceret se quasi usu cepisse, quod usu non ceperit, vel ex diverso [possessor][1] diceret adversarium suum usu non cepisse quod usu ceperit. 4. Namque si cui ex justa causa res aliqua tradita fuerit, veluti ex causa emptionis aut donationis aut dotis aut legatorum, necdum ejus rei dominus effectus est, si ejus rei casu possessionem amiserit, nullam habet directam in rem actionem ad eam rem persequendam : quippe ita proditae sunt jure civili actiones, ut quis dominium suum vindicet. Sed quia sane durum erat eo casu deficere actionem, inventa est a praetore actio, in qua dicit is, qui possessionem amisit, eam rem se usu cepisse et ita vindicat suam esse. Quae actio Publiciana appellatur, quoniam primum a Publicio praetore in edicto proposita est. 5. Rursus ex diverso si quis, cum rei publicae causa abesset vel in hostium potestate esset, rem ejus qui in civitate esset usu ceperit, permittitur domino, si possessor rei publicae causa abesse desierit, tunc intra annum rescissa usucapione eam petere, id est ita petere, ut dicat possessorem usu non cepisse et ob id suam esse rem. Quod genus actionis quibusdam et aliis simili aequitate motus praetor accommodat, sicut ex latiore digestorum seu pandectarum volumine intellegere licet. 6. Item si quis in fraudem creditorum rem suam alicui tradiderit, bonis ejus a creditoribus ex sententia praesidis possessis permittitur ipsis creditoribus rescissa traditione eam rem petere, id est dicere

1. Les mss. suivis par Cuq, *N. R. H.*, 1877, pp. 635-655 : 'possessor' ; Cujas, Huschke, Pellat, Accarias : 'possessorem' ; Appleton, *Propriété prétorienne*, 2, 1889, n° 232 : 'petitor' ; peut-être faut-il effacer le mot purement et simplement.

eam rem traditam non esse et ob id in bonis debitoris mansisse. 7. Item Serviana et quasi Serviana, quae etiam hypothecaria vocatur, ex ipsius praetoris jurisdictione substantiam capit. Serviana autem experitur quis de rebus coloni, quae pignoris jure pro mercedibus fundi ei tenentur; quasi Serviana autem [qua] creditores pignora hypothecasve persequuntur. Inter pignus autem et hypothecam quantum ad actionem hypothecariam nihil interest; nam de qua re inter creditorem et debitorem convenerit, ut sit pro debito obligata, utraque hac appellatione continetur. Sed in aliis differentia est; nam pignoris appellatione eam proprie contineri dicimus, quae simul etiam traditur creditori, maxime si mobilis sit; at eam, quae sine traditione nuda conventione tenetur, proprie hypothecae appellatione contineri dicimus. 8. In personam quoque actiones ex sua jurisdictione propositas habet praetor. Veluti de pecunia constituta, cui similis videbatur recepticia: sed ex nostra constitutione [1], cum et, si quid plenius habebat, hoc in pecuniam constitutam transfusum est, ea quasi supervacua jussa est cum sua auctoritate a nostris legibus recedere. Item praetor proposuit de peculio servorum filiorumque familias et ex qua quaeritur, an actor juraverit, et alias complures. 9. De pecunia autem constituta cum omnibus agitur, quicumque vel pro se vel pro alio soluturos se constituerint, nulla scilicet stipulatione interposita. Nam alioquin si stipulanti promiserint, jure civili tenentur. 10. Actiones autem de peculio ideo adversus patrem dominumve comparavit praetor, quia licet ex contractu filiorum servorumve ipso jure non teneantur, aequum tamen esset peculio tenus, quod veluti patrimonium est filiorum filiarumque, item servorum, condemnari eos. 11. Item si quis postulante adversario juraverit deberi sibi pecuniam quam peteret, neque ei solvatur, justissime accommodat ei talem actionem, per quam non illud quaeritur, an ei pecunia debeatur, sed an juraverit. 12. Poenales quoque actiones bene multa ex sua jurisdictione introduxit: veluti adversus eum qui quid ex albo ejus corrupisset; et in eum qui patronum vel parentem in jus vocasset, cum id non impetrasset; item adversus eum, qui vi exemerit eum qui in jus vocaretur cujusve dolo alius exemerit; et alias innumerabiles. 13. Praejudiciales actiones in rem esse videntur, quales sunt, per quas quaeritur, an aliquis liber vel an libertus sit, vel de partu agnoscendo. Ex quibus fere una illa legitimam causam habet, per quam quae

1. *C.*, 4, 18, 2,

ritur, an aliquis liber sit : ceterae ex ipsius praetoris jurisdictione substantiam capiunt. 14. [1] 'Sic itaque discretis actionibus certum est non posse actorem rem suam ita ab aliquo petere : SI PARET EUM DARE OPORTERE ; nec enim quod actoris est id ei dari oportet, quia scilicet dari cuiquam id intellegitur, quod ita datur, ut ejus fiat, nec res quae jam actoris est magis ejus fieri potest. Plane odio furum, quo magis pluribus actionibus teneantur, effectum est, ut extra poenam dupli aut quadrupli rei recipiendae nomine fures etiam hac actione teneantur : si PARET EOS DARE OPORTERE, quamvis sit adversus eos etiam haec in rem actio, per quam rem suam quis esse petit. 15. Appellamus autem in rem quidem actiones vindicationes, in personam vero actiones, quibus dare facere oportere intenditur condictiones. Condicere enim est denuntiare prisca lingua ; nunc vero abusive dicimus condictionem actionem in personam esse, qua actor intendit dari sibi oportere ; nulla enim hoc tempore eo nomine denuntiatio fit'.

16. Sequens illa divisio est, quod quaedam actiones rei persequendae gratia comparatae sunt, quaedam poenae persequendae, quaedam mixtae sunt. 17. Rei persequendae causa comparatae sunt omnes in rem actiones. Earum vero actionum, quae in personam sunt, hae quidem quae ex contractu nascuntur fere omnes rei persequendae causa comparatae videntur : veluti quibus mutuam pecuniam vel in stipulatum deductam petit actor, item commodati, depositi, mandati, pro socio, ex empto vendito, locato conducto. Plane si depositi agetur eo nomine, quod tumultus incendii ruinae naufragii causa depositum sit, in duplum actionem praetor reddit, si modo cum ipso, apud quem depositum sit, aut cum herede ejus ex dolo ipsius agitur : quo casu mixta est actio. 18. Ex maleficiis vero proditae actiones aliae tantum poenae persequendae causa comparatae sunt, aliae tam poenae quam rei persequendae et ob id mixtae sunt. Poenam tantum persequitur quis actione furti ; sive enim manifesti agatur quadrupli sive nec manifesti dupli, de sola poena agitur ; nam ipsam rem propria actione persequitur quis, id est suam esse petens, sive fur ipse eam rem possideat, sive alius quilibet : eo amplius adversus furem etiam condictio est rei. 19. Vi autem bonorum raptorum actio mixta est, quia in quadruplo rei persecutio continetur, poena autem tripli est. Sed et legis Aquiliae actio de damno mixta est, non solum si adversus infitiantem in duplum agatur, sed interdum et si in

---

1. Gaius, 4, 4. 5. 18.

simplum quisque agit. Veluti si quis hominem claudum aut luscum occiderit, qui in eo anno integer et magni pretii fuerit; tanti enim damnatur, quanti is homo in eo anno plurimi fuerit, secundum jam traditam divisionem. Ita mixta est actio contra eos, qui relicta sacrosanctis ecclesiis vel aliis venerabilibus locis legati vel fideicommissi nomine dare distulerint usque adeo, ut etiam in judicium vocarentur ; tunc etenim et ipsam rem vel pecuniam quae relicta est dare compelluntur et aliud tantum pro poena, et ideo in duplum ejus fit condemnatio.

20. Quaedam actiones mixtam causam optinere videntur tam in rem quam in personam. Qualis est familiae erciscundae actio, quae competit coheredibus de dividenda hereditate; item communi dividundo, quae inter eos redditur, inter quos aliquid commune est, ut id dividatur; item finium regundorum, quae inter eos agitur, qui confines agros habent. In quibus tribus judiciis permittitur judici rem alicui ex litigatoribus ex bono et aequo adjudicare et, si unius pars praegravari videbitur, eum invicem certa pecunia alteri condemnare.

21. Omnes autem actiones vel in simplum conceptae sunt vel in duplum vel in triplum vel in quadruplum; ulterius autem nulla actio extenditur. 22. In simplum agitur veluti ex stipulatione, ex mutui datione, ex empto vendito, locato conducto, mandato et denique ex aliis compluribus causis. 23. In duplum agimus veluti furti nec manifesti, damni injuriae ex lege Aquilia, depositi ex quibusdam casibus; item servi corrupti, quae competit in eum, cujus hortatu consiliove servus alienus fugerit aut contumax adversus dominum factus est aut luxuriose vivere coeperit aut denique quolibet modo deterior factus sit (in qua actione etiam earum rerum, quas fugiendo servus abstulit, aestimatio deducitur) ; item ex legato, quod venerabilibus locis relictum est, secundum ea quae supra diximus [1]. 24. Tripli vero, cum quidam majorem verae aestimationis quantitatem in libello conventionis inseruit, ut ex hac causa viatores, id est exsecutores litium, ampliorem summam sportularum nomine exegerint ; tunc enim [id] quod propter eorum causam damnum passus fuerit reus, id triplum ab actore consequetur, ut in hoc triplo et simplum, in quo damnum passus est, connumeretur. Quod nostra constitutio [2] induxit, quae in nostro codice fulget, ex qua dubio procul est ex lege condicticiam emanere. 25. Quadrupli veluti furti manifesti, item de eo, quod metus causa factum sit, deque ea pecunia, quae in hoc data sit, ut

1. 3, 27, 7 ; 4, 6, 19. — 2. C., 3, 10, 2.

is cui datur calumniae causa negotium alicui faceret vel non faceret, item ex lege condicticia a nostra constitutione oritur, in quadruplum condemnationem imponens his exsecutoribus litium, qui contra nostrae constitutionis [1] normam a reis quicquam exegerint. 26. Sed furti quidem nec manifesti actio et servi corrupti a ceteris, de quibus simul locuti sumus, eo differt quod hae actiones omnimodo dupli sunt ; at illae, id est damni injuriae ex lege Aquilia et interdum depositi, infitiatione duplicantur, in confitentem autem in simplum dantur ; sed illa, quae de his competit, quae relicta venerabilibus locis sunt, non solum infitiatione duplicatur, sed et si distulerit relicti solutionem, usque quo jussu magistratuum nostrorum conveniatur, in confitentem vero et antequam jussu magistratuum conveniatur, solventem simpli redditur. 27. Item actio de eo, quod metus causa factum sit, a ceteris, de quibus simul locuti sumus, eo differt, quod ejus natura tacite continetur, ut, qui judicis jussu ipsam rem actori restituat, absolvatur. Quod in ceteris casibus non ita est, sed omnimodo quisque in quadruplum condemnatur, quod est et in furti manifesti actione.

28. Actionum autem quaedam bonae fidei sunt, quaedam stricti juris. Bonae fidei sunt hae : ex empto vendito, locato conducto, negotiorum gestorum, mandati, depositi, pro socio, tutelae, commodati, pigneraticia, familiae erciscundae, communi dividundo, praescriptis verbis, quae de aestimato proponitur, et ea, quae ex permutatione competit, et hereditatis petitio. Quamvis enim usque adhuc incertum erat, sive inter bonae fidei judicia connumeranda sit sive non, nostra tamen constitutio [2] aperte eam esse bonae fidei disposuit. 29. Fuerat antea et rei uxoriae actio ex bonae fidei judiciis ; sed cum pleniorem esse ex stipulatu actionem invenientes, omne jus, quod res uxoria ante habebat, cum multis divisionibus in ex stipulatu actionem, quae de dotibus exigendis proponitur, transtulimus [3], merito rei uxoriae actione sublata ex stipulatu, quae pro ea introducta est, naturam bonae fidei judicii tantum in exactione dotis meruit, ut bonae fidei sit. Sed et tacitam ei dedimus hypothecam ; praeferri autem aliis creditoribus in hypothecis tunc censuimus, cum ipsa mulier de dote sua experiatur, cujus solius providentia hoc induximus. 30. In bonae fidei autem judiciis libera potestas permitti videtur judici ex bono et aequo aestimandi, quantum actori restitui debeat. In quo et illud continetur, ut, si quid invicem actorem praestare oporteat, eo

1. *C.*, 3, 2, 5. — 2. *C.*, 3, 31, 12, 3. — 3. *C.*, 5, 13, 1.

compensato in reliquum is cum quo actum est condemnari debeat. Sed et in strictis judiciis ex rescripto divi Marci opposita doli mali exceptione compensatio inducebatur. Sed nostra constitutio [1] eas compensationes, quae jure aperto nituntur, latius introduxit, ut actiones ipso jure minuant sive in rem sive personales sive alias quascumque, excepta sola depositi actione, cui aliquid compensationis nomine opponi satis impium esse credidimus, ne sub praetextu compensationis depositarum rerum quis exactione defraudetur. 31. Praeterea quasdam actiones arbitrarias, id est ex arbitrio judicis pendentes, appellamus, in quibus nisi arbitrio judicis is cum quo agitur actori satisfaciat, veluti rem restituat vel exhibeat vel solvat vel ex noxali causa servum dedat, condemnari debeat. Sed istae actiones tam in rem quam in personam inveniuntur. In rem veluti Publiciana, Serviana de rebus coloni, quasi Serviana, quae etiam hypothecaria vocatur : in personam veluti quibus de eo agitur, quod aut metus causa aut dolo malo factum est, item qua id, quod certo loco promissum est, petitur. Ad exhibendum quoque actio ex arbitrio judicis pendet. In his enim actionibus et ceteris similibus permittitur judici ex bono et aequo secundum cujusque rei de qua actum est naturam aestimare, quemadmodum actori satisfieri oporteat.

32. Curare autem debet judex, ut omnimodo, quantum possibile ei sit, certae pecuniae vel rei sententiam ferat, etiam si de incerta quantitate apud eum actum est.

33. [2]' Si quis agens in intentione sua plus complexus fuerit, quam ad eum pertinet, causa cadebat, id est rem amittebat, nec facile in integrum a praetore restituebatur', nisi minor erat viginti quinque annis. Huic enim sicut in aliis causis causa cognita succurrebatur, si lapsus juventute fuerat, ita et in hac causa succurri solitum erat. Sane si tam magna causa justi erroris interveniebat, ut etiam constantissimus quisque labi posset, etiam majori viginti quinque annis succurrebatur : veluti si quis totum legatum petierit, post deinde prolati fuerint codicilli, quibus aut pars legati adempta sit aut quibusdam aliis legata data sint, quae efficiebant, ut plus petisse videretur petitor quam dodrantem, atque ideo lege Falcidia legata minuebantur. 33ᵃ. [3]'Plus autem quattuor modis petitur : re, tempore, loco, causa. Re : veluti si quis pro decem aureis qui ei debebantur viginti petierit, aut si is, cujus ex parte res est, totam eam vel majore ex parte suam esse intenderit. 33ᵇ. Tempore :

1. C., 4, 31, 14. — 2. Gaius, 4, 53. — 3. Gaius, 4, 53 a. 53 b.

veluti si quis ante diem vel ante condicionem petierit'. Qua ratione enim qui tardius solvit, quam solvere deberet, minus solvere intellegitur, eadem ratione qui praemature petit plus petere videtur. 33ᶜ.¹ʼ Loco plus petitur, veluti cum quis id, quod certo loco sibi stipulatus est, alio loco petit sine commemoratione illius loci, in quo sibi dari stipulatus fuerit : verbi gratia si is, qui ita stipulatus fuerit : EPHESI DARE SPONDES ? Romae pure intendat dare sibi oportere'. Ideo autem plus petere intellegitur, quia utilitatem, quam habuit promissor, si Ephesi solveret, adimit ei pura intentione : propter quam causam alio loco petenti arbitraria actio proponitur, in qua scilicet ratio habetur utilitatis, quae promissori competitura fuisset, si illo loco solveret. Quae utilitas plerumque in mercibus maxima invenitur, veluti vino oleo frumento, quae per singulas regiones diversa habent pretia ; sed et pecuniae numeratae non in omnibus regionibus sub isdem usuris fenerantur. Si quis tamen Ephesi petat, id est eo loco petat, quo ut sibi detur stipulatus est, pura actione recte agit : idque etiam praetor monstrat, scilicet quia utilitas solvendi salva est promissori. 33ᵈ. Huic autem, qui loco plus petere intellegitur, proximus est is qui causa plus petit : ut ecce si quis ita a te stipulatus sit : HOMINEM STICHUM AUT DECEM AUREOS DARE SPONDES ? deinde alterutrum petat, veluti hominem tantum aut decem tantum. Ideo autem plus petere intellegitur, quia in eo genere stipulationis promissoris est electio, utrum pecuniam an hominem solvere malit : qui igitur pecuniam tantum vel hominem tantum sibi dari oportere intendit, eripit electionem adversario et eo modo suam quidem meliorem condicionem facit, adversarii vero sui deteriorem. Qua de causa talis in ea re prodita est actio, ut quis intendat hominem Stichum aut aureos decem sibi dari oportere, id est ut eodem modo peteret, quo stipulatus est. Praeterea si quis generaliter hominem stipulatus sit et specialiter Stichum petat, aut generaliter vinum stipulatus specialiter Campanum petat, aut generaliter purpuram stipulatus sit, deinde specialiter Tyriam petat : plus petere intellegitur, quia electionem adversario tollit, cui stipulationis jure liberum fuit aliud solvere, quam quod peteretur. Quin etiam licet vilissimum sit quod quis petat, nihilo minus plus petere intellegitur, quia saepe accidit, ut promissori facilius sit illud solvere, quod majoris pretii est. 33ᵉ. Sed 'haec quidem antea in usu fuerant : postea autem lex Zenoniana et nostra ² rem coartavit. Et si qui-

---

1. Gaius, 4, 53 c. — 2. *C.*, 3, 10, 1. 2.

dem tempore plus fuerit petitum, quid statui oportet, Zenonis divae memoriae loquitur constitutio ; sin autem quantitate vel alio modo plus fuerit petitum, omne, si quid forte damnum ex hac causa acciderit ei, contra quem plus petitum fuerit, commissa tripli condemnatione, sicut supra diximus, puniatur. 34. Si minus in intentione complexus fuerit actor, quam ad eum pertineret, veluti si, cum ei decem deberentur, quinque sibi dari oportere intenderit, aut cum totus fundus ejus esset, partem dimidiam suam esse petierit, sine periculo agit : in reliquum enim nihilo minus judex adversarium in eodem judicio condemnat ex constitutione divae memoriae Zenonis. 35. [1] 'Si quis aliud pro alio intenderit, nihil eum periclitari' placet, sed in eodem judicio cognita veritate errorem suum corrigere ei permittimus, 'veluti si is, qui hominem Stichum petere deberet, Erotem petierit, aut si quis ex testamento sibi dari oportere intenderit, quod ex stipulatu debetur'.

36. Sunt praeterea quaedam actiones, quibus non solidum quod debetur nobis persequimur, sed modo solidum consequimur, modo minus. Ut ecce si in peculium filii servive agamus ; nam si non minus in peculio sit, quam persequimur, in solidum pater dominusve condemnatur : si vero minus inveniatur, eatenus condemnat judex, quatenus in peculio sit. Quemadmodum autem peculium intellegi debeat, suo ordine proponemus. 37. Item si de dote judicio mulier agat, placet eatenus maritum condemnari debere, quatenus facere possit, id est quatenus facultates ejus patiuntur. Itaque si dotis quantitati concurrant facultates ejus, in solidum damnatur ; si minus, in tantum quantum facere potest. Propter retentionem quoque dotis repetitio minuitur ; nam ob impensas in res dotales factas marito retentio concessa est, quia ipso jure necessariis sumptibus dos minuitur, sicut ex latioribus digestorum libris cognoscere liceat. 38. Sed et si quis cum parente suo patronove agat, item si socius cum socio judicio societatis agat, non plus actor consequitur, quam adversarius ejus facere potest. Idem est, si quis ex donatione sua conveniatur. 39. Compensationes quoque oppositae plerumque efficiunt, ut minus quisque consequatur, quam ei debeatur ; namque ex bono et aequo, [2] 'habita ratione ejus, quod invicem actorem ex eadem causa praestare oporteret, in reliquum eum cum quo actum est condemnaret', sicut jam dictum est [3]. 40. Eum quoque, qui creditoribus suis bonis cessit, si postea aliquid adquisierit, quod idoneum emo-

---

1. Gaius, 4, 55. — 2. Gaius, 4, 61. — 3. 4, 6, 30.

lumentum habeat, ex integro in id quod facere potest creditores cum eo experiuntur ; inhumanum enim erat spoliatum fortunis suis in solidum damnari.

VII. Quod cum eo qui in aliena potestate est negotium gestum esse dicitur [1].

[2] 'Quia tamen superius mentionem habuimus de actione, quae in peculium filiorum familias servorumque agitur : opus est, ut de hac actione et de ceteris, quae eorundem nomine in parentes dominosve dari solent, diligentius admoneamus'. Et quia, sive cum servis negotium gestum sit sive cum his, qui in potestate parentis sunt, fere eadem jura servantur, ne verbosa fiat disputatio, dirigamus sermonem in personam servi dominique, idem intellecturi de liberis quoque et parentibus, quorum in potestate sunt. Nam si quid in his proprie observetur, separatim ostendemus.

1. [3] Si igitur jussu domini cum servo negotium gestum erit, in solidum praetor adversus dominum actionem pollicetur, scilicet quia qui ita contrahit fidem domini sequi videtur. 2. [4] Eadem ratione praetor duas alias in solidum actiones pollicetur, quarum altera exercitoria, altera institoria appellatur. Exercitoria tunc locum habet, cum quis servum suum magistrum navis praeposuerit et quid cum eo ejus rei gratia, cui praepositus erit, contractum fuerit. Ideo autem exercitoria vocatur, quia exercitor appellatur is, ad quem cottidianus navis quaestus pertinet. Institoria tunc locum habet, cum quis tabernae forte aut cuilibet negotiationi servum praeposuerit et quid cum eo ejus rei causa, cui praepositus erit, contractum fuerit. Ideo autem institoria appellatur, quia qui negotiationibus praeponuntur institores vocantur. 2ᵃ. Istas tamen duas actiones praetor reddit et si liberum quis hominem aut alienum servum navi aut tabernae aut cuilibet negotiationi praeposuerit, scilicet quia eadem aequitatis ratio etiam eo casu interveniebat. 3. Introduxit et aliam actionem praetor, quae tributoria vocatur. Namque si servus in peculiari merce sciente domino negotietur et quid cum eo ejus rei causa contractum erit, ita praetor jus dicit, ut, quidquid in his mercibus erit quodque inde receptum erit, id inter dominum, si quid ei debebitur, et ceteros creditores pro rata portione distribuatur. Et quia ipsi domino distributionem permittit, si quis ex creditoribus queratur, quasi minus

---

1. Cf. Gaius, 4, 69-74. *D.*, 14, 15. *C.*, 4, 25. 26. — 2. Gaius, 4, 69. — 3. Cf. Gaius, 4, 70. — 4. Cf. Gaius, 4, 71.

ei tributum sit, quam oportuerit, hanc ei actionem accommodat, quae tributoria appellatur. 4. Praeterea introducta est actio de peculio deque eo, quod in rem domini versum erit, ut, quamvis sine voluntate domini negotium gestum erit, tamen sive quid in rem ejus versum fuerit, id totum praestare debeat, sive quid non sit in rem ejus versum, id eatenus praestare debeat, quatenus peculium patitur. 4^a. In rem autem domini versum intellegitur, quidquid necessario in rem ejus impenderit servus, veluti si mutuatus pecuniam creditoribus ejus solverit, aut aedificia ruentia fulserit, aut familiae frumentum emerit, vel etiam fundum aut quamlibet aliam rem necessariam mercatus erit. 4^b. Itaque si ex decem ut puta aureis, quod servus tuus a Titio mutuos accepit, creditori tuo quinque aureos solverit, reliquos vero quinque quolibet modo consumpserit, pro quinque quidem in solidum damnari debes, pro ceteris vero quinque eatenus, quatenus in peculio sit : ex quo scilicet apparet, si toti decem aurei in rem tuam versi fuerint, totos decem aureos Titium consequi posse. Licet enim una est actio, qua de peculio deque eo quod in rem domini versum sit agitur, tamen duas habet condemnationes. Itaque judex, apud quem [de] ea actione agitur, ante dispicere solet, an in rem domini versum sit, nec aliter ad peculii aestimationem transit, quam si aut nihil in rem domini versum intellegatur aut non totum. 4^c. Cum autem quaeritur, quantum in peculio sit, ante deducitur, quidquid servus domino quive in potestate ejus sit debet, et quod superest, id solum peculium intellegitur. Aliquando tamen id, quod ei debet servus, qui in potestate domini sit, non deducitur ex peculio, veluti si is in hujus ipsius peculio sit. Quod eo pertinet, ut, si quid vicario suo servus debeat, id ex peculio ejus non deducatur.

5. Ceterum dubium non est, quin is quoque, qui jussu domini contraxerit cuique institoria vel exercitoria actio competit, de peculio deque eo, quod in rem domini versum est, agere possit ; sed erit stultissimus, si omissa actione, qua facillime solidum ex contractu consequi possit, se ad difficultatem perducat probandi in rem domini versum esse, vel habere servum peculium et tantum habere, ut solidum sibi solvi possit. 5^a. Is quoque, cui tributoria actio competit, aeque de peculio et in rem verso agere potest ; sed sane huic modo tributoria expedit agere, modo de peculio et in rem verso. Tributoria ideo expedit agere, quia in ea domini condicio praecipua non est, id est quod domino debetur non deducitur, sed ejusdem juris est dominus cujus et ceteri creditores, at in actione de

peculio ante deducitur quod domino debetur, et in id quod reliquum est creditori dominus condemnatur. Rursus de peculio ideo expedit agere, quod in hac actione totius peculii ratio habetur, at in tributoria ejus tantum, quod negotiatur, et potest quisque tertia forte parte peculii aut quarta vel etiam minima negotiari, majorem autem partem in praediis et mancipiis aut fenebri pecunia habere. Prout ergo expedit, ita quisque vel hanc actionem vel illam eligere debet : certe qui potest probare in rem domini versum esse, de in rem verso agere debet. 6. Quae diximus de servo et domino, eadem intellegimus et de filio et filia aut nepote et nepte, patre avove cujus in potestate sunt. 7. Illud proprie servatur in eorum persona, quod senatus consultum Macedonianum prohibuit mutuas pecunias dari eis, qui in parentis erunt potestate : et ei qui crediderit denegatur actio tam adversus ipsum filium filiamve nepotem neptemve, sive adhuc in potestate sunt, sive morte parentis vel emancipatione suae potestatis esse coeperint, quam adversus patrem avumve, sive habeat eos adhuc in potestate sive emancipaverit. Quae ideo senatus prospexit, quia saepe onerati aere alieno creditarum pecuniarum, quas in luxuriam consumebant, vitae parentium insidiabantur. 8. Illud in summa admonendi sumus id, quod jussu patris dominive contractum fuerit quodque in rem ejus versum fuerit, directo quoque posse a patre dominove condici, tamquam si principaliter cum ipso negotium gestum esset. Ei quoque, qui vel exercitoria vel institoria actione tenetur, directo posse condici placet, quia hujus quoque jussu contractum intellegitur.

VIII. DE NOXALIBUS ACTIONIBUS [1].

[2]'Ex maleficiis servorum, veluti si furtum fecerint aut bona rapuerint aut damnum dederint aut injuriam commiserint, noxales actione proditae sunt, quibus domino damnato permittitur aut litis aestimationem sufferre aut hominem noxae dedere'. 1. Noxa autem est corpus quod nocuit, id est servus : noxia ipsum maleficium, veluti furtum damnum rapina injuria. 2. Summa autem ratione permissum est noxae deditione defungi ; [3] 'namque erat iniquum nequitiam eorum ultra ipsorum corpora dominis damnosam esse'. 3. Dominus noxali judicio servi sui nomine conventus servum actori noxae dedendo liberatur. Nec minus perpetuum ejus dominium a domino trans-

---

1. Cf. Gaius, 4, 75-79. *D.*, 9, 4, *C.*, 3, 41. — 2. Gaius, 4, 75. — 3. Gaius, 4, 75.

fertur; si autem damnum ei cui deditus est resarcierit quaesita pecunia, auxilio praetoris invito domino manumittetur. 4. ¹« Sunt autem constitutae noxales actiones aut legibus aut edicto praetoris : legibus veluti furti lege duodecim tabularum, damni injuriae lege Aquilia : edicto praetoris veluti injuriarum et vi bonorum raptorum. 5. Omnis autem noxalis actio caput sequitur. Nam si servus tuus noxiam commiserit, quamdiu in tua potestate sit, tecum est actio ; si in alterius potestatem pervenerit, cum illo incipit actio esse, aut si manumissus fuerit, directo ipse tenetur et extinguitur noxae deditio. Ex diverso quoque directa actio noxalis esse incipit ; nam si liber homo noxiam commiserit et is servus tuus esse coeperit (quod casibus quibusdam effici primo libro tradidimus ²), incipit tecum esse noxalis actio, quae ante directa fuisset. 6. Si servus domino noxiam commiserit, actio nulla nascitur ; namque inter dominum et eum qui in ejus potestate est nulla obligatio nasci potest. Ideoque et si in alienam potestatem servus pervenerit aut manumissus fuerit, neque cum ipso neque cum eo, cujus nunc in potestate sit, agi potest. Unde si alienus servus noxiam tibi commiserit et is postea in potestate tua esse coeperit, intercidit actio, quia in eum casum deducta sit, in quo consistere non potuit : ideoque licet exierit de tua potestate, agere non potes', quemadmodum si dominus in servum suum aliquid commiserit, nec si manumissus vel alienatus fuerit servus, ullam actionem contra dominum habere potest. 7. Sed veteres quidem haec et in filiis familias masculis et feminis admiserunt. Nova autem hominum conversatio hujusmodi asperitatem recte respuendam esse existimavit et ab usu communi haec penitus recessit : quis enim patitur filium suum et maxime filiam in noxam alii dare, ut paene per corpus pater magis quam filius periclitetur, cum in filiabus etiam pudicitiae favor hoc bene excludit ? Et ideo placuit in servos tantummodo noxales actiones esse proponendas, cum apud veteres legum commentatores invenimus saepius dictum ipsos filios familias pro suis delictis posse conveniri.

VIIII. SI QUADRUPES PAUPERIEM FECISSE DICITUR ³.

Animalium nomine, quae ratione carent, si quidem lascivia aut fervore aut feritate pauperiem fecerint, noxalis actio lege duodecim tabularum prodita est (quae animalia si noxae dedantur, proficiunt reo ad liberationem, quia ita lex duode-

1. Gaius, 4, 76-78. — 2. 1, 3, 4 ; 1, 16, 1. — 3. Cf. *D.*, 9, 1.

cim tabularum scripta est) : puta si equus calcitrosus calce percusserit aut bos cornu petere solitus petierit. Haec autem actio in his, quae contra naturam moventur, locum habet : ceterum si genitalis sit feritas, cessat. ¹ 'Denique si ursus fugit a domino et sic nocuit, non potest quondam dominus conveniri, quia desinit dominus esse, ubi fera evasit. Pauperies autem est damnum sine injuria facientis datum ; nec enim potest animal injuriam fecisse dici, quod sensu caret'. Haec quod ad noxalem actionem pertinet.

1. Ceterum sciendum ab aedilicio edicto prohiberi nos canem verrem aprum ursum leonem ibi habere qua vulgo iter fit : et si adversus ea factum erit et nocitum homini libero esse dicetur, quod bonum et aequum judici videtur, tanti dominus condemnetur, ceterarum rerum, quanti damnum datum sit, dupli. Praeter has autem aedilicias actiones et de pauperie locum habebit. ² 'Numquam enim actiones praesertim poenales de eadem re concurrentes alia aliam consumit'.

X. DE HIS PER QUOS AGERE POSSUMUS ³.

⁴ 'Nunc admonendi sumus agere posse quemlibet aut suo nomine aut alieno. Alieno veluti procuratorio tutorio curatorio, cum olim in usu fuisset alterius nomine agere non posse' nisi pro populo, pro libertate, pro tutela. Praeterea lege Hostilia permissum est furti agere eorum nomine, qui apud hostes essent aut rei publicae causa abessent quive in eorum cujus tutela essent. Et quia hoc non minimam incommoditatem habebat, quod alieno nomine neque agere neque excipere actionem licebat, coeperunt homines per procuratores litigare ; nam et morbus et aetas et necessaria peregrinatio itemque aliae multae justae causae saepe impedimento sunt, quo minus rem suam ipsi exsequi possint. 1. Procurator neque certis verbis neque praesente adversario, immo plerumque ignorante eo constituitur ; cuicumque enim permiseris rem tuam agere aut defendere, is procurator intellegitur. 2. ⁵ 'Tutores et curatores quemadmodum constituuntur, primo libro expositum est'.

XI. DE SATISDATIONIBUS ⁶.

Satisdationum modus alius antiquitati placuit, alium novitas per usum amplexa est.

1. *D.*, 9, 1, 1, 10. 3. Ulp., *L. 18 ad ed.* — 2. *D.*, 50, 17, 130. Ulp., *L. 18 ad ed.* — 2. Cf. Gaius, 4, 82-87. *D.*, 3,3. *C.*, 2, 13. — 3. Gaius, 4, 82. — 5. Gaius, 4, 85. — 6. Cf. Gaius, 4, 88-102. *D.*, 2, 8. *C.*, 2, 57.

Olim enim [1] 'si in rem agebatur, satisdare possessor compellebatur, ut, si victus nec rem ipsam restitueret nec litis aestimationem [ejus], potestas esset petitori aut cum eo agendi aut cum fidejussoribus ejus'. Quae satisdatio appellatur judicatum solvi : unde autem sic appellatur, facile est intellegere ; namque stipulatur quis, ut solveretur sibi quod fuerit judicatum. [2] 'Multo magis is, qui in rem actione conveniebatur, satisdare cogebatur, si alieno nomine judicium accipiebat. Ipse autem qui in rem agebat, si suo nomine petebat, satisdare non cogebatur. Procurator vero si in rem agebat, satisdare jubebatur ratam rem dominum habiturum : periculum enim erat, ne iterum dominus de eadem re experiatur. Tutores et curatores eodem modo quo et procuratores satisdare debere verba edicti faciebant. Sed aliquando his agentibus satisdatio remittebatur. 1. Haec ita erant, si in rem agebatur. Sin vero in personam, ab actoris quidem parte eadem optinebant, quae diximus in actione qua in rem agitur. Ab ejus vero parte cum quo agitur si quidem alieno nomine aliquis intervenerit, omnimodo satisdaret, quia nemo defensor in aliena re sine satisdatione idoneus esse creditur. Quod si proprio nomine aliquis judicium accipiebat in personam, judicatum solvi satisdare non cogebatur'.

2. Sed haec hodie aliter observantur. Sive enim quis in rem actione convenitur sive personali suo nomine, nullam satisdationem propter litis aestimationem dare compellitur, sed pro sua tantum persona, quod judicio permaneat usque ad terminum litis, vel committitur suae promissioni cum jurejurando, quam juratoriam cautionem vocant, vel nudam promissionem vel satisdationem proqualitate personae suae dare compellitur. 3. Sin autem per procuratorem lis vel infertur vel suscipitur, in actoris quidem persona, si non mandatum actis insinuatum est vel praesens dominus litis in judicio procuratoris sui personam confirmaverit, ratam rem dominum habiturum satisdationem procurator dare compellitur : eodem observando et si tutor vel curator vel aliae tales personae, quae alienarum rerum gubernationem receperunt, litem quibusdam per alium inferunt. 4. Sin vero aliquis convenitur, si quidem praesens procuratorem dare paratus est, potest vel ipse in judicium venire et sui procuratoris personam per judicatum solvi satisdationis sollemnes stipulationes firmare vel extra judicium satisdationem exponere, per quam ipse sui procurato-

---

1. Gaius, 4, 89. — 2. Gaius, 4, 90. 96. 98-102.

ris fidejussor existit pro omnibus judicatum solvi satisdationis clausulis. Ubi et de hypotheca suarum rerum convenire compellitur, sive in judicio promiserit sive extra judicium caverit, ut tam ipse quam heredes ejus obligentur : alia insuper cautela vel satisdatione propter personam ipsius exponenda, quod tempore sententiae recitandae in judicio invenietur, vel si non venerit, omnia dabit fidejussor, quae condemnationi continentur, nisi fuerit provocatum. 5. Si vero reus praesto ex quacumque causa non fuerit et alius velit defensionem subire, nulla differentia inter actiones in rem vel personales introducenda potest hoc facere, ita tamen ut satisdationem judicatum solvi pro litis praestet aestimatione. Nemo enim secundum veterem regulam, ut jam dictum est, alienae rei sine satisdatione defensor idoneus intellegitur. 6. Quae omnia apertius et perfectissime a cottidiano judiciorum usu in ipsis rerum documentis apparent. 7. Quam formam non solum in hac regia urbe, sed et in omnibus nostris provinciis, etsi propter imperitiam aliter forte celebrabantur, optinere censemus, cum necesse est omnes provincias caput omnium nostrarum civitatum, id est hanc regiam urbem, ejusque observantiam sequi.

XII. DE PERPETUIS ET TEMPORALIBUS ACTIONIBUS ET QUAE AD HEREDES VEL IN HEREDES TRANSEUNT [1].

[2] 'Hoc loco admonendi sumus eas quidem actiones, quae ex lege senatusve consulto sive ex sacris constitutionibus proficiscuntur, perpetuo solere' antiquitus competere, donec sacrae constitutiones tam in rem quam personalibus actionibus certos fines dederunt, 'eas vero quae ex propria praetoris juridictione pendent, plerumque intra annum' vivere (nam et ipsius praetoris intra annum erat imperium). 'Aliquando tamen et in perpetuum extenduntur', id est usque ad finem constitutionibus introductum : 'quales sunt hae, quas bonorum possessori ceterisque qui heredis loco sunt accommodat. Furti quoque manifesti actio, quamvis ex ipsius praetoris jurisdictione proficiscatur, tamen perpetuo datur' ; absurdum enim esse existimavit anno eam terminari. 1. 'Non omnes autem actiones quae in aliquem aut ipso jure competunt aut a praetore dantur, et in heredem aeque competunt aut dari solent. Est enim certissima juris regula ex maleficiis poenales actiones in heredem rei non competere, veluti furti, vi bonorum raptorum, injuriarum, damni injuriae. Sed heredibus hujusmodi actiones

1. Cf. Gaius, 4, 110-114. — 2. Cf. Gaius, 4, 110-113.

competunt nec denegantur, excepta injuriarum actione et si qua alia similis inveniatur. Aliquando tamen etiam ex contractu actio contra heredem non competit', cum testator dolose versatus sit et ad heredem ejus nihil ex eo dolo pervenerit. Poenales autem actiones, quas supra diximus, si ab ipsis principalibus personis fuerint contestatae, et heredibus dantur et contra heredes transeunt. 2. Superest ut admoneamus, quod si ante rem judicatam is cum quo actum est satisfaciat actori, officio judicis convenit eum absolvere, licet judicii accipiendi tempore in ea causa fuisset, ut damnari debeat : et hoc est, quod ante vulgo dicebatur omnia judicia absolutoria esse.

XIII. De exceptionibus [1].

[2]. 'Sequitur, ut de exceptionibus dispiciamus. Comparatae sunt autem exceptiones defendendorum eorum gratia, cum quibus agitur : saepe enim accidit', ut, licet ipsa persecutio, qua actor experitur, justa sit, tamen iniqua sit adversus eum cum quo agitur. 1. Verbi gratia si metu coactus aut dolo inductus aut errore lapsus stipulanti Titio promisisti, quod non debueras promittere, palam est jure civili te obligatum esse et actio, qua intenditur dare te oportere, efficax est ; sed iniquum est te condemnari ideoque datur tibi exceptio metus causa aut doli mali aut in factum composita ad impugnandam actionem. 2. [3] 'Idem juris est, si quis quasi credendi causa pecuniam stipulatus fuerit neque numeravit. Nam eam pecuniam a te petere posse eum certum est ; dare enim te oportet, cum ex stipulatu tenearis : sed quia iniquum est eo nomine te condemnari, placet' exceptione pecuniae non numeratae 'te defendi debere', cujus tempora nos, secundum quod jam superioribus libris scriptum est[4], constitutione nostra [5] coartavimus. 3. Praeterea debitor si pactus fuerit cum creditore, ne a se peteretur, nihilo minus obligatus manet, quia pacto convento obligationes non omnimodo dissolvuntur : qua de causa efficax est adversus eum actio, qua actor intendit : SI PARET EUM DARE OPORTERE. Sed quia iniquum est contra pactionem eum damnari, defenditur per exceptionem pacti conventi. 4. Aeque si debitor deferente creditore juraverit nihil se dare oportere, adhuc obligatus permanet, sed quia iniquum est de perjurio quaeri, defenditur per exceptionem jurisjurandi. In his quoque actionibus, quibus in rem agitur, aeque necessariae sunt

1. Cf. Gaius, 4, 115-125. *D.*, 44, 1. *C.*, 8, 35 (36). — 2. Gaius, 4, 115-116 — 3. Gaius, 4, 116a. — 4. 3, 21. — 5. *C.*, 4, 30, 14.

exceptiones : veluti si petitore deferente possessor juraverit eam rem suam esse et nihilo minus eandem rem petitor vindicet ; licet enim verum sit quod intendit, id est rem ejus esse, iniquum est tamen possessorem condemnari. 5. [1] Item si judicio tecum actum fuerit sive in rem sive in personam, nihilo minus obligatio durat et ideo ipso jure postea de eadem re adversus te agi potest ; sed debes per exceptionem rei judicatae adjuvari. 6. Haec exempli causa rettulisse sufficiet. Alioquin quam ex multis variisque causis exceptiones necessariae sint, ex latioribus digestorum seu pandectarum libris intellegi potest. 7. [2] 'Quarum quaedam ex legibus vel ex his, quae legis vicem optinent, vel ex ipsius praetoris jurisdictione substantiam capiunt'. 8. Appellantur autem exceptiones aliae perpetuae et peremptoriae, aliae temporales et dilatoriae. 9. Perpetuae et peremptoriae sunt, quae semper agentibus obstant et semper rem de qua agitur peremunt : qualis est exceptio doli mali et quod metus causa factum est et pacti conventi, cum ita convenerit, ne omnino pecunia peteretur. 10. Temporales atque dilatoriae sunt, quae ad tempus nocent et temporis dilationem tribuunt : qualis est pacti conventi, cum convenerit, ne intra certum tempus ageretur, veluti intra quinquennium. Nam finito eo tempore non impeditur actor rem exsequi. Ergo hi, quibus intra tempus agere volentibus objicitur exceptio aut pacti conventi aut alia similis, differre debent actione et post tempus agere ; ideo enim et dilatoriae istae exceptiones appellantur. Alioquin, si intra tempus egerint objectaque sit exceptio, neque eo judicio quicquam consequerentur propter exceptionem nec post tempus olim agere poterant, cum temere rem in judicium deducebant et consumebant, qua ratione rem amittebant. Hodie autem non ita stricte haec procedere volumus, sed eum, qui ante tempus pactionis vel obligationis litem inferre ausus est, Zenonianae constitutioni [3] subjacere censemus, quam sacratissimus legislator de his qui tempore plus petierunt protulit, ut et indutias, quas, *si* ipse actor sponte indulserit vel natura actionis continet, contempserat, in duplum habeant hi, qui talem injuriam passi sunt, et post eas finitas non aliter litem suscipiant, nisi omnes expensas litis antea acceperint, ut actores tali poena perterriti tempora litium doceantur observare. 11. Praeterea etiam ex persona dilatoriae sunt exceptiones ; quales sunt procuratoriae, veluti si

---

1. Cf. Gaius, 4, 106. — 2. Gaius, 4, 118. — 3. *C.*, 3, 10, 4.

per militem aut mulierem agere quis velit; [1] nam militibus nec pro patre vel matre vel uxore nec ex sacro rescripto procuratorio nomine experiri conceditur : suis vero negotiis superesse sine offensa disciplinae possunt. Eas vero exceptiones, quae olim procuratoribus propter infamiam vel dantis vel ipsius procuratoris opponebantur, cum in judiciis frequentari nullo perspeximus modo, conquiescere sancimus, ne, dum de his altercatur, ipsius negotii disceptatio proteletur.

XIIII. DE REPLICATIONIBUS.

[2] 'Interdum evenit, ut exceptio, quae prima facie justa videatur, inique noceat. Quod cum accidit, alia allegatione opus est adjuvandi actoris gratia, quae replicatio vocatur, quia per eam replicatur atque resolvitur *vis* [3] exceptionis. Veluti cum pactus est aliquis cum debitore suo, ne ab eo pecuniam petat, deinde postea in contrarium pacti sunt, id est ut petere creditori liceat : si agat creditor et excipiat debitor, ut ita demum condemnetur, si non convenerit, ne eam pecuniam creditor petat, nocet ei exceptio, convenit enim ita ; namque nihilo minus hoc verum manet, licet postea in contrarium pacti sunt. Sed quia iniquum est creditorem excludi, replicatio ei dabitur ex posteriore pacto convento. 1. Rursus interdum evenit, ut replicatio, quae prima facie justa sit, inique noceat. Quod cum accidit, alia allegatione opus est adjuvandi rei gratia, quae duplicatio vocatur. 2. Et si rursus ea prima facie justa videatur, sed propter aliquam causam inique actori noceat, rursus allegatione alia opus est, qua actori adjuvetur, quae dicitur triplicatio. 3. Quarum omnium exceptionum usum interdum ulterius quam diximus varietas negotiorum introducit' : quas omnes apertius ex latiore digestorum volumine facile est cognoscere.

4. Exceptiones autem, quibus debitor defenditur, plerumque accommodari solent etiam fidejussoribus ejus : et recte, quia, quod ab his petitur, id ab ipso debitore peti videtur, quia mandati judicio redditurus est eis, quod hi pro eo solverint. Qua ratione et si de non petenda pecunia pactus quis cum reo fuerit, placuit proinde succurrendum esse per exceptionem pacti conventi illis quoque, qui pro eo obligati essent, ac si et cum ipsis pactus esset ne ab eis ea pecunia peteretur. Sane quaedam exceptiones non solent his accommodari. Ecce enim

1. Cf. *C.*, 2,12, 7. — 2. Gaius, 4, 126-129. — 3. Krueger, Huschke, d'après la paraphrase et Gaius ; les mss. : 'jus'.

debitor si bonis suis cesserit et cum eo creditor experiatur, defenditur per exceptionem : NISI BONIS CESSERIT ; sed haec exceptio fidejussoribus non datur, scilicet ideo quia, qui alios pro debitore obligat, hoc maxime prospicit, ut, cum facultatibus lapsus fuerit debitor, possit ab his quos pro eo obligavit suum consequi.

XV. De interdictis [1].

Sequitur, ut dispiciamus de interdictis seu actionibus, quae pro his exercentur. Erant autem interdicta formae atque conceptiones verborum, quibus praetor aut jubebat aliquid fieri aut fieri prohibebat. ²'Quod tum maxime faciebat, cum de possessione aut quasi possessione inter aliquos contendebatur'.

1. Summa autem divisio interdictorum haec est, quod aut prohibitoria sunt aut restitutoria aut exhibitoria. Prohibitoria sunt, quibus vetat aliquid fieri, veluti vim sine vitio possidenti, vel mortuum inferenti, quo ei jus erit inferendi, vel in loco sacro aedificari, vel in flumine publico ripave ejus aliquid fieri quo pejus navigetur. Restitutoria sunt, quibus restitui aliquid jubet, veluti cum bonorum possessori possessionem eorum, quae quis pro herede aut pro possessore possidet ex ea hereditate, aut cum jubet ei, qui vi possessione fundi dejectus sit, restitui possessionem. Exhibitoria sunt, per quae jubet exhiberi, veluti eum, cujus de libertate agitur, aut libertum, cui patronus operas indicere velit, aut parenti liberos, qui in potestate ejus sunt. Sunt tamen qui putant proprie interdicta ea vocari, quae prohibitoria sunt, quia interdicere est denuntiare et prohibere, restitutoria autem et exhibitoria proprie decreta vocari ; sed tamen optinuit omnia interdicta appellari, quia inter duos dicuntur. 2. ³'Sequens divisio interdictorum haec est, quod quaedam adipiscendae possessionis causa comparata sunt, quaedam retinendae, quaedam reciperandae. 3. Adipiscendae possessionis causa interdictum accommodatur bonorum possessori, quod appellatur quorum bonorum, ejusque vis et potestas haec est, ut, quod ex his bonis quisque, quorum possessio alicui data est, pro herede aut pro possessore possideat, id ei, cui bonorum possessio data est, restituere debeat. Pro herede autem possidere videtur, qui putat se heredem esse ; pro possessore is possidet, qui nullo jure rem hereditariam vel etiam totam hereditatem sciens ad se non pertinere possidet. Ideo autem adipiscendae possessionis vocatur interdictum, quia ei

---

1. Cf. Gaius, 4, 138-170, D., 43, 1. C., 8, 1. — 2. Gaius, 4, 139. — 3. Gaius, 4, 143. 144. 147. 148.

tantum utile est, qui nunc primum conatur adipisci rei possessionem : itaque si quis adeptus possessionem amiserit eam, hoc interdictum ei inutile est. Interdictum quoque, quod appellatur Salvianum, adipiscendae possessionis causa comparatum est eoque utitur dominus fundi de rebus coloni, quas is pro mercedibus fundi pignori futuras pepigisset 4. Retinendae possessionis causa comparata sunt interdicta uti possidetis et utrubi, cum ab utraque parte de proprietate alicujus rei controversia sit et ante quaeritur, uter ex litigatoribus possidere et uter petere debeat'. Namque nisi ante exploratum fuerit, utrius eorum possessio sit, non potest petitoria actio institui, quia et civilis et naturalis ratio facit, ut alius possideat, alius a possidente petat. Et quia longe commodius est possidere potius quam petere, ideo plerumque et fere semper ingens existit contentio de ipsa possessione. Commodum autem possidendi in eo est, quod, etiamsi ejus res non sit qui possidet, si modo actor non potuerit suam esse probare, remanet suo loco possessio : propter quam causam, cum obscura sint utriusque jura, contra petitorem judicari solet. 4^a. Sed interdicto quidem uti possidetis de fundi vel aedium possessione contenditur, utrubi vero interdicto de rerum mobilium possessione. Quorum vis et potestas plurimam inter se differentiam apud veteres habebat; nam uti possidetis interdicto is vincebat, qui interdicti tempore possidebat, si modo nec vi nec clam nec precario nanctus fuerat ab adversario possessionem, etiamsi alium vi expulerit aut clam abripuerit alienam possessionem aut precario rogaverit aliquem, ut sibi possidere liceret; 'utrubi vero interdicto is vincebat, qui majore parte ejus anni nec vi nec clam nec precario ab adversario possidebat. Hodie tamen aliter observatur; nam utriusque interdicti potestas quantum ad possessionem pertinet exaequata est, ut ille vincat et in re soli et in re mobili, qui possessionem nec vi nec clam nec precario ab adversario litis contestationis tempore detinet. 5. [2] 'Possidere autem videtur quisque, non solum si ipse possideat, sed et si ejus nomine aliquis in possessione sit, licet is ejus juri subjectus non sit, qualis est colonus et inquilinus : per eos quoque, apud quos deposuerit quis aut quibus commodaverit, ipse possidere videtur : et hoc est, quod dicitur retinere possessionem posse aliquem per quemlibet, qui ejus nomine sit in possessione. Quin etiam animo quoque retineri possessionem placet', id est ut, quamvis neque ipse sit in posses-

---

1. Cf. Gaius, 4, 150. — 2. Gaius, 4, 153-154.

sione neque ejus nomine alius, tamen 'si non relinquendae possessionis animo, sed postea reversurus inde discesserit, retinere possessionem videtur. Adipisci vero possessionem per quos aliquis potest, secundo libro exposuimus [1]. Nec ulla dubitatio est, quin animo solo possessionem adipisci nemo potest. 6. Reciperandae possessionis causa solet interdici, si quis ex possessione fundi vel aedium vi dejectus fuerit; nam ei proponitur interdictum unde vi, per quod is qui dejecit cogitur ei restituere possessionem, licet is ab eo qui vi dejecit vi vel clam vel precario possidebat'. Sed ex sacris constitutionibus, ut supra diximus [2], si quis rem per vim occupaverit, si quidem in bonis ejus est, dominio ejus privatur, si aliena, post ejus restitutionem etiam aestimationem rei dare vim passo compellitur. Qui autem aliquem de possessione per vim dejecerit, tenetur lege Julia de vi privata aut de vi publica : sed *de* vi privata, si sine armis vim fecerit, sin autem cum armis eum de possessione expulerit, de vi publica. [3] 'Armorum autem appellatione non solum scuta et gladios et galeas significari intellegimus, sed et fustes et lapides. 7. Tertia divisio interdictorum haec est, quod aut simplicia sunt aut duplicia. Simplicia sunt, veluti in quibus alter actor, alter reus est : qualia sunt omnia restitutoria aut exhibitoria ; namque actor est, qui desiderat aut exhiberi aut restitui, reus is, a quo desideratur, ut restituat aut exhibeat. Prohibitoriorum autem interdictorum alia simplicia sunt, alia duplicia. Simplicia sunt, veluti cum prohibet praetor in loco sacro vel in flumine publico ripave ejus aliquid fieri (nam actor est, qui desiderat, ne quid fiat, reus, qui aliquid facere conatur) ; duplicia sunt veluti uti possidetis interdictum et utrubi. Ideo autem duplicia vocantur, quia par utriusque litigatoris in his condicio est nec quisquam praecipue reus vel actor intellegitur, sed unusquisque tam rei quam actoris partem sustinet'.

8. De ordine et veteri exitu interdictorum supervacuum est hodie dicere ; nam quotiens extra ordinem jus dicitur, qualia sunt hodie omnia judicia, non est necesse reddi interdictum, sed perinde judicatur sine interdictis, atque si utilis actio ex causa interdicti reddita fuisset.

XVI. De poena temere litigantium [4].

Nunc admonendi sumus magnam curam egisse eos, qui jura sustinebant, ne facile homines ad litigandum procederent:

1. 2, 9, 4. — 2. 4, 2, 1. — 3. Gaius, 4, 155-160. — 4. Cf Gaius, 4, 171-183.

quod et nobis studio est. Idque eo maxime fieri potest, quod temeritas tam agentium quam eorum cum quibus ageretur modo pecuniaria poena, modo jurisjurandi religione, modo metu infamiae coercetur. 1. Ecce enim jusjurandum omnibus qui conveniuntur ex nostra constitutione [1] defertur ; nam reus non aliter suis allegationibus utitur, nisi prius juraverit, quod putans se bona instantia uti ad contradicendum pervenit. [2] 'At adversus infitiantes ex quibusdam causis dupli vel tripli actio constituitur, veluti si damni injuriae aut legatorum locis venerabilibus 'relictorum nomine agitur. Statim autem ab initio pluris quam simpli est actio veluti furti manifesti quadrupli, nec manifesti dupli ; nam ex his causis et aliis quibusdam, sive quis neget sive fateatur, pluris quam simpli est actio. Item actoris quoque calumnia coercetur' ; nam etiam actor pro calumnia jurare cogitur ex nostra constitutione. Utriusque etiam partis advocati jusjurandum subeunt, quod alia nostra constitutione [3] comprehensum est. Haec autem omnia pro veteris calumniae actione introducta sunt, quae in desuetudinem abiit, quia in partem decimam litis actorem multabat, quod nusquam factum esse invenimus ; sed pro his introductum est et praefatum jusjurandum et ut improbus litigator etiam damnum et impensas litis inferre adversario suo cogatur. 2. [4] 'Ex quibusdam judiciis damnati ignominiosi fiunt, veluti furti, vi bonorum raptorum, injuriarum, de dolo, item tutelae, mandati, depositi, directis non contrariis actionibus, item pro socio', quae ab utraque parte directa est et ob id quilibet ex sociis eo judicio damnatus ignominia notatur. 'Sed furti quidem aut vi bonorum raptorum aut injuriarum aut de dolo non solum damnati notantur ignominia, sed etiam pacti, et recte ; plurimum enim interest, utrum ex delicto aliquis an ex contractu debitor sit'.

3. Omnium autem actionum instituendarum principium ab ea parte edicti proficiscitur, qua praetor edicit de in jus vocando ; utique enim in primis adversarius in jus vocandus est, id est ad eum vocandus est, qui jus dicturus sit. Qua parte praetor parentibus et patronis, item liberis parentibusque patronorum et patronarum hunc praestat honorem, ut non aliter liceat liberis libertisque eos in jus vocare, quam si id ab ipso praetore postulaverint et impetraverint ; et si quis aliter vocaverit, in eum poenam solidorum quinquaginta constituit.

1. C., 2, 58 (59), 2, pr. — 2. Gaius, 4, 171. 173. 174. — 3. C., 3, 1, 14, 1. — 4. Gaius, 4, 182.

XVII. — DE OFFICIO JUDICIS.

Superest, ut de officio judicis dispiciamus. Et quidem in primis illud observare debet judex, ne aliter judicet, quam legibus aut constitutionibus aut moribus proditum est. 1. Et ideo si noxali judicio addictus est, observare debet, ut, si condemnandus videbitur dominus, ita debeat condemnare: PUBLIUM MAEVIUM LUCIO TITIO DECEM AUREIS CONDEMNO AUT NOXAM DEDERE. 2. Et si in rem actum sit, sive contra petitorem judicavit, absolvere debet possessorem, sive contra possessorem, jubere eum debet, ut rem ipsam restituat cum fructibus. Sed si in praesenti neget possessor restituere posse et sine frustratione videbitur tempus restituendi causa petere, indulgendum est ei, ut tamen de litis aestimatione caveat cum fidejussore, si intra tempus quod ei datum est non restituisset. Et si hereditas petita sit, eadem circa fructus interveniunt, quae diximus intervenire in singularum rerum petitione. Illorum autem fructuum, quos culpa sua possessor non perceperit, in utraque actione eadem ratio paene fit, si praedo fuerit. Si vero bona fide possessor fuerit, non habetur ratio consumptorum neque non perceptorum; post inchoatam autem petitionem etiam illorum ratio habetur, qui culpa possessoris percepti non sunt vel percepti consumpti sunt. 3. Si ad exhibendum actum fuerit, non sufficit, si exhibeat rem is cum quo actum est, sed opus est, ut etiam causam rei debeat exhibere, id est ut eam causam habeat actor, quam habiturus esset, si, cum primum ad exhibendum egisset, exhibita res fuisset: ideoque si inter moras usucapta sit res a possessore, nihilo minus condemnatur. Praeterea fructuum medii temporis, id est ejus, quod post acceptum ad exhibendum judicium ante rem judicatam intercessit, rationem habere debet judex. Quod si neget is, cum quo ad exhibendum actum est, in praesenti exhibere se posse et tempus exhibendi causa petat idque sine frustratione postulare videatur, dari ei debet, ut tamen caveat se restituturum: quod si neque statim jussu judicis rem exhibeat neque postea exhibiturum se caveat, condemnandus sit in id, quod actoris intererat ab initio rem exhibitam esse. 4. Si familiae erciscundae judicio actum sit, singulas res singulis heredibus adjudicare debet et, si in alterius persona praegravare videatur adjudicatio, debet hunc invicem coheredi certa pecunia, sicut jam dictum est [1], condemnare. Eo quoque nomine co-

---

1. 4, 6, 20.

heredi quisque suo condemnandus est, quod solus fructus hereditarii fundi percepit aut rem hereditariam corrupit aut consumpsit. Quae quidem similiter inter plures quoque quam duos coheredes subsequuntur. 5. Eadem interveniunt et si communi dividundo de pluribus rebus actum fuerit. Quod si de una re, veluti de fundo, si quidem iste fundus commode regionibus divisionem recipiat, partes ejus singulis adjudicare debet et, si unius pars praegravare videbitur, is invicem certa pecunia alteri condemnandus est : quod si commode dividi non possit, vel homo forte aut mulus erit de quo actum sit, uni totus adjudicandus est et is alteri certa pecunia condemnandus. 6. Si finium regundorum actum fuerit, dispicere debet judex, an necessaria sit adjudicatio. Quae sane uno casu necessaria est, si evidentioribus finibus distingui agros commodius sit, quam olim fuissent distincti ; nam tunc necesse est ex alterius agro partem aliquam alterius agri domino adjudicari. Quo casu conveniens est, ut is alteri certa pecunia debeat condemnari. Eo quoque nomine damnandus est quisque hoc judicio, quod forte circa fines malitiose aliquid commisit, verbi gratia quia lapides finales furatus est aut arbores finales cecidit. Contumaciae quoque nomine quisque eo judicio condemnatur, veluti si quis jubente judice metiri agros passus non fuerit, 7. Quod autem istis judiciis alicui adjudicatum sit, id statim ejus fit cui adjudicatum est.

XVIII. De publicis judiciis [1].

Publica judicia neque per actiones ordinantur nec omnino quicquam simile habent ceteris judiciis, de quibus locuti sumus, magnaque diversitas est eorum et in instituendis et in exercendis. 1. Publica autem dicta sunt, quod cuivis ex populo exsecutio eorum plerumque datur. 2. Publicorum judiciorum quaedam capitalia sunt, quaedam non capitalia. Capitalia dicimus, quae ultimo supplicio adficiunt vel aquae et ignis interdictione vel deportatione vel metallo : cetera si qua infamiam irrogant cum damno pecuniario, haec publica quidem sunt, non tamen capitalia.

3. Publica autem judicia sunt haec. Lex Julia majestatis, quae in eos, qui contra imperatorem vel rem publicam aliquid moliti sunt, suum vigorem extendit. Cujus poena animae amissionem sustinet et memoria rei et post mortem damnatur. 4. Item lex Julia de adulteriis coercendis, quae non solum te-

1. Cf. *D.*, 48, 1.

meratores alienarum nuptiarum gladio punit, sed etiam eos, qui cum masculis infandam libidinem exercere audent. Sed eadem lege Julia etiam stupri flagitium punitur, cum quis sine vi vel virginem vel viduam honeste viventem stupraverit. Poenam autem eadem lex irrogat peccatoribus, si honesti sunt, publicationem partis dimidiae bonorum, si humiles, corporis coercitionem cum relegatione. 5. Item lex Cornelia de sicariis, quae homicidas ultore ferro persequitur vel eos, qui hominis occidendi causa cum telo ambulant. Telum autem, ut Gaius noster in interpretatione legis duodecim tabularum [1] scriptum reliquit, vulgo quidem id appellatur, quod ab arcu mittitur, sed et omne significatur, quod manu cujusdam mittitur : sequitur ergo, ut et lapis et lignum et ferrum hoc nomine contineatur. Dictumque ab eo, quod in longinquum mittitur, a Graeca voce figuratum, ἀπὸ τοῦ τηλοῦ : et hanc significationem invenire possumus et in Graeco nomine ; nam quod nos telum appellamus, illi βέλος appellant ἀπὸ τοῦ βάλλεσθαι. Admonet nos Xenophon [2]. Nam ita scripsit : Καὶ τὰ βέλη ὁμοῦ ἐφέρετο, λόγχαι, τοξεύματα, σφενδόναι, πλεῖστοι δὲ καὶ λίθοι [3]. Sicarii autem appellantur a sica, quod significat ferreum cultrum. Eadem lege et venefici capite damnantur, qui artibus odiosis, tam venenis vel susurris magicis homines occiderunt vel mala medicamenta publice vendiderunt. 6. Alia deinde lex asperrimum crimen nova poena persequitur, quae Pompeia de parricidiis vocatur. Qua cavetur, ut, [4] 'si quis parentis aut filii aut omnino adfectionis ejus, quae nuncupatione parricidii continetur, fata properaverit, sive clam sive palam id ausus fuerit, nec non is, cujus dolo malo id factum est, vel conscius criminis existit, licet extraneus sit, poena parricidii punietur et neque gladio neque ignibus neque ulla alia sollemni poena subjicietur, sed insutus culleo cum cane et gallo gallinaceo et vipera et simia et inter ejus ferales angustias comprehensus, secundum quod regionis qualitas tulerit, vel in vicinum mare vel in amnem projiciatur, ut omni elementorum usu vivus carere incipiat et ei caelum superstiti, terra mortuo auferatur'. Si quis autem alias cognatione vel adfinitate conjunctas personas necaverit, poenam legis Corneliae de sicariis sustinebit. 7. Item lex Cornelia de falsis, quae etiam testamentaria vocatur, poenam irrogat ei, qui testamentum vel aliud instrumentum falsum scripserit signaverit recitaverit subjecerit quive signum

---

1. *D.*, 50, 16, 233, 2. — 2. *Anab.*, 5, 2, 14. — 3. (Et tela simul mittebantur, hastae, sagittae, fundae, permulti et lapides.). — 4. *C.*, 9, 17,1.

adulterinum fecerit sculpserit expresserit sciens dolo malo. Ejusque legis poena in servos ultimum supplicium est, quod et in lege de sicariis et veneficis servatur, in liberos vero deportatio. 8. Item lex Julia de vi publica seu privata adversus eos exoritur, qui vim vel armatam vel sine armis commiserint. Sed si quidem armata vis arguatur, deportatio ei ex lege Julia de vi publicata irrogatur ; si vero sine armis, in tertiam partem bonorum publicatio imponitur. Sin autem per vim raptus virginis vel viduae vel sanctimonialis vel aliae fuerit perpetratus, tunc et peccatores et ei, qui opem flagitio dederunt, capite puniuntur secundum nostrae constitutionis [1] definitionem, ex qua haec apertius possibile est scire. 9. Lex Julia peculatus eos punit, qui pecuniam vel rem publicam vel sacram vel religiosam furati fuerint. Sed si quidem ipsi judices tempore administrationis publicas pecunias subtraxerunt, capitali animadversione puniuntur, et non solum hi, sed etiam qui ministerium eis ad hoc adhibuerunt vel qui subtracta ab his scientes susceperunt : alii vero, qui in hanc legem inciderint, poenae deportationis subjugentur. 10. Est inter publica judicia lex Fabia de plagiariis, quae interdum capitis poenam ex sacris constitutionibus irrogat, interdum leviorem. 11. Sunt praeterea publica judicia lex Julia ambitus et lex Julia repetundarum et lex Julia de annona et lex Julia de residuis, quae de certis capitulis loquuntur et animae quidem amissionem non irrogant, aliis autem poenis eos subjiciunt, qui praecepta earum neglexerint.

12. Sed de publicis judiciis haec exposuimus, ut vobis possibile sit summo digito et quasi per indicem ea tetigisse. Alioquin diligentior eorum scientia vobis ex latioribus digestorum sive pandectarum libris deo propitio adventura est.

1. *C.*, 9, 13, 1.

TROISIÈME PARTIE

LES ACTES

TROISIÈME PARTIE

CHAPITRE PREMIER
SUCCESSIONS A CAUSE DE MORT.

Parmi les titres relatifs aux successions à cause de mort qui nous sont parvenus, les plus importants sont trois testaments, celui de Dasumius, qui est du commencement du second siècle, celui du Lingon, qui est sans doute du premier, et un testament de l'an 189 dont la traduction grecque a été conservée par un papyrus ; puis des clauses isolées de divers testaments conservées à part pour perpétuer le souvenir des libéralités qui y étaient faites; ensuite cinq documents dont aucun n'était encore découvert quand la troisième édition de ce livre parut en 1903 et dont le troisième et le cinquième n'ont même encore pris place dans aucun recueil spécial de textes juridiques, à savoir deux diptyques du musée du Caire rapportant des aditions d'hérédité faites par *cretio*, une déclaration d'hérédité faite en l'an 237 en vue du paiement de l'impôt des successions publiée en 1911 dans le tome VIII des papyrus d'Oxyrhinchos, une autre déclaration d'hérédité faite six ans plus tard sans doute dans le même but et une demande de *bonorum possessio* de l'an 249 éditée à la fin de 1911 dans le tome 32 de la *Z. S. St.*; puis cinq procès-verbaux d'ouverture de testaments de date récente transcrits sur un papyrus de Ravenne, et enfin, dans un sens plus large, la *laudatio* dite de Turia et celle de Murdia. — Nous reproduisons ici les deux testaments qui sont juridiquement les plus instructifs, celui de Dasumius et celui de l'an 189, les cinq titres nouveaux d'adition d'hérédité, de déclaration de succession et d'*agnitio bonorum possessionis*, le plus ancien des procès-verbaux de Ravenne, qui date de l'an 474 après J.-C., et les deux *laudationes*. On trouvera l'autre testament et des clauses isolées de testaments divers dans Bruns, nos 118.120-122. Autres titres relatifs à des dispositions de dernière volonté nos 129. 347-352. 372. Autres versions grecques de testaments romains et de dispositions testamentaires romaines chez Mitteis, *Chrestom.*, nos 317-319. V. enfin pour le droit propre de l'Egypte romaine, Mitteis, *Chrestom.*, nos 311-315 (cf. *Grundzüge*, p. 231-246).

1. Testament de Dasumius (an 108 ap. J.-C.).

Fragments d'une table de marbre trouvés en 1820 et 1830 dans le voisinage de la voie Appienne. Les fragments, qui sont au nombre de deux, donnent, à peu près d'un bout à l'autre, le milieu des lignes d'une longue inscription dans laquelle on a reconnu le testament fait sous Trajan par un nommé Dasumius, qui pourrait être l'auteur du sénatus-consulte Dasumien sur les fidéicommis de liberté. Nous en reproduisons le texte d'après la restitution qui en a été donnée, après un nouvel examen de la pierre, par Mommsen, *C. I. L.*, VI, 10229 ; Mommsen en a donné au même lieu un commentaire succinct, mais important, dans lequel il établit notamment que les consuls par lesquels l'acte est daté doivent être placés en l'an 108, et non, comme avaient cru les premiers éditeurs, en l'an 109. V. aussi le même, *Etude sur Pline le Jeune*, tr. Morel, 1873, pp. 22-23. Parmi les travaux antérieurs, le commentaire joint par Rudorff à sa restitution, *Z. G. R.*, 12, 1844, pp. 301-392, et analysé par Laboulaye, *R. Wolowski*, 1845, 2, pp. 273-340, est, malgré quelques suppositions erronées ou gratuites, resté très utile à consulter. V. encore deux analyses sommaires du testament, l'une antérieure et l'autre postérieure à la restitution de Mommsen, dans Karlowa, *R. R. G.*, 1, pp. 806-807 et Girard, *Mélanges*, 1, pp. 338-341.

1.   *Testamentum L. Dasumi Tusci (?)* |

Quod post vitae cursum confectum praestantissimum est, rem cum nomine filio relinquere, | *quoniam mihi natura negavit,* amicus rarissimus *P. Tullius Varro quem genuit filium* | *natu primum, si eum pater nomen* meum *laturum pollicitus erit,*
5 ... ||... *mearum fort*unarum *ex uncia heres esto*[1]... | *cernitoque in diebus C prox*imis quibus scierit *poteritque...* Item |
Dasumia... filia mea pientissima *mihi heres esto ex.. cernitoque eadem condicione.* | *Item f*ilia *Serviani ex.. mihi heres esto cernitoque eadem condicione.* | *Item...* us meus *mihi heres*
10. *esto ex.. cernitoque eadem condicione.* || *Item et* mihi *heredes sunto ex.. cernuntoque eadem condicione. Denique...* | *eadem condicione ex..* mihi *heres esto.*

Si *Dasumia filia non creverit,... ex.. mihi heres esto, item* | *... ex.. mihi heres esto iique cernunto in diebus C proximis quibus scierint poteruntque.* | *Si nec eorum quisquam* creverit, tunc Syche *nutrix (?).. mihi heres esto...* |
15. *...Amic*is *infra scriptis quisquis mihi heres erit* || *dare damnas esto singul*is *auri* p(ondo) libras : Julio... | ... no, Volusio Juliano,... | ... *Plinio (?)* Secundo), Cornelio *Tacito (?),...* | ... Auspicato ; singulis *argenti* p(ondo)... |
....Minicio Justo, Fabul... (liste de légataires continuant jusqu'à la ligne 26).
27. ... *Pro*(?)culo jurisconsulto, Ateio M... | ... no, Cornelio Seni, Julis Threp*to et...* | ...oro adfini meo denarios CXXV co.. |

1. L'institution du fils de P. Tullius Varron sous la condition qu'il prendrait le nom de L. Dasumius Tuscus paraît avoir été suivie d'effet d'après les inscriptions *C. I. L.*, XI, 3364-3366, qui semblent le désigner sous le nom de L. Dasumius P. f. Stell. Tullius Tuscus. V. la généalogie dressée par Bormann sous *C. I. L.*, XI, 3366.

TESTAMENT DE DASUMIUS

.. fideique ejus eorumque comitto u*t*... | ... *sub inscriptione* 30.
nominis mei consecrent; Cordubae item... | ...*sub inscriptione*
nominis mei consecren*t*... | ... *Volo* opera supra scripta fiant
ejus *eorumque arbitratu*... | ... *fide*ique ejus eorumque commit*to ut perficiantur*... || *ita ut supra scriptum* est.   35.

Dasumiae Syche nutri*ci do lego*... | ... Venugum Arrum
piscator*es*... | ...*item.. quae* elegerit praeterquam denarios
C... | ... *item argenti* escari et pot*ori* ex meo quod el*egerit*...
| ... *item chartam sive* philuram calculatoriam... ||

... et Sabinum notarium et My... | ... *ra*tionibus red- 40.
ditis cum con*tubernalibus suis liberos esse volo. Item*... m
cocum et Crammicum c... | ... et Diadumenum notarium
... | ... *item*... onem sumptuarium ration*ibus redditis cum
contubernali sua* || *ita ut eam in* matrimonio habeat fidele. Jubeo 45.
... | ... *in* arculis pusillis componi. Tu...

... *Colono* lib(erto) denarios cↄ; Dasumiae Syche *libertae*
denarios... | ... *lib*(erto) denarios cↄ; Heliopaedi li(berto)
denarios cↄ; Ca... | ... singulis denarios cↄ; Eurotae li-
b(erto) denarios... || ... *volo dari*.   50.

Eros vestiarius ratione u*t oportet reddita*... | ... *paeda-
gogus ratione reddita, Phoebus*... *liberi sunto.* | *Si quem* ex
his alio scripto liberum *esse vetuero, is liber ne esto*... |

... *Quodcumque* vicensimae nomine, e*x lege publica debe-
bitur*... | ... *propter eos omnes quos* liberos esse jussi, eo
soluto iis qui solverunt *heredes meos* || *reddere volo fideique item* 55.
eorum committo.

Quisquis mihi *heres erit dato*... *et* ... | ... *denarios ita ut*
ii *dent tribuant* concedant sine ulla *controversia*... *liberto fun-
dum*... | ... *preti denariorum*... *et hoc* amplius denarios v et
hoc amplius... ; *item ut supra nominati*... | ... *ancillae* cum
primum manumissa *fuerit dent tribuant concedant*... | ...
arculam. Thallum ornatorem... || ... *item ut supra nominati* 60.
dent tribuant conced*ant sine ulla controversia*... | ... *Thau-
masto* Anatellonti libertis *in singulos annos quandiu quis eorum* |
vivet, initio cujusque anni vestiari nomine singul*is denarios*
... | ... *item* Terpno Achilli Heliopaedi libe*rtis initio cujusque
anni vestiari* | *nomine singulis in singulos annos quandiu quis* 65.
eorum vivet denarios... ; *item*... || ... *libertis quandiu* quis
eorum vivet initio *cujusque anni vestiari nomine denarios*...,
idque | *ita ii danto* curantove dare.

Infra scriptis *condicionibus do lego* Septumae Secundini |
*materterae meae pate*ra*m* auream meam maxima*m*... | ... 70.

est et Diadumenum cubicul*arium*... | ... et Stephanum dropacatorem... || ... orem et Faustum sutorem *et*... | ... paria mularum quae elegerit cum *carrucis. Do lego Septumae* | *materterae meae pienti*ssimae hoc amplius Epaphrod*itum*... | ... tum medicum, Philocyrium... | ... *item signa mea aurea*
75. et argentea omnia et im*agines argenteas meas omnes*... || ...
Rogo autem, Septuma,pietatem tuam, ut cures in pub*lico proponi signa* | *deorum imperatorumque*, quae ubique habeo, in ampliorem nominis nostri honorem. | *Rogo item ut*... dispensatorem rationibus *redditis*... | ... *et*... em et Eutychen cubicul(arium) majorem (?) *manumittas*... | ... *Hoc amplius do lego mater-*
80. terae Septumae Secundini... || ... Menecra*ten* Paederotem. Menecraten et Paederot*em rogo ne manumittas*, | *sed in eodem* opere illos habeas donec vive*nt, quo habui ego*..... | ... *quoniam* nullo merito meo tam valde *offenderunt*... | ... *gestione improba et iniqua.* Septumae materterae mea*e hoc amplius do lego*
85. ... | ... us meis habuit fideique ejus n... || ... *committo. Hoc* amplius Septumae materterae *meae do lego*... | ... *cur*sorem, Encolpium actorem... | ... *denique sestertium* sexagies quod beneficio...

Memoriae | *meae colendae causa* intra biennium quam mor*tuus ero, quisquis mihi heres heredesve erit eruntve,* | *eorum fidei committo,* uti praedium, in quod *per eos, quorum curae mandavi*
90. *ut secundum* || *verba testamenti hujus* reliquias meas conderen*t*...
| ... *reliquiae* meae inlatae fuerint, cuicumque sive antea sive testamento hoc libertatem | dedi sive codicillis dedero, praeterquam Hymno pessi*me de me merito*,... | ... *iis cum adjacentibus silvis* instructum mancipio dent ita, *ut ne de nomine eorum* exeat, neve... | ...*vendant,* pignore dent, cedant, condonen*t*;
95. *ejus autem qui ex his* decesserit portionem || reliquis volo adcrescere, donec in rerum natura esset unus eorum. *Quodsi liberti libertueque in rerum*... | ... *natura omnes esse desierint, tunc* ad libertorum *meorum posteros, donec in rerum natura sit* | *unus eorum, idem volo perti*nere ; quod si esse desierit, *ultimus eorum* ... |

... *Cum* autem in tam multas partes id *praedium distribuerim*... | ... *nec pariter* omnes universa possidere *relicta*
100. *sibi possint,* ... *ex iis* ... || ... *curatores praedii ejus* Achillen, Heliopaeden, Cymaeum (?) *constituo,* omnium autem, quibus in id... | *jus est, suffragio curatorem* substitui curatori qui decesserit jubeo, et ab eorum uno, quem ipsi | *curatores elegerint,* alimenta omnia computari *et reditus distribui volo.* | *Sic enim*

effectum iri existimo, ut ab uno omnia percipi*ant omnes*...

.. *Fidei omnium here*dum meorum committo, *tuae autem maxime, carissima filia*,... || ... *ne pati*aris post me quemquam illo *loco sepeliri neque eorum quos ipse manumisi*... | ... neque in pos*terum* libertorum tuorum. 105

Porro monimen*tum meum colere volo ex libertis*... | ... *meis praeci*pue Thaumastum et Anate*llontem, aditum autem et ambitum*... | ... *eo volo habere omnes*, quos sive ante testamen*tum sive testamento posteave manumisi, praeter* | *te, Hymne, qui quamvis* plurimum tibi praestitissem ... || ... *ipse recordaris quae* a te passus sim aut timuerim... | 110

Corpus meum Ursi Serviani domini mei et... *curae commendo*... | ... *lectum* ferri volo per Serviani mei liberos. *Monimentum volo... liberti cura*... | ... *intra dies*...... *postquam defunctus* ero consummari, in quod impendantur denariorum milia... | ... *Sumptuum rationem eum* reddere volo Serviano meo. *Item cura ejus volo lapidi incidi* ... || ... *testamenti hujus* 115 *exemplum* et poni ad latus monimen*ti mei*.

Quisquis heres heredesve... | ... *mihi erit eruntve*, eum eosque rogo fideique ejus *eorumque committo, ut quae cui hoc* ... | ... *testamento dedi leg*avi, ea vicensimis omnibus *non deductis persolvantur, et aut reddant* | *quod solutum erit vicensimae* nomine aut vicensimae n*omine cum eo ad quem ea res pertinebit*... | ... *paciscantur* aut decidant aut in *arbitrum compromittant*......

... || *Si quid codicillis aliove quo genere* scriptum signatum- 120 *que reliquero, valere volo, quasi testamento*... | ... *scriptum signatum*que reliquissem.

Liturae *inductionesque quae in hoc*... | ... *testamento inveniuntur*, jam testamen*ti* faciundi *et signandi tempore ibi fuerunt*.

Testamentum | *scribendum curavi per*... ntidium Campanum testamentarium.. | .,. *Aelio Hadriano* et Trebatio Prisco cos. ||

Quisquis mihi heres erit, do lego damnasque esto dare... | 125 ... *imp. Caesari Nervae Traja*no Aug. Germanic*o Dacico*,... | ..... *Sosio Senecioni singu*lis... | ... *argenti* p. V ; Otacilio Or... | ...medico HS x. *Item*,.. || ... s HS cccc, ex quorum reditu... | ... *Eurota* lib.... | .... tione di.... | .... c ex...

2. Testament de C. Longinus Castor (an 189 après J.-C.).

B. G. U., 326; Bruns, n° 149 ; Mitteis, *Chrestom.*, n° 316. Traduction grecque d'un testament et de codicilles faits en Égypte, le

45.

testament le 17 novembre 189 et les codicilles le 7 février d'une année indécise, par un soldat retraité de la flotte de Misène et ouverts le 21 février 194 à Arsinoé, au bureau de perception de l'impôt sur les successions. Ce testament a été publié et commenté d'abord par Mommsen, *Sitzungsberichte* de Berlin, 1894, pp. 47-59 et *Z. S. St.*, 16, 1895, pp. 198-202 (*Ges. Schr.*, 1, pp. 429-444); puis par MM. Scialoja, *Bull. di. D. R.*, 7, 1894, pp. 1-25. 9, 1896, pp. 36-40 ; Karlowa, *Neue Heidelberger Jahrbücher*, 4, 1894, pp. 189-204 ; Colinet, *N.R.H.*, 1894, pp. 573-582, avec des observations de M. Dareste, J. Willems, *R. de l'instr. publ. en Belgique*, 38, 1895, pp. 293-313, et Ch. Appleton, *R. Gén.*, 1905, pp. 481-502. Il est inférieur, pour l'importance des personnages et pour l'ancienneté au testament de Dasumius ; mais, grâce à l'intégralité dans laquelle il nous a été transmis, il constitue maintenant l'exemple le plus clair et le plus complet que nous ayons d'un testament romain de l'époque classique. On remarquera l'institution accompagnée d'affranchissement des deux femmes esclaves instituées héritières avec la remarque expresse qu'elles ont l'âge de trente ans requis par la loi Aelia Sentia ; le fidéicommis de liberté au profit d'une autre esclave âgée de moins de trente ans ; les substitutions vulgaires faites distinctement pour les deux instituées ; l'exhérédation collective des hétiers ab intestat que pourrait avoir le testateur ; les deux exemples de legs *per vindicationem* contenus dans le testament et dans les codicilles ; la clause générale par laquelle le testateur met, dans la formule du legs *per damnationem*, toutes les dispositions contenues dans le testament à la charge de ses héritiers quels qu'ils soient et les leur impose en même temps par précaution à titre de fidéicommis ; la clause deux fois répétée validant par avance les codicilles que le testateur fit en effet postérieurement et qui ont pu en conséquence contenir le legs *per vindicationem* précité ; les indications précises données sur l'*emptor familiae*, encore représenté à la fin du IIe siècle comme acquérant la *familia pecuniaque sestertio nummo uno*, sur le *libripens*, sur l'*antestatus*, qu'il montre directement n'être pas un personnage distinct des cinq témoins, mais le premier d'entre eux, et sur les quatre autres témoins qui forment, avec lui, le *libripens* et l'*emptor familiae*, les sept témoins dont les cachets sont exigés par l'édit prétorien ; les mentions, que nous avons dans la traduction mises entre parenthèses, placées à côté des noms de ceux qui ont reconnu leurs cachets avant l'ouverture du testament ; enfin le témoignage nouveau fourni par notre titre selon lequel cette ouverture avait lieu au bureau de la perception de l'impôt du vingtième. V. dans Mitteis, *Chrestom.*, n° 217 (*P. Oxy.*, 907, cf. Mitteis, *Z. S. St.*, 30, 1909, pp. 402-403) la transcription, faite également à l'occasion de son ouverture, d'un autre testament de citoyen romain d'Egypte en date de l'an 272, que M. Mitteis pense avoir été fait en grec par le testateur en vertu d'une constitution d'Alexandre Sévère mentionnée dans un papyrus.

I, 1. Γ]αί[ου Λογγίνου] Κ[άσ]τορος.
['Ερμηνεί]α διαθ(ήκης). | [Γάιος Λογγῖνος Κάστωρ οὐε]τρανὸς ἐντί-

Gaii Longini Castoris.
Versio testamenti. | *Gaius Longinus Castor veteranus honesta*

TESTAMENT DE C. LONGINUS CASTOR 803

μως ἀπολυθε[ὶ]ς | [ἐκ κλάσσης πραιτωρί]ας Μισηνῶν [δια]θήκην ἐποί[η-
σ]εν¹. | ['Ελευθέρας εἶναι κελεύω²] Μαρκέλλαν δού[λη]ν μ[ο]υ μίζονα
ἐ[τ]ῶν || [τριάκοντα καὶ Κλεοπάτραν] δούλην μου μ[ίζονα] ἐτῶν τριάκ[ον- 5.
τ]α [καὶ ἑκάστη ἔστω κληρο]νόμος ἐξ | ἴσου μ[έρους] ἐμοῦ κληρον[όμο]ν³.
[Λοιποὶ δὲ πά]ν[τε]ς⁴ ἀποκληρόνομοι [μοι] ἔστωσαν. Προσ[ε]ρχέσ |
[θωσαν τῇ κληρονομίᾳ]⁵ μου ἑκάστη ὑπὲρ τοῦ ἰδίου μέρους ὁπότ[α]ν⁶
| [manquent 19 lettres] ᾶσθαι ἑαυτήν ἐμοῦ κλ[η]ρονόμον εἶναι, μὴ
ἐξῖ || [ναι δ]ὲ π[ι]π[ρά]σκειν μηδὲ ὑποτίθεσθαι. Ἀλλ' εἴ τι ἐὰν ἀν[θ]ρώ- 10.
πιν[ο]ν πά | θῃ Μαρκέλλ[α] ἡ προγεγραμμένη, τότε τὸ μέρος τῆς κληρο-
νομίας ἑαυτῆς | [πρ]ὸς Σαραπίωνα καὶ Σωκράτην καὶ Λόγγον καταντῆ-
σαι θέλω. Ὁμοίως | [Κλε]οπάτραν· τὸ μέρος αὐτῆς πρὸς Νεῖλον καταν-
τῆσαι θέλω. Ὅς ἐὰν μου κλη | [ρον]όμος γέ[νητ]αι, ὑπεύθυνος ἔστω
δῶναι ποιῆσαι παρασχέσθαι αὐ || [τὰ] πάντα, [ἃ ἐ]ν ταύτῃ τῇ διαθήκῃ 15.
μου γεγραμμένα εἴη, τῇ τε πίστι [α]ὐτῆς παρακατατίθομαι. | [Σαρ]απιὰς
δούλη μου, θυγάτηρ Κλεοπάτρας ἀπελευθέρας μου ἐλευθέρα ἔστω, | [ἧ
κ]αὶ δίδωμι καταλίπω ἀρούρας σιτικὰς πέντε, ἃς ἔχω περὶ κώμην Κα |
[ρα]νίδα ἐν τόπῳ λεγομένῳ Στρουθῷ· ὁμοίως ἄρουραν μίαν τέταρτον ||
[κο]ίλαδος· ὁμοίως τρίτον μέρος οἰκίας μου καὶ τρίτον μέρος ἐκ τῆς αὐ 20.
[τ]ῆς οἰκίας, ὃ ἠγόρασα πρότερον παρὰ Πραπεθεῦτος μητρὸς Θασεῦτος·

missione dimissus | ex classe praetoria Misenensi testamentum fe-
cit. | Liberas esse jubeo Marcellam servam meam majorem an-
nis || triginta et Cleopatram servam meam majorem annis triginta, 5.
| et quaeque heres esto ex aequa parte mei [heredem]. | Ceteri
autem omnes exheredes sunto. Adeant autem heredes meae quae-
que pro sua parte quando... eam meam heredem esse: non ven || 10.
dere neque pignori dare. Si vero quid humanum pati | atur Mar-
cella praescripta, tum partem hereditatis ejus | ad Sarapionem et
Socratem et Longum pervenire volo. Similiter | Cleopatram:
partem ejus ad Nilum pervenire volo. Quisquis mihi he | res erit,
damnas esto dare facere praestare ea || omnia, quae in hoc testa- 15.
mento meo scripta fuerint, fideique | ejus committo. | Sarapias
serva mea, filia Cleopatrae libertae meae libera esto: | cui et do
lego aruras frumentarias quinque, quas habeo circa vicum Ca |
ranidem in loco dicto Strutho: similiter aruram unam et quartam
partem || vallis: similiter tertiam partem domus meae et tertiam 20.

1. Dareste: τούτοις τοῖς ῥήμασιν = in his verbis. — 2. Scialoja,
Mommsen. — 3. Mot répété par mégarde, à la suite d'une correction de
formule, pense Mommsen. — 4. M. Dareste rétablit ainsi la ligne 6
et la lacune du début de la ligne 7 : [ἐκ τοῦ Ἀρσινοείτης ν]ομο[ῦ] ἐξ
ἴσου μ[έρους] ἐμοῦ κληρον[ομῖ]ν [κελεύω· Οἱ λοιποὶ πά]ν[τε]ς.....
= de nomo Arsinoitico aequis partibus heredes mei esse jubeo Ceteri omnes... — 5. Schubart, d'après P. Oxy. 907. — 6. Schubart.

| [ὁ]μοίως τρίτον μέρος φοινικῶνος, ὃν ἔχω ἐνγιστα τῆς διώρυγος, ὁ καλεῖται |

II, 1. παλαιὰ διῶρυξ. Ἐκκο[μι]σθῆναι περιστ[αλ]ῆναί τε ἐμαυτὸ[ν] θέλω τῇ φροντίδι καὶ εὐσεβείᾳ | τῶν [κ]ληρονόμων μου. Εἴ τι ἐὰν ἐγὼ μετὰ ταῦτα γεγραμμένον καταλίπω τῇ ἐμῇ χειρὶ γεγραμμένον | οἵῳ δὴ [π]οτε τρόπῳ, βέβκ[ιό[ν μοι εἶναι θέλω. Ταύτῃ τῇ διαθήκῃ δόλος πονηρὸς ἀπέστη. Οἰκετίαν χρὴ | ματα τ[αύ]της διαθήκης γενομένης ἐπρίατο Ἰούλιος
5. Πετρωνιανὸς σηστερτίου νούμμου ἑνός, ζυ || γοστα[τοῦ]ντος Γαΐου Λουκρητίου Σατορνείλου, ἐπέγνοι. Ἀντεμαρτύρατο Μᾶρκον Σεμπρώνιον Ἡρα | κλια[νόν], ἐπέγνοι². Ἡ δια[θή]κη ἐγένετο ἐν κ[ώ]μῃ Καρανίδι νομῷ Ἀρσινοείτῃ πρὸ ιε καλανδῶν Νο[εμβρ[ί]ων δυσὶ Σιλάνοις ὑπάτοις, L ι αὐτοκράτορος Καίσαρος Μάρ[κο]υ Αὐρηλίου Κο[μ] όδου Ἀντωνεί[ν]ου | εὐσεβοῦς εὐτυχοῦς Σεβαστοῦ Ἀρμενιακοῦ Μηδικοῦ Παρθικοῦ Σαρματικοῦ Γερμανικοῦ Ἀθὺρ κα. Εἰ δὲ | τι πε[ρ]ισσὰ γράμματα τῇ χειρί μου γεγραμμένα
10. καταλίπω, βέβαια εἶναι θέλω. || Ἠνύγη³ καὶ ἀνεγνώσθη Ἀρσινόει τῇ μητροπόλει ἐν τῇ Σεβαστῇ ἀγορᾷ ἐν τῇ στατιῶνι τῆς εἰκοσ | τῆς τῶν κληρονομιῶν καὶ ἐλευθεριῶν πρὸ θ καλανδῶν Μαρτιων ὑπάτοις τοῖς οὖσι L β | αὐτοκράτορος Καίσαρος Λουκίου Σεπτιμίου Σεουήρου Περτίνακος Σεβαστοῦ Μεχεὶρ κζ. Οἱ λοιποὶ σψμ(αγισταὶ) Γάιος Λογγῖνος Ἀκύλας,

partem ex hac | domo, quam olim emi a Prapetheute matre Thaseutis : | similiter tertiam partem palmeti, quod habeo proxime fosssam, quae vocatur |

II, 1. vetus fossa. Sepelirique pollingique[1] me volo religione et pietate | heredum meorum. Si quid ego post haec scriptum reliquerim mea manu scriptum | quoquo modo firmum esse volo. Ex hoc testamento dolus malus abfuit. Familiam pe | cuniam hujus testamenti facti emit Julius Petronianus sestertio nummo uno, li ||
5. bripende Gaio Lucretio Saturnilo (agnovi)[2]. Antestatus est Marcum Sempronium Hera | clianum (agnovi). Testamentum factum est in vico Caranide, nomo Arsinoitico XV kal. No | vembr. duobus Silanis consulibus anno X imperatoris Caesaris Marci Aurelii Commodi Antonini | pii felicis Augusti Armeniaci Medici Parthici Sarmatici Germanici Athyr XXI. Si | quae
10. alia scripta mea manu scripta reliquerim, firma esse volo. || Apertum[3] et recognitum Arsinoe metropoli in foro Augusti in statione vicesi | mae hereditatum et libertatum IX kal. Mart. consulibus qui sunt anno II imperatoris Caesaris Lucii Septimii Severi Pertinacis Augusti Mecheir XXVII. Ceteri signatores |

---

1. Mommsen d'après les gloses de Philoxène. — 2. Cf. Gradenwitz chez Mommsen, Z. S. St., p. 201 (Ges. Schr., p. 443); Appleton, pp. 485-487 (agnovit). — 3. Correction de Blass, admise par Mommsen; on avait d'abord lu : Ἠνύτη.

ἐπέγνοι. Ἰούλιος Βολύσσιος, Μᾶρκος Ἀντίστιος Πετρωνιανός, Ἰούλιος |
Γεμέλλος οὐετρ[α]νός. || Ἑρμηνία κωδικίλλων διπτύχων. Γάιος Λογγῖνος 15.
Κάστωρ οὐετρανὸς ἀπολυθεὶς ἐν | τίμως ἐκ κλάσσης πραιτωρίας Μισηνῶν
κωδικίλλους ἐποίησα. Μᾶρκον Σευπρώνιον Ἡρα | κλιανὸν φίλον καὶ ἀξιό-
λο[γ]ον ἐποίησα ἐπίτροπον[1] τῇ ἰδίᾳ πίστι Συγγενεῖ Ἰουλίῳ Σερήνῳ δίδωμι
καταλίπω σηστερτίους νούμμους δ'. | Πρὸ ζ εἰδῶν Φεβραρίων τῇ ἰδίᾳ
μου χειρὶ ἔγραψα. Ἐσφρά | γισαν Λογγῖνος Ἀκύλας καὶ Οὐαλέριος
Πρίσκος· σφραγισταὶ Γάιος Λογγῖνος Ἀκύλας, ἐπέγνοι, Ἰού || λιος Φιλόξε- 20.
νος, Γάιος Λουκρήτιος Σατορνεῖλος, ἐπέγνοι, Γάιος Λογγῖνος Κάστωρ,
Ἰούλιος Γεμέλλος οὐε | τρανός. Ἠνύγησαν[2] καὶ ἀνεγνώσθησαν τῇ αὐτῇ
ἡμέρᾳ, ἐν ᾗ καὶ ἡ διαθήκη ἐλύθη. | Γάιος Λούκκιος Γεμινι[ανὸ]ς νομικὸς
Ῥωμαϊκὸς ἡρμήνευσα τὸ προκείμενον ἀντίγραφον καί ἐστιν συμφω | νον
τῇ αὐθεντικῇ διαθήκῃ[3].

*Gaius Longinus Aquilas (agnovi) Julius Volusius, Marcus An-
tistius Petronianus, Julius Gemellus veteranus. || Versio codi-* 15.
*cillorum diptychorum. Gaius Longinus Castor veteranus dimissus
honesta missione ex classe praetoria Misenensi codicillos feci.
Marcum Sempronium Hera | clianum amicum et honorabilem
feci tutorem[1] propriae fidei. Cognato Julio Sereno do lego
sestertios nummos IIII. VII idus Februarias propria mea manu
scripsi. Signaverunt Longinus Aquilas et Valerius Priscus. Si-
gnatores Gaius Longinus Aquilas (agnovi), Ju || lius Philoxenus,* 20.
*Gaius Lucretius Saturnilus (agnovi), Gaius Longinus Castor, Ju-
lius Gemellus vete | ranus. Aperta et recognita sunt eadem die
qua testamentum apertum fuit. | Gaius Lucius Geminianus juris-
peritus Romanus versi praescriptum exemplum et est concor |
dans authentico testamento.*

3. Aditions d'hérédité par *cretio* de l'an 170.

Diptyques en bois venant du Fayoum et conservés au Musée du
Caire ; textes publiés par M. Seymour de Ricci et commentés par
lui et moi, *N.R. H.*, 30, 1896, pp. 479-483. 490-494, et depuis reproduits le premier par M. Mitteis, *Chrestomatie*, n° 327, les deux par
M. Gradenwitz dans Bruns, n° 124. V. les observations de Mitteis,
Z. S. St., 27, 1906, pp. 344-345 et *Grundzüge*, p. 249. Les deux
titres rapportent l'un et l'autre qu'une citoyenne romaine impubère
a fait, à Arsinoé, le 29 septembre 170, avec l'*auctoritas* de son frère
exerçant sur elle la tutelle légitime des agnats, addition par crétion
d'une hérédité testamentaire qui est, dans le premier titre, celle de
la mère de la pupille et dans le second celle de sa grand-mère ma-
ternelle. Dans l'un et l'autre, tandis que le texte intérieur transcrit

---

1. Scialoja, Collinet, Appleton, Gradenwitz. M. Mommsen pensait à
une sorte d'exécuteur testamentaire. — 2. V. p. 804, n. 3. — 3. Phrase
finale d'une autre écriture.

sur les pages 2 et 3 du diptyque est gravé sur cire, le texte extérieur placé avec les cachets des témoins sur les pages 1 et 4, est écrit à l'encre. Enfin, dans l'un et l'autre, les deux rédactions diffèrent en ce que l'acte rédigé à la troisième personne dans la forme impersonnelle des *professiones* aussi bien dans l'exemplaire extérieur aujourd'hui mutilé que dans l'exemplaire intérieur est dans le seul exemplaire extérieur accompagné d'une souscription en langue grecque appartenant au type des *chirographa*, rédigés à la première personne par l'intéressé ou pour son compte, ici par le tuteur (v. plus loin la notice du chapitre V, § 1).

I. Valeria Serapias, Antinois virgo, per procuratore L. Val(erio) Lucretiano Matidio q(ui) e(t) Plutinio Antinoensio fratri ejus, testata es(t) se hereditatem Flaviae Valeriae matris ejus adiisse creviss[a]eq(ue) seq(ue) heredem esse secundum tabulas testam(enti) ejus. Actum Aeg(ypto), nomo Arsinoite, Metropoli, III Kal(endas) Oct(obres) M(arco) Cornelio Cethego Sex. Servilio Claro cos[1]. Anno XI Imp. Caesaris M. Aureli Antonini Aug. Armeniaci Medici Parthici Maximi. Mense Phaophi Die II[2].

Οὐαλέρια Σεραπειὰς προςῆλθον τῇ κληρονομίᾳ τῆς μητρός μου, ἀκολούθος[3] τῇ διαθήκῃ αὐτῆς· Λούκιος Οὐαλέριος Λουκρητιανός, ἐπείτροπος,[4] ὢν αὐτῆς, ἔγραψα ὑπὲρ αὐτῆς ἀφήλικος οὔσης[5].

(Noms des *signatores* effacés.)

II. Valeria Serapias Antinois Virgo, per procuratorem L. Val(erio) Lucretiano Matid(io) q(ui) e(t) Plotinio Antinoensio fratris ejus testata est se hereditatem Lucretiae Diodorae, aviae de patre, adisse creviss[a]eq(ue), seque heredem esse secundum tabulas [6] t(estamenti) ejus. Actum Aeg(ypto) nomo Arsinoite, Metropoli, III Kal(endas) octobr(es), M(arco) Cornelio Cethego Sex(to)   io Claro cos.[7] anno XII Imp. Caesaris M(arci) Aureli Antonini Aug(usti) Armen(iaci) Medici Parthici Maximi mense Phaophi die II.

Οὐαλερία Σεραπειὰς προςῆλθον τῇ κληρονομίᾳ τῆς μάμμης μου κατὰ πατέρα, ἀκολούθως τῇ διαθήκῃ αὐτῆς· Λούκιος Οὐαλέριος Λουκρητιανὸς ἐπείτροπος[4] ὢν αὐτῆς ἔγραψα ὑπὲρ αὐτῆς ἀφήλικος οὔσης[8].

(Noms des *signatores*.)

G. Lucci Sem [....] ani, T(iti) Flavi Juliani, L. J[...] Numeriani, G. Juli Antoni G. Rufi Ptolomai, G. Juli Germani, L. Val(eri) Lucretiani. —

1. Nom mis faussement à la place de celui de C. Erucius Clarus, cos. 170. — 2. 29 septembre 170. — 3. Lisez : ἀκολούθως. — 4. Lisez : ἐπίτροπος. — 5. (Valeria Serapias adii hereditatem matris meae secundum testamentum ejus ; L. Valerius Lucretianus tutor ejus scripsi pro ea impubere). — 6. L'exemplaire intérieur : 'tabulae'. — 7. V. la note 1. — 8. (Valeria Serapias adii hereditatem aviae meae a patre

4. DÉCLARATION DE SUCCESSION DE L'AN 237.

P.Oxy., VIII, 1114. Cf. Mitteis. *Z.S.St.*, 32, 1911, p. 344.
Déclaration en date de l'an 237, faite en langue latine devant l'autorité romaine par M. Aurelius Saras, citoyen d'Oxyrhynchos que sa femme est morte sans testament, laissant pour héritières les deux filles nées de leur mariage (qui recueilleront la succession de leur mère en vertu du sénatus-consulte Orfitien et l'acquerront d'ailleurs pour leur père, le déclarant, d'après le droit commun des acquisitions des personnes *in patria potestate*) et que la succession, de la valeur de 200.000 sesterces, n'est pas sujette à l'impôt du vingtième sur les successions. Cette déclaration est accompagnée d'un certificat en langue grecque, du décès de la femme qui spécifie encore qu'elle est morte sans testament et qui porte les signatures en langue grecque de deux témoins et du déclarant, et enfin de la souscription latine d'un *tabularius* que l'éditeur anglais pense avec vraisemblance être un employé du bureau de l'impôt des successions (v. Les exemples épigraphiques d'affranchis impériaux *tabularii* de bureaux de la *vicesima* chez O. Hirschfeld, *Die Kaiserliche Verwaltungsbeamten*, 2ᵉ éd., 1908, p. 105, n. 1). La *vicesima* à laquelle l'hérédité aurait sans doute été soumise, à raison de son taux, mais échappait en vertu des dispenses admises entre parents en ligne directe (Dion, 55, 25), n'est mentionnée en termes exprès dans aucun texte plus récent : mais il y est encore fait une allusion qui ne paraît pas équivoque dans la déclaration en langue grecque en date de l'an 246 reproduite sous le n° 5.

1. ... Perpetuo et Corneliano co(n)s(ulibus) anno III Imperatoris Caesaris Gaii Juli Veri Maximini | Pii Aug(usti) Germanici Max(imi) Sarmatici Max(imi) et Gaii Juli Veri Maximi Germanici Max(imi) | Dacici Max(imi) Sarmatici Max(imi) Caesaris sanctissimi Aug(usti) fili Aug(usti) | .... || Apud Geminium 5. Valentem .... | procurationis. | Marcus Aurelius Saras factus gymnasiarchus decurio civitatis Oxyrhinchitarum | filius Marci Aureli Diogenis q(ui) e(t) Heliodori facti eutheniarchae ...s... ae | civitatis Alexandrinorum profiteor ... filiabus meis Aureliabus Stra || tonice q(uae) e(t) Sopipa- 10. trae et Apolloniae q(uae) e(t) Dieutis hereditatem seu bonorum posses | sionem Aureliae Apolloniae filiae Marci Aureli Apolloni Demetri q(ui) e(t) Psammi | dis facti gymnasiarchi decurionis civitatis Oxyrynchitarum, matris eorum uxoris | autem suae, intestatae defunctae civitat[a]e Oxyrinchitarum prid(ie) non(as) Jul(ias) q(uae) p(roximae ?) f(uerunt) | hora diei tertia secundum testationem de hae re factam cujus exemplum subjeci, || eamque hereditatem esse ducenariam et immunem 15. a vicesima. |

secundum testamentum ejus ; Lucius Valerius Lucretianus tutor ejus scripsi pro ea impubere).

Exemplum testationis. |

Ἔτους τρίτου Αὐτοκράτορος Καίσαρος Γαΐου Ἰουλίου Οὐήρου Μαξιμείνου Εὐσεβοῦς Εὐτυχοῦς | Σεβαστοῦ Γερμανικοῦ Μεγίστου
20. Σαρματικοῦ Μεγίστου καὶ Γαΐ Ἰουλίου | Οὐήρου Μαξίμου Γερμανικοῦ Μεγιστοῦ Δακικοῦ Μεγίστου Σαρματικοῦ Μεγίστου τοῦ || ἱεροτάτου Καίσαρος Σεβαστοῦ υἱοῦ τοῦ Σεβαστοῦ Ἐπεὶφ ιβ, ἐν Ὀξυρίνχων πόλει. | Μάρκος Αὐρήλιος Σαρᾶς γυμνασιαρχήσας βουλευτὴς τῆς Ὀξυρινχείτων πόλεως υἱὸς Μάρ | κου Αὐρηλίου Διογένους τοῦ καὶ Ἡλιοδώρου εὐθηνιαχήσαντος βουλευτοῦ τῆς λαμπροτά | της πόλεως τῶν Ἀλεξανδρέων καὶ ὡς χρηματίζει ἐμαρτύρατο τοὺς τὸ δὲ τὸ μαρ-
25. τυρο | ποίημα σφραγίζειν μέλλοντας τῇ ἐνεστώσῃ ἡμερα περὶ ὥραν τρίτην ἀπευ || κταίως Αὐρηλίαν Ἀπολλωνίαν θυγατέρα Μάρκου Αὐρηλίου Ἀπολλωνίου Δημητρί | ου τοῦ καὶ Φάμμιδος καὶ ὡς χρηματίζει γυμνασιαρκήσαντος βουλευτοῦ τῆς Ὀξυριν | κειτῶν πόλ[εω]ς γυναῖκα ἑαυτοῦ μητέρα τῶν κοινῶν θυγατέρων Αὐρηλιῶν Στρα | τονείκης τῆς καὶ Σωσιπάτρας καὶ Ἀπολλωνίας τῆς καὶ Διεῦτος ἀφηλίκων ἃ δι |
30. ἄθετον τελευτῆσαι...... β² ||

[Σα] ραπίων ὁ κ[αὶ] ... οκα ... ο ... | ἀποδεδειγμέ[νος] ἀρχιερεὸς βουλε[υτὴς] τῆς προκειμ[έ]νη[ς πόλ(εως).... α... | Μάρκος Αὐρήλιος Σαρᾶς γυμν[α]σιαρχήσα[ς] βουλ(ευτὴς) τῆς Ὀξυρυ[γ]χειτῶ[ν] | πόλ(εως) ἐπιδέδωκα τὴν ἀπογραφήν. ||²
35.

Iuivilinus Aug(usti) lib(ertus) tabul(arius) intestatam decesisse secundum adfirmationem insertam pr(idie) non(as) Jul(ias) Perpetuo et Corneliano co(n)s(ulibus) notavi pr(idie) id(us) Jul(ias) co(n)s(ulibus) s(upra) s(criptis). |
Act(um) s... Jul(ias) Perpetuo et Corneliano (co(n)s(ulibus).

1. (Anno tertio imperatoris Caesaris Gaii Julii Veri Maximini Pii Felicis Augusti Germanici Maximi Sarmatici et Gaii Julii Veri Maximi Germanici Maximi Dacici Maximi Sarmatici sanctissimi Caesaris Augusti filii Augusti Epeiph XII (= 6 juillet) in Oxyrhinchitarum civitate. Marcus Aurelius Saras factus gymnasiarcha, senator Oxyrhinchitarum civitatis, filius Marci Aurelii Diogenis qui et Heliodori, facti eutheniarchae, senatoris splendidissimae civitatis Alexandrinorum, sive is quo alio nomine est, testatus est eos qui hoc testimonium signaturi sunt, proximo die hora tertia misere Aureliam Apolloniam filiam Marci Aurelii Apollonii Demetrii qui et Psammidis sive quo alio nomine est, facti gymnasiarchi, senatoris Oxyrhinchitarum civitatis, uxorem suam, matrem communium filiorum Aureliorum Stratonices quae et Sosipatrae et Apolloniae quae et Dientis impuberum intestatam mortuam esse).
2. (Serapion qui est... designatus sacerdos senator propositae civitatis... Marcus Aurelius Saras factus gymnasiarchus, senator Oxyrhinchitarum civitatis dedi professionem).

5. Déclaration de succession de l'an 246.

P. Amh., II, n° 72, reproduit, avec une traduction latine par M. Gradenwitz, dans Bruns, n° 125. Cf. Mitteis, Z. S. *St.*, 22, 1901, pp. 198-199. Titre en langue grecque conservé en deux exemplaires de rédaction identique. Déclaration adressée le 16 juin 246 au collecteur d'impôts du nome d'Hermopolis par une femme citoyenne assistée de son mari et portant qu'elle est l'héritière de son oncle maternel mort intestat sans postérité, qu'elle a demandé la *bonorum possessio* au préfet et qu'elle évalue sous la foi du serment à trois talents la valeur de l'hérédité, qu'elle spécifie déclarer dans les délais réguliers. Le texte grec de la déclaration probablement rédigé par un scribe est suivi d'une phrase finale récapitulative d'une écriture différente qui est sans doute la souscription de la déclarante. Malgré les différences qui séparent ce titre du précédent, cette déclaration de la valeur d'une succession faite devant un percepteur d'impôts nous paraît comme à M. Gradenwitz se rapporter visiblement à l'impôt romain des successions, à la *vicesima hereditatium*, de la subsistance de laquelle elle est jusqu'à présent le témoignage le plus récent.

[Αὐρ]ηλίῳ Μαρκίῳ τῷ καὶ Νεμεσι[α]νῷ ἀπαιτη[τ]ῇ διοικοῦντι [τὴν] | στρατηγίαν Ἑρμοπολ(ίτου) | [παρὰ Α]ὐρηλίας Τινούτιος Ἑρμείνου Ἑρμοπολείτιδος μετὰ σ[υ]ν | [ἑστ]ῶτος τοῦ ἀνδρὸς Αὐρηλίου Διοσκουρίδου Ἀμμωνίου ἀπὸ [τῆ]ς || αὐτῆς πόλεως, ἀπογρ(άφομαι) 5. παρὰ σ[ο]ὶ ἐντὸς τῶ[ν] ὁρισθεισῶν ἡ[μ]ερῶν | [δί]κ[αι]ον κληρονομίας τοῦ πα[τ]ραδέλφου μου Χαιρήμονος | Ἁρπ[ο]κρατίωνος ἀπὸ τῆς αὐτῆς πόλεως τετελευτηκότος | ἀτέκνου καὶ ἀδιαθέτου ἐπ' ἐμοὶ μόνῃ κληρονόμῳ· ἧς κληρον[ο] | μ[ίας] φθάσατα διεπεμψάμην τῷ λαμπροτάτῳ ἡγεμόνι || Οὐαλερίῳ Φίρμῳ τὴν διακατοχήν, φυλασσομένων μοι 10. | ἁπάντων ὧν ἔχω δικαίων, καὶ δηλῶ τὰ καταλειφθέντα ὑπ' α[ὐ] | τοῦ σύνπαντα ἄξια εἶναι ὡς ταλάντων τριῶν, καὶ ὀμνύω | τὴν Μάρκων Ἰουλίων Φιλίππων Καισάρων τῶν κ[υρίων] | Σεβα[στ]ῶν τύχην οὕτως

Aurelio Marcio qui et Nemesiano coactori vectigalium administranti strategiam nomi Hermopolitani | *ab Aurelia filia Tinutis filii Hermini, Hermopolitana adjutore marito Aurelio Dioscoride filio Ammonii ab* || *eadem urbe. Declaro apud te in-* 5. *tra dies praestitutos* | *jus hereditatis patrui mei Chaeremonis* | *Harpocrationis filii ab eadem urbe mortui* | *sine liberis et intestati me sola herede relicta;* | *cujus hereditatis statim misi illustri praefecto* || *Valerio Firmo bonorum possessionis petitionem,* 10. *salvis* | *omnibus quae habeo juribus et declaro relicta ab e* | *o omnia esse talentorum trium, et juro* | *per M. Juliorum Philipporum Caesarum dominorum* | *Augg. fortunam id ita esse.*

15. ἔχειν. (ἔτους) γ Αὐτοκράτορο[ς Καίσαρος] ‖ Μάρκ[ο]υ Ἰουλίου
Φιλίππου Εὐσεβοῦς Εὐτυχοῦς καὶ Μά[ρκου] | Ἰουλίου Φιλίππου
γενναιοτάτου καὶ ἐπιφανεστάτο[υ | Καίσ[α]ρος Σεβαστῶν Παῦνι κβ.
Αὐρηλία Τινοῦτεις Ἑρμ(οπολῖτις) | μετὰ συνεστῶτος ἐμοῦ τοῦ ἀνδρὸς
20. Α(ὐρηλίου) Δι]οσ] | κουρίδου Ἀμμωνίου ἐπιδέδωκα [καὶ ὤμο] ‖ σα τὸν
ὅρκον.

15. *Anno III Imperatoris Caesaris* ‖ *M. Julii Philippi Augusti
Felicis et M.* | *Julii Philippi nobilissimi et illustrissimi Caesaris
Augustorum Pauni 22*[1]. *Aurelia Tinutis* | *Hermopolitana cum
adjutore meo marito Aurelio Dios* | *coride filio Ammonii petivi et*
20. *jura ‖ vi*[2].

6. AGNITIO BONORUM POSSESSIONIS de l'an 249.

Papyrus de la bibliothèque de l'Université de Giessen Inv.
n° 40 publié et commenté par M. Oto Eger, *Z. S. St.*, 32, 1911,
pp. 378-382. Il rapporte une demande de *bonorum possessio* adressée
au préfet d'Egypte en l'an 249 par un héritier impubère appelé à
la succession *ab intestat* de sa mère en vertu du sénatus-consulte
Orfitien. L'acte rapporte d'abord en latin, la demande qui est faite
par l'impubère lui-même avec l'*auctoritas* de son tuteur (lequel est
même son père, ce qui, si les termes techniques sont employés
correctement peut s'expliquer par exemple par une émancipation),
et qui spécifie être faite en vertu de la clause de l'édit du préfet
dans laquelle il a promis d'accorder la *B. P. unde legitimi* aux héritiers légitimes, et qui est datée, à la manière romaine, par les noms
des consuls, du 14 septembre 249 ; ensuite en grec, d'une autre
main que M. Eger conjecture être celle du père, une traduction
sommaire de la requête ; puis, après une date donnée en grec
d'une écriture nouvelle, suivant la notation égyptienne, qui correspond au 16 septembre de la même année, une ligne contenant la
petite phrase latine par laquelle le magistrat a accordé sans examen
cette *B. P.* édictale, suivie de la mention *recognovi* et de l'indication
du volume et de la page des registres où elle a été prise, et enfin,
d'une autre main encore, une nouvelle traduction grecque interrompue par la fin du papyrus.

Aurelio Appio Sabino v(iro) p(erfectissimo) praef(ecto)
Aegypti *a M.* Aurelio Chaeremone q(ui) e(t) Didymo impu-
b(ere) t(utore) a(uctore) patre *suo M.* Aurelio Chaeremone q(ui)
e(t) Zoilo hieronica *Antinoense*. Rogo domine des mihi bonorum possessionem matris meae Aureliae Hammonillae Hera-
cla... civitatis Oxyrinchitarum ex ea parte edicti qua[e] *legitimis* heredibus b(onorum) p(ossessionem) daturum te publi-

---

1. 16 juin 246. — 2. Phrase finale d'une écriture différente de celle du reste du texte.

ceris. Dat(um) xviii Kal(endas) oct(obres) Aemiliano II et Aquilino co(n)s(ulibus) [1].

Αὐρ(ήλιος) Δίδυμος ὁ καὶ Χαι [ρή] μων ἀφῆλιξ μετὰ κυρίου ἐμοῦ τοῦ πατρὸς Αὐρ(ηλίου) Χαιρήμο [νος τοῦ κ]αὶ Ζοίλου αἰτῶ τὴν διακατοχὴν τῶν τῆς μητρός μου[2].

(ἔτους) ζ Θωθ ιη[3].

Do b(onorum) p(ossessionem) ex edicto. Recognovi κόλ-(λημα) να τό(μου) β[4].

Ἑρμηνεία ['Αυρ]ηλίου Δι[δ]ύμου τοῦ καὶ Χαιρήμονος [ἀφ]ηλικο[ς μ]ετὰ κ[υρί]ον το[ῦ π]ατρὸς Μ[ά]ρκου Αὐρηλίου [Χαιρ]ήμον[ος τ]οῦ κ[αὶ] Ζωί[λου ἱ]ερονείκ[ου 'Αντι]νοέως . . . . .

7. PROCÈS-VERBAL D'OUVERTURE DE TESTAMENT (an 474 ap. J.-C.).

Titre transcrit avec quatre autres titres de même nature sur un papyrus de Ravenne du début du vi[e] siècle qui se trouve actuellement à Paris à la Bibliothèque nationale (Paris lat. 8842). Il constate la demande d'ouverture du testament adressée par la veuve du testateur aux magistrats municipaux, la reconnaissance par les témoins présents de leurs cachets et l'explication fournie par eux de l'absence des autres, l'ordre d'ouverture donné par les magistrats et enfin la lecture faite devant eux du testament dont les premières lignes seules sont reproduites, mais cependant nous conservent un exemple intéressant de clause codicillaire. Il a été publié avec les quatre autres, par les Bénédictins, *Nouveau traité de diplomatique*, 3, 1757, pp. 629-632. 706-711; Marini, *Papiri diplomatici*, 1805, pp. 110-115; Spangenberg, *Juris Romani tabulae negotiorum solemnium*, 1822, pp. 90-109, et Savigny, *Vermischte Schriften*, 3, 1850, p. 122 et ss. Nous suivons ici le texte meilleur qui en a été donné par Mommsen dans Bruns, n° 123, d'après une collation de l'original faite par M. E. Hauler.

Leone jun. p(er)p(etuo) Aug(usto) s(ub) d(ie) prid. nonar. Novembr. Rav(ennae) apud Pompulium *Prejecticium jun. et Fl. Projectum, et iterum mag(istratus)*, praesentibus Aelio Marino Commodiano Constantio jun., Ocremodio Victore, Popilio Calomnioso et Melminio Cassiano principalibus, Pascasia h(onesta) f(emina) d(i)x(it):

'Offero carta(m) testamenti, q(uo)d *Constantius maritus meus fecit. Peto ut* eam suscipi jubeatis. Testibus praesentibus ostendi, ut, si signacula vel superscribtiones suas recognoscunt,

1. 14 septembre 249. — 2. (Aurelius Didymus qui et Chaeremon impubes cum tutore meo patre Aurelio Chaeremoni qui et Zoilo peto possessionem bonorum matris meae). — 3 (Anno septimo Thoth 18) 16 septembre 249. — 4. (Pagina 51 tomi secundi). — 5. (Versio Aurelii Didymi qui et Chaeremonis impuberis, cum tutore et patre ejus M. Aurelio Chaeremone qui et Zoilo hieronica Antinoensi...)

dignentur edicere ; eam resignari praecipiatis, linum *incidi aperiri et per ordinem recitari faciatis, quo voluntas defuncti possit agnosci*'.

Pompulius Prejecticius jun. et Fl. Projectus mag(istratus) d(i)x(erunt) :

'Suscipiatur carta testamenti, quae offertur, testibus praesentibus ostendatur, ut, si signacula vel superscriptiones *suas recognoscunt, singuli edicere non morentur*'.

Cumque carta testamenti suscepta f(uisset) et testibus praesentibus ostensa, Fl. Bonifacius, v(ir) d(evotus), apparit(or) v(i)r(i) inl(ustris *p(raefecti)* p(raetori)o d(i)x(it) :

'In hoc testamento interfui. Agnosco signaculum et superscribtionem meam'.

... *Heraclius dixit* :

'*Ego* in hoc testamento interfui, agnosco anuli mei signaculum superscribtionem meam ; sed et infra [1] subscribsi'.

Fl. Probacius v(ir) d(evotus), app(aritor) sedis s(upra) s(criptae) d(ixit) :

'In hac voluntate interfui. Agnosco *signaculum et superscribtionem meam* ; sed *et* intrensicus subscribsi'.

Et iterum mag(istratus) d(ixerunt) :

'Quid *et de aliis testibus, quorum* signacula hoc testamento infixa *vidimus*' ?

Fl. Bonifacius, Proba*cius*, Heraclius vvv. ddd. d(ixerunt) :

'Constat una nobiscum Simplicium... qui mortuus est, Exuperium v(irum) h(onestum), Pamonium v(irum) d(evotum) et Georgio viro devoto, qui absentes sunt, in hoc testamento interfuisse, quorum signacula et superscribtiones recognoscimus'.

Mag(istratus) d(ixerunt) :

'Quoniam de agnitis signaculis vel superscribtionibus testium responsio patefecit, nunc carta testamenti resignetur, linum incida*tur*, aperia*tur*, et per ordinem reci*tetur*' ;

et inciso lino ex offi(cio) reci(tatum) est :

'Fl. Constantius v(ir) h(onestus), tinct(or) publicus, procedens sanus sana mente integroque consilio; cogitans condiciones humanas et repentini casus, praesentibus testibus numero competenti, in hac cartula testamentum feci, idque scribendum dictavi domino Johanni for(ensi), cuique ipse, litteras ignorans, subter manu propria signum feci ; quod testamentum meum, si quo casu jure civili seu praetorio vel alia quaelibet

---

1. Mommsen 'intra'.

juris ratione valere non potuerit, etiam ab intestato vice codicillorum meorum valere illud volo, hac valeat, ratamque hanc voluntatem meam esse cupio et jubeo : Pascasia, h(onesta) f(emina), jugalis *mea heres mihi esto*.

8. LAUDATIO DITE DE TURIA (début du Ier siècle après J.-C.).

C. I. L., VI, 1527.31670 ; Dessau, 8393 ; Bruns, n° 126. Inscription gravée sur une table de marbre, dont la partie inférieure existe encore à Rome en deux fragments, dont la partie supérieure est représentée partiellement par des copies anciennes de trois fragments aujourd'hui perdus et par un nouveau fragment se plaçant après ceux-là et contenant même un mot du titre en gros caractères mis à la 1re ligne du marbre. La meilleure restitution du texte connu avant cette dernière découverte avait été donnée avec un commentaire important, dans les *Abhandlungen* de Berlin, 1863, pp. 455-482 = *Ges. Schr.*, 1, 395-441 par Mommsen, du travail duquel il faut rapprocher les observations de Huschke, *Z. R. G.*, 5, 1866, pp. 168 et ss., Giraud, *Journal des savants*, n^{os} de juillet et août 1870, De Rossi, *Studi e doc.*, 1880, p. 1 et ss., Karlowa, *R. R. G.*, 1, pp. 808-811, et Vollmer, *Laudationum funebrium historia*, 1891, pp. 491-515. — Mommsen paraissait avoir démontré définitivement que cette oraison funèbre d'une femme par son mari, qui n'est certainement pas une *laudatio funebris* en forme adressée au peuple, sur le Forum, et qu'il croit même avoir été gravée directement sur la pierre sans avoir jamais été prononcée, était l'œuvre du partisan de Pompée Q. Lucretius Vespillo que les auteurs racontent avoir été sauvé par sa femme Turia lors des proscriptions (v. notamment Valère Maxime, 6, 7, 2). Mais le nouveau fragment (*C. I. L.*, VI, 31670) publié et commenté par M. Vaglieri, *Notizie degli scavi*, 1898, p. 412 et ss. et par M. Otto Hirschfeld, *Wiener Studien*, 24, 1902, pp. 233-237, condamne cette attribution en impliquant qu'à la différence de Vespillo qui resta caché dans sa maison de Rome, notre mari fut absent de Rome d'une manière durable ; l'allusion faite aux biens sacrifiés par la femme pour assurer la fuite du mari porte M. Hirschfeld à se demander si ce ne serait pas le proscrit Acilius cité par Appien, *B. c.*, 4, 39, que sa femme sauva en donnant tous ses bijoux au délégué des gardiens du mari que celui-ci lui avait envoyé. — L'inscription contient, spécialement dans sa première partie, des allusions instructives à diverses institutions juridiques, notamment au legs partiaire, à la tutelle des gentils, à la *manus*, à la *coemptio*, à la rupture du testament par l'agnation d'un héritier sien, etc. V. outre les auteurs précités, Accarias, *Précis*. 1, p. 338, p. 424, n. 1, p. 1067, n. 3, et Girard, *Mélanges*, 1, pp. 372-373.

...UXORIS[1]...

| . . . . *morum probita*le. . . . | I, 1.
| rum. . . . . *permansisti prob*. . . . |

Orbata es *repente ante nuptiarum* diem utroque *parente*

---

1. Mot du titre en gros caractères mis en tête du marbre, conservé par le fragment nouvellement découvert.

a nefaria multi | tudine ¹ una *occisis*. *Per te maxi*me cum ego in
5. Macedo*niam abissem*, || vir sororis tuae *C. Cluvius in A*fricam
provinciam, *non remansit inulta* | mors parentum. |

Tanta cum industria mu*nere es* pietatis perfuncta ef*flagitando et* | vindicando, ut, si praes*to fu*issemus, non amplius *praestitissemus. At* | haec habes communia cum sanctissima femina s*orore tua.* ||

10. Quae dum agitabas, ex patria domo propter custodiam *pudicitiae, sumpto* | de nocentibus supplicio, e vestigio te in domum mat*ris meae* ² *contulisti, ubi* | adventum meum expectas*ti.* |

Temptatae deinde estis, ut testamen*tum patris*, quo nos eramus heredes, rup*tum diceretur* ³ | coemptione facta cum
15. uxore : ita necessario te cum universis pat*ris bonis in* || tutelam eorum, qui rem agitabant, reccidisse : sororem omni*um rerum* | fore expertem, quod emancupata esset Cluvio. Qua mente ista acc*eperis qua iis prae* | sentia animi restiteris, etsi afui, conpertum habeo. |

Veritate caussam communem t*u*tata es : testamentum ruptum non esse, ut *uterque potius* | hereditatem teneremus, quam
20. omnia bona sola possideres, certa qui*dem sententia* || te ita patris acta defensuram, ut si non optinuisses, partituram cum s*orore te adfir* | mares; nec sub condicionem tutelae legitimae venturam, quojus per *legem in te jus* ⁴ *non* | esset, neque enim familiae ⁵ gens ulla probari poterat, quae te id facere co*geret* ; | nam etsi patris testamentum ruptum esset, tamen iis, qui intenderen*t, non esse id* | jus, quia gentis ejusdem non essent. ||

25. Cesserunt constantiae tuae neque amplius rem sollicitarunt : quo facto *reverentiae in patrem,* | pietatis in sororem, fide*i* in nos patrocinium succeptum sola peregisti. |

Rara sunt tam diuturna matrimonia, finita morte, non divertio in*terrupta; nam contigit* | nobis ut ad annum XXXXI sine offensa perduceretur. Utinam vetus*tum ita extremam sub-* | isset mutationem vice mea, qua justius erat cedere fato
30. majorem. || Domestica bona pudici*tiae*, opsequi, comitatis, facilitatis, lanificiis tuis *adsiduitatis, religionis* | sine superstitione, ornatus non conspiciendi, cultus modici cur *memorem, cur dicam de tuorum cari* | tate, familiae pietate, cum aeque

---

1. O. Hirschfeld ; Mommsen : '*in rustica solitudine*'. — 2. Duerr dans Bruns ; Mommsen : '*materterae*'; Huschke : '*mariti*'. — 3. De Rossi : '*ruptum contenderetis*' ou '*fateremini*' ou '*dici pateremini*'. — 4. De Rossi : 'per *legem agnalis jus*'. — 5. Mommsen ; les mss. suivis par de Rossi : '*familia*'.

matrem meam ac tuos parentes *colueris eandemque quietem* |
illi quam tuis curaveris, cetera innumerabilia habueris com-
mun*ia cum omnibus* | matronis dignam famam co*l*entibus ?
propria sunt tua, quae vindico, ac *quorum pauci in* || similia 35.
inciderunt, ut talia paterentur et praestarent : quae rara ut
essent *hominum* fortuna cavit.

Omne tuom patrimonium acceptum ab parentibus com-
muni diligentia conser*vavimus* : | neque enim erat adquirendi
tibi cura, quod totum mihi tradidisti. Officia *ita partiti* sum*us*,
ut ego *tute*lam tuae fortunae gererem, tu meae custodiam sus-
tineres. Multa || de hac parte omittam, ne tua propria mecum 40.
communicem : satis sit *hoc* mi*hi tuis* | de sensibus *indi*casse. |

*Liberali*tatem tuam *cum* plurumis necessariis tum praecipue pietati praesti*tisti domesticae. Feminas egregias licet facile quis ex tu*is alias nominaverit, unam dumtaxat simillimam
tui | ... *h*abuisti sororem tuam ; nam propinquas vestras di-
gnas ejusmodi || .... o*f*ficiis domibus vestris apud nos educa- 45.
vistis. Eaedem u*t condicio* | *nem dignam famili*ae vestrae consequi
possent, dotes parastis : quas quid*em a vobis* | *constitutas* com-
muni consilio ego et C. Cluvius excepimus et probantes *libera-
litatem,* | *ne vestro patrimo*nio vos multaretis, nostram rem fa-
miliarem sub*didimus* | *nostraque praedia* in dotes dedimus.
Quod non venditandi nostri *causa rettuli,* || *sed ut illa consi*lia 50.
vestra concepta pia liberalitate honori nos *duxisse consta* | *ret
exequi de nostris.* |

Compluria alia beneficia tua praetermittenda *duxi*...

¹... *subsi*dia fugae meae praestitisti ornamentis | *divendi-* I *bis*,
tis cum omne aurum margaritaque corpori | detracta *tradi-
disti* mihi et subinde familia nummis fructibus | *deceptis* ad-
versariorum custodibus absentiam meam locupletasti. || *Expe-* 5.
*riri vim mili*tis quod ut conarere virtus tua te hortabatur |
destitisti : tutiorem viam tibi munibat clementia eorum contra
quos ea parabas. | *In tanta calamitate nulla indigna* vox tua
est firmitate animi emissa... ... certis hominibus a Milone
quojus domus emptione | ... exu*l* belli civilis occasionibus in-
rupturum || .... de*f*endisti domum nostram.   10.

Jure Caesar dixit tibi acceptum esse referendum me patriae II, 1.
redditum a se, *nam* nisi parasses quod servar*et, etiam* Caesar
| inaniter opes suas polliceretur ; ita non minus pietati tuae
quam clementiae illius | me debeo. | Quid ego nunc interiora
*n*ostra et recognita consilia *secreto pectoris* || eruam, ut repen- 5.

---

1. Lignes 2 à 11 du fragment récemment découvert dont la première ligne porte le mot *uxoris* en grosses lettres reproduit plus haut.

tinis nun*t*iis ad praesentia et inminen*tia vitanda excita* | tus
tuis consiliis conservatus sim ? Ut neque audacia *abripi me* |
temere passa sis et modestiora cogitanti fida rece*ptacula para-
ris* | sociosque consiliorum *t*uorum ad me servandum de*deris
sororem* | tuam et virum ejus C. Clu*vium*, conjuncto omnium
10. per*iculo ? non finiam* || si attingere coner ; sat est mihi tibique
salutariter me *latuisse*. |

Acerbissimum tamen in vi*ta* mihi accidisse tua vice fate-
bor *reddito jam non inutili* | cive patriae beneficio et judicio
apsentis Caesaris Augusti *quom per te* | de restitutione mea
M. Lepidus conlega praesens interpe*llaretur et ad ejus* | pedes
prostrata humi, n*o*n modo non adlevata, sed tra*cta et servilem*
15. *in* || modum rapsata livori*bus* corporis repleta firmissimo *ani-
mo eum admone* | res edicti Caesaris cum gratulatione restitu-
tionis me*ae, et injuri* | am contumeliosis et cru*d*elibus exceptis
volneribus pa*lam praeferres*, | ut auctor meorum periculorum
notesceret, quoi nocui*t mox quod fecit*. |

Quid hac virtule efficacius ? Praebere Caesari clemen-
20. tiae *locum et cum cu* || stodia spiritus mei notare importunam
crudelitatem *egregia tua* patientia ? |

Sed quid plura ? parcamus orationi, quae debet et potest
exire*, ne viliter maxi* | ma opera tractando parum digne pera-
gamus, quom pro *documento* meritorum tuorum ocu*lis* omnium
praeferam titulum *vitae servatae*. ||

25. Pacato orbe terrarum, res*titut*a re publica quieta de-
inde n*obis et felicia* | tempora contingerunt ; fue*runt* optati
liberi, quos aliquam*diu sors invi* | derat ; si fortuna procedere
esset passa sollemnis inserviens*, quid utrique no* | strum defuit ?
Procedens aetas spem *f*iniebat. Quid agita*veris propter hoc quae*
| que ingredi conata sis, f*o*rsitan in quibusdam feminis con-
30. *spicua et admirabi* || lia, in te quidem minime a*d*mir*a*nda conlata
virtutibus *tuis reliquis, praetereo*. |

Diffidens fecunditati tuae *et d*olens orbitate mea, ne tenen-
do *in matrimonio* | te spem habendi liberos *deponerem* atque
ejus caussa essem *infelix, de divertio* | elocuta es vocuamque
domum alterius fecunditati te *traditurum, non alia* | mente nisi
35. ut nota concordia nostra tu ipsa mihi *dignam con* || dicionem
quaereres *p*araresque, ac futuros liberos *te communes pro* | que
tuis habituram ad*f*irmares, neque patrimonii nostr*i, quod adhuc*
| fuerat commune, separa*t*ionem facturam, sed in eodem ar-
bitrio meo id | et, si vellem, tuo ministerio *f*uturum : nihil

sejunctum, n*ihil separatum te* | habituram, sororis so*crusve* [1]
officia pietatemque mihi de*inceps praestituram*. ||

Fatear necessest adeo me exar*sisse*, ut excesserim mente, 40.
adeo ex*horruisse ac* | tus tuos, ut vix redderer *mihi* ; agitari
divertia inter nos *ante quam* | *f*ato dicta lex esset, posse *te* ali-
quid concipere mente, qu*are viva desineres* | esse mihi uxor,
cum paene exule me vita fidissuma perman*sisses*. |

Quae tanta mihi fuerit cu*piditas* aut necessitas habendi
li*beros, ut propterea* || fidem exuerem, mutarem certa dubiis ? 45.
sed quid plura ? *permansisti* | aput me ; neque enim cedere
tibi sine dedecore meo et *communi infelici* | tate poteram. |

Tibi vero quid memorabi*lius* quam inserviendo mihi
operam dedisse te | ut, quom ex te liberos ha*bere* non possem,
per te tamen *haberem et diff* || dentia partus tui alterius conju- 50.
gio parares fecunditate*m* ? |

Utinam patiente utriusque *a*etate procedere conjugium
potuisset, donec e | lato me majore, quod jus*tius* erat, suprema
mihi praestares, *antea vero super* | stite te excederem orbitate
*f*ilia mihi superstite. |

Praecucurristi fato ; delega*sti* mihi luctum desiderio tui
nec libe*ros habentem solum vi* || rum reliquisti ; flectam ego 55.
quoque sensus meos ad judicia tua, *te destinatam adoptans*.
| Omnia tua cogitata praescripta cedant laudibus tuis, ut sint
mi*hi documento, quantopere ego* | desiderem, quod immor*tali*-
tati ad memoriam consecrata*m tradidi*. | Fructus vitae tuae
non derunt *mihi* ; occurrente fama tua firma*tus animo et* | doc-
tus actis tuis resistam fo*rtunae*, quae mihi non omnia erip*uit*,
cum laudi || bus crescere tui memoriam *passa* est ; sed quod 60.
tranquilli status *erat, tecum* | amisi, quam speculatricem e*t*
propugnatricem meorum pericul*orum cogitans calami* | tate
frangor nec permane*re* in promisso possum.

| Naturalis dolor extorquet constantiae vires : maerore
mersor et quibus *angor luctu taedioque* | in nec utro mihi
consto : repeten*s* pristinos casus meos futurosque eve*ntus ab
omni spe de* || cido : mihi tantis talibusque praesidiis orbatus, 65.
intuens famam tuam n*on tam fortiter pa* | tiendo haec quam
ad desiderium luctumque reservatus videor.

| Ultumum hujus orationis erit omn*ia* meruisse te neque
omnia contigisse mihi *ut praestarem* | tibi ; legem habui man-
data tua : quod extra mihi liberum fuerit, pr*aestabo*.

---

1. Hirschfeld, *Wiener Studien*, 1881, p. 264 et ss. : sororis *sociaeve*

| Te di manes tui ut quietam pat*ia*ntur atque ita tueantur opto.

9. Laudatio de Murdia (1ᵉʳ siècle après J.-C.).

C. I. L., VI, 10230; Dessau, 8394; Bruns, n° 127. Inscription aujourd'hui conservée à Rome, placée par Mommsen, d'après l'orthographe et les caractères, à l'époque d'Auguste. Elle contient des restes de l'oraison funèbre composée en l'honneur d'une femme nommée Murdia par son fils aîné issu d'un premier mariage. Cette oraison funèbre, qui, à la différence de celle de Turia, est rédigée à la 3ᵉ personne, contient aussi quelques passages intéressants pour le droit, qui ont principalement été relevés par Rudorff, *Z. R. G.*, 9. 1870, pp. 287-321. V. aussi Karlowa, *R. R. G.*, 1, pp. 811-812, et Vollmer, *Laudationum funebrium historia*, pp. 484-491. On remarquera notamment la disposition par laquelle, longtemps avant l'époque où la loi établit un régime analogue, Murdia laisse au fils du premier lit tous les biens qu'elle a reçus de son premier mari, le legs partiaire fait à la fille, et le legs fait au second mari en sus de la dot profectice qu'il devait garder par suite du prédécès du père de Murdia. Comme Bruns, nous reproduisons seulement la partie de l'inscription qui présente un intérêt juridique.

Dis Manibus... Murdiae L. f. matris.

... sed propriis viribus adlevent cetera, quo firmiora probabilioraque sint.

Omnes filios aeque fecit heredes, partitione filiae data. Amor maternus caritate liberum, aequalitate partium constat.

Viro certam pecuniam legavit, ut jus dotis honore judici augeretur.

Mihi revocata memoria patris eaque in consilium et fide sua adhibita, aestumatione facta, certas res testamento praelegavit, neque ea mente, quo me fratribus meis quom *e*orum aliqua contumelia praeferret, sed memor liberalitatis patris mei reddenda mihi statuit, quae judicio viri sui ex patrimonio meo cepisset, ut ea, usu suo custodita, proprietati meae restituerentur.

CHAPITRE II

MODES D'ACQUÉRIR ENTRE VIFS.

Parmi les inscriptions relatives aux modes d'acquérir entre vifs, les plus connues et les plus importantes sont des actes de mancipations fiduciaires et à titre gratuit, que nous reproduisons ci-dessous et qui d'ailleurs sont loin d'épuiser la série des titres où se trouvent signalées des mancipations (v. par ex. les renvois de la notice de la donation d'Artémidore, p. 825, et au chapitre des Contrats, les actes de vente contenus dans les triptyques de Transylvanie, p. 843 et ss., et dans celui des Constitutions de droits réels, p. 831, l'inscription n° 7 ; v. aussi, comme visant l'aliénation fiduciaire pour l'interdire, les inscriptions funéraires de Bruns, n° 172, 7 et 8, auxquelles il faut joindre *C. I. L.*, XIV, 3031, et, surtout pour la période plus récente, les titres cités par Kohler, *Pfandrechtliche Forschungen*, 1882, pp. 80-82). — Nous y ajoutons une inscription d'Ostie qui est la seule à faire mention de l'*in jure cessio*. — Quant à la tradition, impuissante à l'époque classique à transférer la propriété des choses *mancipi*, elle ne figure qu'accessoirement et en sous-ordre dans les titres de la bonne époque qui nous intéressent principalement (v. les divers actes de mancipation *donationis causa* et les ventes de Transylvanie déjà citées). Elle figure au contraire seule dans les actes de basse époque assez nombreux qu'on trouvera dans Spangenberg, *Juris Romani tabulae negotiorum sollemnium*, Leipzig, 1822, ainsi que dans les papyrus grecs des années 152, 153-154 et 359 cités p. 844, et dans celui de l'an 166, reproduit p. 847.

§ 1. — MANCIPATIONS FIDUCIAIRES.

1. Acte de mancipation fiduciaire (an 61 ap. J.-C.).

C. I. L., IV, *Suppl.* 1, n°s CLIV et CLV. Tablettes trouvées à Pompéi le 20 septembre 1887 et constituant les débris de deux triptyques dont le texte a été publié et commenté successivement par M. Giulio di Petra, *Notizie degli Scavi*, 1887, pp. 415-420, et *Atti dell'Accademia di Archeologia di Napoli*, 14, 1890, pp. 17-33 ; Mommsen, *Hermes*, 23, 1888, pp. 157-159 ; V. Scialoja, *Bull. di D. R.*, 1, 1888, pp. 5-15. 205-227. 2, 1889, p. 271 ; Ilario Ilabrandi, même recueil, pp. 16-20. 472-478 (*Opere giuridiche*, 1, 1896, pp. 541-544) ; J. Tardif, *N. R. H.*, 1888, pp. 472-478. 832-836 ; E. Eck, *Z. S. St.*, 9, 1888, pp. 60-97. 151-152 ; Mommsen et Gradenwitz, dans Bruns, n° 134, et Zangemeister, *C. I. L.*, IV, *Suppl.* 1, pp. 406-416 sous les numéros précités. Cf. encore Karlowa, *R. R. G.*, 2, pp. 378.573 ; Gradenwitz, *Z. de Grünhut*, 18, 1890, pp. 387-391 ; *Z. S. St.*, 14, 1893, pp. 126-133, et Mitteis, *Symbolae Pragenses*, 1893, pp. 127-130.

Des deux triptyques présentant chacun six pages sur ses trois tablettes conformément à la disposition exposée p. 840, le premier, le n° CLIV portait : d'abord, sur ses pages 2 et 3, un premier exemplaire, l'exemplaire intérieur, gravé sur cire, du texte rapporté ; ensuite, à la page 4, divisée par moitié par la rigole destinée aux cachets, à la colonne droite les noms écrits à l'encre des *signatores* et à la colonne gauche, toujours à l'encre, un sommaire de l'acte continué à la page 1 ; enfin sans doute, à la page 5 qui était enduite de cire comme les pages 2 et 3, le second exemplaire extérieur de l'acte. Le n° CLV, dont la dernière tablette est perdue et que l'on avait d'abord pris à cause de cela pour un diptyque, portait également (outre une rubrique écrite à l'encre sur la tranche de la première tablette et continuée probablement sur celles de la seconde et de la troisième), sur les pages 2 et 3 l'exemplaire intérieur de l'acte écrit sur cire, sur la page 4 à la colonne droite les noms à l'encre des *signatores* et à la colonne gauche un sommaire à l'encre de l'acte achevé à la page 1, à côté duquel la page 5 perdue devait contenir le second exemplaire extérieur de l'acte gravé sur cire. Quant aux actes ainsi constatés par les deux titres suivant un dispositif un peu différent de celui de titres plus récents (p. 840), ils sont tous deux intervenus entre les mêmes parties : une affranchie, Poppaea Note, affranchie de (Poppaeus) Priscus, actuellement sous la tutelle d'un nommé D. (ou A.) Caprasius, et une autre femme nommée Dicidia Margaris. Le premier, celui rapporté dans le titre n° CLIV, est une stipulation de 1450 sesterces faite par Dicidia Margaris comme créancière et Poppea Note comme débitrice ; celui rapporté dans le n° CLV, qui doit sans doute se rattacher au même ordre d'opérations, est une mancipation de deux esclaves faite par Poppaea Note à Dicidia Margaris, et nous croyons même établi, conformément à une idée émise par M. Gradenwitz, développée par M. Eck et de plus en plus répandue, que cette mancipation est une mancipation fiduciaire faite pour sûreté de la dette de 1450 sesterces contractée par l'aliénatrice envers Dicidia Margaris. Nous donnons donc ici le texte de l'acte de mancipation contenu aux pp. 2 et 3 du titre, avec les compléments proposés en partant de cette idée par M. Eck, sauf quelques variantes qui tiennent pour la plupart aux progrès de la lecture du titre et qui ne contredisent pas le principe de la restitution. Mais nous avons cru devoir joindre à cette écriture intérieure et à la rubrique inscrite sur la tranche de la première tablette, seules reproduites dans les deux premières éditions de nos *Textes* comme dans la plupart des travaux cités plus haut, le texte intégral des parties déchiffrées tant des deux colonnes de la p. 4 que de la page 1, tel qu'il est inséré au *C. I. L.* par M. Zangemeister. — En dehors des renseignements précieux fournis par le second titre sur la convention de fiducie, on y remarquera un exemple d'un emploi peu commun du serment, la façon dont les mancipations fiduciaires sont faites distinctement pour chacun des deux esclaves, et l'existence à côté de l'affranchie Poppaea Note d'un tuteur, qui, ne portant pas le même nom qu'elle, ne peut être son patron, mais qui n'est pas, comme l'a pensé M. Eck, nécessairement un *tutor cessicius*, puisque la *conventio in manum*, par exemple, tout en rompant les liens de patronat, n'empêche pas la femme de garder son nom de famille.

ACTE DE MANCIPATION FIDUCIAIRE

a. Stipulation.

HS. n. ∞ LD argentum probum recte dari stipulata est Dicid*ia* Margaris, spopond*it Poppea* Prisci liberta No*te*...

... Actum Pompeis VIII. . L. Junio Caesennio Paeto, P. Calvisio Rusone cos [1].

b. Mancipation fiduciaire.

Firmata *f*enorum scriptio [2].

Popp*ae*a P*ri*sci liberta Note juravit pueros Simplicem | P. 2,1 et Petrinum, sive ea mancipia alis nomini*bus* | sunt, sua esse seque possidere, neque ea mancipia || ali ulli obligata esse 5. neque sibi cum ulo com*mu*nia | esse, eaque mancipia singula sestertis nu*mmis sin* | gulis Dicidia Margaris emit ob sester*tios* n. ∞ *LD et* | mancipio accepit de Poppea Prisci *liberta* No*te* | tutore auctore *D*³ Caprasio *Ampliato* [4]... || libripende in sin- 10. gula P. C... an | testata est in singula... *Dicidia Margaris cum* | Poppea Prisci lib(erta) No*te pactum fecit in hunc modum :* | uti ea man*ci*pia. |
. . . . || didi . . . . . .
. . . . | mu*tua* pro duobus *mancipiis* P.3,15.
. . . . o | mnis mihi ered*iv*e meo . . . . . .
|...su... at. Si ea pecu*nia omnis mihi eredive meo* | k. Novem(br.) primis solu*ta non erit, ut mihi heredive meo liceat* [5] ||

1. Seuls restes de l'exemplaire intérieur de l'acte écrit sur les pages 2 et 3 du triptyque. On n'a lu de l'exemplaire extérieur qui se trouvait, selon M. Zangemeister, à la page 5 que les lettres m, re ou rim et actum Pompeis sur trois lignes. Il reste à la colonne droite de la p. 4, où se trouvaient les noms des *signatores*, les lettres ri de l'un des noms et, du sommaire de l'acte écrit à l'encre sur la colonne gauche de la page 4 et sur la page 1, à la 2ᵉ colonne de la p. 4, les lettres m, o, mi, i sur quatre lignes, et à la page 1, au commencement de six lignes, les groupes n mi, l'oppaea *Prisci*, Dicidia, Actum Pomp, L. Junio *Caesennio Paeto P. Calvisio* Rusone. — 2. Inscription écrite à l'encre sur la tranche de la première tablette et d'une lecture très douteuse. La lecture 'caulio' au lieu de 'scriplio' proposée par M. Scialoja est repoussée par M. Zangemeister. V. contre la substitution de 'fiducia' à 'firmata' proposée par M. Gradenwitz, *Bull. di D. R.*, 2, p. 122. Scialoja, *Bull. di D. R.*, 2, p. 271, et Zangemeister. M. Mommsen corrige : 'firmata *duorum puerorum* scriptio'. — 3 Mommsen : A. — 4. Cognomen aujourd'hui établi par la ligne 48 (page 4, colonne droite). — 5. M. Eck restituait en corrigeant didi à la ligne 15, quelque chose comme : Uti ea mancipia apud me heredemve meum usque eo | fiduciae sin*t*, donec pecunia suprascripta ob quam e | mi.eadem pro duobus mancipiis probis nummis o | mnis mihi ered*iv*e meo soluta et puer uterque redemtus liber | atusve erit; M.Mommsen restitue en admettant une ligne de plus : Uti ea mancipia . . . . . . quae Poppea Prisci liberta Note mihi ven | didit, ita ei restituantur, at antea pecunia | mutua pro duobus mancipiis qu(ibus) d(e) a(gitur) o | mnis mihi ered*iv*e meo solvatur vel ad me ut rede | at usu veniat.

46.

20. ea mancipia q(uibus) d(e) a(gitur) idibus Decembr. primis
pecunia praesenti | Pompeis in foro luce palam vendere, neve
| tibi ego neve heres meus teneamur proptere | a, si minus
inde dolo malo ea venditione redactum esse pu | tatur [1]. ||
25. Si quo minoris ea mancipia q. d. a. venierint, deducto
pretio in sortis vi | cem [2] debebuntur mihi heredive meo quae
reliqua erunt. | Quod si pluris ea mancipia q. d. a. venierint,
id quod super | fluum erit reddetur tibi heredive tuo. . . . . .
| ea pecunia. . . . . ||
30. Utique ea mancipia sumtu, impensa, periculo tuo ex-
hinc sint | id mihi tecum convenit u . . . . Dicidi | a
Margaris, Poppea Prisci lib. Note, tutor auctor D. Caprasius
Ampliatus. | Supra hec inter eas convenerunt, quae separatim
35. pactae | inter se sunt. Act. Pompeis IX kal. . . . . || L. Junio
Caesennio Paeto P. Calvisio Rusone cos.

P. 4, ... Sexti Ampliati | . . . Voconi. . . . . | A. Mem-
col. 1. mi. . . . .

P. 4. Poppaea Prisci lib. Note juravit pueros Sim || plicem et
col. 2. Petrinum sive ea mancipia | alis nominibus sunt sua esse seque
| possidere neque ea mancipia ali ul | li obligata esse. . . . . . . |
45. mancipia . . . . se || stertis nummis singu-
lis ob sestertios n. MLD et | mancipio accepit de Poppaea |
P. 1. Prisci lib. Note tutore auctore D. Caprasi | o Ampliato |
50. libripende in singula. . . . . an || testata est in sin-
gula t. . . . . . . | die . . . . ced faci. . f. . .
. . . | pr. . . . . | utique ea mancipia sumtu
55. impensa pe | riculoque tuo sint. . . . . || . . n. . .
unt pacta. . . . . | . . . nt. |
Act(um) Pompeis IX kal . . . . . . | L. Junio Caesennio
Paeto P. Calvisio | Rusone cos.

2. Formulaire de mancipation fiduciaire
(Ier ou IIe siècle après J.-C.).

C.I.L., II, 5042 (= suppl. 5406); Bruns, n° 135. Inscription
gravée sur une table de bronze découverte en 1867 en Andalousie,
près de l'embouchure du Guadalquivir, et publiée et commentée par
de nombreux auteurs : cf. Mommsen, Hermes, 3, 1868, pp. 283-297;
Gide, R. de législation, 1870, p. 74 et ss. ; Degenkolb, Z. R. G., 9,
1870, pp. 117 et ss., 407 et ss. ; Krueger, Kritische Versuche, 1870,
pp. 41-58 ; Rudorff, Z. R. G., 11, 1873, pp. 52 et ss. ; Karlowa, R.
R. G., 1, pp 789-790. La table est percée de trous, à certains desquels adhèrent encore les clous par lesquels elle était suspendue.

1. Restitution de Mommsen ; Eck : Si mecum de dolo malo ea venditiones commisso lis contestatur. — 2. Restitution de Mommsen.

Quant à la date, tout le monde reconnaît qu'elle ne peut être postérieure au 11º siècle. Mais M. Huebner la place même, d'après la configuration des lettres, dans la première moitié du 1ᵉʳ siècle. — Quoique certains auteurs, notamment MM. Degenkolb, Gide et Huebner, aient cru y voir le titre d'un acte concret, l'opinion la meilleure et la plus répandue est que nous avons là un formulaire dressé d'avance pour des actes futurs, dans lequel les noms des personnages sont purement conventionnels (*L. Titius, C. Seius, Dama*) ou même laissés en blanc, comme ceux de l'*antestatus* et du *libripens*, et où les objets également imaginaires de l'opération ne sont même pas indiqués partout d'une manière identique (*hominem Midam... ea mancipia*). Ce formulaire, destiné à être pendu dans le bureau de celui qui devait s'en servir, constate d'abord la mancipation fiduciaire faite à son profit ; puis, dans une autre clause, où l'on a voulu voir parfois un simple *pactum de vendendo* et qui est à notre sens le *pactum fiduciae* lui-même, il détermine les créances garanties, les conditions et le terme auquel l'acquéreur pourra procéder à la vente sans engager sa responsabilité par l'action *fiduciae directa*, et il finit brusquement au milieu d'une phrase, avec la fin de la table, qui devait donc être complétée par une table suivante. — On remarquera en particulier la façon dont la convention de fiducie est séparée de la mancipation à laquelle elle se rattache et qui y fait seulement allusion par les mots *fidi fiduciae*, ainsi que l'argument sérieux qui peut en être tiré contre l'opinion selon laquelle la convention de fiducie aurait été tout entière incorporée dans la mancipation sous forme de *nuncupatio* ; la mention de la mancipation du fonds *uti optimus maximus* ; l'énumération des diverses espèces de créances principales ou accessoires garanties ; puis, dans la détermination des conditions auxquelles pourra vendre l'acquéreur, la mention de la *satisdatio secundum mancipium* et surtout celle de la mancipation *nummo uno* qui ne peut guère s'expliquer là que par la préoccupation d'écarter l'action *auctoritatis* ; v., sur le premier point, de Ihering, *Esprit du dr. romain*, tr. fr., 3, 1880, p. 215, et, sur les deux derniers, Girard, *N. R. H.*, 1883, pp. 547-555 ; 1882, pp. 198-199, et les renvois.

Dama L. Titi ser(vus) fundum Baianum, qui est in agro, qui Veneriensis vocatur, pago Olbensi, uti optumus maxumusq(ue) esset, HS n(ummo) I et hominem Midam HS n(ummo) I fidi fiduciae causa mancipio accepit ab L. Baianio, libripende —, antest(ato) —. Adfines fundo dixit L. Baianius L. Titium et C. Seium et populum et si quos dicere oportet.

Pactum conventum factum est inter Damam L. Titi ser(vum) et L. Baian(ium) *uti* quam pecuniam L. *Titius* L. Baianio dedit dederit, credidit crediderit, expensumve tulit tulerit, sive quid pro eo promisit promiserit, spopondit *spoponderit*, fideve quid sua esse jussit jusserit, usque eo is fundus eaque mancipia fiduciae essent, donec ea omnis pecunia fidesve [persoluta][1] L.

---

1. Effacé par Mommsen : Degenkolb transpose : 'pecunia persoluta fidesve' ; cf. Gradenwitz, *Berliner philologische Wochenschrift*, 1889, p. 18.

Titi soluta liberataque esset ; si pecunia sua quaque die L. Titio h(eredi)ve ejus data soluta non esset, tum uti eum fundum eaque mancipia, sive quae mancipia ex is[vellet] ¹ L.Titius h(eres)ve ejus vellet, ubi et quo die vellet, pecunia praesenti venderet. Mancipio pluris HS n(ummo) I invitus ne daret, neve satis secundum mancipium daret, neve ut in ea verba, quae in verba satis s(ecundum) m(ancipium) dari solet, repromitteret ², neve simplam neve *duplam*...

3. Emancipation fiduciaire d'une fille (IIIe siècle après J.-C.).

P. Lips. Inv. n° 136. Papyrus latin publié par M. Mitteis avec quelques observations de M. Wilcken, dans un programme de la Faculté de Droit de Leipzig en date du 13 mai 1912 (*Feier des Andenkens a. Dr. B. F. R. Lauhn*, pp. 12-26). Il contient d'une part, dans ses cinq premières lignes, une requête adressée au préfet d'Egypte ou au *juridicus* d'Alexandrie et dans les lignes suivantes un acte d'émancipation joint à la requête comme pièce justificative. Les lacunes assez larges présentées par le texte au commencement et à la fin des lignes ne permettent pas de rétablir la teneur de la requête ; mais elles n'empêchent pas de reconnaître que l'acte visé dans la requête par les mots *exemplum mancipation*... rapporte comme ayant été faites pour une fille nommée Aurelia Sarapias par son père Aurelius... Sarapionis et un fiduciaire appelé Aurelius... tis, en présence de témoins et d'un *libripens* qui s'appellent aussi tous Aurelii, les trois mancipations et les trois affranchissements de l'émancipation fiduciaire décrite par Gaius, *Inst.*, 1,132. *Ep.*, 1,6,3 et Ulpien, 10,2. Le nom d'Aurelius porté par tous les personnages qui figurent dans le titre porte à penser qu'eux ou leurs ascendants ont reçu le droit de cité de la constitution de Caracalla de l'an 212 (p. 208) ; d'autre part, son écriture ne paraît pas à M. Mitteis pouvoir être postérieure à Dioclétien. Il se place donc dans le cours du IIIe siècle. Nous y avons, comme M. Mitteis, distingué par des chiffres mis entre parenthèses, les trois propositions successives de l'acte relatives aux trois mancipations et nous avons séparé du corps du titre par des tirets les noms du *libripens*, de l'*antestatus* et des autres témoins reproduits à deux reprises au génitif d'une autre écriture et qui paraissent avoir été transcrits par un autre copiste d'après l'original où ils étaient au génitif, à côté des cachets, sur l'exemplaire extérieur de l'acte. On remarquera que le titre présente par rapport à la description des sources ces deux divergences, peut-être corrélatives, d'appliquer les trois mancipations et les trois affranchissements à une descendante du sexe féminin, pour laquelle une mancipation et un affranchissement auraient suffi, et de faire intervenir dès la seconde mancipation la *remancipatio patri*, qui, dans le tableau de Gaius, *Ep.*,1,6,3, de l'émancipation fiduciaire du fils, n'a lieu qu'après la troisième mancipation. M. Mitteis estime, en outre, sans que ses raisons nous paraissent probantes, que l'*antestatus* aurait été ici distinct des cinq témoins (cf. p. 802).

1. Effacé par Mommsen. — 2. Cf. sur la ponctuation, *N. R. H.*,1883, p. 559-560.

....domine cir...... | avi et absolvi tabulae conligar...
| .....e etiam exemplum mancipation.... | ..... deriam
offerentibus digna tua.... || ere.

(I) *Aurelius*..... tis de civit(ate) Oxyryncho Aureliam Sa-
rapi*dda fidei fiduciae | causa mancipio accepit* H n(ummo) I li-
b(ripende) — Aureli Theonis Maximi an*t(estatus) Aurelium* |
Theoninum, Aurelium..... m, Aur(elii) Horionis, Aur(elii) Ar-
pocrationis q(ui) e(t) Didymi, Aur*(elii) Theonis, Aur(elii)*....
— | *Aurelius*.... *Sarapio*nis Aureliam Sarapiada filiam suam
mancipio dedit || H n(ummo) *I lib(ripende)* — Aur(elii) Theonis
Maximi ant(estatus) Aurelium Theoninum Aur(elium)..... |
Aur(elii) Horionis, Aur(elii) Arpocrationis q(ui) e(t) Dydimi
Aur(elii) Theonis Aur(elii)... — | (II) Aurelius... Sarapionis
filiam suam mancipio dedit..... | *praesentibus testibus* supra
(scriptis) fiducia contracta *ut* sibi remancipa*retur*..... | *Au-
relius*.... *tis* Aureliam Sarapiada mancipatam sibi accepi*t*....
|| (III). *Aurelius*.... *Sa*rapionis *tes*tibus supra (scriptis) prae-
sentibus etiam tertio *filiam suam* | *mancipio dedit* remancipa-
tam sibi manumisit apud L..... | ..... im.... m prae....
.... |

(Suivent les traces d'une autre ligne illisible.)

§ 2. — MANCIPATIONS A TITRE GRATUIT.

1. DONATION DE T. FLAVIUS ARTEMIDORUS (IIe siècle après J.-C.).

C. I. L., VI, 10241 ; Dessau, 7912 ; Bruns, n° 136. Inscription
funéraire découverte aux environs de Rome et dédiée par un père
et une mère à leur fils. Probablement afin de justifier l'usage qui
en est fait au profit des restes de ce fils, elle reproduit le texte
(*chirographum*) d'une donation faite au père par un nommé T. Flavius Artemidorus, d'un certain nombre de places (*ollaria et cineraria*) dans un sépulcre. Le titre constate, avec mention du *libripens*
et de l'*antestatus*, la mancipation faite *nummo uno* par le donateur,
le consentement donné par lui à l'entrée en possession du donataire, son engagement de laisser à ce donataire et à ses héritiers
l'accès et l'usage convenu du sépulcre ainsi que de s'abstenir de
dol, puis une stipulation transformant ces diverses conventions en
contrat verbal. Les consuls, par le nom desquels l'acte est daté,
appartiendraient, selon Borghesi, *Opp.*, 3, p. 386, au temps d'Hadrien (117-138) ; en tout cas, il date certainement du IIe siècle. —
Mention d'autres mancipations du même genre dans Bruns, n° 140,
1-5 et *C. I. L.*, XI, 25192 (Dessau, 7913).

D(is) m(anibus) M. Herenni Proti ; v(ixit) a(nnos) XXII
m(enses) II d(ies) V. Fecerunt parentes M. Herennius Agricola
et Herennia Lacena filio.

Chirographum : Ollaria n(umero) IIII, cineraria n(umero) IIII, intrantibus parte laeva, que sunt in monumento T. Flavi Artemidori quod est via Salaria in agro Volusi Basilidis ientibus ab urbe parte sinistra donationis causa mancipio accepit M. Herennius Agricola de T. Flavio Artemidoro HS n(ummo) I, libripende M. Herennio Justo ; antestatus est Ti. Julium Erotem, inque vacuam possessionem earum ollarum et cinerariorum T. Flavius Artemidorus Herennio Agricole ire aut mittere ossaque inferre permisit, sacrumque quotiens facere vellit Herennius Agricola heredesve ejus, permisit, clavisve ejus monumenti potestatem facturum se dixit, dolumque malum huic rei abesse afuturumque *esse*. Haec recte dari fieri praestarique stipulatus est M. Herennius Agricola, spopondit T. Flavius Artemidorus.

Act(um) XVIII k. Januar. C. Calpurnio Flacco L. Trebio Germano cos.

2. Donation de Julia Monime (ii° ou iii° siècle après J.-C.).

C. I. L., VI, 10231 ; Bruns, n° 138. Inscription trouvée à Rome en 1773. Rapporte une donation faite par une femme assistée de son tuteur et par ses copropriétaires (qui ne sont point autrement précisés) au collège du dieu Silvanus (*immunes et curator et pleps universa collegi*) d'un terrain sur lequel se trouvait une construction consacrée à ce dieu. La donation est encore signalée comme faite par une mancipation *nummo uno*, d'ailleurs indiquée plus sommairement, et est accompagnée de la concession du droit d'entrer dans le lieu, d'y sacrifier et d'y faire des banquets tant que le collège existera. La fin du titre, relative à la répression de l'inexécution des conventions ainsi arrêtées, est mutilée.

Lo*cum*, sive is ager est, qui est via Appia inter miliarum secundum et III euntibus ab Roma e parte dexteriori, in agro Curtiano Talarchiano in praedis Juliaes Monimes et sociorum, [locus], in quo aedificata est schola sub por(ticu) consacrata Silvano et collegio ejus sodalic(i), mancipio acceperunt immunes et curator et pleps universa collegi ejus de Julia Monime et socis ejus sestertio nummo uno donationis causa, tutore C. Memio Orione Juliaes Monimes, et ad eum locum itum actum aditum ambitum sacrificia facere vesci epulari ita liceat, quandiu is collegius steterit ; quod si aliter factum fuerit, quod ad collegium pertinet *Si*lvani, is locus sacratus restituetur....... sibi sine ulla controversia. Haec... ti sunt.

3. Donation de Statia Irene (an 252 après J.-C.).

C. I. L., VI, 10247 ; Bruns, n° 137. Table de marbre découverte à Rome en 1554 et aujourd'hui perdue. Donation d'un tombeau faite par une femme ayant le *jus liberorum*. L'acte relate encore la mancipation *nummo uno* dont le *libripens* et l'*antestatus* sont indiqués, l'entrée en possession du donataire, et la promesse verbale d'absence de dol et d'exécution générale de la convention faite par la donatrice. En outre, après la date, vient à la suite du titre principal, sans doute écrit par le donataire, une *subscriptio* expresse de la donatrice qui en ratifie le contenu. Cf. Huschke, *T. Flavii Syntrophi instrumentum donationis ineditum*, 1838. p. 7 ; Bruns, *Kl. Schr.*, 2, p. 95 ; Brunner, *Zur Rechtsgeschichte der Urkunde*, 1881, pp. 47. 48. 58.

Monumentum, quot est via triumphale inter miliarum secundum et tertium euntibus ab urbe parte laeva, in clivo Cinnae, et est in agro Aureli Primiani fictoris pontificum cc. vv. [1] et appellatur Terentianorum, juxta monumentum Claudi quondam Proculi et si qui ali affines sunt et qua quemque tangit et populum, Statia Irene, *jus* liberorum habens, M. Licinio Timotheo donationis mancipationisque causa HS n(ummo) *I* mancipio dedit, libripende Claudio Dativo, an*tes*tato Cornelio Victore ; inque va*cuam* possessionem monumenti s(upra) s(cripti) cessit, et ad id monumentum itum aditum ambitum a[d]quae haustum, coronare, vesci, mortuum mortuas mortuosve ossa inferre uti liceat.

Quot mihi Licinnio Timotheo tu Statia Irene j(us) l(iberorum) h(abens) monumentum s(upra) s(criptum) SS n(ummo) *I* mancipio dedisti, de ea re dolum abesse afuturumque esse a te, herede tuo et ab his omnibus, ad quos ea res pertinebit, haec sic recte dari fieri praestarique stipulatus est Licinius Timoteus, spopondit Statia Irene j(us) l(iberorum) h(abens).

Actum pr. kal. Aug. impp. dd. nn[2]. Gallo Aug. II. et Volusiano Aug. coss.

Isdem coss. eadem die Statia Irene j(us) lib(erorum) h(abens), donationi monumenti s(upra) s(cripti) sicut supra scriptum est, consensi, subscripsi... et atsignavi. Actum..........

4. Donation de Syntrophus (ii° ou iii° siècle).

C. I. L., VI, 10239. Bruns, n° 139. Inscription gravée sur une pierre dont il ne subsiste plus qu'une minime partie conservée à Rome, mais dont il avait été pris, au xvii° siècle, à une époque où la fin seule en était mutilée, deux copies généralement concordantes retrouvées l'une à Rome par Ritschl et l'autre à Paris par

---

1. = clarissimorum virorum. — 2. = dominis nostris.

Mommsen. Huschke en a donné, d'après la 1re copie, un commentaire important : *T. Flavii Syntrophi instrumentum donationis ineditum*, 1838 ; cf. aussi Karlowa, *R. R. G.*, 1, pp. 784-785. C'est une donation avec charges stipulées au profit de tiers. Comme dans les donations qui précèdent, le donateur T. Flavius Syntrophus fait au donataire, son affranchi, T. Aithales, mancipation *nummo uno* et tradition des choses données : des jardins, un édifice, des vignes et leurs dépendances ; mais, au lieu de renforcer son aliénation par une promesse verbale, c'est lui qui stipule du donataire l'exécution de certaines charges qu'il indique, d'abord en spécifiant qu'il devra en jouir en commun avec les affranchis désignés dans le testament et leurs descendants, ainsi que procéder avec eux à certains sacrifices, puis en lui faisant promettre, par contrat verbal, pour le cas d'infraction, à la fois des dommages-intérêts égaux au préjudice et le payement d'une *poena* fixée d'avance.

T. Flavius Syntrophus, priusquam hortulos Epagathianos Daducl*ianos*... *ianosque* cum aedificio et vineis maceria clusis, ita uti instructi sunt, qui sunt via Lab*icana inter miliarum II et III* euntibus ab urbe parte laeva ad viam, Aithale liberto suo mancipio daret, test*atus est se in hanc condi*cionem mancipare, ut infra scriptum est :

Si tibi hortos Epagathianos Daduchianos....... *ianosque*, q(uibus) d(e) a(gitur), q(ui) s(upra) s(cripti) s(unt), mancipio dedero vacuamque possessionem tradidero, tum per te non *fieri factumve iri neque* per heredem tuum, eumve ad quem ea res q(ua) d(e) a(gitur) pertinet pertinebit, quominus ii *horti aedificiumve sit com*mune tibi cum conlibertis tuis utriusque sexus, qui a me testamento codicillisve *honorati erunt, cumque is fruaris*; parique portione inter *vos* reditum ejus custodiatis ita, ut die parentali *meo, item XI* (?) *k. Apr. die viola*tionis, item XII k. Junias die rosationis, item III k. Januar. die natali meo, cum *mortuus ero, tum ut* quisque vestrum vivet, quive ex vobis geniti erunt, aut a quo vestrum quis m*anumissus erit, ad quem unum* pluresve portio similiter hujus loci aedificiive pertinebit, id ex formula s*upra scripta dividatis ; et si quis* ibi inhabitare voluerit ex communi omnium consensu majorisve partis *eorum qui vivent, id ei liceat* ; quae autem membra aedificii vacabunt, in reditu sint ita, ut huic volunta*ti parentes, deducta summa* impensae et quod ad tutelam aedifici opus erit, quod reliquom erit, inter vos *dividatis ; et si horti cum aedi*ficis instrumentoque omni, quod die mortis meae ibi habuero, usui vestro *deserviant, quamdiu vivetis*. Quive ex vobis novissimus morietur, eodem modo testamento suo *caveat, ut horti* s(upra) s(cripti) per eos q(ui) s(upra) s(cripti) s(unt) quive ex iis prognati erint, aequaliter in familiam nominis mei permanean*t, eodemque semper jure sint*. *Et* ab hac re promissioneque dolus malus cujus vestrum, de quibus agitur, *absit*. *Si adversus ea f(actum) erit, q(uanti) e(a) r(es) e(rit)*, tantam pecuniam dari, et amplius poenae nomine HS L m(ilia) n(ummum), stipulatus *est* T. Flavius Syn*trophus*, spopondit T. Flavius Aithales libertus.

Tum hortulos cum aedificio e*t vineis maceria clusis, ita ut* empti sunt et quae postea iis accesserunt, mancipio accepit T. Flavius Aith*ales de* T. *Flavio Syntropho HS n(umm)o I*, libripende Ti. Claudio Phileto.

Antestatus est T. Flavium Theopom*pum*; *et in vacuam possessionem hortorum*, qui s(upra) s(cripti) s(unt), ex causa supra scripta ire aut mittere jussit T. Flavius Syn*trophus* T. *Flavium Aithalem, seque* inde excessisse desisseque possidere dixit, salva volun*tate si qua ossa deinceps supra dictis* hortis inferri consacrarive voluerit.

Actum III... s M*artias (?)*. . . . . *cos*. — M. Clodi Saturnini, A. Cascelli Doryphori, T. Flavi Pii, T. St . . . . , ., Ti Claudi Phile*ti*.

§ 3. — IN JURE CESSIO.

C. I. L., XIV, 715. Inscription mutilée d'Ostie signalée par Mommsen, *Z. G. R.*, 15. p. 369 (*Ges. Schr.*, 3, p. 123), comme la seule où soit mentionnée l'*in jure cessio*. Après avoir figuré dans les premières éd. de Bruns (3ᵉ éd , 1876, p. 185), elle a été omise dans les suivantes, mais elle figure aujourd'hui en son lieu dans le *C. I. L.*, d'après lequel nous la reproduisons.

. . . .
Huic monumento cedunt parte sinisteriore ti. . . . . . is cohaerentis cub*iculi Quatenus* ad Caecilium Trophi*mum heredes· e ejus* pertinuit, id omne jus per *mancipationem* sive per cessionem *in jure pertinet ad* Teles*phorum*.

CHAPITRE III

CONSTITUTIONS DE DROITS RÉELS.

Nous réunissons, dans ce chapitre, les monuments épigraphiques relatifs à la matière des servitudes et à celle des droits réels de superficie. Nous n'avons pas vu d'inconvénient à y joindre les titres relatifs aux fondations publiques et privées, qui n'ont, à vrai dire, de physionomie propre qu'autant qu'on les reconnaît comme garanties par un droit réel et parmi lesquelles les fondations alimentaires publiques fournissent, d'après certains, des exemples de constitutions d'hypothèques. Il y avait encore moins lieu d'hésiter à placer dans ce chapitre le fragment du cadastre d'Arausio, qu'on aurait même pu songer à classer purement et simplement parmi les titres relatifs aux droits de superficie à raison de la location perpétuelle de terrains bâtis à laquelle il se rapporte, mais que nous avons jugé préférable de mettre dans un § distinct, à cause de son originalité propre. Un acte constitutif d'emphytéose, en date de l'an 616 ap. J.-C., se trouve dans le papyrus grec d'Égypte *P. Lond.*, II, p. 323 et ss. traduit et commenté par M. H. C. Muller, *Arch. f. P.*, 1, pp. 437-444 (pour les origines, v. plus haut la p. 137).

§ 1. — SERVITUDES.

Outre les mentions accessoires de constitutions de servitude qui se trouvent dans des actes de nature différente (cf. par ex. la donation de Monime, p. 826, et la donation d'Irène, p. 827), nous possédons un grand nombre de titres attestant directement, soit l'existence, soit encore l'exclusion sinon de servitudes personnelles (v. un exemple douteux au § 2), au moins de servitudes réelles urbaines ou rustiques. Cf. Karlowa, *R. R. G.*, 1, p. 785 (traduit dans Girard, *Mélanges*, 1, pp. 385-386). On trouvera dans Bruns, n° 141, une collection plus ample de 49 titres à laquelle il faudrait cependant ajouter encore une inscription intéressante de Chagnon (Haute-Loire), rappelant les limitations légales apportées, dans l'intérêt d'un aqueduc public, à l'exercice du droit de propriété des riverains Nous donnons ici : des inscriptions constatant l'existence de servitudes de passage ; une autre inscription constatant au contraire que le passage n'a lieu qu'à titre précaire ; des inscriptions symétriques relatives à l'usage des eaux ; une inscription plus longue et plus détaillée relative aux servitudes constituées pour le fonctionnement d'une prise d'eau établie entre deux fonds non limitrophes ; enfin l'inscription précitée de Chagnon.

1. *C. I. L.*, I, 1291 = *C. I. L.*, IX, 4231 ; Dessau, 3480 ; Bruns, n° 141, 2. Inscription de Coppitum dans le diocèse d'Aquila.

Itus actusque est in hoce delubrum Feroniai ex hoce loco in via poplicam Campanam qua proxsimum est p. cIↃ ccx. . .

2. *C. I. L.*, V, 2548 ; Dessau, 6005 ; Bruns, n° 141, 5. Inscription d'Este.

Via privata C. Q. Largis L. f. et C. Oli Salvi. Iter debetur fundo Eniano et...

3. *C. I. L.*, V, 2547 ; Dessau, 6004 ; corrigé par H. Erman dans Bruns, n° 141, 6. Inscription d'Este.

Iter Q. Critonii. Iter debetur *Q.* Critonio Q. f. et...Pomponio Siloni, *ali* nulli.

4. *C. I. L.*, XI, 3743 ; Dessau, 6008 ; Bruns, n° 141, 7. Lorium.

Iter privat(um) Anni Largi. Precario utitur Antonius Astralis.

5. *C. I. L.*, V, 3849 ; Bruns, n° 141, 11. Vérone.

Hujus moniment(i) emptioni accessit iter ac*tus* ad puteum haustus aquae ex suburbano Rutiliano.

6. *C. I. L.*, X, 1285 ; Dessau, 6017 a ; Bruns, n° 141, 12. Nola.

Precario aqua recipitur tegul(is) LXXXX.

7. *C. I. L.*, XI, 3003 ; Dessau, 5771 ; Bruns, n° 141, 15. Viterbe. Cf. Karlowa, *loc. cit.*

Mummius Niger Valerius Vegetus consular(is) aquam suam Vegetianam, quae nascitur in fundo Antoniano majore P. Tulli Varronis, cum eo loco, in quo is fons est emancipatus, dux*it* per milia passum V̄DCCCCL in villam suam Calvisianam, quae est ad aquas Passerianas suas, comparatis et emancipatis sibi locis itineribusque ejus aquae a possessoribus sui cujusque fundi, per quae aqua s(upra) s(cripta) ducta est per latitudinem structuris pedes decem, fistulis per latitudinem pedes sex, per fundos Antonian(um) majorem et Antonianum minor(em) P. Tulli Varronis et Baebianum et Philinianum Avilei Commodi et Petronianum P. Tulli Varronis et Volsonianum Herenni Polybi et Fundanianum Caetenni Proculi et Cuttolonianum Corneli Latini et Serranum inferiorem Quintini Verecundi et Capitonianum Pistrani Celsi, et per crepidinem sinisterior(em) viae publicae Ferentiensis, et Scirpianum Pistraniae Lepidae, et per viam Cassiam in villam Calvisianam suam, item per vias limitesque publicos ex permissu s(enatus) c(onsulti).

8. *C. I. L.*, XIII, 1623 ; Dessau, 5749. Chagnon (Haute-Loire).

Ex auctoritate imp(eratoris) Caes(aris) Trajani Hadriani Aug(usti) nemini arandi serendi pangendive jus est intra id spatium agri quod tutelae ductus destinatum est.

§ 2. — DROITS DE SUPERFICIE.

Inscriptions dont la première vise indubitablement un droit réel de superficie et dont la seconde est aussi généralement rapportée à la constitution d'un droit de ce genre.

1. ÉDIFICE CONSTRUIT PRÈS DE LA COLONNE ANTONINE (an 193 ap. J.-C.).

C. I. L., VI, 1585; Bruns, n° 144. Inscription gravée sur deux marbres découverts en 1777 dans les ruines de la maison du gardien de la colonne Antonine et relative précisément au droit perpétuel et héréditaire de superficie accordé, moyennant le paiement du *solarium* ordinaire, au gardien de la colonne, qui construisit cette maison sous Septime Sévère. V. Rudorff, *Z. G. R.*, 11, 1842, p. 219 et ss. ; Mommsen, *Z. G. R.*, 15, 1850, pp. 335-345 (*Ges. Schr.*, 3, pp. 102-108) ; Karlowa, *R. R. G.*, 1, pp. 787-789. L'inscription commence, dans le 1ᵉʳ fragment malheureusement très mutilé, par une supplique de l'affranchi impérial Adraste, gardien de la colonne, à l'empereur Septime Sévère, en date de l'an 193 après J.-C. ; puis elle continue, sur la seconde pierre (Dessau, 5920), en donnant, comme pièces justificatives de cette supplique, trois lettres des *rationales* impériaux, adressées : la première à un employé subalterne, probablement à un inspecteur des constructions impériales, *exactor operum dominicorum*, pour lui prescrire de fournir à Adraste des matériaux ; la seconde à un fonctionnaire plus élevé pour le prier de livrer à Adraste une certaine quantité de bois de construction au taux compté au fisc pour la reconstruction d'un pont, et enfin la dernière à deux fonctionnaires, qui doivent être les *curatores operum et locorum publicorum*, pour leur demander d'assigner à Adraste l'emplacement de sa construction, de sorte que la décision impériale demandée par la supplique d'Adraste paraît avoir été nécessaire pour confirmer les décisions purement provisoires des *rationales* ; cf. cependant Karlowa, p. 788.

Libellus L. *Septimii Aug(ustorum) l(iberti) Adrasti, ex officio* operum publicorum in verba haec, scripta Severo *Augusto* :

Domine permittas *rogo, ut rectius fungar o*fficio meo, post columnam centenariam divorum Marci et Faustinae *pecunia mea loco publico* pedibus plus minus... aedifici*u*m me exstruere et in matriculam re*f*erri, qu*o*d *s*ine injuria cujusquam *fi*at ; *et reliqua fieri* secundum litteras Aeli Achillis, Cl. Perpetui rationalium tuorum, quas huic *libello* subjeci. Datum... *Romae Falcone et Claro cos.*

Exemplaria litterarum rationalium dominorum n(ostrorum) scriptarum, pertinentes ad Adrastum Augg. nn. lib(ertum) quibus aei permissum sit aedificare loco cannabae a solo *aedificium* juris sui pecunia sua, prestaturus solarium sicut caeteri.

Aelius Achilles, Cl. Perpetuus Flavianus Eutychus Epaphrodito suo salutem. Tegulas omnes et inpensam de casulis, item cannabis et aedificiis idoneis adsigna Adrasto, procuratori columnae divi Marci, ut ad voluptatem suam hospitium sibi exstruat, quod et habeat sui juris et ad heredes transmittat. — Litterae datae VIII idus Aug. Romae Falcone et Claro cos.

Aelius Achilles, Cl. Perpetuus Flavianus Eutychus Aquilio Felici. — Hadrasto Aug(usti) lib(erto) ad aedificium quod custodiae causa columnae centenariae pecunia sua exstructurus est, tignorum vehes decem, quanti fisco constiterunt, cum pontem necesse fuit compingi, petimus dare jubeas. — Litterae datae XIIII kal. Sept. Romae Falcone et Claro cos.

Rationales Seio Superstiti et Fabio Magno. Procurator columnae centenariae divi Marci, exstruere habitationem in conterminis locis jussus, opus adgredietur, si auctoritatem vestram acceperit. Petimus igitur aream, quam demonstraverit Adrastus lib(ertus) domini n(ostri), adsignari ei jubeatis, praestaturo secundum exemplum ceterorum solidarium. — Litterae datae VII idus Sept. Romae; redditae IIII idus Sept. Romae isdem cos.

2. ÉDIFICE DE POUZZOLES (IIe siècle après J.-C.).

C. I. L., X, 1783 ; Dessau, 5919 ; Bruns, n° 143. Inscription gravée sur une pierre découverte à Pouzzoles en 1861. Résolution du sénat municipal de la ville, l'ancienne Puteoli, en date de la seconde moitié du IIe siècle, agréant la proposition d'un particulier qui offrait d'abandonner, après son décès, à la cité ses droits sur un édifice à construire par lui sur le sol communal, à condition qu'il lui fût fait, de son vivant, remise du *solarium*. Le commentaire le plus complet en a été donné, *Z. R. G.*, 4, 1864, p. 474 et ss., par Degenkolb, qui considère le droit du particulier comme un droit de superficie déjà constitué, que le vote du sénat local laisse subsister jusqu'au décès du bénéficiaire, en le modifiant seulement au point de vue des droits de créance par la remise du *solarium*. Karlowa, *R. R. G.*, 1, pp. 786-787, regarde au contraire ce droit comme ayant été constitué seulement au moment du sénatus-consulte, sous la forme d'un droit réel d'usufruit, qui, peut-on objecter, présenterait notamment cette difficulté d'être, puisque la construction n'est pas encore faite, établi sur une chose future.

III non. Septembr. in curia templi basilicae Augusti Annianae. Scribundo adfuerunt : Q. Granius Atticus, M. Stlaccius Albinus, A. Clodius Maximus, M. Amullius Lupus, M. Fabius Firmus.

Quod T. Aufidius Thrasea, Ti. Claudius Quartinus IIviri v(erba) f(ecerunt) de desiderio Laeli Atimeti optimi civis, q(uid) d(e) e(a) r(e) f(ieri) p(laceret), d(e) e(a) r(e) i(ta) c(ensuerunt):

Cum M Laelius Atimetus, vir probissimus et singulis et universis karus, petierit in ordine nostro, uti solarium aedifici, quod extruit in transitorio, remitteretur sibi ea condicione, ut ad diem vitae ejus usus et fructus potestasque aedifici sui ad se pertineret, postea autem rei p(ublicae) nostrae esset, placere huic ordini : tam gratam voluntatem optimi civis admitti remittique ei solarium, cum plus ex pietate promissi ejus res publica nostra postea consecutura sit.

In curia f(uerunt) n(umero) LXXXXII.

§ 3. — FONDATIONS IMPÉRIALES ET PRIVÉES.

Titres relatifs aux fondations alimentaires de l'empereur Trajan et à des fondations privées analogues.

Les deux premières inscriptions dont nous donnons des extraits se rapportent aux fondations impériales, au système d'assistance publique et de crédit agricole organisé en Italie depuis Nerva (Aurelius Victor, *Ep*., 12. 4, selon lequel des capitaux destinés par l'empereur à l'entretien des enfants pauvres de la péninsule étaient, dans chaque cité, remis à des propriétaires fonciers qui se chargeaient du paiement de la redevance et en garantissaient le service sur des immeubles d'une valeur décuple. L'une (*C. I. L.*, XI, 1147 ; Dessau, 6675 ; Bruns, n° 145a) se rapporte à Veleia et a été découverte, en 1747, dans les ruines de cette ville : c'est une table de bronze où l'on trouve indiqués d'abord la somme totale déboursée, le nombre total des enfants à secourir et la rente à faire à chacun, puis le taux d'estimation des divers immeubles proposés en sûreté, le montant des sommes à avancer sur chacun et des intérêts corrélatifs à payer au taux de 5 0/0. La fin de la table contient en outre des indications symétriques relatives à une fondation moins importante faite antérieurement au profit de la même ville. — La seconde inscription (*C. I. L.*, IX, 1455 ; Dessau, 6509 ; Bruns, n° 145b), également gravée sur une table de bronze, a été découverte en 1831 près de Bénévent et se rapporte à la cité des *Ligures Baebiani*. Elle indique le taux d'estimation des divers immeubles engagés, le montant des capitaux avancés sur eux et celui des intérêts — peut-être semestriels — à payer au taux de 2 1/2 0/0. La différence de rédaction des deux tables tiendrait, suivant Henzen, à ce que la première seule serait un titre officiel, tandis que la seconde serait un simple extrait du tableau officiel fait pour son usage propre par le fonctionnaire chargé des recouvrements ; Karlowa, *R. R. G.*, 1, p. 794, pense que, tandis que la première rédigée au futur ne contient qu'un préliminaire de l'engagement, le tableau des déclarations qui doivent le précéder, celle des Baebiani, rédigée au passé, constate des opérations déjà accomplies. — La principale question de droit soulevée par ces titres est celle du caractère de la sûreté réelle fournie par les tiers qui reçoivent les capitaux et sont tenus de la rente. Suivant une opinion proposée par Savigny, *Vermischte Schriften*,

5, 1850, p. 63 et ss. et aujourd'hui peu soutenue, elle consisterait dans une aliénation fiduciaire faite pour chaque fonds engagé. Dans un autre système autrefois présenté par Bachofen, *Römisches Pfandrecht*, 1847, p 226, et Henzen, *Tabula alimentaria Baebianorum*, 1845, p. 25 et ss., et encore reproduit par Mommsen dans son éd. du second titre, *C. I. L.*, IX, 1455 (v. aussi Matthias, *Jahrbücher für National Oekonomie*, 1885, p. 505 et ss.), on aurait recouru là à une procédure dont les exemples nous sont fournis en matière de fondations privées par une lettre de Pline, *Ep.*, 7, 18, et par une inscription de Ferentinum : le tiers aurait transféré au représentant de l'empereur la propriété de son bien, puis l'aurait reprise, à titre nouveau, à charge de payer un *vectigal* égal à l'intérêt du capital reçu. Certains admettent tout simplement une constitution d'hypothèque ordinaire ; v. en ce sens Huschke, *Census der früheren Kaiserzeit*, 1847, p. 128, Puchta, *Institutionen*, § 128, et surtout Brinz, dans les *Sitzungsberichte* de Munich, 1887, p. 224 et ss., où il traite encore d'autres questions relatives aux mêmes titres. Selon Bruns, *Fontes*, n° 119, et de Ruggiero, *Dizionario epigrafico*, 1, p. 404, la sûreté aurait été constituée ici comme dans d'autres cas où un particulier s'engage envers l'Etat, conformément au système de garanties du droit public, par une *subsignatio praediorum* opérée sur les *tabulae publicae*, et, tout en rejetant cette opinion, qui lui paraît confondre les contrats du fisc avec ceux de l'Etat et des communes, Karlowa, *R. R. G.*, 1. p. 793, pense aussi à des règles différentes de celles du droit commun, tenant au caractère administratif de l'opération. Enfin A. Pernice, *Labeo*, 3, 1, 1892, p. 168 et ss., a plus ingénieusement repris la même idée en faisant remarquer que, si les fonds viennent du fisc, l'opération est faite par le prince, qui en vertu de sa puissance proconsulaire peut recevoir les *praedes praediaque* aussi bien que n'importe quel magistrat et qui d'ailleurs se sert dès le premier siècle des moyens de l'*imperium merum* en matière fiscale.

Quant aux fondations privées, elles pouvaient naturellement se présenter sous la forme de libéralités testamentaires ou entre vifs faites à des communes ou à des particuliers à la charge d'entretenir un certain nombre d'enfants ou de pourvoir à toute autre prestation sans être accompagnées d'aucune sûreté réelle et nous en avons de nombreux exemples. V. Bruns, n°s 147-150. 182. V. encore le testament de Dasumius, lignes 98-103, la donation de Syntrophus, 2e alinéa, et *C. I. L.*, V, 5262. Mais il en existe aussi qui contiennent la mention plus ou moins explicite d'une sûreté réelle garantissant la prestation. Nous en donnons ici deux exemples : une inscription de Rimini (*C. I. L.*, XI, 419 ; Dessau, 6663 ; Bruns, n° 152), qui mentionne sans autre explication des fonds affectés au service d'une rente, et une inscription de Ferentinum (*C. I. L.*, X, 5853 ; Dessau, 6271 ; Bruns, n° 151), qui atteste épigraphiquement le système indiqué par Pline, *Ep.*, 7, 18. Cf. encore *C. I. Att.*, III, 61.

On pourra consulter, sur les deux catégories de fondations, outre la plupart des ouvrages déjà cités, — voir en particulier Henzen pp. 5-111 ; Karlowa, p. 789-795 ; de Ruggiero pp. 402-411 ; A. Pernice, *Labeo*, 3, pp. 150-172, et antérieurement *Z. S St.*, 5, 1889, p. 77-80, — les diverses études de M. Ernest Desjardins :

Disputatio historica de tabulis alimentariis, 1854; *Velleia*, 1858; *Dictionnaire* de Daremberg et Saglio, v° *Alimentarii puelli*, et le chapitre des *Institutions alimentaires*, dans Marquardt, *Manuel d'antiquités romaines*, tr. fr., 10, 1888, pp. 179-186.

1. FONDATIONS ALIMENTAIRES DE TRAJAN.

a. *Inscription de Veleia* (ans 103-112 après J.-C.).

Obligatio praediorum ob HS deciens quadraginta quattuor millia (1044000), ut ex indulgentia optimi maximique principis imp. Caes. Nervae Trajani Aug. Germanici Dacici pueri puellaeque alimenta accipiant : legitimi n(umero) CCXLV in singulos HS XVI n(ummum),

f(iunt) HS X̄LVII XL (47040) n(umm.)
legitimae n(umero) XXXIV sing (ulae)HS XII n(umm.),
f(iunt) HS ĪV̄DCCCXCVI (4896) n(umm.),
spurius I. HS CXLIV (144)
spuria I HS CXX (120)
summa HS L̄ĪICC (52200)

quae fit usura $=\!\!-\!\!=$[1] sortis supra scribtae.

(1.) C. Volumnius Memor et Volumnia Alce per Volum(nium) Diadumenum libertum suum professi sunt fundum Quintiacum, Aurelianum, collem Muletatem cum silvis, qui est in Veleiate pago Ambitrebio, ad finibus M. Mommeio Persico, Satrio Severo et pop(ulo), HS C̄V̄III (10800) ; acciper(e) debet HS VIIIDCLXXXXII (8692) n(ummum) et fundum s(upra) s(criptum) obligare.

(2.) M. Virius Nepos professus est praedia rustica, deducto vectigali, HS CCCXDXXXXV (310545) n. ; accipere debet Hs X̄X̄V̄ CCCLIII (25353) n., et obligare fundum Planianum, qui est in Veleiate pago Junonio.

. . . .

(16.) C. Coelius Verus per Onesimum ser(vum) suum prof(essus) est praed(ia) rustica in Plac(entino)..., deducto vectigali et is, quae ante Cornelius Gallicanus et Pomponius Bassus obligaverunt, HS DCCCX̄LII/DCCCLXXVIIII (843879)n., accipere debet.....

. . . .

(43.) Coloni Lucenses publice professi sunt saltus praediaque Bitunias, sive quo alio vocabulo sunt, pro indiviso pro parte tertia, quae pars fuit C. Atti Nepotis ...., et saltus praediaque Velianium vectigal(es) et non vectigal(es), sive alis no-

---

1. — usura quincunx.

minib(us) vocabulisque sunt, qui sunt in Lucensi et in Veleiate et in Parmense et in Placentino et montibus,... deductis reliquis colonorum et usuris pecuniae et pretis mancipiorum,quae in [in]emptione eis cesserunt, habita ratione etiam vectigalium,HS [X̅V̅I̅j̅ (1600000) ; accipere debent HS C̅X̅X̅V̅I̅I̅IDCCLXXX (128780) n., et obligare saltus sive praedia, quae s(upra) s(cripta) s(unt), deducta parte quarta.

. . . .

Item obligatio praediorum facta per Cornelium Gallicanum ob HS L̅X̅X̅I̅I̅ (7200), ut ex indulgentia optimi maximique principis imp. Caes. Nervae Trajani Augusti Germanici, pueri puellaeq(ue) alimenta accipiant ; legitimi n(umero) XIIX in singulos HS XVI n(ummum), fiunt HS I̅I̅I̅CCCLVI (3456), legitima HS XII ; fit summa utraque HS IIIDC (3600), quae fit usura =—= summae s(upra) s(criptae).

(1.) C. Coelius Verus professus est saltus Avegam. . . . qui sunt in Veleiate pag(is) Albense et Velleio, adf(inibus) rep(ublica) Lucensium et rep(ubl.) Ve[ve]leiatium,HS X̅C̅ (90000) ; accipere debet HS IX (9000)...

. . . .

b. *Inscription des Ligures Baebiani* (an 101 après J.-C.).

Imp(eratore) Caes(are) Nerva Trajano Aug. *Germanico* IIII, Q. Articuleio Paeto *cos*.

Qui i(nfra) s(cripti) s(unt) ex praecepto optimi maximiq(ue) principis obligarunt prae*dia, ut ex empto* Ligures Baebiani *usuras semestres i(nfra) s(criptas)* percipiant et ex indulgentia ejus pueri puellaeq(ue) ali*menta a*ccipiant.

Debentur a : . . . .

(18.) Crispia Restituta fund(i) Pomponiani, pertica Benevent(ana), pago Aequano in Ligustino, adf(ine) Nasidio Vitale, aest(imati) HS L (50000), in HS III DXX (3520) HS LXXXIIX (88).

(42.) C. Valerio Pietate, fund(i) Herculeiani, adf(ine) Caes(are) n(ostro), aest(imati) HS XXV (25000), in HS I̅I̅ (2000) ; item oblig(atione) VIIII fund(i) Vibiani, pago s(upra) s(cripto), adf(ine) Marcio Rufino, aest(imati) HS X̅V̅ (15000), in HS MD (1500) ; f(iunt) HS X̅X̅X̅X̅ (40000) in HS I̅I̅I̅ D (3500),HS LXXXVIIS (87^{1}/$_{2}$).

2. FONDATION DE FERENTINUM.

A. Quinctillio A. f. Pal(atina) Prisco... ob eximiam munificent(iam) quam in munic(ipes) suos contulit, senat(us) statuam publice ponend(am) in foro, ubi ipse vellet, censuere. H(onore) a(ccepto) i(mpensam) r(emisit).

Hic ex s(enatus) c(onsulto) fundos Ceponian(um) et Roianum et Mamian(um) et pratum Exosco ab r(e) p(ublica) redem(it) HS LXX m(ilibus) n(ummum), et in avit(um) r(ei) publicae) reddid(it), ex quor(um) reditu de HS IV m(ilibus) CC quodannis VI id. Mai. die natal(i) suo perpet(uo) daretur praesent(ibus) municipib(us) et incol(is) et mulierib(us) nuptis crustul(i) p(ondo) I, mulsi...

3. Fondation d'Ariminum.

L. Septimio Liberali, VI vir(o) Aug(ustali), vicani vici Cermali ob merita ejus, quot decurion(ibus) et vicanis vicor(um) VII sing(ulos) in annos denarios III in perpet(uum) rel(iquit) et in eam rem fundos XXI obligari jussit, quorum partem VI legis Falc(idiae) nomin(e) deductam ab tutoribus Septimiae Priscae, matris suae, Lepidia Septimina populo concessit.

§ 4. — FRAGMENT DU CADASTRE D'ARAUSIO.

Table de marbre découverte en 1904 à Orange, sur l'emplacement de l'ancienne colonie de citoyens d'Arausio détruite par César. Inscription publiée par MM. Déchelette, *Mémoires de l'Académie de Vaucluse*, 1904, p. 209 et ss. ; Espérandieu, *R. épigr.*, 1904, p. 97, et *Comptes-rendus de l'Ac. des Inscriptions*, 1904, p. 498 ; Mitteis, *Z. S. St.*, 25, 1904, pp. 378-379 ; Cagnat et Besnier, *An. ép.*, 1905, n° 12 ; Schulten, *Hermes*, 41, 1906, pp. 1-25 avec une photographie et un commentaire ; Gradenwitz, dans Bruns, n° 142. Selon le commentaire très étudié de M. Schulten, elle se rapporte à la location de terrains bâtis de l'agglomération urbaine qui étaient divisés en parcelles (*merides*) desquelles l'ensemble constituait sans doute une unité, une *insula*, ce qui explique qu'on les ait réunies sur la même table, et desquelles on a constaté le régime sur une table de pierre à cause de sa perpétuité. L'inscription, qui montre que les parcelles, qui avaient été attribuées aux colons par parts égales lors de la fondation de la colonie, étaient à son époque devenues inégales et retombées sous la propriété de la colonie qui les a données à bail perpétuel, les énumère par groupes de deux et elle indique pour chaque groupe : l'étendue des parcelles en la déterminant uniquement par leur largeur de façade, sans parler de leur profondeur que cela montre avoir été toujours la même ; puis le montant de la redevance due par le groupe de deux parcelles que M. Schulten croit avoir été fixé en *aurei* ; puis le nom du locataire, qui est le même pour les quatre parcelles où son nom a été conservé et probablement pour les six et qui les prend sans doute à bail perpétuel pour les sous-louer en détail à bail ordinaire, lequel est signalé comme un locataire de l'Etat par son titre de *manceps* et comme un locataire perpétuel par les mots *in perpetuum* qui se rapportent à notre avis plutôt à lui qu'à sa caution ; ensuite le nom de cette caution qui est aussi la même personne pour tous les actes où sa désignation a été conservée et dont il faut noter que c'est un fidéjusseur et non un *praes*. Enfin M. Schulten a discerné que d'autres mentions mises en face de la première ligne de chaque article relatif à deux parcelles se rapportent à une autre somme fixée en deniers qui était sans doute le montant de l'impôt foncier dû par les deux parcelles. Par suite de la mutilation du marbre, il y manque aujourd'hui la description des parcelles 1 et 2 et le nom du *manceps* et du fidéjusseur des parcelles 5 et 6. — Sur d'autres débris moins étendus du plan cadastral du territoire rural de la colonie d'Arausio conservés par les inscriptions C. I. L., XII, 1244, v. le commentaire de M. Schulten, *Hermes*, 41, 1906, pp. 25-44.

... Manc(eps) C. Naevius Rusticus in perpet(uum), eius rei fidejussor C. Vesidius Quadratus. Ad K(ardinem). — ...

Meris III in fronte p(edes) XXXIVS. et meris IIII in front(e) p(edes) XXXV in ann(os) sing(ulos) XI. Manc(eps) C. Naevius Rusticus in perpet(um). ejus rei fidejussor C. Vesidius Quadratus. Ad K(ardinem). — X LXIX S [1].

Meris V in fronte p(edes) LVS et meris VI ad ludum *in fronte* p(edes) LXXV *in ann(os) sing(ulos)*... Manc(eps), *C. Naevius Rusticus in perpetuum, ejus rei fidejussor C. Vesidius Quadratus. Ad K(ardinem)*. — X CXXXS.

1. 69 deniers et demi. Chiffre de deniers (v. sur l'abréviation de *denarius* qui est employée ici et qui figure par ex. également dans l'inscription de Vipasca, p. 119. n° 20. Schulten. pp 21-22) placé en regard de la 1re ligne du 2e alinéa auquel correspond celui dont reste le commencement en regard de la 1re ligne du 3e alinéa et auquel devait correspondre une mention symétrique placée au même lieu du début perdu du 1er alinéa. C'est sans doute comme a pensé M. Schulten celui de l'impôt dû par les deux parcelles et fixé, comme il a également vu, à raison de 1 denier par pied de façade, le chiffre 69 et demi correspondant au total de 34 1/2 et 35, et cela autorise à rétablir au 3e alinéa le chiffre de 130 deniers et demi pour les 2 parcelles 5 et 6 dont les largeurs de façade sont de 55 pieds et demi et de 75.

CHAPITRE IV

CONTRATS.

Nous possédons un assez grand nombre de contrats romains qui nous sont parvenus isolément. Mais il en a en outre été découvert en Transylvanie une collection complète qui doit être signalée à part, en raison de son importance et de la clarté avec laquelle s'y reconnaissent les formes légales imposées à Rome à la confection des actes privés. C'est la collection des triptyques de Transylvanie, titres originaux en date des années 131 à 167 après J.-C., trouvés entre 1786 et 1855, dans l'ancienne Dacie, auprès de Verespatak, sur l'emplacement de la ville antique d'Alburnus Major, et publiés avec un commentaire excellent par Mommsen, *C.I.L.*, III, pp. 924-959. Les triptyques, sur lesquels les actes sont écrits en une cursive majuscule qui n'a pu être déchiffrée qu'en 1840 par Massmann, *Libellus aurarius sive tabulae ceratae et antiquissimae*, 1840, se composaient de trois tablettes de bois oblongues, attachées d'un côté dans le sens de la longueur de manière à s'ouvrir comme les livres modernes et à présenter 6 pages parmi lesquelles la 1re et la 6e restaient sans écriture, tandis que les 4 autres étaient enduites d'une couche de cire noire sur laquelle on écrivait avec un stylet, en découvrant le bois, non pas comme aujourd'hui perpendiculairement, mais parallèlement au côté le plus large. Conformément aux prescriptions du sénatus-consulte qui est rapporté par Paul, *Sent.*, 5, 25, 6, comme étant du temps de Néron et que les quittances de Jucundus (p. 860) permettent de placer en l'an 61, l'acte contenu dans chaque triptyque y est rédigé en double expédition, la *scriptura exterior* et la *scriptura interior*, destinées l'une à rester lisible sur une surface ouverte et l'autre à demeurer cachée dans une partie close du carnet. Pour cela, l'*interior scriptura* est écrite sur les pages 2 et 3, qui sont ensuite réunies par un fil passé dans des trous pratiqués à la partie supérieure de la première et de la seconde tablettes, puis l'on ramène le bout de ce fil dans une petite rigole qui sépare verticalement la page 4 en deux portions inégales et où il est maintenu par les sceaux des témoins, à droite desquels on écrit les noms de ces témoins, et enfin la *scriptura exterior* est inscrite sur l'autre côté de la p. 4 et sur la p. 5 (petites variantes p. 820 et p. 860) : ce qui fait que le 2e exemplaire demeure ouvert et peut toujours être consulté, tandis que le 1er est protégé contre les falsifications de la partie qui l'a entre les mains par les cachets des témoins, sans le concours desquels il ne pourra être ouvert. V. la figure dans Bruns, 1, pp. 427-432, et les explications de Karlowa, *R. R. G.*, 1, pp. 782-783, Krueger, *Sources*, pp. 316-319, et A. Pernice, dans Holtzendorff, *Encyclopädie der Rechtswissenschaft*, 6e éd., 1904, p. 141. Les triptyques ainsi conservés en tout ou en partie sont au nombre de 25. Les sceaux et la partie du lien qu'ils retenaient n'ont été retrouvés que sur un seul. Il n'y en a que 5 dont les trois tables subsistent, 4 n'en ont que deux, 16 n'ont qu'une, et parmi les tables conservées, il y en a 12 si détériorées qu'on ne peut discerner de quoi elles traitaient. Les actes dont on peut discerner l'objet sont tous, sauf un, relatifs à des contrats fort divers conclus, à Alburnus Major ou dans les environs, par des contractants appartenant pour la plupart à des populations dalmates qu'on pense avoir été transportées dans ce district minier par Trajan ; v. Karlowa, *R. R. G.*, 1, pp. 795-798, et ils sont d'autant plus importants que leur rapprochement avec les textes juridiques et certaines servilités maladroites de transcription établissent positivement qu'ils ont été copiés sur des formulaires romains : v. notamment plus bas les actes de vente. Nous reproduisons ci-dessous les plus intéressants de ces titres, en les réunissant, suivant un plan d'ensemble, aux actes similaires qui nous ont été transmis isolément, et en englobant parfois dans les différentes divisions, faute de meilleure place, des actes d'un caractère un peu indépendant (v. par ex. l'acte d'affranchissement mis parmi les contrats de vente au § 3). Enfin nous terminons par des exemples de promesses de récompense à celui qui rapportera des objets perdus, qui, d'après les principes, ne doivent être obligatoires que moralement.

§ 1. — CONTRATS VERBAUX.

Nous plaçons ici, comme étant purement et simplement des contrats verbaux, des actes que leur destination économique fait ordinairement classer sous la qualification de *mutuum*. Nous avons au contraire laissé sous leur désignation première et principale d'autres actes dans lesquels la stipulation n'intervient qu'à titre accessoire, comme dans les ventes accompagnées d'une stipulation de garantie qu'on trouvera plus loin pp. 843-849, ou à titre novatoire, comme dans un contrat de société qu'on rencontrera également plus bas, p. 857. Un autre exemple de contrat verbal principal est fourni par le diptyque de Pompéi reproduit p. 821. Ceux que nous reproduisons ici viennent tous deux de la collection des triptyques de Transylvanie et sont relatifs à deux prêts de la même année : on remarquera dans le second une formule commentée par Scaevola, dans ses *Responsa, D.*, 45, 1, 135, *pr.* ; cf. Karlowa, *R. R. G.*, 1, p. 796.

1. STIPULATION DE RESTITUTION D'UN CAPITAL ET DE SES INTÉRÊTS
(an 162 après J.-C.).

C. I. L., III, p. 930, n° III ; Bruns, n° 153, 1. Triptyque de Transylvanie complet, mais où les noms des témoins n'ont pas pu être parfaitement déterminés.

Denarios centum quadraginta sortis et eorum usuras ex ea die sing(ulas) centesimas, quandiu abstinuerit, id utrumque probos recte dare f(ide) r(ogavit) Anduenna Batonis, d(ari) f)ide) sua promisit Julius Alexander ; quos eae reddere debebit, qua die petierit, cum usuris s(upra) s(criptis). Id utrumque sorte(m) et usuras probos recte dari fide rogavit Anduenna s(upra) s(cripta), dari fide sua promisit Julius Alexander.

Actum Deusare XII kal. Julias Rustico II et Aquilino cos.

2. Stipulation de restitution d'un capital et de ses intérêts
(an 162 après J.-C.).

C. I. L., III, p. 934, n° v ; Bruns, n° 153,2. Triptyque de Transylvanie, dont il ne subsiste que les deux premières tables. — Cf. sur la promesse de payer *Jul. Alexandro eive ad quem ea res pertinebit*, L. Goldschmidt, *Z. S. St.*, 10, 1889, pp. 384-386.

Denarios LX q(ua) d(ie) p(etierit), p(robos) r(ecte) d(ari) f(ide) rogavit Jul(ius) Alexander, dari f(ide) p(romisit) Alexander Cari(cci), et se eos denarios LX, q(ui) s(upra) s(cripti) s(unt), mutuos numeratos accepisse et debere se dixit ; et eorum usuras ex hac die in dies XXX)I [1] dari Jul(io) Alexandro e(ive) a(d) q(uem) e(a) r(es) p(ertinebit), f(ide) r(ogavit) (Jul(ius) Alexander. dari f(ide) p(romisit) Alexander Caricci. Id fide sua esse jussit Titius Primitius, d(ie) s(upra) s(cripta) s(ortem) cum u(suris) r(ecte) p(robe) s(olvi).

Ac(tum) Alb(urno) majori, XIII k. Novembr. Rustic(o) II et Aquilino cos.

(Noms des *signatores* mis en regard des cachets :)

L. Vasidii Victoris... ctati. as, Batonis Pr... vi. Tovetis. Titius Primitius. Alexandri Caricci *ipsius debitoris*.

§ 2. — CONTRAT LITTÉRAL.

Inscription découverte dans la campagne de Tibur et publiée en 1882 par M. Zdekauer, *Bull dell'inst. di corr. arch.*, 1882, p. 252, puis avec une note de Mommsen *C I. L.*, XIV, 3471, et enfin, d'après une meilleure lecture de M. Huelsen et avec une nouvelle notice de Mommsen, dans Bruns, depuis la 5° éd. (7° éd., n° 156) et *Eph. ep.*, IX, 3, 1910, n° 892. L'interprétation n'en a, à notre connaissance, encore été entreprise que dans les deux notices de Mommsen, dans celles de nos trois premières éditions et dans un travail de M. Naber, *Mnemosyne*, 22, 1894, p. 252. Elle constate une *transcriptio a persona in personam* (Gaius, 3, 130) opérée, comme nous l'avons déjà dit dans notre première édition et comme Mommsen l'admet aujourd'hui, de la tête d'un débiteur, C. Caelius Bassus, dans lequel rien n'empêche de voir avec Mommsen l'ami de Perse, sur la tête d'un nouveau débiteur nommé A. Furius Rufus, pour une créance ou plus exactement pour deux créances préexistantes et le paiement successif de ces deux dettes, fait, pour la première, à raison de 12000 sesterces, sous

1. = contesimas singulas.

des consuls inconnus (qui malgré le nom de M. Julius Silanus ne paraissent pas ceux de l'an 46), puis, pour la seconde, à raison de 58000 sesterces, en l'an 56 ; — la mention du second paiement semble même avoir été ajoutée sur la pierre après coup. — L'indication de la *subsignatio praediorum* s'explique par l'idée que les dettes, qui étaient donc contractées envers un créancier ayant droit à de pareilles sûretés, soit envers l'Etat, soit envers une ville, étaient garanties par l'immeuble même sur lequel a été placée la pierre, qui y a été mise, pour attester l'extinction de l'obligation. Il est plus délicat de déterminer le rapport de la *transcriptio* elle-même avec la *subsignatio* et avec l'absence du débiteur attestée ou relevée par le titre. Mommsen admet qu'A. Furius Rufus avait d'abord engagé ses immeubles pour les dettes de C. Caesius Bassus et que c'est seulement à l'échéance qu'en l'absence de ce dernier le créancier aurait, au lieu d'user de son droit de vendre les *praedia subsignata* fait de son autorité passer la dette sur la tête de A. Furius Rufus, en vertu d'une règle propre du *jus praediatorium*, que l'illustre auteur suppose ingénieusement et hardiment être révélée par notre texte. Peut-être pourrait-on plus simplement supposer que c'est dès le principe et au même moment qu'en l'absence de C. Caesius Bassus, A. Furius Rufus s'est porté débiteur à sa place et a donné immédiatement la sûreté des *praedia subsignata*.

A. Furius R*ufus*, quod in eum transscriptum est a C. Caes*io* Basso, apsente *debitore*, nominibus *d*uobus, subsignatis praedis solvit : M. Junio Silano A... cos. XII m ilia) n(ummum) ; HS LVIII m(ilia) n(ummum) solvit... *Saturni*no et Scipione... *a*djectis.... onii.

§ 3. — CONTRATS DE VENTE.

Des cinq contrats de vente qui suivent, les quatre premiers font partie de la collection des triptyques de Transylvanie et relatent des ventes accompagnées de mancipations, dont trois portent sur des esclaves et la quatrième sur une moitié indivise d'une maison. Leur rédaction, d'après des formulaires conformes au droit civil de Rome, est établie, en dehors de leur concordance générale avec les règles posées dans les ouvrages des jurisconsultes, par une série de faits particuliers qui sont : la mention faite dans tous de la mancipation entre parties que leurs noms indiquent pour la plupart n'être pas romaines et, dans la 4ᵉ vente, relativement à une chose qui, selon toute vraisemblance, ne l'est pas ; le maintien dans la 2ᵉ du masculin : *partemve quam ex eo* et de la clause relative à la noxalité pour une esclave du sexe féminin qui, à six ans, n'a pas commis de délits ; et enfin, dans la dernière, les mots : *si quis eam domum* pour une vente qui ne porte que sur la moitié d'une maison. V. en ce sens : Mommsen. *C. I. L.*, III, p. 923 ; Girard, *N. R. H.*, 1883, pp. 569-571 ; Karlowa, *R. R. G.*, 1, p. 796. Ils sont particulièrement instructifs au sujet de la rédaction de la stipulation commune relative aux vices et à l'éviction commentée dans les textes des jurisconsultes : cf. à ce sujet, *N. R. H.*, 1883, pp. 571-587, et les auteurs cités ; mais ils fournissent aussi des indications utiles sur la mancipation, qu'ils démontrent mieux qu'aucun autre texte contenir la mention du prix : v. *N. R. H.*, 1882, pp. 204-205, et les renvois ; v. encore sur la mention du paiement du prix, Karlowa, *R. R. G.*, 1, p. 797, et sur le nombre des témoins, Bruns, *Kl. Schr.*, 2, pp. 131-132. Le cinquième acte est déjà d'un type un peu différent. Le sixième acte que nous donnons ici comme en appendice l'est encore plus ; car ce n'est pas un contrat de vente, mais un acte d'affranchissement ; il rentre pourtant dans le cercle économique de la vente, en ce qu'il est fait à prix d'argent. — On trouvera en outre dans Bruns, n°s 160-163 : une inscription des environs de Rome de l'an 214 (*C. I. L.*, VI, 10233) relative à la vente faite par le fisc d'un terrain servant à l'accès d'une sépulture ; deux actes en langue grecque, conservés par des papyrus, l'un, de l'an 153 ou 154 après J.-C., relatif à la vente d'un immeuble, et l'autre, de l'an 359, relatif à la vente d'un esclave (aujourd'hui *B. G. U.*, 316 et Mitteis, *Chrestom.*, n° 271), et un titre de vente bavarois du vii° ou du viii° siècle, intéressant par les formules romaines qu'il a conservées (cf. Brunner, *Zur Gesch. der Urkunde*, pp. 254-260). On peut encore signaler comme se rattachant au type romain un acte de vente en langue grecque de l'an 151 de Side en Pamphylie (*B. G. U.*, 887 ; Mitteis, *Chrestom.*, n° 272). C'est au contraire au type égyptien étudié par Mitteis, *Grundzüge*, pp. 166-194, que se rapportent les actes sur papyrus reproduits par lui, *Chrestom.*, n°s 152-155 et 252-270.

1. Vente d'un petit esclave (an 142 après J.-C.).

Triptyque intact. *C. I. L.*, III, p. 940, n° vii. Bruns, n° 130.

Dasius Breucus emit mancipioque accepit puerum Apalaustum sive is quo alio nomine est, n(atione) Grecum, apocatum[1] pro uncis duabus[2] denariis DC de Bellico Alexandri, f(ide) r(ogato) M. Vibio Longo. Eum puerum sanum traditum esse, furtis noxaque solutum, erronem, fugitivum, caducum non esse prestari, et si quis eum puerum q(uo) d(e) a(gitur) partemve quam quis ex eo evicerit, q(uo) m(inus) emptorem s(upra) s(criptum), eunve ad q(uem) ea res pertinebit, uti frui habere possidereq(ue) recte liceat, tunc quantum id erit, quod ita ex eo evictum fuerit, t(antam) p(ecuniam) duplam[3] p(robam) r(ecte) d(ari) f(ide) r(ogavit) Dasius Breucus, d(ari) f(ide) p(romisit) Bellicus Alexandri, id fide sua esse jussit Vibius Longus ; proque eo puero, q(ui) s(upra) s(criptus) est, pretium

---

1. C'est-à-dire du prix duquel quittance a été donnée au vendeur actuel par son propre vendeur ; cf. Girard. *Mélanges*, I, p. 392. — 2 Selon M. Appleton, *Studi Scialoja*, 2, 1905, pp. 505-536, les deux onces indiqués dans notre titre et le titre n° 3 comme objet de la quittance correspondraient au sesterce moyennant lequel les aliénateurs auraient reçu eux-mêmes mancipation *nummo uno* de leurs auteurs ; cf. en sens différent, Mommsen, *C. I. L.*, III, p. 941. — 3. 'duplam' ajouté au-dessus de la ligne.

ejus denarios DC accepisse et habere se dixit Bellicus Alexandri ab Dasio Breuco.

Act(um) kanab(is) leg(ionis) XIII g(eminae), XVII kal. Junias Rufino et Quadrato cos.

(Noms des *signatores* mis en regard des cachets :)

Appi Procli vet(erani) leg(ionis) XIII g(eminae). Antoni Celeris. Jul(i) Viatoris. Ulp(i) Severini. L. Firmi Primitivi. M. Vibi Longi fidejussor(is). Bellici Alexandri venditor(is).

2. Vente d'une petite esclave (an 139 après J.-C.).

Triptyque dont les deux premières tables sont seules conservées. *C. I. L.*, III, p. 937, n° vi, et *Suppl.*, p. 2215 ; Bruns, n° 231.

Maximus Batonis puellam nomine Passiam, sive ea quo alio nomine est, annorum circiter p(lus) m(inus) sex, empta sportellaria [1], emit mancipioque accepit de Dasio Verzonis, Pirusta ex Kavieretio, denariis ducentis quinque. Eam puellam sanam esse, a furtis noxisque [2] solutam, fugitium [3] erronem non esse praestari : quot si quis eam puellam, partemve quam ex eo [4] quis evicerit, quominus Maximum Batonis, quove ea res pertinebit, habere possidereque recte liceat, tum quanti ea puella empta est, *tan*tam pecuni*a*m et alterum tantum dari fide rogavit Maximus Batonis, fide promisit Dasius Verzonis, Pirusta ex Kavieret*io* ; proque ea puella, quae s(upra) s(cripta) est, denarios ducentos quinque accepisse et habere se dixit Dasius Verzonis a Maximo Batonis.

Actum Karto XVI k. Apriles, Tito Aelio Caesare Antonino Pio II et Bruttio Praesente II cos.

(Noms des *signatores* :)

Maximi Veneti principis. Masuri Messi de(curionis). Anneses Andunocuetis. Plani Verzonis Sclaietis. Liccai Epicadi Marciniesi, Epicadi Plarentis, qui et Mico. Dasi Verzonis ipsius venditoris.

3. Vente d'une esclave (an 160 après J.-C.).

Triptyque intact. *C. I. L.*, III, p. 959, n° xxv, et *Suppl.*, p. 2215. Bruns, n° 132.

Cl(audius) Julianus mil(es) leg(ionis) XIII g(eminae) ꓳ [5]

---

1. C'est-à-dire, pense Mommsen, que le vendeur n'a pas acquise pour un prix distinct, mais par dessus le marché, en même temps que sa mère, comme une sorte de *sportula* — 2. Ex^t. : 'noxaque'. — 3. Ext. : 'fugitivam'. — 4 *Sic* à l'intérieur et à l'extérieur sans doute parce que les parties copiaient un formulaire où il y avait : 'hominem partemve ex eo'. — 5. C'est-à-dire 'centuria'.

Cl(audii) Mari, emit mancipioque accepit mulierem nomine
Theudotem, sive ea quo alio nomine est, n(atione) Creticam,
apochatam pro uncis duabus denariis quadringentis viginti de
Cl(audio) Phileto f(ide) a(ccepto) Alexandro Antipatri. Eam mulierem sanam traditam esse emptori s(upra) s(cripto), et si quis
eam mulierem, q(ua) d(e) ag(itur), partemve quam quis ex ea
quid evicerit, q(uo) m(inus) emptorem s(upra) s(criptum) eumve, ad quem ea res pertinebit, uti frui habere possidereque recte
liceat, tunc quantum id erit, quot ita ex ea [quit][1] evictum abla-
tunve fuerit, sive quot ita licitum non erit, tantam pecuniam
probam recte dari f(ide) r(ogavit) Cl(audius) Julianus mil(es)
s(upra) s(criptus), d(ari) f(ide) p(romisit) Cl(audius) Philetus.
In fide sua esse jussit Alexander Antipatri. Inque ea(m) mulierem, quae s(upra) s(cripta) est, pretium ejus denarios CCCCXX
accepisse et habere se dixit Cl(audius) Philetus a Claudio Juliano mil(ite(s)upra) s(cripto).

Ac(tum) canab(is) leg(ionis) XIII g(eminae) IIII nonas
Octobres Bradua et Varo cos.

(Noms des *signatores* :)

Val(eri) Valentis *leg*. XIII g(eminae). Cn. Vari A. ae. Ael(i)
Dionysi vet(erani) leg(ionis). Paulini s... ris. Jul(i) Victorini.
Αλεξανδρει Αντιπατρι σεκοδο αυκτωρ σεγναι[2]. C(audii) Phileti ven-
ditoris ibsius.

4. Vente de la moitié d'une maison (an 150 après J.-C.).

Triptyque intact *C. I. L.*, III, p. 944, n° VIII; Bruns, n° 133.

Andueia Batonis emit mancipioque accepit domus partem
dimidiam, interantibus partem dextram, que est Alb(urno)
majori vico Pirustarum inter adfines Platorem Acceptianum et
Ingenum Callisti [3] denariis trecentis de Veturio Valente. Eam domus partem dimidiam [4], q(ua) d(e) a(gitur), cum suis saepibus,
saepimentis, finibus, aditibus, claustris, fienestris, ita uti clau
fixsa et optima maximaque est [5], h(abere) r(ecte) l(icere) [6]; et
si quis eam domum partemve quam quis ex ea evicerit q(uo)
m(inus) Andueia Batonis e(ive), a(d) q(uem) e(a) r(es) p(ertinebit), h(abere) p(ossidere) u(suque) c(apere) [7] r(ecte) l(iceat);

---

1. Omis avec raison dans l'exemplaire extérieur. — 2. C'est-à-dire :
'Alexander Antipatri secundus auctor signavi'; cf. *D*., 21, 2, 4, *pr*.:
'fidejussorem... quem vulgo auctorem secundum vocant — 3. La réd.
extérieure ajoute 'filium : et si qui ali adfines sunt et viam publicam'.
— 4. Ext : 'eam domum'. — 5. Ext.: 'Andueia Batonis'. — 6 Mommsen-
Bruns : 'l(iceat)'; mais cf. *N. R. H.*, 1883, p. 557. — 7. Ext. : 'usu-
que capere'.

quod ita licitum non erit [1], t(antam) p(ecuniam) r'ecte) d(ari), f(ide) r(ogavit Andueia Batonis [2]. fide promisit Veturius Valens. Proque ea domu partem dimidiam [3] pretium denarios CCC Veturius Vales [4] ab Andueia Batonis accepisse et abere se dixit. Conveniția ue) inter eos, uti Veturius Valens pro ea domo tributa usque ad recensum dependat.

Act(um) Alb(urno) majori prid. nonas Maias Quintillo et Prisco cos.

(Noms des *signatores* :)

L. Vasidius Victor sig(navit). T. Fl. Felici. M. Lucani Melioris. Platoris Carpi. T. Aureli Prisci. Batonis Annei. Veturi Valentis venditoris.

5. Vente d'un petit esclave (an 166 après J.-C.).

Papyrus du British Museum publié avec ou sans commentaire par MM. Ed. M. Thompson, *Archaeologia*, Londres, 54, 1895, pp. 433-438 ; Cagnat, *Ann. ép.*, 1896 n° 31 ; Scialoja, *Bull. di D. R.*, 9, 1897, pp. 139-142 ; Schulten, *Hermes*, 32, 1897, pp. 273-289 ; Wessely, *Schrifttafeln zur Lat. Palaeographie*, 1898, p. 7 n° 7 ; Perdrizet, *R arch.*, 1898, 1, pp. 45-49 ; Gradenwitz, *Einführung in l'ap. Kunde*, 1900, pp. 64-69, et pour lequel nous avons pu en outre profiter d'une collation de M. Seymour de Ricci. Il rapporte la vente faite à Séleucie, le port d'Antioche, le 24 mai 166 après J.-C., dans la dernière année de la guerre arméno-parthique, où une escadre de la flotte de Misène était détachée dans ce port, par un marin à une *optio* du même navire d'un enfant de sept ans constituant sans doute une prise de guerre moyennant un prix de deux cents deniers et le paiement de droits de nature incertaine. L'acte constate d'abord la délivrance de la chose faite sans mancipation par simple tradition, le paiement du prix et la promesse de garantie faite, quant aux vices, par renvoi à l'édit et, quant à l'éviction, du simple du prix avec dispense de dénonciation, et cautionnée elle-même en termes assez singuliers par un marin d'un autre navire, le tout à la date indiquée. Puis il continue par six souscriptions d'écritures différentes, les deux premières assez détaillées émanant du vendeur et d'un nouveau marin intervenant pour le compte de la caution qui est déclarée ne pas savoir écrire, et quatre autres plus brèves émanant de quatre témoins servant sur d'autres navires de l'escadre. Enfin il se termine par deux lignes obscures en langue grecque, écrites peut-être à nouveau par le scribe du corps de l'acte. En dehors de l'intérêt qu'il présente au point de vue de la rédaction des clauses de la vente et de la stipulation de garantie, ce titre est surtout remarquable par la combinaison qui y est faite de deux modes de rédaction des actes suivis successivement à Rome (p. 861), celui des actes impersonnels rédigés par leur bénéficiaire ou par un tiers, des *professiones* qui ne sont guère que des

---

1. Ext. : 'tum quantum id erit quod *ita habere possidere* licitum non erit'. — 2. Ext. : 'dari'. — 3. Ext. : 'proque ea domu dimidia'. — 4. Ext. : '*Valens*'.

mementos de la preuve testimoniale, auquel appartient le corps de l'acte, et celui du *chirographum*, émanant de la personne même à laquelle il est opposable. auquel se rattachent les souscriptions. On doit en outre observer qu'il fournit un exemple intéressant de tentative pour adapter aux actes sur papyrus les règles sur la rédaction des actes en deux originaux, l'un ouvert et l'autre clos, portées pour les actes inscrits sur des tablettes de cire ; car la partie supérieure est roulée en un pli fermé par sept fils recouverts de cachets, qui n'a pas encore été ouvert et qui contient sans doute un résumé concis de l'acte.

C. Fabullius Macer, optio classis praetor(iae) Misenatium III[1] Tigride emit puerum, natione transfluminianum, nomine Abban, quem (et) Eutychen, sive alio quo nomine vocatur annorum circiter septem, pretio denariorum ducentorum et capitulario portitorio, de Q. Julio Prisco, milite classis ejusdem et triere eadem ; eum puerum sanum esse ex edicto, et, si quis eum puerum partemve quam ejus evicerit, simplam pecuniam sine denuntiatione recte dare stipulatus est Fabullius Macer, spopondit Q. Julius Priscus : id fide sua et auctoritate esse jussit C. Julius Antiochus, manipularius III[1] Virtute. Eosque denarios ducentos, qui s(upra) s(cripti) sunt, probos, recte numeratos, accepisse et habere dixit Q. Julius Priscus venditor, a. C. Fabullio Macro emptore ; et tradedisse ei mancipium s(upra) s(criptum) Eutychen bonis condicionibus.

Actum Seleuciae Pieriae, in castris in hibernis vexillationis clas(sis) pr(aetoriae) Misenatium VIIII kal(endas) Junias, Q. Servilio Pudente et A. Fufidio Pollione co(n)s(ulibus).

Q. Julius Priscus, mil(es) III[1] Tigride vendedi C. Fabullio Macro, optioni III[1] eadem, puerum meum Abbam quem et Eutychen, et recepi pretium denarios ducentos, ita ut s(upra) s(criptum) est.

C. Julius Titianus (?) suboptio III[1] Libero Patre, et ipse rogatus, pro Gaio Julio Antihoco, manipulario III[1] Virtute, qui negavit se literas scire, eum spondere et fide suam et auctoritate esse Abbam *quem et* Eutichen, puerum, et pretium eius denarios ducentos ita ut [s.] s(upra) scriptum est.

C. Arruntius Valens, suboptio III[1] Salute, signavi.

G. Julius Isidorus, (centurio triere) Providentia, signavi.

G. Julius Demetrius, bucinator principalis III[1] Virtute, signavi.

Pub. Domitius. . . . . III[1] Providen*tia signavi*[2].

1. Abréviation de *triere*. — 2. Ligne signalée auparavant comme

Ἔτους δος, ἀ[ρτεμισ]ίου δκ Δομέτιος Γερμανὸ[ς μ]ισθωτὴς κυιντα-
[νὸς] Μεισηνάτων ἐκ....κα τῇ πρά[σει τοῦ παιδ]είου Ἀββὰ τὸν καὶ
Εὐτύχη¹.

6. Affranchissement *inter amicos* a prix d'argent (an 221).

Diptyque venant d'Egypte et appartenant à lord Amherst. Le texte qu'il contient, découvert et déchiffré par M. Seymour de Ricci, a paru, en 1903 d'abord dans la 3ᵉ éd. de ces *Textes*, puis avec un commentaire étendu de M. de Ricci, dans les *Proceedings of the soc. of biblical archeol.*, 26, pp. 145-163. Il a depuis été reproduit par M. Gradenwitz dans la 7ᵉ éd. de Bruns, nᵒ 164, et par M. Mitteis, *Chrestom.*, nᵒ 362.

Le diptyque rapporte l'affranchissement *inter amicos* d'une femme esclave consenti par son maître sur le versement d'une somme d'argent fait par un tiers. Il porte sur sa première page divisée par moitié par sept cachets, dont celui de l'auteur de l'affranchissement, écrits à l'encre sur le bois, à droite les noms des *signatores* et à gauche le commencement de l'exemplaire extérieur de l'acte qui se continue et se termine à la page 4 ; les pages 2 et 3 contiennent gravé sur cire et illisible en partie l'exemplaire intérieur. On remarquera dans le texte reproduit ci-dessous d'après la copie de M. de Ricci de l'exemplaire extérieur : au point de vue de la rédaction, la réunion de la relation en langue latine de l'acte, conçue dans la forme impersonnelle des *professiones*, et de déclarations de l'auteur de l'affranchissement et de celui qui a payé le prix, rédigées en langue grecque, à la première personne, selon le type des *chirographa* ; au point de vue du fond, l'emploi de l'affranchissement *inter amicos* qui donne seulement la latinité junienne pour une personne âgée de plus de trente ans qu'on eût pu rendre affranchie citoyenne, sans autorisation du conseil, par l'emploi de la vindicte, la rémunération payée au maître par un tiers pour le déterminer à l'affranchissement et par exemple encore, dans la déclaration en grec de ce tiers, l'engagement qu'il paraît prendre de ne pas réclamer la femme affranchie.

Marcus Aurel*ius* Ammonion Lu | pergu Sarapionis ex matre P. 1
Terheutae | ab Hermupoli m*ajor*(e) antiqua et splend ida) | col. 2
Helenen ancillam suam vernam ‖ annorum circiter XXXIIII 5.
inter ami | cos manumisit liberamque esse jus | *sit* et accepit
pro libertate ejus ab ‖ Aurelio Aletis Inaroutis a vico Tisicheos P. 4
| nomi Hermupolitu dr(achmas) aug(ustas) dua millia | du-
centas quas et ipse Ales Inaroutis do | navit Helen(a,e liber-

entièrement illisible dans laquelle M. Seymour de Ricci a déchiffré comme certaines les lettres imprimées en capitales du nom des personnages et du nom du navire. — 1. (Anno 274 Artemisio 24 [années et mois du calendrier local d'Antioche correspondant à mai 166] Domitius Germanus conductor quintanus Misenatium... venditioni pueri Abbae qui est et Eutyches) Les mots τὸν καὶ Εὐτύχη ont été lus par M. de Ricci avant lequel on lisait τοῦ καὶ Εὐτύχου.

ta(e) supra scripta'e). || Actum Hermupoli major(e) antiqua |
et splend(ida) VII kal. augustas Grato | et Seleuco cos. anno
IIII Imp. Caesaris | Marci Aureli Antonini pii felicis aug. —
mense Mesore die I¹ Μάρκος Αὐρήλιος || Ἀμμωνίων Λουπέργου Σα-
ραπιωνος Ἑλένην δού | λην μου οἰκογενῆ ὡς L λδ μεταξὺ φίλων ἠλεύ |
θέρωσα καὶ ἔσχον ὑπὲρ λύτρ[α]ν αὐτῆς δράγμας | σεβαστὰς δισχειλίας
διακοσία[ς παρὰ Α]ὐρηλίου Ἄλητος | Ἰναροούτος ὡς πρόκειται. Α[ὐ-
ρ]ήλιος Ἄλης Ἰνάρω || οὗτος ἐξωδίασα τὰς τοῦ ἀργυρίου δραχμὰς δισ |
χειλίας διακοσίας καὶ οὐ μετελεύσομαι Ἑλένην | τὴν προκειμένην ἀπε-
λευθέραν. Αὐρήλιος Ἀμ | μώνιος Ἑρμείνου ἔγρα(ψα) ὑπ(ὲρ) αὐτ(οῦ) μὴ
εἰδό(τος) γρά(μματα)².

§ 4. — CONTRATS DE LOUAGE

Relativement aux trois variétés de contrats de louage distinguées
par les jurisconsultes romains (*locatio rei, operarum, operis faciendi*), nous possédons pour la *locatio operarum*, trois triptyques de
Transylvanie dont nous reproduisons le plus explicite et, pour la *locatio operis faciendi*, une inscription de Pouzzoles relatant un marché de constructions fait par cette cité en l'an 649 de Rome que nous
reproduisons pareillement. Quant à la *locatio rei*, il n'a pas encore
été découvert d'inscriptions romaines qui en donnent des exemples
concrets; mais il existe un certain nombre de titres qui s'y rapportent et que l'on trouvera énumérés et transcrits ci-dessous.

1. Locatio rei.

Les titres concrets de bail romain qui nous font défaut sont principalement remplacés par les annonces de location qui nous ont été
conservées et dont la plus détaillée est relative aux compartiments
d'espèces de magasins généraux appartenant à l'empereur. Nous donnons ensuite un autre texte tout récemment découvert qui contient
une annonce symétrique relative à des magasins appartenant à un
particulier et qui renferme au moins deux clauses analogues à celles de l'avis de location des magasins impériaux; un autre avis
relatif à des magasins privés qui contient l'offre de location sans les
clauses; une affiche d'appartement à louer venant de Pompéi et
un avis de location ordinaire qui est le plus détaillé de ceux trouvés à Pompéi. Nous faisons suivre ces titres relatifs au bail à loyer
d'une inscription rapportant une requête adressée par le fermier
d'un bien rural à ses bailleurs. Enfin nous renverrons, pour les
nombreux actes de louage de l'Egypte romaine conservés par les
papyrus à Mitteis, *Grundzüge*, pp. 196-198, et *Chrestom.*, n°s 273-

---

1 25 juillet. 221. — 2. (Marcus Aurelius Ammonion Lupergu Sarapionis Helenen servam meam vernam circiter annorum XXXIV inter amicos
manumisi et accepi pro libertate ejus drachmas augustas duo milia ducentas ab Aurelio Aletes Inaroutis ut supra scriptum est Aurelius Ales
Inaroutos donavi argenti drachmas duo millia ducentas et non repetam
Helenen supra dictam libertam. Aurelius Ammonius Ermini scripsi pro
eo non sciente litteras).

279 et pour des variétés de bail à ferme et à colonat partiaire, d'ailleurs fort divergentes du droit commun, pratiquées sur les domaines impériaux, aux notices et aux textes que l'on trouvera plus loin dans notre chapitre VI.

a. *Avis de location des magasins impériaux* (ans 96-98 ap. J.-C. ?).

C. I. L., VI, 33747. Plaque de marbre de 0 m. 98 sur 0 m. 88 découverte en 1885 à Rome au delà de la porte Salaria et constituant la moitié gauche d'un tableau des conditions générales de location des divers compartiments dans des magasins généraux appartenant à l'empereur. L'inscription, qui a été publiée, d'abord, avec un commentaire étendu, par M. Gatti, *Bull. arch. com.*, 1885, pp. 110-129 (cf. aussi le même, *Mitth. d. röm. Inst.*, 1886, p. 176), puis, avec des notices plus sommaires, par MM. Scialoja, *Rivista italiana per le scienze giuridiche*, 1886, pp. 127-130, et Esmein, *Mélanges de Rome*, 1886, pp. 162-165 ; enfin par M. Mommsen, *Fontes*, n° 166, M. Huelsen, *C. I. L.*, VI, 33747, et M. Dessau, 5914, avait été placée par M. Gatti sous Hadrien dont il restituait le nom dans son titre ; mais Mommsen a montré que cette conjecture était contredite par la place donnée dans l'inscription au mot *Caesar*, qui ne se plaçait pas après le nom de l'empereur à l'époque d'Hadrien (cf. Mommsen, *Droit public*, 5, p. 31, n. 2), et il estime que, d'après la forme des lettres, le titre peut appartenir au temps de Nerva. Les sept clauses, qui semblent y être conservées plus ou moins fragmentairement et que nous avons distinguées par des chiffres, se rapportent, la première, à la fin du bail et à la tacite reconduction, pour laquelle elle paraît poser des règles un peu différentes de celles du droit commun ; la seconde, selon M Gatti et M. Mommsen, dont M. Scialoja trouve cependant la restitution douteuse, à la défense de sous-louer ou de céder le bail ; la 3° peut-être à certaines valeurs soustraites à la responsabilité de l'*horrearius*, la 4° à l'affectation des *invecta et illata* à la garantie des loyers ; la 5°, suivant une conjecture de M. Gatti, que paraît appuyer l'inscription nouvellement découverte *b*, à la défense d'enlever sans autorisation les ouvrages faits sur la chose louée ; la 6°, à la quittance du loyer ; la 7°, à l'absence de responsabilité de l'*horrearius* pour les objets qui n'auraient pas été mis formellement sous la garde. Quant au caractère des magasins, on admet assez généralement que ce seraient des magasins de grain ou de vin ; mais M. Huelsen, *Römische Mittheilungen*, 11, 1896, pp. 223-226, y voit plus vraisemblablement des lieux de dépôts réservés aux valeurs et aux objets précieux où on louait des sortes de coffres-forts. Cf. Paul, *D.*, 1, 15, 3, 2. *Vita Alexandri*, 39.

In his horreis imp. Nervae Caesaris Aug(usti) loc(abuntur) horrea compendiar(ia) armaria et loca armaris et...... rar(is) ex hac die et ex k. Jan(uaris).

Lex horreorum.

(1.) *Quisquis in annum futurum retinere volet horreum armarium aliudve quid, ante idus Dec(embres) pensione soluta renuntiet. Qui non renuntiaverit, si volet retinere et cum hor-*

reario aliter pro insequente anno non transegerit, tanti habebit, quanti ejus gener(is) horreum armariumve eo anno ibi locari solebit, si modo alii locatum non erit.

(2.) Quisquis in his horreis conductum habet, elocandi et *substituendi jus non habebit.*

(3.) *Auri argenti margaritarum* [1] custodia non praestabitur.

(4.) Quae in his horreis invecta inlata *erunt, horreario pignori erunt, si quis pro pensionibus* satis ei *non fecerit.*

(5.) Quisquis in his horreis conductum habet et sua *impensa refecerit, ornaverit, tollendi quod adjecit jus non habebit, nisi data ei* fuer(it) venia [2].

(6) *Quisquis* in his horreis conduct(um) habet, pensione soluta, chirogr(apho) *liberabitur* (?)...

(7.) *Quisquis habens conductum* horreum sua *ibi* reliquer(it) et custodi non adsignaver(it), horrearius sine culpa erit.

b. *Avis de location de magasins privés.*

Inscription très mutilée, constituant à peine le tiers de la partie supérieure de l'inscription originale découverte à Rome sur l'Aventin en 1910 et publiée *Notizie degli scavi*, 1910, p. 90, et avec un commentaire de M. Vogliano, *Rendiconti dei Lincei*, 1911, pp. 79-81, puis, dans un texte meilleur et avec une restitution plus complète, par M. Gatti, *Bull. arch. com.*, 1911, pp. 120-128. Le rapprochement des deux inscriptions a et c permet d'y reconnaître sûrement un fragment d'une *lex horreorum* où se trouvaient, après une énumération des objets loués symétrique à celle de l'inscription c, deux clauses correspondant aux clauses nos 4 et 5 de l'inscription a qui peuvent à la fois les éclairer et être éclairées par elles. Il ne reste d'une clause suivante que M. Gatti suppose avoir pu être celle sur la tacite reconduction que les trois lettres *d i e*. C'est M. Gatti qui a rétabli le nom des *horrea Ummidiana* ou *Ummidiana Cornificiana* appartenant dans le premier cas à la famille du consul de 167 M. Ummidius Quadratus, dans le second, aux descendants de ce consul et de son épouse Annia Cornificia Faustina, la sœur cadette de Marc-Aurèle, qui avait sa demeure de famille dans la région de l'Aventin. Nous reproduisons la restitution générale de M. Gatti en faisant un alinéa de chaque proposition.

*In his horr*eis Ummidianis *Cornifici*anis [3] *locantur horrea apothecae compendiaria armaria intercolumnia et loca* ex hac die *et ex k. Jul*(is).

---

1. Huvelin, chez Michalon, thèse Lyon, 1910, arg. *D.*, 19,2,60,6; Mitteis, *Berichte* de Leipzig, 1910, p. 270 n. 1: *Auri argentive*; Mommsen: *Invectorum in haec horrea*. — 2. Restitution de Gatti, adoptée par Albrandi et aujourd'hui appuyée par la clause parallèle de l'inscription qui suit. — 3. Restitution proposée en second lieu par Gatti qui propose en premier lieu: *Ummidianis singulis annis locantur.*

Quae in his horreis invecta inlata importata erunt horreario pignori erunt, donec a conductore statuta pensio solvatur [1].

Si quid in his horreis conductor inaedificaverit, tollendi jus non habebit nisi data ei refigendi potestas fuerit.

. . . . die.

c. *Avis de location de magasins privés.*

Inscription de la ville de Rome conservée par une copie défectueuse dans le ms. de la bibliothèque Barberini, xxx, 92, f. 162, et éditée d'après lui, d'abord par Preller, *Regionen Roms*, 1846, p. 104, puis, par comparaison avec l'inscription qui précède, par Gatti, *Mitth. d. röm. Inst.*, 1886, p. 76 ; et ensuite dans Bruns, sous le n° 166, *C. I. L.*, VI, 33860, et Dessau, 5913. C'est elle notamment qui révèle la coutume d'annoncer les magasins comme à louer *ex hac die et ex k. Julis*, c'est-à-dire présentement ou au prochain terme, qui, dans les usages romains, était un terme annuel fixé aux calendes de juillet (Suétone, *Tib.*, 36).

In his horreis privatis. Q. Tinei Sacerdotis Clem*entis* [2] loc(antur) *h*orrea, apothecae, compendiaria, armaria, intercolumnia et loca armaris ex hac die et ex k. Julis.

d. *Affiche d'appartements à louer.*

C. I. L., IV, 138 ; Dessau, 6035 ; Bruns, n° 372, 1. Affiche de Pompéi écrite à l'encre noire sur le pilier d'un édifice, et annonçant comme à louer à partir du jour des ides de juillet, dans un immeuble de rapport, des boutiques avec arrière-boutique ou entresol, de beaux appartements au premier et un petit hôtel, et priant de s'adresser pour la location à un esclave déterminé du propriétaire. V. deux autres affiches de location de Pompéi, *C. I. L.*, IV, 807.1136 = Bruns, n° 372,2-3.

Insula Arriana Polliana Cn. Al*lei* Nigidi Maii locantur ex i(dibus) Julis [3] primis tabernae cum pergulis suis et cenacula equestria [4] et domus. Conductor convenito Primum Cn. Al*lei* Nigidi Mai (servum).

e. *Requête du fermier Geminius Eutyches* (an 227 ap. J.-C.).

Inscription découverte aux environs de Rome, publiée par MM. Barnabei, *Notizie degli scavi*, 1887, p. 115, Mommsen, *Z. S. St.*, 8, 1887, pp. 248-251 (*Ges. Schr.*, 3, pp. 71-74), Scialoja, *Bull. di D.*

---

1. Gatti qui propose cette restitution en seconde ligne propose en premier lieu : *donec ei satisfactum non sit aut pensio solvatur.* — 2. Peut-être le consul de 158, dont Dessau a retrouvé le second surnom dans les lettres 'clm' antérieurement interprétées comme une abréviation de cl(arissi)m(i). — 3. Zangemeister et Dessau corrigent : *k(alendis)*. Mais v. en sens contraire Mommsen dans Bruns. — 4. Zangemeister : 'equi(*lia*) tria' : Mommsen antérieurement : 'et vestibula'. Mais, comme le remarque actuellement Mommsen lui-même, ce peut être là un qualificatif honorifique donné aux appartements du premier étage dont il s'agit.

R., 1, 1888, pp. 19-29, et enfin dans Bruns, n° 168, et *C. I. L.*, VI, 33840. Elle contient une requête adressée par un fermier aux administrateurs d'un collège qu'il a comme bailleurs et une lettre de ces administrateurs accueillant implicitement sa demande en la transmettant aux scribes du collège avec invitation de veiller à ce qu'il n'en excède pas les termes. Le collège assez anormal dont il s'agit, le *collegium magnum arkarum divarum Faustinarum matris et Piae*, que nous apprenons par l'inscription être dirigé par deux *quinquennales* et avoir quatre questeurs et deux scribes, est sans doute, selon l'interprétation de M. Mommsen, un corps chargé d'administrer les revenus de biens affectés, à la mort de la première Faustine, par Antonin le Pieux et, à celle de la seconde, par Marc-Aurèle, à l'entretien d'un certain nombre de petites filles de la plèbe romaine (v. *C. I. L.*, VI, 10222, et O. Hirschfeld, *Philologus*, 29, 1869, pp. 10-12). C'est d'un de ces biens dont Geminius Eutyches est le fermier *in asse*, c'est-à-dire le fermier qui garde la totalité des fruits (*assem*) et paie son fermage en argent, par opposition au colon partiaire qui n'en prend qu'une fraction (*partem*) et remet l'autre à titre de fermage au propriétaire (cf. *vendere in assem*, *D.*, 20, 6, 9, *pr.* ; v. aussi un autre emploi de l'expression fait à plusieurs reprises dans l'inscription d'Henchir Mettich, pp. 870-874) ; en invoquant la régularité de ses paiements (*per aliquod annos in hodiernum pariator*) il demande au second *quinquennalis*, après avoir obtenu l'assentiment du premier, la permission d'ériger sur le sol qu'il cultive un monument auquel la lettre des *quinquennales* aux questeurs et aux scribes prescrit de ne pas laisser donner des dimensions supérieures à celles indiquées dans la demande.

1. Cum sim colonus hortorum olitoriorum, qui sunt via Ostiensi, juris collegi magni arkarum divarum Faustinarum matris et Piae, colens in asse annuis SS $\overline{XXVI}$ et quod excurrit, per aliquod annos in hodiernum pariator, deprecor tuam quoq(ue) justitiam, domine Salvi, sicut Euphrata v(ir) o(ptimus) collega tuus q(uin)q(uennalis) Faustinae matris aditus a me permis(it), consentias extruere me sub monte memoriolam per ped(es) XX in quadrato ; acturus genio vestro gratias, si memoria mea in perpetuo constabit *habitura*[1] itum ambitum.

Dat(a) a Geminio Eutychete colono.

2. Euphrata et Salvius Chrysopedi, Pudentiano, Yacintho, Sophroni q(uaestoribus) et Basilio et Hypurgo scrib(is) salutem. Exemplum libelli dati nobis a Geminio Eutychete colono litteris nostris adplicuimus ; et cum adleget aliis quoq(ue) colonis permissum, curabitis observare, ne ampliorem locum memoriae extruat, quam quod libello suo professus est.

Dat(a) VIII kal. Aug. Albino et Maximo cos.

---

1. Mommsen : la pierre : 'const habitus'.

2. Locatio operarum (an 164 après J.-C.).

C. I. L., III. p. 948, n° x; Bruns, n° 165, 1. Triptyque de Transylvanie dont la 1ʳᵉ tablette subsiste seule. Contrat de louage de services dans les mines d'or de Dacie, en date de l'an 164, duquel on peut rapprocher deux actes similaires, de l'an 163 et d'une date indécise, appartenant à la même collection et rapportés *C. I L.*, III, p. 948, ix et p. 949, xi. Bruns, pp 328-329. Le contrat est conclu pour une année moyennant une *merces* consistant en une somme unique, mais payable *per tempora*, disent notre titre et le 3ᵉ. *suis temporibus*, dit le second. Les *operae* devront être *sanae valentes*, et une *poena* uniforme est fixée pour l'ouvrier, au cas de rupture du contrat, et pour le *conductor*, au cas de retard dans le paiement, sauf quant au dernier une réserve peu claire exprimée par les mots : *exceptis cessatis tribus*. L'acte aggrave en outre au préjudice de l'ouvrier les règles du droit commun (*D.*, 19 2, 38. 19, 9) en spécifiant que, si le travail est empêché par une inondation de la mine, le salaire subira une réduction proportionnelle. On remarquera la rédaction du titre au nom de l'ouvrier qui, ne sachant pas écrire, le fait d'ailleurs rédiger par un tiers. V. Karlowa, *R. R. G*, 1, p. 798.

Macrino et Celso cos. XIII kal. Junias Flavius Secundinus scripsi rogatus a Memmio Asclepi, quia se litteras scire negavit, it quod dixsit se locasse et locavit operas suas opere aurario Aurelio Adjutori ex hac die in idus Novembres proxsimas denariis septaginta liberisque. Mercedem per tempora accipere debebit. Suas operas sanas valentes edere debebit conductori s(upra) s(cripto). Quod si invito conductore recedere aut cessare voluerit, dare debebit in dies singulos HS V numeratos... Quodsi fluor inpedierit, pro rata conputare debebit. Conductor si tempore peracto mercedem solvendi moram fecerit, eadem poena tenebitur exceptis cessatis tribus.

Actum Immenoso majori. Titus Beusantis, qui et Bradua. Socratio Socrationis. Memmius Asclepi.

3. Locatio operis faciendi (an 649 de Rome).

C. I. L., I, 577 = X, 1781; Dessau, 5137 ; Bruns, n° 170. Table de marbre écrite sur trois colonnes trouvée à Pouzzoles et aujourd'hui conservée à Naples. Inscription de l'époque impériale reproduisant une inscription de l'an 649 de Rome relative à un marché de constructions fait par la colonie de citoyens de Puteoli. Le titre détermine : les sûretés à fournir par l'adjudicataire ; la nature et la consistance des travaux (v. une restitution de l'édifice, *C. I. L.*, I, 577 ; cf. aussi Wiegand, *Iahrb. für class. Phil.*, suppl. 20, 1894, p. 661 et ss.) ; les formes de leur réception ; le jour auquel ils devront être livrés et les termes de règlement du salaire de l'entrepreneur, payable moitié après la fourniture des sûretés et moitié après la réception des travaux. Il finit par l'indication du nom de l'adjudicataire, de la somme pour laquelle il a soumissionné et des *praedes* fournis à la cité, en tête desquels l'adjudicataire figure en personne, sans doute, ainsi que pense Mommsen, parce que l'intervention de *praedes* libérait ici comme ailleurs le principal obligé et qu'il lui fallait par conséquent se porter lui-même *praes* pour être tenu à côté de ses cautions.

Ab colonia deducta anno XC, N. Fufidio N. f. M. Pullio duovir(eis). P. Rutilio Cn. Mallio co(n)s(ulibus), operum lex II.

Lex parieti faciendo in area, quae est ante aedem Serapi trans viam. Qui redemerit, praedes dato praediaque subsignato duumvirum arbitratu.

In area trans viam paries, qui est propter viam, in eo pariete medio ostiei lumen aperito ; latum p(edes) VI, altum p(edes) VII facito. Ex eo pariete antas duas ad mare vorsum projicito longas p(edes) II, crassas p(edem) I (quadrantem). Insuper [id] limen robustum, long(um) p(edes) VIII, latum p(edem) I (quadrantem), altum [p(edis)] d(odrantem) inponito. Insuper id et antas mutulos robustos II, crassos (bessem), altos p(edem) I projicito extra pariete in utramq(ue) partem p(edes) IV. Insuper simas pictas ferro figito. Insuper mutulos trabiculas abiegineas II, crassas quoque versus s(emissem) inponito ferroque figito. Inasserato asseribus abiegnieis, sectilibus, crasseis quoque versus (trientem) ; disponito ni plus (dodrantem). Operculaque abiegnea inponito. Ex tigno pedario facito. Antepagmenta abiegnea lata (dodrantem), crassa (semiunciam) cumatiumque inponito ferroque plano figito, portulaque tegito tegularum ordinibus seneis quoque versus. Tegulas primores omnes in antepagmento ferro figito marginemque inponito. Eisdem fores clatratas II cum postibus aesculnieis facito statuito ocludito picatoque ita, utei ad aedem Honorus facta sunt. Eisdem maceria extrema paries qui est, eum parietem cum margine altum facito p(edes) X. Eisdem ostium, introitu in area quod nunc est, et fenestras, quae in pariete propter eam aream sunt, pariete opstruito ; et parieti, qui nunc est propter viam, marginem perpetuom inponito. Eosq(ue) parietes marginesque omnes, quae lita non erunt, calce harenato lita politaque et calce uda dealbata recte facito. Quod opus structile fiet, in terra calcis restinctai partem quartam indito. Nive majorem caementa struito, quam quae caementa arda pendat p(ondo) XV, nive angolaria altiorem (trientem semunciam) facito. Locumque purum pro eo opere reddito. Eidem sacella aras signaque, quae in campo sunt, quae demonstrata erunt, ea omnia tollito deferto componito statuitoque, ubei locus demonstratus erit, duumvirum arbitratu.

Hoc opus omne facito arbitratu duovir(um) et duoviral(ium, qui in consilio esse solent Puteoleis, dum ni minus viginti adsient, cum ea res consuletur. Quod eorum viginti jurati probaverint, probum esto ; quod ieis inprobarint, inprobum esto. Dies operis : k. Novembr(ibus) primeis. Dies pequn(iae) : pars dimidia dabitur, ubei praedia satis subsignata erunt ; altera pars dimidia solvetur opere effecto probatoque.

C. Blossius Q. f. HS cІɔ D, idem praes. Q. Fuficius Q. f . . Cn. Tetteius Q. f . C. Granius C. f. Ti. Crassicius.

§ 5. — CONTRAT DE SOCIÉTÉ (an 167 après J.-C.).

C. I. L., III, p. 950, n° XIII ; Bruns, n° 171. Triptyque de Transylvanie dont la 1re et la 2e tables ont seules subsisté. Acte du 28 mars 167 constatant une société formée entre deux banquiers pour durer du 23 décembre 166 au 12 avril 167. L'acte s'explique sur la répartition des profits et des pertes qui seront divisés par parts égales, sur le montant et la réalisation des apports, dont l'un consiste en fruits et en argent, sur la peine égale à un multiple du préjudice causé encourue par l'associé convaincu de dol, et de nouveau sur le partage à faire, à l'expiration du terme, des bénéfices qui pourront exister après le paiement des dettes et le prélèvement des apports. Puis il termine en rapportant que l'observation de ces diverses clauses a été promise par contrat verbal par l'une des parties à l'autre et qu'il a été dressé de l'opération deux titres, dont le second, qui nous manque, constatait, selon toute vraisemblance, une stipulation inverse faite entre les mêmes parties.

Inter Cassium Frontinum et Julium Alexandrum societas danistariae [1] ex X kal. Januarias, q(uae) p(roximae) f(uerunt) Pudente et Polione cos., in pridie idus Apriles proximas venturas ita convenit, ut quidquid in ea societati ab re natum [2] fuerit lucrum damnumve acciderit, aequis portionibus suscipere debebunt. In qua societate intulit Julius Alexander numeratos sive in fructo denarios quingentos, et Secundus Cassi Palumbi servus actor intulit denarios ducentos sexaginta septem pr... tin II sum Alburno... debebit. In qua societate si quis dolo malo fraudem fecisse deprehensus fuerit, in asse uno denarium unum... denarium unum denarios XX... alio inferre debebit, et tempore peracto deducto aere alieno sive summam s(upra) s(criptam) sibi recipere sive, si quod superfuerit, dividere debebunt (?).

1. De δανειστής, *argentarius*. — 2. Mots déchiffrés par O. Hirschfeld ; auparavant on lisait *arrenatum*, mot inconnu qu'on supposait pouvoir signifier prêté sur gage, *arra* se prenant parfois dans le sens de *pignus*.

Id d(ari) f(ieri) p(raestari)que stipulatus est Cassius Frontin*us*, *spopon*dit Jul(ius) Alexander. De qua re dua paria *ta*bularum signatae sunt. *Item* debentur Lossae denarii L, quos a sociis s(upra) s(criptis) accipere debebit.

*Act(um) Deu*sare V kal April. Vero III et Quadrato cos.

§ 6. — CONTRATS RÉELS.

Nous ne possédons aucun titre romain relatif aux contrats réels nommés de commodat et de gage, ni aux contrats réels innommés. Les titres relatifs à la fiducie ont déjà été rapportés pp. 819-825. Pour le *mutuum*, on ne peut citer, à côté des stipulations rapportées pp. 841-842, qu'un fragment en langue grecque faisant partie de la collection des triptyques de Transylvanie, que nous donnons ici avec la traduction de Bruns et dans lequel on remarquera notamment la *poena* spécifiée pour le cas de retard, à côté des intérêts légaux, en matière de dette d'argent. Le second titre que nous reproduisons et qui appartient pareillement à la collection des triptyques de Transylvanie constate le versement d'une somme d'argent que le mot *commendare* expliqué par Papinien, *D.*, 16, 3, 24. *pr.*, prouve être fait à titre de dépôt, probablement de dépôt irrégulier.

1. Mutuum.

C. I. L., III, p. 933, n° iv ; Bruns, n° 154, où le texte est maintenant présenté comme un exemple de *pecunia constituta*. Table 3° d'un triptyque dont les deux premières sont perdues. Les lettres restituées sont entre crochets.

.... καὶ τῶν λοιπῶν κ'.... γων δηνάρια κγ' κ[αὶ] τούτων ἑκατοστὴ[ν τίσει]ν ἀπὸ τῆς προγεγραμμένης ἡμέρας εἰς [τὴν δ']κ. Ὀκ[τω]βρίας· ἐὰν δὲ μὴ ἀποδῶ σ[οι εἰς] τὴν ἡμέραν ὡρισμένη[ν], ἀποδώσω ὡ[ς] παριὸν ἔτι δηνάρια κε. Ἐγένετο εἰς ["Ἀλ]β[ουρ]νον μεγάλην [1].

2. Dépôt irrégulier (an 167 après J.-C.).

C. I. L., III, p. 949, n° xii ; Bruns, n° 155. Triptyque dont la table 1re a seule subsisté.

Vero III Quadrato cons. III kal. Junias denarios quinquaginta L commendatos Lupus Carentis dixit se accepisse et accepit a Julio *A*lexandro, quos ei reddere debet sine ulla controversia.

Actum Albur*no* majori...

[1]. (... reliquorum XX... denarios XXIII et horum centesimam me soluturum ex die supra scripta in diem IV k. Oct. ; si vero tibi non reddidero in diem constitutam, reddam pro accessione amplius denarios XXV. Act. Alb. maj.).

§ 7. — PROMESSES A DES PERSONNES INCERTAINES.

Inscriptions promettant une récompense au porteur d'une chose perdue ou volée. On peut rapprocher des deux exemples reproduits ici un papyrus grec égyptien de l'an 146 avant J.-C. publié par Letronne en 1833, et des textes littéraires assez nombreux (Pétrone, *Sat.*, 97 ; Appulée, *Metam.*, 6, 8 ; Julius Victor, *Ars rhet.*, 4, 4 ; Chirius Fortunatianus, *Ars rhet.*, 1, 18). Cf. Bruns, n° 159 et Kuno Tzschirner, *De indole ac natura promissionis popularis 'Auslobung' quam vocant*, Berlin, 1869.

1. *C. I. L.*, IV, 64 et *add.*, p. 191 ; Bruns, n° 159, 1. Inscription peinte sur une muraille de Pompéi.

Urna aenia pereit de taberna. Sei quis rettulerit, dabuntur HS $\perp$ XV ; sei furem dabit, unde *rem* servare *possim*, HS XX...

2. Dessau, 8731 ; Bruns, n° 159, 2. Lame de bronze quadrangulaire de 5 centimètres et demi munie d'un anneau qui permet de l'attacher au cou d'un esclave. D'autres inscriptions assez nombreuses (*C. I. L.*, XV, 7171 et ss. ; Dessau, 8726-8733) gravées sur des colliers ou plus souvent encore sur des médaillons attachés aux colliers (*bullae*) se contentent d'indiquer le propriétaire de l'esclave et prient de lui ramener le fugitif, sans fixer le montant de la récompense. V. sur ces monuments, dont aucun ne paraît antérieur à Constantin et dont l'usage se rattache peut-être à la constitution *C. Th.*, 9, 40, 2 = *C.*, 9, 47, 17, la dissertation de M. Raff. Ricci, *Bull. di D. R.*, 5, 1892, pp. 11-21, et les auteurs cités.

Fugi ; tene me ; cum revocaveris me d(omino) m(eo) Zonino, accipis solidum.

CHAPITRE V

EXTINCTION DES OBLIGATIONS.

Jusqu'aux dernières années, on ne pouvait relever, comme documents épigraphiques se rapportant à l'extinction des obligations, que les mentions incidentes de paiements faites dans d'autres actes plus complexes (v. notamment les actes de ventes cités pp. 843-850). Nous avons aujourd'hui une collection complète de titres principaux d'extinction : les tablettes trouvées à Pompéi en 1875 dans la maison de Jucundus dont nous donnons des exemples variés ; nous les avons fait suivre d'un titre de libération délivré au tuteur d'une femme par son mari en l'an 168 et d'une autre quittance.

§ 1. — QUITTANCES DE POMPÉI (ans 15-62 après J.-C.).

Tablettes enduites de cire, en forme de diptyques ou de triptyques trouvées, réunies dans une caisse, en juillet 1875, à Pompéi, dans la maison de L. Caecilius Jucundus, étudiées depuis par de nombreux auteurs (v. notamment G. de Petra, *Le tavolette cerate di Pompei*, Roma, 1876 ; Mommsen, *Hermes*, 12,1877, pp. 88-141, et *Giornale degli scavi di Pompéi*, 1877, pp. 70-115 (*Ges. Schr.*, 3,221-274) : Caillemer, *N. R. H.*, 1877, pp. 397-410 ; Karlowa, *Z. de Grünhut*, 4, 1877, pp. 502-508, et *R. R. G.*, 1, pp. 798-805 ; Bruns, *Z. R. G.*, 13, 1868, pp. 362 369 = *Kl. Schr.*, 2, pp. 319-325 ; Brunner, *Zur Gesch. d. Urkunde*, pp. 44-47 ; Erman, *Zur Gesch. der römischen Quittungen und Solutionsakte*, Berlin, 1883 ; Hruza, *Z. de Grünhut*, 12, 1885, pp 250 262 ; Frese, *Z. S. St.*, 18. 1897, pp. 254-257 ; Erman, *Z. S. St.*, 20, 1899, pp. 172-211 ; cf. Krueger, *Sources*, pp. 319-322, et Girard, *Mélanges*, 1, pp. 392-394 ; *Manuel*, p. 691, n. 5) et publiées en dernier lieu avec un commentaire important et étendu par M. Zangemeister, *C. I. L.*, IV, *Suppl.*, 1, 1898, 3340, I-CLIII.

Ces titres sont disposés matériellement selon le type général décrit p. 840, sauf deux points : 1° l'exemplaire extérieur ne commence pas à la p. 4 des triptyques pour finir à la p. 5, mais est le plus souvent à la p. 5 (n°s 5, 8, 10), parfois à la p. 4, colonne gauche après laquelle la p. 5 en contient peut-être alors un troisième exemplaire plus ou moins différent (n°s 2, 3, 4) ; les diptyques portent les cachets sur la colonne droite et le second exemplaire de l'acte sur la colonne gauche de la p. 4 (n°s 1, 9) ; 2° seul le plus récent se conforme absolument pour la fermeture de l'exemplaire intérieur aux prescriptions du sénatus-consulte signalé par Paul, *Sent.*, 5, 25, 6, et il permet précisément par son rapprochement avec les plus anciens, où le fil est enroulé autour des tablettes au lieu de passer par les trous creusés à cette fin, de placer le sénatus-consulte en l'an 61. Tous ceux qu'on a pu déchiffrer — il y en a 153 plus ou moins lisibles — se rapportent à des paiements faits par L. Caecilius Jucundus, ou dans le plus ancien par L. Caecilius Félix, probablement son prédécesseur et son père, entre l'an 15 et l'an 62, soit du montant de ventes aux enchères faites par lui pour le compte de particuliers, soit d'arrérages de locations conclues par lui avec la colonie de Pompéi.

Les quittances de prix de vente, dont, parmi celles qui ont conservé leurs dates, deux appartiennent aux années 15 et 27 (n⁰ˢ 1, 2), et les autres aux années 52 à 57, ont pour intérêt capital de présenter une dualité de rédaction très frappante, tenant sans doute au mouvement qui a conduit, en matière d'actes de libération comme ailleurs, des anciens écrits impersonnels rédigés par le bénéficiaire de l'acte juridique rapporté, et par conséquent dénués de force probante, aux écrits probatoires en forme émanant de celui à qui ils devront être opposés, ici des titres de libération rédigés par le débiteur et constituant donc de simples mementos de la preuve testimoniale (*testationes*, *professiones*) aux titres émanant du créancier qui sont de véritables quittances au sens moderne (*chirographa*). On y rencontre tantôt une formule qui rapporte simplement que le créancier *habere se dixit*, et tantôt une autre formule dans laquelle c'est le créancier lui-même qui écrit avoir reçu : *scripsi me accepisse*, ou un tiers commis par lui qui écrit sur son ordre qu'il a reçu : *scripsi rogatu L. Titii eum accepisse*. Et la différence de fonctions indiquées par les termes mêmes des deux formules continue à s'exprimer dans une série de différences relatives à l'écriture des actes : uniformément de la même écriture, sans doute celle du débiteur Jucundus pour la première formule, changeant à chaque fois avec les créanciers payés pour la seconde ; au nombre des témoins et des cachets fermant l'exemplaire intérieur : pour la première formule, sept témoins au moins, plus souvent huit choisis par moitié par les deux parties (Sénèque, *De benef.*, 3, 15), aux cachets desquels s'ajoute souvent celui du créancier, pour la seconde, seulement cinq cachets au plus et au plus trois témoins, parfois aucun ; enfin jusqu'au rôle des cachets, qui, dans les actes du second type, servent, suivant une particularité découverte par M. Zangemeister, non seulement à clore l'exemplaire intérieur sur le fil de fermeture duquel ils sont posés en plus ou moins grand nombre, mais à reconnaître, à la façon de la signature moderne et des sceaux du moyen âge, la sincérité du *chirographum* au bas duquel ils sont apposés pour cela par le créancier, quand il écrit la quittance, par le scribe et le créancier, quand elle est écrite par le premier pour le second (cf. n⁰ˢ 2, 4, 5, 6, 9, 10). Il ne semble pas douteux que la première rédaction ait commencé par être seule connue et par figurer seule dans les deux exemplaires intérieur et extérieur du titre. A la vérité, M. Zangemeister estime aujourd'hui, contrairement à ce qu'on avait pensé d'abord, que parmi les titres conservés, cela ne peut être admis que pour le titre de l'an 15 de Caecilius Félix et que déjà dans les quittances n⁰ˢ 2, 3, 4, dont la première est de l'an 27, les deux exemplaires intérieur et extérieur rédigés dans la première forme étaient suivis d'une troisième rédaction de l'acte appartenant au type du *chirographum*, comme plus tard on voit apparaître des titres où l'exemplaire intérieur est du premier type et l'exemplaire extérieur du second (le plus ancien exemple conservé, le n° 5, est de l'an 54) et même des titres dans lesquels la forme du *chirographum* figure seule dans les deux exemplaires. Mais justement ces particularités ne peuvent s'expliquer qu'en admettant qu'anciennement l'acte de libération était toujours rédigé en deux exemplaires du premier type et que même après l'introduction du *chirographum* on a continué à se croire obligé de placer devant lui d'abord deux exemplaires, puis tout au moins un exemplaire intérieur du premier type avant de rédiger ouvertement et exclusivement les deux exemplaires intérieur et extérieur de l'acte dans la forme du *chirographum*. Il est à la fois naturel et instructif que ce soit dans une ville de la Grande Grèce, ouverte aux influences helléniques, que l'on voie ainsi pour la première fois non seulement se juxtaposer, mais se substituer au vieux type romain d'actes écrits le *chirographum* grec généralisé dans le reste de l'empire seulement à une époque fort postérieure. — La diversité de formules aurait, au point de vue du fond, une importance encore plus grande si l'on admettait avec une opinion émise par Mommsen et adoptée par ex. par MM. Caillemer, Karlowa et Zangemeister, mais vigoureusement combattue par MM. Bruns, Frese et Erman, que les titres de la 1re espèce constateraient non pas des paiements, mais des actes formels d'acceptilation verbale.

Les quittances délivrées à Jucundus pour les arrérages payés par lui à la colonie se placent toutes entre les années 53 et 62. Ce sont des reçus émanant d'esclaves publics et écrits de leur main dans la 2e forme indiquée plus haut, tant pour l'écriture intérieure que pour l'écriture extérieure, quoique d'ailleurs la rédaction inscrite dans la partie ouverte des tablettes soit souvent un simple abrégé de l'acte contenu *in extenso* dans leur partie close.

Nous donnons, d'après l'édition Zangemeister, avec les références à l'éd. princeps publiée par M. de Petra et à celle donnée par Mommsen des principaux titres dans Bruns, n° 157 : sous le n° 1, le titre le plus ancien de l'an 15 ; sous les n°s 2, 3, 4, les trois titres donnant la première rédaction dans leurs deux exemplaires ; sous les n°s 5 et 6, deux titres présentant la rédaction ancienne dans l'exemplaire intérieur et la rédaction nouvelle dans l'extérieur, qui ont pour intérêt propre, le premier d'être le plus ancien exemple de ce type, le second d'émaner d'une femme (non assistée de son tuteur), tous deux de montrer après les cachets multiples fermant l'exemplaire intérieur, les deux cachets mis en face de la signature au bas du *chirographum* ; sous les n°s 7 et 8, deux actes contenant le *chirographum* en deux exemplaires ; sous les n°s 9 et 10, deux quittances émanant d'esclaves de la cité, inscrites l'une sur un diptyque, l'autre sur un triptyque, mais rédigées dans les deux exemplaires dans la forme du *chirographum* et portant au bas de l'exemplaire intérieur le cachet de l'esclave employé comme signature, sans préjudice des cachets distincts apposés à la page suivante pour assurer la clôture de cet exemplaire intérieur.

1. Dyptique de l'an 15 après J.-C.

C. I. L., n° 1 ; De Petra, n° 1 ; Bruns, p. 355. Diptyque dont la p. 1 présente des traces illisibles d'écriture à l'encre (peut-être un bref sommaire) et les pp. 2 et 3 portent la rédaction intérieure (*professio*) reproduite ci-dessous. La p. 4 qui n'était pas enduite de cire ne garde trace ni d'écriture ni de cachets ; mais elle peut avoir porté le second exemplaire de l'acte et les noms des *signatores* écrits à l'encre à côté des cachets dont la présence paraît à M. Zangemeister être attestée par les coches faites au haut et au bas des tablettes pour le fil qu'ils devaient maintenir.

HS. n. DXX ob mulum venditum, *M.* Pomponio M. l(iberto) Niconi, quam pecuniam in stipulatum *L.* Caecili Felicis redegisse dicitur M. Cerrinius Euphrates. eam pequniam omnem, quae supra scripta est, *n*umeratam dixit se *a*ccepisse M. Cerrinius M.l. *E*uphrates ab Philadelpho *C*aecili Felicis ser(vo). Actum Pompeis V k. Junias Druso Caesare C. Norbano Flacco cos.

2. Triptyque de l'an 27.

C. I. L., IV, n° ii ; De Petra, n° 2 ; Bruns, p. 355. Triptyque complet dont les pp. 2 et 3 portaient sur cire un premier exemplaire de l'acte qui a disparu, la p. 4 portait à l'encre à sa colonne droite les noms de huit à neuf *signatores* dont un seul a pu être lu (*P. Furi Fortunati*) et à sa colonne gauche le second exemplaire de l'acte (*professio*) reproduit ci-dessous, mais où la p. 5 aurait porté, selon M. Zangemeister, gravée sur cire, une 3ᵉ rédaction du titre rédigée selon le type du *chirographum* et attestée par des traces de cachet à l'angle droit inférieur.

Rubrique sur la tranche de la 2ᵉ tablette :

Per*scriptio*....

Page 4, colonne gauche :

HS. n. ∞CCC.. quae *pecunia in stipulatum* L. Caecili Jucundi *venit ob auctionem* M. Allei Carpi in idus Decembr(es) *pr*imas mercede minus *numerata habere se* dixsit M. Alleius Carpus ab L. Caeci*lio Jucundo.* Act(um Pomp(eis) V k. Dec. L. Calpurn*io* M. Licinio *cos*.

3. Triptyque de l'an 54.

C. I. L., IV, n° v ; De Petra, n° 3 ; Bruns, p. 355. Triptyque dont il reste seulement la seconde tablette. La p. 3 contenant la fin de l'exemplaire intérieur gravée sur cire est illisible. La p. 4 porte sur sa colonne droite les noms des huit *signatores* parmi lesquels ne figure pas le créancier et sur sa colonne gauche l'exemplaire extérieur de l'acte (*professio*) écrit à l'encre. M. Zangemeister suppose, en argumentant des n°ˢ 2 et 4, que la troisième tablette perdue portait à sa p. 5 une 3ᵉ rédaction du titre appartenant au type du *chirographum*.

HS. n. ∞C∞ LXXXV, quae pecuniae in stipulatu(m) venit L. Caeci(li) Jucundi ob auctionem buxiaria(m) C. Juli Onesimi in idus Julias primas, mercede minus, numeratos accepisse dixit C. Julius Onesimus ab M. Fabio Agathino nomine L.

Caecili Jucundi. Actum Pompeis VI idus Maias M'. Acilio Aviola M. Asinio Marcello cos.

4. Triptyque d'année incertaine.

C. I. L., IV, n° XLIX ; De Petra, n° 39 ; Bruns, p.356. Triptyque complet : les pp. 2 et 3 portaient sur cire un premier exemplaire de l'acte duquel on lit seulement deux ou trois mots au début des dernières lignes de la p. 3 (L. Caecilio ; actum ; cccnn ?) ; la p. 4 donne à l'encre, sur sa colonne droite, les noms de neuf *signatores* parmi lesquels l'*accipien*s et sur sa colonne gauche l'exemplaire extérieur (*professio*). M. Zangemeister estime que la p. 5 où il a discerné des traces d'un cachet et d'écriture contenait une quittance en forme de *chirographum*.

Rubrique sur la tranche de la 2ᵉ tablette :

Perscriptio *L. Cornel*io Ma*x*s(*imo*).

Page 4, colonne gauche :

HS. n. $\overline{V}$CCC, quae pecunia in stipulatum L. Caecili Jucundi venit ob mancipia dua veterana vendita r(atione) hereditaria L. Corneli *Tert*i soluta habere se di*x*sit L. Cornelius Maxsimus ab L. Caecilio Jucundo. *Act. Pompeis... c*(*os*).

5. Triptyque de l'an 54.

C. I. L., IV, n° VII ; De Petra, n° 4 ; manque dans Bruns. Triptyque presque complet. Les pp. 2 et 3 portent sur cire un exemplaire de l'acte appartenant au premier type ; la p. 4 les noms de neuf *signatores* parmi lesquels probablement le créancier ; la p. 5 le second exemplaire dans la forme du *chirographum* écrit par un scribe sur l'ordre du créancier avec aux deux angles inférieurs les traces de deux nouveaux cachets, sans doute ceux du créancier et du scribe.

Rubrique sur la tranche de la 2ᵉ tablette :

Perscriptio Nymphi — *L.* Juni Aquila*e*.

Pages 2 et 3. Exemplaire intérieur :

HS. n. *DLXV*II, quae pecunia in stipulatum L. Caecili Jucundi venit ob auctionem Ni(m)*phi* L. Juni Aquilae in idus Augustas primas mercede minus *numerata habere se dix*it L. Junius Aquila ab L. Caecilio Jucundo. Actum Pompeis IIII k. Ju... M'. Acilio M. Asinio cos.

Page 5. Exemplaire extérieur :

Nym*phius scripsi ex* mandatu *et delegat*u L. Juni A*quilae* eum acce*pi*sse ab L. Caecilio Jucundo seste*r*tios *mille* quingentos se*x*agi(n)ta sep*i*(em) (?) ob auctione(m) *Niphi* Juni *Aquilae.*

6. Triptyque de l'an 56.

C. I. L., IV, n° xxv ; De Petra, n° 15 ; Bruns, p. 358. Triptyque complet. Les pp. 2 et 3 portent sur cire un premier exemplaire de l'acte appartenant au premier type ; la p. 4, colonne droite, neuf noms de *signatores* dont celui du scribe employé plus bas par la créancière ; la p. 5, le second exemplaire rédigé sur cire par un scribe sur l'ordre de la créancière et au bas duquel se voient les traces de deux nouveaux cachets, sans doute ceux du scribe et de la créancière.

Rubrique sur la tranche de la 2e tablette :

Perscriptio Umbriciae *Januariae.*

Pages 2 et 3 :

HS. n. cclɔɔ ∞ XXXVIIII, quae pecunia in stipulatum L. Caecili Jucundi venit ob auctionem Umbriciae Januariae mercede minus persoluta habere se dixsit Umbricia Januaria ab L. Caecilio Jucundo. Act. Pom*p*(eis) pr(idie) id(us) Dec(embres). L. Duvio P. Clodio cos.

Page 5 :

L. Duvio Avito P. Clodio Thrasea cos. pri(die) i*d*(us) Decembr(es) D. Volcius Tha*ll*us scripsi rogatu Umbriciae Januariae eam accepisse ab L. Caeci*l*io *J*ucundo HS. n. XIXXXXI ex auctione *e*jus mercede minus ex interr*ogati*one facta tabellarum.....ti.....n...s. A*ctum Pompe*is (*deux cachets à la fin de la ligne*).

7. Triptyque de l'an 54.

C. I. L., IV, n° vi ; De Petra, n° 112 ; Bruns, p. 357. Triptyque complet. Les pp. 2 et 3 contiennent sur cire un premier exemplaire du *chirographum* : la p. 4, colonne droite, en face de quatre cachets, les noms des *signatores* parmi lesquels figure deux fois le rédacteur de l'acte ; la p. 5 contenait sans doute le second exemplaire du *chirographum* qui a disparu avec la cire sur laquelle il était gravé. M. Zangemeister conjecture que des taches des pp. 2 et 4 pourraient venir de cachets mis aux pp. 3 et 7 au bas des deux exemplaires de l'acte.

Rubrique sur la tranche de la 2e tablette :

*Chi*rogra*p*um — Sal*vi*...

Pages 2 et 3 :

M'. Acilio Aviola M. Asinio cos. IIII k. Junias Salvius heredum N. Nasenni Nigidi Vacculae servos scripsi me accepisse ab L. Caecilio Jucundo sestertia nummum tria milia quinquaginta nove(m) nummos ob auctione(m) mea(m) *q*uem (?) in stipulatu(m) ejus redegi, quae minutatim quaemadmodum volui, ab eo accepi in hanc diem. Actum Pompeis.

8. Triptyque de l'an 56.

C. I. L., IV, n° xxi ; De Petra, n°ˢ 20.21 ; Bruns, p.356. Triptyque dont les deux premières tables sont mutilées, portant sur ses pp. 2 et 3 et sur sa p. 5 deux exemplaires du *chirographum*. Le nom du rédacteur de l'acte est indiqué à quatre reprises à la colonne droite de la p. 4 comme celui du possesseur des quatre cachets apposés à cette page. Il n'y a pas de trace de cachets au bas de la p. 5.

Rubrique sur la tranche de la 2ᵉ tablette :

Perscriptio — M. Alleio Carpo.

Pages 2 et 3.

Q. Volusio Saturnino P. Cornelio Scipione cos. *VIII* k. Julias *M. Alleius* Carpus scripsi me a*ccepisse* ab L. Caecilio *Jucundo HS* mille trecen*tos octoginta* sexs nummos *ex auctione venali*ci*aria* (?)..... Act(um) Pompeis.

Page 5 :

Q. Volusio Saturnino P. Cornelio cos. VIII k. Jul. M. Alleius Carpus scripsi me accepisse ab L. Caecilio Jucundo HS ∞ CCCXXCVI ob auctione(m) me(am) sup stipulatu ejus. Actum Pomp(eis).

9. Diptyque de l'an 53.

C. I. L., IV, n° cxxxviii ; De Petra, p. 125 ; Bruns, p. 360. Cf. Mommsen, *Hermes*, 12, p. 123. Diptyque presque complet portant aux pp. 2 et 3, gravé sur cire, l'exemplaire intérieur d'une quittance délivrée par un esclave de la colonie (où M. Zangemeister a discerné à l'angle droit intérieur de la p. 3 des traces d'un cachet), à la p. 4, à l'encre, sur la colonne droite les noms de cinq *signatores*, dont les deux duumvirs en exercice et une ou deux fois l'esclave, sur la colonne gauche, l'exemplaire extérieur de l'acte.

Pages 2 et 3.

Q. Coelio Caltillo Justo L. Helvio Blaesio Proculo IIvir. j. *d.* pr. idus Martias Secundus *colonorum* coloniae Veneriae Corneliae servo*s* accepi *a* P. *T*erentio Prim*o* HS DCCLXXVI reliquos ob avitum *et* patritum fundi Audiani nomine Stali Inventi jussu Caltili Justi et Helvi Proculi. Act. Pomp*eis D*. Junio Torqua*to Si*lano Q. Haterio Anton*ino* cos. (*traces de cachet*).

Page 4. Colonne gauche :

Q. Coelio *Caltilio* Justo L. *Helvio Blaesio* Proculo IIvir. j. d. pr. idus Mart(ias) Secundus. c. c. V. C. ser. scripsi me accepisse ab P. Ter. Pr*imo* HS DCCLXXVI reliquos ob avitum *fund*i Audiani et accepi ante *hanc* diem HS V̄CCXXIIII Act. Pompeis *D*. *J*unio Silano Q. Haterio Antonino cos.

10. Triptyque de l'an 59.

C. I. L., IV, n° CXLIII ; De Petra, n° 119 ; Bruns, p. 359. Triptyque presque complet. Les pp. 2 et 3 portent l'exemplaire intérieur gravé sur cire d'une quittance donnée par un esclave de la cité, au bas duquel M. Zangemeister a encore distingué les traces d'un cachet, la p. 4, cinq cachets et, écrits sur cinq lignes à droite et à gauche, les noms de cinq *signatores*, parmi lesquels un des duumvirs et deux fois l'esclave, la p. 5, le second exemplaire plus bref, la p. 6, un nouveau sommaire écrit à l'encre.

Pages 2 et 3 :

Cn. Pompeio Grospho, Grospho Pompeio Gavanio IIvir. jur. dic. VI idus Julias Privatus colonorum coloniae Veneriae Corneliae Pompeianorum ser(vus) scripsi me accepisse ab L. Caecilio Jucundo sestertios mille sescentos quinquaginta nummos nummo libellas quinque ex reliquis ob fullonica anni L. Verani Hupsaei et Albuci Justi d. v. j. d. solut(os). Act. Pom. M. Ostorio Scapula T. Sextio Africano cos. (*traces de cachet*).

Page 5 :

Duobus Grosphis d. j. d. VI idus Juli, chirograpum Privati c. c. V. C. s. HS ∞ DCLIS ob fullonic(am) anni ter*ti* T. Sextio M. Ostor. c.

Page 6 :

Chirograpu.. Privati c. c. *V. C. s.* HS DCLIS ob fullonic*a* anni terti duobus Grosphis d. v. j. d. M. Ostorio T. Sextio cos. VI idus Julias.

§ 2. DÉCHARGE DONNÉE PAR UN MARI AU TUTEUR DE SA FEMME (an 168).

P. Lond., II, p. 212, n° 470, corrigé par Wilcken, *Arch. f. P.*, 3, pp. 244-245 ; Mitteis, *Chrestom.*, n° 328 ; Bruns, n° 158. Cf. Mitteis, *Z. S. St.*, 25, 1906, pp. 275-276. Acte dans lequel la femme romaine Amatia Prisca mariée au pérégrin Sarapion ayant avec l'*auctoritas* de son tuteur Antonius Tiberinus libéré un débiteur de la succession de sa mère, le tuteur est déclaré, non pas par la femme, mais par son mari, dégagé de sa responsabilité, attendu que la femme a reçu le montant de la dette. L'existence d'un tuteur distinct du mari tient à ce que la femme citoyenne ne pouvait avoir pour tu'eur un pérégrin et le concours du tuteur de la femme à l'acte s'explique par l'idée que cet acte était une acceptilation pour laquelle, à la différence de la réception d'un simple paiement, la femme avait besoin de l'*auctoritas*, d'après Gaius, 3, 171. Mais il semble singulier que le tuteur soit si expressément libéré d'une responsabilité que, d'après le même Gaius, 1, 190, il n'encourrait pas par l'action *tutelae* à raison de l'*auctoritas* donnée à la femme, et il

paraît encore plus singulier que cette libération émane du mari.
La première chose s'explique si l'on remarque que le tuteur de la
femme qui n'est pas responsable de son *auctoritas* sur le terrain de
l'action *tutelae*, peut l'être sur le terrain délictuel, par ex. par
l'action de dol. V. pour l'explication de la seconde, les conjectures
indiquées par M. Mitteis, *Chrestom.*, p. 382.

Σαραπιω[ν] Ἰσιδώρου τοῦ [καὶ] Παν[ᾶ]το[ς] Ἀμμωνίου τοῦ [κα]ὶ
Ἀθηνοδ[ώ]ρου Σωσικόσμι[ος] ὁ καὶ Ἀλθαιεὺς Ἀντωνίῳ Τ[ι]βερείνῳ
οὐετρανῷ χαίριν. Ἐπ[εὶ] ἐπεγράψω κύρ[ι]ος τῆς [ἐ]μῆς γυναικὸς περι-
λυούσης δάνιον μητρικὸν αὐτῆς κατὰ τὸν νόμον τῶν Ῥωμαίων τρί[τ]ου
μέρ[ο]υς Ἀματίας Πρείσκας τῆς καὶ Λουκίας, ἐντεῦθεν ἀνεύθυνόν σε
ποιῶ διὰ τὸ αὐτὴν ἀπειληφέναι. (Ἔτους) η Ἀντωνείνου καὶ Οὐήρου τῶν
κυρίων Σεβαστῶν Ἀρμενιακῶν Μηδικῶν Παρθικῶν Μεγίστων Παχὼν ιγ¹.

*Sarapion filius Isidori qui et Panatis nepos Ammonii qui et
Athenodori Sosicosmius qui et Althaceus Antonio Tiberino veterano salutem. Cum adscriptus sis tutor uxori meae acceptum
ferenti mutuum a matre ejus datum (secundum jus Romanum
tertiae partis), Amatiae Priscae, quae et Luciae, inde te solvo li
beroque quoniam mulier quod acceptum tulit recepit. Anno VIII
Antonini et Veri dominorum Augustorum Armeniacorum Medi-
corum Parthicorum Maximorum Pachon XIII*¹.

§ 3. — QUITTANCE DE L'AN 398.

Quittance sur papyrus en écriture cursive, en date de l'an 398,
conservée en deux exemplaires dans la collection de l'archiduc Renier et publiée par M. Wessely, *Schrifttafeln zur älteren lateinischen
Palaeographie*, 1898, p. 9, n° 17.

Quantum decimo kall(endas) easdd(em) duocene stibale
post cons(ulatum) dom(ini) n(ostri) Honorii p(erpetui) Au-
g(usti) quater et Eytychiani v(iri) cl(arissimi) p(er) Sergio ac-
tuario ind(ictione) *XIV*.

1. 8 mai 168.

CHAPITRE VI

STATUTS DE DOMAINES IMPÉRIAUX.

On a déjà trouvé dans notre première partie parmi les constitutions impériales quelques textes relatifs au régime propre des domaines impériaux: pp. 199-201, n° 10, le rescrit de Commode en réponse aux réclamations des colons du *saltus Burunitanus* soumis à des corvées excessives à l'encontre d'une *lex Hadriana* dont cette inscription découverte à Souk-el-Khmis en 1880 a été la première à révéler l'existence, texte dans la notice duquel nous avons signalé p. 199, les inscriptions symétriques retrouvées sur d'autres points de la même région ; puis pp. 207-208, n° 14, le rescrit des deux Philippes, en réponse à des plaintes des Aragueni, qui atteste un système analogue en Phrygie vers le milieu du IIIe siècle. Mais les constitutions impériales ne sont pas à beaucoup près les seuls documents que nous possédons sur le régime des domaines impériaux du Principat. Ce régime, sur lequel on ne savait presque rien avant la découverte de l'inscription de Souk-el-Khmis, a été progressivement éclairé, en particulier pour l'Afrique, par trois inscriptions découvertes successivement depuis elle et pareillement relatives à la *lex Hadriana* et à un autre statut antérieur désigné du nom de *lex Manciana* : par une inscription du temps de Sévère, Caracalla et Geta découverte en 1892 à Aïn-Ouassel, qui a fait connaître des dispositions de la *lex Hadriana* relatives non plus aux corvées, mais à l'occupation des terres incultes et abandonnées et à un partage des fruits entre l'occupant et le fermier général du domaine après une période initiale de gratuité ; par une inscription du temps de Trajan découverte à Henchir Mettich en 1896, qui a révélé comme existant avant Hadrien en vertu de la *lex Manciana* un régime d'occupation et de partage des fruits, d'une part, et de corvées, de l'autre, analogue à celui rattaché à la *lex Hadriana*, par l'inscription de Souk-el-Khmis pour les corvées et par celles d'Aïn-Ouassel pour l'occupation et le partage des fruits ; puis en dernier lieu par une inscription du temps d'Hadrien découverte en 1906 à Aïn-el-Djemala qui rapporte à la fois une requête de colons faite en vertu de la *lex Manciana* et des décisions de procurateurs réglant en vertu de la *lex Hadriana* l'occupation et la répartition des fruits en termes si voisins de ceux de l'inscription d'Aïn-Ouassel qu'elles ont permis d'en combler en partie les lacunes. Enfin, en la même année 1906, une inscription du temps d'Hadrien découverte non plus en Afrique, mais en Portugal, dans la même mine où avait été découverte en 1876 la *lex data* publiée pp. 119-123, n° 20, a fait connaître des règles non pas identiques, mais symétriques appliquées à l'administration de mines également soumises à la jouissance du prince. Nous reproduisons ici, d'abord dans l'ordre chronologique, les trois inscriptions africaines du temps de Trajan, du temps d'Hadrien et de celui des Sévères, puis, en quatrième lieu, l'inscription de Vipasca du temps d'Hadrien. V. sur les inscriptions analogues d'autres régions de l'empire les auteurs cités, pp. 199-200.

1. Inscription d'Henchir Mettich (an 116-117).

nscription découverte en 1896 à Henchir Mettich en Tunisie, communiquée à l'Académie des Inscriptions par M. Cagnat, le 23 décembre 1896 (*Comptes rendus de l'Acad. des Inscr.*, 1896, pp. 146-153), et depuis publiée et commentée notamment par MM. Toutain, *Mémoires de l'Acad. des Inscr.*, 11, 1897, pp. 31-84 et *N. R. H.*, 21, 1897, pp. 373-415 ; Cagnat, *An. ép.*, 1897, n° 48 ; Schulten, *Abhandlungen* de Goettingue, 2, 1897, n° 3 ; Ed. Cuq, *Mémoires de l'Acad. des Inscr.*, 11, 1897, pp. 83-146 ; Scialoja-Vaglieri, *Bull. di D. R.*, 9, 1897, pp. 185-192 ; Beaudouin, *N. R. H.*, 1897-1898, et *Grands domaines* ; H. Monnier, *N. R. H.*, 1898, pp. 391-402 ; O. Seeck, *Zeitschrift für Social-und Wirtschaftsgeschichte*, 6, 1898, pp. 305-368 ; 1900, pp. 327-331 ; Toutain, *N.R.H*, 23, 1899, pp. 137-169. 284-312. 401-414. Ed. Cuq, *N. R. H.*, 23, 1899, pp. 622 652, puis, après un nouvel examen de l'original par M. Schulten, *Rheinisches Museum*, 56, 1901, pp. 120-138. 187-201 (réponse de M. Seeck, 56, pp. 477-480, et réplique de M. Schulten, 57, 1902, pp. 632-535) ; Mitteis, *Abhandlungen* de Leipzig, 1901, 20, 4, pp. 28-30 ; O. Hirschfeld, *Die kaiserliche Verwaltungsbeamten*, 2ᵉ éd., 1905, pp. 129-135 ; Riccobono, *Fontes*, 1, n° 80 ; dans la 7ᵉ éd., de Bruns, n° 114, par M. Gradenwitz pour lequel M. Merlin a revu quelques passages délicats ; par M. Rostowsew, *Studien zur Geschichte des Kolonates*, 1910, pp. 321-371 et enfin dans les comptes-rendus de cet ouvrage, par exemple, chez M. Mispoulet, *Journal des Savants*, 1911, pp. 205-210. Cette inscription, en fort mauvais état, gravée sur les quatre faces d'un autel quadrangulaire, se présente elle-même comme datant du temps de Trajan en l'honneur de qui l'autel a été dressé en 116 ou 117, quoique certains auteurs y aient vu une réédition du début du IIIᵉ siècle. Elle contient, après sa dédicace en l'honneur de l'empereur (v. le n° 3), une lettre de procurateurs impériaux réglant *ad exemplum legis Mancianae*, les rapports entre les fermiers principaux et les sous-fermiers, les colons, d'un domaine appelé de son nom complet la *villa Magna Variani sive Mappalia Siga*. La lettre aurait été écrite, d'après MM. Beaudouin et Toutain, au moment où ce domaine antérieurement impérial aurait été acquis par un particulier, d'après une opinion inverse plus répandue (Schulten, Cuq, Seeck, qui formule en outre d'autres suppositions plus aventureuses) au moment où il fut acquis par l'empereur, enfin, d'après l'opinion de M. Rostowsew, suivie par M. Mispoulet, en dehors de tout événement de ce genre, à la suite de contestations entre le gros fermier et les sous-fermiers qui expliquent que la lettre se réfère exclusivement aux parties de la *lex Manciana* relatives aux rapports des *conductores* et des colons. Il n'y a pas moins de dissentiments sur le caractère de la *lex Manciana*, ainsi désignée sans doute du *cognomen* d'un certain Mancia ; pour cette raison même, elle nous paraît ne pouvoir être ni une *lex data* impériale, ni, comme on a été jusqu'à le penser, une *lex rogata*, du temps de la République ; à notre sens, c'est probablement plutôt une *lex contractus* rédigée pour les particuliers qui accepteraient ses conditions par un particulier autrefois propriétaire du domaine ; cependant il ne serait pas non plus impossible qu'elle ait été rendue, suivant l'idée de M. Rostowsew, adoptée par M. Mispoulet, par un légat impérial chargé par l'empereur de poser des règles générales pour l'exploitation des grandes propriétés impériales africaines situées au dehors des territoires des villes, à l'époque de la dynastie des Flaviens, écrivait M. Rostowsew, par exemple par L. Curtilius Mancia, qui fut consul en 55, a conjecturé M. Mispoulet. Les dispositions de la *lex Manciana* qui se trouvent là non pas appliquées, mais plutôt adaptées à une hypothèse concrète, concernent principalement : la faculté accordée aux colons d'occuper des parcelles incultes pour une mise en exploitation par laquelle ils acquièrent sur elles un droit dont le caractère est contesté et n'a peut-être pas été le même partout, mais qui apparaît comme devant subsister à titre perpétuel au profit du colon et de ses héritiers, tant qu'ils continueront l'exploitation, à condition de fournir au *conductor*, au terme d'un certain délai, une redevance annuelle consistant en une quote-part des fruits ; puis les corvées qui peuvent être exigées d'eux à côté de la redevance par le *conductor*. On a relevé l'analogie que présente ce partage de fruits entre le *conductor* et le colon avec la remise d'une part des fruits faite, en vertu de principes à notre sens fort différents, par le fermier à son bailleur dans le colonat partiaire et on a encore plus naturellement signalé la ressemblance présentée par cette tenure à long terme avec l'emphytéose du droit grec et du droit romain récent dont elle diffère pourtant notamment par ce trait essentiel que, si elle est héréditaire, elle n'est pas aliénable.

*Pro salu*te [1] | *A*ug(usti) n(ostri) imp(*eratoris*) Caes(aris) I, 1 Trajani princ(*ipis*) | totiusque domus divine optimi Germanici Parthici. Data a Licinio | *M*aximo et Feliciore Aug(usti) lib(erto) proc(uratoribus) ad exemplum || *leg*is Manciane. Qui 5. eorum *intra* fundo villae Mag | ne Variani id est Mappalia Siga *sunt*, eis eos agros qui su | *b*cesiva sunt excolere permittitur lege Manciana | ita ut eas qui excoluerit usum proprium habe | at. Ex fructibus qui eo loco nati erunt dominis au*t* || conductoribus vilicisve ejus f(undi) partes e lege 10. Ma | nciana prestare debebunt hac condecione : coloni | fructus cujusque culture, qu*os* ad are*am* deportare | et terere debebunt, summas de*f*erant arbitratu | suo conductoribus vilicis*ve* ejus f(undi) ; et si conduct*o* || res vilici[s]ve ejus f(undi) 15. in assem p*artes* col(on)icas [2] datur | as [3] renuntiaverint tabellis *obsignatis sin*e f(raude) s(ua) cavea | nt [4] ejus fructus partes qu*as prestare* debent, | conductores vilici[s]ve ejus f(*undi*) *colo*ni colonic | as partes prestare debeant. Qui in f(undo)

1. Seeck : *Ex auctorita*te. V. en sens contraire Schulten, *Rheinisches Museum*, 57, 1902, pp. 632-634. — 2. Seeck suivi par Schulten. — 3. Rostowsew propose de corriger : daturos se. — 4. Restitution de Seeck admise par Schulten.

20. villae Mag‖nae sive Mappalia Siga villas habent habebun*t* | dominicas *dominis* [1] ejus f(undi) aut conductoribus vilicisve eorum in assem partes fructuum et vinearum ex | consuetu-
dine Manciane, cujusque gene | ris habet, prestare debebunt :
25. tritici ex a‖ream partem tertiam, hordei ex aream | *partem*, tertiam, fabe ex aream partem qu | *ar*tam [2], vinu de laco partem tertiam, ol | *ei co*acti partem tertiam, mellis in alve | *is* mellaris sextarios singulos. Qui supra | quinque alveos

II, 1. habebit in tempore quo *vin* | demia mellaria fu*it fuerit* | domi-
5. nis aut condu*ctoribus vili*‖cisve ejus f(undi) qui in assem *partem* [3]... | d(are) d(ebebit). Si quis alveos, examina, apes, *vasa* | mellaria ex f(undo) villae Magne sive M | appalie Sige in octonarium agrum | transtulerit, quo fraus aut dominis au*t*
10. ‖conductoribus vilicisve eis quam fiat, a*lv* | ei[s], exami*na*, apes, vasa mellaria, mel qui in *eo f(undo)* | erunt conducto-*rum* vi*li*corumve in assem e*jus* | f(undi) erunt [4]. Ficus aride arbo*rum earum quae* [5] que extra pom*a* | rio erunt, qua poma-
15. rium *in*tra villam ipsam ‖ sit, ut non amplius jus*ta vindemia* fi*at, colon* | us arbitrio suo coa*ctorum fruc*t*u*um conducto | ri vilicisve ejus f(undi) par*tem tantam* d(are) d(ebebit) [6]. Ficeta ve*le* | ra et oliveta que ante ha*nc lege*m sa*ta sunt* ex consuetu | dine[m] fructum conductori vilicisve ejus pres-
20. tare ‖ debean*t*. Si quod ficetum postea factum erit, ejus ficet*i* | fruct[uct]um per continuas ficationes quinque | arbitrio suo *ei* qui serverit percipere permittitur, | post quintam fica-tionem eadem lege[m] qua s(upra) s(criptum) est | conducto-ribus vilicisve ejus *f(undi)* p(artes) d(ebebit). Vineas serere
25. ‖ colere loco veterum permittitur ea condicione *ut* | ex ea satione proxumis vindemi*i*s quinque fructu*m* | earum vinea-rum is qui ita fuerit [7] suo arbit*rio* per | cip*ia*t itemque post quinta(m) vindemia(m) quam ita sata*c* | erint, fructus partes
30. tertias e lege Manciana conduc ‖ toribus

III, 1. vi*licisve* ejus in assem dare debe | bit. *O*livetum serere colere in | eo loco qua quis incultum excolu | erit permittitur ea
5. condici[ci]one u ‖ t ex ea satione ejus fructus oliveti, q | uid ita satum est, per olivationes pro | ximas decem arbitrio suo permitte | re debeat, item post olivationes olei coacti partem ter-

---

1. Schulten suivi par Seeck. — 2. La pierre : quar*t*am ou qui*n*tam. — 3. Gradenwitz : 'in assem colunt'. — 4. Schulten transpose avec Seeck 'in assem' après 'ejus f(undi)'. — 5 Rostowsew, en entendant 'ficus aride' comme un génitif ; Schulten : 'aboresve aliae' ; Seeck : 'arbores *cariosas*'.— 6. Restitution de Schulten. — 7. Schulten corrige : secuerit.

tiam conducto || ribus vilicisve ejus f(undi) d(are) d(ebebit). Qui 10.
inseruer | it oleastra post annos quinque ¹ par | tem tertiam
d(are) d(ebebit). Qui agri herbis consiti in f(undo) ville Magne
Variani sive Mappalie | Sige sunt eruntve extra eos agros qui || 15.
vicias habent, eorum agrorum fruct | uus conductoribus vili-
cisve ejus d(are) d(ebebunt) ² ; custodes e | xigere debe-
bunt. Pro pecora que intra f(undum) ville M | agne sive Map-
palie Sige pascentur, in pecora sin | gula aera quattus ³
conductoribus vilicisve do || minorum ejus f(undi) prestare 20.
debebunt. Si quis ex f(undo) ville | Magne sive Mappalie Sige
fructus stantem pen | dentem maturum immaturum caecide-
rit excider | it exportaverit deportaverit conbuserit desequer
r | it seq... ⁴ detrimentum conductoribus vilicisve ejus f(undi)
coloni erit ei qui de..... | tantum ⁵ prestare d(ebebit). IV, 1
Si qui in f(undo) ville Mag | ne siv(e) Mappalie Sige arbores
frugiferas se | verunt severint, iis ejus superficiei usum post...
annos liberis || qui e legitimo matrimonio procreati sunt | te- 5.
stamento relinquere licet ⁶..... sup | erficies... hoc tem-
pus lege Manciana.... | ritu ⁷. ... fiducieve data sunt dabun-
tur.... | ...ve jus fiduciae lege Manciana servabitur ⁸... Qui || 10.
superficiem ex inculto excoluit excoluerit ibique | .. aedificium
deposuit posuerit isve qui coluit colere | desierit perdesierit,
eo tempore quo ita ea superficies | coli desit desierit, ea quo
fuit fuerit jus colendi, dumtaxa | d biennio proximo ex qua
die colere desierit servatur || servabitur ; post biennium con- 15.
ductores vilici[s]ve eorum... ⁹ | Ea superficies que proxumo
anno culta fuit et coli desi | erit, conductor vilicusve ejus
f(undi) ei cujus ¹⁰ ea superficies esse dicit | ur denuntiet
superficiem cultam..... | denuntiationem denuntiatur... esse
gatis testand || o itemque insequentem annum persistat ea sine 20.
quere | la, ejus f(undi) ¹¹ post biennium conductor vilicusve
colere de | beto ¹². Ne quis conductor vilicusve eorum in-

1. Toutain suivi par Gradenwitz : olivationes quinque. — 2. Lecture
et restitution de Schulten. — 3. Quattus = quattuor. Seeck corrige inu-
tilement : aera quaterna quotannis. — 4 Toutain : desequerit sequerit ;
Schulten : desequerit seq(uentis) bien(n)i ; Hirschfeld chez Gradenwitz :
'sequens' ou 'sequens inde'.— 5. H. Krueger : 'ei qui debet partes coloni-
cas, alterum tantum'. — 6. Restitution de Seeck, sauf quelques mots
changés ou ajoutés par Schulten. — 7. Gradenwitz et Dessau : pignoris
titulo. — 8. Schulten restitue quant au sens : Si quae aedificia superfi-
ciesve post hoc tempus e lege Manciana pignori obligata fiducieve data
sunt dabuntur eorum in biennium colono heredi (e)jus fiducia e lege
Manciana servabitur.— 9. Schulten : colere debebunt. — 10. Intercalé par
Schulten. — 11. Transporter avec Schulten : 'ejus f(undi)' après : 'vilicusve'. — 12. M. Schulten restitue quant au sens en négligeant testando

quilinum *ejus* [1] | *f(undi) plus quam*... *prestare cogat* [2]. Coloni
qui intra f(undum) ville Magne *sive* Mappalie Sige habit | abunt
25. dominis aut conduct*oribus vilicisve eorum in* assem qu || odannis in hominibus *singulis in arationes* ope | ras n(umero)
II et in messem oper*as n .. et in sarritiones cujusque* generis |
singulas operas binas *prestare debebunt*. Coloni | inquilini
ejus f(undi) intra.... anni n | omina sua conduct*oribus vili-*
30. *isve ejus f(undi) edere et operas in* custo || dias singulas qua*s*
agris *prestare debent*... nent | ratam seorsum... um. | Stipendiarorum qui in *f(undo) ville Magne sive* Mappa | lie Sige
habitab*unt*..... *operas* suas c | onductoribus vil*icisve ejus*
35. *f(undi) prestare debeant* [3] cust || odias f(undi) servis dominicis..
nit est | .

(Suivent cinq lignes presque entièrement illisibles [4].)

*H*ec lex scripta a Luro Victore Odilonis, magistro, et
Flavio Gem | inio defensore, Felice Annobalis Birzilis [5].

2. Inscription d'Aïn-el-Djemala (117-138).

Inscription découverte en 1906 à Aïn-el-Djemala, en Tunisie,
par M. Jérome Carcopino et publiée par lui avec un commentaire
approfondi, *Mélanges de Rome*, 1906, pp. 365-481, puis publiée ou
commentée par MM. Mispoulet, *N. R. H*., 1906. pp. 812.815. 1907,
pp. 5-48 ; Cagnat et Besnier, *An. ép.*, 1907, n° 196 ; Schulten, *Klio*,
7, 1907, pp. 188-212 ; Carcopino, *Klio*, 8, 1908. pp. 154-185 ; Riccobono, *Fontes*, 1, n° 81 ; Dessau, dans Bruns, n° 116, et Rostowsew et Mispoulet, aux lieux cités sous l'inscription d'Henchir
Mettich. L'inscription gravée sous Hadrien, au début de son règne,
d'après Mispoulet, à la fin, entre 128 et 138, d'après M. Schulten,
est gravée sur les quatre faces d'une pierre dont la partie supérieure manque et au bas de laquelle sept ou huit ligne sont aussi
disparu sur chaque face selon M. Carcopino. Le texte conservé
comprend : une requête adressée à des procurateurs et leur demandant en vertu de la lex Manciana la concession de terres incultes pour y planter des vignes et des oliviers ; puis, après une
lacune finissant par le mot « jubeas », un *sermo procuratorum imperatoris Hadriani* dont des passages se retrouvent textuellement
dans l'inscription n° 3 ; ensuite une lettre de deux personnages

et les lettres précédentes : *Ea superficies que proximo anno culta fuit et coli desierit conductor vilicusve ejus f(undi) ei cujus ea superficies esse diritur denuntiet superficiem cultam colendum esse ; si post hanc denuntialionem denuntiatus cessare pergat itemque insequentem annum persistat, ea superficies sine querela ejus post triennium conductor vilicusve ejus f(undi) colere debeto.*

1. Toutain: vilicus *servum* inquilinum*ve* coloni. — 2. Restitution de
Schulten — 3. Lecture de Seeck admise comme restitution par Schulten — 4. On lit seulement à la ligne 36, m singularum, et à la fin, as ;
à la l. 37, une s ; à la l. 38, gra ; à la fin de la ligne 39, *partem*, et au
début de la l. 40, tantam. — 5. Titre inscrit sur la plinthe du monument au bas de la première colonne.

appelées *Earinus* (ou *Carinus*) et Doryphorus à un certain Primigenius lui prescrivant d'afficher la lettre reçue par ceux qui écrivent de Rutilius Rufus et ce qui la suit, puis une lettre à un nommé Martialis qui paraît se référer à l'hypothèse de la requête initiale. La détermination de la relation dans laquelle ces différentes pièces sont entre elles présente des difficultés sérieuses qui ont amené M. Mispoulet à proposer de placer en tête la dernière face contenant les deux lettres à Primigenius et à Martialis ; mais elles disparaissent à peu près toutes si l'on admet avec M. Rostowsew que la lettre de Martialis est la réponse à la requête et que c'est comme pièces justificatives qu'on y a joint, à la fois une lettre de Rutilius Rufus adressée à Carinus et Doryphorus et contenant le mot *jubeas*, le *sermo procuratorum* envoyé par le même aux mêmes, et la lettre de Carinus et Doryphorus à Primigenius lui prescrivant d'afficher tant la lettre de Rutilius que le *sermo* qui lui était joint. La découverte de cette inscription a eu pour premier résultat de permettre de combler les lacunes de la version du *sermo procuratorum Hadriani* contenue dans l'inscription n° 3, par laquelle elle peut à son tour être aussi sûrement complétée : nous avons pour en faire ressortir la concordance mis entre crochets brisés les passages du *sermo* qui reparaissent dans l'inscription n° 3. Notre inscription montre en même temps le lien intime de la *lex Mancinia* qu'invoquaient les colons et de la *lex Hadriana* dont ils ne parlaient pas dans leur requête sans doute parce qu'ils n'en connaissaient pas encore l'existence, mais à laquelle se rapporte le *sermo procuratorum* joint comme pièce justificative à la réponse qu'ils ont fait graver sur la pierre. C'est, nous semble-t-il, au sujet de l'inscription n° 3 qu'il y a lieu de signaler d'autres questions relatives à la portée précise de la *lex Hadriana*.

. . . . | . . . .
. . . . | tuant [1], rogamus, procurato | *res,
per p*rovidentiam vestram, quam | *nomine* Caesaris praestatis,
velitis nobis | *et utilita*ti [2] illius consulere, dare no[s] || *bis* eos agros qui sunt in paludibus et | in silvestribus instituendos olivetis | et vineis lege Manciana condicione | saltus Neroniani vicini nobis cum | e*de*remus hanc pe*ti*tionem nostr*am* || *fu*ndum suprascriptum *Neronianum* | *i*ncrementum habit [3]... I, 1.

5.

(Manquent environ huit lignes.)

jubeas.< Sermo procurat*orum* > *im* || p(eratoris) Caes(aris) Hadriani Aug(usti).<Quia Caes*ar* n(oster) pro | infatigabili cura sua, per qu*am adsi* | due *pro* humanis utilita*tibus* excu*bat*, *om* || nes partes agrorum, quae tam oleis aut | vineis quam frumentis aptae sunt *ex* | coli jubet, itcirco permissu[m] prov*id* | *en*tiae ejus potestas fit omnibus e*tia* | m eas partes occupandi quae in II, 1.

5.

---

1. Finale mutilée qui pourrait aussi être 'ivani'; Dessau: 'tuant'.
— 2. Schulten suivi par Dessau; Carcopino suivi par Riccobono: *majestati*. — 3. Carcopino: habita*torum*; Schulten: habita*torum cepisse et majores reditus dare vidimus*.

10. cent || uris elocatis saltus Blandiani et U || densis et in illis par-
tibus sunt quae ex | ¹ saltu Lamiano et Domitiano junctae Tuzri-
tano sunt nec a conductoribus exercentur isque qui occupaverint
possidendi ac fruendi heredique suo relinquendi id jus datur
quod est lege Hadriana comprehensum de rudibus agris et iis
qui per X annos continuos inculti sunt. Nec ex Blandiano et

II, 1. Udensi saltu majores partes fruc > tuum . . . . .ua. . . . . .ob
. . . mm. . . . . | . . . < qui ea loca ² neglecta a con-
du | ctoribus occupaverit, quae da | ri solent tertias partes fruc-
5. tuum || dabit. De eis quoq(ue) | regionibus quae ex Lamiano
et Domitiano | saltu junctae Tuzritano sunt | tantumdem
10. dabit. De oleis quas quisque in | scrobibus posuerit aut oleastr ||
is inseruerit, captorum fructuum |³ nulla pars decem proximis an-
nis exigeretur, sed nec de pomis septem annis proximis. Nec
alia poma in divisione umquam cadent quam quae venibunt a possessoribus. Quas partes aridas fructuum quisque debebit dare,
eas proximo quinquennio ei dabit in cujus conductione agrum
IV, 1. occupaverit, post it tempus rationi...>
. . . .
5. Earinus ⁴ et Doryphorus Primigenio | suo salutem. Exemplum
epistulae scrip | tae nobis a Tutili Pudente egregio viro || ut
notum haberes et it quod subjectum est | celeberrimis locis
propone. Verridius | Bassus et Januarius Martiali suo salutem.
10. | Si qui agri cessant et rudes sunt si qui ⁵sil | vestres aut pa-
lustres in eo saltuum trac || tu, volentes lege Manciana... ⁶

3. — INSCRIPTION D'AÏN-OUASSEL (an 198-212).

Inscription découverte en 1892 près d'Aïn-Ouassel en Tunisie et
alors publiée et commentée par MM. Carton, *R. Arch.*, 19, 1892,
pp. 214-222. 21. 1893, p. 21-40 ; Mispoulet et Dareste, *N. R. H.*, 16,
1892, pp. 117-124 ; Scialoja, *Bull. di D. R.*, 5, 1892, pp. 31-36 ; Schulten, *Hermes*, 29, 1894, pp. 294-230. Elle a depuis été plus ou moins

---

1. Manquent ensuite dix lignes environ que M. Carcopino a vu pouvoir être restituées à l'aide du texte parallèle de l'inscription n° 3 ; dans
le même sens, Schulten ; en sens opposé Mispoulet ; mais voir la réponse
de Carcopino, *Klio*, pp. 159-161. — 2. V. p 878, n. 5. pour les derniers mots
fournis aujourd'hui par l'inscription n° 3. M. Schulten comble la lacune
qui avant la dernière révision de l'inscription n° 3, s'étendait jusqu'à *loca*,
en lisant : *fructuuum quam coloni ob summam Caes(aris) clementiam, is
qui loca* et en intercalant *set* avant *quae dari solent* ; M. Carcopino restitue : *fructuum ex hac lege praestabuntur quam aliunde ob legem Manci-
nam, set si quis loca* en plaçant : *fructuum... praestabunt* à la dernière
ligne de la colonne 2 ; M. Mispoulet propose sans tenir compte des lettres
conservées de la ligne 1 : *fructuum quam ex aliis centuriis debuntur itaque
is quis loca* ; Dessau : *si quis loca* en signalant seulement pour la première ligne les lettres conservées. — 3. Manquent ensuite huit lignes
environ que Carcopino et Schulten restituent avec raison à l'aide du
texte parallèle de l'inscription n° 3. — 4. Dessau : *Earinus* ; les autres
éditeurs : *Carinus*. — 5. Carcopino suivi par Gradenwitz ; Schulten suivi
par Riccobono : *aut*. — 6. Schulten : *colere ne prohibeas*...

étudiée de nouveau dans tous les travaux relatifs à l'inscription
d'Henchir Mettich et à l'inscription d'Aïn-el Djemala déjà cités sous
les n⁰ˢ 1 et 2, et elle a été éditée depuis la découverte du texte parallèle de l'inscription n° 2 par M. Riccobono, *Fontes*, n° 82
et par M. Dessau, dans la 7ᵉ éd. des *Fontes* de Bruns, n° 116
(texte établi antérieurement à cette découverte par Mommsen et Gradenwitz dans la 6ᵉ éd.). Enfin certains points ont été
éclaircis pour la première fois par M. Merlin, *Klio*, 9,1909, pp. 377-
378. Comme l'inscription n° 1, elle est gravée sur un autel, ici sur
trois de ses faces, là sur les quatre, et comme elle elle contient une
dédicace en l'honneur d'empereurs et une lettre de procurateurs
impériaux. La dédicace a été faite entre l'an 198 et 212 à Septime
Sévère, Caracalla et Geta. La lettre de procurateurs est le *sermo procuratorum imperatoris Hadriani* reproduit comme pièce justificative
dans l'inscription n° 2, le titre en est ici reproduit plus brièvement et il est précédé d'un premier titre visant la *lex Hadriana*
elle-même ; mais ces deux particularités ne peuvent, à notre avis,
rendre incertaines ni l'identité de notre *sermo* avec celui relatif aux
mêmes biens reproduit dans l'inscription n° 2 (dont les passages qui
se retrouvent dans notre texte sont enfermés ici entre crochets brisés)
ni sa distinction de la *lex Hadriana* dont il est l'application pratique
à des biens donnés, absolument comme était pour la *lex Manciana*
la lettre des procurateurs de l'inscription n° 1. En ce qui concerne
cette *lex Hadriana* elle-même, qui émane naturellement de l'empereur Hadrien, mais dont on remarquera qu'elle est comme la
lex Manciana désignée par le surnom de son auteur au lieu de porter son gentilice à la façon des *leges comitiales* et même des *leges
datae*, elle contient des dispositions liées par une visible parenté
à celles portées avant elle par la *lex Manciana*. Mais on est allé
jusqu'à soutenir qu'elle ne présentait avec elle aucune différence :
elle en présentait au contraire à notre avis certaines qui ont été
relevées notamment par M. Rostowsew et dont la plus importante
est qu'elle a étendu aux terrains déjà mis en culture et abandonnés
l'occupation autorisée par la *lex Manciana* seulement pour les terres
incultes. On discute aussi s'il faut en distinguer la *lex Hadriana*
sur les corvées signalée par l'inscription de Souk-el-Khmis, pp.199-
201, que nous croirions plutôt s'être confondue avec elle à cause de
la façon dont la *lex Manciana* visait à la fois déjà l'occupation et les
corvées ; si elle s'appliquait à tout l'empire, comme a soutenu
M. Carcopino, ou seulement à la province d'Afrique, comme pense
M. Rostowsew, sinon même uniquement à un ou plusieurs domaines impériaux, comme pense M. Mispoulet ; enfin si elle n'autorisait l'occupation que pour les terres des domaines impériaux, comme
c'est évident dans la dernière opinion, mais comme on pourrait le
soutenir en dehors d'elle, ou si Hadrien n'y a pas au contraire
autorisé déjà l'occupation des terres privées abandonnées par leur
propriétaire qu'Hérodien, 2, 4, 6, rapporte avoir été permise par
Pertinax.

Pro salute [1] imp(eratoris) *Caes*(aris) *L. Septimi* | *Severi Pii
Pertinacis Aug*(usti) *et* | imp(eratoris) *Caes*(aris) *M. Aureli Pii* [2]

1. M. Dessau intercale : *et incolumitate*. — 2. Préambule mutilé où
l'on croyait qu'il manquait seulement une ligne, mais où le texte des

1. Aug(usti) et L. Sept*i*mi Severi Getae [1] | Caes(aris) et Juliae Domnae
Aug(ustae) matr(is) | cas*t*rorum aram legis divi Ha | driani
5. Patroclus Auggg. [2] lib(ertus) ‖ proc(urator) instituit et legem
infra | scriptam intulit. |
    Exemplum legis Hadrianae | in ara proposita [3] :
    < Sermo procu | ratorum :
10.   Quia Caesar n(oster) pro in ‖ fatigabili cura [tor], per
qu | am adsidue pro humanis uti | litatibus excubat, omnes
par | tes agrorum, quae tam oleis
    aut vineis quam frumentis aptae | *sunt excoli jubet, id circo
permissu* | *providentiae ejus potestas fit* | *omnibus etiam eas partes*
1. *occupandi* quae in centu*r*is | *eloca*tis saltus Blandiani et |
Uden*sis et in* illis partibus sun*t* | q>uae ex saltu Lamiano et Do-
5. m ‖ *itiano* junctae Thusdritano | sunt nec a conductoribus ex*er* |
centur [4] isque qui occupaverint pos | sidendi ac fruendi *h*eredi-
10. que su [o relinquendi id jus datur, ‖ quod est lege Ha*driana* com-
pre | hensum de rudibus agris | et iis, qui per X an*n*os conti |
15. nuos inculti sunt. Nec ex Blandiano et Udensi sal ‖ [sal] tu majo-
1. res *p*artes fruc | *tuum*
. . . . *qui ea lo* < ca n*eglecta* [5] *a conduc* | *toribus
occupaver*it *quae dari so* | *lent, tertias partes fructuum da* | *bit*. De
5. his quoque re*gionibus,quae* | ex Lamiano et Domi*tiano saltu jun-*
‖ ctae Thusdritano sun*t tantundem da* | *bit*. De oleis, quas quisque
aut in scro | bibus [6] posuerit aut oleastris *inse* | ruerit, capto-
rum fructuum>nu*lla pars* decem proximis annis exig*etur* ; ‖
10 set nec de pomis septem annis proximis. | Nec alia poma in
divisione umquam | cadent quam quae venibunt a posses |
soribus. Quas partes aridas fructu | um quisque debebit dare,
15. eas pro ‖ ximo quinquennio ei dabit, in | cujus conductione
agr(um) occupa | verit : post it tempus rationi [7].

autres faces connu désormais par l'inscription qui précède montre que trois lignes ont disparu. Nous en reproduisons la restitution donnée par M. Dessau dans Bruns en y apportant les corrections signalées par M. Merlin dans *Klio*.
1. Les lettres martelées 'Get' ont été lues par M. Merlin. — 2. Le 3ᵉ g a été comme les lettres Get martelé après la mort de Geta à laquelle l'inscription est donc antérieure. — 3. On attendrait 'propositum' ; Mispoulet, Scialoja: 'propositae' ; Mommsen maintient le texte en rapportant 'proposita' à 'ara'. — 4. Excellente correction de M. Schulten adoptée par M. Mommsen, qui change complètement le sens du passage où on lisait auparavant : 'ex centurisque'. — 5. Mots lus pour la première fois par M Merlin ; v. pour la lacune les restitutions signalées p. 876, n. 2. — 6. Mispoulet, suivi par Riccobono et Dessau ; v. Merlin chez Carcopino. *Klio*, 8. 1908, pp. 156-157 ; les éditeurs antérieurs : *possessoribus*. — 7. Schulten : *rationibus fisci inferentur*. Mais il est aujourd'hui établi qu'il ne manque rien sur la pierre après *rationi*.

4. INSCRIPTION DE VIPASCA (*lex metallis dicta*) (ans 117-138).

Table de bronze découverte le 7 mai 1906 par M. Burth dans la mine d'Aljustrel en Portugal dans le voisinage du lieu où avait été découverte en 1876 l'inscription reproduite dans notre première partie, chapitre I, § 3, n° 20, pp. 121-123. Le texte en a été édité pour la première fois d'après la copie de M. Burth et une photographie par M. Cagnat, *Journal des savants*, 1906, pp. 441-443. 672 (v. encore *Comptes-rendus de l'Ac. des Inscr.*, 1906, p. 329 ; *An. ép.*, 1906, n° 151), puis par MM. Mitteis, *Z. S. St.*, 27, 1906, pp. 356-357 ; Mispoulet, *R. générale. de droit*, 31, 1907, pp. 20 et ss. ; Cantarelli, *Bull. di D. R.*, 20, 1908, pp. 104-106 ; Riccobono, *Fontes*, 1, n° 84 ; Gradenwitz dans Bruns, n° 113. Il a été commenté par MM. Mispoulet, *R. générale de droit*, 1907, pp. 20 et ss. et *N. R. H.*, 1907, pp. 345-391. 491-537 (tirage à part avec additions sous le titre : *Le régime des mines*, 1908) ; Cuq, *Mélanges Gérardin*, 1907, pp. 87-133 ; Schulten, *Klio*, 7, 1907, pp. 204-205 ; Kuebler, chez Mispoulet, *Régime des mines*, p. 117 et ss. ; Rostowsew, *Studien zur Geschichte des Kolonates*, 1910, pp. 332. 352-359. 371. 408-409 ; Vendœuvre, *Contribution à l'étude du régime minier romain*, Dijon, 1910 ; Cuq. *Journal des savants*, 1911, pp. 294-304. 346-356. La nouvelle inscription, dont le commencement était probablement sur une ou deux tables précédentes d'après la façon dont son titre paraît finir par les mots : *Ulpio Aeliano suo salutem*, a été écrite sous Hadrien qu'elle suppose vivant à sa ligne 6. Certains auteurs l'ont considérée comme un nouveau fragment du document relatif au même lieu dont la table découverte en 1875 est reproduite plus haut, pp. 121-123. A notre sens, quoique ce ne soit pas admis par tout le monde, c'est à elle que l'autre table renvoie sans doute à la ligne 59 où elle parle de la *lex metallis dicta* ; mais elle s'en distingue nettement par le fond encore plus que par la forme. L'inscription reproduite plus haut est un statut général réglant législativement l'exercice de toutes les professions mises à ferme par l'empereur sur le territoire de Vipasca. Notre inscription est une *epistola* adressée par des procurateurs impériaux au *procurator metalli Vipascensis* pour lui communiquer une nouvelle *lex metallis dicta* émanant d'Hadrien et réglant le mode d'acquisition, en particulier par occupation, des puits de mine, d'une façon visiblement analogue, malgré les différences de mécanisme, à celle dont la *lex Hadriana de rudibus agris* réglait l'occupation des terres abandonnées. Nous renvoyons pour les controverses très nombreuses que soulève encore l'interprétation du texte aux commentaires cités au début de cette notice.

..... Ulpio Aeliano suo salutem.

..... Aug. praesens numerato. Qui ita non fecerit et convictus erit prius coxisse venam quam pretium sicut | supra scriptum est solvisse, pars occupatoris commissa esto et puteum universum proc(urator) metallorum vendito. | Is qui probaverit ante colonum venam coxisse quam pretium partis dimidiae ad fiscum pertinen | tis numerasse partem quartam accipito.

Putei argentari ex forma exerceri debent quae ‖ hac lege 5.

continetur ; quorum pretia secundum liberalitatem sacratissimi imp(eratoris) Hadriani Aug. obser | vabuntur it*a* ut ad eum pertineat proprietas partis quae ad fiscum pertinebit, qui primus pretium puteo fecerit | et sestertia quatuor milia nummum fisco intulerit.

Qui ex numero puteorum quinque unum | ad venam perduxerit, in ceteris sicut supra scribtum est opus sine intermissione facito ; ni ita fecerit, *alii* | occupandi *jus* esto. Qui post dies XXV praeparationi impensarum dat*a*s opus quidem ||

10. statim facere coeperit, diebus autem continuis decem postea in opere cessaverit alii occupandi | jus esto. Puteum a fisco venditum continuis sex mensibus intermissum alii occupandi jus | esto ita ut cum venae ex eo proferentur ex more pars dimidia fisco salva sit.

Occu | *pa*tori puteorum socios quos volet habere liceto ita ut pro ea parte qua quis socius erit impensas | conferat. Qui ita non fecerit tum is qui impensas fecerit rationem impensarum

15. factarum a se || continuo triduo in foro frequentissimo loco propositam habeto et per praeconem denuntiato | sociis ut pro sua quisque portione impensas conferat. Qui ita non contulerit quive quid dolo | malo fecerit quominus conferat quove quem quosve ex sociis fallat, is eius putei partem ne | habeto eaque pars socii sociorum ut qui impensas fecerit esto. | Et iis colonis qui impensam fecerint in eo puteo in quo pluris socii

20. fuerint repetendi a sociis quod || bona fide rogatum [1] apparuerit jus esto. Colonis inter se eas quoque partes puteorum quas | a fisco emerint et pretium solverint vendere quanti quis potuerit liceto. Qui vendere suam partem | quive emere volet apud proc(uratorem) qui metallis praeerit professionem dato ; aliter emere aut vendere | ne liceto. Ei qui debitor fisci erit donare partem suam | ne liceto.

25. Venas quae ad puteos prolatae || *j*acebunt ab ortu solis in occasum ii quorum erunt in officinas vehere debebunt, qui post occa | sum solis *u*sq(ue) in *ortum* venas a puteis sustulisse convictus erit, HS ∞ nummos fisco inferre debeto. | Venae furem si servos erit procurator caedito et ea conditione vendito ut in perpetuis | vinculis sit neve in ullis metallis territorisve metallorum moretur ; pretium servi ad dominum | pertineto ; liberum procurator confiscato et finibus metallorum in

29. perpetu*u*m prohibeto. ||

Putei omnes diligenter fulti destinatique sunto proque pu-

---

1. Mitteis : erogatum.

ri materia colonus cujusque putei no | vam editionem sub*ji* | cito. Pilas aut fulturas firmamenti causa relictas attingere aut | violare dolove malo quid facere quominus eae pilae fulturaeve firmae et *perviae* sint ne liceto. | Qui puteum vitiasse labefactasse aliutve quid dolo malo fecisse quominus is puteus | firmus sit convictus erit si servos erit flagellis arbitratu proc(uratoris) caesus ea conditione a domi || no veneat ne in ullis metallis moretur ; liberi bona proc(urator) in fiscum cogito et finibus ei metal | lorum in perpetuum interdicito. 35.

Qui puteos aerarios aget a cuniculo qui aquam metallis | subducet recedito et non minus quam quinos denos pedes utroque latere relinquito. *Cu* | niculum violare ne liceto. Proc(urator) explorandi novi metalli causa ternagum a cuniculo agere | permittito ita ut ternagus non plures latitudinis et altitudinis quam quaternos pedes habeat. || *V*enam infra quinos denos pedes ex utroque latere a cuniculo quaerere caedereve ne liceto. | Qui aliter quit in ternagis fecisse convictus erit, servos flagellis arbitratu proc(uratoris) caesus ea condi | tione *a* domino veniet ne in ullis metallis moretur ; liberi bona proc(urator) in fiscum cogito et fini | bus ei metallorum in perpetuum interdicito. 40.

Qui puteos argentarios *aget* a cuniculo qui | aquam metallis subducet recedito et non minus quam sexagenos pedes utroque latere relin || quito et eos puteos quos occupaverit adsignatosque acceperit in opere uti determinati erunt | habeto nec ultra procedito neve ecbolas colligito neve ternagos ita agito extra finis putei adsignati *ut*. . . . . 45.

CHAPITRE VII

STATUTS D'ASSOCIATIONS.

Nous reproduisons ci-dessous, comme spécimens principaux des inscriptions relatives aux associations romaines, une petite inscription d'un collège de musiciens religieux, le *collegium symphoniacorum qui sacris publicis praestu sunt*; une inscription de Lanuvium contenant les statuts du collège funéraire des adorateurs de Diane et d'Antinoüs, et une inscription plus récemment découverte donnant un fragment des statuts de la corporation romaine du meuble de luxe, des *eborarii aut citriarii*. — On trouvera dans Bruns, n°⁸ 176-180, 182-183, d'autres inscriptions se rapportant aux mêmes matières qui sont : une résolution prise en l'an 153 par une association funéraire de Rome, le *collegium Aesculapi et Hygiae* ; l'acte de dissolution d'un autre collège funéraire contenu dans l'un des triptyques de Transylvanie ; les statuts très mutilés d'un *collegium aquae*, c'est-à-dire probablement d'un collège de foulons ; ceux d'un collège de militaires formé à Lambèse en Numidie ; une inscription du temps de Domitien d'un *collegium Silvani* ; deux titres de libéralités avec charges adressés aux Augustales d'Ostie et une inscription commémorative d'une autre libéralité faite aux collèges de Préneste. Cf. en outre, Karlowa, *R. R. G.*, 1, pp. 813-816, les dissertations générales de Mommsen, *De collegiis et sodaliciis Romanorum*, 1844, et W. Liebenam, *Zur Geschichte und Organisation des römischen Vereinswesens*, 1890, dont la seconde se termine par un appendice contenant 84 inscriptions relatives aux associations, et le grand ouvrage de Waltzing, *Étude historique sur les corporations professionnelles chez les Romains*, 4 vol. in-8°, Bruxelles, 1895-1900, dont le tome III est un recueil d'inscriptions.

1. Inscription du collège des *symphoniaci*.

C. I. L., VI, 4416 ; Dessau, 4966 ; Bruns, n° 174 ; Waltzing, III, 825. Inscription découverte aux environs de Rome en 1847, dans un columbarium contenant quatre cents titres tous antérieurs à Domitien et commentée notamment par Mommsen, *Z. G. R.*, 15, 1848, pp. 353-357 (*Ges. Schr.*, 3, pp. 113-115). Elle est dédiée au collège des *symphoniaci*, qui, d'après Mommsen, se confondrait avec l'antique collège des *tibicines*, que d'autres croient un collège distinct (v. A. Pernice, *Labeo*, 1, 1873, p. 300, n. 38 ; Liebenam, p. 31) et que l'on voit là avoir été, sur la proposition d'Auguste, autorisé par le sénat en vertu d'une loi Julia. C'est un des textes qui montrent le mieux le régime de l'époque impériale, selon lequel les associations avaient besoin, non pas seulement pour avoir la personnalité morale, mais pour exister, croyons-nous (en ce sens, Pernice, *Labeo*, 1, p. 303 ; en sens contraire, Liebenam, p. 226 et ss.), d'une autorisation du sénat dont il y a beaucoup d'autres mentions (Liebenam, pp. 229-230). C'est surtout par lui que ce système nous est révélé comme venant d'une loi Julia de César ou d'Auguste (cf. Suétone, *Caes.*, 42. *Oct.*, 34, et Mommsen, *Droit pénal*, 3, 1907, p. 208).

Dis manibus. Collegio symphoniacorum, qui sacris publicis praestu sunt, quibus senatus c(oire) c(onvocari) c(ogi) permisit e lege Julia ex auctoritate Aug(usti) ludorum causa.

2. STATUTS DU COLLÈGE FUNÉRAIRE DE LANUVIUM (an 133 ap. J.-C.).

C. I. L., XIV, 2112; Dessau, 7212; Bruns, n° 175; Waltzing, III, 2311. Cf. G. de Manteyer, *Mélanges de Rome*, 18, 1898, pp. 271-280, et pl. VII et VIII. Table de marbre découverte à Civita Lavigna, sur l'emplacement de Lanuvium, en l'an 1816, et contenant sur deux colonnes une inscription publiée notamment par Mommsen, d'abord à la fin de sa dissertation *De collegiis*, puis, après un examen personnel de la pierre, *Z. G. R.*, 15, 1848, pp. 357-364 (*Ges. Schr.*, 3, pp. 115-120). L'inscription rédigée en 136 donne, après un chapitre d'un sénatus-consulte qui semble avoir autorisé d'une façon générale les associations funéraires, les statuts du collège funéraire formé en l'an 133, à Lanuvium, sous le nom de *collegium cultorum Dianae et Antinoi*. Cf., pour son analyse, Mommsen, *De collegiis*, pp. 98-116; Boissier, *Religion romaine d'Auguste aux Antonins*, 2, 1874, pp. 308-310, et en particulier sur le sénatus-consulte rendu avant Hadrien pour accorder par avance aux collèges funéraires l'autorisation requise par la loi Julia, T. Schiess, *Die römischen collegia funeraticia*, Zurich, 1888.

L. *Ceionio* Commodo, Sex. Vetuleno Civica Pompeiano cos. [1] a(nte) d(iem) V idus Jun(ias).

Lanuvi in municipio in templo Antinoi, in quo L. Caesennius Rufus, *patronus* municipi, conventum haberi jusserat per L. Pompeium... um, q(uin)q(uennalem) cultorum Dianae et Antinoi, pollicitus est se *conlaturum* eis ex liberalitate sua HS XVI[2] m(ilium) n(ummum) usum, die *natal*is Dianae, idib. Aug., HS CCCC n., et die natalis Antinoi V k. *Dec.*, HS CCCCn., et praecepit legem ab ipsis constitutam sub tetra*stylo* Antinoi parte interiori perscribi in verba infra scripta :

M. Antonio Hibero, P. Mummio Sisenna cos. [3] kal. Jan. collegium salutare Dianae... et Antinoi constitutum, L. Caesennio L. f. Quir(ina) Rufo dict(atore) III idemq(ue) patr(ono).

Kaput ex SC. p(opuli) R(omani).

Qui*bus coire* convenire collegiumq(ue) habere liceat. Qui stipem menstruam conferre volen*t in funera*, in it collegium

1. Cos. 136. — 2. Correction de Eck approuvée par Mommsen; le marbre : XV. — 3. Coss. 133.

coeant, neq(ue) sub specie ejus collegi nisi semel in mense coeant conferendi causa, unde defuncti sepeliantur.

Quod faustum felix salutareq(ue) sit imp. Caesari Trajano Hadriano Aug., totique domui Aug(ustae) nobis nostris collegioq(ue) nostro ; et bene adque industrie contraxerimus, ut exitus defunctorum honeste prosequamur, itaq(ue) bene conferendo universi consentire debemus, ut longo tempore inveterescere possimus.

Tu, qui novos in hoc collegio intrare voles prius legem perlege et sic intra, ne postmodum queraris aut heredi tuo controversiam relinquas.

Lexs collegi.

Placuit universis, ut, quisquis in hoc collegium intrare voluerit, dabit kapitulari nomine HS C n. et vini boni amphoram, item in menses sing(ulos) a(sses) V.

Item placuit, ut quisquis mensib(us) continuis sex (?) non pariaverit et ei humanitus acciderit, ejus ratio fuerit non habebitur, etiamsi testamentum habuerit.

Item placuit : quisquis ex hoc corpore n(ostro) pariatus decesserit, eum sequentur ex arca HS CCC n(ummi), ex qua summa decedent exequiari nomine HS L n., qui ad rogus dividentur ; exequiae autem pedibus fungentur.

Item placuit : quisquis [1] a municipio ultra milliar(ium) XX decesserit et nuntiatum fuerit, eo exire debebunt electi ex corpore n(ostro) homines tres, qui funeris ejus curam agant, et rationem populo reddere debebunt sine dolo malo ; et si quit in eis fraudis causa inventum fuerit, eis multa esto quadruplum. Quibus funeraticium ejus dabitur, hoc amplius viatici nomine ultro citro sing(ulis) HS XX n. Quodsi longius a municipio supra mill(iarium) XX decesserit et nuntiari non potuerit, tum is qui eum funeraverit testator rem tabulis signatis sigillis civium Romanor(um) VII, et probata causa funeraticium ejus, satisdato amplius neminem petiturum, deductis commodis et exequiario, e lege collegi dari sibi petitio a collegio ; dolus malus abesto. Neque patrono neque patronae neque domino neque dominae neque creditori ex hoc collegio ulla petitio esto, nisi si quis testamento heres nominatus erit. Si quis intestatus decesserit, is arbitrio quinq(uennalis) et populi funerabitur.

Item placuit : quisquis ex hoc collegio servus defunctus fuerit, et corpus ejus a domino dominave iniquitate sepulturae

---

1. Mommsen intercale : non.

datum non fuerit, neque tabellas fecerit, ei funus imaginarium fiet.

Item placuit : quisquis ex quacumque causa mortem sibi adsciverit, ejus ratio funeris non habebitur.

Item placuit, ut quisquis servus ex hoc collegio liber factus fuerit, is dare debebit vini boni amphoram.

Item placuit : quisquis magister suo anno erit ex ordine albi ad cenam faciendam et non observaverit neque fecerit : is arcae inferet HS XXX n. ; insequens ejus dare debebit, et is ejus loco restituere debebit.

Ordo cenarum : VIII id. Mar. natali Caesenni... patris ; V. kal. Dec. nat. Antinoi ; ibid. Aug. natali Dianae et collegi ; XIII k. Sept. nat. Caesenni Silvani fratris ; pr. nonas... natali Corneliae Proculae matris ; XIX k. Jan. natal. Caesenni Rufi, patr(oni) municipi.

Magistri cenarum ex ordine albi facti quoquo ordine homines quaterni ponere debebunt vini boni amphoras singulas et panes a(ssium) II, qui numerus collegi fuerit, et sardas numero quattuor, strationem, caldam cum ministerio.

Item placuit, ut quisquis quinquennalis in hoc collegio factus fuerit, is a sigillis ejus temporis, quo quinquennalis erit, immunis esse debebit ; et ei ex omnibus divisionibus partes duplas dari ; item scribae et viatori a sigillis vacantibus partes ex omni divisione sesquiplas dari placuit.

Item placuit, ut quisquis quinquennalitatem gesserit integre, ei ob honorem partes sesquiplas ex omni re dari, ut et reliqui recte faciendo idem sperent.

Item placuit : si quis quid queri aut referre volet, in conventu referat, ut quieti et hilares diebus sollemnibus epulemur.

Item placuit, ut quisquis seditionis causa de loco in alium locum transierit, ei multa esto HS IIII n. Si quis autem in obprobrium alter alterius dixerit aut tumultuatus fuerit, ei multa esto HS XII n. Si quis quinquennali inter epulas obprobrium aut quit contumeliose dixerit, ei multa esto HS XX n.

Item placuit, ut quinquennalis sui cujusque temporis diebus sollemnibus ture et vino supplicet et ceteris officiis albatus fungatur, et diebus natalibus Dianae et Antinoi oleum collegio in balinio publico ponat, antequam epulentur.

3. STATUTS DE LA CORPORATION DES NEGOTIATORES EBORARII AUT CITRIARII (ans 117-138 après J.-C.).

C. I. L., VI, 33805 ; Dessau, 7214 ; Bruns, n° 181 ; Waltzing, III, 2414. Table de marbre découverte en 1887 à Rome au Trans-

tévère, dont la partie gauche manque et qui, tant d'après son en-
tête que d'après les dispositions qui ouvrent son contexte, devait à
l'origine être précédée d'une autre table. Elle porte une inscription
du temps d'Hadrien publiée d'abord par M. Borsari, *Bull. arch.
comm.*, 1887, p. 3 et ss., puis révisée à plusieurs reprises, notamment par M. Huelsen, sur les corrections duquel s'appuyait, avant
la publication de l'inscription au *C. I. L.*, le texte qui en avait
été donné à deux reprises, *Z. S. St.*, 11, 1890, pp. 72-73. 12, 1891,
pp. 138-139, par M. Gradenwitz et en dernier lieu, avec d'autres
corrections de MM. Mommsen et Hirschfeld, dans Bruns. Ce n'est
qu'après de multiples incertitudes de déchiffrement qu'on est parvenu à en établir la lecture aujourd'hui certaine, selon laquelle
elle contient une partie des statuts de la corporation des ouvriers
en ivoire et des fabricants de tables de citronnier, réunis en un
seul groupe comme se livrant les uns et les autres à la fabrica-
tion commune des meubles de luxe. La disposition la plus curieuse
et la plus nouvelle est celle qui défend, à peine d'exclusion de la
corporation, aux chefs de celle-ci d'y admettre des membres étrangers à la profession. V. surtout pour son commentaire les deux
articles de Gradenwitz, *Z. S. St.*, 11, 1890, pp. 72-83 et *Z. S. St.*,
12, 1891, pp. 138-145.

... *Julius* Aelianus jus scholae tetrastyli... Aug. quo conveniretur a negotiantibus... eboraris dedit.

Item placere, ut si alius quam negotiator eborarius aut
citriarius *per fraudem* curatorum in hoc collegium adlectus
esset, uti curatores ejus *causa* ex albo raderentur ab ordine.
Debebunt utique curatores de eo *quem* adlecturi fuerint, ante
ad quinq(uennales) re*f*erre.

Placere item uti k(alendis) Jan(uariis) strenuam (denarii
quinque) ex arca n(ostra) a curatoribus n(umero quattuor)
sui cujusq(ue) *anni et* mustacium et palma et carica et pira...
osch... *Item VIIII. kal.* Febr. *natali Hadriani* Aug(usti) sportulae darentur (denarii quinque), et a curatorib(us) praestari
plac(uit) *pan(em) et* vinum *et* caldam passive iis, qui ad tetrastylum epulati fuerint. *Item...* natali *J*uli Aeliani sportulae
ex arca darentur *denarii* tres et a cur(atoribus) *pan(em) et vinum
et caldam p*assive praestari placuit iis qui ad tetrastylum epulati *fuerint. Item .....* natali Juli Flacci fili sportulae ex ar-
c(a) darentur (denarii tres) et a curatorib(us) *pan(em) et vinum
et caldam pas*sive praestari placuit iis qui ad tetrastylum epulati fuerint. *Item uti...* sport(ulae) ex arc(a) darentur (denarii
tres) et pan(is) et vin(um) et cald(a) passive iis *qui ad tetrastylum epulati* fuerint. Item placere uti cena *recta* III Idus Aug.
die imperi *Hadriani Aug...* sport(ulae) darentur a curat(oribus)
n(umero quattuor) sui cujusq(ue) anni. *Item placere...* omnibus
annis divideretur. Item *curatores quaterni omnibus* annis fierent

*ex al*bo per ordinem. Item placere..... t sui anni commoda cuncta acciperent.

Singulis annis k..... *quod superesset* in arca corporis, curatores dividerent aequis *portionibus aut si quid tardius* inferrent centesim (is) datis a curatorib(us) sing(ulis) *mensibus*.... Item placere uti adlect*i*... ne eod(em) anno praestarent *et pariter sump*tus ab utrisq(ue) erogentur..... Item placere *uti quisquis adlectus* esset, inferret arcae (denarios)...

CHAPITRE VIII

TABLES D'HOSPITALITÉ ET DE PATRONAT.

Titres constatant des conventions d'hospitalité et de patronat conclues entre des particuliers, entre des cités, ou entre des cités et des particuliers.

On ne connaissait pas jusqu'aux dernières années de titre romain constatant une convention d'hospitalité contractée sur un pied d'égalité et de réciprocité parfaites entre deux particuliers appartenant à des cités différentes comme font les tessères d'hospitalité échangées entre les deux parties dont nous avons des modèles grecs (*C. I. Gr.*, 5496-6778 et les renvois) et dont l'usage est également attesté par des textes latins (v. notamment Plaute, *Poen.*, 5, 1, 25. 5, 2, 87-89). Cette lacune est aujourd'hui comblée grâce à un monument découvert en 1895 qui a du même coup fourni l'explication d'un autre monument depuis longtemps connu. Le plus récemment découvert est un petit bronze représentant la moitié d'une tête de bélier coupée dans le sens de la longueur et portant sur la face interne deux noms séparés par le mot *hospes*. Celui connu précédemment représente pareillement la moitié de la tête d'un bélier et porte également des noms sur sa face interne mais sans le mot *hospes*. Ils attestent pour l'hospitalité romaine deux points établis auparavant pour celle d'autres pays : ils prouvent, d'une part, que le signe de reconnaissance échangé entre les hôtes y a consisté dans les deux moitiés d'un objet unique destinées à se juxtaposer ; ils rendent très vraisemblable que le lien dénué d'efficacité juridique était consolidé sur le terrain religieux par un sacrifice dont la tête du bélier représente la victime. V. en ce sens, Barnabei, *Notizie degli scavi*, 1895, p. 88 et s. ; Max Ihm, *Rheinisches Museum*, 51, 1895, pp. 473-474 ; Girard, *Org. jud.*, 1, p. 97, n. 4.

Les autres titres assez nombreux qui nous sont parvenus se rapportent en général à des conventions conclues entre des villes et des citoyens romains, dans lesquelles les idées primitivement incompatibles d'hospitalité et de patronat se trouvent mélangées en une institution hybride. Dans un ou deux des exemples, la convention est encore mentionnée sur un objet de nature à être porté par l'hôte avec lui. Dans les autres, elle est constatée sur une plaque de bronze destinée à être fixée sur un mur, conformément à l'usage de dresser de ces actes deux originaux qui étaient affichés dans des immeubles appartenant aux deux parties : celui des particuliers dans leur maison, celui des villes dans quelque édifice public. V. des observations sur les formules diverses de rédaction des titres dans Cagnat, *Cours d'épigraphie latine*, 3ᵉ éd., 1898, pp. 301-302. 338-340, et un choix des principaux dans Dessau, 6093-6120. V. en outre, sur l'hospitalité, Mommsen, *Römische Forschungen*, 1, 1864, pp. 319-354 (abrégé *Hist. rom.*, tr. Alexandre, 4, pp. 397-409), R. de Ihering, *Die Gastfreundschaft im Alterthum*, *Deutsche Rund-*

1. Tessère d'hospitalité (an 550-560 de Rome).

C. I. L., I, 42. Ritschl, *Priscae latinitatis monumenta epigraphica*, 1862, planche II, A. Bronze du musée de Vienne représentant la moitié de la tête d'un bélier coupée dans le sens de la longueur, avec sur la face interne une légende inscrite en caractères archaïques des environs de la première moitié du vi^e siècle de Rome, qu'en présence du titre suivant il est difficile de ne pas regarder comme un signe de reconnaissance appartenant à un hôte, bien qu'il ne porte pas le mot *hospes* et qu'il n'y ait de désignée qu'une des parties.

Atilies.
Saranes C(ai) M(arci) f(ilii).

2. Tessère d'hospitalité (an 550-650 de Rome).

Petit bronze découver en 1895 à Trasacco dans les environs du lac Fucin représentant pareillement la moitié de la tête d'un bélier et portant sur la face interne en caractères des environs du iie siècle avant J.-C. les noms de deux hôtes, l'un sans doute Romain et l'autre probablement Marse, séparés par le mot *hospes*. Fac-similés dans Barnabei, *Notizie degli scavi*, 1895, p. 88 et ss., et dans Cagnat, *Cours d'épigraphie latine*, 3e éd., 1898, p. 339.

T(itus) Manlius T(iti) f(ilius).
    hospes
T(itus) Staiodius N(umeri) f(ilius).

3. Tessère d'hospitalité et de patronat (an de Rome 532-566).

C. I. L., I, 532 = X, 6231 ; Dessau, 6093. Tessère en forme de poisson destinée à être portée par le bénéficiaire, constatant une convention conclue entre les Fundani et un certain Ti. Claudius (?), sous le consulat d'un M. Claudius M. f., qui, d'après la langue et les caractères, doit être un de ceux qui furent consuls de 532 à 602, et qui doit même l'avoir été entre 532 et 566, si l'on remarque avec M. Mommsen, *Droit public*, 6, 2, p. 193, n. 4, que la convention doit être antérieure à la transformation de Fundi en cité de citoyens complets opérée en 566. Une tessère italique en forme de poisson portant les mots : *A. Hostilius, D. f., Mancinus, C. I. L.*, X, 8072, 12, et une autre d'Espagne représentant deux mains serrées et portant la légende : *Caisaros Cecciq(um) pr(inceps ?) Argailo(m)*, *C. I. L.*, II, *Suppl.*, 5762, peuvent s'être rattachées à des conventions soit du même type que celle-ci, soit encore de celui des précédentes.

Conscriptes co(n)se(nsu) T.Fa... *praifecti et praifectura tota Fundi hospitium fecere quom* Ti.Claudio (?)... *in ejus fidem* omnes nos tradimus et covenimus coptamus eum patronum. M. Claudio M. f... cos.

4. TABLE D'HOSPITALITÉ ET DE PATRONAT (an 742 de Rome).

C. I. L., VIII, 68 ; Dessau, 6095 ; Bruns, n° 173, 1. Table de bronze constatant une convention d'hospitalité et de patronat conclue en l'an 742 de Rome entre la ville de Gorza près d'Utique et Domitius Ahenobarbus, aïeul de l'empereur Néron.

P. Sulpicio Quirinio C. Valgio cos. senatus populusque civitatium stipendiariorum pago Gurzenses hospitium fecerunt quom L. Domitio Cn. f. L. n. Ahenobarbo procos., eumque et posteros ejus sibi posterisque sueis patronum coptaverunt, isque eos posterosque eorum in fidem clientelamque suam recepit.

Faciundum coeraverunt : Ammicar Milchatonis f., Cynasyn(ensis) ; Boncar Azzrubalis f., Aethogursensis ; Muthunbal, Saphonis f., Cui. Nas. Uzitensis.

5. TABLE D'HOSPITALITÉ ET DE PATRONAT (an 55 après J.-C.).

C. I. L., VIII, 8837 ; Dessau, 6103. Table de bronze constatant une convention d'hospitalité et de patronat conclue en l'an 55 après J.-C. entre un légat propréteur et une colonie africaine. On remarquera, à la première phrase, la différence de construction qui sépare ce titre et ceux du même type des deux titres précédents.

Nerone Claudio Caesare Aug. Germanico L. Antistio Vetere cos. k. Augustis, Q. Julius, Q.f., Qui(rina), Secundus, legatus pro praetore hospitium fecit cum decurionibus et colonis colonia Julia Aug. legionis VII Tupusuctu sibi liberis posterisque suis eosque patrocinio suo tuendos recepit. Agentibus legatis Q. Caecilio Q. f., Palatina, Firmano ; M. Pomponio M. f., Quir(ina), Vindice.

6. TABLE D'HOSPITALITÉ ET DE PATRONAT
(ans 27 et 155 après J.-C.).

C. I. L., II, 2633 ; Dessau, 6101 ; Bruns, n° 173, 2. Titre dans lequel deux *gentilitates* de la *gens* des Zoelae (l'une des vingt-deux peuplades des Astures : Pline, *N. H.*, 3, 3, 28) renouvellent collectivement et individuellement leurs anciens rapports d'hospitalité, en l'an 27, puis ensuite admettent, en l'an 155, dans les mêmes liens trois individus appartenant à d'autres *gentilitates* des Zoelae. Cf. sur le titre, Mommsen, *Römische Forschungen*, 1, p. 329 (*Hist. rom.*, 4, p. 400), et Huebner, *C. I. L.*, II, p. 363.

M. Licinio Crasso L. Calpurnio Pisone cos. IIII k. Maias gentilitas Desoncorum ex gente Zoelarum et gentilitas Tridiavorum ex gente idem Zoelarum hospitium vetustum antiquom renovaverunt, eique omnes alis alium in fidem clientelamque suam suorumque liberorum posterorumque receperunt.

Egerunt Arausa Blecaeni et Turaius Clouti, Docius Elaesi, Magilo Clouti, Bodecius Buralli, Elaesus Clutami, per Abienum Pentili magistratum Zoelarum. Actum Curunda.

Glabrione et Homullo cos. V idus Julias idem gentilitas Desoncorum et gentilitas Tridiavorum in eandem clientelam, eadem foedera receperunt : ex gente Avolgigoruum Sempronium Perpetuum Orniacum, et ex gente Visaligorum Antonium Arquium, et ex gente Cabruagenigorum Flavium Frontonem Zoelas. Egerunt L. Domitius Silo et L. Flavius Severus, Asturicae.

CHAPITRE IX

DÉCISIONS JUDICIAIRES ET ACTES ADMINISTRATIFS

Nous reproduisons ici comme exemples de décisions judiciaires : une décision arbitrale rendue dans une question de limites au Ier siècle ; deux jugements rendus en Egypte entre indigènes en matière de succession testamentaire ou ab intestat sous le règne d Hadrien, dont le texte nous a été transmis par des papyrus grecs ; deux décisions judiciaires relatives à la prescription acquisitive conservées par un autre papyrus déjà cité ; un jugement rendu en matière de fonds affectés à des sépultures au IIe ou IIIe siècle par un sous-préfet de la flotte prétorienne de Misène ; la célèbre inscription relative à une action en paiement de redevance contestée par une association de foulons de Rome devant trois préfets des vigiles dont le dernier fut le jurisconsulte Modestin ; enfin un exemple très curieux de *denuntiatio ex auctoritate* du IVe siècle conservé par un papyrus. Nous pouvons encore signaler comme appartenant au cercle de la juridiction gracieuse la demande de *bonorum possessio* reproduite plus haut, p. 810, au chapitre I, n° 6 de cette partie et nous n'avons pas hésité à sortir du cercle de la justice pour placer ici, sous la dénomination vague d'actes administratifs la demande de tuteur et la déclaration de naissance reproduites aux n°s 8 et 9. En revanche nous croyons pouvoir nous dispenser de relever une foule de décisions judiciaires rapportées en nombre toujours plus dense par les papyrus au moyen d'un renvoi d'ensemble à M. Mitteis qui a donné *Grundzüge*, pp. 23-46, un important tableau de la procédure extraordinaire suivie en Egypte sous le Principat et *Chrestom.*, n°s 50-128, un choix très riche d'exemples.

1. Sentence arbitrale d'Histonium (Ier siècle après J.-C.).

C. I. L., IX, 2827 ; Dessau, 5982 ; Bruns, n° 185. Inscription sur pierre découverte dans le territoire d'Histonium, au bord de l'Adriatique, et contenant la décision rendue par un *arbiter ex compromisso* dans une contestation de limites survenue entre la cité d'Histonium et un particulier. La fin du texte, indiquant notamment sa date, devait se trouver sur une seconde pierre aujourd'hui perdue ; mais il appartient nécessairement à une époque assez postérieure à l'an 19 après J.-C., auquel remonte une pièce, qui est invoquée comme un *libellus vetus* et comme ayant déjà tranché la question à l'encontre du *proauctor* d'une des parties. Cf., pour le commentaire de l'inscription, Mommsen, *Stadtrechte von Malaca und Salpensa*, 1855, pp. 484-487 (*Ges. Schr.*, 1, pp. 374-388), et Karlowa, *R. R. G.*, 1, 118. D'autres décisions rendues au sujet de contestations de limites entre cités sont rapportées plus haut, p. 179, n° 7 et pp. 190-191, n°s 3-5. V. en outre par ex. : la décision des Minucii, *C. I. L.*, I, 199 = V, 7749 ; Dessau, 5946 ; Bruns, n° 184, et l'énumération de Ruggiero, *Dizionario epigrafico*, v° *Arbiter*.

C. Helvidius Priscus, arbiter ex compromisso inter Q. Tillium Eryllum, procuratorem Tilli Sassi, et M. Paquium Aulanium, actorem municipi Histoniensium, utrisque praesentibus juratus sententiam dixit in ea verba q(uae) inf(ra) s(cripta) s(unt) :

'Cum libellus vetus ab actoribus Histoniensium prolatus sit, quem desideraverat Tillius Sassius exhiberi, et in eo scriptum fuerit, eorum locorum, de quibus agitur, factam definitionem per Q. Coelium Gallum : M. Junio Silano L. Norbano Balbo cos. VIII k. Maias inter P. Vaccium Vitulum, auctorem Histoniensium fundi Herianici et Titiam Flaccillam, proauctorem Tilli Sassi fundi Vellani, a(ctum) e(sse) in re praesenti de controversia finium, ita ut utrisq(ue) dominis tum fundorum praesentibus Gallus terminaret, ut primum palum figeret a quercu pedes circa undecim, abesset autem palus a fossa (neque apparet, quod pedes scripti essent, propter vetustatem libelli interrupti in ea parte, in qua numerus pedum scriptus videtur fuisse), inter fossam autem et palum iter commune esse, cujus proprietas soli Vacci Vituli esset ; ex eo palo e regione ad fraxinum notatam palum fixum esse a Gallo, et ab eo palo e regione ad supercilium ultimi lacus Serrani in partem sinisteriorem derectam finem ab eodem Gallo.

2. ACTION EN NULLITÉ DE TESTAMENT (an 124 après J.-C.).

C. P. R., 1, 18 ; Bruns, n° 189 ; Mitteis, *Chrestom.*, n° 84. Papyrus de la collection de l'archiduc Renier publié sur une copie de M. Wessely, par M. Mommsen, d'abord avec un commentaire, Z. S. St., 12, 1892, pp. 284-296 (*Ges. Schr.*, 1, pp. 445-455), puis, dans Bruns avec une traduction latine et dont la lecture a depuis encore été perfectionnée sur quelques points. Il contient l'expédition dressée le 15 juillet 124 après J.-C. d'une décision, rendue le 13 avril 124, par un officier romain, Blaesius Marianus, préfet de la première cohorte des cavaliers ciliciens, en vertu d'une délégation du préfet d'Egypte Haterius Nepos, dans un litige entre deux Egyptiens, et intéressante à la fois pour la connaissance de la procédure provinciale du temps de l'Empire et pour celle du droit local égyptien. Au premier point de vue, on remarquera que l'affaire est tranchée non pas suivant la procédure régulière des formules, par un ou plusieurs jurés privés, mais *extra ordinem*, par un délégué du magistrat duquel la délégation paraît avoir en fait présenté une certaine permanence, puisqu'il a près de lui un jurisconsulte comme assesseur et que le procès-verbal de l'affaire est extrait du registre de ces actes. Au second, il nous a appris pour la première fois, comment la distinction égyptienne déjà connue (Mitteis, *Reichsrecht und Volksrecht*, 1891, p. 226 et ss. : Denise, *N.R.H.*, 1893, p. 23 et ss. et les auteurs cités ; v. aujourd'hui Mitteis, *Grundzüge*, pp. 200-208) du mariage écrit, qui seul est le véritable mariage, et du mariage sans écrit, qui n'est qu'un concubinat, mais qui cependant rattache les enfants au père, influait sur le droit de tester des enfants qui en étaient issus, les premiers ayant le droit de tester au détriment du père, qui est, pour des raisons quelconques, refusé aux seconds. C'est le principe juridique supposé comme constant dans notre procès en pétition d'hérédité où le père, Apollonios, attaque pour cette raison le testament fait à son préjudice le 26 décembre 123 par son fils Origène au profit du défendeur Ammonios, cousin d'Origène, et d'un frère d'Origène qui n'est pas nommé. Après la lecture du testament, le juge donne raison au demandeur Apollonios ; mais, sur la nouvelle articulation d'Ammonios selon laquelle ce serait d'un mariage par écrit et non d'un mariage sans écrit que serait né Origène, il impartit à Ammonios un délai de soixante jours pour faire sa preuve, après avoir fait procéder à un inventaire des biens héréditaires qui restent entre les mains d'Apollonios. La note marginale mise en tête et la souscription finale partant de la ligne 40 ont été écrites à l'encre rouge par un archiviste nommé Claudius qui a corrigé à la même encre le reste du texte et expédié la copie aux stratèges d'Arsinoé.

A la marge supérieure : Ἡρ(ακλείδου) μ(ε)ρ(ί)ς στρα[τ]η-γ(ίας) Ἀρσι(νοείτου)[1].

| Ἐκ τόμου [ὑπο]μνηματισμῶν [Β]λαισίου Μα[ρ]ιανοῦ ἐπάρχου σπείρης | [π]ρώ[τ]ης Φλαουίας Κιλί[κ]ων [ἱ]ππικῆς. Ἐξ ἀναπομπῆς Ἀτερίου | [Νέπ]ω[τ]ος τοῦ κρατίστο[υ ἡγ]ε[μ]όνος ἔτους [ὀ]γδόου αὐτοκράτορος | [Καίσαρο]ς [Τ]ραιανοῦ Ἀδρια[νο]ῦ Σεβ[α]στοῦ Φαρμου-
5. θὶ ὀκτωκαιδεκάτῃ[2], || π[αρ]ό[ν]τος Κλαυδίου Ἀ[ρτεμ]ιδώρου νομι[κ]οῦ Ἀφροδείσιος Ἀπόλλω | ν[ίο]υ πρὸς Ἀμμώνιον Ἀ[π]ίωνος. Τοῦ Ἀ[φ]ρο-δεισίου διὰ Σωτηρί | χου ῥήτορος εἰπόντος [σ]υνελθόντα ἑαυτὸν ἀγράφως Σαραποῦτί | τι[ν]ι ἐσχηκέναι ἐξ α[ὐτ]ῆς Ὠριγένην, ὃς ἐτελεύτησεν, καὶ | ἄλλους· τοῦ νόμου καλ[ο]ῦντος τοὺς πατέρας ἐπ[ὶ] τά[ς] κληρονο-
10. μίας || τῶν ἐξ ἀγράφων παίδων τὸν ἀντίδικον θέλειν κατὰ δια | θή-

A la marge supérieure : *Heraclidae partis, strategiae Arsi-(noites).*

| Ex codice actorum Blaesii Mariani praefecti | cohortis primae Flaviae Cilicum equitatae. Ex delegatione Haterii Nepotis optimi praefecti anno octavo imperatoris | Caesaris Trajani Hadriani Augusti Pharmuthi XVIII[2], *|| praesente Claudio Artemidoro*
5. *juris perito. Aphrodisius Apollo | nii contra Ammonium Apionis filium. Aphrodisio per Soteri | chum advocatum dicente coisse in matrimonium se sine scriptis Saraputi | cuidam mulieri et habuisse ex ea Origenem defunctum et | alios ; cum lex vocet patres ad hereditates || liberorum quaesitorum ex (nuptiis)*[3] *sine scriptis*
10. *habitis, adversarium velle ex testa | mento heredem esse Orige-*

---

1. = Lecture actuelle de Wessely adopté par Mitteis ; il avait d'abord lu : Σ / ; / υτς στρατηγ Ἀρσι— = Stratego Arsi (noites). —
2. 13 avril 124. — 3. Il faut sous-entendre γάμων.

[κ]ην κληρονόμον ε[ἶ]ναι τοῦ Ὠριγένους· οὐκ ἔχοντος ἐκεί|νου ἀπὸ τῶν νό-
μων ἐξουσίαν περιόντος πατρὸς εἰς ἄλλον τινὰ | γράφειν [δια]θήκην πα-
ραξίου [πα]ρ[α]νόμο[υ] οὔσης [τ]ῆς εἰς τὸν ἀντὶ | δι[κ]ον δι[α]θήκης
ἀντιποιεῖσθ[α]ι τῶν ὑπὸ τοῦ υἱοῦ καταλειφθέν ‖ [των κ]αὶ τοῦ Ἀμμω- 15.
νί[ου διὰ] Μαρκιανοῦ ῥήτορος ἀποκριναμέ | [ν]ου [τ]ὸ[ν] τῶν Αἰγυπ-
τί[ω]ν νόμον διδόναι ἐξουσίαν πᾶσι τοῖς διατι | θεμένοις καταλείπειν
[οἷ]ς βούλο[ντ]αι τὰ ἴδια· ἑαυτὸν μέντοι ἀνε | ψιὸν ὄντα τοῦ τετε[λε]υ-
τηκότ[ο]ς καταλ[ε]λεῖφθαι σὺν ἑτέρῳ | υἱῷ τοῦ ἀντιδίκου κλη[ρ]ονόμον
[κ]αὶ τὴν δι[α]θήκην πλήρη ἔχειν ‖ τὸν τῶν μαρ[τύ]ρων ἀρι[θμό]ν¹. 20.

Βλαίσιος Μαριανός· ἀναγνωσθή | τω ἡ τοῦ Ὠ[ριγέ]νους δ[ιαθ]ή-
κη. Ἀναγνωσθείσης ἐπὶ τοῦ ὀγδό | ου ἔτους Ἁ[δρια]νοῦ [τ]οῦ κ[υ]ρίου
Χοιὰκ τριακάδος² Βλαίσιος Μαριανὸς | ἔπαρχος σπ[είρης π]ρώτης
Φλα[υ]ία[ς Κι]λίκων ἱππικῆς συνλαλήσας | Ἀρτε[μι]δ[ώρῳ τ]ῷ νομ[ι]-
κῷ π[ε]ρὶ το[ῦ] πράγματος ὑ[πη]γόρευσεν ἀπὸ ‖ [φασιν, ἡ καὶ ἀνεγ]νῶσ- 25.
θα[ι] κατὰ λέξ[ιν ο]ὕτως· ὁ τελευτήσας Ὠρι | [γένης ὢν ἐξ ἀγρά]φ[ω]ν
[γάμων γε|νόμ[ε]νος[τῷ πα]τρὶ φα[ίνετ]α[ι] | κατα[λείπειν τα ί]δια διαθή-
κη[ς] ἐξουσία[ν] μὴ ἐσ[χη]κὼς τ[οῦ] πατρ[ὸς αὐ]τοῦ | [ζ]ῶν [τ]ος· [καὶ
τοῦ] μὲν Ἀμμωνί[ο]υ εἰπόντος ἐξ ἐν[γ]ράφων γά | μων γεγο[νέ]ναι τὸν
Ὠ[ρι]γένην, τοῦ δὲ Ἀφροδεισίου διαβεβαιω ‖ σαμένου ἐξ[ἀ]γράφων 30.
αὐτὸν γάμων γεγεννῆσθαι, Βλαίσιος | Μαριανὸς [ἔπ]αρ[χο]ς σπείρης

nis ; jam cum non habeat il | le secundum leges licentiam patre
superstite in alii cujusquam favorem | scribere testamentum
cumque inofficiosum et injustum testamentum esset scriptum in
favorem ad | versarii, petere se bona a filio relic ‖ ta ; et Ammo- 15.
nio per Marcianum advocatum responden | te Aegyptiorum leges
dare licentiam omnibus quicumque | testarentur relinquere qui-
bus vellent bona sua, at semel utpote fratris | defuncti filium,
relictum esse cum alio | filio adversarii heredem et testamentum 20.
plenum habere ‖ testium numerum¹ :

Blaesius Marianus : Recite | tur Origenis testamentum. Quo
recitato octa | vo anno Hadriani domini die trigesimo Choiak² Blae-
sius Marianus ı praefectus cohortis primae Flaviae Cilicum equi-
tatae | cum Artemidoro jurisperito collocutus de ea re diclavit de 25.
‖ cretum quod recitatum est ad verbum sic : Origenes de | func-
tus ex nuptiis sine scriptis procreatus patri videtur reli | quisse
hereditatem, cum testamenti factionem non habuerit patre | su-
perstite. Et Ammonio dicente ex nuptiis scriptura interveniente
con | tractis progenitum esse Origenem, Aphrodisio autem con- 30.
fir ‖ mante ex nuptiis sine scriptis habitis eum progenitum esse,
Blaesius Marianus praefectus cohortis primae Flaviae Cilicum

1. Cf. Mitteis, *Grundzüge*, p. 237. — 2. = 26 décembre 123.

πρώ[της] Φλαυίας Κιλίκων ἱππικῆς· | αὐτ[ὸ] τοῦ[το ὁ Ἀ]φροδείσιος | ἀποδείξει ἐν ἡμέραι[ς] ἑξήκοντα. |

[Τ]οῦ Ἀφροδεισ[ίο]υ ἀξιώσαντος ἐ[ν] το[σο]ύτῳ ἐπ' ἀν[α]γρ[αφ]ῆς γενέσθ[α]ι | τὰ ὑπὸ τούτ[ο]ν ἀπολειφ[θ]έντα Βλαίσιος Μαρια-
35. νὸς ἐνέ || τείλα τοʼΙ[σι]δώρῳ ἡγεμονικῷ ὑπηρέ[τ]ῃ ποι[ή]σασθαι δισσὴν | τὴν ἀνα[γρ]αφ[ὴ]ν καὶ ἀναδοῦν[αι] ἀντίγραφα τοῖς ἐμφερο | μένοις, τῆς κλειδὸς τῆς οἰκίας μενούσης παρὰ τῷ Ἀμμωνίῳ | [ἐνεσ]φραγ[ι]σμέν[η]ς· καὶ μετʼ ὀλίγον τοῦ Ἰσιδώρου ἀπαγγείλαν | [τος γε]γονέναι [τ]ὸ
40. κελευσθὲν Βλαίσ[ι]ος Μαριανὸς· ἐκέλευ || [σα τήνδε τ]ὴν προ[φ]ορὰν ὑπομνηματισθῆναι.

Κλαύδιος | ...ν βυβλιοφύλαξ ὑπάρχει ἔτους ὀγδόου | [αὐτοκρά]τορος Καίσαρος Τραιανοῦ Ἀδριανοῦ | [Σεβαστο]ῦ. Ἐπεὶφ μιᾷ καὶ εἰκάδι¹.

equitatae: | *id ipsum Aphrodisius ostendet intra diem sexagesimum.* |

Aphrodisio desiderante rebus sic stantibus inventarium
35. *fieri* | *eorum quae idem reliquisset, Blaesius Marianus jus* || *sit Isidorum praefectorium officialem facere duplex* | *inventarium et tradere exemplaria eis ad quos ea res* | *pertinet, clavi domus manente apud Ammonium* | *obsignata. Et paulo post Isidoro nun-*
40. *tian* | *te facta esse quae essent jussa Blaesius Marianus: jus* || *ei hanc prolationem in acta referri.*

Claudius | ..... *n bibliophylax. Extat. Anno octavo* | *imperatoris Caesaris Trajani Hadriani* | *Augusta Epeiph vicesimo primo*¹.

3. ACTION EN PÉTITION D'HÉRÉDITÉ AB INTESTAT
(an 135 après J.-C.).

Mitteis, *Chrestom.*, n° 85 ; *B. G. U.*, 19 ; Bruns, n° 180. Papyrus grec du musée de Berlin commenté par MM. Th. Reinach, *N. R. H.*, 1893, pp. 1-20, et Th. Mommsen, *Z. S. St.*, 14, 1893, pp. 1-40 (*Ges. Schr.*, 1, pp. 456-464). Il contient la copie d'un jugement rendu à Arsinoé sur une délégation du préfet d'Egypte par un juge délégué qui, étant embarrassé sur un point de droit, a soumis la difficulté au gouverneur et fait lire sa lettre et la réponse du gouverneur avant de statuer dans le sens indiqué par ce dernier. Ce texte donne un nouvel exemple de l'emploi de la procédure extraordinaire signalé au sujet du précédent. Mais son plus grand intérêt est dans le point de droit sur lequel roule le débat. Il s'agit d'une pétition d'hérédité intentée relativement à la succession d'une femme morte sans testament par une petite-fille de cette femme nommée Chenalexas contre un fils et un petit-fils d'un autre lit nommés, le premier Petesanchas et le second Dionysios, qui se trouvaient en possession de tous les biens héréditaires. Chenalexas

1. = 15 juillet 124.

avait, dans une première phase de l'instance, soumise à un autre délégué du gouverneur appelé Heraclides, réclamé la part de la succession de sa grand'mère afférente à son père en soutenant qu'elle avait été recueillie par son père mort après sa grand'mère, seulement en l'an 131 ou 132, tandis que les défendeurs soutenaient qu'il n'avait pu la recueillir, étant mort avant elle en l'an 117, ce qui donnerait pour la mort de la grand'mère, les dates extrêmes de 117 et de 131, et l'affaire avait été renvoyée pour l'administration de la preuve ; mais il paraît que Chenalexas ne put faire la preuve de la survivance de son père, car devant le nouveau juge appelé Menander, elle abandonna ce moyen et invoqua, comme lui donnant à elle-même vocation à la succession de sa grand'mère, une constitution d'Hadrien qui permettait, dit-elle, même aux Egyptiens, de succéder à leurs grand'mères et qu'elle disait avoir déjà été appliquée par l'épistratège Gellius Bassus dans une décision dont elle produisait un passage. C'est sur ce point que le juge Menander consulte le préfet en lui faisant remarquer que la grand'mère était morte avant l'an 125 — donc entre 117 et 125 — dans des termes qui donnent à croire que la constitution était postérieure. Le préfet répond le jour même en disant au juge d'allouer à Chenalexas la part de la succession que son père eût recueillie, à moins qu'il n'y ait déjà chose jugée, et c'est ce que fait le juge. Le papyrus s'interrompt sur une demande nouvelle en restitution de fruits héréditaires faite par l'avocat de Chenalexas. En négligeant ce dernier point, le texte atteste donc l'existence d'une constitution d'Hadrien rendue avant l'an 135, date du jugement, et probablement au plus tôt en 125, où le juge dit que la *de cujus* était déjà morte en paraissant se préoccuper d'une question d'effet rétroactif, vraisemblablement pendant le séjour qu'Hadrien fit en Egypte en l'an 130. Quant à l'objet de la constitution, que l'on interprète comme ayant donné même aux Egyptiens le droit de succéder, par représentation peut-on dire, à la mère de leurs auteurs prédécédés, elle doit avoir accordé ce droit à une catégorie de personnes différentes desquelles il a été étendu aux Egyptiens ; or, ces personnes ne peuvent être les Romains chez qui la succession à la mère elle-même n'a été établie que sous Marc-Aurèle par le sénatus-consulte Orfitien. Toutes les vraisemblances sont pour qu'elle ait accordé ce droit aux Alexandrins, qu'on voit souvent opposer ainsi aux Egyptiens ordinaires, par exemple en matière d'acquisition du droit de cité et avec les institutions helléniques desquels cette règle s'accorde parfaitement.

| Ἀντίγραφον· I, 1.
Ἐξ ἀναπομπῆς Πετρωνίου Μαμ[ερτ]είνου ἐπάρχου Αἰγύπτου. | L ιθ′ Ἀδριανοῦ Καίσαρος τοῦ κυρίου Μεχεὶρ ιζ′ [1] ἐπὶ τῶν κατὰ Χεναλεξᾶν πρὸς | Πετεσοῦχον καὶ Διονύσιον. Μένανδρος ὁ κριτὴς τοῖς δια-

| Exemplar : I, 1.
| Ex delegatione Petronii Mamertini praefecti Aegypti | anno XIX Hadriani Caesaris domini Mecheir XVII[1]. In causa Chenalexae contra | Petesuchum et Dionysium. Menander judex

1. = 12 février 135.

5. δικαζομένοις ǁ εἶπεν· Ὑπερεθέμην τὸ νῦν π[ρᾶγ]μα, ἐπὶ καθολικὸν¹ ἦν,
ἄχρι οὗ γράψω | τῷ κρατίστῳ ἡγεμόνι, εἰ καὶ Αἰγυπτίων υἱωνοῖς καὶ
υἱδ[αῖ]ς δέδοται | τὰ μαμμῷα [δι]ὰ τῆς τοῦ κυρίου Ἀδριανοῦ Καίσα-
ρος χάριτος. Ἀναγνωσθή | σεται οὖν ἡ ὑπ' ἐμοῦ τῷ κρατ[ίστῳ] ἡγε-
μόνι γραφεῖσα ἐπιστολὴ καὶ ἡ | ὑπὸ αὐτοῦ ἀντιγραφεῖσά μοι· ἃς
10. [κ]ελεύσας ἀμφοτέρας ἀναγνωσθῆναι ǁ τοῖς τε ὑπομνήμασι ἀναλ[ημ]-
φθῆναι περιέχων κατὰ λέξιν οὕτως· | Πετρωνίῳ Μαμερτείνῳ [τῷ
κρ]ατίστῳ ἡγεμόνι Μένανδρος γινό | μενος βασιλικὸς γραμ[ματ]εὺς
Ἀρσινοείτου χαίρειν· | Χεναλεξᾶς Ἀλεξάνδρου Αἰγ[υπ]τία τῷ διελη-
λυθότι διαλογισμῷ | ἐδικάσατο ἐπὶ Ἡρακλείδου κρ[ιτο]ῦ πρὸς Πετεσοῦ-
15. χον θεῖον ἑαυτῆς ǁ πρὸς πατρὸς καὶ Διονύσιον [ἀνε]ψιὸν περὶ μαμμῴων
ὑπαρχόντων | ὧν ἔλεγ[ε]ν εἰς τὸν πατέρα ἑ[αυ]τῆς ἀπὸ τῆς μητρὸς
αὐτοῦ ἐληλυθέ | ναι. Ἐπεὶ δὲ οἱ περὶ τὸν Πετεσ[οῦ]χον διεβεβαιώ-
σαντο ἐκεῖνο[ν] προ | τετελευτηκέναι τῆς μητρὸς τῷ α' L², Ἀδριανοῦ
Καίσαρος τοῦ κυρίου, | αὐτὴ δὲ τῷ ιε' L³, τοῦτο ἀποδεῖξαι διὰ γραμ-
20. μάτων ὑπέσχετο, ὑπερετέθη ǁ ἡ διάγνωσις εἰς τὴς ἀπόδειξιν. Νῦν
ἀναπεμφθέντες ἐπ' ἐμὲ πρὸς τοὺς | αὐτοὺς ἠξίου προσφυγεῖν τῇ χάριτι
II, 1. τοῦ θεοῦ ἐπιφανεστάτου αὐτοκράτορος ǁ καὶ Αἰγυπτίοις συνκεχωρημέ-
νου τὰ μαμμῷα κληρονομεῖν, καὶ ἐπήνεγκ[ε] | Γελλίου Βάσσου τοῦ κρα-
τίστου ἐπιστρατήγου ἀπόφασιν κεκρικότος καὶ τοὺς τῶ[ν] | παίδων παῖ-
δας μετουσίαν ἔχειν τῆς τῶν μαμμῴων κληρονομίας· ἐγ[έ] | γραπτο δὲ

5. *litigantibus* ǁ *dixit: Distuli praesens negotium, quippe quod generale¹ sit, donec scripsissem | optimo praefecto, an etiam Aegyptiorum nepotibus neptibusque data sint | bona aviae beneficio domini Hadriani Caesaris. Recitabitur | igitur epistula a me scripta optimo praefecto et | ea quam ille mihi rescripsit. Quam*
10. *jussit utramque recitari ǁ et commentariis inseri, habentes ad verbum sic : | Petronio Mamertino optimo praefecto Menander quon | dam regius scriba Arsinoiti nomi salutem : | Chenalexas Alexandri filia Aegyptia in praeterito conventu | litigabat sub*
15. *Heraclide judice contra Petesuchum patruum suum ǁ et Dionysium consobrinum de aviae bonis | quae dixit ad patrem suum de matre ejus pervenis | se. Jam cum Petesuchiani confirmassent illum ante | matrem decessisse anno I Hadriani Caesaris domini ², | ipsa autem anno XV ³, idque ipsum probare scriptis promisisset, dilata*
20. *est ǁ sententia in probationem. Nunc (omnibus) delegatis ad me contra eos | dem petiit ut confugeret ad beneficium dei praesen-*
II, 1. *tissimi imperatoris ǁ qui etiam Aegyptiis concesserit aviae hereditates, attulitque | Gelli Bassi optimi epistrategi decretum,*

1. Parce que l'affaire soulève une question de principe. — 2. An 117 après J.-C. — 3. An 131.

διὰ τῆς ἀποφάσεως αὐτοῦ μετ' ἄλλα οὕτως 'ὅσα προσήγαντο πα[ιδὶ] || 5.
κῶν περὶ τὸν προκείμενον ἀπὸ τῆς Εὐ[δ]αιμονίδος διαθήκης ἢ καθ' ὅν-
[τινα] | τ[ρ]όπον, ταῦτα μετεῖναι τοῖς ἐκείνου τέκνοις'. ζητουμένου οὖν
καὶ τού[του, εἰ], | τετελευτηκυίας τῆς μάμμης αὐτῆς ἀδιαθέτου πρὸ
θ' L ¹τῆς τοῦ αὐτοκ[ράτ(ορος)] | χάριτος, λήμψεται ἡ υἱδῆς τὴν τοῦ
πατρὸς μοῖραν, γράφω σοι, ἡγεμώ[ν μου], | ἵνα τὸ δόξαν κελεύσῃς γε-
νέσθαι. Ἐρρῶσθαί σε εὔχομαι, ἡγεμὼν κύ[ριε]. || Lιθ' αὐτοκράτορος 10.
| Καίσαρος Τραιανοῦ Ἀδριανοῦ Σεβαστοῦ Μεχεὶρ ιδ'.² |
Πρὸς ἣν ἀντεγράφη. |
Πετρώνιος Μαμερτεῖνος Μενάνδρῳ γενομένῳ βασιλ(ικῷ) γρ(αμμα-
τεῖ). Πολέμ[ωνος] | μερίδος χαίρειν. | Εἰ μηδὲν ἐκρίθη μέχρι τούτου
Χεναλεξᾶτος καὶ Πε[τ]εσούχου δι...., || πρὸς πατρὸς θείου καὶ Διονυ- 15.
σίου ἀνεψιοῦ περὶ τῶν μαμμώων α[ὐτῆς] | ὑπαρχόντων, προσήκει σε
ἀκολούθως τοῖς τοῦ κυρίου γράμμ[ασιν] | Χεναλεξᾶ τῶν πατρῴων³ μέ-
ρος, ὃ περιὼν ἂν ὁ πατὴρ αὐτῆς ἔλαβ[εν, προσκρίνειν]. | Ἔρρωσο.
Lιθ' Μεχεὶρ ιδ'.⁴
Ἀπεφήνατο· Θεναλεξᾶ τὸ πατρῷον μέρος, ὃ περιὼν ἂν ὁ πατὴρ αὐ-
τ[ῆς ἔλαβεν,] | προσήκειν δοκεῖ ἀκολούθως τοῖς ὑπὸ τοῦ κρατίστου
ἡγεμόνος γραφ[εῖσι]. ||

quo judicavit, etiam | *filiorum filios participes esse aviae heredi-
talis ; est* | *autem scriptum in ejus decreto post alia sic : 'quae-
cunque deferebantur rerum filii* || *ad eum de quo agitur ex Eu-* 5.
daemonidis testamento sive quae alia | *causa est, ea pertinere ad
ejus liberos'. Jam cum quaesitum esset etiam id :* | *avia defuncta
intestata ante annum IX imperatoris* ¹ *beneficii, capiatne neptis
patris portionem ? scribo tibi, praefecte mi,* | *ut quod videbitur
jubeas fieri. Valere te opto, domine praefecte.* || *Anno XIX impe-* 10.
*ratoris Caesaris Trajani Hadriani Augusti Mecheir XIV*². |

Ad quam rescriptum est : |

*Petronius Mamertinus Menandro quondam regio scribae
Polemonis* | *partis salutem :* | *Si nihil adhuc judicatum est inter
Chenalexam et Petesuchum.....* || *patruum et Dionysium conso-* 15.
brinum de aviae ejus | *bonis, oportet te secundum domini epis-
tulam* | *Chenalexae bonorum paternorum*² *portionem, quam pater
ejus cepisset, si superstes esset, adjudicare.* | *Vale, Anno XIX
Mecheir XIV*⁴.

*Pronuntiavit : Thenalexae paternam portionem quam pater
ejus cepisset si superstes esset,* | *competere videtur secundum ea
quae optimus praefectus scripsit.* ||

1. An 125. — 2. 19 février 135. — 3. Il faut μαμμώων ou, comme à
la ligne 18, τὸ πατρῷον. — 4. Même date que ligne 10. 19 février 135.

Ἀσκληπιάδης ῥήτωρ· Τὰς προσόδους ταύτῃ τῶν χρόνων, ὧν ἐπ[ε-
κρά] | τησαν, οὗτοι ἀποδότωσαν. Τῶν περὶ Πετεσοῦχον λεγόντων ἑαυ-
το[ὺς...

*Asclepiades advocatus : Reditus nostrae temporum per quae
posse | derunt, adversarii reddant. Petesuchianis dicentibus, se...*

4. Décisions judiciaires relatives a la prescription acquisitive
(ans 207 et 90 après J.-C.).

P. Strassb., 22,v°, reproduit par Gradenwitz dans Bruns,n° 192
et par Mitteis, *Chrestom.*, n° 374. V. pour le commentaire Mitteis,
P. Strassb., pp. 85-87 ; *Grundzüge*, pp. 374-375 et les renvois. Le
papyrus venant d'Hermopolis contient comme le papyrus Cattaoui,
cité p. 195, un recueil de pièces, ici un recueil de pièces relatives à la théorie de la prescription acquisitive. Ces pièces sont :
d'abord une constitution impériale, le rescrit de Sévère et Caracalla
sur la prescription de dix à vingt ans déjà reproduit, p. 201, n° 11,
d'après le papyrus de Berlin, *B.G.U.*, 267 et dont nous reproduisons ici la seconde version sans observation, ayant déjà relevé là les
discordances des deux versions, puis en second et en troisième lieu,
deux décisions judiciaires : une décision du préfet d'Egypte Su-
batianus Aquila, du 13 mai 207 reconnaissant l'existence de la
praescriptio dans un cas concret en invoquant les constitutions impériales qui l'ont établie et en s'exprimant dans des termes qui
paraissent impliquer l'exigence distincte de la bonne foi par une
allusion à une question de durée qu'on ne pourrait se poser pour le
juste titre (v. Mitteis, *loc. cit.*, et Wenger, *Z. S. St.*, 27, 1906,
pp. 374-375) ; une décision du 20 novembre 90, du préfet Mettius
Rufus, l'auteur de l'édit célèbre reproduit p. 176, n° 6, appliquant
entre Romains les règles de l'usucapion annale des meubles. Nous
n'avons pas cru devoir reproduire ici, malgré son intérêt, un autre
papyrus de l'an 85, *P. Flor.*, 61 (texte rectifié Mitteis, *Z. S. St.*,
27, 1906, pp. 220-226 ; U. Wilcken, *Arch. f. P.*, 4, 3-4, 1908,
pp. 444-448 et enfin Mitteis, *Chrestom.*, n° 80) dont les dernières
lignes sont dans la 7° éd. de Bruns, n° 194, et qui contient quelques
lignes plus haut, dans la lecture due à M. Mitteis, des renseignements encore plus précieux relatifs à une prescription extinctive
de cinq à dix ans établie par l'édit provincial égyptien (v. Mitteis,
Z. S. St., 27, 1906. pp. 224-227 ; Wilcken, *Arch. f. P.*, 4, pp. 447-
448) ; car ces informations sont étrangères au droit romain proprement dit.

1. Θεοὶ Σεουῆρος καὶ Ἀντωνῖνος Ιου[λ]ιανῃ | Σωσθενους διὰ Σωσ-
θένους ἀνδρὸς.

Μακρᾶς νομῆς παραγραφὴ τοῖς δικαί[αν] αἰτίαν ἐσχηκόσι καὶ

1. *Divi Severus et Antoninus Julianae Sosthenis filiae per
Sosthenem maritum. Longae possessionis praescriptio iis qui justum titulum habuerunt et sine ulla controversia in possessione*

ἄνευ τινὸς ἀμφισβ[η]τήσεως ἐν τῇ νομῇ γενομένοις πρὸς μὲν τοὺς ἐν ἄλλῃ πόλει διατρείψαντας ἐτῶν εἴκοσι ἀριθμῷ βοηθεῖ ¹, πρὸς δὲ τοὺς ἐπὶ τῆς αὐτῆς δέκα.

Προετέθη ἐν Ἀλεξανδ[ρ]είᾳ η L Φαρμοῦθι κδ ².

2. Σουβατιανοῦ Ἀκύλα ἡγεμονεύσαντος L ιε Φαμενὼθ ιζ ³. Κληθέν[τ]ων Σαβείνου καὶ Μαξίμου Διονυσίου καὶ ὑπακο[υ]σάντων.

Μεθ' ἕτερα Ἀκύλας εἶπεν· Τί ἀποκρείνῃ πρὸς τὸν χρόνον [τ]ῆς νο[μ]ῆς ὥς φησι[ν] μετὰ τὴν ὠνὴν τῆς Παυσοράπιος ἐτῶ[ν] σχεδὸν δέκα τεσσάρων, καὶ τὴν ἐν τούτῳ σιωπήν; Ἀσκληπιάδης ῥήτωρ εἶπεν· Γέγονεν. Ἀκύλας εἶπεν· L Διατάξεις εἰσὶν τῶν κυρίων περὶ τῶν ἐν τοῖς ἔθνεσιν οἰκούντων· ἂν ἀλλαχόσε νομῇ παρακολοκθήσῃ ἔχοντός τινος ἀφορμὴν κἂν βραχεῖαν δικαίαν κατοχῆς, σιωπήσαντος τοῦ νομίζοντος αὐτῷ διαφέρειν καὶ ἀνασχομένου ὑπὲρ δεκαετίαν, ἔχειν τ[ὸ] βέβαιον τοὺς κατασχόντας.

3. Μεττίου Ῥούφου ἡγεμ.. ύσαντος L ι'' Ἀθὺρ κδ' ⁴ . . Κληθέντος Σαλουστίου Καπίτωνος πρὸς Ἰουλίαν Πυθαροῦν καὶ εἰπόντο[ς] τὸ[ν ὑ]π[ο]μνηματογρ[ά]φον Μαικιανὸν ἀκηκοέναι περὶ τοῦ πρ[ά]γμ[α]τος. Μεθ' ἕτερα· Μέττιος Ῥοῦφος Καπίτωνι εἶπε[ν]· Οὐδεμίαν παρεισ-

fuerunt contra eos qui in alia urbe morantur annorum viginti numero confirmatur ¹, *contra eos vero qui in eadem decem.*

Proposita in Alexandria, anno VIII Pharmuti XXIV ².

2. Subatiano Aquila praefecto anno XV Phamenoth XVII ³. *Cum evocati sunt Sabinus et Maximus Dionysius et venerunt.*

Post alia. Aquila dixit: 'Quid respondes de tempore possessionis, quod aiunt esse post emptionem Pausorapidis annorum prope 14, et de ejus temporis silentio'?

Asclepiades rhetor dixit: 'Fuit'.

Aquila dixit: 'Constitutiones sunt imperatorum de eis qui in provinciis habitant: si alio possessio pervenit, habente quodam, initium quidem, sed breve justum possessionis, silente eo qui putat ad se pertinere, nec contradicente plus decem annis, habere firmitatem eos qui possederint'.

3. Mettio Rufo praefecto anno X Athur XXIV ⁴. *Vocato Sallustio Capitone contra Juliam Pytharem et dicente Maecianum scribam actorum audivisse de ea causa. Post alia. Mettius Rufus Capitoni dixit: 'Obrepere non potes, mulier enim in possessione*

---

1. Le ms. : βοηθοῦνται = *confirmant*. — 2. 18 avril 200. — 3. 13 mars 207. — 4. 20 novembre 90.

δυσιν ἔχεις, ἡ γὰρ γ[υν]ὴ ἐν τῇ νομῇ γέγονεν πολλῷ χρόνῳ. Παρ' ἡ-
μεῖν δ[ὲ ἰ]δοὺ ἡ [δ]ι' ἐνιαυτοῦ νομὴ αὐτάρκης ἐστίν[εἰ]ς δε[σ]ποτίαν.

fuit per longum tempus. Apud nos autem, vide, annua possessio sufficit'.

DÉCISION RELATIVE A L'ALIÉNATION DE LIEUX AFFECTÉS A DES SÉPULTURES (II° ou III° siècle après J.-C.).

C. I. L., X, 3334 ; Dessau, 8391 ; Bruns, n° 187. Inscription découverte à Misène et aujourd'hui perdue, dont il existe de nombreuses copies interpolées, accrues notamment d'une portion finale tout entière apocryphe. Dans la partie authentique, le soldat P. Aelius Rufinus, fils de P. Aelius Abascantus, déclare avoir prouvé son droit de propriété sur des immeubles acquis par son père, devant Alfenius Senecio, sous-préfet de la flotte de Misène, duquel il reproduit la sentence. La partie conservée de la sentence montre que la controverse juridique portait sur la validité de la vente quant à des sépulcres compris dans l'immeuble vendu, et constaté qu'après avoir visité les lieux, Senecio a rejeté la revendication des héritiers du vendeur, attendu que, bien que la vente ne fût pas valable, Rufinus et son père ont toujours été en possession. Le texte s'arrête au milieu d'une nouvelle clause arbitrairement complétée dans des copies anciennes, trop facilement admises par exemple par Rudorff, *Feldmesser*, 2, pp. 459-462. — On trouvera dans Bruns, n° 172, beaucoup d'autres titres relatifs à la matière des sépultures, et la liste pourrait encore aisément être fort accrue.

In *his* aedificis et locis *adj*acentibus aedificis, sive is locus ager est, *P*. Aeli Rufini militis, *omni*bus se possessorem esse ex causa emptionis P. Aeli Abascanti, patris sui, Alfenio Senecioni subpraef(ecto) class(is) pr(aetoriae) Mis(enatis) probavit et meruit sententiam, quam jussu ejusdem Senecionis subpraef(ecti) huic titulo proscripsit.

'Senecio c(um) c(onsilio) c(ollocutus) dixit : Necessariam fuisse inspectionem aedificiorum et loci, de quibus aput me actum est, re ipsa manifestatur. Cum igitur aedificia solo puro posita deprehenderim neque ullo sepulchro superposita vel conjuncta, apparet venditionem eorum jure factam, ideoque ad Aelium Rufinum militem ex causa emptionis pertinere videntur. Loci vero sive agri, quem adjacentem aedificiis Aelius Abascantus, pater Rufini, ab heredibus Patulci Diocletis aeque mercatus est, cum habeat plurima et dispersis locis sepulchra, jus per venditionem transferri ad emptorem non potuit ; set, cum pater Rufini et postea Rufinus, quamquam non jure facta emptione, semper in possessionem fuerint, nullo jure eum locum vindicare sibi Patulci possunt. Plane cum in re praesenti inspexerim *cippum, ubi nomen* erasum Patulci [1] dicunt, remane*re tamen vestigia scripturae* exprimentia haec verba...

6. Procès des foulons (an 244 après J.-C.).

C. I. L., VI, 266 ; Bruns, n° 188 ; Waltzing, *Études sur les corporations*, III, 641. Inscription commémorative de l'issue d'un procès suivi durant dix-huit ans devant trois préfets des vigiles différents. Elle nous a été transmise sur une table de marbre découverte au début du xvii siècle, dans le voisinage de l'Esquilin, et qui se trouve maintenant en deux fragments, dont l'un est mutilé, au musée du Capitole. Les parties perdues peuvent du reste être restituées à l'aide du texte donné par le premier éditeur, Fabretti, *Inscr. antiquae*, 1702, p. 278, d'après lequel nous le reproduisons sans changement de caractères. Quoiqu'on l'ait contesté, il en a certainement existé au moins un autre exemplaire qui subsistait encore en partie du temps de Fabretti par qui il a également été copié. — L'interprétation de ce monument a soulevé de nombreuses difficultés. V. notamment Rudorff, *Z. G. R.*, 15, 1848, pp. 254-265 ; Bethmann-Hollweg, *Civilprozess*, 1865, p. 767, n. 60 ; Bremer, *Rheinisches Museum*, nouvelle série, 21, 1866, p. 10 et ss. ; Karlowa, *R. R. G.*, 1, pp. 816-819 ; W. Liebenam, *Vereinswesen*, 1890, pp. 239-243 ; Mommsen, *Z. G. R.*, 15, pp. 326-345 (*Ges. Schr.*, 3, 97-108), *C. I. L.*, VI, 266, *Droit public*, 5, p. 360, n. 3. Selon l'opinion qui nous semble la plus sûre, il rapporte les décisions rendues successivement par les trois préfets relativement à une redevance réclamée, *extra ordinem*, au collège des foulons ou *fontani*, probablement par l'*advocatus fisci*, soit pour l'usage d'une prise d'eau, soit plutôt pour la jouissance d'un terrain aux extrémités duquel doivent avoir été dressées les plaques de marbre commémoratives du gain du procès. Le premier préfet statua en faveur des foulons, non seulement sur la preuve administrée par eux qu'ils n'avaient jamais payé de redevance depuis Auguste, mais surtout à la suite d'une visite du lieu litigieux, dans lequel il dit avoir vu des images sacrées et qu'il reconnut donc comme étant non pas un terrain public, occupé moyennant une redevance par des particuliers, mais un local affecté au culte. Les deux autres préfets, dont l'un est le célèbre jurisconsulte Modestin, sont représentés comme repoussant une seconde et une troisième tentatives de l'*advocatus fisci* (cf. *Cod. Just.*, 10, 9, 1) en considération de l'existence d'une première décision régulière. — Le point le plus discuté est le fondement de la compétence du préfet des vigiles. L'intervention successive de trois préfets différents ne permet pas de penser, avec Rudorff, à une délégation spéciale de l'empereur. Les opinions de Bremer et Bethmann Hollweg, qui attribuent l'un et l'autre au préfet une compétence plus ou moins large en matière d'eaux et qui méconnaissent par là les pouvoirs du *curator aquarum*, perdent tout fondement si l'on reconnaît qu'il s'agit de la jouissance d'un terrain et non pas de celle d'une prise d'eau. Selon Karlowa, la corporation des foulons, qui usait beaucoup d'eau publique ou privée, aurait été, pour cette raison, mise sous l'autorité administrative et judiciaire du préfet des vigiles, comme

1. V. l'inscription funéraire *C. I. L.*, X, 2816, signalée par Dessau.

d'autres corporations dont l'activité intéressait les approvisionnements de la ville étaient placées sous celle du préfet de l'annone. Selon l'explication la plus récente proposée par Mommsen dans la dernière édition du *Droit public*, la juridiction du préfet des vigiles sur cette question de propriété publique s'expliquerait par la haute surveillance de la voie publique qui lui fut attribuée, à la place des préteurs, édiles et tribuns, antérieurement préposés aux diverses régions, à une époque incertaine, peut-être sous Hadrien, et qu'atteste sa présence à la tête des *curatores regionum* dans l'inscription de 223, *C. I. L.*, VI, 30960.

Herculi sacrum posuit P. Clodius Fortunatus (quin)q(uennalis) perpetuus hujus loci.

Interlocutiones Aeli Floriani, Herenni Modestini et Faltoni Restitutiani, praeff. vigil. p. p. v. v [1].

Florianus d(ixit) : 'Quantum ad formam a me datam pertinet, quoniam me convenis, de hoc inprimis tractandum est. Ita interlocutum me scio esse hesterna die : 'docere partem diversam oportere hoc ex sacra auctoritate descendere, ut pensiones non dependerentur' ; et respondit : 'se quibuscumque rationibus posse ostendere, hoc ex sacra auctoritate observari' ; et hodie hoc dicit ; 'ex eo tempore', inquit, 'ex quo Augustus rem publicam obtinere coepit, usque in hodiernum *num*quam haec loca pensiones pensitasse'.

Et infra. Florianus d(ixit) : 'Vidi locum dedicatum imaginibus sacris'.

Et alio capite. Modestinus d(ixit) : 'Si quid est judicatum, habet suam auctoritatem, si est, ut dixi, judicatum ; interim aput me nullae probationes exhi*b*entur, quibus doceantur fullones in pen*sion*em jure conveniri'.

Et alio capite. Re*stitut*ianus c(um) c(onsilio) c(ollocutus) d(ixit) : 'Manifestum est, quid judica*verint* pp. vv. : nam Florianus partibus suis diligentissime functus est, qui, cum in rem praesentem venisset, locum inspexit et universis indiciis examinatis sententiam de eo loco, de quo cum maxime qua*e*ritur, protulit, a qua provocatum non est'.

Et infra. Restitutianus d(ixit) : 'Modestinus quoque, secutus res a Floriano judicatas, pensiones exigi prohibuit'.

Et infra. Restitutianus d(ixit) : 'Illud servabitur fontanis, quod obtinuerunt aput suos judices et quod habuerunt in hodiernum sine pensione'.

Actum III idus Mar(tias) ann(i), quo victoriam percepimus.

---

1. C'est-à-dire : 'praefectorum vigilum perfectissimorum vivorum'.

Ex Alexandro Aug. II et Marcello II cos. litigatum est in Peregrino et Aemiliano cos [1].

7. DENUNTIATIO EX AUCTORITATE de l'an 368.

Papyrus de Leipzig, n° 33, en date de l'an 368 venant d'Hermopolis. Il était écrit sur plusieurs colonnes de la première desquelles il reste seulement quelques lettres à la fin des lignes, mais dont la seconde est, particulièrement dans sa partie supérieure, assez bien conservée Le texte en a été pour la première fois déchiffré et publié par M. Mitteis. *P. Lips.*, pp. 98-105 ; des additions et des corrections, en partie importantes, y ont été apportées par M. Wilcken, *Arch. f. P.*, 3, 4, 1906, pp. 560-563 ; 4, 1-2, 1907, p. 187. 4, 3-4, 1908, p. 466 ; puis il a été donné, avec une traduction latine, par M. Gradenwitz dans Bruns, n° 191, et enfin de nouveau par M. Mitteis, *Chrestom.*, n° 55. Pour le commentaire, il faut se reporter aux explications réitérées de M. Mitteis, *P. Lips.*, pp. 88-98 ; *Z. S. St.*, 27, 1906, pp. 350-353. 28, 1907, pp. 391-393. 29, 1908, pp. 471-492. *Berichte* de Leipzig, 1910, pp. 107-108. 112, ainsi qu'à celles de M. Wilcken aux lieux cités et de M. Paul Meyer, *Berliner philolog. Wochenschr.*, 1907, pp. 550-551. Ce papyrus fournit l'exemple concret le plus frappant que nous possédions de la procédure de *litis denuntiatio* du droit du IV° siècle décrite dans le Code Théodosien et le livre syro-romain, où la *denuntiatio* adressée par le demandeur au défendeur est depuis Constantin remise à un magistrat, qui en donne acte, et où la *denuntiatio* ordinaire est, en cas de non-comparution, remplacée par la *denuntiatio ex auctoritate* (*F. V.*, 167) introductive de la procédure de *contumacia* (un autre exemple moins correct et se rapportant seulement à la *denuntiatio* ordinaire, mais cependant instructif et paraissant montrer le caractère obligatoire de cette procédure, de conversion en *litis denuntiatio* d'une demande d'*evocatio* adressée au préfet d'Egypte, se trouve dans le *P Oxy.*, 67. de l'an 338, reproduit par Mitteis, *Chrestom.*, n° 56, et commenté par lui, *Hermes*, 34, 1899, pp. 100 101 ; *Berichte* de Leipzig, 1910. pp. 108-109 ; cf. le même, *Grundzüge*, p. 40, n. 2).

Il s'agit d une pétition d'hérédité intentée devant le président de la province de Thébaïde par un médecin nommé Athénodoros, comme représentant judiciaire d'une femme appelée Sarapiana. Paxamos, père de Sarapiana la demanderesse et de quatre autres filles, avait laissé un testament par lequel il décidait que ses deux filles déjà mariées, Nemessilla et Dionysia, avaient déjà été suffisamment pourvues par leurs dots et que sa succession appartiendrait pour parts égales à ses trois autres filles non mariées, Sarapiana. Heliodora et Theoneina. Mais Dionysia et Nemesilla s'étaient, au mépris de ces dispositions, mises en possession d'une partie de la succession : ce qui a provoqué le procès intenté par Athénodore au nom de Sarapiana contre elles et après leur décès contre leurs héritiers Ceux de Dionysia ont conclu avec lui une transaction. Quant à ceux de Nemesilla, les défendeurs actuels, ils ont entamé après la *litis denuntiatio* des pourparlers qui ont eu pour consé-

---

1. Coss. en 226 et 244. L'autre exemplaire porte : 'Litigatum est ex Alexandri Aug. II et Marcelli II cos. in Peregrini et Aemiliani cos. dies'.

quence qu'Athénodore n'a pas comparu dans le délai de quatre mois dans lequel les parties devaient (d'après une règle éclairée par ce texte) comparaître pour l'ouverture du procès. Mais les pourparlers n'ont pas abouti et Athénodore a dû recourir de nouveau à la justice ; seulement, pour être relevé de la déchéance résultant de l'expiration du délai sans ouverture de l'instance, il lui a fallu obtenir du magistrat une *reparatio temporum* (pour la conception de laquelle notre texte présente encore de l'intérêt). Après l'avoir obtenue du gouverneur d'alors de la Thébaïde nommé Strategius (dont la décision est rapportée à la fois en latin et en traduction grecque, ce qui avait fait croire d'abord à deux *reparationes*) et avoir fait la seconde *litis denuntiatio* à laquelle cela l'autorisait, il a comparu, mais l'adversaire ne l'a pas fait : de sorte que le procès n'a pu encore se lier. Alors il a demandé l'autorisation de faire la *denuntiatio ex auctoritate judicii* qui introduisait la procédure de *contumacia*, et après la triple répétition de laquelle le jugement pouvait être rendu par défaut. Il a obtenu cette autorisation d'un nouveau gouverneur nommé Flavius Heraclaeus. Et notre titre est précisément la pièce dans laquelle il use de cette autorisation en faisant la *denuntiatio ex auctoritate* qui devait être rédigée en plusieurs exemplaires (v. *F. V.*, 165). La colonne 1, de laquelle il ne reste que des fins de lignes, mais que ces fins de lignes montrent avoir eu un contenu symétrique à celui de la colonne 2, était probablement destinée à être coupée et à rester dans les mains du demandeur ou de la justice. La colonne 2, dont le texte est conservé assez complètement et se révèle même comme un texte original par la diversité des écritures qu'on y distingue, renferme d'abord, dans ses lignes 1 à 18, la *denuntiatio* proprement dite adressée à l'adversaire à la première personne du singulier, puis, lignes 19 à 30, le procès-verbal de la deuxième instance devant le gouverneur, joint comme pièce justificative. Ensuite, les lignes 30 et 31 contiennent, d'une main différente, la souscription du représentant de la demanderesse qui adresse la *denuntiatio ex auctoritate* au gouverneur pour qu'elle soit transmise par son *officium* au défendeur. Enfin, le verso porte, d'une autre main, l'accusé de réception du gouverneur. Comme M. Gradenwitz dans Bruns et M. Mitteis, dans sa *Chrestom.*, nous reproduisons seulement la colonne 2.

II, recto

Ὑπατείας τῶν δεσ[ποτῶν ἡμῶν Φλ(αυίων) Οὐαλεντινιανοῦ) καὶ Οὐ[άλεντος κ[αὶ] Γρατιανοῦ τῶν αἰωνίων Αὐγο[ύστ]ων τὸ β[1]. Αὐρήλι[ος Ἀθη]ν[όδωρος δημ]όσιος ἰατρ[ὸς ἀ.]πὸ Ἑρμοῦ πόλεως τῆς λαμπροτάτης τὸν λόγον [ποιούμε]νος ὑπὲρ Σαραπιαίν[η]ς Παξά[μο]υ... β. ησ. καὶ μητροπολίδο[ς κατ' ἐντολὴν τὴν] καὶ ἀναλημφ[θ]εῖσα[ν]

II, recto

Consulatu dominorum nostrorum Flav(iorum) Valentiniani et Valentis et Gratiani semper Augustorum secundo [1]. |
.Aurelius Athenodorus medicus publicus ab Hermupoli splendidissima | qui sermonem facit pro Sarapiaene Paxami filia..., | ex metropoli (ex mandato quod et in acta praesidis receptum

1. Date où M. Mitteis remarque avec raison qu'on a mélangé les années de consulat aux années de règne.

τοῖς ἡγεμονικοῖς ὑπομνήμασι Φλ[αυίοις Ἡ]ρακλέωνι β(ενε)φ(ικαρίῳ)
κα[ὶ] Ἰσ[ιδ]ώρῳ ὀφ(φικιαλίῳ) καὶ Κύρᾳ | κλη[ρ]ονόμοις Νεμεσιλ-
λ[ης τ]ῆς [αὐτ]ῆς πόλεως ἀντιδί[κο]ις χαίρει[ν]. Συγχωρηθείς¹ ἐγὼ ὁ
Ἀθηνόδωρος π[αρή]γ[γ]ειλα μὲν ὑμῖν καὶ πολλάκις, περιφεύγοντες δὲ || 5.
τὴν εὐθεῖαν, παρευρέ[σεσιν ἐχ]ρήσα[σ]θαι, ἀλλὰ καὶ νῦν ἀναρχός
[μ]οι γέγονεν ἡ δίκη, τοῦ κυρίου μου τοῦ [λ]αμπροτάτου ἡγεμόνος
Φλαυίου Ἡρακλείου | ἀποψηναμένου γεὶν |εσθαί ..] μόν[ω]σιν ² τῆς
ἀνανεώσεως ἧ[ς] ἔσχον, ἅπαξ ἐκπαισὸν τῶν χρόν[ω]ν. [Δι]όπερ καὶ
νῦν τὴν αὐθεντ[ί]αν λαβών, παραγγέλλω | κατ' ἀπόφασιν οὕτως ἔ[χου-
σα]ν· Φ[λά]υιος Ἡράκλειος ὁ λαμπρότατος ἡγεμὼν εἶπ(εν)· 'Ἀνάρ-
χου τῆς δίκης ὀφθίσης ἐξ αὐθεντίας τοῦ δικαστηρίου πάραγγ[ελ]εῖς'.
| Δηλῶ δὲ καὶ τὴν ἀνα[ν]έωσ[ιν ἔ]χ[ουσα]ν οὕτως· 'Strategius
v(ir) p(erfectissimus) com(es) praes(es) Thebai(di) dei(xit): Repa-
rabuntur tempora si semel negotium is t'[ ] | evolutum est|³.
Μετὰ [τὰ] 'Ρωμαϊκὰ [ἑρμ]ηνία⁴·. Φλ[ά]υιος Στρ[ατ]ήγιος ὁ διασ[η]-
μότατος κόμες καὶ ἡγε[μ]ὼν εἶπ(εν)· 'Ἀν[α]νεωθήσονται οἱ χρ[όνοι],
εἰ ἅπαξ || ἡ δίκη ἐξ[έπε]σεν'. ⁵ Πάξ[αμ]ος γὰ[ρ] Σα[ρ]απια[ί]νης καὶ 10.
Ἡλιοδώρας καὶ Θεονίνης καὶ Νεμεσίλλης γέ[γ]ονεν πατήρ, ἔθετο δὲ

est) *Flaviis Heracleoni beneficiario et Isidoro officiali et Kyrae,* |
heredibus Nemesillae ab eadem urbe, adversariis, salutem dat. |
Ex mandato (?) ¹ *ego quidem Athenodorus denuntiavi jam saepe
vobis, defugientes autem* || *rectam viam et ambagibus usi, fecis-* 5.
*tis ut etiam exordio mihi careat lis et dominus meus clarissi-
mus praeses Flavius Heraclius* | *pronuntiavit... fieri semel tan-
tum* ² *relationem quam habui temporum semel elapsorum: itaque
etiam nunc auctoritatem sumens denuntio* | *vobis secundum pro-
nuntiationem ita se habentem.*

Flavius Heraclius praeses vir clarissimus dixit: 'Cum lis
exordio carere videatur, ex auctoritate judicii denuntiabis'.

| *Insinuo autem etiam reparationem sic esse factam: Stra-
tegius v(ir) p(erfectissimus) com(es) praes(es) Thebai(dis) dei(xit):
Reparabuntur tempora si semel negotium iis tunc (?)* | *evolutum
est*' ³. *Secundum Latina, interpretatio* ⁴: *Flavius Strategius* | *vir
perfectissimus comes et praeses dixit*: 'Reparabuntur tempora,
si quidem semel || *lis excidit*' ⁵. 10.

*Paxamos enim Sarapiaenae et Dionysiae et Heliodorae et
Theoninae et Nemesillae pater erat et tabulis testamenti cavit,*

1. Formule de sens indécis se rapportant peut-être à la *procuratio
apud acta* citée ligne 2. — 2. Expression qui peralt exprimer l'idée que
la *reparatio temporum* ne s'accorde qu'une fois. — 3. Formule signalée
par Mitteis, *C. Th.*, 11, 31, 1. — 4. Ἑρμηνία est ajouté au-dessous de
la ligne. — 5. V. plus haut, p. 199, l'édit sur les appels criminels, 1, 14.

βούλησιν ἔγ[γρα]φον, Νεμεσίλλαν | καὶ Διον[σίαν] ἀρκεσθῆναι [ταῖ]ς
προ[ι]ξεὶ β[ο]υλόμενος, τὰς δὲ λοιπὰς [θ]υγατέρας τρεῖς τὸν ὑπόλοιπον
ἔχ[ειν] κλῆρον. Ἐπειδὴ δὲ Νεμετίλλα κα[ὶ] Διονυσία πρεσβύ | τεραι
οὖ]σαι τ]ὴν ἡλικίαν κ[ατα]σχεῖν ἐδυνήθησαν τὰ πράγματα, ἐδικασάμην
καὶ Διονυσίας μὲν ο[ἱ] κληρ[ο]νόμο[ι] διελύσαντο πρός με, ὑμῖς δὲ καὶ
Σωκράτιον, | οἱ Νεμέσ[ιλλ]ης παῖδες, ε[..]ς ὑπερθέ[σ]εσι χρώμενοι,
τὴν ἀπόδοσιν οὐδέπω πεποίησθαι. Διὰ [τοῦ]το κα[ὶ] πολλάκεις μὲν
εἰσῆξα τὴν δίκην καὶ πρώην κατὰ κυρίαν, ὑμ[ῶ]ν δὲ πάλειν ὑπ[ερ]-
θέσ[εσ]ι χρησαμένων ἀνάρχο[ς] ἀπεφάνθη ἡ δίκη. Διόπερ παραγ-
15. γέλλω ὑμῖν περ[ὶ] τῶν ὑποτε[τ]αγμένων πραγμάτων τὸ || τρίτον
ἐκδικῶν μέρος ἐξ [ἀδιαι]ρέ[τ]ου¹, πι[ρ]ὸς το ὑ[μᾶς] εἰς τὸ οἰκεῖον ἀπο-
κρείνασθαι μέρος κατὰ τὴν θε[ίαν διάτ]αξειν. φθάνω γὰρ διδάξας
τὸ μεγ[αλ]εῖον | τοῦ κυρίου μου τοῦ ἄρχοντος [ὅτι..]με.[.] ηὔ-
ρηται ἐπὶ τῆς Ἀλεξανδ[ρ]έων εἶναι Σωκράτιον Δηλῶν τίτλον μέ[ν] ἐπὶ
τὸ [τρ]ίτον ἀπὸ βουλήσεως ἐγγράφου πατρῴας, | ἀγω[γ]ὴν δὲ τὴν ἔξτρα
[ὄρδι]νε[μ] κ[ογ]νιτιονεμ, ἀξιῶ ἐκδοθῆ[ν]αί μοι τὴν συνήθη ὑποση-
μίωσιν [καὶ] κατὰ κυρίον πραχθῆναι τὴν δίκην. Ἔστι δὲ καὶ | τὸ
πρᾶ[γμά [.....] μ[ετὰ] τὰ ῥωμαϊκά. |

[Ἑλικὼν εἶπ(ε). Πάξαμος πατὴ]ρ γέγονεν θυγατέρ[ων......]
Σαραπιαίνης τῆς βοηθουμένης κ[αὶ Θεονίνης] καὶ Ἡλιοδώρας κα[ὶ]
20. Διονυσία[ς] καὶ Νεμεσίλλης || [.......... κατὰ βο]ύλησιν ἔγγραφον

*Nemesillam | et Dionysiam contentas esse debere dotibus, tres
vero reliquas filias reliquam hereditatem habere. Cum autem Ne-
mesilla et Dionysia majores | natu rebus suis adesse potuerint,
litigavi (cum eis). Et Dionysiae quidem heredes transegerunt me-
cum, vos vero et Socration, | liberi Nemesillae, cunctationibus
usi, nondum fecistis solutionem. Propter quod litem institui cum
saepe, tum nuper secundum | formam; vobis autem iterum frus-
tratione usis exordio carere litem pronuntiatum est. Propterea
15. denuntio vobis de infrascriptis rebus || tertiam partem ab indiviso¹?
vindicans, ut in propr ium partem respondeatis secundum sacrum
edictum. Jam enim do ui magnitudinem | domini mei praesi
dis... Socrationem Alexandriae esse constare. Titulum tertiae
partis declaro secundum tabulas testamenti patris, | actionem
vero extra ordinem cognitionis, et peto ut solita subnotatione mihi
data secundum ordinem peragatur lis... Est autem | causa .. se-
cundum Latina. |*

*Helicon dixit. Paxamos pater filiarum... Sarapiaenae, cui
20. adsum, et Theonines et Heliodorae et Dionysiae et Nemesillae || ...*

---

1. Cf. Mitteis, Z. S. St., 28, 1907, pp. 391-393.

DENUNTIATIO EX AUCTORITATE DE L'AN 368

[ἀρκεσθῆναι ... τὴ]ν μὲν Διονυσίαν καὶ Νεμεσ[ίλλ]αν ἐκέλε[υ]τε[ται]ς
προιξεῖν, πάντα δὲ τὰ πράγματα αὐτοῦ | [τὰς λοιπὰς θυγατέρας τρεῖς..]
εν ἔχειν. Ἐπειδὴ [δὲ οὐκ ἀποδεδώκ]ασι[ν] τὰ ἡμέτερα μέρη Διονυ[σί]α
καὶ Νεμεσίλ[λ]α πρὸς ἐμαυτὴ[ν] θυ[γ]ατέρα οὖσ[αν], ἐδικασά[μην.] |
[...... καὶ] Διονυσίας μὲν οἱ κ[ληρονόμοι διαλυ]σάμεν[οι] ἑαυτοὺς
ἀποδεδώ[κασιν], οἱ [δ]ὲ Νεμ[εσί]λλης πν῀ιδες, Ἡρα[κ]λέων ὁ βφ [κα]ὶ
Ἰσίδωρος | [ὁ ὀφ(ικιάλιος) καὶ Κύρα καὶ Σωκρατίον φεύγουσιν]........
νυν Σωκράτι[ον..... ἐπὶ τῆς Ἀλεξανδρέων τυγχάν[ε]ι καὶ ὡμολόγη
[σε]ν ἐν ὑπομ[ν]ήμασι προ.[...]εως | [.......] μει[.......] κα[.....
ὑπε]ρ[θέσ]εσι ἐπινοοῦντ[ες ....]ς ἐ[ρ]γάζονται οπ[...]. ν κ[αὶ
νῦ]ν τῆς || [δίκης παραγγθελείσης αὐτοῖς] κατὰ κυρίαν παραγρα- 25.
φ[αῖς .....] ἐπενόησαν ὡς ὅτι ὁ. [ημε]ν, ἐπ᾽ ἀναλήμψεω[ς ἐ]ν
ὑπομ[νή]μασι ο[..] | [......] διὰ τοῦτο ἄναρχον ἀπ[ολαβόντες τ]ὴν
δίκην [πρὸς] τὸ μεγαλεῖον τὸ σ[ὸν] ἥκαμεν [..] σύνθεμα[.. δ]ιὰ
τοῦ [δικ]αστηρίου | [......] πα[ρα[γ]γελε]ι]ν. Ἐν δὲ τῇ πα[ραγγελί]ᾳ
δηλώσομεν τόν τε τ[ί]τλον καὶ τὴν ἀ]γ]ω[γ]ὴν καὶ τῶν πραγμάτω[ν] τὸ
καθ᾽ ἕν.᾽ | [Φλ(άυιος) Ἡράκλειος ὁ λαμ|π[ρότ]ατος ἡγεμὼν εἶπεν·
Ἀ[νάρχ]ου τῆς δίκης ὀφθείση[ς] ἐξ αὐθεντί[ας τοῦ δικα]στηρίο[υ]
παραγγ[ε]λεῖς.᾽ Ἑλικώ[ν] [εἶπεν]· [.........]κέλευσον διὰ τῆ[ς
τάξεω (?)]ς᾽· Φλάυιος Ἡράκλ[ειος] ὁ λαμ[πρότ]ατ[ος ἡγεμὼν εἶπ(εν).]
Πεμφθήσεται. [..] || 30.

tabulis testamenti relictis jussit Dionysiam Nemesillamque dotibus
contentas esse, omnia autem bona sua | reliquarum trium filiarum
esse. Jam cum non restituissent nostras partes Dionysia et Neme-
sillae ei cui adsum filiae testatoris, litigavi | ... et Dionysiae
quidem heredes transegerunt et solverunt, Nemesillae vero liberi,
Heracleon beneficiarius et Isidorus | officialis et Kyra et Socra-
tion pedem struitis (?). Jam Socration Alexandriae moratur et
libello | confessa est (?), dilationibus usi... cum eis || lis de- 25.
nuntiata sit secundum ordinem, exceptionibus . . excogitant ...
dixit : 'In commentarios receptione (?) | .. ideo exordio caren-
tem habentes litem. . ad magnitudinem tuam venimus, ut sub
sigillo judicii | .. denuntiemus; in denuntiatione autem decla-
rabimus titulum et actionem et rerum specialia'.

| Flavius Heraclius praeses vir clarissimus dixit : 'Cum lis
carere videatur exordio, ex auctoritate judicii denuntiabis.'..He-
licon | dixit : 'Per (officialem) iubeas' Flavius. Heraclius prae-
ses vir clarissimus dixit : 'Mittatur... || 30.

51.

. . . . . . (D'une autre main) Ἀθηνόδωρος [. . . . . . .] οὐ κατ'
ἐντολή[ν . . .] σα [ν. . . .] ἰεν[. . . . . .] | . . . . . .¹

, verso (D'une 3ᵉ main) Φλ(άυιος) [Ἡρ]κλειος ἡγ(εμών) [επαρ] χείας |
Θηβα[ί]δος ἐδεξάμην τὴν παραγ[γελ]ει[αν] | σήμερον Μεσορὴ
5. πέμπτη² | διὰ. . . . . συν. . . . . || αὐ[θεντίας]. . . . . ει.

(D'une autre main) *Athenodorus* :... *Non ex mandatu*. . .¹ |

. . . . . .

, verso (D'une 3ᵉ main) *Flavius Heraclius praeses provinciae* | *Thebaidis accepi denuntiationem* | *hodie Mesore quinta* ² | . . .
5. || *auctoritate*.

8. Demande de nomination de tuteur adressée par une femme au préfet d'Égypte (an 247).

P. Oxy., 720, revu par Wilcken, *Arch. f. P.*, 3, p. 313 ; Mitteis, *Chrestom.*, n° 324 ; Bruns, n° 195. Cf. Mitteis, *Z. S. St.*, 25, 1906, pp. 374-375. Titre conservant dans leur teneur même et de la main de ceux qui les ont écrits : la demande adressée en langue latine par une femme au préfet d'Égypte de lui désigner comme tuteur qu'elle qualifie du nom d'*auctor*, en vertu de la loi Julia et Titia, un personnage dont elle dit le nom ; une déclaration conforme de la requérante en langue grecque ; l'adhésion du tuteur demandé et la date du calendrier égyptien, toujours en grec ; puis, en latin, la décision du préfet et un mot final que M. Wilcken estime être le mot *legi* et qui serait sans doute alors une signature du préfet ou d'un délégué du préfet. Nous avons numéroté les écritures différentes qui sont sans doute, la 1ʳᵉ celle d'un scribe employé par la femme, la 2ᵉ celle de la femme, la 3ᵉ celle du tuteur demandé, la 5ᵉ celle d'un scribe du préfet et la 6ᵉ celle du préfet ou de son délégué.

(1) *Cl*. Valerio Firmo *praef(ecto). Aeg(ypti)* ab Aurelia [e] Ammonario. Rogo domine des mi*h*i auctorem Aurel(ium) Plutammonem e lege Julia et Titia et. . . . . Dat(um) d(ominis) n(ostris) Philippo Aug(usto) II *et* Philippo Caesarib(us) *co(n)s(ulibus)* ³.

(2). [Α]ὐρηλία Ἀμμωνάριον [ἐπιδέδωκα]⁴ (3). [Α]ὐρηλία Πλουτάμμ[ων εὐδοκῶ τῇ [δε]ήσι⁵. (4). ∟ δ Τῦβι ιη⁶.

(5). Quo ne ab *justo tutore tutela* ⁷ abeat Plutammonem e leg(e) Jul(ia) et *Tit(ia)* auctorem ⁸ do. (6 ?) *Legi* ⁹.

1. M. Paul Meyer rapproche les lignes 28 et 29 de la 1ʳᵉ colonne où M. Wilcken a lu : λαμπρότ[α]τε [ἡγεμών... παρ]αγγελία (*clarissime praeses.... denuntiationi*). — 2. 27 juillet.— 3. An 247.— 4. (Aurelia Ammonarion libello te adii). — 5. Aurelius Plutammon consentio petitioni). — 6. (Anno IV, Tubi XVIII : 13 janvier 247). — 7. Wilcken arg. de la loi de Salpensa, c.29 (p. 112) : Quo ne ab justo tutela abeat, tutorem dato. — 8. Wenger, *Stellvertretung im Rechte der Papyri*, 1906, p. 102, n. 3 : *tutorem*. — 9. Wilcken ; les éditeurs qui ont maintenu leur senti-

9. Acte de naissance d'un enfant romain (an 148).

Diptyque en bois découvert au Musée du Caire par M. Seymour de Ricci et publié par lui, *N. R. H*, 1906, pp. 483-486, par M. Gradenwitz dans la 7e éd. de Bruns, n° 193, et par M. Wilcken, avec des corrections importantes qu'il avait déjà signalées. *Arch. f. P.*, 4, 1-2, 1907, pp. 252-253, dans sa *Chrestom.*, n° 212. V. sur son interprétation, S. de Ricci et P. F. Girard, *N. R. H.*, 1906, pp. 485-486 et 496-498 et Wilcken, *Arch. et Chrestom*. Selon la disposition habituelle (v. pp. 192. 840) les pp. 1 et 4 constituées par les faces extérieures des deux tablettes portent, écrits à l'encre sur le bois, les noms des témoins mis en regard de leurs cachets et un premier exemplaire du texte qui est celui reproduit ici comme dans toutes les éditions antérieures, tandis qu'un second exemplaire, aujourd'hui plus détérioré, était gravé sur cire sur les pages 2 et 3 placées à l'intérieur du carnet. Ce titre fournit, pour l'Egypte au temps d'Antonin le Pieux, la preuve déjà fournie pour l'Afrique au temps d'Hadrien par un passage d'Apulée, *Apol.*, 89, de l'existence d'un système de déclarations officielles des naissances analogues à celui que la *Vita Marci*, 9, représente comme ayant été introduit seulement par Marc-Aurèle. En effet, c'est un extrait de l'*album professionum liberorum natorum* qui a été confectionné à Alexandrie le 3 novembre de l'an 148 et qui constate que Tiberius Julius Dioscurides a déclaré le 14 septembre devant le préfet d'Egypte, sous le nom de Julia Ammones, une fille qui lui était née le 20 août précédent (cf. *Vita Marci*. 9 : *intra tricesimum diem nomine imposito*). M. Wilcken a signalé, *Arch. f. P.*, 4, p. 267, comme contenant sans doute un texte symétrique de l'an 147 un diptyque de l'an 147 dont l'une des tablettes est conservée à Oxford et dont M. S. de Ricci a signalé l'existence et déchiffré quelques lignes aux pp. 296-297 de l'article cité p. 849, et le même mécanisme de déclaration des naissances est attesté par un autre acte latin plus bref de la fin du IIe siècle (*P. Oxy.*, VII, 894 ; Wilcken, *Chrestom* n° 213 de 194-196 environ) où l'on n'aperçoit la trace d'aucun changement entraîné par la constitution de Marc-Aurèle, mais qui a l'intérêt d'établir que la déclaration était faite à Alexandrie devant le préfet, même par les citoyens qui résidaient dans l'intérieur de l'Egypte. C'est aussi à ce régime que se rapporte un rescrit de Gordien de l'an 239 (*P. Tebt.*, II, 285 ; Riccobono, *Fontes*, n° 74 ; Mitteis, *Chrestom.*, n° 380) avec les termes mêmes duquel M. Mitteis a remarqué, *Z. S. St.*, 28, 1907, pp. 385-386, que ceux d'une constitution postérieure de Dioclétien, *C.*, 7, 16, 6, présentent une symétrie singulière. Sur les règles différentes concernant les habitants de l'Egypte qui n'ont pas la cité romaine, v. Wilcken, *Grundzüge*, pp. 195-196.

C. Juli Prisci, C. Juli Sereni, T. Fenii Macedonis, M. Servili Clementis, C. Juli Lecenniani, T. Jul(i) Eutychi, L. Petroni Celeris.

(Sceaux placés entre la première colonne et la seconde.)

C. Bellicio Calpurnio Torquato | P. Salvio Juliano co(n)- I, col. 2,
1.

ment contre lui, *P. Oxy.*, 7, p. 151, n. 1 : *Cepi* Mais v. Wilcken, *Chrestom.*, p. 536, n. 1.

s(ulibus) III non(as) Novembr(es) | anno XII Imp(eratoris) Caesaris T(iti) Aeli Hadriani | Antonini Aug(usti) Pii mense
5. Athyr VI ¹ || Alexandreae ad Aegyptum. |

Descriptum ² et recognitum fac/um | ex tabula albi professionum liberorum natorum, quae pr(oposita) ³ | erat in
IV, 1. atrio magno in qua scriptum | fuit id ⁴ quod infra scriptum est. |

C. Bellicio Calpurnio Torquato P. ⁵ Salvio | Juliano co(n)s(ulibus) anno XII Imp(eratoris) Caesaris T(iti) Aeli |
5. Hadriani Antonini Aug(usti) Pii, || M. Petronio Honorato praef(ecto) Aeg(ypti) | professionis liberorum acceptae | citra causarum cognitionem ⁶ tabula | V et post alia pag(ina) III XVIII K(alendas) Octobr(es). ⁷ |
10. Ti(berius) Julius Dioscurides... || fil(iam) n(atam) Juliam Ammonum ex Julia | Ammonario XIII K(alendas) S(eptembres) ⁸ Q. P. F. | R. (?) AD F.

1. Date donnée à la fois d'après le calendrier romain et le calendrier égyptien : 3 novembre 148. — 2. Wilcken ; S. de Ricci : rescriptum. — 3. M. de Ricci signale ici la trace d'un sceau isolé semblable à ceux des diptyques de Pompéi signalés p. 861.— 4. Wilcken, en rapprochant P. Oxy., I, 35, qui suggérerait même de lire : Iseo au lieu d'atrio. S. de Ricci : quae tr(anscriptum) ? erat in atrio magno ?... fuit et quod infrascriptum est.— 5.Toutes les éd.: C. ; mais v. la rectification de MM. Fr. Zucker et S. de Ricci lui-même dans Girard, Mélanges, 1, p. 233, n. 1. — 6. C'est-à-dire sans vérification du magistrat (v. Wilcken, Arch., p. 253 et les deux exemples de D., 2, 15, 8, 17 et de P. Oxy., IV, 715, cités par lui) : ce qui explique que, d'après les constitutions de Gordien et de Dioclétien, l'existence ou le défaut de professio n'ait aucune influence dans la légitimité de l'enfant. — 7. 14 septembre. — 8. 20 août.

ADDITIONS ET CORRECTIONS

P. 61. V. encore sur le fragment complémentaire, Zocco-Rosa, *Z. S. St.*, 32, 1911, pp. 359-360.

P. 81. V. encore sur la table d'Héraclée, E. Pais, *Rendiconti dei Lincei*, 20, 1910, pp. 687-704 ; A. Besnier, *R. des études anciennes*, 1912, pp. 40-52.

P. 125. Une tablette d'un autre diplôme militaire trouvé en Thrace et publié par M. Vassis, Ἀθηνᾶ, 2. 3, 1911, p. 146 est signalée par M. Dessau, *Z. S. St.*, 32, 1911, p. 384.

P. 133, n° 5. Ajouter aujourd'hui J. C. Naber, *Berichte* de Leipzig, 63, 1911, pp. 129-131.

P. 174. Ajouter encore par exemple à la liste des édits de préfets d'Egypte l'édit de 367-370 de Flaviús Eutolmius Tatianus renforçant l'interdiction de recourir aux autorités militaires en matière de procès civils (*P. Oxy.*, VIII, 1101 ; cf. Mitteis, *Z. S. St.*, 32, 1911, pp. 342-343).

P. 185. Ajouter à la liste des constitutions impériales antérieures à Dioclétien, le rescrit de Gordien de l'an 239, cité p. 911.

PP. 203-205. M. Paul M. Meyer, dans le fasc. 3 des *P. Giss.* paru en juillet 1912, donne, pp. 164-165, d'après M. Schubart, un texte rectifié des lignes 2-4 et 9-12, qui met à deux reprises la concession du droit de cité en relation avec la victoire de Caracalla sur Geta et d'après lequel il faut lire, lignes 2-4 :
[Νυνὶ δὲ. . . . . χρ]ὴ μᾶλλον ἀν]αβαλόμενον τὰ]ς αἰτίας κ[α]ὶ το[ὺς | λ[ιβ]έλλου[ς | [ζητεῖν, ὅπως ἂν τοῖς θ]εοις τ[οῖ]ς ἀθ[αν]άτοις εὐχαριστήσαιμι, ὅτι τῇ τοιαύτῃ | [νίκῃ. . . . . σῷο]ν ἐμὲ συν[ετή]ρησαν. Τοιγαροῦν νομίζω [ο]ὕτω με et lignes 9-12 : . . . Ὀ[φ]είλει [γ]ὰρ τὸ || πλῆθος . . οὐ μόνον . .] . . νειν πάντα ἀ]λλ|ὰ ἤδη κ[α]ὶ τῇ νίκῃ ἐυπεριει | [λεῖσθαι. Ἔτι δὲ καὶ τοῦτο τὸ πρ]ᾶγμα

ε[..].λώσει [τὴν] μεγαλειότητα [το]ῦ Ῥωμα[ί]- | ων δῆμον, etc. A la ligne 7, après δίδωμι, M. Meyer lit aujourd'hui τοι[ς]υν ἅπα[σι].

P. 204, ligne 3 de la traduction latine. Au lieu de : *quem*, lisez : *queo*.

P. 208, n° 15. Ajouter aujourd'hui, J. C. Naber, *Berichte* de Leipzig, 63, 1911, pp. 131-132.

P. 372, ligne 21, au lieu de 2, 1899, lisez : fasc. 2, 1889.

P. 632, ligne 18. Au lieu de : 1, 26, *pr*. 3, 11, lisez : 1, 26, *pr*. 3. 11.

TABLE DES MATIÈRES

	Pages
Préface de la quatrième édition	V
Préface de la troisième édition	VII
Explication des abréviations et des renvois	XI
Concordance entre les pages de la troisième et de la quatrième éditions	XXI

PREMIÈRE PARTIE

LES LOIS

Chapitre premier : **Leges**............................... 3

§ 1. *Leges regiae*................................... 3
§ 2. *Loi des XII Tables*............................. 9
§ 3. *Leges postérieures aux XII Tables*............. 24
   1. Inscription de Luceria........................ 25
   2. Loi Papiria................................... 26
   3. Loi osque de Bantia........................... 26
   4. Loi latine de Bantia.......................... 29
   5. Loi Atinia.................................... 31
   6. Lex Acilia repetundarum....................... 32
   7. Loi agraire de 643............................ 46
 *8. Décret de naturalisation ex lege Julia........ 61
   9. Lex municipii Tarentini....................... 63
  10. Lex Cornelia de XX quaestoribus............... 65
  11. Lex Antonia de Termessibus.................... 68
  12. Lex Julia agraria............................. 70
  13. Lex de Gallia cisalpina....................... 72
  14. Fragment d'Este............................... 78
  15. Lex Julia, dite Julia municipalis............. 80
  16. Lex coloniae Genetivae........................ 89
  17. Loi Quinctia.................................. 105
  18. Lex de imperio Vespasiani..................... 107
  19. Lois de Salpensa et Malaca.................... 108
 *20. Statut du territoire minier de Vipasca........ 119

*21. Fragment de la loi municipale de Lauriacum 123
22. Diplômes militaires. 124
    a. Diplôme d'un soldat pérégrin 125
    b. Diplôme d'un soldat citoyen 126
    *c. *Honesta missio* d'un cavalier pérégrin 127

CHAPITRE II : **Sénatus-consultes** 129

1. Sénatus-consulte des Bacchanales. 129
2. Sénatus-consulte sur le pagus Montanus. 130
3. Sénatus-consultes relatifs aux aqueducs de l'an 743. . 130
4. Sénatus-consultes Hosidien et Volusien. 132
5. *Orationes* de Claude. 133

CHAPITRE III : **Édits des magistrats**. 137

1. Edit du préteur. 138
2. Edit des édiles curules. 170
3. Décret du préteur L. Aemilius Paulus. 172
*4. Edit de Caesar Octavianus. 172
5. Edit du préfet d'Egypte Tibère Alexandre. 174
6. Edit du préfet d'Egypte M. Mettius Rufus. 176
7. Décret d'Helvius Agrippa. 179
8. Edit d'un gouverneur de Numidie. 182

CHAPITRE IV : **Constitutions impériales**. 184

1. Edit d'Auguste sur l'aqueduc de Venafrum. 186
2. Edit de Claude sur les Anauni. 188
3. Epistula de Vespasien aux Vanacini. 190
4. Epistula de Vespasien aux Saborenses. 190
5. Epistula de Domitien aux Faleriones. 191
*6. Edit de Domitien sur les privilèges des vétérans. . . 191
7. Epistula d'Hadrien sur les droits successoraux des enfants des militaires. 194
8. Rescrit d'Hadrien sur la nomination du directeur du collège d'Epicure. 196
*9. Rescrit d'Antonin le Pieux adressé aux habitants de Smyrne. 197
10. Rescrit de Commode sur le saltus Burunitanus. . . 199
11. Rescrit de Sévère et Caracalla sur la prescription de dix à vingt ans. 201
*12. Edit de Caracalla accordant la cité aux habitants de l'empire. 203
13. Rescrit de Gordien en réponse aux habitants de Scaptoparène. 205
*14. Rescrit des deux Philippes en réponse aux Aragueni. 207
15. Edit sur les délais des appels criminels. 208

TABLE DES MATIÈRES

DEUXIÈME PARTIE

LES COMMENTAIRES

1. Fragments de M. Valerius Probus.	213
2. Fragment de Pomponius.	220
3. Institutes de Gaius.	220
a. Institutes de Gaius.	225
Commentarius primus.	225
Commentarius secundus.	253
Commentarius tertius.	289
Commentarius quartus.	322
b. Fragments d'Autun.	354
4. Fragments des réponses de Papinien.	371
5. Fragment des *quaestiones* de Papinien.	376
6. Sentences de Paul.	377
Liber primus.	380
Liber secundus.	391
Liber tertius.	406
Liber quartus.	418
Liber quintus.	428
7. Fragments des Institutes de Paul.	453
8. Fragment *de formula Fabiana*.	454
9. Fragment d'Oxford *de societate*.	457
10. Règles d'Ulpien.	458
11. Fragments des Institutes d'Ulpien.	488
*12. Fragments des *disputationes* d'Ulpien.	490
13. Fragments d'Ulpien *ad edictum*.	493
14. Fragment de Berlin *de judiciis*.	494
15. Fragment *de jure fisci*.	495
16. Tableau des degrés de cognation.	498
17. Tableau des agnats.	499
18. Fragment dit de Dosithée.	501
19. Fragments de Modestin.	503
20. Rubriques d'un ouvrage de droit criminel.	506
21. Fragments du Vatican.	507
22. Mosaicarum et Romanarum legum collatio.	569
23. Fragments du Sinaï.	605
24. Consultatio veteris jurisconsulti.	617
25. Institutes de Justinien.	632
Liber primus.	635
Liber secundus.	661
Liber tertius.	712
Liber quartus.	755

TROISIÈME PARTIE

LES ACTES

Chapitre premier : Successions à cause de mort. 797

    1. Testament de Dasumius. 797
    2. Testament de C. Longinus Castor. 801
  *3. Aditions d'hérédité par *cretio*. 805
  *4. Déclarations de succession de l'an 237. 807
  *5. Déclaration de succession de l'an 246. 809
  *6. *Agnitio bonorum possessionis* de l'an 249. . . . 810
    7. Procès-verbal d'ouverture de testament. 811
    8. Laudatio dite de Turia. 813
    9. Laudatio de Murdia. 818

Chapitre II : Modes d'acquérir entre vifs. 819

§ 1. *Mancipations fiduciaires*. 819
    1. Acte de mancipation fiduciaire. 819
    2. Formulaire de mancipation fiduciaire. 822
  *3. Emancipation fiduciaire d'une fille. 824

§ 2. *Mancipations à titre gratuit*. 825
    1. Donation de T. Flavius Artemidorus. 825
    2. Donation de Julia Monime. 826
    3. Donation de Station de Statia Irene 827
    4. Donation de Syntrophus. 827

§ 3. *In jure cessio*. 829

Chapitre III : Constitutions de droits réels. 830

§ 1. *Servitudes* 830
§ 2. *Droits de superficie* 832
    1. Edifice de la colonne Antonine 832
    2. Edifice de Pouzzoles. 833
§ 3. *Fondations impériales et privées* 834
    1. Fondations alimentaires de Trajan 836
        a. Inscription de Veleia. 836
        b. Inscription des Ligures Baebiani. 837
    2. Fondation de Ferentinum 837
    3. Fondation d'Ariminum 838
  *4. Fragments du cadastre d'Arausio 838

Chapitre IV : Contrats 840

§ 1. *Contrats verbaux* 841

1. Stipulation d'un capital et des intérêts. 841
2. Stipulation d'un capital et des intérêts. 842
§ 2. *Contrat littéral* 842
§ 3. *Contrats de vente.* 843
    1. Vente d'un petit esclave (an 142) 844
    2. Vente d'une petite esclave (an 139) 845
    3. Vente d'un esclave (an 160) 845
    4. Vente de la moitié d'une maison (an 159) 846
    5. Vente d'un petit esclave (an 166) 847
    6. Affranchissement *inter amicos* à prix d'argent (an 221). 849
§ 4. *Contrats de louage.* 850
    1. Locatio rei 850
        a. Avis de location des magasins impériaux. 851
        b. Avis de location de magasins privés 852
        c. Avis de location de magasins privés. 853
        d. Affiche d'appartements à louer 853
        e. Requête de Geminius Eutyches 853
    2. Locatio operarum 855
    3. Locatio operis faciendi 855
§ 5. *Contrat de société* 857
§ 6. *Contrats réels* 858
    1. Mutuum 858
    2. Dépôt irrégulier. 858
§ 7. *Promesses à des personnes incertaines.* 859

Chapitre v : **Extinction des obligations** 860

§ 1. Quittances de Pompéi. 860
    1. Diptyque de l'an 15 ap. J.-C. 862
    2. Triptyque de l'an 27 ap. J.-C. 863
    3. Triptyque de l'an 54 ap. J.-C 863
    4. Triptyque d'année incertaine. 864
    5. Triptyque de l'an 54 ap. J.-C. 864
    6. Tripyque de l'an 56 ap. J.-C. 865
    7. Triptyque de l'an 54 ap. J.-C. 865
    8. Triptyque de l'an 56 ap. J.-C. 866
    9. Diptyque de l'an 53 ap. J.-C. 866
    10. Triptyque de l'an 59 ap. J.-C. 867
§ 2. Décharge donnée à un tuteur 867
§ 3. Quittance de l'an 398 868

Chapitre vi : **Statuts des domaines impériaux** 869

    1. Inscription d'Henchir Mettich 870
    2. Inscription d'Aïn-el-Djemala. 874

TABLE DES MATIÈRES

    3. Inscription d'Aïn-Ouassel 876
 *4. Inscription de Vipasca. 879

CHAPITRE VII : **Statuts d'associations** 881

    1. Inscription du collège des *symphoniaci*. 882
    2. Statuts du collège funéraire de Lanuvium. 883
    3. Statuts de la corporation des *negotiatores eborarii aut citriarii*. 885

CHAPITRE VIII : **Tables d'hospitalité et de patronat** . . . 889

    1. Tessère d'hospitalité 889
    2. Tessère d'hospitalité 889
    3. Tessère d'hospitalité et de patronat. 889
    4. Table d'hospitalité et de patronat 890
    5. Table d'hospitalité et de patronat 890
    6. Table d'hospitalité et de patronat 890

CHAPITRE IX : **Décisions judiciaires et administratives**. . 892

    1. Sentence arbitrale d'Histonium. 892
    2. Action en nullité de testament. 893
    3. Action en pétition d'hérédité ab intestat 896
 *4. Jugement de 207 et autres pièces sur la *praescriptio longi temporis* 900
    5. Décision relative à l'aliénation de lieux affectés à des sépultures 902
    6. Procès des foulons. 903
 *7. *Denuntiatio ex auctoritate* 905
 *8. Demande de nomination de tuteur 910
 *9. Acte de naissance 911

ADDITIONS ET CORRECTIONS. 913

IMP. J. THEVENOT, SAINT DIZIER (HAUTE-MARNE)

www.ingramcontent.com/pod-product-compliance
Lightning Source LLC
Chambersburg PA
CBHW071227300426
44116CB00008B/935